XXᵉ SIÈCLE

LES GRANDS AUTEURS FRANÇAIS
FRANÇAIS

COLLECTION LITTÉRAIRE
A. LAGARDE & L. MICHARD

« *Textes et Littérature* »

MOYEN AGE
XVIe SIÈCLE
XVIIe SIÈCLE
XVIIIe SIÈCLE
XIXe SIÈCLE
XXe SIÈCLE

ANDRÉ LAGARDE

Inspecteur général
de l'Instruction Publique

LAURENT MICHARD

Inspecteur général
de l'Instruction Publique

XXᵉ SIÈCLE

Nouvelle édition mise à jour

1900-1973

avec la collaboration de

RAOUL AUDIBERT

Inspecteur général
de l'Instruction Publique

HENRI LEMAITRE

Professeur de Première Supérieure
au Lycée Fénelon

THÉRÈSE VAN DER ELST

Professeur de Première Supérieure
au Lycée Fénelon

Bordas

© Bordas 1962
© Bordas 1973

ISBN 2-04-007830-0
Nouvelle édition mise à jour
ISBN 2-04-000060-7 - 1re édition

AVANT-PROPOS

Ce livre est le sixième et dernier volume de la Collection TEXTES ET LITTÉRATURE. Le lecteur y retrouvera à peu près la même méthode de présentation que dans les recueils précédents : les vues d'ensemble de l'*histoire littéraire* s'éclairent par le contact direct avec des *pages représentatives* qui permettent à chacun de fonder son appréciation personnelle.

Tant qu'il s'agissait des siècles passés, la sélection opérée par le temps avait facilité notre choix. Mais à mesure qu'on se rapproche de l'époque contemporaine, cette tâche devient plus délicate. Aussi avons-nous dû adapter notre méthode à cette situation nouvelle. Certains auteurs semblent *dominer le demi-siècle* : il était donc normal de les présenter avec autant d'ampleur qu'un Montaigne, un Racine, un Voltaire, un Victor Hugo ou un Balzac. D'autres paraissent d'ores et déjà assurés d'occuper à l'avenir une *place de choix* : nous leur avons réservé des analyses approfondies, illustrées par de larges extraits qui donnent de leur œuvre un reflet assez fidèle et invitent à examiner de plus près telle page célèbre. Restaient tous les écrivains *dignes d'attention*, sur lesquels il est plus difficile de se prononcer. Nous avons pris le parti d'ouvrir notre recueil à un très grand nombre d'entre eux, en regrettant de ne pouvoir en accueillir davantage : nous leur avons consacré des études brèves mais précises, accompagnées de quelques pages caractéristiques qui présenteront toujours en elles-mêmes un intérêt réel. Pour *la période la plus récente*, afin d'éviter la dispersion, nous avons dû nous borner à dégager quelques tendances, en citant les noms qui paraissent actuellement les plus représentatifs. A l'aide des *indications bibliographiques* figurant à la fin du volume, on pourra d'ailleurs pousser plus avant, si on le désire, l'étude de tel ou tel auteur ou des grands courants de la littérature contemporaine.

Quant à *l'illustration*, le plus souvent documentaire et toujours en relation avec les textes choisis, elle mettra sous les yeux quelques œuvres d'artistes célèbres, tout en soulignant la parenté et les « correspondances » entre la littérature et les beaux-arts.

Qu'il nous soit permis, en terminant, de rendre hommage à nos collègues Thérèse VAN DER ELST, Raoul AUDIBERT et Henri LEMAITRE qui, se joignant à nous, ont contribué à la composition de l'ouvrage dans un effort également partagé : c'est leur précieuse collaboration, animée du meilleur « esprit d'équipe », qui nous a permis de présenter ce *XXe Siècle* complété et mis à jour.

A. L. et L. M.

Événements	Auteurs	Poésie	Roman et Mémoires	Théâtre
IIIe RÉPUBLIQUE			1888-89 Le Culte du Moi	
			1889 Le Disciple	
		1895 Villes Tentaculaires	1894 Poil de Carotte	1896 Ubu Roi
		1897 Nourritures Terrestres		1897 Cyrano de Bergerac
		Jeux rustiques et divins		1899 La Nouvelle Idole
1894-1906 Affaire Dreyfus	1900 Saint-Exupéry	1901 Le Cœur innombrable	1900-03 Les Claudine	1900 L'Aiglon
	1901 Malraux	Le Deuil des primevères	1901 M. Bergeret à Paris	
		1902 La Cité des eaux	1902 L'Immoraliste	
	1903 Radiguet		1903-12 Jean-Christophe	
		1904-08 Cinq Grandes Odes		
1905 Séparation des Églises et de l'État	1905 Sartre	1908 { La Vie Unanime / Poésies Barnabooth		1906 Partage de Midi
	J. Renard (1864-1910)		1909 La Porte étroite	1909 L'Otage
	1910 Anouilh		Colette Baudoche	1910 Boubouroche
	1911 La Tour du Pin	1911-12 Péguy : Mystères		L'annonce faite à Marie
		1912-13 Péguy : Tapisseries	1912 Les Dieux ont soif	1912 L'Habit vert
	1913 Camus	1913 Alcools	1913 La Colline Inspirée	
	{ Jaurès (1859-1914)	Prose du Transsibérien	Le Grand Meaulnes	
1914 Première guerre mondiale	1914 { Péguy (1873-1914) / Alain-Fournier (1886-1914)		1913-27 A la Recherche du Temps perdu	
	Verhaeren (1855-1916)		1916 Le Feu	
1917 Révolution Russe	1916 Pierre Emmanuel	1917 Le Cornet à Dés	1918 Civilisation	
1919 S.D.N.	Rostand (1868-1918)	1918 Calligrammes	1919 La Symphonie pastorale	
	Apollinaire (1880-1918)	Manifeste Dada	1920 Si le grain ne meurt	1920 Le Paquebot Tenaci
		1920 Feux de Joie	1920-32 Les Salavin	
		Cocteau : Poésies	1921 Maria Chapdelaine	
	Proust (1871-1922)	1922 Charmes	1922-40 Les Thibault	1922 Martine
	Barrès (1862-1923)		1922 Solitudes	
	Radiguet (1903-1923)	1924 Manif. Surréaliste	1923 Génitrix	1923 Knock
	Anatole France (1844-1924)	1924-48 Anabase	1924 Le Bal du Comte d'Orgel	1924 Le Soulier de satin
1925 Accords de Locarno		1925 Gravitations	1925 Les Faux-Monnayeurs	
			1926 Les Bestiaires	1927 Vient de paraître
	Courteline (1858-1927)		1927 Thérèse Desqueyroux	1928 { Topaze / Jean de la Lune
		1928 Nadja	1928 Colline	
	F. de Curel (1854-1929)	1929 Capitale de la Douleur	1929 Sido — L'Ordre	1929 Amphitryon 38
		1930 Second Manifeste du Surréalisme	1931 { Vol de nuit / Le Grand Troupeau	1930 Donogoo
				1931 Œdipe
			1932 Voyage au bout de la nuit	
		1932 Vases communicants	1932-46 Hommes de B. Volonté	
1933 Hitler au pouvoir	A. de Noailles (1876-1933)	1933 La Quête de Joie	1933 La Condition humaine	1933 Intermezzo
	Lanson (1857-1934)		1933-41 Les Pasquier	1934 La Machine infern
	Bourget (1852-1935)		1934-36 Destinées Sentimentales	1935 La guerre de Troie
1936 Guerre civile espagnole	H. de Régnier (1864-1936)	1936 Traduit du silence	1936 Journal Curé de campagne	
	Thibaudet (1874-1936)	1937 Ferraille	1937 L'Espoir	1937 Electre
	Jammes (1868-1938)		1938 La Nausée	1938 La Sauvage
				La Terre est ronde
			1939 Le Mur	1939 Ondine
1939 Seconde guerre mondiale	Bergson (1859-1941)		Terre des Hommes	
		1942 { Jour de Colère / Les Yeux d'Elsa	Contes du chat perché	
			1942 L'Étranger	1942 La Reine Morte
	(Saint-Exupéry (1900-1944)	1942-43 Poésie et Vérité		
	{ R. Rolland (1866-1944)	1943 État de Veille	1943 Gigi	1943 Les Mouches
	(Giraudoux (1882-1944)		1944 Un Recteur de l'île de Sein	1944 Antigone, Huis-Clo
1945 QUATRIÈME RÉPUBLIQUE	Valéry (1871-1945)	1945 Chants d'Ombre	1945 Le Mas Théotime	1945 Les Mal Aimés
		1946 Paroles	1945-51 Les Chemins de la liberté	
		Une Somme de Poésie		
	Ramuz (1866-1947)	1947 Le Poème pulvérisé	1947 La Peste	1947 { Maître de Santie / L'Archipel Lenoi
			L'Écume des Jours	
	Bernanos (1888-1948)		1948 Citadelle	1948 Les mains sales
	Maeterlinck (1862-1949)	1949 Oublieuse mémoire	Vipère au poing	1949 Dial. des Carméli
				1950 Clérambard
	Alain (1868-1951)	1951 Spectacle	1951 Le Rivage des Syrtes	1951 Les Chaises
	Gide (1869-1951)		Le Hussard sur le Toit	1952 En attendant God
	Éluard (1895-1952)	1952 Babel	Mémoires d'Hadrien	1953 L'Alouette
		1950-53 Amers	1953 Les Gommes	1954 Port-Royal
	Colette (1873-1954)	1956 Éthiopiques	1957 La Modification	
1958 CINQUIÈME RÉPUBLIQUE	Claudel (1868-1955)		1958 La Semaine sainte	
	Valery Larbaud (1881-1957)		Mémoires J. Fille rangée	
	Martin du Gard (1881-1958)	1959 Ferrements	1959 Le Planétarium	1959 Becket
	Supervielle (1884-1960)	1960 Chronique	1960 Mémoires intérieurs	1960 Rhinocéros
	Camus (1913-1960)		La Route des Flandres	Le Cardinal d'Esp
	Reverdy (1889-1960)			1962 Le Roi se meurt
	Cendrars (1887-1961)			1963 Oh les beaux jours
	Céline (1894-1961)			
	Cocteau (1889-1963)		1963 Les Mots	
			Les Fruits d'or	
	Breton (1896-1966)		1965 L'Astragale	1965 La guerre civile
	Duhamel (1884-1966)	1966 La Terre du Sacre	1966 Le Vice-consul	1966 La Soif et la Fa
			1967 Antimémoires	
	Giono (1895-1970)	1969 La Braise et la Rivière	1970 La Presqu'île	1969 Cher Antoine
	Mauriac (1885-1970)	1969 Élégie des alizés	1971 Les Chênes qu'on abat	
	J. Romains (1885-1972)		1972 Cri de la Chouette	
	Montherlant (1896-1972)			

INTRODUCTION

Aperçu d'ensemble   Ce siècle est le nôtre ; en plein devenir, il nous entraîne vers des horizons inconnus : comment, dès lors, nous en détacher assez pour pouvoir le juger ? Fût-elle limitée au demi-siècle révolu, toute vue d'ensemble reste hasardeuse, d'autant plus que les années 50 ne paraissent pas, jusqu'ici, marquer un tournant significatif. Toutefois, à mesure que l'esprit remonte du présent vers le passé, la perspective devient plus nette, les grandes lignes se dégagent et les valeurs sûres s'affirment tandis que s'estompent les modes passagères. Ainsi la période antérieure à la guerre de 1914 peut être analysée avec quelque assurance : l'importance des maîtres qui la dominent ou se formèrent alors ne peut plus être contestée. Dans « l'entre-deux-guerres » — car les étapes du demi-siècle sont marquées, hélas ! par deux conflits mondiaux —, les principaux mouvements se dessinent assez nettement. Mais à partir de la guerre de 1939-1945 le critique doit procéder avec une extrême prudence, tant paraît fluctuante, d'une année à l'autre, la cote des valeurs littéraires et artistiques.

Avant 1914, — de 1918 à 1939, — depuis 1940 : si ces cadres sont commodes, ils ne doivent pas nous faire illusion. La continuité du XXe siècle littéraire apparaît en effet sous sa diversité, et l'on est frappé de constater que certains des courants les plus audacieux, en art comme en littérature, ont pris naissance dès avant 14 (autour d'APOLLINAIRE) ou dans les années 20 (ainsi *l'antiroman*, avec André GIDE).

Notre siècle a vu naître un septième art, le cinéma. Il a ébranlé les structures fondamentales des genres, des arts traditionnels, du langage et même de la pensée. Il a vu s'affirmer, de BERGSON à SARTRE ou CAMUS, l'influence de la philosophie sur les lettres françaises, et la peinture, la sculpture elles-mêmes assumer des ambitions métaphysiques. Parmi ses traits dominants figurent l'exigence d'approfondissement, la quête des essences (poésie *pure*, roman *pur*, peinture *pure*), la *remise en question* de toutes les valeurs léguées à notre pays par des siècles de christianisme, par l'humanisme de la Renaissance et par Descartes, enfin l'*angoisse* qui étreint l'homme devant les menaces pesant sur la civilisation occidentale et, depuis l'ère atomique, sur l'humanité tout entière. Tandis que certains créateurs perpétuent, en les vivifiant de leur génie personnel, les traditions ancestrales, d'autres, entraînés par l'accélération de l'histoire, tendent à opérer dans la littérature et les arts une révolution perpétuelle ; ainsi s'établit une coexistence, instable peut-être mais féconde, entre *tradition* et *révolution*, ou encore entre un *individualisme* parfois exacerbé et la « recherche d'une Église », l'*engagement* dans telle ou telle idéologie.

I. HISTOIRE ET CIVILISATION

Les deux guerres mondiales   Avant la guerre de 1914, la France fut secouée par des crises intérieures, telles que l'affaire Dreyfus, la séparation des Églises et de l'État ou les conflits sociaux, qui divisèrent les esprits et eurent donc des répercussions sur la pensée et la littérature. Puis est venue la terrible épreuve de 1914-1918. Notre pays, qui en avait supporté le poids le plus lourd, en sortit victorieux mais épuisé par une affreuse hécatombe, et soucieux avant tout d'assurer à l'avenir sa sécurité ; vainement d'ailleurs, puisque la Société des Nations, les plans de sécurité collective et de désarmement échouèrent, et que la France, mal préparée matériellement et moralement à une nouvelle guerre, fut submergée en mai-juin 1940 par l'invasion hitlérienne.

De 1914 à 1939, le conflit avait changé de nature : à la guerre des patries succédait la *guerre idéologique*, l'origine de cette transformation remontant à la révolution russe de 1917. L'existence d'un ennemi commun assura sans doute, à partir de l'attaque allemande vers l'est (1941), l'alliance des démocraties occidentales avec la Russie soviétique, mais à peine le totalitarisme hitlérien était-il abattu que la menace d'un nouveau conflit, entre l'Occident et les démocraties populaires, vint planer sur le monde. Depuis 1945 l'énormité du risque atomique a empêché le pire, mais il ne règne qu'une simple apparence de paix, compromise par la « guerre froide » ou la « guerre des nerfs » quand elle n'est pas rompue par des poussées locales de « guerre subversive » ou de guerre tribale en Afrique, tandis que s'éternisent des conflits sanglants au Moyen-Orient et en Asie du Sud-Est.

L'instabilité politique Cependant la IIIe RÉPUBLIQUE n'a pas survécu au désastre de 1940. Elle fut remplacée, pendant la durée de l'occupation allemande, par l'État Français du maréchal Pétain, tandis que le général de Gaulle appelait les Français à continuer la lutte en restant fidèles à la République. L'action des Forces Françaises Libres et des Forces Françaises de l'Intérieur permit à la nation de rester présente dans le conflit jusqu'à son terme, mais cette victoire n'était plus, comme en 1918, *notre* victoire, et la défaite de 1940, l'occupation, la division des Français devaient avoir des conséquences graves et durables. Après la Libération naquit une IVe RÉPUBLIQUE dont la Constitution n'assurait au pouvoir exécutif ni stabilité ni efficacité. Elle fut emportée à son tour par les événements (1958), faute d'avoir pu résoudre un nouveau drame sanglant, celui de l'Algérie. Une Ve RÉPUBLIQUE s'est donc édifiée, sous l'égide du général de Gaulle. Cette usure accélérée des régimes est inquiétante : la France serait-elle ingouvernable, ou bien s'agit-il d'un symptôme, entre autres, de l'instabilité provoquée par l'immense conflit international, ouvert ou latent ?

La France et le monde La victoire de 1918 avait permis à notre pays de recouvrer, par le traité de Versailles, l'Alsace-Lorraine perdue en 1871 et de tenir une place importante à la Société des Nations ; mais le désastre de 1940 et la dissolution de l'Empire colonial, précipitée sans doute par la chute de prestige qu'entraînait la défaite, ont diminué le rôle politique de la France dans le monde. Souhaitons que son rayonnement intellectuel et artistique n'en soit pas affecté à son tour.

LE RAYONNEMENT DE LA FRANCE. Son pouvoir d'attraction et d'expansion est resté grand pendant le premier demi-siècle, comme l'attestent de nombreux signes : la carrière d'un Picasso, d'un Chagall, ou la composition de « l'École de Paris » groupant des peintres de toute nationalité ; la renommée des mathématiciens français ; l'attribution du Prix Nobel de Littérature à Sully Prudhomme, Frédéric Mistral, Romain Rolland, Anatole France, Henri Bergson,

Roger Martin du Gard, André Gide, François Mauriac, Albert Camus, Saint-John Perse et Samuel Beckett ; enfin le « nouveau théâtre » représenté surtout par un Irlandais, un Russe et un Roumain d'expression française (Beckett, Adamov et Ionesco).

LES INFLUENCES ÉTRANGÈRES. Inversement, comme les échanges se multiplient en dépit des frontières fermées et des antagonismes idéologiques, la France a subi, dans tous les domaines, des influences parfois essentielles. Sans parler du marxisme-léninisme, source doctrinale du communisme international, nos vues sur l'univers ont été transformées par la théorie de la *relativité*, due à EINSTEIN (1879-1955) né Allemand et mort citoyen américain. L'exploration de l'inconscient par l'Autrichien Sigmund FREUD (1856-1939), fondateur de la *psychanalyse*, a bouleversé la psychologie, la littérature, et remis en question la morale. Nos philosophes contemporains se recommandent du Danois KIERKEGAARD (1879-1955), des *phénoménologistes* allemands et de HEIDEGGER (né en 1889) ; enfin *l'absurde* du Tchèque Franz KAFKA (1883-1924), le *monologue intérieur* de l'Irlandais James JOYCE (1882-1941) marquent profondément la pensée, le théâtre et le roman français.

L'art abstrait doit beaucoup à KANDINSKY (né à Moscou en 1866, devenu Français et mort à Neuilly en 1944), au Suisse Paul KLEE, aux « mobiles » de l'Américain CALDER ; en musique, les influences les plus frappantes sont celles d'Igor STRAVINSKY (né Russe et devenu citoyen américain) et de compositeurs germaniques comme SCHŒNBERG, Alban BERG ou HINDEMITH.

Un fait notable est aussi le goût des Occidentaux pour la musique nègre, l'art nègre, et plus généralement pour le *primitif*, pour tout ce qui suscite, dans notre inconscient, des réminiscences lointaines, remontant peut-être aux premiers âges de l'humanité.

Civilisation
ou barbarie ?

Depuis 1900, découvertes et inventions se succèdent à une allure prodigieusement accélérée : il en résulte un progrès matériel étonnant, mais aussi un contraste brutal, car la majeure partie de la population du globe reste sous-développée, sinon sous-alimentée. En outre, le vieux mythe de l'apprenti-sorcier revêt une actualité tragique : par la fission de l'atome, l'homme assure son pouvoir sur la structure même de la matière, mais risque du même coup de provoquer son propre anéantissement. Ainsi s'explique un *désarroi* profond : nos conceptions psychologiques, morales et métaphysiques s'essoufflent à rattraper la science et la technique qui les remettent sans cesse en question. Plus de stabilité ; mais sans stabilité, comment fonder une sagesse et perpétuer une civilisation ?

Dès 1919, VALÉRY lançait le cri d'alarme : « Nous autres civilisations, nous savons maintenant que nous sommes mortelles. » Consciemment ou non, nous sommes plongés dans cette *angoisse*. Les horreurs de la seconde guerre mondiale : déportations massives, tortures, génocide, et leurs séquelles qui se prolongent ont fait surgir la *barbarie* en pleine « civilisation ». L'âge atomique sera-t-il un nouvel âge des cavernes ? Nous vivons dans une atmosphère d'*Apocalypse*, au double sens du terme : révélation des arcanes et annonce de la fin des temps. Il faut en prendre conscience pour tenter d'éviter la catastrophe, et aussi pour comprendre la nature même de l'art et de la littérature d'aujourd'hui, qui descendent aux abîmes sans savoir toujours s'ils y cherchent *l'être* ou *le néant*.

II. LA LITTÉRATURE, LES ARTS

Jamais on n'avait fait une telle consommation de mots en *-isme*, et vu naître autant d'écoles avec leurs manifestes et leurs revues souvent éphémères. Jamais, non plus, les rapports d'influence réciproque entre la littérature et les beaux-arts n'avaient été si serrés, si vivants et si complexes. Pourtant le rôle des person-nalités fortes ne s'en est pas trouvé amoindri, bien au contraire. Des créateurs comme PÉGUY, CLAUDEL, PROUST, GIDE et VALÉRY sont proprement inclassables, et chacun d'eux nous a vraiment révélé un *univers* ; le nom d'APOLLINAIRE résume tout un ensemble d'expériences audacieuses ; le seul surréaliste orthodoxe est peut-être André BRETON ; Jean-Paul SARTRE demeure le chef de file de l'existentialisme français, sans se limiter à des caractères existentialistes ; le nouvel humanisme d'Albert CAMUS répondait à une attente diffuse, mais son accent irremplaçable est celui d'une conscience individuelle, noble, lucide et exigeante. — Parallèlement, un artiste comme PICASSO participe aux principaux mouvements du siècle sans jamais s'y perdre, mais pour affirmer en définitive son originalité irréductible.

A. LA LITTÉRATURE

Avant 1914   A première vue, la littérature d'avant 1914 nous semble, comme le « modern style », périmée ou tributaire du XIXe siècle. Un reclassement parfois brutal a plongé dans l'oubli ou réduit à un intérêt documentaire une grande partie des œuvres qui occupaient alors le devant de la scène, dans cette « foire sur la place » dont parlait Romain Rolland.

Mais l'ironie d'Anatole FRANCE n'est point périmée, et les méditations de BARRÈS nous concernent encore, que nous soyons plus sensibles au culte du moi ou à l'enracinement dans la terre ancestrale. Cette courte période nous a légué l'admirable message de PÉGUY, couronné par sa mort au champ d'honneur ; la révolution poétique amorcée par APOLLINAIRE ; une grande partie de l'œuvre de CLAUDEL — dont le souffle puissant vivifiait le drame et le lyrisme — et de l'œuvre de GIDE, depuis les *Nourritures Terrestres* jusqu'aux *Caves du Vatican*. En VALÉRY mûrissait l'analyste de l'intellect et le poète de *La Jeune Parque*, tandis que Marcel PROUST découvrait le secret du *temps retrouvé* et dessinait les méandres de sa phrase inimitable.

Bref, la « belle époque » fut aussi, pour la littérature comme pour les arts (cf. p. 12-13), une *grande* époque.

De 1919 à 1939   Après la mort de PROUST (1922), *La Recherche du Temps perdu* achève de paraître ; CLAUDEL poursuit son œuvre cosmique ; GIDE, toujours en quête de lui-même, affirme la maîtrise de son art ; revenu à la poésie, VALÉRY connaît la gloire. PROUST, qui lègue à ses successeurs une psychologie enrichie d'une quatrième dimension, celle du *temps*, reproduit par la création littéraire l'expérience fortuite par laquelle il a pu accéder, hors du temps, à « l'essence des choses ». De leur côté, GIDE et VALÉRY, si différents l'un de l'autre, ne sont pas rapprochés seulement par l'amitié : tous deux se consacrent à une minutieuse *analyse de la démarche créatrice*, l'un dans *Les Faux-Monnayeurs* et le *Journal des Faux-Monnayeurs*, l'autre dans toute son œuvre. Ainsi la création se double d'une *réflexion sur elle-même*, d'une prise de conscience de ses propres conditions, de ses lois et de ses hasards : on reconnaîtra dans ce dédoublement l'influence de Mallarmé, et l'un des traits majeurs de la littérature et de l'art modernes.

Cependant une nouvelle génération s'apprête à prendre la relève. Il lui faudra d'abord dépasser, ou repousser, les tentations des « années folles » qui suivent la guerre et ses horreurs : fantaisie désinvolte, cosmopolitisme facile, goût du bizarre et de l'inédit. Mais bientôt le mouvement *surréaliste* laisse paraître, parmi des provocations déplaisantes, une inquiétude profonde et de hautes ambitions. La recherche de *l'insolite* n'est plus un jeu mais une méthode et peut-être une métaphysique ; les structures du langage et de la pensée sont soumises à une sorte de désintégration tendant à saisir, sous les conventions et les mécanismes, une réalité *authentique*.

Le surréalisme est typique et spectaculaire, mais il ne saurait à lui seul caractériser l'entre-deux-guerres. De 1920 à 1940, notre THÉATRE connaît de belles réussites dans la comédie de mœurs, et une renaissance de la tragédie avec GIRAUDOUX ; aux confins du comique et du tragique, SALACROU scrute l'énigme de la condition humaine ; ANOUILH révèle, dès ses débuts, une vigoureuse originalité. De Radiguet à Malraux, le ROMAN est particulièrement riche et divers. Après RADIGUET, un CHARDONNE, un ARLAND s'inscrivent dans la tradition des moralistes ; des chrétiens comme MAURIAC et BERNANOS peignent des créatures engagées sur les voies mystérieuses de la damnation ou du salut. Sous la forme du roman-fleuve, Roger MARTIN DU GARD et DUHAMEL esquissent un humanisme moderne, ainsi que Jules ROMAINS, dont *l'unanimisme*, né avant 1914, trouve ainsi une large audience. COLETTE, parvenue au plein épanouissement de son talent, charme d'innombrables lecteurs par la fraîcheur de ses sensations et la qualité de son humour. GIONO rajeunit le grand thème de la nature, tandis que MONTHERLANT, SAINT-EXUPÉRY, MALRAUX édifient un roman de la grandeur.

Depuis 1940   La seconde guerre mondiale donne une extrême urgence au problème de la condition humaine et contribue à répandre d'une part la philosophie de *l'absurde*, d'autre part la littérature *engagée*. Des poètes comme ARAGON ou ÉLUARD, hier surréalistes, chantent la Résistance et retrouvent les voies ancestrales du lyrisme. Les années 40 sont marquées aussi par une large diffusion des thèses *existentialistes*, en particulier dans le théâtre, les romans et les essais de Jean-Paul SARTRE. Albert CAMUS dépasse l'absurde par *la révolte* et défend la personne humaine contre tout ce qui menace de l'écraser. Le surréalisme, une fois décanté, révèle sa fécondité par une influence durable sur de nombreux poètes et romanciers. Cependant, MONTHERLANT accède à la scène, où se confirme le succès d'ANOUILH.

Enfin des courants nouveaux apparaissent, au théâtre avec BECKETT et IONESCO, dans le *nouveau roman* avec ROBBE-GRILLET, BUTOR, Claude SIMON, Nathalie SARRAUTE. Leur tendance dominante est peut-être de pousser à l'extrême *la critique de toutes les structures :* poète, romancier ou dramaturge, le créateur ne se contente plus de s'observer lui-même en train de créer, il en vient à poser, par son œuvre même, la question du sens et de la possibilité de l'acte créateur. Ainsi s'expliquent des termes comme *apoèmes, antithéâtre, antiroman*, qui révèlent les répercussions, sur la littérature, de cette réflexion philosophique selon laquelle l'être postule le néant.

B. LES ARTS

L'art abstrait   L'histoire de l'art au XXᵉ siècle est marquée par la naissance de l'ART ABSTRAIT, qui cesse de reproduire, même en les interprétant, les êtres ou objets réels, et entend se créer ses propres objets. L'art ainsi conçu n'est plus représentation, mais présentation, ou création au sens strict de ce terme. Peintres et sculpteurs doivent donc opter désormais entre la tradition *figurative* et l'aventure *non-figurative*. Sans doute ne peut-on concevoir une rupture analogue en architecture, puisque cet art est non-figuratif par nature (encore que la colonne soit fille du tronc d'arbre) ; mais le *fonctionalisme* d'un LE CORBUSIER n'est pas sans parenté, dans sa hardiesse, avec l'art abstrait.

En musique, l'écriture *atonale*, qui rejette les fonctions tonales traditionnelles, fondement de l'harmonie classique, s'est organisée en *dodécaphonisme* par la libre exploitation des douze sons de la gamme chromatique ; en s'imposant ces « gênes exquises » sans lesquelles, selon Valéry, il n'est pas d'art véritable, le dodécaphonisme est devenu *musique sérielle*. Mais, depuis 1948, une autre révolution, beaucoup plus radicale, bouleverse l'art des sons : cette musique « *concrète* », en dépit de son nom, semble bien être la sœur de la peinture et de la sculpture abstraites. Elle obtient en laboratoire des sons et des rythmes « inouïs », par la manipulation de bandes d'enregistrement sonore.

La peinture   En peinture, le nouveau siècle est d'abord *fauviste* (Salon d'automne de 1905). Exaltant la sensation, les « Fauves » réagissent à la fois contre les taches de couleur juxtaposées des impressionnistes et contre le dessin fignolé des académistes ; ils négligent le détail et appuient les contours. Certains d'entre eux compteront parmi les plus grands peintres de notre temps : MATISSE (1869-1954), coloriste admirable ; DUFY (1877-1953) qui concilie avec esprit l'audace et la sagesse ; citons encore VLAMINCK (1876-1958), MARQUET (1875-1947), DERAIN (1880-1954).
Vers le même temps commence, avec la célébrité du « douanier » Rousseau, la vogue de l'art *naïf* et du *primitivisme*. ROUSSEAU (1844-1910) est vraiment un peintre « naïf », qui compense par la spontanéité et l'imagination les lacunes de sa technique ; mais UTRILLO (1883-1955) connaît les secrets de l'art et n'est primitif que par la fraîcheur de sa vision.
Pour l'*expressionniste* ROUAULT (1871-1958), « l'art est une confession ». Il traite des sujets réalistes ou religieux avec un sens profond du *tragique ;* son style rappelle l'art du vitrail, comme il est naturel chez un ancien apprenti verrier. GROMAIRE (1892-1971) est un peu de la même race, par sa vigueur et sa sincérité bouleversante. C'est sous le signe de l'*expressionnisme* que l'on place aussi, généralement, deux des artistes étrangers de « l'École de Paris », ces deux peintres « maudits » que furent SOUTINE et MODIGLIANI (1884-1920).
A partir de 1907, une tendance nouvelle s'oppose au fauvisme et à l'expressionnisme : c'est le *cubisme* qui inscrit les objets dans des volumes géométriques, appliquant ainsi à la réalité des cadres intellectuels. On assiste alors aux recherches de Pablo PICASSO (1881-1973), de BRAQUE (1882-1963), de LÉGER (1881-1955), puis à celles de LA FRESNAYE (1885-1925). La poésie elle-même veut, un moment, être « cubiste » (cf. p. 48) ; mais Vlaminck dénonce l'invasion de l'art par les spéculations abstraites. Ses inquiétudes ne sont que trop justifiées par un certain langage, étonnamment gratuit, de la critique d'art actuelle.

La géométrie cubiste ne satisfait pas les *futuristes*, qui veulent peindre le devenir et donner l'illusion du mouvement par la juxtaposition d'images successives dans la durée. Le *simultanéisme*, frappant dans une nouvelle manière de PICASSO, apparente au théoricien F. T. Marinetti, auteur du *Manifeste futuriste* (1909), Robert DELAUNAY (1885-1941) qu'Apollinaire rangeait parmi les cubistes « orphiques » ; tant il est vrai que l'on ne saurait isoler ces diverses tendances. Le futurisme est, en tout cas, l'une des voies qui conduisent à l'*art abstrait*.

Après la guerre de 1914, Marquet, Derain s'orientent vers un classicisme auquel DUNOYER DE SEGONZAC (né en 1884) accède d'emblée. Matisse, Dufy, Picasso évoluent selon leur génie personnel. Mais une génération nouvelle est *surréaliste* en peinture comme en poésie. Elle se réclame de PICASSO, de PICABIA, de CHAGALL (né à Vitebsk en 1887), de la peinture « métaphysique » de CHIRICO. TANGUY, LURÇAT (qui trouvera sa voie dans la tapisserie), des étrangers comme MAN RAY, SALVADOR DALI (né en 1904), JOAN MIRO ou MAX ERNST (naturalisé Français) partagent les ambitions d'André Breton et vont à la découverte de l'univers onirique. S'ils se bornent parfois à faire naître l'impression d'insolite par l'assemblage bizarre d'objets hétéroclites, ils parviennent aussi à créer un *dépaysement total* par la transposition picturale de l'atmosphère inexprimable du *cauchemar*. Les formes impensables, les monstres fixés sur la toile traduisent en outre le *désarroi* de l'homme dans un univers « absurde ».

Actuellement, la peinture abstraite présente des tracés géométriques ou des contrastes de couleurs qui n'ont pas toujours une signification transcendante, mais inaugurent un nouvel art *décoratif*. Cependant la peinture figurative, vivifiée par les expériences abstraites, amorce une vigoureuse contre-offensive. Ses meilleurs représentants ne se montrent pas moins « authentiques » que leurs rivaux « abstraits ».

La sculpture

RODIN meurt en 1917. Tout en s'affranchissant de son influence, BOURDELLE (1861-1929) et MAILLOL (1861-1944) l'égalent en grandeur et en puissance. Ces deux méridionaux ont le culte des formes pleines et de la plastique méditerranéenne. Le premier, dans ses bustes et ses sujets antiques, se montre peut-être plus varié ; l'œuvre du second constitue tout entière un hymne grandiose au corps féminin.

A l'opposé de ce classicisme se situent les *constructions abstraites* d'Antoine PEVSNER (né Russe, citoyen français depuis 1930), auteur, avec son frère Naum, dit GABO, d'un *Manifeste constructiviste* (1920). Influencés par Dada et le surréalisme, Germaine RICHIER, COUTURIER, GIACOMETTI (né dans les Grisons, 1901-1966) procèdent soit à une distorsion hallucinante des formes naturelles, soit à l'élaboration de volumes autonomes suggérant une poésie pure des rapports entre le plein et le vide, entre l'immobilité et le mouvement. D'ordinaire, la sculpture abstraite refuse toute « superstition » du matériau « noble » (marbre ou bronze) et pense étendre ainsi le champ de ses possibilités.

Musique et littérature

Après DEBUSSY et FAURÉ, disparus en 1918 et 1924, RAVEL (1875-1937) devient le représentant le plus typique du génie musical français ; il avait donné en 1906 une spirituelle illustration des *Histoires Naturelles* de Jules Renard ; puis c'est, en 1925, sa fantaisie sur un livret de Colette, *L'Enfant et les Sortilèges*. A sa génération appartiennent Paul DUKAS (1865-1935), Albert ROUSSEL (1869-1937), Erik SATIE (1866-1925) dont l'humour et le style dépouillé vont séduire le jeune « Groupe des Six » qui se placera sous son patronage.

Les « Six » composent collectivement la musique d'un ballet conçu par Cocteau, *Les Mariés de la Tour Eiffel* (1921), puis chacun suit sa voie et quatre d'entre eux surtout deviennent célèbres : Georges AURIC (né en 1899) ; Darius MILHAUD (né en 1892), auteur de *Bolivar*, opéra sur un livret de Supervielle ; Arthur HONEGGER (1892-1955, de nationalité helvétique), à qui l'on doit *Pacific 231* et deux admirables oratorios : *Le Roi David* (1921), puis *Jeanne au bûcher*, sur un texte de Paul Claudel (1939) ; enfin Francis POULENC (1899-1963), qui a composé des mélodies sur des poèmes d'Apollinaire, Cocteau, Max Jacob, Éluard, Aragon, Louise de Vilmorin, et l'opéra *Dialogues des Carmélites*, d'après Bernanos (1957). — Citons encore Henri SAUGUET qui excelle dans la musique de ballet, Olivier MESSIAEN remarquable à la fois par ses audaces et par son inspiration mystique, André JOLIVET, Jean FRANÇAIX, Pierre BOULEZ.

Le cinéma   Utilisant la technique mise au point par Louis LUMIÈRE en 1895, Georges MÉLIÈS tourne ses premiers films à partir de 1897. Avant 1914, d'autres metteurs en scène commencent à se signaler : Max LINDER, Abel GANCE, Léonce PERRET. Puis viennent Jacques FEYDER, Marcel L'HERBIER, Louis DELLUC, René CLAIR, tandis que le succès de Charlie CHAPLIN se répand en France (ses premières bandes datent de 1915). Avec BUNUEL et DALI (*Un Chien andalou*, 1928) ou COCTEAU (*Le Sang d'un poète*, 1931), le cinéma participe au mouvement *surréaliste*. Mais, vers le même temps, la sonorisation menace d'en faire un théâtre filmé ; il saura pourtant surmonter cette crise et tirer des effets heureux des correspondances entre la musique et les images. Cependant un René CLAIR montrera toujours, dans ses films « parlants », une discrète tendresse pour « le muet ».

En 1937 commence, avec *Drôle de Drame*, une féconde collaboration entre Marcel CARNÉ et Jacques PRÉVERT (*Les Visiteurs du Soir*, 1942 ; *Les Enfants du Paradis*, 1945). Passant de la scène à l'écran, Marcel PAGNOL travaille volontiers avec Giono. En 1939, André MALRAUX tire de son propre roman un film épique : *L'Espoir*. L'année 1943 révèle trois metteurs en scène : BECKER, avec *Goupi-mains-rouges* (suivi, en 1952, de *Casque d'or*), CLOUZOT, avec *Le Corbeau*, et BRESSON, avec *Les Anges du Péché* (que suivront, d'après Bernanos, *Le Journal d'un Curé de campagne* en 1950, puis, en 1967, *Mouchette*). En 1960, l'élection de René CLAIR à l'Académie Française consacre, avec le « septième art », une œuvre riche d'humour et de poésie : *Un Chapeau de paille d'Italie* (1927), *Le Million*, *A nous la liberté* (1931), *Fantôme à vendre* (1935), *Ma Femme est une Sorcière* (1942), *Le Silence est d'or* (1947), *Les Belles de nuit* (1952). Alain RESNAIS doit à Marguerite Duras le sujet de *Hiroshima mon amour* (1959) et à Robbe-Grillet celui de *L'Année dernière à Marienbad* (1961).

Tandis que Jacques TATI, satirique souriant venu de la pantomime au cinéma, retrouve les voies du comique pur, la nouvelle génération fournit des metteurs en scène très doués et très tôt célèbres comme Louis MALLE, Claude CHABROL, François TRUFFAUT, Jean-Luc GODARD, Claude LELOUCH, Éric ROHMER.

Précieux auxiliaire de la littérature, lorsqu'il sait illustrer de grandes œuvres sans les trahir, et inciter un vaste public à les lire, le cinéma exerce à son tour son influence sur le roman (cf. p. 656-664), qui s'inspire parfois de l'optique, du découpage, des séquences cinématographiques. Et surtout il accède à une *poésie autonome*. Il a pu rivaliser avec la peinture, comme en témoignent *La Kermesse héroïque* de Jacques Feyder, et, avec l'appoint de la couleur, *Le Fleuve* de Jean Renoir, fils du grand peintre.

LA POÉSIE AVANT 1914

Avant 1914, Paul VALÉRY, s'imposant presque le silence, médite encore et commence à rédiger *La Jeune Parque*. CLAUDEL, souvent éloigné de France, n'a ni l'audience ni l'action qui seront les siennes. PÉGUY, jusqu'aux *Mystères*, apparaît surtout comme un polémiste en croisade : ces trois grands noms seront étudiés à leur place.

Les poètes les plus influents ou, simplement, les plus connus sont alors, d'une part les anciens débutants des années 1880-1890 qui exploitent et diversifient le double héritage *symboliste* et *roman* (cf. *XIXᵉ Siècle*, p. 540), de l'autre les nouveaux venus qui, à travers ces courants mêlés, poussent plus loin *le jeu* ou *l'investigation poétiques*. Sans offrir de date comparable, dans l'histoire de l'imagination et de la sensibilité littéraire, à celle de 1802 avec *Le Génie du Christianisme*, ce début de siècle a donc tous les caractères d'une période *d'évolution* dans une intense activité poétique.

Un genre en honneur   La poésie garde beaucoup de prestige ; il est presque de règle que le futur « homme de lettres » débute par un volume de poèmes : ainsi Jules ROMAINS en 1904, Georges DUHAMEL en 1907, François MAURIAC, Jean COCTEAU et Francis CARCO en 1910. Le titre de Prince des Poètes (Léon DIERX, puis Paul FORT) a tout son éclat. Les manifestations poétiques sont nombreuses : banquets, soirées, conférences et même un tumultueux *Congrès des Poètes* (1901). La vogue des cafés littéraires demeure. Deux pointes hors du Quartier Latin, vers Montmartre puis vers Montparnasse, opèrent l'alliance de la poésie avec la peinture moderne.

Revues, manifestes, écoles   Si les quotidiens eux-mêmes publient souvent, en première page, des vers de poètes célèbres, les *revues* se multiplient. De 1900 à 1914, et à Paris seulement, on a pu en compter plus de deux cents. Beaucoup sont éphémères mais d'autres font figure d'institutions : d'abord, celles qui datent de la fin du siècle précédent (cf. *XIXᵉ Siècle*, p. 540) ; puis, à partir de 1900, *Vers et Prose* (1905), *La Phalange* (1906) dernier refuge, avec Jean ROYÈRE, du Symbolisme mallarméen, et *Le Divan* (1908). Leur esprit, en dépit d'interférences et d'hospitalités diverses, s'oppose, en général, à celui de *L'Occident* (1901), *La Renaissance Latine* (1902), *Les Marges* (1903) qui défendent plutôt des valeurs classiques et réputées « françaises », en accord avec le nationalisme politique commandé par la pensée de Charles MAURRAS poète de l'École romane (*Pour Psyché*, 1891). La *Nouvelle Revue française* (1909) doit être considérée à part (cf. p. 670).

Une tendance assez nette à la décentralisation a pour conséquence de donner un rôle non négligeable à certaines revues de province comme, par exemple, *Le Feu*, à Aix, *L'Effort*, organe de « l'École de Toulouse », et, d'abord à Valence, *Les Guêpes*, l'un des asiles du groupe « fantaisiste ». Écoles, groupes, manifestes n'ont jamais été si nombreux.

L'instrument poétique   Sauf pour les stricts observants de la régularité, qui comptent surtout les poètes dits « méridionaux » (François-Paul ALIBERT, Joachim GASQUET, Fernand MAZADE), l'instrument poétique et la notion même de poème sont sortis modifiés de l'époque symboliste et des tentatives du *vers-librisme*. La plupart des poètes font désormais une part au vers libéré par des licences raisonnables ; sans retenir toutes les affectations de l'hermétisme et seulement en donnant le pas à l'intensité poétique sur le simple discours organique et orné, ils pratiquent ou bien des formes plus resserrées ou bien de larges mouvements délivrés de la nette division strophique : la poésie est encore un chant dominé, mais où mètres, coupes et rimes traditionnels trouvent nombre d'équivalents.

Retour aux apparences

Depuis Gérard de Nerval s'était sans cesse affirmée une vocation de la poésie à interpréter ou dépasser les apparences, l'acte poétique constituant, à l'extrême, *l'hyperbole* mallarméenne (cf. *XIXe Siècle*, p. 530) qui devait permettre une approximation de l'Être. La conception tout égoïste, sinon aristocratique, du « bibelot d'inanité sonore » avait de plus contribué à isoler la poésie de la vie réelle. Mais, déjà, la palinodie de Moréas avait ramené bien des poètes au spectacle concret du monde et à l'expression plus directe des sentiments. Cette tendance s'affirme aux approches de 1900.

Dans le cas de VERHAEREN, on pourrait ainsi parler d'un véritable « Symbolisme humanitaire » puisque, sa manière demeurant nettement marquée par les habitudes d'expression récemment acquises, il n'en retrouve pas moins une mission de la poésie oubliée depuis Hugo. Plus encore, il est significatif que l'*Essai sur le Naturisme* de Maurice LE BLOND (1896) et le *Manifeste naturiste* de SAINT-GEORGES DE BOUHELIER (dont les effets directs concerneront surtout le Théâtre) suscitent de nombreux échos à la formule fameuse : « En voilà assez. Il y a assez longtemps qu'on admire Baudelaire et Mallarmé. » Le groupe « humaniste » de Fernand GREGH (1902) où beaucoup se sont comptés, en est une preuve entre d'autres. Partout, les thèmes préférés, la manière plus directe de les traiter, le ton adopté marquent diversement l'abandon d'un univers cérébral et seulement rêvé.

Bientôt, avec des intentions plus nettes et accompagné par la poésie cordiale du « Groupe de l'Abbaye », l'*Unanimisme* (1909, cf. p. 35) tente de rejoindre, derrière le spectacle fragmentaire et dispersé de la vie quotidienne, non plus des Essences mystérieuses, mais la présence ressentie d'une *âme collective*. A la même date le *Futurisme* de F.A. MARINETTI, faisant appel au tumulte mécanique et à la violence matérielle, n'est sans doute qu'une manifestation tapageuse, mais en fait il confirme un recours plus général à la vision du monde moderne modifiée par la vitesse, le don d'ubiquité du cinéma naissant et l'interprétation simultanée des formes concrètes où tendait la peinture. A la veille du premier conflit mondial on put ainsi parler de « *poésie cubiste* ».

« Les poètes massacrés »

En 1913, par un trait de grâce poétique, GUILLAUME APOLLINAIRE avait, dans *Alcools* (cf. p. 48), marqué le point atteint par ces tendances diverses et ménagé une étape vers les tentatives futures. Blessé au combat, il mourut à l'instant même de l'Armistice de 1918. PÉGUY, tué en 1914, l'avait précédé dans l'absence. D'autres poètes encore, qui s'étaient déjà fait un nom, furent pris par la mort sous les armes. Jean-Marc BERNARD, Émile DESPAX, Paul DROUOT, Louis DE LA SALLE, Jean DE LA VILLE DE MIRMONT semblent avoir été les plus chargés de promesses. Sans vouloir distinguer dans la foule indéterminée des disparus de la poésie, on peut cependant considérer que le vide laissé par eux explique en partie, avec l'ébranlement causé par la guerre, la violence et le manque d'équilibre qui caractérisent les manifestations apparues autour de 1920.

L'HÉRITAGE SYMBOLISTE

Dans la durable querelle des Littératures du Nord et du Midi ouverte par Mme de STAEL (cf. *XIXe Siècle*, p. 14) la période du *Symbolisme* avait été marquée d'un fait nouveau : l'apport d'une importante « brigade » d'écrivains *belges* à la poésie française. Avant 1914, les noms de Maurice MAETERLINCK et d'Émile VERHAEREN s'imposent au premier plan tandis que, parmi les autres poètes d'expression française, le Lithuanien O.V. de L. MILOSZ (1877-1939) n'est connu que de petits cercles et que, vivant déjà à Paris, l'Autrichien Rainer Maria RILKE (1875-1926) est encore simple secrétaire de Rodin.

Émile Verhaeren   Né près d'Anvers, Émile VERHAEREN, après des études
(1855-1916)   à l'Université de Louvain, débuta par deux recueils
où il chantait le présent et le passé de ses plaines natales :
Les Flamandes (1884), *Les Moines* (1886). Des séjours dans les capitales nordiques et
notamment à Londres, une grave crise religieuse et morale, l'emprise sur son imagination
d'une certaine atmosphère de la poésie symboliste trouvèrent leur écho dans une trilogie
sombre, chaotique et de forme brumeuse : *Les Soirs* (1887), *Les Débâcles* (1888), *Les
Flambeaux noirs* (1891).

Mais VERHAEREN intéresse au premier chef la poésie des débuts du XXᵉ siècle à partir
du moment où, dans *Les Campagnes Hallucinées* (1893) et *Les Villes Tentaculaires* (1895),
il prouve, contre Ruskin et son esthétisme, que le monde moderne, sans cesse animé
par les transformations humaines et sociales qui conduisent au spectacle des villes
« myriadaires », peut devenir matière poétique. Au même moment, son adhésion à un
socialisme plus généreux et idéaliste que doctrinal renforce chez lui un large don de
sympathie. Après le temps de l'impassibilité parnassienne et de la gratuité symboliste,
le lyrisme retrouve avec lui certains thèmes délaissés. *Les Visages de la Vie* (1899), *Les
Forces Tumultueuses* (1902), *La Multiple Splendeur* (1906), *Les Rythmes Souverains* (1910)
sont un hymne continu à la présence humaine dans un monde tendu vers l'avenir. Mais,
de même qu'il n'a jamais oublié de chanter les tendresses intimes depuis *Les Heures Claires*
(1896), le poète n'abandonne pas l'évocation des Flandres (cf. p. 20). Partageant son temps
entre Paris, sa retraite du Hainaut et les voyages, il est devenu une figure rayonnante
lorsqu'il meurt accidentellement en gare de Rouen au retour d'une visite sur le front de
la Belgique envahie où il a vu passer les *Ailes Rouges de la Guerre* (1916).

Par tous ces caractères, VERHAEREN se distingue de ses contemporains Georges RODEN-
BACH *(Le Règne du Silence ; Le Voyage dans les Yeux)* et VAN LERBERGHE *(La Chanson
d'Ève)* comme de ses proches cadets, Max ELSKAMP, André FONTAINAS, Albert MOCKEL,
tous plus durablement soumis aux modes symbolistes. Seuls ses drames *(Les Aubes,
1898 ; Le Cloître, 1900)* satisfont sans difficulté à l'esthétique de l'École.

Les Villes

Placé en tête des *Campagnes Hallucinées*, ce poème annonce, pour lier le diptyque,
l'appel tout-puissant des *Villes Tentaculaires*. Si le début du XIXᵉ siècle avait rouvert au
lyrisme « la grande nature fermée », il est significatif qu'aux approches de 1900, la poésie
se voue plutôt au *décor urbain*, déjà imposé par le roman (les Goncourt, Zola) et la
peinture impressionniste (Manet). Vigny il est vrai avait dès 1831 évoqué, dans une
Élévation, Paris « fournaise » où bouillonne l'avenir. Baudelaire, théoricien de la « moder-
nité », avait plus tard cherché un lourd enchantement « dans les plis sinueux des vieilles
capitales. » Mais VERHAEREN, qui est surtout hanté par l'aspect nouveau du travail des
hommes *(Les Usines)* ou par ce que recèle leur entassement *(L'Ame de la Ville)* crée
un *fantastique moderne et social* à partir de notations très réalistes. Les nombreux effets de
sa versification « libérée » sont, avant tout, au service d'un ample mouvement qui ne
peut se soumettre à la rigidité des strophes traditionnelles.

Tous les chemins vont vers la ville.

Du fond des brumes
Là-bas, avec tous ses étages
Et ses grands escaliers, et leurs voyages
Jusques au ciel, vers de plus hauts étages
Comme d'un rêve, elle s'exhume.

Là-bas,
Ce sont des ponts tressés en fer
Jetés, par bonds, à travers l'air ;
10 Ce sont des blocs et des colonnes
Que dominent des faces de gorgonnes [1] ;
Ce sont des tours sur des faubourgs
Ce sont des toits et des pignons,
En vols pliés, sur les maisons ;
C'est la ville tentaculaire
Debout
Au bout des plaines et des domaines.
Des clartés rouges
Qui bougent
20 Sur des poteaux et des grands mâts
Même à midi, brûlent encor
Comme des yeux monstrueux d'or,
Le soleil clair ne se voit pas :
Bouche qu'il est de lumière, fermée
Par le charbon et la fumée,
Un fleuve de naphte et de poix
Bat les môles de pierre et les pontons de bois.
Les sifflets crus des navires qui passent
Hurlent la peur dans le brouillard :
30 Un fanal vert est leur regard
Vers l'océan et les espaces.

Des quais sonnent aux entrechocs de leurs fourgons
Des tombereaux grincent comme des gonds
Des balances de fer font choir des cubes d'ombre
Et les glissent soudain en des sous-sols de feu ;
Des ponts s'ouvrant par le milieu
Entre les mâts touffus dressent un gibet sombre
Et des lettres de cuivre inscrivent l'univers,
Immensément, par à travers [2]
40 Les toits, les corniches et les murailles
Face à face, comme en bataille.

Par au-dessus, passent les cabs [3], filent les roues
Roulent les trains, vole l'effort
Jusqu'aux gares, dressant, telles des proues
Immobiles, de mille en mille, un fronton d'or.
Les rails ramifiés rampent sous terre
En des tunnels et des cratères
Pour reparaître en réseaux clairs d'éclairs
Dans le vacarme et la poussière.

— 1 Pour *Gorgones* : orthographe du *Mer-cure de France* dont nous respectons aussi la ponctuation. — 2 Renforcement archaïque (plus loin : *par au-dessus*) qui compte parmi les « tics » du poète comme l'emploi de certains pluriels (cf. v. 92). — 3 Ce mot révèle que le décor est celui de Londres. A partir du v. 92, le poète évoque les plaines flamandes. Il procède par visions composites.

50 C'est la ville tentaculaire.

La rue — et ses remous comme des câbles
Noués autour des monuments —
Fuit et revient en longs enlacements
Et ses foules inextricables
Les mains folles, les pas fiévreux,
La haine aux yeux
Happent des dents le temps qui les devance.
A l'aube, au soir, la nuit,
Dans le tumulte et la querelle, ou dans l'ennui
60 Elles jettent vers le hasard l'âpre semence
De leur labeur que l'heure emporte :
Et les comptoirs mornes et noirs
Et les bureaux louches et faux
Et les banques battent des portes
Aux coups de vent de leur démence.
Dehors, une lumière ouatée
Trouble et rouge comme un haillon qui brûle
De réverbère en réverbère se recule.
La vie, avec des flots d'alcools est fermentée.
70 Les bars ouvrent sur les trottoirs
Leurs tabernacles de miroirs
Où se mirent l'ivresse et la bataille ;
Une aveugle s'appuie à la muraille
Et vend de la lumière, en des boîtes d'un sou ;
La débauche et la faim s'accouplent en leur trou
Et le choc noir des détresses charnelles
Danse et bondit à mort dans les ruelles.

Et coup sur coup, le rut grandit encore
Et la rage devient tempête :
80 On s'écrase sans plus se voir, en quête
Du plaisir d'or et de phosphore ;
Des femmes s'avancent, pâles idoles
Avec, en leurs cheveux, les sexuels symboles.
L'atmosphère fuligineuse et rousse
Parfois loin du soleil recule et se retrousse
Et c'est alors comme un grand cri jeté
Du tumulte total vers la clarté :
Places, hôtels, maisons, marchés
Ronflent et s'enflamment si fort de violence
90 Que les mourants cherchent en vain le moment de silence
Qu'il faut aux yeux pour se fermer.

Telle, le jour — pourtant lorsque les soirs
Sculptent le firmament de leurs marteaux d'ébène,
La ville au loin s'étale et domine la plaine
Comme un nocturne et colossal espoir.

Elle surgit : désir, splendeur, hantise ;
Sa clarté se projette en lueurs jusqu'aux cieux,
Son gaz myriadaire en buissons d'or s'attise
Ses rails sont des chemins audacieux
100   Vers le bonheur fallacieux
Que la fortune et la force accompagnent ;
Ses murs se dessinent pareils à une armée
Et ce qui vient d'elle encor de brume et de fumée
Arrive en appels clairs vers les campagnes.

C'est la ville tentaculaire
La pieuvre ardente et l'ossuaire
Et la carcasse solennelle.

Et les chemins d'ici s'en vont à l'infini.
Vers elle.

Les Campagnes Hallucinées (Mercure de France, éditeur).

L'Escaut

Toute la Flandre comprend une suite de cinq recueils échelonnés de 1904 à 1911. VERHAEREN y chante sans se lasser les paysages maintenant marqués par le progrès *(Les Trains)* ou la persistance des humbles signes agrestes *(La Fleur de lin)*. Dans le volume *Les Héros* (1908), il évoque abondamment les grandes figures du passé. *L'Escaut* est aussi un héros de l'histoire des Flandres dont il charrie les reflets. *Voici le début du poème qui compte 181 vers et s'ouvre sur un « catalogue » des fleuves célèbres :*

Et celui-ci, puissant, compact, pâle et vermeil,
Remue, en ses mains d'eau, du gel et du soleil ;
Et celui-là étale, entre ses rives brunes
Un jardin sombre et clair pour les jeux de la lune ;
    Et cet autre se jette à travers le désert
Pour suspendre ses flots aux lèvres de la mer ;
Et tel autre, dont les lueurs percent les brumes
    Et tout à coup s'allument
Figure un Walhallah de verre et d'or
10   Où des gnomes velus gardent de vieux trésors.
En Touraine, tel fleuve est un manteau de gloire.
Leurs noms ? L'Oural, l'Oder, le Nil, le Rhin, la Loire.
    Geste des Dieux, cris de héros, marche de Rois,
    Vous les solennisez du bruit de vos exploits.
Leurs bords sont grands de votre orgueil ; des palais vastes
    Y soulèvent jusques aux nuages leur faste.

    Tous sont guerriers : des couronnes cruelles
S'y reflètent — tours, burgs, donjons et citadelles —
Dont les grands murs unis sont pareils aux linceuls.

20   Il n'est qu'un fleuve, un seul,
        Qui mêle au déploiement de ses méandres
        Mieux que de la splendeur et de la cruauté,
        Et celui-là se voue aux peuples —, aux cités
        Où vit, travaille et se redresse encor, la Flandre !

        Tu es doux ou rugueux, paisible ou arrogant
        Escaut des Nords — vagues pâles et verts rivages —
        Route du vent et du soleil, cirque sauvage
            Où se cabre l'étalon noir des ouragans...

            Toute la Flandre : Les Héros (Mercure de France, éditeur).

L'EFFORT

  La *Multiple Splendeur* est, pour VERHAEREN, celle du *Corps humain*, de l'*Arbre*, de la *Joie*, des *Idées* qui règnent « plus haut que la douleur et plus haut que la joie ». *L'Europe* lui donne l'occasion d'évoquer largement l'image du Monde au début du XXᵉ Siècle. Dans *L'Effort*, l'alexandrin régulier reprend presque tous ses droits mais aucune des six strophes n'est soumise à un même système.

        Groupes de travailleurs, fiévreux et haletants,
        Qui vous dressez et qui passez au long des temps
        Avec le rêve au front des utiles victoires,
        Torses carrés et durs, gestes précis et forts,
        Marches, courses, arrêts, violences, efforts,
        Quelles lignes fières [1] de vaillance et de gloire
        Vous inscrivez tragiquement dans ma mémoire !

        Je vous aime, gars des pays blonds, beaux conducteurs
        De hennissants et clairs et pesants attelages,
10   Et vous, bûcherons roux des bois pleins de senteurs,
        Et toi, paysan fruste et vieux des blancs villages,
        Qui n'aimes que les champs et leurs humbles chemins
        Et qui jettes la semence d'une ample main
        D'abord en l'air, droit devant toi, vers la lumière,
        Pour qu'elle en vive un peu avant de choir en terre ;

        Et vous aussi, marins, qui partez sur la mer
        Avec un simple chant, la nuit, sous les étoiles,
        Quand se gonflent, aux vents atlantiques, les voiles
        Et que vibrent les mâts et les cordages clairs ;
20   Et vous, lourds débardeurs dont les larges épaules
        Chargent ou déchargent, au long des quais vermeils,
        Les navires qui vont et vont sous les soleils
        S'assujettir les flots jusqu'aux confins des pôles ;

— 1 Cette licence force justement à souligner l'adjectif à la lecture. Elle est voulue.

Et vous encor, chercheurs d'hallucinants métaux,
En des plaines de gel, sur des grèves de neige,
Au fond de pays blancs où le froid vous assiège
Et brusquement vous serre en son immense étau ;
Et vous encor, mineurs qui cheminez sous terre,
Le corps rampant, avec la lampe entre vos dents
30　Jusqu'à la veine étroite où le charbon branlant
Cède sous votre effort obscur et solitaire ;

Et vous enfin, batteurs de fer, forgeurs d'airain,
Visages d'encre et d'or trouant l'ombre et la brume,
Dos musculeux tendus ou ramassés, soudain,
Autour de grands brasiers et d'énormes enclumes,
Lamineurs noirs bâtis pour un œuvre éternel
Qui s'étend de siècle en siècle toujours plus vaste,
Sur des villes d'effroi, de misère et de faste,
Je vous sens en mon cœur, puissants et fraternels !

40　O ce travail farouche, âpre, tenace, austère,
Sur les plaines, parmi les mers, au cœur des monts,
Serrant ses nœuds partout et rivant ses chaînons
De l'un à l'autre bout des pays de la terre !
O ces gestes hardis, dans l'ombre ou la clarté,
Ces bras toujours ardents et ces mains jamais lasses,
Ces bras, ces mains unis à travers les espaces
Pour imprimer quand même à l'univers dompté
La marque de l'étreinte et de la force humaines
Et recréer les monts et les mers et les plaines
D'après une autre volonté.

La Multiple Splendeur (Mercure de France, éditeur).

Maeterlinck
(1862-1949)

Dans la première partie de sa longue carrière, Maurice MAETERLINCK a surtout fourni les seules vraies réussites du Théâtre symboliste dans Pelléas et Mélisande (cf. XIXᵉ Siècle, p. 557) et la féerie de L'Oiseau Bleu (1908), universellement connue, qui illustre au plus haut point son aptitude à transformer toute chose par une vision poétique. Il continuera à le faire dans la série des essais en prose où il évoque, en images sensibles, les mystères de la Vie et de la Destinée. Partout poète, il compte cependant peu au chapitre des genres poétiques, sauf à ses débuts, avec Serres Chaudes (1889). Par la suite, prouvant l'unité de son œuvre et appelant la musique de Gabriel Fauré, Douze Chansons (1896) peuvent apparaître comme des intermèdes lyriques de certains de ses drames :

Les sept filles d'Orlamonde
Quand la fée fut morte
Les sept filles d'Orlamonde
Ont cherché les portes

Ont allumé leurs sept lampes
Ont ouvert les tours,
Ont ouvert quatre cents salles
Sans trouver le jour...

Henri de Régnier
(1864-1936)

La facile et discrète existence d'HENRI DE RÉGNIER n'a d'autre histoire que celle de son œuvre, partagée entre la poésie et le roman « artiste » — chez lui, toujours délicat et mélancolique *(Les Vacances d'un Jeune Homme sage)* mais surtout paré des grâces élégantes et voluptueuses du XVIIe ou du XVIIIe Siècle *(Le Bon Plaisir, La Double Maîtresse)*. Après des débuts presque parnassiens *(Les Lendemains,* 1885) et une longue imprégnation symboliste, il exprime, à la fin du siècle, un art poétique très personnel.

Un petit roseau m'a suffi
Pour faire frémir l'herbe haute
Et tout le pré
Et les doux saules
Et le ruisseau qui chante aussi ;
Un petit roseau m'a suffi
A faire chanter la forêt...

Les Jeux rustiques et divins (1897)

J'ai feint que les Dieux m'aient parlé ;
Celui-là ruisselant d'algues et d'eau,
Cet autre lourd de grappes et de blé,
Cet autre ailé,
Farouche et beau
En sa stature de chair nue,
Et celui-ci toujours voilé...

Les Médailles d'Argile (1900)

C'est là sa façon de revenir à des thèmes « naturels ». *La Cité des Eaux* (1902), *La Sandale ailée* (1906), *Le Miroir des Heures* (1910) s'enrichissent aussi de confidences réduites à un chant modéré ou de l'incantation des grands paysages tantôt empruntés à la France royale, tantôt contemplés au cours de voyages rituels aux villes d'art. *Flamma tenax* (1928) sera le dernier recueil de cette noble carrière.

L'ALLUSION A NARCISSE

Le *titre* à lui seul est significatif. Gendre, depuis 1896, de J.M. de HEREDIA à qui il dédie — comme d'ailleurs à Mallarmé — de longues suites de poèmes, RÉGNIER ne traite plus la scène mythologique à la façon parnassienne. Qui est ici NARCISSE ? Le héros de la Fable ? Le poète lui-même ? Tout se confond comme sur le miroir d'eau touché par le geste dont le secret hantera VALÉRY (cf. p. 317). Les quatorze vers du poème ne sont pas non plus ceux d'un sonnet.

Un enfant vint mourir, les lèvres sur tes eaux,
Fontaine ! de s'y voir au visage trop beau
Du transparent portrait auquel il fut crédule [1]...
Les flûtes des bergers chantaient au crépuscule ;
Une fille cueillait des roses et pleura ;
Un homme qui marchait au loin se sentit las.
L'ombre vint. Les oiseaux volaient sur la prairie ;
Dans les vergers, les fruits d'une branche mûrie
Tombèrent, un à un, dans l'herbe déjà noire,
10 Et, dans la source claire où j'avais voulu boire,
Je m'entrevis comme quelqu'un qui s'apparaît.
Était-ce qu'à cette heure, en toi-même, mourait
D'avoir voulu poser ses lèvres sur les siennes
L'adolescent aimé des miroirs, ô Fontaine ?

Les Jeux rustiques et divins (Mercure de France, éditeur).

— 1 Vers 1-3 : permanence des habitudes de la syntaxe symboliste, « indécise » mais suggestivement sinueuse. De *s'y voir* (v. 2) dépend de : *mourir ; du* détermine *visage.* Comprendre : *que présentait le transparent portrait.*

L'ONDE NE CHANTE PLUS...

La *Cité des Eaux* n'est pas Venise, que RÉGNIER a aussi évoquée, mais Versailles où il relaie Albert Samain (cf. *XIXe Siècle*, p. 543), son égal en mélancolie, devant le Parc bien plus abandonné que de nos jours pendant tout un siècle et particulièrement après 1871. Si, dans ce recueil *(Le Sang de Marsyas)*, le poète déploie encore parfois toutes les ressources d'une libre versification, la facture classique des pièces les plus réussies s'accorde au cadre lui-même et à l'ampleur d'une noble tristesse.

L'onde ne chante plus en tes mille fontaines,
O Versailles, Cité des Eaux, Jardin des Rois !
Ta couronne ne porte plus, ô souveraine,
Les clairs lys de cristal qui l'ornaient autrefois !

La nymphe qui parlait par ta bouche s'est tue
Et le temps a terni sous le souffle des jours
Les fluides miroirs où tu t'es jadis vue
Royale et souriante en tes jeunes atours.

Tes bassins, endormis à l'ombre des grands arbres,
10   Verdissent en silence au milieu de l'oubli,
Et leur tain, qui s'encadre aux bordures de marbre,
Ne reconnaîtrait plus ta face d'aujourd'hui.

Qu'importe ! ce n'est pas ta splendeur et ta gloire
Que visitent mes pas et que veulent mes yeux ;
Et je ne monte pas les marches de l'histoire
Au-devant du Héros qui survit en tes Dieux.

Il suffit que tes eaux égales et sans fête
Reposent dans leur ordre et leur tranquillité,
Sans que demeure rien en leur noble défaite
20   De ce qui fut jadis un spectacle enchanté.

Que m'importent le jet, la gerbe et la cascade
Et que Neptune à sec ait brisé son trident,
Ni qu'en son bronze aride un farouche Encelade
Se soulève, une feuille morte entre les dents,

Pourvu que, faible, basse, et dans l'ombre incertaine,
Du fond d'un vert bosquet qu'elle a pris pour tombeau,
J'entende longuement ta dernière fontaine,
O Versailles, pleurer sur toi, Cité des Eaux !

La Cité des Eaux (Mercure de France, éditeur).

Vœu

Outre la discrétion et la ferveur du chant, on trouvera ici un exemple de ce que le vers français a pu gagner en *possibilités musicales*. Le système de rimes régulières s'y dilue au bénéfice de certaines dominantes pour laisser le pas aux *effets de rythme*.

Je voudrais pour tes yeux la plaine
Et une forêt verte et rousse,
Lointaine
Et douce
A l'horizon sous un ciel clair,
Ou des collines aux belles lignes
Flexibles et lentes et vaporeuses
Et qui sembleraient fondre en la douceur de l'air,
Ou des collines
10 Ou la forêt...

Je voudrais
Que tu entendes
Forte, vaste, profonde et tendre,
La grande voix sourde de la mer
Qui se lamente
Comme l'amour ;
Et, par instant, tout près de toi,
Dans l'intervalle,
Que tu entendes,
20 Tout près de toi,
Une colombe
Dans le silence,
Et faible et douce
Comme l'amour,

Un peu dans l'ombre,
Que tu entendes
Sourdre une source.

Je voudrais des fleurs pour tes mains,
Et pour tes pas
Un petit sentier d'herbe et de sable, 30
Qui monte un peu et qui descende
Et tourne et semble
S'en aller au fond du silence,
Un tout petit sentier de sable
Où marqueraient un peu tes pas,
Nos pas
Ensemble !

Les Médailles d'argile (Mercure de France, éditeur).

Francis Jammes
(1868-1938)

Jusqu'à l'âge de trente ans, Francis JAMMES eut une vie provinciale, en apparence « très douce, continue, simple. » Fils du Béarn, il y était revenu après ses études à Bordeaux, pour vivre en « propriétaire », à Orthez, près de sa mère. Mais une âme ardente et rêveuse, les désirs et les découvertes de la jeunesse et toutes les impatiences d'une vocation poétique volontairement assumée loin de Paris composaient, sous un tel calme, le levain d'une œuvre très personnelle. Par bonheur Mallarmé, Gide, Henri de Régnier ne se trompèrent pas à l'accent de la première plaquette partie d'Orthez (1894). Le « Jammisme » décrété par bravade au *Mercure de France* en 1897 ne fut qu'une affirmation particulière du Naturisme (cf. p. 16) : « il n'y a qu'une école : celle où, comme des enfants qui imitent aussi exactement que possible un beau modèle d'écriture, les poètes copient avec conscience un joli oiseau, une fleur, ou une jeune fille. » *De l'Angelus de l'Aube à l'Angelus du Soir* (1898) illustre cet art poétique de la simplicité qui constitue, à elle seule, un « effet ». Si quelques nouvelles *(Clara d'Ellébeuse, Almaïde d'Etremont)* laissent place aux joliesses d'un romanesque subtil, cette simplicité s'accentue encore dans

Le Deuil des Primevères (1901) et surtout *Clairières dans le Ciel* (1906) qui chante l'éclaircie de la foi chrétienne pleinement acceptée en 1905 sous la « direction » de Paul CLAUDEL.

Toujours en rapport avec le monde littéraire parisien mais préservant son originalité par son éloignement provincial, heureusement marié dans son âge mûr, père ébloui *(Ma fille Bernadette)*, grand ami des bêtes libres *(Le Roman du Lièvre)*, le poète compose les sept chants des *Géorgiques Chrétiennes* (1911-1912) où la geste d'une famille paysanne lui permet de soutenir son « système : la Vérité qui est la louange de Dieu ». Signe suprême de simplicité, il s'y soumet à la loi du « pur alexandrin », après le « grand combat » du vers-librisme où il avait pris parti.

Présentant de tels caractères, le constant *anticonformisme* de JAMMES explique sa place et son influence dans l'ensemble des recherches qui marquent l'avant-guerre de 1914. Transplanté à partir de 1921 à Hasparren, le « Cygne d'Orthez » devint au contraire une figure de *patriarche*, sévère pour les nouveaux aspects de la poésie. Néanmoins, apaisé dans son déclin par d'illustres fidélités qui remontaient à sa jeunesse, il poursuivit son œuvre sans disparate *(Les Quatrains*, 1923-1926 ; *De tout temps à jamais* 1935).

La Salle à Manger

Francis JAMMES a traité, selon sa poétique, tous les thèmes du *lyrisme intime*. Voici sa façon très caractéristique de redire, à son tour : « Objets inanimés, avez-vous donc une âme ?... » *Le Buffet* de RIMBAUD peut marquer une étape entre la manière romantique et celle de JAMMES.

Il y a une armoire à peine luisante
qui a entendu les voix de mes grand-tantes,
qui a entendu la voix de mon grand-père,
qui a entendu la voix de mon père.
À ces souvenirs l'armoire est fidèle.
On a tort de croire qu'elle ne sait que se taire,
car je cause avec elle.

Il y a aussi un coucou en bois.
Je ne sais pourquoi il n'a plus de voix.
10   Je ne veux pas le lui demander.
Peut-être bien qu'elle est cassée,
la voix qui était dans son ressort,
tout bonnement comme celle des morts.

Il y a aussi un vieux buffet
qui sent la cire, la confiture,
la viande, le pain et les poires mûres.
C'est un serviteur fidèle qui sait
qu'il ne doit rien nous voler.

Il est venu chez moi bien des hommes et des femmes
20   qui n'ont pas cru à ces petites âmes.
Et je souris que l'on me pense seul vivant
quand un visiteur me dit en entrant :
Comment allez-vous, Monsieur Jammes ?

De l'Angelus de l'aube à l'Angelus du soir (Mercure de France, éditeur).

Quand verrai-je les îles...

Francis JAMMES se définit lui-même « une âme très simple et très compliquée ». Aussi devine-t-on chez lui, sous l'acceptation de la vie quotidienne, un *goût du départ*, une hantise de paysages caressés *en songe*. Son grand-père « docteur médecin » avait vécu longtemps à la Guadeloupe. Un de ses oncles était allé aux Indes. Des souvenirs retrouvés déterminèrent chez lui dès l'enfance un *rêve d'exotisme* et d'heures jamais connues.

Quand verrai-je les îles où furent des parents ?
Le soir, devant la porte et devant l'océan
on fumait des cigares en habit bleu barbeau.
Une guitare de nègre ronflait, et l'eau
de la pluie dormait dans les cuves de la cour.
L'océan était comme des bouquets en tulle
et le soir triste comme l'Été et une flûte.
On fumait des cigares noirs et leurs points rouges
s'allumaient comme ces oiseaux aux nids de mousse
10 dont parlent certains poètes de grand talent.
O Père de mon Père, tu étais là, devant
mon âme qui n'était pas née, et sous le vent
les avisos glissaient dans la nuit coloniale.
Quand tu pensais en fumant un cigare
et qu'un nègre jouait d'une triste guitare,
mon âme qui n'était pas née existait-elle ?
Était-elle la guitare ou l'aile de l'aviso ?
Était-elle le mouvement d'une tête d'oiseau
caché lors au fond des plantations
ou le vol d'un insecte lourd dans la maison ?

De l'Angelus de l'aube à l'Angelus du soir (Mercure de France, éditeur).

L'Enfant lit l'almanach...

Les premiers poèmes strictement catholiques de JAMMES datent de 1905 *(En Dieu)*. Pour *Clairières dans le Ciel*, il sait aussi bien égrener le plus simple rosaire poétique *(L'Église habillée en feuilles)* que jouer délicatement avec l'imagination chrétienne.

L'enfant lit l'almanach près de son panier d'œufs.
Et, en dehors des Saints et du temps qu'il fera,
elle peut contempler les beaux signes des cieux :
Chèvre, Taureau, Bélier, Poissons, et cætera.

Ainsi peut-elle croire, petite paysanne,
qu'au-dessus d'elle, dans les constellations,
il y a des marchés pareils avec des ânes,
des taureaux, des béliers, des chèvres, des poissons.

C'est le marché du ciel sans doute qu'elle lit.
Et, quand la page tourne au signe des *Balances,*
elle se dit qu'au ciel comme à l'épicerie
on pèse le café, le sel et les consciences.

Clairières dans le Ciel (Mercure de France, éditeur).

PRIÈRE POUR ALLER AU PARADIS AVEC LES ANES

En réponse à dix-sept élégies assez tourmentées qui révèlent chez JAMMES un drame sentimental, *Le Deuil des Primevères* rassemble l'appel de quatorze prières *(Pour demander une étoile ; Pour être simple ; Pour avoir une femme simple...)*. Voici la plus célèbre. Le poète n'y parle pas encore en catholique exact (cf. v. 9). Déiste enchanté par Rousseau, chrétien « de désir » et d'imagination, il se souvient surtout de la douceur franciscaine des *Fioretti*. On est loin ici des conséquences philosophiques que V. Hugo tirait de sa sympathie pour l'animal *(Le Crapaud)* et pour l'Ane Patience *(L'Ane*, 1880).

Lorsqu'il faudra aller vers vous, ô mon Dieu, faites
que ce soit par un jour où la campagne en fête
poudroiera. Je désire, ainsi que je fis ici-bas,
choisir un chemin pour aller, comme il me plaira,
au Paradis, où sont en plein jour les étoiles.
Je prendrai mon bâton et sur la grande route
j'irai et je dirai aux ânes, mes amis :
Je suis Francis Jammes et je vais au Paradis,
car il n'y a pas d'enfer au pays du Bon Dieu.
10   Je leur dirai : Venez, doux amis du ciel bleu,
pauvres bêtes chéries qui, d'un brusque mouvement d'oreille,
chassez les mouches plates, les coups et les abeilles...

Que je vous apparaisse au milieu de ces bêtes
que j'aime tant parce qu'elles baissent la tête
doucement, et s'arrêtent en joignant leurs petits pieds
d'une façon bien douce et qui vous fait pitié.
J'arriverai suivi de leurs milliers d'oreilles,
suivi de ceux qui portèrent au flanc des corbeilles,
de ceux traînant des voitures de saltimbanques
20   ou des voitures de plumeaux et de fer-blanc,
de ceux qui ont au dos des bidons bossués,
des ânesses pleines comme des outres, aux pas cassés,
de ceux à qui on met de petits pantalons
à cause des plaies bleues et suintantes que font
les mouches entêtées qui s'y groupent en ronds.
Mon Dieu, faites qu'avec ces ânes je vous vienne.
Faites que dans la paix, des anges nous conduisent
vers des ruisseaux touffus où tremblent des cerises
lisses comme la chair qui rit des jeunes filles,
30   et faites que, penché dans ce séjour des âmes,
sur vos divines eaux, je sois pareil aux ânes
qui mireront leur humble et douce pauvreté
à la limpidité de l'amour éternel.

Le Deuil des Primevères (Mercure de France, éditeur).

Paul Fort
(1872-1960)

Le dévouement de Paul FORT au Symbolisme militant fut marqué, dès sa prime jeunesse, par la création du *Théâtre d'Art* (1890) qui permit les premières représentations de Maeterlinck et la « lecture-mise-en-scène » de grands textes poétiques (*Le Corbeau* d'E. Poe). D'une façon plus générale, et non seulement par la fondation de la revue *Vers et Prose*, son « service » à la Poésie fut constant. Avec le titre, aujourd'hui suranné, de *Prince des Poètes* qu'il portait depuis 1912, il perpétua jusqu'au cœur du XXe siècle l'image et l'allure de l'époque littéraire où il avait brillé. En effet, son œuvre presque unique, la longue suite des *Ballades françaises* (une quarantaine de volumes), inaugurée en plaquettes dès 1896, lui valut succès et influence. Elle contribua, à ses débuts, à modifier la *notion* même de *poème*.

TROIS BALLADES FRANÇAISES

Usant de tous les vocabulaires, jusqu'au plus familier, et prenant tous les tons, les *Ballades françaises*, dans leur inépuisable revue des provinces, des villes — où Paris a sa place — et des belles images historiques, sont d'abord un constant exemple de *lyrisme sans armature oratoire*. Ensuite, en dépit de leur nom, loin de s'astreindre au système le plus formel qui soit, elles illustrent un effort délibéré pour soumettre la primauté du vers organique à celle du *mouvement* et du *rythme*. Le lecteur est en effet surpris d'y rencontrer sans cesse, non seulement des *vers blancs* mais même des *alexandrins rimés*, volontairement dissimulés sous une *prose apparente*. C'est là l'application d'un principe très conscient : « La prose, la prose rythmée, le vers ne sont plus qu'un seul instrument gradué.» On trouvera ici trois aspects caractéristiques de ce monument au plus heureux *vers-librisme*. La dernière *Ballade* citée est adressée à Francis JAMMES. Illustrant particulièrement la *technique* du poète, elle aurait pu être invoquée par l'Abbé Bremond dans le débat sur la « *Poésie pure* » aux environs de 1925 (cf. p. 305).

Les Baleines

Du temps qu'on allait encore aux baleines, si loin qu'ça faisait, mat'lot, pleurer nos belles, y avait sur chaque route un Jésus en croix, y avait des marquis couverts de dentelles, y avait la Sainte Vierge et y avait le Roi !
Du temps qu'on allait encore aux baleines, si loin qu'ça faisait, mat'lot, pleurer nos belles, y avait des marins qui avaient la foi, et des grands seigneurs qui crachaient sur elle, y avait la Sainte Vierge et y avait le Roi !
Eh bien ! à présent, tout le monde est content, c'est pas pour dire, mat'lot, mais on est content !... y a plus d'grands seigneurs ni d'Jésus qui tiennent, y a la république et y a l'président, et y a plus d'baleines ! (1897).

Louis XI
curieux homme

Louis XI, gagne-petit, je t'aime, curieux homme. Cher marchand de marrons, que tu sus bien tirer les marrons de Bourgogne ! Tu faisais le gentil, tu bordais ton chaperon de médailles de cuivre et d'images de plomb — on te croyait bien occupé à des patenôtres, soudain tu te baissais, étendant tes longs bras, et tout doucettement, sans froisser tes mitaines, tu chipais un marron, puis un, puis un, puis un, sous les mitaines du cousin.
Mais si, par aventure, ses gros poings s'abattaient sur ton dos, ton dos maigre, tu pouffais de rire et lui rendais son bien que tu lui avais pris. N'y avait plus que les coques, les marrons étaient vides. Ta gentille industrie te valut de grands biens !

Ainsi, moi, bon trouvère, quoique penseur nabot, je grappille ciel et terre, provinces de mon cerveau, sous les mains du Seigneur, toute lumière. Je dérobe à ses doigts les roses de l'aurore, les bagues de l'orage et le lys des nuits claires ; et j'ai de petites images fort idéales sous mon chapeau.

Chiper menu mais sûr, doux Louis XI, ô rare homme ! Que Dieu bon politique, ô rare entre les Louis, t'ait en sa bénie garde et que — comme, jadis, ton lévrier chéri sous tes grègues, tu jugeais de douceur, ayant bonne chaleur, — tu sois, sur ses poulaines d'or au paradis, saint petit roi couchant, son plus chaud conseilleur.

Et, pour t'avoir levé contre mes professeurs, avoir suivi ta loi si toute de candeur, quand ce sera mon jour, que ce sera mon tour, tire la robe à Dieu : qu'il me place d'amour (1898).

Les beaux noms   Vous le savez, Francis, aimant l'Ile-de-France, qu'une ville, un pays, décoré d'un beau nom, bien mieux que ses voisins nous fait des confidences, et que ce beau nom-là doit se joindre à ses dons.

La forêt de Crécy que je vais traverser pour me rendre à Mortcerf — son doux nom prononcé me flatte l'ouïe ainsi qu'un vol de fées qui glisse de saule en saule et puis autour d'un chevalier dormant près d'une source aux bleus myosotis.

Tout d'abord un pays doit charmer par son nom. Sans quoi vous ne serez jamais d'intelligence avec lui. Vous, Francis, aimez l'Ile-de-France. A votre joli nom son beau nom se fiance et votre art et vous-même ajoutez à ses dons.

Qu'il bat, mon cœur, aux noms de Nemours, de Senlis, quand je les murmure, oh ! quel noble plaisir ! Senlis, Nemours, tenez... je m'agenouille presque. O Nemours tout douleur, ô Senlis tout sourire, tourterelles et lys, adieu, beaux noms chantants ! Je me donne à présent, j'appartiens à Mortcerf.

Mortcerf, le son du cor et tout l'automne en fresque.
— Mais, ce n'est pas l'automne encor ? — Haut le bâton, j'ai pris le blanc chemin de Mortcerf au beau nom (1909). *Ballades françaises* (Flammarion, éditeur).

Saint-Pol-Roux   La vie du Marseillais Paul ROUX, devenu pour ses
(1861-1940)   contemporains Saint-Pol-Roux-le-Magnifique, est, non
sans attitude, celle d'un des derniers Poètes-Mages.
D'abord retiré dans les Ardennes, puis retranché à partir de 1898 dans l'étrange château de Coecilian, qu'il s'était fait construire devant l'horizon de Camaret, c'est là que, vieilli et presque oublié dans la solitude qu'il partageait avec sa fille, Divine, il fut tragiquement victime de violences lors de l'invasion allemande. Coecilian, pillé et brûlé, dressa des ruines sur sa mort.
De tels signes sont en accord avec son œuvre qui connut la notoriété avant 1914. Rallié au catholicisme comme JAMMES, mais d'esprit moins humble, il prétendit « corriger Dieu » par une « surcréation » poétique. En fait, s'il est vrai qu'indépendamment des temps et des genres l'art baroque est, à chaque résurgence, surcharge, excès, fuite du « goût », profusion dans le mouvement et l'expression, SAINT-POL-ROUX est le parfait *baroque* du Symbolisme. Ainsi apparaît-il dans *La Dame à la faulx* (1899), drame où il dépasse fumeusement Maeterlinck sur le thème de la Mort. Ou bien lorsque, des pages durant, son *Œil Goinfre* convertit en nourritures et en boissons tous les éléments des

paysages contemplés d'un wagon-restaurant : « *Apéritif glauque de la Méditerranée —
Huîtres, palourdes, praires que sont les vieilles monnaies de pluie au gousset du sol — Hors-
d'œuvre : ces crevettes des champs, les sauterelles ; ces bigorneaux des buissons, les escargots...* —
En guise de rissoles, les tas de foin — Pâtés de foie gras, les moulins à vent... » Enfin, lorsqu'en
application de son « idéoréalisme » qui confère aux images une véritable autonomie
créatrice, il exprime dans une suite roulante de *quarante* formules inégales en valeur et
en goût, la réalité « surcréée » d'un *Ruisselet qui coule dans la luzerne :*

« *...Onde baudrier de la prairie,*   *Onde bébé des pluies d'avril,*
Onde innocence qui passe,   *Onde petite fille à la poupée,*
Onde lingot du firmament,...   *Onde fiancée perlant sa missive,...*
        Onde pipi de la lune-aux-mousselines...
        Onde jouissance du soleil-en-roue-de-paon... »

C'est en raison de telles *recherches* et de son *étrangeté agressive* que SAINT-POL-ROUX
a pu être réclamé par les Surréalistes.

Soir de Brebis

Les trois recueils parus entre 1893 et 1907 sous le titre général : *Les Reposoirs de la
Procession* contiennent nombre de poèmes dépouillés d'étrangetés superflues et qui
montrent pourquoi, en définitive, cette œuvre doit être considérée comme un chaînon
significatif. Égale à une autre réussite, *Alouettes*, la pièce qu'on va lire illustre à l'extrême,
dans son parallélisme minutieux, le procédé de la *transposition symboliste* plus que symbolique de la réalité. Dès la première partie, en effet, grâce à un système d'images hardies,
le berger, le troupeau et la colline ont été déjà *spiritualisés*. Le passage à la seconde partie
devient ainsi comme nécessaire ; et la dernière formule, nous ramenant aux êtres réels
du tableau initial, dégage *l'unité profonde* du poème : l'élan, admirablement suggéré, d'une
aspiration spirituelle déçue.

La tache de sang dépoint [1] à l'horizon de ci.
La goutte de lait point à l'horizon de là.
Homme simple qui s'éparpille dans la flûte et dont la prudence a la forme
d'un chien noir, le pâtre descend l'adolescence [2] du coteau.
Le suivent ses brebis, avec deux pampres pour oreilles et deux grappes pour
mamelles, le suivent ses brebis : ambulantes vignes.
Si pur le troupeau ! que ce soir estival il semble neiger sur la plaine
enfantinement.
Ces menus écrins de vie ont, là-haut, brouté les cassolettes et redescendent
pleines.

Mes Désirs aussi, stimulés par la flûte de l'Espoir et le chien de la Foi,
montèrent ce matin le coteau du Mystère et s'en furent plus haut que les brebis
de mon hameau, les brebis de mon âme.
Mais, parmi la prairie de jacinthes, l'odorante étoile incendia les dents
avides qui voulaient dégrafer son corsage fertile.
C'est pourquoi mon troupeau subtil [3], à l'heure d'angelus, rentre en moi-
même, les flancs désespérés.
Les brebis sont au bercail, et l'homme simple va dormir entre sa flûte et son
chien noir.   *De la Colombe au Corbeau par le Paon* (Mercure de France, éditeur).

— 1 Néologisme qui permet de mieux opposer | le coucher du soleil au lever de la lune. — 2 La
pente montante. — 3 Spirituel.

LA POÉSIE FÉMININE

Le Symbolisme, préférant l'effet médité au pur élan lyrique, n'avait guère suscité de participation féminine. Au contraire, dès 1900, plusieurs jeunes femmes contribuent à la revanche poétique de la vie et du sentiment. On a pu, en effet, parler de simple « romantisme » à propos de Gérard d'HOUVILLE (née en 1875), fille de J.M. de Heredia et mariée à Henri de Régnier, Anna de NOAILLES, Renée VIVIEN (1877-1909), Lucie DELARUE-MARDRUS (1880-1945), Cécile SAUVAGE (1883-1927), toutes revenant d'instinct à l'effusion directe et au commentaire personnel de l'existence. Chacune, certes, a sa vision et son « chant » propres : il y a loin des amours « damnées » et de la ferveur sombrement modulée qui les proclame chez Renée VIVIEN (*Les Évocations*, 1903) à la santé lyrique de Cécile SAUVAGE ou à la spiritualité de Marie NOEL (1883-1967) dont l'œuvre discrète s'ouvre avec *Les Heures* dès 1908. Mais partout, dans ce groupe féminin, dominent l'épanchement et la libre vibration au contact du monde sensible. Il faudra attendre qu'une influence valéryenne marque l'œuvre, tard connue, de Catherine POZZI (1882-1927) pour que la poésie féminine retrouve quelque chose des ambitions « viriles ».

**Anna de Noailles
(1876-1933)**   La plus significative de toutes ces poétesses a été Anna de NOAILLES, célèbre dès *Le Cœur innombrable* (1901). Les honneurs auxquels on a songé pour elle, mais vainement (Académie Française) et ceux, moins exclusifs, qu'elle a reçus (Académie Royale de Belgique) révèlent la place qu'elle a réellement occupée. BRANCOVAN par la naissance, portant en elle la somptuosité orientale, mais française d'âme et de culture, riche, parée de grandes passions et de grandes amitiés, elle a sans cesse repris l'affirmation de son *Offrande à la Nature* :

     *Je me suis appuyée à la beauté du Monde
     Et j'ai tenu l'odeur des saisons dans mes mains.*

Comme le montrent les deux textes cités ci-dessous, son lyrisme charnel n'a jamais fait que chanter dans *L'Ombre des Jours* (1902), ou *Les Éblouissements* (1907), les jardins, les beaux paysages, l'appétit de toute saveur, et toujours elle-même. La conscience d'un deuil tragique et un vain appel à la foi (*Les Vivants et les Morts*, 1913) ont ensuite rendu plus grave son lyrisme jusqu'en 1927 *(L'Honneur de souffrir)*.

Surprise

Je méditais ; soudain le jardin se révèle
Et frappe d'un seul jet mon ardente prunelle.
Je le regarde avec un plaisir éclaté ;
Rire, fraîcheur, candeur, idylle de l'été !
Tout m'émeut, tout me plaît, une extase me noie,
J'avance et je m'arrête ; il semble que la joie
Était sur cet arbuste et saute dans mon cœur !
Je suis pleine d'élan, d'amour, de bonne odeur,
Et l'azur à mon corps mêle si bien sa trame
Qu'il semble brusquement, à mon regard surpris,
Que ce n'est pas ce pré, mais mon œil qui fleurit
Et que, si je voulais, sous ma paupière close
Je pourrais voir encor le soleil et la rose.

                Les Éblouissements (Calmann-Lévy, éditeurs).

L'empreinte

Je m'appuierai si bien et si fort à la vie,
D'une si rude étreinte et d'un tel serrement
Qu'avant que la douceur du jour me soit ravie
Elle s'échauffera de mon enlacement.

La mer, abondamment sur le monde étalée,
Gardera dans la route errante de son eau
Le goût de ma douleur qui est âcre et salée
Et sur les jours mouvants roule comme un bateau.

Je laisserai de moi dans le pli des collines
10 La chaleur de mes yeux qui les ont vu fleurir
Et la cigale assise aux branches de l'épine
Fera crier le cri strident de mon désir.

Dans les champs printaniers la verdure nouvelle
Et le gazon touffu sur les bords des fossés
Sentiront palpiter et fuir comme des ailes
Les ombres de mes mains qui les ont tant pressés.

La nature qui fut ma joie et mon domaine
Respirera dans l'air ma persistante odeur
Et sur l'abattement de la tristesse humaine
Je laisserai la forme unique de mon cœur.

Le Cœur innombrable (Calmann-Lévy, éditeurs).

LA POÉSIE DES FANTAISISTES

Grâce à quelques publications communes, d'authentiques poètes, continuant une longue tradition française qui remonte à MAROT, ont formé, à partir de 1912, un groupe assez apparent aux yeux du public. C'est à cette date qu'ils ont trouvé leur étiquette de « Fantaisistes ». Ils doivent être distingués des simples chansonniers et même des chroniqueurs en vers comme Fernand Fleuret, Franc-Nohain ou Raoul Ponchon. Les limites du groupe sont insaisissables comme la fantaisie elle-même, qui peut être partout (cf. Apollinaire). Mais il est certain que Jean-Marc BERNARD, Francis CARCO, Tristan DERÊME, Jean PELLERIN, Léon VÉRANE et, dès cette époque, Léon-Paul FARGUE, témoignent tous « d'un souci agréable de liberté spirituelle et sentimentale qui permette de donner au monde des aspects imprévus ». A l'examen, il apparaît que Francis CARCO (1886-1959) a été l'élément de liaison entre ces divers poètes. Dans *La Bohème et mon Cœur* (1912) il fait monter la Muse tendre et ironique jusqu'à Montmartre et aux faubourgs qui seront plus tard le décor de ses romans (cf. p. 499). Ailleurs (*Chansons Aigres-douces*, 1913), il chante :

Figaro joue de la guitare.
Ma bien-aimée, comme il joue faux !
La pluie d'été mouille les coteaux
Gris, verts et bleuissants du soir...
Oh ! la guitare et ce bruit d'eau !

Entends-tu ? Maintenant qu'il chante
Comme tu es troublée, tout à coup !
Or, ce Figaro, coiffeur dans un trou
De province déjà pourrissante,
N'est qu'un vieillard à moitié fou...

Les *Contrerimes*

Tous les fantaisistes ont reconnu pour leur maître Paul-Jean TOULET (1867-1920). Entre une jeunesse béarnaise et une retraite au Pays basque, quatorze ans de vie « boulevardière » (1898-1912) ont permis à TOULET de renouveler l'éternel « poème de circonstance » dans les nombreux textes que, de *La Vie Parisienne* au *Divan*, accueillirent maintes revues. Rassemblées et augmentées, *Les Contrerimes* publiées après sa mort (1921) sont accompagnées de *Chansons* et de *Coples*. On verra quelle est la variété de leurs occasions et de leur registre. Leur brièveté, qui n'est parfois obtenue qu'au prix d'une syntaxe elliptique (cf. *La Chanson d'Adonis*) en fait les *Émaux et Camées* de la Fantaisie. La recherche de la *perfection formelle* dans un cadre exigu, qui caractérise les poètes de ce groupe, ne les met-elle pas en effet dans la lignée de Théophile GAUTIER ? (cf. *XIXe Siècle*, p. 264). Le nom de *Contrerimes* s'explique par une subtilité de versification : le renversement dans l'alternance des rimes masculines et féminines, recherche qui révèle l'intérêt porté par TOULET à une *technique minutieuse*.

Fô a dit...

« Ce tapis que nous tissons comme
　　Le ver dans son linceul
Dont on ne voit que l'envers seul :
　　C'est le destin de l'homme.

Mais peut-être qu'à d'autres yeux
　　L'autre côté déploie
Le rêve et les fleurs et la joie
　　D'un destin merveilleux.»

Tel Fô, que l'or noir des tisanes
　　Enivre, ou bien ses vers,
Chante et s'en va tout de travers
　　Entre deux courtisanes.

En Arle

Dans Arle, où sont les Aliscamps
Quand l'ombre est rouge sous les roses
　　Et clair le temps,

Prends garde à la douceur des choses
Lorsque tu sens battre sans cause
　　Ton cœur trop lourd

Et que se taisent les colombes :
Parle tout bas si c'est d'amour
　　Au bord des tombes.

*

Dans la rue-des-Deux-Décadis
　　Brillait en devanture
Un citron plus beau que nature
　　Ou même au Paradis ;

Et tel qu'en mûrissait la terre
　　Où mes premiers printemps
Ombrageaient leurs jours inconstants
　　Sous ton arbre, ô Cythère.

Dans la rue-des-Deux-Décadis
　　Passa dans sa voiture
Une dame aux yeux d'aventure
　　Le long des murs verdis.

Le temps d'Adonis

Dans la saison qu'Adonis fut blessé
Mon cœur aussi de l'atteinte soudaine
　　D'un regard lancé.

Hors de l'abyme où le temps nous entraîne,
T'évoquerai-je, ô belle en vain — ô vaines
　　Ombres, souvenirs.

Ah ! dans mes bras qui pleurais demi-nue
Certe serais encore, à revenir,
　　Ah ! la bienvenue.

Cople XXXI

Je me rappelle un jour de l'été blanc et l'heure
Muette et les cyprès... Mais tu parles : soudain
Je rêve, les yeux clos, à travers le jardin,
D'une source un peu rauque et qu'on entend qui pleure.

Les Contrerimes (Émile Paul, éditeur).

L'UNANIMISME

Trois poètes qui, en 1906, comptèrent dans le « groupe fraternel d'artistes » réunis pour œuvrer en commun à l'Abbaye de Créteil (cf. p. 422), ont donné des recueils respirant un même esprit de solidarité avec le monde des hommes : René ARCOS (*L'Ame essentielle*, 1902 ; *Ce qui naît*, 1910), Georges DUHAMEL (*L'Homme en tête*, 1909), Charles VILDRAC (*Le livre d'Amour*, 1910). Mais il revint à Jules ROMAINS, simple visiteur de l'Abbaye, de transformer en vue générale ces aspirations qui n'étaient pas sans parenté avec le lyrisme social de Walt Whitman (1819-1892), chantre de la « camaraderie » américaine.

Un Dieu nouveau   Dès 1903, le « khâgneux » Louis FARIGOULE, qui sous le nom de Jules ROMAINS allait devenir important à plusieurs titres (cf. p. 432), avait eu, comme une « donnée immédiate », la révélation de la *vie unanime*. Jeune normalien puis agrégé de philosophie, il précisa bientôt la vision poétique qui allait commander son œuvre entière. Pour cet incroyant spiritualiste qui veut « se consoler de la vie éternelle », ce qu'il nomme « dieu » est confondu avec un « être vaste et élémentaire » : l'âme inconsciente et irrévélée des groupes qui — effet et principe à la fois — leur confère la nature divine d'unanimes » dans l'instant qu'elle existe pour la conscience du poète. Celui-ci, intercesseur obligé pour la naissance et la révélation confondues d'un nouveau dieu caché, est à son tour submergé par l'*âme collective*. Sa vocation est d'éveiller à la même communion les « archipels de solitudes » épars dans le monde. L'art volontaire et subtil de Jules ROMAINS a soutenu la gageure de rendre sensible sa quête soumise à tous les hasards de la ferveur, de la sécheresse et de l'illumination. *L'Ame des Hommes* (1904), *La Vie Unanime* (1908), *Odes et Prières* (1909-1913), *Un Être en marche* (1910) font oublier, par leurs meilleures réussites, l'armature philosophique de l'*Unanimisme* et ses mystères plus intellectuels que les grandes visions de Hugo. Jusqu'à *Pierres levées* (1948), Jules ROMAINS a continué à jalonner son œuvre de recueils poétiques (*Amour couleur de Paris*, 1921 ; *l'Homme blanc*, 1937).

Qu'est-ce qui transfigure ?...

Bourgs rencontrés dans la campagne, petites cités, vaste capitale surtout, sont les lieux privilégiés de la *communion* avec *l'âme collective*. Une des divisions de *La Vie Unanime* annonce : « Dieu le long des maisons ». Comme la Rue calme où quelques boutiquiers sont assis devant leur porte, comme la Caserne ou le Théâtre, le Boulevard peut être brusquement transfiguré. On remarquera que, dans sept vers sur dix, la vie se trouve allégée de ses espèces matérielles. Seul le neuvième maintient le contact *physique* qui donne sa chaleur au mystère.

> Qu'est-ce qui transfigure ainsi le boulevard ?
> L'allure des passants n'est presque pas physique ;
> Ce ne sont plus des mouvements, ce sont des rythmes
> Et je n'ai plus besoin de mes yeux pour les voir.
> L'air qu'on respire a comme un goût mental.
>   Les hommes
> Ressemblent aux idées qui longent un esprit.
> D'eux à moi rien ne cesse d'être intérieur ;
> Rien ne m'est étranger de leur joue à ma joue
> Et l'espace nous lie en pensant avec nous.
>
>   *La Vie Unanime* (Gallimard, éditeur).

Tandis que des quartiers...

Sous le titre de *Propagations*, Jules ROMAINS traduit plusieurs fois la transmission d'un choc initial au corps et à l'âme d'un être collectif. Cette *Prière* est soutenue par un ample *mouvement oratoire*. Dans une *première étape* (v. 1-14) qui parcourt la ville entière, du centre aux derniers faubourgs, elle évoque la transformation de *la cité* en « unanime » et aboutit au mot « dieu » ; en réponse, un *second mouvement* qui traduit la prière *(Puisse...)* nous ramène à la conscience du poète qui, perdu dans la ville, aspire à recevoir, pour « participer », le bénéfique retour d'onde.

J. ROMAINS, qui a une théorie très personnelle de la versification, l'a professée avec G. Chennevière au Vieux-Colombier et publiée dans un *Petit traité de Versification* (1923). Hostile au vers libre, il respecte la métrique classique assouplie par quelques licences, mais cherche à la rime — en dehors de la simple assonance — des équivalents subtils.

Tandis que des quartiers se boursouflent et font,
Sous la brume qui tombe avant la fin du jour [1],
Partir, en un soudain épanouissement
De leur centre qu'un feu par le dedans tourmente [2]
Vers ce qui souffre seul dans les derniers faubourgs
Plusieurs bourrelets mous qui grossissent, qui roulent [3],
Qui noient de glu les tas avant de les dissoudre,
Qui cerclent peu à peu de leur anneau plus grand [4]
Plus de chair [5], étirant les groupes reployés,
10   Pressant les carrefours et les rassemblements,
La rue en marche [6] et la famille qui se chauffe
Pour qu'ils deviennent tous une ceinture accrue
Autour de l'âme en bloc qui se pense au milieu
Et que jusqu'au rempart la ville soit un dieu [7] ;
Puisse un large remous naître dans le lointain,
Dans les corps les plus las des maisons mal fermées
Qui frissonnent au bout d'exsangues avenues,
Et puisse-t-il se rétrécir de plus en plus,
Avec les lents reculs d'une eau qui s'évapore,
20   Abandonner une âme, une autre, une autre encore
Et si frileusement essayer de mourir
Qu'il ne soit plus, à l'heure où cette nuit commence [8],
Que moi-même étendu qui tremble sur mon lit.

                              Odes et Prières (Gallimard, éditeur).

— 1 Bours*ou*flent, f*on*t, t*om*be, j*ou*r : système de rimes intérieures en chiasme ; de plus, la consonne *r* commence à s'imposer. — 2 Tourmen (te) : rime par « augmentation ». — 3 Cf. n. 2, mais de plus, rime « renversée » par inversion du *r*. — 4 Ici, non pas rime, mais « accord » par homophonie de consonne. —

5 Ce mot, comme plus haut *bourrelet*, conserve à la ville sa réalité physique. — 6 Depuis *grand*, la répétition de la consonne *r* forme accord continu là où il n'y a pas rime (v. 12, 15, 16). — 7 J. Romains, conscient des nuances, ne dit pas : *Dieu*. — 8 Entre mou*r*ir et n*ui*t, il y a rime « par avance ».

Un être en marche...

La première partie du recueil *Un Être en marche* est un poème « épique » racontant la sortie en banlieue d'un pensionnat de jeunes filles. Pour évoquer ce gracieux « unanime », le poète, d'instinct, revient à une versification *presque* régulière (cf. v. 21-23). Immédiatement le poème porte en lui plus de « charme », ce qui permettrait de remettre en question l'efficacité du système de versification illustré par la pièce précédente. La réussite de ce tableau est en tout cas certaine, par l'évocation « de toutes ces jeunes vies qui se meuvent en un flot doux, unique, entre des murs anciennement assis » (Henri Legrand).

Il fait soleil. Elle s'en va, la pension
    De jeunes filles.
Elle repousse les murailles, comme l'on
    Se déshabille.

Elle glisse, en longeant la cour, vers le perron
    Et vers la grille ;
Le gravier du chemin fait un bruit de garçons
    Qui jouent aux billes.

Les corps, en descendant les marches, deux à deux
10   S'élèvent et s'abaissent
Comme les flammes qui défaillent sous les nœuds
    Des souches trop épaisses.

Les plus petites filles marchent en avant
    Pour attendrir l'espace ;
La pension caresse, avec leurs pieds d'enfants,
    La rue où elle passe.

Elle grandit, d'un rang à l'autre, sans surprise
    Comme une rive en fleurs ;
Elle est comme un théâtre où se seraient assises
20   Des couleurs.

Elle est pareille aux toits qui rapprochent du ciel
    Leurs tuiles alignées
Et qui aiment mêler des ailes d'hirondelles
    Au vol de leurs fumées.

Les bras aux poignets nus qui tiennent des ombrelles
    Et rament en cadence,
Font rêver aux maisons que de l'eau coule entre elles
    Et qu'une barque s'y avance.

Un Être en marche, I (Gallimard, éditeur).

POÉSIE DU MONDE ET DE L'AVENTURE

Paul CLAUDEL mis à part, seuls quelques poètes font appel à l'exotisme traditionnel : J.-A. NAU (*Hiers bleus*, 1904), A. DROIN (*La Jonque Victorieuse*, 1906 ; *Du Sang sur la Mosquée*, 1914) ou Victor SÉGALEN (*Stèles*, 1917) dont l'importance s'affirme. Romancier et traducteur influent dans le groupe de la N.R.F. (cf. p. 136), Valery LARBAUD enrichit le lyrisme moderne dans les *Poésies de A. O. Barnabooth* (1908) où il accorde au réalisme et au rythme de son temps le rite du *dépaysement* romantique et cosmopolite. A une époque où les « grands express » sont les seuls moyens d'évasion, il donne à l'Europe qu'il parcourt passionnément une présence toute nouvelle :

J'ai senti pour la première fois toute la douceur de vivre
Dans une cabine du Nord-Express entre Wirballen et Pskow...
Et vous, grandes glaces à travers lesquelles j'ai vu passer la Sibérie et les Monts du Samnium,
La Castille âpre et sans fleurs, la mer de Marmara sous la pluie tiède !
Prêtez-moi, ô Orient-Express, Sud-Brenner-Bahn, prêtez-moi
Vos miraculeux bruits sourds...   (Ode)

Ce voyageur voluptueux reste ainsi en retrait de Blaise CENDRARS qui promouvra la *véritable aventure* au rang d'acte poétique. Un nouveau pas sera franchi lorsqu'en 1919 André SALMON qui a aussi chanté les cargos d'émigrants et les bouges d'Anvers *(Le Calumet, Le Livre et la Bouteille)* donnera *Prikaz*, rapide et brutale épopée de la Révolution russe : à l'aventure personnelle se substitueront alors les bouleversements de l'Histoire.

Blaise Cendrars   Suisse de naissance, L.-F. Sausser est devenu Français
(1887-1961)   d'âme et de corps en perdant un bras dans les rangs de la Légion Étrangère où il s'est engagé en 1914. Déjà, sous le pseudonyme de Blaise Cendrars, sa « boulimie de voyages », attestée dès son extrême jeunesse, lui avait valu une légende toujours entretenue. Peu importe si quelques témoins de sa vie suggèrent qu'à des *errances certaines* une « illumination lyrique » (A. t'Serstevens) a pu ajouter certaines circonstances, cette expérience vagabonde a très tôt donné naissance à l'étrange magie des *Pâques à New York* (1912, cf. p. 48) et de la *Prose du Transsibérien* (cf. p. 39) qui inaugure le « simultanéisme » poétique.

Ainsi, dès le début et en *initiateur*, Cendrars apparaît à l'opposé de Rimbaud qui n'avait présenté que des fugues et des « départs » limités (cf. *XIXᵉ Siècle*, p. 517) avant d'ensevelir le poète sous l'aventure réelle et le silence. Au contraire, pour lui, l'aventure devient *vocation* et *quête* aboutissant à un *mode privilégié de découverte poétique*. Comme il utilise aussi des *procédés tout nouveaux*, la surprise violente qu'il a apportée en a fait à bon droit « le chef masqué de la poésie contemporaine » (A. Rousseaux) dont l'œuvre *prendra tout son sens dans la perspective de l'âge surréaliste* (cf. p. 360).

En effet, recommençant après la Grande Guerre à « tourner dans la cage des méridiens » il poursuit dans le même sens son œuvre novatrice. Poète, il donne des recueils aux titres évocateurs *(Du monde entier, Dix-neuf poèmes élastiques, Kodak, Feuilles de route, Au cœur du monde)* réunis dans ses *Poésies complètes* (1944).

En pointe dans les curiosités de l'époque il rassemble son *Anthologie nègre* dès 1921 ; attiré par toutes les étrangetés, il publie *L'Eubage* (1923) aussi frappant par une évasion dans « l'hinterland du ciel » que le seront, bien plus tard, les préoccupations mystiques dans *Le Lotissement du Ciel* (1948). Évocateur ou témoin, il a aussi raconté des aventures mémorables (*L'Or*, 1925 ; *Rhum*, 1930). Enfin, romancier de sa propre vie il a donné deux romans illustrant la complexité de son personnage (*Moravagine*, 1926 ; *Dan Yack*, 1929), mais surtout une célèbre trilogie (*L'homme foudroyé*, 1945 ; *La main coupée*, 1946 ; *Bourlinguer*, 1948) où la prose virile est toujours soulevée d'un puissant ferment poétique.

La Prose du Transsibérien

La Prose du Transsibérien et de la Petite Jehanne de France (1913) — quatre cents *formules* inégalement rimées et rythmées — est la version poétique de premières errances où, adaptant tour à tour le ton *épique* ou *lyrique* à la nature du sujet, CENDRARS revit un hallucinant voyage de Mandchourie, en compagnie de la petite *Jehanne de France* qui est, selon la tradition tolstoïenne, une fille perdue de Montmartre dont le cœur est resté pur. La technique de l'écrivain se fonde sur une sorte d'*impressionnisme brut :* enregistrant simultanéités et coïncidences, le *Transsibérien* est bien un *poème ferroviaire* où le chemin de fer devient — comme la caméra du cinéaste — le *point de vue mobile* qui entraîne dans son rythme haletant le flot des images, des souvenirs et des sentiments. La *présentation* de l'édition originale est, à sa date, significative : sous la forme d'un dépliant long de deux mètres, elle offre une bande de « *couleurs simultanées* » dues à Sonia Delaunay, la femme du peintre ami également d'Apollinaire (cf. p. 50). Ces couleurs débordent sur le texte formé de groupements typographiques divers. L'ensemble, qui tend à la *Symphonie,* semble appeler la musique d'Honegger dans *Pacific 231.*

En ce temps-là j'étais dans mon adolescence
J'avais à peine seize ans et je ne me souvenais déjà plus de mon enfance
J'étais à seize mille lieues du lieu de ma naissance
J'étais à Moscou, dans la ville des mille et trois clochers et des sept gares
Et je n'avais pas assez des sept gares et des mille et trois tours. [...]
J'ai passé mon enfance dans les jardins suspendus de Babylone
Et l'école buissonnière, dans les gares devant les trains en partance
Maintenant, j'ai fait courir tous les trains derrière moi
Bâle-Tombouctou
10   J'ai aussi joué aux courses à Auteuil et à Longchamp
Paris-New-York
Maintenant, j'ai fait courir tous les trains tout le long de ma vie
Madrid-Stockholm
Et j'ai perdu tous mes paris
Il n'y a plus que la Patagonie, la Patagonie qui convienne à mon immense
        tristesse, la Patagonie, et un voyage dans les mers du Sud
Je suis en route
J'ai toujours été en route
Je suis en route avec la petite Jehanne de France
20   Le train fait un saut périlleux et retombe sur toutes ses roues
Le train retombe sur ses roues
Le train retombe toujours sur toutes ses roues [...]
« Dis, Blaise, sommes-nous bien loin de Montmartre ? »
Les inquiétudes
Oublie les inquiétudes
Toutes les gares lézardées obliques sur la route
Les fils téléphoniques auxquels elles pendent
Les poteaux grimaçants qui gesticulent et les étranglent
Le monde s'étire s'allonge et se retire comme un harmonica qu'une main
30   sadique tourmente
Dans les déchirures du ciel, les locomotives en furie
S'enfuient
Et dans les trous
Les roues vertigineuses les bouches les voix

Et les chiens du malheur qui aboient à nos trousses
Les démons sont déchaînés
Ferrailles
Tout est un faux accord
Le *broun-roun-roun* des roues
40　Chocs
Rebondissements
Nous sommes un orage sous le crâne d'un sourd.
« Dis, Blaise, sommes-nous bien loin de Montmartre ? »
Oui, nous le sommes nous le sommes
Tous les boucs émissaires ont crevé dans ce désert
Entends les mauvaises cloches de ce troupeau galeux
Tomsk Tchéliabinsk Kainsk Obi Taichet Verkné-Oudinsk
Kourgane Samara Pensa-Touloune
La mort en Mandchourie
50　Est notre débarcadère. [...]
J'ai vu les trains silencieux les trains noirs qui revenaient
De l'Extrême-Orient et qui passaient en fantômes. [...]
J'ai vu des trains de soixante locomotives qui s'enfuyaient à toute
vapeur pourchassées par les horizons...
Je reconnais tous les pays les yeux fermés à leur odeur
Et je reconnais tous les trains au bruit qu'ils font
Les trains d'Europe sont à quatre temps tandis que ceux d'Asie
sont à cinq ou sept temps
D'autres vont en sourdine sont des berceuses
60　Et il y en a qui dans le bruit monotone des roues me rappellent
la prose lourde de Maeterlinck
J'ai déchiffré tous les textes confus des roues et j'ai rassemblé
les éléments d'une violente beauté
Que je possède...　　　　　　*La Prose du Transsibérien...* (Gallimard, éditeur).

« Le Ravissement　　Cendrars qui s'est passionné pour les formes de *l'imagi-*
d'Amour »　　*nation mystique* (cf. p. 48) intériorise l'aventure qui s'iden-
　　　　　　　tifie avec ses propres images. Sa méditation étrange
a de beaux mouvements dans un texte au titre significatif, *Le Lotissement du Ciel* (1948).

Mort au monde, n'avoir pour se diriger qu'un consolateur de Job ou un
ouvrier de Babel, quoi de plus décevant, d'hallucinant, d'inquiétant, de stupé-
fiant, quand Dieu mène l'âme par le très ardu chemin de l'obscure contemplation
et que la vie spirituelle se dessèche et meurt de la soif de la connaissance
intime et d'impatience et se languit, le doute dans la prière, la langue
démangée par l'imprononçable et paralysée et brûlée à vif par l'innommable,
l'attention désorientée par sa propre émanation qui l'enfièvre et la foudroie de
chimères, d'imaginations, de visions, l'illusion dépassée, l'idée fixe, le corps se
refusant de suivre, se cabrant, se rebiffant, suant, écumant, pour se rendre
enfin et se laisser aller épuisé, tomber, se coucher raide comme mort, mort au
monde, absent, vertigineusement absent, enfoui dans son fumier, exposé sur la
table du sacrifice, hostie cachée ou en croix au carrefour des chemins, poussière
qui cimente les dalles foulées, usées, effacées, fendues, porche, et tout craque
et tout s'effondre lors de la résurrection des os et de la chair.　　(Denoël, éd.)

GUILLAUME APOLLINAIRE

Wilhelm Apollinaris   Guillelmus-Apollinaris-Albertus, enfant naturel né à Rome en 1880, était fils d'un officier italien maintenant identifié, Francesco Flugi d'Aspermont, et d'une aventureuse jeune fille de la société romaine, Angelica de KOSTROWITZKY, dont il porta le nom. Fille d'un noble Balte exilé et marié en Italie, Angelica, abandonnée dès 1885, entraîna le futur poète et son jeune frère parmi les équivoques et les fantaisies de sa vie agitée.

Porteur de sa double ascendance méditerranéenne et « scythe », Wilhelm, comme elle l'appela toujours, vécut donc une adolescence accrochée au rocher et à la roulette de Monaco. Ses études inégales au célèbre Collège Saint-Charles de la ville, puis à Cannes et au Lycée de Nice, lui laissèrent, outre des camaraderies cosmopolites, le bénéfice et le goût d'immenses lectures, source d'une érudition étonnante mais dispersée. Dès l'âge de dix-huit ans il était féru d'anarchisme, écrivait, rimait et trouvait son pseudonyme.

Transplanté par étapes à Paris, il connut, en 1891, la dernière aventure due à l'existence désargentée de sa mère : un départ clandestin d'une auberge de Wallonie où il venait de passer, sur ordre, des vacances faites d'excursions et de marivaudages agrestes. Au retour, il entendit sans doute ce qui devint un des vers de *La Porte* :

Enfant je t'ai donné ce que j'avais travaille...

« Kostro »   Il est alors « nègre » d'un feuilletoniste, employé de bureau, répétiteur puis, pendant un an (1901-1902), précepteur de la fille d'une vicomtesse franco-allemande au Château de Neu-Glück en Rhénanie. Son congé d'hiver lui permet un voyage qui, par Berlin, Munich, Prague, Vienne, le ramène sur les bords du Rhin (cf. p. 44) ; mais surtout, il connaît sa première grande aventure sentimentale avec la jeune Anglaise Annie PLAYDEN, gouvernante au Château. Revenu « mal-aimé » à Paris, il recommence sa vie besogneuse. Mais il est, aux yeux de tous, le joyeux « Kostro », le léger « flâneur des deux Rives ». Devenu dès 1904 l'ami de PICASSO, DERAIN, VLAMINCK, il participe, avec d'autres poètes (Salmon, Max Jacob) aux discussions du « Bateau-Lavoir », sur le cubisme en gestation (cf. p. 48). Il contribue à « l'invention » du Douanier Rousseau. Surtout, il rencontre Marie LAURENCIN avec qui, dans le décor d'Auteuil, il poursuivra une liaison jusqu'en 1912. Victime de son insouciance il est, en 1911, inquiété en même temps que PICASSO dans une affaire de larcin au Musée du Louvre et il peut, pendant quelques jours, murmurer comme Verlaine (cf. *XIXᵉ Siècle*, p. 516) : « *Guillaume qu'es-tu devenu...* » *(A la Santé)*. Libéré, l'honneur sauf, il retrouve sa place en dirigeant une nouvelle Revue : *Les Soirées de Paris* (Février 1912).

Il en avait déjà animé une, *Le Festin d'Ésope*, en 1903. C'est qu'en effet, dès son séjour rhénan, il avait commencé à publier, ici et là, des contes et des poèmes. Outre quelques romans historiques et des curiosités scabreuses, il avait donné ensuite *L'Enchanteur pourrissant* illustré par Derain (1909) et *L'Hérésiarque et Cⁱᵉ* (1910 : trois voix au Prix Goncourt), recueils de nouvelles utilisant ses souvenirs d'enfance et de voyages. Puis il avait composé, en 1911, l'album poétique du *Bestiaire* illustré par Dufy, et poursuivait les articles de critique qui devaient former, en 1913, le volume des *Peintres cubistes*.

Guillaume Apollinaire   A partir d'avril 1913, il est le poète d'*Alcools*. Délaissé par Marie LAURENCIN, il participe à toutes les nouveautés, fait écho à Marinetti (cf. Généralités, p. 16) par *L'Anti-tradition futuriste*, aborde seulement alors la technique des « poèmes-conversations » qui figureront dans *Calligrammes* (1918, cf. p. 50).

Engagé volontaire en décembre 1914, il «fait la guerre» avec le courage d'une bonne race et la fantaisie d'un poète apte à transfigurer tous les spectacles (cf. p. 51-52). Le souvenir de MARIE mêlé, dans ses rêves, à celui plus lointain d'ANNIE et le manège de nouvelles amours agrémentent rêveusement sa vie de guerrier naïf. Il est blessé à la tempe, le 17 mars 1916, et son « étoile de sang » le conduit jusqu'à la trépanation.

Employé sous l'uniforme dans divers services, il publie une mélodieuse plaquette : *Vitam impendere amori* (1917). Reconnu désormais comme précurseur et guide au milieu de la curieuse fermentation intellectuelle qui prélude, à Paris, aux manifestations artistiques des années 1919-1920, il prononce une conférence sur « l'esprit nouveau » (novembre 1917), multiplie les projets hardis et fait jouer *Les Mamelles de Tirésias* (cf. p. 52). Après quelques mois à peine d'un mariage heureux, affaibli depuis sa blessure, il succombe dans l'épidémie de « grippe espagnole » le 9 novembre 1918.

Situation d'Apollinaire

Après un temps de légende enthousiaste, de dénigrements et de confusions, le poète a trouvé progressivement, surtout après 1945, sa place dans le demi-siècle. Simple élégiaque parfois *(Le Pont Mirabeau)*, non sans fidélité au symbolisme *(Signe, Cors de Chasse)*, « naturiste » d'esprit par son attachement aux réalités diverses qui s'offrent à lui, « fantaisiste » par son ironie et son intelligence en éveil *(Annie ; Calligrammes)* il pratique par surcroît, jusqu'en 1912, une versification en général régulière ou à peine libérée. Rien ne le distingue donc d'abord, pour l'essentiel, de la plupart des aspects reconnus de la poésie de son temps. Mais il demeure *entièrement original* par le jeu de son imagination et par les nuances de sa sensibilité ou de son incomparable modulation.

Au contraire, à partir de la publication d'*Alcools*, il est incontestable que « las d'un monde ancien » (cf. p. 48) il aspire à toutes les *innovations poétiques* liées à la représentation des choses et de la vie modifiée par la *peinture* improprement entendue comme « cubiste » ; sa technique du vers est, en même temps, bouleversée (cf. *Zone*). Dès lors, se pose la question — secondaire, il faut le souligner — de la priorité qui peut lui revenir (cf. p. 48, *Zone*). On se méprend aussi sur certains termes qu'il a avancés (cf. p. 52). Mieux vaut constater que, dans *Alcools* déjà, les hardiesses thématiques et syntaxiques de *La Chanson du Mal-aimé* (dès 1903, cf. p. 45) ou de *L'Émigrant de Landor Road*, comme, sur un autre plan, les simples pages d'*Onirocritique* (dès 1908) qui paraissent anticiper sur « l'écriture automatique » (cf. p. 347-348) lui assurent une bonne part d'invention.

Son tort et son mérite confondus ont été, en fait, de n'avoir rien formulé dogmatiquement, ni rien choisi. Apte à s'émerveiller de tout, il a tantôt pressenti, tantôt capté les aspirations poétiques en voie d'affirmation. Son importance est de les avoir, à leur date, fixées par quelques parfaites réussites. Son originalité réelle réside dans le caractère irréductible de sa vision du monde et dans la résonance unique de son chant.

ALCOOLS

Alcools, dont le titre primitif était *Eau de Vie* a paru en avril 1913 au *Mercure de France*. Le recueil est composé de textes pour la plupart éparpillés dans diverses Revues et qui offrent le reflet mêlé de la poésie d'APOLLINAIRE entre 1898 et 1912.

Au cours de la correction des épreuves le poète a systématiquement supprimé toute ponctuation : ce fait est considéré comme une innovation importante. Par sa généralisation, il marque, en effet, une date. Mais déjà MALLARMÉ avait utilisé le procédé (cf. *XIXᵉ Siècle*, p. 538). APOLLINAIRE lui-même avait toujours eu une ponctuation pauvre et errante. En 1913 il n'a fait que pousser à l'extrême un principe : « *le rythme même et la coupe des vers voilà la véritable ponctuation* ». Trois disques, enregistrés au Musée de la Parole en 1914, montrent qu'il modulait plutôt qu'il ne récitait ses textes.

L'ordre adopté dans le recueil ne répond vraisemblablement qu'à des raisons de variété et de surprise. Un seul fait pose problème : le dernier en date des poèmes, *Zone*, a été introduit après coup et placé en tête, comme pour donner une brusque enseigne révolutionnaire à un ensemble qui ne répond pas absolument à cette annonce (cf. introduction à *Zone*, p. 48). Compte tenu de cet arbitraire et sans prétention à l'exacte chronologie, une présentation fragmentaire peut donc ordonner les textes d'APOLLINAIRE de façon à faire sentir à la fois la *variété* et l'*évolution* de sa poétique.

LE PONT MIRABEAU

Portique fuyant de toute l'œuvre d'APOLLINAIRE, voici le célèbre *Pont Mirabeau* qui est son *Lac*, son *Souvenir*, sa *Tristesse d'Olympio*. Rien d'autre en effet que d'*élégiaque* dans ce regret non pas du temps, mais de l'amour lui-même qui s'enfuit. Rien d'autre non plus que de « *romantique* » dans ce rappel d'une souffrance personnelle (le poème date de 1912, époque de la rupture progressive avec Marie Laurencin) et dans l'image de l'eau qui passe, symbole d'un évanouissement nécessaire.

Mais ici, pas de « méditation ». Un seul vers suffit à l'évocation du décor qui est celui d'Auteuil, familier au poète ; une admirable confusion s'établit entre la présence humaine et l'image matérielle d'un pont (vers 9) ; l'ample rhétorique romantique fait place à une *expression rapide et discrète* qui conduit naturellement à un refrain.

On remarquera l'usage habile d'une forme et d'une versification quasi régulières comme aussi l'heureux effet de la ponctuation supprimée dans ce poème de la *fluidité*. Seul, le second vers de chaque strophe, laissant en suspens une terminaison masculine, détermine une pause très heureuse : preuve d'un *travail conscient* et d'une grande *recherche rythmique*, cette disposition n'a été adoptée qu'après coup ; la strophe était initialement composée de trois décasyllabes à rimes féminines.

Sous le pont Mirabeau coule la Seine
            Et nos amours
        Faut-il qu'il m'en souvienne
La joie venait toujours après la peine

        Vienne la nuit sonne l'heure
        Les jours s'en vont je demeure

Les mains dans les mains restons face à face
            Tandis que sous
        Le pont de nos bras passe
10 Des éternels regards l'onde si lasse

        Vienne la nuit sonne l'heure
        Les jours s'en vont je demeure

L'amour s'en va comme cette eau courante
            L'amour s'en va
        Comme la vie est lente
Et comme l'Espérance est violente

        Vienne la nuit sonne l'heure
        Les jours s'en vont je demeure

Passent les jours et passent les semaines
20   Ni temps passé
        Ni les amours reviennent
Sous le pont Mirabeau coule la Seine

        Vienne la nuit sonne l'heure
        Les jours s'en vont je demeure

(Librairie Gallimard, éditeur).

SIGNE

Isolées pour *Alcools* d'un long poème conservé dans les papiers d'APOLLINAIRE ces deux rapides strophes sont le *Desdichado* du poète (cf. *XIX*e *Siècle*, p. 274). Il y dit sa malédiction d'être destiné à voir surtout mourir les choses. La manière est ici toute *symboliste* par une succession de formules simplement allusives dans un vocabulaire indécis.

Je suis soumis au Chef [1] du Signe de l'Automne
Partant j'aime les fruits je déteste les fleurs
Je regrette [2] chacun des baisers que je donne
Tel un noyer gaulé dit au vent ses douleurs

Mon Automne éternelle ô ma saison mentale
Les mains des amantes d'antan jonchent ton sol
Une épouse me suit [3] c'est mon ombre fatale
Les colombes ce soir prennent leur dernier vol

NUIT RHÉNANE

Si nombreux et si caractérisés avaient été les poèmes écrits par APOLLINAIRE pendant son séjour rhénan qu'il songea longtemps à un recueil, *Vent du Rhin*. Il n'en a retenu qu'une quinzaine pour *Alcools* dont neuf sont groupés sous le titre de *Rhénanes :* l'ensemble ne sera connu qu'après sa mort. Les *Rhénanes* évoquent tantôt les légendes *(La Loreley)*, tantôt les tableaux de genre *(Schinderhannes)*, tantôt les scènes de la vie réelle *(La Synagogue, Rhénane d'Automne)*. Celle-ci combine magiquement les trois éléments : l'admirable premier vers qui communique sa vibration à tout le poème suggère *l'ivresse* où le poète est assailli par une évocation fantastique (strophe I) ; il voudrait s'en délivrer par la réalité d'une ronde et la présence rassurante de conventionnelles « Gretchen » (strophe II) ; mais le maléfice du Rhin et du chant mystérieux demeure le plus fort.

Mon verre est plein d'un vin trembleur comme une flamme
Écoutez la chanson lente d'un batelier
Qui raconte avoir vu sous la lune sept femmes
Tordre leurs cheveux verts et longs jusqu'à leurs pieds

Debout chantez plus haut en dansant une ronde
Que je n'entende plus le chant du batelier
Et mettez près de moi toutes les filles blondes
Au regard immobile aux nattes repliées

Le Rhin le Rhin est ivre où les vignes se mirent
10   Tout l'or des nuits tombe en tremblant s'y refléter
La voix chante toujours à en râle-mourir [4]
Ces fées aux cheveux verts qui incantent [5] l'été

Mon verre s'est brisé comme un éclat de rire

(Librairie Gallimard, éditeur).

— 1 Signe noble du Blason : *Mon blason porte en chef...* — 2 Je déplore. — 3 Allusion à Eurydice, symbole de l'amour impossible. — 4 Expression évoquant les accents rauques de ce chant funeste. — 5 Cf. p. 556, n. 3.

LA CHANSON DU MAL-AIMÉ

La dédicace à Paul Léautaud assure que le poème, achevé en 1903, a attendu six ans sa publication parmi les manuscrits du *Mercure de France*. Complainte de la *mauvaise chance*, il trouve son émouvant contraste dans les derniers vers publiés de l'aveu du poète : *La Jolie Rousse*, chant d'espoir qui termine les *Calligrammes*.

En réalité APOLLINAIRE revit ici et confond les deux voyages qu'il a faits à Londres pour reconquérir Annie PLAYDEN, mais en vain. Cinquante-neuf quintils composent sa « *Chanson* » qui comporte des *disparates* surprenantes et même choquantes entre les deux sommets de l'ouverture et du finale. Mais l'analyse révèle un *enchaînement subtil des thèmes* qui traduisent les·étapes diverses et les mouvements incontrôlables d'un *désespoir* de plusieurs mois dans une âme capable d'éprouver toutes les nuances et de rendre tous les accents d'une seule douleur.

« *Un soir de demi-brume à Londres* », le *Poète a rencontré dans les rues le* « *faux amour* ». *Puis, hanté sans le dire ici (mais cf. v.* 6-7 *de* Cors de chasse*) par l'ombre de Thomas de Quincey à la recherche d'*Ann*, il croit reconnaître Annie dans une femme qui sort d'un bouge et le fuit (cf. v.* 37 *; v.* 56-57*). Il rêve alors à de belles fidélités...*

Lorsqu'il fut de retour enfin
Dans sa patrie le sage Ulysse
Son vieux chien de lui se souvint
Près d'un tapis de haute lisse
Sa femme attendait qu'il revînt

L'époux royal de Sacontale [1]
Las de vaincre se réjouit
Quand il la retrouva plus pâle
D'attente et d'amour yeux pâlis
Caressant sa gazelle mâle

J'ai pensé à ces rois heureux
Lorsque le faux amour et celle
Dont je suis encore amoureux
Heurtant leurs ombres infidèles
Me rendirent si malheureux

Regrets sur quoi l'enfer se fonde
Qu'un ciel d'oubli s'ouvre à mes yeux
Pour son baiser les rois du monde
Seraient morts les pauvres fameux
Pour elle eussent vendu leur ombre

J'ai hiverné dans mon passé
Revienne le soleil de Pâques
Pour chauffer un cœur plus glacé
Que les quarante de Sébaste [2]
Moins que ma vie martyrisés   50

Mon beau navire ô ma mémoire
Avons-nous assez navigué
Dans une onde mauvaise à boire
Avons-nous assez divagué
De la belle aube au triste soir

Adieu faux amour confondu
Avec la femme qui s'éloigne
Avec celle que j'ai perdue
L'année dernière en Allemagne [3]
Et que je ne reverrai plus   60

Voie lactée ô sœur lumineuse
Des blancs ruisseaux de Chanaan
Et des corps blancs des amoureuses
Nageurs morts suivrons-nous d'ahan
Ton cours vers d'autres nébuleuses [4]...

— 1 Çakountalâ, épouse du roi Douchmanta dans la littérature indoue. — 2 Allusion aux soldats romains martyrisés par le froid à Sébaste pour leur foi chrétienne. — 3 Vers qui date exactement le poème. — 4 Cette admirable strophe constitue ce que l'abbé Bremond nomme dans son *Racine et Valéry* un « talisman », c'est-à-dire une formule poétique irradiant magiquement, toute question de sens logique mise à part.

*Par contraste, le poète songeant au printemps précédent se rappelle le beau « Laetare »
païen qu'il y chantait : « C'est le printemps, viens-t'en Pâquette... » en évoquant, dans la
nature énamourée, Vénus et Pan (v. 70-85). Mais tous les dieux meurent, et parmi eux
l'Amour. Seul peut se targuer d'être fidèle celui « qui sait des lais pour les reines » : ainsi
est introduit le second « talisman » du poème (cf. la strophe finale). La fidélité du poète
est aussi inébranlable que celle des Cosaques Zaporogues (v. 85-115) : au Sultan qui leur
demandait de renier la foi chrétienne ceux-ci ont fait une « Réponse » grossière mais catégorique (v. 115-130). La reprise de la célèbre strophe « Voie lactée ô sœur lumineuse »
entraîne à nouveau le poète dans ses regrets et ses rêves impossibles (v. 131-205). Mais
jamais il ne peut oublier, car il a le cœur percé de « Sept épées de mélancolie » dont il énumère
les vertus (v. 205-240). Une dernière fois apparue, la constante mélodique « Voie lactée... »
ouvre enfin le finale qui, après cette strophe (v. 240-245), chante la mélancolie du « mal-aimé »
revenu à Paris et errant dans le brûlant été de la Ville.*

Les démons du hasard selon
Le chant du firmament [5] nous mènent
A sons perdus leurs violons
Font danser notre race humaine
250 Sur la descente à reculons

Destins destins impénétrables
Rois secoués par la folie
Et ces grelottantes étoiles
De fausses femmes dans vos lits
Aux déserts que l'histoire accable

Luitpold [6] le vieux prince régent
Tuteur de deux royautés folles
Sanglote-t-il en y songeant
Quand vacillent les lucioles
260 Mouches dorées de la Saint-Jean [7]

Près d'un château sans châtelaine
La barque aux barcarols chantants
Sur un lac blanc et sous l'haleine
Des vents qui tremblent au printemps
Voguait cygne mourant sirène [8]

Un jour le roi dans l'eau d'argent
Se noya puis la bouche ouverte
Il s'en revint en surnageant
Sur la rive dormir inerte
270 Face tournée au ciel changeant [9]

Juin ton soleil ardente lyre
Brûle mes doigts endoloris
Triste et mélodieux délire
J'erre à travers mon beau Paris
Sans avoir le cœur d'y mourir

Les dimanches s'y éternisent
Et les orgues de Barbarie
Y sanglotent dans les cours grises
Les fleurs aux balcons de Paris
Penchent comme la tour de Pise   21

Soirs de Paris ivres du gin
Flambant de l'électricité
Les tramways feux verts sur l'échine
Musiquent au long des portées
De rails leur folie de machines [10]

Les cafés gonflés de fumée
Crient tout l'amour de leurs tziganes
De tous leurs siphons enrhumés
De leurs garçons vêtus d'un pagne [11]
Vers toi toi que j'ai tant aimée   2

Moi [12] qui sais des lais pour les reines
Les complaintes de mes années
Des hymnes d'esclave aux murènes
La romance du mal-aimé
Et des chansons pour les sirènes

(Librairie Gallimard, éditeur).

— 5 Cette strophe annonce l'apostrophe au
Destin (v. 251). — 6 Pour illustrer son appel
aux destins le poète évoque la tragédie de la
Cour de Bavière où le régent Luitpold veilla
sur le trône de deux rois fous, Louis II et
Othon. — 7 Annonce de « *Juin ton soleil...* ». —
8 Blancheur de la barque ; accents mourants
des « barcarols ». — 9 Louis II s'est noyé :
cette vision éclaire peut-être le sens des
« nageurs morts » du v. 64. — 10 Ainsi, bien
avant *Zone*, on trouve ici un appel à la féerie
moderne. — 11 Le tablier blanc, serré à la
taille, des serveurs « 1900 ». — 12 *Toi... Moi :*
éternelle union avec Annie maintenant perdue.

La Tzigane

Même époque de composition que la *Nuit Rhénane* et même atmosphère pour cette évocation fugitive des amours, condamnées d'avance, avec Annie Playden. La strophe 2 suggère le heurt de l'amour avec la réalité. L'expression elliptique des sentiments est très remarquable dans son « symbolisme ».

La tzigane savait d'avance
Nos deux vies barrées par les nuits
Nous lui dîmes adieu et puis
De ce puits sortit l'Espérance

L'amour lourd comme un ours privé
Dansa debout quand nous voulûmes
Et l'oiseau bleu perdit ses plumes
Et les mendiants leurs *Ave*

On sait très bien que l'on se damne
Mais l'espoir d'aimer en chemin
Nous fait penser main dans la main
A ce qu'a prédit la tzigane

Cors de chasse

La manière reste la même que dans *La Tzigane* pour ce poème bien postérieur (1912). La strophe 1 insiste sur la qualité éminente de l'amour que la vie doit emporter. La strophe 2 suppose une comparaison implicite de l'auteur avec Quincey. La comparaison finale est d'une rare puissance de suggestion.

Notre histoire est noble et tragique
Comme le masque d'un tyran
Nul drame hasardeux ou magique
Aucun détail indifférent
Ne rend notre amour pathétique

Et Thomas de Quincey buvant
L'opium poison doux et chaste
A sa pauvre Anne allait rêvant
Passons passons puisque tout passe
Je me retournerai souvent   10

Les souvenirs sont cors de chasse
Dont meurt le bruit parmi le vent

Annie

Depuis 1904, APOLLINAIRE n'avait plus rien su d'ANNIE expatriée en Amérique. Dès 1906, il avait publié un curieux poème, plein d'inventions hardies et de cocasserie triste : *L'Émigrant de Landor Road* où il se voyait partant rejoindre la jeune fille. Pour l'impossible rencontre d'ANNIE dans une Amérique imaginaire, son instinct l'a peu trompé. Quarante ans plus tard la fugitive d'autrefois vivait encore, non au Texas mais en Californie. Le poète qui a toujours refusé l'étiquette de simple « fantaisiste » l'est pourtant ici. L'émotion et le regret sont voilés de « blague » : les deux amants, ombres muettes, restent *liés l'un à l'autre*, mais ce n'est plus que par un baroque détail vestimentaire...

Sur la côte du Texas
Entre Mobile et Galveston il y a
Un grand jardin tout plein de roses
Il contient aussi une villa
Qui est une grande rose

Une femme se promène souvent
Dans le jardin toute seule
Et quand je passe sur la route bordée de tilleuls
Nous nous regardons

10   Comme cette femme est mennonite [1]
Ses rosiers et ses vêtements n'ont pas de boutons
Il en manque deux à mon veston
La dame et moi suivons presque le même rite   (Gallimard, éd.).

— 1 Secte puritaine dont la sévérité proscrit tout ornement.

MODERNISME :   Sous le titre de *Cri*, APOLLINAIRE a lu à des amis, dès
" ZONE "   septembre 1912, le texte qui, avec le nouveau titre de
Zone, a remplacé au dernier moment *La Chanson du Mal-aimé* en tête d'*Alcools*. Or, Blaise CENDRARS avait, en avril de la même année, écrit *Les Pâques à New York*, long poème déambulatoire traduisant la nostalgie de Dieu dans une confusion d'images présentes et de souvenirs. CENDRARS s'adressait, un Vendredi-Saint, au Crucifié :

> *Je descends à grands pas vers le bas de la ville*
> *Votre flanc est ouvert comme un grand soleil...*
> *Je suis assis au bord de l'Océan...*
> *Dans une église, à Sienne, dans un caveau*
> *J'ai vu la même Face, au mur, sous un rideau*
> *Et dans un ermitage à Bourrié Wadislasz...*
> *Seigneur, je suis dans le quartier des bons voleurs...*
> *J'aurais voulu, Seigneur, entrer dans une église...*

De nombreux autres rapprochements sont possibles entre *Zone* et ce texte qui avait surpris les groupes littéraires. Incontestablement, APOLLINAIRE le connaissait. « Fondé en poésie » comme il le proclamait dès 1909 *(Poème lu au mariage d'André Salmon)*, conscient au surplus des innovations que présentaient certains poèmes du volume comme *L'Émigrant de Landor Road* ou *Le Voyageur*, peut-être a-t-il voulu, pour ne pas paraître dépassé en « modernisme » par les *Pâques*, faire de *Zone* une sorte d'affirmation liminaire ? Tel est le problème posé et jusqu'ici sans solution. Quant à la valeur des deux textes, on peut dire que celui d'APOLLINAIRE est plus hardi dans les ruptures de ton et la technique du vers, mais aussi d'une plus grande intensité et d'une grâce plus constante.

Il n'en reste pas moins qu'en combinant les caractères communs aux *Pâques à New York* et à *Zone* avec les effets recherchés dans la présentation de *La Prose du Transsibérien* (cf. p. 39), on obtient une image assez fidèle de la poésie « cubiste » correspondant à l'esthétique élaborée par des peintres que l'amitié réunissait, soit au fameux Bateau-Lavoir (cf. p. 41) soit à Montparnasse.

ZONE

Outre la condamnation initiale et hyperbolique de tout « passéisme » (v. 1-6 ; c'est aussi le but de l'*Antitradition futuriste*, cf. p. 16), on trouvera ici une poétique de l'*actualité* la plus « triviale » (v. 11-12), de la *surprise* et de l'*étrangeté saugrenue* (passim), de l'*ubiquité* et de la *simultanéité*. Un seul mouvement unifie cependant heurts et disparates : celui d'une âme à nouveau désespérée d'amour, aspirant à un secours de Dieu (v. 10) et emportée à la fois dans Paris et dans un passé retrouvé par bribes. La comparaison s'impose avec *La Chanson du Mal-aimé* qui traduit dans un désordre d'une autre nature le même état d'ébriété sentimentale (cf. le titre du volume : « *Alcools* »).

A la fin tu [1] es las de ce monde ancien

Bergère ô tour Eiffel [2] le troupeau des ponts bêle ce matin

Tu en as assez de vivre dans l'antiquité grecque et romaine

Ici même les automobiles ont l'air d'être anciennes
La religion seule est restée toute neuve la religion
Est restée simple comme les hangars de Port-Aviation

Seul en Europe tu n'es pas antique ô Christianisme
L'Européen le plus moderne c'est vous Pape Pie X

— 1 Il s'adresse à lui-même. — 2 Le *surgissement* de la Tour est cher aux peintres cubistes.

Et toi que les fenêtres observent la honte te retient
D'entrer dans une église et de t'y confesser ce matin
Tu lis les prospectus les catalogues les affiches qui chantent tout haut
Voilà la poésie ce matin [3] et pour la prose il y a les journaux
Il y a les livraisons à 25 centimes pleines d'aventures policières [4]
Portraits des grands hommes et mille titres divers

J'ai [5] vu ce matin une jolie rue dont j'ai oublié le nom
Neuve et propre du soleil elle était le clairon [6]
Les directeurs les ouvriers et les belles sténo-dactylographes
Du lundi matin au samedi soir quatre fois par jour y passent
Le matin par trois fois la sirène y gémit

Une cloche rageuse y aboie vers midi
Les inscriptions des enseignes et des murailles
Les plaques les avis à la façon des perroquets criaillent
J'aime la grâce de cette rue industrielle
Située à Paris entre la rue Aumont-Thiéville et l'avenue des Ternes

Voilà la jeune rue [7] tu n'es encore qu'un petit enfant
Ta mère ne t'habille que de bleu et de blanc [8]
Tu es très pieux et avec le plus ancien de tes camarades René Dalize [9]
Vous n'aimiez rien tant que les pompes de l'Église
Il est neuf heures le gaz est baissé tout bleu vous sortez du dortoir en cachette
Vous priez toute la nuit dans la chapelle du collège...

Féru d'aviation — il a chanté « Ader l'aérien » — le poète évoque alors une Ascension toute moderne :

C'est le Christ qui monte au ciel mieux que les aviateurs
Il détient le record du monde pour la hauteur... (40-41)
Icare Enoch Elie Apollonius de Thyane
Flottent autour du premier aéroplane... (49-50)

Puis brusquement :

Maintenant tu marches dans Paris tout seul parmi la foule
Des troupeaux d'autobus mugissants près de toi roulent
L'angoisse de l'amour te serre le gosier
Comme si tu ne devais jamais plus être aimé [10] (71-74)

Ainsi erre l'éternel Mal-aimé parmi la réalité et les phantasmes du passé. Tandis que Paris s'écoule près de lui, des éclairs d'existence enfuie l'illuminent, qui le ramènent toujours à la « complainte » de Rutebeuf et de Villon irisée de sourires et de larmes.

Te voici à Coblence à l'hôtel du Géant

Te voici à Rome assis sous un néflier du Japon

Te voici à Amsterdam avec une jeune fille que tu trouves belle et qui est laide
Elle doit se marier avec un étudiant de Leyde
On y loue des chambres en latin Cubicula locanda
Je m'en souviens j'y ai passé trois jours et autant à Gouda

— 3 Songer à l'utilisation des journaux, es affiches dans les « papiers peints » de Juan ris, Picasso, etc. — 4 Aucune ironie : pollinaire exalte ailleurs le célèbre « Fantômas ». — 5 Passage à la première personne ; l'alternance se poursuit et se précipite aux vers 117-

119. — 6 « Correspondance » baudelairienne (cf. v. 22). — 7 La rue de ta jeunesse. — 8 Comme les enfants voués à la Vierge Marie. — 9 Tué en 1917. Les *Calligrammes* lui sont dédiés. — 10 Le poète vient d'être repoussé par Marie Laurencin, comme dix ans auparavant par Annie (cf. v. 117). *Zone* est un poème « de fin d'amour ».

Tu es à Paris chez le juge d'instruction
Comme un criminel on te met en état d'arrestation [11]
Tu as fait de douloureux et de joyeux voyages
Avant de t'apercevoir du mensonge et de l'âge
Tu as souffert de l'amour à vingt et à trente ans
J'ai vécu comme un fou et j'ai perdu mon temps
Tu n'oses plus regarder tes mains et à tout moment je voudrais sangloter

*L'âme douloureuse du poète sympathise avec les « Misérables » du monde moderne :
émigrants de la gare Saint-Lazare, Juifs de la Rue des Rosiers, filles de la nuit rencontrées
pendant qu'il regagne son logis, plus loin que le Pont Mirabeau...*

Et tu bois cet alcool brûlant comme ta vie
Ta vie que tu bois comme une eau-de-vie [12]

150   Tu marches vers Auteuil tu veux aller chez toi à pied
Dormir parmi tes fétiches d'Océanie et de Guinée [13]
Ils sont des Christ d'une autre forme et d'une autre croyance
Ce sont les Christ inférieurs des obscures espérances [14]

Adieu Adieu

Soleil cou coupé [15]   (Librairie Gallimard, éditeur).

Calligrammes   « *Poèmes de la Paix et de la Guerre* » dit le sous-titre
                          du volume publié en 1918. Après *Zone*, APOLLINAIRE y
confirme le goût pour les innovations hardies qui l'anime depuis 1913.
    Ondes groupe les textes des années 1913-1914. On y trouve les premiers « poèmes-
conversations » qui, à l'époque, ont aggravé la légende d'un Apollinaire mystificateur
Par exemple, *Lundi Rue Christine*, fait de bribes de dialogue saisies dans la rumeur d'un
café. Plus riches en conséquences sont les poèmes comme *Les Fenêtres*, préface au catalogue
d'une Exposition du peintre Robert DELAUNAY dont une toile, *Fenêtres, simultanée
prismatiques*, marque une étape importante dans le glissement vers la peinture non
figurative. APOLLINAIRE avait appelé « orphique » la technique de son ami qui voulai
de simples « phrases coloriées... la couleur agissant cette fois en fonction d'elle-même »
A son tour, le poète agite un kaléidoscope de simples notations :

> *Du rouge au vert tout le jaune se meurt*
> *Quand chantent les aras dans les forêts natales...*
> *La fenêtre s'ouvre comme une orange*
> *Le beau fruit de la lumière*

    Enfin on y trouve les « idéogrammes lyriques » dont le premier, *Lettre-Océan*, avai
été publié en Mai 1914. Ils justifient le titre du volume : APOLLINAIRE a voulu use
dans un sens pictural et moderniste, des *possibilités figuratives du vers*, en accord avec l
peinture de son temps (caractères typographiques utilisés par Braque). « *Et moi aus
je suis peintre* » dit-il dans le projet d'une plaquette.
    Les meilleurs *Calligrammes* sont ceux où la facilité de la lecture, la présence d'un
expression vraiment poétique et la grâce symbolique du dessin se trouvent réunis. L
plus précieux demeurent ceux qui chantent *la vie du poète-combattant*. A eux seul
grâce à l'art d'APOLLINAIRE, ils sont l'image complète d'une floraison innombrable
émouvante recueillie dans les *Anthologies* consacrées aux poètes de la Grande guerre

---

— 11 Cf. Biographie (p. 41). —. 12 Rappel du | reste indécise. — 15 Premier état du vers : *Sol
titre du recueil. — 13 Comme Picasso, Apolli- | *levant cou tranché*. « Le soleil du monde e
naire était féru d'art nègre. — 14 Malgré son | tranché, non pas le soleil païen, mais
appel à l'Église de son enfance, la foi du poète | Soleil-Christ, le soleil spirituel » (M.-J. Durry

Exercice

Bref, discret, sans effet, le poème chante pourtant le simple courage de millions de combattants. Ces quatre adolescents pratiquent, sans le savoir, un « *exercice* » spirituel au sens *religieux* du mot. Sans avenir devant la mort toujours présente, ils se séparent du monde des vivants — c'est leur *ascèse* — en ne parlant que de leur jeune passé.

Vers un village de l'arrière
S'en allaient quatre bombardiers
Ils étaient couverts de poussière
Depuis la tête jusqu'aux pieds

Ils regardaient la vaste plaine
En parlant entre eux du passé
Et ne se retournaient qu'à peine
Quand un obus avait toussé

Tous quatre de la classe seize
Parlaient d'antan non d'avenir
Ainsi se prolongeait l'ascèse
Qui les exerçait à mourir

(Librairie Gallimard, éditeur).

Douces figures poignardées Chères lèvres fleuries
MIA MAREYE
YETTE LORIE
ANNIE et toi MARIE
où êtes-
vous ô
jeunes filles
MAIS
près d'un
jet d'eau qui
pleure et qui prie
cette colombe s'extasie

Tous les souvenirs de naguère
O mes amis partis en guerre
Où sont Raynal Billy Dalize
Jaillissent vers le firmament
Dont les noms se mélancolisent
Et vos regards en l'eau dormant
Comme des pas dans une église
Meurent mélancoliquement
Où est Cremnitz qui s'engagea
Où sont ils Braque et Max Jacob
Peut-être sont-ils morts déjà
Derain aux yeux gris comme l'aube
De souvenirs mon âme est pleine
Le jet d'eau pleure sur ma peine

CEUX QUI SONT PARTIS A LA GUERRE AU NORD SE BATTENT MAINTENANT

Jardins où saigne abondamment le laurier rose fleur guerrière
Le soir tombe O sanglante mer

LA COLOMBE POIGNARDÉE
ET LE JET D'EAU

CALLIGRAMMES
Éd. *Pléiade* (Gallimard)

Il y a

Pratiquant le procédé de *l'énumération à surprise*, le poète compose l'image complète d'un *instant vécu :* visions de combats, souvenir d'une femme aimée repartie pour l'Algérie sur la mer menacée, conscience du monde entier qui vit à la même heure. Cette *litanie* a une réelle puissance d'évocation avant sa pirouette finale.

Il y a un vaisseau qui a emporté ma bien-aimée
Il y a dans le ciel six saucisses [1] et la nuit venue on dirait des asticots
    dont naîtraient les étoiles
Il y a un sous-marin ennemi qui en voulait à mon amour
Il y a mille petits sapins brisés par les éclats d'obus autour de moi
Il y a un fantassin qui passe aveuglé par les gaz asphyxiants
Il y a que nous avons tout haché dans les boyaux [2] de Nietszche de Gœthe
    et de Cologne
Il y a que je languis après une lettre qui tarde
10 Il y a dans mon porte-cartes plusieurs photos de mon amour
Il y a les prisonniers qui passent la mine inquiète
Il y a une batterie dont les servants s'agitent autour des pièces
Il y a le vaguemestre qui arrive au trot par le chemin de l'Arbre isolé
Il y a dit-on un espion qui rôde par ici invisible comme l'horizon dont il
    s'est indignement revêtu et avec quoi il se confond
Il y a dressé comme un lys le buste de mon amour
Il y a un capitaine qui attend avec anxiété les communications de la TSF
    sur l'Atlantique
Il y a à minuit des soldats qui scient des planches pour les cercueils
20 Il y a des femmes qui demandent du maïs à grands cris devant un Christ
    sanglant à Mexico
Il y a le Gulf Stream qui est si tiède et si bienfaisant
Il y a un cimetière plein de croix à 5 kilomètres
Il y a des croix partout de ci de là
Il y a des figues de Barbarie sur ces cactus en Algérie
Il y a les longues mains souples de mon amour [...]
Il y a des hommes dans le monde qui n'ont jamais été à la guerre
Il y a des Hindous qui regardent avec étonnement les campagnes occidentales
Ils pensent avec mélancolie à ceux dont ils se demandent s'ils les reverront
Car on a poussé très loin durant cette guerre l'art de l'invisibilité

(Éditions Messein).

Les Mamelles
de Tirésias (1917)
    Ce drame d'abord conçu comme « surnaturaliste », puis improprement et prématurément qualifié de « surréaliste », est une simple farce d'actualité. L'*absurdité* et le *effets trop gros* y demeurent dans la tradition de Jarry. Mais le *prologue* a paru annoncer un *art novateur*, en particulier celui de CLAUDEL : un art mariant « les sons les gestes les couleurs les cris les bruits la musique la danse l'acrobatie la peinture les chœurs les actions et les décors multiples » ; des changements de ton « du pathétique au burlesque » ; « des acteurs collectifs ou non qui ne sont pas forcément extraits de l'humanité mais de l'univers entier » ; et même « un théâtre en rond... »

— 1 Ballons captifs pour l'observation. — 2 Cheminements réunissant les tranchées.

LE THÉATRE AVANT 1914

LE NÉO-ROMANTISME : EDMOND ROSTAND

Depuis l'échec des *Burgraves* de Hugo en 1843, le romantisme au théâtre semblait condamné ; il connut pourtant, dans les dernières années du XIXe siècle et au début du XXe, une étonnante résurrection, marquée par l'enthousiasme du public, lorsqu'en 1897 EDMOND ROSTAND (1868-1918) fit représenter *Cyrano de Bergerac*, que devaient suivre *L'Aiglon* (1900) et *Chantecler* (1910).

Dans l'œuvre de ROSTAND, qui représente une des dernières réussites du théâtre en vers, la *manière romantique* retrouve une nouvelle jeunesse, avec ses défauts et ses qualités. Certes il y a là de la facilité, de la banalité même, et parfois une certaine tendance à la virtuosité précieuse (veine déjà exploitée par Rostand dans *Les Romanesques*, 1894) ; mais la fougue du lyrisme verbal, l'intensité, sinon l'originalité des images, et un sens très efficace de l'effet dramatique, expliquent le triomphe de *Cyrano* : le public et la critique découvraient un chef-d'œuvre inattendu et l'on alla jusqu'à évoquer le triomphe du *Cid*.

Le second drame romantique de Rostand, *L'Aiglon*, inspiré par la vie du Duc de Reichstadt et par la légende napoléonienne, introduit sur le théâtre une sorte d'*épopée sentimentale*, qui vint confirmer la popularité de l'auteur : il sera élu à l'Académie Française, l'année suivante, en 1901. Il entreprend alors, dans sa retraite basque de Cambo, une vaste fresque symbolique mettant en scène des animaux et destinée à « dramatiser » un sentiment de la nature à la fois riche et confus ; mais *Chantecler*, représenté en 1910, fut un échec définitif, tandis que *Cyrano* et *L'Aiglon* n'ont rien perdu de leur popularité. A sa mort, EDMOND ROSTAND n'avait pu achever un autre grand dessein, l'interprétation fantastique et lyrique d'un grand thème traditionnel : *La Dernière Nuit de Don Juan*.

Mais, malgré le succès de *Cyrano* et de *L'Aiglon*, le néo-romantisme au théâtre ne connut guère de prolongements notables et, après les tentatives analogues, à la fin du XIXe siècle, de François Coppée, Henri de Bornier et Jean Richepin, l'œuvre de Rostand apparaît comme le chant du cygne du romantisme dramatique.

« Généreuse imposture »

Sans se soucier de l'identité historique du vrai Cyrano de Bergerac (cf. *XVIIe Siècle*, p. 79), ROSTAND en fait un *mythe*, qui n'est pas sans rappeler celui de Ruy Blas. Cadet de Gascogne, affligé d'un trop long nez qui l'enlaidit, CYRANO aime en secret sa cousine ROXANE ; mais celle-ci le prie d'aider Christian de Neuvillette dont la beauté l'a conquise. Par amour pour Roxane, Cyrano se fait l'ami le plus fidèle de Christian dont l'amour s'exprime auprès de Roxane dans le langage que lui dicte Cyrano. Tout le drame est fondé sur ce *quiproquo romantique* jusqu'à ce qu'enfin elle reconnaisse l'amour de Cyrano.

Après la mort de Christian, que CYRANO *lui a fait épouser secrètement,* ROXANE, *désespérée, s'est retirée dans un couvent. Quatorze ans plus tard, Cyrano, attaqué dans la rue et mortellement blessé, lui fait une ultime visite. Sans se douter que son ami est mourant, Roxane lui remet, sur sa demande, la dernière lettre de Christian : elle la porte toujours dans un sachet pendu à son cou. Or c'est Cyrano qui avait rédigé cette lettre.*

CYRANO, *lisant :* « Roxane, adieu, je vais mourir !... »
ROXANE, *s'arrêtant, étonnée :* Tout haut ?
CYRANO, *lisant :*   « C'est pour ce soir, je crois, ma bien-aimée !
J'ai l'âme lourde encor d'amour inexprimée,
Et je meurs ! Jamais plus, jamais plus mes yeux grisés,
Mes regards dont c'était... »

ROXANE :   Comme vous la lisez,
Sa lettre !

CYRANO, *continuant :* « ...dont c'était les frémissantes fêtes,
Ne baiseront au vol les gestes que vous faites ;
J'en revois un petit qui vous est familier
Pour toucher votre front et je voudrais crier... »

ROXANE : Comme vous la lisez, cette lettre !
                                   La nuit vient insensiblement [1].

CYRANO :   « Et je crie :   10
Adieu !... »

ROXANE :   Vous la lisez...

CYRANO :   « Ma chère, ma chérie,
Mon trésor... »

ROXANE :   D'une voix...

CYRANO :   « Mon amour !...

ROXANE :   D'une voix...
Mais... que je n'entends pas pour la première fois !

*Elle s'approche tout doucement, sans qu'il s'en aperçoive, passe derrière le fauteuil, se
penche sans bruit, regarde la lettre. L'ombre augmente.*

CYRANO : « Mon cœur ne vous quitta jamais une seconde,
Et je suis et serai jusque dans l'autre monde
Celui qui vous aima sans mesure, celui... »

ROXANE, *lui posant la main sur l'épaule :*
Comment pouvez-vous lire à présent ? Il fait nuit.

*Il tressaille, se retourne, la voit là tout près, fait un geste d'effroi, baisse la tête. Un long
silence. Puis, dans l'ombre complètement venue, elle dit avec lenteur, joignant les mains.*

Et pendant quatorze ans, il a joué ce rôle
D'être le vieil ami qui vient pour être drôle !

CYRANO : Roxane !

ROXANE :   C'était vous.

CYRANO :   Non, non, Roxane, non !   2

ROXANE : J'aurais dû deviner quand il disait mon nom !

CYRANO : Non ! ce n'était pas moi !

ROXANE :   C'était vous !

CYRANO :   Je vous jure...

ROXANE : J'aperçois toute la généreuse imposture :
Les lettres, c'était vous...

CYRANO :   Non !

ROXANE :   Les mots chers et fous,
C'était vous [2].

CYRANO :   Non !

ROXANE :   La voix dans la nuit, c'était vous !

CYRANO : Je vous jure que non !

ROXANE :   L'âme, c'était la vôtre !

CYRANO : Je ne vous aimais pas.

ROXANE :   Vous m'aimiez !

CYRANO :   C'était l'autre.

— 1 C'est cette circonstance qui va per- | dictait à Christian les mots d'amour qu'il
mettre à Roxane de deviner la vérité. — 2 A | répétait à Roxane (« *Scène du balcon* », inspirée de
l'acte III, c'était Cyrano qui, à voix basse, | *Roméo et Juliette*, comme *Les Romanesques*).

ROXANE : Vous m'aimiez !
CYRANO :   Non !
ROXANE :   Déjà vous le dites plus bas !
CYRANO : Non, non, mon cher amour, je ne vous aimais pas !
ROXANE : Ah ! que de choses qui sont mortes... qui sont nées !   30
— Pourquoi vous être tu pendant quatorze années,
Puisque, sur cette lettre où lui n'était pour rien,
Ces pleurs étaient de vous [3] ?
CYRANO : *lui tendant la lettre,*   Ce sang était le sien.

Cyrano de Bergerac, V, 5 (Fasquelle, éditeur).

Le grognard

L'Aiglon, c'est le fils de Napoléon, le Roi de Rome, devenu DUC DE REICHSTADT, que tourmente, malgré la pression de son entourage autrichien, la *nostalgie de l'épopée paternelle.* Mais le drame est dominé par le personnage de FLAMBEAU, ancien soldat de la Garde, une des plus brillantes créations de Rostand : la scène où le DUC l'écoute avec exaltation évoquer son passé est un des sommets de *L'Aiglon.* Voici le moment où, emporté par sa ferveur napoléonienne, FLAMBEAU laisse percer le grognard sous la livrée de laquais qui lui sert de masque, car il a été envoyé à Schœnbrunn par les bonapartistes français pour contrecarrer l'influence autrichienne. L'ex-maréchal Marmont, duc de Raguse, autrefois traître à son maître, vient d'invoquer, pour sa défense, la *fatigue* des officiers de Napoléon et ce qu'il appelle la *démence* de l'Empereur. C'est alors qu'éclate le *lyrisme épique* de Flambeau.

LE LAQUAIS : *descendant peu à peu vers Marmont :*
Et nous, les petits, les obscurs, les sans-grades,
Nous qui marchions fourbus, blessés, crottés, malades,
Sans espoir de duchés ni de dotations ;
Nous qui marchions toujours et jamais n'avancions ;
Trop simples et trop gueux pour que l'espoir nous berne
De ce fameux bâton qu'on a dans sa giberne [1] ;
Nous qui, par tous les temps, n'avons cessé d'aller,
Suant sans avoir peur, grelottant sans trembler,
Ne nous soutenant plus qu'à force de trompette,
De fièvre et de chansons qu'en marchant on répète ;   10
Nous sur lesquels pendant dix-sept ans, songez-y,
Sac, sabre, tourne-vis, pierres à feu, fusil,
— Ne parlons pas du poids toujours absent des vivres ! —
Ont fait le doux total de cinquante-huit livres ;
Nous qui, coiffés d'oursons sous les ciels tropicaux,
Sous les neiges n'avions même plus de shakos [2] ;
Qui d'Espagne en Autriche exécutions des trottes ;

---

3 Roxane avait tout à l'heure parlé de cette *lettre au papier jaunissant. — Où l'on peut voir encor des larmes et du sang !* Cyrano écrivait en pleurant les lettres que Christian adressait à Roxane. Celle-ci est *la dernière,* trouvée sur Christian alors qu'il venait d'être mortellement blessé au siège d'Arras.

— 1 Cf. le dicton selon lequel tout soldat a dans sa giberne le *bâton de maréchal.* La *giberne* est le nom ancien de la cartouchière. — 2 Allusions à la campagne d'Égypte et à la retraite de Russie.

Nous qui pour arracher ainsi que des carottes
Nos jambes à la boue énorme des chemins,
Devions les empoigner quelquefois à deux mains ;   2
Nous qui pour notre toux n'ayant pas de jujube,
Prenions des bains de pied d'un jour dans le Danube ;
Nous qui n'avions le temps quand un bel officier
Arrivait, au galop de chasse, nous crier :
« L'ennemi nous attaque, il faut qu'on le repousse ! »
Que de manger un blanc de corbeau sur le pouce,
Ou vivement, avec un peu de neige, encor,
De nous faire un sorbet au sang de cheval mort ;
Nous...

LE DUC, *les mains crispées aux bras de son fauteuil, penché en avant, les yeux ardents :*
Enfin !...

LE LAQUAIS :   ...qui marchant et nous battant à jeun,
Ne cessions de marcher...

LE DUC,   *transfiguré de joie :*   Enfin ! j'en vois donc un !   3

LE LAQUAIS : ...Que pour nous battre, — et de nous battre un contre quatre,
Que pour marcher, — et de marcher que pour nous battre,
Marchant et nous battant, maigres, nus, noirs et gais...
Nous, nous ne l'étions pas, peut-être, fatigués ?

*Malgré ses rêves de gloire et le dévouement de Flambeau, l'Aiglon ira vers le désespoir et
la mort, sans avoir pu s'évader de sa « cage » autrichienne.*

L'Aiglon, II, 9 (Fasquelle, éditeur).

Le naturalisme

A la fin du XIXe siècle, le naturalisme avait étendu son influence au théâtre (cf. *XIXe Siècle,* p. 555). Au même moment, le *Théâtre libre* d'ANTOINE l'introduisait aussi dans la mise en scène. De bonnes conditions semblaient donc réunies pour le développement d'une littérature dramatique inspirée des principes et des techniques du naturalisme. En fait ce mouvement se trouva contrecarré par d'autres tendances, et bientôt d'ailleurs le naturalisme proprement dit évoluait chez certains auteurs (Brieux ou Hervieu par exemple) vers un *théâtre à thèse,* lui-même conforme à la tendance illustrée plus tôt par Alexandre Dumas fils (cf. *XIXe Siècle,* p. 555).

Néanmoins le théâtre naturaliste tient son rang dans la production dramatique d'avant 1914. Le réalisme social, nuancé à la fois de cynisme et de moralisme, caractérise l'œuvre d'OCTAVE MIRBEAU (1850-1917). Celui-ci décrit, dans *Les Mauvais Bergers,* l'antagonisme des classes, et, dans *Les Affaires sont les affaires* (1903), il développe une description impitoyable des formes modernes du pouvoir de l'argent ; il reste ainsi fidèle à une tradition qui remonte, par-delà *Le Faiseur* de Balzac, jusqu'au *Turcaret* de Lesage (cf *XVIIIe Siècle,* p. 39).

C'est d'autre part un naturalisme psychologique plutôt que social qui inspire l'œuvre dramatique de JULES RENARD, plus célèbre par ses autres œuvres (cf. p. 129). Il se spécialise dans des pièces courtes et vives, où il transpose, sous la forme dramatique, son habituelle manière incisive : le pessimisme et l'amertume se résolvent en humour et en cruauté dans *Le Plaisir de rompre* (1897), *Le Pain de Ménage* (1898), *Monsieur Vernet* (1903) e plus encore dans l'adaptation dramatique du célèbre *Poil de Carotte* (1900).

Plus proche enfin de Mirbeau, ÉMILE FABRE schématise les thèmes naturalistes, et e fait la matière d'un théâtre à l'emporte-pièce, qui connut à l'époque un assez larg succès. Efficace sur la scène, sa manière manque de force proprement littéraire, mais l succès d'Émile Fabre auprès du public témoigne de l'intérêt que l'on portait avant 191 au théâtre naturaliste (*L'Argent,* 1895 ; *Les Ventres dorés,* 1905).

LE « THÉÂTRE D'IDÉES »

La question sociale qui, au début du XXᵉ siècle, inspire tant d'œuvres littéraires, fournissait quelques-uns des principaux thèmes du théâtre naturaliste ; mais celui-ci ne prétendait pas transformer la scène en tribune. Néanmoins le *glissement du naturalisme aux « idées »* caractérise l'œuvre de certains dramaturges, qui font alors figure de maîtres à penser et dont l'influence, inégale en valeur, fut loin d'être négligeable.

EUGÈNE BRIEUX (1858-1922) est sans doute celui qui se rattache le plus directement à la tradition de Dumas fils et d'Émile Augier (cf. *XIXᵉ Siècle*, p. 555) ; il fonde son entreprise de moralisation dramatique sur une véritable propagande en faveur de la réforme des mœurs : *La Robe rouge* (1900) pose, en termes assez énergiques, le problème de l'administration de la justice et montre comment l'égoïsme et l'intérêt corrompent la fonction judiciaire ; dans *Les Remplaçantes* (1901), l'auteur traite les thèmes de la propagande familiale, en montrant que le devoir de la mère est d'élever personnellement ses enfants. Le théâtre devient alors une simple et parfois sommaire illustration des thèses de l'auteur.

Plus profond et plus authentiquement dramaturge est PAUL HERVIEU (1857-1915), qui a le sens du tragique, mais que son moralisme pousse à pratiquer une rhétorique parfois abusive. Il s'attache courageusement à diffuser quelques grandes idées qu'il dramatise en les rapportant au conflit fondamental de la nature et de la civilisation : problèmes du mariage (*Les Tenailles*, 1895) et du divorce (*Le Dédale*, 1903) ; question du féminisme (*La Loi de l'Homme*, 1897) et de l'amour maternel (*La Course du Flambeau*, 1901).

Mais le représentant sans doute le plus notable de cette tendance est FRANÇOIS DE CUREL (1854-1929), industriel lorrain et gentilhomme campagnard : il possède en effet l'art de concevoir des situations exceptionnelles et d'en tirer un *drame psychologique* qui sert de support solide au développement des idées. Le style, austère, résiste à la tentation rhétorique et compense l'abstraction des idées par la puissance suggestive des images ; c'est par son art que CUREL fait vivre sur la scène des personnages qui, cependant, incarnent des abstractions. Nourrie d'expérience personnelle et animée par ses propres drames de conscience, l'une de ses premières pièces, *Le Repas du Lion* (1897), porte sur le problème des rapports entre patrons et ouvriers ; *La Nouvelle Idole* (1899), qui est sans doute son chef-d'œuvre, soulève celui des limites morales du pouvoir scientifique ; *Terre inhumaine* enfin aborde pour la première fois, en 1922, un sujet que traiteront abondamment, après la seconde guerre mondiale, le roman et le cinéma : le thème de l'amour entre un homme et une femme appartenant à des nations ennemies.

La Course du Flambeau

Dans *La Course du Flambeau*, si l'on en croit la dédicace à Réjane qui créa le rôle de Sabine Revel au théâtre du Vaudeville en 1901, PAUL HERVIEU s'est proposé une « *incarnation tendre et farouche de la passion maternelle* ». Il nous présente, dans une intrigue solide mais assez compliquée, où interviennent aussi les questions d'argent et de mariage, différents types de mères et d'enfants et diverses manifestations et conséquences de la passion maternelle. C'est la mise en œuvre dramatique d'une *discussion d'idées* sur les différentes manières de concevoir le sentiment maternel, en particulier dans son conflit souvent tragique avec l'autonomie des enfants. Le débat est à plusieurs reprises porté sur la scène sous forme de *conversation*. Ainsi MARAVON aborde ce problème avec SABINE, à propos de Mme Gribert et de sa fille Béatrice, dans une scène typique de Paul Hervieu.

MARAVON : Vous n'avez, sans doute, jamais entendu parler des « lampadophories » [1] ? Voici ce que c'était : pour cette solennité, des citoyens s'espaçaient, formant une sorte de chaîne, dans Athènes. Le premier allumait un flambeau

---

[1] Maravon est un universitaire : il vient de s'excuser par avance de son « pédantisme »

à l'autel, courait le transmettre à un second, qui le transmettait à un troisième, et ainsi, de main en main. Chaque concurrent courait, sans un regard en arrière, n'ayant pour but que de préserver la flamme qu'il allait pourtant remettre aussitôt à un autre. Et alors dessaisi, arrêté, ne voyant plus qu'au loin la fuite de l'étoilement sacré, il l'escortait, du moins, par les yeux, de toute son anxiété impuissante, de tous ses vœux superflus. On a reconnu dans cette Course du Flambeau [1] l'image même des générations de la vie ; ce n'est pas moi, ce sont mes très anciens amis Platon et le bon poète Lucrèce.

SABINE : Je ne conçois pas de la sorte les relations de famille. A mon point de vue recevoir la vie engage autant que la donner. Il y a quelque chose d'analogue, de simultané, un lien unique qui fait se contre-balancer les obligations. Puisque la nature n'a pas permis aux enfants de se fabriquer tout seuls, je dis, moi, qu'elle a donc eu l'intention de leur imposer une dette envers ceux qui les mettent au monde.

MARAVON : Les enfants s'acquittent en faisant, à leur tour, des enfants.

SABINE : Ils s'acquittent en pratiquant la piété filiale, dont vous semblez oublier tant d'actes héroïques !

MARAVON : Peuh !... Enée, à l'incendie de Troie, emportant son père sur les épaules ? Mais à chaque occasion nos pompiers en font autant pour des gens qu'ils n'ont jamais vus... La gravure a popularisé encore le dévouement d'une femme dont le vieux père mourait de faim en prison : elle s'y introduisit et lui donna son sein à téter. Quelle est la nourrice qui ne voudrait soulager, par une offrande semblable, la captivité de tout un escadron ?

SABINE : Il est toujours facile de plaisanter.

MARAVON : Citez-moi des traits vraiment sublimes.

SABINE : Je n'ai pas votre érudition.

MARAVON : Non, voyez-vous, l'humanité se bat les flancs pour se persuader à elle-même qu'elle n'est pas mauvaise fille. Or, elle l'est, de naissance, comme, de naissance aussi, elle est bonne mère. Relisez les commandements du mont Sinaï : pas un mot sur les devoirs envers la progéniture ! Pourquoi donc ? Parce que c'était inutile. Parce que toutes les créatures s'étaient mises d'instinct à soigner leurs petits. Mais les devoirs envers les parents, voilà ce qui n'a pas été sous-entendu ; voilà ce qui n'allait pas de soi-même ! « Honore tes père et mère, afin de vivre longuement sur la terre. » Il n'y a pas que l'injonction, il y a, pour allécher, la promesse d'une prime à réaliser, dès ce bas monde... Croyez-moi, la reconnaissance filiale n'est pas spontanée ; elle est un effort de civilisation, un fragile essai de vertu !

SABINE : Vous me permettrez bien de vous opposer mon propre cas, à moi qui vis entre une mère et une fille... Je crois pouvoir dire que je sais ce que c'est que d'aimer son enfant ?

MARAVON : Dites même que vous atteignez à la perfection de la sollicitude.

La Course du Flambeau, I, 11 (Arthème Fayard, éditeur).

Mais, par une tragique ironie, SABINE, *à la fin du drame, voit sa fille la quitter pour aller avec son mari faire fortune en Amérique du Sud, et, dans l'éclat de sa douleur, elle provoque chez sa mère une crise cardiaque qui entraîne la mort. Les derniers mots de la pièce seront dans la bouche de Sabine :* « Pour ma fille, j'ai tué ma mère ! »

— 1 Ainsi s'explique le titre symbolique de la pièce.

La Nouvelle Idole

Dans la *Préface* de 1918 à l'édition de son *Théâtre complet*, FRANÇOIS DE CUREL écrivait :
« Depuis l'âge de trente ans, mon existence a été une longue rêverie, laquelle, de temps
en temps, prenait pour confidents les personnages d'un drame ». Et c'est bien ainsi qu'il
faut comprendre son œuvre, qui reste encore à beaucoup d'égards admirable. *La Nouvelle
Idole* reflète particulièrement la qualité de sa pensée et de ce qu'il appelle lui-même son
austère psychologie. Le docteur DONNAT est en effet un idolâtre de la Science ; mis en
présence d'une jeune tuberculeuse, qu'il croit condamnée à coup sûr, il n'hésite pas à lui
inoculer le cancer, pour mener à bien un progrès médical qui sauvera d'autres vies. Mais
la jeune fille guérit de la tuberculose, et, soulevée de charité par sa foi religieuse, elle
apaise les remords du médecin, qui, pour se punir, s'était à lui-même inoculé le mal
mortel. Devant le spectacle de grandeur que lui offre sa victime, il met en question son
idolâtrie de savant et « meurt comme s'il croyait en Dieu ». Au cours d'une conversation
avec la jeune fille, ANTOINETTE, se prépare le revirement du docteur ALBERT DONNAT.

ANTOINETTE : Un jour... j'étais si faible... comme morte... Vous avez dit aux
internes : « Pauvre petite Antoinette ! avant la fin de la semaine, elle aura vu les
splendeurs de son Paradis. » Après la visite, vous êtes revenu seul, et vous m'avez
fait une piqûre là où j'ai mal maintenant...

ALBERT : Alors, vous...

ANTOINETTE : J'avais ma connaissance, mais je ne bougeais pas... J'ai eu l'idée,
tout de suite, que vous tentiez quelque chose de hardi... A présent que la mère
supérieure [1] a prononcé le mot, je me rends bien compte de ce que vous avez
essayé... Nous avions une sœur qui est morte de cela vers Noël... Il fallait, pendant
les derniers jours, beaucoup prendre sur soi pour l'approcher... *(Un silence).*   10

ALBERT : Comment appelle-t-on les gens qui font ce que j'ai fait ?

ANTOINETTE : Comment ?

ALBERT : Assassins, n'est-ce pas ?

ANTOINETTE : Je savais bien que vous avez du chagrin ! Il ne faut pas !...
Vous m'auriez proposé ce qui est arrivé, j'aurais consenti tout de suite... Me
croyez-vous donc trop sotte pour comprendre que mon mal peut amener à
guérir une foule de gens ? Je voulais être sœur de charité et consacrer ma vie
aux malades... Eh bien ! je livre ma vie en gros, au lieu de la donner en détail [2]...

ALBERT : Il n'y a pas que les sœurs de charité qui savent mourir proprement !

ANTOINETTE : Les savants aussi !... *(Elle se jette aux genoux d'Albert).* Quand 20
j'ai appris que l'on vous accusait, je me suis dit aussitôt : « Si on l'empêche de
continuer ses expériences, il les achèvera sur lui-même !... » Ne faites pas cela,
monsieur le docteur !... Vous m'avez pour vos observations...

ALBERT : Tu t'es dit cela, toi ?... Tu n'as pas pensé : « Il se tuera pour se
punir » ?

ANTOINETTE, *avec effroi* : Oh !... se suicider !... Enlever du monde quelqu'un
comme vous, à cause d'une pauvre fille qui sait à peine lire !

ALBERT : J'en ai eu envie, pourtant !... Si tu me vois encore vivant, c'est que
e me suis accordé quelques jours de répit pour connaître la fin de mes travaux.
En somme une curiosité comme celle-là est pardonnable !   30

— 1 Antoinette, orpheline, désirait être reli-
ieuse. Malade, elle a été recueillie dans un
ouvent. — 2 « *Comme s'il s'agissait d'un sou* | *jeté à un pauvre. Ces expressions plus commerciales
que tragiques lui* [au personnage d'Antoinette]
commandent une naïve inconscience ». (F. de Curel).

ANTOINETTE : Ah ! Monsieur, je crois bien, puisqu'elle sauve des gens !...
Vous parlez comme un criminel : c'est seulement si vous n'achevez pas vos
travaux que vous le serez !... Vous êtes fait pour étudier... Vous n'avez malheureusement pas de religion, c'est ce qui vous oblige à tant réfléchir pour être bon...
Moi, si je n'étais pas pieuse, qu'est-ce que je vaudrais ?... Vous avez l'air étonné
que je sois prête à mourir... Je le suis parce que Jésus-Christ a été crucifié pour
le genre humain et que je regarde comme un honneur d'être traitée un peu
comme lui...
ALBERT : Ah ! quel bien tu me fais !... Avec toi, je n'ai pas à renier mon idole !...
Tu ne me la montres pas ridicule et pédante !... Antoinette, tu ne seras ni timide
ni gauche, si je t'annonce la résolution que j'ai prise... Nous pourrons en parler
à l'aise, puisque tu viens de l'indiquer de toi-même... Ce matin, je me suis
inoculé le mal dont tu mourras... Désormais, je vais vivre double... vivre triple !...
Jusqu'à ma convulsion suprême, j'épierai nos deux agonies... Tes yeux brillent !...
Ah ! tu es bien de ma race, toi !... D'où vient ce quelque chose qui élève le plus
humble au niveau du plus savant ?
ANTOINETTE : Du bon Dieu, Monsieur !

La Nouvelle Idole, III, 5 (Crès, éditeur).

Le « THÉÂTRE D'IDÉES » qui satisfaisait certaines aspirations du public, déjà mani-
festées par le succès des œuvres d'IBSEN [1], reste représentatif d'une époque, et l'on en
trouvera la preuve dans le fait que ses trois principaux représentants firent partie de
l'Académie Française (BRIEUX élu en 1909, HERVIEU en 1900, CUREL en 1912).

LE « THÉÂTRE D'AMOUR »

Séduit par la représentation de la réalité sociale ou par la mise en scène de grandes
idées, le théâtre ne cesse pas pour autant d'être le lieu privilégié de la *peinture des
passions*. La psychologie amoureuse reste le thème de prédilection de nombre d'auteurs à
la mode ; ainsi se fixent quelques-unes des traditions qui alimenteront, pendant de longues
années encore, le « *théâtre du boulevard* » (cf. p. 62). C'est HENRY BATAILLE (1872-1922)
qui représente le mieux le caractère déjà conventionnel de ce théâtre, où le conflit entre
la passion et les obstacles qu'elle rencontre est le sujet de pièces à succès (*Maman
Colibri*, 1904 ; *La Marche nuptiale*, 1905 ; *La Vierge folle*, 1910 ; *L'Homme à la rose*, 1920).
HENRY BERNSTEIN (1876-1953) resserre l'étude psychologique, transforme la scène
en un champ clos où se heurtent passions, intérêts et valeurs morales. C'est un des maîtres
de ce qu'on appellera plus tard le « suspens » dramatique, mais sa psychologie reste
conventionnelle et n'échappe pas au risque de la vulgarité (*La Griffe*, 1906 ; *Le Voleur*,
1906 ; *Le Secret*, 1913 ; *Félix*, 1926 ; *Mélo*, 1929).
GEORGES DE PORTO-RICHE (1849-1930), quoique plus âgé que les précédents, connaît
le succès au cours de la même période : son œuvre marque un retour aux traditions de la
psychologie classique. Il conçoit en effet le théâtre comme *une anatomie sentimentale* dont
il dresse les résultats dans les huit pièces qui constituent ce qu'il a lui-même appelé son
« *Théâtre d'amour* » (en particulier : *Amoureuse*, 1891 ; *Le Passé*, 1897 ; *Le Vieil Homme*,
1911 ; *Le Marchand d'Estampes*, 1917).

— 1 Dramaturge norvégien (1828-1906), de | (représentations au *Théâtre libre* d'Antoine
tendances symbolistes, dont l'influence explique | à partir de 1897, de *Maison de Poupée* et du
en partie l'évolution du naturalisme français | *Canard Sauvage*).

« Condamnés l'un à l'autre... »

GEORGES DE PORTO-RICHE, qui semble avoir voulu être une sorte de Racine bourgeois, consacre exclusivement ses pièces à la peinture de l'amour-passion, de sa tyrannie, de sa violence, de son égoïsme. *Amoureuse*, son plus grand succès (1891), peut se résumer dans les deux répliques qu'échangent à la fin de l'acte II le mari et la femme, ÉTIENNE et GERMAINE : « *Ah! quelle misère d'aimer! — Ah! quel supplice d'être aimé!* »

Dans cette scène on verra éclater la crise, qui couvait entre ÉTIENNE *et* GERMAINE, *trop amoureuse de son mari et jalouse de son travail autant que des femmes qu'il a aimées avant elle.*

ÉTIENNE : Quand je pense que j'en suis réduit à écrire mes lettres dans un café pour ne pas être questionné ; que j'en arrive à descendre dans la rue sans motif, sans but, pour me soustraire à ta tyrannie, par instinct de conservation ! Dieu me préserve de tomber malade, je serais ton prisonnier ! Jamais je n'ai vu une liaison pareille. Ma vie se passe à vouloir t'échapper, la tienne à vouloir me prendre. Que t'importent mes ambitions et mes rêves, tu n'y comprends rien. Quand puis-je travailler ici ? Toutes nos heures sont dévorées par des disputes et des réconciliations. Et pourtant mes mensonges écartent bien des tempêtes.

GERMAINE : Tes mensonges ?

ÉTIENNE : Oui, je mens souvent, je dissimule, j'altère un tas de choses.   10

GERMAINE : Pour avoir la paix ?

ÉTIENNE : C'est ta faute. Grâce à ta nature soupçonneuse, le mensonge est maintenant installé dans mon existence, et cela de telle façon que, si demain je prenais une maîtresse, je n'aurais rien à changer à mes habitudes.

GERMAINE : Ah ! Tu es le plus malheureux des hommes, je le reconnais, mais quand on est aussi lâche, on n'est pas à plaindre.

ÉTIENNE : Insulte-moi, si tu veux. Cette fois, tu n'exploiteras pas ma colère, je t'en préviens ; tu ne réussiras pas à en tirer un repentir caressant, une heure de lâcheté amoureuse. Au surplus mon emportement est un détail et toutes tes larmes ne changeront pas les choses ; ce qui est grave, ce n'est pas ce que je dis,   20 c'est ce qui est. [...]

GERMAINE, *éclatant* : Mais, misérable ! tu savais que je t'aimais, il ne fallait pas m'épouser.   ÉTIENNE : J'ai eu tort.

GERMAINE, *avec douleur, avec indignation* : Tu avais plus de trente ans, j'en avais vingt. On réfléchit, surtout quand on doit être aussi implacable. Je t'ai dit que je t'adorais ; pourquoi m'as-tu prise ? Pourquoi as-tu été bon et faible ? Pourquoi m'as-tu laissée croire à ton amour ? Pourquoi m'as-tu menti, trompée ? Pourquoi n'as-tu pas été cruel tout de suite ? Pourquoi as-tu si longtemps attendu pour m'apprendre la vérité ?   ÉTIENNE : J'ai eu tort.

GERMAINE : Mais voilà. Tu n'es qu'un vaniteux au fond, un homme à femmes.   30 Tu voulais être aimé.   ÉTIENNE : Oui, mais pas tant que ça !

GERMAINE : Je t'ai donné plus que tu ne demandais !

ÉTIENNE : Justement.

GERMAINE : Pauvre homme ! Je t'aime trop et tu ne m'aimes pas assez, voilà mon crime.

ÉTIENNE : Voilà notre misère.

Après avoir tenté de tromper son mari, sans cesser de l'aimer, GERMAINE *le verra revenir à elle.* Tu seras malheureux, *lui dit-elle ; à quoi il répond :* Qu'est-ce que ça fait ?

Amoureuse, II, 6 (Albin-Michel, éditeur).

LE THÉATRE DU BOULEVARD

Phénomène durable dont la tradition s'est perpétuée grâce à des auteurs comme Sacha Guitry, Édouard Bourdet, André Roussin, le « Théâtre du Boulevard » n'a jamais brillé d'un éclat aussi vif qu'avant 1914. Cependant, la presque totalité de cette production est aujourd'hui périmée dans sa substance et négligeable du point de vue de la forme. Ainsi se trouve confirmée, pour l'œuvre dramatique, la nécessité d'être autre chose que le reflet superficiel d'une époque et de rechercher un « style » qui la sauve du simple dialogue. On ne peut revenir au *Téâtre du Boulevard* qu'avec un plaisir nostalgique, un sentiment de vanité aimable et une réelle insatisfaction littéraire.

Une définition difficile Ce Théâtre ne peut être défini par sa seule distribution entre les salles qui jalonnent ou avoisinent les Boulevards parisiens puisque la jeune Comédie des Champs-Elysées (1912) et la Comédie Marigny (1913) l'accueillirent aussi bien ; certains auteurs du Boulevard, sans modifier essentiellement leur ton ni leur manière, reçurent même la consécration de la Comédie-Française.

On ne saurait non plus le définir par la soumission à un genre déterminé puisqu'il a pris tous les visages de la comédie ou *sentimentale* ou *dramatique* ou *légère* ou « *rosse* ». Il faudrait plutôt, pour saisir sa véritable nature, invoquer un certain esprit « moyen » propre à procurer au public qui ne fréquentait pas l'*Œuvre*, le *Théâtre des Arts* ou le *Vieux-Colombier*, alors bastions de l'avant-garde, l'éternel « plaisir du Théâtre », aujourd'hui compensé ou combattu par le cinéma. Au Boulevard, ce plaisir était composé d'émotion facile ou de sourire complice au spectacle des passions communes, d'une indulgente censure devant le tableau de mœurs et, plus encore, d'évasion dans le mirage d'une vie inconnue à la majorité des spectateurs.

On doit enfin tenir compte d'un fait que le « culte des vedettes » permet encore de comprendre : un tel Théâtre a été servi par des « monstres » vraiment *sacrés* pour le public du temps. Le talent et le prestige des Jeanne Granier, Marcelle Linder, Réjane, Ève Lavallière chez les actrices et, chez les comédiens, des Lucien Guitry, Baron, Signoret, Le Bargy ont souvent suffi à faire vivre et briller des textes « dont si peu de bribes méritent d'être ramassées» (Robert Kemp).

Quelques auteurs Parmi les nombreux auteurs du Boulevard se détachent quatre écrivains de talent qui ont rencontré le plus manifeste assentiment du public. Chacun d'eux, entre 1895 et 1914, a produit une vingtaine de pièces. On peut, à des titres divers, retenir de MAURICE DONNAY (1859-1945) : *Amants, La Douloureuse, Le Torrent, Le Retour de Jérusalem, Paraître, Les Éclaireuses* ; d'ALFRED CAPUS (1858-1922) : *Les Petites Folles, La Veine, La Petite Fonctionnaire, Notre Jeunesse, Un Ange* ; d'HENRI LAVEDAN (1858-1940) : *Viveurs, Le Marquis de Priola, Le Duel, Servir* ; d'ABEL HERMANT (1862-1950) : *Monsieur de Courpière, Rue de la Paix, La Belle Madame Hébert, Trains de Luxe, Les Transatlantiques*, pièce qui rejoint même l'opérette par des couplets dus à la collaboration de Franc-Nohain.

Or deux remarques s'imposent à propos de ces auteurs exactement contemporains. D'abord, ils ont, avant ou pendant leur carrière dramatique, également écrit des romans et des romans de mœurs. Abel Hermant, par exemple, est surtout connu par la longue suite des *Mémoires pour servir à l'Histoire de la Société* d'où il a tiré quelques-unes de ses pièces. Ensuite, lorsque après 1920 ils se sont à nouveau manifestés au Théâtre, ils ont soudain paru comme anachroniques et n'ont jamais plus reçu le « certificat de ressemblance » dont Fernand Baldensperger fait le gage du succès. C'est dire qu'ils ont essentiellement évoqué l'image fugitive et relative de leur temps en choisissant la curieuse unité d'atmosphère, sinon de lieu, qui est celle de la « Belle Époque. »

Les personnages   Ceux-ci appartiennent d'abord au monde de la noblesse ou de la vraie richesse : par définition oisifs, ils n'ont de souci que leurs passions ou leurs plaisirs. Mais la convention mêlée à la vérité des mœurs veut qu'ils soient côtoyés ou escortés par de puissants jouisseurs qui ont gagné assez d'argent pour les rejoindre, ou par des bourgeois flattés de les imiter. Dans cet « univers » matériellement privilégié, la femme du monde en situation irrégulière, la femme entretenue avec toutes les garanties d'apparence ou la simple « cocotte » en voie d'ascension sont le centre d'un ballet où évoluent des hommes de cercle, d'antiques « viveurs », des financiers entre deux coups de Bourse et des jeunes gens fort aimés et peu argentés. Une grande place y est également occupée par un Gotha de comédie *(Trains de Luxe)* ou par les visiteurs cosmopolites *(Les Transatlantiques)*. Ce monde, les auteurs eux-mêmes le définissent « *une société de gens élégants qui n'auraient rien à faire de toute la journée que de parler d'amour et de s'habiller à la dernière mode* » (Les Petites Folles) ; « *les travailleurs du plaisir ou les fêtards du travail : d'une part les oisifs, les inutiles, qui s'embêtent à crever, veulent s'occuper et faire du travail avec n'importe quel amusement (...) et puis, alors, les intelligents, les laborieux, presque toujours partis de rien ou de peu, gens d'appétits fortement râblés, tout matériels, qui prétendent rigoler en raison légitime et proportionnelle de leurs sueurs* » (Viveurs). Parmi ce peuple léger, les maris sérieux sont naturellement d'incommodes présences ; les oisifs qui veulent échapper à leur inutilité ne peuvent partir que pour un voyage d'exploration ; la seule activité tolérable est celle de quelques artistes, perdus dans un tel milieu. Les commises futées qui travaillent dans les métiers gracieux de la mode, l'honnête fleuriste de *La Veine*, la postière remarquée par le châtelain *(La Petite Fonctionnaire)* sont de gré ou de force entraînées dans « la Fête », quitte à obtenir le mariage.

Les sujets   L'amour est la première préoccupation de ces personnages soustraits aux servitudes de l'existence. Le titre d'*Amants* que porte la meilleure pièce de Maurice Donnay où tout est rencontre, amour menacé, rupture, retrouvailles, adieux mélancoliques mais délicieux pour des habitués de la passion, pourrait convenir à beaucoup d'autres. Dans *Le Marquis de Priola*, la philosophie de la conquête est cyniquement professée avec moins de grandeur que chez le vrai Don Juan. Tous les personnages masculins ont un peu de cette prétention facile et égoïste. Chez les femmes, le débat amoureux se complique des interdictions de la morale religieuse *(Le Duel)*, des devoirs de mère et d'épouse *(Le Torrent)*, et même de la nécessité de préserver une honorabilité toute mondaine pour les femmes « en marge » *(La Belle Madame Hébert)*. Des scènes entières roulent sur les problèmes du mariage, du divorce, de l'inégalité des deux sexes devant la faute. Les *Petites Folles* considèrent ces sujets avec une ingénuité rouée ; les *Éclaireuses*, avec le sérieux d'un féminisme militant. A un niveau d'intérêt supérieur, l'éternelle question de l'argent et de la promotion sociale (Cf. *XIXᵉ Siècle*, p. 555) détermine un affrontement dramatique dans *Paraître*. L'incapacité des âmes à résoudre un débat profond est évoquée dans le *Retour de Jérusalem ;* les exigences du patriotisme sont même abordées, en 1913, dans *Servir*.

Style, morale, esprit   Mais il manque à ce théâtre l'élévation de jugement, la transmutation souveraine et le style capables de dépasser les apparences de la vie. Des dialogues cursifs, hésitant sans cesse entre les pointes d'emphase de Lavedan et le charmant laisser-aller de Capus pour ne trouver leur juste irisation que chez Maurice Donnay, dressent en définitive un constat de mœurs spirituel mais incomplet. Les conclusions ne satisfont guère la pensée ; le châtiment du Marquis de Priola et le suicide de quelques héros ne suffisent pas à rétablir les droits de la morale ; la mousse d'esprit qui recouvre tout est trop piquante, jamais assez justicière. Les héros de Donnay peuvent bien affirmer joliment : « De nos grandes douleurs nous faisons des fables-express » ; une jeune veuve constater : « Pour une blonde comme moi, un grand deuil sans chagrin, c'est le rêve » *(La Douloureuse) ;* des maris de bon ton juger « qu'il y a une jolie place à prendre entre George Dandin et Othello » *(Amants) ;* la philosophie de *La Veine* n'en demeure pas moins un peu courte, et assez lassant le perpétuel refus de juger.

VAUDEVILLE ET COMÉDIE LÉGÈRE

**Feydeau
et le vaudeville**

Fils d'un romancier de talent, GEORGES FEYDEAU (1862-1921) fut, après Labiche, le maître du VAUDEVILLE. Il porta ce genre mineur à son point de perfection, avec une maîtrise technique qui n'eut d'égale que sa fécondité : son *Théâtre complet* compte 39 pièces, comédies en trois actes dont les plus célèbres sont *Monsieur chasse !* (1892), *L'Hôtel du Libre Échange* (1894), *Le Dindon* (1896), *La Dame de chez Maxim* (1899) et *Occupe-toi d'Amélie* (1908) — ou pochades en un acte comme *On purge Bébé* (1910) et *Mais ne te promène donc pas toute nue* (1912). Après avoir longtemps fait rire les Français de la « belle époque », Feydeau a connu un regain de succès — posthume — depuis que les scènes parisiennes (la Comédie-Française en tête) ont repris ses principaux vaudevilles.

Si ce théâtre supporte assez mal la lecture, il tentera toujours acteurs et metteurs en scène : tout y est *rythme endiablé*, jeux de scène, coïncidences saugrenues, effets fort gros et souvent éculés, mais qui *passent la rampe*. C'est le triomphe d'un *mécanisme* comique minutieusement réglé, qui se répète avec de menues variantes d'une pièce à l'autre. Tout tourne autour de l'adultère, ou d'une simple « coucherie ». Tout le monde se rencontre, par une convergence de hasards complaisants, — se rencontre et se fuit, en un ballet vertigineux — autour d'un lit, dans une chambre d'hôtel. Un bègue, un prince slave, une Anglaise ou un Belge apportent le grain de sel de leur jargon... et tout se termine le mieux du monde, parmi les éclats de rire.

**Un humoriste :
Tristan Bernard**

Avocat, journaliste, industriel, poète, romancier, auteur dramatique, TRISTAN BERNARD (1866-1947) fut surtout un *humoriste*. On cite de lui une foule de bons mots, et c'est l'HUMOUR qui fait le charme de ses romans *(Mémoires d'un Jeune Homme rangé, Amants et Voleurs, Le Mari pacifique)* comme de ses pièces en un, trois ou cinq actes, depuis *Les Pieds nickelés* (1895) jusqu'à *Jules, Juliette et Julien* (1929).

Aucune monotonie d'ailleurs dans ce théâtre qui compte parmi ses réussites un court vaudeville resté au répertoire, *L'Anglais tel qu'on le parle* (1899) ; une parodie « tragicomique », *L'Étrangleuse* (1908) ; une amusante reprise du thème éternel des Ménechmes, *Les Jumeaux de Brighton* (1908) ; ou une comédie de caractère comme *Monsieur Codomat* (1907). Ce dernier aspect apparaissait déjà, en 1905, dans *Triplepatte* (en collaboration avec André Godfernaux) ; cette comédie de l'indécision unit sans disparate l'*esprit*, la *fantaisie* et la *satire légère* à une *sympathie* compréhensive, presque attendrie (cf. p. 65).

**L'esprit parisien :
Flers et Caillavet**

Deux hommes du monde, Robert DE FLERS (1872-1927) et Gaston Arman DE CAILLAVET (1869-1915) inaugurent avec le siècle une collaboration féconde. Les salons, les coulisses des Lettres et de la Politique n'ont pas de secrets pour eux, et ils goûtent vivement les potins « bien parisiens ». Aussi, parmi quelques incursions sur le domaine de la parodie ou de la comédie sentimentale, trouvent-ils leur voie dans la *satire des mœurs*. Mais cette satire n'est jamais virulente : même lorsqu'ils raillent (dans *L'Habit vert*) l'étrange coutume d'apporter des condoléances presque officielles à une femme mariée que son amant vient de quitter, les auteurs gardent un ton de bonne compagnie. Lucides, amusés, ils demeurent *indulgents* et l'amabilité mondaine émousse les traits de « rosserie ».

Les deux grands succès de ce théâtre gai sont *Le Roi* (1908) et surtout *L'Habit vert* (1912). Quelque peu malmenée dans cette pièce (cf. p. 67), l'Académie Française n'en tint pas rigueur à Robert de Flers, puisqu'elle l'accueillit dans son sein. Après la mort prématurée de Caillavet, c'est Francis DE CROISSET (pseudonyme de l'écrivain belge Franz Wiéner) qui le remplaça auprès de Robert de Flers.

Triplepatte et l'Éléphant blanc

Le vicomte de Houdan est un *indécis*. Aussi ses amis l'ont-ils surnommé TRIPLEPATTE, du nom d'un de ses chevaux qui se dérobait toujours devant l'obstacle. Dans une ville d'eaux à la mode, un complot se forme pour *le marier*. Ira-t-il, n'ira-t-il pas à la soirée où l'on doit le présenter à Yvonne Herbelier ? Le temps passe et il n'arrive pas... Pourtant le voici, amené par son créancier Boucherot qui, ayant intérêt à ce mariage, l'a pris fermement en main. — Si la *situation* (on va le voir) est digne du vaudeville, TRISTAN BERNARD et ANDRÉ GODFERNAUX montrent une réelle *finesse* dans l'esquisse des *caractères* (irrésolution de Triplepatte ; sagesse d'Herbelier sous ses apparences d'original, sinon de doux maniaque).

LE VICOMTE : Au revoir, mon ange gardien ! *(Boucherot sort.)* Enfin ! Me voici au port ! *(Il examine le salon désert.)* Il n'y a personne ! Ils sont couchés ! *(On entend de la musique de danse.)* Oh ! Voilà qui me décide... *(Il se dirige vers la porte de sortie.)*

BAUDE-BOBY, *paraissant au fond :* Eh bien, mon vieux ! Tu en fais de belles !... La baronne Pépin [1] est déchaînée. Elle voulait m'emmener en automobile à ta recherche, en conduisant elle-même !... Enfin, puisque tu es là, tout est bien ! Je vais la prévenir. *(Il le fait asseoir sur une chaise près de la table de jeu et sort par le fond.)*

LE VICOMTE, *seul :* Je n'ai pas de veine ! Moi qui espérais qu'ils étaient couchés ! 10 *(Il se met à jouer machinalement avec les cartes qui sont sur la table. Herbelier entre lentement par la porte de droite, premier plan.)*

HERBELIER, *sans voir le vicomte :* Pas moyen de dormir avec leur sacrée musique ! *(Il bâille.)*

LE VICOMTE, *apercevant Herbelier :* Oh ! le beau vieillard !

HERBELIER, *apercevant le vicomte :* Un nouveau. Encore un nouvel invité ! *(Il salue de la tête.)* Monsieur !

LE VICOMTE, *saluant aussi de la tête :* Monsieur ! *(Il se remet à jouer avec les cartes.)*
HERBELIER : Vous aimez la danse, à ce que je vois ?
LE VICOMTE : Pas énormément, monsieur !   20
HERBELIER : Eh bien ! vous êtes comme moi ! Enfin j'en trouve un qui est comme moi !... Mais alors, puisque vous n'aimez pas ça, qu'est-ce qui vous empêche d'aller vous coucher ?
LE VICOMTE : J'en ai bien envie !
HERBELIER : Vous auriez bien tort de vous gêner !
LE VICOMTE *se lève et se dirige vers Herbelier :* Malheureusement je ne suis pas ici pour mon plaisir... Je viens pour une présentation : on veut me marier !
HERBELIER : Alors n'hésitez plus et rentrez chez vous au pas de course !
LE VICOMTE : Vous croyez ?
HERBELIER : Vous voulez vous marier et vous n'aimez pas le monde ! Mais, une 30 fois marié, vous y serez jusqu'au cou, dans le monde ! vous en aurez à domicile ! Vous n'aurez pas comme maintenant la ressource de vous en aller... Vous ne serez plus libre !...

— 1 La redoutable « marieuse » qui a décidé | d'unir le vicomte à Yvonne. Baude-Boby est un ami de « Triplepatte ».

LE VICOMTE, *frappé :* C'est vrai que je ne serai plus libre...

HERBELIER : Tenez, jeune homme, je ne vous connais pas et vous ne me connaissez pas... Vous me dites que vous allez vous marier. Il est possible que le parti qu'on vous propose soit un parti avantageux ; mais, sans savoir qui vous allez épouser, permettez-moi de vous dire qu'il faut réfléchir. C'est grave, vous savez ! On se laisse présenter en disant : ça n'engage à rien. Mais rien n'engage à rien. Tout engage à tout. Une fois que la présentation sera faite vous commencerez à être lié.

LE VICOMTE, *convaincu :* C'est effrayant...

HERBELIER : Vous ne pouvez plus vous retirer sans risquer de désobliger quelqu'un... Vous me direz que, si vous avez l'idée de vous marier, il faudra toujours faire les premières démarches...

LE VICOMTE : Oui !... Voilà...

HERBELIER : A moins que vous ne rencontriez dans le monde une jeune fille que vous connaîtriez et que vous aimiez peu à peu.

LE VICOMTE : Ce n'est pas mon genre... [...] Non, si je veux me marier, il faut m'y décider brusquement et sans réfléchir. Alors... je ferais peut-être mieux de rester...

HERBELIER : Mais non, mais non ! Vous êtes-vous demandé d'abord si vous étiez bien décidé à vous marier ?

LE VICOMTE : Je veux me marier... parce que je me sens... un peu... seul.

HERBELIER : Il est toujours temps de n'être plus seul. Tandis qu'une femme, il est assez difficile de s'en débarrasser.

LE VICOMTE : Vous avez raison, je m'en vais... D'ailleurs il y a quelque chose de providentiel dans cette rencontre. J'aurais tort de négliger cet avertissement... Je m'en vais... Pourvu que je ne rencontre personne. *(Il se dirige vers le fond.)*

HERBELIER, *le rappelant par un signe de tête :* Tenez, vous allez passer par cette chambre *(Il montre la petite porte de droite.)* Vous trouverez une porte, qui vous conduira au jardin dans une allée où vous ne rencontrerez personne. Vous n'aurez qu'à suivre cette allée pour arriver jusqu'à la grille d'entrée... *(Il l'accompagne en lui disant ces mots.)*

LE VICOMTE, *près de la porte de droite :* Comme vous connaissez les aîtres !

HERBELIER : Je suis le maître de la maison.

LE VICOMTE, *stupéfait :* L'éléph... *(Il s'arrête interdit, la main sur le bouton de la porte.)*

HERBELIER, *complaisant :* L'éléphant blanc [2].

LE VICOMTE : Voilà qui n'est pas ordinaire !... Monsieur... *(Il salue et s'esquive par la petite porte.)*

HERBELIER, *seul :* Celui-là me paraît plus raisonnable que les autres [3] !

Triplepatte, II, 8 et 9 (Éditions Billaudot).

Toujours hésitant, toujours bousculé par les « marieurs », Triplepatte se laisse conduire à la mairie... pour s'enfuir au moment de prononcer le oui *sacramentel ! Pourtant sa parfaite entente avec Herbelier semblait d'un heureux présage, car Yvonne ressemble à son père et n'a pas hérité du snobisme maternel. De fait, les jeunes gens se retrouvent et, comme on ne prétend plus les marier bon gré mal gré, ils s'aperçoivent enfin qu'ils sont faits l'un pour l'autre.*

— 2 Herbelier étant fort peu mondain, « on l'appelle l'éléphant blanc, parce qu'on en parle toujours et qu'on ne le voit jamais. » — 3 Ce n'est pas le premier invité auquel il conseille ainsi d'aller se coucher !

Comment on entre à l'Académie...

Le duc de Maulévrier, de l'Académie Française, a surpris le comte Hubert de Latour-Latour aux genoux de la duchesse. Mais celle-ci a une inspiration géniale : le comte la suppliait d'intervenir auprès de son mari pour que celui-ci appuie *sa candidature à l'Académie !* Voilà les deux amants sauvés, mais HUBERT, qui n'a rien ou presque rien écrit, ne saurait prendre au sérieux cette prétendue candidature. Tel n'est pas l'avis de LA DUCHESSE ; or, sa force de persuasion est grande si son langage *savoureux* demeure *approximatif* (elle est américaine) ; elle ne tardera donc pas à *convaincre Hubert.*

HUBERT : Moi, à l'Académie ! Cette candidature qui tombe du ciel, à laquelle personne ne pouvait s'attendre, moi surtout ! C'est une affaire à me faire fiche de moi par tout Paris. Et, au Jockey, je n'oserai pas y reparaître. Ils vont me prendre pour un homme de lettres. C'est extrêmement désagréable. Ah ! je suis joli... je suis joli...

LA DUCHESSE : Ne soyez pas énervé.

HUBERT : Je serai blackboulé comme à mon baccalauréat !

LA DUCHESSE : Que dites-vous ? Ce n'est pas pareil. Pour le baccalauréat, on demande de savoir certaines choses...

HUBERT : Voyons, je n'ai pas l'ombre d'une chance.   10

LA DUCHESSE : Vous avez. Je connais cette commerce. Je sais si bien comment se dévideront les choses...

HUBERT : Vous savez ?...

LA DUCHESSE : Sitôt votre nom jeté, les gens s'habitueront très vite, et vous encore plus vite... Alors, vous mettrez vos gants, et vous commencerez les courses... je veux dire les visites. Partout, vous serez accueilli très bien.

HUBERT, *s'adoucissant :* Vous croyez ?...

LA DUCHESSE : Oui, parce que vous avez une bon figure. Cela est très rare, un candidat qui a une bon figure... Vous, vous sourirez dès le concierge... dès le valet qui ouvrira la porte... Vous aurez tout de suite les domestiques dans   20 votre parti, cela est important.

HUBERT : Et après... après ?

LA DUCHESSE : Hubert, je sens : vous êtes mordu !

HUBERT : Je ne suis pas mordu, mais, enfin... continuez, continuez.

LA DUCHESSE : Après, on vous fera entrer dans le cabinet de l'académicien...

HUBERT : Et qu'est-ce que je lui dirai, à l'académicien ?...

LA DUCHESSE : Rien du tout... Je vous connais, Hubert ! Vous ne lui direz aucune chose... aucun mot... Alors, il parlera constamment de lui, et, quand vous quitterez, il pensera : « Quel charmant causeur ! »

HUBERT, *modestement :* Oh ! Il est trop gentil !   30

LA DUCHESSE : Ainsi, à force de visites, de bonnes figures et de silence, vos chances feront des petits. Le soir, nous marquerons des pointages et, alors, vous commencerez de penser à votre bel habit vert.

HUBERT : L'habit ?

LA DUCHESSE : Au chapeau avec ses petites plumes frisées.

HUBERT : Le chapeau !

LA DUCHESSE : Et à la poignée de l'épée !

HUBERT : L'épée !

LA DUCHESSE : Enfin, un jeudi, vers une heure, vous serez dans un coin d'un petit café sur la rive gauche, blotti dans l'anxiété, attendant les résultats... A la 40 table, à côté, je suis sûre, il y aura des petits bourgeois du quartier qui joueront les dominos et vous les regarderez stupéfait... que des gens puissent jouer les dominos dans un tel jour... Des amis feront la navette pour vous... Ils porteront les nouvelles. Premier tour : huit voix. Deuxième tour : dix voix...

HUBERT, *qui prend part :* Oui...

LA DUCHESSE : Troisième tour : neuf voix.

HUBERT : Pourquoi?

LA DUCHESSE : Parce que toujours il y a un ami qui vous lâche.

HUBERT, *indigné :* Je saurai qui c'est !...

LA DUCHESSE : Quatrième tour : treize voix. Cinquième tour : dix-sept. Élu... 5

HUBERT : Élu !...

LA DUCHESSE : Tout bêtement... Et, en cette moment-là, vous aurez beau faire le superbe, vous ne sourirez plus et vous penserez tout d'un coup à des choses très simples, très touchantes, un peu rococo, à votre enfance, à votre vieux maison... à votre vieux maman... et vous serez très émute ; moi, je suis déjà !

L'Habit vert, II, 9 (Éditions Billaudot).

Effectivement, Hubert endossera l'habit vert. Mais le jour de sa réception, une de ses lettres d'amour à la duchesse se glisse parmi les feuillets du discours que le duc doit prononcer pour l'accueillir sous la coupole : on imagine le scandale ! Pourtant tout s'arrange grâce à la mansuétude de l'offensé et aux bons offices... du Président de la République. Hubert épousera sa secrétaire, filleule du Président, tandis que la duchesse s'éprend... de son mari.

GEORGES COURTELINE

Aucun auteur gai n'a été plus généralement lu et applaudi que GEORGES COURTELINE entre 1890 et 1914. Il n'en est pas non plus de cette génération qui, aujourd'hui encore, déclenche mieux le rire chaque fois qu'une de ses pièces est offerte au public. S'il a donc atteint aux sources vives du comique, il le doit d'abord à une longue observation de la vie quotidienne peut-être suscitée, à l'origine, par l'exemple paternel.

Un modeste contemplateur
Né à Tours en 1858, il était fils de Jules MOINEAUX qui, très longtemps collaborateur de la *Gazette des Tribunaux*, fit métier de recueillir débats curieux, silhouettes de plaideurs et mots authentiques pour en tirer les cinq amusants volumes de ses *Tribunaux Comiques*. Écolier museur sur les pentes de Montmartre, collégien en apparence médiocre, cavalier au 13ᵉ Régiment de Chasseurs à Bar-le-Duc, petit employé, finalement expéditionnaire nonchalant au Ministère des Cultes jusqu'en 1894, Courteline observa sans cesse les petites comédies humaines que lui offraient ces expériences. Sous son pseudonyme, il avait cependant commencé par des vers et des contes très conventionnels. Mais à partir de 1884 sa manière changea. Sous forme de récits drolatiques, il tira des souvenirs de sa vie militaire *Les Gaietés de l'Escadron* (1886) et *Le Train de 8 h. 47* (1891)

qui lui assurèrent la notoriété et lui permirent de quitter l'Administration. A ce moment, Antoine lui demanda *Lidoire* pour son Théâtre libre : c'était sa vraie voie.

Il partagea désormais sa vie entre le café — lieu d'observation éminent à l'époque —, les promenades dans Paris en quête de tout spectacle, les démarches cocasses où il se complaisait pour éprouver la bêtise humaine, et son métier d'écrivain. Comme il avait peu d'imagination, celui-ci consista essentiellement à mettre en forme, à force de travail et de scrupules, les souvenirs qu'il avait amassés et l'apport de son inlassable baguenaudage. Il en résulta, jusqu'en 1897, nombre de récits et quelques courtes comédies tirées des mêmes sujets. Après quoi, continuant à puiser dans son fonds et dans ses trouvailles, il compléta la vingtaine de pièces qui firent son succès et assurent sa survie. « Un acte, un seul acte, disait-il, voilà ma mesure au théâtre ». En effet, de tant de titres célèbres, un seul, *Boubouroche*, annonce une comédie allant jusqu'à deux actes, du moins sous la plume de Courteline lui-même ; pour les autres il eut des collaborateurs ou même des adaptateurs. Sa vraie carrière s'acheva sur la curieuse *Conversion d'Alceste* (1905).

Après être revenu une fois au roman avec *Les Linottes* (1912), considérant qu'il avait assez travaillé et « qu'il n'avait plus rien à dire », il commença très volontairement une quasi-retraite de dix-sept ans sans plus rien publier qu'un recueil de pensées et de boutades : *La Philosophie de Georges Courteline* (1917). Indifférent aux honneurs, riche d'amitiés, il vieillit ainsi en sage célèbre mais silencieux. L'Académie Goncourt l'appela enfin, peu avant sa mort qui fut discrète et stoïque (1929).

Sur les traces de Molière

Ce n'est pas sans raison que des écrivains aussi différents de Courteline que Mallarmé, Gide, Donnay reconnurent très tôt sa grande race comique et que la Comédie-Française a consacré cet auteur populaire en inscrivant *Boubouroche* à son répertoire (1910). Quitte à respecter la hiérarchie nécessaire, on a bien le sentiment, en effet, que le personnage ou la scène *courtelinesque* ont directement hérité de la simple et puissante nature moliéresque.

Sans doute il manque à Courteline l'imagination, la puissance et l'inégalable profondeur de Molière, mais, comme son vrai maître, il ne s'est jamais écarté de la *réalité quotidienne* dans le détail des faits et des paroles ; sans prétendre aborder dans leur ensemble le monde moral ou la société il a surtout choisi, pour ses meilleures pièces, certaines des contraintes, privées ou publiques, qui pèsent sur l'humanité moyenne et il a dégagé les attitudes de défense qui devraient logiquement y répondre. Il a créé quelques héros en qui s'incarne la protestation que répriment les règles de la vie réelle ; il les a offerts à nos regards dans l'étrange gesticulation physique ou morale dont l'invraisemblance vrai-semblance crée justement le phénomène comique ; il a fait rire d'eux — et ce rire n'est pas toujours gai — mais il a aussi éveillé la sympathie pour leur vaine croisade ; il a quelquefois rétabli les droits de la justice. Sa langue étant au surplus saine et drue, son style simple et direct, il a ainsi retrouvé une bonne part du *secret de la farce* perdu depuis Molière.

L'homme et le bureau

Dès son roman *Messieurs les Ronds de Cuir* (1893) dont Dieudonné et Aubry ont tiré une comédie (1911), Courteline était sûr de flatter l'instinct du public par la satire des petits fonctionnaires considérés comme les inutiles et paresseux maniaques d'un règlement absurde. Une de ses saynètes, *La Lettre Chargée* (1897), exploite la même veine avec un succès certain.

La vie de bureau lui a donné l'occasion de faire appel à un autre sentiment instinctif. Quatorze ans employé dans un ministère — et employé peu assidu d'ailleurs —, « l'homme libre » qu'il était s'est appliqué à considérer les choses du côté des ronds-de-cuir eux-mêmes, soumis à leur horaire et à leur besogne routinière : il en a fait les esclaves d'un travail médiocre. Certes, on peut de nos jours, après Kafka ou Duhamel, considérer avec nostalgie le temps où le « bureau » constituait la servitude majeure. Mais, au-delà du prétexte, il faut comprendre que la protestation de Courteline est symbolique et qu'elle traduit une des aspirations inavouées de l'âme commune : l'impossible liberté dans la bienheureuse paresse.

Le Martyre de M. Badin

Monsieur Badin (1897) met en scène un employé riche en inventions pour excuser ses perpétuelles absences. Depuis quinze jours il n'a pas paru au bureau. Le Directeur vient de lui reprocher de passer sa vie à « marier les uns et enterrer les autres ». Le comique naît ici de la façon paradoxale dont l'accusé transforme sa défaillance en un véritable martyre, jusqu'à la réplique finale qui éclate avec une irrésistible logique.

M. BADIN : Tous les matins, je me raisonne, je me dis : « Va au bureau, Badin ; voilà plus de huit jours que tu n'y es allé ! » Je m'habille, alors, et je pars ; je me dirige vers le bureau. Mais, ouitche ! j'entre à la brasserie ; je prends un bock..., deux bocks..., trois bocks ! Je regarde marcher l'horloge, pensant : « Quand elle marquera l'heure, je me rendrai à mon ministère. » Malheureusement, quand elle a marqué l'heure, j'attends qu'elle marque le quart ; quand elle a marqué le quart, j'attends qu'elle marque la demie !...

LE DIRECTEUR : Quand elle a marqué la demie, vous vous donnez le quart d'heure de grâce...

M. BADIN : Parfaitement ! Après quoi je me dis : « Il est trop tard. J'aurais l'air de me moquer du monde. Ce sera pour une autre fois ! » Quelle existence ! Quelle existence ! Moi qui avais un si bon estomac, un si bon sommeil, une si belle gaieté, je ne prends plus plaisir à rien, tout ce que je mange me semble amer comme du fiel ! Si je sors, je longe les murs comme un voleur, l'œil aux aguets, avec la peur incessante de rencontrer un de mes chefs ! Si je rentre, c'est avec l'idée que je vais trouver chez le concierge mon arrêté de révocation ! Je vis sous la crainte du renvoi comme un patient sous le couperet !... Ah ! Dieu !...

LE DIRECTEUR : Une question, monsieur Badin. Est-ce que vous parlez sérieusement ?

M. BADIN : J'ai bien le cœur à la plaisanterie !... Mais réfléchissez donc, monsieur le directeur. Les deux cents francs qu'on me donne ici, je n'ai que cela pour vivre, moi ! que deviendrai-je, le jour, inévitable, hélas ! où on ne me les donnera plus ? Car, enfin, je ne me fais aucune illusion : j'ai trente-cinq ans, âge terrible où le malheureux qui a laissé échapper son pain doit renoncer à l'espoir de le retrouver jamais !... Oui, ah ! ce n'est pas gai, tout cela ! Aussi, je me fais un sang !... — Monsieur, j'ai maigri de vingt livres, depuis *que je ne suis jamais* au ministère ! *(Il relève son pantalon.)* Regardez plutôt mes mollets, si on ne dirait pas des bougies. Et si vous pouviez voir mes reins ! des vrais reins de chat écorché ; c'est lamentable. Tenez, monsieur (nous sommes entre hommes, nous pouvons bien nous dire cela), ce matin, j'ai eu la curiosité de regarder mon derrière dans la glace. Eh bien ! j'en suis encore malade, rien que d'y penser. Quel spectacle ! Un pauvre petit derrière de rien du tout, gros à peine comme les deux poings !... Je n'ai plus de fesses ; elles ont fondu ! Le chagrin, naturellement ; les angoisses continuelles, les affres !... Avec ça, je tousse la nuit, j'ai des transpirations ; je me lève des cinq et six fois pour aller boire au pot à eau !... *(Hochant la tête.)* Ah ! ça finira mal, tout cela ; ça me jouera un mauvais tour.

LE DIRECTEUR, *ému :* Eh bien ! mais, venez au bureau, monsieur Badin.

M. BADIN : Impossible, monsieur le directeur.

LE DIRECTEUR : Pourquoi ?

M. BADIN : Je ne peux pas... Ça m'embête.

LE DIRECTEUR : Si tous vos collègues tenaient ce langage...

M. BADIN, *un peu sec :* Je vous ferai remarquer, monsieur le directeur, avec tout le respect que je vous dois, qu'il n'y a pas de comparaison à établir entre moi et mes collègues. Mes collègues ne donnent au bureau que leur zèle, leur activité, leur intelligence et leur temps : moi, c'est ma vie que je lui sacrifie ! *(Désespéré.)* Ah ! tenez, monsieur, ce n'est plus tenable !

LE DIRECTEUR, *se levant :* C'est assez mon avis.

M. BADIN, *se levant également :* N'est-ce pas ?

LE DIRECTEUR : Absolument. Remettez-moi votre démission ; je la transmettrai 50 au ministre.

M. BADIN, *étonné :* Ma démission ? Mais, monsieur, je ne songe pas à démissionner ! je demande seulement une augmentation.

LE DIRECTEUR : Comment, une augmentation !

M. BADIN, *sur le seuil de la porte :* Dame, monsieur, il faut être juste. Je ne peux pourtant pas me tuer pour deux cents francs par mois.

Monsieur Badin (Flammarion, éditeur).

L'homme et la Loi

Courteline a connu d'autres dépositaires du règlement, aussi redoutables que le rond-de-cuir mais plus colorés. Dès 1891, lorsque Antoine lui demanda *Lidoire, tableau militaire,* pour égayer le répertoire du Théâtre Libre (Cf. *XIXᵉ Siècle,* p. 555), il se plut à mettre en scène les troupiers aux prises avec le « Sous-off », avant d'immortaliser l'adjudant Flick dans les *Gaietés de l'Escadron* (1895).

Hors de la caserne, il a saisi dans son petit despotisme le commissaire de quartier (*Le Commissaire est bon enfant,* 1899) ; ou bien, parcourant les rues en quête de procès-verbaux, le caricatural gendarme Labourbourax (cf. p. 72), à jamais célèbre pour s'être cru injurieusement traité de « Visu » faute d'avoir compris qu'on lui demandait de constater « de visu ».

Quant à la Justice, elle est pour Courteline la plus sûre machine à nous convaincre... de l'injustice. Selon l'expression populaire elle a toujours « deux poids et deux mesures » (*Les Balances,* 1901) et, reposant sur le Droit, elle refuse à l'individu l'usage des droits les plus naturels (*L'Article* 330*).* Courteline a mis beaucoup de sa propre expérience de plaideur malheureux et de son indignation chez le héros de ces deux comédies, l'éternel condamné La Brige. Celui-ci réussit toujours à démontrer parfaitement son bon droit d'individu mais, nonobstant et derechef, citoyen soumis à la lettre de la Loi, il n'en est pas moins frappé. Retrouvant, sur ce thème qu'au XVIIᵉ siècle Molière n'avait évidemment pu qu'effleurer dans *Le Misanthrope,* (acte V, scène 1), la manière parodique de Beaumarchais (Cf. *XVIIIᵉ Siècle,* p. 399), il a su composer des arrêtés bouffons dont il souligne à plaisir les irritantes contradictions : ainsi, aux dépens du pauvre La Brige, le tribunal qui a longuement reconnu son bon droit,

Pour ces motifs :

Déclare La Brige bien fondé dans son système de défense... L'en déboute cependant et lui faisant application de l'article 330 et du principe « que tout cela durera bien autant que nous » le condamne à treize mois d'emprisonnement et à 25 fr. d'amende. (L'Article 330).

Toujours selon le procédé du brusque *renversement comique,* l'avocat Barbemolle qu'un hasard place soudain au siège de l'accusateur public reprend et détruit point par point la magnifique plaidoirie qu'il vient de prononcer en faveur de Lagoupille et lance un furieux réquisitoire contre le même Lagoupille devenu, en un instant, le simple client de son « honorable contradicteur » *(Un Client sérieux,* 1896).

« GENDARME, VOUS ÊTES UNE MOULE »

Dans *Le Gendarme est sans pitié* (1899), le respectable Baron Larade a été conduit à se rendre coupable « d'outrage à agent de la force publique » en la personne du rigoureux Labourbourax. Affolé, il vient se confier au substitut Boissonnade. Ce qu'il faut admirer dans cette évocation qui mêle la poésie des champs à l'incident grotesque, c'est le dépouillement et la plénitude d'une langue toute « classique » : l'auteur de tant de dialogues familiers était aussi un grand écrivain, longuement soumis aux « affres du style ».

LE BARON : Il était huit heures environ, il faisait un temps magnifique. J'allais au hasard de la marche, buvant à pleins poumons l'air pur de la campagne, bénissant le Seigneur notre Dieu d'avoir fait la nature si belle, et moi si digne de la comprendre. Dans mon dos, Venceslas trottait, goûtant, lui aussi, la douceur de cette ineffable matinée. J'entendais derrière moi le tintin du grelot pendu à son collier, un tintin qui s'accélérait et se ralentissait alternativement, selon que moi-même, plus ou moins, je hâtais le pas ou le modérais. De temps en temps, pour souffler, je prenais une seconde de repos ; alors je n'entendais plus rien que le chant des alouettes invisibles, car Venceslas, dans le même instant, avait fait halte sur mes pas. 1⁰
BOISSONNADE : Une églogue, quoi !
LE BARON : Soudain, au loin, par-dessus l'océan de blé mûr qui moutonnait à l'infini, je distinguai le bicorne en bataille du gendarme Labourbourax ; je devinai que le hasard allait nous mettre face à face, et je me félicitai de cette bonne fortune. Je suis un homme simple, monsieur le substitut, je suis un homme sans méchanceté : l'uniforme n'a rien qui m'effraye, et la vue des gens de bien me fait toujours plaisir. Je me préparais donc à jeter au gendarme un souhait affectueux de bonne santé, quand, jugez de mon étonnement ! ce militaire, qui m'avait joint, rectifia la position, et, tirant un calepin de sa poche : « Ordonnance de police, 2⁰ dit-il, les chiens doivent être tenus en laisse. Le vôtre étant en liberté, je vous dresse procès-verbal. »
BOISSONNADE : Procès-verbal !
LE BARON : Je vous demande un peu !... Un petit chien gros comme le poing ! et gentil, et doux, et sociable, victime d'une mesure...
BOISSONNADE, *achevant la phrase :* ... une mesure de sécurité générale, sans doute, mais qui demandait à être appliquée avec quelque discernement. Il est clair qu'un chien comme le vôtre, bien tenu, bien portant, gras à souhait, ne saurait être assimilé aux chiens malheureux et errants que vise l'ordonnance de police.
LE BARON : C'est mot pour mot le discours que me tint le maire, homme charmant, à qui je m'empressai d'aller conter ma mésaventure, et qui s'en montra fort marri. Il reconnut que le gendarme avait, dans la circonstance, manqué du tact le plus élémentaire, et me renvoya rassuré, m'engageant cependant, pour éviter de nouveaux ennuis, à tenir Venceslas en laisse jusqu'à plus ample informé : l'affaire de deux jours tout au plus,

le temps, pour lui, de mander le gendarme et de lui glisser à l'oreille quelques mots touchant mon affaire.

BOISSONNADE : Et vous vous conformâtes, je pense, à cet avis plein de sagesse ?

LE BARON : N'en doutez pas.   BOISSONNADE : A la bonne heure.

LE BARON : J'achetai donc une laisse de vingt sous et j'y attachai Venceslas. Il en parut surpris, disons plus... *(Il hésite.)*

BOISSONNADE : Mortifié ?

LE BARON : Je cherchais le mot ! Mortifié. — Comme j'ai l'honneur de vous l'exposer, il n'est plus jeune, à beaucoup près. Il jouit, le ciel en soit loué ! d'une santé de tous points florissante, mais enfin, il a atteint l'âge où l'on supporte malaisément un changement dans les habitudes et c'était, cette laisse, tout un bouleversement dans sa petite existence de chien. De l'instant, oui, de l'instant où il cessa de se sentir libre, il se refusa systématiquement à me suivre, rivé des quatre pattes au sol. En vain je tâchai de le raisonner, m'excusant, invoquant le cas de force majeure, en appelant à son bon cœur et faisant surgir à ses yeux l'inquiétante silhouette du gendarme : peine perdue ! il demeurait sourd, il secouait furieusement la tête, voulant dire par là, sans doute, qu'il était de mœurs insoupçonnables et n'avait rien à démêler avec la gendarmerie.

BOISSONNADE : O candeur ineffable des consciences tranquilles !

LE BARON : Ainsi, deux jours, nous nous promenâmes par les champs et par les bois, moi à l'avant, lui à l'arrière, tirant chacun sur une extrémité de la laisse, à ce point qu'on n'eût pu savoir lequel de nous deux tenait l'autre ; et cette vie en vérité devenait insoutenable et odieuse quand brusquement, à un détour de sentier, je me retrouvai en présence du gendarme Labourbourax. « Le maire m'a parlé, m'a dit cet homme. Votre chien a le droit d'être libre — Bon ! » m'écriai-je. Et je me baissais pour détacher le mousqueton fixé au collier de Venceslas lorsque le gendarme reprit : « Vous le tenez en laisse cependant. Pourquoi le tenez-vous en laisse ? Je vous dresse procès-verbal. »

BOISSONNADE, *les bras croisés* : Non ! ! !

LE BARON, *après avoir, d'un mouvement de tête, confirmé l'authenticité de son récit* : A cette déclaration inattendue une douce gaieté s'empara de moi. Le gendarme, fronçant le sourcil, dit que je raillais l'autorité.

BOISSONNADE : Hé ! hé !

LE BARON : Je haussai les épaules.

BOISSONNADE : Oh ! oh !

LE BARON : Le gendarme s'emporta.

BOISSONNADE : Ah ! ah !

LE BARON : Je répliquai. Il m'imposa silence d'un ton que je jugeai inconvenant. C'est alors que, perdant la mesure, je tournai le dos à ce militaire en lui jetant de biais cette parole qui m'amène aujourd'hui devant vous et qui demeurera à jamais le remords de mon existence : « Gendarme, vous êtes une moule ! » *Le Gendarme est sans pitié* (Flammarion, éd.).

*Convoqué, le gendarme maintient son procès-verbal. Mais il se trouve lui-même en faute :
à «midi, seize minutes» il devrait être «en tunique et baudrier». Il lui faudra donc transiger
et «abdiquer ses revendications par égard pour une tête chenue.»*

L'homme   S'il a négligé la satire des médecins, Courteline a

et la femme   souvent satisfait à la tradition de l'esprit gaulois, par
                     mainte attaque contre la femme. Mais, sa verve changeant
singulièrement de ton sur ce sujet, c'est en réalité toute une petite « Colère de Samson »
qu'il a composée en plusieurs tableaux. A ses yeux, «l'éternelle enfant», frivole, exigeante
et fâcheuse, trouble sans cesse ou travail ou repos (*La Paix chez soi*, 1903) ; seule la
pleutrerie de l'homme l'excuse (*La Peur des Coups*, 1894), mais elle reste sans scrupules (*La
Voiture Versée*, 1897) ; et surtout, incapable de comprendre la vraie tendresse qu'on lui
voue, elle est, par essence, infidèle et rusée. Cependant la « bonté d'homme » lui reste
pitoyablement soumise comme le montre la plus célèbre et sans doute la plus humaine des
comédies de Courteline : *Boubouroche* (1893), dont le héros est devenu un véritable type
et où l'on retrouve vraiment les accents d'une « mâle gaieté, si triste et si profonde... »

BOUBOUROCHE

Dans le cadre familier d'un café, tout un acte a été employé à éveiller la sympathie
pour Boubouroche, homme sincère, incapable de songer à mal, généreux, serviable,
naïvement convaincu de la fidélité d'Adèle. Hélas ! surgi comme un démon du doute, un
trop obligeant voisin vient révéler, avec preuves, que depuis sept ans Adèle reçoit
une visite coupable à chacune des absences de Boubouroche. Celui-ci a bondi vers sa
demeure ; il a vu, de ses yeux vu, deux ombres derrière le rideau. A son furieux coup de
sonnette, Adèle a dissimulé le visiteur dans un bahut où une bougie et de la lecture sont
prévus en cas de retour inopiné. Il sera facile de reconnaître ici la tactique de Célimène
devant Alceste jaloux. Mais, alors que Boubouroche s'excuse déjà, voici qu'apparaît la
lumière révélatrice : la scène tourne ainsi à la farce, ce qui eût été inconcevable dans *Le
Misanthrope.*

ADÈLE : Assez !

BOUBOUROCHE, *abasourdi :* Tu m'imposes le silence, je crois ?

ADÈLE : Tu peux même en être certain !... *(Hors d'elle.)* En voilà un
énergumène, qui entre ici comme un boulet ! pousse les portes ! tire les
rideaux ! emplit la maison de ses cris ! me traite comme la dernière des
filles, va jusqu'à lever la main sur moi !...

BOUBOUROCHE : Adèle...

ADÈLE : Tout cela parce que, soi-disant, il aurait vu passer deux ombres
sur la transparence d'un rideau ! D'abord tu es ivre.

BOUBOUROCHE : Ce n'est pas vrai.   I(

ADÈLE : Alors tu mens.

BOUBOUROCHE : Je ne mens pas.

ADÈLE : Donc, tu es gris ; c'est bien ce que je disais !... *(Effarement
ahuri de Boubouroche.)* De deux choses l'une ; tu as vu double ou tu me
cherches querelle.

BOUBOUROCHE, *troublé et qui commence à perdre sa belle assurance :*
Enfin, ma chère amie, voilà ! Moi..., on m'a raconté des choses.

ADÈLE, *ironique :* Et tu les as tenues pour paroles d'Évangile ? Et l'idée

ne t'est pas venue un seul instant d'en appeler à la vraisemblance ? aux
huit années de liaison que nous avons derrière nous ? *(Silence embarrassé* 20
de Boubouroche.) C'est délicieux ! En sorte que je suis à la merci du premier
chien coiffé [1] venu... Un monsieur passera, qui dira : « Votre femme vous
est infidèle », moi je paierai les pots cassés ; je tiendrai la queue de la poêle ?

BOUBOUROCHE : Mais...

ADÈLE : Détrompe-toi.

BOUBOUROCHE, *à part :* J'ai fait une gaffe.

ADÈLE, *pâle d'indignation :* Celle-là est trop forte, par exemple. *(Tout
en parlant, elle est revenue au guéridon et elle a pris la lampe qu'elle apporte
à Boubouroche.)* Voici de la lumière.

BOUBOUROCHE : Pourquoi faire ?

ADÈLE : Pour que tu ailles voir toi-même. Ne fais donc pas l'étonné. 30

BOUBOUROCHE, *se dérobant :* Tu n'empêcheras jamais les gens qui aiment
d'être jaloux.

ADÈLE : Tu l'as déjà dit.

BOUBOUROCHE : Moi ?... Quand ça [2] ?

ADÈLE, *à part :* Oh ! *(Haut.)* Tu m'ennuies !!... Je te dis de prendre
cette lampe... *(Boubouroche prend la lampe.)...* et d'aller voir. Tu connais
l'appartement, hein ? Je n'ai pas besoin de t'accompagner ?

BOUBOUROCHE, *convaincu :* Ne sois donc pas méchante, Adèle. Est-ce
que c'est ma faute à moi, si on m'a collé une blague ? Pardonne-moi, et
n'en parlons plus. 40

ADÈLE, *moqueuse :* Tu sollicites mon pardon ?... C'est bizarre !... Ce n'est
donc plus à moi de mériter le tien par mon repentir et par ma bonne
conduite ?... *(Changement de ton.)* Va toujours, nous verrons plus tard.
Comme, au fond, tu es plus naïf que méchant, il est possible — pas sûr,
pourtant — que je perde, — moi — un jour, le souvenir de l'odieuse
injure que tu m'as faite. Mais j'exige... — tu entends ? j'exige ! que tu ne
quittes cet appartement qu'après en avoir scruté, fouillé l'une après l'autre
chaque pièce. — Il y a un homme ici, c'est vrai.

BOUBOUROCHE, *goguenard :* Mais non.

ADÈLE : Ma parole d'honneur. *(Indiquant de son doigt le bahut où est* 50
renfermé André.) Tiens, il est là-dedans ! *(Boubouroche rigole.)* Viens donc
voir.

BOUBOUROCHE, *au comble de la joie :* Tu me prendrais pour une
poire !... ˙

ADÈLE : Voici la clé de la cave.

BOUBOUROCHE, *les yeux au ciel :* La cave !...

ADÈLE : Tu me feras le plaisir d'y descendre...

BOUBOUROCHE : Tu es dure avec moi, tu sais.

ADÈLE : ... et de regarder entre les tonneaux et les murs. Ah ! je te fais

---

— 1 Personnage désagréable, de mine et | avant l'arrivée de Boubouroche, prononcé une
d'esprit. — 2 C'est l'amant d'Adèle qui a, peu | première fois ces paroles.

des infidélités ?... Ah ! je cache des amants chez moi ?... Eh bien cherche, ϵ
mon cher ; et trouve !

BOUBOUROCHE : Allons ! Je n'ai que ce que je mérite.

La lampe au poing, il va lentement, non sans se retourner de temps en temps pour diriger vers Adèle, qui demeure impitoyable et muette, des regards suppliants de phoque, jusqu'à la petite porte de droite qu'il atteint enfin et qu'il pousse. — Coup d'air. La lampe s'éteint.

BOUBOUROCHE : Bon !

Mais à la seconde précise où l'ombre a envahi le théâtre, la lumière de la bougie qui éclaire la cachette d'André est apparue, très visible.

ADÈLE, *étouffant un cri :* Ah !

BOUBOUROCHE, *à tâtons :* Voilà une autre histoire. — Tu as des allumettes, Adèle ? *(Brusquement.)* Tiens !... Qu'est-ce que c'est que ça... De la lumière !

Précipitamment, il dépose sa lampe, court au bahut, l'ouvre tout grand et se recule en poussant un cri terrible.

Boubouroche (Flammarion, éditeur).

La découverte d'André n'a pas désarmé la ruse d'Adèle. Cet homme était là, dit-elle, en raison d'un secret qui ne lui appartient pas... Dans une scène vraiment pénible, Boubouroche qui va jusqu'aux larmes est complètement berné. Les droits de la farce sont rétablis lorsqu'il s'élance pour rosser le délateur.

JARRY ET LA FARCE ÉNORME

Lorsque sa bouffonnerie transgresse à plaisir tous les « contrôles » de la pure vérité humaine et de la vision banale des choses, la farce ne *grossit* plus seulement les traits et les gestes : elle les *grandit* démesurément comme le fait, mais dans un autre dessein, l'épopée. Elle trouve, en conséquence, une sorte de merveilleux dans le fantastique de l'invraisemblance : elle devient *épique*. Selon les goûts, on la déclare alors ou *grandiose* ou simplement *énorme*. Ce sont bien là les deux épithètes qu'appelle d'ordinaire *Ubu Roi*, œuvre peu lue à l'origine et peu représentée mais qui, justement, a trouvé dans la tradition orale une nouvelle occasion de déformation légendaire.

Jarry (1873-1907)   Né robuste mais mal équilibré, mort tuberculeux à l'hôpital, ALFRED JARRY a vite usé son existence dans une extraordinaire dépense physique, l'abus de l'absinthe, — son « herbe sainte » — et la tension qu'exigeait son attitude de défi universel. Mais s'il a souvent revêtu (à partir de 1896) le personnage d'Ubu, il a été tout autre chose qu'un simple grotesque.

Brillant et turbulent élève du Lycée de Rennes, tenté un instant par l'École Normale qu'il prépara dans la « Khâgne » d'Henri IV où il put confirmer son esprit de canular, il fut, avec une nuance agressive, un authentique poète symboliste (*Les Minutes de Sable Mémorial*, 1894 ; *César Antéchrist*, 1895), et un romancier d'une rare hardiesse dans les sujets et la technique (*Les Jours et les Nuits*, 1897 ; *Le Surmâle*, 1902). Il fut aussi le théoricien de la « Pataphysique », trop souvent invoquée à tort et qui est en réalité un système médité de désintégration totale et de reconstruction dans l'insolite.

En fait, Jarry offre, avant l'heure, un exemple « d'engagement » de l'être entier dans tous ses gestes, littéraires ou non. Il entre dans la lignée qui, des Bousingots d'après 1830 (Pétrus Borel le «Lycanthrope», par exemple) jusqu'aux Surréalistes (cf. p. 341), comprend des génies curieux (Lautréamont), des génies véritables (Rimbaud) et même des ratés : leur trait commun est de considérer la littérature comme un acte de négation libératrice, trop facilement qualifié, d'ailleurs, de « prométhéen ». C'est dans cette optique qu'il faut aborder les outrances, les grossièretés, la médiocrité littéraire mais aussi le sens profond de la geste d'Ubu.

La geste d'Ubu — Il y a, en effet, trois Ubu. D'abord celui qui, né de l'imagination collective d'une classe en réaction contre un professeur prétendu odieux, est devenu, grâce à Jarry, *Ubu Roi*, incarné par Gémier lui-même au Théâtre de l'Œuvre, en 1896. Mais aussi, *Ubu Enchaîné* (1900) et un *Ubu sur la Butte* (1906), qui tourne plutôt à la revue satirique. Dans ces trois textes, aujourd'hui confondus dans la version globale d'*Ubu* adoptée en 1960 par le T.N.P., le personnage, qui ne manque pas de bon sens lorsqu'il condamne lui-même certaines contraintes de l'existence, rassemble surtout dans une image vengeresse tous les traits de la vulgarité, de la bassesse et de l'absurdité triomphantes.

Ubu, maître d'absurdité

« Ancien roi d'Aragon, officier de confiance du roi Venceslas », le masque fantastique a d'abord, pour première parole, lancé « LE » mot célèbre (cf. l. 54). Puis, il a lâchement renversé le Roi de Pologne, son bienfaiteur, et fait massacrer presque toute la famille royale. Avant d'étaler sa couardise dans une guerre grotesque contre Bougrelas, héritier du trône, il s'affirme ici dans le déploiement de l'arbitraire qui est une forme de l'absurde. Pour estimer à leur juste valeur le ton et les procédés de Jarry, toujours un peu gros, on pourra comparer ce passage à la scène où A. Camus fait donner par son Caligula une leçon d'absurdité d'une tout autre portée.

PÈRE UBU : Apportez la caisse à Nobles et le crochet à Nobles et le couteau à Nobles et le bouquin à Nobles ! Ensuite, faites avancer les Nobles. *(On pousse brutalement les Nobles.)*
MÈRE UBU : De grâce, modère-toi, Père Ubu.
PÈRE UBU : J'ai l'honneur de vous annoncer que pour enrichir le royaume je vais faire périr tous les Nobles et prendre leurs biens.
NOBLES : Horreur ! A nous peuple et soldats !
PÈRE UBU : Amenez le premier Noble et passez-moi le crochet à Nobles. Ceux qui seront condamnés à mort, je les passerai dans la trappe, ils passeront dans les sous-sols du Pince-Porc et de la Chambre-à-sous, où on les décervèlera [1].
(Au Noble.) Qui es-tu, bouffre ?   10
LE NOBLE : Comte de Vitepsk.
PÈRE UBU : De combien sont tes revenus ?
LE NOBLE : Trois millions de rixdales.
PÈRE UBU : Condamné ! *(Il le prend avec un crochet et le passe dans le trou.)*
MÈRE UBU : Quelle basse férocité !
PÈRE UBU : Second Noble, qui es-tu ? *(Le Noble ne répond rien.)* Répondras-tu, bouffre ?
LE NOBLE : Grand-duc de Posen.
PÈRE UBU : Excellent ! Excellent ! Je n'en demande pas plus long. Dans la trappe. Troisième Noble, qui es-tu ? Tu as une sale tête.   20

— 1 A partir de 1900, en guise de « remerciement aux spectateurs » a été introduite la chanson du décervelage : « Voyez, voyez la machin' tourner Voyez, voyez la cervell' sauter Voyez, voyez les Rentiers trembler ».

LE NOBLE : Duc de Courlande, des villes de Riga, de Revel et de Mitaù.
PÈRE UBU : Très bien ! très bien ! Tu n'as rien autre chose ?
LE NOBLE : Rien.
PÈRE UBU : Dans la trappe, alors. Quatrième Noble, qui es-tu ?
LE NOBLE : Prince de Podolie.
PÈRE UBU : Quels sont tes revenus ?
LE NOBLE : Je suis ruiné !
PÈRE UBU : Pour cette mauvaise parole, passe dans la trappe. Cinquième Noble, qui es-tu ?
LE NOBLE : Margrave de Thorn, palatin de Polock. 3
PÈRE UBU : Ça n'est pas lourd. Tu n'as rien autre chose ?
LE NOBLE : Cela me suffisait.
PÈRE UBU : Eh bien ! mieux vaut peu que rien. Dans la trappe. Qu'as-tu à pigner², Mère Ubu ?
MÈRE UBU : Tu es trop féroce, Père Ubu.
PÈRE UBU : Eh ! je m'enrichis. Je vais me faire lire MA liste de MES biens. Greffier, lisez MA liste de MES biens.
LE GREFFIER : Comté de Sandomir.
PÈRE UBU : Commence par les principautés, stupide bougre !
LE GREFFIER : Principauté de Podolie, grand-duché de Posen, duché de 4 Courlande, comté de Sandomir, comté de Vitepsk, palatinat de Polock, margraviat de Thorn.
PÈRE UBU : Et puis après ?
LE GREFFIER : C'est tout.
PÈRE UBU : Comment, c'est tout ! Oh ! bien alors, en avant les Nobles, et comme je ne finirai pas de m'enrichir, je vais faire exécuter tous les Nobles et ainsi j'aurai tous les biens vacants. Allez, passez les Nobles dans la trappe. *(On empile les nobles dans la trappe.)* Dépêchez-vous, plus vite, je veux faire des lois maintenant.
PLUSIEURS : On va voir ça. 5
PÈRE UBU : Je vais d'abord réformer la justice, après quoi nous procèderons aux finances.
PLUSIEURS MAGISTRATS : Nous nous opposons à tout changement.
PÈRE UBU : Merdre ! D'abord les magistrats ne seront plus payés.
MAGISTRATS : Et de quoi vivrons-nous ? Nous sommes pauvres.
PÈRE UBU : Vous aurez les amendes que vous prononcerez et les biens des condamnés à mort.
UN MAGISTRAT : Horreur !
DEUXIÈME : Infamie !
TROISIÈME : Indignité ! 60
TOUS : Nous nous refusons à juger dans des conditions pareilles.
PÈRE UBU : A la trappe les magistrats ! *(Ils se débattent en vain.)*

Ubu Roi, III, 2 (Fasquelle, éditeur).

Magistrats et financiers passent eux aussi à la trappe. Par la suite on voit Père Ubu, accompagné des « salopins » de finance — ses gabelous — et précédé du voiturin à phynances (la célèbre orthographe apparaît ici) venir lui-même percevoir les impôts dans les chaumières. Le premier paysan menacé de « décollation du cou et de la tête » se nomme Stanislas Leczinski... « Avec ce système, dit Ubu, j'aurai vite fait fortune, alors je tuerai tout le monde et je m'en irai ».

— 2 *Pleurnicher :* terme encore en usage dans l'Ouest.

IDÉES ET DOCTRINES

Les années qui ont précédé la guerre de 1914 furent des années de *révolution intellectuelle* ; ainsi s'explique l'importance prise alors par la *littérature philosophique, idéologique ou politique :* la philosophie en effet, et la politique, sous sa forme doctrinaire ou oratoire, attirent des écrivains authentiques qui mettent tout leur talent au service de leur pensée ou de leurs convictions.

LA PHILOSOPHIE. La pensée philosophique est dominée par le *spiritualisme psychologique* d'HENRI BERGSON ; mais auprès de lui, et selon d'autres voies, la réaction contre le positivisme et le scientisme se manifeste aussi dans l'œuvre d'ÉMILE BOUTROUX (1845-1921 ; *Science et Religion*, 1908) et de LÉON BRUNSCHVICG (1869-1944 ; *L'idéalisme contemporain*, 1905).

LA POLITIQUE. La vie politique, de son côté, est bouleversée par l'Affaire Dreyfus et ses suites ; elle attire les intellectuels qu'elle engage dans l'action (cf. p. 87, 119, 140) et qui s'efforcent de lui fournir *un fondement doctrinal et idéologique*. Le socialisme trouve dans JEAN JAURÈS à la fois son maître à penser, son plus prestigieux orateur parlementaire, et son plus influent tribun populaire ; en effet le Parlement accueille alors de grands orateurs parmi lesquels JEAN JAURÈS et le catholique social ALBERT DE MUN (1841-1914).

Naturellement, la littérature politique inclut aussi le *journalisme :* les grands écrivains politiques sont les éditorialistes des journaux d'opinion les plus influents ; ce fut le cas de MAURICE BARRÈS (cf. p. 119) comme de JEAN JAURÈS, fondateur de *L'Humanité*. Et de même, CHARLES MAURRAS ne se contente pas d'être un doctrinaire, il écrit chaque jour dans *L'Action Française*.

LES GRANDS COURANTS. De ce mouvement d'idées, trois grandes orientations peuvent être schématiquement retenues : une vigoureuse *renaissance spiritualiste* (cf. auprès des noms déjà cités, et auprès de PÉGUY et de CLAUDEL, l'œuvre du philosophe MAURICE BLONDEL, 1861-1949, et celle du polémiste LÉON BLOY, 1846-1917) ; une puissante affirmation du *traditionalisme* sous des formes très diverses et parfois opposées ; et enfin le développement d'une *pensée socialiste*, partagée, sans toujours pouvoir les concilier, entre le *matérialisme marxiste*, l'attachement aux *valeurs humanistes*, et l'influence du *positivisme sociologique* (E. DURKHEIM, C. BOUGLÉ).

Henri Bergson
(1859-1941)
L'œuvre et la pensée d'HENRI BERGSON agissent profondément sur la littérature de la première moitié du XXe siècle : à cet égard on pourrait presque dire qu'il y eut alors un *bergsonisme littéraire* comme il y avait eu, au XVIIe siècle, un cartésianisme littéraire. D'ailleurs la philosophie bergsonienne et ses prolongements esthétiques furent le sujet de nombreuses et ardentes polémiques ; qu'il suffise de rappeler ici les noms de deux grands écrivains dont l'œuvre ne saurait s'expliquer sans l'influence directe ou indirecte de Bergson : Charles PÉGUY (cf. p. 142) et Marcel PROUST (cf. p. 220).

Cette influence s'explique principalement par la réaction de BERGSON contre le scientisme et le positivisme, et par le développement dans son œuvre d'une *philosophie expérimentale de la durée :* dans une époque où l'expérience du temps concret allait devenir l'une des principales sources du renouvellement de la poésie et du roman, la philosophie bergsonienne, qui avait devancé la plupart de ces nouveautés littéraires, apparut à beaucoup d'esprits comme la *philosophie des temps nouveaux*.

Son rayonnement fut encore accru par le talent d'écrivain d'HENRI BERGSON, qui appartient ainsi directement à la littérature : certaines pages de son œuvre s'élèvent même jusqu'à *une poésie philosophique en prose* qui était, chez nous, quelque chose d'assez nouveau.

Élève de l'École Normale Supérieure dans la même promotion que Jaurès, HENRI BERGSON révéla son originalité, dès 1888, dans sa thèse intitulée *Essai sur les données immédiates de la Conscience*, qui amorçait l'ample développement de sa pensée telle qu'elle s'exprima ensuite dans *Matière et Mémoire* (1896), *L'Évolution créatrice* (1907), *L'Énergie*

spirituelle (1919), *Les Deux Sources de la Morale et de la Religion* (1932).
Il faut enfin mentionner l'importance de l'essai sur *Le Rire* (1900) : l'auteur y étudie les sources du comique, qu'il définit comme «*du mécanique plaqué sur du vivant* » ; et à l'occasion de cette étude, il rassemble dans son essai quelques thèmes majeurs de sa pensée esthétique.

Durée et création

Dans *L'Évolution créatrice*, Bergson développe la distinction entre le *temps abstrait*, que mesurent les horloges et qui contredit l'idée de création, puisque, selon le principe du déterminisme, il ne saurait rien apporter de nouveau, et la *durée concrète et vécue*, qui relève d'une expérience irréductible et constitue au contraire, par excellence, *une force créatrice*. Grâce à quoi le temps retrouve une signification et un contenu, qui concernent *la part d'invention* de l'Univers et de l'Homme, alors que le déterminisme ne concerne que leur *part de répétition*. Ainsi se trouve légitimé l'effort *créateur* de l'artiste.

Quand l'enfant s'amuse à reconstituer une image en assemblant les pièces d'un jeu de patience, il y réussit de plus en plus vite à mesure qu'il s'exerce davantage. La reconstitution était d'ailleurs instantanée, l'enfant la trouvait toute faite, quand il ouvrait la boîte au sortir du magasin. L'opération n'exige donc pas un temps déterminé, et même, théoriquement, elle n'exige aucun temps. C'est que le résultat en est donné. C'est que l'image est créée déjà et que, pour l'obtenir, il suffit d'un travail de recomposition et de réarrangement. [...] Mais pour l'artiste qui crée une image en la tirant du fond de son âme, le temps n'est plus un accessoire. Ce n'est pas un intervalle qu'on
10 puisse allonger ou raccourcir sans en modifier le contenu. La durée de son travail fait partie intégrante de son travail. La contracter ou la dilater serait modifier à la fois l'évolution psychologique qui la remplit et l'invention qui en est le terme. Le temps d'invention ne fait qu'un ici avec l'invention même. C'est le progrès d'une pensée qui change au fur et à mesure qu'elle prend corps. Enfin, c'est un processus vital [1], quelque chose comme la maturation d'une idée.
    Le peintre est devant sa toile, les couleurs sont sur la palette, le modèle pose ; nous voyons tout cela, et nous connaissons aussi la manière du peintre : prévoyons-nous ce qui apparaîtra sur la toile ? Nous possédons les éléments du problème ; nous savons, d'une connaissance abstraite, comment il sera résolu,
20 car le portrait ressemblera sûrement au modèle et sûrement aussi à l'artiste ; mais la solution concrète apporte avec elle cet imprévisible rien qui est le tout de l'œuvre d'art [2]. Et c'est ce rien qui prend du temps. Néant de matière, il se crée lui-même comme forme. La germination et la floraison de cette forme s'allongent en une irrétrécissable durée, qui fait corps avec elle. De même pour les œuvres de la nature. [...] C'est pourquoi l'idée de lire dans un état présent de l'univers matériel l'avenir des formes vivantes, et de déplier tout d'un coup leur histoire future, doit renfermer une véritable absurdité. Mais cette absurdité est difficile à dégager, parce que notre mémoire a coutume d'aligner dans un espace idéal les termes qu'elle perçoit tour à tour, parce qu'elle se représente
30 toujours la succession *passée* sous forme de juxtaposition. Elle peut d'ailleurs le faire, précisément parce que le passé est du déjà inventé, du mort, et non

---

— 1 Cf. la formule de *l'élan vital* qui symbolise le dynamisme essentiel de la philosophie bergsonienne : l'art témoin de l'*énergie spiri-* tuelle. — 2 Différence *de nature* entre l'art et la science, qui est déterminisme et prévision. Bergson dément ainsi les thèses scientistes de Renan (cf. *XIXᵉ Siècle*, p. 394-395).

plus de la création et de la vie. Alors, comme la succession à venir finira par être une succession passée, nous nous persuadons que la durée à venir comporte le même traitement que la durée passée, qu'elle serait dès maintenant déroulable, que l'avenir est là, enroulé, déjà peint sur la toile [3]. Illusion sans doute, mais illusion naturelle, indéracinable, qui durera autant que l'esprit humain. *Le temps est invention ou il n'est rien du tout.* [4]

L'Évolution créatrice, chap. IV (*Presses Universitaires de France*, éditeur).

NATURE ET FONCTION DE L'ART

L'Art, parce qu'il est un des témoins les plus féconds du pouvoir créateur de la durée, occupe donc, dans la philosophie bergsonienne, une place privilégiée. Aussi BERGSON, abordant le problème du comique, élargit-il son sujet pour y rattacher des *réflexions sur la nature et la fonction de l'art* dans son rapport avec la « réalité ». Au début d'un siècle qui allait se passionner pour le débat entre *réalisme* et *idéalisme* et prendre parti pour l'idéalisme, ces pages du *Rire*, publiées en 1900, ont un caractère *prophétique*, raison pour laquelle elles sont d'ailleurs devenues classiques.

Nous nous mouvons parmi des généralités et des symboles, comme en un champ clos où notre force se mesure utilement avec d'autres forces ; et fascinés par l'action, attirés par elle, pour notre plus grand bien, sur le terrain qu'elle s'est choisi, nous vivons dans une zone mitoyenne entre les choses et nous, extérieurement aux choses, extérieurement aussi à nous-mêmes. Mais de loin en loin, par distraction, la nature suscite des âmes plus détachées de la vie. Je ne parle pas de ce détachement voulu, raisonné, systématique, qui est œuvre de réflexion et de philosophie. Je parle d'un détachement naturel, inné à la structure du sens ou de la conscience, et qui se manifeste tout de suite par une manière virginale, en quelque sorte, de voir, d'entendre ou de penser. Si ce détachement était complet, si l'âme n'adhérait plus à l'action par aucune de ses perceptions, elle serait l'âme d'un artiste comme le monde n'en a point vu encore. Elle excellerait dans tous les arts à la fois, ou plutôt elle les fondrait tous en un seul. Elle apercevrait toutes choses dans leur pureté originelle, aussi bien les formes, les couleurs et les sons du monde matériel que les plus subtils mouvements de la vie intérieure. Mais c'est trop demander à la nature. Pour ceux-mêmes d'entre nous qu'elle a faits artistes, c'est accidentellement, et d'un seul côté, qu'elle a soulevé le voile, c'est dans une direction seulement qu'elle a oublié d'attacher la perception au besoin. Et comme chaque direction correspond à ce que nous appelons un sens, c'est par un de ces sens, et par ce sens seulement, que l'artiste est ordinairement voué à l'art. De là, à l'origine, la diversité des arts. De là aussi la spécialité des prédispositions. [...]

— 3 Explication de « l'illusion scientiste ». — 4 Formule soulignée par l'auteur.

Ainsi, qu'il soit peinture, sculpture, poésie ou musique, l'art n'a d'autre objet que d'écarter les symboles pratiquement utiles, les généralités conventionnellement et socialement acceptées, enfin tout ce qui nous masque la réalité, pour nous mettre face à face avec la réalité même. C'est d'un malentendu sur ce point qu'est né le débat entre le réalisme et l'idéalisme dans 30 l'art [2]. L'art n'est sûrement qu'une vision plus directe de la réalité. Mais cette pureté de perception implique une rupture avec la convention utile, un désintéressement inné et spécialement localisé du sens ou de la conscience, enfin une certaine immatérialité de vie, qui est ce qu'on a toujours appelé de l'idéalisme. De sorte qu'on pourrait dire, sans jouer aucunement sur le sens des mots, que le réalisme est dans l'œuvre quand l'idéalisme est dans l'âme, et que c'est à force d'idéalité seulement qu'on reprend contact avec la réalité. *Le Rire* (Presses Universitaires de France, éditeur).

La libération mystique

La philosophie bergsonienne de la *durée* devient progressivement une philosophie de la *liberté créatrice* : l'art est un premier témoin de ce progrès exceptionnellement accompli. Poursuivant son examen de ces exceptions révélatrices, BERGSON rencontre l'*expérience mystique*, et c'est à elle qu'il consacre quelques-unes des pages maîtresses de son dernier livre, *Les Deux Sources de la Morale et de la Religion* (1932).

Ébranlée dans ses profondeurs par le courant qui l'entraînera, l'âme cesse de tourner sur elle-même, échappant un instant à la loi qui veut que l'espèce et l'individu se conditionnent l'un l'autre, circulairement. Elle s'arrête, comme si elle écoutait une voix qui l'appelle. Puis elle se laisse porter, droit en avant. Elle ne perçoit pas directement la force qui la meut, mais elle en sent l'indéfinissable présence, ou la devine à travers une vision symbolique. Vient alors une immensité de joie, extase où elle s'absorbe au ravissement qu'elle subit : Dieu est là, et elle est en lui. Plus de mystère. Les problèmes s'évanouissent, les obscurités se dissipent ; c'est une illumination. 10 Mais pour combien de temps ? Une imperceptible inquiétude, qui planait sur l'extase, descend et s'attache à elle comme son ombre. Elle suffirait déjà, même sans les états qui vont suivre, à distinguer le mysticisme vrai, complet, de ce qui en fut jadis l'imitation anticipée ou la préparation [3]. Elle montre en effet que l'âme du grand mystique ne s'arrête pas à l'extase comme au terme d'un voyage. C'est bien le repos, si l'on veut, mais comme à une station où la machine resterait sous pression [4], le mouvement se continuant en ébranlement sur place dans l'attente d'un nouveau bond en avant. Disons plus précisément : l'union avec Dieu a beau être étroite, elle ne serait définitive que si elle était totale. Plus de distance, sans doute, entre la pensée et l'objet de la pensée, 20 puisque les problèmes sont tombés qui mesuraient et même constituaient l'écart. Plus de séparation radicale entre ce qui aime et ce qui est aimé : Dieu est présent et la joie est sans bornes. Mais si l'âme s'absorbe en Dieu par la pensée et par

---

— 2 Débat qui commençait en 1900 à être d'une brûlante actualité : cf. en particulier la révolution picturale qui était alors en cours. — 3 Bergson distingue dans le mysticisme un certain nombre de degrés, et c'est chez les grands mystiques chrétiens qu'il rencontre le plus haut degré. — 4 Noter le caractère concret et moderne de la comparaison.

le sentiment, quelque chose d'elle reste en dehors ; c'est la volonté : son action, si elle agissait, procéderait simplement d'elle. Sa vie n'est donc pas divine. Elle le sait ; vaguement elle s'en inquiète, et cette agitation dans le repos est caractéristique de ce que nous appelons le mysticisme complet : elle exprime que l'élan avait été pris pour aller plus loin, que l'extase intéresse bien la faculté de voir et de s'émouvoir, mais qu'il y a aussi le vouloir, et qu'il faudrait le replacer lui-même en Dieu. Quand ce sentiment a grandi au point d'occuper toute la place, l'extase est tombée, l'âme se retrouve seule et parfois se désole. Habituée pour un temps à l'éblouissante lumière, elle ne distingue plus rien dans l'ombre. Elle ne se rend pas compte du travail profond qui s'accomplit obscurément en elle. Elle sent qu'elle a beaucoup perdu ; elle ne sait pas encore que c'est pour tout gagner.

Les Deux Sources de la Morale et de la Religion, chap. III (*Presses Universitaires de France*, éditeur).

Alors, à travers ce que les mystiques appellent « la nuit obscure » [5], la libération spirituelle s'accomplit, qui est la perfection de cette ouverture de l'âme, en quoi consiste la vraie religion comme aussi la vraie morale. Le terme de la philosophie bergsonienne est en effet, en morale comme en religion, ce passage du clos à l'ouvert, dont le point de départ est dans l'expérience concrète de la durée créatrice, et qui explique également la formule célèbre du supplément d'âme nécessaire à un monde gouverné par le déterminisme technique et le mécanisme social. Dans les dernières années de sa vie, HENRI BERGSON s'orienta de plus en plus vers le christianisme, mais sans aller jusqu'à une conversion formelle, car, étant israélite, il ne voulait pas paraître se désolidariser ainsi de ses frères de race, alors persécutés à travers l'Europe.

Jean Jaurès
(1859-1914)
Normalien et agrégé de philosophie, JEAN JAURÈS fut un orateur de grande classe et un animateur politique ; il fonda, avec Jules Guesde, le Parti Socialiste Unifié (1906). Héritier du « socialisme humaniste » du XIXᵉ siècle, il rêve de concilier cette tradition avec le réalisme historique et économique de Marx et de Engels, ce qui le conduit à être plutôt un « réformiste » qu'un révolutionnaire : il pense en effet que l'idée de *justice*, incarnée selon lui dans les progrès de la démocratie politique et sociale, est capable de fonder un *humanisme universel* et un idéal social commun à l'humanité tout entière, au-delà des antagonismes de classes et de nations. Il rejoint ainsi une pensée généreuse qui était déjà celle de MICHELET, dont il rappelle la fougue (cf. *XIXᵉ Siècle*, p. 361) et dont le rapproche une certaine parenté littéraire. Son *éloquence* lui assura une grande influence au Parlement et dans la nation. Sa personnalité a profondément marqué le socialisme français, et le rayonnement de sa pensée n'a pas cessé de se manifester dans la vie politique de notre pays. Pacifiste convaincu, JAURÈS, dans les années qui précèdent la Grande Guerre, se consacre à la défense de la paix en travaillant à un rapprochement avec les socialistes allemands ; mais il meurt assassiné en juillet 1914.

Socialisme et humanisme

Dans son Introduction à *l'Histoire socialiste*, JAURÈS développe l'essentiel de la pensée qui s'exprime ailleurs dans ses discours politiques. Et c'est au nom d'un *humanisme universel* qu'il propose un *dépassement* du déterminisme historique et du réalisme économique.

Quel que soit le rapport de l'âme humaine, en ses rêves même les plus audacieux ou les plus subtils, avec le système économique et social, elle va au-delà du milieu humain, dans l'immense milieu cosmique. Et le contact de l'univers fait vibrer en elle des forces mystérieuses et profondes,

— 5 Célèbre formule de saint Jean de la Croix.

forces de l'éternelle vie mouvante qui précéda les sociétés humaines et les dépassera.

Donc, autant il serait vain et faux de nier la dépendance de la pensée et du rêve à l'égard du système économique et des formes précises de la production, autant il serait puéril et grossier d'expliquer sommairement le mouvement de la pensée humaine par la seule évolution des formes économiques [1].

10 Très souvent l'esprit de l'homme s'appuie sur le système social pour le dépasser et lui résister ; entre l'esprit individuel et le pouvoir social il y a ainsi tout à la fois solidarité et conflit. [...]

Il nous plaira, à travers l'évolution à demi mécanique des formes économiques et sociales, de faire sentir toujours cette haute dignité de l'esprit libre, affranchi de l'humanité elle-même par l'éternel univers. Les plus intransigeants des théoriciens marxistes ne sauraient nous le reprocher. Marx, en une page admirable, a déclaré que jusqu'ici les sociétés humaines n'avaient été gouvernées que par la fatalité, par l'aveugle mouvement des formes économiques ; les institutions, les idées n'ont pas été l'œuvre consciente de l'homme libre, mais le

20 reflet de l'inconsciente vie sociale dans le cerveau humain. Nous ne sommes encore, selon Marx, que dans la préhistoire. L'histoire humaine ne commencera véritablement que lorsque l'homme, échappant enfin à la tyrannie des forces inconscientes, gouvernera par sa raison et sa volonté la production elle-même. Alors son esprit ne subira plus le despotisme des formes économiques créées et dirigées par lui, et c'est d'un regard libre et immédiat qu'il contemplera l'univers. Marx entrevoit donc une période de pleine liberté intellectuelle où la pensée humaine, n'étant plus déformée par les servitudes économiques, ne déformera pas le monde. Mais, à coup sûr, Marx ne conteste pas que déjà, dans les ténèbres de la période inconsciente, de hauts esprits se soient élevés à la

30 liberté ; par eux l'humanité se prépare et s'annonce. C'est à nous de recueillir ces premières manifestations de la vie de l'esprit : elles nous permettent de pressentir la grande vie ardente et libre de l'humanité communiste [2], qui, affranchie de tout servage, s'appropriera l'univers par la science, l'action et le rêve [3]. C'est comme le premier frisson qui dans la forêt humaine n'émeut encore que quelques feuilles mais qui annonce les grands souffles prochains et les vastes ébranlements.

Aussi notre interprétation de l'histoire sera-t-elle à la fois matérialiste avec Marx et mystique avec Michelet. [...]

Ce n'est pas seulement par la force des choses que s'accomplira la Révolution

40 sociale. C'est par la force des hommes, par l'énergie des consciences et des volontés. L'histoire ne dispensera jamais les hommes de la vaillance et de la noblesse individuelles... Nous ne sourions pas des hommes de la Révolution qui lisaient les *Vies* de Plutarque ; à coup sûr, les beaux élans d'énergie intérieure qu'ils suscitaient ainsi en eux changeaient peu de chose à la marche des événements. Mais, du moins, ils restaient debout dans la tempête, ils ne montraient pas, sous l'éclair des grands orages, des figures décomposées par la peur [4]. Et si la passion de la gloire animait en eux la passion de la liberté, ou le courage du combat, nul n'osera leur en faire grief.

Histoire socialiste (Éditions sociales).

— 1 Allusions aux interprétations étroites du marxisme qui commençaient alors à se répandre dans certains milieux intellectuels socialistes ; d'où le débat qui provoquera un peu plus tard, la scission entre le parti socialiste et le parti communiste. — 2 Adjectif à prendre au sens large et non exclusivement marxiste. — 3 Noter la réunion significative de ces trois termes. — 4 Intéressante évocation stoïcienne.

Charles Maurras
(1868-1952)

Provençal et disciple de Mistral, CHARLES MAURRAS veut être le restaurateur de l'*hellénisme* ; intellectualiste doctrinaire, et en cela l'opposé de Bergson, il déduit de cette restauration, composée avec l'influence d'Auguste Comte et de Renan, un *néoclassicisme littéraire* et un *positivisme politique*, qui forment les deux thèmes essentiels de sa pensée et de son œuvre. A la suite de Jean Moréas, et en réaction contre le symbolisme, MAURRAS fut un des principaux chefs de file de l'*École Romane* (cf. *XIXe Siècle*, p. 545). Mais surtout sa pensée s'oriente de plus en plus vers une opposition militante à l'esprit moderne, considéré comme une recrudescence de l'esprit barbare, toujours en éveil et lancé à l'assaut des valeurs de raison, qu'incarnent la Grèce et la civilisation méditerranéenne. Ainsi se forme et s'affirme le *maurrassisme*, dont l'influence intellectuelle et politique fut considérable, tandis que la diffusion en était assurée par le groupe de *L'Action Française* (fondé par Maurras en 1899) et le journal du même nom : pensée essentiellement antirépublicaine, et politique fondée sur l'idéal de la restauration monarchique et l'affirmation du « *nationalisme intégral* ». Les poèmes néo-classiques de MAURRAS sont réunis dans *La Musique intérieure* (1925) et l'essentiel de sa doctrine est exposé dans *Mes Idées politiques* (1937). Mais, dès 1901, dans *Anthinéa*, qui est peut-être son livre majeur, il avait souligné le lien qu'il établissait entre son néo-hellénisme et sa pensée politique et sociale, tandis qu'il exposait dans *Enquête sur la monarchie* (1901) l'orientation concrète de sa politique ; et en 1905 déjà, il exprimait, dans *L'Avenir de l'Intelligence*, toute l'intransigeance de son intellectualisme.

Pendant la période de l'occupation allemande (1940-1944), Ch. MAURRAS prit parti pour le gouvernement de Vichy. Après la Libération, il connut le sort douloureux d'être condamné à la détention perpétuelle ; gracié au printemps de 1952, il mourut quelques mois plus tard.

Naissance de la Raison

Anthinéa, dont le titre est emprunté à une étymologie symbolique du nom d'Athènes, est un livre composé de notes et de « méditations » inspirées par des voyages en Grèce, en Corse, en Toscane et en Provence. CHARLES MAURRAS justifie à cette occasion le lien qu'il établit entre sa *ferveur hellénique* et sa *passion antimoderne* et *antidémocratique*. Il écrit en effet dans sa préface : « *Mon ami Maurice Barrès s'est publiquement étonné que j'eusse rapporté d'Attique une haine aussi vive de la démocratie. Si la France moderne ne m'avait persuadé de ce sentiment, je l'aurais reçu de l'Athènes antique. La brève destinée de ce que l'on appelle la démocratie dans l'antiquité m'a fait sentir que le propre de ce régime n'est que de consommer ce que les périodes d'aristocratie ont produit. La production, l'action demandait un ordre puissant. La consommation est moins exigeante : ni le tumulte, ni la routine ne l'entrave beaucoup.*» C'est dans une «méditation », qui n'est pas sans rappeler *la Prière sur l'Acropole* de Renan (cf. *XIXe Siècle*, p. 396), que MAURRAS expose la genèse de sa pensée.

S i de longues stations, des rêveries plus longues, et surtout la langueur et la plénitude voluptueuse du beau corps étendu de la dernière Parque ne m'ont pas fait perdre l'esprit [1], on voit que les Athéniens du IVe siècle d'avant nôtre ère avaient peut-être dédié à la déesse poliade [2]

— 1 Maurras vient de visiter, à Londres, le British Museum : il vient d'y contempler un | groupe de trois figures où « languit le corps couché de la troisième Parque ». — 2 La déesse de la Cité (du grec : *polis*).

une manière de Noël rationaliste et païen. Fille de la plus haute puissance élémentaire, Pallas d'Athènes se fait homme toutes les fois que l'homme fait usage de la raison.

Sans se piquer d'allégorie, Athènes avait un sens trop délicat pour se méprendre sur un épisode central de sa religion politique. Elle se reconnaissait dans cette
10 déesse et patronne, image vive de ses forces élevées à leur type héroïque et abstrait. Je ne sais si les hommes d'aujourd'hui saisiraient cette opération très fine de l'esprit religieux. Ce n'était pas un simple culte rendu par la ville d'Athènes au *moi* athénien. L'adoration un peu brutale des Romains pour la déesse Rome eut peut-être ce caractère d'égoïsme : hommes d'État par-dessus tout, ils mettaient sur l'autel leur œuvre envisagée comme volonté créatrice et comme objet créé. Athènes ne s'adorait point sans la mâle pudeur et l'humilité que prescrit une intelligence profonde.

La piété d'Athènes apportait le tempérament naturel à cet orgueil humain, qui est la dernière folie. Morale, religion ou politique, ce qui ne fonde que sur la
20 volonté des mortels n'est guère plus certain que ce que l'on construit sur leurs bons sentiments. La piété des Attiques a été plus parfaite, parce qu'elle repose sur un fondement moins fragile : elle prend conscience des auxiliaires secrets qui, en nombre infini, fertilisent notre labeur ; elle conçoit que la part de notre mérite, dans nos victoires les plus belles, est presque nulle, que tout, en dernière analyse, dépend d'une faveur anonyme des circonstances, et, si l'on aime mieux, d'une grâce mystérieuse. Ainsi les Athéniens, quand ils priaient Pallas, invoquaient le meilleur d'eux-mêmes et en même temps ils invoquaient autre chose qu'eux. La déesse à laquelle ils faisaient abandon, honneur et hommage d'Athènes, était bien leur propre sagesse, mais fécondée et couronnée des appro-
30 bations du destin.

Qu'un tel peuple, le plus sensible, le plus léger, le plus inquiet, le plus vivant, le plus misérable de tous, ait été justement celui qui vit naître Pallas et opéra l'antique découverte de la Raison, cela est naturel, mais n'en est pas moins admirable. On comprend comme, à force d'éprouver toute vie et toute passion, les Athéniens ont dû en chercher la mesure autre part que dans la vie et dans la passion [3]. Le sentiment agitait toute leur conduite, et c'est la Raison qu'ils mirent sur leur autel. L'événement est le plus grand de l'histoire du monde. [...]

L'influence de la raison athénienne créa et peut sans doute recréer l'ordre de la civilisation véritable partout où l'on voudra comprendre que la
40 quantité des choses produites et la force des activités productrices s'accroî-traient jusqu'à l'infini sans rien nous procurer qui fût vraiment nouveau pour nous. [...]

— « Jusques à quand serons-nous dupes du nombre et de ce qu'il a de plus vil ? Reverrons-nous la grâce et les mesures demi-divines de la Raison ? » Je me le demandais comme je quittais à grands pas le rude bâtiment du musée britannique où la force barbare mène des triomphes si vains.

Anthinéa, Livre I, chap. 3 (Flammarion, éditeur).

— 3 Athènes ignore donc, selon Maurras, ce vitalisme, signe incontestable de « barbarie », qui caractérise à ses yeux « l'esprit moderne » : l'hellénisme de Maurras est ainsi la justification de sa réaction antimoderne.

LE ROMAN AVANT 1914

ANATOLE FRANCE

Humanisme et scepticisme Né à Paris en 1844, Anatole Thibault, qui prendra le pseudonyme d'ANATOLE FRANCE, est le fils d'un libraire du quai Malaquais : dès l'enfance, il a le culte des livres et des documents ; il deviendra un fervent de l'antiquité classique. Il est d'abord chargé de travaux d'érudition aux éditions Lemerre et publie des vers parnassiens (*Poèmes Dorés*, 1873), puis un poème dramatique (*Les Noces Corinthiennes*, 1876). Nommé bibliothécaire du Sénat comme Leconte de Lisle, il découvre, avec *Le Crime de Sylvestre Bonnard* (1881), sa vraie voie, celle du roman ironique, teinté d'humanisme et de philosophie sceptique (cf. *XIXᵉ Siècle*, p. 560). Il évoque ensuite ses souvenirs d'enfance dans *Le Livre de mon ami* (1885), et aborde le roman historique dans *Thaïs* (1889) ; puis il revient au conte philosophique avec *La Rôtisserie de la Reine Pédauque* (1892) et *Les Opinions de Jérôme Coignard* (1893, cf. *XIXᵉ Siècle*, p. 561). A la même époque, ses tendances classiques s'affirment dans les fines chroniques de *La Vie Littéraire*, au journal *Le Temps* (1887-1893). Après un roman d'amour assez désabusé, inspiré par sa liaison avec Mme de Caillavet (*Le Lys Rouge*, 1894), puis un recueil de réflexions et de maximes sceptiques (*Le Jardin d'Épicure*, 1894), il retourne à son inspiration favorite : *L'Orme du Mail* (1897) et *Le Mannequin d'Osier* (1897), qui forment les deux premiers volumes de l'*Histoire Contemporaine*, sont une satire amusée, mais implacable, des intrigues religieuses et des ridicules d'une petite ville provinciale.

« Le bon maître » L'année 1897 marque un tournant décisif dans sa carrière. Depuis quelque temps, son scepticisme aimable cédait le pas à la critique acerbe des abus et des préjugés (cf. *XIXᵉ Siècle*, p. 561-565). Les événements contemporains vont précipiter cette évolution.

I. LE DREYFUSARD. Dès le début de l'affaire Dreyfus, poussé par la passion de la justice et de la vérité qui se voilait sous son ironie, il s'associe à la campagne de ZOLA pour la revision du procès. Désormais, il se mêlera de plus en plus aux *luttes politiques*, prêtant son appui aux socialistes (sur la fin de sa vie au communisme naissant), et soutenant de son éloquence l'action républicaine et la séparation des Églises et de l'État. Aussi la satire se fait-elle plus âpre dans les deux derniers volumes de l'*Histoire Contemporaine* : *L'Anneau d'Améthyste* (1899) et *M. Bergeret à Paris* (1901) ; et les aspirations sociales deviennent manifestes dans *Crainquebille* (1902) et *Sur la Pierre Blanche* (1905).

II. DÉCEPTIONS ET PESSIMISME. Après une *Vie de Jeanne d'Arc* (1908), l'écrivain revient à la littérature de combat ; mais ses œuvres, plus mordantes, sont assombries par un pessimisme qu'aggrave la perte de son amie Mme de Caillavet. Son activité militante redouble à l'occasion de la révolution russe de 1905 et à l'approche de la guerre de 1914 ; mais il est profondément *déçu* par l'échec des révolutionnaires russes et par l'action antisyndicaliste des ministres républicains après la réhabilitation de Dreyfus. Ce *pessimisme* trouve son écho dans *L'Ile des Pingouins* (1908) et *La Révolte des Anges* (1914), et même dans *Les Dieux ont soif* (1912).

III. LA RETRAITE A LA BÉCHELLERIE. En 1914, le « *bon maître* », qui accueillait si aimablement ses disciples au milieu de ses collections de la Villa Saïd, se réfugie en Touraine, dans sa propriété de la Béchellerie. Pacifiste, il n'avait pas voulu croire au danger de guerre et se montra très affecté de son erreur, plein d'angoisse et de découragement devant l'imbécillité sanguinaire des hommes. Et, comme pour oublier ces horreurs, il consacra ses dernières années à revivre ses souvenirs d'enfance dans *Le Petit Pierre* (1918) et *La Vie en Fleur* (1922). C'est en pleine gloire qu'il mourut en 1924 : il avait reçu le Prix Nobel en 1921, et on lui fit des funérailles nationales.

Sa pensée　　　Le scepticisme souriant d'ANATOLE FRANCE nous le présente, surtout dans la première moitié de sa vie, sous les traits d'un *dilettante* qui se plaît à broder sur ses lectures, à jongler avec les idées. Pourtant, de son œuvre comme de celle de Voltaire à qui il ressemble par bien des traits, se dégagent les grandes lignes d'une doctrine cohérente.

I. SCEPTICISME RATIONALISTE. S'il éprouve un plaisir d'artiste à évoquer les mythes et les croyances, il se montre particulièrement *sceptique* en matière religieuse. A l'austérité chrétienne, il oppose les jouissances d'un *épicurien délicat*. Il s'attaque souvent à l'Église, coupable à ses yeux de fanatisme et d'hostilité à la démocratie.

II. IDÉES POLITIQUES ET SOCIALES. Anatole FRANCE ne croit pas à la bonté naturelle de l'homme et s'efforce d'anéantir les *préjugés* qui retardent la lente évolution par laquelle les humains « sortent peu à peu de la barbarie originelle » (cf. *XIX*e *Siècle*, p. 561-562). Il n'est guère de livre où il ne place quelque satire acerbe de la guerre ou de la justice humaine, « consécration de toutes les injustices » (cf. p. 93-95 et 96-97).

En politique, il est épris de *liberté* et donne sa préférence à la République, parce que, plus qu'aucun autre régime, elle respecte l'individu (cf. *XIX*e *Siècle*, p. 564). Poussant plus loin encore ses aspirations humanitaires, il a rêvé d'un régime *socialiste* qui laisserait les hommes libres, tout en assurant leur bien-être. Ainsi dans *M. Bergeret à Paris* :

« *Je crois... que longtemps les citoyens d'une même nation s'arracheront furieusement les uns aux autres les biens nécessaires à la vie, au lieu d'en faire un partage équitable. Mais je crois aussi que les hommes sont moins féroces quand ils sont moins misérables, que les progrès de l'industrie déterminent à la longue quelque adoucissement dans les mœurs... Cette délivrance, je l'attends de la machine elle-même. La machine qui a broyé tant d'hommes viendra en aide doucement, généreusement, à la tendre chair humaine... Mais ce n'est rien, non, ce n'est rien que les poulies, les engrenages, les bielles, les manivelles, les glissières, les volets s'humanisent, si les hommes gardent un cœur de fer.*

Nous attendons, nous appelons un changement plus merveilleux encore. Un jour viendra où le patron, s'élevant en beauté morale, deviendra un ouvrier parmi les ouvriers affranchis, où il n'y aura plus de salaire, mais échange de biens. La haute industrie, comme la vieille noblesse qu'elle remplace et qu'elle imite, fera sa nuit du 4 Août...

Si même cette république ne devait jamais exister, je me féliciterais d'en avoir caressé l'idée. Il est permis de bâtir en Utopie... Les rêves des philosophes ont de tout temps suscité les hommes d'action qui se sont mis à l'œuvre pour les réaliser. Notre pensée crée l'avenir. » (*cf. p.* 91-92).

Mais, à l'approche de la guerre, sa vision du monde s'assombrit et lui inspire des pamphlets plus âpres, à la manière de SWIFT, *L'Ile des Pingouins* (1908) et *La Révolte des Anges* (1914). Satire de la religion, de l'intolérance, de la tyrannie, de l'injustice, transposition burlesque de l'affaire Dreyfus, on y retrouve les thèmes chers à l'auteur, mais avec une note plus désespérée. Témoin le monologue de l'astronome Bidault-Coquille qui s'est démené en faveur de Dreyfus, persuadé que le triomphe du droit entraînerait l'abolition de toutes les injustices, et qui retourne mélancoliquement à ses astéroïdes, découvrant « qu'il est dur de redresser les torts et que c'est toujours à recommencer.» C'est ce thème de l'éternel retour qui traduit le mieux le *pessimisme* d'Anatole FRANCE dans ses vieux jours. *L'Ile des Pingouins* se termine sur « *l'histoire sans fin* » des temps futurs : à de monstrueuses civilisations détruites par des anarchistes succéderont à la longue d'autres civilisations aussi monstrueuses, jusqu'au jour où « le sage amassera assez de dynamite pour faire sauter cette planète ».

Son art Le penseur a été discuté, mais *l'écrivain* rallie tous les suffrages. Fidèle au *goût classique*, épris de pureté et de clarté, il réagit contre la vulgarité des naturalistes et l'obscurité des symbolistes. Son *style limpide*, aisé et élégant, est le plus merveilleux instrument dont ait disposé une intelligence pour exprimer, sans vaine subtilité, les nuances les plus fines.

Il se reconnaît lui-même « *le don de voir le comique des choses* » et use de *l'ironie* avec une souplesse de ton et une variété infinies.

Mais son œuvre est aussi pleine de *sensibilité*, de tendresse, parfois de sensualité, et son ironie est souvent tempérée par la *pitié* que lui inspirent ses semblables : « Plus je songe à la vie humaine, plus je crois qu'il faut lui donner pour témoins et pour juges l'*Ironie* et la *Pitié*... L'Ironie et la Pitié sont deux bonnes conseillères ; l'une, en souriant, nous rend la vie aimable ; l'autre, qui pleure, nous la rend sacrée. L'Ironie que j'invoque n'est point cruelle. Elle ne raille ni l'amour ni la beauté. Elle est douce et bienveillante. Son rire calme la colère, et c'est elle qui nous enseigne à nous moquer des méchants et des sots, que nous pourrions, sans elle, avoir la faiblesse de haïr » *(Le Jardin d'Épicure).*

*

M. Bergeret à Paris *L'Anneau d'Améthyste* (1899), troisième volume de l'*Histoire Contemporaine*, surtout consacré aux intrigues qui aboutissent à la nomination d'un évêque, nous faisait déjà entendre les échos de l'affaire Dreyfus. Elle va occuper la première place dans *M. Bergeret à Paris* (1901). Nous y retrouvons, enrichi de quelques savoureuses individualités parisiennes, l'univers de marionnettes et de types provinciaux dont la caricature égayait les ouvrages antérieurs. Mais le ton est devenu *plus acerbe.* Le sage professeur se lance dans la campagne révisionniste. Il prend nettement la défense de la République, mal protégée par des politiciens sans honneur et livrée aux hommes d'affaires. Il affirme vigoureusement son aspiration à un ordre plus humain et des convictions socialistes qui sont celles d'Anatole FRANCE.

ÉCHOS DE L'AFFAIRE DREYFUS

L'auteur se plaît à montrer combien *l'affaire Dreyfus* a bouleversé les comportements. Par ambition, le préfet WORMS-CLAVELIN manifeste un zèle antisémite inattendu ; par patriotisme, le républicain MAZURE se range aux côtés des nationalistes monarchistes ; d'autre part le culte de la vérité a rapproché le matérialiste BERGERET, le philosophe spiritualiste Leterrier et le menuisier socialiste Roupart. On notera que l'*Affaire* est maintenant passée sur le plan des principes : faut-il, par raison d'État, s'en tenir — même au prix d'une iniquité — au respect de la chose jugée ? ou doit-on placer au-dessus de tout la vérité et la justice ? Comme l'auteur, M. BERGERET prend nettement parti, ce qui ne l'empêche pas de s'exprimer sans illusion à propos de la République.

Nommé professeur à la Sorbonne, M. BERGERET se mêle à la société parisienne, mise en effervescence par l'affaire Dreyfus. Avec sa verve caustique habituelle, l'auteur ridiculise les intrigues et les complots des nationalistes et affairistes ennemis de la République. Au chapitre IX, M. BERGERET s'entretient à dîner avec l'architecte Mazure venu lui apporter des nouvelles de la ville de province où il résidait naguère.

L e département était d'autant mieux gardé contre toute divulgation des faits les plus avérés [1] qu'il était administré par un préfet israélite. M. Worms-Clavelin se croyait tenu, par cela seul qu'il était juif, à servir les intérêts des antisémites de son administration avec plus de zèle que n'en eût déployé à sa place un préfet catholique. D'une main prompte et sûre, il étouffa dans le département le parti naissant de la revision [2]. Il y

---

— 1 Les preuves de l'innocence de Dreyfus. — 2 Du procès : Dreyfus sera réhabilité en 1906.

favorisa les ligues des pieux décerveleurs [3], et les fit prospérer si merveilleusement que les citoyens Francis de Pressensé, Jean Psichari, Octave Mirbeau et Pierre Quillard, venus au chef-lieu pour y parler en hommes libres, crurent entrer dans une ville du XVIe siècle. Ils n'y trouvèrent que des papistes idolâtres qui poussaient des cris de mort et les voulaient massacrer. Et comme M. Worms-Clavelin, convaincu, dès le jugement de 1894, que Dreyfus était innocent, ne faisait pas mystère de cette conviction, après dîner, en fumant son cigare, les nationalistes, dont il servait la cause, avaient lieu de compter sur un appui loyal, qui ne dépendait point d'un sentiment personnel.

Cette ferme tenue du département dont il gardait les archives imposait grandement à M. Mazure, qui était un jacobin ardent et capable d'héroïsme, mais qui, comme la troupe des héros, ne marchait qu'au tambour. M. Mazure n'était pas une brute. Il croyait devoir aux autres et à lui-même d'expliquer sa pensée.

Après le potage, en attendant la truite, il dit, accoudé à la table :

— Mon cher Bergeret, je suis patriote et républicain. Que Dreyfus soit innocent ou coupable, je n'en sais rien. Je ne veux pas le savoir, ce n'est pas mon affaire. Mais certainement les dreyfusistes sont coupables. En substituant leur opinion personnelle à une décision de la justice républicaine, ils ont commis une énorme impertinence [4]. De plus, ils ont agité le pays républicain. Le commerce en souffre... Ce que je reproche surtout aux dreyfusards, c'est d'avoir affaibli, énervé la défense nationale et diminué notre prestige au dehors.

Le soleil jetait ses derniers rayons de pourpre entre les troncs noirs des arbres. M. Bergeret crut honnête de répondre :

— Considérez, mon cher Mazure, que si la cause d'un obscur capitaine est devenue une affaire nationale, la faute en est non point à nous, mais aux ministres qui firent du maintien d'une condamnation erronée et illégale un système de gouvernement. Si le garde des sceaux avait fait son devoir en procédant à la revision dès qu'il lui fut démontré qu'elle était nécessaire, les particuliers auraient gardé le silence. C'est dans la vacance lamentable de la justice que leurs voix se sont élevées. Ce qui a troublé le pays, c'était que le pouvoir s'obstinât dans une iniquité monstrueuse qui, de jour en jour, grossissait sous les mensonges dont on s'efforçait de la couvrir [5].

— 3 Plusieurs chapitres du livre sont consacrés aux « trublions », militants cléricaux, nationalistes et monarchistes qui se flattent de maltraiter les juifs et de « décerveler » dreyfusards et républicains au cours des bagarres qui les opposent fréquemment (cf. p. 77). — 4 Dans *l'Anneau d'Améthyste*, le jacobin Mazure s'accordait avec l'aristocrate M. de Terremondre pour déclarer qu'un tribunal de « quatorze officiers français » n'a pu se tromper (chap. 5). — 5 Allusion aux fraudes qui avaient permis de faire con-

damner Dreyfus. Dans *L'Ile des Pingouins* (1908) A. France raillera l'ardeur maladroite des antisémites à multiplier ces « preuves » de culpabilité. L'un d'eux s'écrie avec un enthousiasme burlesque : « J'en attends des ballots de Brême et une cargaison de Melbourne.. Comme preuves, les pièces *fausses*, en général, valent mieux que les vraies, d'abord parce qu'elles ont été faites exprès, pour les besoins de la cause, sur commande et sur mesure, et qu'elles sont enfin exactes et justes... »

— Qu'est-ce que vous voulez ?... répliqua M. Mazure, je suis patriote et républicain.

— Puisque vous êtes républicain, dit M. Bergeret, vous devez vous sentir étranger et solitaire parmi vos concitoyens. Il n'y a plus beaucoup de républicains en France. La République n'en a pas formé. C'est le gouvernement absolu qui forme les républicains [6]. Sur la meule de la royauté ou du césarisme s'aiguise l'amour de la liberté, qui s'émousse dans un pays libre, ou qui se croit libre. Ce n'est guère l'usage d'aimer ce qu'on a. Aussi bien la réalité n'est pas bien aimable. Il faut de la sagesse pour s'en contenter.

On peut dire qu'aujourd'hui les Français âgés de moins de cinquante ans ne sont pas républicains.

— Ils ne sont pas monarchistes.

— Non, ils ne sont pas monarchistes, car, si les hommes n'aiment pas souvent ce qu'ils ont, parce que ce qu'ils ont n'est pas souvent aimable, ils craignent le changement pour ce qu'il contient d'inconnu. L'inconnu est ce qui leur fait le plus de peur. Il est le réservoir et la source de toute épouvante. Cela est sensible dans le suffrage universel, qui produirait des effets incalculables sans cette terreur de l'inconnu qui l'anéantit. Il y a en lui une force qui devrait opérer des prodiges de bien ou de mal. Mais la peur de ce que les changements contiennent d'inconnu l'arrête, et le monstre tend le col au licou.

M. Bergeret à Paris, IX (Calmann-Lévy, éditeurs).

L'aumône : justice et charité

De temps à autre, rompant avec la satire de l'actualité, M. BERGERET exprime plus directement la pensée politique et sociale de l'auteur, témoin cet entretien entre le sage professeur et sa fille PAULINE. Il était tentant, — et, à vrai dire, peu objectif — de ridiculiser *l'aumône* en s'en tenant à la caricature qu'en donnent les « pharisiens » dont la prétendue charité, n'étant dictée ni par l'amour du prochain ni par l'amour de Dieu, trahit l'esprit même du christianisme. Mais selon une démarche familière à l'auteur, *l'incident n'est ici qu'un prétexte* : le virtuose du style se plaît à parcourir toute la gamme des expressions savoureuses, du persiflage, de l'humour ; et ce jeu est lui-même le point de départ d'une méditation plus poussée : il s'agit de nous faire réfléchir sur les conditions *pratiques* de la bienfaisance et de la justice, et, à travers ces réflexions, de nous conduire à une série de *maximes d'inspiration socialiste.*

M. Bergeret dit à sa fille : « Je viens de commettre une mauvaise action : je viens de faire l'aumône. En donnant deux sous à Clopinel, j'ai goûté la joie honteuse d'humilier mon semblable, j'ai consenti le pacte odieux qui assure au fort sa puissance et au faible sa faiblesse, j'ai scellé de mon sceau

---

— 6 Sur les faiblesses et les avantages de la République, cf. *XIX*e *Siècle,* p. 564.

l'antique iniquité, j'ai contribué à ce que cet homme n'eût qu'une moitié d'âme.
— Tu as fait tout cela, papa ? demanda Pauline incrédule.
— Presque tout cela, répondit M. Bergeret. J'ai vendu à mon frère Clopinel
de la fraternité à faux poids. Je me suis humilié en l'humiliant. Car l'aumône
avilit également celui qui la reçoit et celui qui la fait. J'ai mal agi.
10   — Je ne crois pas, dit Pauline.
— Tu ne le crois pas, répondit M. Bergeret, parce que tu n'as pas de philosophie et que tu ne sais pas tirer d'une action innocente en apparence les conséquences infinies qu'elle porte en elle. Ce Clopinel m'a induit en aumône. Je
n'ai pu résister à l'importunité de sa voix de complainte. J'ai plaint son maigre
cou sans linge, ses genoux que le pantalon, tendu par un trop long usage, rend
tristement pareils aux genoux d'un chameau, ses pieds au bout desquels les
souliers vont le bec ouvert comme un couple de canards. Séducteur ! O dangereux
Clopinel ! Clopinel délicieux ! Par toi, mon sou produit un peu de bassesse,
un peu de honte. Par toi, j'ai constitué avec un sou une parcelle de mal et de
20 laideur. En te communiquant ce petit signe de la richesse et de la puissance
je t'ai fait capitaliste avec ironie et convié sans honneur au banquet de la société,
aux fêtes de la civilisation. Et aussitôt j'ai senti que j'étais un puissant de ce
monde, au regard de toi, un riche près de toi, doux Clopinel, mendigot exquis,
flatteur ! Je me suis réjoui, je me suis enorgueilli, je me suis complu dans mon
opulence et ma grandeur. Vis, ô Clopinel : *Pulcher hymnus divitiarum pauper
immortalis* [1].
Exécrable pratique de l'aumône ! Pitié barbare de l'élémosyne [2] ! Antique
erreur du bourgeois qui donne un sou et qui pense faire le bien, et qui se croit
quitte envers tous ses frères, par le plus misérable, le plus gauche, le plus ridi-
30 cule, le plus sot, le plus pauvre acte de tous ceux qui peuvent être accomplis
en vue d'une meilleure répartition des richesses. Cette coutume de faire l'aumône
est contraire à la bienfaisance et en horreur à la charité.
— C'est vrai ? demanda Pauline avec bonne volonté.
— L'aumône, poursuivit M. Bergeret, n'est pas plus comparable à la bienfaisance que la grimace d'un singe ne ressemble au sourire de la Joconde. La
bienfaisance est ingénieuse autant que l'aumône est inepte. Elle est vigilante,
elle proportionne son effort au besoin. C'est précisément ce que je n'ai point
fait à l'endroit de mon frère Clopinel. Le nom seul de bienfaisance éveillait les
plus douces idées dans les âmes sensibles, au siècle des philosophes... J'avoue
40 que je ne retrouve pas à ce mot de bienfaisance sa beauté première ; il m'a été
gâté par les pharisiens qui l'ont trop employé. Nous avons dans notre société
beaucoup d'établissements de bienfaisance, monts-de-piété, sociétés de pré-
voyance, d'assurance mutuelle. Quelques-uns sont utiles et rendent des services.
Leur vice commun est de procéder de l'iniquité sociale qu'ils sont destinés à
corriger, et d'être des médecines contaminées. La bienfaisance universelle,
c'est que chacun vive de son travail et non du travail d'autrui. Hors l'échange
et la solidarité tout est vil, honteux, infécond. La charité humaine, c'est le
concours de tous dans la production et le partage des fruits. »

M. Bergeret à Paris, XVII (Calmann-Lévy, éditeurs.)

Crainquebille

Le petit conte de *Crainquebille* est justement célèbre. A première vue, c'est un de ces épisodes anodins des « tribunaux comiques » où les personnages ne sont que marionnettes dont l'auteur s'amuse à tirer les fils. En réalité, tout *le problème de la justice* se trouve posé par le cas de ce malheureux, incapable de se défendre devant des juges peu soucieux de vérité et plus attentifs à un témoignage absurde qu'à une déposition sensée mais défavorable à l'autorité. On a même pu dire que ce procès était « une affaire Dreyfus en petit ». Cet art de glisser les idées graves sous un récit amusant fait songer au VOLTAIRE des *contes* et des pamphlets les plus réussis.

CRAINQUEBILLE, marchand des quatre-saisons, attendait le retour de sa cliente, M me Bayard, qui était allée chercher de l'argent ; un agent l'ayant invité à circuler, le vieil homme a discuté pour gagner du temps : l'autre s'est cru insulté et l'a arrêté. Voici Crainquebille devant les juges.

L e président Bourriche consacra six minutes pleines à l'interrogatoire de Crainquebille. Cet interrogatoire aurait apporté plus de lumière si l'accusé avait répondu aux questions qui lui était posées. Mais Crainquebille n'avait pas l'habitude de la discussion, et dans une telle compagnie le respect et l'effroi lui fermaient la bouche. Aussi gardait-il le silence, et le président faisait lui-même les réponses ; elles étaient accablantes [1]. Il conclut :

— Enfin, vous reconnaissez avoir dit : « Mort aux vaches ! »

— J'ai dit : « Mort aux vaches ! » parce que monsieur l'agent a dit : « Mort aux vaches ! » Alors j'ai dit : « Mort aux vaches ! »

Il voulait faire entendre qu'étonné par l'imputation la plus imprévue il avait, dans sa stupeur, répété les paroles étranges qu'on lui prêtait faussement et qu'il n'avait certes point prononcées. Il avait dit : « Mort aux vaches ! » comme il eût dit : « Moi ! tenir des propos injurieux, l'avez-vous pu croire ? »

M. le président Bourriche ne le prit pas ainsi.

— Prétendez-vous, dit-il, que l'agent a proféré ce cri le premier ?

Crainquebille renonça à s'expliquer. C'était trop difficile.

— Vous n'insistez pas. Vous avez raison, dit le président.

Et il fit appeler les témoins.

L'agent 64, de son nom Bastien Matra, jura de dire la vérité et de ne rien dire que la vérité. Puis il déposa en ces termes :

— Étant de service le 20 octobre, à l'heure de midi, je remarquai, dans la rue Montmartre, un individu qui me sembla être un vendeur ambulant et qui tenait sa charrette indûment arrêtée à la hauteur du numéro 328, ce qui occasionnait un encombrement de voitures. Je lui intimai par trois fois l'ordre de circuler, auquel il refusa d'obtempérer [2]. Et sur ce que je l'avertis que j'allais verbaliser, il me répondit en criant : « Mort aux vaches ! » ce qui me sembla être injurieux.

---

[1] Dans *Monsieur Thomas*, l'auteur dénonce le procédé « qui consiste à préciser la pensée flottante des témoins », et qui aboutit à fausser la vérité. — [2] Ce rapport est inexact. En réalité, Crainquebille s'est contenté de répondre qu'il *attendait* son argent. L'agent a considéré ce refus de circuler comme une insulte. Or, pour lui, « toute insulte revêtait nécessairement la forme traditionnelle, régulière, consacrée, rituelle et pour ainsi dire liturgique de « Mort aux vaches ! ».

Cette déposition, ferme et mesurée, fut écoutée avec une évidente faveur par le Tribunal. La défense avait cité madame Bayard, cordonnière, et M. David
30 Matthieu, médecin en chef de l'hôpital Ambroise-Paré, officier de la Légion d'honneur. Madame Bayard n'avait rien vu ni entendu. Le docteur Matthieu se trouvait dans la foule assemblée autour de l'agent qui sommait le marchand de circuler. Sa déposition amena un incident.

— J'ai été témoin de la scène, dit-il. J'ai remarqué que l'agent s'était mépris : il n'avait pas été insulté. Je m'approchai et lui en fis l'observation. L'agent maintint le marchand en état d'arrestation et m'invita à le suivre au commissariat. Ce que je fis. Je réitérai ma déclaration devant le commissaire.

— Vous pouvez vous asseoir, dit le président. Huissier, rappelez le témoin Matra. — Matra, quand vous avez procédé à l'arrestation de l'accusé, monsieur le
40 docteur Matthieu ne vous a-t-il pas fait observer que vous vous mépreniez ?

— C'est-à-dire, monsieur le président, qu'il m'a insulté.

— Que vous a-t-il dit ?

— Il m'a dit : « Mort aux vaches ! »
Une rumeur et des rires s'élevèrent dans l'auditoire.

— Vous pouvez vous retirer, dit le président avec précipitation.
Et il avertit le public que si ces manifestations indécentes se reproduisaient, il ferait évacuer la salle. Cependant la défense agitait triomphalement les manches de sa robe, et l'on pensait en ce moment que Crainquebille serait acquitté.
50 Le calme s'étant rétabli, maître Lemerle se leva. Il commença sa plaidoirie par l'éloge des agents de la Préfecture, « ces modestes serviteurs de la société, qui, moyennant un salaire dérisoire, endurent des fatigues et affrontent des périls incessants, et qui pratiquent l'héroïsme quotidien. Ce sont d'anciens soldats, et qui restent soldats. Soldats, ce mot dit tout... ».
Et maître Lemerle s'éleva, sans effort, à des considérations très hautes sur les vertus militaires. Il était de ceux, dit-il, « qui ne permettent pas qu'on touche à l'armée, à cette armée nationale à laquelle il était fier d'appartenir ».
Le président inclina la tête.
Maître Lemerle, en effet, était lieutenant dans la réserve. Il était aussi
60 candidat nationaliste dans le quartier des Vieilles-Haudriettes [3].
Il poursuivit : — Non certes, je ne méconnais pas les services modestes et précieux que rendent journellement les gardiens de la paix à la vaillante population de Paris. Et je n'aurais pas consenti à vous présenter, Messieurs, la défense de Crainquebille si j'avais vu en lui l'insulteur d'un ancien soldat. On accuse mon client d'avoir dit : « Mort aux vaches ! » Le sens de cette phrase n'est pas douteux. Si vous feuilletez le *Dictionnaire de la langue verte*, vous y lirez : « *Vachard*, paresseux, fainéant ; qui s'étend paresseusement comme une vache, au lieu de travailler. — *Vache*, qui se vend à la police ; mouchard. » *Mort aux vaches !* se dit dans un certain monde. Mais toute la question est celle-ci :
70 Comment Crainquebille l'a-t-il dit ? Et même, l'a-t-il dit ? Permettez-moi, messieurs, d'en douter. Je ne soupçonne l'agent Matra d'aucune mauvaise pensée. Mais il accomplit, comme nous l'avons dit, une tâche pénible. Il est parfois fatigué, excédé, surmené. Dans ces conditions il peut avoir été la victime d'une sorte d'hallucination de l'ouïe. Et quand il vient vous dire, Messieurs,

— 3 Mᵉ Lemerle défendra assez adroitement | casion de railler au passage les nationalistes
son client. L'auteur n'en saisit pas moins l'oc- | cocardiers, admirateurs fanatiques de l'armée.

que le docteur David Matthieu, officier de la Légion d'honneur, médecin en chef de l'hôpital Ambroise-Paré, un prince de la science et un homme du monde, a crié : « Mort aux vaches ! », nous sommes bien forcés de reconnaître que Matra est en proie à la maladie de l'obsession, et, si le mot n'est pas trop fort, au délire de la persécution.

Et alors même que Crainquebille aurait crié : « Mort aux vaches ! » il resterait à savoir si ce mot a, dans sa bouche, le caractère d'un délit. Crainquebille est l'enfant naturel d'une marchande ambulante, perdue d'inconduite et de boisson, il est né alcoolique. Vous le voyez ici abruti par soixante ans de misère. Messieurs, vous direz qu'il est irresponsable. »

Maître Lemerle s'assit, et M. le président Bourriche lut entre ses dents un jugement qui condamnait Jérôme Crainquebille à quinze jours de prison et cinquante francs d'amende. Le tribunal avait fondé sa conviction sur le témoignage de l'agent Matra.

Crainquebille, chap. III (Calmann-Lévy, éditeurs.)

Désormais les malheurs vont s'abattre sur CRAINQUEBILLE. *Sorti de prison, il voit la clientèle se détourner de lui, et, pour oublier son infortune, il sombre dans la boisson. Enfin, accablé de misère, il en vient à souhaiter de revenir en prison où il trouverait « le vivre et le couvert ». Pour y parvenir, il insulte un agent,* volontairement *cette fois ; mais celui-ci ne veut même pas le prendre au sérieux et l'invite à passer son chemin...*

Les Dieux ont soif   Ce roman, l'un des chefs-d'œuvre d'Anatole FRANCE, serait une banale histoire d'amour si l'aventure ne se déroulait *sous la Terreur*, en un temps où — selon le mot de Camille Desmoulins — les fanatiques d'un nouveau culte exigeaient des monceaux de victimes, comme ces prêtresses du Mexique qui répétaient à Montezuma : *Les Dieux ont soif !*

Dès la librairie paternelle, riche en documents sur la période révolutionnaire, cette époque avait passionné ANATOLE FRANCE. On peut reprocher à son livre de négliger la grandeur épique des événements, l'élan national, les victoires aux frontières ; mais nous y trouvons de remarquables *portraits de personnages historiques :* Marat, Robespierre, ou *symboliques :* le juré Gamelin, le patriote Trubert, l'aristocrate sceptique Brotteaux des Ilettes, l'opportuniste Henry, l'intrigante citoyenne Rochemaure. Nous revivons les séances du Tribunal révolutionnaire (cf. p. 96 et 97), les mouvements populaires, les arrestations, la vie des prisons ; nous faisons la queue avec des affamés devant une boulangerie ; nous suivons jusqu'à la guillotine une charrette de condamnés (cf. p. 98). Dans cette action dont le support est *historique*, l'arrière-scène est occupée par l'existence médiocre et inquiète des *gens du peuple*.

Au premier plan, enfin, le jeune peintre ÉVARISTE GAMELIN, juré au Tribunal révolutionnaire, naturellement sensible et généreux, mais pris dans l'engrenage de la Terreur. Le vertueux jacobin proclame que « la Révolution fera pour des siècles le bonheur du genre humain », mais que ce but ne peut être atteint avant l'exécution du dernier ennemi de la République. Gardant l'illusion de son incorruptible pureté, il en vient à accepter les iniquités de la justice expéditive, à condamner ses anciens amis, à confondre ses ennemis personnels avec ceux de la patrie.

Ces peintures sont *pathétiques* dans leur *sobriété*. Elles respirent *l'horreur de l'intolérance et du fanatisme*. L'auteur, qui avait d'abord songé à dépeindre un Inquisiteur, semble avoir voulu faire de son héros le vivant commentaire de cette formule qu'il avait jadis prêtée à JÉRÔME COIGNARD : « Quand on veut rendre les hommes bons et sages, libres et, modérés, généreux, on est amené fatalement à vouloir les tuer tous. » Engagé par sa générosité à prêter son nom aux partis avancés, mais gagné par le pessimisme, le « bon maître » soulignait ainsi *l'écueil des attitudes extrêmes*. Il continuait à railler la médiocrité des hommes et le caractère relatif de leur justice, mais plus qu'autrefois l'ironie du philosophe se nuançait maintenant de *sympathie* et de *pitié*.

AU TRIBUNAL RÉVOLUTIONNAIRE

Dans sa *sobriété évocatrice*, cette page nous donne l'impression d'assister réellement à une de ces terribles séances du Tribunal révolutionnaire. Elle est surtout remarquable par la reconstitution de l'*état d'esprit des jurés* : ardemment dévoués à l'intérêt de « la nation », obsédés par l'invasion et par la subversion intérieure, soumis à la pression de la foule et écrasés par leur propre responsabilité, toute ombre de clémence leur semble une faiblesse coupable. Pourtant, si l'auteur s'efforce d'*expliquer* ainsi leurs atroces sentences, il refuse de faire de ces juges des héros à l'antique : il ne nous dissimule ni la confusion des débats, ni la médiocrité des esprits, ni le fanatisme aveugle du public. L'*ironie* est ici une des formes de l'*objectivité*.

Evariste Gamelin siégeait au Tribunal pour la deuxième fois. Avant l'ouverture de l'audience il s'entretenait, avec ses collègues du jury, des nouvelles arrivées le matin. Il y en avait d'incertaines et de fausses ; mais ce qu'on pouvait retenir était terrible. Les armées coalisées, maîtresses de toutes les routes, marchant d'ensemble, la Vendée victorieuse, Lyon insurgé, Toulon livré aux Anglais, qui y débarquaient quatorze mille hommes.

C'était autant pour ces magistrats des faits domestiques que des événements intéressant le monde entier. Sûrs de périr si la patrie périssait,
10 ils faisaient du salut public leur affaire propre. Et l'intérêt de la nation, confondu avec le leur, dictait leurs sentiments, leurs passions, leur conduite.

Gamelin reçut à son banc une lettre de Trubert, secrétaire du Comité de défense ; c'était l'avis de sa nomination de commissaire des poudres et des salpêtres.

Tu fouilleras toutes les caves de la section pour en extraire les substances nécessaires à la fabrication de la poudre. L'ennemi sera peut-être demain devant Paris : il faut que le sol de la patrie nous fournisse la foudre que nous lancerons à ses agresseurs. Je t'envoie ci-contre une instruction de la Convention relative au traitement des salpêtres. Salut et fraternité.

A ce moment, l'accusé fut introduit. C'était un des derniers de ces
20 généraux vaincus que la Convention livrait au Tribunal, et le plus obscur. A sa vue, Gamelin frissonna : il croyait revoir ce militaire que, mêlé au public, il avait vu, trois semaines auparavant, juger et envoyer à la guillotine. C'était le même homme, l'air têtu, borné : ce fut le même procès. Il répondait d'une façon sournoise et brutale qui gâtait ses meilleures réponses. Ses chicanes, ses arguties, les accusations dont il chargeait ses subordonnés, faisaient oublier qu'il accomplissait la tâche respectable de défendre son honneur et sa vie. Dans cette affaire, tout était incertain, contesté, position des armées, nombre des effectifs, munitions, ordres donnés, ordres reçus, mouvements des troupes : on ne savait rien. Personne
30 ne comprenait rien à ces opérations confuses, absurdes, sans but, qui avaient abouti à un désastre, personne, pas plus le défenseur et l'accusé lui-même que l'accusateur, les juges et les jurés, et, chose étrange, personne n'avouait à autrui ni à soi-même qu'il ne comprenait pas. Les juges se plaisaient à faire des plans, à disserter sur la tactique et sur la stratégie ; l'accusé trahissait ses dispositions naturelles pour la chicane.

On disputait sans fin. Et Gamelin, durant ces débats, voyait sur les âpres routes du Nord les caissons embourbés et les canons renversés dans les ornières, et, par tous les chemins, défiler en désordre les colonnes vaincues, tandis que la cavalerie ennemie débouchait de toutes parts par les défilés abandonnés. Et il entendait de cette armée trahie monter une immense clameur qui accusait le général. A la clôture des débats, l'ombre emplissait la salle et la figure indiscrète de Marat apparaissait comme un fantôme sur la tête du président. Le jury appelé à se prononcer était partagé. Gamelin d'une voix sourde, qui s'étranglait dans sa gorge, mais d'un ton résolu, déclara l'accusé coupable de trahison envers la République et un murmure approbateur, qui s'éleva dans la foule, vint caresser sa jeune vertu. L'arrêt fut lu aux flambeaux, dont la lueur livide tremblait sur les tempes creuses du condamné où l'on voyait perler la sueur. A la sortie, sur les degrés où grouillait la foule des commères encocardées, tandis qu'il entendait murmurer son nom, que les habitués du Tribunal commençaient à connaître, Gamelin fut assailli par les tricoteuses qui, lui montrant le poing, réclamaient la tête de l'Autrichienne.

Les Dieux ont soif, chap. XIII (Calmann-Lévy, éditeurs).

Mort d'Évariste Gamelin

Après Thermidor, *les rôles sont renversés*. Mais ici encore ANATOLE FRANCE promène un regard sceptique sur la tragédie révolutionnaire. Si les juges impitoyables sont maintenant au banc des accusés, la justice reste toujours aussi boiteuse, avec son formalisme dérisoire, ses témoins sans scrupules, ses « spectateurs » sanguinaires. Et GAMELIN, prisonnier jusqu'au bout de son fanatisme, se reproche de n'avoir pas versé assez de sang : c'est le terrible dilemme de ces périodes d'exception où il faut consentir à être bourreau ou victime. Seul l'amour semble jeter ici quelques notes d'une douceur navrante ; mais l'auteur reste *sans illusion* et, dès le chapitre suivant, la maîtresse de GAMELIN s'empressera de profaner les pauvres vestiges de leur amour.

É variste, qui avait repris quelque force [1] et pouvait presque se tenir sur ses jambes, fut tiré de son cachot, amené au Tribunal et placé sur l'estrade qu'il avait tant de fois vue chargée d'accusés, où s'étaient assises tour à tour tant de victimes illustres ou obscures. Elle gémissait maintenant sous le poids de soixante-dix individus, la plupart membres de la Commune, et quelques-uns jurés comme Gamelin, mis comme lui hors la loi. Il revit son banc, le dossier sur lequel il avait coutume de s'appuyer, la place d'où il lui avait fallu subir le regard de Jacques Maubel [2], de Fortuné Chassagne [3], de Maurice Brotteaux [4], les yeux suppliants de la citoyenne Rochemaure, qui l'avait fait nommer juré et qu'il en avait récompensée par un verdict de mort. Il revit, dominant l'estrade où les juges siégeaient sur trois fauteuils d'acajou garnis de velours d'Utrecht rouge, les bustes de Chalier et de Marat, et ce buste de Brutus qu'il avait un jour attesté [5]. Rien n'était changé, ni les haches, les faisceaux, les bonnets rouges du papier de tenture, ni les outrages jetés

---

— 1 Il avait tenté de se poignarder. — 2 Gamelin le prenait à tort pour son rival. — 3 Un « aristocrate », amant de la sœur | d'Évariste. — 4 *Brotteaux des Ilettes*, aristocrate ruiné, est un épicurien dont les jugements sceptiques expriment souvent la pensée de l'auteur. — 5 En condamnant Chassagne.

par les tricoteuses des tribunes à ceux qui allaient mourir, ni l'âme de Fouquier-Tinville [6], têtu, laborieux, remuant avec zèle ses papiers homicides, et envoyant, magistrat accompli, ses amis de la veille à l'échafaud.

Les citoyens Remacle, portier tailleur, et Dupont aîné, menuisier place de Thionville, membre du comité de surveillance de la section du Pont-Neuf, reconnurent Gamelin (Évariste), artiste peintre, ex-juré au Tribunal révolutionnaire, ex-membre du conseil général de la Commune. Ils témoignaient pour un assignat de cent sols, aux frais de la section ; mais, parce qu'ils avaient eu des rapports de voisinage et d'amitié avec le proscrit, ils éprouvaient de la gêne à rencontrer son regard. Au reste, il faisait chaud : ils avaient soif et étaient pressés d'aller boire un verre de vin.

Gamelin fit effort pour monter dans la charrette : il avait perdu beaucoup de sang, et sa blessure le faisait cruellement souffrir. Le cocher fouetta sa haridelle, et le cortège se mit en marche au milieu des huées.

Des femmes qui reconnaissaient Gamelin lui criaient : « Va donc ! buveur de sang ! Assassin à dix-huit francs par jour !... Il ne rit plus : voyez comme il est pâle, le lâche ! » C'étaient les mêmes femmes qui insultaient naguère les conspirateurs et les aristocrates, les exagérés et les indulgents envoyés par Gamelin et ses collègues à la guillotine.

La charrette tourna sur le quai des Morfondus, gagna lentement le Pont-Neuf et la rue de la Monnaie ; on allait à la place de la Révolution, à l'échafaud de Robespierre. Le cheval boitait ; à tout moment, le cocher lui effleurait du fouet les oreilles. La foule des spectateurs, joyeuse, animée, retardait la marche de l'escorte. Le public félicitait les gendarmes, qui retenaient leurs chevaux. Au coin de la rue Honoré, les insultes redoublèrent. Des jeunes gens, attablés à l'entresol, dans les salons des traiteurs à la mode, se mirent aux fenêtres, leur serviette à la main, et crièrent : « Cannibales, anthropophages, vampires ! »

La charrette ayant buté dans un tas d'ordures qu'on n'avait pas enlevées en ces deux jours de troubles, la jeunesse dorée éclata de joie :

« Le char embourbé !... Dans la gadoue, les jacobins ! »

Gamelin songeait, et il crut comprendre. « Je meurs justement, pensa-t-il. Il est juste que nous recevions ces outrages jetés à la République et dont nous aurions dû la défendre. Nous avons été faibles ; nous nous sommes rendus coupables d'indulgence. Nous avons trahi la République. Nous avons mérité notre sort. Robespierre lui-même, le pur, le saint, a péché par douceur, par mansuétude ; ses fautes sont effacées par son martyre. À son exemple, j'ai trahi la République ; elle périt ; il est juste que je meure avec elle. J'ai épargné le sang : que mon sang coule ! Que je périsse ! je l'ai mérité... »

Tandis qu'il songeait ainsi, il aperçut l'enseigne de l'*Amour peintre* [7], et des torrents d'amertume et de douceur roulèrent en tumulte dans son cœur.

Le magasin était fermé, les jalousies des trois fenêtres de l'entresol entièrement rabattues. Quand la charrette passa devant la fenêtre de gauche, la fenêtre de la chambre bleue, une main de femme, qui portait à l'annulaire une bague d'argent [8], écarta le bord de la jalousie et lança vers Gamelin un œillet rouge que ses mains liées ne purent saisir, mais qu'il adora comme le symbole et l'image de ces lèvres rouges et parfumées dont s'était rafraîchie sa bouche. Ses yeux se gonflèrent de larmes et ce fut tout pénétré du charme de cet adieu qu'il vit se lever sur la place de la Révolution le couteau ensanglanté.

Les Dieux ont soif, chap. XXVIII (Calmann-Lévy, éditeurs).

_____

— 6 *Accusateur public*. — 7 Où demeure sa maîtresse. — 8 Bague de fiançailles, offerte par Gamelin

PAUL BOURGET

Sa vie, son œuvre   Paul BOURGET (1852-1935) avait reçu de son père, professeur à la Faculté des Sciences de Clermont, le sens de la logique et de la précision scientifique, qui s'affirmera sous l'influence de TAINE. Lui-même professeur dans une institution privée, il s'imposa d'abord comme critique par ses *Essais de Psychologie Contemporaine* (1883-1886). Ses premiers romans sont consacrés à l'analyse psychologique : *Cruelle Énigme* (1885), *André Cornélis* (1887). Mais, estimant qu'après avoir étudié les maladies de l'âme, il a le *devoir* d'en indiquer « le remède », il entre dans la voie du roman moral avec *Le Disciple* (1889) et *Cosmopolis* (1893). Après 1901, date de son retour au catholicisme qu'il avait abandonné vers 1867, cette tendance va s'accentuer dans *L'Étape* (1902), *Un Divorce* (1904), *L'Émigré* (1907), *Le Démon de Midi* (1914), *Le Sens de la Mort* (1916), *Nos actes nous suivent* (1927).

Il était devenu le romancier des milieux catholiques et traditionalistes, chef de file d'une tendance représentée par René BAZIN (*La Terre qui meurt*, 1899 ; *Le Blé qui lève*, 1907), et Henry BORDEAUX (*Les Roquevillard*, 1906 ; *La Neige sur les pas*, 1911).

" Le roman à idées "   1. LES IDÉES. Moraliste, BOURGET veut « *du pathé-tique qui fasse penser* » : son œuvre est un plaidoyer pour la tradition et l'ordre social. Il s'élève contre le divorce *(Un Divorce)*, souligne la permanence des caractères raciaux *(Cosmopolis)*, admire la vieille noblesse *(L'Émigré)*, n'admet l'ascension des individus qu'à condition de ne pas brûler les étapes *(L'Étape)*. Hostile au scientisme et à l'incroyance, il prône le retour au spiritualisme *(Le Disciple)* et au catholicisme *(Le Sens de la mort)*. Aussi s'en prend-il à la démocratie, qu'il accuse de niveler élites et fortunes, d'opposer les classes, de former des individualistes ambitieux et aigris.

S'agit-il de romans à thèse ? BOURGET n'accepte pas ce reproche. Loin de subordonner à une thèse préconçue la vérité de la peinture, le *roman à idées*, tel qu'il le définit, repose sur une observation impartiale : la leçon qui s'en dégage est celle qu'on tirerait de la vie elle-même. A l'en croire, d'ailleurs, il n'a rien de dogmatique : il se contente de suggérer une hypothèse, et même si cette dernière était fausse, ses analyses psychologiques garderaient toute leur valeur.

2. L'ANALYSE PSYCHOLOGIQUE. Sa faculté maîtresse était, disait-il, « *l'imagination des sentiments* », l'aptitude à revivre ses émotions et à imaginer celles d'autrui. Il rejette le déterminisme physiologique de ZOLA et explique les individus par leur *vie intérieure* : tout un réseau de sentiments dont chacun a sa cause et ses conséquences. Disciple de TAINE, Bourget conduit ces analyses avec une *rigoureuse méthode* (cf. p. 103). Il a l'art de discerner les enchaînements complexes qui aboutissent à dégager *l'unité du monde moral* : selon lui, « la vie n'est incohérente que pour les intelligences incapables de démêler les causes ». Cette « *anatomie morale* » réduit à peu de chose le rôle de la liberté et de la volonté : dans sa passion de tout expliquer, BOURGET échappe difficilement à ce *déterminisme* qu'il condamne comme un danger social.

3. L'ART DU ROMANCIER. Psychologue avant tout, BOURGET est un médiocre observateur du monde matériel et subordonne ses descriptions à l'*étude morale*. Ses analyses valent par la minutie, la clarté, la vigueur de l'enchaînement *logique ;* mais son style est abstrait et pesant, et ses personnages sont parfois trop bien construits. Ce qu'on peut toujours admirer, c'est son «*métier*» de romancier : art de susciter la crise qui déchaîne les passions et dévoile les caractères, sens de l'intensité dramatique (cf. p. 104), peinture de la souffrance et des troubles de l'âme (cf. p. 102). Toutefois son *parti pris* est trop visible et on se lasse de ce ton *didactique* et *oratoire* (cf. p. 100-101).

Le Disciple   Lecteur passionné, BOURGET fut hanté de bonne heure par la responsabilité morale de l'écrivain. Il en avait pris conscience en consacrant ses *Essais de Psychologie Contemporaine* aux auteurs qui l'avaient le plus influencé : Renan, Baudelaire, Flaubert, Stendhal, Taine. Dans *Le Disciple* (1889), il compose en partie à l'image de TAINE, le maître qu'il admirait, le personnage de SIXTE, sorte de saint laïque, dont pourtant les doctrines ont les pires conséquences morales et sociales. Quant au « disciple », s'il ressemble à Julien Sorel, il doit beaucoup à la pénétration psychologique et à la sensibilité de l'auteur lui-même.

Professant « le déterminisme le plus complet », le philosophe Adrien SIXTE *est interrogé sur* ROBERT GRESLOU, *qui se dit son* disciple *et qui est accusé d'avoir empoisonné une jeune fille. Il se souvient de l'avoir reçu deux fois seulement. Pourtant la mère de l'accusé vient supplier le philosophe, tant admiré par son fils, de l'aider. Elle lui remet les* Mémoires *de* Robert, *qui devraient s'intituler* Confessions *d'un jeune homme d'aujourd'hui. Appliquant à son propre cas la méthode de Taine,* GRESLOU *commence par exposer ses « hérédités » qui ont fait de lui un logicien peu doué pour l'action, et un nerveux incapable de résister à ses désirs. Il étudie ensuite son « milieu d'idées » : lectures romantiques, puis enthousiasme pour la philosophie d'Adrien* SIXTE *qui l'a détaché de la foi et persuadé que, la vie de l'âme elle-même étant soumise au déterminisme, les notions de bien et de mal sont purement conventionnelles. Pour gagner sa vie,* ROBERT GRESLOU *devient précepteur chez M. de Jussat-Randon, en Auvergne. Dès son arrivée au château, il se trouve en présence du comte* ANDRÉ, *brillant officier, et de la jeune* CHARLOTTE.

UNE FROIDE ENTREPRISE DE SÉDUCTION

« Il y a toujours eu en moi deux personnes distinctes, une qui allait, venait, agissait, sentait, et une autre qui regardait la première aller, venir, agir, sentir, avec une impassible curiosité » (IV, 1). En prêtant au jeune philosophe ROBERT GRESLOU cette faculté de dédoublement, l'auteur justifiait la *lucidité* de cette confession, précise comme une dissection. Paul BOURGET a le secret de ces *analyses fouillées*, rendues trop parfaites peut-être par le *déterminisme rigoureux* qui préside, dans sa sécheresse, à cette algèbre de l'âme.

Le travail par lequel une émotion s'élabore en nous et finit par se résoudre dans une idée reste si obscur que cette idée est parfois précisément le contraire de ce que le raisonnement simple aurait prévu. N'eût-il pas été naturel, par exemple, que l'antipathie admirative soulevée en moi par la rencontre du comte André [1] aboutît soit à une répulsion déclarée, soit à une admiration définitive ? Dans le premier cas, j'eusse dû me rejeter davantage vers la Science, et, dans l'autre, souhaiter une moralité plus active, une virilité plus pratique dans mes actes ? Oui, j'eusse dû. Mais le naturel de chacun, c'est sa nature. La mienne voulait 10 que, par une métamorphose dont je vous ai marqué de mon mieux les degrés, l'antipathie admirative pour le comte devînt chez moi un principe de critique à mon propre égard [2], que cette critique enfantât une théorie

---

— 1 Frère aîné de Charlotte de Jussat. — 2 Cf. « Il n'y a rien de bien original, je crois, dans cet état d'âme d'un homme qui, ayant cultivé à l'excès en lui-même la faculté de penser, rencontre un autre homme ayant cultivé au même degré la faculté d'agir, et qui se sent tourmenté de nostalgie devant cette action purement méprisée. »

un peu nouvelle de la vie [3], que cette théorie réveillât ma disposition native aux curiosités passionnelles, que le tout se fondît en une nostalgie des expériences sentimentales et que, juste à ce moment, une jeune fille se rencontrât dans mon intimité, dont la seule présence aurait suffi pour provoquer le désir de lui plaire chez tout jeune homme de mon âge. Mais j'étais trop intellectuel pour que ce désir naquît dans mon cœur sans avoir traversé ma tête. Du moins, si j'ai subi le charme de grâce et de délicatesse qui émanait de cette enfant de vingt ans, je l'ai subi en croyant que je raisonnais. Il y a des heures où je me demande s'il en a été ainsi, où toute mon histoire m'apparaît comme plus simple, où je me dis : « J'ai tout bonnement été amoureux de Charlotte, parce qu'elle était jolie, fine, tendre, et que j'étais jeune ; puis je me suis donné des prétextes de cerveau parce que j'étais un orgueilleux d'idées qui ne voulait pas avoir aimé comme un autre. » Quel soulagement quand je parviens à me parler de la sorte ! Je peux me plaindre moi-même, au lieu de me faire horreur, comme cela m'arrive lorsque je me rappelle ce que j'ai pensé alors, cette froide résolution caressée dans mon esprit, consignée dans mes cahiers, vérifiée, hélas ! dans les événements, la résolution de séduire cette enfant sans l'aimer, par pure curiosité de psychologue, pour le plaisir d'agir, de manier une âme vivante, moi aussi, d'y contempler à même et directement ce mécanisme des passions jusque-là étudié dans les livres, pour la vanité d'enrichir mon intelligence d'une expérience nouvelle [4]. Mais oui, c'est bien ce que j'ai voulu, et je ne pouvais pas ne pas le vouloir [5], dressé comme j'étais par ces hérédités, par cette éducation que je vous ai dites, transplanté dans le milieu nouveau où me jetait le hasard, et mordu, comme je le fus, par ce féroce esprit de rivalité envers cet insolent jeune homme, mon contraire.

Et pourtant, qu'elle était digne de rencontrer un autre que moi, qu'une froide et meurtrière machine à calcul mental, cette fille si pure et si vraie ! Rien que d'y songer me fend soudain le cœur et me déchire, moi qui me voudrais sec et précis comme un diagnostic de médecin [...]. Je ne me lassais pas, dès ce début de notre connaissance, de constater le contraste entre l'animal de combat qu'était le comte et cette créature de grâce et de douceur qui descendait les escaliers de pierre du château d'un pas si léger, posé à peine, et dont le sourire était si accueillant à la fois et si timide ! J'oserai tout dire, puisque encore une fois je n'écris pas ceci pour me peindre en beau, mais pour me montrer. Je n'affirmerais pas que le désir de me faire aimer par cette adorable enfant, dans l'atmosphère de laquelle je commençais de tant me plaire, n'ait pas eu aussi pour cause ce contraste entre elle et son frère. Peut-être l'âme de cette jeune fille,

---

— 3 Cf. « Je songeais : Un homme qui vaudrait celui-ci par l'action et qui me vaudrait par la pensée, celui-là serait vraiment l'homme supérieur que j'ai souhaité d'être ». — 4 Sixte déplore que « d'insolubles difficultés de code et de *mœurs* » contraignent le psychologue à s'en tenir « aux expériences instituées par la nature et le hasard », au lieu de pratiquer l'expérimentation comme dans les sciences de la nature. — 5 Écho du déterminisme de Taine : influence de la race, du milieu et du moment.

que je voyais toute pleine de ce frère si différent, devint-elle comme un
champ de bataille pour la secrète, pour l'obscure antipathie que deux
semaines de séjour commun transformèrent aussitôt en haine. Oui,
peut-être se cachait-il, dans mon désir de séduction, la cruelle volupté
d'humilier ce soldat, ce gentilhomme, ce croyant, en l'outrageant dans
ce qu'il avait au monde de plus précieux. Je sais que c'est horrible, mon
cher maître, ce que je dis là, mais je ne serais pas digne d'être votre élève,
60 si je ne vous donnais ce document aussi sur l'arrière-fond de mon cœur.
Et, après tout, ce ne serait, cette nuance odieuse de sensations, qu'un
phénomène nécessaire [6], comme les autres, comme la grâce romanesque
de Charlotte, comme l'énergie simple de son frère et comme mes complications à moi, — si obscures à moi-même ! *Le Disciple*, IV, 3
(Ed. Arthème Fayard, éditeur).

Robert GRESLOU *entreprend donc de séduire* CHARLOTTE *par l'application « scientifique » des
principes de Sixte dans sa* Théorie des Passions. *Il apitoie la jeune fille par une feinte mélancolie, il la rend jalouse, il choisit les lectures qui doivent l'émouvoir... Au moment où il comprend
qu'il est aimé, elle s'enfuit à Paris pour échapper à la tentation et accepte pour fiancé
un ami de son frère.* GRESLOU *découvre qu'il s'est pris à son propre piège : il est éperdument
amoureux à son tour. Mais voici que* CHARLOTTE *est rappelée brusquement au château, au
chevet de son jeune frère. Dès le premier regard,* ROBERT *reconnaît qu'elle l'aime encore et
qu'elle est à la torture. Il décide alors de se suicider. Mais le désir de la revoir sera le plus fort.*

Entre deux tentations

Rien de plus saisissant que cette évocation : V. Hugo l'eût intitulée « *une tempête sous
un crâne* ». L'objectivité scientifique interdisait cette fois au psychologue de tout expliquer
avec sa lucidité habituelle. S'il subsiste des mobiles parfaitement clairs, il était impossible
de rendre compte, pas à pas, du cheminement de la pensée jusqu'à l'idée du suicide.
Devant *le mystère de l'inconscient*, l'analyste a dû abdiquer et se contenter de noter, en
« spectateur », les manifestations du désordre intérieur. L'écrivain, parfois inégal, se
heurtait ici à des difficultés peut-être insurmontables : à travers la *netteté de l'observation*,
suggérer le *trouble de l'âme* et faire sentir que le froid calculateur s'était mis à aimer
vraiment. En revanche, dans la seconde partie du texte, la peinture de la *tentation* est digne
des analyses raciniennes et, par son *art de nous tenir en suspens*, le romancier nous rappelle
STENDHAL, dont il s'est sans doute inspiré.

Je ne me rappelle pas une réflexion, pas une combinaison. Je me rappelle
des sensations tourbillonnantes, quelque chose de brûlant, de frénétique,
d'intolérable, une terrassante névralgie de tout mon être intime, une
lancination continue, et, — grandissant, grandissant toujours, le rêve d'en finir,
un projet de suicide... Commencé où, quand, à propos de quelle souffrance
particulière ? Je ne peux pas le dire... Vous le voyez bien, que j'ai aimé vraiment,
dans ces instants-là, puisque toutes mes subtilités s'étaient fondues à la flamme
de cette passion, comme du plomb dans un brasier ; puisque je ne trouve pas
matière à une analyse dans ce qui fut une réelle aliénation, une abdication de
10 tout mon Moi ancien dans le martyre.
Cette idée de la mort sortie des profondeurs intimes de ma personne, cet
obscur appétit du tombeau dont je me sentis possédé comme d'une soif et d'une

---

— 6 Greslou parle en disciple de Sixte, qui | ni vertu. Nos volitions sont des faits d'un cer-
déclarait : «Pour le philosophe il n'y a ni crime | tain ordre régis par certaines lois, voilà tout. »

faim physiques, vous y reconnaîtriez, mon cher maître, une conséquence nécessaire de cette maladie de l'Amour, si admirablement étudiée par vous. Ce fut, retourné contre moi-même, cet instinct de destruction dont vous signalez le mystérieux éveil dans l'homme en même temps que l'instinct du sexe. Cela s'annonça d'abord par une lassitude infinie, lassitude de tant sentir sans rien exprimer jamais. Car, je vous le répète, l'angoisse des yeux de Charlotte, quand ces yeux rencontraient les miens, la défendait plus que n'auraient fait toutes les paroles. D'ailleurs, nous n'étions jamais seuls, sinon parfois quelques minutes au salon, par hasard, et ces quelques minutes se passaient dans un de ces silences imbrisables qui vous prennent à la gorge comme avec une main. Parler alors est aussi impossible que pour un paralytique de remuer ses pieds. Un effort surhumain n'y suffirait pas. On éprouve combien l'émotion, à un certain degré d'intensité, devient incommunicable. On se sent emprisonné, muré dans son Moi, et l'on voudrait s'en aller de ce Moi malheureux, se plonger, se rouler, s'abîmer dans la fraîcheur de la mort où tout s'abolit. Cela continua par une délirante envie de marquer sur le cœur de Charlotte une empreinte qui ne pût s'effacer, par un désir insensé de lui donner une preuve d'amour contre laquelle ne pussent jamais prévaloir ni la tendresse de son futur mari, ni l'opulence du décor social où elle allait vivre. « Si je meurs du désespoir d'être séparé d'elle pour toujours, il faudra bien qu'elle se souvienne longtemps, longtemps, du simple précepteur, du petit provincial capable de cette énergie dans ses sentiments !... » Il me semble que je me suis formulé ces réflexions-là. Vous voyez, je dis : « Il me semble. » Car, en vérité, je ne me suis pas compris durant toute cette période. Je ne me suis pas reconnu dans cette fièvre de violence et de tragédie dont je fus consumé. À peine si je démêle sous ce va-et-vient effréné de mes pensées une autosuggestion, comme vous dites. Je me suis hypnotisé moi-même, et c'est comme un somnambule que j'ai arrêté de me tuer à tel jour, à telle heure, que je suis allé chez le pharmacien me procurer la fatale bouteille de noix vomique. Au cours de ces préparatifs et sous l'influence de cette résolution, je n'espérais rien, je ne calculais rien. Une force vraiment étrangère à ma propre conscience agissait en moi. Non. A aucun moment je n'ai été, comme à celui-là, le spectateur, j'allais dire désintéressé, de mes gestes, de mes pensées et de mes actions, avec une extériorité presque absolue de la personne agissante par rapport à la personne pensante. — Mais j'ai rédigé une note sur ce point, vous la trouverez sur la feuille de garde, dans mon exemplaire du livre de Brierre de Boismont consacré au suicide. — J'éprouvais à ces préparatifs une sensation indéfinissable de rêve éveillé, d'automatisme lucide. J'attribue ces phénomènes étranges à un désordre nerveux voisin de la folie et causé par les ravages de l'idée fixe. Ce fut seulement le matin du jour choisi pour exécuter mon projet que je pensai à une dernière tentative auprès de Charlotte. Je m'étais mis à ma table pour lui écrire une lettre d'adieu. Je la vis lisant cette lettre et cette question se posa soudain à moi : « Que fera-t-elle ? » Était-il possible qu'elle ne fût pas remuée par cette annonce de mon suicide possible ? N'allait-elle pas se précipiter pour l'empêcher ? Oui, elle courrait à ma chambre. Elle me trouverait mort... A moins qu'elle ne m'attendisse, pour me tuer, l'effet de cette dernière épreuve ?... — Là, je suis bien sûr d'y voir clair en moi. Je sais que cette espérance naquit exactement ainsi et précisément à ce point de mon projet. « Hé bien ! me dis-je, essayons. » J'arrêtai que si, à minuit, elle n'était pas venue chez moi, je boirais le poison. J'en avais étudié les effets. Je le savais quasi foudroyant, et j'espérais souffrir très peu de temps. Il est étrange que toute cette journée se soit passée pour moi dans une sérénité singulière. Je dois noter cela encore. J'étais comme allégé d'un poids, comme réellement détaché de moi-même, et mon anxiété ne commença que vers dix heures, quand, m'étant retiré le premier, j'eus placé la lettre sur la table dans la chambre de la jeune fille. A dix heures et demie, j'entendis par ma porte entr'ouverte le marquis, la marquise et elle qui montaient. Ils s'arrêtèrent pour causer une dernière minute dans les couloirs, puis ce furent les bonsoirs habituels et l'entrée de chacun dans sa chambre... Onze heures. Onze heures un quart. Rien encore. Je regardais ma montre posée devant moi, auprès de trois lettres préparées, pour M. de Jussat, pour ma mère et pour vous, mon cher maître. Mon cœur battait à me rompre la poitrine, mais la volonté était ferme et froide. J'avais annoncé à Mlle de Jussat qu'elle ne me reverrait pas le lendemain. J'étais sûr de ne pas manquer à ma parole *si...* Je n'osais creuser ce que ce *si* enveloppait d'espérance. Je regardais marcher l'aiguille des secondes et je faisais un calcul machinal, une multiplication exacte : « A soixante secondes par minute, je dois voir l'aiguille tourner encore tant de fois, car à minuit je me tuerai... ». Un bruit de pas dans l'escalier, et que je perçus tout furtif, tout léger, avec une émotion suprême, me fit interrompre mon calcul. Ces pas s'approchaient. Ils s'arrêtèrent devant ma porte. Brusquement cette porte s'ouvrit. Charlotte était devant moi.

Après s'être juré de mourir ensemble, les deux jeunes gens cèdent à leur passion ; mais le lendemain matin, GRESLOU *n'a pas le courage de sacrifier leurs deux existences. Sur le point de quitter le château, il a un dernier entretien avec* CHARLOTTE, *qui le traite avec mépris. Elle lui révèle qu'après s'être donnée à lui, elle a forcé la serrure de son* Journal, *surprenant ainsi le secret de son odieuse entreprise de séduction, et qu'elle a écrit à son frère, le comte* ANDRÉ, *pour lui avouer son déshonneur. Sur l'ordre de Charlotte,* GRESLOU *s'enfuit le lendemain ; mais à peine arrivé à Clermont, il se voit accusé d'empoisonnement. Il a, depuis, reconstitué les faits : après son départ,* CHARLOTTE *a dû absorber la noix vomique qu'il avait achetée pour son propre suicide. La fuite, l'achat du poison, tout accusait le jeune homme. Il aurait pu se disculper en produisant son* Journal ; *mais il a préféré le brûler et se taire, pour sauver l'honneur de celle qu'il aimait. Il s'assure ainsi l'avantage sur le comte* ANDRÉ *qui est au courant du suicide de sa sœur, mais garde le silence, immolant un* innocent *à son honneur.*

Le Disciple, IV, 6 (Ed. Arthème Fayard, éditeur).

La responsabilité de l'écrivain

« *J'ai vécu avec votre pensée et de votre pensée...* A rencontrer la phrase où Robert Greslou se déclarait lié à lui par un lien aussi étroit qu'imbrisable, le grand psychologue avait tressailli, et il avait tressailli de même à chaque rappel nouveau de son nom dans cette singulière analyse, à chaque citation d'un de ses ouvrages qui lui prouvait le droit de cet abominable jeune homme à se dire son élève. Une fascination faite d'horreur et de curiosité l'avait contraint d'aller d'un trait jusqu'au bout de ce fragment de biographie dans lequel ses idées, ses chères idées, sa Science, sa chère Science, apparaissaient unies à des actes honteux. Ah ! si elles y avaient été seulement unies ! mais non, ces idées, cette Science, l'accusé de Riom les revendiquait comme l'excuse, comme la cause de la plus monstrueuse, de la plus complaisante dépravation ! Cette sinistre histoire d'une séduction si bassement poussée, d'une trahison si noire, d'un suicide si mélancolique, le mettait face à face avec la plus affreuse vision : celle de sa pensée agissante et corruptrice, lui qui avait vécu dans le plus entier renoncement et avec un idéal quotidien de pureté. »

Adrien SIXTE *se décide à écrire au comte* ANDRÉ. *Tourmenté de remords et sachant qu'un autre connaît le secret, le comte finit par révéler au jury que sa sœur s'est suicidée.* GRESLOU *est libéré ; mais le comte* ANDRÉ *le tue d'un coup de revolver. La scène finale nous montre Adrien* SIXTE *en pleurs au chevet de son « disciple », sentant monter à son cœur « la seule oraison qu'il se rappelât de sa lointaine enfance :* Notre Père qui êtes aux cieux... ».

ROMAIN ROLLAND

Sa vie (1866-1944) Fils de notaire, *Romain Rolland* est né à Clamecy (Nièvre) où il commence ses études. Il les poursuit au lycée Louis-le-Grand, puis entre à l'École Normale Supérieure (1886).

I. LE NORMALIEN ÉCLECTIQUE. Il se destinait à la philosophie, mais, rebuté par les doctrines officielles et refusant de « mentir » au concours, il opte pour l'agrégation d'histoire (1889). Il est envoyé à l'École Française de Rome et il retournera en Italie pour y rassembler les éléments d'une thèse. Philosophe, historien, correspondant de Tolstoï, il témoigne d'un bel éclectisme, car ses thèses portent sur les *Origines du théâtre lyrique moderne* et les *Causes du déclin de la peinture italienne au XVIᵉ Siècle* (1895).

II. DU DRAME AU ROMAN (1895-1914). A l'École Normale d'abord, puis, de 1904 à 1912, à la Sorbonne, il enseigne l'Histoire de l'Art et publie des *Vies des Hommes illustres : Beethoven* (1903), *Michel-Ange* (1906), *Haendel* (1910), *Tolstoï* (1911). Le THÉATRE fut sa première vocation. Après avoir esquissé un cycle de *Tragédies de la Foi (Saint Louis)*, il se consacre à son *Théâtre de la Révolution : Les Loups* (1898), *Le Triomphe de la Raison* (1899), *Danton* (1900), *Le 14 Juillet* (1902), — vaste ensemble qu'il complétera, plus de vingt ans après, avec *Le Jeu de l'Amour et de la Mort* (1925), *Pâques Fleuries* (1926), *Les Léonides* (1928), *Robespierre* (1939). Son ambition est de renouveler le genre tragique par ces « *épopées dramatiques* » où s'affrontent des tempéraments animés par de grandes idées. Mais il ne parvient pas à s'imposer comme dramaturge. Le ROMAN absorbe alors son activité créatrice : de 1903 à 1912 paraissent les dix volumes de *Jean-Christophe*, qui obtient le Grand Prix de l'Académie Française (1913). Puis, dans une langue rythmée et savoureuse, il rédige l'amusant *Colas Breugnon* (publié en 1919).

III. « AU-DESSUS DE LA MÊLÉE ». En août 1914, ROMAIN ROLLAND se trouve en Suisse : n'ayant plus l'âge d'être mobilisé, ni l'aptitude physique, il y restera jusqu'en 1919, au service de l'Agence des Prisonniers de guerre. Après avoir protesté contre les atrocités allemandes *(Lettre ouverte à Gerhardt Hauptmann)*, il donne dans *Au-dessus de la mêlée* une série d'articles qui lui furent reprochés comme une trahison. Son *Journal de guerre*, publié en 1953, a permis de dégager sa vraie pensée : déplorant le choc des peuples les plus civilisés, il voulait « *au-dessus de la haine* » (c'était le titre primitif) rappeler à ceux qui restaient de sang-froid, dans les deux camps, les valeurs qui auraient dû unir les belligérants : la fraternité d'une même civilisation, menacée de sombrer, comme le monde antique, dans une immense catastrophe. Ces articles étaient certainement dictés par une conscience honnête, courageuse, parfois prophétique ; mais R. Rolland eut beau obtenir en 1916 le *Prix Nobel de Littérature*, ces écrits ne pouvaient être admis, ni même compris, de ses compatriotes, engagés corps et âme « *dans la mêlée* » et conscients de défendre l'existence même de leur patrie.

IV. « L'INTELLECTUEL DE GAUCHE ». Rentré en France à la mort de sa mère (1919), ROMAIN ROLLAND reviendra bientôt séjourner en Suisse, de 1921 à 1937. Il publiera encore bien des ouvrages : des œuvres pacifistes, comme *Liluli*, farce allégorique (1919) et *Clérambault*, « histoire d'une conscience libre pendant la guerre » (1920) ; le cycle romanesque et révolutionnaire de *L'Ame enchantée* (1922-33) ; la suite du *Théâtre de la Révolution* ; une vaste étude en 4 volumes sur *Beethoven* (1928-1943), des essais sur *Gandhi* (1923) et sur *l'Inde* (1929-1930), etc. Mais aux yeux des contemporains il est surtout le type de « *l'intellectuel de gauche* ». Bien qu'il se défende d'être l'homme d'un parti et qu'il réserve jalousement sa liberté d'appréciation, il est devenu la figure de proue des mouvements « humanitaires ». Il est en correspondance avec le monde entier, reçoit d'illustres visiteurs (et notamment Gandhi), rend visite lui-même à Gorki en U.R.S.S., préside des manifestations internationales (Congrès d'Amsterdam contre a guerre, 1932), refuse la médaille Goethe décernée par le gouvernement d'Hitler (1933). En 1937, ROMAIN ROLLAND se retire au pays natal, à Vézelay : il y passera ses dernières années, les heures tristes de l'occupation, se penchant sur son passé (*Le Voyage Intérieur*, autobiographie poétique, 1942), rassemblant ses souvenirs sur *Péguy* (1944) et renouant avec CLAUDEL, en qui il reconnaissait une âme « religieuse » comme la sienne.

L'homme et l'œuvre   Peu d'écrivains engagés dans l'action ont vu leur pensée aussi gravement altérée : il s'en plaignait aussi bien auprès de ses amis que de ses adversaires. Peu à peu ses *Mémoires*, sa correspondance dégagent son vrai visage. Sans que son Dieu soit bien défini, il se disait essentiellement « *religieux* » ; et, convaincu d'avoir reçu un don de voir exceptionnel, il se croyait tenu de répandre sa pensée. *Penseur aristocratique et solitaire* à la VIGNY, il s'est comparé, lui aussi, à l'homme de vigie : « Si le vaisseau sombre, il sait qu'il sombrera. Mais son devoir n'est pas de se mêler à la cohue de l'abordage, en bas. Il veille. Il épie ce qui vient, les épaves, les récifs cachés... ». Rien de sec, toutefois, chez cet intellectuel. Contemporain de Bergson, il voulait chercher « la vérité vivante » avec tout son être : *l'instinct* comme *l'intelligence*. « Il y a la vie, disait-il, il y a l'instinct puissant de vie, il y a l'amour. Ce ne sont pas des rêves, des suggestions, c'est la réalité la plus vigoureuse et la plus profonde. On ne peut les renier sans se mutiler soi-même » (1909). De là son *besoin de sympathie*, ses aspirations *généreuses*, toujours plus largement *humaines ;* de là, en dépit de sa pudeur naturelle, le *lyrisme* de l'expression, jailli du cœur : « Saint est le feu — qui brûle ! »

Tout révèle en lui une exigence de *sincérité absolue* envers soi et envers autrui, une volonté de conserver « *l'indépendance de l'esprit*, d'abord, et avant tout, et contre tout, coûte que coûte » (1929). Il a horreur de s'embrigader ; il déteste les doctrines figées que leur rigidité met en contradiction avec la vie. L'élan du cœur, la sincérité le portent à collaborer aux entreprises « *de gauche* », *mais sans engagement définitif*, récusant la dictature et la raison d'État. Il se réserve de dire à ses amis communistes : « Avec le prolétariat toutes les fois qu'il respectera la vérité et l'humanité. Contre le prolétariat, toutes les fois qu'il violera la vérité et l'humanité » (Réponse à *l'Humanité*, 1922), ou encore : « L'esprit vraiment révolutionnaire est armé aussi bien contre les préjugés nouveaux de la Révolution prolétarienne que contre les préjugés anciens de la monarchie bourgeoise... Rien, pour lui, n'est intangible. » (*A l'Académie de Moscou*, 1925). Loin d'être sectaire, il veut « *tout comprendre pour tout aimer* », car il admet que nul n'a le monopole de la vérité.

Au lieu de mutiler la vie, la morale consiste, selon lui, à assurer *l'harmonie des contraires* et à « tâcher de refaire en tous l'équilibre humain ». C'est encore mutiler la vie que de la figer : elle se manifeste dans le *devenir* des êtres et des civilisations ; et ce devenir, il le constatait dans *l'évolution* de sa propre pensée et la *diversité de son œuvre :* « J'ai été forcé par une nécessité intérieure à écrire *Colas Breugnon* et *Liluli*. Aux alentours de la cinquantaine, l'hérédité paternelle — rieuse, frondeuse, gauloise — est venue réclamer sa part, à côté de l'hérédité maternelle qui a inspiré *Jean-Christophe* (en partie) et les *Vies des Hommes Illustres*. — Mais ne vous y trompez pas : c'est toujours le même être, sous des aspects divers. » C'est par *Jean-Christophe* que la postérité le connaîtra surtout.

Jean-Christophe   *Jean-Christophe* inaugure au XXᵉ siècle le genre du *roman-fleuve* — le mot est de ROMAIN ROLLAND — ou même du *roman musical*, sorte de symphonie héroïque. L'ensemble compte 10 volumes : *L'Aube* (1904), *Le Matin* (1904), *L'Adolescent* (1905), *La Révolte* (1907), *La Foire sur la Place* (1908), *Antoinette* (1908), *Dans la Maison* (1909), *Les Amies* (1910), *Le Buisson Ardent* (1911), *La Nouvelle Journée* (1912). C'est « le souffle des héros » que l'auteur veut nous faire respirer en imaginant la vie, chargée d'épreuves mais pleine d'énergie, d'un grand musicien allemand, et en animant autour de lui toute une époque : c'est « Beethoven dans le monde d'aujourd'hui. » L'œuvre est un monument à la « *divine musique* », mais nous touche aussi par ce qu'elle recèle d'*expérience humaine :* ce sont les pages sur l'enfance, l'adolescence, l'amour, l'amitié. A ce titre, elle constituait un *acte de foi :* à ses contemporains tentés par le mirage des richesses matérielles, l'auteur voulait rendre le goût de l'énergie morale, de la générosité, de l'amour fraternel et surtout de la *Vie* assumée dans sa diversité. Mais certains aspects de l'œuvre ont vieilli : le lyrisme relève d'un romantisme attardé, et l'idéalisme spontané ôte de son relief à la réalité.

« Le Fleuve... Les Cloches... »

Dans cette page, célèbre pour sa *magie poétique*, l'auteur évoque l'éveil de l'enfant au *monde des sensations :* à l'aube d'une vie qui sera placée sous le signe de la musique, ce royaume est avant tout celui des *sons.* Souvenirs personnels et intuitions du romancier rejoignent ici les curiosités de la psychologie contemporaine orientée vers l'étude du *subconscient* (cf. p. 113). On notera les harmonies qui s'établissent, dès cet instant, entre les êtres et les choses : dans la suite du roman, le cours du fleuve suggère les étapes d'une vie ou la succession des générations ; et l'écoulement continu des eaux « correspond » à celui du *fleuve intérieur.* Heureuse convergence de l'art et de l'observation, ce *motif* du Fleuve et des Cloches reviendra à maintes reprises, comme dans une symphonie, et c'est lui qui accompagnera de ses accords les derniers moments de JEAN-CHRISTOPHE (cf. p. 115).

L es mois passent... Des îles de mémoire commencent à surgir du fleuve de la vie [1]. D'abord, d'étroits îlots perdus, des rochers qui affleurent à la surface des eaux. Autour d'eux, dans le demi-jour qui point, la grande nappe tranquille continue de s'étendre. Puis, de nouveaux îlots, que dore le soleil. De l'abîme de l'âme émergent quelques formes, d'une étrange netteté. Dans le jour sans bornes, qui recommence, éternellement le même, avec son balancement monotone et puissant, commence à se dessiner la ronde des jours qui se donnent la main ; leurs profils sont, les uns riants, les autres tristes. Mais les anneaux de la chaîne se rompent constamment, et les souvenirs se rejoignent par-dessus la tête des semaines et des mois...

Le Fleuve... Les Cloches... Si loin qu'il se souvienne, — dans les lointains du temps, à quelque heure de sa vie que ce soit, — toujours leurs voix profondes et familières chantent...

La nuit — à demi endormi... Une pâle lueur blanchit la vitre... Le fleuve gronde [2]. Dans le silence, sa voix monte toute-puissante ; elle règne sur les êtres. Tantôt elle caresse leur sommeil et semble près de s'assoupir elle-même, au bruissement de ses flots. Tantôt elle s'irrite, elle hurle, comme une bête enragée qui veut mordre. La voeifération s'apaise : c'est maintenant un murmure d'une infinie douceur, des timbres argentins, de claires clochettes, des rires d'enfants, de tendres voix qui chantent, une musique qui danse [3]. Grande voix maternelle, qui ne s'endort jamais ! Elle berce l'enfant, ainsi qu'elle berça pendant des siècles, de la naissance à la mort, les générations qui furent avant lui ; elle pénètre sa pensée, elle imprègne ses rêves, elle l'entoure du manteau de ses fluides harmonies, qui l'envelopperont encore, quand il sera couché dans le petit cimetière qui dort au bord de l'eau et que baigne le Rhin...

Les cloches... Voici l'aube ! Elles se répondent, dolentes, un peu tristes, amicales, tranquilles. Au son de leurs voix lentes, montent des essaims de rêves, rêves du passé, désirs, espoirs, regrets des êtres disparus, que l'enfant ne connut point, et que pourtant il fut, puisqu'il fut en eux, puisqu'ils revivent en lui [4].

— 1 Cf. « *Mon Jean-Christophe est le fleuve Rhin qui s'achemine vers la mer.* Ce ne sont pas pour moi des métaphores. Ce sont les voix du Fleuve intérieur » (1933). — 2 Cf. « Le Rhin coulait en bas, au pied de la maison. De la fenêtre de l'escalier, on était suspendu au-dessus du fleuve comme dans un jardin mouvant » *(L'Aube).* — 3 Cf. « Mon sens de la musique, cette passion qui a rempli ma vie, ce n'est pas dans les musiciens, c'est dans la nature d'abord et par-dessus tout que je les ai nourris. Cette musique des bois, des monts, des plaines, je l'inscrivais sur mes carnets de jeunesse » *(Mémoires Intérieurs,* 1938). — 4 Cf. p. 113, § 2.

30 Des siècles de souvenirs vibrent dans cette musique. Tant de deuils, tant de
fêtes ! — Et, du fond de la chambre, il semble, en les entendant, qu'on voie
passer les belles ondes sonores qui coulent dans l'air léger, les libres oiseaux,
et le tiède souffle du vent. Un coin de ciel bleu sourit à la fenêtre. Un rayon de
soleil se glisse sur le lit, à travers les rideaux. Le petit monde familier aux regards
de l'enfant, tout ce qu'il aperçoit de son lit, chaque matin, en s'éveillant, tout
ce qu'il commence, au prix de tant d'efforts, à reconnaître et à nommer, afin
de s'en faire le maître, — son royaume s'illumine.

Jean-Christophe. L'Aube (Albin Michel, éditeur).

« Dans la forêt des sons »

Né dans une petite ville rhénane, fils et petit-fils de musiciens, *Jean-Christophe* KRAFFT
révélera de bonne heure son tempérament d'artiste. D'une *sensibilité exceptionnelle*, il
souffre plus qu'un autre de la misère et de l'injustice ; en revanche, un spectacle de la nature,
un chant qui s'élève dans la nuit, un sentiment délicat lui procurent de *délicieuses émotions*.
Le voici devant le vieux piano, comme *enchanté* de cet univers de sons et de sensations
qu'il a le pouvoir d'éveiller. « La musique m'a tenu par la main dès mes premiers pas
dans la vie. Elle a été mon premier amour, elle sera probablement le dernier » avouait
ROMAIN ROLLAND. N'est-il pas émouvant de le voir ici mettre tout son art à exprimer,
sans doute d'après ses souvenirs, cette *magie élémentaire* dont s'émerveille une âme
prédestinée quand elle commence à s'aventurer « dans la forêt des sons » ?

Il est seul. Il ouvre le piano, il approche une chaise, il se juche dessus ; ses
épaules arrivent à hauteur du clavier : c'est assez pour ce qu'il veut.
Pourquoi attend-il d'être seul ? Personne ne l'empêcherait de jouer,
pourvu qu'il ne fît pas trop de bruit. Mais il a honte devant les autres, il n'ose pas.
Et puis, on cause, on se remue : cela gâte le plaisir. C'est tellement plus beau, quand
on est seul !... Christophe retient son souffle pour que ce soit plus silencieux encore,
et aussi parce qu'il est un peu ému, comme s'il allait tirer un coup de canon.
Le cœur lui bat, en appuyant le doigt sur la touche ; quelquefois, il le relève,
après l'avoir enfoncé à moitié, pour le poser sur une autre. Sait-on ce qui va
10 sortir de celle-ci, plutôt que de celle-là ?... Tout à coup, le son monte : il y en a
de profonds, il y en a d'aigus, il y en a qui tintent, il y en a d'autres qui grondent.
L'enfant les écoute longuement, un à un, diminuer et s'éteindre ; ils se balancent
comme les cloches, lorsque l'on est dans les champs, et que le vent les apporte
et les éloigne tour à tour ; puis, quand on prête l'oreille, on entend dans le lointain
d'autres voix différentes qui se mêlent et tournent, ainsi que des vols d'insectes ;
elles ont l'air de vous appeler, de vous attirer loin... loin... de plus en plus loin,
dans les retraites mystérieuses, où elles plongent et s'enfoncent... Les voilà
disparues !... Non ! elles murmurent encore... Un petit battement d'ailes... Que
tout cela est étrange ! Ce sont comme des esprits. Qu'ils obéissent ainsi, qu'ils
20 soient tenus dans cette vieille caisse, voilà qui ne s'explique point !
Mais le plus beau de tout, c'est quand on met deux doigts sur deux touches
à la fois. Jamais on ne sait au juste ce qui va se passer. Quelquefois, les deux
esprits sont ennemis ; ils s'irritent, ils se frappent, ils se haïssent, ils bourdonnent d'un air vexé ; leur voix s'enfle ; elle crie, tantôt avec colère, tantôt
avec douceur. Christophe adore ce jeu : on dirait des monstres enchaînés, qui
mordent leurs liens, qui heurtent les murs de leur prison ; il semble qu'ils

vont les rompre et faire irruption au dehors, comme ceux dont parle le livre des contes, les génies emprisonnés dans des coffrets arabes sous le sceau de Salomon. D'autres vous flattent : ils tâchent de vous enjôler ; mais ils ne demandent qu'à mordre et ils ont la fièvre. Christophe ne sait pas ce qu'ils veulent : ils l'attirent et le troublent ; ils le font presque rougir. Et d'autres fois encore, il y a des notes qui s'aiment : les sons s'enlacent, comme on fait avec les bras, quand on se baise ; ils sont gracieux et doux. Ce sont les bons esprits ; ils ont des figures souriantes et sans rides ; ils aiment le petit Christophe, et le petit Christophe les aime ; il a les larmes aux yeux de les entendre, et il ne se lasse pas de les rappeler. Ils sont ses amis, ses chers, ses tendres amis...

Ainsi l'enfant se promène dans la forêt des sons, et il sent autour de lui des milliers de forces inconnues, qui le guettent et l'appellent, pour le caresser, ou pour le dévorer. *Jean-Christophe. L'Aube* (Albin Michel, éditeur).

Le premier amour

Présenté dès l'âge de sept ans comme un jeune prodige, JEAN-CHRISTOPHE, maintenant âgé d'une quinzaine d'années, est devenu musicien officiel de la petite cour princière. Nous suivons les étapes de son ascension et, parallèlement, de son expérience humaine : misère, humiliations ; amitiés et déceptions ; premières amours... Son talent de *compositeur* attire l'attention de la riche et bonne MME DE KERICH qui s'efforce, avec une délicatesse maternelle, d'enrichir sa culture et de parfaire son éducation. Elle lui demande d'enseigner la musique à sa fille MINNA. Entre les deux jeunes cœurs, au « *matin* » de la vie, l'idylle était presque inévitable, et Romain Rolland a voulu rendre *la fraîcheur, l'absolue pureté du premier amour.* — Hélas ! le fossé des conditions sépare la noble Minna du petit musicien sans fortune : ces *instants de bonheur* resteront inoubliables, mais sans lendemain.

U n jour vint. — Il avait plu toute la matinée et une partie de l'après-midi. Ils étaient restés enfermés dans la maison, sans se parler, à lire, bâiller, regarder par la fenêtre ; ils étaient ennuyés et maussades. Vers quatre heures, le ciel s'éclaircit. Ils coururent au jardin. Ils s'accoudèrent sur la terrasse, contemplant au-dessous d'eux les pentes de gazon qui descendaient vers le fleuve. La terre fumait, une tiède vapeur montait au soleil ; des gouttelettes de pluie étincelaient sur l'herbe ; l'odeur de la terre mouillée et le parfum des fleurs se mêlaient ; autour d'eux bruissait le vol doré des abeilles. Ils étaient côte à côte, en ne se regardaient pas ; ils ne pouvaient se décider à rompre le silence. Une abeille vint gauchement s'accrocher à une grappe de glycine, lourde de pluie, et fit basculer sur elle une cataracte d'eau. Ils rirent en même temps ; et aussitôt, ils sentirent qu'ils ne se boudaient plus [1], qu'ils étaient bons amis. Pourtant ils continuaient à ne pas se regarder.

Brusquement, sans tourner la tête, elle lui prit la main, et elle lui dit : « Venez ! »

Elle l'entraîna en courant vers le petit labyrinthe boisé, aux sentiers bordés de buis, qui s'élevait au centre du bosquet. Ils escaladèrent la pente, ils glissaient sur le sol détrempé ; et les arbres mouillés secouaient sur eux leurs branches. Près d'arriver au faîte, elle s'arrêta, pour respirer.

« Attendez... attendez... » dit-elle tout bas, tâchant de reprendre haleine.

Il la regarda. Elle regardait d'un autre côté : elle souriait, haletante, la bouche entr'ouverte ; sa main était crispée dans la main de Christophe. Ils sentaient leur sang battre dans leurs paumes pressées et leurs doigts qui tremblaient.

— 1 Depuis quelque temps, ils éprouvaient une sorte de gêne, comme s'ils « se boudaient ».

Autour d'eux, le silence. Les pousses blondes des arbres frissonnaient au soleil ; une petite pluie s'égouttait des feuilles, avec un bruit argentin ; et dans le ciel passaient les cris aigus des hirondelles. Elle retourna la tête vers lui : ce fut un éclair. Elle se jeta à son cou, il se jeta dans ses bras.

— « Minna ! Minna ! chérie !... — Je t'aime, Christophe ! Je t'aime ! »

Ils s'assirent sur un banc de bois mouillé. Ils étaient pénétrés d'amour, un amour doux, profond, absurde. Tout le reste avait disparu. Plus d'égoïsme, plus de vanité, plus d'arrière-pensées. Toutes les ombres de l'âme étaient balayées par ce souffle d'amour. « Aimer, aimer » —, disaient leurs yeux riants et humides de larmes. Cette froide et coquette petite fille, ce garçon orgueilleux, étaient dévorés du besoin de se donner, de souffrir, de mourir l'un pour l'autre. Ils ne se reconnaissaient plus, ils n'étaient plus eux-mêmes ; tout était transformé : leur cœur, leurs traits, leurs yeux rayonnaient d'une bonté et d'une tendresse touchantes. Minutes de pureté, d'abnégation, de don absolu de soi, qui ne reviendront plus dans la vie !

Jean-Christophe. Le Matin (Albin Michel, édit.)

JEAN-CHRISTOPHE VISITÉ PAR SON DIEU

Les épisodes les plus saisissants de *Jean-Christophe* doivent leur accent de vérité à l'expérience intime de R. Rolland ; c'est peut-être aussi le point faible : on le sent trop présent, d'une manière trop naïve, trop passionnée. À peine adolescent, plongé brusquement dans l'atmosphère « déicide » qui régnait à Paris vers 1880, il a souffert comme son héros d'une *crise de scepticisme* qui lui était intolérable, car, dit-il, l'essence de son être « était — fut toujours — religieuse, fille de Dieu » *(Le Voyage Intérieur)*. Le salut lui vint sous la forme d'*illuminations*, qu'il a appelées ses « éclairs » : *l'éclair de Ferney* (1882) où, « possédé » par la nature, il eut l'impression de communier avec la Vie universelle ; puis, à l'École Normale, *l'éclair de Spinoza* où il découvrit que « Tout ce qui est, est en Dieu », et *l'éclair de Tolstoï* : rien ne peut emprisonner l'âme immortelle. C'est, transposée par le romancier, la révélation que nous retrouvons ici, et qui reparaîtra dans le *Le Buisson Ardent* (1911) : l'âme, assoiffée d'absolu, retrouve dans une extase la communication perdue entre son Etre, la Nature et Dieu.

Il était seul, dans sa chambre, une nuit, accoudé devant sa table, à la lueur d'une bougie. Il tournait le dos à la fenêtre. Il ne travaillait pas. Depuis des semaines il ne pouvait travailler. Tout tourbillonnait dans sa tête. Il avait tout remis en question à la fois : religion, morale, art, toute la vie. Et dans cette dissolution universelle de sa pensée, nul ordre, nulle méthode ; il s'était jeté sur un amas de lectures puisées au hasard dans la bibliothèque hétéroclite de grand-père, ou dans celle de Vogel [1] : livres de théologie, de sciences, de philosophie, souvent dépareillés, où il ne comprenait rien, ayant tout à apprendre ; il n'en pouvait finir aucun, et se perdait en des divagations, des flâneries sans fin, qui laissaient une lassitude, une tristesse mortelle.

Il s'absorbait, ce soir-là, dans une torpeur épuisante. Tout dormait dans la maison. Sa fenêtre était ouverte. Pas un souffle ne venait de la

---

— 1 Chez qui, après la mort de son père, Jean-Christophe a trouvé l'hospitalité.

cour. D'épais nuages étouffaient le ciel. Christophe regardait, comme un hébété, la bougie se consumer au fond du chandelier. Il ne pouvait se coucher. Il ne pensait à rien. Il sentait ce néant se creuser d'instant en instant. Il s'efforçait de ne pas voir l'abîme qui l'aspirait ; et, malgré lui, il se penchait au bord. Dans le vide, le chaos se mouvait, les ténèbres grouillaient. Une angoisse le pénétrait, son dos frissonnait, sa peau se hérissait, il se cramponnait à la table, afin de ne pas tomber. Il était dans l'attente convulsive de choses indicibles, d'un miracle, d'un Dieu...

Soudain, comme une écluse qui s'ouvre, dans la cour, derrière lui, un déluge d'eau, une pluie lourde, large, droite, croula. L'air immobile tressaillit. Le sol sec et durci sonna comme une cloche. Et l'énorme parfum de la terre brûlante et chaude ainsi qu'une bête, l'odeur de fleurs, de fruits et de chair amoureuse, monta dans un spasme de fureur et de plaisir. Christophe, halluciné, tendu de tout son être, frémit dans ses entrailles... Le voile se déchira [2]. Ce fut un éblouissement. A la lueur de l'éclair, il vit, au fond de la nuit, il vit — il fut le Dieu. Le Dieu était en lui : Il brisait le plafond de la chambre, les murs de la maison ; Il faisait craquer les limites de l'être ; Il remplissait le ciel, l'univers, le néant. Le monde se ruait en Lui, comme une cataracte. Dans l'horreur et l'extase de cet effondrement, Christophe tombait aussi, emporté par le tourbillon qui broyait comme des pailles les lois de la nature. Il avait perdu le souffle, il était ivre de cette chute en Dieu [3].... Dieu-abîme ! Dieu-gouffre, Brasier de l'Être ! Ouragan de la vie ! Folie de vivre — sans but, sans frein, sans raison —, pour la fureur de vivre !   *Jean-Christophe. L'Adolescent* (Albin Michel, éditeur).

« Joie divine de créer ! »

Ulcéré par la mesquinerie de la petite ville, par l'incompréhension du prince qui le chasse, JEAN-CHRISTOPHE est soutenu par la *joie divine de créer*. « Ma vraie langue est la musique », écrivait R. ROLLAND en 1906 : c'était, selon Claudel, l'expression la plus directe de son *aspiration au divin*. Il est curieux, en effet, de noter, dans ces chapitres où CHRISTOPHE sent naître en lui le grand artiste, la parenté entre l'inspiration musicale — qui s'imposait, dit l'auteur, à coups de tonnerre, — et *l'éclair* de la révélation religieuse (cf. p. 110). De là, en dépit des préoccupations sociales de l'auteur, l'idée du caractère *sacré* de l'art — au-delà de toute morale —, et le vœu exprimé une nuit de 1926, d'être par son œuvre l'instrument du Seigneur : « L'œuvre m'importe plus que moi. L'œuvre, non parce qu'elle est moi. — Parce qu'elle n'est pas moi, parce qu'elle vient de Lui ».

Joie, fureur de joie, soleil qui illumine tout ce qui est et sera, joie divine de créer ! Il n'y a de joie que de créer. Il n'y a d'êtres que ceux qui créent. Tous les autres sont des ombres, qui flottent sur la terre, étrangers à la vie. Toutes les joies de la vie sont des joies de créer : amour, génie, action —

— 2 Cf. *Éclair de Ferney* : « Ce fut un voile qui se déchire. L'esprit... sentit se ruer en lui la mâle ivresse de la nature ». — 3 Cf. *Éclair de Spinoza* : « Tout ce qui est, est en Dieu. Et moi aussi je suis en Dieu ! De ma chambre glacée, où tombe la nuit d'hiver, je m'évade au gouffre de *la Substance,* dans le soleil blanc de l'Être » *(Le Voyage Intérieur).*

flambées de force sorties de l'unique brasier. Ceux mêmes qui ne peuvent trouver place autour du grand foyer : — ambitieux, égoïstes et débauchés stériles — tâchent de se réchauffer à ses reflets décolorés [1].

Créer, dans l'ordre de la chair, ou dans l'ordre de l'esprit, c'est sortir de la prison du corps, c'est se ruer dans l'ouragan de la vie, c'est être Celui qui Est.
10 Créer, c'est tuer la mort [2].

Quand Christophe était frappé par le jet de lumière, une décharge électrique lui parcourait le corps ; il tremblait de saisissement. C'était comme si, en pleine mer, en pleine nuit, la terre apparaissait. Ou comme si, passant au milieu d'une foule, il recevait le choc de deux profonds yeux. Souvent, cela survenait après des heures de prostration où son esprit s'agitait dans le vide. Plus souvent encore, à des moments où il pensait à autre chose, causant ou se promenant. S'il était dans la rue, un respect humain l'empêchait de manifester trop bruyamment sa joie. Mais, à la maison, rien ne le retenait plus. Il trépignait ; il sonnait une fanfare de triomphe. Sa mère le connaissait bien, et elle avait 20 fini par savoir ce que cela signifiait. Elle disait à Christophe qu'il était comme une poule qui vient de pondre.

Il était transpercé par l'idée musicale. Tantôt, elle avait la forme d'une phrase isolée et complète ; plus fréquemment, d'une grande nébuleuse [3] enveloppant toute une œuvre : la structure du morceau, ses lignes générales se laissaient deviner au travers d'un voile, que lacéraient par places des phrases éblouissantes, se détachant de l'ombre avec une netteté sculpturale. Ce n'était qu'un éclair ; parfois, il en venait d'autres, coup sur coup : chacun illuminait d'autres coins de la nuit. Mais d'ordinaire, la force capricieuse, après s'être manifestée une fois, à l'improviste, disparaissait pour plusieurs jours dans ses 30 retraites mystérieuses, en laissant derrière elle un sillon lumineux.

Cette jouissance de l'inspiration était si vive que Christophe prit le dégoût du reste. L'artiste d'expérience sait bien que l'inspiration est rare, et que c'est à l'intelligence d'achever l'œuvre de l'intuition ; il met ses idées sous le pressoir ; il leur fait rendre jusqu'à la dernière goutte du suc divin qui les gonfle ; — (et même, trop souvent, il les trempe d'eau claire). — Christophe était trop jeune et trop sûr de lui pour ne pas mépriser ces moyens. Il faisait le rêve impossible de ne rien produire qui ne fût entièrement spontané. S'il ne s'était aveuglé à plaisir, il n'aurait pas eu de peine à reconnaître l'absurdité de son dessein. Sans doute, il était alors dans une période d'abondance intérieure où il n'y 40 avait nul interstice, par où le néant pût se glisser. Tout lui était un prétexte à cette fécondité intarissable : tout ce que voyaient ses yeux, tout ce qu'il entendait, tout ce que heurtait son être dans la vie quotidienne, chaque regard, chaque mot, faisait lever dans l'âme des moissons de rêves. Dans le ciel sans bornes de sa pensée, coulaient des millions d'étoiles.

Jean-Christophe. La Révolte (Albin Michel, éditeur).

— 1 Cf. « Être Dieu à son tour, être un foyer de joie, être un soleil de vie ! » *(Jean-Christophe)*. — 2 Cf. « Que cette force soit utile, ou qu'elle semble inutile, même dangereuse, dans l'ordre pratique, elle est la force, elle est le feu ; elle est l'éclair jailli du ciel : par là, elle est sacrée, par là, elle est bienfaisante... Elle est pareille au soleil, dont elle est issue. Le soleil n'est pas ni moral, ni immoral . *Il est Celui qui Est.* Il vainc la nuit. Ainsi l'art. » *(Le Buisson Ardent)*. — 3 Cf. « Je conçois d'abord comme une *nébuleuse* l'impression musicale de l'ensemble de l'œuvre ; puis les motifs principaux » (1895).

ADIEU A LA PATRIE

Pour défendre une jeune fille, JEAN-CHRISTOPHE a assommé, au cours d'une rixe, un sous-officier. Il se voit obligé de passer la frontière ; il ne reverra plus son pays que lors de brefs séjours clandestins. Sans doute il appartient à cette race des *artistes*, des « esprits fils du soleil » qui vivent à l'étroit dans une patrie ; sans doute, en lui, le *musicien* déjà « se tournait vers Paris. » Pourtant, quelle émotion au moment de quitter la « terre maternelle » ! Dès cette époque (1907), R. ROLLAND semble pressentir le débat intérieur entre son internationalisme et son attachement à la patrie, deux sentiments qu'il tentera d'associer intimement, sans peut-être y parvenir toujours comme il le souhaiterait.

Christophe s'arrêta à quelques pas de la frontière, dans la campagne déserte. Devant lui, une toute petite mare, une flaque d'eau très claire, où se reflétait le ciel mélancolique. Elle était close d'une palissade, et bordée de deux arbres. A droite, un peuplier, à la cime dépouillée, qui tremblait. Derrière, un grand noyer, aux branches noires et nues, comme un polype monstrueux. Des grappes de corbeaux s'y balançaient lourdement. Les dernières feuilles exsangues se détachaient d'elles-mêmes, et tombaient une à une sur l'étang immobile...

Il lui semblait qu'il avait déjà vu cela : ces deux arbres, cet étang... — Et brusquement, il eut une de ces minutes de vertige, qui s'ouvrent de loin en loin dans la plaine de la vie. Une trouée dans le Temps. On ne sait plus où on est, qui on est, dans quel siècle l'on vit, depuis combien de siècles on est ainsi. Christophe avait le sentiment que cela avait déjà été, que ce qui était maintenant n'était pas maintenant, mais dans un autre temps. Il n'était plus lui-même. Il se voyait du dehors, de très loin, comme un autre qui déjà s'était tenu debout, ici, à cette place [1]. Il entendait une ruche de souvenirs inconnus ; ses artères bruissaient :

« Ainsi... Ainsi... Ainsi... »
Le grondement des siècles...

Bien d'autres Krafft avant lui avaient subi les épreuves qu'il subissait aujourd'hui, et goûté la détresse de cette dernière heure sur la terre natale [2]. Race toujours errante, et de partout bannie par son indépendance et son inquiétude. Race toujours en proie à un démon intérieur, qui ne lui permettait de se fixer nulle part. Race attachée pourtant au sol d'où on l'arrachait, et ne pouvant s'en déprendre...

Christophe repassait à son tour par les mêmes étapes ; et ses pas retrouvaient sur le chemin les traces de ceux qui l'avaient précédé. Il regardait, les yeux pleins de larmes, se perdre dans la brume la terre de la patrie, à laquelle il fallait dire adieu... N'avait-il pas désiré ardemment la quitter ? — Oui ; mais à présent qu'il la quittait vraiment, il se sentait étreint d'angoisse. Il n'y a qu'un cœur de bête qui puisse se séparer sans émotion de la terre maternelle. Heureux ou malheureux, on a vécu ensemble ; elle a été la compagne et la mère : on a dormi en elle, on a

---

— 1 Cf. p. 107, l. 27-29. — 2 Les Krafft sont | d'origine flamande ; le grand-père avait dû, lui | aussi, quitter la Hollande à la suite d'une rixe.

dormi sur elle, on en est imprégné ; elle garde dans son sein le trésor de nos rêves, de notre vie passée, et la poussière sacrée de ceux que nous avons aimés. Christophe revoyait la suite de ses jours et les chères images qu'il laissait sur cette terre, ou dessous... Il ne pouvait s'arracher à ses morts... L'idée de sa mère, qu'il laissait, seule vivante de tous ceux qu'il aimait, au milieu de ces fantômes, lui était intolérable. Il fut sur le point de repasser la frontière, tant il se trouvait lâche d'avoir cherché la fuite.

> *Jean-Christophe. La Révolte* (Albin Michel, éditeur).

JEAN-CHRISTOPHE *est maintenant à Paris. C'est pour* ROMAIN ROLLAND *l'occasion de dire ce qu'il pense des fausses élites, du monde corrompu des arts et de la politique, et de la musique médiocre qu'il dénonce dans* La Foire sur la Place *(1908). S'inspirant des conteurs du XVIIIe siècle, il prête ses indignations à « Jean-Christophe l'Iroquois », étranger mal dégrossi et « injuste pour une civilisation que, du premier mouvement, il méconnaît »* (Mémoires). *Mais le héros découvrira dans sa maison des locataires de toutes les « familles spirituelles » de notre pays, et surtout, il aura la chance de rencontrer* OLIVIER JEANNIN *qui deviendra pour lui plus qu'un ami, un frère. Avec un brin d'optimisme juvénile — mais, hélas, sur un ton doctoral que ne relève aucune pointe d'humour —* OLIVIER *lui révélera ce qui est, pour Romain Rolland, le vrai visage de la France :* l'élite, *animée par un idéal ou par une foi, et le* peuple *laborieux où se conservent les saines vertus.*

Peu à peu le compositeur devient célèbre. *Il connaîtra maintes aventures amoureuses ; il se trouvera mêlé à* l'agitation sociale *et aura la douleur de perdre* OLIVIER, *tué au cours d'une émeute. Au terme d'une vie enchantée par la « divine musique », ayant conquis la sérénité, il séjourne en Suisse, en Italie, et s'éteint dans une* dernière exaltation musicale.

« Le jour qui va naître... »

D'une réelle *originalité littéraire*, bien que le symbolisme en paraisse parfois un peu flou, les dernières pages reprennent, en même temps que certains *motifs* artistiques, les *thèmes majeurs* de la vaste *symphonie*. Au terme d'une existence si pleine, les *images du passé* reviennent en foule, images de l'enfance, images de l'amour et de l'amitié surtout, qui, avec la musique, ont tenu tant de place dans la vie de JEAN-CHRISTOPHE. Sur le rivage de la mort, ce qui jaillit tout naturellement des lèvres du grand musicien, c'est un « *cantique à la vie* », — à la vie avec toutes ses contradictions, extase et agonie, nuit et jour, amour et haine, — riche complexité dont *l'harmonie* constituait, selon l'auteur, l'objet même de la *morale* (cf. note 7). Et pour son héros, dont la personnalité, toute en *devenir*, est comme l'illustration de la parole de Goethe : « *Meurs et deviens !* », il n'était pas de plus grand réconfort — après avoir porté sur cette terre son lourd message, après avoir été l'instrument de son Dieu, — que d'aborder à l'autre rive où « *tout n'est plus qu'un seul cœur* », avec la certitude de renaître un jour « pour de nouveaux combats ».

Christophe s'absorbait dans la vue passionnée d'une branche d'arbre qui passait devant les carreaux. La branche se gonflait, les bourgeons humides éclataient, les petites fleurs blanches s'épanouissaient ; il y avait, dans ces fleurs, dans ces feuilles, dans tout cet être qui ressuscitait, un tel abandon extasié à la force renaissante que Christophe ne sentait plus son oppression, son misérable corps qui mourait, pour revivre en la branche d'arbre. Le doux rayonnement de cette vie le baignait. C'était comme un baiser. Son cœur trop plein d'amour se donnait au bel arbre, qui souriait à ses derniers instants. Il songeait qu'à cette minute, des milliers d'êtres s'aimaient, que cette heure d'agonie pour lui pour d'autres était une heure d'extase, qu'il en est toujours ainsi, que jamais ne tarit la joie puissante de vivre [1]. Et, suffoquant, d'une voix qui n'obéissait plus à sa pensée, — (peut-être même aucun son ne sortait de sa gorge ; mais il ne s'en apercevait pas) — il entonna un cantique à la vie. Un orchestre invisible lui répondit. Christophe se disait : « Comment font-ils, pour savoir ? Nous n'avons pas répété. Pourvu qu'ils aillent jusqu'au bout, sans se tromper ! »

Il tâcha de se mettre sur son séant, afin qu'on le vît bien de tout l'orchestre, marquant la mesure, avec ses grands bras. Mais l'orchestre ne se trompait pas ; ils étaient sûrs d'eux-mêmes. Quelle merveilleuse musique !

Voici qu'ils improvisaient maintenant les réponses ! Christophe s'amusait : « Attends un peu, mon gaillard ! Je vais bien t'attraper. » Et, donnant un coup de barre, il lançait capricieusement la barque, à droite, à gauche, dans des passes dangereuses. — « Comment te tireras-tu de celle-ci ?... Et de celle-là ? Attrape !... Et encore de cette autre ? » Ils s'en tiraient toujours ; ils répondaient aux audaces par d'autres encore plus risquées. — « Qu'est-ce qu'ils vont inventer ? Sacrés malins !... » Christophe criait bravo, et riait aux éclats. — « Diable ! C'est qu'il devient difficile de les suivre ! Est-ce que je vais me laisser battre ?... Vous savez, ce n'est pas de jeu ! Je suis fourbu, aujourd'hui... N'importe ! Il ne sera pas dit qu'ils auront le dernier mot... »

Mais l'orchestre déployait une fantaisie d'une telle abondance, d'une telle nouveauté qu'il n'y avait plus moyen de faire autre chose que de rester, à l'entendre, bouche bée.

« Est-ce beau ! Est-ce beau ! Encore ! Hardi, mes gars... Mais de qui cela peut-il être ?... Vous dites ? Vous dites que cette musique est de Jean-Christophe Krafft ? Allons donc ! Quelle sottise ! Je l'ai connu, peut-être ! Jamais il n'eût été capable d'en écrire dix mesures... Qui est-ce qui tousse encore ? Ne faites pas de bruit ! Quel est cet accord-là ?... et cet autre ?... Pas si vite ! Attendez !... »

Christophe poussait des cris inarticulés ; sa main, sur le drap qu'elle serrait, faisait le geste d'écrire ; et son cerveau épuisé, machinalement continuait à chercher de quels éléments étaient faits ces accords et ce qu'ils annonçaient. Il n'y parvenait point : l'émotion faisait lâcher prise. Il recommençait... Ah ! cette fois, c'était trop...

« Arrêtez, arrêtez, je n'en puis plus... »

Sa volonté se desserra tout à fait. De douceur, Christophe ferma les yeux. Des larmes de bonheur coulaient de ses paupières closes. La petite fille qui le gardait, sans qu'il s'en aperçût, pieusement les essuya. Il ne sentait plus rien de ce qui se passait ici-bas. L'orchestre s'était tu, le laissant sur une harmonie vertigineuse, dont l'énigme n'était pas résolue.

Trois cloches tranquilles sonnèrent. Les moineaux, à la fenêtre, pépiaient pour lui rappeler l'heure où il leur donnait les miettes du déjeuner... Christophe revit en rêve sa petite chambre d'enfant... Les cloches, voici l'aube [2] ! Les belles ondes sonores coulent dans l'air léger. Elles viennent de très loin, des villages là-bas... Le grondement du fleuve monte derrière la maison [3]... Christophe se retrouve accoudé, à la fenêtre de l'escalier. Toute sa vie coulait sous ses yeux, comme le Rhin. Toute sa vie... toutes ses vies, Louisa, Gottfried, Olivier, Sabine...[4] « Mère, amantes, amis... Comment est-ce qu'ils se nomment ?... Amour, où êtes-vous ? Où êtes-vous, mes âmes ? Je sais que vous êtes là, et je ne puis vous saisir.

— 1 Cf. p. 110-111, et p. 112 — 2 Cf p. | de Jean-Christophe, son oncle, son ami le plus 107, l. 26. — 3. Cf. p. 107, n. 2. — 4 La mère | cher (cf. p. 114), une veuve qu'il a aimée.

— Nous sommes avec toi. Paix, notre bien-aimé ! — Je ne veux plus vous perdre. Je vous ai tant cherchés ! *— Ne te tourmente pas. Nous ne te quitterons plus.*
60 — Hélas ! le flot m'emporte. *— Le fleuve qui t'emporte, nous emporte avec toi.* — Où allons-nous ? *— Au lieu où nous serons réunis.* — Sera-ce bientôt ? *— Regarde !* » Et Christophe, faisant un suprême effort pour soulever la tête, — (Dieu ! qu'elle était pesante !) — vit le fleuve débordé, couvrant les champs, roulant auguste, lent, presque immobile. Et, comme une lueur d'acier, au bord de l'horizon, semblait courir vers lui une ligne de flots d'argent, qui tremblaient au soleil. Le bruit de l'Océan [5]... Et son cœur, défaillant, demanda : « Est-ce Lui ? » La voix de ses aimés lui répondit : « *C'est Lui.* » Tandis que le cerveau, qui mourait, se disait : « La porte s'ouvre... *Voici l'accord que je cherchais !...* Mais ce n'est pas la fin ? Quels espaces nouveaux !... Nous continuerons demain. »
70 O joie, joie de se voir disparaître dans la paix souveraine du Dieu, qu'on s'est efforcé de servir, toute sa vie !...
« Seigneur, n'es-tu pas trop mécontent de ton serviteur ? J'ai fait si peu ! Je ne pouvais davantage... J'ai lutté, j'ai souffert, j'ai erré, j'ai créé [6]. Laisse-moi prendre haleine dans tes bras paternels. Un jour, je renaîtrai, pour de nouveaux combats ».
Et le grondement du fleuve, et la mer bruissante chantèrent avec lui : « *Tu renaîtras. Repose ! Tout n'est plus qu'un seul cœur. Sourire de la nuit et du jour enlacés. Harmonie* [7], *couple auguste de l'amour et de la haine ! Je chanterai le Dieu aux deux puissantes ailes. Hosanna à la vie ! Hosanna à la mort !* »

*

Saint Christophe [8] a traversé le fleuve. Toute la nuit, il a marché contre le
80 courant. Comme un rocher, son corps aux membres athlétiques émerge au-dessus des eaux. Sur son épaule gauche est l'Enfant, frêle et lourd. Saint Christophe s'appuie sur un pin arraché, qui ploie. Son échine aussi ploie. Ceux qui l'ont vu partir ont dit qu'il n'arriverait point. Et l'ont suivi longtemps leurs railleries et leurs rires. Puis, la nuit est tombée, et ils se sont lassés. A présent, Christophe est trop loin pour que les cris l'atteignent de ceux restés là-bas. Dans le bruit du torrent, il n'entend que la voix tranquille de l'Enfant, qui tient de son petit poing une mèche crépue sur le front du géant, et qui répète : « Marche ! » — Il marche, le dos courbé, les yeux, droit devant lui, fixés sur la rive obscure, dont les escarpements commencent à blanchir.
90 Soudain, l'angélus tinte, et le troupeau des cloches s'éveille en bondissant. Voici l'aurore nouvelle ! Derrière la falaise, qui dresse sa noire façade, le soleil invisible monte dans un ciel d'or. Christophe, près de tomber, touche enfin à la rive. Et il dit à l'Enfant : « Nous voici arrivés ! Comme tu étais lourd ! Enfant, qui donc es-tu ? »
Et l'Enfant dit : « *Je suis le jour qui va naître* [9]. »

Jean-Christophe. La Nouvelle Journée (Albin Michel, éditeur).

5 Symbolique : le fleuve de la vie, arrivé à son estuaire, va se perdre dans l'Océan, c'est-à-dire dans la Divinité. — 6 Cf. « L'important est... de faire flamber l'éternité dans nos actes à tous » *(Note pour Jean-Christophe)*, — et p. 111, *Introduction.* — 7 Cf. « Cherchez la plus belle harmonie, celle qui est le miel noir des dissonances » *(L'Ame Enchantée).* Pour R. Rolland, qui est loin d'être un doctrinaire, l'art de vivre consiste, non à réduire par élimination les antinomies, mais à composer les contraires. — 8 Christophe signifie Porte-Christ (grec *Christophoros*) : la légende en a fait un géant qui porta un jour sur ses épaules, pour lui faire traverser un fleuve, un enfant qui n'était autre que l'Enfant Jésus. — 9 L'Enfant symbolise le message de vie énergique et d'amour universel que portait Jean-Christophe. Ce message trouvera sa consécration dans cette *Nouvelle Journée* vers laquelle tendait son existence terrestre : d'où le titre du dernier livre de *Jean-Christophe.*

MAURICE BARRÈS

Prélude
au culte du moi
« D'UN SANG LORRAIN ». Maurice Barrès est né, en août 1862, à Charmes (Vosges). Sa famille paternelle était d'origine auvergnate mais celle de sa mère avait pris racine en Lorraine depuis plusieurs générations. L'enfant, qui avait vu en 1870 le triste flot de la défaite, allait vivre trois années dans une ville occupée par l'ennemi, et en garder un souvenir ineffaçable. En 1873, il entre au collège : « Le *culte du moi*, dira-t-il dans les *Cahiers*, je m'y acheminai le jour où mes parents me laissèrent... près des cygnes, au milieu des enfants méchants dans la cour d'honneur de La Malgrange ». S'il eut à souffrir parfois de la solitude, l'adolescent acquit, dans cette discipline traditionnelle, le *sens de la vie intérieure* et une ombrageuse *fierté*.

« LE SECRET DES FORTS ». « Rien de mes émotions de jadis ne me paraîtrait léger aujourd'hui » écrira Barrès dans son *Oraison (Sous l'œil des Barbares)*. En évoquant « ce gamin trop sensible et trop raisonneur » qui déjà aimait mieux être seul que « jouer avec ceux qu'[il] n'avait pas choisis », il dessine les *traits essentiels et permanents de sa personnalité*, à la fois très vulnérable et très volontaire. « Le secret des forts est de se contraindre sans répit ».

LE LYCÉEN. De 1877 à 1880, Maurice Barrès est élève du lycée de Nancy, où il aura comme professeur de Philosophie Auguste Burdeau, (le Paul Bouteiller des *Déracinés*). Quelque peu réfractaire à cet enseignement, selon lui trop kantien, il se réfugiait dans des lectures librement choisies : Rousseau, Gautier, Baudelaire.

A PARIS. En 1883, l'étudiant qui a commencé son Droit à Nancy débarque à Paris, attiré par le prestige des milieux littéraires, en particulier ceux du Parnasse où, dit-il, « personne ne pense bassement ». Introduit auprès de Leconte de Lisle, il rencontrera chez lui des écrivains illustres, et même un jour Victor Hugo.

En 1884, il fondait une revue éphémère, *Les Taches d'Encre*, dont il devait, presque seul, remplir les quatre numéros. Les maîtres de la jeunesse sont alors Taine et Renan, et le très jeune Barrès ne craint pas de railler ces pontifes *(Huit jours chez M. Renan ; M. Taine en voyage)*. Plus tard, tout en ayant regret de ses persiflages sur Taine, il ne renoncera pas toutefois à conserver ces quelques lignes pleines d'humour où, fervent des grands lacs lombards, il s'amusait du vieil intellectuel égaré sur leurs bords. (Cf. *Du Sang, de la Volupté et de la Mort*).

Face aux « Barbares »
L'INDIVIDUALISTE. C'est sous le titre collectif de *Culte du Moi* que parut la trilogie qui comprend *Sous l'œil des Barbares* (1888), *Un Homme libre* (1889) et *Le Jardin de Bérénice* (1891). Déçu par l'ironique scepticisme de Renan comme par les théories trop systématiques de Taine, Barrès veut assurer la *culture de son âme* selon des idéaux personnels où la seule valeur indiscutable et immédiatement perceptible est le *Moi*. Pour que l'âme ne reste pas « un passage où se pressent les sentiments et les idées », il faut poser quelques principes d'un *individualisme conscient et concerté* :

-- Notre moi n'est pas immuable : il faut le défendre chaque jour et, chaque jour, le créer. — Le culte du moi n'est pas de s'accepter tout entier : cette *éthique* réclame de ses *servants* un constant *effort* ; c'est une culture qui se fait par *élaguements* et par *accroissements*.

— Notre premier devoir est de *défendre* notre moi contre tout ce qui risque de le contrarier ou de l'affaiblir dans l'épanouissement de sa propre sensibilité, contre *les Barbares*.

Seule, la solitude n'est jamais avilissante. C'est elle qui permet à la pensée d'aller plus haut et plus profond. Grand lecteur de Dante, de Sainte Thérèse et de Pascal (cf. *Les Maîtres*), Barrès, lui aussi, « aspire à entendre ses voix ». Dans la solitude, ou dans l'intimité intellectuelle de son ami Simon, le Barrès d'*Un Homme libre* établit donc ces trois maximes souveraines :

« *Premier Principe :* Nous ne sommes jamais si heureux que dans l'exaltation.

Deuxième Principe : Ce qui augmente beaucoup le plaisir de l'exaltation, c'est de l'analyser.

Conséquence : Il faut sentir le plus possible en analysant le plus possible.* »

LES INTERCESSEURS. Mais *Le Jardin de Bérénice* dénoncera « cette griserie de la solitude où risque de se déformer l'univers ». L'individu devra se choisir, selon ses affinités, des amis dans tous les temps, et d'abord des *intercesseurs* qui l'aident et l'initient. Un Benjamin Constant, un Sainte-Beuve seront ainsi élus ; mais l'*histoire* offre aussi des figures exemplaires, René II de Lorraine, Jeanne d'Arc « à l'aise avec les grands, et la sœur en franchise des petits », ou Drouot quittant la gloire de la Grande Armée pour achever sa vie « en brave homme parmi ses concitoyens ». De tous ces héros, « c'est mal dire qu'ils aiment le peuple, ils ne s'en distinguent pas : *leur race se confond avec eux-mêmes* ». *(Un Homme libre*, Première Partie).

« *Simon et moi, nous comprîmes alors notre haine des étrangers, des* barbares, *et notre égotisme où nous enfermons* avec nous-mêmes *toute notre petite famille morale. Le premier soin de celui qui veut vivre, c'est de s'entourer de hautes murailles. Mais, dans* son jardin fermé, *il introduit avec lui ceux que guident des façons analogues de sentir et des intérêts communs.* »

La voix de la Lorraine   Une *nouvelle étape spirituelle* va conduire l'individualiste vers sa terre *ancestrale*. Un soir, seul dans la petite ville mélancolique d'Haroué, il sent planer sur les fossés du château en ruines « l'âme ancienne de la Lorraine ». Dans la solitude glacée d'une chambre quasi monacale, il médite longuement sur cette unité profonde de son moi et de sa province natale, « rebelle à certaines cultures, stérile sur certains points ». « Je mesurai, dit-il, de grands travaux accomplis par des générations d'inconnus et je reconnus que c'était le labeur de mes ancêtres lorrains ». Tous ces morts qui ont « *bâti sa sensibilité* », soudain rompent le silence ; « *ce fut alors comme une conversation intérieure que j'avais avec moi-même ; les vertus diverses dont je suis le son total me donnaient le conseil de · chacun de ceux qui m'ont créé à travers les âges.* »

Dès lors, lassé de ces premiers intercesseurs dont il ne recueillait que des *notions* sur sa *sensibilité*, l'écrivain va rechercher en Lorraine la *loi de son développement*. Mais à mesure qu'il se reconnaît davantage fils de cette terre attristée par tant de combats et peut-être découragée par la défaite, il entend s'élever la *voix même de son pays*. « Alors la Lorraine me répondit : Il est un instinct en moi qui a abouti... c'est le sentiment du devoir, que les circonstances m'ont fait témoigner sous la forme de bravoure militaire. Et, si découragée que puisse être ta race, cette *vertu doit subsister en toi... Tu es la conscience de notre race.* C'est peut-être en ton âme que *moi, Lorraine*, je me serai connue le plus complètement. » *(Un Homme libre.)*

Ainsi, *du culte du moi* au *nationalisme, il n'y aura pas rupture mais approfondissement*. Dans cette affirmation d'une originalité irréductible de la personne, ne peut-on reconnaître en effet, avec Ramon Fernandez, un « *nationalisme du moi* »*?* En prenant conscience des éléments qui constituent son être et lui créent des devoirs, Maurice Barrès *enracine* l'individu dans la terre où il est né. Par là se précise et s'élargit la notion de *Barbares :* « Les Grecs ne voyaient que Barbares hors de la patrie grecque. » Désormais Barrès retrouvera en son âme toute sa patrie et dans la patrie une personne.

« *Et puis ce fut la vie* » « Et puis ce fut la vie, car il fallut agir » s'écrie le Barrès d'*Un Homme libre*. Déjà, par la bouche de son héros, Philippe *(Sous l'œil des Barbares)*, il s'interrogeait sur l'avenir, sur la destinée, sur l'action : « le problème de la vie, écrivait-il, se présente à moi avec une grande clarté ».

Sa *carrière politique* allait naître, brillante, et parfois tout éclairée d'orages. L'année même où, dans *Un Homme libre*, Barrès avait célébré «*la conscience lorraine englobée dans la conscience française*», on l'avait élu député de Nancy, à vingt-sept ans, parmi les adeptes du mouvement *boulangiste*.

Au retour d'un voyage en Espagne (1892) d'où il rapportait, de Cordoue et de Tolède, tant d'images fascinantes, il méritait vraiment son titre de « prince de la jeunesse » ; mais, en 1893, peut-être *L'Ennemi des Lois* effraya-t-il un public plus épris de traditions que d'originalité : le jeune député ne fut pas réélu et il s'en consola dans les délices des souvenirs espagnols *(Du Sang, de la Volupté et de la Mort)*. Cependant, cette année-là, le 15 octobre 1894, on arrêtait Alfred Dreyfus.

L'ÉNERGIE NATIONALE. Une époque s'ouvrait qui devait être dominée par les remous de « l'Affaire ». En face de Zola, Barrès prend parti contre Dreyfus dont le second procès se déroulera en 1900, dans une atmosphère de fiévreuse agitation. En janvier 1899 s'était fondée la *Ligue de la patrie française* où Maurice Barrès militera aux côtés de Déroulède (sans atteindre d'ailleurs aux violences de Drumont dans *La Libre Parole*). Mais il n'est pas facile d'imposer au public un nouvel aspect de soi-même. Dans les milieux intellectuels « de gauche » on considérait encore Barrès comme un dilettante impénitent ; ainsi la *Revue Blanche* publie, sous la plume de Lucien Herr, une remon-trance sévère : « La vie est là, pressante, sérieuse, et nous n'avons le loisir ni de jouer, ni de nous complaire à vos jeux. »

Ce n'étaient plus des jeux, pourtant, que ces articles publiés dans *La Cocarde* en 1894 et 1895, par un écrivain désormais engagé dans la voie du *nationalisme*.

« LA TERRE ET LES MORTS ». Avant même de prononcer, en 1899, sa célèbre conférence sur *La Terre et les Morts*, Maurice Barrès s'est fait l'apôtre du « racinement » (le mot est de lui). Peut-être la naissance de son fils Philippe (1896) et la mort de son père (1898) ont-elles enrichi pour lui de nuances plus sensibles ces notions, en partie héritées de Taine.

« LES DÉRACINÉS ». Nouvelle trilogie dans son œuvre, *Les Déracinés* (1897), *L'Appel au Soldat* (1900), *Leurs Figures* (1902) affirmeront ses principes jusqu'au durcissement. Œuvre d'un *doctrinaire* plus que d'un romancier, *Les Déracinés* poussent à l'extrême les théories barrésiennes sur la fidélité au sol natal. En voici le thème.

Gagnés à une vision trop abstraite de la vie par l'enseignement de leur maître, le philo-sophe Bouteiller, sept jeunes gens du lycée de Nancy abandonnent la Lorraine pour Paris. Après toutes sortes de déboires et de désillusions, deux d'entre eux, Racadot et Mouchefrin, iront jusqu'au *crime*. Si l'un évite la guillotine grâce à la complicité d'un ami, Racadot *déraciné* sera « *décapité* ». Tous les défauts de l'œuvre à thèse viennent alourdir ce livre, riche par ailleurs d'idées et d'observations. C'est sans doute l'ouvrage de Barrès qui lui suscita le plus de contradicteurs. Ainsi, André Gide s'écriait en 1897 : « Né à Paris, d'un père Uzétien et d'une mère Normande, où voulez-vous, Monsieur Barrès, que je m'enracine ? » Cependant, en 1902, les *Scènes et Doctrines du Nationalisme* montreront l'auteur toujours ferme sur ses positions.

« JE N'AI PAS L'AME GRECQUE ». Tandis qu'il joue ce rôle actif dans la vie politique française et qu'il ne cesse de retourner dans sa Lorraine pour garder le contact avec la terre natale, Barrès, « amateur d'âmes » et de paysages, cherche encore des émotions sous le ciel de l'Espagne, de l'Italie et de la Grèce. En 1903, il consacre à Venise *Amori et Dolori sacrum*. En 1906, dans *Le Voyage de Sparte* il s'en prend aux archéologues qui, pour dégager l'œuvre de Phidias sur l'Acropole, ont abattu une vieille tour franque : « Je n'ai pas l'âme grecque ; j'ai une âme composite et par là fort capable de comprendre la signification de l'Acropole que vous avez détruite [...]. Où est-elle, Athéna ? Cette déesse s'est-elle réfugiée dans vos âmes ? Elle fut un instant du divin dans le monde. Eh bien, pour nous, aujourd'hui, le divin gît dans un sentiment très fort et très clair de l'évolution et de l'écoulement des choses ».

ACADÉMICIEN ET DÉPUTÉ. Cette même année 1906 devait marquer le confluent de ses deux carrières en ouvrant à Barrès l'Académie Française et, de nouveau, la Chambre des Députés où, représentant de Paris, il allait multiplier à la tribune des interventions toujours plus vibrantes. Défenseur des édifices religieux (mis en danger par la loi de Séparation des Églises et de l'État), il associa continûment à son nationalisme le catholicisme en qui il voyait une partie intégrante de l'héritage national. *Colette Baudoche* en 1909, puis (après son essai sur le Greco, 1911) l'ample message de *La Colline inspirée* (1913) témoignent hautement de cette cohésion spirituelle qui, en 1914, s'exprimera avec générosité dans *La Grande Pitié des églises de France*.

A la veille de la guerre, il ira respirer encore le vieil enchantement oriental et ne reviendra de ce voyage que pour s'incliner devant la mort de Jaurès (31 juillet 1914), car il voyait dans cet « inspiré » un adversaire mais non un ennemi.

« Dans une juste guerre » On ne peut séparer les noms de Barrès et de Péguy au moment où éclate cette guerre à laquelle ils préparaient depuis si longtemps l'âme française. L'hécatombe, qui priva le pays de tant d'écrivains, allait inspirer à Barrès l'émouvant martyrologe de 1916 où il fait l'appel de « ces jeunes âmes pleines de divinité », puis un livre de réconciliation nationale : *Les Diverses Familles spirituelles de la France* (1917). Au long des quatre années de lutte il multiplie ses *Chroniques*, témoignages d'une sorte d'*enrôlement* dans ces armées où il ne pouvait plus servir. Aussi sa place était-elle bien à Metz, en novembre 1918, lorsque les troupes françaises entrèrent dans la ville.

« Aux grandes profondeurs » Au XIIIᵉ volume de ses *Cahiers* (dont l'ensemble, posthume, comprend quatorze tomes), Barrès avait noté une de ces rêveries nocturnes qui le menaient sur un océan de pensées graves ou funèbres : « Et je songe qu'un de ces jours le bateau va s'ouvrir et lâcher aux grandes profondeurs mon cadavre tournoyant ». Mais ses dernières années devaient lui permettre encore de tourner les yeux vers la Germanie et vers l'Orient, pôles constants de ses méditations. En 1921, paraît *Le Génie du Rhin* ; en 1922, *Un Jardin sur l'Oronte*. Et Barrès relisait quelques pages du *Mystère en pleine lumière* (posthume, 1926) le jour même où il fut emporté par la mort, le 4 décembre 1923.

« Une certaine note juste » Par la richesse et la diversité de ses dons, par la présence simultanée en lui d'un *individualiste* et d'un *politique*, MAURICE BARRÈS devait ressentir des appels contradictoires, peut-être jusqu'au déchirement. Aussi a-t-il cherché toute sa vie l'*unité spirituelle*. Dans des *Mémoires*, entrepris en 1907, il se disait « à la poursuite d'une certaine note juste, qu'il s'agit de dégager en soi, de composer et d'exprimer. » Mais comme il ne voulait rien renier de son héritage, il a été, en fait, *fidèle* à lui-même en restant *multiple*. C'est pourquoi sa musique intérieure, loin de se limiter à la monotonie, évoquerait plutôt les résonances d'un *accord*, grave et passionné.

L'INSTANT ET L'ÉTERNITÉ

Ce passage d'*Un Homme libre* exprime de façon significative quelques constantes barrésiennes dans la trilogie intitulée *Le Culte du moi* ; d'abord ce que l'auteur appelle, aux premières pages du livre, « une hygiène de l'âme » et qui est, en fait, une *ascèse* par l'intensité de la réflexion et le choix très volontaire des valeurs ; puis les *affinités électives* entre une âme et un paysage peuplé d'âmes ; enfin, l'intuition d'une sorte d'enracinement dans la *durée* qui éternise l'instant ou, du moins, l'insère dans une immense perspective d'histoire, de culture et d'émotions.

Je le dis, un instant des choses, si beau qu'on l'imagine, ne saurait guère m'intéresser. Mon orgueil, ma plénitude, c'est de les concevoir sous la forme d'éternité. Mon être m'enchante, quand je l'entrevois échelonné sur les siècles, se développant à travers une longue suite de corps. Mais dans mes jours de sécheresse[1] si je crois qu'il naquit, il y a vingt-cinq ans, avec ce corps que je suis et qui mourra dans trente ans, je n'en ai que du dégoût.

Oui, une partie de mon âme, toute celle qui n'est pas attachée au monde extérieur, a vécu de longs siècles avant de s'établir en moi. Autrement, serait-il possible qu'elle fût ornée comme je la vois ! Elle a si peu progressé depuis vingt-cinq ans que je peine à l'embellir ! J'en conclus que, pour l'amener au degré où je la trouvai dès ma naissance, il a fallu une infinité de vies d'hommes. L'âme qui habite aujourd'hui en moi est faite des parcelles qui survécurent à des milliers de morts ; et cette somme, grossie du meilleur de moi-même, me survivra en perdant mon souvenir.

Je ne suis qu'un instant d'un long développement de mon Être ; de même la Venise de cette époque n'est qu'un instant de l'Ame vénitienne. Mon Être et l'Être vénitien sont illimités. [...]

Cette émotion particulière qui est la partie essentielle de Venise, cette sensibilité qui forme l'atmosphère de cette ville et dont chacun des détails de cette race porte l'empreinte, seules la perçoivent pleinement les âmes marquées d'une sensibilité parente. Ce caractère mystérieux, que je nomme l'âme de tout groupe d'humanité et qui varie avec chacun d'eux, on l'obtient en éliminant mille traits mesquins, où s'embarrasse le vulgaire [...]

Ainsi durant quelques semaines, couché sur mon vaste lit des Fondamenta Bragadin[2], ou, plus réellement, vivant dans l'éternel, je fus ravi

---

tuel : *souffrant, militant, triomphant*). — 2 Barrès avait choisi ce quartier de Venise, proche de l'Accademia, pour son *nom* : « Bragadin est un doge qui, par grandeur d'âme, consentit à être écorché vif », « et parfois, dit-il, je songe que je me suis fait un sort analogue. »

à tout ce qu'il y a de bas en moi et autour de moi ; je fus soustrait aux
Barbares. Même je ne les connaissais plus ; ayant été au milieu d'eux
30 l'esprit souffrant, puis à l'écart l'esprit militant, par ma méthode je devenais
l'esprit triomphant.
  Ici se réfugièrent des rois dans l'abandon [3], et des princes de l'esprit
dans le marasme. Venise est douce à toutes les impériosités abattues.
Par ce sentiment spécial qui fait que nous portons plus haut la tête sous
un ciel pur et devant des chefs-d'œuvre élancés, elle console nos chagrins
et relève notre jugement sur nous-mêmes. J'ai apporté à Venise tous les
dieux trouvés un à un dans les couches diverses de ma conscience. Ils
étaient épars en moi, tels qu'au soir de mon abattement d'Haroué [4]; je l'ai
priée de les assimiler et de leur donner du style. Et tandis que je contemplais
40 sa beauté, j'ai senti ma force qui, sans s'accroître d'éléments nouveaux,
prenait une merveilleuse intensité.
                                    Un Homme Libre (Librairie Plon, éditeur).

Un peintre de l'âme

MAURICE BARRÈS apparaît ici non comme un doctrinaire mais comme un excellent
critique d'art. Lorsque parut, en 1911, *Greco ou le secret de Tolède*, celui que l'on considère
aujourd'hui comme l'un des plus grands peintres de tous les temps était loin d'être aussi
connu et Barrès a certainement beaucoup contribué à le rendre célèbre. Ce fut pourtant
un « déraciné » que ce Domenikos Theotokopoulos, dit LE GRECO, né en Crète, italianisé
par Tintoret, puis fixé dans cette Espagne dont il a su, comme nul autre, rendre les
paysages, les grandes figures et la mystique passionnée (1540 ?-1614).

  L a Castille étonna, domina le Greco. Il arrive souvent qu'un étranger surpris
       par un milieu nouveau en saisit les nuances et saura le peindre mieux
       que ne feraient les indigènes de talent. Philippe de Champaigne vint
des Flandres à Paris pour être le portraitiste de Port-Royal. Le Greco, débarqué
d'Italie, s'est trouvé, en un rien de temps, le peintre le plus profond des âmes
castillanes. C'est lui, c'est ce Crétois qui nous fait le mieux comprendre les
contemporains de Cervantès et de Sainte Thérèse.
  Quelque première éducation byzantine, ou bien la nostalgie de son milieu
oriental lui servirent-elles pour qu'il aimât cette population catholique et
10 moresque ? Nous sommes libres de l'imaginer comme un héritier de la vieille
civilisation hellénique, ou d'admettre que, grandi au milieu des spectacles de
l'Islam, il était prédestiné pour interpréter la part sémitique qu'il y a dans
Tolède. Le certain, c'est qu'on le voit, dès son premier pas dans cette ville, se
soumettre d'enthousiasme aux influences du lieu, s'envelopper de l'atmosphère,
la simplifier et la dramatiser. Il traduit le paysage où il vient de tomber. Au
milieu des collines grises et des tristes hidalgos, il abandonne les intonations
chaudes, familières à l'opulente Venise et à la Rome des Papes, pour se plaire
aux lumières pâles et froides. Est-ce lui-même qu'il a représenté dans cet artiste

---

— 3 Voltaire en a témoigné dans *Candide*, chap. XXVI. — 4. Cf. p. 118, *La voix de la Lorraine*.

en train de peindre, que j'ai vu, il y a quelques années, au palais de San Telmo [1]
à Séville ? Tout au moins, c'est sa propre palette qu'il lui a mise à la main. Elle
ne se compose plus que de cinq couleurs : du blanc, du noir, du vermillon, de
l'ocre jaune et de la laque de garance. Délaissant la série des teintes rousses et
dorées, il adopte celle des bleus et du carmin. Il aime créer de violents contrastes
en posant de grandes masses de couleurs, vives jusqu'à la crudité, cependant
qu'il inonde ses œuvres de gris cendré.

Ce singulier mélange d'harmonie et de déséquilibre, cette intensité froide
et lumineuse lui servent à exprimer une certaine moralité. Que valent désormais
pour cet étrange converti le pittoresque et le paganisme chers à la magnifique
Venise ! A Tolède on ignore la beauté aimée pour elle-même, comme l'aime
l'Italie. Maintenant sa peinture présente les brusques alternatives saisissantes,
un peu barbares, de cette âme espagnole tout entière résumée par le prosaïque
Sancho et le visionnaire Don Quichotte. Le visionnaire toutefois domine. Greco
allonge les corps divins ; il les voit pareils à des flammes que les ténèbres semblent
grandir. Il enveloppe toutes ses visions d'une clarté stellaire.

Ce n'est pas que ce lunatique [2] perde le bénéfice de ses sérieuses études
italiennes. Il se souvient d'elles pour les employer dans un esprit nouveau. Tel
grand tableau du Tintoret, au musée du Prado, montre les teintes, les lignes,
voire l'émaciement du Greco, mais celui-ci est moins encombré, d'une plus
aiguë sobriété, j'oserai dire plus arabe.

Le voilà parti pour être un peintre de l'âme, et de l'âme la plus passionnée :
l'espagnole du temps de Philippe II. Il laisse à d'autres [3] de représenter les
martyrs affreux, les gesticulations violentes, toutes ces inventions bizarres ou
cruelles qui plaisaient à un peuple de mœurs dures, mais il gardera ce qui vit
de fierté et de feu au fond de ces excès. Ils valent pour ramener toujours les
esprits au point d'honneur et aux vénérations religieuses. Et, dans son œuvre,
Greco manifestera ce qui est le propre de l'Espagne, la tendance à l'exaltation
des sentiments.

Greco ou le secret de Tolède (Plon, éditeur).

LA COLLINE INSPIRÉE

*Ce livre, où l'on s'accorde généralement à voir le chef-
d'œuvre de Barrès, est né d'une terre déchirée, la* LORRAINE,
*présente à l'écrivain dès ses premiers ouvrages et qu'il a toujours
évoquée comme un bastion du patriotisme, et un temple des dieux anciens confusément mêlés aux
cérémonies chrétiennes. Sur la colline de Sion-Vaudémont il a fait revivre la dramatique
histoire des frères* BAILLARD, *trois prêtres qui s'étaient donné pour tâche « de relever la vieille
Lorraine mystique et de ranimer les flammes qui brûlent sur ses sommets ».*

L'œuvre est dominée par la figure de l'aîné, LÉOPOLD, *qui, avec le zèle d'un fondateur
d'ordre, rénove sur la colline le culte abandonné depuis la Révolution. Grâce à lui, la « sainte
montagne » devient un lieu de pèlerinage ; avec ses frères François et Quirin, il parcourt la
France et les pays voisins, s'allie à un illuminé,* Vintras, *et se croit favorisé d'un miracle en
la personne d'une de ses religieuses.*

*Mais une coalition de ses supérieurs hiérarchiques avec la libre-pensée se forme contre
Léopold. La rumeur publique dénonce dans les frères Baillard des hérétiques et ils sont excom-
muniés. François meurt sans sacrements. Des pratiques superstitieuses se substituent à la piété
chrétienne parmi la petite communauté irréductible. Des chansons et des pamphlets circulent
où tout n'est pas calomnie. Bientôt Léopold fait l'unanimité contre lui. Il est tragiquement*

— 1 Vaste édifice proche du Guadalquivir,
construit à la fin du XVIIe Siècle et où l'on a
réuni des œuvres d'art de la grande époque. —

2 D'après la tradition, le Greco était d'une
nervosité presque morbide. — 3 Tel Ribera,
qui semble se complaire aux scènes de martyre
(cf. *XIXe Siècle*, p. 266).

seul et, métamorphosé par sa passion, il entre vraiment « dans le cercle du noir enchanteur ».
Un soir d'hiver, après la mort de Quirin et de Vintras, on le trouve errant dans la neige, misérablement, mais le Père Aubry, curé de Sion, qui représente l'orthodoxie, va sauver cette âme perdue. « *Ai-je su comprendre Léopold ? se demande-t-il. Il y avait en lui quelque chose qui l'empêchait de trouver la paix. Mais dans notre paix à nous, n'y a-t-il pas une atonie de l'âme ? Il s'appuyait sur la colline ; il l'aimait comme aucun de nous ne l'a fait ; il voulait y puiser sans mesure. Ce n'est pas le crime d'une âme vile. Nous ne devons pas le laisser à Satan ; il faut le rendre au Christ qui m'en a donné la charge.* » Il offre donc sa propre vie pour le salut de l'égaré. *Après la mort du saint prêtre et grâce à son* intercession, *Léopold se rétractera et, rétabli dans sa dignité sacerdotale, il entendra les paroles de paix : « Fleuve troublé par les orages, va t'engloutir dans l'océan divin.* »

L'ensemble de l'œuvre et, en particulier, de tels accents ne devaient-ils pas avoir une influence profonde sur l'inspiration d'un François Mauriac ou d'un Georges Bernanos ?

LIEUX OÙ SOUFFLE L'ESPRIT

Dans ce prologue, véritable *prélude musical* où chantent les grands thèmes de l'œuvre, le pèlerin passionné qu'est MAURICE BARRÈS évoque les hauts lieux de la légende celtique. Avant d'y insérer la colline de Sion, acropole spirituelle de la Lorraine, il célèbre les puissances irrationnelles et la mystérieuse « vertu » qui font accéder l'âme aux domaines privilégiés où se révèlent les voix divines de la *poésie* et de la *prière*. Il ne saurait en dissocier les accords, car pour lui ce qui demeure essentiel c'est de pouvoir, en ces lieux magiques, entendre, au même titre et en même temps, la *double incantation* qui s'élevait déjà du syncrétisme nervalien : « Les soupirs de la sainte et les cris de la fée. »

Il est des lieux qui tirent l'âme de sa léthargie, des lieux enveloppés, baignés de mystère, élus de toute éternité pour être le siège de l'émotion religieuse. L'étroite prairie de Lourdes, entre un rocher et son gave rapide ; la plage mélancolique d'où les Saintes-Maries [1] nous orientent vers la Sainte-Baume ; l'abrupt rocher de la Sainte-Victoire [2] tout baigné d'horreur dantesque, quand on l'aborde par le vallon aux terres sanglantes ; l'héroïque Vézelay, en Bourgogne ; le Puy de Dôme [3], les grottes des Eyzies [4], où l'on révère les premières traces de l'humanité ; la lande de Carnac [5], qui parmi les bruyères et les ajoncs dresse ses pierres inex-
10 pliquées ; la forêt de Brocéliande [6] pleine de rumeur et de feux-follets, où Merlin par les jours d'orage gémit encore dans sa fontaine ; Alise-Sainte-Reine [7] et le mont Auxois, promontoire sous une pluie presque constante, autel où les Gaulois moururent aux pieds de leurs dieux ; le mont Saint-

---

— 1 Célèbre lieu de pèlerinage, à l'extrémité sud-ouest du delta du Rhône, où l'on célèbre le souvenir des « saintes femmes », où : Marie, mère de Jacques, et Marie-Salomé. La Grotte de la Sainte-Baume, où Sainte Marie-Madeleine serait retirée dans la pénitence, est située dans un massif montagneux des Bouches-du-Rhône et du Var. — 2 La Sainte-Victoire s'élève entre la vallée de l'Arc et celle de la Durance. — 3 Symbole et haut lieu de l'Auvergne ; Barrès

songe à Pascal et à sa propre ascendance paternelle. — 4 En Dordogne ; on y a fait d'importantes découvertes préhistoriques. — 5 Célèbre par ses alignements « druidiques ». — 6 Forêt qui s'étend entre Rennes et Brest, cadre légendaire des romans de chevalerie, des fées et des enchanteurs, tel *Merlin*. — 7 Petite ville de la Côte-d'Or, d'ordinaire identifiée à la citadelle gauloise d'*Alésia* qui s'élevait, sans doute, sur le *mont Auxois*.

Michel, qui surgit comme un miracle des sables mouvants ; la noire forêt
des Ardennes [8], tout inquiétude et mystère, d'où le génie tira, du milieu
des bêtes et des fées, ses fictions les plus aériennes ; Domremy enfin, qui
porte encore sur sa colline son Bois Chenu, ses trois fontaines, sa chapelle
de Bermont, et près de l'église la maison de Jeanne. Ce sont les temples
du plein air. Ici nous éprouvons soudain le besoin de briser de chétives
20 entraves pour nous épanouir à plus de lumière. Une émotion nous soulève ;
notre énergie se déploie toute, et sur deux ailes de prière et de poésie
s'élance à de grandes affirmations.

Tout l'être s'émeut, depuis ses racines les plus profondes jusqu'à ses
sommets les plus hauts. C'est le sentiment religieux qui nous envahit.
Il ébranle toutes nos forces. Mais craignons qu'une discipline lui manque,
car la superstition, la mystagogie [9], la sorcellerie apparaissent aussitôt,
et des places désignées pour être des lieux de perfectionnement par la
prière deviennent des lieux de sabbat. C'est ce qu'indique le profond
Gœthe, lorsque son Méphistophélès entraîne Faust sur la montagne du
30 Hartz [10], sacrée par le génie germanique, pour y instaurer la liturgie
sacrilège du *Walpurgisnachtstraum* [11].

D'où vient la puissance de ces lieux ? La doivent-ils au souvenir de
quelque grand fait historique, à la beauté d'un site exceptionnel, à l'émotion
des foules qui du fond des âges y vinrent s'émouvoir ? Leur vertu [12] est
plus mystérieuse. Elle précéda leur gloire et saurait y survivre. Que les
chênes fatidiques soient coupés, la fontaine remplie de sable et les sentiers
recouverts, ces solitudes ne sont pas déchues de pouvoir. La vapeur de
leurs oracles s'exhale, même s'il n'est plus de prophétesse pour la respirer.
Et n'en doutons pas, il est de par le monde infiniment de ces points
40 spirituels qui ne sont pas encore révélés, pareils à ces âmes voilées dont
nul n'a reconnu la grandeur. Combien de fois, au hasard d'une heureuse
et profonde journée, n'avons-nous pas rencontré la lisière d'un bois, un
sommet, une source, une simple prairie, qui nous commandaient de
faire taire nos pensées et d'écouter plus profond que notre cœur ! Silence !
les dieux sont ici.

Illustres ou inconnus, oubliés ou à naître, de tels lieux nous entraînent,
nous font admettre insensiblement un ordre de faits supérieurs à ceux
où tourne à l'ordinaire notre vie. Ils nous disposent à connaître un sens
de l'existence plus secret que celui qui nous est familier, et, sans rien
o nous expliquer, ils nous communiquent une interprétation religieuse
de notre destinée. Ces influences longuement soutenues produiraient
d'elles-mêmes des vies rythmées et vigoureuses, franches et nobles comme
des poèmes. Il semble que, chargées d'une mission spéciale, ces terres
doivent intervenir, d'une manière irrégulière et selon les circonstances,

---

— 8 Où Shakespeare a situé une scène poétique
de *Comme il vous plaira*. — 9 Initiation aux cérémonies païennes. — 10 Chaîne montagneuse de
l'Allemagne du Nord. — 11 « Songe d'une nuit

de Walpurgis », sorte de fête diabolique où les
sorcières se donnent rendez-vous ; épisode
du *Faust* de Gœthe. — 12 Pouvoir, puissance
magique, comme celle d'un philtre.

pour former des êtres supérieurs et favoriser les hautes idées morales. C'est là que notre nature produit avec aisance sa meilleure poésie, la poésie des grandes croyances. Un rationalisme indigne de son nom veut ignorer ces endroits souverains. Comme si la raison pouvait mépriser aucun fait d'expérience ! Seuls des yeux distraits ou trop faibles ne
60 distinguent pas les feux de ces éternels buissons ardents. Pour l'âme, de tels espaces sont des puissances comme la beauté ou le génie. Elle ne peut les approcher sans les reconnaître. Il y a des lieux où souffle l'esprit.

La Colline inspirée (Plon, éditeur).

La prairie et la chapelle

Ce Léopold Baillard, vieux prophète foudroyé, n'était-il qu'un mauvais génie et faut-il rejeter absolument tout ce qu'avant de faire sa soumission il a prédit, prêché, crié ? Non, son enthousiasme anarchique n'était pas sans grandeur : il incarnait la confuse lumière de la *prairie* que domine Sion. Mais sur une des pointes de la colline, entre les quatre murs d'une petite construction, l'esprit de la *chapelle* qui est celui de l'ordre, d'une discipline acceptée, entretient avec la voix de la prairie un dialogue éternel.

Nous sommes-nous égarés ? L'esprit de la colline serait-il un esprit de perdition ? Faut-il demander à la raison d'exorciser cette lande ? Faut-il laisser en jachère les parties de notre âme qu'elle est capable d'exciter ? Faut-il se détourner de Léopold, quand il se laisse soulever par le souffle de Sion ? Non pas ! C'est un juste mouvement de la part la plus mystérieuse de notre âme qui nous entraînait avec sympathie derrière Léopold sur les sommets sacrés. Nous sentons justement quelque similitude entre ces hauts domaines et les parties desséchées de notre âme. Dans notre âme, comme sur la terre, il existe des points nobles que le siècle laisse en léthargie. Ayons le courage de
10 marcher à nouveau, hardiment, sur cette terre primitive et de cultiver, par-dessous les froides apparences, le royaume ténébreux de l'enthousiasme. Rien ne rend inutile, rien ne supplée l'esprit qui palpite sur les cimes. Mais prenons garde que cet esprit émeut toutes nos puissances et qu'un tel ébranlement, précisément parce qu'il est de tout l'être, exige la discipline la plus sévère. Qu'elle vienne à manquer ou se fausse, aussitôt apparaissent tous les délires. Il s'est toujours joué un drame autour des lieux inspirés. Ils nous perdent ou nous sauvent, selon qu'ayant écouté leur appel nous le traduisons par un conseil de révolte ou d'acceptation. Allons sur l'antique montagne, mais laissons sa pensée dérouler jusqu'au bout ses anneaux, écoutons une expérience si vaste et sachons
20 suivre tous les incidents d'une longue phrase de vérité.
Un beau fruit s'est levé du sein de la colline. Dans ce vaste ensemble de pierrailles, d'herbages maigres, de boqueteaux, de halliers toujours balayés du vent, tapis barbare où depuis des siècles les songeries viennent danser, il est un coin où l'esprit a posé son signe. C'est la petite construction qu'on voit là-haut, quatre murailles de pierres sur une des pointes de la colline. L'éternel souffle qui tournoie de Vaudémont à Sion jette les rumeurs de la prairie contre cette maison de solidité, et remporte un message aux friches qu'il dévaste.

— Je suis, dit la prairie, l'esprit de la terre et des ancêtres les plus lointains, la liberté, l'inspiration.

30 Et la chapelle répond :

— Je suis la règle, l'autorité, le lien ; je suis un corps de pensées fixes et la cité ordonnée des âmes.

— J'agiterai ton âme, continue la prairie. Ceux qui viennent me respirer se mettent à poser des questions. Le laboureur monte ici de la plaine le jour qu'il est de loisir et qu'il désire contempler. Un instinct me l'amène. Je suis un lieu primitif, une source éternelle.

Mais la chapelle nous dit :

— Visiteurs de la prairie, apportez-moi vos rêves pour que je les épure, vos élans pour que je les oriente. C'est moi que vous cherchez, que vous voulez à
40 votre insu. Qu'éprouvez-vous ? Le désir, la nostalgie de mon abri. Je prolonge la prairie, même quand elle me nie. J'ai été construite, à force d'y avoir été rêvée. Qui que tu sois, il n'est en toi rien d'excellent qui t'empêche d'accepter mon secours. Je t'accorderai avec la vie. Ta liberté, dis-tu ? Mais comment ma direction pourrait-elle ne pas te satisfaire ? Nous avons été préparés, toi et moi, par tes pères. Comme toi, je les incarne. Je suis la pierre qui dure, l'expérience des siècles, le dépôt du trésor de ta race. Maison de ton enfance et de tes parents, je suis conforme à tes tendances profondes, à celles-là même que tu ignores, et c'est ici que tu trouveras, pour chacune des circonstances de ta vie, le verbe mystérieux, élaboré pour toi quand tu n'étais pas. Viens à moi si tu veux trouver
50 la pierre de solidité, la dalle où asseoir tes jours et inscrire ton épitaphe.

Éternel dialogue de ces deux puissances ! A laquelle obéir ? Et faut-il donc choisir entre elles ? Ah ! plutôt qu'elles puissent, ces deux forces antagonistes, s'éprouver éternellement, ne jamais se vaincre et s'amplifier par leur lutte même ! Elles ne sauraient se passer l'une de l'autre. Qu'est-ce qu'un enthousiasme qui demeure une fantaisie individuelle ? Qu'est-ce qu'un ordre qu'aucun enthousiasme ne vient plus animer ? L'église est née de la prairie, et s'en nourrit perpétuellement, — pour nous en sauver.   *La Colline inspirée* (Plon, éditeur).

La Sibylle d'Auxerre

MAURICE BARRÈS n'a cessé de défendre en l'Église catholique la puissance qui, depuis des siècles, accueille et maintient tous les aspects de la *spiritualité*. Fervent de l'Espagne, il n'ignore pas cette cathédrale de Zamora où (dans les stalles du chœur) parmi les grands prophètes de la Rédemption, figure Virgile en tant qu'auteur de la IVᵉ Bucolique. A Sienne aussi, dans la mosaïque du « pavimento », la cathédrale perpétue la prédiction de la vieille Sibylle cuméenne. Ici, dans une page très spontanée d'accent et, par endroits, volontairement familière, l'auteur s'enchante de cette continuité d'une présence antique si riche de symboles, au cœur même d'une église chrétienne : cette subtile alliance de mystère et de clarté ne lui apparaît-elle pas comme essentielle à la civilisation française ?

Voici plusieurs mois qu'en feuilletant une brochure chez le libraire, j'ai appris par hasard qu'il existe dans la cathédrale d'Auxerre une image de la Sibylle. Il paraît même que jadis on en voyait deux autres sous le porche. Un vrai nid de Sibylles, cette cathédrale ! Cela m'a tout de suite enchanté d'une manière qu'il m'est assez difficile de rendre claire, fût-ce à moi-même. Ce que j'éprouve, c'est un sentiment profond d'approbation. J'approuve que dans un lieu saint quelque chose de charmant et de mystérieux, que le malheur

avait découronné, ait été recueilli avec honneur. La dernière des Sibylles errait
silencieusement sans abri. Ses temples d'Europe et d'Asie s'étaient écroulés,
10 et les dieux païens couchés dans le sable ne pouvaient plus la protéger. Le Christ
les supplée et reçoit leur fille chérie dans l'ombre de son autel. Quelle émouvante
courtoisie de la divinité !

Depuis que j'ai fait cette belle découverte, mon imagination excitée se nourrit
de cette aventure comme d'une musique. La nuit, si je ne dors pas, et le jour
dans l'intervalle de mes occupations, je me transporte en esprit auprès de cette
réfugiée. Qu'est-ce que Thémistocle assis en suppliant au foyer de son ennemi ?
Qu'est-ce que Mlle de La Vallière repentie chez les Carmélites ? Il est d'un sens
autrement riche, le roman de cette survivante des idoles admise chez le vrai
Dieu ! Ce matin, n'y tenant plus, j'ai pris le train pour Auxerre.

20 Quand j'entrai dans la cathédrale, vers la fin de la journée, un vicaire y faisait
la leçon à une trentaine de petites filles, dont les regards perçants me prirent
dès le seuil et ne me lâchèrent plus, étonnés que j'allasse de droite et de gauche,
le nez en l'air, à la recherche de ma merveille, tant et si bien qu'à la fin, contrarié
d'être un prétexte à leur dissipation, je pris le parti de m'adresser au prêtre.

— Où diable, monsieur l'abbé, — excusez mon indiscrétion, — pourrais-je
trouver cette fameuse figure de la Sibylle ?

— Ah ! me dit-il, en m'exprimant d'un coup d'œil cette sorte de sympathie
qu'un homme bienveillant éprouve pour un excentrique innocent, ah ! vous
venez pour notre Sibylle ! Je vais vous la montrer.

30 Il me conduisit derrière l'autel, et les petites filles, malgré ses gestes répétés
qui auraient voulu les fixer sur leurs bancs, nous suivirent, rendues fort hilares
par ce mot singulier de sibylle.

— Tenez, me dit-il, la voilà justement en conversation avec le Saint-Esprit.

Je vis, sculptée dans le pourtour du chœur, une image poussiéreuse, dont par
miracle à cette minute un gros pigeon, tout vivant et roucoulant, piétinait sans
aucune retenue l'épaule.

*Ce soir-là, à l'hôtel, le voyageur va, dans une calme solitude, méditer sur le symbole de cette
présence païenne dans la cathédrale.*

Quel plaisir de demeurer toute une soirée seul entre quatre murs, sans qu'aucun
fâcheux nous y puisse rejoindre, et d'échauffer en nous des pensées qui tendent
toutes à une même fin ! J'ai passé des heures parfaites dans cet hôtel d'Auxerre,
40 à méditer la question si claire de la Sibylle. Je m'étais couché pour mieux
raisonner, et, les yeux fermés, je contemplais sympathiquement l'antique
prophétesse, toujours jeune, avec son fardeau de problèmes, telle que je venais
de la voir dans son ombre séculaire.

Il faut avouer que cette hétérodoxe fait une extraordinaire figure dans le lieu
des grandes révélations sur les énigmes de l'univers. Sa seule présence aiderait-elle
à résoudre le mystérieux problème de l'inspiration, le problème des rapports
de certains êtres avec l'Esprit ? Jadis, elle se tenait sous le chêne de Dodone
chargé de colombes noires, et ses oracles, qu'elle écrivait sur les feuilles de
l'arbre prophétique, elle les jetait aux quatre vents du ciel. O suspecte ! Fut-elle
50 l'instrument des démons ou des anges ? En accueillant cette sorcière des païens,
l'Église reconnaît, semble-t-il, et proclame que dans tous les temps quelques
êtres privilégiés ont possédé la puissance d'entrer en contact avec Dieu.

Le Mystère en pleine lumière *(Plon, éditeur).*

JULES RENARD

Naturalisme et impressionnisme

JULES RENARD (1864-1910) est généralement classé parmi les *naturalistes ;* il serait peut-être plus juste de parler d'*impressionnisme,* du moins si l'on songe surtout à son art. Or, si dans ses romans (*L'Écornifleur,* 1893 ; *Poil de Carotte,* 1894) et dans son théâtre (cf. p. 56) il choisit ses sujets dans la vie réelle et cultive même parfois leur banalité, c'est lui aussi qui écrit, dans son *Journal,* véritable mine d'observations incisives et pénétrantes : « *un petit particulier humain m'intéresse plus que l'humain général* ». Il procède plus par *touches* minces et caustiques que par ensembles composés ; il tend à ramener l'élaboration littéraire à une *collection concertée d'instantanés,* comme il fait dans *Histoires naturelles* (1896), sans doute son chef-d'œuvre. Aussi est-il d'abord un *maître-styliste,* mais qui se sert du style pour mêler le tragique et le cocasse, l'ironie et la lucidité, la tendresse et le pessimisme. A ce titre, son œuvre frappe par son *originalité ;* et Jules Renard doit à cette originalité son *influence posthume,* qui fut, et reste, considérable : aussi, bien que ses œuvres principales soient antérieures à 1900, appartient-il, de plein droit, au XXᵉ siècle.

LE « CAUCHEMAR » DE POIL DE CAROTTE

Poil de Carotte est un « roman » écrit sous forme d'épisodes, dont la succession dessine une histoire à la fois comique et douloureuse. Ainsi nommé à cause de la couleur de ses cheveux, le troisième enfant de M. et Mme Lepic vit, entre Grand Frère Félix et Sœur Ernestine, l'aventure d'une *enfance privée d'amour.* Le roman a certainement des origines autobiographiques, mais son originalité réside dans *l'esprit* même de l'auteur, qui se situe délibérément sur la frontière de l'ironie et de l'indignation comme de la tragédie et de la comédie. Et il n'arrive à maintenir ce *difficile équilibre* que par le *miracle du style.*
POIL DE CAROTTE, *qui, un jour, énonce cette réflexion terrible : «* Tout le monde ne peut pas être orphelin », *est le souffre-douleur de sa mère, Mme Lepic, dont* J. RENARD *a su faire le type éternel de la mère-marâtre. Voici un des épisodes de la vie douloureuse de l'enfant.*

Poil de Carotte n'aime pas les amis de la maison. Ils le dérangent, lui prennent son lit et l'obligent à coucher avec sa mère. Or, si le jour il possède tous les défauts, la nuit il a principalement celui de ronfler. Il ronfle exprès, sans aucun doute [1].

La grande chambre, glaciale même en août, contient deux lits. L'un est celui de M. Lepic, et dans l'autre Poil de Carotte va reposer, à côté de sa mère, au fond.

Avant de s'endormir, il toussote sous le drap, pour déblayer sa gorge. Mais peut-être ronfle-t-il du nez ? Il fait souffler en douceur ses narines afin de s'assurer qu'elles ne sont pas bouchées. Il s'exerce à ne point respirer trop fort.

Mais dès qu'il dort, il ronfle. C'est comme une passion.

Aussitôt Madame Lepic lui entre deux ongles, jusqu'au sang, dans la plus gras d'une fesse. Elle a fait choix de ce moyen.

Le cri de Poil de Carotte réveille brusquement M. Lepic, qui demande :

— Qu'est-ce que tu as ?

— Il a le cauchemar, dit madame Lepic.

— 1 C'est l'opinion de Mme Lepic, devenue une sorte de vérité *objective !*

Et elle chantonne, à la manière des nourrices, un air berceur qui semble indien.

20   Du front, des genoux poussant le mur, comme s'il voulait l'abattre, les mains plaquées sur ses fesses pour parer le pinçon qui va venir au premier appel des vibrations sonores, Poil de Carotte se rendort dans le grand lit où il repose, à côté de sa mère, au fond [2].   *Poil de Carotte* (Flammarion, éditeur).

Échantillons d'un bestiaire

Histoires naturelles parut d'abord en 1896, puis en 1899 dans une édition illustrée par Toulouse-Lautrec, qui avait en commun avec l'auteur le goût du trait bref, incisif et suggestif. Le genre du *bestiaire*, d'ailleurs, avait occupé dans l'art une place importante, et, bientôt, Apollinaire (cf. p. 41) le réintroduira dans la poésie. Le bestiaire de J. Renard est fait d'*instantanés*, tantôt composant, par touches juxtaposées, une véritable mosaïque cocasse et poétique, tantôt fixant dans la brièveté d'une formule inattendue la « vérité » d'un animal. A cette catégorie appartiennent ses trouvailles les plus proches de la perfection, du moins quant au style.

Le cafard

Noir et collé comme un trou de serrure.

La dinde

Sur la route, voici encore le pensionnat des dindes.
Chaque jour, quelque temps qu'il fasse, elles se promènent.
Elles ne craignent ni la pluie, personne ne se retrousse mieux qu'une dinde, ni le soleil, une dinde ne sort jamais sans son ombrelle.

Le chat

Le mien ne mange pas les souris ; il n'aime pas ça. Il n'en attrape une que pour jouer avec.
Quand il a bien joué, il lui fait grâce de la vie, et il va rêver ailleurs, l'innocent, assis dans la boucle de sa queue, la tête bien fermée comme un poing.
Mais, à cause des griffes, la souris est morte.

Le ver luisant

Que se passe-t-il ? Neuf heures du soir et il y a encore de la lumière chez lui.

L'escargot

Casanier dans la saison des rhumes, son cou de girafe rentré, l'escargot bout comme un nez plein.
Il se promène dès les beaux jours, mais il ne sait marcher que sur sa langue.

Le papillon

Ce billet doux plié en deux cherche une adresse de fleur.

L'araignée

Une petite main noire et poilue crispée sur des cheveux.
Toute la nuit, au nom de la lune, elle appose ses scellés.

Histoires naturelles (Flammarion, éditeur).

—— 2 Noter l'effet ironique et cruel de ce refrain (cf. l. 7).

ÉDOUARD ESTAUNIÉ

Sa génération   Parmi les romanciers qui atteignirent leur quarantième
année aux environs de 1900, certains, par leur talent très
accessible et l'intérêt, déjà documentaire, de leurs études sociales, restent les témoins
d'une époque dite « facile » peut-être parce que certains en éludaient les difficultés. Tels
sont PAUL HERVIEU (1857-1915; cf. p. 57), auteur de *Peints par eux-mêmes* et de
L'Armature (1893); MARCEL PRÉVOST (1862-1941), spécialiste du mariage et de l'adultère
mondains; ABEL HERMANT (1862-1950), ironiste indulgent du *Cavalier Miserey* (1887) et des
Transatlantiques (1897); LOUIS BERTRAND (1866-1941), qui laisse des œuvres historiques
et critiques, et aussi des romans, (*L'Infante*, 1920). D'inspiration plus idéaliste et plus
poétique, ÉLÉMIR BOURGES (1852-1925), avec *Les Oiseaux s'envolent et les Fleurs tombent*
et RENÉ BOYLESVE avec *Le Parfum des Iles Borromées* reflètent également une société
que deux grandes guerres et beaucoup de nouveaux problèmes semblent avoir éloignée dans
le temps. Pour avoir voulu peindre non des apparences, mais des âmes *(Le Reste est Silence*,
1909), ÉDMOND JALOUX (1878-1949) occupe une place à part, ainsi qu'Édouard Estaunié.

Sa personnalité   Ingénieur, ancien polytechnicien, ÉDOUARD ESTAUNIÉ
(1862-1942) a mis une pensée grave, attentive et inquiète
au service d'*études psychologiques et morales*. Dès 1896, il se classait comme romancier
avec *L'Empreinte* dont le cadre est celui d'un collège religieux. Peu après la guerre
paraîtront deux livres d'une inspiration élevée, *L'Ascension de M. Baslèvre* (1921) et
L'Infirme aux mains de lumière (1923).

Romancier de l'immobile dans *Les Choses voient* (1914), puis dans *Tels qu'ils furent*
(1927, évocation frappante de la vie en province au temps de sa jeunesse), Édouard
Estaunié a peut-être réalisé ses œuvres les plus attachantes avec *L'Appel de la route*
(1922) et les trois nouvelles de *Solitudes* (1922). Dans le premier de ces deux livres apparaît
la douloureuse figure de Mlle Lormier, étrange fille, laide et solitaire, qui, à l'ombre des
remparts de sa petite ville (Semur-en-Auxois), médite sur Pascal et le *Discours des passions
de l'amour*. « Il y a toutes sortes de chagrin, écrit à son propos le narrateur, et les silencieuses ne sont pas les moins vives ». Et c'est à la fin du prologue de *Solitudes* qu'on
trouve ces lignes, très significatives du climat romanesque d'Édouard Estaunié :

« A l'heure où j'écris ces lignes, j'aperçois depuis ma fenêtre un alpiniste et des guides
qui s'apprêtent à escalader la Meije... A ceux qui prétendraient pénétrer complètement
le secret d'un cœur humain, fût-il le plus proche, je dirais volontiers qu'autant vaut,
comme ces grimpeurs, partir pour une Meije. A l'arrivée, l'unique récompense qui les
attend est aussi la découverte de la ceinture d'abîmes les isolant de l'univers, cependant
qu'au-delà le mystère des âmes peuple l'espace sans l'éclairer. »

Mademoiselle Gauche

Voici la première de ces douloureuses *solitudes*, les deux autres nouvelles du livre
(Monsieur Champel et *Les Jauffrelin)* évoquant des solitudes à deux, des malentendus
irréversibles. Dans la page qu'on va lire, ÉDOUARD ESTAUNIÉ se montre un excellent
peintre de la province où, dit-il, « même les pierres nous surveillent », et un psychologue
mélancolique, parfois discrètement ému.

C eci remonte au temps de ma jeunesse, quand je passais encore les
vacances à Vézelay, chez mes grands-parents.

Tout le monde connaît, au moins de nom, ce village de Bourgogne,
célèbre par son église. Ceint de vieux murs, il semble une frégate échouée sur
un récif. Le toit colossal de la basilique dessine le pont ; à l'avant, des châtaigniers

centenaires dressent leurs mâts armés de voiles vertes ; enfin, accrochées aux
flancs, les petites fenêtres des maisons ouvrent, sur la campagne et par-dessus
la bande noire des remparts, des milliers de sabords d'où l'on s'attend à voir
jaillir l'éclair d'un coup de canon. L'ensemble est archaïque, grandiose et
10 délicieux.
    Chaque été nous revenions dans la maison familiale. Celle-ci existe encore,
avec sa tourelle et sa porte en ogive. Elle continue de faire, comme autrefois,
l'angle d'une petite place, à deux cents mètres de la basilique. Mlle Gauche
dont je désire raconter l'histoire, demeurait en face.

*Agé alors d'une trentaine d'années, le narrateur est venu, après la mort de sa grand'mère,
fermer la maison : il aperçoit par la fenêtre une voisine qui, infirme depuis sa jeunesse, ne
quitte pas son fauteuil. C'est maintenant une vieille fille « aux joues blanches, brodant des
choses blanches ». Un dimanche par mois, on la porte jusqu'à la Basilique.*

    Par quelle négligence coupable avais-je toujours dédaigné de rendre visite
à Mlle Gauche et délaissé cette délaissée ?
    Aujourd'hui même, n'avais-je pas le plus naturel des prétextes pour revenir
sur une conduite aussi absurde et ne devais-je pas lui annoncer la fermeture
de ma maison ?
20   Que ce fussent là mes raisons véritables, ou que, plus simplement, j'aie obéi au
désir impérieux d'échapper à l'angoisse qui m'oppressait, toujours est-il que,
sans hésiter plus, je me levai, pris mon chapeau et, traversant la rue, allai frapper
à sa porte...
    J'arrivais, on l'a vu [1], bouleversé à la pensée d'une solitude exceptionnelle,
désireux de témoigner d'un seul coup et en bloc tout l'arriéré d'intérêt que
j'avais eu le tort de ne pas montrer auparavant. Je trouvai une femme d'une
politesse parfaite qui, s'oubliant elle-même, affectait de ne s'enquérir que de moi
et de mes projets. Il y avait, en vérité, un contraste choquant entre une telle
sérénité, fruit de tant d'années solitaires, et mon émoi dû, tout compte fait, au
30 seul trouble d'une soirée unique passée dans une maison déserte ; enfin, étant
parvenu à exprimer de mon mieux la sympathie que je souhaitais, j'eus la
stupeur de m'entendre répondre :
    — On n'est pas seul quand on a, comme moi, la prière et des souvenirs. Je
ne cesse de prier ou de songer au passé. Cela suffit à me distraire.
    Et ce fut Mlle Gauche, positivement, qui eut l'air de m'offrir sa compassion !
    J'entends encore les phrases qui suivirent, je vois le sourire combien apaisé
qui les ponctua :
    — Quoi, m'écriai-je, le temps vous paraît court et vous n'êtes jamais triste ?
    — Jamais triste, ni gaie...
    — Ignorant tout ce qui se passe au-delà de votre croisée, et aussi ce qui
40 émeut le cœur de la plupart des femmes, vous n'avez jamais été tentée de vous
plaindre ?
    — Non... un ciel gris est encore du ciel... Et puis, ne raffinons pas tant sur
des choses qui, m'étant imposées, doivent avoir leur raison d'être. N'imaginez
pas surtout que je n'éprouve aucun regret ! Par exemple, hier, j'ai rêvé que
j'étais emportée dans une calèche. Nous descendions, bride abattue, la côte [2]

— 1 L'auteur a précédemment exprimé sa | contre-bas de Vézelay, le village de Saint-Père
compassion pour la pauvre fille. — 2 Situé en | possède une église célèbre.

de Saint-Père ; l'air me fouettait la figure et j'en étais grisée. Ce n'était, hélas, qu'un rêve...

Elle poursuivit, baissant la voix :

— Je n'ai jamais pu, non plus, me commander un chapeau chez une modiste convenable. J'aurais bien aimé pourtant avoir sur la tête quelque chose qui fût à la mode, quand je sors, le dimanche.... Vous le voyez, on n'est jamais tout à fait content, le sort m'a interdit la coquetterie et mes chevaux emballés appartiendront toujours à la chimère.

Mais, déjà, sa mélancolie s'envolait : elle reprit son sourire et conclut :

— Qui ne pardonnerait à pareille compagne ? S'il est vrai que la chimère donne rarement ce qu'elle a promis, c'est qu'elle est trop fidèle et, ne nous quittant jamais, manque du loisir nécessaire pour l'aller chercher...

Tels furent, très exactement, les propos de cette femme, toute sa vie murée dans sa maison comme dans un caveau, sans autre distraction que d'attendre la mort.

Solitudes (Librairie Académique Perrin, éditeur).

En fait, la vieille fille sera victime d'un escroc qui, arguant d'une parenté problématique, viendra passer quelques jours auprès d'elle et se fera léguer la maison. « Il fallut guider la main de Mlle Gauche pour faire apposer la signature. Quand elle eut achevé le dernier paraphe, elle ferma les yeux : Maintenant, soupira-t-elle épuisée, je serai satisfaite d'aller ailleurs. Espérons que j'y serai moins seule. — Cinq jours après, le délire l'emportait. »

ALAIN-FOURNIER

La vie et le rêve   Tombé aux Éparges le 22 septembre 1914, Henri FOURNIER était né en 1886 à La Chapelle-d'Angillon, dans le Cher. Fils d'instituteurs, il passa ses vacances, et aussi toutes ses premières années, en milieu rural : Berry, Sologne. Au Lycée Lakanal, où il prépara l'École Normale Supérieure, il acquit une culture étendue mais toujours choisie. Ses dons, sa sensibilité délicate et accueillante éclairent sa *Correspondance* avec Jacques Rivière (qui épousera Isabelle, sœur d'Henri son condisciple et son ami), mais il disparut trop tôt pour leur donner un large épanouissement.

Du moins laisse-t-il une sorte de chef-d'œuvre, *Le Grand Meaulnes* (1913) dont le style, d'une exquise simplicité, ressuscite le monde même de l'enfance, ce temps de la vie où pénètre si naturellement le *rêve*. Dans ce livre unique, l'auteur a mêlé aux souvenirs d'un *amour entrevu*, qu'il fait revivre avec le personnage d'Yvonne de Galais, les images de l'école, des jeux et des saisons, sous une lumière douce, favorable à tous les songes et à l'expression pudique et secrète de la *quête nostalgique d'un absolu*.

LE GRAND   AUGUSTIN MEAULNES, *que ses camarades appellent « le*
MEAULNES   *grand Meaulnes », est interne, au bourg solognot de Sainte-Agathe, chez un directeur d'école, M. Seurel, père de son* condisciple FRANÇOIS, *le narrateur, et sa venue a transformé l'atmosphère de la classe. Peu avant les vacances de Noël, Meaulnes disparaît mystérieusement pendant trois jours et ne fera qu'à son ami le récit de son étrange aventure : en allant chercher des voyageurs*

à Vierzon, il s'est égaré « dans l'endroit le plus désolé de la Sologne ». Il a passé la nuit dans une bergerie abandonnée ; jument et voiture ont disparu. Il se met en marche et aperçoit « au-dessus d'un bois de sapins la flèche d'une tourelle grise. Quelque vieux manoir abandonné, se dit-il, quelque pigeonnier désert ». Or, dans l'allée où il s'engage, il est saisi d'une tranquillité parfaite, avec le sentiment « que son but était atteint et qu'il n'y avait plus maintenant que du bonheur à espérer ». En approchant du domaine, il voit de charmantes petites filles en costumes de jadis : « Y aurait-il une fête en cette solitude ? » C'est ce que semble présager l'affluence des voitures de tout genre. Pour ne pas effrayer les enfants, l'adolescent pénètre dans une chambre abandonnée où il ne tardera pas à s'endormir, non sans avoir cru entendre que « le vent lui portait le son d'une musique perdue : c'était comme un souvenir, plein de charme et de regret ».

Au matin, il découvre, autour de lui, dans la pénombre, des vêtements d'autrefois qui semblent placés là, à son intention.

« EN SES HABITS ANCIENS »

C'est avec ces mots que Gérard de Nerval évoquait l'apparition entrevue « dans un château du temps de Louis XIII » (cf. *XIXe Siècle*, p. 273, *Fantaisie*). Or, il semble bien que, sensible d'ailleurs à travers tout l'épisode, l'influence du poète apparaisse plus frappante encore ici. En effet, si l'on retrouve dans cette page quelques souvenirs de Charles Nodier et de ses contes fantastiques (cf. *Le Pays du Rêve* et *La Neuvaine de la Chandeleur*), c'est essentiellement l'univers de Nerval qui s'impose à nous par la magie de ces déguisements, peut-être inspirés de *Sylvie*, et par une dimension nouvelle du récit comme dans *Aurélia*. Ici, grâce au rythme, à l'éclairage, et à de mystérieux silences, les êtres semblent glisser dans la demi-obscurité du rêve, *délivrés de la pesanteur et du temps.*

C'étaient des costumes de jeunes gens d'il y a longtemps, des redingotes à hauts cols de velours, de fins gilets très ouverts, d'interminables cravates blanches et des souliers vernis du début de ce siècle. Il n'osait rien toucher du bout du doigt, mais après s'être nettoyé en frissonnant, il endossa sur sa blouse d'écolier un des grands manteaux dont il releva le collet plissé, remplaça ses souliers ferrés par de fins escarpins vernis et se prépara à descendre nu-tête.

Il arriva, sans rencontrer personne, au bas d'un escalier de bois, dans un recoin de cour obscur. L'haleine glacée de la nuit vint lui souffler au
10 visage et soulever un pan de son manteau.

Il fit quelques pas et, grâce à la vague clarté du ciel, il put se rendre compte aussitôt de la configuration des lieux. Il était dans une petite cour formée par des bâtiments des dépendances. Tout y paraissait vieux et ruiné. Les ouvertures au bas des escaliers étaient béantes car les portes depuis longtemps avaient été enlevées ; on n'avait pas non plus remplacé les carreaux des fenêtres qui faisaient des trous noirs dans les murs. Et pourtant toutes ces bâtisses avaient un mystérieux air de fête. Une sorte de reflet coloré flottait dans les chambres basses où l'on avait dû allumer aussi, du côté de la campagne, des lanternes. La terre était balayée ; on avait arraché l'herbe envahissante. Enfin, en prêtant l'oreille, Meaulnes crut entendre comme un chant, comme des voix d'enfants et de jeunes filles, là-bas, vers les bâtiments confus où le vent secouait des branches devant les ouvertures roses, vertes et bleues des fenêtres.

Il était là, dans son grand manteau, comme un chasseur, à demi penché, prêtant l'oreille, lorsqu'un extraordinaire petit jeune homme sortit du bâtiment voisin, qu'on aurait cru désert.

Il avait un chapeau haut de forme très cintré qui brillait dans la nuit comme s'il eût été d'argent ; un habit dont le col lui montait dans les cheveux, un gilet très ouvert, un pantalon à sous-pieds... Cet élégant, qui pouvait avoir quinze ans, marchait sur la pointe des pieds comme s'il eût été soulevé par les élastiques de son pantalon, mais avec une rapidité extraordinaire. Il salua Meaulnes au passage sans s'arrêter, profondément, automatiquement, et disparut dans l'obscurité, vers le bâtiment central, ferme, château ou abbaye, dont la tourelle avait guidé l'écolier au début de l'après-midi.

Après un instant d'hésitation, notre héros emboîta le pas au curieux petit personnage. Ils traversèrent une sorte de grande cour-jardin, passèrent entre des massifs, contournèrent un vivier enclos de palissades, un puits, et se trouvèrent enfin au seuil de la demeure centrale.

Une lourde porte de bois, arrondie dans le haut et cloutée comme une porte de presbytère, était à demi ouverte. L'élégant s'y engouffra. Meaulnes le suivit, et, dès ses premiers pas dans le corridor, il se trouva, sans voir personne, entouré de rires, de chants, d'appels et de poursuites.

Tout au bout de celui-ci passait un couloir transversal. Meaulnes hésitait s'il allait pousser jusqu'au fond ou bien ouvrir une des portes derrière lesquelles il entendait un bruit de voix, lorsqu'il vit passer dans le fond deux fillettes qui se poursuivaient. Il courut pour les voir et les rattraper, à pas de loup, sur ses escarpins. Un bruit de portes qui s'ouvrent, deux visages de quinze ans que la fraîcheur du soir et la poursuite ont rendus tout roses, sous de grands cabriolets à brides, et tout va disparaître dans un brusque éclat de lumière.

Le Grand Meaulnes, I, XIII, *La Fête Étrange* (Émile-Paul Frères, éditeur).

Le soir, « un peu angoissé à la longue par tout ce plaisir qui s'offrait à lui », MEAULNES se réfugie dans un petit salon où il va goûter « le bonheur le plus calme du monde », en écoutant une jeune fille jouer « des airs de rondes ou de chansonnettes » devant des enfants extasiés. « Alors ce fut un rêve comme son rêve de jadis. Il put imaginer longuement qu'il était dans sa propre maison, marié, un beau soir, et que cet être charmant et inconnu qui jouait du piano, près de lui, c'était sa femme.... » Le jour suivant, au cours d'une promenade en bateau, AUGUSTIN MEAULNES voit reparaître cette jeune fille, qui est YVONNE DE GALAIS : « A terre, tout s'arrangea comme dans un rêve... Il se trouva près d'elle sans avoir eu le temps de réfléchir : Vous êtes belle, dit-il simplement. » Mais la jeune fille a éludé une vraie réponse, et Augustin se reproche sa témérité. Il restera bien longtemps sans revoir Yvonne de Galais qu'il retrouvera cependant, grâce à François, et qu'il épousera. Mais, le lendemain de son mariage, appelé par l'énigmatique FRANTZ, frère d'Yvonne, il part pour un long voyage dont il ne reviendra qu'après la mort de la jeune femme.

VALERY LARBAUD

Né à Vichy en 1881, VALERY LARBAUD devait y mourir en 1957, mais jusqu'en 1935, année où il fut frappé d'une congestion cérébrale, le cours de sa vie ne fut guère qu'un *long voyage.* Une grande fortune lui permit de n'écouter que ses goûts personnels pour l'amitié, la culture et presque tous les ciels de l'Europe, en particulier ceux d'Angleterre, d'Italie et d'Espagne. C'est en 1908 que se place la première apparition d'*A.O. Barnabooth*, poète et milliardaire (cf. p. 38). En 1911, Valery Larbaud rencontre à Londres André Gide qui restera son ami et qui contribue cette année-là au succès de *Fermina Marquez*, roman de l'adolescence. Après la guerre où il voulut, étant réformé, servir quand même, comme infirmier, Larbaud publie ses *Enfantines* (1918), très admirées par Marcel Proust. La *Nouvelle Revue Française* donne, en 1920, *Beauté mon beau souci* et, en 1921, *Amants, heureux amants.* En 1925 paraît *Ce vice impuni, la lecture* et en 1927 *Allen*, petit ouvrage dédié au pays bourbonnais.

Grand traducteur (d'espagnol et d'anglais), Valery Larbaud travaille à partir de 1930 « sous l'invocation de Saint Jérôme », patron des adaptateurs. En 1938, le millésime est marqué... *Aux couleurs de Rome ;* puis viennent les années noires, une nouvelle guerre, la solitude et une paralysie presque totale. Mais l'œuvre n'a cessé de voir s'élargir son public, sensible aux qualités *poétiques* d'un style qui s'apparente parfois à celui d'Apollinaire. Comme l'auteur d'*Alcools*, celui de *Barnabooth* aura éprouvé à la fois *la nostalgie et la lassitude du voyage :* « Des villes et encore des villes », s'écriait-il un jour...

LA PAIX ET LE SALUT

Quatre amis de l'auteur, parmi lesquels G. Jean-Aubry, spécialiste des études anglaises, publièrent en 1941 ce texte, prévu pour être l'épilogue d'*Enfantines* et qu'en 1918 LARBAUD avait écarté pour des raisons évidentes. La mélancolie des évocations, le charme des noms aux résonances littéraires ou musicales, une impression de fuite irrémédiable du temps et une profonde aspiration à la stabilité rendent cette page tout à fait significative du romancier-poète d'*Enfantines*, qui évoque ici deux petites filles aperçues, un jour, au Danemark.

Et vous bonté, et vous tendresse ! que sais-je de votre enfance, ô vous, qu'ai-je de votre enfance, sinon ces deux images de la petite fille en béret rouge aux deux nattes claires, qu'on envoyait chercher la bière du dimanche, toute tiède encore, dans un broc ; et la grande écolière que les étudiants avaient surnommée « le cygne ». Et dès lors, dans la petite ville, à tous les tournants des rues, vous saluaient les notes qui veulent dire « mon cygne aimé... [1] ». O vous si loin déjà... Mais cette ville que vous ne connaissez pas s'ouvre au soleil du jour le plus long de l'année, et secoue ses tentures et ses stores rayés au vent de sa baie ; et du haut des terrasses on voit les petits tas d'ombre noire au pied des arbres, et le jardin où l'eau tremble sous ses feuillages. Et c'est votre anniversaire.

— 1 Air célèbre du *Lohengrin* de Wagner.

C'est l'anniversaire du jour où nous étions sur la plage, près de la ville nommée « Plaisir de Marie [2] ». Un calme jour. Sous les yeux gris du Sund [3] entre les sapins, au bout de toutes les pelouses du monde, là où commencent ces vagues chemins pâles et tournants qui mènent à de lointains villages de voiliers... L'orchestre joue des valses et, au fond du ciel, les paquebots tirent avec ennui de longues draperies grises au long de l'horizon. Les rires des baigneuses, le cri de l'enfant nu assis dans l'écume, les valses de l'orchestre, tout bruit, toute voix, sont absorbés par l'infini de voiles et de gazes, par l'immense gris lumineux, et toute la vie du monde se tisse et se déroule dans le solennel silence des jours sans nom de la mer. Un autre siècle commence. Le règne de la sagesse s'ouvre. Cent mille familles s'établissent dans la paix. Et l'Europe est assise en silence, avec tous ses enfants autour d'elle.

Ailleurs. Dans la petite maison triste et sombre, tout près des rues de foule épaisse et de cette lumière qui se colle aux faces. [...] Loin de vous, « mon cygne aimé », loin du Sund aux yeux gris et de la ville nommée « Plaisir de Marie » ; séparé de tous les hommes et de tous les souvenirs, au seuil des jours sans fin de l'éternité, me voici un d'une petite foule obscure et muette. On allume les bougies, une à une. On prépare la table avec des fleurs et sa nappe de dentelle. C'est la fin du jour et chacun écoute ses pensées calmées. Un signal. La musique entre en nous comme un ange. Et tout à l'heure le Père viendra s'asseoir parmi ses enfants.

Enfantines (Librairie Gallimard, éditeur).

LOUIS HÉMON

Louis Hémon (1880-1913) naquit à Brest d'une famille d'universitaires bretons. Après une enfance assez solitaire, qui se réfugiait volontiers dans la lecture, il vint terminer ses études au lycée Louis-le-Grand puis il prépara sa licence en droit et devint un fervent apologiste des sports. Bien qu'il eût été reçu en 1901 à l'École Coloniale, il se refusa à « devenir fonctionnaire » et partagea dès lors sa vie entre les *voyages* et ses activités *littéraires*. Il séjourna longtemps à Londres et partit, en 1911, pour Montréal. Cordialement reçu aux bords du lac Saint-Jean, il composera là-bas, en hommage à la présence française, le livre auquel il devra la célébrité, la touchante histoire de cette *Maria Chapdelaine* qui, après avoir perdu son François Paradis, accepte, par fidélité au terroir, un mariage de raison. Mais l'écrivain, blessé dans un accident, succombait en 1913, à Chapleau (Ontario). Toutes ses œuvres sont posthumes, tels *Colin Maillard* (1924), *Battling Malone, pugiliste* (1925), etc.
Paru en 1921, le roman de *Maria Chapdelaine* connut, au lendemain de la première guerre mondiale, un succès considérable, dû à *un style simple et sobre* que « le vent du norouâ » vient parfois animer d'un *grand souffle*. Il fut traduit en plusieurs langues, et le pays de Québec donna à l'un de ses lacs le nom de Hémon.

— 2 Marienlyst, près d'Elseneur. — 3 Détroit sur lequel s'ouvre le port d'Elseneur.

Amour d'enfant

Moins solidement charpentées que son célèbre roman, mais délicates de lignes et d'accent, les nouvelles « londoniennes », écrites à une date difficile à déterminer, témoignent chez LOUIS HÉMON d'une veine *plus secrète*, au charme attachant, particulièrement révélateur dans le récit qui donne son titre au recueil : *La Belle que voilà* (1923).

— Deux vieux amis se retrouvent après des années, et l'un d'eux, RAQUET, fait à son camarade l'aveu d'une *passion d'enfance* pour une petite fille disparue, LIETTE. Cette confidence échappe à la mièvrerie et à la banalité par son *accent* de simplicité, d'émotion vraie et de délicate poésie.

C'est alors que le souvenir de Liette m'est revenu ; de Liette toute petite avec son grand chapeau de paille qui lui mettait de l'ombre sur les yeux ; avec ses manières de souveraine tendre, jouant avec nous sur cette pelouse, de Liette grandie, femme, pleine de grâce douce, et conservant ce je ne sais quoi qui montrait qu'elle avait toujours son cœur d'enfant. Et je me suis dit que j'avais aimé au moins une fois, et longtemps, et que tant que je pourrais me rappeler cela, il me resterait quelque chose.

Elle m'appartenait autant qu'à n'importe quel autre, puisqu'elle était morte ! Et je suis revenu sur mes pas, j'ai retracé le chemin de l'autrefois et ramassé
10 tous les souvenirs qui fuyaient déjà, tous mes souvenirs d'elle — mille petites choses qui feraient rire les gens, si j'en parlais — et je les passe en revue tous les soirs, quand je suis seul, de peur de rien oublier. Je me souviens presque de chaque geste et de chaque mot d'elle, du contact de sa main, de ses cheveux qu'un coup de vent m'avait rabattus sur la figure, de cette fois où nous nous sommes regardés longtemps, de cet autre jour où nous étions seuls et où nous nous sommes raconté des histoires ; de sa présence tout contre moi, et du son mystérieux de sa petite voix.

Je rentre chez moi le soir ; je m'assieds à ma table, la tête entre les mains ; je répète son nom cinq ou six fois, et elle vient... Quelquefois, c'est la jeune
20 fille que je vois, sa figure, ses yeux, cette façon qu'elle avait de dire : « Bonjour » d'une voix très basse, lentement, avec un sourire, en tendant la main... D'autres fois, c'est la petite fille, celle qui jouait avec nous dans ce jardin ; celle qui faisait que l'on pressentait la vie une chose ensoleillée, magnifique, le monde une féerie glorieuse et douce, parce qu'elle était de ce monde-là, et qu'on lui donnait la main dans les rondes...

Mais, petite fille ou jeune fille, dès qu'elle est là, tout est changé. [...] Parfois elle tarde à venir et une grande peur me prend. Je me dis : c'est fini ! Je suis trop vieux ; ma vie a été trop laide et trop dure, et il ne me reste plus rien. Je puis me souvenir encore d'elle, mais je ne la verrai plus...

30 Alors je me prends la tête dans les mains, je ferme les yeux, et je me chante à moi-même les paroles de la vieille ronde :

> *Nous n'irons plus au bois,*
> *Les lauriers sont coupés ;*
> *La Belle que voilà...*

Comme ils riraient les autres, s'ils m'entendaient ! Mais la Belle que voilà m'entend, et ne rit pas. Elle m'entend, et sort du passé magique, avec ma jeunesse dans ses petites mains.   *La Belle que voilà* (Grasset, éditeur).

CHARLES PÉGUY

Péguy est mort comme il avait vécu, en combattant. Poète, penseur, publiciste et polémiste, il se dévoua de tout son être aux causes qu'il avait embrassées, que ce fût la défense de la justice et de la vérité en la personne de Dreyfus, le socialisme humanitaire, le patriotisme ou la foi catholique. Aucune considération ne pouvait le détourner de son idéal ni l'empêcher de proclamer ce qu'il jugeait, dans la sincérité de sa conscience, être la Vérité. La mort l'a frappé en pleine maturité, en pleine période d'activité créatrice ; aussi pouvons-nous rêver tristement aux œuvres à naître dont sa fin prématurée nous prive à jamais. Pourtant cette mort ne fut pas un événement absurde ; elle vint couronner son destin comme un accomplissement. Prévoyant la guerre inévitable, Péguy avait dès longtemps pressenti et accepté son sort : il était prêt au sacrifice dont il mesurait et le poids et le prix.

Sa vie, son œuvre et sa mort sont inséparables ; elles prennent leur sens l'une par rapport à l'autre et constituent les aspects complémentaires d'un seul et même *témoignage*. Il avait médité la parole du Christ : « Il n'est pas de plus grande preuve d'amour que de donner sa vie pour ceux qu'on aime » et il écrivait lui-même : « La seule force, la seule valeur, la seule dignité de tout, c'est d'être aimé » *(Notre Jeunesse)*. Ainsi son œuvre et son art échappent aux critères littéraires habituels. A lui plus qu'à tout autre s'appliquerait la célèbre remarque de Pascal, car lire un texte de Péguy, *ce n'est pas rencontrer un auteur, mais un homme*.

Presque ignoré de son vivant, méconnu et parfois détesté, car il était intransigeant, et terrible dans l'invective, Péguy devait accéder à une très large renommée posthume. Quand les susceptibilités se furent tues, on découvrit son originalité et sa grandeur. Les circonstances mêmes devinrent favorables à son rayonnement : renouveau de la foi dans les milieux intellectuels, épreuves de la patrie durant la seconde guerre mondiale ; nous nous redisions alors les vers de sa *Jeanne d'Arc* : « Car il ne se peut pas que les Français soient lâches, Mais ils ont oublié qu'ils étaient courageux. » Accessible et populaire autant qu'inspiré, à la fois clair et profond, Péguy a maintenant trouvé sa place parmi les plus grands poètes français.

D'Orléans à Paris   L'ENFANCE. Charles Péguy est né à Orléans, dans le faubourg Bourgogne, en janvier 1873. Fils d'un ouvrier menuisier et d'une rempailleuse de chaises, c'est un authentique enfant du peuple. Il n'a pas encore un an quand son père meurt ; il sera donc élevé par sa mère et sa grand-mère maternelle, qui toutes deux travaillent dur pour gagner leur vie. Avant même d'aller en classe, le petit Charles apprend au foyer le culte du travail bien fait : « J'aimais travailler ; j'aimais travailler bien ; j'aimais travailler vite, j'aimais travailler beaucoup. » *(Pierre, commencement d'une vie bourgeoise)*. Enfant sérieux et ardent, il s'imprègne profondément des divers enseignements qu'il reçoit, et y adhère avec une foi solide, qu'il s'agisse de l'instruction primaire, du catéchisme ou des leçons du milieu où il grandit : sentiments démocratiques et aussi désir de s'élever par le labeur et l'instruction (sa grand-mère ne savait pas lire), honneur populaire, patriotisme des années qui ont suivi la défaite (son père, comme mobile du Loiret, avait participé à la défense de Paris). Dès l'enfance s'esquissent ainsi les traits qui domineront sa pensée, son action et son œuvre.

L'ORIENTATION. En 1880, il entre à l'École annexe de l'École Normale du Loiret (cf. p. 169) ; puis, grâce au directeur de l'École Normale, M. Naudy, qui a discerné ses dons, il peut poursuivre ses études, avec une bourse, au Lycée d'Orléans : tournant décisif dans sa vie, il le soulignera lui-même. C'est un excellent élève, qui s'émerveille de découvrir le latin et remporte tous les prix. Il gardera toujours un profond respect pour les humanités et la vocation universitaire, une véritable vénération pour ses maîtres de l'enseignement primaire et secondaire.

LE CAGNEUX. Bachelier, Péguy va préparer l'École Normale Supérieure au Lycée Lakanal (octobre 1891). C'est vers ce temps, pendant son année de Philosophie ou « en *cagne* » à Lakanal, qu'il perd la foi ou, en tout cas, abandonne la pratique religieuse. Il s'intéresse aux questions sociales, et plus précisément s'oriente vers le socialisme. Ayant échoué au concours de la rue d'Ulm, il devance l'appel et fait son service militaire à Orléans (1892-1893). Puis il reprend ses études, cette fois comme interne à Sainte-Barbe, suivant les cours de Louis-le-Grand ; il est reçu à l'École Normale en 1894. Dans la « cour rose » de Sainte-Barbe, il s'est lié avec les frères Tharaud (cf. p. 445), avec Joseph Lotte qui fondera le Bulletin des professeurs catholiques de l'Université, et surtout avec Marcel Baudouin.

Le normalien socialiste   LE MILITANT. Rue d'Ulm, ses convictions socialistes s'affirment, au contact de son camarade de promotion Albert Mathiez, le futur historien, et sous l'influence du bibliothécaire de l'École Normale, Lucien Herr. En 1896, pendant une année de congé, Péguy crée à Orléans un « groupe d'études sociales ». Il collabore à la *Revue socialiste* à partir de février 1897, publie deux manifestes, *De la cité socialiste* (1897) puis *Marcel, premier dialogue de la cité harmonieuse* (1898), et participe à la fondation d'une Librairie socialiste (la Société nouvelle de librairie et d'édition, 1898).

C'est l'époque de L'AFFAIRE DREYFUS : Péguy ne doute pas de l'innocence du condamné ; avec son ami Daniel Halévy, il s'engage passionnément dans la campagne révisionniste aux côtés de Joseph Reinach, Zola, Jaurès. Il ne transige pas sur ces *absolus* que sont la justice et la vérité, fondements de sa mystique socialiste et dreyfusiste : exigeant que toute la lumière soit faite, il s'indigne lorsque certains de ses compagnons de lutte acceptent une *amnistie* qui confondrait innocents et coupables. A ses adversaires il réplique que ce sont eux qui portent atteinte à l'honneur de la France et de l'armée.

NAISSANCE D'UN POÈTE. Dans le même temps, Péguy découvre sa vocation de poète, sous le signe de Jeanne d'Arc, libératrice d'Orléans et de la France. C'est une « rencontre » essentielle que celle de Péguy avec Jeanne d'Arc : l'héroïne de la foi et de la patrie ne cessera de l'inspirer. Le « drame en trois pièces » que le normalien lui consacre en 1897 est une œuvre touffue, complexe, point de convergence des diverses tendances de son auteur. La dédicace (cf. p. 144) place le poème au cœur de la mystique socialiste ; mais le choix du sujet et les accents du drame révèlent une mystique de la patrie française et une mystique proprement dite, toute proche du catholicisme en dépit d'un obstacle majeur : l'idée de la damnation éternelle, insupportable au poète (cf. p. 145). Malgré cet obstacle, la *Jeanne d'Arc* de 1897 montre clairement en lui les germes de ses deux engagements futurs, *l'engagement patriotique et l'engagement catholique*.

Cette œuvre est aussi un émouvant hommage d'amitié ; Péguy la signe : *Marcel et Pierre Baudouin* (*Pierre* était son second prénom), par piété pour la mémoire de son ami Marcel Baudouin, trop tôt disparu (1896) et qui avait collaboré à la rédaction d'une partie du drame. A l'automne de 1897, Péguy épouse la sœur de Marcel, qui lui donnera quatre enfants.

Les Cahiers de la Quinzaine   FONDATION DES « CAHIERS ». Refusé à l'agrégation de philosophie en 1898, le jeune homme renonce à l'Université et s'engage dans la carrière de *publiciste ;* il donne de nombreux articles à la *Revue blanche* (1899). Mais, la Société nouvelle de librairie et d'édition ayant fait de mauvaises affaires, Péguy doit en céder la direction à un groupe d'amis socialistes (dont Lucien Herr, Léon Blum et Mario Roques) avec lesquels de graves dissentiments l'amènent à rompre. Il fonde alors, en janvier 1900, les *Cahiers de la Quinzaine,* périodique où il pourra continuer librement son combat personnel.

De ces *Cahiers*, installés rue Cujas puis rue de la Sorbonne, Péguy sera pendant près de quinze ans le gérant, le principal rédacteur, l'infatigable animateur. Parmi les pires difficultés financières, il maintiendra jusqu'au bout son entreprise, à force de foi et d'énergie. Publiant des textes de Daniel Halévy, des Tharaud, de François Porché, le *Jean-Christophe* de Romain Rolland et surtout les œuvres de Péguy lui-même, les *Cahiers de la Quinzaine*, quoiqu'ils aient peu d'abonnés, joueront un rôle considérable dans la vie littéraire, intellectuelle et spirituelle de la France, de 1900 à 1914.

UN SOCIALISTE CONTRE LE PARTI SOCIALISTE. Les Cahiers des premières « séries » conservent une orientation nettement socialiste : campagnes contre l'oppression, quelque forme qu'elle prenne, à travers le monde ; mise en évidence du drame de la misère *(De Jean Coste*, 1902). Pourtant, dès février 1900, Péguy annonce qu'il traitera un jour « la décomposition du dreyfusisme en France » *(De la grippe)*. A l'égard de Jaurès, il passe des réserves de la *Réponse brève* (juillet 1900) aux graves critiques de *Casse-cou* (mars 1901). Il prend position contre la confusion du socialisme avec le matérialisme et l'athéisme, contre la collectivisation de l'art et de la pensée. Pour lui, l'esprit révolutionnaire consiste à tout remettre en cause, dans une pleine liberté : il est donc l'opposé de tout conformisme. Péguy dénonce surtout la démagogie et un *anticléricalisme* sans scrupules, incompatible avec les valeurs défendues dans la campagne dreyfusiste. Le fossé ira s'élargissant et les attaques de Péguy se feront de plus en plus violentes. *Notre Jeunesse* apportera une mise au point définitive sur les notions de *mystique* et de *politique* et la dégradation de l'une à l'autre, déjà dénoncée en 1903 *(Débats parlementaires)*. Péguy a-t-il évolué ? aurait-il même « trahi » le socialisme (cf. p. 171) ? Il affirme au contraire être resté fidèle — l'un des rares fidèles — à l'idéal socialiste de sa jeunesse. C'est le socialisme qui aurait dévié vers l'anticléricalisme, alors que la misère du peuple aurait dû retenir toute son attention *(De Jean Coste)*, et il se dégraderait en accordant son soutien à un gouvernement qui tolère ou organise la délation (le système des « fiches » ; cf. *La délation aux Droits de l'homme*, 1905). En fait, Péguy n'a jamais été un socialiste comme les autres : sa *Jeanne d'Arc* le montre bien. Avec le recul du temps, son offensive contre le socialisme officiel, puis ses deux conversions, patriotique et religieuse, n'apparaissent nullement comme des coups de théâtre.

La patrie en danger   « NOTRE PATRIE ». En 1905, l'incident de Tanger lui fait mesurer la menace qui pèse sur la France et réveille son patriotisme. Il lance le cri d'alarme dans *Notre Patrie* : « Ce fut une révélation », et, après de longues pages, la révélation éclate à la fin du texte : « tout le monde en même temps connut que la menace d'une invasion allemande est présente, qu'elle était là, que l'imminence était réelle. » Désormais, sans discontinuer, Péguy va se préparer et tenter de préparer la France à la guerre dont il voit monter les périls. Le militant qu'il a toujours été sera d'abord un militant de la patrie. Ce qui achève de le séparer de la politique socialiste, orientée vers le pacifisme et l'internationalisme.

CONTRE LE « PARTI INTELLECTUEL ». Sa ferveur patriotique l'amène à retrouver les sources de la *tradition nationale*, et à critiquer *l'esprit et le monde modernes*. Il publie en 1907-1908 les trois « Situations » : *De la situation faite à l'histoire et à la sociologie dans les temps modernes*, *De la situation faite au parti intellectuel dans le monde moderne* et *De la situation faite au parti intellectuel dans le monde moderne devant les accidents de la gloire temporelle*. Puis il rédige sur le même sujet, à partir de 1909, *Clio*, *dialogue de l'histoire et de l'âme païenne* (cf. p. 168 et 170). C'est la lutte ouverte contre la Sorbonne, contre la conception de l'histoire qui y règne alors et contre la « tyrannie » du « parti intellectuel ».

Retour à la foi   LA CONVERSION. Parallèlement, Péguy accomplit un retour à la foi de son enfance. En 1908, il confie à Joseph Lotte : « Je ne t'ai pas tout dit... J'ai retrouvé la foi... Je suis catholique. » Là comme ailleurs, ce combattant sera un isolé, un franc-tireur ; car Péguy n'approche pas des sacrements, et ses enfants ne sont pas baptisés. Sans aucun doute c'est un supplice pour lui, mais l'authenticité de sa foi n'en est pas altérée. Bientôt il affirmera hautement, et à juste titre, l'entière orthodoxie de sa pensée (*Un nouveau théologien, M. Fernand Laudet*, 1911). D'ailleurs, s'il reste séparé du *corps* de l'Église, Péguy vit sa foi plus intensément que bien des fidèles. Il confie à la Vierge ses enfants malades (cf. p. 150), puis se rend, à plusieurs reprises, en pèlerinage à Chartres (cf. p. 161).

Dans les années 1910-1912, sa piété l'aide à résister à la douloureuse tentation d'un amour interdit. Le cœur déchiré, il élève lui-même de nouveaux obstacles pour mieux séparer de lui celle qu'il ne se reconnaît pas le droit d'aimer. La plaie est longue à se cicatriser, mais il ne succombe point ; son admiration pour Corneille n'était pas seulement littéraire : comme les héros cornéliens, il parvient à sacrifier son *bonheur* humain à *l'honneur* et à la fidélité (cf. p. 157 et 175).

DES « MYSTÈRES » AUX « TAPISSERIES ». Parmi les tourments intimes, l'âme de Péguy est vivifiée par sa conversion ; celle-ci oriente également sa carrière littéraire. En effet, sous l'inspiration de la foi, Péguy revient à la POÉSIE, qu'il avait pratiquement abandonnée depuis la première *Jeanne d'Arc*. Et il revient aussi à sa sainte de prédilection, « la fille la plus sainte après la sainte Vierge » : c'est *Le Mystère de la Charité de Jeanne d'Arc* qui ouvre, en 1911, la série des *Mystères* (cf. p. 145). Viendront ensuite *Le Porche du Mystère de la Deuxième Vertu* (l'Espérance) en 1911 et *Le Mystère des Saints Innocents* (mars 1912). La forme adoptée, le *verset*, rappelle la Bible. Jeanne d'Arc et saint Louis (dans les *Saints Innocents*) assurent la fusion entre le patriotisme et la foi religieuse, selon l'antique tradition de la France « fille aînée de l'Église » ; Dieu lui-même, selon Péguy, affirme sa prédilection pour le peuple français. Quant à l'Espérance, vertu théologale, elle est célébrée non seulement comme la vertu suprême, mais comme le principe même de toute vie (cf. p. 154).

En 1912, Péguy passe du verset au vers régulier et il inaugure une nouvelle série d'œuvres poétiques, les *Tapisseries* (cf. p. 156). C'est d'abord *La Tapisserie de Sainte Geneviève et de Jeanne d'Arc* (décembre 1912), puis *La Tapisserie de Notre-Dame* (mai 1913), enfin l'immense « Tapisserie » d'*Ève* (décembre 1913).

DE VICTOR-MARIE COMTE HUGO A LA NOTE CONJOINTE. Cependant, avec une activité inlassable, Péguy continue à faire vivre les *Cahiers* et poursuit son œuvre en PROSE. *Victor-Marie, comte Hugo* (1910), *L'Argent* et *L'Argent, suite* (1913) font pendant aux « Situations » de 1907-1908. Péguy s'y retrempe dans sa longue lignée paysanne et dans ses souvenirs d'enfance (cf. p. 169) ; il y exalte les deux grands poètes français que sont Hugo et Corneille (cf. p. 173), la culture française *(L'Argent)* et la vocation de la France *(L'Argent, suite)*. Telles sont, avec la foi catholique, les valeurs qu'il oppose aux tendances du monde moderne et du « parti intellectuel ». En 1914, il publie une *Note sur M. Bergson et la philosophie bergsonienne* et rédige une *Note conjointe sur M. Descartes et la philosophie cartésienne*. Unissant ses deux maîtres à penser, il accorde à la « révolution bergsonienne » une importance comparable à celle de la « révolution cartésienne » ; il renouvelle, en lui appliquant l'analyse bergsonienne, le problème de la *grâce* (cf. p. 175) et découvre ainsi, peut-être avant Bergson lui-même, l'ouverture de cette philosophie sur la foi chrétienne. Il reprend enfin et développe, sous le signe de l'héroïsme et de la mystique, son hommage au grand Corneille (cf. p. 174).

Villeroy,
5 septembre 1914

La *Note conjointe* reste inachevée, le 1er août 1914. C'est la mobilisation. Lieutenant de réserve, Péguy rejoint son unité, qui est engagée dans l'Est, puis dans la Somme. Le 15 août, jour de l'Assomption, il assiste à la messe. Il connaît ensuite l'amertume et les fatigues de la retraite. Mais le redressement français s'amorce : c'est alors, au début de la bataille de la Marne, que le lieutenant Péguy tombe, frappé d'une balle au front, à Villeroy.

L'homme · Péguy fut un *passionné*. Portraits et photographies nous révèlent, dans son visage charnel, le regard intérieur de la méditation, de la contemplation. A la fois sanguin, colérique même, et réfléchi, concentré, il ne prenait rien à la légère. Aussi avait-il horreur de l'ironie, « le plus bel ornement du frivole », tandis que « le comique et le tragique, la comédie et la tragédie sont étroitement liées dans le sérieux » *(Un nouveau théologien)*. Il use lui-même, dans la polémique, de l'invective, du sarcasme, mais non point de l'ironie. Il use surtout un humour un peu paysan, un bon grand comique naïf, épanoui, familier. C'est *l'amour* qui l'inspire dans son socialisme, dans son patriotisme et dans sa foi ; mais il est *intraitable* sur l'honneur, la justice et la vérité. Il ne passe rien à personne, dénonçant implacablement faiblesses et compromissions ; adversaire redoutable, il ne fut pas un ami « facile ». Aussi, épris de communion, fut-il un *solitaire*, en dépit de quelques amitiés indéfectibles.

La pensée de Péguy Ces traits de son tempérament et de son âme marquent sa pensée. Elle est généreuse, vigoureuse, profondément méditée et toujours *ardente*. Ici encore apparaît son horreur de l'ironie et du détachement. Premier intellectuel de sa race, *il croit aux idées* de tout son être, ne joue jamais, ne jongle jamais avec elles. C'est pourquoi il s'attaque au « parti intellectuel », qui lui semble avoir coupé ses racines charnelles et nationales pour tomber dans une sorte de formalisme. Sa pensée est toujours éminemment sérieuse ; non pas dogmatique malgré certaines apparences, car il retrouve les dogmes par une méditation personnelle, il les recrée et les vit, loin de s'y soumettre passivement. Jamais d'idées toutes faites : l'efficacité de cette pensée vient de ce que nous en saisissons le jaillissement et le dynamisme.

Péguy a eu des MAITRES, — des intercesseurs, parallèlement à « ses » saintes : Jeanne d'Arc, sainte Geneviève, la Vierge Marie — : ce sont Homère et Sophocle, Corneille, Hugo, Descartes, Pascal, Georges Sorel, et Bergson dont il avait suivi les conférences à l'École Normale ; l'Évangile surtout lui est une constante nourriture. Ses lectures paraissent assez peu étendues, mais il sait lire admirablement ; il lit, relit, cite, commente, paraphrase les grands textes qui l'inspirent. Par cette *innutrition*, tout en renouvelant la critique littéraire, il approfondit sa propre pensée.

Un grand thème la domine, à la fois psychologique, moral et mystique : c'est *l'insertion* de l'éternel dans le temporel, *du spirituel dans le charnel* (ce qui est « intellectuel » manquant, selon lui, et le charnel et le spirituel). Par là, Péguy se place au cœur même de la foi catholique : les rapports entre l'âme et le corps prennent leur sens par rapport au mystère de Dieu fait homme : l'Incarnation donne à la chair une éminente dignité, à la chair même coupable et souillée, mais rachetée par la Rédemption (cf. p. 160). Le *Credo* promet la résurrection de la chair ; ce sera sans doute une autre chair, transfigurée, mais non point « l'esprit pur ». Ainsi la pensée de Péguy, comme sa mystique, n'est jamais abstraite. Toute chargée de spiritualité, elle reste familière, à la mesure de l'homme ; elle parle aux sens comme à l'âme. Elle *s'incarne* elle-même, spontanément, dans le verbe et les images poétiques, comme la parole de Dieu dans les paraboles et les versets de l'Évangile.

Son art « Qui ne sut se borner... » : si l'on s'en tenait, pour le juger, à la sentence de Boileau, il faudrait dire que Péguy « ne sut jamais écrire ». De fait, que ce soit en vers ou en prose, sa marque même est une sorte de piétinement, une progression extrêmement lente, le déploiement d'accumulations, d'amplifications indéfinies ; et certains trouvent ce cheminement interminable, sinon insupportable. En outre, Péguy procède par « farcissures », par immenses digressions. En cela — et en cela seulement — il rappelle Montaigne. Comme dans maint chapitre des *Essais*, on risque de perdre le fil, on ne voit plus la raison d'être du titre : l'Espérance n'est pas moins chantée dans *Le Mystère des Saints Innocents* que dans *Le Porche du Mystère de la Deuxième Vertu ;* dans *Victor-Marie, comte Hugo*, Péguy parle de tout et même de Victor Hugo ! mais surtout de Racine et de Corneille ; il est beaucoup question de Descartes dans la *Note sur M. Bergson*, et de Bergson dans la *Note conjointe sur M. Descartes...*

Mais à quoi bon multiplier les exemples ? Ces critiques demeurent vaines, car elles supposent que Péguy nous resterait *étranger*. Si nous nous plaçons *à l'intérieur* de l'œuvre, dans un mouvement de *sympathie* (cf. p. 170), tout change d'aspect. Les digressions ne sont qu'apparentes : Péguy procède par rayonnement et les sujets les plus divers révèlent leur parenté dès que nous avons trouvé le « point d'optique » : salut et damnation, morale et grâce, « racination » du spirituel dans le charnel. C'est la pensée à l'état naissant et non point un exposé pédagogique ou doctoral. De même le cheminement lent, pesant, a un sens et une valeur. La chair est lourde et lente, mais elle a de la consistance, et, tout en restant chair, elle est transfigurée par l'esprit. Quand, d'une strophe à l'autre, apparaissent seulement un ou deux mots nouveaux, ces mots se chargent d'une sorte de *grâce* : ils prennent toute leur efficace, tout leur poids ; à sa manière, qui n'a rien de mallarméen, Péguy lui aussi a su « donner un sens plus pur aux mots de la tribu ». Ce cheminement, c'est *le pas du paysan* — laboureur, fantassin, pèlerin (cf. p. 162) ; c'est le *travail patient* de l'artisan dont la *tapisserie* progresse point par point ; c'est *la litanie* avec ses répétitions incantatoires. Tel est le rythme de Péguy, scandé comme la marche, le labeur et la prière.

LA POÉSIE DE CHARLES PÉGUY

Poésie et prière Selon l'abbé Bremond, toute poésie authentique tendrait, au moins inconsciemment, à rejoindre la prière (cf. p. 305). Il parlait à vrai dire d'une « poésie pure » tout à fait étrangère à Péguy ; et pourtant, s'il est une œuvre où poésie et prière se confondent absolument, c'est bien celle de Péguy. Cela est vrai non seulement des poèmes postérieurs à 1908, mais même de la première *Jeanne d'Arc*, composée à une époque où l'auteur croyait avoir perdu la foi ; le drame se termine en effet par cette supplication : « Jésus, sauvez-nous tous à la vie éternelle. »

La poésie de Péguy est de l'ordre du *rituel*, de la *commémoration* : ainsi *La Tapisserie de sainte Geneviève et de Jeanne d'Arc* forme un « cahier pour le jour de Noël et pour la neuvaine de sainte Geneviève », et le premier sonnet (cf. p. 159) est précédé de l'indication : « Premier jour Pour le vendredi 3 janvier 1913 Fête de sainte Geneviève Quatorze cent unième anniversaire De sa mort. » Méditation de la vie des saints ou des mystères de la foi, cette poésie est toujours prière latente, souvent oraison explicite : la *Présentation de la Beauce à Notre Dame de Chartres* est couronnée par cinq *Prières* (cf. p. 156) ; la montée vers la prière anime tout le début de *La Tapisserie de sainte Geneviève* (cf. p. 159). Des emprunts constants à l'Évangile ou à la liturgie de la Vierge s'insèrent dans la trame, elle-même religieuse, du verset ou de la litanie.

La paternité est placée sous le signe de Dieu le Père, la maternité sous le signe d'Ève et de la Vierge Marie (cf. p. 165), l'enfance sous le signe de la deuxième vertu théologale (cf. p. 154). Quand Péguy évoque la grâce du monde naissant, et même la grâce animale, il chante conjointement la *grâce de Dieu* (cf. p. 164). De cette constante confrontation, notre monde visible sort plus riche et non point humilié ou appauvri ; comme il le disait lui-même : « Dieu s'élèvera de toute sa hauteur au-dessus du monde et ce n'est pas le monde qui aura baissé » (cf. p. 174). Pour Péguy tout est sacré, c'est-à-dire que tout est poésie en puissance.

JEANNE D'ARC

Œuvre d'un poète, la *Jeanne d'Arc* de 1897 repose sur le travail d'un historien. Péguy a dépouillé les pièces des deux procès (de condamnation et de réhabilitation) publiées par Quicherat. Puis il a animé de son lyrisme personnel le drame de Jeanne d'Arc, qu'il revivait dans ses propres tourments et dans l'ardeur de sa *charité* (cf. p. 145). L'ouvrage est dédié « A toutes celles et à tous ceux qui auront vécu, A toutes celles et à tous ceux qui seront morts pour tâcher de porter remède au mal universel » et plus spécialement « pour l'établissement de la République socialiste universelle » : ainsi se rejoignent la mystique de Jeanne et le fervent humanitarisme de l'auteur.

Ce « drame en trois pièces » (*A Domremy, Les Batailles, Rouen*), injouable dans son intégralité, entrelace les vers (très librement rimés), les versets et la prose ordinaire ou rythmique. On songe aux stances de la tragédie classique, aux monodies et dialogues lyriques des tragédies grecques (elles aussi organisées en trilogies), qui s'élèvent lorsque l'émotion ne peut plus se contenir. L'œuvre porte également la marque du symbolisme, qui tendait à effacer les frontières entre la prose poétique et le vers. Mais elle frappe surtout par son unité d'inspiration ; des répliques familières aux accents lyriques les plus soutenus, le ton général est d'une *simplicité solennelle :* c'est déjà l'intuition des rapports entre le spirituel et le charnel.

LES MYSTÈRES   Lors de son retour à la poésie (1911), Péguy choisit la forme du *verset*, que déborde parfois l'épanchement de la prose lyrique (dans la *Charité de Jeanne d'Arc* et aussi au début des *Saints Innocents :* cf. p. 156). Il innove surtout avec le genre du *Mystère.* Ce terme comporte une double acception ; c'est d'abord une méditation sur les mystères de l'Incarnation et de la Rédemption, et sur le mystère des vertus théologales ; mais c'est aussi un retour aux *Mystères* du Moyen Age, dont Péguy retrouve l'esprit et même les accents (cf. p. 152).
Le *Mystère de la Charité de Jeanne d'Arc,* issu de la première pièce de la trilogie, est constitué par un dialogue entre Jeanne et Mme Gervaise (repris dans un passage des *Saints Innocents*). Dans le *Porche du Mystère de la Deuxième Vertu* et la majeure partie du *Mystère des Saints Innocents,* c'est Dieu qui parle, par la bouche de Mme Gervaise ou plutôt de Péguy. Singulier « coup d'audace » d'avoir fait parler Dieu de la sorte, familièrement, humainement ! mais la bonhomie que Péguy prête à Dieu ne diminue en rien sa souveraine grandeur. Ce monologue de Dieu est en fait un *dialogue mystique* entre la créature et son créateur ; la naïveté du ton traduit l'abandon du croyant entre les mains de Dieu, la *vertu d'innocence* incarnée par les Saints Innocents et requise par la parole du Christ : « Laissez venir à moi les petits enfants ».
« Je suis, dit Dieu, Maître des Trois Vertus ». L'ensemble des trois *Mystères* nous engage à méditer sur *la Foi ;* le premier est consacré au mystère de *l'amour* (« la *Charité* de Jeanne d'Arc »; voir la présentation ci-dessous) ; le second et le troisième célèbrent *l'Espérance,* qui étonne Dieu lui-même (cf. p. 154), comme étant l'animatrice universelle : « Elle seule conduira les Vertus et les Mondes ».

« *L'ABSENCE ÉTERNELLE* »

« La fille à Jacques d'Arc » n'est encore qu'une enfant de treize ans, que l'on nomme Jeannette. Mais cette enfant ressent dans sa chair et dans son âme la douleur universelle, elle voudrait pouvoir *assumer toute la souffrance humaine.* C'est là ce que Péguy appellera plus tard « le mystère de la *charité* de Jeanne d'Arc ». Ainsi, non contente de réaliser le *salut temporel* de la France, elle tentera d'obtenir le *salut spirituel* de tous les hommes. Péguy lui-même sera longtemps séparé de l'Église par l'horreur insurmontable que lui inspire l'idée d'une *damnation éternelle,* et quand il se sera rallié, cette question continuera encore à le tourmenter (cf. p. 159).
Dans son inquiétude, Jeannette a voulu consulter une religieuse, Mme Gervaise. Celle-ci répond au nom de l'orthodoxie à une angoisse qui pourrait sembler de la révolte si elle n'était le signe de la sainteté.

JEANNETTE

Il est vrai que mon âme est douloureuse à mort [1] ; je n'aurais jamais cru que la mort de mon âme fût si douloureuse.
Tous ceux-là que j'aimais sont absents de moi-même : c'est ce qui m'a tuée sans remède ; et je sens pour bientôt venir ma mort humaine.

— 1 Cf. Jésus au Jardin des Oliviers : « Mon âme est triste jusqu'à la mort. »

O que vienne au plus tôt, mon Dieu, ma mort humaine.
O mon Dieu j'ai pitié de notre vie humaine où ceux que nous aimons
sont à jamais absents.

MADAME GERVAISE

— Enfant ! ayez pitié de la vie infernale, où les damnés maudits ont
la pire souffrance : que Dieu même est absent de leur éternité [2].

JEANNETTE

10
— O s'il faut, pour sauver de la flamme éternelle
Les corps des morts damnés s'affolant de souffrance,
Abandonner mon corps à la flamme éternelle,
Mon Dieu, donnez mon corps à la flamme éternelle ;

Un silence

Et s'il faut, pour sauver de l'Absence [3] éternelle
Les âmes des damnés s'affolant de l'Absence,
Abandonner mon âme à l'Absence éternelle,
Que mon âme s'en aille en l'Absence éternelle.

MADAME GERVAISE

— Taisez-vous, ma sœur : vous avez blasphémé : Dieu, dans sa miséricorde infinie, a bien voulu que la souffrance humaine servît à sauver les
20 âmes ; il veut bien accepter nos souffrances d'ici-bas pour sauver les âmes
en danger. Mais il n'a pas voulu que la souffrance infernale servît à sauver
les âmes ; il n'accepterait pas, pour sauver les âmes en danger, nos
souffrances de là-bas. C'est pour cela que notre maître à tous, le fils de
l'homme savant à donner sa souffrance, a bien voulu donner pour sauver
nos âmes la valable souffrance de la tentation, mais qu'il n'est jamais allé
jusqu'à donner la vaine souffrance du péché ; le Sauveur a bien voulu
donner toute la souffrance humaine ; mais il n'a pas voulu se damner, car
il savait que sa souffrance infernale, même à lui, ne pourrait pas servir
à nous sauver [4].

JEANNETTE

30
— S'il faut, pour tirer saufs de la flamme éternelle
Les corps des morts damnés s'affolant de souffrance,
Laisser longtemps mon corps à la souffrance humaine,
Mon Dieu, gardez mon corps à la souffrance humaine ;

---

2 Noter, dès ces *versets*, le rythme dominant de | l'*Absence* de Dieu qui torture l'*âme*. — 4 A
l'*alexandrin*. — 3 Apprécier la progression : de | «folie» sublime de l'amour répond la voix calm
la *flamme* de l'Enfer qui torture le *corps* à | inflexible, de la théologie.

Et s'il faut, pour sauver de l'Absence éternelle
Les âmes des damnés s'affolant de l'Absence,
Laisser longtemps mon âme à la souffrance humaine,
Qu'elle reste vivante en la souffrance humaine.

MADAME GERVAISE

— Taisez-vous, ma sœur : vous avez blasphémé :
Car si le fils de l'homme, à son heure suprême,
40   Clama plus qu'un damné l'épouvantable angoisse,
Clameur qui sonna faux comme un divin blasphème,
C'est que le Fils de Dieu [5] savait.

C'est que le Fils de Dieu savait que la souffrance
Du fils de l'homme est vaine à sauver les damnés,
Et s'affolant plus qu'eux de la désespérance [6],
Jésus mourant pleura sur les abandonnés.

Comme il sentait monter à lui sa mort humaine,
Sans voir sa mère en pleur et douloureuse en bas,
Droite au pied de la croix, ni Jean, ni Madeleine,
50   Jésus mourant pleura sur la mort de Judas.

Car il avait connu [7] que le damné suprême
Jetait l'argent du sang qu'il s'était fait payer,
Que se pendait là-bas l'abandonné suprême,
Et que l'argent servait pour le champ du potier [8].

Étant le Fils de Dieu, Jésus connaissait tout,
Et le Sauveur savait que ce Judas, qu'il aime,
Il ne le sauvait pas, se donnant tout entier.

Et c'est alors qu'il sut la souffrance infinie,
C'est alors qu'il sentit l'infinie agonie [9],
60   Et clama comme un fou [10] l'épouvantable angoisse,
Clameur dont chancela Marie encor debout,

Et par pitié du Père il eut sa mort humaine [11].

Pourquoi vouloir, ma sœur, sauver les morts damnés de l'enfer éternel,
et vouloir sauver mieux que Jésus le Sauveur ?

    Jeanne d'Arc, A Domremy, Ire partie, acte II (Librairie Gallimard, éditeur).

— 5 Double nature du Christ. — 6 Cf. p. 148, v. 3. — 7 Archaïsme expressif (acception courante jusqu'au XVIIe Siècle). — 8 Cf. Mat. XXVII, -10. — 9 Le son *i*, très insistant, a quelque chose de déchirant. — 10 L'expression, familière dans le moindre irrespect, nous rend intensément présente l'agonie morale du Christ. Cf. Mat.

XXVII, 46 et 50 : « Vers la neuvième heure, Jésus clama en un grand cri : *Mon Dieu, mon Dieu, pour quoi m'as-tu abandonné ?* », puis « Jésus, poussant de nouveau un grand cri, rendit l'esprit. » — 11 Ce passage sera repris textuellement, mais élargi par une ample paraphrase, dans le *Mystère de la Charité de Jeanne d'Arc* (1910).

ADIEUX A LA MEUSE

Répondant à l'appel de ses voix, Jeanne va quitter son village, sa maison, ses parents, pour tenter la grande aventure, — l'aventure humaine des combats, l'aventure mystique de la sainteté et du martyre. Il n'est pas de *vocation* sans déchirement du cœur et même de la conscience (cf. v. 26 et 41) ; plus la mission est haute et impérieuse, plus grand est le déchirement. Le jeune Péguy pressentait-il qu'il aurait, lui aussi, plus d'une fois, des liens à rompre et de cruels adieux à prononcer, pour rester jusqu'au bout fidèle à lui-même ? On le croirait, à le voir communier de la sorte avec Jeanne d'Arc ; et sa poésie se fait *incantation douce*, pour bercer cette pénétrante douleur.

Adieu, Meuse endormeuse et douce à mon enfance,
Qui demeures aux prés, où tu coules tout bas [1].
Meuse, adieu : j'ai déjà commencé ma partance [2]
En des pays nouveaux où tu ne coules pas.

Voici que je m'en vais en des pays nouveaux :
Je ferai la bataille et passerai les fleuves ;
Je m'en vais m'essayer à de nouveaux travaux,
Je m'en vais commencer là-bas les tâches neuves.

Et pendant ce temps-là, Meuse ignorante et douce,
10 Tu couleras toujours, passante accoutumée,
Dans la vallée heureuse où l'herbe vive pousse,

O Meuse inépuisable et que j'avais aimée.

Un silence

Tu couleras toujours dans l'heureuse vallée ;
Où tu coulais hier, tu couleras demain.
Tu ne sauras jamais la bergère en allée [3],
Qui s'amusait, enfant, à creuser de sa main
Des canaux dans la terre, — à jamais écroulés.

La bergère s'en va, délaissant les moutons,
Et la fileuse va, délaissant les fuseaux.
20 Voici que je m'en vais loin de tes bonnes eaux,
Voici que je m'en vais bien loin de nos maisons [4].

— 1 L'adieu de Jeanne mime, pour ainsi dire, le chuchotement apaisant et comme confidentiel de l'eau qui coule. — 2 Péguy aimait ces mots en — *ance* pour leur saveur médiévale et leur tonalité nostalgique (cf. *Moyen Age*, p. 207) comparer *désespérance*, p. 147, l. 45. — 3 C Verlaine, *XIX*ᵉ *Siècle*, p. 511, v. 31. — 4 Pr mière note du thème de la 2ᵉ partie (v. 32-50). .

Meuse qui ne sais rien de la souffrance humaine,
O Meuse inaltérable et douce à toute enfance,
O toi qui ne sais pas l'émoi de la partance,
Toi qui passes toujours et qui ne pars jamais,
O toi qui ne sais rien de nos mensonges faux [5],

O Meuse inaltérable, ô Meuse que j'aimais,

Un silence.

Quand reviendrai-je ici filer encor la laine ?
Quand verrai-je tes flots qui passent par chez nous ?
30 Quand nous reverrons-nous ? et nous reverrons-nous ?

Meuse que j'aime encore, ô ma Meuse que j'aime [6].

Un assez long silence.
Elle va voir si son oncle revient.

O maison de mon père où j'ai filé la laine,
Où, les longs soirs d'hiver, assise au coin du feu,
J'écoutais les chansons de la vieille Lorraine,
Le temps est arrivé que je vous dise adieu.

Tous les soirs passagère en des maisons nouvelles,
J'entendrai des chansons que je ne saurai pas ;
Tous les soirs, au sortir des batailles nouvelles,
J'irai dans des maisons que je ne saurai pas.

Un silence.

40 Maison de pierre forte où bientôt ceux que j'aime,
Ayant su ma partance, — et mon mensonge aussi [7], —
Vont désespérément, éplorés de moi-même,
Autour du foyer mort prier à deux genoux,
Autour du foyer mort et trop vite élargi [8],

Quand pourrai-je le soir filer encor la laine ?
Assise au coin du feu pour les vieilles chansons ;
Quand pourrai-je dormir après avoir prié ?
Dans la maison fidèle et calme à la prière ;

Quand nous reverrons-nous ? et nous reverrons-nous ?
O maison de mon père, ô ma maison que j'aime.

Jeanne d'Arc, A Domremy, IIe partie, acte III (Librairie Gallimard, éditeur).

---

[5] Ce vers rime avec les v. 19-20 ; mais nous attendions une rime à *jamais,* si bien qu'il nous semble *entendre* la dissonance qu'est un mensonge. — 6 Cf. v. 12 et 27. — 7 Pour aller accomplir sa mission, Jeanne a dû mentir à ses parents : son oncle Durand Lassois est censé l'emmener chez lui pour quelques jours. — 8 Le départ de Jeanne va briser le cercle de famille.

« Un coup d'audace »

Dans *Le Porche du Mystère de la Deuxième Vertu*, l'enfance et l'amour paternel occupent tout naturellement une large place. C'est que le père aime en ses enfants des êtres issus de lui qui lui survivront et poursuivront sa tâche, comme « l'Espérance aime ce qui sera Dans le temps et pour l'éternité ». Entre l'enfance et la petite fille Espérance il s'établit même une véritable identification. D'autre part l'acte d'espérance devient vertu d'enfance dans cet *abandon mystique* à Dieu, par *l'intercession de la Vierge Marie*. En confiant à la Vierge le douloureux fardeau de ses enfants malades, le père pratique ce « déraidissement » si difficile à obtenir de l'homme, selon Péguy. Ce « coup d'audace », cet émerveillement sont, bien sûr, ceux de l'auteur lui-même, et l'on sent chez lui la sécurité, l'allégresse de la *foi retrouvée ;* mais, en empruntant l'humble visage d'un *paysan lorrain*, il donne plus de naturel à sa bonhomie, et à sa piété des résonances universelles.

Il pense à ses trois enfants [1], qui en ce moment-ci même jouent au coin du feu.
Jouent-ils, travaillent-ils, on n'en sait rien.
Avec les enfants.
Travaillent-ils avec leur mère.
On n'en sait jamais rien.
Les enfants ne sont pas comme les hommes.
Pour les enfants jouer, travailler, se reposer, s'arrêter, courir, c'est tout un.
Ensemble.
C'est le même. Ils ne font pas seulement la différence.
10 Ils sont heureux.
Aussi leur commandement est le commandement même de Jésus.
De Jésus enfant.
L'espérance aussi est celle qui s'amuse tout le temps [2].

Il pense à ses trois enfants qui jouent à c't'heure au coin du feu.
Pourvu seulement qu'ils soient heureux.
N'est-ce pas tout ce qu'un père demande.
On vit pour eux, on demande seulement que ses enfants soient heureux.

Il pense à ses enfants qu'il a mis particulièrement sous la protection de la
Sainte Vierge.
20 Un jour qu'ils étaient malades.
Et qu'il avait eu grand peur.
Il pense encore en frémissant à ce jour-là.
Qu'il avait eu si peur.
Pour eux et pour lui.
Parce qu'ils étaient malades.
Il en avait tremblé dans sa peau.
A l'idée seulement qu'ils étaient malades.
Il avait bien compris qu'il ne pouvait pas vivre comme cela.
Avec des enfants malades.

— 1 Péguy avait alors deux garçons et une fille ; son quatrième enfant, un fils posthume, | naîtra en février 1915. — 2 Sur la petite enfant Espérance, cf. p. 154.

Et sa femme qui avait tellement peur.

Si affreusement.

Qu'elle avait le regard fixe en dedans et le front barré et qu'elle ne disait plus un mot.

Comme une bête qui a mal.

Qui se tait.

Car elle avait le cœur serré.

La gorge étranglée comme une femme qu'on étrangle.

Le cœur dans un étau.

La gorge dans des doigts ; dans les mâchoires d'un étau.

Sa femme qui serrait les dents, qui serrait les lèvres.

Et qui parlait rarement et d'une autre voix.

D'une voix qui n'était pas la sienne.

Tant elle avait affreusement peur.

Et ne voulait pas le dire.

Mais lui, par Dieu, c'était un homme. Il n'avait pas peur de parler.

Il avait parfaitement compris que ça ne pouvait pas se passer comme ça.

Ça ne pouvait pas durer.

Comme ça.

Il ne pouvait pas vivre avec des enfants malades.

Alors il avait fait un coup (un coup d'audace), il en riait encore quand il y pensait.

Il s'en admirait même un peu. Et il y avait bien un peu de quoi. Et il en frémissait encore.

Il faut dire qu'il avait été joliment hardi et que c'était un coup hardi.

Et pourtant tous les chrétiens peuvent en faire autant.

On se demande même pourquoi ils ne le font pas.

Comme on prend trois enfants par terre et comme on les met tous les trois.

Ensemble. A la fois.

Par amusement. Par manière de jeu.

Dans les bras de leur mère et de leur nourrice qui rit.

Et se récrie.

Parce qu'on lui en met trop.

Et qu'elle n'aura pas la force de les porter.

Lui, hardi comme un homme.

Il avait pris, par la prière il avait pris.

(Il faut que France, il faut que chrétienté continue.)

Ses trois enfants dans la maladie, dans la misère où ils gisaient.

Et tranquillement il vous les avait mis.

Par la prière il vous les avait mis.

Tout tranquillement dans les bras de celle qui est chargée de toutes les douleurs du monde.

Et qui a déjà les bras si chargés.

Car le Fils a pris tous les péchés.

Mais la Mère a pris toutes les douleurs.

Le Porche du Mystère de la Deuxième Vertu (Librairie Gallimard, éditeur).

NUIT SUR LE GOLGOTHA

L'admirable hymne à la Nuit, qui termine *Le Porche du Mystère de la Deuxième Vertu*, se couronne par cette évocation de la mort du Christ en croix et de la nuit s'étendant sur le Golgotha. Péguy paraphrase le récit de saint Matthieu (XXVII, 45-60 : la forme même du *verset* rappelle l'Évangile). Mais sa marque propre apparaît dans les accents étonnamment *familiers* qui, loin de détonner, restituent toute sa signification à la tragédie sacrée du Calvaire. Ce drame *mystique* de la croix, perpétué par le sacrifice de la messe, Péguy le saisit aussi dans toutes ses résonances *humaines*, et en particulier dans son historicité, comme un *événement* (pour les soldats romains indifférents, c'est un simple fait divers qui leur a valu une corvée). Ainsi se trouve soulignée l'insertion du surnaturel dans le quotidien, *la « racination »*, chère au poète, *du spirituel dans le temporel :* c'est le sens même du *mystère de l'Incarnation*.

Mais surtout, Nuit, tu me rappelles cette nuit[1].
Et je me la rappellerai éternellement. .
La neuvième heure avait sonné. C'était dans le pays de mon peuple
    d'Israël.
Tout était consommé[2]. Cette énorme aventure.
Depuis la sixième heure il y avait eu des ténèbres sur tout le pays, jusqu'à
    la neuvième heure.
Tout était consommé. Ne parlons plus de cela. Ça me fait mal.
Cette incroyable descente de mon fils parmi les hommes.
10 Chez les hommes.
Pour ce qu'ils en ont fait[3].
Ces trente ans qu'il fut charpentier chez les hommes.
Ces trois ans qu'il fut une sorte de prédicateur chez les hommes.
Un prêtre.
Ces trois jours où il fut une victime chez les hommes.
Parmi les hommes.
Ces trois nuits où il fut un mort chez les hommes.
Parmi les hommes morts.
Ces siècles et ces siècles où il est une hostie[4] chez les hommes.
20 Tout était consommé, cette incroyable aventure
Par laquelle, moi, Dieu, j'ai les bras liés pour mon éternité.
Cette aventure par laquelle mon Fils m'a lié les bras.
Pour éternellement liant les bras de ma justice, pour éternellement déliant
    les bras de ma miséricorde[5].
Et contre ma justice inventant une justice même.

— 1 C'est Dieu lui-même qui parle. — 2 C'est le cri de Jésus expirant : *Consummatum est* (Jean, XIX, 30), « tout est achevé », mais aussi « tout est accompli » (conformément aux prophéties, cf. l. 26-28). — 3 Cf. Jean I, 11 : « Il est venu dans son héritage, et les siens ne l'ont point reçu. » — 4 Penser au sens primitif : *victime* (cf. l. 15). — 5 Comparer, dans le *Mystère de la Passion* de Gréban, le débat entre la Justice de Dieu et sa Miséricorde (*Moyen Age*, p. 165) : Péguy a d'ailleurs repris ce titre de *Mystère*.

Une justice d'amour. Une justice d'Espérance [6]. Tout était consommé.
Ce qu'il fallait. Comme il avait fallu. Comme mes prophètes l'avaient
annoncé. Le voile du temple s'était déchiré en deux, depuis le haut
jusqu'en bas.
La terre avait tremblé ; des rochers s'étaient fendus.
Des sépulcres s'étaient ouverts, et plusieurs corps des saints qui étaient
morts étaient ressuscités.
Et environ la neuvième heure mon Fils avait poussé
Le cri qui ne s'effacera point [7]. Tout était consommé. Les soldats s'en
étaient retournés dans leurs casernes.
Riant et plaisantant parce que c'était un service de fini.
Un tour de garde qu'ils ne prendraient plus.
Seul un centenier [8] demeurait, et quelques hommes.
Un tout petit poste pour garder ce gibet sans importance.
La potence où mon Fils pendait [9].
Seules quelques femmes étaient demeurées.
La Mère était là.
Et peut-être aussi quelques disciples, et encore on n'en est pas bien sûr [10].
Or tout homme a le droit d'ensevelir son fils.
Tout homme sur terre, s'il a ce grand malheur
De ne pas être mort avant son fils. Et moi seul, moi Dieu,
Les bras liés par cette aventure,
Moi seul à cette minute père après tant de pères,
Moi seul je ne pouvais pas ensevelir mon fils.
C'est alors, ô nuit, que tu vins.
O ma fille chère entre toutes et je le vois encore et je verrai cela dans mon
éternité
C'est alors ô Nuit que tu vins et dans un grand linceul tu ensevelis
Le Centenier et ses hommes romains,
La Vierge et les saintes femmes,
Et cette montagne et cette vallée, sur qui le soir descendait,
Et mon peuple d'Israël et les pécheurs et ensemble celui qui mourait, qui
était mort pour eux

Et les hommes de Joseph d'Arimathée qui déjà s'approchaient

Portant le linceul blanc [11].

Le Porche du Mystère de la Deuxième Vertu (Librairie Gallimard, éditeur).

— 6 La plus grande des trois vertus théologales, selon Péguy (cf. p. 154-156). — 7 Cf. p. 147, 39-41, 58-61 et n. 10. — 8 Ou *centurion*. — Noter le ton, le réalisme de l'expression et effet de l'allitération. — 10 Mat. ne mentionne pas leur présence ; mais le 4e évangile nous montre Jésus confiant l'un à l'autre sa mère et le disciple bien-aimé (Jean, XIX, 26-27). — 11 Admirable note impressionniste (le *linceul blanc* se détachant sur le *grand linceul* sombre de la nuit, qui pourtant l'*ensevelit* avec toute la scène), mais il ne s'agit pas d'art pour l'art.

La deuxième Vertu

Entre les trois vertus théologales, Péguy accorde la primauté à *l'espérance*, et il prête à Dieu la même prédilection. Dans ses variations lyriques sur l'espérance, il est intarissable. Les images se multiplient : la vertu préférée est une fontaine éternellement jaillissante ; elle est la fillette qui « sauterait à la corde dans une procession » ; « elle va vingt fois devant, comme un petit chien, elle revient, elle repart, elle fait vingt fois le chemin », et « elle n'est jamais fatiguée. » Mais une convergence des images se dessine, comme on le verra dans les fragments groupés ci-dessous : l'espérance c'est le *jaillissement*, la *spontanéité créatrice*, la *jeunesse toujours nouvelle* de l'homme et du monde ; sans elle, l'univers sombrerait dans la décrépitude, dans la plus aride répétition, dans le néant.

« *La foi que j'aime le mieux, dit Dieu, c'est l'espérance. La foi ça ne m'étonne pas.* [...] *La charité, dit Dieu, ça ne m'étonne pas.* »

Ce qui m'étonne, dit Dieu, c'est l'espérance
Et je n'en reviens pas.
Cette petite espérance qui n'a l'air de rien du tout.
Cette petite fille espérance.
Immortelle.

Car mes trois vertus, dit Dieu.
Les trois vertus mes créatures.
Mes filles mes enfants.
Sont elles-mêmes comme mes autres créatures.
10   De la race des hommes.
La Foi est une Épouse fidèle.
La Charité est une Mère.
Une mère ardente, pleine de cœur.
Ou une sœur aînée qui est comme une mère.
L'Espérance est une petite fille de rien du tout.
Qui est venue au monde le jour de Noël de l'année dernière.
Qui joue encore avec le bonhomme Janvier.
Avec ses petits sapins en bois d'Allemagne. Peints.
Et avec sa crèche pleine de paille que les bêtes ne mangent pas.
20   Puisqu'elles sont en bois.
C'est cette petite fille pourtant qui traversera les mondes.
C'est cette petite fille de rien du tout.
Elle seule, portant les autres, qui traversera les mondes révolus.

*

La petite espérance s'avance entre ses deux grandes sœurs et on ne prend
     seulement pas garde à elle.
Sur le chemin du salut, sur le chemin charnel, sur le chemin raboteux du salut,
     sur la route interminable, sur la route entre ses deux sœurs la petite espérance
S'avance.
Entre ses deux grandes sœurs.
30   Celle qui est mariée.
Et celle qui est mère.

Et l'on n'a d'attention, le peuple chrétien n'a d'attention que pour les deux
grandes sœurs.
La première et la dernière.
Qui vont au plus pressé.
Au temps présent.
A l'instant momentané qui passe.
Le peuple chrétien ne voit que les deux grandes sœurs, n'a de regard que pour
les deux grandes sœurs.
Celle qui est à droite et celle qui est à gauche.
Et il ne voit quasiment pas celle qui est au milieu.
La petite, celle qui va encore à l'école.
Et qui marche.
Perdue dans les jupes de ses sœurs.
Et il croit volontiers que ce sont les deux grandes qui traînent la petite par
la main.
Au milieu.
Entre elles deux.
Pour lui faire faire ce chemin raboteux du salut.
Les aveugles qui ne voient pas au contraire.
Que c'est elle au milieu qui entraîne ses grandes sœurs.
Et que sans elle elles ne seraient rien.
Que deux femmes déjà âgées.
Deux femmes d'un certain âge.
Fripées par la vie.
C'est elle, cette petite, qui entraîne tout.
Car la Foi ne voit que ce qui est.
Et elle voit ce qui sera.
La Charité n'aime que ce qui est.
Et elle aime ce qui sera.

Le Porche du Mystère de la Deuxième Vertu (Librairie Gallimard, éditeur).

***

Je suis, dit Dieu, Seigneur des Trois Vertus.

La Foi est un grand arbre, c'est un chêne enraciné au cœur de France.
Et sous les ailes de cet arbre la Charité, ma fille la Charité abrite toutes les
détresses du monde.
Et ma petite espérance n'est rien que cette petite promesse de bourgeon qui
s'annonce au fin commencement d'avril.

Et quand on voit l'arbre, quand vous regardez le chêne,
Cette rude écorce du chêne treize et quatorze et dix-huit fois centenaire,
Et qui sera centenaire et séculaire dans les siècles des siècles,
Cette dure écorce rugueuse et ces branches qui sont comme un fouillis de
bras énormes,
(Un fouillis qui est un ordre),
Quand vous voyez tant de force et tant de rudesse le petit bourgeon tendre ne
paraît plus rien du tout.

C'est lui qui a l'air de parasiter l'arbre, de manger à la table de l'arbre.
Comme un gui, comme un champignon,
C'est lui qui a l'air de se nourrir de l'arbre (et le paysan les appelle des *gourmands*),
c'est lui qui a l'air de s'appuyer sur l'arbre, de sortir de l'arbre, à l'aisselle
des branches, à l'aisselle des feuilles et il ne peut plus exister sans l'arbre.
80 Il a l'air de venir de l'arbre, de dérober la nourriture de l'arbre.
Et pourtant c'est de lui que tout vient au contraire. Sans un bourgeon qui est
une fois venu, l'arbre ne serait pas. Sans ces milliers de bourgeons, qui
viennent une fois au fin commencement d'avril et peut-être dans les derniers
jours de mars, rien ne durerait, l'arbre ne durerait pas, et ne tiendrait pas
sa place d'arbre (il faut que cette place soit tenue), sans cette sève qui monte
et pleure au mois de mai, sans ces milliers de bourgeons qui pointent à l'aisselle
des dures branches. [...]
Sans ce bourgeon, qui n'a l'air de rien, qui ne semble rien, tout cela ne serait
que du bois mort.
Et le bois mort sera jeté au feu.

Le Mystère des Saints Innocents (Librairie Gallimard, éditeur).

LES TAPISSERIES UNE FORME CLASSIQUE.. A l'automne de 1912,
Péguy revient au **vers régulier** avec *La Tapisserie de
Sainte Geneviève et de Jeanne d'Arc*, précédée de quelques jours par des poèmes parus au
Correspondant : Sonnets, Les Sept contre Thèbes, Châteaux de Loire (cf. p. 158) ; *Les Sept
contre Paris* suivront, en mars 1913. En fait il composait depuis 1911 une très longue suite
de *Quatrains* réguliers, où alternent les vers de six et de quatre syllabes, mais, le sujet
étant trop intime, ils ne seront publiés qu'après sa mort ; ainsi ce sont les poèmes du
Correspondant et la première *Tapisserie* qui datent son retour à une *forme classique*. Toutefois Péguy se permet certaines licences : comme Verlaine, il ne s'astreint pas à l'alternance
des rimes masculines et féminines (cf. p. 159, sonnet 2) ; dans les *Quatrains* il admet l'hiatus
(« Cœur *qui as* tant rêvé ») ; sa verve, surtout, est à l'étroit dans le cadre du sonnet : aussi
verra-t-on telle pièce accumuler, après deux quatrains, 320 tercets et un vers final isolé
(*Sainte Geneviève et Jeanne d'Arc*, pièce VIII). C'est le quatrain qui va être désormais
son rythme de prédilection.

UN GENRE NOUVEAU. Quant à la *Tapisserie*, qui succède au *Mystère*, elle inscrit
le poète dans la longue lignée des *artisans français* épris de « l'ouvrage bien faite », attentifs,
minutieux, qui s'échangent contre l'œuvre née de leurs mains, comme dira Saint-Exupéry.
La tapisserie est un travail de patience que l'on ne bâcle point : ce n'est d'abord qu'un
entrelacs de fils de couleur, mais peu à peu le dessin apparaît, révélant son sens et sa
grandeur. Ainsi des Tapisseries de Péguy : le rythme est lent, les motifs se répètent,
progressant par nuances discrètes, mais un souffle inépuisable entraîne l'ensemble jusqu'à
son plein épanouissement. En outre ces tapisseries poétiques, comme leurs sœurs aînées
du Moyen Age, sont destinées à *orner le sanctuaire*, les unes et les autres étant filles de
l'art et de la foi.
Les deux premières Tapisseries groupent des pièces distinctes. Pour *La Tapisserie
de Sainte Geneviève et de Jeanne d'Arc*, ce sont les neuf poèmes de la *neuvaine*, auxquels
s'en ajoute un dixième : *Sainte Geneviève patronne de Paris ;* l'ampleur va croissant jusqu'à
la VIII° pièce, mentionnée plus haut, puis Péguy ménage un *decrescendo*. Dans *La Tapisserie
de Notre Dame* deux *Présentations*, de Paris puis de la Beauce, à la Vierge Marie précèdent
l'une trois sonnets *(Paris vaisseau de charge, Paris double galère, Paris vaisseau de guerre)*,
l'autre cinq *Prières, de résidence, de demande, de confidence, de report* et de *déférence*. Mais
la troisième Tapisserie, *Ève*, portant le genre à son accomplissement, développe d'un
seul tenant une suite de quelque 3 000 quatrains : « ce sera une Iliade » disait Péguy ;
c'est plutôt sa *Légende des Siècles*, la Légende des Siècles d'un poète chrétien.

« *Cœur qui as tant battu...* »

Composés en 1911-1912, les *Quatrains* ne furent publiés qu'en 1941, dans les *Œuvres poétiques complètes*, à la Bibliothèque de la Pléiade. Ils sont l'écho, pathétique dans sa pudeur et inlassablement répercuté, d'un *drame intime* où Péguy vécut dans toute son intensité le débat cornélien de *l'honneur* contre le *bonheur*. Son cœur fut déchiré, mais sa fidélité ne succomba point ; et peu à peu, après de longues tortures, il retrouva la paix de l'âme (cf. p. 142, § 2).

Dans la colonne de droite, nous proposons la « lecture régressive » par rapport à la présentation de la Pléiade, que recommande Jean Onimus approuvé par Bernard Guyon.

Cœur qui as tant rêvé,
O cœur charnel,
O cœur inachevé,
Cœur éternel.

Cœur qui as tant battu,
D'amour, d'espoir,
O cœur trouveras-tu
La paix du soir.

10   Cœur tant de fois pétri,
O pain du jour,
Cœur tant de fois meurtri,
Levain d'amour.

Cœur qui as tant battu,
D'amour, de haine,
Cœur tu ne battras plus
De tant de peine. [...]

Cœur plein d'un seul regret
Poignant et bref,
Comme un unique fret
20   Charge une nef.

Cœur plein d'un seul regret
Poignant et sourd,
Comme un fardeau trop lourd
Charge une nef.

Cœur vaisseau démarré
A charge pleine,
Vaisseau désemparé
De sa misaine. [...]

O peine aux longs cheveux
Couchée au lit
De l'homme que tu veux
Enseveli.

O peine aux cheveux longs
Couchée au long
De l'homme juste et bon
Au même lit.

Enseveli sois-tu
Dans cet amour   10
Et dans cette vertu
Et cette tour.

Loué sois-tu, cœur frêle,
Pour ta rudesse,
Loué sois-tu, cœur grêle,
Pour ta tristesse.

Pour tes renoncements,
O dépouillé,
Pour tes abaissements,
O cœur souillé.   20

Cœur tant de fois cloué
Au dur gibet,
Tant de fois bafoué
De quolibets.

Et pardonné sois-tu,
Notre cœur vil,
Au nom des Trois Vertus,
Ainsi soit-il.

Quatrains (Librairie Gallimard, éditeur).

CHATEAUX DE LOIRE

Dans ce poème d'une facture impeccable, Péguy, enfant d'Orléans, chante le val de Loire et ses châteaux, riches de tout un trésor d'art et d'histoire. Mais soudain le paysage devient, à la manière des symbolistes, un *paysage d'âme*. C'est un *château du souvenir*, un *château mystique*, qui sera célébré ; c'est le *monument idéal* qui se dessine à jamais sur cette noble terre depuis le passage de JEANNE D'ARC, la sainte chère entre toutes au cœur du poète.

Le long du coteau courbe et des nobles vallées
Les châteaux sont semés comme des reposoirs,
Et dans la majesté des matins et des soirs
La Loire et ses vassaux s'en vont par ces allées.

Cent vingt châteaux lui font une suite courtoise,
Plus nombreux, plus nerveux, plus fins que des palais [1].
Ils ont nom Valençay, Saint-Aignan et Langeais,
Chenonceaux et Chambord, Azay, le Lude, Amboise [2].

10 Et moi j'en connais un dans les châteaux de Loire
Qui s'élève plus haut que le château de Blois,
Plus haut que la terrasse où les derniers Valois
Regardaient le soleil se coucher dans sa gloire.

La moulure est plus fine et l'arceau plus léger.
La dentelle de pierre est plus dure et plus grave.
La décence et l'honneur et la mort qui s'y grave
Ont inscrit leur histoire au cœur de ce verger [3].

Et c'est le souvenir qu'a laissé sur ces bords
Une enfant qui menait son cheval vers le fleuve.
Son âme était récente [4] et sa cotte était neuve.
20 Innocente elle allait vers le plus grand des sorts.

Car celle qui venait du pays tourangeau [5],
C'était la même enfant qui quelques jours plus tard,
Gouvernant d'un seul mot le rustre et le soudard,
Descendait devers Meung ou montait vers Jargeau [6].

(Librairie Gallimard, éditeur).

— 1 Cf. Du Bellay : (*XVIe Siècle*, p. 113, v. 9-11). — 2 De ces noms propres naît un élément de *poésie pure*. — 3 Le val de Loire, « jardin de la France ». — 4 Fraîche et pure. — 5 De Chinon, Jeanne d'Arc gagna Orléans par Tours. — 6 Cette ville fut prise d'assaut par Jeanne d'Arc, après la délivrance d'Orléans.

La Tapisserie de Sainte Geneviève...

La Tapisserie de Sainte Geneviève et de Jeanne d'Arc (1912) unit dans un même hommage la patronne de Paris et l'héroïne nationale que l'Église n'avait pas encore canonisée. Les trois premiers sonnets, consacrés à sainte Geneviève, s'organisent en un admirable mouvement *d'ascension vers la prière*. Les sonnets I et II montent de la simple évocation à la promesse d'une intercession efficace ; dans le troisième éclate la prière directe, et le contenu de cette prière est tel que Péguy doit encore ajouter un quinzième vers à ce troisième sonnet pour oser enfin le formuler. C'est qu'il s'agit du vœu pathétique, et peut-être exorbitant, qu'il n'y ait, dans cette « énorme horde » du peuple de Paris, *aucun réprouvé :* toujours hanté par l'horreur de la damnation (cf. p. 145), voilà ce que Péguy demande à la sainte, humblement, timidement, passionnément.

Comme elle avait gardé les moutons à Nanterre,
On la mit à [1] garder un bien autre troupeau,
La plus énorme horde où le loup [2] et l'agneau
Aient jamais confondu leur commune misère [3].

Et comme [4] elle veillait tous les soirs solitaire
Dans la cour de la ferme ou sur le bord de l'eau,
Du pied du même saule et du même bouleau
Elle veille aujourd'hui sur ce monstre de pierre.

Et quand le soir viendra qui fermera le jour [5],
10 C'est elle la caduque et l'antique bergère [6],
Qui ramassant Paris et tout son alentour

Conduira d'un pas ferme et d'une main légère
Pour la dernière fois dans la dernière cour [7]
Le troupeau le plus vaste à la droite du père [8].

*

Comme elle avait gardé les moutons à Nanterre
Et qu'on était content de son exactitude [9],
On mit sous sa houlette et son inquiétude [10]
Le plus mouvant troupeau, mais le plus volontaire.

Et comme elle veillait devant le presbytère,
Dans les soirs et les soirs d'une longue habitude,
Elle veille aujourd'hui sur cette ingratitude,
Sur cette auberge énorme et sur ce phalanstère [11].

Et quand le soir viendra de toute plénitude,
10 C'est elle la savante [12] et l'antique bergère,
Qui ramassant Paris dans sa sollicitude

— 1 Expression populaire, paysanne.— 2 Les sons évoquent un ramassis confus, une *horde*. — 3 Les « loups » eux-mêmes sont plus malheureux que coupables : appel discret à la miséricorde divine. — 4 Glissement de sens, par rapport au v. 1 (cf. sonnet II). — 5 Le dernier soir du monde, avant le Jugement; cf. sonnet II, v. 9 et III, v. 11.— 6 Née à Nanterre en 420, Sainte Geneviève mourut à 92 ans. — 7 Le mot *paradis* (doublet de *parvis*) signifie primitivement *enceinte, cour.* — 8 Le jour du Jugement, le Christ (comparé à un berger) placera les élus à sa droite, les damnés à sa gauche (Mat. XXV, 32 et suiv.). — 9 Le mot semble *mimer* un soin minutieux. — 10 Noter l'alliance de l'abstrait et du concret (cf. v. 7-8). — 11 Habitation de la *phalange* (cellule sociale de Fourier). — 12 *Savante* dans son art de garder les moutons (cf. sonnet III); comparer au v. 10 du sonnet I.

Conduira d'un pas ferme et d'une main légère
Dans la cour de justice et de béatitude
Le troupeau le plus sage à la droite du père.

*

Elle avait jusqu'au fond du plus secret hameau
La réputation dans toute Seine et Oise
Que jamais ni le loup ni le chercheur de noise
N'avaient pu lui ravir le plus chétif agneau.

Tout le monde savait de Limours à Pontoise
Et les vieux bateliers contaient au fil de l'eau
Qu'assise au pied du saule et du même bouleau
Nul n'avait pu jouer cette humble villageoise.

Sainte qui rameniez tous les soirs au bercail
10   Le troupeau tout entier [13], diligente bergère,
Quand le monde et Paris viendront à fin de bail

Puissiez-vous d'un pas ferme et d'une main légère
Dans la dernière cour par le dernier portail
Ramener par la voûte et le double vantail

Le troupeau tout entier [14] à la droite du père.

La Tapisserie de Sainte Geneviève et de Jeanne d'Arc (Librairie Gallimard, éditeur).

PRÉSENTATION DE PARIS A NOTRE DAME

Comme il plaçait le peuple de Paris sous la protection de sainte Geneviève (p. 159), voici que Péguy « présente » et confie Paris même à la Vierge Marie. La nef figurant sur les armes de la cité, le « vaisseau » de Notre-Dame lui fournissent *le symbolisme* du *navire* et de *l'embarquement* pour *l'aventure du salut*. En saisissant dans une seule vision le Paris du Moyen Age et celui du XXᵉ siècle, le poème réalise d'autre part cette opération de mémoire, remontée à l'intérieur de la race, à laquelle Péguy attachait tant d'importance. Enfin, à travers cette bonhomie pleine d'humour, on discernera la méditation sur la *grâce* et le *mystère de la Rédemption :* les « pauvres vertus » des hommes ne sont rien devant Dieu, mais, opérant une miraculeuse transmutation, le sacrifice du Christ sur la croix peut donner valeur à leurs péchés mêmes, s'ils s'en repentent dans l'humilité de leur cœur.

Étoile de la mer [1] voici la lourde nef
Où nous ramons tout nuds [2] sous vos commandements ;
Voici notre détresse et nos désarmements [3] ;
Voici le quai du Louvre, et l'écluse, et le bief [4].

— 13 Voilà le point essentiel, mis en valeur par l'enjambement et la coupe. — 14 Apprécier la progression (cf. I, 14 et II, 14). — 1 Cf. l'hymne à la Vierge : *Ave, maris stella.* — 2 Orthographe ancienne, qui accentue l'aspect médiéval du poème (en contraste avec son aspect moderne). — 3 Esquisse d'un jeu de mots (sens moral et sens technique : *désarmer* un vaisseau) ; cf. *gouvernements* (v. 7). — 4 Espace compris entre deux écluses.

Voici notre appareil [5] et voici notre chef.
C'est un gars de chez nous qui siffle par moments.
Il n'a pas son pareil pour les gouvernements.
Il a la tête dure et le geste un peu bref.

10 Reine qui vous levez sur tous les océans,
Vous penserez à nous quand nous serons au large.
Aujourd'hui c'est le jour d'embarquer notre charge.
Voici l'énorme grue et les longs meuglements [6].

S'il fallait le charger de nos pauvres vertus,
Ce vaisseau s'en irait vers votre auguste seuil
Plus creux que la noisette après que l'écureuil
L'a laissé retomber de ses ongles pointus.

Nuls ballots n'entreraient par les panneaux béants,
Et nous arriverions dans la mer de sargasse [7]
Traînant cette inutile et grotesque carcasse
20 Et les Anglais diraient : Ils n'ont rien mis dedans [8].

Mais nous saurons l'emplir et nous vous le jurons.
Il sera le plus beau dans cet illustre port.
La cargaison ira jusque sur le plat-bord [9].
Et quand il sera plein nous le couronnerons.

Nous n'y chargerons pas notre pauvre maïs,
Mais de l'or et du blé que nous emporterons.
Et il tiendra la mer : car nous le chargerons
Du poids de nos péchés payés par votre fils [10].

La Tapisserie de Notre Dame (Librairie Gallimard, éditeur).

Présentation
de la Beauce...
Une première fois, Péguy avait confié ses enfants malades à la Vierge Marie (cf. p. 150). A la mi-juin 1912, en exécution d'un vœu pour la guérison de son fils Pierre atteint de la typhoïde, *il accomplit un pèlerinage à la cathédrale de Chartres ;* à la fin de l'année il retourne à Chartres, où il prie pour le repos de l'âme d'un jeune normalien mort récemment. Ces deux pèlerinages, et d'autres encore, se fondent dans la *Présentation de la Beauce à Notre Dame de Chartres.* Scandé au rythme de la *marche,* le poème progresse lentement, résolument, comme chemine le pèlerin ; il s'élargit de strophe en strophe, comme *l'immense ondulation des blés,* à perte de vue. Et lorsque apparaît dans le ciel la « flèche inimitable », attendue, désirée, célébrée d'avance, il semble qu'un vœu soit exaucé, que la Vierge elle-même se manifeste à l'âme du poète. Sa présence diffuse était d'ailleurs sensible dès le début, et cette longue marche, par son intention et par la méditation spirituelle qu'elle rythme, était déjà *une prière.*

— 5 Tout ce qui sert pour la manœuvre (cf. *appareiller).* — 6 Symphonie discordante d'un port moderne. — 7 Précision géographique qui ne manque pas d'humour, puisqu'il s'agit d'une nef symbolique (*Mer des Sargasses* : vaste étendue encombrée d'algues, au nord-est des Antilles). — 8 Peuple marin par excellence, les Anglais passent en outre pour avoir beaucoup de sens pratique. — 9 Partie supérieure du bordage. — 10 Noter l'allitération expressive.

Présentation de la Beauce à Notre Dame de Chartres

Étoile de la mer voici la lourde nappe
Et la profonde houle et l'océan des blés
Et la mouvante écume et nos greniers comblés,
Voici votre regard sur cette immense chape

Et voici votre voix sur cette lourde plaine
Et nos amis absents et nos cœurs dépeuplés,
Voici le long de nous nos poings désassemblés
Et notre lassitude et notre force pleine.

Étoile du matin, inaccessible reine,
10 Voici que nous marchons vers votre illustre cour,
Et voici le plateau de notre pauvre amour,
Et voici l'océan de notre immense peine.

Un sanglot rôde et court par-delà l'horizon.
A peine quelques toits font comme un archipel.
Du vieux clocher retombe une sorte d'appel.
L'épaisse église semble une basse maison.

Ainsi nous naviguons vers votre cathédrale.
De loin en loin surnage un chapelet de meules,
Rondes comme des tours, opulentes et seules
20 Comme un rang de châteaux sur la barque amirale.

Deux mille ans de labeur ont fait de cette terre
Un réservoir sans fin pour les âges nouveaux.
Mille ans de votre grâce ont fait de ces travaux
Un reposoir sans fin pour l'âme solitaire.

Vous nous voyez marcher sur cette route droite,
Tout poudreux, tout crottés, la pluie entre les dents.
Sur ce large éventail ouvert à tous les vents
La route nationale est notre porte étroite.

Nous allons devant nous, les mains le long des poches,
30 Sans aucun appareil, sans fatras, sans discours,
D'un pas toujours égal, sans hâte ni recours,
Des champs les plus présents vers les champs les plus proches.

Vous nous voyez marcher, nous sommes la piétaille.
Nous n'avançons jamais que d'un pas à la fois.
Mais vingt siècles de peuple et vingt siècles de rois,
Et toute leur séquelle et toute leur volaille

Et leurs chapeaux à plume avec leur valetaille
Ont appris ce que c'est que d'être familiers,
Et comme on peut marcher, les pieds dans ses souliers,
40 Vers un dernier carré le soir d'une bataille. [...]

Un homme de chez nous, de la glèbe féconde
A fait jaillir ici d'un seul enlèvement,
Et d'une seule source et d'un seul portement,
Vers votre assomption la flèche unique au monde.

Tour de David, voici votre tour beauceronne.
C'est l'épi le plus dur qui soit jamais monté
Vers un ciel de clémence et de sérénité,
Et le plus beau fleuron dedans votre couronne.

Un homme de chez nous a fait ici jaillir,
50   Depuis le ras du sol jusqu'au pied de la croix,
Plus haut que tous les saints, plus haut que tous les rois
La flèche irréprochable et qui ne peut faillir.

C'est la gerbe et le blé qui ne périra point,
Qui ne fanera point au soleil de septembre,
Qui ne gèlera point aux rigueurs de décembre,
C'est votre serviteur et c'est votre témoin.

C'est la tige et le blé qui ne pourrira pas,
Qui ne flétrira point aux ardeurs de l'été,
Qui ne moisira point dans un hiver gâté,
60   Qui ne transira point dans un commun trépas.

C'est la pierre sans tache et la pierre sans faute,
La plus haute oraison qu'on ait jamais portée,
La plus droite raison qu'on ait jamais jetée,
Et vers un ciel sans bord la ligne la plus haute. [...]

Mais vous apparaissez, reine mystérieuse.
Cette pointe là-bas dans le moutonnement
Des moissons et des bois et dans le flottement
De l'extrême horizon ce n'est point une yeuse,

Ni le profil connu d'un arbre interchangeable.
70   C'est déjà plus distante, et plus basse, et plus haute,
Ferme comme un espoir sur la dernière côte,
Sur le dernier coteau la flèche inimitable. [...]

Nous avons eu bon vent de partir dès le jour.
Nous coucherons ce soir à deux pas de chez vous,
Dans cette vieille auberge où pour quarante sous
Nous dormirons tout près de votre illustre tour.

Nous serons si fourbus que nous regarderons,
Assis sur une chaise auprès de la fenêtre,
Dans un écrasement du corps et de tout l'être,
80   Avec des yeux battus, presque avec des yeux ronds,

Et les sourcils haussés jusque dedans nos fronts,
L'angle une fois trouvé par un seul homme au monde,
Et l'unique montée ascendante et profonde
Et nous serons recrus et nous contemplerons.

Voici l'axe et la ligne et la géante fleur.
Voici la dure pente et le contentement.
Voici l'exactitude et le consentement.
Et la sévère larme, ô reine de douleur.

Voici la nudité, le reste est vêtement.
90 Voici le vêtement, tout le reste est parure.
Voici la pureté, tout le reste est souillure.
Voici la pauvreté, le reste est ornement. [...]

Voici la seule foi qui ne soit point parjure.
Voici le seul élan qui sache un peu monter.
Voici le seul instant qui vaille de compter.
Voici le seul propos qui s'achève et qui dure.

La Tapisserie de Notre Dame (Librairie Gallimard, éditeur).

«ET LE PREMIER SOLEIL SUR LE PREMIER MATIN»

L'immense symphonie d'*Ève* s'ouvre sur l'évocation du *paradis perdu*, en un premier mouvement très ample, ponctué sans cesse par ce rappel : « Vous n'avez plus connu... » Rivalisant avec Hugo qu'il admirait tant, Péguy donne ici une réplique au *Sacre de la Femme*, poème liminaire de la première *Légende des Siècles*. Mais la vision d'un monde intact et proche encore du chaos se nuançait par instants, chez Hugo, d'une sorte de terreur sacrée ; Péguy au contraire aborde sans vertige « ce climat de la grâce » où tout est *limpidité*, et il le traduit en arabesques presque *immatérielles*. Dans cette quête de la *spontanéité originelle* encore vierge de toute habitude, il est guidé par Bergson (cf. p. 175), tandis que son intuition de la correspondance entre le spirituel et le charnel lui révèle, dans le monde d'avant la faute, une matière *sans pesanteur*. S'il est vrai que la poésie consiste à saisir toute chose *à l'état naissant*, ce début d'*Ève* est la poésie même.

Jésus parle.

— O mère ensevelie hors du premier jardin [1],
Vous n'avez plus connu ce climat de la grâce [2],
Et la vasque et la source et la haute terrasse,
Et le premier soleil sur le premier matin.

Et les bondissements de la biche et du daim
Nouant et dénouant leur course fraternelle
Et courant et sautant et s'arrêtant soudain
Pour mieux commémorer [3] leur vigueur éternelle,

Et pour bien mesurer leur force originelle
10 Et pour poser leurs pas sur ces moelleux tapis,
Et ces deux beaux coureurs sur soi-même tapis
Afin de saluer leur lenteur solennelle [4].

— 1 Le jardin d'Eden. — 2 Dans cette pureté d'avant le péché, les deux sens du mot *grâce* se confondent ; d'autre part le v. 3 évoque la grâce comme une fontaine jaillissante. — 3 *Célébrer*, mais le mot a une résonance religieuse. — 4 Effet de contraste comparable à un *ralenti* cinématographique (cf. les brusques arrêts, v. 7, 15 et 19).

Et les ravissements [5] de la jeune gazelle
Laçant et délaçant sa course vagabonde,
Galopant et trottant et suspendant sa ronde [6]
Afin de saluer sa race intemporelle [7].

Et les dépassements du bouc et du chevreuil
Mêlant et démêlant leur course audacieuse
Et dressés tout à coup sur quelque immense seuil [8]
20 Afin de saluer la terre spacieuse.

Et tous ces filateurs et toutes ces fileuses
Mêlant et démêlant l'écheveau de leur course [9],
Et dans le sable d'or des vagues nébuleuses
Sept clous articulés découpaient la Grande Ourse [10].

Et tous ces inventeurs et toutes ces brodeuses
Du lacis de leurs pas découpaient des dentelles.
Et ces beaux arpenteurs parmi ces ravaudeuses [11]
Dessinaient des glacis devant des citadelles [12].

Une création naissante et sans mémoire
30 Tournante et retournante [13] aux courbes d'un même orbe.
Et la faîne et le gland et le coing et la sorbe
Plus juteux sous les dents que la prune et la poire [14].

Ève (Librairie Gallimard, éditeur).

Pietà

Voici, inspiré de la *salutation angélique*, un nouveau mouvement de la symphonie.
« Et moi je vous salue... » : c'est Jésus (et avec lui Péguy) qui s'adresse en ces termes à
Ève, aïeule du genre humain, comme l'archange Gabriel à Marie lors de l'Annonciation.
Si Marie est la mère spirituelle des hommes, Ève est leur mère charnelle ; et, en dépit du
péché originel, Ève ne sort pas diminuée, loin de là, de cette comparaison avec la Vierge
(cf. p. 174, l. 58-71). Les deux figures se fondent dans une image intemporelle de *la Mère*,
à qui il appartient trop souvent, hélas ! d'ensevelir ses fils. La scène où Marie reçoit le
corps du Christ détaché de la croix, si souvent représentée par l'art religieux sous le titre
de *Pietà*, inspire ici Péguy, — et aussi l'obsession prophétique de la mort au combat.

Et moi je vous salue ô première mortelle.
Vous avez tant baisé les fronts silencieux,
Et la lèvre et la barbe et les dents et les yeux
De vos fils descendus dans cette citadelle [1].

---

5 Noter les deux sens, qui se complètent. —
6 C'est une sorte de *danse* (valeur esthétique de
cette activité de jeu, harmonieuse manifestation
de l'élan vital). — 7 Sa race future, qui n'existe
encore qu'en puissance (cf. v. 29). — 8 Dans
l'Eden, chaque être trouve sa *demeure* naturelle ;
songer d'autre part au sens géographique du mot
seuil. — 9 Cf. l'entrecroisement des thèmes dans
ce poème d'*Ève*, qui est une *tapisserie*. — 10 Cf.
Hugo : *Nomen, numen, lumen* (*Contemplations*,

VI, 25). — 11 Note d'humour populaire, qui
d'ailleurs rend *poétique* le travail des *ravaudeuses*.
— 12 Elles-mêmes *virtuelles*, comme les *glacis* ;
citadelle et *hauteur*. — 13 Cet accord est un
archaïsme (moyen français et XVIIe siècle). —
14 Nouveau thème : fécondité libérale de la
nature vierge. Opposer : « Tu gagneras ton pain
à la sueur de ton front » (*Genèse* III, 19).
— 1 La « citadelle » de la mort, du tombeau.

Vous en avez tant mis dans le chêne et l'érable,
Et la pierre et la terre et les marbres plus beaux.
Vous en avez tant mis sur le seuil des tombeaux.
Vous voici la dernière et la plus misérable.

Vous en avez tant mis dans de pauvres linceuls,
10   Couchés sur vos genoux [2] comme aux jours de l'enfance.
On vous en a tant pris qui marchaient nus et seuls
Pour votre sauvegarde et pour votre défense.

Vous en avez tant mis dans d'augustes linceuls,
Pliés sur vos genoux comme des nourrissons.
On vous en a tant pris de ces grêles garçons
Qui marchaient à la mort téméraires et seuls.

Vous en avez tant mis dans ces lourdes entraves,
Les seules qui jamais ne seront déliées,
De ces pauvres enfants qui marchaient nus et graves
20   Vers d'éternelles morts aussitôt oubliées.

Vous en avez tant mis dans ce lourd appareil [3],
Le seul qui de jamais ne sera résolu [4],
De ce jeune troupeau qui s'avançait pareil
A des agneaux [5] chargés d'un courage absolu.

Vous en avez tant mis dans le secret des tombes,
Le seul qui jamais plus ne sera dévoilé,
Le seul qui de jamais ne sera révélé,
De ces enfants tombés comme des hécatombes,

Offerts à quelque dieu qui n'est pas le vrai Dieu,
30   Frappés sur quelque autel qui n'est pas holocauste [6],
Perdus dans la bataille ou dans quelque avant-poste,
Tombés dans quelque lieu qui n'est pas le vrai Lieu [7].

Vous en avez tant mis au fond des catacombes,
De ces enfants péris pour sauver quelque honneur.
Vous en avez tant mis dans le secret des tombes,
De ces enfants sombrés aux portes du bonheur.

Vous en avez tant mis dans les plis d'un long deuil,
D'entre ceux qui marchaient taciturnes et braves.
On vous en a tant pris jusque sur votre seuil,
40   D'entre ceux qui marchaient invincibles et graves.

Vous en avez tant mis le long des nécropoles,
Vous en avez tant pris sur vos sacrés genoux,
De ces fils qui venaient le long des métropoles,
Et marchaient et tombaient et qui mouraient pour vous.

Ève (Librairie Gallimard, éditeur).

― 2 Comme le Christ sur les genoux de la Vierge, après la descente de croix. ― 3 Cf. l'*appareil* qu'on pose sur une blessure. ― 4 Au sens propre : dénoué, défait. ― 5 Comparaison à la fois familière et mystique (le Christ est l'*agneau de Dieu*). ― 6 Où la victime n'est pas brûlée tout entière : dans ce *sacrifice* il reste quelque chose de trop humain. Pour les Hébreux, l'*holocauste* figurait l'effacement total de la créature devant le Créateur. ― 7 Le Calvaire.

« *HEUREUX LES ÉPIS MURS* »

Voici l'une des pages les plus justement célèbres d'*Ève*. On la lira avec recueillement, comme un *rituel* du souvenir et de la gratitude, *en hommage à Charles Péguy et à tous ceux qui, comme lui, sont morts pour la France.* Ici encore (cf. p. 164), Péguy rivalise avec Hugo, qui célébrait par un *Hymne* « ceux qui pieusement sont morts pour la patrie ». Dans son patriotisme fervent, le poète n'a pas oublié ses vœux pour la République universelle ; il les rappelle dans les strophes qui précèdent. Mais, dans un monde divisé, il n'est pas de plus belle mort, de mort plus « heureuse », hormis le martyre, que la mort au champ d'honneur, pour une cause juste. Car *cette mort est figure charnelle du martyre*, comme la patrie, cité des hommes, est figure de la cité de Dieu (v. 9-10, 13-14).

— Heureux ceux qui sont morts pour la terre charnelle,
Mais pourvu que ce fût dans une juste guerre.
Heureux ceux qui sont morts pour quatre coins de terre.
Heureux ceux qui sont morts d'une mort solennelle.

Heureux ceux qui sont morts dans les grandes batailles,
Couchés dessus le sol à la face de Dieu.
Heureux ceux qui sont morts sur un dernier haut lieu,
Parmi tout l'appareil des grandes funérailles.

Heureux ceux qui sont morts pour des cités charnelles.
10 Car elles sont le corps de la cité de Dieu.
Heureux ceux qui sont morts pour leur âtre et leur feu,
Et les pauvres honneurs des maisons paternelles.

Car elles sont l'image et le commencement
Et le corps et l'essai de la maison de Dieu.
Heureux ceux qui sont morts dans cet embrassement,
Dans l'étreinte d'honneur et le terrestre aveu [1].

Car cet aveu d'honneur est le commencement
Et le premier essai d'un éternel aveu.
Heureux ceux qui sont morts dans cet écrasement,
20 Dans l'accomplissement de ce terrestre vœu.

Car ce vœu de la terre est le commencement
Et le premier essai d'une fidélité.
Heureux ceux qui sont morts dans ce couronnement
Et cette obéissance et cette humilité.

Heureux ceux qui sont morts, car ils sont retournés
Dans la première argile et la première terre [2].
Heureux ceux qui sont morts dans une juste guerre.
Heureux les épis mûrs et les blés moissonnés.

Ève (Librairie Gallimard, éditeur).

— 1 Acte féodal liant le vassal au suzerain, | devenu ici le lien de l'homme à sa patrie, puis (v. 18) du chrétien à Dieu. — 2 Cf. *Genèse*, II, 7.

L'ŒUVRE EN PROSE

Péguy
et les Cahiers
L'œuvre en prose de Péguy est encore beaucoup plus vaste que son œuvre poétique : deux gros volumes de la Pléiade ne l'épuisent pas. C'est qu'elle comprend, outre les textes proprement littéraires, un grand nombre d'articles, sans parler de la correspondance. Toujours engagée, souvent polémique, elle nous permet de suivre, plus directement que les poèmes, les luttes de Péguy et la vie même des *Cahiers*. Les moindres communications du gérant aux abonnés méritent d'être lues, car l'auteur y apparaît tout entier avec son style insistant, redondant, avec ses bilans, ses examens de conscience, son souci constant de faire survivre le périodique et de lui assurer une plus large diffusion.

Centres d'intérêt
De cette œuvre énorme, nos extraits ne peuvent retenir que quelques fragments épars, illustrant toutefois les idées essentielles. Si l'on tente un regroupement par thèmes, qui d'ailleurs coïnciderait à peu près avec la chronologie, on distinguera trois principaux centres d'intérêt.

1. AUTOUR DU SOCIALISME (1897-1905 environ). L'un des tout premiers textes des *Cahiers* salue le *Triomphe de la République* ; Péguy restera toujours républicain (cf. p. 171) mais il passe de l'apostolat socialiste et dreyfusiste aux attaques contre ce qu'il estime être des *déviations* du socialisme, du dreyfusisme, et de Jaurès en particulier. Selon les étiquettes des partis, qu'il refuse absolument, ce socialiste serait devenu nationaliste. Il dressera le bilan de cette période dans *Notre Jeunesse*, en 1910.

2. POUR LA TRADITION FRANÇAISE, CONTRE LE MONDE MODERNE (à partir de 1907). Le péril qui menace la France (*Notre Patrie*, 1905) amène Péguy à chercher les causes du mal et ses raisons de combattre. A l'exemple de Michelet (cf. p. 171), il se retrempe dans la tradition nationale et voit dans la France l'héritière de la civilisation gréco-latine, la nation chrétienne par excellence et la terre de la liberté. S'il attaque l'histoire et la sociologie modernes, c'est qu'elles lui paraissent renier le passé, perdre le sens de la mission nationale, et, indifférentes sous prétexte d'objectivité, manquer le réel et compromettre l'avenir.

L'œuvre maîtresse à cet égard est *Clio*, texte massif rédigé en 1909 et repris en 1912, qui comprend deux parties, un *Dialogue de l'histoire et de l'âme païenne* (cf. p. 170) et un *Dialogue de l'histoire et de l'âme charnelle* présenté dans l'édition de la Pléiade sous le titre de *Véronique*.

3. LITTÉRATURE, PHILOSOPHIE ET MYSTIQUE (1910-1914). La mission de la France, mission romaine aux deux sens du terme, sa vocation d'héroïsme et de sainteté, Péguy la trouve exprimée de façon éclatante dans l'œuvre de Corneille ; dans l'œuvre de Victor Hugo il entend résonner les accents guerriers et les hymnes à la liberté (*Victor-Marie, comte Hugo*, 1910). Mais Corneille l'inspire aussi d'une façon plus intime : *Polyeucte* jette une vive lumière sur l'action de la prière, de l'intercession et de la grâce, et sur la « promotion » du temporel à l'éternel (cf. p. 173). Nous sommes là au cœur même de la mystique de Péguy, qui s'appuie d'autre part sur la philosophie bergsonienne (cf. p. 175). Affirmant son originalité dans la confrontation même de ses principaux intercesseurs, saint Louis, Jeanne d'Arc, Corneille, Pascal et Bergson, Péguy laissait, avec la *Note conjointe* de 1914, une véritable *somme* de sa pensée et de sa mystique.

A L'ÉCOLE ANNEXE : LES ÉLÈVES-MAITRES

Dans *L'Argent* (1913), Péguy reprend et amplifie les *souvenirs d'enfance* esquissés dans un texte qui ne parut qu'après sa mort : *Pierre, commencement d'une vie bourgeoise.* Il y disait sa « stupeur » lorsqu'il avait appris que ses jeunes maîtres de l'école annexe étaient eux-mêmes des élèves : «mon imagination se perdait dans les hauteurs de science, de savoir qui m'étaient révélées par de tels échafaudages de savants.» En 1913, dans des formules d'un humour sérieux, il exalte la valeur symbolique de l'uniforme que portaient alors les élèves-maîtres ; il y voit le signe de *la double ferveur patriotique et républicaine* qui animait l'École laïque dans les années 80, heureux d'unir ainsi *l'École* et *l'Armée* qui lui sont également chères.

Péguy vient de dire : « Ils étaient comme les jeunes Bara de la République.» *Et il ajoutera :* « Les premiers vers que j'aie entendus de ma vie [...] c'était les *Soldats de l'an II.*»

Nos jeunes maîtres étaient beaux comme des hussards noirs. Sveltes ; sévères ; sanglés. Sérieux, et un peu tremblants de leur précoce, de leur soudaine omnipotence. Un long pantalon noir, mais, je pense, avec un liséré violet. Le violet n'est pas seulement la couleur des évêques, il est aussi la couleur de l'enseignement primaire. Un gilet noir. Une longue redingote noire, bien droite, bien tombante, mais deux croisements de palmes violettes aux revers. Une casquette plate, noire, mais un croisement de palmes violettes au-dessus du front. Cet uniforme civil était une sorte d'uniforme militaire encore plus sévère, encore plus militaire, étant un uniforme civique. Quelque chose, je pense, comme le fameux *cadre noir* de Saumur. Rien n'est beau comme un bel uniforme noir parmi les uniformes militaires. C'est la ligne elle-même. Et la sévérité. Porté par ces gamins qui étaient vraiment les enfants de la République. Par ces jeunes hussards de la République. Par ces nourrissons de la République. Par ces hussards noirs de la sévérité. Je crois avoir dit qu'ils étaient très vieux. Ils avaient au moins quinze ans. Toutes les semaines il en remontait un de l'École Normale vers l'École Annexe ; et c'était toujours un nouveau ; et ainsi cette École Normale semblait un régiment inépuisable. Elle était comme un immense dépôt, gouvernemental, de jeunesse et de civisme. Le gouvernement de la République était chargé de nous fournir tant de jeunesse et tant d'enseignement. L'État était chargé de nous fournir tant de sérieux. Cette École Normale faisait un réservoir inépuisable. C'était une grande question, parmi les bonnes femmes du faubourg, de savoir si c'était bon pour les enfants, de changer comme ça de maître tous les lundis matins. Mais les partisans répondaient qu'on avait toujours le même maître, qui était le directeur de l'École annexe, qui lui ne changeait pas, et que cette maison-là, puisque c'était l'École Normale, était certainement ce qu'il y avait de plus savant dans le département du Loiret et par suite, sans doute, en France. Et dans tous les autres départements.

L'Argent (Librairie Gallimard, éditeur).

Histoire et mémoire

Clio, dialogue de l'histoire et de l'âme païenne, est un long ouvrage posthume dont Péguy entreprit la rédaction en 1909. On y découvre les raisons profondes de sa polémique contre l'esprit moderne, le « parti intellectuel » et la conception scientifique de l'histoire. Très marqué par la philosophie bergsonienne, Péguy attache une importance essentielle à la *mémoire*, qui donne à un individu, à une famille, à un peuple, leur quatrième dimension, celle de la durée. Selon lui, l'histoire s'égare lorsqu'elle prétend à un détachement scientifique, au lieu de tenter, avec Michelet, la résurrection du passé par un appel à la mémoire de la race, dans la communion avec les « anciens ». Péguy fonde ainsi son adhésion aux traditions nationales et chrétiennes sur la psychologie, et aussi sur la mystique, car il voit dans l'Incarnation du Christ une insertion de l'éternel dans le temporel qui donne à notre durée, à notre « vieillissement », un prix infini. — Cette opération de mémoire, peut-être difficile à concevoir abstraitement, on en trouvera l'illustration p. 152, 159 et 160.

L e vieillissement est essentiellement, dit-elle[1], une opération de retour, et de regret. De retour en soi-même, sur soi-même, sur son âge, ou plutôt sur l'âge antécédent en ce qu'il devient son âge, l'âge actuel.

C'est aussi pour cela, dit-elle, que rien n'est aussi grand et aussi beau que le regret ; et que les plus beaux poèmes sont des poèmes de regret.

Le vieillissement est essentiellement une opération de mémoire, dit-elle. Or, c'est la mémoire qui fait toute la profondeur de l'homme. (Bergson[2], dit-elle, et *Matière et Mémoire*, et l'*Essai sur les données immédiates de la conscience*, s'il est encore permis de les citer).

10   En ce sens, dit-elle, rien n'est aussi contraire et aussi étranger que la mémoire à l'histoire ; et rien n'est aussi contraire et aussi étranger que l'histoire à la mémoire. Et le vieillissement est avec la mémoire, et l'inscription[3] est avec l'histoire.

Le vieillissement est essentiellement une opération par laquelle on manque d'histoire ; et l'inscription est essentiellement une opération par laquelle on manque de mémoire. [...]

Et cela est aussi vrai, dit-elle, sinon plus, d'une famille, d'une dynastie, (les *Burgraves*), d'une race, d'un peuple, d'une culture, (de la chrétienté), (même d'une institution), que d'un homme, d'un individu. Plus encore, vrai,
20   car il y a plus matière à recul dans une famille, dans une dynastie, (dans les *Burgraves*, s'il avait su[4]), dans une race, dans un peuple, dans une culture, (dans la chrétienté), (même dans une institution), que dans un individu. Il y a donc deux manières de les prendre, comme il y a deux manières de prendre un homme : ou en histoire et inscription ; ou en mémoire et vieillissement.

— 1 C'est Clio, la Muse de l'histoire, qui parle. — 2 Cf. p. 79, 142, et aussi Proust, p. 257.
— 3 L'histoire, selon Péguy, se contente de *noter* des faits qui lui restent étrangers. « L'histoire s'occupe de l'événement mais elle n'est jamais dedans. » — 4 Si *Hugo* avait su ; mais, estime Péguy, il n'a pas su : « dans les *Burgraves* les cinq ou six ou sept générations ne donnent aucune idée de vieillissement [...] parce que les cinq ou six ou sept sont *sur le même plan* ».

Cela est particulièrement sensible dans Michelet, dit-elle. Toutes ces prétendues contradictions de Michelet, dit-elle, notamment dans l'histoire du Moyen Age [5], viennent de là. De ce que tantôt asservi aux idées modernes, aux prétendues méthodes modernes il fait du travail ; et alors il est dans l'histoire, dans l'inscription. Mais emporté soudain par l'un des plus grands génies qu'il y ait jamais eu dans le monde il déborde tout à coup, il fait une œuvre, et alors il est dans la mémoire et dans le vieillissement. Alors il est libéré. Quand il suit son temps, il n'est qu'historien. Quand il suit son génie il est promu mémorialiste et chroniqueur.

Quand il dit que l'histoire est une résurrection [6] et quand on le lui fait tant dire il suit son génie et il faut entendre que de l'histoire et de l'inscription, de l'histoire historique lui-même il se ramène sur l'histoire mémorialiste, sur la chronique, sur la mémoire et le vieillissement.

Quand il dit *l'histoire est une résurrection* et quand on le dit tant après lui on veut dire très exactement qu'il ne faut pas passer *au long* du cimetière, ni au long des murs du cimetière, ni même au long des *monuments* [7], mais que restant situé dans la même race, et charnelle et spirituelle, et temporelle et éternelle, il s'agit d'évoquer simplement *les anciens* [8]. Et de les invoquer. Les anciens de la même race. Les anciens *dans* la même race. Situés à un point d'ailleurs mouvant de cette race, il s'agit par un regard intérieur de remonter dans la race elle-même, de rattraper l'arriéré de la race, et on ne peut le faire que par une opération de mémoire et de vieillissement.

Il s'agit de remonter la race elle-même, comme on dit : remonter le cours d'un fleuve.

Tout est, dit-elle, ou inscription ou remémoration. Et rien n'est aussi contraire et étranger que l'un à l'autre.

Clio (Librairie Gallimard, éditeur).

MYSTIQUE ET POLITIQUE

Péguy a rompu, non sans déchirement, avec la plupart de ses compagnons de combat dans l'affaire Dreyfus, lorsqu'il lui est apparu que la *mystique* dreyfusiste dégénérait en *politique* anticléricale et antimilitariste. On voit donc que, dans ce passage de *Notre Jeunesse* (1910), il s'agit d'abord pour lui de *justifier sa conduite*, car certains le qualifient de « traître » — il le rappelle avec amertume. Mais, *élevant le débat*, il nous donne à méditer une distinction universellement valable et nous appelle à la vigilance, devant le risque constant, pour la pureté d'intention d'une *mystique*, de se perdre et de se renier dans les compromissions d'une *politique*.

Vous nous parlez de la dégradation républicaine, c'est-à-dire, proprement, de la dégradation de la mystique républicaine en politique républicaine. N'y a-t-il pas eu, n'y a-t-il pas d'autre dégradations. Tout commence en mystique et finit en politique. Tout commence par *la* mystique, par une mystique, par sa (propre) mystique et tout finit par *de la* politique. La question, importante, n'est pas, il est important, il est

---

— 5 Cf. *XIX*e *Siècle*, p. 370 et 375. — 6 Cf. | *XIX*e *Siècle*, p. 362. — 7 Au double sens du | mot. — 8 Cf. *XIX*e *Siècle*, p. 364.

intéressant que, mais l'intérêt, la question n'est pas que telle politique l'emporte sur telle ou telle autre et de savoir qui l'emportera de toutes les politiques. L'intérêt, la question, l'essentiel est que *dans chaque ordre*, dans chaque système LA MYSTIQUE NE SOIT POINT DÉVORÉE PAR LA POLITIQUE A LAQUELLE ELLE A DONNÉ NAISSANCE. L'essentiel n'est pas, l'intérêt n'est pas, la question n'est pas que telle ou telle politique triomphe, mais que dans chaque ordre, dans chaque système, chaque mystique, cette mystique ne soit point dévorée par la politique issue d'elle.

En d'autres termes il importe peut-être, il importe évidemment que les républicains l'emportent sur les royalistes ou les royalistes sur les républicains, mais cette importance est infiniment peu, cet intérêt n'est rien en comparaison de ceci : que les républicains demeurent des républicains ; que les républicains soient des républicains.

Et j'ajouterai, et ce ne sera pas seulement pour la symétrie, complémentairement j'ajoute : que les royalistes soient, demeurent des royalistes. Or c'est peut-être ce qu'ils ne font pas en ce moment-ci même, où très sincèrement ils croient le faire le plus, l'être le plus. [...]

Tous les sophismes, tous les paralogismes de l'action, tous les *para-pragmatismes* [1], — ou du moins tous les nobles, tous les dignes, les seuls précisément où nous puissions tomber, les seuls que nous puissions commettre, les seuls innocents, — si coupables pourtant, — viennent de ce que nous prolongeons indûment dans l'action politique, dans la politique, une ligne d'action dûment commencée dans la mystique. Une ligne d'action était commencée, était poussée dans la mystique, avait jailli dans la mystique, y avait trouvé, y avait pris sa source et son point d'origine. Cette action était bien lignée. Cette ligne d'action n'était pas seulement naturelle, elle n'était pas seulement légitime, elle était due. La vie suit son train. L'action suit son train. On regarde par la portière. Il y a un mécanicien qui conduit. L'action continue. Le fil s'enfile. Le fil de l'action, la ligne de l'action continue. Et continuant, les mêmes personnes, le même jeu, les mêmes institutions, le même entourage, le même appareil, les mêmes meubles, les habitudes déjà prises, on ne s'aperçoit pas que l'on passe par-dessus ce point de discernement. D'autre part, par ailleurs, extérieurement l'histoire, les événements ont marché. Et l'aiguille est franchie [2]. Par le jeu, par l'histoire des événements, par la bassesse et le péché de l'homme la mystique est devenue politique, ou plutôt l'action mystique est devenue action politique, ou plutôt la politique s'est substituée à la mystique, la politique a dévoré la mystique. Par le jeu des événements qui ne s'occupent pas de nous, qui pensent à autre chose, par la bassesse, par le péché de l'homme, qui pense à autre chose, la matière qui était matière de mystique est devenue matière de politique. Et c'est la perpétuelle

---

— 1 Mot forgé par Péguy, sur le modèle de | inspirés par une politique « réaliste ». — 2 C'est
paralogismes; il s'agit des faux raisonnements | encore l'image du *train* (cf. l. 35).

et toujours recommençante histoire. Parce que c'est la même matière, les mêmes hommes, les mêmes comités, le même jeu, le même mécanisme, déjà automatique, les mêmes entours, le même appareil, les habitudes déjà prises, nous n'y voyons rien. Nous n'y faisons pas même attention. Et pourtant la même action, qui était juste, à partir de ce point de discernement devient injuste. La même action, qui était légitime, devient illégitime. La même action, qui était due, devient indue. La même action, qui était celle-ci, à partir de ce point de discernement ne devient pas seulement autre, elle devient généralement son contraire, son propre contraire. Et c'est ainsi qu'on devient innocemment criminel.

Notre Jeunesse (Librairie Gallimard, éditeur).

La « *promotion* » du *Cid* à *Polyeucte*

Péguy avait voué à Corneille une admiration aussi enthousiaste que lucide. Quoiqu'il admire l'art de Racine, il trouve irrespirable l'atmosphère de son théâtre, car il y voit le monde de la « disgrâce », de la damnation. Dans *Polyeucte* au contraire, par-delà le drame de l'amour humain (cf. l. 72-90), il reconnaît avec joie la tragédie du *salut* et le mystère de la *communion des saints* (cf. l. 19-22). En outre, tandis que les tragédies de Racine lui semblent former une « série linéaire », il discerne entre *le Cid, Horace* et *Cinna* une organisation dont le couronnement sera *Polyeucte*. Il développe surtout, du *Cid* à *Polyeucte*, la « *promotion* » du *héros au martyr*. C'est là un aspect capital de sa foi : le spirituel prend racine dans le charnel, le dépasse et le transfigure sans le renier : une étroite parenté les unit indissolublement depuis l'Incarnation.

J'espère que nous montrerons que *le Cid* et *Horace* représentent deux héroïsmes temporels qui, *portés à l'éternel*, donnent *Polyeucte*, qui transférés sur le plan de l'éternel, dans le registre de l'éternel, avec tous leurs racinements temporels, se recoupent en même temps ainsi aboutissent ensemble, s'achèvent, se couronnent en *Polyeucte*, y produisant ainsi, y montant ainsi, y achevant ainsi comme naturellement non point un surnaturel antinaturel ni surtout extranaturel, (ce qui est le grand danger), mais un surnaturel naturel et supranaturel, littéralement *sur*naturel ; y représentant en achèvement, en couronnement non point un héroïsme éternel, un héroïsme du salut, un héroïsme de la sainteté *en l'air*, (ce qui est l'immense danger), mais un héroïsme éternel encore pourvu précisément de toute son origine temporelle, de toutes ses racines temporelles, de toute sa race, de tous ses racinements temporels ; un héroïsme de sainteté qui monte de la terre mais qui n'est point préalablement déraciné de la terre ; qui n'est point préalablement lavé à l'eau stérilisée ; qui même ne pourrait dire ne s'en déracine point ; qui s'en arrache mais au fond ne s'en déracine point ; qui n'est donc pas intellectuel mais charnel ; qui est, qui est donc réel ; qui est, qui reste charnel non pas seulement par son origine, par son départ, par sa race, par tout son goût, par toute sa sève, mais encore au moins par le ministère de la prière, de la double prière, toutes les deux montantes ; de la prière de ceux qui restent à ceux qui sont partis, à ceux qui sont déjà partis, qui sont partis les premiers, pour leur demander leur intercession ; de la prière, de l'intercession de ceux qui sont partis pour ceux qui restent. Ainsi cet héroïsme éternel est éternellement de provenance temporelle, cet héroïsme de sainteté est éternellement de provenance, de production charnelle. C'est là ce qui en fait le prix, infini. C'est le mystère même de l'incarnation. [...]

Après de longs méandres, le thème dominant reparaît, *élargi* : « Polyeucte *n'est point une quatrième œuvre qui vient après trois autres.* [...] *Il ne faut point compter le Cid, un ;* Horace, *deux ;* Cinna, *trois ;* Polyeucte, *quatre. Les trois premières sont entre elles et sur le même plan ; elles sont trois bases et toutes les trois ensemble et au même titre elles culminent en* Polyeucte. »

Nous montrerons, nous suivrons partout cette triple promotion. Trois œuvres avançant d'un même front, sur un seul front, apportant, offrant ensemble leur triple nourriture ; trois œuvres s'oubliant elles-mêmes, assez grandes pourtant, qui pouvaient être elles-mêmes des capitales et des maîtresses. Tout le jeune
30 héroïsme du *Cid*, tout l'héroïsme chrétien, tout l'héroïsme chevaleresque, toute la jeunesse, tout l'héroïsme, toute la chevalerie du *Cid* promue dans *Polyeucte*, en jeunesse éternelle, en héroïsme et comme en chevalerie de sainteté. Toute cette jeunesse temporelle, toute cette jeunesse charnelle muée, promue en jeunesse éternelle. Tout cet héroïsme de guerre promu en héroïsme de martyre. Tout cet héroïsme temporel promu en héroïsme de sainteté, en héroïsme éternel, en héroïsme de martyre. Tout cet héroïsme de race (temporelle) promu en héroïsme de grâce, de race éternelle. Toute cette générosité jeune et chevalière promue, qui devient cette jeune générosité de sainteté. D'où cette race dans la grâce même, comme cette jeune race charnelle et temporelle dans l'éternel
40 même, cette race à part de saints, si différente, si plus près de nous que tant d'autres races de saints ; cette race de grâce, cette race de sainteté si particulière, si chevalière, si généreuse, si libérale, si française.
Cet honneur de sainteté, venu, procédant par promotion de l'honneur chevaleresque. Quand tant de saintetés étaient au contraire plutôt, naturellement, littéralement des saintetés sans honneur.
Et cette promotion du *Cid* à *Polyeucte* marquée dans le tissu même, dans la pierre même, dans la matière, dans le rythme, par la promotion des *stances* du *Cid* aux *stances* de *Polyeucte*. Les stances du *Cid* annoncent, préparent les stances de *Polyeucte*, les stances de *Polyeucte* reprennent, raniment les stances du
50 *Cid*, les font monter, les font parvenir au degré suprême. Cette promotion des unes aux autres, cette promotion dans la matière, dans la chair, cette promotion matérielle, cette promotion charnelle, cette promotion temporelle ne fait que représenter dans la matière et dans la chair la promotion même, la promotion propre, la promotion entière, totale, intégrale des deux œuvres. D'une œuvre à l'autre. Ou plutôt ce sont les mêmes stances qui sont promues, transférées, qui passent d'un registre à l'autre, du registre héroïque au registre sacré. Qui montent. Du temps à l'éternel.

Victor-Marie, comte Hugo (1910 ; Librairie Gallimard, éditeur).

Dans la Note *conjointe* (1914) *Péguy reprend cette méditation : ce qui a été « promu », par-dessus tout, « c'est le système de pensée du combat loyal et de la comparaison à égalité », car « Telle est la poétique de Corneille. Une immense et constante comparaison loyale. »*

C'est la température qui aura monté et ce n'est pas le thermomètre qui aura baissé. L'éternel s'élèvera de toute sa hauteur au-dessus du temporel et ce
60 n'est pas le temporel qui aura baissé. Le saint, le martyr s'élèvera de toute sa hauteur au-dessus de l'homme et ce n'est pas l'homme qui aura baissé. Dieu s'élèvera de toute sa hauteur au-dessus du monde et ce n'est pas le monde qui aura baissé. Nul ne sera servi frauduleusement, nul (et il est honteux d'avoir à le dire), nul et pas même Dieu.
Nul ne sera frauduleux. Et j'ai honte à le dire, nul et pas même Dieu.

De là la grande et profonde humanité de *Polyeucte*, cette immense bonté et cet approfondissement de tendresse. Celui-là n'aime pas Dieu contre le prochain. Et il ne fait pas son salut contre le prochain. De là que cette grande et précellente tragédie est double, une tragédie sacrée, une tragédie profane, et que la précellence de la tragédie sacrée sur la tragédie profane n'est point obtenue frauduleusement.

La grandeur même et la floraison et l'éclat de la tragédie sacrée dans *Polyeucte* nous masque non pas seulement la grandeur et la floraison de l'humanité mais presque jusqu'à l'existence même de la tragédie profane qui est dessous. Nous sommes tous comme cette princesse qui voulut mettre en comparaison Racine et Corneille et qui pour balancer *Bérénice* trouva *Tite et Bérénice*. Nous sommes tous écrasés par l'histoire des littératures. Nous sommes tous oblitérés. Et nous aussi nous sommes habitués. Nous ne voyons pas que la grande tragédie profane de Corneille (*le Cid* étant mis à part, car à vrai dire il n'est pas une tragédie profane, il est une sorte de tragédie sacrée de l'honneur et de l'amour, (et de la jeunesse), plus précisément une tragédie sacrée de ce que l'honneur et l'amour ont de sacré dans l'âge de la jeunesse), historiens et habitués nous ne voyons pas que la grande tragédie profane de Corneille, comparable (et incomparable), la tragédie profane de l'âge de Titus et de Bérénice c'est *Polyeucte* encore, c'est la tragédie profane qui court sous la tragédie sacrée de *Polyeucte*. Le répondant de Titus et de Bérénice (et d'Antiochus) ce n'est pas Tite et ce n'est pas Bérénice. C'est Pauline et Sévère, (et c'est encore Polyeucte). Voilà la pure tragédie d'un amour profane et pleinement et purement antique et mélancolique et inguérissable ou plutôt voilà la pure et pleine et antique et mélancolique et inguérissable tragédie profane de l'amour.

Note conjointe... (Librairie Gallimard, éditeur).

La morale et la grâce

On verra, dans ces lignes de la *Note conjointe*, ce que *la mystique de* Péguy doit à *la philosophie de* Bergson (cf. p. 142, § 5) : l'opposition bergsonienne entre le « tout fait » et le « se faisant » (la spontanéité créatrice) éclaire aux yeux de Péguy l'opposition entre la morale courante et la grâce. On y reconnaîtra d'autre part l'étonnante *familiarité* de ce croyant *avec le sacré* : ses réflexions se fondent solidement sur l'Évangile, mais l'image plaisante autant qu'efficace de la « mouillature » vient illustrer de la façon la plus tangible ce problème métaphysique, en donnant une sorte d'*évidence* au *mystère de la grâce*.

Il y a quelque chose de pire que d'avoir une mauvaise pensée. C'est d'avoir une pensée toute faite. Il y a quelque chose de pire que d'avoir une mauvaise âme et même de se faire une mauvaise âme. C'est d'avoir une âme toute faite. Il y a quelque chose de pire que d'avoir une âme même perverse. C'est d'avoir une âme habituée.

On a vu les jeux incroyables de la grâce et les grâces incroyables de la grâce pénétrer une mauvaise âme et même une âme perverse et on a vu sauver ce qui paraissait perdu [1]. Mais on n'a pas vu mouiller ce qui était verni, on n'a pas vu traverser ce qui était imperméable, on n'a pas vu tremper ce qui était habitué.

Les cures et les réussites et les sauvetages de la grâce sont merveilleux et on a vu gagner et on a vu sauver ce qui était (comme) perdu. Mais les pires détresses,

---

— 1 « Car le Fils de l'homme est venu chercher et sauver ce qui était perdu. » (Luc, XIX, 10).

mais les pires bassesses [2], les turpitudes et les crimes, mais le péché même sont souvent les défauts de l'armure de l'homme, les défauts de la cuirasse par où la grâce peut pénétrer dans la cuirasse de la dureté de l'homme [3]. Mais sur cette inorganique cuirasse de l'habitude tout glisse, et tout glaive est émoussé.

Ou si l'on veut dans le mécanisme spirituel les pires détresses, bassesses, crimes, turpitudes, le péché même sont précisément les points d'articulation des leviers de la grâce. Par là elle travaille. Par là elle trouve le point qu'il y a dans tout homme pécheur. Par là elle appuie sur ce point douloureux. On a vu

20 sauver les plus grands criminels. Par leur crime même. Par le mécanisme, par l'articulation de leur crime. On n'a pas vu sauver les plus grands habitués par l'articulation de l'habitude, parce que précisément l'habitude est celle qui n'a pas d'articulation [4].

On peut faire beaucoup de choses. On ne peut pas mouiller un tissu qui est fait pour n'être pas mouillé. On peut y mettre autant d'eau que l'on voudra, car il ne s'agit point ici de quantité, il s'agit de contact. Il ne s'agit pas d'en mettre. Il s'agit que ça prenne ou que ça ne prenne pas [5]. Il s'agit que ça entre ou que ça n'entre pas en un certain contact. C'est ce phénomène si mystérieux que l'on nomme mouiller. Peu importe ici la quantité. On est sorti de la physique

30 de l'hydrostatique. On est entré dans la physique de la mouillature, dans une physique moléculaire, globulaire, dans celle que régit le ménisque et la formation du globule, de la goutte. Quand une surface est grasse l'eau n'y prend pas. Elle ne prend pas plus si on y en met beaucoup que si on n'y en met pas beaucoup. Elle ne prend pas, absolument. [...]

De là viennent tant de manques, (car les manques eux-mêmes sont causés et viennent), de là viennent tant de manques que nous constatons dans l'efficacité de la grâce, et que remportant des victoires inespérées dans l'âme des plus grands pécheurs elle reste souvent inopérante auprès des plus honnêtes gens, sur les plus honnêtes gens [6]. C'est que précisément les plus honnêtes gens, ou

40 simplement les honnêtes gens, ou enfin ceux qu'on nomme tels, et qui aiment à se nommer tels, n'ont point de défauts eux-mêmes dans l'armure. Ils ne sont pas blessés. Leur peau de morale constamment intacte leur fait un cuir et une cuirasse sans faute. Ils ne présentent point cette ouverture que fait une affreuse blessure, une inoubliable détresse, un regret invincible, un point de suture éternellement mal joint, une mortelle inquiétude, une invisible arrière anxiété [7], une amertume secrète, un effondrement perpétuellement masqué, une cicatrice éternellement mal fermée. Ils ne présentent point cette entrée à la grâce qu'est essentiellement le péché [8]. Parce qu'ils ne sont pas blessés, ils ne sont plus vulnérables. Parce qu'ils ne manquent de rien on ne leur apporte rien. Parce qu'ils

50 ne manquent de rien, on ne leur apporte pas ce qui est tout. La charité même de Dieu ne panse point celui qui n'a pas de plaies. C'est parce qu'un homme était par terre que le Samaritain le ramassa. C'est parce que la face de Jésus était sale que Véronique l'essuya d'un mouchoir. Or celui qui n'est pas tombé ne sera jamais ramassé ; et celui qui n'est pas sale ne sera pas essuyé [9].

Note conjointe... (Librairie Gallimard, éditeur).

— 2 Ainsi Félix, dans *Polyeucte*, est atteint par la grâce. — 3 Cf. Verlaine (*XIXe Siècle*, p. 512). — 4 Le défaut de la cuirasse est le point faible où *s'articulent* deux pièces d'armure. — 5 Noter la familiarité du ton et de l'expression. — 6 Cf. Sévère, dans *Polyeucte*. — 7 Comme on dit : une *arrière-pensée*. — 8 Cf. p. 161, v. 13-28 ; et aussi : « Nul n'est aussi compétent que le pécheur en matière de chrétienté. Nul si ce n'est le saint. » — 9 Cf. les *Béatitudes* (Mat. V, 1-12).

PAUL CLAUDEL

« Ces tristes années quatre-vingt... » PAUL CLAUDEL, champenois d'origine lorraine et picarde, est né le 6 août 1868 d'un père conservateur des hypothèques, à Villeneuve-sur-Fère-en-Tardenois (Aisne), petit village dont son grand-oncle avait été curé. Le jeune Paul passe son enfance à Bar-le-Duc, Rambouillet, Compiègne, jusqu'à ce qu'en 1882 la famille vienne s'installer à Paris. Et dès ce moment de ses quatorze ans, Paul CLAUDEL commence à écrire. Il n'en poursuit pas moins de bonnes études au Lycée Louis-le-Grand, où il se plaisait à retrouver le souvenir de Baudelaire. Mais son adolescence fut surtout pour lui l'occasion de ressentir de plus en plus douloureusement une *faim spirituelle* que ne parvenaient pas à apaiser les nourritures intellectuelles de son temps : « *Que l'on se rappelle ces tristes années quatre-vingt, l'époque du plein épanouissement de la littérature naturaliste. Jamais le joug de la matière ne parut mieux affermi...* » Cependant, lorsqu'il va s'inscrire à la Faculté de Droit et à l'École des Sciences politiques, en 1886, il paraît voué à un parfait conformisme intellectuel. Ainsi du moins se verra-t-il rétrospectivement : « A dix-huit ans, je croyais donc ce que croyaient la plupart des gens dits cultivés de ce temps... J'acceptais l'hypothèse moniste et mécaniste dans toute sa rigueur, je croyais que tout était soumis aux « Lois » et que ce monde était un enchaînement dur d'effets et de causes que la science allait arriver après-demain à débrouiller parfaitement. Je vivais d'ailleurs dans l'immoralité et peu à peu je tombai dans un état de désespoir... » *(Contacts et circonstances, 1940)*.

« Un départ plus beau ! » Spirituel, ce désespoir ne sera dominé que par un salut lui-même spirituel. Ainsi le thème du *salut*, thème central de l'œuvre claudélienne, trouve son origine dans l'expérience indélébile de l'adolescence. Il aura, ce salut, deux sources convergentes, la source *poétique* et la source *religieuse :* Paul CLAUDEL sera de la sorte conduit à éprouver comme inéluctable *l'unité de la poésie et de la foi,* et l'une des *Cinq Grandes Odes* s'intitulera : *La Muse qui est la Grâce.*

Arthur Rimbaud Le *choc* poétique, Claudel le dut à RIMBAUD qui, moins paradoxalement qu'il ne paraît, est ainsi l'origine commune des deux révolutions poétiques contradictoires qui dominent la première moitié du XXᵉ siècle, l'œuvre claudélienne et le surréalisme. CLAUDEL, en tout cas, ne cessera, tout au long de sa vie, de reconnaître sa dette à l'égard de RIMBAUD : « La première lueur de vérité me fut donnée par la rencontre des livres d'un grand poète, à qui je dois une éternelle reconnaissance et qui a eu dans la formation de ma pensée une part prépondérante, Arthur Rimbaud. La lecture des *Illuminations*, puis, quelques mois après, d'*Une Saison en Enfer*, fut pour moi un événement capital. Pour la première fois, ces livres ouvraient une fissure dans mon bagne matérialiste et me donnaient l'impression vivante et presque physique du surnaturel... » *(Contacts et circonstances, 1940)*. *Événement capital* en effet, puisque, par Rimbaud, CLAUDEL découvre ce qui sera le germe de son épanouissement, de son inspiration et de sa technique : *le lien réciproque entre la libération du langage et la libération de l'esprit,* qui conduit à la définition claudélienne de l'Esprit comme mouvement et liquidité, souffle et respiration (cf. *L'Esprit et l'Eau,* p. 185).

Notre-Dame, Noël 1886 Mais la poésie seule, et la libération conjointe du langage, ne suffisaient point à guérir le désespoir. CLAUDEL, d'autre part, résiste à l'esthétisme, alors fort à la mode, et dont il connut d'ailleurs la tentation ; mais, à la différence de certains de ses contemporains — Marcel Proust par exemple — il est trop « fils de la terre », il porte trop puissamment en lui *l'exigence d'un spirituel concret* pour trouver satisfaction pleine et entière dans une Religion de l'Art, de la Beauté ou de la Poésie, comme en témoignent ses images favorites, qui sont toujours charnelles, et cosmiques. En lui travaille, dès le moment de sa rencontre avec Rimbaud, une *nostalgie d'incarnation* du surnaturel, par le langage certes, mais capable de porter bien au-delà du langage. Ainsi éclate, pour ses dix-huit ans, la *crise* dont la solution va fixer définitivement sa vie intérieure et le sens de son œuvre. Il devait en faire le récit en ces termes : « *Tel était le malheureux enfant qui, le 25 décembre 1886, se rendit à Notre-Dame de Paris pour y suivre les Offices de Noël. Je commençais alors à écrire, et il me semblait que dans les cérémonies catholiques, considérées avec un dilettantisme supérieur, je trouverais un excitant approprié et la matière de quelques exercices décadents. C'est dans ces dispositions que... j'assistai, avec un plaisir médiocre, à la Grand'Messe. Puis... je revins aux Vêpres. Les enfants de la Maîtrise... étaient en train de chanter ce que je sus plus tard être le* Magnificat. *J'étais moi-même debout dans la foule près du second pilier à l'entrée du chœur, à droite, du côté de la sacristie. Et c'est alors que se produisit l'événement qui domine toute ma vie. En un instant mon cœur fut touché et je crus. Je crus, d'une telle force d'adhésion, d'un tel soulèvement de tout mon être, d'une conviction si puissante, d'une telle certitude ne laissant place à aucune espèce de doute, que, depuis, tous les livres, tous les raisonnements, tous les hasards d'une vie agitée, n'ont pu ébranler ma foi ni, à vrai dire, la toucher...* » *(Contacts et circonstances*, 1940*)*. Telle fut la réponse à l'appel que le poète s'était adressé à lui-même : « *Paul, il nous faut partir pour un départ plus beau !* »

Homme de lettres et diplomate Dans le même temps, CLAUDEL continue d'écrire *(Tête d'Or*, 1889 ; *La Ville*, 1890). Il noue de précieuses amitiés littéraires : Marcel Schwob, Jules Renard, Léon Daudet. Surtout, il appartient au cercle de jeunes écrivains qui gravitent autour de Stéphane MALLARMÉ. En 1890 — l'année même où il écrit *La Ville* — il est reçu premier au concours des Affaires Étrangères. C'est le moment où se décide simultanément sa double carrière d'*écrivain* et de *diplomate*. Ce sera aussi le commencement des voyages et des séjours lointains qu'impose au diplomate sa carrière et qui fourniront au poète l'occasion de dresser cet *inventaire du monde*, où va se nourrir, de *Connaissance de l'Est* (1895-1905) au *Soulier de Satin* (1923), le *fourmillement cosmique* de son œuvre. CLAUDEL part pour les États-Unis en 1893, d'abord comme consul suppléant à New-York, puis comme gérant du consulat de Boston. Ce premier séjour américain est encadré par deux tentatives dramatiques situées l'une en France, *La Jeune Fille Violaine* (1892), première ébauche de *L'Annonce faite à Marie*, l'autre en Amérique, *L'Échange* (1894), où déjà paraît cette attention vouée par le poète-dramaturge au drame du couple humain, saisi dans la double perspective du péché et de la grâce.

« Connaissance de l'Est » De 1895 à 1909, quatorze années capitales, qui sont à la fois celles où le diplomate séjourne presque constamment en Extrême-Orient (Shanghaï et Fou-Tchéou, 1895-1900 ; Fou-Tchéou, 1901-1904 ; Japon, 1904 ; Pékin et Tien-Tsin, 1906-1909) et où le poète, à la faveur de ce dépaysement, multiplie les expériences et les œuvres. C'est la période où il écrit quelques livres majeurs : *Connaissance de l'Est* (1895-1905), *Connaissance du Temps* (1903), *Traité de la co-naissance au monde et de soi-même* (1904 ; ces deux derniers « traités » réunis sous le titre d'*Art poétique*), *Partage de Midi* (1906), les *Grandes Odes* (1904-1908). Et, en même temps que le poète expose et varie ses thèmes — et les fixe —, il entreprend de faire rayonner l'unité de son inspiration dans la diversité formelle de ses modes d'expression : réflexion poético-philosophique *(Traités)*, lyrisme *(Odes)*, dramaturgie (Théâtre). Pour achever cette entreprise de *poésie totale*, voici enfin l'incarnation de l'inspiration dans un rythme : sous l'influence à la fois d'une *définition respiratoire du langage poétique*, et de *l'exemple biblique, pindarique ou eschyléen*[1], CLAUDEL invente alors, fixe et épanouit, aussi bien dans les *Odes* lyriques

---

1 La traduction de l'*Agamemnon* (1896) sera suivie, en 1920, des *Choéphores* et des *Euménides*.

que dans les *Drames* ou même les *Traités*, sa rhétorique originale, dont la forme typique — mais non unique — est le *verset claudélien*. Son influence sera déterminante sur quelques-uns des poètes les plus notables des deux générations suivantes : Saint-John Perse, Pierre Emmanuel, Jean-Claude Renard.

Le dramaturge   En 1909, Paul CLAUDEL revient d'Extrême-Orient où il ne retournera qu'en 1921. Sa carrière diplomatique le fait alors passer de Prague à Francfort et à Hambourg, où il est Consul général en 1912. Il quittera l'Allemagne à la déclaration de guerre, en 1914. Pendant la guerre, après avoir été chargé d'une mission économique en Italie, il est nommé ministre plénipotentiaire à Rio-de-Janeiro, où il a pour secrétaire le musicien DARIUS MILHAUD qui collaborera plus tard à *Christophe Colomb*. Ministre plénipotentiaire à Copenhague en 1920, il est enfin nommé ambassadeur au Japon en 1922. De l'ambassade de Tokyo, il passera à celle de Washington (1928-1933) puis à celle de Bruxelles, qu'il occupera jusqu'à sa retraite en 1936.

C'est au cours de cette période que se développe l'œuvre dramatique qu'il avait commencée avec *La Ville* (1890-1897), *La Jeune Fille Violaine* (1892-1898), *Partage de Midi* (1906) et *L'Otage* (1909). Ce fut d'abord *L'Annonce faite à Marie* (1910), puis *Le Pain dur* (1914), *Le Père humilié* (1916) et enfin *Le Soulier de Satin* (1924).

Dans les années qui suivent, l'œuvre de CLAUDEL va progressivement s'imposer, et c'est surtout par son *théâtre* que le poète accède à la gloire dans la dernière période de sa vie. Il est alors, par les nombreuses représentations de ses pièces, cet *écho sonore* qu'il avait toujours rêvé d'être (malgré son antipathie pour Hugo !), la dimension *dramatique*, entendue dans son sens le plus vaste, étant bien en effet sa dimension naturelle. Refusé par l'Académie Française au bénéfice de Claude Farrère en 1935, Paul Claudel y est élu triomphalement (24 voix sur 25) en 1946, à l'âge de 78 ans.

Présence et   Il devient, peu à peu, une manière de *patriarche*.
Prophétie   Il accepte de parler de lui-même devant le micro de la Radiodiffusion française au cours d'entretiens avec Jean Amrouche, à partir du 3 janvier 1950 (entretiens publiés dans *Mémoires improvisés*). L'année suivante voit se célébrer la centième du *Soulier de Satin* et, en 1952, l'Opéra crée l'oratorio *Jeanne au bûcher*.

Il vit alors de plus en plus fréquemment dans sa propriété de Brangues, en Dauphiné, et s'attache surtout à explorer les secrets et les mystères de ce qui est pour lui la source de toute poésie et de toute grâce, la *Prophétie essentielle* de l'Esprit, la *Bible* : il multiplie alors les commentaires de l'Écriture, en poète plutôt qu'en théologien, et y applique sans retenue la puissance à la fois inquiète et sereine, débordante et mystique, de son génie *visionnaire*. Il développe ainsi le programme annoncé en 1937 dans l'introduction au commentaire du *Livre de Ruth* par Tardiff de Moidrey : *Du sens figuré de l'Écriture*, et entrepris avec *Les Aventures de Sophie* (1937), *Un poète regarde la Croix* (1938) et *L'Épée et le Miroir* (1939). La signification en sera concentrée dans *Présence et Prophétie* (1942), dont le titre est lui-même révélateur. Les dernières années seront jalonnées, en même temps que par les épisodes de la gloire, par la poursuite de cette méditation continue sur la Parole de Dieu, que développe la série des *Paul Claudel interroge...* (le *Cantique des Cantiques*, 1948-1954 ; les *Psaumes*, 1949 ; l'*Évangile d'Isaïe*, 1951 ; l'*Apocalypse*, 1952).

Le 23 février 1955, alors que vient d'avoir lieu à la Comédie-Française la consécration officielle du poète-dramaturge, avec un gala de *L'Annonce faite à Marie*, en présence du Président de la République, et que se prépare la création de *La Ville* au Théâtre National Populaire, Paul CLAUDEL meurt, à 86 ans, en disant à sa famille : « Qu'on me laisse tranquille ! Je n'ai pas peur ! » Ses funérailles officielles ont lieu à Notre-Dame le 1er mars, et son corps est inhumé à Brangues, sous l'inscription qu'il avait lui-même composée : *Ici reposent les restes et la semence de Paul Claudel.*

LA POÉSIE DE PAUL CLAUDEL

**Dialogue
et Monologue** Malgré l'apparente diversité de son expression formelle, l'œuvre de CLAUDEL se caractérise par sa profonde *unité de structure, de rythme et de ton*. Qu'il profère l'enthousiasme de sa communion avec le monde et Dieu sur le mode lyrique des *Odes*, qu'il en développe les inépuisables prolongements dans la prose rythmée des *Traités* ou des commentaires bibliques, qu'il fasse palpiter son expérience humaine dans les personnages de ses *drames* ou de ses *farces*, c'est toujours selon la double structure primitive de la parole : *dialogue* et *monologue*. Aussi bien, *la conception claudélienne du Temps*, qui conditionne à la fois sa spiritualité et son esthétique, est-elle *une conception rythmique plutôt qu'historique* : pour lui, le Temps est non pas écoulement continu mais *pulsation*, et son analogue dans le langage est cette pulsation verbale qui donne naissance à l'alternance du dialogue et du monologue. Néanmoins, comme il arrive à l'intérieur même de l'unité rythmique qu'est le *verset*, l'accent peut se déplacer d'un terme de l'alternance sur l'autre. Précurseur en cela de l'effort le plus constant de la poésie du XXe siècle, CLAUDEL crée sa forme à partir d'*une remontée jusqu'aux sources mêmes du langage*, et sa poésie se propose d'être, en même temps qu'*une poésie de l'essence spirituelle, une poésie de l'essence verbale*.

Dans l'expérience claudélienne, l'essence du langage est *orale* : ce n'est pas sans raison qu'il désigne le langage du poète par les termes de *parole* et de *voix* et qu'il accuse les « idoles » d'être « sans voix », le poète étant *celui qui nomme ;* l'essence du langage devra donc s'incarner en poésie selon les deux catégories fondamentales de toute voix : *la parole proférée*, et *la parole échangée*. A cette seule condition reste valable la distinction des genres, qui n'est *formellement justifiée* que si elle est *réellement essentielle :* tel est le symbolisme, chez Claudel, de l'alternance entre forme lyrique (monologue) et forme dramatique (dialogue), sans que soit par là altérée l'homogénéité du contenu spirituel de l'œuvre. La forme dramatique accueille, en l'intégrant à son rythme propre, le monologue lyrique (cf. dans *Partage de Midi*, le *Cantique de Mesa*) et la forme lyrique accueille, selon la même règle, le dialogue dramatique ; il n'est pas jusqu'aux *Traités* et aux *Commentaires* qui ne contiennent aussi cette alternance réciproque. Ainsi, grâce à la découverte de l'essence poétique, la distinction des formes est à la fois acceptée et dépassée, tandis que s'opère, dans une œuvre grandiose, *la réconciliation décisive du théâtre et de la poésie*.

**« La dilatation
de la houle »** La poésie est donc d'abord réception de l'Esprit, selon les lois organiques de l'être humain : aussi le génie du poète porte-t-il en son centre sa disposition à « recevoir le souffle » : « nul n'a été plus accueillant à l'*inspiration* » (S. Fumet). Ce qui explique la *dominante lyrique* de cette œuvre : le lyrisme est ici *une manière d'être et de parler*, qui assure l'homogénéité des diverses formes où il s'incarne. La nature rythmique de la parole et de la pensée, du cœur, de l'esprit et de la voix, agit, comme par osmose, sur l'expression littéraire : CLAUDEL est de ces poètes chez qui ne subsiste plus aucune distance entre spiritualité et littérature ; les structures de sa rhétorique épousent exactement la pulsation spirituelle de son être le plus profond. Dans « l'unisson » du rythme s'abolit l'habituelle contradiction de la rhétorique et de l'authenticité. Et ainsi l'universel lyrisme claudélien répond à *une esthétique de la surabondance rythmique* tout en exprimant *l'enthousiasme mystique*. Poursuivant même son expansion, la vision claudélienne de l'univers étend à *tout le Cosmos-Création* la loi rythmique qui est la loi propre de l'Esprit créateur, en Dieu et dans l'âme du poète. Telle est en lui l'unité de la poésie et de la foi que *le poète est l'imitateur de Dieu* et *la poésie imitation de la Création* [1].

— 1 Claudel eut toujours conscience d'un certain décalage entre l'unité de son œuvre et la tendance des critiques à en dissocier les deux termes solidaires : foi et poésie. C'est ainsi qu'il écrivait en 1937 : « *C'est entre les deux pinces de ce dilemme négatif que je me suis trouvé toute ma vie et, ma foi, somme toute, aujourd'hui encore* » (Lettre inédite à H. Lemaitre).

Or la puissance lyrique est encore accrue par la *sincérité* du poète à l'égard de lui-même et à l'égard de sa foi : les deux sources du lyrisme sont en effet le *credo* de l'Église catholique et la personnalité psychologique du poète, fondus dans l'unité de sa manière d'être et de parler. Tous les contemporains et amis de CLAUDEL ont été frappés de cette harmonie entre le *lyrisme de l'œuvre* et la *personnalité de l'homme.*

Ainsi s'explique le VERSET CLAUDÉLIEN *qui n'est ni versification, ni prose rythmée.* Le poète s'est plu à souligner sans cesse la parenté entre sa parole et le mouvement de la mer ; le verset est la transcription — pour Claudel inévitable — de la «*dilatation de la houle*» dans la liberté spontanément organisée de son langage (cf. p. 187). *Rythme cosmique,* par conséquent, libéré des conventions et des régularités, mais dont le caprice n'en obéit pas moins aux lois de la nature et de l'Esprit, « figurées » par les lois organiques du ciel, du vent, de la mer, et tout aussi bien de la respiration humaine. Ainsi le *verset* ne « discipline » pas — par « artifice » — les enthousiasmes, les images, les mots et les réalités (Claudel est l'antipode de Valéry), il en épouse le jaillissement naturel, comme si sa seule justification était qu'il fût *l'enregistrement des rythmes du monde, de l'homme et de Dieu,* lesquels sont d'une inépuisable variété métrique et tonale ; et l'on comprend que la poésie de Claudel se soit si bien accordée avec la musique de HONEGGER ou de DARIUS MILHAUD. Ainsi le *verset* est-il voué à devenir *le langage de l'inépuisable.*

CLAUDEL *ne nie pas la métrique, mais plutôt la dilate ;* la *rime* peut se conserver, ou se transformer en assonance ou en rime intérieure. Mais le *verset claudélien* opère, au-delà des formes fixes comme au-delà de la rime, *le parfait et libre unisson du rythme vital ou cosmique et de la forme métrique.* Comme le Monde, et comme l'Homme, et comme Dieu, le verset est le rythme créateur du *perpétuellement nouveau :* il résout ainsi, selon Claudel, cette angoisse de l'inconnu où s'étaient arrêtés un Baudelaire et un Rimbaud.

Poésie totale   Le *verset* est plus que la forme, il est la *figure* (au sens claudélien, c'est-à-dire biblique) de la poésie. Baudelaire avait dit : « *Au fond de l'inconnu pour trouver du nouveau* », et Rimbaud : « *Je est un autre* » (cf. *XIX*e *Siècle*, p. 519). L'*inconnu*, le *nouveau*, l'*autre*, et l'*ailleurs* du romantisme allemand ou nervalien témoignaient d'une *exigence spirituelle de poésie totale* restée inassouvie. Or, inscrit dans la technique du verset comme dans l'universalité de l'inspiration, l'appétit du nouveau et de l'inépuisable ne supporte point, chez CLAUDEL, l'idée de l'échec : « Il s'agit de ne pas être ce que j'ai vu être ce malheureux Verlaine, ou Villiers de l'Isle-Adam, que j'avais rencontrés chez Mallarmé, c'est-à-dire un vaincu. Je veux être un vainqueur » *(Mémoires improvisés).* La poésie est ainsi un acte de volonté achevant l'acte de lucidité où s'était arrêté Baudelaire, « le plus grand poète français du XIXe siècle ». Quant à la révolte, solution et illusion du romantisme, du néo-romantisme et du surréalisme, «elle ne conduit nulle part », bien qu'elle soit«la meilleure poésie du XIXe siècle » *(Positions et Propositions,* II).

Il n'y a donc d'issue victorieuse au drame de la condition humaine que par la conquête de la *totalité de l'Être.* Et c'est la poésie qui est l'organe opérateur de cette conquête : le tout de Dieu, le tout du monde, le tout de l'homme, le tout du langage. Aussi la poésie équivaut-elle, dans son inspiration, dans son contenu et dans son rythme, à une *philosophie de l'Être.* Elle inclura donc, dans son dynamisme homogène, les sens, la sensibilité, l'intelligence et l'intuition mystique ; cette poésie est son langage sont le lieu d'épanouissement des deux valeurs fondamentales de l'Être : *l'inépuisable et l'homogène.*

Or il est une interprétation de Dieu, de l'homme et du monde, interprétation poétique par excellence, selon CLAUDEL, qui seule abolit le risque de défaite ou de révolte, et « qui seule produit inlassablement l'inépuisable et l'homogène : *l'idée de Création.* Elle est au centre de l'œuvre claudélienne, la caution de sa totalité, le moteur irremplaçable de la victoire poétique, puisqu'elle implique la continuité de l'Être et de son action, et l'analogie du poète et de Dieu dans la participation au *poiein* universel (du grec *poiein :* faire).

Mais si la Création est un ordre, dont le reflet se rencontre dans les *figures* de la poésie, cet ordre même inclut un désordre, dont le siège est dans le cœur de l'homme ; la *totalité poétique*, à son tour, assume ce désordre, et c'est alors que la poésie se fait *théâtre*, car, dans l'inépuisable continuité interne de la Création, le désordre humain introduit la structure dialectique du drame, selon une sorte de *clair-obscur* où les ténèbres de l'homme se heurtent à la luminosité de Dieu. Et, pour accomplir la totalité de sa vocation, le poète inscrit dans son œuvre le mouvement passionné de ce que Baudelaire appelait la *double postulation* de l'âme humaine (cf. *XIXe Siècle*, p. 430). Car l'homme a une histoire, qui se situe simultanément dans l'ordre de la Terre et dans l'ordre du Ciel, et, pour être totale, la poésie doit se faire, à chaque instant, la figure de cette simultanéité.

« *L'homme soustrait au hasard* »   C'est que la poésie est l'acte même de l'interrogation, et de *l'interrogation victorieuse :* son rythme profond, cette oscillation organique de la question et de la réponse fondent la structure la plus intime de l'acte poétique ; le poète est celui qui peut dire, s'adressant à Dieu : « J'interroge toute chose avec vous ». Mallarmé pensait que, devant quelque objet que ce fût, la question inéluctable était : « Qu'est-ce que cela *veut* dire ? » CLAUDEL reprend l'interrogation mallarméenne, mais, comme c'est si souvent sa coutume, en restaurant la pleine signification du langage, ici celle de ce verbe *vouloir* : en tout et partout résident une volonté et une intention ; la poésie est créatrice selon qu'elle communie avec cette volonté, en poursuit l'accomplissement et l'épanouit dans sa formulation verbale : sans doute est-ce là une des principales significations du célèbre jeu de mots sur *co-naissance* et *connaissance* [1].

Plus aucune place, donc, désormais, pour le « hasard », parce que tout a un sens, le monde et l'homme étant réciproquement sauvés par leur ressemblance en Dieu ; aussi la *ressemblance de l'homme et du monde* sera-t-elle un des grands thèmes de la poésie claudélienne, peut-être même le thème original d'où jaillissent tous les autres. Et tandis que le lyrisme chante cette victoire décisive et ses péripéties, le théâtre, lui, déploie, sur une scène qui, dans *Le Soulier de Satin*, finit par être le Cosmos tout entier (cf. p. 211), le drame, souvent cruel, de l'acheminement vers la victoire, à travers les défaites et les sursauts provisoires d'une humanité complexe dans sa nature et simple dans sa vocation. C'est que l'interprétation poétique de l'homme et du monde, au-delà des illusions et tourments du hasard et du destin, se développe à partir de *l'intime communion entre le visible et l'invisible*. Le «grand poëme de l'homme soustrait au hasard » *(La Muse qui est la Grâce)* chantera en effet les *correspondances réciproques* du visible et de l'invisible : CLAUDEL s'en est expliqué à plusieurs reprises, et, en particulier, dans un texte où se trouvent définis à la fois l'origine et le processus de la poésie. Expliquant « l'esprit essentiel de [sa] poésie, qui est le *gaudium de veritate* » [2], Claudel écrit : « le monde sans Dieu est non seulement incomplet mais réduit à l'éparpillement, au non-sens et au néant... Je changerais volontiers l'adage et au lieu de *a visibilibus ad invisibilium amorem rapiamur*, je dirais : *ab invisibilibus ad visibilium amorem* et COGNITIONEM *rapiamur* [3]. Car il y a plusieurs révélations, celle d'une vérité toute faite, mais aussi celle de l'eau qui *révèle* le grain planté dans la terre en le faisant pousser.» *(Lettre inédite à H. Lemaitre,* 1er août 1937).

Ainsi se trouve énoncée la meilleure définition de la poésie claudélienne, qui est *révélation*, dans le sens dynamique du mot, souligné par le poète lui-même. L'entreprise poétique d'abolition du hasard, déclarée impossible par Mallarmé dans une formule célèbre, est solidaire de la « déflagration » du dynamisme verbal, avec pour mission d'achever, par une « fructification d'être » (S. Fumet) la Création — cette Création où le hasard ne peut produire l'illusion de sa fatalité que si l'homme continue à ignorer que Dieu l'a laissée « interminée » pour confier à l'*homo poeta* la poursuite positive de sa perpétuelle floraison. Le *Drame* naît de la discordance entre l'apparence du chaos et la vérité du sens ; le *Lyrisme* triomphe dans la découverte du sens à travers le symbolisme du chaos : car le *visible* n'est livré à l'anarchie du hasard que s'il n'est pas rapporté à l'*invisible* qui lui confère réalité et signification.

La vocation propre de la poésie serait l'instauration victorieuse de ce rapport, selon la formule qui résume le mieux l'ambition de CLAUDEL : «*Recevoir l'être et restituer l'éternel.*»

— 1 *Connaître*, c'est *Com-prendre*, prendre et faire en soi, et avec soi, l'objet de la connaissance; c'est donc *co-naître* à cet objet, alors devenu *intelligible*. — 2 La joie du contact avec la vérité. — 3 « Laissons-nous emporter *du visible* jusqu'à l'amour *de l'invisible* »; puis « Laissons-nous emporter de *l'invisible* jusqu'à l'amour et la CONNAISSANCE *du visible.*»

Le mystère de la parole poétique

Dès ses premiers écrits, Paul CLAUDEL est pleinement conscient de la présence en lui du *souffle* poétique, et le thème de l'unité « pneumatique » de l'inspiration et du langage est l'une des constantes fondamentales de son art poétique : c'est le sujet commun de ces deux textes, l'un extrait d'un des premiers essais dramatiques, *La Ville* (1890-1897), l'autre du Prélude de la *Quatrième Ode* (*La Muse qui est la Grâce*, 1907).

BESME : O toi, qui comme la langue résides dans un lieu obscur !
S'il est vrai, comme jaillit l'eau de la terre [1],
Que la nature pareillement entre les lèvres du poète nous ait ouvert une source de paroles,
Explique-moi d'où vient ce souffle par ta bouche façonné en mots,
Car quand tu parles, comme un arbre qui de toute sa feuille
S'émeut dans le silence de Midi, la paix en nous peu à peu succède à la pensée.
Par le moyen de ce chant sans musique et de cette parole sans voix, nous sommes accordés à la mélodie de ce monde.
Tu n'expliques rien, ô poëte, mais toutes choses par toi nous deviennent explicables.
CŒUVRE : O Besme, je ne parle pas selon ce que je veux, mais je conçois dans le sommeil.
Et je ne saurais expliquer d'où je retire ce souffle, c'est le souffle qui m'est retiré.
Dilatant ce vide que j'ai en moi, j'ouvre la bouche,
Et ayant aspiré l'air, dans ce legs de lui-même par lequel l'homme à chaque seconde *expire* l'image de sa mort,
Je restitue une parole intelligible,
Et l'ayant dite [2], je sais ce que j'ai dit. [...]
CŒUVRE : O mon fils ! lorsque j'étais un poëte entre les hommes,
J'inventai ce vers qui n'avait ni rime ni mètre [3],
Et je le définissais dans le secret de mon cœur cette fonction double et réciproque
Par laquelle l'homme absorbe la vie, et restitue dans l'acte suprême de l'expiration
Une parole intelligible.   *La Ville*, 2e *version* (Mercure de France et Gallimard, éd.).

Voici le dépliement de la grande Aile poétique !
Que me parlez-vous de la musique ? Laissez-moi seulement mettre mes sandales d'or !
Je n'ai pas besoin de tout cet attirail qu'il lui faut. Je ne demande pas que vous vous bouchiez les yeux.
Les mots que j'emploie,
Ce sont les mots de tous les jours, et ce ne sont point les mêmes !
Vous ne trouverez point de rimes dans mes vers ni aucun sortilège. Ce sont vos phrases mêmes. Pas aucune de vos phrases que [4] je ne sache reprendre !

— 1 Cf. p. 185. — 2 Participe passé à sens | à la parole qui, véritablement, la produit. — 3 Cf.
temporel-causal : la signification est postérieure | l. 35. — 4 *Il n'est aucune de vos phrases que...*

Ces fleurs sont vos fleurs et vous dites que vous ne les reconnaissez pas.
Et ces pieds sont vos pieds, mais voici que je marche sur la mer et que je
foule les eaux de la mer en triomphe !   Cinq Grandes Odes (Librairie Gallimard, éditeur).

Cinq Grandes Odes Les *Cinq Grandes Odes*, l'œuvre poétique majeure de
1904-1908-1910 Paul CLAUDEL, ont été écrites de 1904 *(Les Muses)* à
1908 *(La Maison fermée)* et publiées, sous leur titre
collectif, suivies d'un *Processionnal pour saluer le siècle nouveau*, en 1910. Elles représentent
la mise au point définitive de la technique du *verset* et transposent dans le «langage» du
rythme et des images l'itinéraire spirituel du poète, dont l'imagination originale puise
aux sources les plus diverses : la Bible d'abord, mais aussi Pindare ou Eschyle. Il est
remarquable que le point de départ en soit un Art poétique fondé sur la Foi et que la
découverte de Dieu s'y accompagne de la découverte parallèle des *pouvoirs du poète :*
comme Adam, dans la *Genèse*, est invité à continuer la Création divine en nommant
les animaux, ainsi le poète entreprend de *nommer le monde* pour répondre à sa vocation,
qui est de continuer, à son tour et à sa place, la Création. Et c'est au cours de cette opération poétique (au sens étymologique du grec *poiein*, faire) que Claudel découvre et
chante avec enthousiasme le sens de la *vie universelle* dans la liberté de son inspiration.

LES MUSES. *Dans la première Ode (1904), le poète évoque, une à une, les neuf Muses,
pour décrire leurs fonctions respectives et les situer dans l'ordre de l'inspiration. C'est l'occasion
de développer un véritable Art poétique, complétant et expliquant, en une vaste fresque
rythmée, les intuitions du jeune auteur de* La Ville.

« *LES MUSES ! AUCUNE N'EST DE TROP POUR MOI !* »

L'image de la mer et du triomphe — triomphe de la liberté du mouvement — hante
le poète : l'Ode développe la « *jubilation orchestrale* » des Muses, incarnations de *l'impatience* de l'Esprit et figures de son rythme cosmique et « maritime ». C'est l'occasion pour
CLAUDEL d'affirmer sa volonté de rupture et de novation en inscrivant dans le dynamisme
du *verset*, et des images qu'il épouse, la réconciliation créatrice du *rythme* et de la *liberté*.
Et c'est la totalité de la poésie que figure désormais « *la déflagration de l'Ode soudaine* ».

Ainsi subitement du milieu de la nuit que mon poëme [1] de tous côtés
frappe comme l'éclat de la foudre trifourchue !
Et nul ne peut prévoir où soudain elle fera fumer le soleil,
Chêne, ou mât de navire, ou l'humble cheminée, liquéfiant le pot comme
un astre !
O mon âme impatiente ! nous n'établirons aucun chantier ! nous ne
pousserons, nous ne roulerons aucune trirème
Jusqu'à une grande Méditerranée de vers horizontaux,
Pleine d'îles, praticable aux marchands, entourée par les ports de tous les
10 peuples [2] !
Nous avons une affaire plus laborieuse à concerter
Que ton retour, patient Ulysse ! [...]

— 1 Orthographe avec tréma, adoptée par Claudel, sans doute pour conserver le souvenir du grec *poiêma*, œuvre. — 2 La Mer, symbole de la poésie, n'est pas une mer fermée comme la Méditerranée : il faut au poète l'immensité de l'Océan, figure à la fois de l'infini de la Création et de la liberté du langage.

Le poète récuse alors — « bien que ce soit amer » — l'art entendu dans le sens que représentent traditionnellement Homère, Virgile et Dante (« O rimeur Florentin ! nous ne te suivrons point, pas après pas, dans ton investigation... »). La lettre même de l'écriture ne saurait prétendre enfermer la poésie, dont la mesure est l'immensité de la Création, irréductible, comme la houle de la mer ou le vol de l'oiseau, aux ajustements de l'art.

Rien de tout cela ! toute route à suivre nous ennuie ! toute échelle à escalader !

O mon âme ! le poëme n'est point fait de ces lettres que je plante comme des clous, mais du blanc qui reste sur le papier [3].

O mon âme, il ne faut concerter aucun plan ! ô mon âme sauvage, il nous faut nous tenir libres et prêts,

Comme les immenses bandes fragiles d'hirondelles quand sans voix [4] retentit l'appel automnal !

O mon âme impatiente, pareille à l'aigle sans art ! comment ferions-nous pour ajuster aucun vers ? à l'aigle [5] qui ne sait pas faire son nid même ?

Que mon vers ne soit rien d'esclave ! mais tel que l'aigle marin qui s'est jeté sur un grand poisson,

Et l'on ne voit rien qu'un éclatant tourbillon d'ailes et l'éclaboussement de l'écume !   *Cinq Grandes Odes, I* (Librairie Gallimard, éditeur).

L'ESPRIT ET L'EAU. *Dans la* Deuxième Ode, *le poète, retenu dans la captivité des murs de Pékin, médite, pour se libérer, sur le* symbolisme *de l'eau, figure de l'esprit. Il découvre le dynamisme universel du « lien liquide » qui réunit le monde, l'homme et Dieu, tandis que, selon l'*Argument *qui précède l'*Ode, *« la voix qui est à la fois l'esprit et l'eau, l'élément plastique et la volonté qui s'impose à elle, est l'expression de cette union bienheureuse. »*

« La vie même... »

Dans le débat qui s'instaure au cœur de l'âme humaine entre les puissances que CLAUDEL nomme allégoriquement *Animus* et *Anima* [1], la poésie seule permet de dépasser le dilemme de l'*intelligible* [2] et du *spirituel*, comme le mouvement de la mer est à la fois mesure et dilatation, sans que surgisse entre les deux termes la contradiction des poétiques traditionnelles. Elle sera donc retour à l'élément, à la matière première. Ainsi se développe *l'analogie substantielle* entre la Mer (et non pas n'importe quelle eau), « élément » de la Création, et l'Esprit, « élément » de la Vie, qui est le thème central de cette *Ode* (1906).

Après le long silence fumant,
    Après le grand silence civil [3] de maints jours tout fumant de rumeurs et de fumées,
Haleine de la terre en culture et ramage des grandes villes dorées,
Soudain l'Esprit de nouveau, soudain le souffle de nouveau,
Soudain le coup sourd au cœur, soudain le mot donné, soudain le souffle de l'Esprit, le rapt sec, soudain la possession de l'Esprit !

— 3 Le but de la poésie est de plonger « au fond du défini pour y trouver de l'inépuisable » *(Mémoires improvisés)*. Les lettres sont le « défini » et le blanc du *papier* figure « l'inépuisable ». — 4 Autre image, *négative*, de l'inépuisable (cf. *sans art*, l. 21). — 5 *Pareille* à l'aigle...

— 1 Cf. p. 218. — 2 Claudel n'est pas en effet un poète de l'irrationnel ; son appétit de vitalité ne détruit pas en lui la fidélité à l'intelligible : la poésie est aussi restitution d'une *« parole intelligible »* (cf. p. 183, l. 19). — 3 Le silence *des villes.*

Comme quand dans le ciel plein de nuit avant que ne claque le premier feu de foudre,
10 Soudain le vent de Zeus dans un tourbillon plein de pailles et de poussières avec la lessive de tout le village !
Mon Dieu, qui au commencement avez séparé les eaux supérieures des eaux inférieures,
Et qui de nouveau avez séparé de ces eaux humides que je dis,
L'aride [4], comme un enfant divisé de l'abondant corps maternel,
La terre bien-chauffante, tendre-feuillante [5], et nourrie du lait de la pluie [6],
Et qui dans le temps de la douleur comme au jour de la création saisissez dans votre main toute-puissante
L'argile humaine et l'esprit de tous côtés vous gicle entre les doigts [7],
20 De nouveau après les longues routes terrestres,
Voici l'Ode, voici que cette grande Ode nouvelle vous est présente,
Non point comme une chose qui commence, mais peu à peu comme la mer qui était là,
La mer de toutes les paroles humaines avec la surface en divers endroits
Reconnue par un souffle sous le brouillard et par l'œil de la matrone Lune ! [...]

*Après avoir évoqué la Chine et sa capitale, la « Cité carrée » et ses « Portes colossales »,
le poète, comme s'il s'échappait de sa captivité spirituelle « au plus terre de la terre », retrouve,
avec la mer, la vie même, c'est-à-dire la liberté et la possession de l'Esprit.*

Mais que m'importent à présent vos empires, et tout ce qui meurt,
Et vous autres que j'ai laissés, votre voie hideuse là-bas !
Puisque je suis libre ! que m'importent vos arrangements cruels ? puisque moi du moins je suis libre ! puisque j'ai trouvé ! puisque moi du moins je suis dehors !
30 Puisque je n'ai plus ma place avec les choses créées, mais ma part avec ce qui les crée, l'esprit liquide et lascif [8].
Est-ce que l'on bêche la mer ? est-ce que vous la fumez comme un carré de pois ?
Est-ce que vous lui choisissez sa rotation, de la luzerne ou du blé ou des choux ou des betteraves jaunes ou pourpres ?
Mais elle est la vie même sans laquelle tout est mort, ah ! je veux la vie même sans laquelle tout est mort !
La vie même et tout le reste me tue qui est mortel !
Ah, je n'en ai pas assez ! Je regarde la mer ! Tout cela me remplit qui a fin [9].
Mais ici et où que je tourne le visage et de cet autre côté
40 Il y en a plus encore et là aussi et toujours et de même et davantage ! Toujours, cher cœur !
Pas à craindre que mes yeux l'épuisent ! Ah, j'en ai assez de vos eaux buvables.

— 4 Cf. *Dieu fit le firmament, qui sépara les eaux qui sont sous le firmament d'avec les eaux qui sont au-dessus du firmament... Dieu dit :* « Que les eaux qui sont sous le ciel s'amassent en une seule masse et qu'apparaisse le continent » (*Genèse*, I, 6-9, trad. Bible « de Jérusalem »). Le mot « aride » est peut-être emprunté à certaines traductions anciennes de la Bible. — 5 Claudel est volontiers, comme Ronsard, créateur de mots, selon le besoin de son imagerie et de son rythme. — 6 L'image de *l'enfant* se poursuit. Alliance de mots qui produit un effet de choc. — 7 L'image souligne l'intimité réciproque, au cœur même de la Création, du charnel et du spirituel : thème majeur de la poésie et du théâtre de Claudel. — 8 Sens latin : *folâtre*. — 9 Double sens du mot : *limite* et *terme*. Accès à l'inépuisable, la poésie qui est « *la vie même* », est franchissement de la *limite* et dépassement du terme temporel.

Je ne veux pas de vos eaux arrangées, moissonnées par le soleil, passées au
filtre et à l'alambic, distribuées par l'engin des monts [10],
Corruptibles, coulantes.
Vos sources ne sont point des sources. L'élément même !
La matière première ! C'est la mère [11], je dis, qu'il me faut !
Possédons la mer éternelle et salée, la grande rose grise ! Je lève un bras vers
le paradis ! je m'avance vers la mer aux entrailles de raisin !
Je me suis embarqué pour toujours ! Je suis comme le vieux marin qui ne
connaît plus la terre que par ses feux, les systèmes d'étoiles vertes ou rouges
enseignés par la carte et le portulan [12].
Un moment sur le quai parmi les balles et les tonneaux, les papiers chez le
consul, une poignée de mains au stevedore [13] ;
Et puis de nouveau l'amarre larguée, un coup de timbre aux machines, le break-
water [14] que l'on double, et sous mes pieds
De nouveau la dilatation de la houle !
Ni
Le marin, ni
Le poisson qu'un autre poisson à manger
Entraîne, mais la chose même et tout le tonneau et la veine vive,
Et l'eau même, et l'élément même, je joue, je resplendis ! Je partage la liberté
de la mer omniprésente !
L'eau
Toujours s'en vient retrouver l'eau,
Composant une goutte unique.
Si j'étais la mer, crucifiée par un milliard de bras sur ses deux continents,
A plein ventre ressentant la traction rude du ciel circulaire avec le soleil
immobile comme la mèche allumée sous la ventouse,
Connaissant ma propre quantité,
C'est moi, je tire, j'appelle sur toutes mes racines, le Gange, le Mississipi,
L'épaisse touffe de l'Orénoque, le long fil du Rhin, le Nil avec sa double vessie [15],
Et le lion nocturne buvant, et les marais, et les vases souterrains, et le cœur
rond et plein des hommes qui durent leur instant.
Pas la mer, mais je suis esprit ! et comme l'eau
De l'eau, l'esprit reconnaît l'esprit,
L'esprit, le souffle secret,
L'esprit créateur qui fait rire, l'esprit de vie et la grande haleine pneumatique,
le dégagement de l'esprit
Qui chatouille et qui enivre et qui fait rire [16] !
O que cela est plus vif et agile, pas à craindre d'être laissé au sec. Loin que
j'enfonce, je ne puis vaincre l'élasticité de l'abîme.

Cinq Grandes Odes, II (Librairie Gallimard, éditeur).

— 10 Périphrase qui oppose l'*artifice* à la *nature*,
à l'authenticité. Ce qui explique les deux adjectifs
suivants. — 11 Claudel se plaît à jouer sur les
homonymies et à en tirer des analogies et des
images symboliques. C'est un exemple de
l'intelligibilité poétique, qui extrait des « correspondances » internes du langage les signes d'une
compréhension plus profonde du monde et de
l'homme. — 12 Nom médiéval des *cartes
marines*. — 13 Arrimeur. — 14 Brise-lames. —

15 Cf. la figure du Nil sur une carte. —
16 Le rire occupe une place importante dans
l'œuvre de Claudel, car il est lui aussi de nature
« pneumatique ». C'est ainsi que la *farce*
intervient dans le *drame* (cf. *Le Soulier de
Satin*) et que l'inspiration comique (qui n'est
pas absente même des commentaires bibliques)
a donné naissance à des œuvres comme *Protée*,
drame satyrique (1914) et *L'Ours et la Lune*,
farce pour un théâtre de marionnettes (1919)

INVENTAIRE POÉTIQUE DU MONDE

L'expérience *poétique* jointe à l'expérience *religieuse* conduit le poète à coïncider avec le *mouvement même du monde*, Création continuée. Le symbole de l'Eau voit s'élargir sa signification spirituelle, puisque la *liquidité* est le signe sensible de la présence de Dieu-Esprit, la loi universelle de l'Être, et en devenant « *total* », le monde devient « *nouveau* ». Aussi la poésie en sera-t-elle le recensement, et *le poète revendique le monde comme sien*, au nom de la « catholicité » de son cœur. Et ainsi, par le symbolisme spirituel de l'Eau et de la Mer, l'inépuisable devient actuel et présent dans la *parole* et le *rythme* du poème, selon la « jubilation orchestrale » des Muses, et par l'effet de la Grâce de Dieu.

Salut donc, ô monde nouveau à mes yeux, ô monde maintenant total !
O credo entier des choses visibles et invisibles[1], je vous accepte avec un
Où que je tourne la tête   [cœur catholique[2] !
J'envisage l'immense octave[3] de la Création !
Le monde s'ouvre et, si large qu'en soit l'empan[4], mon regard le traverse
d'un bout à l'autre.
J'ai pesé le soleil ainsi qu'un gros mouton que deux hommes forts
suspendent à une perche entre leurs épaules.
J'ai recensé l'armée des Cieux et j'en ai dressé état,
10   Depuis les grandes Figures[5] qui se penchent sur le vieillard Océan
Jusqu'au feu le plus rare englouti dans le plus profond abîme,
Ainsi que le Pacifique bleu-sombre où le baleinier épie l'évent d'un
souffleur[6] comme un duvet blanc.
Vous êtes pris et d'un bout du monde jusqu'à l'autre autour de Vous
J'ai tendu l'immense rets de ma connaissance.
Comme la phrase qui prend aux cuivres
Gagne les bois et progressivement envahit les profondeurs de l'orchestre,
Et comme les éruptions du soleil
Se répercutent sur la terre en crises d'eau et en raz-de-marée,
20   Ainsi du plus grand Ange qui vous voit jusqu'au caillou de la route et
d'un bout de votre création jusqu'à l'autre,
Il ne cesse point continuité, non plus que de l'âme au corps ;
Le mouvement ineffable des Séraphins se propage aux Neuf ordres des
Esprits[7],
Et voici le vent qui se lève à son tour sur la terre, le Semeur, le
Moissonneur !
Ainsi l'eau continue l'esprit, et le supporte, et l'alimente,
Et entre
Toutes vos créatures jusqu'à vous il y a comme un lien liquide.

Cinq Grandes Odes, II (Librairie Gallimard, éditeur).

— 1 Selon le *credo*, Dieu est créateur du ciel et de la terre, des choses visibles et invisibles. — 2 *Universel* (sens étym.) et *converti à la foi catholique*. — 3 L'octave, qui renferme la totalité des notes, évoque la plénitude de la connaissance poétique : ainsi *poésie* et *mystique* ne font qu'un.

— 4 Écartement entre le pouce et le petit doigt. — 5 Les *Constellations*. — 6 Cétacé qui émet de la vapeur *(duvet blanc)* par ses *évents*. — 7 Les Séraphins appartiennent au premier degré de la hiérarchie angélique : ils sont au point de départ du mouvement des Esprits vers Dieu.

Contre les idoles

D'après l'Argument placé par CLAUDEL lui-même en tête de la troisième Ode, *Magnificat*, « *le poëte se souvient des bienfaits de Dieu et élève vers lui un cantique de reconnaissance* ». Or, au nombre de ces bienfaits, figure d'abord : « *vous m'avez délivré des idoles* ». A cette occasion se déchaîne un lyrisme biblique, où CLAUDEL se fait le disciple moderne des prophètes d'Israël. Les IDOLES sont tout ce que le monde moderne a inventé, sous l'inspiration de Satan, pour faire mentir la Création. Le poète voit les Idoles responsables de la mort de l'Esprit et c'est encore son appétit de « *la vie même* », son attachement à une *parole substantielle*, qui l'incitent à dénoncer ainsi « les fantômes et les poupées » : leur monde est un monde clos, mais, une fois de plus, la poésie ouvre la fenêtre qui donne sur l'*inépuisable*.

Soyez béni, mon Dieu, qui m'avez délivré des idoles,
    Et qui faites que je n'adore que Vous seul, et non point Isis et Osiris,
    Ou la Justice, ou le Progrès, ou la Vérité, ou la Divinité, ou l'Humanité,
ou les Lois de la Nature, ou l'Art, ou la Beauté [1],
    Et qui n'avez pas permis d'exister à toutes ces choses qui ne sont pas, ou le
Vide laissé par votre absence.
    Comme le sauvage qui se bâtit une pirogue et qui de cette planche en trop
fabrique Apollon [2],
    Ainsi tous ces parleurs de paroles du surplus de leurs adjectifs se sont fait
des monstres sans substance [3],
    Plus creux que Moloch, mangeurs de petits enfants, plus cruels et plus hideux
que Moloch.
    Ils ont un son et point de voix, un nom et il n'y a point de personne,
    Et l'esprit immonde est là, qui remplit les lieux déserts et toutes les choses
vacantes [4].
    Seigneur, vous m'avez délivré des livres et des Idées, des Idoles et de leurs
prêtres,
    Et vous n'avez point permis qu'Israël serve sous le joug des Efféminés [5].
    Je sais que vous n'êtes point le dieu des morts, mais des vivants.
    Je n'honorerai point les fantômes et les poupées, ni Diane, ni le Devoir, ni la
Liberté et le bœuf Apis [6].
    Et vos « génies », et vos « héros », vos grands hommes et vos surhommes,
la même horreur de tous ces défigurés.
    Car je ne suis pas libre entre les morts [7],
    Et j'existe parmi les choses qui sont et je les contrains à m'avoir indispensable,
    Et je désire de n'être supérieur à rien, mais un homme *juste*,
    Juste comme vous êtes parfait, juste et vivant parmi les autres esprits réels.
    Que m'importent vos fables ! Laissez-moi seulement aller à la fenêtre et ouvrir
la nuit et éclater [8] à mes yeux en un chiffre simultané
    L'innombrable comme autant de zéros après le 1 coefficient de ma nécessité [9] !

Cinq Grandes Odes, III (Librairie Gallimard, éditeur).

— 1 Évocation des « religions » abstraites de la fin du XIXᵉ siècle. — 2 Claudel méconnaît délibérément le sens du sacré dans les religions antiques et primitives. — 3 L'Esprit seul confère sa *substance* à la parole, laquelle appartient à l'ordre du *poiein*, à l'ordre du *faire ;* sinon, la parole est non seulement vaine mais meurtrière. — 4 Cf. *Matthieu*, XII, 43. — 5 Nom méprisant donné aux idolâtres ennemis d'Israël. — 6 Énu-mération qui mêle à dessein idoles antiques et idoles modernes. — 7 Le poète échappe à l'illusion d'une *liberté mensongère* (cf. p. 214, n. 2 : la « liberté » de Prouhèze). — 8 Ellipse, sens impératif : « *Laissez éclater, qu'éclate...* » — 9 La suite « innombrable » des zéros après le 1 est la figure arithmétique de l'Infini, inspirée au poète par la vue du ciel nocturne (cf. p. 188, l. 10 et p. 190).

MORT ET VIE

« *Seigneur, je vous ai trouvé* — *Qui vous trouve, il n'a plus tolérance de la mort* ». L'inventaire poétique du monde se poursuit, qui, après la dénonciation des puissances de mort, découvre « au plus épais de la terre » l'inépuisable *germe de la vie*. C'est alors le cri du choix décisif et définitif : « *Je préfère l'absolu* ». C'est aussi, une fois encore à partir de la contemplation des nébuleuses et de la mer (images deux fois reprises), le franchissement du temps, le *passage à l'éternité*, selon le constant mouvement de l'itinéraire claudélien, du visible à l'invisible, qui garantit la victoire de la vie sur la mort.

Et çà et là aux confins du monde où le travail de la création s'achève, les nébuleuses,
Comme, quand la mer violemment battue et remuée
Revient au calme, voici encore [1] de tous côtés l'écume et de grandes plaques de sel trouble qui montent.
Ainsi le chrétien dans le ciel de la foi sent palpiter la Toussaint [2] de tous ses frères vivants.
Seigneur, ce n'est point le plomb ou la pierre ou le bois pourrissant que vous avez enrôlé à votre service,
10 Et nul homme ne se consolidera dans la figure de celui qui a dit : *Non serviam* [3] !
Ce n'est point mort qui vainc la vie, mais vie qui détruit la mort et elle ne peut tenir contre elle !
Vous avez jeté bas les idoles,
Vous avez déposé tous ces puissants de leur siège [4], et vous avez voulu pour serviteurs la flamme elle-même du feu !
Comme dans un port quand la débâcle arrive on voit la noire foule des travailleurs couvrir les quais et s'agiter le long des bateaux [5],
Ainsi les étoiles fourmillantes à mes yeux et l'immense ciel actif !
20 Je suis pris et ne peux m'échapper, comme un chiffre prisonnier de la somme.
Il est temps ! A la tâche qui m'est départie l'éternité seule peut suffire.
Et je sais que je suis responsable, et je crois en mon maître ainsi qu'il croit en moi.
J'ai foi en votre parole et je n'ai pas besoin de papier.
C'est pourquoi rompons les liens des rêves, et foulons aux pieds les idoles, et embrassons la croix avec la croix.
Car l'image de la mort produit la mort, et l'imitation de la vie
La vie, et la vision de Dieu engendre la vie éternelle.

Cinq Grandes Odes, III (Librairie Gallimard, éditeur).

— 1 Les nébuleuses sont comparables à *l'écume* que l'on voit sur la mer après le retour au calme. — 2 Fête qui célèbre le *rassemblement autour de Dieu* de toutes les âmes sauvées. — 3 Parole placée dans la bouche de Satan : « *Je ne serai pas esclave* ». Pour Claudel les « idoles » modernes représentent un nouvel épisode de la révolte de Satan. — 4 Cf. St Luc, I. 52; ici les idoles modernes et leurs sectateurs sont assimilés aux *puissants* de l'Évangile. — 5 Spectacle auquel Claudel avait pu assister dans un port d'Extrême-Orient pris par les glaces.

Paternité et Terre promise

La vie retrouvée fructifie dans l'épanouissement ; la poésie — « *cantique de reconnaissance* » — trouve sa place dans l'ordre de la Création, où elle bénéficie du « crédit » de Dieu (cf. p. 192). Le *reflux* s'opère cette fois de l'*invisible* au *visible*, de Dieu à l'homme, du Ciel à la Terre. La fille de Claudel, MARIE, est née en Chine en 1907, année de la composition de cette Ode, *Magnificat :* la paternité inspire au poète une de ses plus belles pages, sur le thème de la « vie même » et de sa *nouveauté* perpétuellement créatrice.

O ma fille ! ô petite enfant pareille à mon âme essentielle et à qui pareil
redevenir il faut
Lorsque désir sera purgé par le désir !
Soyez béni, mon Dieu, parce qu'à ma place il naît un enfant sans orgueil,
(Ainsi dans le livre au lieu du poète puant et dur
L'âme virginale sans défense et sans corps entièrement donnante et accueillie),
Il naît de moi quelque chose de nouveau avec une étrange ressemblance !
A moi et à la touffe profonde de tous mes ancêtres avant moi il commence
un être nouveau.
Nous étions exigés selon l'ordre de nos générations
Pour qu'à cette espéciale[1] volonté de Dieu soient préparés le sang et
la chair.
Qui es-tu, nouvelle venue, étrangère ? et que vas-tu faire de ces choses qui
sont à nous ?
Une certaine couleur de nos yeux, une certaine position de notre cœur.
O enfant né sur un sol étranger ! ô petit cœur de rose ! ô petit paquet plus
frais qu'un gros bouquet de lilas blancs !
Il attend pour toi deux vieillards dans la vieille maison natale toute fendue,
raccommodée avec des bouts de fer et des crochets[2].
Il attend pour ton baptême les trois cloches dans le même clocher qui ont
sonné pour ton père, pareilles à des anges et à des petites filles de quatorze ans,
A dix heures lorsque le jardin embaume et que tous les oiseaux chantent en
français !
Il attend pour toi cette grosse planète au-dessus du clocher qui est dans le
ciel étoilé comme un *Pater* parmi les petits *Ave*,
Lorsque le jour s'éteint et que l'on commence à compter au-dessus de l'église
deux faibles étoiles pareilles aux vierges Patience et Evodie[3] !
Maintenant entre moi et les hommes il y a ceci de changé que je suis père de
l'un d'entre eux.
Celui-là ne hait point la vie qui l'a donnée et il ne dira pas qu'il ne comprend
point.

Le poète, alors, découvre le passage de la paternité selon la chair à la paternité selon l'esprit, l'analogie entre la naissance de l'enfant et la naissance du poème, deux naissances également garanties par le « crédit » de Dieu : « Qui croit en Dieu, il en est l'accrédité ». Ainsi se trouve introduit, à partir du thème personnel de la paternité, le thème biblique de la Terre promise : nouveau Josué, le poète accède à la plénitude de la possession vitale jusqu'à la véritable intelligence du monde et de lui-même.

— 1 Forme populaire incorrecte, peut-être motivée par le rythme ; peut-être aussi le poète a-t-il voulu « faire naïf » ou évoquer le mot *espèce* (cf. « générations »). — 2 La maison natale du poète, habitée par les grands-parents de l'enfant. — 3 Saintes femmes de l'Église primitive.

Soyez béni, mon Dieu, qui m'avez introduit dans cette terre de mon après-midi [4],

Comme vous avez fait passer les Rois Mages à travers l'embûche des tyrans et comme vous avez conduit Israël dans le désert,

Et comme après la longue et sévère montée un homme ayant trouvé le col redescend par l'autre versant.

Moïse mourut sur le sommet de la montagne, mais Josué entra dans la terre
40 promise avec tout son peuple.

Après la longue montée, après les longues étapes dans la neige et dans la nuée,

Il est comme un homme qui commence à descendre, tenant de la main droite son cheval par le bridon.

Et ses femmes sont avec lui en arrière sur les chevaux et les ânes, et les enfants dans les bâts et le matériel de la guerre et du campement, et les Tables de la Loi sont par derrière,

Et il entend derrière lui dans le brouillard le bruit de tout un peuple qui marche,

50 Et voici qu'il voit le soleil levant à la hauteur de son genou comme une tache rose dans le coton,

Et que la vapeur s'amincit et que tout-à-coup

Toute la Terre Promise lui apparaît dans une lumière éclatante comme une pucelle neuve,

Toute verte et ruisselante d'eaux comme une femme qui sort du bain !

Et l'on voit çà et là du fond du gouffre dans l'air humide paresseusement s'élever de grandes vapeurs blanches,

Comme des îles qui larguent leurs amarres, comme des géants chargés d'outres !

60 Pour lui il n'y a ni surprise ni curiosité sur sa face, et il ne regarde même point Chanaan mais le premier pas à faire pour descendre.

Car son affaire n'est point d'entrer dans Chanaan, mais d'exécuter votre volonté.

C'est pourquoi suivi de tout son peuple en marche il émerge dans le soleil levant !

Il n'a pas eu besoin de vous voir sur le Sinaï, il n'y a point de doute et d'hésitation dans son cœur.

Et les choses qui ne sont point dans votre commandement sont pour lui comme la nullité.

70 Il n'y a point de beauté pour lui dans les idoles, il n'y a point d'intérêt dans Satan, il n'y a point d'existence dans ce qui n'est pas.

Avec la même humilité dont il arrêta le soleil,

Avec la même modestie dont il mesura qui lui était livrée

(Neuf et demie au delà et deux tribus et demie en deçà du Jourdain) [5],

Cette terre de votre promesse sensible,

Laissez-moi envahir votre séjour intelligible à cette heure postméridienne !

Cinq Grandes Odes, III (Librairie Gallimard, éditeur).

— 4 Cf. l. *76, cette heure postméridienne* et │ *le versant*). C'est tout aussi bien l'heure de la p. *197*. Midi est l'heure du partage du jour et │ paternité et de la Terre promise. — 5 Cf. *Josué,* aussi l'heure du partage de l'homme (cf. l. *38,* │ x, 12-14 et xiii, 7-8.

1. Marc Chagall : Paris par la fenêtre.

Chantée par Apollinaire *(cf. p. 48),* la Tour Eiffel
a aussi inspiré ses amis, les peintres Chagall, Delaunay et La Fresnaye.

2. La chambre d'Apollinaire.

Au mur, le grand tableau représentant *Apollinaire et ses amis*,
par Marie Laurencin (*1909*).

Viollet.

3. **Guillaume Apollinaire,**
par Jean Metzinger.

4. Apollinaire,
par Matisse.

5. Henri Rousseau : le Poète et sa Muse.

Ami et admirateur du Douanier Rousseau,

6. Delaunay : Fenêtre prismatique.

Robert Delaunay marquait une prédilection pour ce thème.
Apollinaire a préfacé le catalogue de son exposition : *Fenêtres (cf. p. 50)*.

7 . Au temps où il était André Walter. Portrait, par J.-E. Blanche.

ANDRÉ GIDE

8. L'âge mûr. 9. La vieillesse.

10. Jean Van Eyck : Jean Arnolfini et sa femme.
Exemple de composition « en abyme » *(cf. p. 288).*

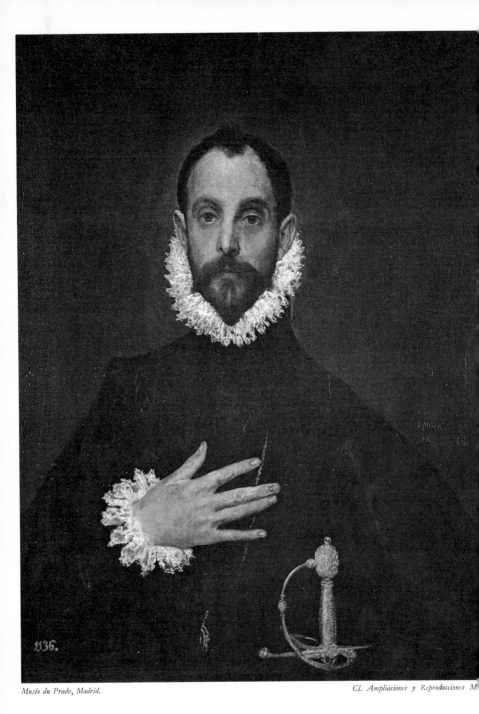

11. Le Greco : Le Chevalier à la main sur la poitrine *(cf. p. 122*

12. Laprade : La cathédrale de Chartres.

« Étoile de la mer, voici la lourde nappe
Et la profonde houle et l'océan des blés... »
Péguy, *Présentation de la Beauce (cf. p. 162).*

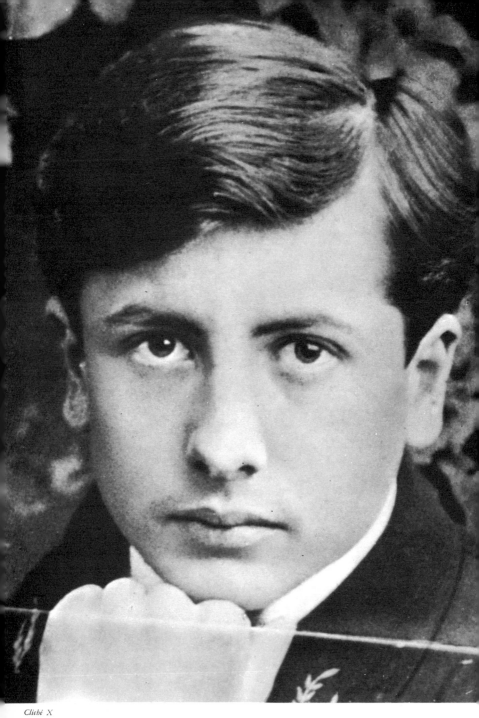

13. Alain-Fournier collégien, à l'âge du Grand Meaulnes *(cf. p. 133)*.
Ami de Péguy, Alain-Fournier fut tué comme lui en septembre 1914.

14. Péguy,
photographié par Nadar
dans la boutique des *Cahiers*.

. Le lieutenant Péguy
(assis à droite).

Dune doulce et humble maniere.
De laage de dixhuit ans.

euant le roy on la mena.

16. Jeanne
va trou
le roi
à Chino

Vigiles
Charles V
(XVe sièc

17. Jeanne
faite priso
devar
Compiè

B.N. Cl. Guile

18. Giovanni Bellini : Crucifixion.

« Tout était consommé. Cette énorme aventure...
Seules quelques femmes étaient demeurées.
La Mère était là... » (Péguy, *cf. p. 152*).

19. Marcel Proust, par Jacques-Emile Blanche.

Pont sur le Loir
(la Vivonne),
que le narrateur
traversait en allant
« côté de Guermantes »

À Illiers (COMBRAY),
Marcel Proust enfant
passait ses vacances.

Clichés Viollet.

...on de Tante Léonie.
...fenêtre de gauche
...elle de la chambre
de Proust.

21. Helleu : Portra[it de]
la comtesse Greff[ulhe]
Une des grandes d[ames]
dont Marcel Proust [s'est]
inspiré dans « A la rec[herche]
du Temps perdu »

Coll. du Duc de Gramont

22. Claude Monet : Coin d'appartement.

Un enfant rêveur dans un décor luxueux et intime :
c'est ainsi qu'on imagine Marcel Proust auprès de sa mère.

23. *La Calèche*, croquis de Laprade.

« Je voyais... une incomparable victoria... au fond de laquelle
reposait avec abandon Mme Swann... à la main une ombrelle mauve... »
(Marcel Proust)

24. Berthe Morisot : Sur la terrasse, à Meudon.
Cette élégante silhouette se détachant sur le panorama
de Paris pourrait évoquer, par une correspondance, l'atmosphère proustienne.

Mauritshuis La Haye.

Cl. Stichting Johan Maurits van Nassau.

26. Ver Meer : Vue de Delft.

Toile célébrée par Proust (*cf. p. 251*) et par Claudel (*cf. p. 216*).

27. « Narcisse », dessin de Paul Valéry.

En dessinant le feuillage, l'auteur de *Monsieur Teste* semble
avoir voulu suggérer la forme et les circonvolutions d'un cerveau humain.

28. Ève cueillant le fruit de l'Arbre de la Science *(cf. p. 324)*.

Linteau provenant de la cathédrale d'Autun.

Dessin de Paul Valéry

« Douces colonnes, ô
l'orchestre de fuseaux !
Chacun immole son
silence à l'unisson... »
(Cantique des Colonnes (cf. p. 316).

31. Rembrandt :
Le Philosophe
en méditation *(cf. p. 336)*.

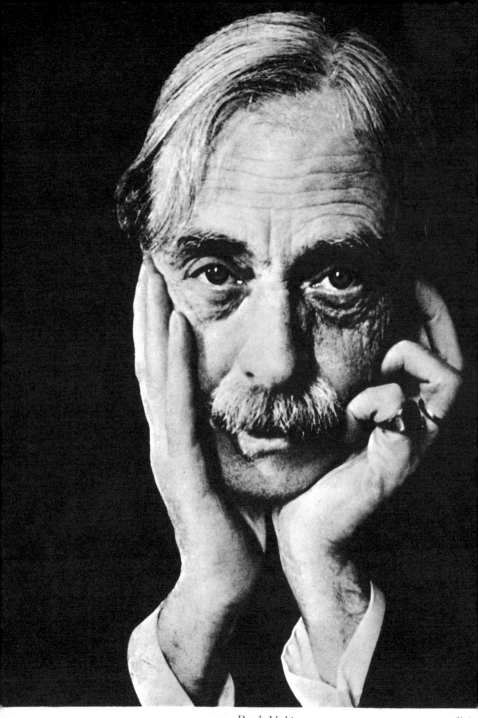

32. Paul Valéry.

Cl. Le

MPOSÉ D'OR, DE PIERRE ET D'ARBRES SOMBRES,
TANT DE MARBRE EST TREMBLANT SUR TANT D'OMBRES;
MER FIDÈLE Y DORT SUR MES TOMBEAUX.

33. Le Cimetière marin de Sète *(cf. p. 325)*.
Dessin de Paul Valéry

34. Degas : Fin d'arabesque.

« Elle semble offrir des présents, des parfums, de l'encens, des baisers, et sa vie elle-mê
à tous les points de la sphère, et aux pôles de l'univers... » (Paul Valéry, L'Ame et la I

35. Matisse : Nature morte à la grenade
(cf. Les Grenades, p. 321).

36. Prouhèze (Catherine S...
confie son soulier à la Vierge (c...

LE SOULIER DE SAT...
interprété par
la Compagnie Renaud-B...

37. A Mogador, sur le l...
Prouhèze, remariée,
ne peut suivre Rodrig...
(J.-L. Barrault - Catherine S...

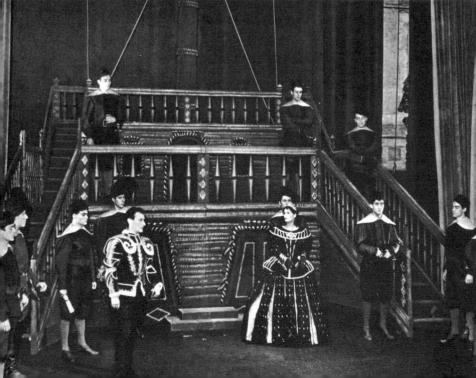

38. Théâtre-Français.
Dans la forêt
(Eliane Bertrand - Denise Noël).

Deux interprétations de
L'ANNONCE FAITE A MARIE.
Violaine ressuscite l'enfant de Mara.

39. Théâtre de Louis Jouvet.
Pour ce miracle de Noël,
le décor évoquait la crèche
où naquit Jésus.

40. ROUAULT : La Sainte-Face.

« L'expression en est si austère qu'elle effraie, et si sainte
Que le vieux péché, en nous organisé,
Frémit dans sa racine originelle, et la douleur qu'elle exprime est si profonde
Qu'interdits nous sommes comme des enfants qui regardent pleurer,
sans comprendre, le père : il pleure ! » (Claudel, *La Ville*, acte III).

LA MUSE QUI EST LA GRACE. *Reprise du thème des Muses et de l'inspiration dans la* Quatrième Ode, *construite par* strophes *et* antistrophes, *en forme de* dialogue entre la Muse et le poète. *C'est la transposition en langage lyrique du drame profond qui inspire aussi le théâtre de* CLAUDEL, *la difficulté à combler la distance entre la vocation poétique et la volonté humaine, entre la nature et la Grâce. L'Ode s'achève sur l'évocation de l'amour qui forme aussi le sujet de* Partage de Midi, *alors que la Muse vient d'annoncer « l'œuvre d'Août, l'extermination de Midi »* (cf. le finale de *Partage de Midi,* p. 203, l. 60-61).

LA MAISON FERMÉE. *Dans la* Cinquième Ode, *le poète répond à ceux qui l'accusent d'*obscurité : *la poésie est la figure de* l'âme elle-même fermée, *que gardent aux quatre points cardinaux les* Quatre Vertus cardinales. *Mais c'est une clôture analogue à la* clôture monastique, *qui ordonne « vers l'intérieur » la « catholicité » en laquelle toutes choses sont embrassées et nécessitées.*

« Une porte, une porte, ô mon âme.... »

En marge des *Cinq Grandes Odes,* vaste monument lyrique, la poésie de Paul CLAUDEL est infiniment *diverse* dans *l'unité* de son inspiration humaine et religieuse. C'est justement ce lien profond de la foi et de l'humanité qui lui confère son aisance, sa densité et aussi parfois sa truculence. Par la poésie s'opère ainsi, comme allant de soi, par exemple le passage de *l'humour* — fait de familiarité et de franchise apparemment hors de propos — à *l'exaltation* et même à *la prière :* car tout ce qui est humain porte la marque de la *continuité,* cette continuité dont en quelque sorte la *parole poétique* est le calque fidèle. Et les variations de ton n'altèrent point cette continuité, la soulignent au contraire. Ainsi de cette méditation sur *la sainteté,* à la fois *difficile* et *nécessaire.*

Quand nous lisons la vie des Saints, telle qu'eux-mêmes rarement ont pris la peine de la raconter,
    Ce n'est pas que ce soit sans intérêt et que çà et là nous ne soyons pas sincèrement touchés,
Mais avouons que l'effet général est irritant et plus ou moins désagréable.
Tout cela est tellement exagéré, incompréhensible et parfaitement inimitable !
Si je n'ai pas régulièrement mon dîner, on me voit plus farouche qu'un Incirconcis.
Qu'est-ce que ces trois olives par jour que mange Sainte Angèle de Merici [1],
    Accompagnées de trois figues et de trois noix en l'honneur de la Sainte Trinité ?
Si je n'ai pas eu mes sept heures de sommeil, malheur à qui viendra me réveiller !
Qu'est-ce que c'est que ces ermites pour qui c'est une délicatesse très grande
De dormir quelques minutes contre un mur, tout debout comme les animaux sans jointures de la légende ?
Encore si l'on savait où l'on s'arrête, le plancher et le pain sec une fois pour toutes.
Mais sans cesse une exigence nouvelle et jamais aucune fin à la route
Sans rien à regarder que par devant la tombe et le triste combat pied à pied
Contre la nature inventive en tout minutieusement contrariée !
Et ce monde hermétiquement muré dont ces austérités impraticables sont le pont
Nous est décrit avec des mots repris et repressés par un milliard de sermons,
Entrecoupés d'éjaculations à froid et de castigations orales [2],

---

— 1 Fondatrice de l'ordre enseignant des Ursulines (1470-1540). — 2 *Ejaculation :* courte prière fervente. *Castigation :* remontrance (latin *castigare :* corriger).

(Et certes nous aimons Jésus-Christ, mais rien au monde ne nous fera aimer
la morale [3]),
Des mots dont le sens à la lettre, pour nous autres rustiques, savoureux
quoique humble et court,
Maintenant séparé chastement de la grossière terre tout autour,
Est converti en la plate allusion d'une perpétuelle figure
30   Pour le délice des spirituels et pour la satisfaisante déconfiture
Des braves gens qui sans aucune disposition n'apportent que leur bonne
volonté.
C'est pourquoi nous reprenons l'évangile ou notre vieux paroissien, humiliés.

Et cependant, s'il y a une porte, nous savons que ceux-là l'ont trouvée.

Une porte, une porte, ô mon âme, une porte pour sortir de l'éternelle vanité [4] !
Une porte, n'importe par où, mais dites que dès maintenant il y a une porte
pour échapper
A cette vie qui n'est qu'un rêve lourd, un cauchemar entre les deux digestions !
Une issue pour ôter notre esprit à ce moulin sans aucune rémission
40   Des choses arrivant sur nous en une descente inépuisable,
Tout un monde en poudre sur nous pour faire tourner notre roue avec du
sable !
Seigneur, qui m'avez fait pour proférer la parole et connaître la vérité,
Délivrez ma pauvre âme un jour de ces choses qui n'ont pas de nécessité !
Vous qui de tout homme vivant êtes le créancier attentif et implacable,
Délivrez de sa dette amassée quelque jour Votre créature insolvable,
Le fardeau énorme sur moi de ces choses que je ne puis arriver à donner,
Et dont la plus nécessaire précisément est celle qui fait notre incompatibilité,
Parmi les conditions pénales de notre séjour,
Avec soi-même tel que c'est être sans Vous, et que nous appelons l'Amour [5] !

Feuilles de Saints, Sainte Thérèse (Librairie Gallimard, éditeur).

Chant de la Saint-Louis

A partir de son culte des saints, modèles et inspirateurs tant par leur vie que par leur
place dans les saisons de l'année, CLAUDEL reprend et développe le genre de la *poésie
liturgique*. C'est le *symbolisme du Temps* qui en est le thème unificateur : le poème devient
le réceptacle de tout ce qu'enferme de bonté divine un moment spiritualisé de l'année.
Aussi CLAUDEL a-t-il donné pour titre au recueil qui réunit ses principaux poèmes
liturgiques : *Corona benignitatis anni Dei* (Couronne de bonté de l'année de Dieu). Sans
renoncer au *verset*, le langage y devient souvent plus proche de la réalité quotidienne, le
lyrisme y est souvent plus «classique», et par exemple on y voit réapparaître, très librement
la *rime*. Mais l'unité de l'inspiration ne s'en trouve pas altérée : c'est toujours, sous une
forme nouvelle, une suite du *grand cantique des richesses de la Création*.

Les mailles du filet sont dissoutes et le filet lui-même a disparu.
Le filet où j'étais retenu s'est ouvert et je n'y suis plus.

— 3 Cf. *faire la morale à quelqu'un*. — 4 Echo | *l'Amour*. Et comprendre (passage du *notre*
du *vanitas vanitatum, et omnia vanitas* (tout est | collectif à l'indéfini général *soi-même*) : *les*
vanité) de l'Ecclésiaste. — 5 Construire : *Celle* | *conditions pénales de notre séjour*, tel que être sur
qui fait notre incompatibilité... et que nous appelons | avec soi-même, *c'est être sans vous*.

Je n'ai plus pour prison que Dieu et la couleur sublime de la terre.
C'est toujours la même moisson et c'est le même désert.

Aucun chemin n'y conduit, il n'y a pas de carte de la contrée,
Mais le travail à la même place dans la boue, dans la pluie et dans la durée.

Aucun chemin n'y conduit, mais le temps et la foi dans le mois d'août[1].
Et nous n'avons point changé de place, la voici radieuse autour de nous.

Bénis soient l'entrave jusqu'ici et les liens qui me tenaient lié !
Il les fallait forts et sûrs avant que la prison soit arrivée.

Ma prison est la plus grande lumière et la plus grande chaleur,
La vision de la terre au mois d'août, qui exclut toute possibilité d'être ailleurs.

Comment aurais-je du passé souci, du futur aucun désir,
Quand déjà la chose qui m'entoure est telle que je n'y puis suffire ?

Comment penserais-je à moi-même, à ce qui me manque ou m'attend,
Quand Dieu ici même hors de moi est tellement plus intéressant[2] ?

Ce champ où je suis est de l'or, et là-bas au-dessus des chaumes,
Cette ineffable couleur rose est la terre même des hommes !

La terre même un instant a pris la couleur de l'éternité,
La couleur de Dieu avec nous et toutes les tribus humaines y sont campées.

Ineffable couleur de rose et les multitudes humaines y sont vivantes !
Une mer d'or et de feu entoure nos postes et nos tentes.

C'est le jour de la Saint-Louis, Confesseur et Roi de France.
Je tiens l'étoffe de son manteau dans mes doigts, les gros épis rugueux de blé
[qui en forment la ganse.

De toutes parts je vois les meules qu'on bâtit et les rangs de gerbes entassées,
Et les profondes fumées grelottantes des avoines qui ne sont pas coupées.

L'étoffe est d'or et la bordure est de velours bleu presque noir,
Comme la double forêt qui était autour de Senlis[3] hier soir.

Quelle tristesse peut-il y avoir quand chaque année le même mois d'août est fatal[4] ?
La tristesse n'est que d'un moment, la joie est supérieure et finale.

La lumière a tout gagné peu à peu et la nuit est exterminée.
De grosses compagnies de perdreaux sous mes pas éclatent sur la terre illuminée.

Je sais et je vois de mes yeux une chose qui n'est pas mensongère.
Je suis libre et ma prison autour de moi est la lumière !

La terre rit et sait et rit et se cache dans le blé et dans la lumière !
Pour garder le secret que nous savons, ce n'est pas assez que de se taire !

Corona benignitatis anni Dei, IV, 1913 (Librairie Gallimard, éditeur).

— 1 La Saint-Louis tombe le 25 août. L'Août et le Midi, qui sont pour Claudel le moment absolu de l'année et du jour, symbolisent *plénitude* et *lumière* (cf. p. 192, n. 4 et p. 203 l. 60). — 2 Cf. *Magnificat : « Je préfère l'absolu »*. Tout Claudel est dans cette préférence. — 3 Cité royale au nord de Paris, attachée au souvenir de saint Louis, et effectivement entourée d'une « double forêt ». — 4 « Revient régulièrement ». La nécessité du cycle des saisons suscite le même enthousiasme chez le poète que la nécessité du mouvement des astres dans le ciel.

LE THÉATRE DE PAUL CLAUDEL

Son premier *art poétique*, CLAUDEL en avait confié l'expression au héros d'une tentative dramatique, *La Ville* (1890-1897, cf. p. 183), qu'avait précédée *Tête d'Or*. *La Ville* est le drame du conflit, dans la société, entre l'ordre ou la révolte purement temporels et la vocation de l'homme à l'Éternité. A la question : *quelle fin donner à la Cité ?* le poète converti COEUVRE répond que *la Fin de la société des hommes, c'est Dieu*.

Entre 1892 et 1898, CLAUDEL aborde le drame du péché et de la grâce, de la chair et de la pureté ; il écrit alors les deux versions de *La Jeune Fille Violaine*, dont le thème sera épanoui et fixé dans *L'Annonce faite à Marie* : c'est le débat tragique de l'orgueil et de la charité résolu dans la mort, le miracle et le pardon.

En 1893, le théâtre de CLAUDEL prend sans doute son véritable départ avec *L'Échange*, drame dur et cruel, où la pureté se trouve prise dans l'ouragan des passions, et où le symbolisme des caractères atteint déjà à la densité des drames ultérieurs. Et c'est cette densité symbolique qui, jointe à l'influence décisive d'une crise personnelle, donne toute sa puissance dramatique à *Partage de Midi* (1906 ; cf. p. 197). C'est alors en effet que, par le théâtre, CLAUDEL affirme à la fois la puissance et l'originalité de son génie.

Partage de Midi est le terme d'une première étape de la dramaturgie claudélienne où il met en scène la double postulation inhérente à l'amour de l'homme et de la femme, et le tragique cheminement de la rédemption à travers le péché. Certes ce thème ne sera jamais absent du théâtre de CLAUDEL, et occupera encore une place centrale dans *L'Annonce faite à Marie* et dans *Le Soulier de Satin ;* mais il sera alors intégré à un drame plus vaste.

C'est à cet *élargissement de son inspiration dramatique* que CLAUDEL s'attache à partir de 1908, lorsqu'il entreprend la trilogie historique qui comprend *L'Otage* (cf. p. 204), *Le Pain dur* et *Le Père humilié* (1909-1914-1916). Commencée au lendemain de la Révolution française, elle s'achève avec l'abolition du pouvoir temporel de la Papauté : les destinées individuelles s'y dessinent en contrepoint sur le drame historique qui oppose et réunit à la fois l'héritage du passé et les nouveautés révolutionnaires du présent. A travers cette trilogie, les générations se succèdent : Turelure *(L'Otage)*, son fils Louis *(Le Pain dur)*, la fille aveugle de ce dernier, Pensée *(Le Père humilié)*. Il s'en dégage une loi qui est le ressort profond du drame : *nécessité et difficulté de l'union entre le Passé et l'Avenir*, — tandis que, de son côté, le personnage du Pape incarne *la constance et l'infaillibilité de la Foi*.

Alors qu'il venait d'achever *L'Otage*, et en attendant de continuer sa trilogie historique, CLAUDEL reprend le sujet de *La Jeune Fille Violaine* et en tire *L'Annonce faite à Marie*, écrite en 1910 et représentée en 1912: c'est sans doute la plus largement connue et la plus accessible de ses grandes œuvres dramatiques (cf. p. 205).

Dans les années suivantes, il donne aussi libre cours à sa veine humoristique avec quelques expériences de théâtre comique : *Protée* (1913), farce mythologique où paraissent, auprès de la nymphe Brindosier, Ménélas, Hélène, Protée et Jupiter ; et *L'Ours et la Lune* (1917), farce lyrique qui évoque le rêve d'un prisonnier français de la Grande Guerre transporté par la lune dans un monde de marionnettes : l'ours en peluche, le financier véreux, le Rhabilleur, et « Bourguignon », le Soleil.

Ces expériences, dans lesquelles le CLAUDEL comique « se fait la main », contribuent à enrichir et à diversifier son inspiration. Pendant son ambassade au Japon, il termine, en 1923, *Le Soulier de Satin*, où il intègre cette veine comique à une véritable *somme dramatique* et qui couronne sa production théâtrale (cf. p. 211). Mais il faudra attendre encore vingt ans pour que la dramaturgie claudélienne obtienne la place éminente qui lui revient dans l'histoire universelle du théâtre : *Le Soulier de Satin* est créé en 1943, *Le Père humilié* en 1947, et *Partage de Midi* en 1948.

CLAUDEL a encore écrit *La Sagesse ou La Parabole du Festin* (1926), *Sous le Rempart d'Athènes* (1928), *Le Livre de Christophe Colomb* (1928), et le grand oratorio *Jeanne au bûcher* (1935) avec une musique d'Arthur HONEGGER.

Partage de Midi   *Partage de Mìdi*, composé en 1906, devait attendre 1948 pour être connu du public. C'est la mise en œuvre lyrique et dramatique d'un épisode crucial de la vie de l'auteur, qui inspirera encore en 1923 *Le Soulier de Satin* et dont l'écho se rencontre dans les *Grandes Odes :* « Et moi aussi, je l'ai donc trouvée à la fin, la mort qu'il me fallait ! J'ai connu cette femme. J'ai connu l'amour de la femme. J'ai possédé l'interdiction... » *(L'Esprit et l'Eau,* ode contemporaine de *Partage de Midi).* Ce fut la rencontre, sur le bateau qui le menait en Chine, d'une Polonaise, qui deviendra YSÉ, symbole de la Femme, fatale, interdite et finalement régénérée (le personnage sera aussi DONA PROUHÈZE du *Soulier de Satin).* Mais la Femme est vouée à être à la fois maléfique et initiatrice, et, dans ce dilemme de sa vocation, prend racine le drame qu'elle fait rayonner sur elle-même et sur quiconque l'approche. *Partage de Midi* est la traduction poétique de ce rayonnement dramatique, à la fois dans sa face nocturne et dans sa face diurne, jusqu'à cet ultime « *Midi* » de la mort qui partage le destin de l'homme entre le Temps et l'Éternité.

Partage de Midi ne fit l'objet en 1906 que d'une édition confidentielle. Le texte en fut enfin publié en 1948. Ce sont là les deux « *premières versions* » du drame. Une « *version pour la scène* », dite aussi « de la compagnie Renaud-Barrault », porte la date du 20 janvier 1949 ; elle est, en beaucoup de points, très différente de la première : l'admirable « finale » a disparu, sans doute pour des raisons scéniques. C'est le texte de la version 1906-1948, à nos yeux plus authentiquement « claudélien », que suivent nos extraits.

Un grand paquebot emmène vers la Chine YSÉ, *épouse de* DE CIZ, *en compagnie de l'aventurier* AMALRIC *et du sombre et sauvage* MESA. *Entre* YSÉ *et* MESA *naît, comme une fatalité, une irrésistible et réciproque fascination (cf. p. 197). Après s'être donnée à* MESA *et avoir souhaité la mort de son mari,* YSÉ *s'éprend d'*AMALRIC *et s'enfuit avec lui vers le sud de la Chine, en emmenant l'enfant qu'elle a eu de* MESA. *Au cours d'une révolte, la maison d'*AMALRIC *et d'*YSÉ *est encerclée ; pour ne pas être pris vivant,* AMALRIC *y dépose une bombe et met en marche le mouvement d'horlogerie. Alors arrive* MESA, *muni d'un laissez-passer qu'il veut faire servir au salut d'*YSÉ *et de son enfant. Silence d'*YSÉ, *colère d'*AMALRIC *qui blesse* MESA, *l'abandonne sur place, et emmène* YSÉ *(grâce au laissez-passer de* MESA*), alors que celle-ci, ne pouvant sauver l'enfant, vient de le tuer. Tandis que l'horlogerie de la bombe conduit inéluctablement à l'explosion,* MESA *évanoui reprend conscience pour assister au retour d'*YSÉ, *dans un rayon de lune. De Ciz mort, Amalric rejeté,* YSÉ *et* MESA *sont réunis par une sorte de mariage au-delà de la mort,* « dans la transfiguration de Midi » *(cf. p. 202).*

LE DESTIN

Au centre du 1er acte, sur le pont du paquebot, le point culminant de la rencontre d'YSÉ et de MESA, qui est pour eux « *quelque chose de tout nouveau* » *:* le balancement entre la fascination et la résistance, le progrès de la fascination à travers l'illusion de la résistance, l'amorce du jeu tragique que joue le DESTIN avec le cœur de l'homme et de la femme. — MESA *vient d'évoquer l'appel de Dieu, qu'il entend encore confusément au fond de lui-même.*

MESA : Je suis sommé de donner
En moi-même une chose que je ne connais pas. Eh bien, voici le tout ensemble ! Je me donne moi-même.
Me voici entre vos mains. Prenez vous-même ce qu'il vous faut [1].
YSÉ : Vous avez été repoussé ?

— 1 Mesa a été tourmenté de ce qu'Amalric appelle « la manie religieuse ». Il est le reflet de l'auteur qui, en 1901, à la veille de son départ pour la Chine et de la rencontre avec la Polonaise, avait séjourné au monastère bénédictin de Ligugé et tenté de se préparer à la vie monacale. Mais, à la suite de cette expérience, il lui avait été conseillé de quitter le monastère pour reprendre sa vie dans le monde. Ainsi s'expliquent les paroles de Mesa, qui décrivent sa situation spirituelle au moment de la rencontre d'Ysé.

MESA : Je n'ai pas été repoussé. Je me suis tenu devant Lui
Comme devant un homme qui ne dit rien et qui ne prononce pas un mot.
Les choses ne vont pas bien à la Chine. On me renvoie ici pour un temps.
YSÉ : Supportez le temps.
MESA : Je l'ai tellement supporté ! J'ai vécu dans une telle solitude entre
les hommes ! Je n'ai point trouvé
Ma société avec eux.
Je n'ai point à leur donner, je n'ai point à recevoir la même chose.
Je ne sers à rien à personne.
Et c'est pourquoi je voulais Lui rendre ce que j'avais.
Or je voulais tout donner,
Il me faut tout reprendre. Je suis parti, il me faut revenir à la même place.
Tout a été en vain. Il n'y a rien de fait. J'avais en moi
La force d'un grand espoir ! Il n'est plus. J'ai été trouvé manquant.
J'ai perdu mon sens et mon propos.
Et ainsi je suis renvoyé tout nu, avec l'ancienne vie, tout sec, avec point
d'autre consigne
Que l'ancienne vie à recommencer, l'ancienne vie à recommencer,
ô Dieu ! la vie, séparé de la vie.
Mon Dieu, sans autre attente que vous seul qui ne voulez point de moi,
Avec un cœur atteint, avec une force faussée !
Et me voilà bavardant avec vous ! qu'est-ce que vous comprenez à tout
cela ? qu'est-ce que cela vous regarde ou vous intéresse ?
YSÉ : Je vous regarde, cela me regarde.
Et je vois vos pensées confusément comme des moineaux près d'une
meule lorsque l'on frappe dans ses mains,
Monter toutes ensemble à vos lèvres et à vos yeux ?
MESA : Vous ne me comprenez pas.
YSÉ : Je comprends que vous êtes malheureux.
MESA : Cela du moins est à moi.
YSÉ : N'est-ce pas ? Il vaudrait mieux que ce fût Ysé qui fût à vous ?
                                                         Pause
MESA, *lourdement :* Cela est impossible.
YSÉ : Oui, cela est impossible. [...]
MESA : Je sais que vous ne m'aimez pas.
YSÉ : Mais voilà, voilà ce qui m'a surprise ! Voilà ce que j'ai appris
tout-à-coup !
Je suis celle que vous auriez aimée. [...]
MESA : Pourquoi est-ce maintenant que je vous rencontre ? Ah, je suis
fait pour la joie [2],
Comme l'abeille ivre, comme une balle [3] sale dans le cornet de la fleur
fécondée !

— 2 Dans la contradiction entre la solitude | son origine, et le Destin sa chance tragique.
de Mesa et sa vitalité, son malheur trouve | — 3 Enveloppe du grain (cf. *balle d'avoine*).

Il est dur de garder tout son cœur. Il est dur de ne pas être aimé. Il est
dur d'être seul. Il est dur d'attendre,
Et d'endurer, et d'attendre, et d'attendre toujours,
Et encore, et me voici à cette heure de midi où l'on voit tellement ce qui   50
est tout près
Que l'on ne voit plus rien d'autre. Vous voici donc !
Ah, que le présent semble donc près et l'immédiat à notre main sur nous
Comme une chose qui a force de nécessité.
Je n'ai plus de forces, mon Dieu ! Je ne puis, je ne puis plus attendre !
Mais c'est bien, cela passera aussi. Soyez heureuse !
Je reste seul. Vous ne connaîtrez pas une telle chose que ma douleur.
Cela du moins est à moi. Cela du moins est à moi.
YSÉ : Non, non, il ne faut point m'aimer. Non, Mesa, il ne faut point m'aimer.
Cela ne serait point bon.   60
Vous savez que je suis une pauvre femme. Restez le Mesa dont j'ai besoin,
Et ce gros homme grossier et bon qui me parlait l'autre jour dans la nuit [4].
Qu'y aura-t-il que je respecte
Et que j'aime, si vous m'aimez ? Non, Mesa, il ne faut point m'aimer !
Je voulais seulement causer, je me croyais plus forte que vous
D'une certaine manière. Et maintenant c'est moi comme une sotte
Qui ne sais plus que dire, comme quelqu'un qui est réduit au silence
et qui écoute.
Vous savez que je suis une pauvre femme et que si vous me parlez d'une
certaine façon,   70
Il n'y a pas besoin que ce soit bien haut, mais que si vous m'appelez par
mon nom,
Par votre nom, par un nom que vous connaissez et moi pas, entendante,
Il y a une femme en moi qui ne pourra pas s'empêcher de vous répondre [5].
Et je sens que cette femme ne serait point bonne
Pour vous, mais funeste, et pour moi il s'agit de choses affreuses ! Il ne
s'agit point d'un jeu avec vous. Je ne veux point me donner tout entière.
Et je ne veux pas mourir, mais je suis jeune
Et la mort n'est pas belle, c'est la vie qui me paraît belle ; comme la vie
m'a monté la tête sur ce bateau !   80
C'est pourquoi il faut que tout soit fini entre nous. Tout est dit, Mesa.
Tout est fini entre nous. Convenons que nous ne nous aimerons pas.
Dites que vous ne m'aimerez pas. Ysé, je ne vous aimerai pas.
MESA : Ysé, je ne vous aimerai pas.
YSÉ : Ysé, je ne vous aimerai pas.
MESA : Je ne vous aimerai pas.   *Ils se regardent.*

Partage de Midi, 1re *version*, I (Mercure de France et Gallimard, éditeurs).

— 4 Mesa voyait d'abord en Ysé une coquette ;
un soir qu'elle s'était accoudée auprès de lui,
il l'injuriait « de tout son cœur, à voix basse ».

— 5 Sentiment prophétique de la puissance du
nom et de l'appel par le nom. Cf. p. 200, l. 1-19, et
la scène Ysé-Mesa de l'acte II : « *O Ysé ! — C'est
moi, Mesa, me voici. — O femme entre mes bras !...* ».

Ysé, l'interdite

Ce n'est pas sans raison que le décor du *deuxième acte* est un cimetière de Hong-Kong, « par une sombre après-midi d'avril » : Ysé et MESA sont entrés dans le monde de l'orage et de la mort ; c'est dans ce climat de pesanteur et de malédiction qu'a lieu leur *reconnaissance*, qu'ils appellent *amour*, et que fait éclater l'appel réciproque de leur nom. *Amour adultère et interdit :* impasse tragique, d'où ils ne peuvent sortir sans crime, que cette coïncidence fatale de l'*amour* et de l'*interdiction*.

MESA : Ysé !

YSÉ : Me voici, Mesa. Pourquoi m'appelles-tu ?

MESA : Ne me sois plus étrangère !

Je lis enfin, et j'en ai horreur, dans tes yeux le grand appel panique !

Derrière tes yeux qui me regardent la grande flamme noire de l'âme qui brûle de toutes parts comme une cité dévorée [1] !

La sens-tu bien maintenant dans ton sein, la mort de l'amour et le feu que fait un cœur qui s'embrase ?

Voici entre mes bras l'âme qui a un autre sexe et je suis son mâle.

Et je te sens sous moi passionnément qui abjure, et en moi le profond dérangement

De la création, comme la Terre

Lorsque l'écume aux lèvres elle produisait la chose aride [2], et que dans un rétrécissement effroyable

Elle faisait sortir sa substance et le repli des monts comme de la pâte !

Et voici une sécession dans mon cœur, et tu es Ysé, et je me retourne monstrueusement

Vers toi, et tu es Ysé !

Et tout m'est égal, et tu m'aimes, et je suis le plus fort !

YSÉ : Je suis triste, Mesa. Je suis triste, je suis pleine,

Pleine d'amour. Je suis triste, je suis heureuse.

Ah, je suis bien vaincue, et toi, ne pense pas que je te laisse aller, et que je te lâche de ces deux belles mains !

Et à la fin ce n'est plus le temps de rien contraindre, ô comme je me sens une femme entre tes bras,

Et j'ai honte et je suis heureuse.

Et tantôt regardant ton visage, au mien

Je sens comme un coup de honte et de flamme,

Et tantôt comme un torrent et un transport

De mépris pour tout et de joie éclatante

Parce que je t'ai et que tu es à moi, et je t'ai, et je n'ai point honte !

MESA : Ysé, il n'y a plus personne au monde.

YSÉ : Personne que toi et moi. — Regarde ce lieu amer [3] !

MESA : Ne sois point triste.

YSÉ : Regarde ce jardin maudit !

MESA : Ne sois point triste, ma femme !

YSÉ : Est-ce que je suis ta femme et ne suis-je pas la femme d'un autre ?

— 1 La « cité dévorée », image et symbole du déchirement de l'âme, était déjà le décor et le sujet de *La Ville* (1889-1895). — 2 Sur le symbolisme de « l'aride », cf. p. 186 (l. 15). — 3 Le cimetière (cf. « *jardin maudit* »).

Ne me fais point tort de ce sacrement entre nous.
Non, ceci n'est pas un mariage
Qui unit toute chose à l'autre, mais une rupture et le jurement mortel et la   40
préférence de toi seul !
Et elle, la jeune fille,
La voici qui entre chez l'époux, suivie d'un fourgon à quatre chevaux bondé,
du linge, des meubles pour toute la vie.
Mais moi, ce que je t'apporte aussi n'est pas rien ! mon nom et mon honneur,
Et le nom et la joie de cet homme que j'ai épousé,
Jurant de lui être fidèle,
Et mes pauvres enfants. Et toi,
Des choses si grandes qu'on ne peut les dire.
Je suis celle qui est interdite. Regarde-moi, Mesa, je suis celle qui est interdite.   50
MESA : Je le sais.
YSÉ : Et est-ce que je suis pour cela moins belle et désirable ?
MESA : Tu ne l'es pas moins !
YSÉ : Jure !
Et moi, je jure que tu es à moi et que je ne te laisserai point aller et que je
suis à toi,
Oui, à la face de tout, et je ne cesserai point de t'aimer, oui, quand je serais
damnée, oui, quand je serais près de mourir !
Et qu'on me dise de ne plus t'aimer !
MESA : Ne dis point des paroles affreuses !   60
YSÉ : Et voici d'autres paroles :
Il faut que cet homme que l'on appelle mon mari et que je hais
Ne reste point ici, et que tu l'envoies ailleurs [4],
Et que m'importe qu'il meure, et tant mieux parce que nous serons l'un à
l'autre.
MESA : Mais cela ne serait pas bien.
YSÉ : Bien ? Et qu'est-ce qui est bien ou mal que ce qui nous empêche ou
nous permet de nous aimer ?
MESA : Je crois que lui-même
Désire aller dans ce pays dont je lui ai parlé.   70
YSÉ : Il te demandera de rester ici
Mais il ne faut pas le lui permettre et il sera bien forcé de faire ce que tu veux,
Et il faut l'envoyer ailleurs, que je ne le voie plus !
Et qu'il meure s'il veut ! Tant mieux s'il meurt ! Je ne connais plus cet homme.
Le voici.   *Entre De Ciz*
DE CIZ : Bonjour.

Les deux hommes se prennent la main.

Partage de Midi, 1re *version* 1948, II (Mercure de France et Gallimard, éditeurs).

— 4 Dans la scène précédente, De Ciz avait fait part à Ysé de son intention d'aller chercher fortune ailleurs en la laissant à Hong-Kong avec ses enfants ; Ysé vient d'insister auprès de lui pour qu'il renonce à ce projet. Dans la scène suivante, qui termine l'acte II, tout en ayant l'air de conseiller à De Ciz d'accepter une place d'employé aux Douanes et de rester, Mesa lui signale cependant qu'on a besoin de quelqu'un « pour le chemin de fer ». De Ciz décide alors de partir pour cette mission dangereuse, et Mesa se donne bonne conscience en lui répondant : « *C'est donc vous seul qui le voulez. Vous partez contre mon sens et mon conseil* ».

« SOUVIENS-TOI DU SIGNE »

« *Mais l'esprit demeure inextinguible...* » Du cœur même de la mort, jaillit, par la transfiguration, le *rachat*. Voici le dénouement du drame, où le retard d'Ysé, encore prisonnière de l'immanence terrestre, sur Mesa, qui accède déjà à la gloire de Dieu, devra se compenser par une mystérieuse « *distance* » (cf. l. 52) à l'intérieur même de l'éternité. C'est l'ultime dialogue claudélien, par-dessus *la ligne de partage*, entre les deux parts divisées de l'homme — vouées cependant à se réunir par une commune adhésion mystique à la mort — : la part *charnelle* et la part *spirituelle*.

YSÉ : Il ne faut point avoir peur. Notre temps qui bat, le temps ancien qui s'achève,
La machine qui est au-dessous de la maison, et il ne reste que peu de minutes, le temps même
Qui s'en va faire explosion, dispersant cet habitacle de chair [1]. Ne crains point.
MESA : La chair ignoble frémit mais l'esprit demeure inextinguible.
Ainsi le cierge solitaire veille dans la nuit obscure
Et la charge des ténèbres superposées ne suffiront point
A opprimer le feu infime [2] !
Courage, mon âme ! à quoi est-ce que je servais ici-bas [3] ?
Je n'ai point su,
Nous ne savons point, Ysé, nous donner par mesure ! Donnons-nous donc d'un seul coup !
Et déjà je sens en moi
Toutes les vieilles puissances de mon être qui s'ébranlent pour un ordre nouveau.
Et d'une part au-delà de la tombe j'entends se former le clairon de l'Exterminateur,
La citation de l'instrument judiciaire dans la solitude incommensurable,
Et d'autre part à la voix de l'airain incorruptible,
Tous les événements de ma vie à la fois devant mes yeux
Se déploient comme les sons d'une trompette fanée !

Ysé se lève et se tient debout devant lui, les yeux fermés, toute blanche dans le rayon de la lune, les bras en croix. Un grand coup de vent lui soulève les cheveux [4].

— 1 L'explosion de la « machine » (la bombe, cf. p. 197) symbolise « l'explosion » même du Temps. Mais le symbole recouvre aussi l'idée d'une valeur rédemptrice de cette « explosion ». — 2 Cette alliance de mots *(flamme* et *faiblesse)* représente le paradoxe de la Foi, simple point de lumière mais inextinguible. — 3 La question qu'a dû se poser Claudel au moment de sa conversion : le salut est, pour chaque être, dans la découverte et la conscience de sa nécessité. — 4 Cf. la fin de la scène. Noter le rôle symbolique des indications scéniques : la nuit et la lune représentent l'opposition entre « *partage de minuit* » et « *partage de Midi* ». De même le vent dans les cheveux évoque la figure charnelle qui sera répudiée par Mesa au nom de sa propre transcendance (cf. l. 24-30 : « la lune *terrestre* »). L'auteur semble s'inspirer ici d'un souvenir personnel, si l'on en croit l'évocation qui termine l'Ode *Les Muses* : « Toi-même, amie, les grands cheveux blonds dans le vent de la mer...» — «... la grande chose joconde — S'enlève, tout part dans le clair de la lune ! ».

YSÉ : Maintenant regarde mon visage car il en est temps encore.
Et regarde-moi debout et étendue comme un grand olivier dans le rayon
de la lune terrestre, lumière de la nuit,
Et prends image de ce visage mortel car le temps de notre résolution
approche et tu ne me verras plus de cet œil de chair !
Et je t'entends et ne t'entends point, car déjà voici que je n'ai plus
d'oreilles ! Ne te tais point, mon bien-aimé, tu es là !   30
Et donne-moi seulement l'accord, que je
Jaillisse, et m'entende avec mon propre son d'or pour oreilles
Commencer, affluer comme un chant pur et comme une voix véritable
à ta voix ton éternelle Ysé mieux que le cuivre et la peau d'âne !
J'ai été sous toi la chair qui plie et comme un cheval entre tes genoux,
comme une bête qui n'est pas poussée par la raison,
Comme un cheval qui va où tu lui tournes la tête, comme un cheval
emporté, plus vite et plus loin que tu ne le veux !
Vois-la maintenant dépliée, ô Mesa, la femme pleine de beauté déployée
dans la beauté plus grande !   40
Que parles-tu de la trompette perçante ? lève-toi, ô forme brisée, et vois-
moi comme une danseuse écoutante,
Dont les petits pieds jubilants sont cueillis par la mesure irrésistible !
Suis-moi, ne tarde plus !
Grand Dieu ! me voici, riante, roulante, déracinée, le dos sur la
subsistance même de la lumière comme sur l'aile par dessous de la vague !
O Mesa, voici le partage de minuit ! et me voici prête à être libérée,
Le signe pour la dernière fois de ces grands cheveux déchaînés dans le
vent de la Mort !
MESA : Adieu ! je t'ai vue pour la dernière fois [5] !   50
Par quelles routes longues, pénibles,
Distants encore que ne cessant de peser
L'un sur l'autre, allons-nous
Mener nos âmes en travail ?
Souviens-toi, souviens-toi du signe !
Et le mien, ce n'est pas de vains cheveux dans la tempête, et le petit
mouchoir un moment,
Mais, tous voiles dissipés, moi-même, la forte flamme fulminante, le
grand mâle dans la gloire de Dieu,
L'homme dans la splendeur de l'août, l'Esprit vainqueur dans la transfi-   60
guration de Midi [6] !

Partage de Midi, 1re *version*, III (Librairie Gallimard, éditeur).

— 5 Ysé parlait au *présent*, comme pour éter-
niser, à l'instant de la mort, l'illusoire visage de
sa beauté terrestre. Parlant au *passé* (le passé
composé a la valeur du *perfectum* latin), Mesa
y renonce définitivement : il est situé, lui, de
l'autre côté de la ligne de partage où commence la
route de l'Eternité. Ysé devra suivre à son tour
cette route, munie du *signe*, qui n'est plus le signe
de ceux qui *restent* (les cheveux, le mouchoir),
mais le signe de ceux qui *partent* (la flamme)
pour le long et pénible voyage vers la *Transcendance définitive*. Le drame s'achève sur l'effacement de l'exaltation nostalgique et le triomphe
rédempteur de l'*espérance* sûre d'elle-même.
— 6 Cf. *La Muse qui est la Grâce* : « Voici l'œuvre
d'Août, voici l'extermination de Midi ».

Le révolutionnaire et l'aristocrate

L'Otage met en scène, vers la fin de l'Empire, le préfet Toussaint TURELURE, moine défroqué, jacobin, soldat puis fonctionnaire de Napoléon, et la descendante de l'antique famille de Coûfontaine, SYGNE, qui a patiemment reconstitué son patrimoine. Le pape PIE VII se trouve clandestinement réfugié chez elle, ainsi qu'un officier royaliste, son cousin GEORGES à qui elle vient d'offrir sa main et d'engager sa foi. TURELURE arrive à Coûfontaine, parfaitement au courant de la présence du Pape et de l'officier ; aussi menace-t-il SYGNE des plus graves représailles — mais il se déclare prêt à fermer les yeux sur la « rébellion » de la jeune fille et de son cousin, si elle consent à *l'épouser*.

LE BARON TURELURE : Est-ce contre le Roi que la révolution a été faite, ou contre Dieu ? ou contre les nobles, et les moines, et les parlements, et tous ces corps biscornus ? Entendez-moi :
C'est une révolution contre le hasard !
Quand un homme veut remettre son bien ruiné en état,
Il ne va pas s'embarrasser superstitieusement d'usage et de tradition, ni continuer à faire simplement ce qu'il faisait.
Il a souci de choses plus anciennes qui sont la terre et le soleil,
Se fiant dans sa propre raison.
Où est le tort si dans la république aussi, si dans cette demeure encombrée
nous avons voulu mettre de l'ordre et de la logique,
Faisant un inventaire général, état de tous les besoins organiques, déclaration des droits des membres de la communauté,
Et fond sur ces choses seulement qui sont évidentes à chacun ?
SYGNE : Tout sera donc réduit à l'intérêt.
LE BARON TURELURE : L'intérêt est ce qui rassemble les hommes.
SYGNE : Mais non point ce qui les unit.
LE BARON TURELURE : Et qui les unira ?
SYGNE : L'amour seul qui a fait l'homme l'unit.
LE BARON TURELURE : Grand amour que les rois et les nobles avaient pour nous.
SYGNE : L'arbre mort fait encore une bonne charpente.
LE BARON TURELURE : Pas moyen d'avoir raison de vous ! Vous parlez comme Pallas elle-même, aux bons jours de cet oiseau sapient [1] dont on la coiffe.
Et c'est moi qui ai tort de parler raison.
Il ne s'agissait guère de raison au beau soleil de ce bel été de l'An Un ! Que les reines-claudes ont été bonnes, cette année-là, il n'y avait qu'à les cueillir, et qu'il faisait chaud !
Seigneur ! que nous étions jeunes alors, le monde n'était pas assez grand pour nous !
On allait flanquer toute la vieillerie par terre, on allait faire quelque chose de bien plus beau !
On allait tout ouvrir, on allait coucher tous ensemble, on allait se promener sans contrainte et sans culotte [2] au milieu de l'univers régénéré, on allait se mettre en marche au travers de la terre délivrée des dieux et des tyrans !

— 1 La chouette, emblème de Pallas, déesse de la Sagesse. — 2 Cf. le nom donné aux révolu- | tionnaires : *les sans-culotte* (les nobles portaient la *culotte* et le bas de soie).

C'est la faute aussi de toutes ces vieilles choses qui n'étaient pas solides,
c'était trop tentant de les secouer un petit peu pour voir ce qui arriverait !
Est-ce notre faute si tout nous est tombé sur le dos ? Ma foi, je ne regrette rien.
C'est comme ce gros Louis Seize ! La tête ne lui tenait guère.
Quantum potes, tantum aude[3] ! C'est la devise des Français.
Ét tant qu'il y aura des Français, vous ne leur ôterez pas le vieil enthousiasme, 40
vous ne leur ôterez pas le vieil esprit risque-tout d'aventure et d'invention[4] !
SYGNE : Il vous en reste quelque chose.
LE BARON TURELURE : C'est ma foi vrai ! et cela m'encourage à vous dire tout
de suite ce que je suis venu pour vous dire.
SYGNE : Je ne tiens pas à l'entendre.
LE BARON TURELURE : Vous l'entendrez cependant.
Mademoiselle Sygne de Coûfontaine,
Je vous aime et j'ai l'honneur de vous demander votre main.

L'Otage, Acte II (Mercure de France et Gallimard, éditeurs).

SYGNE, *qui n'éprouve que répulsion pour* TURELURE, *commence par refuser sa proposition.
Mais l'intervention du vénérable curé* BADILON *triomphe de son déchirement et de sa révolte ;
elle accepte de se sacrifier pour* sauver le PAPE : « *Seigneur, que votre volonté soit faite !* » (II, 2).
SYGNE *épousera donc l'homme qu'elle hait et lui donnera un fils, Louis. A la chute de l'Empire,
elle sera amenée à jouer le rôle d'intermédiaire entre son mari et son cousin (son ex-fiancé,*
GEORGES), *émissaire du Roi. Une violente altercation éclate entre les deux hommes :* SYGNE
reçoit la balle destinée par GEORGES *à* TURELURE, *qui riposte et tue son adversaire.* SYGNE
*mourante explique à son confesseur qu'elle s'est interposée pour prendre à son mari une mort
qui était « trop bonne pour lui ». Elle mourra sans lui pardonner. Mais alors que viennent de
disparaître Sygne et Georges, héritiers de l'Ancien Régime, c'est* TURELURE *qui, en récompense
de son appui à la Restauration, reçoit du souverain le titre, désormais vacant, de* COMTE
DE COUFONTAINE.

**L'Annonce
faite à Marie**
Le sujet de *L'Annonce faite à Marie* avait été conçu
dès 1892 et CLAUDEL avait commencé de l'élaborer dans les
deux versions de *La Jeune Fille Violaine* (1892-1898).
L'action de la pièce est simple : dans un « moyen-âge de convention », VIOLAINE, *fille
d'*ANNE VERCORS, *et fiancée à* JACQUES HURY, *rencontre l'architecte* PIERRE DE CRAON, *qui
l'a autrefois désirée et a, depuis, contracté la lèpre.* VIOLAINE *consent à lui donner, par
compassion et charité, un baiser d'adieu. Mais la scène a été surprise par sa sœur* MARA,
amoureuse de JACQUES HURY, *et celle-ci va s'attacher à discréditer et à noircir sa 'rivale.
A la suite de ce baiser,* VIOLAINE *devient elle-même lépreuse ; elle est reniée par les siens,
abandonnée par son fiancé, qui épouse* MARA, *et elle se retire dans la forêt pour se vouer à
Dieu. Mais voici que meurt l'enfant né du mariage de Mara et de Jacques :* VIOLAINE *le
ressuscite. Avant de mourir à son tour, tuée par Mara, elle obtient pour cette dernière le
pardon de son père et de son mari. Et, tandis que la lèpre de* PIERRE DE CRAON *a été mystérieusement guérie,* MARA *trouve enfin la paix dans le pardon, au son des cloches de l'Angelus :
un Ange du Seigneur est venu annoncer à Marie..., Angelus Domini nuntiavit Mariae... ;
telle est une signification du titre, qui a aussi d'autres résonances (cf. p. 208-210).*

Nos extraits suivent la *Première Version* (1912). Il existe une *Variante pour la scène*
de l'acte IV (1938) et une *Version pour la scène* de l'ensemble de la pièce (1948).

— 3 *Ose tout ce que tu peux.* Formule empruntée
au chant de la Fête Dieu, *Lauda Sion...* — 4 Cette
rapide esquisse du tempérament français fait son- | ger à Péguy et à ce qu'il écrivait vers le même
époque sur ce sujet. Cependant il ne semble pas
que Péguy ait exercé d'influence sur Claudel.

La vierge pure et l'architecte lépreux

Le *Prologue* a pour décor la grange de *Combernon* dans la région de Reims ; ce sera aussi le lieu de l'acte IV et du dénouement. PIERRE DE CRAON, l'architecte, y entre « sur un gros cheval avec une valise en croupe ». C'est alors qu'il rencontre VIOLAINE et lui annonce qu'il a contracté « la lèpre même dont il est parlé au livre de Moïse. » Elle lui souhaite la paix tandis que sonne l'Angelus, le même qui sonnera à la fin de la pièce, et, comme don *pour la cathédrale* qu'il construit, elle lui remet *l'anneau d'or* qu'elle tient de JACQUES son fiancé. Alors s'engage entre eux le *duo* que couronnera le *baiser de charité* par lequel s'achève le *Prologue* et commence le *Drame*.

PIERRE DE CRAON : Jadis passant dans la forêt de Fisme j'ai entendu deux beaux chênes qui parlaient entre eux,
Louant Dieu qui les avait faits inébranlables à la place où ils étaient nés.
Maintenant, à la proue d'une drome [1], l'un fait la guerre aux Turcs sur la mer Océane,
L'autre, coupé par mes soins, au travers de la Tour de Laon,
Soutient Jehanne la bonne cloche dont la voix s'entend à dix lieues.
Jeune fille, dans mon métier, on n'a pas les yeux dans sa poche. Je reconnais la bonne pierre sous les genévriers et le bon bois comme un maître-pivert ;
Tout de même les hommes et les femmes.
VIOLAINE : Mais pas les jeunes filles, maître Pierre ! Çà, c'est trop fin pour vous.
Et d'abord il n'y a rien à connaître du tout.
PIERRE DE CRAON, *à demi-voix :* Vous l'aimez bien [2], Violaine ?
VIOLAINE, *les yeux baissés :* C'est un grand mystère entre nous deux.
PIERRE DE CRAON : Bénie sois-tu dans ton chaste cœur !
La sainteté n'est pas d'aller se faire lapider chez les Turcs ou de baiser un lépreux sur la bouche,
Mais de faire le commandement de Dieu aussitôt,
Qu'il soit
De rester à notre place, ou de monter plus haut.
VIOLAINE : Ah ! que ce monde est beau et que je suis heureuse !
PIERRE DE CRAON, *à demi-voix :* Ah ! que ce monde est beau et que je suis malheureux !
VIOLAINE, *levant le doigt vers le ciel :* Homme de la ville, écoutez ! *(Pause)*
Entendez-vous tout là-haut cette petite âme qui chante ?
PIERRE DE CRAON : C'est l'alouette !
VIOLAINE : C'est l'alouette, alleluia ! L'alouette de la terre chrétienne, alleluia ! alleluia ! [...] Pierre de Craon, si vous aviez fait de moi à votre volonté,
Est-ce que vous en seriez plus joyeux, maintenant, ou est-ce que j'en serais plus belle ?
PIERRE DE CRAON : Non, Violaine.
VIOLAINE : Et est-ce que je serais encore cette même Violaine que vous aimiez ?
PIERRE DE CRAON : Non pas elle, mais une autre.
VIOLAINE : Et lequel vaut mieux, Pierre ?
Que je vous partage ma joie, ou que je partage votre douleur ?
PIERRE DE CRAON : Chante au plus haut du ciel, alouette de France !

— 1 Ou *dromon* : navire de guerre. — 2 Il s'agit du fiancé de Violaine, Jacques Hury.

VIOLAINE : Pardonnez-moi parce que je suis trop heureuse ! parce que celui que j'aime M'aime, et je suis sûre de lui, et je sais qu'il m'aime, et tout est égal entre nous !

Et parce que Dieu m'a faite pour être heureuse et non point pour le mal 40 et aucune peine.

PIERRE DE CRAON : Va au ciel d'un seul trait !

Quant à moi, pour monter un peu, il me faut tout l'ouvrage d'une cathédrale et ses profondes fondations.

VIOLAINE : Et dites-moi que vous pardonnez à Jacques parce qu'il va m'épouser.

PIERRE DE CRAON : Non, je ne lui pardonne pas.

VIOLAINE : La haine ne vous fait pas de bien, Pierre, et elle me fait du chagrin.

PIERRE DE CRAON : C'est vous qui me faites parler. Pourquoi me forcer à montrer l'affreuse plaie qu'on ne voit pas ?

Laissez-moi partir et ne m'en demandez pas davantage. Nous ne nous reverrons 50 plus.

Tout de même j'emporte son anneau [3] !

VIOLAINE : Laissez votre haine à la place et je vous la rendrai quand vous en aurez besoin.

PIERRE DE CRAON : Mais aussi, Violaine, je suis bien malheureux !

Il est dur d'être un lépreux et de porter avec soi la plaie infâme et de savoir que l'on ne guérira pas et que rien n'y fait,

Mais que chaque jour elle gagne et pénètre, et d'être seul et de supporter son propre poison, et de se sentir tout vivant corrompre !

Et non point, la mort, seulement une fois et dix fois la savourer, mais sans 60 en rien perdre jusqu'au bout l'affreuse alchimie de la tombe !

C'est vous qui m'avez fait ce mal par votre beauté, car avant de vous voir j'étais pur et joyeux,

Le cœur à mon seul travail et idée sous l'ordre d'un autre.

Et maintenant que c'est moi qui commande à mon tour et de qui l'on prend le dessin,

Voici que vous vous tournez vers moi avec ce sourire plein de poison.

VIOLAINE : Le poison n'était pas en moi, Pierre !

PIERRE DE CRAON : Je le hais, il était en moi, et il y est toujours et cette chair malade n'a pas guéri l'âme atteinte ! [...] 70

Adieu, Violaine, mon âme, je ne vous verrai plus !

VIOLAINE : Qui sait si vous ne me verrez plus ?

PIERRE DE CRAON : Adieu, Violaine !

Que de choses j'ai faites déjà ! Quelles choses il me reste à faire et suscitation de demeures !

De l'ombre avec Dieu.

Non point les heures de l'Office dans un livre, mais les vraies, avec une cathédrale dont le soleil successif fait de toutes les parties lumière et ombre !

J'emporte votre anneau.

Et de ce petit cercle je vais faire une semence d'or ! 80

« Dieu a fait séjourner le déluge » comme il est dit au psaume du baptême,

Et moi entre les paroles de la Justice [4] je contiendrai l'or du matin !

La lumière profane change mais non point celle que je décanterai sous ces voûtes,

Pareille à celle de l'âme humaine pour que l'hostie réside au milieu.

─────────

— 3 L'anneau donné par Jacques et qu'elle | vient de remettre à Pierre. — 4 *Sainte-Justice*, la cathédrale qu'il construit à Reims.

L'âme de Violaine, mon enfant, en qui mon cœur se complaît.
 Il y a des églises qui sont comme des gouffres, et d'autres qui sont comme des fournaises,
 Et d'autres si juste combinées, et de tel art tendues, qu'il semble que tout sonne sous l'ongle.
 Mais celle que je vais faire sera sous sa propre ombre comme de l'or condensé et comme une pyxide [5] pleine de manne !
 VIOLAINE : O maître Pierre, le beau vitrail que vous avez donné aux moines de Clinchy !
 PIERRE DE CRAON : Le verre n'est pas de mon art, bien que j'y entends [6] quelque chose.
 Mais avant le verre, l'architecte, par la disposition qu'il sait,
 Construit l'appareil de pierre comme un filtre dans les eaux de la Lumière de Dieu,
 Et donne à tout l'édifice son orient comme à une perle.
 — Et maintenant adieu ! Le soleil est levé, je devrais déjà être loin.
 VIOLAINE : Adieu, Pierre !   (*Mara Vercors est entrée et les observe sans qu'ils la voient*). ❭
 PIERRE DE CRAON : Adieu ! Violaine !
 VIOLAINE : Pauvre Pierre !

Elle le regarde, les yeux pleins de larmes, hésite et lui tend la main. Il la saisit et pendant qu'il la tient dans les siennes elle se penche et le baise sur le visage.
Mara fait un geste de surprise et sort. — *Pierre et Violaine sortent chacun de leur côté.*

L'*Annonce faite à Marie*, 1re version. Prologue (Gallimard, éditeur).

L'AVEU ET LE PARDON

ANNE VERCORS, père de VIOLAINE et de MARA, a quitté Combernon pour un pèlerinage en Terre Sainte et confié à JACQUES le gouvernement de sa maison. MARA conspire avec sa mère Élisabeth contre VIOLAINE et parvient à lui prendre Jacques qu'elle aime. Mais *l'enfant né de ce mariage meurt :* à l'acte III, MARA va trouver VIOLAINE, la lépreuse, réfugiée dans la forêt, et *obtient de la sainte qu'elle ressuscite son enfant.* C'est pendant la nuit de Noël, et l'enfant ressuscité a les yeux bleus comme ceux de la sainte lépreuse (cf. l. 83). Ainsi VIOLAINE, comme Marie, *a répondu à l'appel de Dieu ;* comme elle, elle est *vierge et mère.* A l'acte IV, PIERRE DE CRAON ramène à Combernon VIOLAINE mourante. Alors qu'elle vient de rendre le dernier soupir, arrive ANNE VERCORS qui rentre de Terre Sainte. Bientôt apparaît MARA « *tenant un enfant entre les bras enveloppé d'un châle noir.* »

MARA, *la tête baissée :* Salut, mon père ! Je vous salue tous.
 Vous tenez les yeux sur moi et je sais ce que vous pensez : « Violaine est morte.
 « Le beau fruit mûr, le bon fruit doré,
 « S'est détaché de la branche, et, seule, amère au dehors, dure au dedans comme la pierre,
 « Nous reste la noix hivernale. » Qui m'aime ? Qui m'a jamais aimée ?
 (Elle relève la tête d'un air sauvage)
 Eh bien ! me voici ! qu'avez-vous à me dire ? Dites tout ! Qu'avez-vous à me reprocher ?
 Qu'avez-vous à me regarder ainsi avec ces yeux qui disent : C'est toi !
 — Cela est vrai, c'est moi !

— 5 Ciboire où sont conservées les hosties. — 6 prend volontiers des libertés avec la grammaire.
Construction incorrecte avec l'indicatif : Claudel   *Bien que* équivaut ici à un simple *néanmoins.*

Cela est vrai, c'est moi qui l'ai tuée.
C'est moi qui l'ai prise par la main, l'autre nuit, étant allée la retrouver,
Durant que Jacques n'était pas là,
Et qui l'ai fait choir dans la sablonnière et qui ai culbuté sur elle
Cette charrette toute chargée [1]. Tout était prêt, il n'y avait qu'une
cheville à retirer.
J'ai fait cela.
Jacques ! et c'est moi aussi qui ai dit à la mère,
Violaine, de lui parler, ce jour que tu es revenu de Braine.
Car je désirais ardemment t'épouser, et autrement j'étais décidée à me 20
pendre le jour de vos noces.
Or Dieu qui voit les cœurs avait permis déjà qu'elle prît la lèpre.
— Mais Jacques ne cessait de penser à elle. C'est pourquoi je l'ai tuée [...]
Et vous à votre tour, répondez ! Votre Violaine que vous aimiez,
Comment donc est-ce que vous l'avez aimée, et lequel a valu le mieux,
De votre amour, croyez-vous, ou de ma haine ?
Vous l'aimiez tous ! et voici son père qui l'abandonne et sa mère qui la
conseille,
Et son fiancé, comme il a cru en elle !
Certes vous l'aimiez, 30
Comme on dit que l'on aime une douce bête, une jolie fleur, et c'était là
toute l'amitié de votre amour !
Le mien était d'une autre nature ;
Aveugle, ne lâchant point prise, comme une chose sourde et qui n'entend
pas !
Afin qu'il m'ait tout entière il me fallait l'avoir tout entier !
Qu'ai-je fait après tout pour me défendre ? qui lui a été le plus fidèle, de
moi ou de Violaine ?
De Violaine qui l'a trahi pour je ne sais quel lépreux, cédant, dit-elle,
au conseil de Dieu en un baiser ? 40
J'honore Dieu. Qu'il reste où il est ! Notre malheureuse vie est si courte !
Qu'il nous y laisse la paix !
Est-ce ma faute si j'aimais Jacques ? était-ce pour ma joie, ou pour la
dévoration de mon âme ?
Comment pouvais-je faire pour me défendre, moi qui ne suis point belle,
ni agréable, pauvre femme qui ne puis donner que de la douleur ?
C'est pourquoi je l'ai tuée dans mon désespoir !
O pauvre crime maladroit ! O disgrâce de celle qu'on n'aime pas et à qui
rien ne réussit ! Comment fallait-il faire puisque je l'aimais et qu'il ne
m'aimait pas ? *(Elle se tourne vers Jacques)* 50
Et toi, ô Jacques, pourquoi ne dis-tu rien ?
Pourquoi tournes-tu ainsi le visage vers la terre sans mot dire,
Comme Violaine, le jour où tu l'accusais injustement ?

— 1 Pierre de Craon avait trouvé Violaine | « à demi enterrée dans [sa] sablonnière... à demi enfouie sous une grande charretée de sable... ».

Ne me reconnais-tu pas ? je suis ta femme. Certes je sais que je ne te parais point belle ni agréable, mais vois, je me suis parée pour toi, j'ai ajouté à cette douleur que je puis te donner ! cette douleur, il n'y a que moi qui puisse te la donner. Et je suis la sœur de Violaine. Il naît de la douleur ! Cet amour ne naît point de la joie, il naît de la douleur ! cette douleur qui suffit à ceux qui n'ont point la joie ! Nul n'a plaisir à la voir, ah ! ce n'est point la fleur en sa saison, Mais ce qu'il y a sous les fleurs qui se fanent, la terre même, l'avare terre sous l'herbe, la terre qui ne manque jamais ! Reconnais-moi donc ! Je suis ta femme et tu ne peux pas faire que je ne le sois point ! Une seule chair inséparable, le contact par le centre et l'âme, et la confirmation, cette parenté mystérieuse entre nous deux, Qui est que j'ai eu un enfant de toi. J'ai commis un grand crime, j'ai tué ma sœur ; mais je n'ai point péché contre toi. Et je te dis que tu ne peux rien me reprocher. Et que m'importent les autres ?

Voilà ce que j'avais à dire, et maintenant fais ce que tu voudras. *(Silence)*

ANNE VERCORS : Ce qu'elle dit est vrai. Va, Jacques, pardonne-lui !

JACQUES HURY : Viens donc, Mara.

(Elle s'approche et se tient debout devant eux, formant avec son enfant un seul objet sur lequel les deux hommes étendent en même temps la main droite. Leurs bras s'entrecroisent et la main de Jacques est posée sur la tête de l'enfant, celle d'Anne sur la tête de Mara).

JACQUES HURY : C'est Violaine qui te pardonne. C'est en elle, Mara, que je te pardonne. C'est elle, femme criminelle, qui nous garde réunis.

MARA : Hélas ! hélas ! paroles mortes et sans trait !

O Jacques ! je ne suis plus la même ! Il y a en moi quelque chose de fini. N'aie pas peur. Tout cela m'est égal.

Il y a quelque chose de rompu en moi, et je reste sans force, comme une femme veuve et sans enfants.

(L'enfant rit vaguement et regarde de tous côtés en poussant de petits cris de joie)

ANNE VERCORS, *le caressant :* Pauvre Violaine !

Et toi que voici, petit enfant ! Comme ses yeux sont bleus [2] !

MARA, *fondant en larmes :* Père, père ! ah !

Il était mort et c'est elle qui l'a ressuscité !

(Elle s'éloigne et va s'asseoir à l'écart
Le soleil descend. Il pleut çà et là sur la plaine, on voit la pluie dont les traits se croisent avec les rayons du soleil. Un immense arc-en-ciel se déploie)

Voix d'enfant : Hi ! hi ! regardez la belle arc-en-ciel !

L'Annonce faite à Marie, IV (Librairie Gallimard, éditeur).

La pièce s'achève sur une sorte d'épilogue lyrique, *formé des trois voix d'*ANNE VERCORS, PIERRE DE CRAON *et* JACQUES HURY, *au son de l'Angelus, sur le thème de la Paix issue de la mort et du pardon :* « *Bénie soit la mort en qui toute pétition du Pater est comblée* ».

— 2 Les yeux noirs de l'enfant sont devenus bleus : il est maintenant l'enfant de Violaine.

Le Soulier de Satin De ce drame, il existe deux versions : la *Version intégrale* (1924), où sont pris nos extraits, et une *Version pour la scène abrégée, notée et arrangée en collaboration avec Jean-Louis Barrault* (1943). Le titre est expliqué par la scène (I, 5) où l'héroïne, DONA PROUHÈZE, confiée par son mari, DON PÉLAGE, à Don Balthazar, avoue à ce dernier la « folie » qu'elle a faite en adressant une lettre à DON RODRIGUE qu'elle aime d'un amour coupable. Elle se déchausse et confie à la Vierge, dont une statue préside à ce dialogue, son *soulier de satin* en lui adressant une émouvante prière.

Prière à la Vierge

Vierge, patronne et mère de cette maison,
　Répondante et protectrice de cet homme dont le cœur vous est péné-
trable plus qu'à moi et compagne de sa longue solitude,
Alors si ce n'est pas pour moi, que ce soit à cause de lui,
Puisque ce lien entre lui et moi n'a pas été mon fait, mais votre volonté
intervenante :
Empêchez que je sois à cette maison dont vous gardez la porte, auguste
tourière, une cause de corruption !
Que je manque à ce nom que vous m'avez donné à porter, et que je cesse
d'être honorable aux yeux de ceux qui m'aiment.　　　　　　　　　　　10
Je ne puis dire que je comprends cet homme que vous m'avez choisi, mais
vous, je comprends, qui êtes sa mère comme la mienne.
Alors, pendant qu'il est encore temps, tenant mon cœur dans une main
et mon soulier dans l'autre [1],
Je me remets à vous ! Vierge mère, je vous donne mon soulier ! Vierge mère,
gardez dans votre main mon malheureux petit pied !
Je vous préviens que tout à l'heure je ne vous verrai plus et que je vais tout
mettre en œuvre contre vous !
Mais quand j'essayerai de m'élancer vers le mal, que ce soit avec un pied
boiteux ! la barrière que vous avez mise,　　　　　　　　　　　　　20
Quand je voudrai la franchir, que ce soit avec une aile rognée !
J'ai fini ce que je pouvais faire, et vous, gardez mon pauvre petit soulier,
Gardez-le contre votre cœur, ô grande Maman effrayante !

Ainsi commence *l'aventure* de DONA PROUHÈZE, qui est une figure à la fois de la Femme, du Poète et de l'Ame humaine. Lourde mission pour un personnage dont la plénitude symbolique commande une action qui s'étend au monde entier (« *la scène de ce drame est le monde* »), en une époque où le monde venait de s'ouvrir largement à l'esprit d'aventure des hommes ; aussi est-ce, au XVIe siècle, une « action espagnole ». De l'Espagne aux Amériques et au Maroc, le drame trace l'itinéraire des deux héros essentiels, PROUHÈZE et RODRIGUE, à travers une extraordinaire polyphonie de décors, de tons et de symboles, qui accompagne une polyphonie correspondante des sentiments et des passions, des chutes et des redressements, de la vie et de la mort. Au cœur de cette grandiose tentative de. *drame illimité* réapparaît l'éternelle histoire de l'amour, celle même de Tristan et Yseult ; si PROUHÈZE aime RODRIGUE, Prouhèze est mariée : elle est donc interdite et « impossessible ». Le drame sera l'histoire d'une poursuite à travers le monde, poursuite fertile en péripéties de toutes sortes, à la fois comme une *épopée* et comme un *roman picaresque ;* mais c'est aussi, et surtout, la lutte entre *l'appétit de possession* et *l'exigence*

―― 1 *Geste religieux :* le soulier de satin est | objet en remerciement ou, comme ici, en *garantie*
offert en *ex-voto* à la Vierge *(ex-voto :* don d'un | *d'un vœu solennel).*

surnaturelle du renoncement, selon ce qui était annoncé dans la prière à la Vierge. Quand aura lieu enfin la rencontre de RODRIGUE et de PROUHÈZE (qui ne s'étaient vus qu'une fois), ce sera l'ultime salut par le *renoncement réciproque,* PROUHÈZE allant vers la mort qui l'attend dans une forteresse minée [2], et RODRIGUE vers l'humilité de l'esclavage.

Le Soulier de Satin est donc une gigantesque construction dramatique, que CLAUDEL comparait à une tapisserie ; l'histoire providentielle du monde et l'aventure des destinées personnelles s'y développent en contrepoint : le drame reproduit ainsi les inépuisables effets de la *double postulation* de l'homme, jusqu'à la réconciliation finale dans la mort, le renoncement et le sacrifice. Ce thème essentiel, ce fil conducteur, n'est jamais vraiment perdu de vue au milieu même de cette immensité.

L'AMOUR ? « *UNE ÉPÉE AU TRAVERS DE SON CŒUR* »

Dans *Le Soulier de Satin* apparaissent des personnages épisodiques, mais dont l'âme et le caractère n'en sont pas moins indispensables à la totalité humaine et symbolique de la pièce : amoureuse en rêve du « Roi de Naples », DONA MUSIQUE incarne ici la face aérienne et heureuse de la Femme (toujours pour Claudel une énigme), dont DONA PROUHÈZE est au contraire la face tragique et souffrante. Ainsi MUSIQUE est cette sorte d'Ariel féminin dont le dialogue avec PROUHÈZE, à propos de l'Amour, ·situe le drame dans la perspective de cette *ambiguïté féminine* qui est l'un des grands ressorts du théâtre claudélien.

DONA MUSIQUE : Aimez-vous tellement votre prison que vous vous plaisiez ainsi à la rendre plus sûre [1] ?

DONA PROUHÈZE : Il y faut des barreaux bien forts.

DONA MUSIQUE : Que peut le monde contre vous ?

DONA PROUHÈZE : C'est moi sans doute qui peux beaucoup contre lui.

DONA MUSIQUE : Je ne veux d'aucune prison !

DONA PROUHÈZE : La prison pour quelqu'un, il dit qu'elle est là où je ne suis pas.

DONA MUSIQUE : Il y a une prison pour moi et nul ne pourra m'en arracher.

DONA PROUHÈZE : Quelle, Musique ?

DONA MUSIQUE : Les bras de celui que j'aime, elle est prise, la folle Musique !

DONA PROUHÈZE : Elle échappe !

Elle n'est là que pour un moment ; qui pourrait la retenir pour toujours avec son cœur ?

DONA MUSIQUE : Déjà je suis avec lui sans qu'il le sache. C'est à cause de moi avant qu'il m'ait connue

Qu'il affronte à la tête de ses soldats tant de fatigues, c'est pour moi qu'il nourrit les pauvres et pardonne à ses ennemis.

Ah ! ce ne sera pas long à comprendre que je suis la joie, et que c'est la joie seule et non point l'acceptation de la tristesse qui apporte la paix.

Oui, je veux me mêler à chacun de ses sentiments comme un sel étin-

---

— 2 Paul Claudel éprouve une prédilection pour la mort par le feu ou l'explosion : c'était déjà un élément capital du dénouement de *L'Echange,* et la signification symbolique de cette sorte ·de dénouement est révélée dans celui de *Partage de Midi* (cf. p. 202, l. 5).

— 1 La scène a lieu dans le jardin de l'auberge où Prouhèze se trouve sous la garde de Don Balthazar, homme de confiance de son mari.

celant et délectable qui les transforme et les rince ! Je veux savoir comment
il s'y prendra désormais pour être triste et pour faire le mal quand il le voudrait.

Je veux être rare et commune pour lui comme l'eau, comme le soleil,
l'eau pour la bouche altérée qui n'est jamais la même quand on y fait
attention. Je veux le remplir tout à coup et le quitter instantanément, et je
veux qu'il n'ait alors aucun moyen de me retrouver, et pas les yeux ni les
mains, mais le centre seul et ce sens en nous de l'ouïe qui s'ouvre,
   Rare et commune pour lui comme la rose qu'on respire tous les jours
tant que dure l'été et une fois seulement !   30
   Ce cœur qui m'attendait, ah ! quelle joie pour moi de le remplir !
   Et si parfois le matin le chant d'un seul oiseau suffit à éteindre en nous
les feux de la vengeance et de la jalousie,
   Que sera-ce de mon âme dans mon corps, mon âme à ces cordes ineffables
unie en un concert que nul autre que lui n'a respiré ? Il lui suffit de se taire
pour que je chante !
   Où il est je ne cesse d'être avec lui. C'est moi pendant qu'il travaille, le
murmure de cette pieuse fontaine !
   C'est moi le paisible tumulte du grand port dans la lumière de midi,
   C'est moi mille villages de toutes parts dans les fruits qui n'ont plus rien 40
à redouter du brigand et de l'exacteur,
   C'est moi, petite, oui, cette joie stupide sur son vilain visage,
   La justice dans son cœur, ce réjouissement sur sa face !
   DONA PROUHÈZE : Il n'y a rien pour quoi l'homme soit moins fait que le
bonheur et dont il se lasse aussi vite.
   DONA MUSIQUE : Est-il fait pour la souffrance ?
   DONA PROUHÈZE : S'il la demande, pourquoi la lui refuser ? [...]
   DONA MUSIQUE : L'aimez-vous à ce point [2] ?
   DONA PROUHÈZE : Qu'oses-tu dire ? non, je ne l'aime aucunement.
   DONA MUSIQUE : Regrettez-vous ce temps où vous ne le connaissiez point ? 50
   DONA PROUHÈZE : Maintenant je vis pour lui !
   DONA MUSIQUE : Comment, quand votre visage lui est pour toujours interdit ?
   DONA PROUHÈZE : Ma souffrance ne l'est pas.
   DONA MUSIQUE : Ne voulez-vous pas son bonheur ?
   DONA PROUHÈZE : Je veux qu'il souffre aussi.
   DONA MUSIQUE : Il souffre en effet.
   DONA PROUHÈZE : Jamais assez.
   DONA MUSIQUE : Il appelle, ne lui répondrez-vous pas ?
   DONA PROUHÈZE : Je ne suis pas une voix pour lui.
   DONA MUSIQUE : Qu'êtes-vous donc ?   60
   DONA PROUHÈZE : Une Épée au travers de son cœur.

   Le Soulier de Satin, I, 10 (Librairie Gallimard, éditeur).

MUSIQUE *épousera le vice-roi de Naples et ira faire bénéficier de son rayonnement les pays*
germaniques, tandis que PROUHÈZE *épuisera jusqu'au bout son aventure de souffrance et d'amour.*

— 2 Don Rodrigue.

La « liberté » de Prouhèze

Conduite dans une auberge de la côte, sur l'ordre de son mari DON PÉLAGE, par son gardien Don Balthazar, PROUHÈZE, au moment où va s'achever la « *Première journée* » du drame, tente d'échapper à cette surveillance pour rejoindre DON RODRIGUE qui, de son côté, se dispose à la délivrer après avoir reçu d'elle un message secret. L'auberge est entourée d'un « ravin profond, plein de ronces, de lianes et d'arbustes entremêlés ». Sur le bord se tient l'ANGE GARDIEN de PROUHÈZE qui surveille sa tentative d'évasion.

L'ANGE GARDIEN : Enfin! elle est tout de même venue à bout de ces ronces et de ces épines charitables[1] qui voulaient la retenir. La voici qui apparaît sur le rebord du fossé. *(Elle est en vêtements d'homme, tout déchirés...)*
Oui, tu es belle, ma pauvre enfant, avec ces cheveux défaits, dans ce costume indécent,
Ces joues couvertes de terre et de sang, et ce regard dans tes yeux qui me fait mal de résolution et de folie!
Ah! tu me fais honneur et j'ai plaisir à montrer ainsi ma pauvre petite sœur. Si seulement il n'y avait personne pour nous voir!

PROUHÈZE, *regardant autour d'elle comme éperdue :* Je suis seule!

L'ANGE GARDIEN : Elle dit qu'elle est seule!

PROUHÈZE : Je suis libre!

L'ANGE GARDIEN : Hélas[2]!

PROUHÈZE : Rien ne m'a retenue.

L'ANGE GARDIEN : Nous ne voulions d'autre prison pour toi que l'honneur.

PROUHÈZE : Il fallait mieux me garder. J'ai été loyale. J'ai donné avertissement à Don Balthazar.

L'ANGE GARDIEN : Il va payer ta fuite de sa vie.

PROUHÈZE : Rodrigue va mourir[3]!

L'ANGE GARDIEN : Il est encore temps de perdre son âme.

PROUHÈZE : Rodrigue va mourir!

L'ANGE GARDIEN : Il vit.

PROUHÈZE : Il vit! quelqu'un me dit qu'il vit encore! Il est encore temps que je l'empêche de mourir avec mon visage!

L'ANGE GARDIEN : Ce n'est point l'amour de Prouhèze qui l'empêchera de mourir.

PROUHÈZE : Du moins je puis mourir avec lui.

L'ANGE GARDIEN : Écoutez avec quelle horrible facilité elle parle de déposer cette âme qui ne lui appartient pas et qu'il a coûté tant de peine à faire et à racheter.

PROUHÈZE : Il n'y a que Rodrigue au monde.

L'ANGE GARDIEN : Essaye donc de le rejoindre. *(Elle tombe sur le sol, défaillante)*

PROUHÈZE, *haletante :* Ah! l'effort a été trop grand! Je meurs! Ah! j'ai cru que je ne réussirais jamais à sortir de cet horrible fossé!

L'ANGE GARDIEN *(il lui pose le pied sur le cœur) :* Il me serait facile de te maintenir ici si je le voulais [...]

— 1 « *Charitables* », parce que les épines et le ravin représentent la résistance providentielle, cette « *barrière* » dont Prouhèze parlait à la fin de sa prière (cf. p. 211). C'est de la lutte de Prouhèze contre cette « barrière » que naît le drame. — 2 La « *liberté* » de Prouhèze est en effet selon Claudel une fausse liberté. — 3 Prouhèze vient d'apprendre que Rodrigue a été grièvement blessé en combattant des brigands.

PROUHÈZE, *à voix basse :* Debout Prouhèze ! *(Elle se lève en chancelant)*
L'ANGE GARDIEN : Je regarde Dieu.
PROUHÈZE : Rodrigue !
L'ANGE GARDIEN : Hélas ! j'entends une autre voix dans le feu qui dit :
Prouhèze ! 40
PROUHÈZE : Ah ! que le chemin est long jusqu'au buisson là-bas !
L'ANGE GARDIEN : Il était plus long encore jusqu'au Calvaire !
PROUHÈZE : Rodrigue, je suis à toi !
L'ANGE GARDIEN : Tu es à lui ? c'est toi qui le rempliras avec ton corps
d'excommuniée ?
PROUHÈZE : Je sais que je suis un trésor pour lui.
L'ANGE GARDIEN : On ne lui ôtera pas cette idée de sa petite tête stupide.
PROUHÈZE, *faisant un pas :* En marche !
L'ANGE GARDIEN, *faisant un pas de son côté :* En marche !
PROUHÈZE, *faisant quelques pas en chancelant :* Rodrigue, je suis à toi ! Tu vois 50
que j'ai rompu ce lien si dur !
Rodrigue, je suis à toi ! Rodrigue, je vais à toi !
L'ANGE GARDIEN : Et moi, je t'accompagne.   *(Ils sortent)*

   Le Soulier de Satin, I, 12 (Librairie Gallimard, éditeur).

 Au cours des Deuxième *et* Troisième Journées, PROUHÈZE, *sur l'ordre du Roi, ira prendre au Maroc le commandement de la place de Mogador, ce qui l'éloigne de* RODRIGUE *et là met en présence de* DON CAMILLE, *qui la désire violemment. Situation que* RODRIGUE *se refuse à admettre : nommé vice-roi des Indes, il ne veut accepter cette mission que si le Roi fait rentrer* PROUHÈZE *en Espagne. Le Roi en donne à* PROUHÈZE *le conseil dans un message que* RODRIGUE *ira lui porter lui-même. Mais* PROUHÈZE *refuse de recevoir* RODRIGUE *et lui fait dire par* DON CAMILLE *qu'elle reste. Pendant plus de dix ans,* RODRIGUE *va se consacrer à la conquête de l'Amérique ; au terme de ces années, il reçoit un appel de* PROUHÈZE, *une lettre vieille de dix ans, qui n'a, depuis, cessé d'errer.* RODRIGUE *se rend à Mogador, où il trouve* PROUHÈZE *veuve de don Pélage et remariée à* DON CAMILLE. *Ils doivent donc renoncer l'un à l'autre.*
 La Quatrième Journée *se passe en mer « sous le vent des Iles Baléares » : on y voit Don Rodrigue, vieilli, avec une jambe de bois. On y voit aussi paraître* DONA SEPT-ÉPÉES, *l'enfant que* PROUHÈZE *a eue de* DON CAMILLE, *et qui ressemble à* RODRIGUE. *Des scènes de farce alternent avec les scènes principales, selon une sorte de contrepoint baroque et fantastique.*
 Dans la dernière scène, RODRIGUE, *vendu comme esclave et « enchaîné sur un bateau qui se dirige vers la terre » apprend que* SEPT-ÉPÉES *a rejoint le bateau de* DON JUAN D'AUTRICHE, *futur vainqueur de Lépante, qu'elle épousera. Il est recueilli par une religieuse. Et le pieux Frère Léon prononce les derniers mots de la pièce : «* Délivrance aux âmes captives ! *»*

L'ŒUVRE EN PROSE

 L'œuvre en prose de Paul CLAUDEL (prose très proche de la poésie car elle use souvent de structures apparentées au *verset*) embrasse une immense matière. Elle peut se répartir en deux grandes catégories : les « *Essais* » ou « *Traités* » et les *Commentaires bibliques*. Dans les premiers, dont les principaux sont : *Connaissance de l'Est* (1895-1905), *Art poétique* (1907), *Positions et Propositions* (I, 1928 et II, 1934), et *Conversations dans le Loir-et-Cher* (1929-1935), l'auteur élabore, souvent à bâtons rompus, la « somme » de sa critique, de sa poétique et de sa théologie. Dans les seconds, dont la composition a surtout occupé les quinze dernières années de sa vie, CLAUDEL reprend sa lecture de la Bible, et multiplie, en marge, les méditations les plus libres, les plus profondes et parfois les plus fantaisistes : *Les Aventures de Sophie* (1937), *Un Poëte regarde la Croix* (1938), *L'Épée et le Miroir* (1939), *Présence et Prophétie* (1942), *Paul Claudel interroge l'Apocalypse* (1952).

Peinture poétique : coordonnée spirituelle

Auteur d'essais de critique littéraire et de théorie poétique, CLAUDEL s'est aussi laissé tenter par la *critique d'art* (articles réunis en 1946 dans *L'Œil écoute,* titre particulièrement significatif) ; les morceaux essentiels en sont les textes sur la peinture espagnole et surtout sur la peinture hollandaise (conférence faite à La Haye le 20 novembre 1934) ; on y trouve de très belles pages, notamment cette « méditation » sur l'œuvre de VERMEER DE DELFT.

Parmi ces maîtres dont nous nous rappelons les œuvres et les noms avec tant de plaisir [...], il est quelqu'un, je ne dirai pas de plus grand, car la grandeur n'a rien à faire ici, mais de plus parfait, de plus rare et de plus exquis, et s'il fallait d'autres adjectifs, ce seraient ceux qu'une autre langue seule nous fournit, *eery, uncanny* [1]. Vous attendiez depuis longtemps son nom : Vermeer de Delft. Et à l'instant, j'en suis sûr, comme les couleurs d'un blason, se peint dans votre esprit ce rapport stimulant d'un bleu céleste et d'un jaune limpide, aussi pur que l'Arabie [2] ! Mais ce n'est point des couleurs ici que je veux vous entretenir, malgré leur qualité et ce jeu entre elles si exact
10 et si frigide qu'il semble moins obtenu par le pinceau que réalisé par l'intelligence. Ce qui me fascine, c'est le regard pur, dépouillé, stérilisé, rincé de toute matière, d'une candeur en quelque sorte mathématique ou angélique, ou disons simplement photographique, mais quelle photographie ! en qui ce peintre, reclus à l'intérieur de sa lentille, capte le monde extérieur. On ne peut comparer le résultat qu'aux délicates merveilles de la chambre noire et aux premières apparitions sur la plaque du daguerréotype de ces figures dessinées par un crayon plus sûr et plus acéré que celui de Holbein, je veux dire le rayon de soleil [...]
Je pense à ces compositions de carrés et de rectangles dont le prétexte est un clavecin ouvert, un peintre à l'œuvre devant son chevalet, une carte géo-
20 graphique au mur, une fenêtre entrebâillée, l'angle d'un meuble ou d'un plafond formé par la rencontre de trois surfaces, les raies parallèles des solives, ce dallage sous nos pieds de losanges [3]. Et surtout à ces deux incomparables pages des musées de La Haye et d'Amsterdam, la *Vue de Delft* et la *Ruelle* [4]. L'un, où les trapèzes et les triangles, ce décrochage savant de longs toits et pignons, s'aligne, préparé par une eau immatérielle et séparé par le milieu sous l'arc d'un ponceau [5] par le débouché de la troisième dimension, comme une chevauchée de théorèmes ; et la seconde où la répartition des verticales et des obliques, des ouvertures et des panneaux, se plaque devant nos yeux avec l'évidence d'une démonstration : tout étant édifié sur le rapport
30 de ces trois portes, l'une fermée, l'autre ouverte sur le noir, et celle du milieu, pénétrante, sur l'invisible. Mais Vermeer, comme il sait entrecroiser

---

— 1 *Eery* (ou *eerie*) évoque une sorte de magie, et *uncanny* contient sensiblement la même idée, mais sous forme négative : le mot français le plus proche est sans doute *insolite.* — 2 *Et vestivi te discoloribus et calceavi te ianthino.* Ez., XVI, 10. (Note de l'auteur) : *Je t'ai vêtue de couleurs variées et t'ai chaussée de violet.* — 3 Claudel fait ici allusion aux tableaux suivants : *Le Concert*

(Musée de Boston), *l'Atelier* (Musée de Vienne). Le dallage apparaît dans de nombreux tableaux (dont, justement, *l'Atelier*) ; la carte géographique de même : *Soldat et jeune fille riant* (Coll. Frick, New-York), *Joueuse de luth* (Metropolitan Museum, New-York), *Jeune femme en bleu* (Rijksmuseum, Amsterdam). — 4 Mauritshuis, La Haye, et Rijksmuseum, Amsterdam. — 5 Petit pont sur un canal.

les axes, espacer les aires, reporter les volumes sur les surfaces, est aussi passé maître dans l'art d'envelopper le point dans une courbe. Voyez cette dentelière (au Louvre) appliquée à son tambour, où les épaules, la tête, les mains avec leur double atelier de doigts, tout vient aboutir à cette pointe d'aiguille ; ou cette pupille au centre d'un œil bleu qui est la convergence de tout un visage, de tout un être, une espèce de coordonnée spirituelle, un éclair décoché par l'âme [6]. *Introduction à la peinture hollandaise* (Gallimard, éditeur).

LE PROMENEUR

Au cours de ses séjours en Extrême-Orient, CLAUDEL médite sur l'enseignement des êtres et des choses proposés à son regard. *Connaissance de l'Est* est composé d'une suite de *poèmes en prose* ayant pour objet les diverses « révélations » qui lui sont faites. Et c'est ainsi qu'une promenade est pour le poète l'occasion de trouver dans son sentiment de la nature une confirmation de sa mystique de la Création.

Que le chant de ce petit oiseau me paraît frais et risible ! et que le cri là-bas de ces grolles [1] m'agrée ! Chaque arbre a sa personnalité, chaque bestiole son rôle, chaque voix sa place dans la symphonie ; comme on dit que l'on *comprend* la musique, je comprends la nature, comme un récit bien détaillé qui ne serait fait que de noms propres ; au fur [2] de la marche et du jour, je m'avance parmi le développement de la doctrine. Jadis, j'ai découvert avec délice que toutes les choses existent dans un certain accord, et maintenant cette secrète parenté par qui la noirceur de ce pin épouse là-bas la claire verdure de ces érables, c'est mon regard seul qui l'avère [3], et, restituant le dessein antérieur, ma visite, je la nomme une révision. Je suis l'Inspecteur de la Création, le Vérificateur de la chose présente ; la solidité de ce monde est la matière de ma béatitude ! Aux heures vulgaires nous nous servons des choses pour un usage, oubliant ceci de pur, qu'elles soient [4] ; mais quand, après un long travail, au travers des branches et des ronces, à Midi, pénétrant historiquement au sein de la clairière, je pose ma main sur la croupe brûlante du lourd rocher, l'entrée d'Alexandre à Jérusalem est comparable à l'énormité de ma constatation.
Et je marche, je marche, je marche ! Chacun renferme en soi le principe autonome de son déplacement par quoi l'homme se rend vers sa nourriture et son travail. Pour moi, le mouvement égal de mes jambes me sert à mesurer la force de plus subtils appels. L'attrait de toutes choses, je le ressens dans le silence de mon âme.
Je comprends l'harmonie du monde : quand en surprendrai-je la mélodie ? *Connaissance de l'Est*, 1895-1900 (Mercure de France, éditeur).

— 6 L'œil de la célèbre *Jeune fille au turban* (Mauritshuis, La Haye), tableau auquel Claudel faisait déjà allusion tout à l'heure en évoquant le rapport « stimulant » du jaune et du bleu.

— 1 Nom populaire du choucas, espèce de corbeau. — 2 Au long de... (cf. *au fur et à mesure*...). — 3 Reconnaît comme vrai. — 4 *Que les choses sont pour être.*

Animus et Anima

Soucieux de suivre en tout la trace du *sens* (et il l'entend à la fois comme signification, intention et orientation), CLAUDEL se refuse à réduire « l'intelligible » à « l'intellectuel ». Aussi reprend-il, dans cette *parabole*, le traditionnel débat entre les deux termes de la dialectique spirituelle : *esprit* et *âme*. Mais c'est pour souligner, par l'humour appuyé de cette fable, sa réaction personnelle *contre l'intellectualisme* et son langage artificiel, et pour situer l'authentique « intelligibilité » au niveau de *l'humilité spirituelle*.

Tout ne va pas bien dans le ménage d'Animus et Anima, l'esprit et l'âme. Le temps est loin, la lune de miel a été bientôt finie, pendant laquelle Anima avait le droit de parler tout à son aise et Animus l'écoutait avec ravissement[1]. Après tout, n'est-ce pas Anima qui a apporté la dot et qui fait vivre le ménage ? Mais Animus ne s'est pas laissé longtemps réduire à cette position subalterne et bientôt il a révélé sa véritable nature, vaniteuse, pédantesque et tyrannique. Anima est une ignorante et une sotte, elle n'a jamais été à l'école, tandis qu'Animus sait un tas de choses, il a lu un tas de choses dans les livres, il s'est appris à parler avec un petit caillou dans la bouche[2],
10 et maintenant, quand il parle, il parle si bien que tous ses amis disent qu'on ne peut parler mieux qu'il ne parle. On n'en finirait pas de l'écouter. Maintenant Anima n'a plus le droit de dire un mot, il lui ôte comme on dit les mots de la bouche, il sait mieux qu'elle ce qu'elle veut dire et au moyen de ses théories et réminiscences il roule tout ça, il arrange ça si bien que la pauvre simple n'y reconnaît plus rien. Animus n'est pas fidèle, mais cela ne l'empêche pas d'être jaloux, car dans le fond il sait bien que c'est Anima qui a toute la fortune, lui est un gueux et ne vit que de ce qu'elle lui donne. Aussi il ne cesse de l'exploiter et de la tourmenter pour lui tirer des sous, il la pince pour la faire crier, il combine des farces, il invente des choses pour lui faire de la peine et
20 pour voir ce qu'elle dira, et le soir il raconte tout cela au café à ses amis. Pendant ce temps, elle reste en silence à la maison à faire la cuisine et à nettoyer tout comme elle peut après ces réunions littéraires qui empestent la vomissure et le tabac. Du reste c'est exceptionnel ; dans le fond Animus est un bourgeois, il a des habitudes régulières, il aime qu'on lui serve toujours les mêmes plats. Mais il vient d'arriver quelque chose de drôle. Un jour qu'Animus rentrait à l'improviste, ou peut-être qu'il sommeillait après dîner, ou peut-être qu'il était absorbé dans son travail, il a entendu Anima qui chantait toute seule, derrière la porte fermée : une curieuse chanson, quelque chose qu'il ne connaissait pas, pas moyen de trouver les notes ou les paroles ou la clef ; une étrange et
30 merveilleuse chanson. Depuis, il a essayé sournoisement de la lui faire répéter, mais Anima fait celle qui ne comprend pas. Elle se tait dès qu'il la regarde. Alors Animus a trouvé un truc, il va s'arranger pour lui faire croire qu'il n'y est pas. Il va dehors, il cause bruyamment avec ses amis, il siffle, il touche du luth, il scie du bois, il chante des refrains idiots. Peu à peu Anima se rassure, elle regarde, elle écoute, elle respire, elle se croit seule, et sans bruit elle va ouvrir la porte à son amant divin. Mais Animus, comme on dit, a les yeux derrière la tête.

Positions et Propositions, I (Librairie Gallimard, éditeur).

— 1 *Anima* est aussi l'organe de la poésie. Claudel fait ici allusion à la catastrophe que représente à ses yeux la rupture entre l'inspiration et la connaissance. Une des significations de la parabole est qu'il n'est de connaissance authentique que « pneumatique », c'est-à-dire poétique. — 2 *Comme Démosthène*. Claudel raille la rhétorique, langage artificiel.

MARCEL PROUST

« Un autre moi »   Dans son *Contre Sainte-Beuve*, MARCEL PROUST a
attaqué la « célèbre méthode » du critique, selon laquelle
l'œuvre d'un écrivain serait avant tout le reflet de sa vie et pourrait s'expliquer par elle.
En fait, plus une sensibilité créatrice est riche et complexe, moins elle est réductible aux
données visibles d'une biographie : « Un livre, dit Proust, est *le produit d'un autre moi*
que celui que nous manifestons dans nos habitudes, dans la société, dans nos vices ».
Ainsi donc, ce qu'il y eut en lui-même d'essentiel, c'est son œuvre qui nous le révélera,
plus que son existence apparemment frivole et facile (au moins dans sa jeunesse), en
réalité presque continûment douloureuse et tourmentée. Mais les tourments, les secrets,
voire les travers de l'*homme*, comme le snobisme, se transcendent chez le *romancier* en
un inépuisable champ d'analyses et d'expériences.

La famille   Fils de médecin, comme Flaubert, MARCEL PROUST
est né à Paris le 10 juillet 1871. Sa famille paternelle était
originaire du village d'Illiers (le COMBRAY de la *Recherche du Temps perdu*) situé sur
les bords du Loir (la VIVONNE) au Sud-Ouest de Chartres. Son père, promis à une brillante
carrière, avait épousé en 1870 Jeanne Weil, fille d'un agent de change israélite. Un oncle
de la jeune femme possédait à Auteuil une spacieuse maison (celle-là même où naquit
l'écrivain) et il joue un rôle non négligeable dans le début de l'œuvre : c'est chez lui
que se situe la première apparition de la « Dame en Rose », ODETTE DE CRÉCY.
Mais c'est surtout sa grand-mère maternelle dont Marcel Proust a retracé la figure,
et avec quelle tendre ferveur ! Sa mort, survenue en 1895, le fera profondément réfléchir
aux « intermittences du cœur » (cf. p. 249) ; longtemps après, en 1907, à propos d'un
deuil familial chez son ami Robert de Flers, il s'écriera : « Rien ne dure, pas même la mort. »
Elle aussi intuitive, tendre et cultivée, la mère de Proust entoura de sollicitude ce
fils aîné en qui apparaissait une sensibilité aiguë, presque maladive. A treize ans, au
cours d'un jeu de société où on lui demandait : « Quel est pour vous le comble de la misère ? »
sa réponse fut : « Être séparé de maman. »
Avec son frère Robert, né en 1873 et qui suivit la carrière paternelle, Marcel enfant
allait jouer aux Champs-Élysées où il rencontrait les petites filles qui devaient lui inspirer
le personnage de GILBERTE. Quant aux vacances d'été, la famille les passait à Illiers
entre le « côté de Méséglise » et le « côté de Guermantes », autour de TANTE LÉONIE qui,
avec sa fidèle FRANÇOISE (plus tard au service du narrateur et de ses parents), incarne les
us et coutumes de Combray (cf. p. 228).

Les études   DU LYCÉE A LA CASERNE. En 1882 Proust entre
au Lycée Condorcet où il fera de bonnes études malgré
une santé fragile. En Philosophie il aura comme professeur M. Darlu, évoqué dans *Les
Plaisirs et les Jours*. Ses condisciples opposaient le caractère mondain et moderne de leur
lycée aux disciplines plus austères et plus exigeantes de la Rive Gauche. Lui-même y
noua des amitiés fidèles et, avec Daniel Halévy, Fernand Gregh, Robert de Flers et
Gaston de Caillavet, il commentait passionnément les auteurs contemporains, France,
Barrès, Dierx, Maeterlinck ; on admirait aussi Leconte de Lisle et ses traductions
poétiques, dont les hellénismes un peu voyants encombreront les propos de BLOCH. Prix
d'honneur de dissertation française en classe de Philosophie, Marcel Proust collabore
parallèlement à la *Revue Lilas*, écrite et lue par les lycéens ; toutefois, ce sont peut-être
ses lettres conservées par ses amis, tel Robert Dreyfus, qui nous révèlent le mieux les
dons de Proust adolescent.

En novembre 1889, Proust devance l'appel sous les drapeaux ; envoyé au 76ᵉ régiment d'infanterie à Orléans, il semble s'y être fort ennuyé mais tous les dimanches il venait en permission à Paris, heureux de retrouver ses amis. Parfois Gaston de Caillavet le reconduisait jusqu'à ces terres lointaines : « Mon amitié pour Gaston était immense ; je ne parlais que de lui à la caserne où mon brosseur et le caporal voyaient en lui une sorte de divinité. » A travers ces lignes, citées par André Maurois, comment ne pas voir apparaître, déjà, ROBERT DE SAINT-LOUP ?

VERS LA LITTÉRATURE. Rendu à la vie civile, Proust suit à l'École des Sciences politiques les cours d'Albert Sorel et de Leroy-Beaulieu, à la Sorbonne ceux de Bergson qui vient de publier sa thèse sur les *Données immédiates de la Conscience* et dont l'influence le marquera profondément. Il passe en 1892 sa licence ès lettres. Désormais les vacances le ramèneront moins souvent vers Combray, et davantage sur les plages normandes, Trouville, Cabourg dont il fera BALBEC.

Diverses revues, *Le Banquet, La Revue Blanche,* d'autres encore, publient des articles de lui, des chroniques, comme celle de mars 1892 dont on peut souligner telle phrase, révélatrice chez cet auteur de vingt et un ans : « L'art plonge si avant ses racines dans la vie sociale que, dans la fiction particulière dont on revêt une réalité sentimentale très générale, les mœurs, les goûts d'une époque ou d'une classe ont souvent une grande part » ; ou, à propos de l' « art, ingénieux consolateur » : « Ses mensonges sont les seules réalités, et, pour peu qu'on les aime d'un amour véritable, l'existence de ces choses qui sont autour de nous et qui nous subjuguaient, diminue peu à peu ; le pouvoir de nous rendre heureux ou malheureux se retire d'elles *pour aller croître dans notre âme où nous convertissons la douleur en beauté.* »

La comédie mondaine
C'est à la lumière de ces textes qu'il faut considérer la vie que mène alors Marcel Proust. En effet, même sans devoirs professionnels, cette époque de 1892-95, marquée par l'arrestation et la déportation d'Alfred Dreyfus (octobre et décembre 1894), ne fut pas pour lui un temps inactif. La fortune de ses parents lui permet, il est vrai, de n'exercer aucun métier autre que celui « d'attaché non rétribué » à la Bibliothèque Mazarine. Encore est-il presque toujours en congé mais, s'il passe alors pour un aimable dilettante, son œuvre, souterrainement, se prépare et, sous la protection d'une frivolité apparente, se mûrit, s'organise, grâce à d'importantes *rencontres* dans les milieux *mondains.* Jacques-Émile Blanche fait son portrait ; il écrit pour *Le Gaulois ;* il retrouve chez l'aquarelliste Madeleine Lemaire, la Princesse Mathilde, Madame de Chevigné, la comtesse Greffulhe née Caraman-Chimay et Robert de Montesquiou, « moitié mousquetaire et moitié prélat », qui lui fourniront tant de modèles pour les grandes dames ou les snobs de la *Recherche.* Il se lie d'autre part avec le musicien Reynaldo Hahn qui composera, sur ses poèmes, des pièces pour piano et surtout qui sera pour lui un véritable *intercesseur* vers cette musique de VINTEUIL (inspirée par celle de la Saint-Saëns et de César Franck).

Avec cet ami sensible et cultivé, Marcel Proust partage aussi bien des « Journées de lecture », en particulier autour des *Mémoires d'outre-tombe* auxquels le romancier aura toujours conscience de beaucoup devoir : évocation saisissante d'une société, source inépuisable de réflexions.

Ainsi, vers sa vingt-cinquième année, alors qu'il pourrait être ébloui ou distrait par la « Foire aux vanités », en fait il observe, il analyse avec l'attention passionnée d'un *naturaliste :* « Comme Pline l'ancien périt pour avoir voulu observer de plus près l'éruption du Vésuve, il est admirable, écrit François Mauriac, que notre Proust se soit jeté dans la gueule du monstre afin de nous en donner une peinture exacte ». Et, peu à peu, vont prendre corps les *Personnages de la Comédie Mondaine.* Cette formule qui n'est pas étrangère au souvenir de Balzac forme justement le titre d'un chapitre dans le premier ouvrage publié de Marcel Proust. Ce livre, *Les Plaisirs et les Jours,* parut en 1896 chez Calmann-Lévy, pourvu d'une Préface, quelque peu détachée, du « bon maître » Anatole France ; il valut à son auteur un duel avec Jean Lorrain qui l'avait attaqué dans la presse.

La maturité　Mais des luttes plus sérieuses se préparaient. En 1898 et 99 le procès Zola et la libération d'Alfred Dreyfus occupent et passionnent l'opinion française, partagée jusqu'au déchirement. Proust qui est, comme on dit, « dreyfusard » conservera une lucidité aiguë sur le comportement ou les erreurs des divers partis politiques.

VENISE ET RUSKIN. Ayant obtenu son quatrième congé d'un an à la Bibliothèque Mazarine, cet attaché assez exceptionnel sera désormais considéré comme démissionnaire. Il part pour Venise en 1900 et se consacre à des questions d'esthétique : très influencé par *Ruskin* il publie sur son œuvre divers articles, notamment la *Préface à la Bible d'Amiens* mais il se fait aussi une manière de spécialité avec ses études sur les Salons mondains qu'il signe Dominique ou Horatio.

LES DEUILS. A l'automne de 1903 disparaît le professeur Adrien Proust : ce deuil entre-t-il pour une part dans l'évolution marquée chez son fils vers une pensée plus grave, des préoccupations d'un autre ordre ? Toujours est-il que, tel Maurice Barrès selon lui « admirable auteur du vrai *Génie du Christianisme* », Marcel Proust prend la défense des églises menacées par le projet Briand et c'est, dans un article d'août 1904, le plaidoyer pour « une résurrection des cérémonies catholiques d'un intérêt historique, social, plastique et musical ». L'été suivant, la *mère* du romancier tombe malade à Évian et ne revient à Paris que pour y mourir, le 26 septembre 1905. Dès lors s'évanouissent les scrupules qui limitaient sa liberté d'expression et qui expliquent peut-être les prudences et les demi-vérités d'un premier roman en trois volumes, *Jean Santeuil* (publié en 1952 mais composé entre 1896 et 1904).

La collaboratrice inspirée　Sans craindre maintenant de blesser dans sa délicatesse la sensibilité maternelle, Marcel Proust va se consacrer à la réalisation de son œuvre.
Mais en aura-t-il *physiquement* la force ? Après deux mois de cure (décembre 1905-janvier 1906) il se met à la tâche, sans fièvre d'abord, puis de plus en plus intensément. Il s'installe boulevard Haussmann et l'été le retrouve fidèle à Cabourg parmi les « jeunes filles en fleurs. »

DU COTÉ DE CHEZ SWANN. Cependant le *Temps* du 12 novembre 1913 annonce la publication chez Bernard Grasset d'un roman intitulé *Du Côté de chez Swann*. Ce que l'article ne précisait pas, c'est qu'il s'agissait d'un « compte d'auteur », *toutes* les maisons d'édition ayant refusé le manuscrit.
Bientôt, sous l'impulsion de Léon et Lucien Daudet, de Paul Souday, d'Henri Ghéon, etc... *La Nouvelle Revue française* publiera, dans ses livraisons de 1914, d'importants extraits du grand ouvrage entrepris et, en 1916, Marcel Proust quittera Grasset pour Gallimard. On pourra lire, sur cette période, sa correspondance avec Jacques Rivière.

L'ARCHE. Mais c'est la guerre : Proust qui cesse de publier ne cesse pas, pour autant, d'écrire et, si l'on veut reprendre une de ses propres images, le voilà enfermé, bien souvent, dans la solitude de « l'arche » : « Comme les amants quand ils commencent à aimer, comme les poètes dans le temps où ils chantent, les malades se sentent plus près de leur âme. [...] Quand j'étais tout enfant, le sort d'aucun personnage de l'histoire sainte ne me semblait aussi misérable que celui de Noé, à cause du déluge qui le tint enfermé dans l'arche pendant quarante jours. Plus tard, je fus souvent malade, et pendant de longs jours je dus rester aussi dans l' « arche ». Je compris alors que jamais Noé ne put si bien voir le monde que de l'arche, malgré qu'elle fût close et qu'il fît nuit sur la terre. » *(Les Plaisirs et les Jours.)*
Cette nuit sur la terre, les quatre ans du conflit la prolongèrent cruellement, mais, si « l'arche » demeurait close, c'était aussi en raison d'une santé qui devenait, chez Proust, de plus en plus vulnérable. Anxieux de savoir s'il pourrait mener son œuvre à bonne fin, le romancier mesurait cependant tout ce que lui avait apporté la maladie en l'obligeant à se refuser au monde. A son ami Louis de Robert, auteur d'un *Roman du malade*, Marcel Proust avait écrit en 1911 : « Les livres, comme les jets artésiens, ne s'élèvent jamais qu'à la hauteur d'où ils sont descendus. [...] Et pour ceux qui, comme moi, croient que

la littérature est la dernière expression de la vie, si la *maladie* vous a aidé à écrire ce livre-là, ils penseront que vous avez dû accueillir sans colère la *collaboratrice inspirée*. » Le 11 novembre 1918, dans un billet adressé à une amie, Madame Straus, Marcel Proust disait sa joie de la paix enfin revenue ; cependant sa vie personnelle était alors très compliquée : « Je suis embarqué dans des choses sentimentales sans issue, sans joie et créatrices perpétuellement de fatigues, de souffrances, de dépenses absurdes. » Il lui faut quitter l'appartement du boulevard Haussmann vendu par sa tante ; où aller ? Il s'installe « provisoirement », 44 rue Hamelin, dans l'appartement où il devait mourir.

La gloire   En 1919, par six voix contre quatre (aux *Croix de Bois* de R. Dorgelès), l'Académie Goncourt couronnait *A l'ombre des Jeunes Filles en fleurs*. La joie du succès rendit quelques forces à Proust mais le temps pressait et il fallait renoncer à tout ce qui n'était pas l'unique nécessaire. Traqué par la maladie, l'écrivain fournit dans les derniers mois de sa vie un labeur prodigieux. En 1920 paraît *Le Côté de Guermantes* I ; en 1921 *Guermantes* II et *Sodome et Gomorrhe* I ; en 1922 *Sodome et Gomorrhe* II. Cependant il cherchait des titres pour les volumes suivants (qui ne paraîtront qu'après sa mort) : *La Prisonnière, La Fugitive* qui s'appela d'abord *Albertine disparue* (cf. p. 254), enfin *Le Temps retrouvé* (1927, tomes XIV et XV de *La Recherche*...). Il remaniait et rajoutait sans cesse, comme en témoignent ces lignes à Gaston Gallimard : « Je travaille à cela tout le temps et rien qu'à cela. » Bien rares étaient les infractions, les sorties. Toutefois, un jour de juin 1921, Proust ne put résister au désir d'aller voir, au Musée du Jeu de Paume, une exposition consacrée à ce Ver Meer de Delft qu'il aimait tant. Aussi écrivit-il à Jean-Louis Vaudoyer : « Voulez-vous y conduire le mort que je suis et qui s'appuiera à votre bras ? » Pendant cette visite il fut saisi d'un violent malaise qui lui inspira l'épisode admirable de la mort de Bergotte (cf. p. 251), mais il devait survivre une année encore. Pris d'une bronchite en allant chez des amis, c'est le 18 novembre 1922 que Marcel Proust expirait. Parvenu désormais à l'éternel apaisement, son visage frappa tous les visiteurs comme si, à jamais fermé sur les printemps de Combray, il pouvait respirer au-delà de la vie « leur odeur d'invisibles et persistants lilas. »

STRUCTURE DE L'ŒUVRE

« A la Recherche du Temps perdu est à la fois l'histoire d'une époque et l'histoire d'une conscience, écrit Ramon Fernandez ; ce dédoublement et cette conjonction en font la profonde, la surprenante originalité ». Cette œuvre, en effet, est à la fois observation et introspection ; elle est le *monde* et elle est le *moi*, car la grande découverte de PROUST, c'est que non seulement le monde s'ordonne autour de nous, mais qu'il est *en* nous, qu'il est nous-même. Quant aux êtres, c'est nous qui leur donnons leurs dimensions ; l'indifférence les efface, l'amour et la jalousie les exaltent démesurément ; l'intelligence (ou la mélancolie) discerne et leurs limites et leurs proportions redoutables qu'ils peuvent prendre en nos propres vies.

Thèmes et harmonies   De la jeune fille tant aimée PROUST devait écrire un jour : « Albertine n'était plus, comme une pierre autour de laquelle il a neigé, que le centre générateur d'une immense *construction* ». Le terme est profondément révélateur et témoigne d'une volonté organisatrice et, pour ainsi dire, architecturale : chez PROUST, en effet, la subtilité des analyses n'affaiblit nullement l'*ordonnance* et *la cohésion* de l'ensemble, que l'auteur compare lui-même à une *cathédrale*, « une église où les fidèles sauraient peu à peu apprendre des *vérités* et découvrir des *harmonies*. » Là encore l'image est significative, car, si l'œuvre s'élève comme un édifice « merveilleusement étagé jusqu'à l'apothéose finale », elle a pu aussi être comparée à une *symphonie*, dominée par de grands *thèmes*, l'amour, la jalousie, la mort, la mémoire, le temps, qui s'entrelacent, s'éloignent, se rejoignent et auxquels préludent, brèves, légères, des notes qui seront reprises, harmonisées, orchestrées. Mais, musicale ou architecturale, l'unité de l'œuvre apparaît éclatante, *organique*, « non pas factice mais vitale » comme le disait de *La Comédie humaine* Proust, grand admirateur de Balzac.

Milieux et personnages
Ce don de créer un univers, avec ses lois propres et sa propre lumière, révèle à la fois une imagination poétique et un sens aigu de l'observation.

LA SOCIÉTÉ. Comme ce Saint-Simon que PROUST a tant pratiqué, jusqu'à en écrire dans *Pastiches et Mélanges* une brillante imitation, comme ce La Bruyère que sa grandmère lui faisait lire dès son jeune âge, il a étudié de près les « caractères et les mœurs de ce siècle » et bien des passages de son œuvre pourraient s'intituler aussi «*De la Société et de la Conversation* », « *Des Biens de Fortune* », « *Du Cœur* », « *Des Femmes* », etc..., car ce romancier est nourri des moralistes.

Mais le *climat* de l'œuvre est ici *tout différent* et aussi la visée de l'auteur ; chez PROUST, nulle indignation devant l'ordre social : on lui a même reproché la frivolité de ces milieux mondains, *toile de fond* sur laquelle se détachent les analyses et les scènes capitales (ou « capitalissimes » comme il eût dit lui-même.) De fait, les classes populaires ne sont guère représentées chez lui que par les domestiques, et presque tous ses personnages appartiennent à la bourgeoisie snob, ou à l'aristocratie.

Toutefois, ce reproche méconnaît ce qu'a si bien vu PAUL VALÉRY : « Proust sut accommoder les puissances d'une vie intérieure singulièrement riche à l'expression d'une petite société qui veut être et qui *doit* être superficielle. Par son acte, l'image d'une société superficielle est une œuvre *profonde*. » Comme les impressionnistes, ses contemporains, PROUST sait que le sujet n'est jamais insignifiant dès qu'il est ou qu'il devient *lumineux*. Un jour, à propos du vers de Baudelaire : « O charme d'un néant follement attifé », il remarquait : « Mais si c'est le néant senti, recréé, ce n'est plus le néant, c'est toute la vie, tout l'art. »

LES INDIVIDUS. Tels ceux de BALZAC, mais sans rien d'appuyé ni de systématique, les personnages proustiens sont doués d'une inoubliable *présence*. Figures à la fois individuelles et typiques, Tante Léonie, Françoise et ses proverbes, Legrandin le précieux, Bloch et ses pastiches hellénisants, le diplomate Norpois aux discours-labyrinthes, Saint-Loup, Charlus, la duchesse de Guermantes, Odette, Gilberte ou Albertine, chacune a son rythme et son langage différents de tous les autres et toujours reconnaissables. Même les *rôles secondaires* sont nettement dessinés, par exemple à Balbec, ce Directeur d'Hôtel aux divertissants lapsus. Tout ce qui situe et caractérise un être, âge, milieu, activité ou désœuvrement, mais aussi tout ce qui, dans l'immédiat, l'émeut ou le modifie, passion, doute, maladie, nuance à l'infini les dialogues et les monologues intérieurs.

Miroir magique, la mémoire
En effet la psychologie de PROUST n'est pas statique mais *évolutive*. Il sait que le *moi* n'est pas une donnée immobile, qu'il se *transforme sans cesse*, « que la permanence et la durée ne sont promises à rien, pas même à la douleur » ; il sait que seul le passé nous est acquis et que « les vrais paradis sont les paradis qu'on a perdus ».

Perdus à jamais ? Non, car la *mémoire* va les ressusciter, mémoire involontaire mais disponible, accueillant l'apparition mystérieuse, imprévue, grâce à laquelle va se construire, sur le goût d'un gâteau ou le parfum d'une fleur, « *l'édifice immense du souvenir* » (cf. p. 224-226).

Ici Proust s'est nettement, et consciemment, placé sous l'invocation de Chateaubriand, de Nerval, de Baudelaire. Dans *Le Temps retrouvé* (II) il cite ces quelques lignes essentielles des *Mémoires d'outre-tombe* : «Hier au soir je me promenais seul [...] ; je fus tiré de mes réflexions par le gazouillement d'une grive ; à l'instant, ce son *magique* fit reparaître à mes yeux le domaine paternel ». Ainsi tout Combourg ressuscite autour de ce chant d'oiseau : Combourg, Combray, n'y a-t-il pas entre ces deux noms une affinité « élective » ? On songe aussi aux Fleurs du Mal *(Le Parfum)* :

> Charme profond, *magique*, dont nous grise
> Dans le présent, le passé restauré !

L'ART DE MARCEL PROUST

Son style Dans l'*Hommage à Marcel Proust* publié par la N.R.F. en 1923, PAUL VALÉRY écrivait : « On peut ouvrir le livre où l'on veut : sa vitalité ne dépend point de ce qui précède ; elle tient à ce qu'on pourrait nommer l'activité propre du tissu même de son texte. »

Ce style inimitable est en effet d'une *foisonnante richesse* ; mais seul celui que Montaigne nomme « l'indiligent lecteur » pourrait le trouver confus. En fait, la phrase de PROUST, tantôt longue et sinueuse, tantôt fleurissant en rosace, capte une infinité de *reflets*, crée mille *correspondances* et parfois une sorte d'osmose entre différents domaines. Telles ces toiles d'Elstir (cf. p. 247) où les bateaux ressemblent aux maisons qui à leur tour semblent baigner dans un élément liquide, les pages de PROUST éclairent non pas successivement mais *simultanément* les aspects du monde et les profondeurs de l'âme. Son style n'est pas linéaire, il est *prismatique*. Dès sa jeunesse il avait pensé que « seule la métaphore peut donner une sorte d'éternité au style » *(Chroniques)*.

La transfiguration du réel Faite d'éléments *vécus*, mais *transposés*, l'œuvre de PROUST (à l'exclusion d'*Un Amour de Swann*) est entièrement écrite à la première personne. Elle revendique ainsi ses responsabilités, elle est témoignage et elle est *décantation*. Descendue jusqu'aux abîmes, elle ne s'y est pas enlisée ; au contraire, *l'appel vers les valeurs les plus hautes* et les plus pures prend chez Marcel Proust un accent particulier : ce n'est pas sans intention qu'il a montré faibles et décevants, dans leur apparence humaine, l'écrivain Bergotte, le peintre Elstir, et le musicien Vinteuil, car c'est *leur talent* qui les transfigure et qui transfigure la vie autour d'eux. Serviteurs d'un dieu caché, les artistes apportent aux hommes une révélation et peut-être, une rédemption (cf. p. 240) ; on peut dire que chez PROUST, *l'Art atteint vraiment à l'ordre de la Grâce.*

UN UNIVERS DANS UNE TASSE DE THÉ

L'œuvre de Proust, cette immense *Recherche du Temps perdu*, est encadrée tout entière par l'épisode célèbre de la *madeleine* qui en couronne l'ouverture, et l'approfondissement de cette précieuse expérience psychologique aboutissant au miracle du *Temps retrouvé*. La répétition fortuite d'impressions analogues, signalées par une *joie* indicible, permettra à l'auteur de découvrir enfin *le secret de cette joie* (cf. p. 257). Ici la révélation n'est encore que partielle, mais déjà la délicatesse pénétrante de *l'analyse*, aux confins du conscient et de l'inconscient, la solennité de la phrase et son ampleur *lyrique* révèlent *un thème essentiel*.

Il y avait déjà bien des années que, de Combray, tout ce qui n'était pas le théâtre et le drame de mon coucher [1] n'existait plus pour moi, quand un jour d'hiver, comme je rentrais à la maison, ma mère, voyant que j'avais froid, me proposa de me faire prendre, contre mon habitude, un peu de thé. Je refusai d'abord et, je ne sais pourquoi, me ravisai. Elle envoya chercher un de ces gâteaux courts et dodus appelés Petites Madeleines qui semblent avoir été moulés dans la valve rainurée d'une coquille

---

— 1 Cf. p. 227.

de Saint-Jacques. Et bientôt, machinalement, accablé par la morne journée et la perspective d'un triste lendemain, je portai à mes lèvres une cuillerée du thé où j'avais laissé s'amollir un morceau de madeleine. Mais à l'instant même où la gorgée mêlée des miettes du gâteau toucha mon palais, je tressaillis, attentif à ce qui se passait d'extraordinaire en moi. Un plaisir délicieux m'avait envahi, isolé, sans la notion de sa cause. Il m'avait aussitôt rendu les vicissitudes de la vie indifférentes, ses désastres inoffensifs, sa brièveté illusoire, de la même façon qu'opère l'amour, en me remplissant d'une essence précieuse : ou plutôt cette essence n'était pas en moi, elle était moi. J'avais cessé de me sentir médiocre, contingent, mortel [2]. D'où avait pu me venir cette puissante joie ? Je sentais qu'elle était liée au goût du thé et du gâteau, mais qu'elle le dépassait infiniment, ne devait pas être de même nature. D'où venait-elle ? Que signifiait-elle ? Où l'appréhender ? Je bois une seconde gorgée où je ne trouve rien de plus que dans la première, une troisième qui m'apporte un peu moins que la seconde. Il est temps que je m'arrête, la vertu du breuvage semble diminuer. Il est clair que la vérité que je cherche n'est pas en lui, mais en moi. Il l'y a éveillée, mais ne la connaît pas, et ne peut que répéter indéfiniment, avec de moins en moins de force, ce même témoignage que je ne sais pas interpréter et que je veux au moins pouvoir lui redemander et retrouver intact, à ma disposition, tout à l'heure, pour un éclaircissement décisif. Je pose la tasse et me tourne vers mon esprit. C'est à lui de trouver la vérité. Mais comment ? Grave incertitude, toutes les fois que l'esprit se sent dépassé par lui-même ; quand lui, le chercheur, est tout ensemble le pays obscur où il doit chercher et où tout son bagage ne lui sera de rien. Chercher ? pas seulement : créer. Il est en face de quelque chose qui n'est pas encore et que seul il peut réaliser, puis faire entrer dans sa lumière [3].

Et je recommence à me demander quel pouvait être cet état inconnu, qui n'apportait aucune preuve logique, mais l'évidence, de sa félicité, de sa réalité devant laquelle les autres s'évanouissaient. Je veux essayer de le faire réapparaître. [...]

Le narrateur tente donc de remonter à la source de cette joie. Il sent en lui quelque chose qui se déplace, voudrait s'élever ; *il* éprouve la résistance *et entend* la rumeur des distances traversées ; *il devine que,* ce qui palpite ainsi au fond de *lui,* ce doit être l'image, le souvenir visuel lié à cette saveur.

Arrivera-t-il jusqu'à la surface de ma claire conscience, ce souvenir, l'instant ancien que l'attraction d'un instant identique est venue de si loin solliciter, émouvoir, soulever tout au fond de moi ? Je ne sais. Maintenant je ne sens plus rien, il est arrêté, redescendu peut-être ; qui sait s'il remontera jamais de sa nuit ? Dix fois il me faut recommencer, me pencher vers lui. Et chaque fois la lâcheté qui nous détourne de toute

— 2 Cf. p. 257. — 3 Ainsi apparaît la parenté | entre cette opération de la mémoire et la *création* littéraire ou artistique.

tâche difficile, de toute œuvre importante, m'a conseillé de laisser cela,
de boire mon thé en pensant simplement à mes ennuis d'aujourd'hui, à
mes désirs de demain qui se laissent remâcher sans peine.
Et tout d'un coup le souvenir m'est apparu. Ce goût, c'était celui du
50 petit morceau de madeleine que le dimanche matin à Combray (parce
que ce jour-là je ne sortais pas avant l'heure de la messe), quand j'allais
lui dire bonjour dans sa chambre, ma tante Léonie m'offrait après l'avoir
trempé dans son infusion de thé ou de tilleul. La vue de la petite madeleine ne m'avait rien rappelé avant que je n'y eusse goûté ; peut-être parce
que, en ayant souvent aperçu depuis, sans en manger, sur les tablettes
des pâtissiers, leur image avait quitté ces jours de Combray pour se lier
à d'autres plus récents ; peut-être parce que, de ces souvenirs abandonnés
si longtemps hors de la mémoire, rien ne survivait, tout s'était désagrégé ;
les formes — et celle aussi du petit coquillage de pâtisserie, si grassement
60 sensuel sous son plissage sévère et dévot — s'étaient abolies, ou, ensom-
meillées, avaient perdu la force d'expansion qui leur eût permis de rejoindre
la conscience. Mais, quand d'un passé ancien rien ne subsiste, après la
mort des êtres, après la destruction des choses, seules, plus frêles mais
plus vivaces, plus immatérielles, plus persistantes, plus fidèles, l'odeur
et la saveur restent encore longtemps, comme des âmes, à se rappeler,
à attendre, à espérer, sur la ruine de tout le reste, à porter sans fléchir,
sur leur gouttelette presque impalpable, l'édifice immense du souvenir [4].
Et dès que j'eus reconnu le goût du morceau de madeleine trempé
dans le tilleul que me donnait ma tante (quoique je ne susse pas encore
70 et dusse remettre à bien plus tard de découvrir pourquoi ce souvenir
me rendait si heureux), aussitôt la vieille maison grise sur la rue, où était
sa chambre, vint comme un décor de théâtre s'appliquer au petit pavillon
donnant sur le jardin, qu'on avait construit pour mes parents sur ses
derrières (ce plan tronqué que seul j'avais revu jusque-là) ; et avec la
maison, la ville, depuis le matin jusqu'au soir et par tous les temps, la
Place où on m'envoyait avant déjeuner, les rues où j'allais faire des courses,
les chemins qu'on prenait si le temps était beau. Et comme dans ce jeu
où les Japonais s'amusent à tremper dans un bol de porcelaine rempli
d'eau, de petits morceaux de papier jusque-là indistincts qui, à peine y
80 sont-ils plongés, s'étirent, se contournent, se colorent, se différencient,
deviennent des fleurs, des maisons, des personnages consistants et reconnaissables, de même maintenant toutes les fleurs de notre jardin et celles
du parc de M. Swann, et les nymphéas de la Vivonne, et les bonnes gens
du village et leurs petits logis et l'église et tout Combray et ses environs,
tout cela qui prend forme et solidité, est sorti, ville et jardins, de ma tasse
de thé.

Du côté de chez Swann (Librairie Gallimard, éditeur).

— 4 Cf. le rôle que jouent les parfums dans
Les Fleurs du Mal, et en particulier : « Parfois

on trouve un vieux flacon qui se souvient,
D'où jaillit toute vive une âme qui revient »
(Le Flacon).

De l'angoisse à l'espoir

Voici un *petit drame* qui s'est fréquemment renouvelé : un soir où ses parents, en vacances à Combray chez « Tante Léonie », reçoivent des invités à dîner, l'enfant, qu'on a couché de bonne heure, voudrait intensément *voir sa mère* et pour cela met en œuvre tous les moyens.

Une fois dans ma chambre, il fallut boucher toutes les issues, fermer les volets, creuser mon propre tombeau, en défaisant mes couvertures, revêtir le suaire de ma chemise de nuit. Mais avant de m'ensevelir dans le lit de fer qu'on avait ajouté dans la chambre parce que j'avais trop chaud l'été sous les courtines de reps du grand lit, j'eus un mouvement de révolte, je voulus essayer d'une ruse de condamné. J'écrivis à ma mère en la suppliant de monter pour une chose grave que je ne pouvais lui dire dans ma lettre. Mon effroi était que Françoise, la cuisinière de ma tante, qui était chargée de s'occuper de moi quand j'étais à Combray, refusât de porter mon mot. Je me doutais que pour elle, faire une commission à ma mère quand il y avait du monde lui paraîtrait aussi impossible que pour le portier d'un théâtre de remettre une lettre à un acteur pendant qu'il est en scène. Elle possédait à l'égard des choses qui peuvent ou ne peuvent pas se faire un code impérieux, abondant, subtil et intransigeant sur des distinctions insaisissables ou oiseuses (ce qui lui donnait l'apparence de ces lois antiques qui, à côté de prescriptions féroces comme de massacrer les enfants à la mamelle, défendent avec une délicatesse exagérée de faire bouillir le chevreau dans le lait de sa mère, ou de manger dans un animal le nerf de la cuisse [1]). Ce code, si l'on en jugeait par l'entêtement soudain qu'elle mettait à ne pas vouloir faire certaines commissions que nous lui donnions, semblait avoir prévu des complexités sociales et des raffinements mondains tels que rien dans l'entourage de Françoise et dans sa vie de domestique de village n'avait pu les lui suggérer ; et l'on était obligé de se dire qu'il y avait en elle un passé français très ancien, noble et mal compris [2], comme dans ces cités manufacturières où de vieux hôtels témoignent qu'il y eut jadis une vie de cour, et où les ouvriers d'une usine de produits chimiques travaillent au milieu de délicates sculptures qui représentent le miracle de saint Théophile ou les quatre fils Aymon. Dans le cas particulier, l'article du code à cause duquel il était peu probable que sauf le cas d'incendie Françoise allât déranger maman en présence de M. Swann pour un aussi petit personnage que moi, exprimait simplement le respect qu'elle professait non seulement pour les parents — comme pour les morts, les prêtres et les rois — mais encore pour l'étranger à qui on donne l'hospitalité, respect qui m'aurait peut-être touché dans un livre mais qui m'irritait toujours dans sa bouche, à cause du ton grave et attendri qu'elle prenait pour en parler, et davantage ce soir où le caractère sacré qu'elle conférait au dîner avait pour effet qu'elle refuserait d'en troubler la cérémonie. Mais pour mettre une chance de mon côté, je n'hésitai pas à mentir et à lui dire que ce n'était pas du tout moi qui avais voulu écrire à maman, mais que c'était maman qui, en me quittant, m'avait recommandé de ne pas oublier de lui envoyer une réponse relativement à un objet qu'elle m'avait prié de chercher ; et elle

---

— 1 Ces deux prescriptions rituelles figurent dans la Bible, la première dans *L'Exode* (XXIII, 19) et *Le Deutéronome* (XIV, 21), la seconde dans *La Genèse* (XXXII, 33), en rapport avec la lutte de Jacob contre Dieu. — 2 Noter ici le *rythme ternaire* cher à Proust qui le nuance généralement *d'humour* (cf. l. 31).

40 serait certainement très fâchée si on ne lui remettait pas ce mot. Je pense que Françoise ne me crut pas, car, comme les hommes primitifs dont les sens étaient plus puissants que les nôtres, elle discernait immédiatement, à des signes insaisissables pour nous, toute vérité que nous voulions lui cacher ; elle regarda pendant cinq minutes l'enveloppe comme si l'examen du papier et l'aspect de l'écriture allaient la renseigner sur la nature du contenu ou lui apprendre à quel article de son code elle devait se référer. Puis elle sortit d'un air résigné qui semblait signifier : « C'est-il pas malheureux pour les parents d'avoir un enfant pareil ! » Elle revint au bout d'un moment me dire qu'on n'en était encore qu'à la glace, qu'il était impossible au maître d'hôtel de remettre la lettre en ce 50 moment devant tout le monde, mais que, quand on serait aux rince-bouche, on trouverait le moyen de la faire passer à maman. Aussitôt mon anxiété tomba ; maintenant ce n'était plus comme tout à l'heure pour jusqu'à demain que j'avais quitté ma mère, puisque mon petit mot allait, la fâchant sans doute (et doublement parce que ce manège me rendrait ridicule aux yeux de Swann), me faire du moins entrer invisible et ravi dans la même pièce qu'elle, allait lui parler de moi à l'oreille ; puisque cette salle à manger interdite, hostile, où, il y avait un instant encore, la glace elle-même — le « granité » — et les rince-bouche me semblaient recéler des plaisirs malfaisants et mortellement tristes parce que maman les goûtait loin de moi, s'ouvrait à moi et, comme un fruit 60 devenu doux qui brise son enveloppe, allait faire jaillir, projeter jusqu'à mon cœur enivré l'attention de maman tandis qu'elle lirait mes lignes. Maintenant je n'étais plus séparé d'elle ; les barrières étaient tombées, un fil délicieux nous réunissait. Et puis, ce n'était pas tout : maman allait sans doute venir !

Du côté de chez Swann (Librairie Gallimard, éditeur).

A Combray

Marcel Proust évoque ici le village où il passait ses vacances d'enfant. Le *charme de cette page* est dû à ce que de très petits « potins » sur des faits insignifiants tissent une sorte de réseau entrecroisé autour du vieil édifice « qui avait contemplé Saint Louis et semblait le voir encore ». Et, le dimanche, quand l'enfant pénètre à l'intérieur de la massive construction, il peut lever les yeux sur deux tapisseries où Assuérus et Esther sont représentés sous les traits d'un roi de France et d'une dame de Guermantes. Ainsi l'église lui apparaît comme un lieu *magique*, un *espace à quatre dimensions*, la quatrième étant celle du Temps.

A Combray, une personne « qu'on ne connaissait point » était un être aussi peu croyable qu'un dieu de la mythologie, et de fait on ne se souvenait pas que, chaque fois que s'était produite, dans la rue du Saint-Esprit ou sur la place, une de ces apparitions stupéfiantes, des recherches bien conduites n'eussent pas fini par réduire le personnage fabuleux aux proportions d'une « personne qu'on connaissait », soit personnellement, soit abstraitement, dans son état civil, en tant qu'ayant tel degré de parenté avec des gens de Combray [1]. C'était le fils de Mme Sauton qui rentrait du service, la nièce de l'abbé Perdreau qui sortait du couvent, le frère du curé, percepteur à Châteaudun [2] qui venait 10 de prendre sa retraite ou qui était venu passer les fêtes. On avait eu en les apercevant l'émotion de croire qu'il y avait à Combray des gens qu'on ne connaissait

---

— 1 Voir « La famille », p. 219. — 2 Dans l'Eure-et-Loir, au sud d'Illiers-Combray.

point, simplement parce qu'on ne les avait pas reconnus ou identifiés tout de suite. Et pourtant, longtemps à l'avance, Mme Sauton et le curé avaient prévenu qu'ils attendaient leurs « voyageurs ». Quand le soir je montais, en rentrant, raconter notre promenade à ma tante, si j'avais l'imprudence de lui dire que nous avions rencontré, près du Pont-Vieux, un homme que mon grand-père ne connaissait pas : « Un homme que grand-père ne connaissait point ! s'écriait-elle. Ah ! je te crois bien ! » Néanmoins un peu émue de cette nouvelle, elle voulait en avoir le cœur net, mon grand-père était mandé. « Qui donc est-ce que vous avez rencontré près du Pont-Vieux, mon oncle ? un homme que vous ne connaissiez point ? — Mais si, répondait mon grand-père, c'était Prosper, le frère du jardinier de Mme Bouillebœuf. — Ah ! bien », disait ma tante, tranquillisée et un peu rouge ; haussant les épaules avec un sourire ironique, elle ajoutait : « Aussi il me disait que vous aviez rencontré un homme que vous ne connaissiez point ! » Et on me recommandait d'être plus circonspect une autre fois et de ne plus agiter ainsi ma tante par des paroles irréfléchies. On connaissait tellement bien tout le monde, à Combray, bêtes et gens, que si ma tante avait vu par hasard passer un chien « qu'elle ne connaissait point », elle ne cessait d'y penser et de consacrer à ce fait incompréhensible ses talents d'induction et ses heures de liberté.

Ce sera le chien de Mme Sazerat, disait Françoise, sans grande conviction, mais dans un but [3] d'apaisement et pour que ma tante ne se « fende pas la tête ».

— Comme si je ne connaissais pas le chien de Mme Sazerat ! répondait ma tante dont l'esprit critique n'admettait pas si facilement un fait.

— Ah ! ce sera le nouveau chien que M. Galopin a rapporté de Lisieux.

— Ah ! à moins de ça.

— Il paraît que c'est une bête bien affable, ajoutait Françoise qui tenait le renseignement de Théodore, spirituelle comme une personne, toujours de bonne humeur, toujours aimable, toujours quelque chose de gracieux. C'est rare qu'une bête qui n'a que cet âge-là soit déjà si galante. Madame Octave [4], il va falloir que je vous quitte, je n'ai pas le temps de m'amuser, voilà bientôt dix heures, mon fourneau n'est seulement pas éclairé, et j'ai encore à plumer mes asperges.

— Comment, Françoise, encore des asperges ! mais c'est une vraie maladie d'asperges que vous avez cette année, vous allez en fatiguer nos Parisiens !

— Mais non, madame Octave, ils aiment bien ça. Ils rentreront de l'église avec de l'appétit et vous verrez qu'ils ne les mangeront pas avec le dos de la cuiller.

— Mais à l'église, ils doivent y être déjà ; vous ferez bien de ne pas perdre de temps. Allez surveiller votre déjeuner.

Pendant que ma tante devisait ainsi avec Françoise, j'accompagnais mes parents à la messe. Que je l'aimais, que je la revois bien, notre Église ! Son vieux porche par lequel nous entrions, noir, grêlé comme une écumoire, était dévié et profondément creusé aux angles (de même que le bénitier où il nous conduisait) comme si le doux effleurement des mantes des paysannes entrant à l'église et de leurs doigts timides prenant de l'eau bénite, pouvait, répété pendant des siècles, acquérir une force destructive, infléchir la pierre et l'entailler de sillons comme en trace la roue des carrioles dans la borne contre laquelle elle bute tous les jours. Ses pierres tombales, sous lesquelles la noble poussière des

---

— 3 Locution courante mais incorrecte. | grand-mère du futur romancier est désignée
— 4 Madame *Octave* est tante *Léonie ;* la | parfois comme Madame *Amédée.*

abbés de Combray, enterrés là, faisait au chœur comme un pavage spirituel,
60 n'étaient plus elles-mêmes de la matière inerte et dure, car le temps les avait
rendues douces et fait couler comme du miel hors des limites de leur propre
équarrissure qu'ici elles avaient dépassées d'un flot blond, entraînant à la dérive
une majuscule gothique en fleurs, noyant les violettes blanches du marbre ;
et en deçà desquelles, ailleurs, elles s'étaient résorbées, contractant encore
l'elliptique inscription latine, introduisant un caprice de plus dans la disposition
de ces caractères abrégés, rapprochant deux lettres d'un mot dont les autres
avaient été démesurément distendues. Ses vitraux ne chatoyaient jamais tant
que les jours où le soleil se montrait peu, de sorte que, fît-il gris dehors, on
était sûr qu'il ferait beau dans l'église ; l'un était rempli dans toute sa grandeur
70 par un seul personnage pareil à un Roi de jeu de cartes, qui vivait là-haut, sous
un dais architectural, entre ciel et terre ; (et dans le reflet oblique et bleu duquel,
parfois les jours de semaine, à midi, quand il n'y a pas d'office — à l'un de ces
rares moments où l'église aérée, vacante, plus humaine, luxueuse, avec du soleil
sur son riche mobilier, avait l'air presque habitable comme le hall de pierre
sculptée et de verre peint, d'un hôtel de style moyen âge — on voyait s'agenouiller
un instant Mme Sazerat, posant sur le prie-Dieu voisin un paquet tout ficelé
de petits fours qu'elle venait de prendre chez le pâtissier d'en face et qu'elle
allait rapporter pour le déjeuner) ; dans un autre une montagne de neige rose,
au pied de laquelle se livrait un combat, semblait avoir givré à même la verrière
80 qu'elle boursouflait de son trouble grésil comme une vitre à laquelle il serait
resté des flocons, mais des flocons éclairés par quelque aurore (par la même
sans doute qui empourprait le retable de l'autel de tons si frais qu'ils semblaient
plutôt posés là momentanément par une lueur du dehors prête à s'évanouir
que par des couleurs attachées à jamais à la pierre) ; et tous étaient si anciens
qu'on voyait çà et là leur vieillesse argentée étinceler de la poussière des siècles
et montrer, brillante et usée jusqu'à la corde, la trame de leur douce tapisserie
de verre. Il y en avait un qui était un haut compartiment divisé en une centaine
de petits vitraux rectangulaires où dominait le bleu, comme un grand jeu de
cartes pareil à ceux qui devaient distraire le roi Charles VI ; mais soit qu'un
90 rayon eût brillé, soit que mon regard en bougeant eût promené à travers la
verrière, tour à tour éteinte et rallumée, un mouvant et précieux incendie,
l'instant d'après elle avait pris l'éclat changeant d'une traîne de paon, puis elle
tremblait et ondulait en une pluie flamboyante et fantastique qui dégouttait du
haut de la voûte sombre et rocheuse, le long des parois humides, comme si
c'était dans la nef de quelque grotte irisée de sinueuses stalactites que je suivais
mes parents, qui portaient leur paroissien ; un instant après, les petits vitraux
en losange avaient pris la transparence profonde, l'infrangible dureté de saphirs
qui eussent été juxtaposés sur quelque immense pectoral [5] mais derrière lesquels
on sentait, plus aimé que toutes ces richesses, un sourire momentané de soleil ;
100 il était aussi reconnaissable dans le flot bleu et doux dont il baignait les pierreries que sur le pavé de la place ou la paille du marché ; et, même à nos premiers
dimanches quand nous étions arrivés avant Pâques, il me consolait que la terre
fût encore nue et noire, en faisant épanouir, comme en un printemps historique
et qui datait des successeurs de saint Louis, ce tapis éblouissant et doré de
myosotis en verre.

Du côté de chez Swann (Librairie Gallimard, éditeur).

—

— 5 Pièce d'étoffe enrichie de pierres précieuses que portaient les grands-prêtres.

SNOBISME HONTEUX

Il est des snobs, comme des pauvres, « honteux ». Tel apparaît LEGRANDIN, un voisin de Combray, beau parleur, prodigue en phrases fleuries sur les clairs de lune et les « jolis » états d'âme. En fait, au fond de lui se cache soigneusement un *alter ego* dont le ton et les regards viennent souvent démentir la feinte indifférence du « Legrandin causeur » à l'égard des brillantes relations. Ainsi, lorsque l'adolescent enthousiaste prononcera le nom de GUERMANTES, ses mots vont percer comme autant de flèches ce « *Saint Sébastien du snobisme* ».

J'écoutais les paroles de M. Legrandin qui me paraissaient toujours si agréables ; mais troublé par le souvenir d'une femme que j'avais aperçue dernièrement pour la première fois, et pensant, maintenant que je savais que Legrandin était lié avec plusieurs personnalités aristocratiques des environs, que peut-être il connaissait celle-ci, prenant mon courage, je lui dis : « Est-ce que vous connaissez, monsieur, la... les châtelaines de Guermantes ? », heureux aussi en prononçant ce nom de prendre sur lui une sorte de pouvoir, par le seul fait de le tirer de mon rêve et de lui donner une existence objective et sonore.

Mais à ce nom de Guermantes, je vis au milieu des yeux bleus de notre ami se ficher une petite encoche brune comme s'ils venaient d'être percés par une pointe invisible, tandis que le reste de la prunelle réagissait en sécrétant des flots d'azur. Le cerne de sa paupière noircit, s'abaissa. Et sa bouche marquée d'un pli amer se ressaisissant plus vite sourit, tandis que le regard restait douloureux, comme celui d'un beau martyr dont le corps est hérissé de flèches : « Non, je ne les connais pas », dit-il, mais au lieu de donner à un renseignement aussi simple, à une réponse aussi peu surprenante le ton naturel et courant qui convenait, il le débita en appuyant sur les mots, en s'inclinant, en saluant de la tête, à la fois avec l'insistance qu'on apporte, pour être cru, à une affirmation invraisemblable — comme si ce fait qu'il ne connût pas les Guermantes ne pouvait être l'effet que d'un hasard singulier — et aussi avec l'emphase de quelqu'un qui, ne pouvant pas taire une situation qui lui est pénible, préfère la proclamer pour donner aux autres l'idée que l'aveu qu'il fait ne lui cause aucun embarras, est facile, agréable, spontané, que la situation elle-même — l'absence de relations avec les Guermantes — pourrait bien avoir été non pas subie, mais voulue par lui, résulter de quelque tradition de famille, principe de morale ou vœu mystique lui interdisant nommément la fréquentation des Guermantes. « Non, reprit-il, expliquant par ses paroles sa propre intonation, non je ne les connais pas, je n'ai jamais voulu, j'ai toujours tenu à sauvegarder ma pleine indépendance ; au fond je suis une tête jacobine, vous le savez. Beaucoup de gens sont venus à la rescousse, on me disait que j'avais tort de ne pas aller à Guermantes, que je me donnais l'air d'un malotru, d'un vieil ours. Mais voilà une réputation qui n'est

pas pour m'effrayer, elle est si vraie ! Au fond, je n'aime plus au monde que quelques églises, deux ou trois livres, à peine davantage de tableaux, et le clair de lune quand la brise de votre jeunesse apporte jusqu'à moi l'odeur des parterres que mes vieilles prunelles ne distinguent plus.» Je ne comprenais pas bien que, pour ne pas aller chez des gens qu'on ne
40 connaît pas, il fût nécessaire de tenir à son indépendance, et en quoi cela pouvait vous donner l'air d'un sauvage ou d'un ours. Mais ce que je comprenais, c'était que Legrandin n'était pas tout à fait véridique quand il disait n'aimer que les églises, le clair de lune et la jeunesse ; il aimait beaucoup les gens des châteaux et se trouvait pris devant eux d'une si grande peur de leur déplaire qu'il n'osait pas leur laisser voir qu'il avait pour amis des bourgeois, des fils de notaires ou d'agents de change, préférant, si la vérité devait se découvrir, que ce fût en son absence, loin de lui et « par défaut » ; il était snob.

Du côté de chez Swann (Librairie Gallimard, éditeur).

PARFUMS IMPÉRISSABLES

La véritable réalité, selon PROUST, ne se forme que *dans la mémoire*. Aussi le souvenir confère-t-il *profondeur* et *durée* à ce qui semblait devoir être le plus périssable, une fleur ou le parfum de cette fleur. MARCEL PROUST aimait les lilas, les bluets et surtout les aubépines que porte au mois de mai, blanches ou roses, « l'arbuste catholique et délicieux ».

Aussi le côté de Méséglise et le côté de Guermantes restent-ils pour moi liés à bien des petits événements de celle de toutes les diverses vies que nous menons parallèlement, qui est la plus pleine de péripéties, la plus riche en épisodes, je veux dire la vie intellectuelle. Sans doute elle progresse en nous insensiblement, et les vérités qui en ont changé pour nous le sens et l'aspect, qui nous ont ouvert de nouveaux chemins, nous en préparions depuis toujours la découverte ; mais c'était sans le savoir ; et elles ne datent pour nous que du jour, de la minute où elles nous sont
10 devenues visibles. Les fleurs qui jouaient alors sur l'herbe, l'eau qui passait au soleil, tout le paysage qui environna leur apparition continue à accompagner leur souvenir de son visage inconscient ou distrait ; et certes, quand ils étaient longuement contemplés par cet humble passant, par cet enfant qui rêvait — comme l'est un roi, par un mémorialiste perdu dans la foule, — ce coin de nature, ce bout de jardin n'eussent pu penser que ce serait grâce à lui qu'ils seraient appelés à survivre en leurs particularités les plus éphémères ; et pourtant ce parfum d'aubépine qui butine le long de la haie où les églantiers le remplaceront bientôt, un bruit de pas sans écho sur le gravier d'une allée, une bulle formée contre une plante aquatique par l'eau de la rivière et qui crève aussitôt, mon exaltation
20 les a portés et a réussi à leur faire traverser tant d'années successives,

tandis qu'alentour les chemins se sont effacés et que sont morts ceux qui les foulèrent et le souvenir de ceux qui les foulèrent. Parfois ce morceau de paysage amené ainsi jusqu'à aujourd'hui se détache si isolé de tout, qu'il flotte incertain dans ma pensée comme une Délos fleurie [1], sans que je puisse dire de quel pays, de quel temps — peut-être tout simplement de quel rêve — il vient. Mais c'est surtout comme à des gisements profonds de mon sol mental, comme aux terrains résistants sur lesquels je m'appuie encore, que je dois penser au côté de Méséglise [2] et au côté de Guermantes. C'est parce que je croyais aux choses, aux êtres, tandis que je les parcourais, que les choses, les êtres qu'ils m'ont fait connaître sont les seuls que je prenne encore au sérieux et qui me donnent encore de la joie. Soit que la foi qui crée soit tarie en moi [3], soit que la réalité ne se forme que dans la mémoire, les fleurs qu'on me montre aujourd'hui pour la première fois ne me semblent pas de vraies fleurs. Le côté de Méséglise avec ses lilas, ses aubépines, ses bluets, ses coquelicots, ses pommiers, le côté de Guermantes avec sa rivière à têtards, ses nymphéas et ses boutons d'or, ont constitué. à tout jamais pour moi la figure des pays où j'aimerais vivre, où j'exige avant tout qu'on puisse aller à la pêche, se promener en canot, voir des ruines de fortifications gothiques et trouver au milieu des blés, ainsi qu'était Saint-André-des-Champs, une église monumentale, rustique et dorée comme une meule ; et les bluets, les aubépines, les pommiers qu'il m'arrive, quand je voyage, de rencontrer encore dans les champs, parce qu'ils sont situés à la même profondeur, au niveau de mon passé, sont immédiatement en communication avec mon cœur. Et pourtant, parce qu'il y a quelque chose d'individuel dans les lieux, quand me saisit le désir de revoir le côté de Guermantes, on ne le satisferait pas en me menant au bord d'une rivière où il y aurait d'aussi beaux, de plus beaux nymphéas que dans la Vivonne, pas plus que le soir en rentrant — à l'heure où s'éveillait en moi cette angoisse qui plus tard émigre dans l'amour, et peut devenir à jamais inséparable de lui — je n'aurais souhaité que vînt me dire bonsoir une mère plus belle et plus intelligente que la mienne [4]. Non ; de même que ce qu'il me fallait pour que je pûsse m'endormir heureux, avec cette paix sans trouble qu'aucune maîtresse n'a pu me donner depuis, puisqu'on doute d'elles encore au moment où on croit en elles et qu'on ne possède jamais leur cœur comme je recevais dans un baiser celui de ma mère, tout entier, sans la réserve d'une arrière-pensée, sans le reliquat d'une intention qui ne fût pas pour moi — c'est que ce fût elle, c'est qu'elle inclinât vers moi ce visage où il y avait au-dessous de l'œil quelque chose qui était, paraît-il, un défaut, et que j'aimais à l'égal du reste ; de même ce que je veux revoir, c'est le côté de Guermantes que j'ai connu, avec la ferme qui est un peu éloignée des deux suivantes serrées l'une contre l'autre, à l'entrée de l'allée des chênes ;

— 1 Selon la légende grecque, Délos avait été | *dc chez Swann*. — 3 Cf. « le temps heureux l'abord une île *flottante*. — 2 C'est aussi *le côté* | de ma *croyante* jeunesse ». — 4 Cf. p. 227.

ce sont ces prairies où, quand le soleil les rend réfléchissantes comme
une mare, se dessinent les feuilles des pommiers, c'est ce paysage dont
parfois, la nuit dans mes rêves, l'individualité m'étreint avec une puissance
presque fantastique et que je ne peux plus retrouver au réveil. Sans
doute pour avoir à jamais indissolublement uni en moi des impressions
différentes, rien que parce qu'ils me les avaient fait éprouver en même
temps, le côté de Méséglise ou le côté de Guermantes m'ont exposé,
70 pour l'avenir, à bien des déceptions et même à bien des fautes. Car souvent
j'ai voulu revoir une personne sans discerner que c'était simplement
parce qu'elle me rappelait une haie d'aubépines, et j'ai été induit à croire,
à faire croire à un regain d'affection, par un simple désir de voyage. Mais
par là-même aussi, et en restant présents en celles de mes impressions
d'aujourd'hui auxquelles ils peuvent se relier, ils leur donnent des assises,
de la profondeur, une dimension de plus qu'aux autres [5]. Ils leur ajoutent
aussi un charme, une signification qui n'est que pour moi. Quand par
les soirs d'été le ciel harmonieux gronde comme une bête fauve et que
chacun boude l'orage, c'est au côté de Méséglise que je dois de rester
80 seul en extase à respirer, à travers le bruit de la pluie qui tombe, l'odeur
d'invisibles et persistants lilas.

Du côté de chez Swann (Librairie Gallimard, éditeur).

Le salon de Madame Verdurin

SWANN a rencontré une jeune femme peu farouche, au passé déjà lourd, ODETTE DE
CRÉCY. Elle va l'introduire auprès d'un ménage de mécènes bourgeois, très riches, mais
dépourvus de relations et qui, faute de mieux, se sont constitué un *salon* qu'ils veulent
à la fois brillant et intime. Pour faire partie du « petit noyau », du petit clan, il y a une
condition suffisante mais nécessaire : adhérer au Credo de MADAME VERDURIN qui classe
les réputations intellectuelles ou mondaines selon son bon plaisir et ses possibilités.
Tel jeune pianiste qu'elle protège « enfonce », dit-elle, les virtuoses les plus réputés. Les
convives de ses dîners voient ainsi applaudir leurs platitudes et leurs calembredaines.
Mais les femmes gardent un peu plus d'esprit critique et ne perdent pas « toute envie
de se renseigner sur l'agrément des autres salons », si bien que, peu à peu « ce démon
de la frivolité pouvant devenir fatal à l'orthodoxie de la petite Église », les VERDURIN ont
été amenés à rejeter successivement presque tous les « fidèles du sexe féminin ».

Le « petit noyau »   En dehors de la jeune femme du docteur [1], ils
                            étaient réduits presque uniquement cette année-là
(bien que Mme Verdurin fût elle-même vertueuse et d'une respectable famille
bourgeoise, excessivement riche et entièrement obscure, avec laquelle elle
avait peu à peu cessé volontairement toute relation) à une personne presque du
demi-monde, Mme de Crécy, que Mme Verdurin appelait par son petit nom,
Odette, et déclarait être « un amour », et à la tante du pianiste, laquelle devait
avoir tiré le cordon ; personnes ignorantes du monde et à la naïveté de qui il

---

— 5 Cette quatrième dimension qui est celle du   — 1 Du Docteur Cottard, spécialiste... en
Temps (cf. p. 228, présentation de l'extrait).   absurdes calembours.

avait été si facile de faire accroire que la princesse de Sagan [2] et la duchesse de Guermantes étaient obligées de payer des malheureux pour avoir du monde à leurs dîners, que si on leur avait offert de les faire inviter chez ces deux grandes dames, l'ancienne concierge et la cocotte eussent dédaigneusement refusé. Les Verdurin n'invitaient pas à dîner : on avait chez eux « son couvert mis ». Pour la soirée, il n'y avait pas de programme. Le jeune pianiste jouait, mais seulement si « ça lui chantait », car on ne forçait personne et comme disait M. Verdurin : « Tout pour les amis, vivent les camarades ! » Si le pianiste voulait jouer la chevauchée de la *Walkyrie* ou le prélude de *Tristan*, Mme Verdurin protestait [3], non que cette musique lui déplût, mais au contraire parce qu'elle lui causait trop d'impression. « Alors vous tenez à ce que j'aie ma migraine ? Vous savez bien que c'est la même chose chaque fois qu'il joue ça. Je sais ce qui m'attend ! Demain quand je voudrai me lever, bonsoir, plus personne ! » S'il ne jouait pas, on causait, et l'un des amis, le plus souvent leur peintre favori d'alors, « lâchait », comme disait M. Verdurin, « une grosse faribole qui faisait esclaffer tout le monde », Mme Verdurin surtout, à qui, — tant elle avait l'habitude de prendre au propre les expressions figurées des émotions qu'elle éprouvait — le docteur Cottard (un jeune débutant à cette époque) dut un jour remettre sa mâchoire qu'elle avait décrochée pour avoir trop ri.

L'habit noir était défendu parce qu'on était entre « copains » et pour ne pas ressembler aux « ennuyeux » dont on se garait comme de la peste et qu'on n'invitait qu'aux grandes soirées, données le plus rarement possible et seulement si cela pouvait amuser le peintre ou faire connaître le musicien. Le reste du temps, on se contentait de jouer des charades, de souper en costumes, mais entre soi, en ne mêlant aucun étranger au petit « noyau ».

La « Patronne »

Mme Verdurin était assise sur un haut siège suédois en sapin ciré, qu'un violoniste de ce pays lui avait donné et qu'elle conservait, quoiqu'il rappelât la forme d'un escabeau et jurât avec les beaux meubles anciens qu'elle avait, mais elle tenait à garder en évidence les cadeaux que les fidèles avaient l'habitude de lui faire de temps en temps, afin que les donateurs eussent le plaisir de les reconnaître quand ils venaient. Aussi tâchait-elle de persuader qu'on s'en tînt aux fleurs et aux bonbons, qui du moins se détruisent ; mais elle n'y réussissait pas, et c'était chez elle une collection de chauffe-pieds, de coussins, de pendules, de paravents, de baromètres, de potiches, dans une accumulation de redites et un [4] disparate d'étrennes.

De ce poste élevé elle participait avec entrain à la conversation des fidèles et s'égayait de leurs « fumisteries », mais depuis l'accident qui était arrivé à sa mâchoire, elle avait renoncé à prendre la peine de pouffer effectivement et se livrait à la place à une mimique conventionnelle qui signifiait, sans fatigue ni risques pour elle, qu'elle riait aux larmes. Au moindre mot que lâchait un habitué contre un ennuyeux ou contre un ancien habitué rejeté au camp des ennuyeux — et pour le plus grand désespoir de M. Verdurin qui avait eu longtemps la prétention d'être aussi aimable que sa femme, mais qui riant pour de bon s'essoufflait vite et avait été distancé et vaincu par cette ruse d'une incessante et fictive

hilarité — elle poussait un petit cri, fermait entièrement ses yeux d'oiseau qu'une taie commençait à voiler, et brusquement, comme si elle n'eût eu que le temps de cacher un spectacle indécent ou de parer à un accès mortel, plongeant sa figure dans ses mains qui la recouvraient et n'en laissaient plus rien voir, elle avait l'air de s'efforcer de réprimer, d'anéantir un rire qui, si elle s'y fût abandonnée, l'eût conduite à l'évanouissement. Telle, étourdie par la gaîté des fidèles, ivre
60 de camaraderie, de médisance et d'assentiment, Mme Verdurin, juchée sur son perchoir, pareille à un oiseau dont on eût trempé le colifichet [5] dans du vin chaud, sanglotait d'amabilité.

Un Amour de Swann (Librairie Gallimard, éditeur).

Odette ou Zéphora ?

Devenu amoureux d'ODETTE, SWANN va lui rendre visite dans son appartement « modern-style ». Conscient peut-être des *imperfections* de la jeune femme, donc de sa propre faiblesse, il cherche à justifier sa passion par des mobiles d'ordre *esthétique*.

Une seconde visite qu'il lui fit eut plus d'importance peut-être. En se rendant chez elle ce jour-là comme chaque fois qu'il devait la voir, d'avance il se la représentait ; et la nécessité où il était, pour trouver jolie sa figure, de limiter aux seules pommettes roses et fraîches, les joues qu'elle avait si souvent jaunes, languissantes, parfois piquées de petits points rouges, l'affligeait comme une preuve que l'idéal est inaccessible et le bonheur médiocre. Il lui apportait une gravure qu'elle désirait voir. Elle était un peu souffrante ; elle le reçut en peignoir de crêpe de chine mauve, ramenant sur sa poitrine, comme un manteau, une étoffe richement brodée. Debout à côté de lui, laissant
10 couler le long de ses joues ses cheveux qu'elle avait dénoués, fléchissant une jambe dans une attitude légèrement dansante pour pouvoir se pencher sans fatigue vers la gravure qu'elle regardait, en inclinant la tête, de ses grands yeux, si fatigués et maussades quand elle ne s'animait pas, elle frappa Swann par sa ressemblance avec cette figure de Zéphora [1], la fille de Jéthro, qu'on voit dans une fresque de la chapelle Sixtine [2]. Swann avait toujours eu ce goût particulier d'aimer à retrouver dans la peinture des maîtres non pas seulement les caractères généraux de la réalité qui nous entoure, mais ce qui semble au contraire le moins susceptible de généralité, les traits individuels des visages que nous connaissons : ainsi, dans la matière d'un buste du doge Lorédan par
20 Antoine Rizzo [3], la saillie des pommettes, l'obliquité des sourcils, enfin la ressemblance criante de son cocher Rémi ; sous les couleurs d'un Ghirlandajo, le nez de M. de Palancy [4] ; dans un portrait de Tintoret, l'envahissement du gras de la joue par l'implantation des premiers poils des favoris, la cassure du nez, la pénétration du regard, la congestion des paupières du docteur du Boulbon. Peut-être, ayant toujours gardé un remords d'avoir borné sa vie aux relations mondaines, à la conversation [5], croyait-il trouver une sorte d'indulgent pardon

---

— 5 Pâtisserie sèche, qu'on donne à becqueter aux oiseaux.

— 1 Ou *Séphora* ; elle deviendra la femme de Moïse. — 2 Célèbre fresque de Botticelli. — 3 Surnom d'Antonio Regno, plus connu comme architecte et sculpteur. — 4 Ce personnage paraîtra à la soirée chez Mme de Saint-Euverte et au gala de l'Opéra (cf. p. 244). — 5 Swann n'est qu'un dilettante mondain, alors qu'il avait assez de culture et de goût pour devenir un excellent critique d'art.

à lui accordé par les grands artistes, dans ce fait qu'ils avaient eux aussi considéré avec plaisir, fait entrer dans leur œuvre, de tels visages qui donnent à celle-ci un singulier certificat de réalité et de vie, une saveur moderne ; peut-être aussi s'était-il tellement laissé gagner par la frivolité des gens du monde qu'il éprouvait le besoin de trouver dans une œuvre ancienne ces allusions anticipées et rajeunissantes à des noms propres d'aujourd'hui. Peut-être, au contraire, avait-il gardé suffisamment une nature d'artiste pour que ces caractéristiques individuelles lui causassent du plaisir en prenant une signification plus générale, dès qu'il les apercevait, déracinées, délivrées, dans la ressemblance d'un portrait plus ancien avec un original qu'il ne représentait pas. Quoi qu'il en soit, et peut-être parce que la plénitude d'impressions qu'il avait depuis quelque temps, et bien qu'elle lui fût venue plutôt avec l'amour de la musique, avait enrichi même son goût pour la peinture, le plaisir fut plus profond — et devait exercer sur Swann une influence durable, — qu'il trouva à ce moment-là dans la ressemblance d'Odette avec la Zéphora de ce Sandro di Mariano auquel on donne plus volontiers son surnom populaire de Botticelli depuis que celui-ci évoque au lieu de l'œuvre véritable du peintre l'idée banale et fausse qui s'en est vulgarisée. Il n'estima plus le visage d'Odette selon la plus ou moins bonne qualité de ses joues et d'après la douceur purement carnée qu'il supposait devoir leur trouver en les touchant avec ses lèvres si jamais il osait l'embrasser, mais comme un écheveau de lignes subtiles et belles que ses regards dévidèrent, poursuivant la courbe de leur enroulement, rejoignant la cadence de la nuque à l'effusion des cheveux et à la flexion des paupières, comme en un portrait d'elle en lequel son type devenait intelligible et clair.

Il la regardait ; un fragment de la fresque apparaissait dans son visage et dans son corps, que dès lors il chercha toujours à y retrouver, soit qu'il fût auprès d'Odette, soit qu'il pensât seulement à elle ; et, bien qu'il ne tînt sans doute au chef-d'œuvre florentin que parce qu'il le retrouvait en elle, pourtant cette ressemblance lui conférait à elle aussi une beauté, la rendait plus précieuse. Swann se reprocha d'avoir méconnu le prix d'un être qui eût paru adorable au grand Sandro, et il se félicita que le plaisir qu'il avait à voir Odette trouvât une justification dans sa propre culture esthétique.

Un Amour de Swann (Librairie Gallimard, éditeur).

L'AMOUR-MALADIE

On parle souvent d'*amour-passion* mais PROUST renouvelle cette formule usée, par l'analyse aiguë du terme *affection* auquel il va donner ici à la fois sa valeur *sensible*, et son sens *clinique*. Peut-être s'est-il souvenu du vers de Virgile : *Hic quos durus amor crudeli tabe peredit...* [1]

De fait, l'amour de Swann en était arrivé à ce degré où le médecin et, dans certaines affections, le chirurgien le plus audacieux, se demandent si priver un malade de son vice ou lui ôter son mal, est encore raisonnable ou même possible.

— 1 « Là ceux que le dur amour a rongés de son mal cruel... » (*Énéide*, VI, 442) ; cf. p. 241, n. 1.

Certes l'étendue de cet amour, Swann n'en avait pas une conscience directe. Quand il cherchait à le mesurer, il lui arrivait parfois qu'il semblât diminué, presque réduit à rien ; par exemple, le peu de goût, presque le dégoût que lui avaient inspiré, avant qu'il aimât Odette, ses traits expressifs, son teint sans fraîcheur, lui revenait à certains jours. « Vraiment il y a
10 progrès sensible, se disait-il le lendemain ; à voir exactement les choses, je n'avais presque aucun plaisir hier à être dans son lit : c'est curieux, je la trouvais même laide. » Et certes, il était sincère, mais son amour s'étendait bien au-delà des régions du désir physique. La personne même d'Odette n'y tenait plus une grande place. Quand du regard il rencontrait sur sa table la photographie d'Odette, ou quand elle venait le voir, il avait peine à identifier la figure de chair ou de bristol avec le trouble douloureux et constant qui habitait en lui. Il se disait presque avec étonnement : « C'est elle », comme si tout d'un coup on nous montrait extériorisée devant nous une de nos maladies et que nous ne la trouvions pas
20 ressemblante à ce que nous souffrons. « Elle », il essayait de se demander ce que c'était ; car c'est une ressemblance de l'amour et de la mort, plutôt que celles, si vagues, que l'on redit toujours, de nous faire interroger plus avant, dans la peur que sa réalité se dérobe, le mystère de la personnalité. Et cette maladie qu'était l'amour de Swann avait tellement multiplié, il était si étroitement mêlé à toutes les habitudes de Swann, à tous ses actes, à sa pensée, à sa santé, à son sommeil, à sa vie, même à ce qu'il désirait pour après sa mort, il ne faisait tellement plus qu'un avec lui, qu'on n'aurait pas pu l'arracher de lui sans le détruire lui-même à peu près tout entier : comme on dit en chirurgie, son amour n'était plus opérable.

Un Amour de Swann (Librairie Gallimard, éditeur).

LA PETITE PHRASE DE VINTEUIL

Cependant ODETTE se montre désormais indifférente, distraite, irritable ; les temps heureux ne sont plus. Or, au cours d'une soirée chez Mme de Saint-Euverte, SWANN entend, tout à coup, s'élever *le chant d'un violon* — et c'est comme une apparition, une souffrance déchirante. Il s'agit là en effet de cette *Sonate de Vinteuil* qu'ils appelaient autrefois tous deux *l'air national de leur amour*, et « tous les souvenirs du temps où Odette était éprise de lui, trompés par ce brusque rayon,... étaient remontés lui chanter éperdument, sans pitié pour son infortune présente, les refrains oubliés du bonheur ». Mais, par-delà sa tristesse et au milieu de tous ces indifférents, il découvre une *purification* et un *apaisement*, à entendre ainsi, dans cet air, « comme un être surnaturel et pur qui passe en déroulant son message invisible. »

Comme si les instrumentistes, beaucoup moins jouaient la petite phrase qu'ils n'exécutaient les rites exigés d'elle pour qu'elle apparût, et procédaient aux incantations nécessaires pour obtenir et prolonger quelques instants le prodige de son évocation, Swann, qui ne pouvait

pas plus la voir que si elle avait appartenu à un monde ultra-violet, et
qui goûtait comme le rafraîchissement d'une métamorphose dans la
cécité momentanée dont il était frappé en approchant d'elle, Swann la
sentait présente, comme une déesse protectrice et confidente de son amour,
et qui pour pouvoir arriver jusqu'à lui devant la foule et l'emmener à
l'écart pour lui parler, avait revêtu le déguisement de cette apparence
sonore. Et tandis qu'elle passait, légère, apaisante et murmurée comme
un parfum, lui disant ce qu'elle avait à lui dire et dont il scrutait tous les
mots, regrettant de les voir s'envoler si vite, il faisait involontairement
avec ses lèvres le mouvement de baiser au passage le corps harmonieux
et fuyant. Il ne se sentait plus exilé et seul puisque, elle, qui s'adressait
à lui, lui parlait à mi-voix d'Odette. Car il n'avait plus comme autrefois
l'impression qu'Odette et lui n'étaient pas connus de la petite phrase.
C'est que si souvent elle avait été témoin de leurs joies ! Il est vrai que
souvent aussi elle l'avait averti de leur fragilité. Et même, alors que dans
ce temps-là il devinait de la souffrance dans son sourire, dans son intonation limpide et désenchantée, aujourd'hui il y trouvait plutôt la grâce
d'une résignation presque gaie. De ces chagrins dont elle lui parlait
autrefois et qu'il la voyait, sans qu'il fût atteint par eux, entraîner en
souriant dans son cours sinueux et rapide, de ces chagrins qui maintenant étaient devenus les siens sans qu'il eût l'espérance d'en être jamais
délivré, elle semblait lui dire comme jadis de son bonheur : « Qu'est-ce
cela ? tout cela n'est rien. » Et la pensée de Swann se porta pour la première
fois dans un élan de pitié et de tendresse vers ce Vinteuil, vers ce frère
inconnu et sublime qui lui aussi avait dû tant souffrir ; qu'avait pu être
sa vie ? au fond de quelles douleurs avait-il puisé cette force de dieu,
cette puissance illimitée de créer ? Quand c'était la petite phrase qui lui
parlait de la vanité de ses souffrances, Swann trouvait de la douceur à
cette même sagesse qui tout à l'heure pourtant lui avait paru intolérable,
quand il croyait la lire dans les visages des indifférents qui considéraient
son amour comme une divagation sans importance. C'est que la petite
phrase, au contraire, quelque opinion qu'elle pût avoir sur la brève durée
de ces états de l'âme, y voyait quelque chose, non pas comme faisaient
tous ces gens, de moins sérieux que la vie positive, mais au contraire de
si supérieur à elle que seul il valait la peine d'être exprimé.

Ainsi les grands musiciens « nous rendent le service, en éveillant en nous le correspondant
du thème qu'ils ont trouvé, de nous montrer quelle richesse, quelle variété cache à notre insu
cette grande nuit impénétrée et décourageante de notre âme que nous prenons pour du vide et
pour du néant. »

Même quand il ne pensait pas à la petite phrase, elle existait latente
dans son esprit au même titre que certaines autres notions sans équivalent,
comme la notion de lumière, de son, de relief, de volupté physique, qui
sont les riches possessions dont se diversifie et se pare notre domaine
intérieur. Peut-être les perdrons-nous, peut-être s'effaceront-elles, si

nous retournons au néant. Mais tant que nous vivons, nous ne pouvons pas plus faire que nous ne les ayons connues que nous ne le pouvons pour quelque objet réel, que nous ne pouvons par exemple douter de la lumière de la lampe qu'on allume devant les objets métamorphosés de notre chambre d'où s'est échappé jusqu'au souvenir de l'obscurité. Par là, la 50 phrase de Vinteuil avait, comme tel thème de *Tristan* par exemple, qui nous représente aussi une certaine acquisition sentimentale, épousé notre condition mortelle, pris quelque chose d'humain qui était assez touchant. Son sort était lié à l'avenir, à la réalité de notre âme dont elle était un des ornements les plus particuliers, les mieux différenciés. Peut-être est-ce le néant qui est le vrai et tout notre rêve est-il inexistant, mais alors nous sentons qu'il faudra que ces phrases musicales, ces notions qui existent par rapport à lui, ne soient rien non plus. Nous périrons, mais nous avons pour otages ces captives divines qui suivront notre chance. Et la mort avec elles a quelque chose de moins amer, de moins inglorieux, peut-être de moins probable.

Un Amour de Swann (Librairie Gallimard, éditeur).

AMOUR
ET JALOUSIE
Inquiet, SWANN interroge continuellement ODETTE ; la crainte de mensonges passés vient corrompre jusqu'à ses souvenirs : dès lors « il regarde mourir leur amour ».
Peu à peu, toutefois, il lui deviendra possible de songer, sans trop souffrir, à tel nom, à tel décor du temps heureux, car « ce que nous croyons notre amour, notre jalousie, n'est pas une même passion, continue, indivisible. Ils se composent d'une infinité d'amours successifs, de jalousies différentes et qui sont éphémères, mais par leur multitude ininterrompue donnent l'impression de la continuité, l'illusion de l'unité ».
Plus tard, SWANN épousera ODETTE et le narrateur deviendra amoureux de leur fille GILBERTE, auprès de laquelle il comprendra qu'il ne peut y avoir de calme dans l'amour « puisque ce qu'on a obtenu n'est jamais qu'un nouveau point de départ pour désirer davantage. » C'est auprès d'elle aussi qu'il aura la révélation, essentielle à toute son œuvre romanesque, qu'aimer c'est avant tout souffrir et qu'entre deux êtres celui qui aime le plus est toujours vulnérable et le plus souvent victime.

TÉNÉBREUSE ET
PROFONDE UNITÉ
Cependant, les différentes périodes de notre vie sont comme imbriquées les unes dans les autres : « on refuse dédaigneusement, dit Proust, à cause de ce qu'on aime aujourd'hui, de voir ce qu'on aimera demain ». Ainsi, encore tout occupé de GILBERTE, le narrateur refuse d'accompagner son père à un dîner officiel où il aurait rencontré ALBERTINE, son grand amour, celle qu'il fera le projet d'épouser, celle dont la présence continue lui est indispensable. « Ce terrible besoin d'un être, à Combray, j'avais appris à le connaître au sujet de ma mère et jusqu'à vouloir mourir si elle me faisait dire par Françoise qu'elle ne pourrait pas monter. »
Aux yeux de Proust, l'amour ne signifie pas bonheur mais exigence d'absolu, enrichissement douloureux et révélation de soi à soi-même. Ce n'est pas dans le Présent, toujours troublé, c'est dans le Passé « réfléchi » que le romancier approfondira son analyse. Ainsi, les chagrins venus par l'amour d'une GILBERTE ou d'une ALBERTINE apparaîtront non plus épisodiques et fugitifs mais comme une part de notre âme « plus durable que les moi divers qui meurent successivement en nous ». De même que dans les tableaux d'Elstir les objets se transfigurent sous la lumière, tous les matériaux de la vie passée, « qu'ils soient venus dans les plaisirs frivoles, dans la paresse, dans la tendresse », contribuent à l'unité d'une œuvre où la douleur même peut devenir une joie spirituelle en faisant négliger sa cause pour approfondir son essence ».

Désenchantement

Une fois terminé l'épisode d'un *Amour de Swann*, l'auteur reprend le récit à la première personne. Et soudain l'homme qu'il est à présent se substitue à l'enfant, en une sorte de *surimpression des sentiments*. Il aimerait, au cours de ses promenades, retrouver ces images d'autrefois où se jouait la grâce d'ODETTE, mais les modes ont changé et LE Bois n'est plus qu'*un* bois, désaffecté.

D'ailleurs il ne m'eût pas suffi que les toilettes fussent les mêmes qu'en ces années-là. A cause de la solidarité qu'ont entre elles les différentes parties d'un souvenir et que notre mémoire maintient équilibrées dans un assemblage où il ne nous est pas permis de rien distraire ni refuser, j'aurais voulu pouvoir aller finir la journée chez une de ces femmes, devant une tasse de thé, dans un appartement aux murs peints de couleurs sombres, comme était encore celui de Mme Swann (l'année d'après celle où se termine la première partie de ce récit) et où luiraient les feux orangés, la rouge combustion, la flamme rose et blanche des chrysanthèmes dans le crépuscule de novembre, pendant des instants pareils à ceux où (comme on le verra plus tard) je n'avais pas su découvrir les plaisirs que je désirais. Mais maintenant, même ne me conduisant à rien, ces instants me semblaient avoir en eux-mêmes assez de charme. Je voulais les retrouver tels que je me les rappelais. Hélas ! il n'y avait plus que des appartements Louis XVI tout blancs, émaillés d'hortensias bleus. D'ailleurs, on ne revenait plus à Paris que très tard. Mme Swann m'eût répondu d'un château qu'elle ne rentrerait qu'en février, bien après le temps des chrysan- thèmes, si je lui avais demandé de reconstituer pour moi les éléments de ce souvenir que je sentais attaché à une année lointaine, à un millésime vers lequel il ne m'était pas permis de remonter, les éléments de ce désir devenu lui-même inaccessible comme le plaisir qu'il avait jadis vainement poursuivi. Et il m'eût fallu aussi que ce fussent les mêmes femmes, celles dont la toilette m'intéressait parce que, au temps où je croyais encore, mon imagination les avait individua- lisées et les avait pourvues d'une légende. Hélas ! dans l'avenue des Acacias — l'allée de Myrtes — j'en revis quelques-unes, vieilles, et qui n'étaient plus que les ombres terribles de ce qu'elles avaient été, errant, cherchant désespé- rément on ne sait quoi dans les bosquets virgiliens [1]. Elles avaient fui depuis longtemps, que j'étais encore à interroger vainement les chemins désertés. Le soleil s'était caché. La nature recommençait à régner sur le Bois d'où s'était envolée l'idée qu'il était le jardin élyséen de la Femme ; au-dessus du moulin factice le vrai ciel était gris ; le vent ridait le Grand Lac de petites vaguelettes, comme un lac ; de gros oiseaux parcouraient rapidement le Bois, comme un bois, et poussant des cris aigus se posaient l'un après l'autre sur les grands chênes qui, sous leur couronne druidique et avec une majesté dodonéenne [2], semblaient proclamer le vide inhumain de la forêt désaffectée, et m'aidaient à mieux comprendre la contradiction que c'est de chercher dans la réalité les tableaux de la mémoire, auxquels manquerait toujours le charme qui leur vient

---

— 1 Ces bosquets de myrtes sont ceux où Virgile (*Énéide*, VI, 443-444) a placé les âmes | ravagées par l'amour (cf. p. 237). — 2 A Dodone, en Épire, s'élevait un temple de Zeus, près d'une forêt de chênes qui rendaient des oracles.

de la mémoire même et de n'être pas perçus par les sens. La réalité que j'avais connue n'existait plus. Il suffisait que Mme Swann n'arrivât pas toute pareille au même moment, pour que l'Avenue fût autre. Les lieux que nous avons
40 connus n'appartiennent pas qu'au monde de l'espace où nous les situons pour plus de facilité. Ils n'étaient qu'une mince tranche au milieu d'impressions contiguës qui formaient notre vie d'alors ; le souvenir d'une certaine image n'est que le regret d'un certain instant ; et les maisons, les routes, les avenues, sont fugitives, hélas ! comme les années.

Du côté de chez Swann, III Noms de Pays (Librairie Gallimard, éditeur).

Un personnage étrange

Avec sa grand-mère et Françoise, le narrateur « arrivé à une presque complète indifférence à l'égard de Gilberte » passe l'été sur une plage normande, à Balbec. Au Grand Hôtel où ils sont descendus, il observe ce milieu de touristes parmi lesquels se distingue « une vieille dame au parfum fin et vieillot ». C'est la marquise de VILLEPARISIS, tante du duc de Guermantes, qui a connu jadis, au couvent, la grand-mère du narrateur. Ces relations se renouent et le petit-neveu de la marquise, ROBERT DE SAINT-LOUP, jeune officier très élégant, deviendra l'ami du futur écrivain, malgré l'ironie envieuse d'un camarade retrouvé à Balbec, BLOCH, d'une tribu encombrante et mal élevée. ROBERT, qui a fait la conquête de son entourage actuel, parle beaucoup de sa famille et notamment de son oncle Palamède, M. DE CHARLUS, une des créations les plus hardies de Marcel Proust.

L e lendemain matin du jour où Robert m'avait ainsi parlé de son oncle tout en l'attendant, vainement du reste, comme je passais seul devant le casino en rentrant à l'hôtel, j'eus la sensation d'être regardé par quelqu'un qui n'était pas loin de moi. Je tournai la tête et j'aperçus un homme d'une quarantaine d'années, très grand et assez gros, avec des moustaches très noires, et qui, tout en frappant nerveusement son pantalon avec une badine, fixait sur moi des yeux dilatés par l'attention. Par moments, ils étaient percés en tous sens par des regards d'une extrême activité comme en ont seuls devant une personne qu'ils ne connaissent pas des hommes à qui, pour un motif quelconque,
10 elle inspire des pensées qui ne viendraient pas à tout autre — par exemple des fous ou des espions. Il lança sur moi une suprême œillade à la fois hardie, prudente, rapide et profonde, comme un dernier coup que l'on tire au moment de prendre la fuite, et après avoir regardé tout autour de lui, prenant soudain un air distrait et hautain, par un brusque revirement de toute sa personne il se tourna vers une affiche dans la lecture de laquelle il s'absorba, en fredonnant un air et en arrangeant la rose mousseuse qui pendait à sa boutonnière. Il sortit de sa poche un calepin sur lequel il eut l'air de prendre en note le titre du spectacle annoncé, tira deux ou trois fois sa montre, abaissa sur ses yeux un canotier de paille noire dont il prolongea le rebord avec sa main mise en visière comme
20 pour voir si quelqu'un n'arrivait pas, fit le geste de mécontentement par lequel on croit faire voir qu'on a assez d'attendre, mais qu'on ne fait jamais quand on attend réellement, puis rejetant en arrière son chapeau et laissant voir une brosse coupée ras qui admettait cependant de chaque côté d'assez longues ailes de pigeon ondulées, il exhala le souffle bruyant des personnes qui on

non pas trop chaud, mais le désir de montrer qu'elles ont trop chaud. J'eus l'idée d'un escroc d'hôtel qui, nous ayant peut-être déjà remarqués les jours précédents, ma grand-mère et moi, et préparant quelque mauvais coup, venait de s'apercevoir que je l'avais surpris pendant qu'il m'épiait ; pour me donner le change, peut-être cherchait-il seulement par sa nouvelle attitude à exprimer la distraction et le détachement, mais c'était avec une exagération si agressive que son but semblait, au moins autant que de dissiper les soupçons que j'avais dû avoir, de venger une humiliation qu'à mon insu je lui eusse infligée, de me donner l'idée non pas tant qu'il ne m'avait pas vu, que celle que j'étais un objet de trop petite importance pour attirer l'attention. Il cambrait sa taille d'un air de bravade, pinçait les lèvres, relevait ses moustaches et dans son regard ajustait quelque chose d'indifférent, de dur, de presque insultant. Si bien que la singularité de son expression me le faisait prendre tantôt pour un voleur et tantôt pour un aliéné. Pourtant sa mise extrêmement soignée était beaucoup plus grave et beaucoup plus simple que celles de tous les baigneurs que je voyais à Balbec, et rassurante pour mon veston si souvent humilié par la blancheur éclatante et banale de leurs costumes de plage. Mais ma grand-mère venait à ma rencontre, nous fîmes un tour ensemble et je l'attendais, une heure après, devant l'hôtel où elle était rentrée un instant, quand je vis sortir Mme de Ville-parisis avec Robert de Saint-Loup et l'inconnu qui m'avait regardé si fixement devant le casino. Avec la rapidité d'un éclair son regard me traversa ainsi qu'au moment où je l'avais aperçu, et revint, comme s'il ne m'avait pas vu, se ranger, un peu bas, devant ses yeux, émoussé, comme le regard neutre qui feint de ne rien voir au dehors et n'est capable de rien lire au dedans, le regard qui exprime seulement la satisfaction de sentir autour de soi les cils qu'il écarte de sa rondeur béate, le regard dévot et confit qu'ont certains hypocrites, le regard fat qu'ont certains sots. [...]

— Comment allez-vous ? Je vous présente mon neveu le baron de Guermantes, me dit Mme de Villeparisis, pendant que l'inconnu sans me regarder, grom-melant un vague : « Charmé » qu'il fit suivre de : « heue, heue, heue » pour donner à son amabilité quelque chose de forcé, et repliant le petit doigt, l'index et le pouce, me tendait le troisième doigt et l'annulaire, dépourvus de toute bague, que je serrai sous son gant de Suède ; puis sans avoir levé les yeux sur moi il se détourna vers Mme de Villeparisis.

— Mon Dieu, est-ce que je perds la tête ? dit celle-ci en riant, voilà que je t'appelle le baron de Guermantes. Je vous présente le baron de Charlus. Après tout, l'erreur n'est pas si grande, ajouta-t-elle, tu es bien un Guermantes tout de même.

A l'ombre des Jeunes Filles en fleurs (Librairie Gallimard, éditeur).

LES GUERMANTES

Au début de cette partie de son œuvre intitulée Du Côté de Guermantes, MARCEL PROUST *a dit le pouvoir évocateur et magique des* noms, noms de villes *ou de pays,* noms de familles *anciennes mêlées à tout un passé historique ou architectural. La figure dominante sera ici celle de la jeune* duchesse, ORIANE *aux « yeux ensoleillés d'un sourire bleu ». Son mari* BASIN, *avant d'être duc de Guer-mantes, a porté le titre de Prince des Laumes ; il a pour frère le baron de Charlus. Quant à la* princesse DE GUERMANTES, *elle est, pour parler comme Françoise, « la femme du cousin à* M. le Duc. » On l'appelle en général MARIE GILBERT *en associant son prénom à celui de son mari. Ce dernier, devenu veuf, épousera madame Verdurin (*voir Le Temps Retrouvé*).

Néréides et Tritons

Très épris de théâtre, le narrateur se trouve ici à l'Opéra, lors d'une soirée de gala dont LA BERMA est la vedette. Dans cette page où une *baignoire* devient si poétiquement une *grotte* marine, l'art de PROUST dans la métaphore et la transposition semble préluder à celui de JEAN GIRAUDOUX.

D ans les autres baignoires, presque partout les blanches déités qui habitaient ces sombres séjours s'étaient réfugiées contre les parois obscures et restaient invisibles. Cependant, au fur et à mesure que le spectacle s'avançait, leurs formes vaguement humaines se détachaient mollement l'une après l'autre des profondeurs de la nuit qu'elles tapissaient et, s'élevant vers le jour, laissaient émerger leurs corps demi-nus et venaient s'arrêter à la limite verticale et à la surface clair-obscur où leurs brillants visages apparaissaient derrière le déferlement rieur, écumeux et léger [1] de leurs éventails de plumes, sous leurs chevelures de pourpre emmêlées de perles que semblait avoir courbées
10 l'ondulation du flux ; après commençaient les fauteuils d'orchestre, le séjour des mortels à jamais séparé du sombre et transparent royaume auquel çà et là servaient de frontière, dans leur surface liquide et plate, les yeux limpides et réfléchissants des déesses des eaux. Car les strapontins du rivage, les formes des monstres de l'orchestre se peignaient dans ces yeux suivant les seules lois de l'optique et selon leur angle d'incidence, comme il arrive pour ces deux parties de la réalité extérieure auxquelles, sachant qu'elles ne possèdent pas, si rudimentaire soit-elle, d'âme analogue à la nôtre, nous nous jugerions insensés d'adresser un sourire ou un regard : les minéraux et les personnes avec qui nous ne sommes pas en relations. En deçà, au contraire, de la limite de leur
20 domaine, les radieuses filles de la mer se retournaient à tout moment en souriant vers des tritons barbus pendus aux anfractuosités de l'abîme, ou vers quelque demi-dieu aquatique ayant pour crâne un galet poli sur lequel le flot avait ramené une algue lisse et pour regard un disque en cristal de roche. Elles se penchaient vers eux, elles leur offraient des bonbons ; parfois le flot s'entr'ouvrait devant une nouvelle néréide qui, tardive, souriante et confuse, venait de s'épanouir du fond de l'ombre ; puis, l'acte fini, n'espérant plus entendre les rumeurs mélodieuses de la terre qui les avaient attirées à la surface, plongeant toutes à la fois, les diverses sœurs disparaissaient dans la nuit. Mais de toutes ces retraites au seuil desquelles le souci léger d'apercevoir les œuvres des hommes
30 amenait les déesses curieuses, qui ne se laissent pas approcher, la plus célèbre était le bloc de demi-obscurité connu sous le nom de baignoire de la princesse de Guermantes.
Comme une grande déesse qui préside de loin aux jeux des divinités inférieures, la princesse était restée volontairement un peu au fond sur un canapé latéral, rouge comme un rocher de corail, à côté d'une large réverbération vitreuse qui était probablement une glace et faisait penser à quelque section qu'un rayon aurait pratiquée, perpendiculaire, obscure et liquide, dans le cristal ébloui des eaux. A la fois plume et corolle, ainsi que certaines floraisons

---

— 1 Cette suite de *trois* adjectifs est fréquente chez Proust (cf. l. 25, 37, 41 et p. 227, n. 2).

marines, une grande fleur blanche, duvetée comme une aile, descendait du front de la princesse le long d'une de ses joues dont elle suivait l'inflexion avec une souplesse coquette, amoureuse et vivante, et semblait l'enfermer à demi comme un œuf rose dans la douceur d'un nid d'alcyon. Sur la chevelure de la princesse, et s'abaissant jusqu'à ses sourcils, puis reprise plus bas à la hauteur de sa gorge, s'étendait une résille faite de ces coquillages blancs qu'on pêche dans certaines mers australes et qui étaient mêlés à des perles, mosaïque marine à peine sortie des vagues qui par moments se trouvait plongée dans l'ombre au fond de laquelle, même alors, une présence humaine était révélée par la motilité éclatante des yeux de la princesse. La beauté qui mettait celle-ci bien au-dessus des autres filles fabuleuses de la pénombre n'était pas tout entière matériellement et inclusivement inscrite dans sa nuque, dans ses épaules, dans ses bras, dans sa taille. Mais la ligne délicieuse et inachevée de celle-ci était l'exact point de départ, l'amorce inévitable de lignes invisibles en lesquelles l'œil ne pouvait s'empêcher de les prolonger, merveilleuses, engendrées autour de la femme comme le spectre d'une figure idéale projetée sur les ténèbres.

Le côté de Guermantes (Librairie Gallimard, éditeur).

Cependant l'acte de Phèdre *va commencer ; les ondines et les néréides cessent d'appartenir au monde des eaux pour devenir d'immobiles spectatrices ; « la princesse de Guermantes vint sur le devant de la baignoire ; alors... je vis que le* doux nid d'alcyon *qui protégeait tendrement la nacre rose de ses joues était, douillet, éclatant et velouté, un immense oiseau de paradis. »*

INCONSCIENCE OU FRIVOLITÉ ?

La scène se passe dans la cour de l'hôtel de Guermantes. Pour le duc BASIN et pour la duchesse ORIANE les *obligations mondaines* ont un caractère d'impératif catégorique. Frivolité, inconscience ou entraînement, lorsqu'un plaisir est en jeu, rien ne compte plus, ni la maladie ni la mort — n'avons-nous pas « toujours assez de force pour supporter les maux d'autrui » ? — Dans un passage précédent et plus souvent cité, on a pu voir SWANN, condamné par le corps médical, venir faire ses adieux à ce couple aristocratique, alors soucieux d'assortir souliers et costumes pour une fête donnée chez Mme de Saint-Euverte. Tandis qu'il repart, le duc lui crie « à la cantonade et d'une voix de stentor : Ne vous laissez pas frapper par les bêtises des médecins. Ce sont des ânes ! Vous vous portez comme le Pont-Neuf. Vous nous enterrerez tous. » Ici, la duchesse, et surtout son mari, tremblent d'être *privés d'une soirée* par la mort d'un de leurs cousins, malade depuis longtemps, AMANIEN D'OSMOND. Le Duc s'adresse au narrateur, qui d'ailleurs a rendez-vous avec la jeune fille qu'il aime, ALBERTINE, et ne se soucie nullement de cette soirée.

Vous ne voulez pas venir avec nous à la redoute [1] ? me demanda-t-il. Je vous prêterais un manteau vénitien et je sais quelqu'un à qui cela ferait bougrement [2] plaisir, à Oriane d'abord, cela ce n'est pas la peine de le

---

— 1 Cette *redoute* est une fête costumée. Vol- | phil. article *Langues*). — 2 Le duc affecte un
taire préférait le mot : *assemblée* (cf. Dict. | langage populaire. Cf. plus loin *à la revoyure.*

dire ; mais à la princesse de Parme. Elle chante tout le temps vos louanges, elle ne jure que par vous. [...]

Je ne tenais pas à la redoute, mais au rendez-vous avec Albertine. Aussi je refusai. La voiture s'était arrêtée, le valet de pied demanda la porte cochère, les chevaux piaffèrent jusqu'à ce qu'elle fût ouverte toute grande, et la voiture s'engagea dans la cour. «A la revoyure, me dit le duc. —

10 J'ai quelquefois regretté de demeurer aussi près de Marie, me dit la duchesse, parce que, si je l'aime beaucoup, j'aime un petit peu moins la voir. Mais je n'ai jamais regretté cette proximité autant que ce soir, puisque cela me fait rester si peu avec vous. — Allons, Oriane, pas de discours». La duchesse aurait voulu que j'entrasse un instant chez eux. Elle rit beaucoup, ainsi que le duc, quand je dis que je ne pouvais pas parce qu'une jeune fille devait précisément venir me faire une visite maintenant. « Vous avez une drôle d'heure pour recevoir vos visites, me dit-elle. — Allons, mon petit, dépêchons-nous, dit M. de Guermantes à sa femme. Il est minuit moins le quart et le temps de nous costumer... »

20 Il se heurta devant sa porte, sévèrement gardée par elles, aux deux dames à canne [3] qui n'avaient pas craint de descendre nuitamment de leur cime afin d'empêcher un scandale. « Basin, nous avons tenu à vous prévenir, de peur que vous ne soyez vu à cette redoute : le pauvre Amanien vient de mourir, il y a une heure.» Le duc eut un instant d'alarme. Il voyait la fameuse redoute s'effondrer pour lui du moment que, par ces maudites montagnardes [4], il était averti de la mort de M. d'Osmond. Mais il se ressaisit bien vite et lança aux deux cousines ce mot où il faisait entrer, avec la détermination de ne pas renoncer à un plaisir, son incapacité d'assimiler exactement les tours de la langue française : « Il est mort !

30 Mais non, on exagère, on exagère !» Et sans plus s'occuper des deux parentes qui, munies de leurs alpenstocks, allaient faire l'ascension dans la nuit, il se précipita aux nouvelles en interrogeant son valet de chambre : « Mon casque est bien arrivé ? — Oui, monsieur le duc. — Il y a bien un petit trou pour respirer ? Je n'ai pas envie d'être asphyxié, que diable ! — Oui, monsieur le duc. — Ah ! tonnerre de Dieu, c'est un soir de malheur. Oriane, j'ai oublié de demander à Babal si les souliers à la poulaine étaient pour vous ! — Mais, mon petit, puisque le costumier de l'Opéra-Comique est là, il nous le dira. Moi, je ne crois pas que ça puisse aller avec vos éperons. — Allons trouver le costumier, dit le duc. Adieu, mon petit, je

40 vous dirais bien d'entrer avec nous pendant que nous essaierons, pour vous amuser. Mais nous causerions, il va être minuit et il faut que nous n'arrivions pas en retard pour que la fête soit complète. »

Sodome et Gomorrhe (Librairie Gallimard, éditeur).

— 3 Mmes de Plassac et de Tresmes, toutes deux filles du Comte de Bréquigny et « cousines très nobles de M. de Guermantes ». Elles ont suivi de près l'évolution de cette maladie de leur cousin Amanien, dit Mama (cf. plus bas, *Babal*, pour Hannibal de Bréauté). — 4 Elles habitent les *cimes* de l'hôtel ! cf. plus loin : *alpenstocks, ascension.*

Les « *métaphores* » d'Elstir

Dans les toiles *impressionnistes* d'ELSTIR, une « multiforme et puissante unité » se dégage des *paysages marins* aux divers aspects, permettant ainsi de voir « la nature telle qu'elle est », c'est-à-dire « poétiquement ». Cette critique d'art, très pénétrante, éclaire de façon significative l'étude du *style* même de Marcel PROUST.

Parfois à ma fenêtre, dans l'hôtel de Balbec, le matin quand Françoise défaisait les couvertures qui cachaient la lumière, le soir quand j'attendais le moment de partir avec Saint-Loup, il m'était arrivé, grâce à un effet de soleil, de prendre une partie plus sombre de la mer pour une côte éloignée, ou de regarder avec joie une zone bleue et fluide sans savoir si elle appartenait à la mer ou au ciel [1]. Bien vite mon intelligence rétablissait entre les éléments la séparation que mon impression avait abolie [2]. C'est ainsi qu'il m'arrivait à Paris, dans ma chambre, d'entendre une dispute, presque une émeute, jusqu'à ce que j'eusse rapporté à sa cause, par exemple une voiture dont le roulement approchait, ce bruit dont j'éliminais alors les vociférations aiguës et discordantes que mon oreille avait réellement entendues, mais que mon intelligence savait que les roues ne produisaient pas. Mais les rares moments où l'on voit la nature telle qu'elle est, poétiquement, c'était de ceux-là qu'était faite l'œuvre d'Elstir [3]. Une de ses métaphores les plus fréquentes dans les marines qu'il avait près de lui en ce moment était justement celle qui, comparant la terre à la mer, supprimait entre elles toute démarcation [4]. C'était cette comparaison, tacitement et inlassablement répétée dans une même toile, qui y introduisait cette multiforme et puissante unité, cause, parfois non clairement aperçue par eux, de l'enthousiasme qu'excitait chez certains amateurs la peinture d'Elstir.

C'est par exemple à une métaphore de ce genre — dans un tableau représentant le port de Carquethuit, tableau qu'il avait terminé depuis peu de jours et que je regardai longuement — qu'Elstir avait préparé l'esprit du spectateur en n'employant pour la petite ville que des termes marins, et que des termes urbains pour la mer. Soit que les maisons cachassent une partie du port, un bassin de calfatage ou peut-être la mer même s'enfonçant en golfe dans les terres, ainsi que cela arrivait constamment dans ce pays de Balbec, de l'autre côté de la pointe avancée où était construite la ville, les toits étaient dépassés (comme ils l'eussent été par des cheminées ou par des clochers) par des mâts, lesquels avaient l'air de faire des vaisseaux auxquels ils appartenaient, quelque chose de citadin, de construit sur terre, impression qu'augmentaient d'autres bateaux, demeurés le long de la jetée, mais en rangs si pressés que les hommes y causaient d'un bâtiment à l'autre sans qu'on pût distinguer leur séparation et l'interstice de l'eau, et ainsi cette flottille de pêche avait moins l'air d'appartenir à la mer que, par exemple, les églises de Criquebec qui, au loin, entourées d'eau de

---

— 1 Ou bien, au cours d'une promenade en voiture, Proust *voit* soudain un mur barrer la route, avant de s'apercevoir qu'il s'agit d'un effet de lumière. — 2 Au contraire « Elstir tâchait d'arracher à ce qu'il venait de sentir ce qu'il savait, son effort avait souvent été de dissoudre cet agrégat de raisonnements que nous appelons vision ». — 3 On a remarqué que ce nom est l'anagramme partiel de *Whistler*. — 4 Cf. le poème de Rimbaud intitulé *Marine*.

tous côtés parce qu'on les voyait sans la ville, dans un poudroiement de soleil et de vagues, semblaient sortir des eaux, soufflées en albâtre ou en écume et, enfermées dans la ceinture d'un arc-en-ciel versicolore [5], former un tableau irréel et mystique. Dans le premier plan de la plage, le peintre avait su habituer
40 les yeux à ne pas reconnaître de frontière fixe, de démarcation absolue, entre la terre et l'océan. Des hommes qui poussaient des bateaux à la mer, couraient aussi bien dans les flots que sur le sable, lequel, mouillé, réfléchissait déjà les coques comme s'il avait été de l'eau. La mer elle-même ne montait pas régulièrement, mais suivait les accidents de la grève, que la perspective déchiquetait encore davantage, si bien qu'un navire en pleine mer, à demi caché par les ouvrages avancés de l'arsenal, semblait voguer au milieu de la ville ; des femmes qui ramassaient des crevettes dans les rochers, avaient l'air, parce qu'elles étaient entourées d'eau et à cause de la dépression qui, après la barrière circulaire des roches, abaissait la plage (des deux côtés les plus rapprochés de terre)
50 au niveau de la mer, d'être dans une grotte marine surplombée de barques et de vagues, ouverte et protégée au milieu des flots écartés miraculeusement. Si tout le tableau donnait cette impression des ports où la mer entre dans la terre, où la terre est déjà marine et la population amphibie, la force de l'élément marin éclatait partout ; et, près des rochers, à l'entrée de la jetée, où la mer était agitée, on sentait aux efforts des matelots et à l'obliquité des barques couchées à angle aigu devant la calme verticalité de l'entrepôt, de l'église, des maisons de la ville, où les uns rentraient, d'où les autres partaient pour la pêche, qu'ils trottaient rudement sur l'eau comme sur un animal fougueux et rapide dont les soubresauts, sans leur adresse, les eussent jetés à terre. Une bande
60 de promeneurs sortait gaiement en une barque secouée comme une carriole ; un matelot joyeux, mais attentif aussi, la gouvernait comme avec des guides, menait la voile fougueuse, chacun se tenait bien à sa place pour ne pas faire trop de poids d'un côté et ne pas verser, et on courait ainsi par les champs ensoleillés, dans les sites ombreux, dégringolant les pentes. C'était une belle matinée malgré l'orage qu'il avait fait. Et même on sentait encore les puissantes actions qu'avait à neutraliser le bel équilibre des barques immobiles, jouissant du soleil et de la fraîcheur, dans les parties où la mer était si calme que les reflets avaient presque plus de solidité et de réalité que les coques vaporisées par un effet de soleil et que la perspective faisait s'enjamber les unes les autres. Ou
70 plutôt on n'aurait pas dit d'autres parties de la mer. Car entre ces parties, il y avait autant de différence qu'entre l'une d'elles et l'église sortant des eaux, et les bateaux derrière la ville. L'intelligence faisait ensuite un même élément de ce qui était, ici noir dans un effet d'orage, plus loin tout d'une couleur avec le ciel et aussi verni que lui, et là si blanc de soleil, de brume et d'écume, si compact, si terrien, si circonvenu de maisons, qu'on pensait à quelque chaussée de pierres ou à un champ de neige, sur lequel on était effrayé de voir un navire s'élever en pente raide et à sec comme une voiture qui s'ébroue [6] en sortant d'un gué, mais qu'au bout d'un moment, en y voyant sur l'étendue haute et inégale du plateau solide des bateaux titubants, on comprenait, identique en tous ces aspects divers, être encore la mer.

A l'ombre des Jeunes Filles en fleurs (Librairie Gallimard, éditeur).

— 5 Chatoyant. — 6 Ici même s'esquisse une | *métaphore*, car ce sont les chevaux qui *s'ébrouent* et non la voiture.

LES INTERMITTENCES DU CŒUR

Au cours d'un second séjour à Balbec où il retrouve le même public, le même hôtel et le même directeur au vocabulaire incertain, le narrateur va connaître un *bouleversement de toute son âme :* la présence de sa grand-mère morte va lui être rendue, mais pour lui faire sentir plus douloureusement son *irrémédiable disparition.* Rarement MARCEL PROUST a mieux montré ce caractère *subit* des grandes *révélations psychologiques.*

Bouleversement de toute ma personne. Dès la première nuit, comme je souffrais d'une crise de fatigue cardiaque, tâchant de dompter ma souffrance, je me baissai avec lenteur et prudence pour me déchausser. Mais à peine eus-je touché le premier bouton de ma bottine, ma poitrine s'enfla, remplie d'une présence inconnue, divine, des sanglots me secouèrent, des larmes ruisselèrent de mes yeux. L'être qui venait à mon secours, qui me sauvait de la sécheresse de l'âme, c'était celui qui, plusieurs années auparavant, dans un moment de détrésse et de solitude identiques, dans un moment où je n'avais plus rien de moi, était entré, et qui m'avait rendu à moi-même, car il était moi et plus que moi (le contenant qui est plus que le contenu et me l'apportait). Je venais d'apercevoir, dans ma mémoire, penché sur ma fatigue, le visage tendre, préoccupé et déçu de ma grand-mère, telle qu'elle avait été ce premier soir d'arrivée ; le visage de ma grand-mère, non pas de celle que je m'étais étonné et reproché de si peu regretter et qui n'avait d'elle que le nom, mais de ma grand-mère véritable dont, pour la première fois depuis les Champs-Elysées où elle avait eu son attaque, je retrouvais dans un souvenir involontaire et complet la réalité vivante. Cette réalité n'existe pas pour nous tant qu'elle n'a pas été recréée par notre pensée (sans cela les hommes qui ont été mêlés à un combat gigantesque seraient tous de grands poètes épiques) ; et ainsi, dans un désir fou de me précipiter dans ses bras, ce n'était qu'à l'instant — plus d'une année après son enterrement, à cause de cet anachronisme qui empêche si souvent le calendrier des faits de coïncider avec celui des sentiments — que je venais d'apprendre qu'elle était morte. J'avais souvent parlé d'elle depuis ce moment-là et aussi pensé à elle, mais sous mes paroles et mes pensées de jeune homme ingrat, égoïste et cruel, il n'y avait jamais rien eu qui ressemblât à ma grand-mère, parce que, dans ma légèreté, mon amour du plaisir, mon accoutumance à la voir malade, je ne contenais en moi qu'à l'état virtuel le souvenir de ce qu'elle avait été. A n'importe quel moment que nous la considérions, notre âme totale n'a qu'une valeur presque fictive, malgré le nombreux bilan de ses richesses, car tantôt les unes, tantôt les autres sont indisponibles, qu'il s'agisse d'ailleurs de richesses effectives aussi bien que de celles de l'imagination, et pour moi par exemple, tout autant que de l'ancien nom de Guermantes, de celles, combien plus graves, du souvenir vrai de ma grand-mère. Car aux troubles de la mémoire sont liées les intermittences du cœur. C'est sans doute l'existence de notre corps, semblable pour nous à un vase où notre spiritualité serait enclose, qui nous induit à supposer que tous nos biens intérieurs, nos joies passées, 40 toutes nos douleurs sont perpétuellement en notre possession. Peut-être est-il aussi inexact de croire qu'elles s'échappent ou reviennent. En tous cas si elles restent en nous c'est, la plupart du temps, dans un domaine inconnu où elles ne sont de nul service pour nous, et où même les plus usuelles sont refoulées par des souvenirs d'ordre différent et qui excluent toute simultanéité avec elles dans la conscience. Mais si le cadre de sensations où elles sont conservées est ressaisi, elles ont à leur tour ce même pouvoir d'expulser tout ce qui leur est incompatible, d'installer, seul en nous, le moi qui les vécut. Or, comme celui que je venais subitement de redevenir n'avait pas existé depuis ce soir lointain où ma grand-mère 50 m'avait déshabillé à mon arrivée à Balbec, ce fut tout naturellement, non pas après la journée actuelle que ce moi ignorait, mais — comme s'il y avait dans le temps des séries différentes et parallèles — sans solution de continuité, tout de suite après le premier soir d'autrefois, que j'adhérai à la minute où ma grand-mère s'était penchée vers moi. Le moi que j'étais alors, et qui avait disparu si longtemps, était de nouveau si près de moi qu'il me semblait encore entendre les paroles qui avaient immédiatement précédé et qui n'étaient pourtant plus qu'un songe, comme un homme mal éveillé croit percevoir tout près de lui les bruits de son rêve qui s'enfuit. Je n'étais plus que cet être qui cherchait à se réfugier dans les 60 bras de sa grand-mère, à effacer les traces de ses peines en lui donnant des baisers, cet être que j'aurais eu à me figurer, quand j'étais tel ou tel de ceux qui s'étaient succédé en moi depuis quelque temps, autant de difficulté que maintenant il m'eût fallu d'efforts, stériles d'ailleurs, pour ressentir les désirs et les joies de l'un de ceux que, pour un temps du moins, je n'étais plus. Je me rappelais comme, une heure avant le moment où ma grand-mère s'était penchée ainsi dans sa robe de chambre vers mes bottines, errant dans la rue étouffante de chaleur, devant le pâtissier, j'avais cru que je ne pourrais jamais, dans le besoin que j'avais de l'embrasser, attendre l'heure qu'il me fallait encore passer sans elle. 70 Et maintenant que ce même besoin renaissait, je savais que je pouvais attendre des heures après des heures, qu'elle ne serait plus jamais auprès de moi, je ne faisais que de le découvrir parce que je venais, en la sentant, pour la première fois, vivante, véritable, gonflant mon cœur à le briser, en la retrouvant enfin, d'apprendre que je l'avais perdue pour toujours.

Sodome et Gomorrhe (Librairie Gallimard, éditeur).

LA MORT DE BERGOTTE

Pour peindre ce grand écrivain, Proust s'est inspiré, dit-on, d'ANATOLE FRANCE et de BERGSON, mais ici tout rapprochement de ce genre serait déplacé : la page est au-delà de toutes les « clés ». Malade depuis longtemps et contraint à une diète sévère, BERGOTTE ne sort plus de chez lui. « D'ailleurs, il n'avait jamais aimé le monde, ou l'avait aimé un seul jour pour le mépriser comme tout le reste et de la même façon, qui était la sienne, à savoir non de mépriser parce qu'on ne peut obtenir, mais aussitôt qu'on a obtenu. » Il essaie tour à tour différents remèdes qui lui valent quelques *accalmies*, cependant qu'auprès de lui les médecins se succèdent et se contredisent.

On notera que Proust lui-même, pour aller voir une belle exposition, ne craignit pas de compromettre sa santé, et qu'il aurait, pour entendre la Berma, « sacrifié sa vie » (cf. p. 222, *La gloire*, et Lettres à Robert de Montesquiou, CCXXIV).

U ne crise d'urémie assez légère était cause qu'on lui avait prescrit le repos. Mais un critique ayant écrit que dans la *Vue de Delft* de Ver Meer (prêté par le musée de La Haye pour une exposition hollandaise), tableau qu'il adorait et croyait connaître très bien, un petit pan de mur jaune (qu'il ne se rappelait pas) était si bien peint qu'il était, si on le regardait seul, comme une précieuse œuvre d'art chinoise, d'une beauté qui se suffirait à elle-même, Bergotte mangea quelques pommes de terre, sortit, et entra à l'exposition.

Dès les premières marches qu'il eut à gravir il fut pris d'étourdissements. Il passa devant plusieurs tableaux et eut l'impression de la sécheresse et de l'inutilité d'un art si factice et qui ne valait pas les courants d'air et de soleil d'un palazzo de Venise ou d'une simple maison au bord de la mer. Enfin il fut devant le Ver Meer, qu'il se rappelait plus éclatant, plus différent de tout ce qu'il connaissait, mais où, grâce à l'article du critique, il remarqua pour la première fois des petits personnages en bleu, que le sable était rose, et enfin la précieuse matière du tout petit pan de mur jaune. Ses étourdissements augmentaient ; il attachait son regard, comme un enfant à un papillon jaune qu'il veut saisir, au précieux petit pan de mur. « C'est ainsi que j'aurais dû écrire, disait-il. Mes derniers livres sont trop secs, il aurait fallu passer plusieurs couches de couleur, rendre ma phrase en elle-même précieuse, comme ce petit pan de mur jaune. » Cependant la gravité de ses étourdissements ne lui échappait pas. Dans une céleste balance lui apparaissait, chargeant l'un des plateaux, sa propre vie, tandis que l'autre contenait le petit pan de mur si bien peint en jaune. Il sentait qu'il avait imprudemment donné le premier pour le second. « Je ne voudrais pourtant pas, se dit-il, être pour les journaux du soir le fait divers de cette exposition. »

Il se répétait : « Petit pan de mur jaune avec un auvent, petit pan de mur jaune. » Cependant il s'abattit sur un canapé circulaire ; aussi brusquement il cessa de penser que sa vie était en jeu et, revenant à l'opti-

misme, se dit : « C'est une simple indigestion que m'ont donnée ces
pommes de terre pas assez cuites, ce n'est rien. » Un nouveau coup l'abattit,
il roula du canapé par terre, où accoururent tous les visiteurs et gardiens.
Il était mort. Mort à jamais ? Qui peut le dire ? Certes les expériences
spirites pas plus que les dogmes religieux n'apportent la preuve que l'âme
subsiste. Ce qu'on peut dire, c'est que tout se passe dans notre vie comme
si nous y entrions avec le faix d'obligations contractées dans une vie
antérieure ; il n'y a aucune raison dans nos conditions de vie sur cette
terre pour que nous nous croyions obligés à faire le bien, à être délicats,
40 même à être polis, ni pour l'artiste athée à ce qu'il se croie obligé de recommencer vingt fois un morceau dont l'admiration qu'il excitera importera
peu à son corps mangé par les vers, comme le pan de mur jaune que
peignit avec tant de science et de raffinement un artiste à jamais inconnu,
à peine identifié sous le nom de Ver Meer. Toutes ces obligations, qui
n'ont pas leur sanction dans la vie présente, semblent appartenir à un
monde différent, fondé sur la bonté, le scrupule, le sacrifice, un monde
entièrement différent de celui-ci, et dont nous sortons pour naître à cette
terre, avant peut-être, d'y retourner revivre sous l'empire de ces lois
inconnues auxquelles nous avons obéi parce que nous en portions l'ensei-
50 gnement en nous, sans savoir qui les y avait tracées — ces lois dont tout
travail profond de l'intelligence nous rapproche et qui sont invisibles
seulement — et encore ! — pour les sots. De sorte que l'idée que Bergotte
n'était pas mort à jamais est sans invraisemblance.

On l'enterra, mais toute la nuit funèbre, aux vitrines éclairées, ses
livres, disposés trois par trois, veillaient comme des anges aux ailes éployées
et semblaient, pour celui qui n'était plus, le symbole de sa résurrection.

                              La Prisonnière (Librairie Gallimard, éditeur).

La Patrie perdue

Au cours d'une soirée chez les VERDURIN, on joue un *septuor inédit de Vinteuil* où le
narrateur retrouve avec ravissement la *« petite phrase »* reconnaissable malgré une colo-
ration nouvelle (cf. p. 238). La permanence de l'inspiration le fait profondément réfléchir
à la notion d'*univers spirituel*, au caractère « singulier » de l'œuvre d'art, dans cette page
d'accent parfois platonicien.

Vinteuil était mort depuis nombre d'années ; mais, au milieu de ces instruments qu'il avait aimés, il lui avait été donné de poursuivre, pour un
temps illimité, une part au moins de sa vie. De sa vie d'homme seulement ? Si l'art n'était vraiment qu'un prolongement de la vie, valait-il de
lui rien sacrifier ? N'était-il pas aussi irréel qu'elle-même ? A mieux écouter
ce septuor, je ne le pouvais pas penser. Sans doute le rougeoyant septuor différait
singulièrement de la blanche sonate [1] ; la timide interrogation à laquelle répondait
la petite phrase, de la supplication haletante pour trouver l'accomplissement

— 1 Noter la *correspondance.*

de l'étrange promesse qui avait retenti, si aigre, si surnaturelle, si brève, faisant vibrer la rougeur encore inerte du ciel matinal au-dessus de la mer. Et pourtant, ces phrases si différentes étaient faites des mêmes éléments ; car, de même qu'il y avait un certain univers, perceptible pour nous en ces parcelles dispersées çà et là, dans telles demeures, dans tels musées, et qui étaient l'univers d'Elstir [2], celui qu'il voyait, celui où il vivait, de même la musique de Vinteuil étendait, notes par notes, touches par touches, les colorations inconnues, inestimables d'un univers insoupçonné, fragmenté par les lacunes que laissaient entre elles les auditions de son œuvre ; ces deux interrogations si dissemblables qui commandaient le mouvement si différent de la sonate et du septuor, l'une brisant en courts appels une ligne continue et pure, l'autre ressoudant en une armature indivisible des fragments épars, l'une si calme et timide, presque détachée et comme philosophique, l'autre si pressante, anxieuse, implorante, c'était pourtant une même prière, jaillie devant différents levers de soleil intérieurs, et seulement réfractée à travers les milieux différents de pensées autres, de recherches d'art en progrès au cours d'années où il avait voulu créer quelque chose de nouveau. Prière, espérance qui était au fond la même, reconnaissable sous ces déguisements dans les diverses œuvres de Vinteuil, et d'autre part qu'on ne trouvait que dans les œuvres de Vinteuil. [...] C'est bien un accent unique auquel s'élèvent, auquel reviennent malgré eux ces grands chanteurs que sont les musiciens originaux, et qui est une preuve de l'existence irréductiblement individuelle de l'âme. Que Vinteuil essayât de faire plus solennel, plus grand, ou de faire du vif et du gai, de faire ce qu'il apercevait se reflétant en beau dans l'esprit du public, Vinteuil, malgré lui, submergeait tout cela sous une lame de fond qui rend son chant éternel et aussitôt reconnu. Ce chant, différent de celui des autres, semblable à tous les siens, où Vinteuil l'avait-il appris, entendu ? Chaque artiste semble ainsi comme le citoyen d'une patrie inconnue [3], oubliée de lui-même, différente de celle d'où viendra, appareillant pour la terre, un autre grand artiste. [...]
    Cette patrie perdue, les musiciens ne se la rappellent pas, mais chacun d'eux reste toujours inconsciemment accordé en un certain unisson avec elle ; il délire de joie quand il chante selon sa patrie, la trahit parfois par amour de la gloire, mais alors en cherchant la gloire, il la fuit [4], et ce n'est qu'en la dédaignant qu'il la trouve, quand il entonne ce chant singulier dont la monotonie — car, quel que soit le sujet qu'il traite, il reste identique à soi-même — prouve la fixité des éléments composants de son âme. Mais alors, n'est-ce pas que de ces éléments, tout ce résidu réel que nous sommes obligés de garder pour nous-mêmes, que la causerie ne peut transmettre même de l'ami à l'ami, du maître au disciple, de l'amant à la maîtresse, cet ineffable qui différencie qualitativement ce que chacun a senti et qu'il est obligé de laisser au seuil des phrases où il ne peut communiquer avec autrui qu'en se limitant à des points extérieurs communs à tous et sans intérêt, l'art, l'art d'un Vinteuil comme celui d'un Elstir, le fait apparaître, extériorisant dans les couleurs du spectre la composition intime de ces mondes que nous appelons les individus et que sans l'art nous ne connaîtrions jamais [5] ? Des ailes, un autre appareil respiratoire, et qui nous

---

— 2 Cf. p. 247. — 3 Cf. le paradis platonicien des Idées, et Mallarmé : « Au ciel antérieur
où fleurit la Beauté » (Les Fenêtres). — 4 Cf.
la parole de l'Évangile souvent citée par Gide :
« Celui qui veut sauver sa vie la perdra ».
— 5 Ainsi pour Proust l'art seul, à l'exclusion
de l'amitié et de l'amour, permet la communication entre deux êtres.

permissent de traverser l'immensité, ne nous serviraient à rien, car si nous allions dans Mars et dans Vénus en gardant les mêmes sens, ils revêtiraient du même aspect que les choses de la Terre tout ce que nous pourrions voir. Le seul véritable voyage, le seul bain de Jouvence, ce ne serait pas d'aller vers de nouveaux paysages, mais d'avoir d'autres yeux, de voir l'univers avec les yeux d'un autre, de cent autres, de voir les cent univers que chacun d'eux voit, que chacun d'eux est ; et cela, nous le pouvons avec un Elstir, avec un Vinteuil ; avec leurs pareils, nous volons vraiment d'étoiles en étoiles.

La Prisonnière (Librairie Gallimard, éditeur).

« *ALBERTINE DISPARUE* »

La jeune fille aimée du narrateur et qui a fait tant souffrir sa *jalousie* vient de *mourir accidentellement* loin de lui [1]. Une suite de douloureux malentendus, attisés par Françoise, a mis fin en effet à une intimité assez invraisemblable, a-t-on dit, surtout pour l'époque, puisqu'ALBERTINE vivait en permanence dans l'appartement des parents de MARCEL (c'est dans le recueil précédent, intitulé *La Prisonnière*, que le prénom est donné au narrateur pour la première fois). Mais, comme le dit FRANÇOIS MAURIAC (*Du Côté de chez Proust*, p. 77) : « Tout occupés des découvertes atroces où Proust nous engage, nous nous laissons », nous aussi, gagner à son indifférence pour tout ce qui n'est pas cette implacable recherche ».

Pour que la mort d'Albertine eût pu supprimer mes souffrances, il eût fallu que le choc l'eût tuée non seulement en Touraine, mais en moi. Jamais elle n'y avait été plus vivante. Pour entrer en nous, un être a été obligé de prendre la forme, de se plier au cadre du temps ; ne nous apparaissant que par minutes successives, il n'a jamais pu nous livrer de lui qu'un seul aspect à la fois, nous débiter de lui qu'une seule photographie [2]. Grande faiblesse sans doute pour un être de consister en une simple collection de moments ; grande force aussi ; il relève de la mémoire, et la mémoire d'un moment n'est pas instruite de tout ce qui s'est passé depuis ; ce moment qu'elle a enregistré dure encore, vit encore et avec lui l'être qui s'y profilait. Et puis cet émiettement ne fait pas seulement vivre la morte, il la multiplie. Pour me consoler, ce n'est pas une, ce sont d'innombrables Albertine que j'aurais dû oublier. Quand j'étais arrivé à supporter le chagrin d'avoir perdu celle-ci, c'était à recommencer avec une autre, avec cent autres. Alors ma vie fut entièrement changée. Ce qui en avait fait, et non à cause d'Albertine, parallèlement à elle, quand j'étais seul, la douceur, c'était justement, à l'appel de moments identiques, la perpétuelle renaissance de moments anciens. Par le bruit de la pluie m'était rendue l'odeur des lilas de Combray ; par la mobilité du soleil sur le balcon, les pigeons

---

— 1 Nous gardons à dessein comme titre de cet extrait, en raison du caractère de la page, le titre traditionnel du recueil, devenu dans l'édition de la Pléiade *La Fugitive*. — 2 Il en est donc des êtres humains comme de la mer, dont Proust disait plus haut : « Chacune de ces mers ne restait jamais plus d'un jour. Le lendemain il y en avait une autre qui parfois lui ressemblait. Mais je ne vis jamais deux fois la même. »

des Champs-Élysées ; par l'assourdissement des bruits dans la chaleur de la matinée, la fraîcheur des cerises ; le désir de la Bretagne ou de Venise par le bruit du vent et le retour de Pâques. [...]
Que le jour est lent à mourir par ces soirs démesurés de l'été ! Un pâle fantôme de la maison d'en face continuait indéfiniment à aquareller sur le ciel sa blancheur persistante. Enfin il faisait nuit dans l'appartement, je me cognais aux meubles de l'antichambre, mais dans la porte de l'escalier, au milieu du noir que je croyais total, la partie vitrée était translucide et bleue, d'un bleu de fleur, d'un bleu d'aile d'insecte, d'un bleu qui m'eût semblé beau si je n'avais senti qu'il était un dernier reflet, coupant comme un acier, un coup suprême que dans sa cruauté infatigable me portait encore le jour.

L'obscurité complète finissait pourtant par venir, mais alors il suffisait d'une étoile vue à côté de l'arbre de la cour pour me rappeler nos départs en voiture, après le dîner, pour les bois de Chantepie [3], tapissés par le clair de lune. Et même dans les rues, il m'arrivait d'isoler sur le dos d'un banc, de recueillir la pureté naturelle d'un rayon de lune au milieu des lumières artificielles de Paris, de Paris sur lequel il faisait régner, en faisant rentrer un instant pour mon imagination la ville dans la nature, avec le silence infini des champs évoqués, le souvenir douloureux des promenades que j'y avais faites avec Albertine. Ah ! quand la nuit finirait-elle ? Mais à la première fraîcheur de l'aube, je frissonnais car celle-ci avait ramené en moi la douceur de cet été où de Balbec à Incarville, d'Incarville à Balbec, nous nous étions tant de fois reconduits l'un l'autre jusqu'au petit jour. Je n'avais plus qu'un espoir pour l'avenir — espoir bien plus déchirant qu'une crainte, — c'était d'oublier Albertine. Je savais que je l'oublierais un jour, j'avais bien oublié Gilberte, Mme de Guermantes, j'avais bien oublié ma grand-mère. Et c'est notre plus juste et plus cruel châtiment de l'oubli si total, paisible comme ceux des cimetières, par quoi nous nous sommes détachés de ceux que nous n'aimons plus, que nous entre-voyions ce même oubli comme inévitable à l'égard de ceux que nous aimons encore. A vrai dire nous savons qu'il est un état non douloureux, un état d'indifférence. Mais ne pouvant penser à la fois à ce que j'étais et à ce que je serais, je pensais avec désespoir à tout ce tégument de caresses, de baisers, de sommeils amis, dont il faudrait bientôt me laisser dépouiller pour jamais. L'élan de ces souvenirs si tendres, venant se briser contre l'idée qu'elle était morte, m'oppressait par l'entrechoc de flux si contrariés que je ne pouvais rester immobile ; je me levais, mais tout d'un coup je m'arrêtais, terrassé ; le même petit jour que je voyais au moment où je venais de quitter Albertine, encore radieux et chaud de ses baisers, venait tirer au-dessus des rideaux sa lame maintenant sinistre dont la blancheur froide, implacable et compacte me donnait comme un coup de couteau.

La Fugitive (Librairie Gallimard, éditeur).

— 3 Forêt aux environs de Balbec.

Le temps retrouvé

Après plusieurs années passées dans une maison de santé provinciale, le narrateur mal rétabli revient à Paris. Il est un jour convié à une matinée chez le Prince de Guermantes et rencontre en chemin M. de Charlus vieilli, méconnaissable, qui prend un sombre plaisir à énumérer ses amis morts, parmi lesquels Charles Swann... L'auteur, momentanément découragé, se dit que Bergotte a fait erreur en lui prédisant jadis une célébrité littéraire : son existence va se disperser en plaisirs, en velléités, en regrets.

Mais c'est quelquefois au moment où tout nous semble perdu que l'avertissement arrive qui peut nous sauver ; on a frappé à toutes les portes qui ne donnent sur rien, et la seule par où on peut entrer et qu'on aurait cherchée en vain pendant cent ans, on y heurte sans le savoir, et elle s'ouvre. En roulant les tristes pensées que je disais il y a un instant, j'étais entré dans la cour de l'hôtel de Guermantes, et dans ma distraction je n'avais pas vu une voiture qui s'avançait ; au cri du wattman je n'eus que le temps de me ranger vivement de côté, et je reculai assez pour buter malgré moi contre des pavés assez mal équarris derrière lesquels était une remise. Mais au moment
10 où, me remettant d'aplomb, je posai mon pied sur un pavé qui était un peu moins élevé que le précédent, tout mon découragement s'évanouit devant la même félicité qu'à diverses époques de ma vie m'avaient donnée la vue d'arbres que j'avais cru reconnaître dans une promenade en voiture autour de Balbec, la vue des clochers de Martinville, la saveur d'une madeleine trempée dans une infusion, tant d'autres sensations dont j'ai parlé et que les dernières œuvres de Vinteuil m'avaient paru synthétiser. Comme au moment où je goûtais la madeleine, toute inquiétude sur l'avenir, tout doute étaient dissipés. Ceux qui m'assaillaient tout à l'heure au sujet de la réalité de mes dons littéraires, et même de la réalité de la littérature, se trouvaient levés comme par enchantement.
20 Sans que j'eusse fait aucun raisonnement nouveau, trouvé aucun argument décisif, les difficultés, insolubles tout à l'heure, avaient perdu toute importance. Mais, cette fois, j'étais bien décidé à ne pas me résigner à ignorer pourquoi, comme je l'avais fait le jour où j'avais goûté d'une madeleine trempée dans une infusion. La félicité que je venais d'éprouver était bien en effet la même que celle que j'avais éprouvée en mangeant la madeleine et dont j'avais alors ajourné de rechercher les causes profondes. La différence, purement matérielle, était dans les images évoquées ; un azur profond enivrait mes yeux, des impressions de fraîcheur, d'éblouissante lumière tournoyaient près de moi et, dans mon désir de les saisir, sans oser plus bouger que quand je goûtais la saveur de la madeleine
30 en tâchant de faire parvenir jusqu'à moi ce qu'elle me rappelait, je restais, quitte à faire rire la foule innombrable des wattmen, à tituber comme j'avais fait tout à l'heure, un pied sur le pavé plus élevé, l'autre pied sur le pavé plus bas. Chaque fois que je refaisais rien que matériellement ce même pas, il me restait inutile ; mais si je réussissais, oubliant la matinée Guermantes, à retrouver ce que j'avais senti en posant ainsi mes pieds, de nouveau la vision éblouissante et indistincte me frôlait comme si elle m'avait dit : « Saisis-moi au passage si tu en as la force et tâche à résoudre l'énigme de bonheur que je te propose. » Et presque tout de suite, je le reconnus, c'était Venise dont mes efforts pour la décrire et les prétendus instantanés pris par ma mémoire ne m'avaient jamais
40 rien dit, et que la sensation que j'avais ressentie jadis sur deux dalles inégales

du baptistère de Saint-Marc m'avait rendue avec toutes les autres sensations jointes ce jour-là à cette sensation-là et qui étaient restées dans l'attente, à leur rang, d'où un brusque hasard les avait impérieusement fait sortir, dans la série des jours oubliés. De même le goût de la petite madeleine m'avait rappelé Combray. Mais pourquoi les images de Combray et de Venise m'avaient-elles, à l'un et à l'autre moment, donné une joie pareille à une certitude et suffisante sans autres preuves à me rendre la mort indifférente ?

Un maître d'hôtel apporte au narrateur un plateau avec une serviette « *dont la raideur empesée est celle même du linge de Balbec* » ; *d'autre part une* cuiller *qui tinte sur une assiette fait renaître un bruit entendu jadis en voyage ;* c'est alors tout un contrepoint de souvenirs *qui se dessine dans l'âme de l'écrivain* affranchi de l'ordre du temps.

L'essence des choses   Je glissais rapidement sur tout cela, plus impérieusement sollicité que j'étais de chercher la cause de cette félicité, du caractère de certitude avec lequel elle s'imposait, recherche ajournée autrefois. Or, cette cause, je la devinais en comparant entre elles ces diverses impressions bienheureuses et qui avaient entre elles ceci de commun que je les éprouvais à la fois dans le moment actuel et dans un moment éloigné où le bruit de la cuiller sur l'assiette, l'inégalité des dalles, le goût de la madeleine allaient jusqu'à faire empiéter le passé sur le présent, à me faire hésiter à savoir dans lequel des deux je me trouvais ; au vrai, l'être qui alors goûtait en moi cette impression la goûtait en ce qu'elle avait de commun dans un jour ancien et maintenant, dans ce qu'elle avait d'extra-temporel, un être qui n'apparaissait que quand, par une de ces identités entre le présent et le passé, il pouvait se trouver dans le seul milieu où il pût vivre, jouir de l'essence des choses, c'est-à-dire en dehors du temps.

Une vocation
      révélée   L'être qui était rené en moi quand, avec un tel frémissement de bonheur, j'avais entendu le bruit commun à la fois à la cuiller qui touche l'assiette et au marteau qui frappe sur la roue, à l'inégalité pour les pas des pavés de la cour Guermantes et du baptistère de Saint-Marc, etc., cet être-là ne se nourrit que de l'essence des choses, en elle seulement il trouve sa subsistance, ses délices. Il languit dans l'observation du présent où les sens ne peuvent la lui apporter, dans la considération d'un passé que l'intelligence lui dessèche, dans l'attente d'un avenir que la volonté construit avec des fragments du présent et du passé auxquels elle retire encore de la réalité en ne conservant d'eux que ce qui convient à la fin utilitaire, étroitement humaine, qu'elle leur assigne. Mais qu'un bruit, qu'une odeur, déjà entendu ou respirée jadis le soient de nouveau, à la fois dans le présent et dans le passé, réels sans être actuels, idéaux sans être abstraits, aussitôt l'essence permanente et habituellement cachée des choses se trouve libérée et notre vrai moi qui, parfois depuis longtemps, semblait mort, mais ne l'était pas entièrement, s'éveille, s'anime en recevant la céleste nourriture qui lui est apportée. Une minute affranchie de l'ordre du temps a recréé en nous, pour la sentir, l'homme affranchi de l'ordre du temps. Et celui-là, on comprend qu'il soit confiant dans sa joie, même si le simple goût d'une madeleine ne semble pas contenir logiquement les raisons de cette joie, on comprend que le mot de « mort » n'ait pas de sens pour lui ; situé hors du temps, que pourrait-il craindre de l'avenir ?

Le Temps retrouvé (Librairie Gallimard, éditeur).

L'Art et la Vie

Devant cette *complexité de la vie* qu'il faut « retrouver », devant ce « grimoire compliqué et fleuri » si riche de reflets, le romancier sent mieux *l'insuffisance d'une littérature dite* « *réaliste* » qui se contente de donner des choses « un misérable relevé », qui nous attriste, nous appauvrit et finalement nous écarte de la *véritable réalité.*

L a grandeur de l'art véritable, au contraire, de celui que M. de Norpois eût appelé un jeu de dilettante, c'était de retrouver, de ressaisir, de nous faire connaître cette réalité loin de laquelle nous vivons, de laquelle nous nous écartons de plus en plus au fur et à mesure que prend plus d'épaisseur et d'imperméabilité la connaissance conventionnelle que nous lui substituons, cette réalité que nous risquerions fort de mourir sans avoir connue et qui est tout simplement notre vie. La vraie vie, la vie enfin découverte et éclaircie, la seule vie par conséquent réellement vécue, c'est la littérature ; cette vie qui, en un sens, habite à chaque instant chez tous les hommes aussi bien que chez l'artiste. Mais
10 ils ne la voient pas, parce qu'ils ne cherchent pas à l'éclaircir. Et ainsi leur passé est encombré d'innombrables clichés qui restent inutiles parce que l'intelligence ne les a pas « développés ». Notre vie, et aussi la vie des autres ; car le style pour l'écrivain, aussi bien que la couleur pour le peintre, est une question non de technique mais de vision. Il est la révélation, qui serait impossible par des moyens directs et conscients, de la différence qualitative qu'il y a dans la façon dont nous apparaît le monde, différence qui, s'il n'y avait pas l'art, resterait le secret éternel de chacun. Par l'art seulement nous pouvons sortir de nous, savoir ce que voit un autre de cet univers qui n'est pas le même que le nôtre, et dont les paysages nous seraient restés aussi inconnus que ceux qu'il peut y avoir dans la
20 lune. Grâce à l'art, au lieu de voir un seul monde, le nôtre, nous le voyons se multiplier, et, autant qu'il y a d'artistes originaux, autant nous avons de mondes à notre disposition, plus différents les uns des autres que ceux qui roulent dans l'infini et qui, bien des siècles après qu'est éteint le foyer dont il émanait, qu'il s'appelât Rembrandt ou Ver Meer, nous envoient encore leur rayon spécial.

Ce travail de l'artiste, de chercher à apercevoir sous de la matière, sous de l'expérience, sous des mots, quelque chose de différent, c'est exactement le travail inverse de celui que, à chaque minute, quand nous vivons détourné de nous-même, l'amour-propre, la passion, l'intelligence, et l'habitude aussi accomplissent en nous, quand elles amassent au-dessus de nos impressions vraies, pour nous
30 les cacher entièrement, les nomenclatures, les buts pratiques que nous appelons faussement la vie. En somme, cet art si compliqué est justement le seul art vivant. Seul il exprime pour les autres et nous fait voir à nous-même notre propre vie, cette vie qui ne peut pas s' « observer », dont les apparences qu'on observe ont besoin d'être traduites et souvent lues à rebours et péniblement déchiffrées.

Le Temps retrouvé (Librairie Gallimard, éditeur).

Dans ce « *retour aux profondeurs* » l'écrivain a trouvé sa voie. Si la force lui est donnée d'accomplir son œuvre, alors il ne manquera pas « d'y décrire les hommes (cela dût-il les faire ressembler à des êtres monstrueux) comme occupant une place si considérable, à côté de celle si restreinte qui leur est réservée dans l'espace, une place au contraire prolongée sans mesure — puisqu'ils touchent simultanément, comme des géants plongés dans les années, à des époques si distantes entre lesquelles tant de jours sont venus se placer — dans le Temps. »

ANDRÉ GIDE

La carrière d'ANDRÉ GIDE débute, en 1891, sous les couleurs de la gratuité et de l'esthétisme symbolistes, pour s'achever en 1951, alors que le temps de la « littérature engagée » a rendu tout autre le sens de la création littéraire. Entre ces deux termes, Gide a longuement marqué sa place qui fut des plus grandes.

Sans cesse *appliqué à l'examen de soi*, il a, dans la tradition de Montaigne, de Rousseau et de Stendhal, poussé jusqu'à la limite du « dicible » l'aveu d'un être lucide, enrichissant ainsi le « discours continu sur l'homme » qui fait l'essentiel de la littérature française. Passant d'un *narcissisme inquiet* à la volonté de « n'accepter rien de mal de ce qu'[il] pourrait changer », il a avancé quelques interrogations généreuses sur le destin de l'humanité ; *avouant à sa façon Dieu* et même pendant longtemps le Christ, mais *séparé de toute Église*, il a en définitive renforcé le culte de l'Homme et confirmé les positions d'un *humanisme* résolu.

Par ailleurs, sa pratique constante des grandes œuvres l'a amené à énoncer *d'innombrables jugements critiques* dont il semble désormais difficile de se passer (cf. p. 294) ; par son intérêt pour les littératures étrangères — anglaise, russe, allemande — il a contribué à répandre la lecture d'auteurs certes connus avant lui mais dont ses commentaires originaux et, parfois, ses ferventes traductions ont ravivé l'intérêt ; par l'expérience tentée, dès 1925, avec *Les Faux-Monnayeurs*, il a lui-même renouvelé la conception du roman dans notre littérature ; enfin, par le contrôle, actif qu'il exerça sur « l'esprit N.R.F. » (cf. p. 670), il a été, pour toute une génération, *l'animateur secret des lettres françaises*.

Ainsi s'explique l'importance de celui en qui l'on voyait, avec trop d'empressement peut-être vers 1930, le « contemporain capital », mais qui n'en demeure pas moins une des présences les plus affirmées du demi-siècle.

André Walter   Né à Paris, le 22 novembre 1869, d'un père professeur de Droit et d'une mère issue de la haute bourgeoisie havraise, GIDE mêle en lui le sang languedocien et le sang normand mais reçoit, des deux côtés, l'héritage d'une *stricte tradition protestante*. Son enfance en est marquée avant que son adolescence en soit accablée. Fragile, *les nerfs presque pathologiquement vulnérables* (cf. p. 265), il éprouve très tôt, jusqu'à l'angoisse, le sentiment « de n'être pas comme les autres ». Tant à l'École Alsacienne qu'au Lycée de Montpellier, ses études sont d'abord *décousues et coupées* jusqu'au moment où, dans un milieu familial dévoué aux choses de l'esprit, il peut plus heureusement les poursuivre à son gré.

Lorsque les vacances ne l'amènent pas à Uzès chez sa grand-mère paternelle (cf. p. 263), elles le conduisent, soit à La Roque soit à Cuverville, dans les propriétés normandes de sa famille maternelle. *Uniquement entouré de sollicitudes féminines* depuis la mort de son père en 1880, il y retrouve la tendre et confiante compagnie de ses cousines. Dès sa quinzième année il le voue à l'une d'elles, MADELEINE RONDEAUX, un amour fait d'élan pur et de don mystique, de rêve et d'exaltation héroïque auxquels répond un même « cornélianisme gratuit ».

Tout autant qu'il est admiré et choyé par les siens, il se trouve délivré par sa fortune de l'obligation d'exercer un métier : aussi peut-il très tôt s'abandonner à son jeune goût d'écrire sans nul souci de réussite matérielle. Ami de Pierre Louÿs et de Paul Valéry, patronné par Mallarmé, il entre de plain-pied dans le monde du symbolisme. Pour ses premières publications, il se confond avec le personnage d'ANDRÉ WALTER, héros d'œuvres assez hermétiques selon l'idéal symboliste : Les *Cahiers*, puis les *Poésies d'André Walter* (1891 et 1892) ; *Le Traité du Narcisse* (1891) ; *Le Voyage d'Urien* (1893).

« Un nouvel être »　　　C'est alors que sa vie va connaître *une péripétie essen-*
tielle en deux phases étrangement enchaînées. A vingt-quatre
ans André Gide s'embarque pour la Tunisie (octobre 1893). Accompagnant son ami,
le peintre P. A. Laurens, il y arrive malade et croyant sa vie menacée, chaste et plein de
l'effroi du péché, fidèle au pur amour qui depuis longtemps le lie à Madeleine, sa
« sœur » tout autant que sa fiancée. Deux ans après, en 1895, il revient d'Afrique du
Nord guéri, brûlant de vivre, libéré des interdits physiques et moraux, révélé à
lui-même par les ardentes surprises des oasis. Il se trouve transformé par la certitude
qu'il est fait pour tous les désirs et d'abord pour le plus inavouable aux yeux du monde ;
désormais il ne pourra plus nier ni contenir cette part de son être.

Mais, en même temps, il ne peut pas non plus abolir sa *soif de communion spirituelle*, sa
vocation de dévouement et, peut-être, *son besoin de refuge contre lui-même.* Peu après la
mort de sa mère, il épouse le 8 octobre 1895 Madeleine RONDEAUX qui, partageant son
illusion, accepte la gageure d'un mariage blanc. Cependant, dès le voyage où il entraîne sa
compagne sur les lieux mêmes de sa révélation africaine, la *contradiction éclate entre les deux*
exigences qu'il porte en lui. Il croit trouver la solution dans un *étrange partage* qui, réservant
au mariage le pur commerce des âmes, accorde au plaisir une place à ses yeux tout aussi
légitime. Il n'en sent pas moins le poids de la société, le contrôle de sa conscience puritaine
et le muet reproche d'une présence douloureuse : dès lors commence son existence
« d'immoraliste » tourmenté par *tous les problèmes de la vie morale.*

Après cette crise, le monde littéraire qu'il a connu lui paraît bien fade et hypocrite
(Paludes, 1895*).* Réduit à l'estime vigilante d'un petit nombre d'esprits, il publie *Les*
Nourritures Terrestres (1897), écrit ses premiers drames (cf. p. 291) et donne en 1902
L'Immoraliste, toutes œuvres qui, sous des voiles divers, sont pleines de l'expérience qui
a fait de lui « un nouvel être ». De nombreux voyages coupés de séjours en Normandie et
quelques rares travaux littéraires coupés de périodes de « retombement » précèdent la
publication du premier « récit » dont s'occupe vraiment la critique : *La Porte Étroite* (1909).
Peu après, la part active qu'il prend à la fondation de la *N.R.F.* lui assure un rôle qui
s'affirme. En 1914, le ton, les hardiesses et la désinvolture des *Caves du Vatican* établissent
brusquement la notoriété de Gide, à l'instant où, tout au long du premier conflit mondial,
il va s'imposer le silence. Il réserve alors sa pensée et ses aveux à son fameux *Journal*,
commencé dès 1889.

Les dernières　　　Les années de guerre, pendant lesquelles il se dévoue à
libérations　　　des œuvres de bienfaisance, voient, en effet, se réveiller
　　　　　　　　　　chez lui *le drame religieux.* Frappé par le retour au catholicisme de quelques compagnons d'autrefois comme Ghéon, Copeau, Rivière, il se croit un
instant *tenté par la soumission* dont Jammes et Claudel lui proposent depuis longtemps
l'exemple. Mais, « ayant relu l'Évangile d'un œil neuf » et cherché en vain « commandement,
menace, défense » dans la loi d'amour, il ne trouve, en définitive, que de nouvelles raisons
pour refuser toute loi et *légitimer en bonne conscience ses égarements :* les feuillets de *Numquid*
et tu? gardent la trace de cette ultime libération religieuse. Celle-ci s'accompagne d'une
libération plus intime. Sa femme a déchiré les lettres de leur jeunesse où s'inscrivait « le
meilleur de lui-même ». Consterné par ce geste qui le prive d'une longue et chère équivoque,
Gide opte désormais pour *l'audace* dans l'usage de la vie et *l'aveu non-voilé* dans l'œuvre.

Un « malfaiteur » ?　　　La *Symphonie Pastorale* (1919) le libère de « sa dernière
　　　　　　　　　　　dette envers le passé ». Puis, *Si le grain ne meurt* (1920) où
pour la première fois il se raconte sans fard, et *Corydon* où, en 1924, il rend publique une
apologie de l'anomalie sexuelle esquissée dès 1911, offrent brusquement aux lecteurs
d'étranges hardiesses. La curiosité se trouvant ainsi ramenée vers ses premiers ouvrages,
l'œuvre entière de Gide s'installe au premier plan de l'actualité, à la fois par son profond
intérêt mais aussi par l'attrait du scandale. Alors se dresse contre lui une croisade
rassemblant d'anciens adversaires comme Henri Massis ou des chroniqueurs assez
pharisiens comme Henri Béraud, et un pamphlet anonyme dénonce en lui « *Un Malfaiteur* ».

Un « inquiéteur » « Belle fonction à assurer, celle d'inquiéteur », dit le *Journal* de Gide à la date du 28 mars 1935. A la vérité, c'est depuis longtemps son rôle. En effet, il s'est toujours complu à *réveiller toutes les interrogations* qui dorment sous le bouclier des conventions. Dans un autre domaine il a, dès 1925 par la publication des *Faux-Monnayeurs*, « inquiété » la conscience littéraire en *bouleversant la conception traditionnelle du roman* (cf. p. 284). Puis, toujours animé de sa passion du *dénuement* et de la *disponibilité* (cf. p. 269), il est parti, nouveau « voyageur sans bagages », pour un long périple au Congo (1925-1926) pendant lequel, au contact de certaines réalités, il s'est reconnu *un cœur de missionnaire social* ; et le *Voyage au Congo* (1927) a soulevé de graves questions encore réservées à son époque. S'appliquant désormais à des préoccupations moins strictement personnelles, il a proclamé sa *confiance en l'Homme (Œdipe,* 1931 ; cf. p. 292) et lutté pour « faire son bonheur augmenter celui des autres ». Comparable à l'entrée d'Anatole France dans l'action sociale, une génération plus tôt, cet illustre passage d'un pur narcissisme à *un altruisme positif* n'a pas été sans « inquiéter » d'une nouvelle façon les réflexions en repos : la présence de Gide au Congrès Mondial pour la Paix (1932) comme son adhésion au communisme militant ont vraiment représenté des événements pour le monde intellectuel de son temps.

Aussi, lorsqu'en 1936, il part pour la Russie découvrir un monde « où l'inespéré pouvait éclore », est-il suivi par la pensée de nombreux fidèles. Mais il revient déçu d'un voyage où il a eu « moralement si chaud et si froid ». Sa *loi de vérité* l'oblige à dire ses craintes et sa répugnance devant le formalisme stalinien *(Le Retour d'U.R.S.S.,* 1936). A nouveau il se sent isolé. Sa femme meurt en 1938. A la veille de la seconde Guerre Mondiale, il livre au public cinquante ans de sa conscience *(Journal* 1889-1939).

La vieillesse Condamné à l'éloignement puis à l'exil par l'occupation
de Thésée allemande, il retrouve, pendant quelques années, la Tunisie et tous ses fantômes. A plus de soixante-dix ans, son esprit est toujours jeune mais son âge *l'incline aux récapitulations.* Il choisit, pour lui faire endosser son propre testament, un héros vieilli qui, comme lui, a épuisé les aventures et bâti son œuvre. *Thésée,* longuement médité en Tunisie, paraît en 1946 (cf. p. 293). Honoré par le Prix Nobel (1947) qui constitue sa *revanche sur d'anciens dénigrements,* salué une dernière fois par le monde des Lettres lorsque la Comédie-Française représente son adaptation des *Caves du Vatican* (1950), Gide laisse en mourant (1951) un pénible mais courageux témoignage de sincérité : sous le titre de *Et nunc manet in te,* son plus secret Journal avoue le calvaire imposé à son admirable épouse et, remettant ainsi en question une joie souvent proclamée, révèle de quels *remords* s'est accompagnée chez lui *la volonté d'être libre.*

Le « gidisme » Tous les genres sont représentés dans une œuvre *extrêmement diverse* qui compte plus de soixante titres. Mais cette diversité trouve son unité dans la *perpétuelle présence* d'un auteur qui a, plus que tout autre, pratiqué « l'aveu considéré comme un des beaux-arts » (André Rousseaux). Partout en effet et non pas seulement sous forme de confession lyrique, de journal et de récit autobiographique, Gide a *parlé de lui-même* par l'entremise des personnages qu'il a créés. De tous ces aveux, inégalement voilés, et des propositions morales qui les accompagnent on a trop sommairement tiré, du vivant même de l'auteur, une doctrine de vie fondée sur une *affirmation de soi confinant au défi* ; et l'on a parlé du « gidisme » comme d'un véritable enseignement auquel aurait prétendu un mauvais maître « en rupture avec toute décence, toute convenance, toute loi » : plus que dangereux, un tel enseignement est apparu comme scandaleux lorsque, par dessein hostile ou ironique, on ne retenait que l'occasion sexuelle de la libération gidienne. A l'opposé, les *perpétuelles contradictions* observées entre des héros trop globalement confondus avec leur créateur, les *propres revirements* de celui-ci et ses détours ont amené parfois à ne voir dans le prétendu gidisme qu'un jeu subtil et vain.

Mais il faut, tout d'abord, considérer que Gide *refuse et renvoie les disciples* (cf. p. 271) parce qu'il réclame avant tout, comme l'avait déjà fait Montaigne, *l'originalité et l'autonomie de l'individu.* Seuls croient pouvoir le prendre comme modèle ceux qui l'ont mal compris.

On doit donc éviter aussi de ne retenir de son œuvre que des formules flatteuses et agressives à la fois (cf. p. 269), qui semblent inviter à une liberté totale. « Suivre sa pente pourvu que ce soit en montant » *n'est pas pour lui un vain principe* : sa conquête d'une vie « authentique » obéit à un *esprit de contrôle et de contrainte* qui ne connaît jamais de repos puisqu'il implique un effort constant de renouvellement. Parti d'un « culte du moi » tout barrésien (cf. p. 117) qui n'a pas rencontré sa Lorraine ni son arrière-plan de nostalgie catholique, moins allègre que Stendhal (cf. *XIXᵉ Siècle*, p. 338) dans une « chasse au bonheur » compromise par *un constant examen critique*, Gide a rencontré bien des scrupules qu'il a dû vaincre quand on croit qu'il s'abandonne. Il a dû aussi lutter contre la tentation de « vivre sur son erre » quand, le voyant soudain changer d'être moral, on suppose qu'il veut dérouter : c'est à ce prix que son itinéraire « monte » dans une perpétuelle invention de soi, consciente d'une *complexité* fondamentale et de *contradictions* vécues.

La vérité de l'artiste Cette complexité et *l'effort de sincérité* qui tend à en rendre compte font la richesse des pages où Gide parle directement de lui-même, par exemple dans *Si le Grain ne meurt* et le *Journal* : on y trouve en effet un registre « exemplaire » des dessous, des replis, des nuances, des sursauts d'une *conscience infiniment sollicitée*. Les contradictions, qu'on souligne souvent avec malignité, apparaissent surtout lorsque, dans ses œuvres de *fiction relative*, Gide éclaire tour à tour, sous divers masques, *des pans entiers de sa vie morale*. Mais lui-même répond d'avance à un étonnement mal fondé. En effet, ressentant tout le premier *sa propre complexité et l'imprévu de ses attitudes*, il reconnaît, dès 1909 : « on ne tracera pas aisément la courbe de ma vie morale » ; et, constatant en 1924 que « chacun de ses livres se retourne contre les amateurs du précédent », il proclame : « cela leur apprendra à ne m'applaudir que pour le bon motif et à ne prendre chacun de mes livres que pour ce qu'il est : une œuvre d'art. »

S'il est vrai que tout écrivain, délivré d'une œuvre, est souvent attiré par une *occasion toute différente* de s'exprimer, à plus forte raison Gide, toujours divisé, a-t-il pu être tenté de « bondir à l'autre extrémité de soi-même » en incarnant dans un héros inattendu un autre aspect de sa personnalité. Isolée, cette image fragmentaire lui devient *sujet d'étude curieuse* et, comme il l'a dit lui-même, le roman lui est alors, *plus que l'autobiographie brute*, un moyen de la mieux fouiller ; ne la considérant plus que comme un « cas », il s'en distingue *parce qu'il la scrute et la juge* et il s'en détache parce qu'une partie de son être *est devenue personnage*. Il peut donc à bon droit parler d'« intention critique » à propos de tel personnage avec lequel on veut le confondre et déclarer « qu'à la seule exception de [ses] *Nourritures Terrestres* tous [ses] livres sont des livres *ironiques* » : chacun des êtres qu'il a animés prend ainsi, par rapport à lui-même, *la souveraine distance qu'établit la création artistique*.

La leçon du classique Gide entre naturellement dans la tradition classique par la primauté qu'il accorde à *l'inépuisable étude de l'âme humaine* faite à travers lui-même. Mais il a aussi formulé sa propre définition du classicisme (cf. p. 294) qui est toujours victoire sur le « romantisme intérieur » et par conséquent *pudeur, litote, contrainte* dans l'expression littéraire.

Il a lui-même très vite condamné le « pignochage » de ses premières œuvres marquées par la recherche symboliste, pour se soumettre à *une règle de dépouillement* et même de « banalité ». Or, par une dernière contradiction, c'est à ce prix que son style est devenu entièrement original. L'étonnant, en effet, est que, semblant promettre une pureté insipide, la « banalité » de Gide révèle, à l'examen, l'usage d'un *vocabulaire très étudié* où comptent en petit nombre des archaïsmes et des provincialismes et, en grand nombre, des néologismes parfois audacieux ; de même sa syntaxe, au lieu d'être strictement régulière, multiplie les inflexions, les ruptures les plus variées et même des hardiesses combinant purisme et incorrection. Mais ce n'est pas là *recherche gratuite* ni ornement « surajouté ». Chacun des effets obtenus l'est au profit des *nuances de la pensée* et du *frémissement dompté* de la sensibilité. Gide obtient ainsi *la parfaite unité du fond et de la forme* qui constitue un sûr critère de classicisme. Son moindre mérite n'est pas d'avoir été un grand maître de la prose française dont il a découvert quelques possibilités nouvelles, tantôt fortes, tantôt exquises.

LES PREMIÈRES   Avant d'aborder l'étude suivie de l'œuvre d'André Gide
EMPREINTES   il est intéressant de considérer quelques traits profonds
ou quelques expériences qui l'ont marqué dès le
début. On saisira mieux ainsi le caractère éminemment personnel de ses écrits. La
plupart des pages qui vont suivre sont tirées de *Si le Grain ne meurt*, récit autobiographique qui s'étend de l'enfance jusqu'aux fiançailles de l'auteur. On retrouve
notamment dans ce livre, les éléments vécus qui ont déjà été élaborés par Gide dans deux
de ses plus importants récits : *L'Immoraliste* (1902) et *La Porte Étroite* (1909, cf. p. 268).

Le petit-fils de Monsieur Tancrède

Gide, dont la jeunesse a été étrangère à « l'exotisme de la misère », a du moins connu la
simplicité archaïque de la vie huguenote pendant ses vacances à Uzès. C'est là, comme
plus tard à Montpellier, qu'il a éprouvé le vif sentiment d'être « divisé » par sa double
origine normande et languedocienne. Aussi, dès 1897, pouvait-il lancer à Barrès la
fameuse apostrophe : « *Né à Paris d'un père Uzétien et d'une mère Normande, où voulez-
vous, Monsieur Barrès, que je m'enracine ?* » Écrit en 1902 pour la revue *L'Occident*, un
ample diptyque aujourd'hui recueilli dans *Prétextes* illustre le même thème. Très
postérieure, la page que l'on va lire montre d'abord l'adolescent tout fier d'être
reconnu comme le petit-fils du pasteur Tancrède Gide et touché par la vie évangélique
d'une famille paysanne : on devine ainsi quel empire a pu avoir sur lui, pendant son
enfance, l'atmosphère dans laquelle il vivait. Par la suite, *l'ironie* apparaît dans l'évocation
des veuves bavardant au temple. Mais l'enfant de jadis ressentait-il déjà ce ridicule ?
N'est-ce pas Gide, adulte et libéré, qui revoit la scène à sa façon ? C'est l'éternelle question
des souvenirs d'enfance revécus à l'âge mûr et *inconsciemment transposés*.
*Au retour d'une expédition chez son cousin, le pasteur Guillaume Granier, le jeune voyageur
des garrigues n'a pu regagner Uzès. Il est accueilli pour la nuit dans une ferme isolée.*

Soudain, je remarquai sur une sorte d'étagère une grosse Bible, et, com-
prenant que je me trouvais chez des protestants, je leur nommai celui
que je venais d'aller voir. Le vieux se redressa tout aussitôt ; il connaissait
mon cousin le pasteur ; même il se souvenait fort bien de mon grand-père.
La manière dont il m'en parla me fit comprendre quelle abnégation, quelle
bonté pouvait habiter la plus rude enveloppe, aussi bien chez mon grand-père
que chez ce paysan lui-même, à qui j'imaginais que mon grand-père avait dû
ressembler, d'aspect extrêmement robuste, à la voix sans douceur, mais vibrante,
au regard sans caresse, mais droit.

Cependant les enfants rentraient du travail, une grande fille et trois fils ; plus
fins, plus délicats que l'aïeul ; beaux, mais déjà graves et même un peu froncés.
La mère posa la soupe fumante sur la table, et, comme à ce moment je parlais,
d'un geste discret elle arrêta ma phrase et le vieux dit le bénédicité.

Ce fut pendant le repas qu'il me parla de mon grand-père ; son langage
était à la fois imagé et précis ; je regrette de n'avoir pas noté de ses phrases.
Quoi ! ce n'est là, me redisais-je, qu'une famille de paysans ! quelle élégance,
quelle vivacité, quelle noblesse, auprès de nos épais cultivateurs de Normandie !
Le souper fini, je fis mine de repartir ; mais mes hôtes ne l'entendaient pas
ainsi. Déjà la mère s'était levée ; l'aîné des fils coucherait avec un de ses frères ;
j'occuperais sa chambre et son lit, auquel elle mit des draps propres, rudes
et qui sentaient délicieusement la lavande. La famille n'avait pas l'habitude
de veiller tard, ayant celle de se lever tôt ; au demeurant je pourrais rester à
lire encore s'il me plaisait.

— Mais, dit le vieux, vous permettrez que nous ne dérangions pas nos habitudes — qui ne seront pas pour vous étonner, puisque vous êtes le petit de Monsieur Tancrède.

Alors il alla chercher la grosse Bible que j'avais entrevue, et la posa sur la table desservie. Sa fille et ses petits-enfants se rassirent à ses côtés devant la table, dans une attitude recueillie qui leur était naturelle. L'aïeul ouvrit le livre 30 saint et lut avec solennité un chapitre des Évangiles, puis un psaume ; après quoi chacun se mit à genoux devant sa chaise, lui seul excepté, que je vis demeurer debout, les yeux clos, les mains posées à plat sur le livre refermé. Il prononça une courte prière d'actions de grâces, très digne, très simple et sans requêtes, où je me souviens qu'il remercia Dieu de m'avoir indiqué sa porte, et cela d'un tel ton que tout mon cœur s'associait à ses paroles. Pour achever, il récita « Notre Père ... » ; puis il y eut un instant de silence, après quoi seulement chacun des enfants se releva. Cela était si beau, si tranquille, et ce baiser de paix si glorieux, qu'il posa sur le front de chacun d'eux ensuite, que, m'approchant de lui moi aussi, je tendis à mon tour mon front.

40 Ceux de la génération de mon grand-père gardaient vivant encore le souvenir des persécutions qui avaient martelé leurs aïeux ou du moins certaine tradition de résistance ; un grand raidissement intérieur leur restait de ce qu'on avait voulu les plier. Chacun d'eux entendait distinctement le Christ lui dire, et au petit troupeau tourmenté : « Vous êtes le sel de la terre ; or si le sel perd sa saveur, avec quoi la lui rendra-t-on ? »

Et il faut reconnaître que le culte protestant de la petite chapelle d'Uzès présentait, du temps de mon enfance encore, un spectacle particulièrement savoureux. Oui, j'ai pu voir encore les derniers représentants de cette génération de tutoyeurs de Dieu [1] assister au culte avec leur grand chapeau de feutre sur la 50 tête , qu'ils gardaient durant toute la pieuse cérémonie, qu'ils soulevaient au nom de Dieu, lorsque l'invoquait le pasteur, et n'enlevaient qu'à la récitation de « Notre Père... ». Un étranger s'en fût scandalisé comme d'un irrespect, qui n'eût pas su que ces vieux huguenots gardaient ainsi la tête couverte en souvenir des cultes en plein air et sous un ciel torride, dans les replis secrets des garrigues, du temps que le service de Dieu selon leur foi présentait, s'il était surpris, un inconvénient capital [2].

Puis, l'un après l'autre, ces mégathériums [3] disparurent. Quelque temps après eux, survécurent encore les veuves. Elles ne sortaient plus que le dimanche, pour l'église, c'est-à-dire aussi pour s'y retrouver. Il y avait là ma grand-mère, 60 Mme Abauzit son amie, Mme Vincent et deux autres vieillardes dont je ne sais plus le nom. Un peu avant l'heure du culte, des servantes, presque aussi vieilles que leur maîtresse, apportaient les chaufferettes de ces dames, qu'elles posaient devant leur banc. Puis, à l'heure précise, les veuves faisaient leur entrée, tandis que le culte commençait. A moitié aveugles, elles ne se reconnaissaient point avant la porte, mais seulement une fois dans le banc ; tout au plaisir de la rencontre, elles commençaient en chœur d'extraordinaires effusions, mélange de congratulations, de réponses et de questions, chacune, sourde comme un pot, n'entendant rien de ce que lui disait sa commère ; et leurs voix mêlées, durant quelques instants, couvraient complètement celle du malheureux pasteur...

Si le Grain ne meurt (Librairie Gallimard, éditeur).

— 1 Par respect pour le texte même de l'Évangile. — 2 La scène se passe non loin du | lieu des dragonnades. — 3 L'emploi du terme | convient à l'intention ironique du paragraphe.

« Ah ! quel souvenir misérable... »

Enfant maladif et trop choyé, Gide a été souvent le souffre-douleur de ses camarades. Après une petite vérole qui l'a éloigné de ses tortionnaires, il est pris d'angoisse à mesure que s'approche l'instant de les retrouver. Un malaise *réellement ressenti* éveille en lui l'idée de *simuler* des troubles nerveux. Ainsi l'auteur qui, dans *L'Immoraliste* et *Les Faux-Monnayeurs* (cf. p. 290), a peint tant d'adolescents complexes, dissimulés et instinctivement cruels, a pu faire sur lui-même l'observation de la perversité enfantine : aptitude à la comédie, remords impuissants à la pensée de l'inquiétude causée, mouvement de défense instinctif contre la perspicacité des médecins, puis, devant l'oncle, sentiment de l'échec suivi d'un mouvement de haine enfantine, tout est ici révélateur d'une « météorologie intime » extrêmement compliquée. En même temps se confirment le *contrôle* du narrateur adulte et son engagement de *sincérité* dans l'aveu pénible. Cette page peut être rapprochée de maintes pages semblables dans les *Confessions* de Rousseau (cf. *XVIII*e *Siècle*, p. 322) ou la *Vie de Henri Brulard* de Stendhal.

Voici, je crois, comment cela commença : Au premier jour qu'on me permit de me lever, un certain vertige faisait chanceler ma démarche, comme il est naturel après trois semaines de lit. Si ce vertige était un peu plus fort, pensai-je, puis-je imaginer ce qui se passerait ? Oui, sans doute : ma tête, je la sentirais fuir en arrière ; mes genoux fléchiraient (j'étais dans le petit couloir qui menait de ma chambre à celle de ma mère) et soudain je croulerais à la renverse. Oh ! me disais-je, imiter ce qu'on imagine ! Et tandis que j'imaginais, déjà je pressentais quelle détente, quel répit je goûterais à céder à l'invitation de mes nerfs. Un regard en arrière, pour m'assurer de l'endroit où ne pas me faire trop de mal en tombant...

Dans la pièce voisine, j'entendis un cri. C'était Marie ; elle accourut. Je savais que ma mère était sortie ; un reste de pudeur, ou de pitié, me retenait encore devant elle ; mais je comptais qu'il lui serait tout rapporté. Après ce coup d'essai, presque étonné d'abord qu'il réussît, promptement enhardi, devenu plus habile et plus décidément inspiré, je hasardai d'autres mouvements, que tantôt j'inventais saccadés et brusques, que tantôt je prolongeais au contraire, répétais et rythmais en danses. J'y devins fort expert et possédai bientôt un répertoire assez varié : celle-ci se sautait presque sur place ; cette autre nécessitait le peu d'espace de la fenêtre à mon lit, sur lequel, tout debout, à chaque retour, je me lançais : en tout trois bonds bien exactement réussis ; et cela près d'une heure durant. Une autre enfin que j'exécutais couché, les couvertures rejetées, consistait en une série de ruades en hauteur, scandées comme celles des jongleurs japonais.

Maintes fois par la suite je me suis indigné contre moi-même, doutant où je pusse trouver le cœur, sous les yeux de ma mère, de mener cette comédie. Mais avouerai-je aujourd'hui cette indignation ne me paraît pas bien fondée. Ces mouvements que je faisais, s'ils étaient conscients, n'étaient qu'à peu près volontaires. C'est-à-dire que, tout au plus, j'aurais pu les retenir un peu. Mais j'éprouvais le plus grand soulas [1] à les faire. Ah ! que de fois, longtemps ensuite, souffrant des nerfs, ai-je pu déplorer de n'être plus à un âge où quelques entrechats...

— 1 Soulagement : exemple du vocabulaire archaïque ou provincial que ne dédaigne pas Gide.

Dès les premières manifestations de ce mal bizarre, le docteur Leenhardt appelé avait pu rassurer ma mère : les nerfs, rien que les nerfs, disait-il ; mais comme tout de même je continuais de gigoter, il jugea bon d'appeler à la rescousse deux confrères. La consultation eut lieu, je ne sais comment ni pourquoi, dans une chambre de l'hôtel Nevet [2]. Ils étaient là, trois docteurs, Leenhardt, Theulon et Boissier ; ce dernier, médecin de Lamalou-les-Bains, où il était question de m'envoyer. Ma mère assistait, silencieuse.

J'étais un peu tremblant du tour que prenait l'aventure ; ces vieux Messieurs, dont deux à barbe blanche, me retournaient dans tous les sens, m'auscultaient, 40 puis parlaient entre eux à voix basse. Allaient-ils me percer à jour ? dire, l'un d'eux, M. Theulon à l'œil sévère :

— Une bonne fessée, Madame, voilà ce qui convient à cet enfant ?...

Mais non ; et plus ils m'examinent, plus semble les pénétrer le sentiment de l'authenticité de mon cas. Après tout, puis-je prétendre en savoir sur moi-même plus long que ces Messieurs ? En croyant les tromper, c'est sans doute moi que je trompe.

La séance est finie.

Je me rhabille. Theulon paternellement se penche, veut m'aider ; Boissier aussitôt l'arrête ; je surprends de lui à Theulon un petit geste, un clin d'œil, 50 et suis averti qu'un regard malicieux, fixé sur moi, m'observe, veut m'observer encore, alors que je ne me sache plus observé, qu'il épie le mouvement de mes doigts, ce regard, tandis que je reboutonne ma veste. — « Avec le petit vieux que voilà, s'il m'accompagne à Lamalou, il va falloir jouer serré », pensai-je, et, sans en avoir l'air, je lui servis quelques grimaces de supplément, du bout des doigts trébuchant dans les boutonnières.

Quelqu'un qui ne prenait pas au sérieux ma maladie, c'était mon oncle [3] ; et comme je ne savais pas encore qu'il ne prenait au sérieux les maladies de personne, j'étais vexé. J'étais extrêmement vexé, et résolus de vaincre cette indifférence en jouant gros. Ah ! quel souvenir misérable ! Comme je sauterais 60 par-dessus, si j'acceptais de rien omettre ! — Me voici dans l'antichambre de l'appartement, rue Salle-l'Évêque ; mon oncle vient de sortir de sa bibliothèque et je sais qu'il va repasser ; je me glisse sous une console, et, quand il revient, j'attends d'abord quelques instants, si peut-être il m'apercevra de lui-même, car l'antichambre est vaste et mon oncle va lentement ; mais il tient à la main un journal qu'il lit tout en marchant ; encore un peu et il va passer outre... Je fais un mouvement ; je pousse un gémissement ; alors il s'arrête, soulève son lorgnon et, de par-dessus son journal :

— Tiens ! Qu'est-ce que tu fais là ?

Je me crispe, me contracte, me tords et, dans une espèce de sanglot que je 70 voudrais irrésistible :

— Je souffre, dis-je.

Mais tout aussitôt j'eus la conscience du fiasco : mon oncle remit le lorgnon sur son nez, son nez dans son journal, rentra dans sa bibliothèque dont il referma la porte de l'air le plus quiet. O honte ! Que me restait-il à faire, que me relever, secouer la poussière de mes vêtements, et détester mon oncle ; à quoi je m'appliquais de tout mon cœur.　　　　*Si le Grain ne meurt* (Librairie Gallimard, éditeur).

— 2 Note de Gide : « *A bien y réfléchir, je crois qu'il faut placer cette consultation entre mes deux séjours à Lamalou, et c'est ce qui expli-* | *querait que nous fussions à l'hôtel.* » Lamalou est une station thermale de l'Hérault, sur le rebord des Cévennes. — 3 Il s'agit du célèbre économiste Charles Gide.

« UN NOUVEL ORIENT A MA VIE... »

On sait quelle importance a eue, dans la vie de Gide, son amour pour Madeleine Rondeaux qui devint sa femme (cf. p. 259, § 6). Apparaissant sous divers noms (Ellis, dans le *Voyage d'Urien* ; Marceline, dans *L'Immoraliste* ; Alissa, dans *La Porte Étroite*) elle est l'Emmanuèle des *Cahiers d'André Walter* et garde ce nom dans *Si le Grain ne meurt* et le *Journal*. Parmi les sentiments qui attachèrent André Gide à sa cousine et que l'analyse éclaire différemment selon l'œuvre considérée, le *dévouement* et le *désir de protéger un être faible* et blessé ont certainement compté. La mère de Madeleine était une épouse assez frivole qui donnait à jaser en ridiculisant son mari. Cette page fait revivre l'instant où l'adolescent, incapable d'interpréter la « crise » qui consterne la demeure, devine cependant chez Madeleine l'« *intolérable détresse* » née d'un *drame familial*.

Au Havre où il est en vacances, le narrateur, qui avait quitté ses cousines « vers la tombée du soir », est revenu à la maison de la rue de Lecat, mû par un instinctif besoin de surprendre. « Ce soir-là, dit-il, mon goût du clandestin fut servi ».

Dès le seuil, je flairai l'insolite. Contrairement à la coutume, la porte cochère n'était pas fermée, de sorte que je n'eus pas à sonner. Je me glissais furtivement lorsque Alice, une peste femelle que ma tante avait à son service, surgit de derrière la porte du vestibule où, apparemment, elle était embusquée, et, de sa voix la moins douce :

— Eh quoi ! c'est vous ! Qu'est-ce que vous venez faire à présent ?

Évidemment je n'étais pas celui qu'on attendait.

Mais je passai sans lui répondre.

10 Au rez-de-chaussée se trouvait le bureau de mon oncle Émile, un morne petit bureau qui sentait le cigare, où il s'enfermait des demi-journées et où je crois que les soucis l'occupaient beaucoup plus que les affaires ; il ressortait de là tout vieilli. Certainement il avait beaucoup vieilli ces derniers temps ; je ne sais trop si j'aurais remarqué cela de moi-même, mais, après avoir entendu ma mère dire à ma tante Lucile : « Ce pauvre Émile a bien changé ! » aussitôt m'était apparu le plissement douloureux de son front, l'expression inquiète et parfois harassée de son regard. Mon oncle n'était pas à Rouen ce jour-là.

Je montai sans bruit l'escalier sans lumière. Les chambres des enfants se trouvaient tout en haut ; au-dessous, la chambre de ma tante et celle 20 de mon oncle ; au premier, la salle à manger et le salon, devant lesquels je passai. Je m'apprêtais à franchir d'un bond le deuxième étage, mais la porte de la chambre de ma tante était grande ouverte ; la chambre était très éclairée et répandait de la lumière sur le palier. Je ne jetai qu'un rapide coup d'œil ; j'entrevis ma tante, étendue languissamment sur un sofa ; auprès d'elle Suzanne et Louise, penchées, l'éventaient et lui faisaient, je crois, respirer des sels. Je ne vis pas Emmanuèle, ou, plus exactement, une sorte d'instinct m'avertit qu'elle ne pouvait pas être là. Par peur d'être aperçu et retenu, je passai vite.

La chambre de ses sœurs, que je devais d'abord traverser, était obscure,

30 ou du moins je n'avais pour me diriger que la clarté crépusculaire des deux fenêtres dont on n'avait pas encore fermé les rideaux. J'arrivai devant la porte de mon amie ; je frappai doucement et, ne recevant pas de réponse, j'allais frapper encore, mais la porte céda, qui n'était pas close. Cette chambre était plus obscure encore ; le lit en occupait le fond ; contre le lit je ne distinguai pas d'abord Emmanuèle, car elle était age-nouillée. J'allais me retirer, croyant la chambre vide, mais elle m'appela :
— Pourquoi viens-tu ? Tu n'aurais pas dû revenir...
Elle ne s'était pas relevée. Je ne compris pas aussitôt qu'elle était triste. C'est en sentant ses larmes sur ma joue que tout à coup mes yeux s'ouvrirent.

40 Il ne me plaît point de rapporter ici le détail de son angoisse, non plus que l'histoire de cet abominable secret qui la faisait souffrir, et dont à ce moment je ne pouvais du reste à peu près rien entrevoir. Je pense aujourd'hui que rien ne pouvait être plus cruel, pour une enfant qui n'était que pureté, qu'amour et que tendresse, que d'avoir à juger sa mère et à réprouver sa conduite ; et ce qui renforçait le tourment, c'était de devoir garder pour elle seule, et cacher à son père qu'elle vénérait, ce secret qu'elle avait surpris je ne sais comment et qui l'avait meurtrie — ce secret dont on jasait en ville, dont riaient les bonnes et qui se jouait de l'innocence et de l'insouciance de ses deux sœurs. Non, de tout cela je ne devais rien

50 comprendre que plus tard ; mais je sentais que, dans ce petit être que déjà je chérissais, habitait une grande, une intolérable détresse, un chagrin tel que je n'aurais pas trop de tout mon amour, toute ma vie, pour l'en guérir. Que dirais-je de plus ?... J'avais erré jusqu'à ce jour à l'aventure ; je découvrais soudain un nouvel orient à ma vie.

Si le Grain ne meurt (Librairie Gallimard, éditeur).

Cette scène essentielle de sa vie, Gide en avait déjà fait le récit dans La Porte Étroite (1909). *En lisant cette première version, beaucoup plus proche de la réalité, on verra que l'auteur n'a pas voilé, comme dans* Si le Grain ne meurt, *la cause du désespoir d'Alissa.*
Brusquement le désir me saisit d'aller surprendre Alissa que pourtant je venais de quitter... Je traverse la ville en courant, sonne à la porte des Bucolin ; déjà je m'élançais dans l'escalier. La bonne qui m'a ouvert m'arrête :
— Ne montez pas, monsieur Jérôme ! ne montez pas : madame a sa crise.
Mais je passe outre : — Ce n'est pas ma tante que je viens voir... La chambre d'Alissa est au troisième étage. Au premier, le salon et la salle à manger ; au second, la chambre de ma tante d'où jaillissent des voix. La porte est ouverte, devant laquelle il faut passer ; un rais de lumière sort de la chambre et coupe le palier de l'escalier ; par crainte d'être vu, j'hésite un instant, me dissimule, et, plein de stupeur, je vois ceci : au milieu de la chambre aux rideaux clos, mais où les bougies de deux candélabres répandent une clarté joyeuse, ma tante est couchée sur une chaise longue ; à ses pieds, Robert et Juliette ; derrière elle, un inconnu jeune homme en uniforme de lieutenant. — La présence de ces deux enfants m'apparaît aujourd'hui monstrueuse ; dans mon innocence d'alors, elle me rassura plutôt. Ils regardent en riant l'inconnu qui répète d'une voix flûtée :
— Bucolin ! Bucolin !... Si j'avais un mouton, sûrement je l'appellerais Bucolin.
Ma tante elle-même rit aux éclats. Je la vois tendre au jeune homme une cigarette qu'il allume et dont elle tire quelques bouffées. La cigarette tombe à terre. Lui s'élance pour la ramasser, feint de se prendre les pieds dans une écharpe, tombe à genoux devant ma tante... A la faveur de ce ridicule jeu de scène, je me glisse sans être vu.

Me voici devant la porte d'Alissa. J'attends un instant. Les rires et les éclats de voix montent de l'étage inférieur ; et peut-être ont-ils couvert le bruit que j'ai fait en frappant, car je n'entends pas de réponse. Je pousse la porte, qui cède silencieusement. La chambre est déjà si sombre que je ne distingue pas aussitôt Alissa ; elle est au chevet de son lit, à genoux, tournant le dos à la croisée d'où tombe un jour mourant. Elle se retourne, sans se relever pourtant, quand j'approche ; elle murmure :
— Oh ! Jérôme, pourquoi reviens-tu ?
Je me baisse pour l'embrasser ; son visage est noyé de larmes...
Cet instant décida de ma vie ; je ne puis encore aujourd'hui le remémorer sans angoisse. Sans doute je ne comprenais que bien imparfaitement la cause de la détresse d'Alissa, mais je sentais intensément que cette détresse était beaucoup trop forte pour cette petite âme palpitante, pour ce frêle corps tout secoué de sanglots.

La Porte Étroite (Librairie Gallimard, éditeur).

Les Nourritures Terrestres   Publiées en 1897 après une lente élaboration, *Les Nourritures Terrestres* chantent, sur le mode lyrique, la libération que Gide a connue pendant son premier séjour en Tunisie. Leur composition est *volontairement très lâche* comme sont disparates les éléments qu'on y trouve « affistolés » dans le dessein d'éviter la lourdeur didactique.

Huit livres y présentent, subtilement mêlés, des *versets solennels*, des *pages de journal passionné*, de *véritables poèmes (Ronde des Grenades, Ronde de tous mes Désirs)* chantés par des compagnons assez indistincts, Hylas, Mopsus, Moelibée, qui rivalisent dans un tournoi, à la manière virgilienne — et, enfin, *le long récit de Ménalque*. Gide distribue ainsi entre divers personnages la révélation qu'il destine à Nathanaël, « petit pâtre » imaginaire.

Passée presque inaperçue au moment de sa publication, cette œuvre est sans doute celle qui offre, aujourd'hui, le plus de formules *trop facilement invoquées* pour définir, sans nuances, l'attitude gidienne devant la vie. « *Nathanaël, je t'enseignerai la ferveur... Une existence pathétique, Nathanaël, plutôt que la tranquillité... Il faut, Nathanaël, que tu brûles en toi tous les livres... Jusqu'où mon désir peut s'étendre, là j'irai... Nathanaël, je ne crois plus au péché... Nathanaël, je t'enseignerai que toutes choses sont divinement naturelles... Nathanaël, ne distingue pas Dieu de ton bonheur* » : autant de déclarations frappantes qui, prises isolément et considérées en dehors de l'expérience vécue qui les explique, ont *plus d'éclat agressif que de sens profond*. Il n'est que d'accompagner la plus célèbre d'entre elles de son contexte : « *Familles, je vous hais*, foyers clos, portes refermées, possessions jalouses du bonheur », pour comprendre que l'anathème s'adresse seulement à une conception de la vie *repliée et étroitement satisfaite*.

Gide, dans sa Préface à l'édition de 1927, présente les *Nourritures Terrestres* comme le livre d'un convalescent « qui embrasse la vie comme quelque chose qu'il a failli perdre ». Tout connaître et tout goûter devient un *devoir ;* limiter la possession du monde que permet la santé reconquise serait une impiété à l'égard de « Dieu » qu'on ne peut trouver « ailleurs que partout » dans « le miracle étourdissant » qu'est la vie. La « ferveur » enseignée à Nathanaël est *différente de l'amour :* elle est abandon à toute occasion de savourer les êtres, les paysages et les « attentes ». « L'unique bien, c'est la vie. » Toutes les contraintes religieuses longtemps supportées par Gide sont donc abolies et remplacées par un évangile charnel qui n'en impose pas moins une éthique particulière.

S'arrêter à la « possession jalouse » d'un seul bonheur serait, en effet, nier une *immense proposition de beautés et de joies possibles*. Un devoir de *disponibilité* s'impose (« *chaque nouveauté doit nous trouver tout entiers disponibles* »), qui ne peut s'accomplir qu'au prix d'un parfait *dénuement*. L'apologie de ce dénuement est, d'après Gide lui-même, « ce qui reste de plus précieux » dans l'ouvrage. C'est qu'un tel état suppose non seulement dédain complet des attaches matérielles, mais encore effort et lutte contre une tentation particulière qui est celle de *l'abandon au bonheur acquis*. Le cœur, lui aussi, doit rester « pauvre » de toute félicité engrangée, de tout lien trop cher, de tout poids qui le fixe, même heureusement. Ainsi, toujours sans repos et sans « retombement » accepté, la « quête » des « nourritures » offertes par la vie terrestre garde-t-elle un caractère « *pathétique* » qui la distingue d'un simple *appétit inconscient et veule*.

« *JE M'ATTENDS A VOUS, NOURRITURES* »

Au début du Livre II, voici deux mouvements lyriques très caractéristiques. Le premier célèbre tout ce dont le monde peut nourrir une grande faim de vivre et l'on remarquera que les voluptés de la chair, si elles sont réclamées ailleurs, *cèdent ici le pas à d'autres satisfactions moins élémentaires*. Le second exalte la faim elle-même, *principe de la ferveur* qui tient l'être en éveil et lui permet de « s'attendre à » toutes les richesses du monde. Les « vers » 5 et 6 traduisent l'opposition de la nouvelle éthique aux morales traditionnelles ; le verset final établit nettement Gide dans la seule vie terrestre par sa négation de tout credo chrétien puisque la mort lui devient une *limite absolue*. Rythmée et cadencée, cette prose poétique, *non sans artifices dans le détail*, s'éloigne des « tons rompus et des nuances fuyantes » que Gide reproche très tôt au symbolisme. Seule, la syntaxe en est *subtile plus que recherchée ;* la langue est déjà « la plus franche, la plus aisée et la plus belle ».

Nourritures.

Je m'attends à vous [1], nourritures !
Ma faim ne se posera pas à mi-route ;
Elle ne se taira que satisfaite ;
Des morales n'en sauraient venir à bout [2]
Et de privations je n'ai jamais pu nourrir que mon âme [3].

Satisfactions ! je vous cherche.
Vous êtes belles comme les aurores d'été.

Sources plus délicates au soir, délicieuses à midi ; eaux du petit matin
10   glacées ; souffles au bord des flots ; golfes encombrés de mâtures ; tiédeur
des rives cadencées...
Oh ! s'il est encore des routes vers la plaine ; les touffeurs de midi ;
les breuvages des champs, et pour la nuit le creux des meules ;
S'il est des routes vers l'Orient ; des sillages sur les mers aimées ; des
jardins à Mossoul ; des danses à Touggourt ; des chants de pâtre en
Helvétie ;
S'il est des routes vers le Nord ; des foires à Nijni ; des traîneaux
soulevant la neige ; des lacs gelés ; certes, Nathanaël, ne s'ennuieront pas
nos désirs.
20   Des bateaux sont venus dans nos ports apporter les fruits mûrs de
plages ignorées.
Déchargez-les de leur faix un peu vite, que nous puissions enfin y
goûter.
Nourritures !
Je m'attends à vous, nourritures !
Satisfactions, je vous cherche ;
Vous êtes belles comme les rires de l'été.
Je sais que je n'ai pas un désir
Qui n'ait déjà sa réponse apprêtée.
30   Chacune de mes faims attend sa récompense.

— 1 Je compte sur vous. — 2 Ne sauraient | être plus fortes qu'elle. — 3 Allusion aux inter-
| dits qui enrichissaient jadis son âme.

Nourritures !
Je m'attends à vous, nourritures !
Par tout l'espace je vous cherche,
Satisfactions de tous mes désirs.

*

Ce que j'ai connu de plus beau sur la terre,
Ah ! Nathanaël, c'est ma faim.
Elle a toujours été fidèle
A tout ce qui toujours l'attendait.
Est-ce de vin que se grise le rossignol ?
L'aigle, de lait ? ou non point de genièvre les grives ?
L'aigle se grise de son vol. Le rossignol s'enivre des nuits d'été. La plaine tremble de chaleur. Nathanaël, que toute émotion sache te devenir une ivresse. Si ce que tu manges ne te grise pas, c'est que tu n'avais pas assez faim. Chaque action parfaite s'accompagne de volupté ! A cela tu reconnais que tu devais la faire. Je n'aime point ceux qui se font un mérite d'avoir péniblement œuvré. Car si c'était pénible, ils auraient mieux fait de faire autre chose. La joie que l'on y trouve est le signe de l'appropriation du travail et la sincérité de mon plaisir, Nathanaël, m'est le plus important des guides.

Je sais ce que mon corps peut désirer de volupté chaque jour et ce que ma tête en supporte. Et puis commencera mon sommeil. Terre et ciel ne me valent plus rien au-delà. *Les Nourritures Terrestres* (Librairie Gallimard, éditeur).

A la fin du livre figure un Envoi. *C'est alors que Gide déclare son refus des disciples. A* Nathanaël, *il n'a voulu donner qu'une méthode de découverte en lui montrant une « des mille postures possibles en face de la vie ».*

Envoi Nathanaël, à présent, jette mon livre. Émancipe-t'en. Quitte-moi. Quitte-moi ; maintenant tu m'importunes ; tu me retiens ; l'amour que je me suis surfait pour toi m'occupe trop. Je suis las de feindre d'éduquer quelqu'un. Quand ai-je dit que je te voulais pareil à moi ? — C'est parce que tu diffères de moi que je t'aime ; je n'aime en toi que ce qui diffère de moi. — Éduquer ! Qui donc éduquerais-je, que moi-même ? Nathanaël, te le dirai-je ? je me suis interminablement éduqué. Je continue. Je ne m'estime jamais que dans ce que je pourrais faire.

Nathanaël, jette mon livre ; ne t'y satisfais point. Ne crois pas que *ta* vérité puisse être trouvée par quelque autre ; plus que de tout, aie honte de cela. Si je cherchais tes aliments, tu n'aurais pas de faim pour les manger ; si je te préparais ton lit, tu n'aurais pas sommeil pour y dormir.

Jette mon livre ; dis-toi bien que ce n'est là *qu'une* des mille postures possibles en face de la vie. Cherche la tienne. Ce qu'un autre aurait aussi bien fait que toi, ne le fais pas. Ce qu'un autre aurait aussi bien dit que toi, ne le dis pas, aussi bien écrit que toi, ne l'écris pas. — Ne t'attache en toi qu'à ce que tu sens qui n'est nulle part ailleurs qu'en toi-même, et crée de toi, impatiemment ou patiemment, ah ! le plus irremplaçable des êtres.

Les Nourritures Terrestres (Librairie Gallimard, éditeur).

RÉCITS ET SOTIES

Jusqu'en 1919, où il commence à songer aux *Faux-Monnayeurs*, Gide ne prétend pas écrire de romans mais simplement des *récits* et des *soties*.

LE RÉCIT. Œuvre relativement brève et toujours dépouillée, le *récit* gidien restitue l'évolution d'un drame sentimental ou moral dont le dénouement est, dans la plupart des cas, déjà accompli (*L'Immoraliste, La Porte Étroite*). Héros ou simplement témoin (comme dans *Isabelle*, 1911) d'une aventure qui a fixé le destin *d'un ou deux êtres significatifs* entourés de *simples comparses*, un « narrateur » rapporte les faits et les éclaire par un effort d'analyse intime ou « sympathique ». Tantôt il s'abandonne à un *long monologue* devant quelques amis accourus à son appel ; tantôt il s'impose une relation écrite accompagnée de « pièces à l'appui » *(La Porte Étroite)* ; ou bien, il a rédigé un journal *(La Symphonie Pastorale)* que Gide est censé livrer au public. Dans tous les cas, ce procédé permet une lente et précise analyse des sentiments qui fait entrer de telles œuvres dans la tradition du « roman psychologique ».

LA SOTIE. De composition beaucoup moins *linéaire* et d'intention différente, la *sotie*, qui est à l'origine un genre dramatique (cf. *Moyen Age*, p. 167), devient chez Gide un *récit arbitraire* et volontiers *bouffon* ; l'auteur y présente, sous forme symbolique, les thèmes généraux de sa méditation sur l'homme et la conduite de la vie. Dès *Paludes*, il témoigne ainsi d'un « certain sens du saugrenu » mais c'est dans *Le Prométhée mal enchaîné* (1899) qu'on découvre pleinement son aptitude à la cocasserie bien dirigée.

En effet, Prométhée, loin du Caucase, s'assied « entre quatre et cinq heures d'automne » à la terrasse d'un café parisien ; il dîne avec deux convives en qui il est facile de reconnaître deux personnages historiques : Damoclès, qui se sent toujours menacé et Coclès, que l'aigle légendaire vient éborgner avant de retrouver le flanc de Prométhée. Mais celui-ci, toujours victime du feu qu'il procure aux hommes, est jeté en prison pour fabrication illégale d'allumettes. Puis le voici donnant une conférence publique sur son propre cas : l'inquiet Damoclès en sort envahi d'une angoisse nouvelle qui va le ronger et finalement le conduire à la mort. Cependant, de l'ensemble de ces inventions débridées, se dégage peu à peu une *interprétation* du mythe antique rapportée à la vie morale. Chacun de nous a son aigle. « *L'histoire de l'homme, c'est l'histoire des aigles, Messieurs.* » La bête dévorante symbolise à la fois la *conscience individuelle* et le *sentiment de la conquête humaine.* Elle grandit et s'épanouit à mesure que sa victime s'épuise en se livrant à elle, car c'est « la raison d'être » de l'homme que de vivre consciemment : « *Je n'aime pas les hommes,* dit Prométhée, *j'aime ce qui les dévore* ».

L'Immoraliste   Tiré à 300 exemplaires en 1902, ce récit, aujourd'hui universellement connu, est constitué par la confession que Michel fait à ses amis, une nuit, devant le désert. Longtemps enfermé dans d'austères études et retenu par toutes les pudeurs puritaines, ce jeune savant a été conduit par une série de hasards et la rencontre d'êtres d'exception à rejeter toutes les contraintes. Malgré l'amour qu'il éprouvait pour sa fragile jeune femme, il a senti naître en lui *un goût furieux de la vie* et le besoin de posséder *une absolue liberté ;* d'étape en étape, il s'est ainsi construit une nouvelle « éthique qui devenait une science de la parfaite utilisation de soi ». Mais, en même temps, il a peut-être inconsciemment souhaité la mort de Marceline qui le libérerait et, parmi les sortilèges d'une oasis algérienne, irrésistiblement entraîné, il a du moins laissé cette mort s'accomplir dans un détestable abandon.

Trop d'éléments appartiennent ici à la vie de Gide pour qu'on ne voie pas dans *L'Immoraliste* une œuvre autobiographique. La fiction lui permet même, grâce à la présence d'un personnage « objectif » (cf. p. 262, § 3), d'éclairer plus librement jusqu'en des profondeurs obscures jamais encore atteintes par l'analyse, la motivation psychologique et morale de la libération qu'il a connue en Afrique dès 1893. Il serait cependant faux de n'y voir que la version réaliste des *Nourritures Terrestres*.

L'accent est tout autre, l'intention très différente et c'est devant un *examen de conscience tourmenté* qu'on se trouve beaucoup plus que devant une *apologie*. Gide a souvent répété qu'il n'était pas complètement Michel, mais *le juge* de Michel. Il l'a fait une dernière fois au cours des entretiens radiophoniques poursuivis avec Jean Amrouche en 1949-1950. Sa référence au *Dialogue de Sylla et d'Eucrate* de Montesquieu est alors significative, puisqu'il y relève comme s'appliquant au cas de Michel cette phrase : « *Pour qu'un homme soit au-dessus de l'humanité, il en coûte trop cher à tous les autres* ». C'est indiquer que Marceline est vraiment le personnage « intéressant » du drame et avouer que, pour Michel comme pour lui-même, « les tables de la loi nouvelle » n'ont pas été fixées sans soulever le *problème de la responsabilité*. Certes, ni Gide ni son héros ne transigent sur l'affirmation et la conquête de soi, mais leur commun débat est le signe d'une *conscience morale toujours en éveil*. Lorsque Michel révèle à la fin de sa confession : « Je me suis délivré, c'est possible ; mais qu'importe ? Je souffre de cette liberté sans emploi », il pose même le grave problème de la liberté personnelle que Sartre (cf. p. 599) allégera simplement du reliquat gidien des interrogations puritaines. Riche de découvertes psychologiques dans le domaine des sentiments indiscernables ou inavoués, *L'Immoraliste* est donc, comme le dit Gide, un livre « avertisseur » qui comporte « une critique latente de l'anarchie ».

MICHEL, *arraché à la mort par le dévouement de* MARCELINE *pendant leur voyage de noces en Afrique du Nord, a déjà retrouvé le goût de vivre au soleil de Biskra. Il n'est plus « l'être malingre et studieux à qui* [sa] *morale précédente, toute rigide et restrictive, convenait ». En Sicile, où le voyage continue, l'historien qu'il est se détourne des monuments antiques parce qu'il y retrouve « l'immobilité de la mort ». Au contraire, il est attiré par les seules chaleurs de la vie. « Un nouvel être, un nouvel être ! » a-t-il crié sur la route de Taormine et « la patiente étude » de sa santé devenue le seul devoir qu'il se reconnaisse. Puis le jeune couple est revenu à Paris. Michel a repris ses travaux. Cependant, Marceline lui donne l'espérance d'être père.*

Ménalque ou la disponibilité

Ménalque, personnage dont on devine seulement l'influence dans *Les Nourritures Terrestres*, apparaît dans *L'Immoraliste* avec son complet visage. Célibataire, il maintient dans sa vie « l'état précaire » de disponibilité qui supprime toutes les attaches. Les trois conversations de Michel avec Ménalque sont de la plus grande importance, car elles « mettent à nu sa propre pensée » : « être de dialogue » tout comme Diderot (cf. *XVIIIe Siècle*, p. 205), Gide incarne en Ménalque *une partie de lui-même* qui oppose sa hardiesse lucide aux résistances d'une conscience scrupuleuse.

Michel, laissant seule Marceline proche de ses couches, est venu s'entretenir avec Ménalque la nuit qui précède un départ lointain. Son ami, devinant l'envie qu'il porte à sa liberté, lui a rappelé que, marié, bientôt père, il a « choisi ». Ménalque poursuit :

Des mille formes de la vie, chacun ne peut connaître qu'une. Envier le bonheur d'autrui, c'est folie ; on ne saurait pas s'en servir. Le bonheur ne se veut pas tout fait, mais sur mesure. Je pars demain ; je sais : j'ai tâché de tailler ce bonheur à ma taille... gardez le bonheur calme du foyer...

— C'est à ma taille aussi que j'avais taillé mon bonheur, m'écriai-je ; mais j'ai grandi ; à présent mon bonheur me serre. Parfois, j'en suis presque étranglé...

— Bah ! vous vous y ferez ! dit Ménalque ; puis il se campa devant moi, plongea son regard dans le mien, et, comme je ne trouvais rien à dire, il sourit un peu tristement : — On croit que l'on possède, et l'on est possédé, reprit-il.

— Versez-vous du chiraz, cher Michel ; vous n'en goûterez pas souvent ;

et mangez de ces pâtes roses que les Persans prennent avec. Pour ce soir je veux boire avec vous, oublier que je pars demain, et causer comme si cette nuit était longue... *(Ménalque parle de la philosophie et de la poésie grecques ; puis Michel reprend:)*
— Pourquoi, dis-je, vous qui vivez votre sagesse, n'écrivez-vous pas vos mémoires ? — ou simplement, repris-je en le voyant sourire, les souvenirs de vos voyages ?
— Parce que je ne veux pas me souvenir, répondit-il. Je croirais, ce faisant, empêcher d'arriver l'avenir et faire empiéter le passé. C'est du parfait oubli d'hier que je crée la nouvelleté de chaque heure. Jamais, d'avoir été heureux, ne
20 me suffit. Je ne crois pas aux choses mortes, et confonds n'être plus, avec n'avoir jamais été.

Je m'irritais enfin de ces paroles, qui précédaient trop ma pensée ; j'eusse voulu tirer arrière, l'arrêter ; mais je cherchais en vain à contredire ; et d'ailleurs m'irritais contre moi-même plus encore que contre Ménalque. Je restai donc silencieux. Lui, tantôt allant et venant à la façon d'un fauve en cage, tantôt se penchant vers le feu, tantôt se taisait longuement, puis tantôt, brusquement disait :
— Si encore nos médiocres cerveaux savaient bien embaumer les souvenirs ! Mais ceux-ci se conservent mal ; les plus délicats se dépouillent ; les plus voluptueux pourrissent, les plus délicieux sont les plus dangereux dans la suite.
30 Ce dont on se repent était délicieux d'abord.

De nouveau, long silence ; et puis il reprenait :
— Regrets, remords, repentirs, ce sont joies de naguère, vues de dos. Je n'aime pas regarder en arrière, et j'abandonne au loin mon passé comme l'oiseau, pour s'envoler, quitte son ombre. Ah ! Michel, toute joie nous attend toujours, mais veut toujours trouver la couche vide, être la seule, et qu'on arrive à elle comme un veuf. — Ah ! Michel, toute joie est pareille à cette manne du désert qui se corrompt d'un jour à l'autre ; elle est pareille à l'eau de la source Amélès qui, raconte Platon, ne se pouvait garder dans aucun vase... Que chaque instant emporte tout ce qu'il avait apporté.
40 Ménalque parla longtemps encore ; je ne puis rapporter ici toutes ses phrases ; beaucoup pourtant se gravèrent en moi, d'autant plus fortement que j'eusse désiré les oublier plus vite ; non qu'elles m'apprissent rien de bien neuf mais elles mettaient à nu brusquement ma pensée ; une pensée que je couvrais de tant de voiles, que j'avais presque pu l'espérer étouffée. Ainsi s'écoula la veillée.
L'Immoraliste (Mercure de France, éditeur).

En rentrant chez lui, le matin, Michel apprend qu'il ne sera pas père. Alors qu'il aspire à la vie la plus ardente, Marceline affaiblie ne lui apparaît plus que comme « une chose abîmée ».

LA TENTATION

Un nouveau voyage de Michel et de Marceline dans les oasis algériennes donne à Gide l'occasion de multiplier les notations — *exotiques pour son époque* — où il excelle. Tandis que Marceline agonise dans sa chambre, Michel cède à l'invite de la vie la plus libre. A son retour, Marceline mourra dans ses bras « vers le petit matin ». — La page témoigne de l'admirable *discrétion* d'un art très sûr au profit d'une étonnante suggestion.

Par un dernier semblant de vertu, je reste jusqu'au soir près d'elle. Et soudain je me sens comme à bout de forces moi-même. O goût de cendre ! O lassitude ! Tristesse du surhumain effort ! J'ose à peine la regarder ; je sais trop que mes yeux, au lieu de chercher son regard, iront affreusement se fixer sur les trous noirs de ses narines ; l'expression de son visage souffrant est atroce. Elle non plus ne me regarde pas. Je sens, comme si je la touchais, son angoisse. Elle tousse beaucoup ; puis s'endort. Par moments un frisson brusque la secoue.

La nuit pourrait être mauvaise et, avant qu'il ne soit trop tard, je veux savoir à qui je pourrais m'adresser. Je sors. Devant la porte de l'hôtel, la place de Touggourt, les rues, l'atmosphère même sont étranges au point de me faire croire que ce n'est pas moi qui les vois. — Après quelques instants, je rentre. Marceline dort tranquillement. Je m'effrayais à tort ; sur cette terre bizarre, on suppose un péril partout ; c'est absurde. Et, suffisamment rassuré, je ressors.

Étrange animation nocturne sur la place ; circulation silencieuse ; glissement clandestin des burnous blancs. Le vent déchire par instant des lambeaux de musique étrange et les apporte je ne sais d'où. Quelqu'un vient à moi... C'est Moktir. Il m'attendait, dit-il, et pensait bien que je ressortirais. Il rit. Il connaît bien Touggourt, y vient souvent et sait où il m'emmène. Je me laisse entraîner par lui.

Nous marchons dans la nuit ; nous entrons dans un café maure ; c'est de là que venait la musique. Des femmes arabes y dansent — si l'on peut appeler une danse ce monotone glissement.

L'Immoraliste (Mercure de France, éditeur).

La Porte Étroite Nourrie, elle aussi, des propres souvenirs de Gide, l'histoire du sacrifice d'Alissa est publiée en 1909, sept ans après *L'Immoraliste*. Entre temps est paru *Le Retour de l'Enfant Prodigue* (1907) dont le héros qui s'est « dépris de lui-même » vient chercher refuge dans la famille autrefois désertée. On peut être surpris — comme l'ont été les contemporains — de voir l'image du repentir ou de la *contrainte victorieuse* alterner ainsi avec le drame de *l'abandon à soi*. L'erreur serait de s'en tenir à l'idée d'une contradiction imputable à Gide. Lui-même invite d'ailleurs à poser autrement le problème lorsqu'en 1912 il écrit dans le *Journal* : « Qui donc persuaderai-je que ce livre [*La Porte Étroite*] est jumeau de *L'Immoraliste* et que les deux sujets ont grandi concurremment dans mon esprit, l'excès de l'un trouvant dans l'excès de l'autre une permission secrète ». Après avoir montré « l'excès » de Michel, dans sa recherche d'une vie sans contrainte, il s'est trouvé comme sollicité par « l'excès » d'Alissa dans l'héroïsme. Mais Gide n'exalte pas plus l'un que l'autre. Romancier, et non apologiste, il a voulu retracer, dans *La Porte Étroite*, « le drame d'une âme protestante en qui se jouât le drame essentiel du protestantisme ». Son récit restitue dans leur beauté les mouvements d'âme admirables que fait naître la « gloire célestielle » d'Alissa, mais il demeure « ironique » lorsqu'il s'agit d'en juger les dangers pour elle-même et pour les autres : Gide, appliqué à sa création romanesque, ne se reconnaît plus que des devoirs d'artiste véridique (cf. p. 262, §§ 2 et 3).

C'est sous ce jour qu'il faut aborder l'histoire d'Alissa et de Jérôme qui, déjà unis par des liens d'affection enfantine et de dévouement, se sont sentis liés par un pacte mystique le jour où, au temple, chacun d'eux a pensé « Je serai de ceux-là » en écoutant la parabole de la Porte étroite (cf. Luc, XIII, 24) qui enseigne la difficulté et le prix du salut. D'abord ensemble, ils « cherchent follement leur félicité à côté du bonheur terrestre ». Puis Alissa marche seule jusqu'à la mort sur le chemin montant de l'héroïsme.

L'ADIEU D'ALISSA

Jérôme ne connaît pas encore le Journal que rédige Alissa et qui, après la mort de son amie, lui apprendra quels poignants regrets et même quelles tentations l'héroïsme de la jeune fille a dû vaincre dans son renoncement à l'amour. Ici, incapable de comprendre pourquoi, jadis presque fiancée à lui, elle s'est toujours refusée au mariage et s'est même enfermée dans une farouche retraite, il est venu la revoir, après une longue absence. Mais elle-même, comme avertie d'instinct, redescend depuis trois jours dans le jardin d'autrefois et c'est dans ce cadre que Jérôme l'a retrouvée, pleine d'attente et de refus. Il existe d'autres scènes d'adieux célèbres dans le roman français : La Princesse de Clèves, Le Lys dans la Vallée, Dominique (cf. XIXᵉ Siècle, p. 552). Dans chaque cas un devoir précis sépare deux êtres faits l'un pour l'autre. Au contraire, seule la « sainteté » d'Alissa lui dicte son renoncement. Cette ultime rencontre revêt, de ce fait, un sublime un peu glacé, mais prenant. Le magnifique couchant devant lequel elle s'accomplit ajoute à sa calme solennité. Une telle « convenance » est le fruit d'un art sobre et sûr. Le premier paragraphe, avec ses deux longs mouvements enveloppants coupés d'une brusque rupture, puis son rythme adapté aux gestes qui se succèdent, offre un parfait exemple de prose gidienne.

Le soleil déclinant, que cachait depuis quelques instants un nuage, reparut au ras de l'horizon, presque en face de nous, envahissant d'un luxe frémissant les champs vides et comblant d'une profusion subite l'étroit vallon qui s'ouvrait à nos pieds ; puis, disparut. Je demeurais, ébloui, sans rien dire ; je sentais m'envelopper encore, me pénétrer, cette sorte d'extase dorée où mon ressentiment s'évaporait, et je n'entendais plus en moi que l'amour. Alissa, qui restait penchée, appuyée contre moi, se redressa ; elle sortit de son corsage un menu paquet enveloppé de papier fin, fit mine de me le tendre, s'arrêta, semblant indécise, et comme je la regardais, surpris :

10 — Écoute, Jérôme, c'est ma croix d'améthystes que j'ai là ; depuis trois soirs je l'apporte parce que je voulais depuis longtemps te la donner.

— Que veux-tu que j'en fasse ? fis-je assez brusquement.

— Que tu la gardes en souvenir de moi, pour ta fille.

— Quelle fille ? m'écriai-je en regardant Alissa sans la comprendre.

— Écoute-moi bien calmement, je t'en prie ; non, ne me regarde pas ainsi ; ne me regarde pas ; déjà j'ai beaucoup de mal à te parler ; mais ceci, je veux absolument te le dire. Écoute, Jérôme, un jour, tu te marieras ?... Non, ne me réponds pas ; ne m'interromps pas, je t'en supplie. Je voudrais tout simplement que tu te souviennes que je t'aurai beaucoup aimé et...

20 depuis longtemps déjà... depuis trois ans... j'ai pensé que cette petite croix que tu aimais, une fille de toi la porterait un jour, en souvenir de moi, oh ! sans savoir de qui... et peut-être pourrais-tu aussi lui donner... mon nom...

Elle s'arrêta, la voix étranglée ; je m'écriai presque hostilement :

— Pourquoi ne pas la lui donner toi-même ?

Elle essaya de parler encore. Ses lèvres tremblaient comme celles d'un enfant qui sanglote ; elle ne pleurait pas toutefois ; l'extraordinaire éclat de son regard inondait son visage d'une surhumaine, d'une angélique beauté.

— Alissa ! qui donc épouserais-je ? Tu sais pourtant que je ne puis aimer que toi... et tout à coup, la serrant éperdument, presque brutalement dans mes bras, j'écrasai de baisers ses lèvres. Un instant comme abandonnée je la tins à demi renversée contre moi ; je vis son regard se voiler ; puis ses paupières se fermèrent, et d'une voix dont rien n'égalera pour moi la justesse et la mélodie :

— Aie pitié de nous, mon ami ! Ah ! n'abîme pas notre amour.

Peut-être dit-elle encore : N'agis pas lâchement ! ou peut-être me le dis-je moi-même, je ne sais plus, mais soudain, me jetant à genoux devant elle et l'enveloppant pieusement de mes bras :

— Si tu m'aimais ainsi, pourquoi m'as-tu toujours repoussé ? Vois ! j'attendais d'abord le mariage de Juliette [1] ; j'ai compris que tu attendisses aussi son bonheur ; elle est heureuse ; c'est toi-même qui me l'as dit. J'ai cru longtemps que tu voulais continuer à vivre près de ton père ; mais à présent nous voici tous deux seuls.

— Oh ! ne regrettons pas le passé, murmura-t-elle. A présent j'ai tourné la page. — Il est temps encore, Alissa.

— Non, mon ami, il n'est plus temps. Il n'a plus été temps du jour où, par amour, nous avons entrevu l'un pour l'autre mieux que l'amour. Grâce à toi, mon rêve était monté si haut que tout contentement humain l'eût fait déchoir. J'ai souvent réfléchi à ce qu'eût été notre vie l'un avec l'autre ; dès qu'il n'eût plus été parfait, je n'aurais plus pu supporter... notre amour.

— Avais-tu réfléchi à ce que serait notre vie l'un sans l'autre ?

— Non ! jamais.

— A présent tu le vois ! Depuis trois ans, j'erre... péniblement...

Le soir tombait.

— J'ai froid, dit-elle en se levant et s'enveloppant de son châle trop étroitement pour que je pusse reprendre son bras. Tu te souviens de ce verset de l'Écriture, qui nous inquiétait et que nous craignions de ne pas bien comprendre : « Ils n'ont pas obtenu ce qui leur avait été promis, Dieu les ayant réservés pour quelque chose de meilleur... »

— Crois-tu toujours à ces paroles ? — Il le faut bien.

Nous marchâmes quelques instants l'un près de l'autre, sans plus rien dire. Elle reprit :

— Imagines-tu cela, Jérôme : le meilleur ! Et brusquement les larmes jaillirent de ses yeux, tandis qu'elle répétait encore : le meilleur !

Nous étions de nouveau parvenus à la petite porte du potager par où, tout à l'heure, je l'avais vue sortir. Elle se retourna vers moi :

— Adieu ! fit-elle. Non, ne viens pas plus loin. Adieu, mon ami bien-aimé. C'est maintenant que va commencer... le meilleur.

Un instant elle me regarda, tout à la fois me retenant et m'écartant d'elle, les bras tendus et les mains sur mes épaules, les yeux emplis d'un indicible amour...

La Porte Étroite (Librairie Gallimard, éditeur).

— 1 Alissa a d'abord prétendu s'effacer devant sa sœur, qui aimait aussi Jérôme.

**La Symphonie
Pastorale**   Lorsque *La Symphonie Pastorale* parut, en 1919, le public averti s'étonna de voir un récit *sérieux et pathétique* succéder à l'alacrité bouffonne des *Caves du Vatican* (1914). La surprise peut être plus grande encore aujourd'hui où l'on sait que la rédaction de *La Symphonie Pastorale* a coïncidé avec la refonte et l'augmentation de l'audacieux *Corydon*. Quoi qu'il en soit de la complexité morale dont témoigne un tel rapprochement, *La Symphonie Pastorale* présente un nouvel exemple des modalités de la création chez Gide : le sujet existait dans son esprit dès 1893 ; il s'est trouvé ranimé par la crise religieuse traversée en 1916 (cf. p. 260, § 4) mais il est traité par un écrivain dont les dispositions d'âme et l'attitude devant la vie sont alors très différentes de celles que semblerait réclamer le sujet traité. Gide révèle, en effet, que, pour écrire son livre, il a été obligé de « terriblement se contrefaire ou, du moins, rentrer dans des plis effacés ». Cet aveu doit porter le lecteur à mieux apprécier la *vérité humaine* à laquelle Gide a su atteindre et *l'indiscutable valeur littéraire* de l'œuvre.

Établi pour l'écrire dans le petit village suisse de La Brévine, proche du Val-Travers, Gide donne l'impression d'avoir été assailli par le rousseauisme latent qu'il a toujours porté en lui. Outre l'accord entre le paysage austère et les âmes repliées du drame, il faut en effet remarquer que Gertrude, la petite aveugle abandonnée et ignorante recueillie un soir par le Pasteur — personnage anonyme —, est un parfait « enfant de la Nature » que son protecteur doit entièrement instruire et éveiller aux choses de l'âme dans une solitude montagnarde. Mais là n'est pas *l'intérêt profond* du récit. Le Pasteur est marié, chargé d'enfants, plein d'une vertu paisible et sans menaces. Lorsqu'après des années, il s'aperçoit que son affection pour sa pupille s'est changée en amour, loin de songer à lutter, il cherche à confirmer son instinctive conviction qu'un sentiment si naturel et si pur ne peut être un péché. C'est alors que, tout comme Gide lui-même, il relit l'Évangile « d'un œil nouveau » ; il n'y trouve proclamée que la loi d'amour et s'en autorise, avec une mauvaise foi *inconsciente*, pour légitimer dans son cœur la passion qui l'entraîne. Le scandale, le désastre familial et la mort seront les terribles conséquences du piège tendu à une âme pieuse par le Diable (cf. p. 287, note 4) : Gide est fondé à dire que *La Symphonie Pastorale* dénonce les dangers de « la libre interprétation des Écritures ».

« *Mon cœur devrait bondir de joie...* »

Constitué par le Journal du Pasteur, le livre devait d'abord s'appeler *L'Aveugle*, titre symbolique écarté par Gide. Belle, instruite, parée de vertu et d'innocence, Gertrude porte déjà en elle un cœur de femme. Bien que ses yeux ne soient pas ouverts sur le monde — mais on parle de l'opérer —, elle sait les lois et les vérités de la vie ; chez elle aussi, reconnaissance et affection sont devenues amour. En date du 18 mai, le Pasteur note une promenade de la veille. Passant de la timidité pudique à la franchise toute simple, puis témoignant d'une *habileté bien féminine* à interroger en même temps que d'une curieuse aptitude au « raisonnement », Gertrude l'a, mieux que toutes ses méditations, éclairé sur eux-mêmes.Un long silence s'est établi dans leur conversation après que la jeune fille a dit : « je voudrais être sûre de ne pas ajouter au mal ».

Je voulais vous demander, reprit-elle enfin — mais je ne sais comment le dire...
　　　Certainement, elle faisait appel à tout son courage, comme je faisais appel au mien pour l'écouter. Mais comment eussé-je pu prévoir la question qui la tourmentait :

— Est-ce que les enfants d'une aveugle naissent aveugles nécessairement ?
Je ne sais qui de nous deux cette conversation oppressait davantage ; mais à présent il fallait continuer.

— Non, Gertrude, lui dis-je ; à moins de cas très spéciaux. Il n'y a même aucune raison pour qu'ils le soient.

Elle parut extrêmement rassurée. J'aurais voulu lui demander à mon tour pourquoi elle me demandait cela ; je n'en eus pas le courage et continuai maladroitement :

— Mais Gertrude, pour avoir des enfants, il faut être mariée.

— Ne me dites pas cela, Pasteur. Je sais que cela n'est pas vrai.

— Je t'ai dit ce qu'il était décent de te dire, protestai-je. Mais en effet les lois de la nature permettent ce qu'interdisent les lois des hommes et de Dieu.

— Vous m'avez dit souvent que les lois de Dieu étaient celles mêmes de l'amour.

— L'amour qui parle ici n'est plus celui qu'on appelle aussi : charité.

— Est-ce par charité que vous m'aimez ?

— Tu sais bien que non, ma Gertrude.

— Mais alors vous reconnaissez que notre amour échappe aux lois de Dieu ?

— Que veux-tu dire ?

— Oh ! vous le savez bien, et ce ne devrait pas être à moi de parler.

En vain, je cherchais à biaiser ; mon cœur battait la retraite de mes arguments en déroute. Éperdument je m'écriai :

— Gertrude... tu penses que ton amour est coupable ?

Elle rectifia :

— Que *notre* amour... Je me dis que je devrais le penser.

— Et alors ?...

Je surpris comme une supplication dans ma voix, tandis que, sans reprendre haleine, elle achevait :

— Mais que je ne peux pas cesser de vous aimer.

Tout cela se passait hier. J'hésitais d'abord à l'écrire... Je ne sais plus comment s'acheva la promenade. Nous marchions à pas précipités, comme pour fuir, et je tenais son bras étroitement serré contre moi. Mon âme avait à ce point quitté mon corps — il me semblait que le moindre caillou sur la route nous eût fait tous deux rouler à terre.

19 mai

Martins [1] est revenu ce matin. Gertrude est opérable. Roux l'affirme et demande qu'elle lui soit confiée quelque temps. Je ne puis m'opposer à cela, et pourtant, lâchement, j'ai demandé à réfléchir. J'ai demandé qu'on me laissât la préparer doucement... Mon cœur devrait bondir de joie, mais je le sens peser en moi, lourd d'une angoisse inexprimable. A l'idée de devoir annoncer à Gertrude que la vue pourrait lui être rendue, le cœur me faut.

La *Symphonie Pastorale* (Librairie Gallimard, éditeur).

Le Pasteur a raison de craindre : l'âme de Gertrude verra clair en même temps que ses yeux. La jeune fille va bientôt s'apercevoir qu'elle a apporté le trouble dans toute une famille et que le péché existe. Elle devra aussi s'avouer que celui qu'elle aime n'est pas le Pasteur mais son fils aîné, Jacques. Accablée par tant de révélations elle se jette au torrent. On la transporte dans une maison amie où elle mourra peu après. Le scandale a éclaté. Châtiment plus terrible encore : Jacques qui s'est converti au catholicisme par réaction contre son père, décide Gertrude à abjurer avant sa mort ; lui-même va entrer dans les ordres. Le Pasteur ne peut plus prier. Son âme est « plus aride que le désert ».

— 1 Martins et Roux sont deux médecins.

Les Caves du Vatican   Publiée en 1914, cette œuvre entraînante et curieuse offre bien, en puissance, les éléments constitutifs d'un roman : personnages nombreux qui semblent au premier abord détachés de l'auteur, intrigue compliquée, démarquage d'événements contemporains, fresque d'époque. Elle reste cependant plus proche du *conte philosophique* parce qu'elle révèle moins un dessein d'analyse morale que la volonté d'illustrer *ironiquement* certains thèmes gidiens et le désir de faire naître la réflexion sur nombre de problèmes. Elle est, de plus, une parfaite réalisation de la SOTIE telle que Gide la conçoit, puisque s'y mêlent *le saugrenu*, *l'arbitraire* et *l'invraisemblable* au profit d'une véritable intrigue policière pleine de mystère, de rencontres et de rebondissements. En effet, comme Voltaire faisait dans ses Contes la parodie des romans d'aventures de son temps tout en utilisant à plaisir leurs procédés, l'auteur des *Caves du Vatican*, moins sévère encore pour le genre, ne dédaigne pas d'user de schémas et de « ficelles » dignes de Maurice Leblanc (1864-1941) dans ses *Aventures d'Arsène Lupin* : il appartient bien en cela à la génération d'Apollinaire (cf. *Zone*, p. 48) et de Jules Romains, futur auteur du *Crime de Quinette* (cf. p. 433).

Divisée en cinq livres *(Anthime Armand-Dubois ; Julius de Baraglioul ; Amédée Fleurissoire ; Le Mille-Pattes ; Lafcadio)*, la *Sotie* révèle le secret de sa composition lorsque Lafcadio, ayant — par un « acte gratuit » — précipité Amédée Fleurissoire par la portière d'un wagon (p. 281), remarque après coup : « Ce vieillard est un carrefour ». Le « carrefour » est, en effet, le croisement de bien des routes qu'on peut retrouver à l'analyse.

En 1890, AMÉDÉE FLEURISSOIRE, timide et naïf fabriquant d'objets de piété, a quitté Pau pour une héroïque croisade. C'est que la Franc-Maçonnerie, curieusement alliée aux Jésuites, a supposé un faux pape alors que le vrai est enfermé au Château Saint-Ange. En réalité, il s'agit d'une énorme supercherie montée par une bande d'aigrefins internationaux, le Mille-Pattes, pour escroquer des fonds soi-disant destinés à la délivrance du prisonnier. Dès qu'il a touché le sol de l'Italie, le « pèlerin » a été pris en mains par la bande qui dirige tous ses gestes. S'il voyageait un jour dans le train Rome-Naples, c'est qu'il rapportait aux bandits le montant d'un chèque touché à leur place.

Or, au moment où LAFCADIO l'a précipité par la portière, Fleurissoire avait sur lui le billet de voyage de l'écrivain JULIUS DE BARAGLIOUL et des boutons de manchette, reconnaissables entre tous. Ce bijou lui avait été donné par une étrange femme croisée sur sa route, Carola. Quant au carnet de l'Agence Cook, il le tenait légitimement de BARAGLIOUL, son propre beau-frère, rencontré — ô surprise — à Rome. Julius y était en effet en même temps que lui, non seulement pour assister à un Congrès, mais aussi pour avancer au Vatican les affaires de leur commun parent — le troisième beau-frère de l'histoire —, le savant Anthime Armand-Dubois, matérialiste et franc-maçon soudain converti par un miracle dont il s'est cru favorisé.

Julius n'est pas non plus sans secrète parenté avec Lafcadio. Il y a peu de mois, à Paris, il a été invité par son père, le vieux diplomate Juste-Agénor de Baraglioul, à s'informer de la conduite d'un mystérieux jeune homme. Pour retrouver celui-ci, il est monté un jour jusqu'à une modeste chambrette où il a été reçu par l'amie du locataire absent, la belle Carola. Son rapport a été si favorable qu'avant de mourir le Comte de Baraglioul a convoqué ce fils illégitime, Lafcadio, pour le bénir avec remords et le doter somptueusement. Désormais riche, le nouveau demi-frère de Julius a pu commencer les voyages lointains dont il rêvait : avant son départ il a laissé comme cadeau d'adieu à Carola l'étrange bijou qu'elle désirait depuis longtemps.

Si Carola a hébergé Amédée Fleurissoire, c'est qu'elle est maintenant subjuguée par le chef du Mille-Pattes. Depuis le début, on l'a vu surgir ici ou là sous divers déguisements pour tout mener à sa guise. Le voici enfin devant Lafcadio dont il a surpris le crime et qu'il croit pouvoir embriguer. Mais ce chef de bande n'est autre que « Protos », un camarade de collège, admiré jadis par « Cadio » et qui, contre toute attente, avait été un jour premier en thème grec...

Dans le cadre d'une telle intrigue, où l'on devine l'allégresse de *l'invention cocasse*, Gide a pu appliquer son *ironie* à nombre de sujets et transformer en fantoches les héros en qui s'incarne ce qu'il déteste ou méprise. Au contraire, sa faveur est allée à Lafcadio, être *éminemment libre* grâce à sa bâtardise qui l'a sauvé d'une famille très « embaraglioullée » par les conventions et l'hypocrisie.

L'ACTE GRATUIT

Dans la page qui va suivre Gide montre admirablement *la naissance brusque d'une pensée agressive*, son emprise et le jeu qu'elle semble offrir, jusqu'à l'acte lui-même : le problème relève d'une psychologie pré-pathologique bien connue de la psychiatrie moderne mais sur laquelle la lecture de Dostoïevsky avait pu attirer la curiosité de Gide (cf. p. 297). Il devient proprement un problème gidien lorsqu'après tel personnage du *Prométhée mal enchaîné* (cf. p. 272) qui raisonne sur « l'acte désintéressé ; né de soi ; l'acte aussi sans but ; donc sans maître ; l'acte libre ; l'Acte autochtone », Lafcadio, « être d'inconséquence », songe aussi à *un acte sans raison ni profit*, où il trouverait une étrange et dangereuse affirmation de sa liberté. Amédée Fleurissoire pénétrant dans le wagon où il voyage va lui fournir l'occasion de transformer en « acte gratuit » une de ces pensées incontrôlées.

A-t-il bientôt fini de jouer avec la lumière ? pensait Lafcadio impatienté. Que fait-il à présent ? (Non ! je ne lèverai pas les paupières.) Il est debout... Serait-il attiré par ma valise ? Bravo ! Il constate qu'elle est ouverte. Pour en perdre la clef aussitôt, c'était bien adroit d'y avoir fait mettre, à Milan, une serrure compliquée qu'on a dû crocheter à Bologne ! Un cadenas du moins se remplace... Dieu me damne : il enlève sa veste ? Ah ! tout de même regardons.

Sans attention pour la valise de Lafcadio, Fleurissoire, occupé à son nouveau faux col, avait mis bas sa veste pour pouvoir le boutonner plus aisément ; mais le madapolam empesé, dur comme du carton, résistait à tous ses efforts.

— Il n'a pas l'air heureux, reprenait à part soi Lafcadio. Il doit souffrir d'une fistule, ou de quelque affection cachée. L'aiderai-je ! Il n'y parviendra pas tout seul...

Si pourtant ! le col enfin admit le bouton. Fleurissoire reprit alors, sur le coussin où il l'avait posée près de son chapeau, de sa veste et de ses manchettes, sa cravate et, s'approchant de la portière, chercha comme Narcisse sur l'onde, sur la vitre, à distinguer du paysage son reflet.

— Il n'y voit pas assez.

Lafcadio redonna de la lumière. Le train longeait alors un talus, qu'on voyait à travers la vitre, éclairé par cette lumière de chaque compartiment projetée ; cela formait une suite de carrés clairs qui dansaient le long de la voie et se déformaient tour à tour selon chaque accident du terrain. On apercevait, au milieu de l'un d'eux, danser l'ombre falote de Fleurissoire ; les autres carrés étaient vides.

— Qui le verrait ? pensait Lafcadio. Là, tout près de ma main, sous ma main, cette double fermeture, que je peux faire jouer aisément ; cette porte qui, cédant tout à coup, le laisserait crouler en avant ; une petite poussée suffirait ; il tomberait dans la nuit comme une masse ; même on n'entendrait pas un cri... Et demain, en route pour les îles !... Qui le saurait ?

La cravate était mise, un petit nœud marin tout fait ; à présent Fleurissoire avait repris une manchette et l'assujettissait au poignet droit ; et, ce faisant, il examinait, au-dessus de la place qu'il occupait tout à l'heure la photographie (une des quatre qui décoraient le compartiment) de quelque palais près de la mer.

— Un crime immotivé, continuait Lafcadio : quel embarras pour la police ! Au demeurant, sur ce sacré talus, n'importe qui peut, d'un compartiment voisin, remarquer qu'une portière s'ouvre, et voir l'ombre du
40 Chinois cabrioler. Du moins les rideaux du couloir sont tirés... Ce n'est pas tant des événements que j'ai curiosité, que de moi-même. Tel se croit capable de tout, qui, devant que d'agir, recule... Qu'il y a loin, entre l'imagination et le fait !... Et pas plus le droit de reprendre son coup qu'aux échecs. Bah ! qui prévoirait tous les risques, le jeu perdrait tout intérêt !... Entre l'imagination d'un fait et... Tiens ! le talus cesse. Nous sommes sur un pont, je crois ; une rivière...

Sur le fond de la vitre, à présent noire, les reflets apparaissaient plus clairement. Fleurissoire se pencha pour rectifier la position de sa cravate.

— Là, sous ma main, cette double fermeture — tandis qu'il est distrait
50 et regarde au loin devant lui — joue, ma foi ! plus aisément encore qu'on eût cru. Si je puis compter jusqu'à douze, sans me presser, avant de voir dans la campagne quelque feu, le tapir est sauvé. Je commence : Une ; deux ; trois ; quatre ; (lentement ! lentement !) cinq ; six ; sept ; huit ; neuf... Dix, un feu !... Fleurissoire ne poussa pas un cri.

Les Caves du Vatican, V, 1 (Librairie Gallimard, éditeur).

Cependant le romancier...

A l'heure même où Lafcadio accomplit son « acte gratuit », son demi-frère Julius rêve, en romancier, de faire accomplir un tel acte par un « héros d'inconséquence ». C'est qu'il veut renouveler sa manière, toute banale et rationnelle. Possédé par cette « illumination », à peine voit-il surgir devant lui Lafcadio, au lendemain même de son geste criminel, qu'il se hâte de lui communiquer la belle trouvaille. Dans cette page très caractéristique où Julius reconstruit sans le savoir tout le cheminement secret qu'a suivi Lafcadio, Gide prélude à la confusion entre la *réalité vécue* et *l'invention romanesque*, dont il fera la pièce essentielle des *Faux-Monnayeurs*. Son art du dialogue est vraiment ici « diabolique ».

Donc, voici ce que j'imagine... Vous m'écoutez ? — Jusque dans l'âme, dit en riant toujours Lafcadio. — Et me suivez ? — Jusqu'en enfer.
Julius humecta de nouveau son mouchoir, s'assit dans un fauteuil ; en face de lui, Lafcadio se mit à fourchon sur sa chaise :
— Il s'agit d'un jeune homme, dont je veux faire un criminel.
— Je n'y vois pas difficulté.
— Eh ! eh ! fit Julius, qui prétendait à la difficulté.
— Mais, romancier, qui vous empêche ? Et du moment qu'on imagine, d'imaginer tout à souhait ?
10 — Plus ce que j'imagine est étrange, plus j'y dois apporter de motif et d'explication. — Il n'est pas malaisé de trouver des motifs de crime.

— Sans doute... mais précisément, je n'en veux point. Je ne veux pas de motif au crime ; il me suffit de motiver le criminel. Oui ; je prétends l'amener à commettre gratuitement le crime ; à désirer commettre un crime parfaitement immotivé.

Lafcadio commençait à prêter une oreille plus attentive.

— Prenons-le tout adolescent : je veux qu'à ceci se reconnaisse l'élégance de sa nature, qu'il agisse surtout par jeu, et qu'à son intérêt il préfère couramment son plaisir. — Ceci n'est pas commun peut-être... hasarda Lafcadio.

— N'est-ce pas ! dit Julius tout ravi. Ajoutons-y qu'il prend plaisir à se contraindre... — Jusqu'à la dissimulation.

— Inculquons-lui l'amour du risque.

— Bravo ! fit Lafcadio toujours plus amusé. S'il sait prêter l'oreille au démon de la curiosité, je crois que votre élève est à point.

Ainsi tour à tour bondissant et dépassant, puis dépassé, on eût dit que l'un jouait à saute-mouton avec l'autre :

Julius. — Je le vois d'abord qui s'exerce ; il excelle aux menus larcins.

Lafcadio. — Je me suis maintes fois demandé comment il ne s'en commettait pas davantage. Il est vrai que les occasions ne s'offrent d'ordinaire qu'à ceux-là seuls, à l'abri du besoin, qui ne se laissent pas solliciter.

Julius. — A l'abri du besoin ; il est de ceux-là, je l'ai dit. Mais ces seules occasions le tentent qui exigent de lui quelque habileté, de la ruse...

Lafcadio. — Et sans doute l'exposent un peu.

Julius. — Je disais qu'il se plaît au risque. Au demeurant il répugne à l'escroquerie ; il ne cherche point à s'approprier, mais s'amuse à déplacer subrepticement les objets. Il y apporte un vrai talent d'escamoteur.

Lafcadio. — Puis l'impunité l'encourage...

Julius. — Mais elle le dépite à la fois. S'il n'est pas pris, c'est qu'il se proposait jeu trop facile.

Lafcadio. — Il se provoque au plus risqué.

Julius. — Je le fais raisonner ainsi...

Lafcadio. — Êtes-vous bien sûr qu'il raisonne ?

Julius, *poursuivant*. — C'est par le besoin qu'il avait de le commettre que se livre l'auteur du crime. Lafcadio. — Nous avons dit qu'il était très adroit.

Julius. — Oui ; d'autant plus adroit qu'il agira la tête froide. Songez donc : un crime que ni la passion, ni le besoin ne motive. Sa raison de commettre le crime, c'est précisément de le commettre sans raison.

Lafcadio. — C'est vous qui raisonnez son crime ; lui, simplement, le commet.

Julius. — Aucune raison pour supposer criminel celui qui a commis le crime sans raison.

Lafcadio. — Vous êtes trop subtil. Au point où vous l'avez porté, il est ce qu'on appelle : un homme libre.

Julius. — A la merci de la première occasion.

Lafcadio. — Il me tarde de le voir à l'œuvre. Qu'allez-vous bien lui proposer ?

Julius. — Eh bien, j'hésitais encore. Oui ; jusqu'à ce soir, j'hésitais... Et tout à coup, ce soir, le journal, aux dernières nouvelles, m'apporte tout précisément l'exemple souhaité. Une aventure providentielle ! C'est affreux : figurez-vous qu'on vient d'assassiner mon beau-frère !

Lafcadio. — Quoi ! le petit vieux du wagon, c'est...

Julius. — C'était Amédée Fleurissoire à qui j'avais prêté mon billet...

Les Caves du Vatican, V, III (Librairie Gallimard, éditeur).

LES FAUX-MONNAYEURS

Pour la première — et la seule — de ses œuvres de fiction qu'il ait accepté de nommer *roman*, Gide s'est employé à rassembler une ample matière où l'analyse pourrait retrouver tous les éléments constitutifs du roman traditionnel depuis Balzac. Or l'œuvre aboutit à rendre secondaires la nature et la présence de tels éléments au profit de la surprise causée par un « roman » qui tend à bouleverser la conception et même à nier finalement la possibilité du genre. Le curieux *Journal des Faux-Monnayeurs*, tenu pendant la longue élaboration du livre, précise la pensée et le dessein de l'auteur sur ce point.

UN ROMAN GIDIEN. « Carrefour, rendez-vous de problèmes », l'œuvre sollicite sans cesse l'esprit alors que l'imagination et la sensibilité peuvent se croire captées par le déroulement romanesque. Par là s'affirme la prédominance de son caractère *intellectuel ;* il en résulte pour le lecteur un plaisir très particulier, qui mêle à la satisfaction de l'intelligence l'irritation de se sentir entraîné dans un jeu subtil contre la crédibilité banale. De plus, bien que Gide parle de la « gratuité » de son roman parce qu'en apparence il n'y affirme aucun enseignement, on y retrouve pourtant, sous une équivoque objectivité, l'image de *son idéal de vie personnel* et la trace de *ses répugnances instinctives*. Les faux-monnayeurs ne sont pas seulement, dans son esprit, les collégiens dévoyés qui écoulent des pièces douteuses mais aussi tous les faussaires de l'âme, tous les êtres, tant adultes qu'adolescents, qui vivent sous « une épaisseur de mensonge » ou s'offrent mutuellement la parade de leur attitude. A toutes ces consciences de mauvais aloi il oppose un héros très proche de lui-même, le romancier Édouard, et le jeune Bernard Profitendieu qui voudrait « tout au long de sa vie rendre un son pur, probe, authentique ».

UN « ROMAN PUR ». A une heure où Valéry refusait d'écrire : « la Marquise sortit à cinq heures » et où l'abbé Bremond instituait le débat sur la « poésie pure » (octobre 1925, cf. p. 305), Gide a lui aussi voulu *un roman réduit à sa pure essence*. Ce n'est pas qu'il l'ait entièrement coupé de la vie réelle : « J'ai eu soin, dit-il, de n'indiquer que le significatif, le décisif, l'indispensable ». Supprimant au maximum traits physiques et paysages, il s'est donc interdit *l'approximation d'une image concrète du monde ;* de même, considérant que l'univers romanesque est essentiellement « un lieu de caractères », il l'a ramené à « ce qui s'inscrit en deçà des événements » ; aussi le confond-il avec le domaine de la vie consciente où sentiments et idées ont leurs aventures, et avec *une durée non seulement vécue mais vivante* qu'il cherche à saisir dans sa fluidité, ses simultanéités et son élan vers l'avenir.

UN ROMAN SANS LIMITES. C'est sur ce point surtout qu'il commence à innover car, dès 1925, et bien avant l'influence de romanciers américains comme Faulkner, la narration gidienne a déjà abandonné *toute chronologie linéaire et bornée ;* toutefois, le simple « retour en arrière » est son moindre artifice, et elle n'est pas non plus animée par un unique mouvement de reconquête sur « le temps perdu » comme chez Proust. Gide tend à autre chose : il veut d'abord rendre sensible, à tel moment choisi, *la simultanéité de gestes et de pensées* appartenant à des êtres éloignés les uns des autres et qui commandent leur future rencontre (cf. p. 286). Ensuite, réalisant à sa façon le miracle unanimiste, il fait de la conscience de quelques héros privilégiés — notamment Édouard — le lieu commun où des actions dispersées « vivent » sans être présentes et n'en retentissent pas moins sur la conduite des autres personnages. Enfin, ayant multiplié les « amorces de drames » et créé l'étrange foisonnement d'une vie éparpillée en divers lieux du monde, il évite de l'interrompre par une conclusion et de *figer le temps en marche*. Rien ne s'est définitivement accompli lorsque l'auteur « coupe » l'évocation en cours ; de la quarantaine d'êtres qu'il a mis en scène, seuls Lady Griffith et le petit Boris (cf. p. 290) ont achevé leur destin par la mort. Pour tous les autres, le roman devrait non pas s'interrompre mais s'éclipser sur la formule désinvolte : « Pourrait être continué ».

LE ROMAN D'UN ROMAN. Cette formule est justement lancée par le romancier Édouard au moment où il parle de l'œuvre qu'il projette sous le même titre que celle de Gide. Étonnante rencontre : *Les Faux-Monnayeurs* ne sont, en effet, que le roman d'un roman en train de s'écrire (cf. p. 288). Édouard, qui est au cœur de l'action, « pense » une action identique développée dans son cerveau par des personnages exactement confondus avec ceux d'André Gide. « *Et c'est là le sujet principal, le centre nouveau qui désaxe le récit et l'entraîne vers l'imaginatif.* » Quand Édouard avoue qu'il n'écrira jamais son livre mais que peu lui importe, l'écrivain réel exprime symboliquement par ce biais sa pensée profonde sur le genre auquel il s'applique : le roman, nécessairement voué à l'échec puisqu'il prétend restituer la complète vérité de la vie, n'est intéressant que par les problèmes techniques nés de cette tentative. Or, Gide est lui-même en train d'introduire *une innovation technique capitale*, sur la voie de l'éternel « nouveau roman ».

Avantages de la bâtardise

Après de longues hésitations pour l'attaque de son œuvre, Gide a heureusement découvert l'amorce qui révèle le mieux ses intentions. BERNARD, qui s'est cru jusqu'ici le fils du juge Profitendieu, vient de découvrir sa bâtardise, au prix d'une de ces indiscrétions chères aux héros gidiens. Désormais libre comme Lafcadio, il pourra, plus sérieusement que celui-ci, conquérir sa propre voie. — La première page du livre est une réussite : la vie est là, dans son élan ; toute la famille Profitendieu est présentée ; les abondantes notations psychologiques révèlent immédiatement chez un très jeune homme, la lucidité, le jeu avec soi-même, le besoin d'attitude, le cynisme naïf, l'ironie.

C'est le moment de croire que j'entends des pas dans le corridor, se dit Bernard. Il releva la tête et prêta l'oreille. Mais non : son père et son frère aîné étaient retenus au Palais ; sa mère en visite ; sa sœur à un concert ; et quant au puîné, le petit Caloub, une pension le bouclait au sortir du lycée chaque jour. Bernard Profitendieu était resté à la maison pour potasser son bachot ; il n'avait plus devant lui que trois semaines. La famille respectait sa solitude ; le démon pas. Bien que Bernard eût mis bas sa veste, il étouffait. Par la fenêtre ouverte sur la rue n'entrait rien que de la chaleur. Son front ruisselait. Une goutte de sueur coula le long de son nez, et s'en alla tomber sur une lettre qu'il tenait en main :

— Ça joue la larme, pensa-t-il. Mais mieux vaut suer que de pleurer.

Oui, la date était péremptoire. Pas moyen de douter : c'est bien de lui, Bernard, qu'il s'agissait. La lettre était adressée à sa mère ; une lettre d'amour vieille de dix-sept ans ; non signée.

— Que signifie cette initiale ? un V, qui peut aussi bien être un N... Sied-il d'interroger ma mère ?... Faisons crédit à son bon goût. Libre à moi d'imaginer que c'est un prince. La belle avance si j'apprends que je suis le fils d'un croquant ! Ne pas savoir qui est son père, c'est ça qui guérit de la peur de lui ressembler. Toute recherche oblige. Ne retenons de ceci que la délivrance. N'approfondissons pas. Aussi bien j'en ai mon suffisant pour aujourd'hui.

Bernard replia la lettre. Elle était du même format que les douze autres du paquet. Une faveur rose les attachait, qu'il n'avait pas eu à dénouer ; qu'il refit glisser pour ceinturer comme auparavant la liasse. Il remit la liasse dans le coffret et le coffret dans le tiroir de la console. Le tiroir n'était pas ouvert ; il avait livré son secret par en haut. Bernard rassujettit les lames disjointes du plafond de bois, que devait recouvrir une lourde plaque d'onyx. Il fit doucement, précautionneusement, retomber celle-ci, replaça par-dessus deux candélabres de cristal et l'encombrante pendule qu'il venait de s'amuser à réparer.

La pendule sonna quatre coups. Il l'avait remise à l'heure.

30 — Monsieur le juge d'instruction et Monsieur l'avocat son fils ne seront pas de retour avant six heures. J'ai le temps. Il faut que Monsieur le juge, en rentrant, trouve sur son bureau la belle lettre où je m'en vais lui signifier mon départ. Mais avant de l'écrire, je sens un immense besoin d'aérer un peu mes pensées — et d'aller retrouver mon cher Olivier, pour m'assurer, provisoirement du moins, d'un perchoir. Olivier, mon ami, le temps est venu pour moi de mettre ta complaisance à l'épreuve et pour toi de me montrer ce que tu vaux. Ce qu'il y avait de beau dans notre amitié, c'est que, jusqu'à présent, nous ne nous étions jamais servis l'un de l'autre. Bah ! un service amusant à rendre ne saurait être ennuyeux à demander. Le gênant, c'est

40 qu'Olivier ne sera pas seul. Tant pis ! je saurai le prendre à part. Je veux l'épouvanter par mon calme. C'est dans l'extraordinaire que je me sens le plus naturel.

Les Faux-Monnayeurs, I, 1 (Librairie Gallimard, éditeur).

Au Luxembourg BERNARD *retrouve, parlant de littérature et de politique, beaucoup de camarades dont certains réapparaîtront tour à tour jusqu'à la fin du roman. Voici* OLIVIER MOLINIER ; *il héberge Bernard pour la nuit : excellente occasion de faire foisonner l'intrigue. Le magistrat Oscar Molinier a deux autres fils : Georges, adolescent très averti, et* VINCENT, *étudiant en médecine.* Vincent *(raconte Olivier) a décidé d'abandonner Laura, une jeune femme qui attend un enfant de lui. Il parle aussi de son oncle* ÉDOUARD, *le romancier sympathique à toute la jeunesse qui, demain, reviendra d'Angleterre.*

Pendant la même nuit, VINCENT *va retrouver, chez une belle et audacieuse étrangère, son riche ami* ROBERT DE PASSAVANT, *homme de lettres sans génie, dont il assiste le vieux père mourant. Lady Lilian Griffith s'intéresse au visiteur qui, parlant de ses projets scientifiques, lui paraît bien moins fade que l'équivoque Passavant. Le petit matin venu, Lilian renvoie ses invités.*

« Laissons-le, tandis que le diable amusé... »

Voici une remarquable page de roman, car, dans la première partie du texte, l'auteur sait tout dire grâce aux seuls gestes et aux seules paroles de ses personnages. Elle amorce au surplus une des nombreuses intrigues du livre, qui se diluera et s'éloignera peu à peu. Lady Griffith entraînera le jeune homme en Afrique. A la fin du livre on apprendra qu'elle a été sans doute assassinée par son compagnon. Mais elle intéresse peu Gide : « elle n'a pas d'âme ». — Différente en intérêt est l'évocation *unanimiste* qui suit. Ici apparaît Édouard. Il sait tout de la vie de Laura, mariée à un assez pâle professeur de français en Angleterre, Félix Louviers. Le journal enfermé dans la valise du romancier permettrait de remonter dans le passé. Édouard et Laura ont naguère été liés d'amitié amoureuse sans qu'Édouard ait accepté d'abandonner ses goûts et sa chère liberté.

Maintenant, quittez-moi. Il est tard, et je n'en puis plus. Elle les accompagna vers l'antichambre, puis, comme Robert passait devant, glissa dans la main de Vincent un petit objet de métal et chuchota :

— Sors avec lui, tu reviendras dans un quart d'heure.

Dans l'antichambre sommeillait un laquais, qu'elle secoua par le bras.

— Éclairez ces messieurs jusqu'en bas.

L'escalier était sombre, où il eût été simple, sans doute, de faire jouer l'électricité ; mais Lilian tenait à ce qu'un domestique, toujours, vît sortir ses hôtes.

Le laquais alluma les bougies d'un grand candélabre qu'il tint haut devant

10 lui, précédant Robert et Vincent dans l'escalier. L'auto de Robert attendait devant la porte que le laquais referma sur eux.

— Je crois que je vais rentrer à pied. J'ai besoin de marcher un peu pour retrouver mon équilibre [1], dit Vincent, comme l'autre ouvrait la portière de l'auto et lui faisait signe de monter. — Vous ne voulez pas vraiment que je vous raccompagne ? Brusquement, Robert saisit la main gauche de Vincent, que celui-ci tenait fermée. — Ouvrez la main ! Allons ! montrez ce que vous avez là. Vincent avait cette naïveté de craindre la jalousie de Robert. Il rougit en desserrant les doigts. Une petite clef tomba sur le trottoir. Robert la ramassa tout aussitôt, la regarda ; en riant, la rendit à Vincent. — Parbleu ! fit-il ; et il haussa les épaules. Puis, entrant dans l'auto, il se pencha en arrière, vers Vincent qui demeurait penaud : — C'est jeudi. Dites à votre frère que je l'attends ce soir dès quatre heures [2] — et vite il referma la portière, sans laisser à Vincent le temps de répliquer.

L'auto partit. Vincent fit quelques pas sur le quai, traversa la Seine, gagna cette partie des Tuileries qui se trouve en dehors des grilles, s'approcha d'un petit bassin et trempa dans l'eau son mouchoir qu'il appliqua sur son front et ses tempes. Puis, lentement, il revint vers la demeure de Lilian. Laissons-le [3], tandis que le diable [4] amusé le regarde glisser sans bruit la petite clef dans la serrure...

C'est l'heure où, dans une triste chambre d'hôtel, Laura, sa maîtresse d'hier, après avoir longtemps pleuré, longtemps gémi, va s'endormir. Sur le pont du navire qui le ramène en France, Édouard, à la première clarté de l'aube, relit la lettre qu'il a reçue d'elle, lettre plaintive et où elle appelle au secours. Déjà, la douce rive de son pays natal est en vue, mais, à travers la brume, il faut un œil exercé pour la voir. Pas un nuage au ciel, où le regard de Dieu va sourire. La paupière de l'horizon rougissant déjà se soulève. Comme il va faire chaud dans Paris ! Il est temps de retrouver Bernard.

Les Faux-Monnayeurs, I, v   (Librairie Gallimard, éditeur).

Olivier est allé attendre à son arrivée l'oncle Édouard. Hélas ! malgré son élan vers lui sa timidité a glacé leur rencontre. Cependant Bernard, ayant suivi son ami par curiosité, est entré en possession de la valise du romancier et, indiscrètement, il a ouvert le Journal d'Édouard où il peut lire les notes du romancier pour son futur livre : Les Faux-Monnayeurs. *Il y apprend aussi le drame de Laura Louviers qui, honteuse de sa faute, n'ose retourner chez ses parents, les Vedel-Azaïs, maîtres de pension près du Luxembourg.*

Bernard, apitoyé autant que curieux, va se présenter à Laura dans son refuge. Or, par un de ces hasards que Gide ne dédaigne jamais, Édouard survient alors pour secourir son amie. Il devine bien que celui qu'il rencontre chez elle détient sa valise et ses papiers. Cela ne l'empêche pas de ressentir une brusque sympathie pour le jeune homme qu'il engage comme secrétaire.

La suite de la première partie du roman montre Olivier Molinier jaloux du succès de Bernard auprès du prestigieux Édouard. Celui-ci sent son intérêt se partager entre les deux jeunes gens.

Cependant, en son petit logis du Faubourg Saint-Honoré, le vieux pianiste LA PÉROUSE, *auquel Édouard doit son goût pour la musique, vit jusqu'à la haine, auprès de sa femme, le drame de la « décristallisation » destructrice d'un long et fidèle amour. Sa vie n'est plus animée que par une seule pensée : son petit-fils* BORIS *né loin de lui, et qu'il rêve de connaître enfin.*

— 1 On avait beaucoup bu chez Lady Lilian. — 2 Pas d'homme de lettres de quelque importance qui n'eût son secrétaire, avant 1914. Robert de Passavant veut faire d'Olivier le sien. — 3 Ce n'est pas là simple facilité. Ce procédé rapproche Gide de son lecteur. — 4 Le diable, qui déjà guidait Bernard (p. 285, l. 7) et s'était gaussé du pasteur de *La Symphonie Pastorale*, intervient à nouveau ici. Gide tient à ce fantastique moral qu'il faut juger à bon escient. Il n'est destiné qu'à mieux rendre présente la lutte du Bien et du Mal que « l'immoraliste » puritain continue à ressentir jusqu'au fond de lui-même. Dans le *Journal des Faux-Monnayeurs*, il est parlé du diable « qui circulerait incognito à travers tout le livre et dont la réalité s'affirmerait d'autant plus qu'on croirait moins à lui ». Dans la dernière partie du livre, Bernard dialogue au contraire toute une nuit avec son « Ange » qui est celui de la vie « authentique ».

La composition en « abyme »

« J'aime assez, écrit Gide dès 1893, qu'en une œuvre d'art on retrouve [...] transposé à l'échelle des personnages, le sujet même de cette œuvre ». Il songeait ainsi, d'après Van Eyck ou Vélasquez, à un artifice pictural par lequel un artiste réalise la *réflection* sur la petite surface d'un objet représenté — un miroir par exemple — de la scène entière qu'*il* peint sur sa toile. *Le Traité du Narcisse* (1891) le montrait déjà hanté par *le jeu de la réalité et du reflet*. Le procédé n'était pas absent de certaines pages de *L'Immoraliste*. Mais, par l'invention « du roman dans le roman », c'est dans *Les Faux-Monnayeurs* qu'il applique pleinement une technique comparable à « ce procédé du blason qui consiste, dans le premier, à en mettre un second *en abyme* ». L'*abyme* étant le centre de l'écu, *c'est au cœur même du livre qu'*ÉDOUARD *parle de son propre roman et en fait la théorie*.

La doctoresse SOPHRONISKA, qui relance Édouard dans son exposé, est le médecin du petit Boris qu'elle soigne par la méthode psychanalytique, encore assez nouvelle en 1925. Il va de soi que Gide, curieux de tout, place « l'analyse » dans son « carrefour de problèmes »

E^t... le sujet de ce roman ?
— Il n'en a pas, repartit Édouard brusquement ; et c'est là ce qu'il a de plus étonnant peut-être. Mon roman n'a pas de sujet. Oui, je sais bien ; ça a l'air stupide ce que je dis là. Mettons si vous préférez qu'il n'y aura pas *un sujet*... « Une tranche de vie », disait l'école naturaliste. Le grand défaut de cette école, c'est de couper sa tranche toujours dans le même sens ; dans le sens du temps, en longueur. Pourquoi pas en largeur ? ou en profondeur ? Pour moi, je voudrais ne pas couper du tout. Comprenez-moi ; je voudrais tout y faire entrer, dans ce roman. Pas de coup de ciseaux pour arrêter, ici plutôt
10 que là, sa substance. Depuis plus d'un an que j'y travaille, il ne m'arrive rien que je n'y verse, et que je n'y veuille faire entrer : ce que je vois, ce que je sais, tout ce que m'apprend la vie des autres et la mienne...
— Et tout cela stylisé ? dit Sophroniska, feignant l'attention la plus vive, mais sans doute avec un peu d'ironie. Laura ne put réprimer un sourire. Édouard haussa légèrement les épaules et reprit :
— Et ce n'est même pas cela que je veux faire. Ce que je veux, c'est présenter d'une part la réalité, présenter d'autre part cet effort pour la styliser, dont je vous parlais tout à l'heure.
— Mon pauvre ami, vous ferez mourir d'ennui vos lecteurs, dit Laura,
20 ne pouvant plus cacher son sourire, elle avait pris le parti de rire vraiment.
— Pas du tout. Pour obtenir cet effet, suivez-moi, j'invente un personnage de romancier, que je pose en figure centrale ; et le sujet du livre, si vous voulez, c'est précisément la lutte entre ce que lui offre la réalité et ce que, lui, prétend en faire. [...]

Mais, objecte Sophroniska, il est toujours dangereux de « présenter des intellectuels » dans un livre. Et puis on reconnaîtra Édouard. Tant pis. Il se fera « très désagréable »...

— Et le plan de ce livre est fait ? demanda Sophroniska, en tâchant de reprendre son sérieux. — Naturellement pas.
— Comment ! naturellement pas ?
— Vous devriez comprendre qu'un plan, pour un livre de ce genre, est
30 essentiellement inadmissible. Tout y serait faussé si j'y décidais rien par avance. J'attends que la réalité me le dicte.

— Mais je croyais que vous vouliez vous écarter de la réalité.
— Mon romancier voudra s'en écarter ; mais moi je l'y ramènerai sans cesse. A vrai dire, ce sera là le sujet : la lutte entre les faits proposés par la réalité, et la réalité idéale.

L'illogisme de son propos était flagrant, sautait aux yeux d'une manière pénible. Il apparaissait clairement que, sous son crâne, Édouard abritait deux exigences inconciliables, et qu'il s'usait à les vouloir accorder.

— Et c'est très avancé ? demanda poliment Sophroniska.

— Cela dépend de ce que vous entendez par là. A vrai dire, du livre même, je n'ai pas encore écrit une ligne. Mais j'y ai déjà beaucoup travaillé. J'y pense chaque jour et sans cesse. J'y travaille d'une façon très curieuse, que je m'en vais vous dire : sur un carnet, je note au jour le jour l'état de ce roman dans mon esprit ; oui, c'est une sorte de journal que je tiens, comme on ferait celui d'un enfant... C'est-à-dire qu'au lieu de me contenter de résoudre, à mesure qu'elle se propose, chaque difficulté (et toute œuvre d'art n'est que la somme ou le produit des solutions d'une quantité de menues difficultés successives), chacune de ces difficultés, je l'expose, je l'étudie. Si vous voulez, ce carnet contient la critique continue de mon roman ; ou mieux : du roman en général. Songez à l'intérêt qu'aurait pour nous un semblable carnet tenu par Dickens, ou Balzac ; si nous avions le journal de *L'Éducation sentimentale*, ou des *Frères Karamazov !* l'histoire de l'œuvre, de sa gestation ! Mais ce serait passionnant... plus intéressant que l'œuvre elle-même...

Gide, qui sait ne pas être dogmatique, a voulu qu'ici le débat se délayât, comme dans une conversation réelle.

La discussion se perdait en arguties. Bernard, qui jusqu'à ce moment avait gardé le silence, mais qui commençait à s'impatienter sur sa chaise, à la fin n'y tint plus ; avec une déférence extrême, exagérée même, comme chaque fois qu'il adressait la parole à Édouard, mais avec cette sorte d'enjouement qui semblait faire de cette déférence un jeu :

— Pardonnez-moi, Monsieur, dit-il, de connaître le titre de votre livre, puisque c'est par une indiscrétion, mais sur laquelle vous avez bien voulu, je crois, passer l'éponge. Ce titre pourtant semblait annoncer une histoire... ?

— Oh ! dites-nous ce titre, dit Laura.

— Ma chère amie, si vous voulez... Mais je vous avertis qu'il est possible que j'en change. Je crains qu'il ne soit un peu trompeur... Tenez, dites-le-leur, Bernard.

— Vous permettez ?... *Les Faux-Monnayeurs*, dit Bernard. Mais maintenant, à votre tour, dites-nous : ces faux-monnayeurs... qui sont-ils ?

— Eh bien ! je n'en sais rien, dit Édouard.

Les Faux-Monnayeurs, II, III (Librairie Gallimard, éditeur).

A la fin de la seconde partie, Gide interrompt un instant sa narration pour juger chacun de ses personnages qui, selon lui, se sont développés librement. « Je crains, dit-il par exemple, qu'en confiant le petit Boris aux Azaïs, Édouard ne commette une imprudence. » En effet, la troisième partie ramène le lecteur à Paris. Édouard a obtenu que Boris lui soit confié et il l'a placé à la pension Azaïs où le vieux La Pérouse, devenu répétiteur, pourra ainsi vivre près de son petit-fils. La pension Azaïs est alors un des centres de l'action car elle réunit les collégiens dont on devinait déjà les agissements coupables : entre autres méfaits, ils écoulent de la fausse monnaie... En même temps se poursuit le drame de l'attirance et de la jalousie entre Édouard, Bernard et Olivier. Il se joue au milieu de la comédie littéraire où réapparaît Robert de Passavant.

LE SUICIDE DE BORIS

Édouard n'a pas été bien inspiré en faisant entrer Boris à la pension. Le vieux La Pérouse n'a pas su le conquérir. Maladif, nerveux, influençable, l'enfant est tombé sous la coupe de ses camarades organisés en bande : les « Hommes forts ». Ceux-ci ont imaginé de tirer au sort le nom de celui qui, pour être digne d'estime, se suiciderait à l'heure et à la place fixées. Utilisant un triste fait divers, Gide témoigne ici de ses dons de *vrai romancier*. Dans la lourde atmosphère d'une étude de collège, quelques gestes, quelques paroles évoquent bien la présence d'adolescents à la fois cruellement curieux et déjà effrayés. Leurs pensées et leurs regards convergent vers Boris dont tout dit l'angoisse et le courage désespéré.

Comme un étranger, à la frontière d'un pays dont il va sortir, prépare ses papiers, Boris chercha des prières dans son cœur et dans sa tête, et n'en trouva point ; mais il était si fatigué et tout à la fois si tendu, qu'il ne s'en inquiéta pas outre mesure. Il faisait effort pour penser et ne pouvait penser à rien. Le pistolet pesait dans sa poche ; il n'avait pas besoin d'y porter la main pour le sentir.

— Plus que dix minutes.

Georges [1], à la gauche de Ghéridanisol [2], suivait la scène du coin de l'œil, mais faisait mine de ne pas voir. Il travaillait fébrilement. Jamais
10 l'étude n'avait été si calme. La Pérouse ne reconnaissait plus ses moutards et pour la première fois respirait. Phiphi [3] cependant n'était pas tranquille ; Ghéridanisol lui faisait peur, il n'était pas bien assuré que ce jeu ne pût mal finir ; son cœur gonflé lui faisait mal et par instants il s'entendait pousser un gros soupir. A la fin, n'y tenant plus, il déchira une demi-feuille de son cahier d'histoire qu'il avait devant lui — car il avait à préparer un examen ; mais les lignes se brouillaient devant ses yeux, les faits et les dates dans sa tête —, le bas d'une feuille, et, très vite, écrivit dessus : « Tu es bien sûr au moins que le pistolet n'est pas chargé ? » puis tendit le billet à Georges, qui le passa à Ghéri. Mais celui-ci, après l'avoir lu,
20 haussa les épaules sans même regarder Phiphi, puis du billet fit une boulette qu'une pichenette envoya rouler juste à l'endroit marqué par la craie. Après quoi, satisfait d'avoir si bien visé, il sourit. Ce sourire, d'abord volontaire, persista jusqu'à la fin de la scène ; on l'eût dit imprimé sur ses traits.

— Encore cinq minutes.

C'était dit à voix presque haute. Même Philippe entendit. Une angoisse intolérable s'empara de lui et, bien que l'étude fût sur le point de finir, feignant un urgent besoin de sortir, ou peut-être très authentiquement pris de coliques, il leva la main et claqua des doigts comme les élèves ont
30 coutume de faire pour solliciter du maître une autorisation ; puis, sans attendre la réponse de La Pérouse, il s'élança hors du banc. Pour regagner la porte, il devait passer devant la chaire du maître ; il courait presque, mais chancelait.

— 1 Frère d'Olivier Molinier. — 2 Le chef de la bande. — 3 Philippe, simple comparse.

Presque aussitôt après que Philippe fut sorti, Boris à son tour se dressa. Le petit Passavant, qui travaillait assidûment derrière lui, leva les yeux. Il raconta plus tard à Séraphine [4] que Boris était « affreusement pâle » ; mais c'est ce qu'on dit toujours dans ces cas-là. Du reste, il cessa presque aussitôt de regarder et se replongea dans son travail. Il se le reprocha beaucoup par la suite. S'il avait pu comprendre ce qui se passait, il l'aurait sûrement empêché, disait-il plus tard en pleurant. Mais il ne se doutait de rien. Boris s'avança donc jusqu'à la place marquée. Il marchait à pas lents, comme un automate, le regard fixe ; comme un somnambule plutôt. Sa main droite avait saisi le pistolet, mais le maintenait caché dans la poche de sa vareuse ; il ne le sortit qu'au dernier moment.

La place fatale était, je l'ai dit, contre la porte condamnée qui formait, à droite de la chaire, un retrait, de sorte que le maître, de sa chaire, ne pouvait le voir qu'en se penchant.

La Pérouse se pencha. Et d'abord il ne comprit pas ce que faisait son petit-fils, encore que l'étrange solennité de ses gestes fût de nature à l'inquiéter. De sa voix la plus forte, et qu'il tâchait de faire autoritaire, il commença :

« Monsieur Boris, je vous prie de retourner immédiatement à votre... » Mais soudain il reconnut le pistolet ; Boris venait de le porter à sa tempe. La Pérouse comprit et sentit aussitôt un grand froid, comme si le sang figeait dans ses veines. Il voulut se lever, courir à Boris, le retenir, crier... Une sorte de râle rauque sortit de ses lèvres ; il resta figé, paralytique, secoué d'un grand tremblement.

Le coup partit. Boris ne s'affaissa pas aussitôt. Un instant le corps se maintint, comme accroché dans l'encoignure ; puis la tête, retombée sur l'épaule, l'emporta, tout s'effondra.

Les Faux-Monnayeurs, III, XVIII (Librairie Gallimard, éditeur).

« *J'aime les fins brusquées* », *disait Gide. Le Journal d'Édouard note simplement :*
« J'apprends par Olivier que Bernard est retourné chez son père, et, ma foi, c'est ce qu'il avait de mieux à faire. En apprenant que le petit Caloub, fortuitement rencontré, que le vieux juge n'allait pas bien, Bernard n'a plus écouté que son cœur. Nous devons nous revoir demain soir, car Profitendieu m'a invité à dîner avec Molinier, Pauline et les deux enfants. Je suis bien curieux de connaître Caloub. »

Le Théâtre de Gide Gide, peu attiré par le théâtre, écrit cependant *Saül* en 1896, sans le faire représenter. Puis Lugné-Poe donne en 1901, au Théâtre de l'Œuvre, *Le Roi Candaule* où Gide démarque avec une fantaisie pleine d'intentions la fable antique rapportée par Hérodote. Beaucoup plus tard, et sans parler de la version scénique des *Caves du Vatican* écrite en 1948, *Œdipe*, sa meilleure pièce composée en 1931, et son adaptation du *Procès* de Kafka (1946) montreront le rôle qu'il aurait pu jouer, dans une dramaturgie où il a été novateur et « inquiéteur » comme dans d'autres domaines. Il a en effet deviné, dès 1896, l'aptitude de la « Fable » — biblique ou antique — à devenir le support d'une action évoquant, dans sa généralité, un problème de la conduite personnelle ou de la destinée. Comme il possédait aussi l'ironie et la facilité à manier l'anachronisme (cf. *La Sotie*, p. 272), il aurait pu, en persévérant au théâtre, affirmer une priorité réelle sur Cocteau et Giraudoux.

— 4 Gouvernante du petit Passavant.

« LE SEUL MOT DE PASSE, C'EST : L'HOMME »

Dans *Œdipe*, représenté par la Compagnie Georges Pitoëff en février 1932, Gide suit pas à pas Sophocle avec beaucoup moins de complication que Cocteau dans sa *Machine Infernale* (cf. p. 361). Il se contente d'user de quelques anachronismes : ainsi Antigone, vouée au rachat des fautes, « veut entrer dans les ordres ». C'est que l'essentiel est pour lui de transposer, sous le masque antique, sa propre pensée. Voici comment, devant ses fils, l'Œdipe gidien interprète philosophiquement sa fameuse réponse au Sphinx. Polynice, dans un orgueil tout nietzschéen, vient de lancer : « Je crois moins volontiers aux dieux qu'aux héros » ; Œdipe est plus simplement *humain* dans sa réponse.

ŒDIPE : Pour se grandir, il faut porter loin de soi ses regards. Et puis, ne regardez pas trop en arrière. Persuadez-vous que l'humanité est sans doute beaucoup plus loin de son but que nous ne pouvons encore entrevoir [1], que de son point de départ que nous ne distinguons déjà plus.

ÉTÉOCLE : Le but... Quel peut être le but ?

ŒDIPE : Il est devant nous, quel qu'il soit. J'imagine, beaucoup plus tard, la terre couverte d'une humanité désasservie, qui considérera notre civilisation d'aujourd'hui du même œil que nous considérons l'état des hommes au début de leur lent progrès. Si j'ai vaincu le Sphinx, ce n'est pas pour que vous vous reposiez. Ce dragon dont tu parlais, Étéocle, est pareil à celui qui m'attendait aux portes de Thèbes, où je me devais d'entrer en vainqueur. Tirésias nous embête avec son mysticisme et sa morale. On m'avait appris tout cela chez Polybe [2]... Tirésias n'a jamais rien inventé et ne saurait approuver ceux qui cherchent et qui inventent. Si inspiré par Dieu qu'il se dise, avec ses révélations, ses oiseaux, ce n'est pas lui qui sut répondre à l'énigme. J'ai compris, moi seul ai compris, que le seul mot de passe, pour n'être pas dévoré par le sphinx, c'est : l'Homme. Sans doute fallait-il un peu de courage pour le dire, ce mot. Mais je le tenais prêt dès avant d'avoir entendu l'énigme ; et ma force est que je n'admettais pas d'autre réponse, à quelle que pût être la question. Car, comprenez bien, mes petits, que chacun de nous, adolescent, rencontre, au début de sa course, un monstre qui dresse devant lui telle énigme qui nous puisse empêcher d'avancer. Et, bien qu'à chacun de nous, mes enfants, ce sphinx particulier pose une question différente, persuadez-vous qu'à chacune de ses questions la réponse reste pareille ; oui, qu'il n'y a qu'une seule et même réponse à de si diverses questions ; et que cette réponse unique, pour chacun de nous, c'est : Soi.

Tirésias est entré

TIRÉSIAS : Œdipe, est-ce là le dernier mot de ta sagesse ? Est-ce là que ta science aboutit ?

ŒDIPE : C'est de là qu'elle part, au contraire. C'en est le premier mot.

TIRÉSIAS : Les mots suivants ?

ŒDIPE : Mes fils auront à les chercher.

Œdipe, Acte II (Librairie Gallimard, éditeur).

— 1 A la date de 1931, Gide a abandonné | son strict « égoïsme » (cf. p. 261, § 1). — 2 Le roi qui avait recueilli et élevé Œdipe.

Thésée   « Thésée devait avoir mon âge quand il souleva le
rocher », pense déjà le jeune Bernard dans *Les Faux-*
Monnayeurs. A partir de 1931, peu après *Œdipe,* Gide applique à nouveau sa pensée
« sympathique » à cet autre Héros fabuleux. Mais c'est treize ans après seulement, que
— le thème ayant longuement mûri dans son esprit selon ses habitudes de travail — il
rédige à Tunis ce qu'il appelle « son dernier écrit ». Publié en 1946, véritable récapitulation
des thèmes gidiens, *Thésée* est du moins sa dernière œuvre importante : il y exprime
l'ultime parole de sa « sagesse ».

« *J'AI FAIT MON ŒUVRE, J'AI VÉCU* »

Le Héros, qui vient de raconter toute son histoire, peut considérer maintenant qu'en
dépit du drame de Phèdre et d'Hippolyte — symbole des inévitables traverses intimes —
tout lui a réussi parce qu'il a toujours « passé outre ». Au contraire, Œdipe n'a été que
défaite. Pis encore, en se crevant les yeux pour se punir, Œdipe a semblé reconnaître
l'existence du péché et de l'échec. Lorsque Thésée, selon la légende, l'accueille à Colone,
l'Aveugle lui fournit une dernière raison de son geste. Par la voix de Thésée, c'est Gide qui
répondra.

Tu t'étonnes que je me sois crevé les yeux ; et je m'en étonne moi-
même. Mais, dans ce geste, inconsidéré, cruel, peut-être y eut-il encore
autre chose : je ne sais quel secret besoin de pousser à bout ma fortune,
de rengréger ¹ sur ma douleur et d'accomplir une héroïque destinée.
Peut-être ai-je pressenti vaguement ce qu'avait d'auguste et de rédempteur
la souffrance ; aussi bien répugne à s'y refuser le héros. Je crois que c'est
là que s'affirme surtout sa grandeur et qu'il n'est nulle part plus valeureux
que lorsqu'il tombe en victime, forçant ainsi la reconnaissance céleste et
désarmant la vengeance des Dieux. Quoi qu'il en soit, et si déplorables
que puissent avoir été mes erreurs, l'état de félicité suprasensible où
j'ai pu parvenir, récompense amplement aujourd'hui tous les maux que
j'ai dû souffrir et sans lesquels je n'y serais sans doute point parvenu.

— Cher Œdipe, lui dis-je quand j'eus compris qu'il avait cessé de
parler, je ne puis que te louer de cette sorte de sagesse surhumaine ²
que tu professes. Mais ma pensée, sur cette route, ne saurait accompagner
la tienne. Je reste enfant de cette terre et crois que l'homme, quel qu'il
soit et si taré que tu le juges, doit faire jeu des cartes qu'il a. Sans doute
as-tu su faire bon usage de ton infortune même et tirer parti d'elle pour
en obtenir un contact plus intime avec ce que tu nommes le divin. Au
surplus, je me persuade volontiers qu'une sorte de bénédiction est attachée
à ta personne et qu'elle se reportera, selon ce qu'ont dit les oracles, sur
la terre où pour toujours tu reposeras.

Je n'ajoutai point que ce qui m'importait c'est que ce sol fût celui de

---

— 1 Verbe archaïque signifiant *aggraver,* | avec celui de : renchérir *sur.* — 2 Dans la pensée
mais il est transitif. Gide combine son emploi | de l'auteur, *surhumain* traduit ici : religieux.

l'Attique, et me félicitai que les dieux aient su faire aboutir Thèbes à moi [3].
Si je compare à celui d'Œdipe mon destin, je suis content : je l'ai rempli.
Derrière moi, je laisse la cité d'Athènes. Plus encore que ma femme et
mon fils, je l'ai chérie. J'ai fait ma ville. Après moi, saura l'habiter immor-
tellement ma pensée. C'est consentant que j'approche la mort solitaire.
J'ai goûté des biens de la terre. Il m'est doux de penser qu'après moi,
30 grâce à moi, les hommes se reconnaîtront plus heureux, meilleurs et plus
libres. Pour le bien de l'humanité future, j'ai fait mon œuvre. J'ai vécu.

Thésée (Librairie Gallimard, éditeur).

GIDE CRITIQUE LITTÉRAIRE

Lecteur assidu des grandes œuvres tant françaises qu'étrangères, mais aussi « lecteur »
passionné des manuscrits présentés au choix de la N.R.F., découvreur enthousiaste jusqu'à
la fin de sa vie (*Découvrons Henri Michaux*, 1941), préfacier des nouveaux venus (comme
Saint-Exupéry avec *Vol de Nuit*, cf. p.479), Gide, autant par tempérament que par dévotion
à la littérature, a véritablement fait « profession » de critique.

Dans son œuvre personnelle, beaucoup de ses héros, tels Édouard et les jeunes gens des
Faux-Monnayeurs, multiplient théories ou boutades qui appartiennent à l'écrivain lui-
même. Son *Journal* n'est, très souvent, qu'un journal de lectures. Enfin, auteur de nombreux
articles (par exemple sous la forme des fameux *Billets à Angèle*), conférencier, traducteur
de Shakespeare, Conrad, Rabindranath Tagore, il a rassemblé une partie de sa production
critique dans divers recueils : *Prétextes* et *Nouveaux Prétextes* (1903 et 1911) ; *Dostoïevsky*
(1923) ; *Incidences* (1924) ; *Essai sur Montaigne* (1929) ; *Interviews Imaginaires* (1943) ;
Littérature Engagée (1950).

Ces textes où l'on se plaît à puiser citations et jugements, sont d'une lecture non tant
instructive qu'excitante pour l'esprit. Ils pourraient en effet représenter le *modèle sérieux
de la critique impressionniste et subjective* (cf. p. 666) pratiquée par un esprit remarquablement curieux. De plus, comme Gide est lui-même écrivain, dans l'ensemble de ses
condamnations et de ses enthousiasmes il est possible de retrouver *les éléments de sa propre
esthétique ;* mieux encore, ses préférences révèlent toujours quelque trait de *sa personnalité
profonde :* c'est que, dans ses meilleurs exercices, il commente des écrivains représentant
pour lui soit des miroirs (Montaigne) soit des adversaires de sa pensée (Pascal) soit encore
les révélateurs de problèmes très lesquels il se sent naturellement attiré (Dostoïevsky).
A propos de tous, il aurait pu dire ce qu'il avouait en rédigeant ses conférences sur le grand
romancier russe : « ce sera, tout autant qu'un livre de critique, un livre de confessions, pour
qui sait lire ». En définitive, *comme dans le reste de son œuvre, le plus intéressant de la critique
gidienne reste Gide lui-même.*

LE CLASSICISME

Voici un *Billet à Angèle* de 1921. Allure paradoxale des affirmations, utilisation de l'Évangile à des fins critiques, jaillissement de formules qui deviendront célèbres, tout y est très
gidien mais reste au service d'une distinction nécessaire sur le sens du mot *classique* et
concourt à la définition du « classicisme » de Gide.

Le triomphe de l'individualisme et le triomphe du classicisme se
confondent. Or le triomphe de l'individualisme est dans le renoncement

---

— 3 D'après Sophocle, seul Thésée connaît la | sépulture d'Œdipe dans le bois des Euménides ;
mais le héros thébain protège à jamais Athènes.

à l'individualité. Il n'est pas une des qualités du style classique qui ne s'achète par le sacrifice d'une complaisance. Les peintres et les littérateurs que nous louangeons le plus aujourd'hui ont une manière ; le grand artiste classique travaille à n'avoir pas de manière ; il s'efforce vers la banalité. S'il parvient à cette banalité sans effort, c'est qu'il n'est pas un grand artiste, parbleu ! L'œuvre classique ne sera forte et belle qu'en raison de son romantisme dompté. « Un grand artiste n'a qu'un souci : devenir le plus humain possible, — disons mieux : devenir *banal* — écrivais-je il y a vingt ans. Et chose admirable, c'est ainsi qu'il devient le plus personnel. Tandis que celui qui fuit l'humanité pour lui-même, n'arrive qu'à devenir particulier, bizarre, défectueux... Dois-je citer ici le mot de l'Évangile ? — Oui, car je ne pense pas le détourner de son sens : Celui qui veut sauver sa vie (sa vie personnelle) la perdra ; mais celui qui veut la perdre la sauvera (ou, pour traduire plus exactement le texte grec : *la rendra vraiment vivante*). »

J'estime que l'œuvre d'art accomplie sera celle qui passera d'abord inaperçue, qu'on ne remarquera même pas ; où les qualités les plus contraires, les plus contradictoires en apparence : force et douceur, tenue et grâce, logique et abandon, précision et poésie — respireront si aisément, qu'elles paraîtront naturelles et pas surprenantes du tout. Ce qui fait que le premier des renoncements à obtenir de soi, c'est celui d'étonner ses contemporains. [...]

Aujourd'hui le mot « classique » est en tel honneur, on le charge aujourd'hui d'un tel sens, que peu s'en faut qu'on n'appelle classique toute œuvre grande et belle. C'est absurde. Il y a des œuvres énormes qui ne sont pas classiques du tout. Sans être plus romantiques pour cela. Cette classification n'a de raison d'être qu'en France ; et, même en France, quoi de moins classique souvent que Pascal, que Rabelais, que Villon. Ni Shakespeare, ni Michel-Ange, ni Beethoven, ni Dostoïevsky, ni Rembrandt, ni même Dante (je ne cite que les plus grands), ne sont classiques. Le *Don Quichotte*, non plus que les pièces de Calderon, ne sont classiques. — ni romantiques ; mais espagnoles, tout purement. A vrai dire, je ne connais, depuis l'antiquité, d'autres classiques que ceux de France (si toutefois j'excepte Gœthe — et encore il ne devenait classique que par imitation des anciens). Le classicisme me paraît à ce point une invention française, que pour un peu je ferais synonymes ces deux mots : classique et français, si le premier terme pouvait prétendre à épuiser le génie de la France et si le romantisme aussi n'avait su se faire français ; du moins c'est dans son art classique que le génie de la France s'est le plus pleinement réalisé. Tandis que tout effort vers le classicisme restera, chez tout autre peuple, factice, comme il advient avec Pope par exemple. C'est aussi qu'en France, et dans la France seule, l'intelligence tend toujours à l'emporter sur le sentiment et l'instinct. Ce qui ne veut nullement dire, comme certains étrangers ont une disposition à le croire, que le sentiment ou l'instinct soit absent. Il suffit de parcourir les salles du Louvre nouvellement rouvertes, tant de peinture que de sculpture. A quel point toutes ces œuvres sont raisonnables ! Quelle pondération, 50 quelle mesure ! Il faut les contempler longuement pour qu'elles consentent à livrer leur signification profonde, tant leur frémissement est secret. Débordante chez Rubens, la sensualité chez Poussin est-elle moins puissante, pour être toute refoulée ? Le classicisme — et par là j'entends : le classicisme français — tend tout entier vers la litote. C'est l'art d'exprimer le plus en disant le moins. C'est un art de pudeur et de modestie. Chacun de nos classiques est plus ému qu'il ne le laisse paraître d'abord. Le romantique, par le faste qu'il apporte dans l'expression, tend toujours à paraître plus ému qu'il ne l'est en réalité, de sorte que chez nos auteurs romantiques sans cesse le mot 60 précède et déborde l'émotion et la pensée ; il répondait à certain émoussement de goût résultant d'une moindre culture — qui permit de douter de la réalité de ce qui chez nos classiques était si modestement exprimé. Faute de savoir les pénétrer et les entendre à demi-mot, nos classiques dès lors parurent froids, et l'on tint pour défaut leur qualité la plus exquise : la réserve. *Incidences* (Librairie Gallimard, éditeur).

Montaigne

En dépit de son titre, l'*Essai sur Montaigne* n'a rien de composé ni de didactique. Respectant l'allure même de son auteur, Gide va, lui aussi, « à sauts et à gambades » dans le texte des *Essais* et commente sans ordre les phrases qui le frappent. « L'inconstance » de Montaigne plaît à sa complexité. Mais il sait élargir le débat.

Dès le début du Livre Second, cette phrase nous donne à la fois l'éveil et l'alarme : « *Ceux qui s'exercent à contreroller les actions humaines, ne se trouvent en aucune partie si empeschez, qu'à les r'appiesser et mettre à mesme lustre : car elles se contredisent communément de si estrange façon, qu'il semble impossible qu'elles soient parties d'une mesme boutique.* » Ai-je tort de voir ici bien autre chose et bien plus que la simple expression du scepticisme que Pascal exposera bientôt à M. de Sacy [1] ? Non, non ; comme le dira plus tard M. Massis [2] à propos d'un contemporain : « Ce qui est mis en cause ici, c'est la notion même de *l'homme* sur laquelle nous *vivons* » (nous feignons de vivre) ; 10 et pour que nous ne gardions aucun doute sur le doute de sa pensée, Montaigne ajoute un peu plus loin : «... *veu la naturelle instabilité de nos mœurs et opinions, il m'a semblé souvent que les autheurs mesmes ont tort de s'opiniastrer à former de nous une constante et solide contexture.* » Mais il fallait attendre Dostoïevsky et arriver à nos jours pour le reconnaître, ou du moins pour l'admettre et le manifester, car il n'est pas un des grands spécialistes du « cœur humain », qu'il ait nom Racine, ou Shakespeare ou Cervantes, qui n'en ait eu tout au moins des aperceptions fugitives. Mais sans doute l'établissement provisoire d'une psychologie un peu sommaire, à grandes lignes très arrêtées, était-il

---

— 1 Dans son célèbre *Entretien* (cf. | célèbre dès 1910 sous le pseudonyme d'*Agathon* *XVII*e *Siècle*, p. 159). — 2 Écrivain catholique, | partagé avec A. de Tarde.

nécessaire d'abord pour permettre à un art classique de se construire. Il y fallait des amoureux qui soient bien amoureux, des avares qui soient bien avares, des jaloux qui soient bien jaloux, et des hommes qui se gardent d'être un peu tout cela à la fois. Montaigne n'a jamais été plus perspicace qu'en dénonçant sous cette fausse exigence esthétique, l'entorse qu'elle donnait à la vérité : *Je laisse aux artistes et ne sçay s'ils en viennent à bout en chose si meslée, si menue et si fortuite, de ranger en bandes cette infinie diversité de visages et arrester notre inconstance et la mettre par ordre. Non seulement je trouve mal-aisé d'attacher nos actions les unes aux autres, mais chacune à part soy je trouve mal-aisé de la désigner proprement par quelque qualité principale, tant elles sont doubles et bigarrées à divers lustres.»* Et dans le Livre Premier nous lisons cette invite à Proust [3] : «*... aussi, en nostre ame, bien qu'il y ait divers mouvements qui l'agitent, si faut-il qu'il y en ait un à qui le champ demeure. Mais ce n'est pas avec si entier avantage que, pour [4] la volubilité et souplesse de nostre ame, les plus faibles par occasion ne regaignent encor la place et ne facent une courte charge à leur tour.»*
Montaigne continue, parlant de ces «bons autheurs mesmes» qui pourraient tout aussi bien être ceux qui l'ont suivi que ceux qu'il connaissait déjà : « *Ils choisissent un air universel, et suivant cette image, vont rangeant et interprétant toutes les actions d'un personnage et, s'ils ne les peuvent assez tordre, les vont renvoyant à la dissimulation.*» Et il ajoute : « *Auguste leur est eschappé*» du même ton que Saint-Evremond dira plus tard : « Il y a des replis et des détours qui lui ont échappé (à Plutarque)... il a jugé l'homme trop en gros et ne l'a pas cru si différent qu'il est de lui-même... Ce qui lui semble se démentir, il l'attribue à des causes étrangères que Montaigne lui-même a beaucoup mieux entendues [5].»
Mais Montaigne eût pu voir là, ce me semble, beaucoup plus que, comme il le fait, « de l'inconstance», simplement. Je crois que la vraie question se cache à l'abri de ce mot. C'est à partir de là que j'entre en quête.

Essai sur Montaigne (Librairie Gallimard, éditeur).

DOSTOIEVSKY ET NIETZSCHE

Dès 1908, Gide avait donné une étude sur Dostoïevsky d'après sa Correspondance, suivie d'un grand article sur *Les Frères Karamazov* ; en 1923, après avoir prononcé sur le romancier russe une série de conférences au Vieux-Colombier, il publia l'ensemble de ces textes en volume. Dostoïevsky l'intéressait au plus haut point non seulement par la psychologie de ses personnages qui commandait une certaine conception du roman, mais encore, comme il le prouve dans cette analyse, par des vues particulières sur Dieu et sur la tentation. Il trouvait en tout cas chez lui l'affirmation de la présence du « diable » (cf. p. 287). Gide s'était aussi passionné pour Nietzsche, mais, par la suite, le «surhomme» lui parut trop ambitieusement inhumain. Le ton, sans apprêt, est ici celui de la causerie.

La question du diable, si j'ose ainsi dire, tient une place considérable dans l'œuvre de Dostoïevsky. Certains verront sans doute en lui un manichéen. Nous savons que la doctrine du grand hérésiarque Manès reconnaissait dans ce monde deux principes : celui du bien et celui du mal, principes également actifs, indépendants, également indispensables,

---

| 5 *Jugement sur Sénèque, Plutarque et Pétrone.* Gide prend quelques libertés avec le texte.

— par quoi la doctrine de Manès se rattachait directement à celle de Zarathustra [1]. Nous avons pu voir, et j'y insiste, car c'est là un des points les plus importants, que Dostoïevsky fait habiter le diable non point dans la région basse de l'homme — encore que l'homme entier puisse
10 devenir son gîte et sa proie — tant que dans la région la plus haute, la région intellectuelle, celle du cerveau. Les grandes tentations que le Malin nous présente sont, selon Dostoïevsky, des tentations intellectuelles, des questions. Et je ne pense pas m'écarter beaucoup de mon sujet, en considérant d'abord les questions où s'est exprimée et longtemps attardée la constante angoisse de l'humanité : « Qu'est-ce que l'homme ? D'où vient-il ? Où va-t-il ? Qu'était-il avant sa naissance ? Que devient-il après la mort ? A quelle vérité l'homme peut-il prétendre » et même plus exactement : « Qu'est-ce que la vérité ? »
Mais depuis Nietzsche, avec Nietzsche, une nouvelle question s'est
20 soulevée, une question totalement différente des autres... et qui ne s'est point tant greffée sur celles-ci qu'elle ne les bouscule et remplace ; question qui comporte aussi son angoisse, une angoisse qui conduit Nietzsche à la folie. Cette question, c'est : « Que peut l'homme ? Que peut un homme ? » Cette question se double de l'appréhension terrible que l'homme aurait pu être autre chose ; aurait pu davantage, qu'il pourrait davantage encore ; qu'il se repose indignement à la première étape, sans souci de son parachèvement.
Nietzsche fut-il précisément le premier à formuler cette question ? Je n'ose l'affirmer, et sans doute l'étude même de sa formation intel-
30 lectuelle nous montrera qu'il rencontrait déjà cette question chez les Grecs et chez les Italiens de la Renaissance ; mais, chez ces derniers, cette question trouvait aussitôt sa réponse et précipitait l'homme dans un domaine pratique. Cette réponse, ils la cherchaient, ils la trouvaient immédiatement, dans l'action et dans l'œuvre d'art. Je songe à Alexandre et César Borgia, à Frédéric II (celui des Deux-Siciles), à Léonard de Vinci, à Gœthe. Ce furent là des créateurs, des êtres supérieurs. Pour les artistes et pour les hommes d'action la question du *surhomme* ne se pose pas, ou du moins elle se trouve tout aussitôt résolue. Leur vie même, leur œuvre est une réponse immédiate. L'angoisse commence lorsque la
40 question demeure sans réponse. [...]
« Que peut un homme ? » Cette question, c'est proprement celle de l'athée, et Dostoïevsky l'a admirablement compris : c'est la négation de Dieu qui fatalement entraîne l'affirmation de l'homme :
« Il n'y a pas de Dieu ? Mais alors..., alors tout est permis [2]. » Nous lisons ces mots dans *les Possédés*. Nous les retrouverons dans *les Karamazov*.

Dostoïevsky (Plon, éditeur).

— 1 Zarathustra ou Zoroastre est le personnage, sans doute mythique, auquel on attribue une religion orientale : le mazdéisme. Quant à Manès, qui vécut en Perse au IIIe Siècle, il est à l'origine d'une hérésie bien connue qui dénatura les dogmes chrétiens par une interprétation tirée de Zoroastre. — 2 Formule célèbre sur laquelle reviendront Sartre et Camus.

PAUL VALÉRY

Une vocation vite interrompue — De père corse et de mère italienne, PAUL VALÉRY est né à Sète en 1871. D'abord élève au collège de la ville, d'où ses regards émerveillés plongent sur « le port et la mer », il poursuit au lycée de Montpellier, de 1884 à 1888, des études maussades et sans grand éclat. Dès les années du baccalauréat, déçu de n'être pas assez « mathématicien » pour aspirer à l'École Navale, il s'intéresse aux beaux-arts et surtout à la poésie : il admire Hugo, Gautier, Baudelaire, et, quand il entre à la Faculté de Droit, il a déjà composé quelques poèmes.

RENCONTRES DÉCISIVES. C'est à Montpellier, durant son service militaire (1889-1890), que diverses « rencontres » vont préciser son orientation. D'une part, la lecture d'*A Rebours* de Huysmans lui révèle VERLAINE et surtout MALLARMÉ : pris d'une subite ferveur pour la poésie symboliste, il écrit, en 1889, une centaine de poèmes. D'autre part, l'année suivante, aux fêtes du sixième centenaire de l'Université de Montpellier, il se lie d'amitié avec PIERRE LOUŸS : ce dernier le mettra en relations avec MALLARMÉ, HEREDIA, GIDE (qui lui rend visite à Montpellier) et plus tard avec CLAUDE DEBUSSY. Redevenu étudiant en Droit, le jeune poète n'est donc plus isolé : il se sent encouragé par ces correspondants parisiens ; il leur adresse ses vers, et Pierre Louÿs, fondateur de la revue *La Conque*, lui fait l'amitié d'en publier quelques-uns (*Narcisse parle, Le Bois amical*).

LA NUIT DE GÊNES (1892). Sa vocation semble donc définitivement orientée, mais l'année 1892 marquera un tournant de sa carrière. Bouleversé par une crise passionnelle, PAUL VALÉRY va passer ses vacances à Gênes, dans la famille de sa mère : c'est là qu'en octobre, au cours d'une nuit d'orage et d'insomnie, il prend conscience des dangers que la vie sentimentale et l'idolâtrie artistique font peser sur l'*activité intellectuelle* (cf. p. 302). Il décide alors de *renoncer à la création littéraire* pour se consacrer aux valeurs auxquelles il accorde le plus de prix : la connaissance de soi, la rigueur et la sincérité de la pensée. De retour à Montpellier, il se débarrasse de la plupart de ses livres...

Vingt ans de « silence » — Songeant à une carrière administrative, PAUL VALÉRY s'installe à Paris en 1894 ; reçu l'année suivante au concours de rédacteur au ministère de la Guerre, il est affecté en 1897 dans les bureaux de la direction de l'artillerie.

UN POSTE DE CHOIX. Dès 1900, il quitte le ministère pour devenir secrétaire particulier d'un administrateur de l'agence Havas, ÉDOUARD LEBEY : pendant vingt-deux ans il restera l'auxiliaire de cet homme lucide, mais atteint de paralysie. C'est là une *place de choix* qui enrichit son expérience, car il fréquente les milieux financiers et doit se tenir au courant des événements mondiaux ; et surtout il a l'avantage, sa tâche quotidienne terminée, de jouir de vastes loisirs pour son travail personnel. Pourtant, jusqu'à la guerre de 1914, sa production d'écrivain se réduira à peu de chose : longtemps VALÉRY croira avoir fait à la poésie des adieux définitifs. Son esprit s'était engagé dans d'autres voies.

«AU CLOITRE DE L'INTELLECT ». Pendant une vingtaine d'années VALÉRY s'est, selon l'expression de Berne-Joffroy, retiré « au cloître de l'Intellect ». Dès son installation à Paris, dans une chambre austère, meublée d'un tableau noir qu'il couvre de calculs, il renoue avec les mathématiques, considérées désormais comme un « entraînement » de l'esprit. Ses préoccupations se lisent dans les écrits qu'il publie au cours de ses premières années à Paris : *Introduction à la méthode de Léonard de Vinci* (1895), *La Soirée avec M. Teste* (1896, cf. p. 302) et un essai prédisant l'expansion systématique de l'économie allemande (*La Conquête allemande*, 1897 ; titre devenu en 1924 *Une Conquête méthodique*). Persuadé en effet que le génie se caractérise par l'application plus ou moins consciente d'une *méthode originale*, il s'efforce de surprendre les secrets de l'activité intellectuelle. Il consacre tous ses soins à « *l'exercice de l'intellect* ». Chaque matin, dès l'aube, et pendant plusieurs heures, il note ses réflexions sur les phénomènes mentaux, l'attention, le moi pensant, le rêve, le temps, le langage, « le détail réel du vivant ». Jusqu'à la fin de sa vie il se livrera à cette tâche matinale, couvrant de sa fine écriture deux cent cinquante-sept *Cahiers*.

LE LABYRINTHE. Il est parfois tenté de publier le résultat de ses recherches et travaille à un « conte singulier », *Agathe*, auquel il voudrait aussi donner le titre significatif de *Manuscrit trouvé dans une cervelle*. Tantôt il se compare à un moderne docteur Faust ou à quelque héros antique enfermé dans le Labyrinthe : « Dans ce dédale inexprimable où je cherche le fil, il faut une fichue lanterne. Je crois qu'on la trouvera... Ce n'est qu'une affaire d'ingéniosité. J'entrevois tant de relations, et d'autre part, une méthode si certaine de simplification que je ne puis désespérer, — au moins pour d'autres... » (*A sa femme*, 1903). Tantôt au contraire il se décourage devant ces énigmes « sans cesse reprises, réobscurcies, redégagées » : « seul fil de ma vie, dit-il, seul culte, seule morale, seul luxe, seul capital, et sans doute placement à fonds perdu » (*A André Lebey*, 1906).

Retour à la poésie   Au cours de ce long silence, Paul Valéry ne s'était pas détourné des milieux artistiques. Jusqu'à la mort de Mallarmé (1898) il avait compté parmi les intimes du Maître. La solitude lui étant, disait-il, « trop bruyante », il fréquentait aussi les écrivains Pierre Louÿs, Gide, Heredia, Viélé-Griffin, Fontainas. Ami du collectionneur Rouart, il s'était lié avec de grands peintres (Degas, Renoir) et son mariage, en 1900, avec Jeannie Gobillard, nièce de Berthe Morisot (Mme Manet) avait resserré ses relations avec le monde de la peinture et de la musique. De temps à autre, surtout en écoutant des opéras de Gluck ou de Wagner, il reconnaissait à son émotion qu'en dépit de son « silence » il était « resté lyrique ».
LA JEUNE PARQUE. Le poète qui sommeillait en lui fut enfin réveillé, comme par accident. A l'instigation de Gide et de Gaston Gallimard qui l'avaient invité, en 1912, à publier ses vers de jeunesse, il se mit à les retoucher et entreprit bientôt, pour compléter le recueil, un court poème qui allait devenir *La Jeune Parque* (cf. p. 309). On lira plus bas (cf. p. 308) l'étonnante histoire de ce monument lyrique, conçu d'abord comme un « exercice » et réalisé au prix d'un labeur acharné de 1913 à 1917.
CHARMES. Le succès de *La Jeune Parque* (1917) fut immédiat. Aussitôt attiré dans les salons de la haute société, Paul Valéry saura pourtant réserver, pendant quelques années, le loisir qu'exige la création poétique. De 1918 à 1922, parfois avec une aisance qui le surprend lui-même, il compose de nouveaux poèmes. Certains sont publiés dans des Revues, en particulier le fameux *Cimetière Marin* (cf. p. 325) que Jacques Rivière parvient à lui ravir pour le confier à la *Nouvelle Revue Française* en 1920, l'année même où paraît l'*Album de Vers Anciens*, datant de 1890-1893 (cf. p. 301).
En 1922, enfin, Paul Valéry rassemble sous le titre de *Charmes* (cf. p. 315) les principaux poèmes qu'il a composés depuis *La Jeune Parque*. Dès l'année précédente, un referendum l'avait désigné comme le plus grand des poètes contemporains.

Une glorieuse   Avec le recueil de *Charmes* s'achève l'activité poétique
fin de carrière   de Paul Valéry. Après la mort de M. Lebey (1922), il se limite à ses occupations d'homme de lettres. Sa notoriété est telle que la plupart de ses écrits seront désormais des *œuvres de circonstance*. On lui demande des *Préfaces*, des *Essais* qui paraissent dans les Revues, en particulier les célèbres *Dialogues* (cf. p. 332). On l'invite surtout à donner des *conférences* en France et à l'étranger. En Angleterre, en Suisse, en Belgique, en Italie, en Espagne, en Hollande, en Allemagne, en Autriche, en Suède, ses tournées prennent un caractère *officiel* : il y est reçu par les souverains et les chefs d'États qui le couvrent de décorations, ou par ses pairs, écrivains et savants illustres. Ses articles et ses conférences seront rassemblés dans *Variété* (cf. p. 334) ou recueillis dans *Tel Quel, Regards sur le monde actuel* (cf. p. 337), *Pièces sur l'Art*, etc.
En France il devient, comme il le dit plaisamment, « une espèce de poète d'État » ou même une sorte de *héros intellectuel*. Élu à l'Académie Française au fauteuil d'Anatole France (1925), il préside le Pen-Club de 1924 à 1934 et de la Libération à sa mort ; il est nommé membre du Conseil des Musées Nationaux (1932), administrateur du Centre Universitaire Méditerranéen (1933), président de la Cinquième Session des Arts et Lettres à la Société des Nations (1935), titulaire de la chaire de Poétique au Collège de France (1937).
Après 1940, pendant l'occupation allemande, Paul Valéry eut une attitude pleine de dignité. Dès janvier 1941, il prononça à l'Académie un éloge funèbre de Bergson qui fut

considéré comme un premier acte de résistance et, au début de 1942, il adhéra au Comité National des Écrivains. Il continua son enseignement au Collège de France et travailla à *Mon Faust* qui parut après sa mort, survenue en 1945. On lui fit des funérailles nationales et, selon sa volonté, il fut inhumé à Sète, dans le *cimetière marin* qu'il a immortalisé.

*

ALBUM DE VERS ANCIENS — Sous ce titre furent rassemblés en 1920 une vingtaine de poèmes parus dans diverses Revues entre 1890 et 1893. Certains rappellent encore la technique parnassienne *(César)* ; la plupart reflètent, par leur inspiration mythologique et précieuse, l'atmosphère décadente ou symboliste de l'époque (cf. *XIXᵉ Siècle*, p. 530) : *Hélène, Orphée, Naissance de Vénus, Féerie, Le Bois amical, Les Vaines Danseuses...* Pourtant on note aussi dans cet *Album* l'influence de MALLARMÉ, qui devait être décisive *(La Fileuse, Baignée, Vue, Valvins)* ; on y reconnaît, çà et là, l'amorce de thèmes qui seront chers à l'auteur *(Un feu distinct..., Narcisse parle, Profusion du soir)* ; on y perçoit même, dans certains vers, un accent déjà « valéryen ». Ces œuvres de jeunesse permettent en somme de mesurer, entre l'incertitude du débutant et l'originalité enfin conquise, l'évolution d'un grand poète.

La Fileuse

Auprès de la fenêtre donnant sur le jardin en fleurs, une jeune fileuse s'assoupit ; peu à peu le soir tombe et elle s'endort profondément, dans la pénombre. Sur ce thème très simple, le disciple de MALLARMÉ et des symbolistes enlace tout un jeu de notations subtiles et de *correspondances* délicates, rehaussées par le recours à une forme assez rare, la *tierce rime*. L'impression de *douceur* et de *grâce évanescente* est suggérée par une versification adroite : on notera les rimes exclusivement féminines, l'usage savant de l'enjambement et des coupes, et surtout les allitérations expressives. Tout cela ne va pas sans *mièvrerie ;* mais nous savons aujourd'hui à quelle parfaite maîtrise devaient aboutir ces exercices de virtuose.

Lilia..., neque nent [1].

Assise, la fileuse au bleu de la croisée
Où le jardin mélodieux [2] se dodeline [3] ;
Le rouet ancien qui ronfle l'a grisée.

Lasse, ayant bu l'azur [4], de filer la câline
Chevelure [5], à ses doigts si faibles évasive [6],
Elle songe, et sa tête petite s'incline.

Un arbuste et l'air pur font une source vive [7]
Qui, suspendue au jour, délicieuse [8] arrose
De ses pertes de fleurs [9] le jardin de l'oisive.

10 Une tige, où le vent vagabond se repose,
Courbe le salut vain [10] de sa grâce étoilée [11],
Dédiant magnifique, au vieux rouet, sa rose.

Mais la dormeuse file une laine isolée ;
Mystérieusement l'ombre frêle se tresse [12]
Au fil de ses doigts longs et qui dorment, filée.

— 1 « Les lis [ne travaillent] ni ne filent » *(Evangile selon saint Matthieu, VI, 28).* — 2 Correspondance entre sensations visuelles et auditives. — 3 Se balance avec douceur. — 4 *Parce qu'elle a* « bu l'azur » (rêverie pure et délicate). — 5 La laine, d'une douceur *caressante,* fixée autour de la quenouille. — 6 *Qui échappe à...* — 7 Étudier l'épanouissement de cette image. — 8 Adjectif à valeur adverbiale (cf. v. 12). — 9 Pétales qui se détachent de l'*arbuste* sous l'action de la brise *(air pur).* — 10 *Vain,* puisque ce *salut* de la fleur au rouet se renouvelle *sans cesse* (cf. p. 331, v. 27). — 11 La fleur *gracieuse* est ouverte en forme d'*étoile.* — 12 Le fil est immobile, mais son ombre *se déplace,* et paraît *se tresser* sous les doigts.

Le songe se dévide avec une paresse
Angélique, et sans cesse, au doux fuseau crédule [13],
La chevelure ondule au gré de la caresse...
Derrière tant de fleurs, l'azur se dissimule [14],
20   Fileuse [15] de feuillage et de lumière ceinte :
Tout le ciel vert se meurt. Le dernier arbre brûle.
Ta sœur, la grande rose [16] où sourit une sainte,
Parfume ton front vague [17] au vent de son haleine
Innocente, et tu crois languir [18]... Tu es éteinte [19]
Au bleu de la croisée où tu filais la laine [20].

Librairie Gallimard, éditeur.

MONSIEUR TESTE

Peu après la vingtième année, PAUL VALÉRY traverse une crise qui l'entraîne à abandonner la poésie. Toute littérature lui est suspecte, car elle exige un certain «sacrifice de l'intellect» : « Il me semblait indigne de partir [partager] mon ambition entre le souci de l'effet à produire sur les autres, et la passion de me connaître et reconnaître tel que j'étais, sans omissions, sans simulations ni complaisances ». Se sentant *des forces infinies*, et pour préparer leur essor, il se met à analyser avec précision le mécanisme de son esprit.

Cette passion pour l'intellect lui dicte l'*Introduction à la méthode de Léonard de Vinci* (1895), où d'ailleurs il n'est guère question de Léonard, car pour lui ce nom est surtout le symbole d'un *esprit universel*, l'occasion d'étudier dans ses démarches une intelligence qui « avait trouvé l'attitude centrale à partir de laquelle les entreprises de la connaissance et les opérations de l'art sont également possibles » (*Note et Digression*, 1919).

C'est dans le même esprit qu'il a conçu le personnage de M. TESTE, « une sorte d'animal intellectuel », un de ces « monstres d'intelligence et de conscience de soi-même » qui représentaient alors son idéal. *La Soirée avec Monsieur Teste* (1896) fut engendrée, nous dit-il, « pendant une ère d'ivresse de ma volonté et parmi d'étranges excès de conscience de soi ».

La soirée   « La bêtise n'est pas mon fort », déclare le narrateur :
   avec M. Teste   aussi a-t-il été heureux de connaître M. TESTE. En
                    apparence ce dernier était un homme quelconque et
« personne ne faisait attention à lui ». Mais la vérité est que M. TESTE n'attachait de prix qu'à l'*intellect :* « il avait tué la marionnette ».

I. « LE MAITRE DE SA PENSÉE ». M. Teste, c'est l'intelligence portée à la plus haute puissance, c'est un esprit universel. Il s'est assuré, par l'introspection, une connaissance lucide de ses mécanismes intellectuels et, « par dressage accompli et habitude devenue nature », il est parvenu à se rendre maître de sa mémoire et de toutes les opérations de son esprit. Il a donné à son intelligence la sûreté, la vigueur, la promptitude de l'*instinct*.

« *Sa mémoire me donna beaucoup à penser. Les traits par lesquels j'en pouvais juger, me firent imaginer une gymnastique intellectuelle sans exemple. Ce n'était pas chez lui une faculté*

— 13 Obéissant *docilement* au fuseau que la main *assoupie* caresse encore. — 14 Le jour tombe ; toutes les teintes vont se modifier. — 15 Apostrophe à la jeune fille. — 16 Le mot *rose* peut désigner soit une *fleur* soit une *rosace* (cf. Mallarmé, *Sainte ; XIXe Siècle*, p. 538) : par

un trait assez recherché, la *rosace* deviendrait une *vraie* rose. — 17 *Indistinct* (ou : *plongé dans le songe*). — 18 T'assoupir, somnoler. — 19 Tout à fait endormie. — 20 Cf. v. 1 (mais noter le *temps* du verbe). Dans une version primitive, le dernier vers était : *Mais la Morte se croit la fileuse ancienne.*

excessive, — c'était une faculté éduquée ou transformée. Voici ses propres paroles : « Il y a vingt ans que je n'ai plus de livres. J'ai brûlé mes papiers aussi. Je rature le vif... Je retiens ce que je veux. Mais le difficile n'est pas là. Il est de retenir ce dont je voudrai demain !... *J'ai cherché un crible machinal... »*
A force d'y penser, j'ai fini par croire que M. Teste était arrivé à découvrir des lois de l'esprit que nous ignorons. Sûrement, il avait dû consacrer des années à cette recherche : plus sûrement, des années encore, et beaucoup d'autres années avaient été disposées pour mûrir ses inventions et pour en faire ses instincts. Trouver n'est rien. Le difficile est de s'ajouter ce qu'on trouve. [...]
Il veillait à la répétition de certaines idées ; il les arrosait de nombre. Ceci lui servait à rendre finalement machinale l'application de ses études conscientes. Il cherchait même à résumer ce travail. Il disait souvent : « Maturare !... » [Mûrir !]
...J'entrevoyais des sentiments qui me faisaient frémir, une terrible obstination dans des expériences enivrantes. Il était l'être absorbé dans sa variation, celui qui se livre tout entier à la discipline effrayante de l'esprit libre, et qui fait tuer ses joies par ses joies, la plus faible par la plus forte, — la plus douce, la temporelle, celle de l'instant et de l'heure commencée, par la fondamentale — par l'espoir de la fondamentale. Et je sentais qu'il était le maître de sa pensée... »

II. PERSPICACITÉ ET MAITRISE DU LANGAGE. Armé de ces qualités supérieures, M. TESTE observe le monde avec une implacable lucidité et, dépassant les apparences, il saisit toutes choses dans leur réalité ; rien ne lui échappe, de ce que pense ou veut son entourage : « C'est une chose inexprimable que je puisse agir et penser absolument comme je veux, sans jamais, *jamais,* pouvoir rien penser ni vouloir qui soit imprévu, qui soit important, qui soit inédit pour M. Teste.» *(Lettre de Mme Émilie Teste.)*
Parfaitement maître de sa pensée et de ses émotions, il s'est constitué un langage d'une *rigoureuse précision :* il ne disait jamais rien de *vague.* « *Il parlait, et, sans pouvoir préciser les motifs ni l'étendue de la proscription, on constatait qu'un grand nombre de mots étaient bannis de son discours. Ceux dont il se servait, étaient parfois si curieusement tenus par sa voix ou éclairés par sa phrase que leur poids était altéré, leur valeur nouvelle. Parfois, ils perdaient tout leur sens, ils paraissaient remplir uniquement une place vide dont le terme destinataire était douteux encore ou imprévu par la langue. Je l'ai entendu désigner un objet matériel par un groupe de mots abstraits et de noms propres.* »
Le narrateur nous montre M. TESTE *à l'Opéra,* observant le public et prévoyant ses réactions. Puis il l'accompagne dans son « garni », meublé d'un « morne mobilier abstrait »... Mais voici que cet être presque désincarné éprouve les douleurs d'un mal interne qu'il avait d'ailleurs prévu. *Que devient* M. TESTE *souffrant ?* Il ne parvient pas à se rendre insensible, mais il analyse avec curiosité le déroulement de sa crise.

III. LE VRAI GÉNIE RESTE INCONNU. Un tel pouvoir intellectuel pourrait être redoutable : « Si cet homme avait changé l'objet de ses méditations fermées, s'il eût tourné contre le monde la puissance régulière de son esprit, rien ne lui eût résisté ». Mais M. TESTE a dépassé le stade où les hommes rivalisent avec amour-propre. Il ne daigne pas s'abaisser à la comédie sous laquelle le génie reste méconnu. Selon le narrateur, en effet, les esprits les plus remarquables restent sans doute inconnus du commun des mortels.
« *Ce qu'ils nomment un être supérieur est un être qui s'est trompé. Pour s'étonner de lui, il faut le voir, — et pour être vu, il faut qu'il se montre. Et il me montre que la niaise manie de son nom le possède. Ainsi, chaque grand homme est taché d'une erreur. Chaque esprit qu'on trouve puissant commence par la faute qui le fait connaître. En échange du pourboire public, il donne le temps qu'il faut pour se rendre perceptible, l'énergie dissipée à se transmettre et à préparer la satisfaction étrangère. Il va jusqu'à comparer les jeux informes de la gloire, à la joie de se sentir unique — une grande volupté particulière.* »
M. TESTE, lui, a préféré cette volupté. Il lui suffit d'avoir atteint en lui la pureté de l'être : « Je suis chez MOI, dit-il, je parle ma langue, je hais les choses extraordinaires. C'est le besoin des esprits faibles. Croyez-moi à la lettre : le génie est *facile,* la divinité est *facile...* Je veux dire simplement — que je sais comment cela se conçoit. C'est *facile.* » Il lui suffit de parfaire sa connaissance de l'intellect, de ménager ses virtualités et d'accroître sans cesse sa polyvalence. *Il peut tout,* et voilà pourquoi il se contente de ne rien faire.

« Valéry-Teste » PAUL VALÉRY s'est défendu d'être M. TESTE, cet « instantané d'intellectuel » qui ne pourrait vivre « plus de quelques quarts d'heure ». « Teste est obtenu par le fractionnement d'un être réel dont on extrairait les moments les plus intellectuels pour en composer le tout de la vie d'un personnage imaginaire » (F. Lefèvre, *Entretiens avec P. Valéry*). Mais ces « moments les plus intellectuels » semblent être ceux que VALÉRY lui-même a vécus lorsque, adolescent épris d'absolu, il couvrait ses *Cahiers* de notes sur le fonctionnement de l'esprit, sur le temps, l'attention, le rêve, la vérité scientifique, etc. Par la suite, toute une série d'essais viendront compléter le portrait de son héros : *Lettre de Mme Émilie Teste* (1924), *Lettre d'un ami* (1924), *Extraits du Log-Book de M. Teste* (1925), *Promenade avec M. Teste*, *Dialogue*, *Pour un portrait de M. Teste*, *Quelques pensées de M. Teste*, *Fin de M. Teste* (posthumes, 1946). Certains articles émanent directement des *Cahiers*.

Rien d'étonnant, donc, si nous découvrons quelque *parenté* entre l'auteur et son personnage : passion pour l'introspection et la culture de l'intellect, curiosité pour la genèse des œuvres et le problème de la conscience de soi, prédilection pour la rigueur de la pensée et du langage, horreur de la « littérature ».

En fait, toute la carrière de VALÉRY sera sous le signe du « phénomène Teste ». Pendant vingt ans, jusqu'à *La Jeune Parque*, il semble renoncer au succès et ne publie presque rien (cf. p. 299). Tout à l'étude du mécanisme de l'esprit, il le surprend en lui-même, s'impose des exercices pour développer son « potentiel » intellectuel, tient régulièrement « le journal de ses essais ». A partir de 1917, il revient aux activités littéraires et artistiques, publie des vers, des dialogues et des essais. On a pu parler, à cette occasion, d'une « trahison de Teste » ; mais la vie réelle de VALÉRY continuera jusqu'au bout à être *la vie secrète de son intellect*. Le témoignage émouvant nous en est donné par les *Cahiers* où, pendant plus d'un demi-siècle, il consigna au jour le jour ses recherches et ses réflexions.

LA POÉTIQUE DE PAUL VALÉRY

Revenu à la poésie avec *La Jeune Parque* (1917), puis avec le recueil de *Charmes* (1922), PAUL VALÉRY ne cessera d'étudier sur lui-même et sur autrui le mécanisme de la création poétique : « J'ai toujours fait mes vers en m'observant les faire » *(Calepin d'un poète)*. Cette expérience, ces réflexions ont donné naissance à un Cours professé au Collège de France et à toute une *Poétique* exposée dans *Variété* et *Tel Quel*. L'introduction normale à l'étude des poèmes, on la trouvera donc dans ses idées sur *l'essence de la poésie* et sur les conditions de la *création littéraire*. Aussi convient-il de citer VALÉRY lui-même.

Qu'est-ce que la poésie ? Après Baudelaire et Mallarmé, VALÉRY tend à débarrasser la poésie des éléments impurs qui appartiennent à la prose ; et, dégageant la notion d'*univers poétique*, il définit l'idéal que représenterait la *poésie pure*.

I. « UN LANGAGE DANS LE LANGAGE ». La poésie ne saurait se ramener à « un discours de prose » associé à « un morceau d'une musique particulière » : loin de se réduire à exprimer une pensée, elle est « la transmission d'un état poétique qui engage tout l'être sentant » ; elle est ce qui ne saurait se traduire, sans périr, en d'autres termes (cf. p. 335).

« *Tandis que le fond unique est exigible de la prose, c'est ici la forme unique qui ordonne et survit. C'est le son, c'est le rythme, ce sont les rapprochements physiques des mots, leurs effets d'induction ou leurs influences mutuelles qui dominent, aux dépens de leur propriété de se consommer en un sens défini et certain. Il faut donc que dans un poème le sens ne puisse l'emporter sur la forme et la détruire sans retour ; c'est au contraire le retour, la forme conservée, ou plutôt exactement reproduite comme unique et nécessaire expression de l'état ou de la pensée qu'elle vient d'engendrer au lecteur, qui est le ressort de la puissance poétique*. Un beau vers renaît indéfiniment de ses cendres, *il redevient, — comme l'effet de son effet, — cause harmonique de soi-même* » (Commentaire de Charmes). La poésie est donc « un langage dans le langage ».

II. L'UNIVERS POÉTIQUE. Le privilège de cette langue est d'éveiller « une résonance qui engage l'âme dans *l'univers poétique*, comme un son pur au milieu des bruits lui
fait pressentir tout un univers musical ».

1. « VIVRE QUELQUE DIFFÉRENTE VIE ». Par une série d'analyses pénétrantes, VALÉRY nous
introduit à cette « *sensation d'univers* » que crée en nous un texte de vraie poésie : « Il agit
pour nous faire vivre quelque différente vie, respirer selon cette vie seconde, et suppose
un état ou un monde dans lequel les objets et les êtres qui s'y trouvent, ou plutôt leurs
images, ont d'autres libertés et d'autres liaisons que celles du monde pratique. [...]
Tout ceci donne l'idée d'une nature enchantée, asservie, comme par un charme, aux
caprices, aux prestiges, aux puissances du langage. » *(Cantiques Spirituels)*.

2. L'UNION INTIME ENTRE LA PAROLE ET L'ESPRIT. Ce pouvoir magique ne saurait s'obtenir
en rythmant artificiellement de la prose. Au contraire, « cette parole extraordinaire se fait
connaître par le rythme et les harmonies qui la soutiennent et qui doivent être *si intimement et même si mystérieusement liés à sa génération que le son et le sens ne se puissent
plus séparer et se répondent indéfiniment dans la mémoire »* *(Situation de Baudelaire)*.
L'œuvre de MALLARMÉ offre le plus bel exemple de cette magie poétique.
« *Il démontra par d'étonnantes réussites que la poésie doit donner des valeurs équivalentes
aux significations, aux sonorités, aux physionomies mêmes des mots, qui, heurtés ou fondus
avec art, composent des vers d'un éclat, d'une plénitude, d'une résonance inouïs. Les rimes, les
allitérations, d'une part, les figures, tropes, métaphores, de l'autre, ne sont plus ici des détails
et ornements du discours, qui peuvent se supprimer : ce sont des propriétés substantielles de
l'ouvrage : le « fond » n'est plus cause de la forme : il en est l'un des effets.* » (Mallarmé.)
La poésie ne prendra donc toute sa valeur qu'au moment de sa diction, « quand nous
nous serons faits l'instrument de la chose écrite, de manière que notre voix, notre intelligence et tous les ressorts de notre sensibilité se soient composés pour donner vie et présence
puissante à l'acte de création de l'auteur». Ainsi, «*c'est l'exécution du poème qui est le poème*».

Une limite idéale : la poésie pure

Préfaçant un recueil de vers, en 1920, PAUL VALÉRY avait risqué l'expression de « *poésie
pure* », sans soupçonner les excès que ce terme allait susciter, notamment sous la plume de
l'abbé BREMOND. Ce dernier, qui évoquait la parenté de la poésie et de la prière, en vint à
parler, à propos de Valéry, d'une poésie pure de tout élément intellectuel ou sensible
(La Poésie Pure, 1926 ; *Racine et Valéry*, 1930). Il s'ensuivit tout un *débat sur la poésie
pure*, et VALÉRY fut conduit à ramener à des limites raisonnables cette notion qu'il liait
étroitement à la *sensation d'univers poétique*.

Que l'on puisse constituer toute une œuvre au moyen de ces éléments si
reconnaissables, si bien distincts de ceux du langage que j'ai appelé *insensible*, — que l'on puisse, par conséquent, au moyen d'une œuvre versifiée ou non,
donner l'impression d'un système complet de rapports *réciproques* entre nos idées,
nos images, d'une part, et nos moyens d'expression, de l'autre, — système
qui correspondrait particulièrement à la création d'un état émotif de l'âme,
tel est en gros le problème de la poésie pure. Je dis *pure* au sens où le physicien
parle d'eau pure. Je veux dire que la question se pose de savoir si l'on peut
arriver à constituer une de ces œuvres qui soit *pure* d'éléments non poétiques.
J'ai toujours considéré, et je considère encore, que c'est un objet impossible
à atteindre, et que la poésie est toujours un effort pour se rapprocher de cet état
purement idéal. En somme, ce qu'on appelle un *poème* se compose pratiquement
de fragments de *poésie pure* enchâssés dans la matière d'un discours. Un très
beau vers est un élément très pur de poésie. La comparaison banale d'un beau
vers à un diamant fait voir que le sentiment de cette qualité de pureté est dans
tous les esprits. L'inconvénient de ce terme de *poésie pure* est de faire songer
à une pureté morale qui n'est pas en question ici, l'idée de poésie pure étant au

contraire pour moi une idée essentiellement analytique. La poésie pure est, en somme, une fiction déduite de l'observation, qui doit nous servir à préciser notre idée des poèmes en général, et nous guider dans l'étude si difficile et si importante des relations diverses et multiformes du langage avec les effets qu'il produit sur les hommes. Mieux vaudrait, au lieu de *poésie pure*, mieux vaudrait, peut-être, dire *poésie absolue*, et il faudrait alors l'entendre dans le sens d'une recherche des effets résultant des relations des mots, ou plutôt des relations de résonances des mots entre eux, ce qui suggère, en somme, *une exploration de tout ce domaine de la sensibilité qui est gouverné par le langage.* Cette exploration peut être faite à tâtons. C'est ainsi qu'elle est généralement pratiquée. Mais il n'est pas impossible qu'elle soit un jour systématiquement conduite [...] Si ce problème paradoxal pouvait se résoudre entièrement, c'est-à-dire si le poète pouvait arriver à construire des œuvres où rien de ce qui est de la prose n'apparaîtrait plus, des poèmes où la continuité musicale ne serait jamais interrompue, où les relations de significations seraient elles-mêmes perpétuellement pareilles à des rapports harmoniques, *où la transmutation des pensées les unes dans les autres paraîtrait plus importante que toute pensée*, où le jeu des figures contiendrait la réalité du sujet, — alors l'on pourrait parler de *poésie pure* comme d'une chose existante. Il n'en est pas ainsi. [...] La conception de poésie pure est celle d'un type inaccessible, d'une limite idéale des désirs, des efforts et des puissances du poète.

Calepin d'un poète. Poésie pure (Librairie Gallimard, éditeur).

Inspiration et travail

On a prétendu à tort que VALÉRY poète tournait le dos à l'inspiration. S'il a écrit que « l'enthousiasme n'est pas un état d'âme d'écrivain », c'est seulement parce qu'il trouvait indigne d'écrire «par le *seul* enthousiasme ». Mais il admet qu'il existe « une sorte d'*énergie* individuelle propre au poète », « une énergie supérieure : c'est-à-dire telle que toutes les autres énergies de l'homme ne la peuvent composer ou remplacer ».

I. LE MYTHE DU POÈTE INSPIRÉ. Être « inspiré » ne suffit malheureusement pas pour être poète, « pas plus qu'il ne suffit de voir un trésor en rêve pour le retrouver, au réveil, étincelant au pied de son lit ». C'est que la fonction du poète n'est pas de ressentir « l'état poétique », mais de le créer chez les autres, de changer le lecteur en « inspiré ». Fort de sa propre expérience, Valéry se moque du *mythe romantique du poète inspiré.*

« On sent bien, devant un beau poème de quelque longueur, qu'il y a des chances infimes pour qu'un homme ait pu improviser sans retours, sans autre fatigue que celle d'écrire ou d'émettre ce qui lui vient à l'esprit, un discours singulièrement sûr de soi, pourvu de ressources continuelles, d'une harmonie constante et d'idées toujours heureuses, un discours qui ne cesse de charmer, où ne se trouvent point d'accidents, de marques de faiblesse et d'impuissance, où manquent ces fâcheux incidents qui rompent l'enchantement et ruinent l'univers poétique. »

On ne saurait nier l'existence de l'inspiration ; mais elle n'agit que « par brèves et fortuites manifestations », et elle est aussi inégale que capricieuse : « Ces moments d'un prix infini, ces instants qui donnent une sorte de dignité universelle aux relations et aux intuitions qu'ils engendrent sont non moins féconds en valeurs illusoires ou incommunicables... Dans l'éclat de l'exaltation, tout ce qui brille n'est pas or. » *(Propos sur la Poésie.)*

II. «CRÉER EN TOUTE CONSCIENCE ». Puisque «ces expressions jaillies de l'émoi ne sont qu'*accidentellement* pures », VALÉRY ne saurait admettre « le principe qu'à tous les coups l'on gagne » : la poésie sera le fruit d'un *choix* et d'un *labeur conscient.*

1. NÉCESSITÉ DU TRAVAIL. *«Cent instants divins ne construisent pas un poème, lequel est une durée de croissance et comme une figure dans le temps ; et le fait poétique naturel n'est qu'une rencontre exceptionnelle dans le désordre d'images et de sons qui viennent à l'esprit. Il faut donc beaucoup de patience, d'obstination et d'industrie, dans notre art, si nous voulons produire un ouvrage qui ne paraisse enfin qu'une série de coups rien qu'heureux, heureusement enchaînés ;*

et si nous prétendons encore que notre poème aussi bien séduise les sens par les charmes des rythmes, des timbres, des images, qu'il résiste et réponde aux questions de la réflexion, nous voici attablés au plus déraisonnable des jeux. » (Je disais quelquefois à Stéphane Mallarmé...).

« *Les dieux, gracieusement, nous donnent* pour rien *tel premier vers ; mais c'est à nous de façonner le second, qui doit consonner avec l'autre, et n'être pas indigne de son aîné surnaturel. Ce n'est pas trop de toutes les ressources de l'expérience et de l'esprit pour le rendre comparable au vers qui fut un don.* » (Au sujet d'Adonis).

2. NOBLESSE DE LA CRÉATION CONSCIENTE. Valéry raille le poète inspiré, ce « *médium* momentané » qui n'a nul besoin de comprendre ce qu'il écrit sous la dictée mystérieuse. Au contraire, l'auteur de *Charmes* souligne la noblesse de la création volontaire, dont la formule serait : « *Essayer de retrouver avec volonté de conscience quelques résultats analogues aux résultats intéressants ou utilisables que nous livre (entre cent mille coups quelconques) le hasard mental* ». Il lui est même arrivé de déclarer : « J'aimerais infiniment mieux écrire en toute conscience et dans une entière lucidité quelque chose de faible, que d'enfanter à la faveur d'une transe et hors de moi-même un chef-d'œuvre d'entre les plus beaux » *(Lettre sur Mallarmé)*. Et à ceux qui s'indignaient de ce blasphème, il répliquait : « C'est qu'un éclair ne m'avance à rien. Il ne m'apporte que de quoi m'admirer. Je m'intéresse beaucoup plus à savoir produire à mon gré une infime étincelle qu'à attendre de projeter çà et là des éclats d'une foudre incertaine » *(Fragments des Mémoires d'un poème)*.

Le métier poétique Il n'y a donc pas de poésie sans « métier » poétique. Les considérations de Valéry nous sont ici d'autant plus précieuses qu'elles reposent sur son expérience intime : ce métier consiste à savoir discerner et utiliser les merveilles que *l'inspiration* nous accorde « de temps à autre » et à les compléter par des *créations volontaires et lucides* qui n'en soient pas indignes.

I. « LE POÈTE EN FONCTION EST UNE ATTENTE ». La première qualité est *la patience* (cf. p. 330). Il faut savoir attendre le GERME » qui donnera naissance au poème. « Le poète s'éveille dans l'homme par un événement inattendu, un incident extérieur ou intérieur : un arbre, un visage, un « sujet », une émotion, un mot. Et tantôt, c'est une volonté d'expression qui commence la partie, un besoin de traduire ce que l'on sent ; mais tantôt, c'est, au contraire, un élément de forme, une esquisse d'expression qui cherche sa cause, qui se cherche un sens dans l'espace de mon âme... Observez bien cette dualité possible d'entrée en jeu : parfois quelque chose veut s'exprimer, parfois quelque moyen d'expression veut quelque chose à servir. » *(Poésie et Pensée abstraite.)* Rien de plus instructif à ce sujet que les confidences de VALÉRY lui-même sur *La Jeune Parque* (cf. p. 308), *La Pythie* (cf. p. 321, note 2) et le *Cimetière Marin* (cf. p. 325). Il faut aussi savoir attendre les MOTS qui produiront l'enchantement : «Nous attendons le mot inattendu, — et qui ne peut être prévu, mais attendu. Nous sommes le premier à l'entendre. » *(Calepin d'un poète)*.

II. « LE TÊTE-A-TÊTE ENTRE LE POUVOIR ET LE VOULOIR ». Attente, choix lucide, refus volontaires, résistance au facile, autant de manifestations de la création consciente, « tête à tête impitoyable entre le *pouvoir* et le *vouloir* de quelqu'un. » Essentiellement, « l'architecte de poèmes » est aux prises avec *les problèmes de l'expression :* « Ce n'est pas avec des idées que l'on fait des vers, disait déjà Mallarmé... C'est avec des *mots* ». Le poète est donc avant tout celui qui connaît, de science profonde, les ressources du langage, « les accords du son et du sens », « les effets psychiques que produisent les groupements de mots et de physionomies de mots ». — « *Je cherche un mot*, dit le poète, *qui soit : féminin, de deux syllabes, contenant P ou F, terminé par une muette, et synonyme de brisure, désagrégation ; et pas savant, pas rare. Six conditions — au moins !* » (Autres Rhumbs). Recherche infiniment minutieuse et complexe ! Et l'artiste qui peine sur ces nuances doit pourtant tenir compte des conditions, toutes différentes, dans lesquelles son œuvre sera ressentie : « Veuillez observer que la durée de composition d'un poème même très court pouvant absorber des années, l'action du poème sur un lecteur s'accomplira en quelques minutes. En quelques minutes, ce lecteur recevra le choc de trouvailles, de rapprochements, de lueurs d'expression, accumulés pendant des mois de recherche, d'attente, de patience et d'impatience. » *(Poésie et Pensée abstraite)*.

III. LES « GÊNES EXQUISES ». Dépasser, au prix d'un labeur conscient, le stade de l'enthousiasme ou de l'effusion à la mode romantique, tel est le secret des grands poètes.

Aussi VALÉRY ne cache-t-il pas son admiration pour la perfection de *l'art classique* qu'il oppose aux faiblesses du romantisme : « *Un romantique qui a appris son art devient un classique* », ou encore, « *Tout classicisme suppose un romantisme antérieur* ». Loin de protester contre les unités, les formes fixes, les règles de prosodie, les restrictions du vocabulaire, il voit paradoxalement dans ces contraintes la source même des chefs-d'œuvre poétiques. C'est que toutes ces « *gênes exquises* », en ralentissant l'élan spontané et anarchique de l'inspiration, permettent de *contrôler lucidement* l'élaboration du poème : « *Classique est l'écrivain qui porte un critique en soi-même, et qui l'associe intimement à ses travaux* » (Situation de Baudelaire).

IV. « UNE ŒUVRE N'EST JAMAIS ACHEVÉE ». Tout poème est « *un état d'un travail qui peut presque toujours être repris et modifié* ». Pour VALÉRY, un « *sonnet achevé* » est en réalité un « *sonnet abandonné* », que le labeur pourrait encore transformer : « Une œuvre n'est jamais nécessairement *finie*, car celui qui l'a faite ne s'est jamais accompli, et la puissance et l'agilité qu'il en a tirées lui confèrent précisément le don de l'améliorer, et ainsi de suite... *Il en retire de quoi l'effacer et la refaire*. C'est ainsi, du moins, qu'un artiste *libre* doit regarder les choses... » *(Calepin d'un poète)*. VALÉRY a fait lui-même l'expérience de cette diversité des possibles au cours de la création poétique : « Il m'est arrivé, dit-il plaisamment, de publier des textes différents des mêmes poèmes : il en fut même de contradictoires, et l'on n'a pas manqué de me critiquer à ce sujet. Mais personne ne m'a dit pourquoi j'aurais dû m'abstenir de ces variations. » *(Fragment des Mémoires d'un Poème)*. A ces considérations objectives, on reconnaît VALÉRY-TESTE. N'en était-il pas venu à regarder la création poétique comme un « jeu », un pur exercice dont le *produit* le plus important n'est pas l'œuvre mais le développement des aptitudes intellectuelles de son auteur et une connaissance plus profonde du mécanisme de l'esprit ?

Poésie et obscurité

On parle de l'obscurité de VALÉRY comme de l'hermétisme mallarméen (cf. *XIXᵉ Siècle*, p. 531). Pourtant il a déclaré à propos de *La Jeune Parque* que son obscurité n'était pas systématique comme celle de Mallarmé. Elle résulterait plutôt de la genèse du poème et de la nature du sujet.

I. L'AVENTURE DE LA JEUNE PARQUE. En 1913, retouchant les pièces de *l'Album de Vers Anciens* (cf. p. 301), VALÉRY eut le désir d'y ajouter un poème d'une quarantaine de vers, « une sorte d'adieu à ces jeux de l'adolescence ». Ce fut l'origine de *La Jeune Parque*, poème de 512 vers, « cent fois plus difficile à lire qu'il n'eût convenu ». Cet étrange phénomène s'explique, dit-il, par la « croissance naturelle d'une fleur artificielle », au cours d'un labeur qui dura quatre ans (1913-1917). En effet, découvrant qu'il avait oublié l'art des vers, VALÉRY avait d'abord considéré le poème comme un « exercice » *(Dédicace à Gide)*. Puis, la guerre venue, l'exercice s'était poursuivi « dans l'anxiété et à demi contre elle » : n'étant pas mobilisable, le poète trompait son angoisse en se consacrant à une œuvre sereine en apparence et volontairement soumise à la prosodie la plus rigoureuse. Il avait fini par considérer comme un *devoir* de léguer à notre langue menacée cet ouvrage « fait de ses mots les plus purs et de ses formes les plus nobles ». « D'écart en écart, cela s'est enflé aux dimensions définitives », écrivait-il en 1917. Pour ces 512 vers, il avait rédigé plus de cent brouillons dont la reproduction occuperait 600 pages !

II. L'OBSCURITÉ DE LA JEUNE PARQUE. « Je ne veux jamais être obscur, et quand je le suis — je veux dire : quand je le suis pour un lecteur lettré et non superficiel, — je le suis par l'impuissance de ne pas l'être. » *(A Aimé Lafont, 1922)*. Cette obscurité résulterait d'abord de *la nature du sujet*. VALÉRY a voulu rassembler dans ce poème un grand nombre d'idées qui l'occupaient depuis longtemps. Or, selon lui, notre langage psychologique est d'une extrême pauvreté lorsqu'on prétend exprimer avec précision les états d'âme complexes d'un être vivant, et l'artiste encore contraint de l'appauvrir « puisque le plus grand nombre des mots qui le composent est incompatible avec le ton poétique ». La difficulté se trouve redoublée, en effet, par *les conditions qui s'imposent au poète :* « S'il veut satisfaire à l'harmonie, aux prolongements de cette harmonie, à la continuité des effets plastiques, à celle de la pensée même, à l'élégance et à la souplesse de la syntaxe, et s'il veut que le tout soit contenu dans l'armature de la prosodie classique, il arrive, il doit arriver que la complexité de son effort, l'indépendance des conditions qu'il s'est assignées, l'exposent à surcharger son style, à rendre trop dense la matière de son œuvre, à user de raccourcis et d'ellipses qui déconcertent les esprits du lecteur » *(A Frédéric Lefèvre,* 1917*).* La *Jeune Parque* devrait son obscurité à sa richesse, à ses nuances, à « l'accumulation sur un texte poétique d'un travail trop prolongé ».

III. LA THÉORIE DE L'ART DIFFICILE. Ces explications ne sauraient justifier l'*hermétisme* de certains poèmes de *Charmes,* qui paraît voulu. « *L'obscurité d'un poème,* déclare Valéry, *est le produit de deux facteurs : la chose lue et l'être qui lit* ». Pour l'homme de la rue, Descartes et Montesquieu sont obscurs. L'auteur de *Charmes* s'adresse, lui, à une *élite,* et, disciple de Mallarmé, il a repris la théorie de *l'art difficile* dont le mérite est de stimuler l'attention de l'initié, de le rendre « actif » et d'exalter sa jouissance poétique. Le poème devient alors une « *partition* » exécutée par l'âme et l'esprit du lecteur. « On n'y insistera jamais assez : *il n'y a pas de vrai sens d'un texte.* Pas d'autorité de l'auteur. Quoi qu'il ait *voulu dire,* il a écrit ce qu'il a écrit. Une fois publié, un texte est comme un appareil dont chacun peut se servir à sa guise et selon ses moyens : il n'est pas sûr que le constructeur en use mieux qu'un autre. » *(Au sujet du Cimetière Marin).*

LA JEUNE PARQUE

Ce poème, publié en 1917, devait d'abord s'intituler *Psyché* (L'Ame) : il a pour sujet « le changement d'une conscience pendant la durée d'une nuit ». Chez les anciens, les trois PARQUES symbolisaient les étapes de la vie humaine, et si le poète a choisi la plus *jeune* c'est, sans doute, pour évoquer la *naissance* de « la conscience de soi-même ». « Figurez-vous, dit-il, que l'on s'éveille au milieu de la nuit, et que toute la vie se revive et se parle à soi-même... Sensualité, souvenirs, paysages, émotions, sentiment du son corps, profondeur de la mémoire et lumière ou cieux antérieurs revus, etc... ». Le poème touche donc aux divers problèmes de « la conscience consciente ». Pour mieux le pénétrer, c'est à nous d'explorer les mystères de notre être « en tant qu'il pense et qu'il sent » (cf. *Le Poète et la Jeune Parque :* « Qui s'égare en soi-même aussitôt me retrouve »). Le *drame intérieur* qui fait l'objet de ce monologue est en effet la crise de l'adolescence, *l'éveil de la conscience lucide,* éprise d'absolu, en lutte contre l'appel instinctif des sens. Cette poésie philosophique aurait pu verser dans l'abstraction, mais VALÉRY a su esquiver le danger en recourant au *symbole :* au sens littéral, la Parque est une jeune femme blessée par l'amour qui, s'éveillant sur le rivage, se rappelle ses rêves voluptueux, s'émeut au souvenir de son innocence, lutte contre ses désirs jusqu'à préférer la mort à la chute, puis finit par céder à l'attrait impérieux de la Nature. Le poète a voulu « sauver l'abstraction prochaine par la *musique,* ou la racheter par des *visions* » et construire un ensemble « à l'image d'une *composition musicale à plusieurs parties* ».

> Le Ciel a-t-il formé cet amas de merveilles
> Pour la demeure d'un serpent ?
>
> Pierre CORNEILLE.

Qui pleure là, sinon le vent simple, à cette heure
Seule avec diamants extrêmes [1] ?... Mais qui pleure,
Si proche de moi-même au moment de pleurer [2] ?

Cette main, sur mes traits qu'elle rêve effleurer,
Distraitement docile à quelque fin profonde,
Attend de ma faiblesse une larme qui fonde [3],

— 1 Les étoiles, à l'infini. — 2 Réveillée sur le rivage par une *douleur* (v. 26) qui l'a conduite au bord des larmes, la Parque prend

la « plainte » du vent pour celle d'une créature affligée comme elle. — 3 Dans sa somnolence, sa main, mue par un mystérieux instinct, cherche à essuyer la larme *qui se prépare.*

Et que de mes destins lentement divisé,
Le plus pur en silence éclaire un cœur brisé [4].
    La houle [5] me murmure une ombre de reproche,
10 Ou retire ici-bas, dans ses gorges de roche,
Comme chose déçue et bue amèrement,
Une rumeur de plainte et de resserrement...
Que fais-tu, hérissée [6], et cette main glacée,
Et quel frémissement d'une feuille effacée
Persiste parmi vous, îles de mon sein nu ?...
Je scintille, liée à ce ciel inconnu [7]...
L'immense grappe [8] brille à ma soif de désastres [9].

    Tout-puissants étrangers [10], inévitables astres
Qui daignez faire luire au lointain temporel
20 Je ne sais quoi de pur et de surnaturel ;
Vous qui dans les mortels plongez jusques aux larmes
Ces souverains éclats, ces invincibles armes,
Et les élancements de votre éternité,
Je suis seule avec vous, tremblante, ayant quitté
Ma couche ; et sur l'écueil mordu par la merveille,
J'interroge mon cœur quelle douleur l'éveille,
Quel crime par moi-même ou sur moi consommé ?...
...Ou si le mal me suit d'un songe refermé [11],
Quand (au velours du souffle envolé l'or des lampes [12])
30 J'ai de mes bras épais environné mes tempes,
Et longtemps de mon âme attendu les éclairs [13] ?
Toute ? Mais toute à moi, maîtresse de mes chairs,
Durcissant d'un frisson leur étrange étendue,
Et dans mes doux liens, à mon sang suspendue,
Je me voyais me voir, sinueuse, et dorais
De regards en regards, mes profondes forêts [14].

    J'y suivais un serpent qui venait de me mordre.

En prenant conscience de cette morsure du serpent, symbole de la volupté des sens, la PARQUE
*découvre la dualité de son être, sensualité et connaissance : « Je me sentis connue encor plus
que blessée ». Craignant que ce* dédoublement de la conscience *ne vienne détruire le plaisir des
sens qu'elle goûtait jadis innocemment, elle va évoquer avec nostalgie le bonheur d'autrefois, au
temps où rien ne la dissociait de la Nature.*

— 4 Elle aspire à connaître *clairement* les causes
de ce réveil douloureux. — 5 Le poète suggère
(v. 9-12) le bruit de la mer qui semble corres-
pondre à l'inquiétude de la jeune Parque : reproche ou gémissement angoissé ? — 6 Elle semble s'être levée, frissonnante, pour contempler
les astres (cf. v. 24-25). — 7 Le frémissement
de son corps (v. 13-15) *répond* à la scintillation
des étoiles. — 8 La *grappe* des constellations. —
9 Elle a soif de connaître la source de cette
étrange inquiétude, même s'il doit en résulter
une vive souffrance (cf. v. 27). — 10 On appréciera la portée de chaque terme, dans cette
magnifique invocation aux astres qui inspirent
à l'âme humaine les élans du sentiment religieux.
— 11 Ou peut-être s'agit-il seulement d'un
cauchemar qui continue à la hanter ? — 12
Remarquer la suggestion par la syntaxe et
par les images. — 13 La lucidité de la conscience.
— 14 Dédoublement du demi-sommeil, qui
permet de jeter un regard en arrière vers les
profondeurs mystérieuses de l'âme. Cette investigation a toujours passionné Valéry ; Cf. *Monsieur
Teste* : « Je suis étant, et me voyant ; me voyant
me voir et ainsi de suite. »

Harmonieuse MOI, différente d'un songe [15],
Femme flexible et ferme aux silences suivis
D'actes purs !... Front limpide, et par ondes ravis,
Si loin que le vent vague et velu les achève [16],
Longs brins légers qu'au large un vol mêle et soulève,
Dites !... J'étais l'égale et l'épouse du jour [17],
Seul support souriant que je formais d'amour
A la toute-puissante altitude adorée...

110 Quel éclat sur mes cils aveuglément dorée,
O paupières qu'opprime une nuit de trésor,
Je priais à tâtons dans vos ténèbres d'or !
Poreuse à l'éternel [18] qui me semblait m'enclore,
Je m'offrais dans mon fruit de velours qu'il dévore ;
Rien ne me murmurait qu'un désir de mourir
Dans cette blonde pulpe au soleil pût mûrir :
Mon amère saveur ne m'était point venue.
Je ne sacrifiais que mon épaule nue [19]
A la lumière ; et sur cette gorge de miel,
120 Dont la tendre naissance accomplissait le ciel,
Se venait assoupir la figure du monde.
Puis dans le dieu brillant, captive vagabonde,
Je m'ébranlais brûlante et foulais le sol plein,
Liant et déliant mes ombres sous le lin.
Heureuse ! A la hauteur de tant de gerbes belles,
Qui laissais à ma robe obéir les ombelles,
Dans les abaissements de leur frêle fierté ;
Et si, contre le fil de cette liberté,
Si la robe s'arrache à la rebelle ronce,
130 L'arc de mon brusque corps s'accuse et me prononce,
Nu sous le voile enflé de vivantes couleurs
Que dispute ma race aux longs liens de fleurs !

Je regrette à demi cette vaine puissance...
Une avec le désir, je fus l'obéissance
Imminente [20], attachée à ces genoux polis ;
De mouvements si prompts mes vœux étaient remplis
Que je sentais ma cause à peine plus agile !
Vers mes sens lumineux nageait ma blonde argile,
Et dans l'ardente paix des songes naturels,
140 Tous ces pas infinis me semblaient éternels.
Si ce n'est, ô Splendeur, qu'à mes pieds l'Ennemie [21],
Mon ombre ! la mobile et la souple momie,
De mon absence peinte effleurait sans effort

---

15 Souvenir de l'adolescente qu'elle a été, en toute innocence. — 16 Noter, dans ce vers et le suivant, la valeur expressive des allitérations. — 17 Thème cher à Valéry : la pureté de l'être *répond* à l'éclat du soleil (cf. p. 326, v. 37-40). — 18 Illusion du jeune corps qui se sentait « pénétré » d'éternité (cf. v. 140), tant que l'*amère saveur* (v. 117) de l'esprit critique n'était pas venue dissiper cette croyance naïve. — 19 Tout ce passage exprime le bonheur d'un corps libre et beau prenant part à la vie de la nature. — 20 L'acte suivait immédiatement la pensée qui en était la *cause* (v. 137). — 21 Ce thème de l'*ombre* qui rappelle le caractère transitoire de l'être humain se retrouvera dans le *Cimetière Marin* (cf. p. 326, v. 31-42).

La terre où je fuyais cette légère mort.
Entre la rose et moi, je la vois qui s'abrite ;
Sur la poudre qui danse, elle glisse et n'irrite
Nul feuillage, mais passe, et se brise partout...
Glisse ! Barque funèbre...

                Et moi vive, debout,
Dure, et de mon néant secrètement armée [22],
150 Mais, comme par l'amour une joue enflammée,
Et la narine jointe au vent de l'oranger,
Je ne rends plus au jour qu'un regard étranger [23]...
Oh ! combien peut grandir dans ma nuit curieuse
De mon cœur séparé la part mystérieuse [24],
Et de sombres essais s'approfondir mon art !...
Loin des purs environs, je suis captive, et par
L'évanouissement d'arômes abattue,
Je sens sous les rayons, frissonner ma statue,
Des caprices de l'or, son marbre parcouru.
160 Mais je sais ce que voit mon regard disparu ;
Mon œil noir est le seuil d'infernales demeures !
Je pense, abandonnant à la brise les heures
Et l'âme sans retour des arbustes amers,
Je pense, sur le bord doré de l'univers,
A ce goût de périr qui prend la Pythonisse
En qui mugit l'espoir que le monde finisse [25].
Je renouvelle en moi mes énigmes, mes dieux,
Mes pas interrompus de paroles aux cieux [26],
Mes pauses, sur le pied portant la rêverie,
170 Qui suit au miroir d'aile un oiseau qui varie [27],
Cent fois sur le soleil joue avec le néant,
Et brûle, au sombre but de mon marbre béant [28].

O dangereusement de son regard la proie [29] !

Car l'œil spirituel sur ses plages de soie
Avait déjà vu luire et pâlir trop de jours
Dont je m'étais prédit les couleurs et le cours.
L'ennui, le clair ennui de mirer leur nuance,
Me donnait sur ma vie une funeste avance :
L'aube me dévoilait tout le jour ennemi.
180 J'étais à demi-morte ; et peut-être, à demi
Immortelle, rêvant que le futur lui-même [30]

— 22 Retour à la réalité actuelle : elle se sait maintenant mortelle ; elle vibre à tous les appels qui sollicitent ses sens. — 23 Opposer le v. 107. — 24 A la limpidité de l'adolescente a succédé l'obscure complexité d'une âme adulte qui s'analyse. — 25 L'idée de la mort la rend sensible à l'attrait du néant. — 26 Toutes les démarches de son âme sont désormais soumises à une introspection subtile, que suggère la délicatesse des images. — 27 Un oiseau dont on suit le vol aux *reflets* de son aile. — 28 L'oiseau qui finit par se dissiper dans l'air lui rappelle la mort, le *tombeau* déjà ouvert. — 29 Cruauté de l'introspection. Les six vers suivants expriment l'*ennui* qui résulte d'une prévision trop lucide de l'avenir. — 30 L'*immortalité* future, qui paraîtra aussi banale que les jours à venir.

Ne fût qu'un diamant fermant le diadème
Où s'échange le froid des malheurs qui naîtront
Parmi tant d'autres feux absolus [31] de mon front.

Osera-t-il, le Temps, de mes diverses tombes [32],
Ressusciter un soir favori des colombes,
Un soir qui traîne au fil d'un lambeau voyageur
De ma docile enfance un reflet de rougeur,
Et trempe à l'émeraude un long rose de honte [33] ?

La jeune PARQUE *retrouve avec honte le souvenir d'une idylle où elle fut sur le point de céder à la passion : « Mon cœur fut-il si près d'un cœur qui va faiblir ? » C'est la révolte de sa pudeur qui l'a sauvée : elle aurait préféré la mort au déshonneur. Mais la tentation des sens la guette encore. Pleine d'angoisse, elle appelle la Mort, elle songe à se précipiter dans les flots. Mais le sommeil la gagne de nouveau... Pourtant l'aurore approche, et avec le réveil la vie va retrouver ses droits.*

Mystérieuse Moi, pourtant, tu vis encore !
Tu vas te reconnaître au lever de l'aurore
Amèrement la même...
          Un miroir de la mer
Se lève... Et sur la lèvre, un sourire d'hier [34]
Qu'annonce avec ennui l'effacement des signes,
330 Glace dans l'orient déjà les pâles lignes
De lumière et de pierre, et la pleine prison
Où flottera l'anneau de l'unique horizon...
Regarde : un bras très pur est vu, qui se dénude.
Je te revois, mon bras... Tu portes l'aube...

                            O rude
Réveil d'une victime inachevée [35] et seuil
Si doux... si clair, que flatte, affleurement d'écueil,
L'onde basse, et que lave une houle amortie !...
L'ombre qui m'abandonne, impérissable hostie [36],
Me découvre vermeille à de nouveaux désirs,
340 Sur le terrible autel de tous mes souvenirs.

Là, l'écume s'efforce à se faire visible [37] ;
Et là, titubera sur la barque sensible
A chaque épaule d'onde, un pêcheur éternel.
Tout va donc accomplir son acte solennel
De toujours reparaître incomparable et chaste,
Et de restituer la tombe [38] enthousiaste
Au gracieux état du rire universel [39].

— 31 Détachés. — 32 Blasée sur l'avenir, la jeune Parque se retourne vers ses souvenirs. — 33 Réaction de pudeur en évoquant un souvenir d'amour. — 34 Le soleil va reparaître, et les astres (lat. *signa*) pâlissent. — 35 Elle s'est arrêtée sur le seuil de la mort. — 36 Victime (cf. v. 335) qu'on immole à l'autel. — 37 Reprise par le goût de vivre, elle va assister avec émerveillement à la renaissance du jour et des activités marines. — 38 La mer, où elle a failli s'ensevelir. — 39 Cf. Eschyle : « Le sourire innombrable des flots » (*Prométhée*, 89-90).

Salut! Divinités [40] par la rose et le sel,
Et les premiers jouets de la jeune lumière,
350 Iles !... Ruches [41] bientôt, quand la flamme première
Fera que votre roche, îles que je prédis [42],
Ressente en rougissant de puissants paradis ;
Cimes qu'un feu féconde à peine intimidées,
Bois qui bourdonnerez de bêtes et d'idées,
D'hymnes d'hommes comblés des dons du juste éther,
Iles ! dans la rumeur des ceintures de mer [43],
Mères vierges toujours, même portant ces marques,
Vous m'êtes à genoux de merveilleuses Parques :
Rien n'égale dans l'air les fleurs que vous placez,
360 Mais dans la profondeur, que vos pieds sont glacés [44] !

De nouveau envahie par la tristesse, la jeune PARQUE *regrette maintenant de n'avoir pas accompli, pour se libérer du sort incertain, cette « merveilleuse fin » à laquelle elle aspirait sincèrement tout à l'heure. Par quels enchantements, déjà à mi-chemin de la mort, est-elle revenue vers la vie ? Elle découvre qu'elle a été trahie par « la chair maîtresse » : elle a succombé à la fatigue qui l'a replongée dans le sommeil. Le charme du sommeil la gagne une nouvelle fois, et elle s'assoupit doucement... — Quand elle s'éveille dans les « délicieux linceuls » de son lit, elle savoure les attraits de l'aurore : c'est le « jeune soleil » qui la rappelle à la vie.*

...Alors, n'ai-je formé, vains adieux si je vis,
Que songes ?... Si je viens, en vêtements ravis [45],
Sur ce bord, sans horreur, humer la haute écume,
Boire des yeux l'immense et riante amertume,
L'être contre le vent, dans le plus vif de l'air,
500 Recevant au visage un appel de la mer [46] ;
Si l'âme intense souffle, et renfle furibonde
L'onde abrupte sur l'onde abattue, et si l'onde
Au cap tonne, immolant un monstre de candeur [47],
Et vient des hautes mers vomir la profondeur
Sur ce roc, d'où jaillit jusque vers mes pensées
Un éblouissement d'étincelles glacées,
Et sur toute ma peau que morde l'âpre éveil,
Alors, malgré moi-même, il le faut, ô Soleil,
Que j'adore mon cœur où tu te viens connaître,
510 Doux et puissant retour du déli le naître,
Feu vers qui se soulève une vierge de sang [48]
Sous les espèces d'or [49] d'un sein reconnaissant [50] !

Librairie Gallimard, éditeur.

— 40 Apposition à *Iles* (v. 350). — 41 L'image sera reprise au v. 354. — 42 « Le jour les montrera, qui se prépare encore. Ce passage n'est que pour exprimer la lassitude, la certitude de revoir ce que l'on sait trop qu'on reverra. La jeune héroïne les connaît bien. Elle ne les décrira pas. Plutôt les injurier un peu » (*à Mockel*, 1917). — 43 L'écume entoure les îles d'une ceinture virginale comme celle de la jeune Parque. — 44 Ainsi, sous la surface lumineuse de la conscience, sont immergées les profondeurs de l'inconscient. — 45 Retirés. —

46 Cet élan vers la vie annonce celui qui terminera *Le Cimetière Marin* (cf. p. 329). — 47 La vague *sauvage* déferle en flots d'écume *blanche* — 48 Fouettée par l'air du matin, la jeune Parque, dont le sang circule à nouveau sur un rythme plus vif, est reprise par la vie toute-puissante de la Nature, symbolisée par le Soleil. — 49 « L'or = *Soleil* se rattache au passage *Harmonieuse Moi ;* le rappelle ou réfracte dans le second aspect » (*à P. Louÿs*, 1916). — 50 Vers venus « tout rôtis, de la Muse, sans attente ni provocation, dans la rue ».

CHARMES

Le recueil de *Charmes* (1922) rassemble 21 poèmes composés « dans un état de virtuosité aiguë » après *La Jeune Parque*. Le titre, du latin *Carmina*, signifie *Poèmes*, et *Incantations*.

« UNE FÊTE DE L'INTELLECT ». « La vie de l'intelligence constitue un univers lyrique incomparable, un drame complet où ne manquent ni l'aventure, ni les passions, ni la douleur, ni le comique, ni rien d'humain » *(Discours sur Descartes)*. Les poèmes de *Charmes* évoquent cette *Tragédie de l'Esprit*. Selon Daniel Gallois, les principaux actes de ce « drame » correspondraient aux étapes de l'itinéraire parcouru par l'auteur dans son effort de connaissance : Les espérances (cf. *Cantique des Colonnes*, p. 316) — L'attente (cf. *Les Pas*, p. 315) — La tentation de la conscience (cf. *Fragments du Narcisse*, p. 317 ; *La Pythie*, p. 321) — Les mirages — La tentation de la science (cf. *Ébauche d'un serpent*, p. 324) — La méditation (cf. *Les Grenades, Le Vin perdu*, p. 321) — La tentation de la vie (cf. *Le Cimetière Marin*, p. 325) — L'effort — La victoire sur la durée (cf. *Palme*, p. 330).

Ces poèmes retraçant le drame de l'intelligence sont eux-mêmes, comme le voulait Valéry, « *une fête de l'intellect* ». Le climat est ici moins « musical » et plus intellectuel que dans *La Jeune Parque*. L'esprit se trouve stimulé par le jeu des symboles et la subtilité des analyses ; il est tenu en éveil par les surprises d'un vocabulaire raffiné, parfois archaïque ou retrempé à ses sources étymologiques ; il doit se défendre d'être dérouté par les flottements entre le concret et l'abstrait ou par les suggestions analogiques.

« LA FORÊT SENSUELLE ». Pourtant cette poésie intellectuelle évite l'écueil de l'abstraction et de la sécheresse. Chez Valéry l'analyste de la vie intérieure se double d'un poète *sensible à toutes les sollicitations du monde extérieur*, et doué d'une *imagination visuelle, auditive, tactile, infiniment riche*. La poésie de ce méditerranéen nous séduit par le sens de la lumière (cf. p. 316), du mystère (cf. p. 317), ou par de radieuses évocations de la mer « toujours recommencée » (cf. p. 325) ; elle est apte à nous rendre présente l'exaltation désordonnée de la Pythie (cf. p. 321) comme à nous faire écouter l'approche à peine perceptible des pas (cf. p. 315), à évoquer la savoureuse plénitude des grenades entr'ouvertes comme à suggérer le vin qui s'évanouit dans l'eau, « rose fumée » (cf. p. 321).

« L'ENCHANTEMENT ». Cette *fête des sens* ajoute sa magie à la « *fête de l'intellect*. » Mais, connaissant le rôle mystérieux des « effets latéraux » dans un art à plusieurs dimensions (cf. p. 336), VALÉRY fait appel à tous les prestiges de ce « langage dans le langage » qui a le pouvoir d'éveiller en nous « *l'univers poétique* » (cf. p. 305). Il use des ressources de la *versification* avec une extrême souplesse et soumet le lecteur à la *suggestion* des rythmes, des rimes, des allitérations, des assonances et des modulations harmonieuses du vers. A ce degré de *perfection*, sa poésie est d'*incantation magique* et justifie le titre de *Charmes*.

Les Pas

On admire à juste titre les nuances subtiles par lesquelles l'auteur suggère la ferveur de *l'attente*, le charme complexe des instants qui précèdent le retour de l'être aimé. Ces vers offrent aussi, comme en surimpression, un *sens allégorique* : cette attente serait celle de *l'inspiration ;* cette douceur serait *l'émoi du poète* lorsqu'il devine, au fond de son cœur, la lente approche de la Muse.

Tes pas, enfants de mon silence,
Saintement, lentement placés,
Vers le lit de ma vigilance
Procèdent muets et glacés.

Personne pure, ombre divine,
Qu'ils sont doux, tes pas retenus !
Dieux !... tous les dons que je devine
Viennent à moi sur ces pieds nus !

Si, de tes lèvres avancées,
Tu prépares pour l'apaiser,
A l'habitant de mes pensées
La nourriture d'un baiser,

Ne hâte pas cet acte tendre,
Douceur d'être et de n'être pas,
Car j'ai vécu de vous attendre,
Et mon cœur n'était que vos pas.

Cantique des Colonnes

Méditerranéen, passionné par l'architecture à laquelle il a consacré le dialogue d'*Eupalinos* (cf. p. 332), PAUL VALÉRY dédie cet hymne à l'*harmonie* de la colonne antique. Architecture, musique, danse, mathématiques et poésie sont unies par une secrète parenté : toutes reposent sur la *science* exacte et le *travail lucide*, toutes traduisent notre élan vers une *divine perfection*. Pour évoquer la légèreté aérienne des colonnes, leur pureté dans l'air limpide, la technique du poète doit faire oublier sa rigueur : dans ce *cantique* frais et gracieux, tout est harmonie ; tantôt précieuses, tantôt baroques, les images sont autant de trouvailles et la fantaisie souriante de l'artiste s'accorde avec la *lumière* de la Grèce.

Douces colonnes, aux
Chapeaux garnis de jour [1],
Ornés de vrais oiseaux
Qui marchent sur le tour,

Douces colonnes, ô
L'orchestre de fuseaux !
Chacun immole son
Silence à l'unisson [2].

10 « Que portez-vous si haut,
Égales radieuses ?
— Au désir sans défaut
Nos grâces studieuses [3] !

Nous chantons à la fois
Que nous portons les cieux !
O seule et sage voix
Qui chantes pour les yeux !

Vois quels hymnes candides !
Quelle sonorité
Nos éléments limpides
20 Tirent de la clarté [4] !

Si froides et dorées
Nous fûmes de nos lits
Par le ciseau tirées,
Pour devenir ces lys !

De nos lits de cristal
Nous fûmes éveillées,
Des griffes de métal
Nous ont appareillées [5].

Pour affronter la lune,
La lune et le soleil, 30
On nous polit chacune
Comme ongle de l'orteil !

Servantes sans genoux,
Sourires sans figures,
La belle devant nous
Se sent les jambes pures [6].

Pieusement pareilles,
Le nez sous le bandeau [7]
Et nos riches oreilles
Sourdes au blanc fardeau, 40

Un temple sur les yeux
Noirs pour l'éternité,
Nous allons sans les dieux [8]
A la divinité !

Nos antiques jeunesses,
Chair mate et belles ombres,
Sont fières des finesses
Qui naissent par les nombres [9] !

— 1 Aux *chapiteaux* délicatement sculptés (cf. « *ajourés* »). Tout le long du *Cantique* les colonnes seront assimilées à des *femmes*. — 2 Correspondance, entre architecture et musique. Cf. *Eupalinos* : « *Je veux entendre le chant des colonnes, et me figurer dans le ciel pur le monument d'une mélodie* ». — 3 Leur grâce est le fruit du travail. — 4 Cf. *Eupalinos* : « Il préparait *à la lumière* un instrument incomparable qui la répandît, tout affectée de formes intelligibles et de propriétés presque *musicales* ». — 5 *Appareiller* : façonner et agencer les matériaux, mais le mot suggère aussi les colonnes *rendues pareilles* (cf. v. 37). — 6 La colonne offre, dans sa *pureté*, l'exemple d'une jambe « idéale ». — 7 Assise de pierre *reposant horizontalement sur les colonnes*. Le chapiteau devient ici la *tête* de la colonne, dont le *nez* et les *yeux* (v. 41) seraient recouverts par le *bandeau* ; les volutes ioniques sont comme des *oreilles* (v. 39). — 8 « Divines » par leur beauté, elles ornent le temple dont les dieux sont abandonnés. — 9 Cf. Eupalinos s'adressant aux ouvriers : « *Il ne leur donnait que des ordres et des nombres... C'est la manière même de Dieu* ».

Filles des nombres d'or [10],
50 Fortes des lois du ciel,
Sur nous tombe et s'endort
Un dieu couleur de miel.

Il dort content, le Jour,
Que chaque jour offrons
Sur la table d'amour
Étale sur nos fronts [11].

Incorruptibles sœurs,
Mi-brûlantes, mi-fraîches,
Nous prîmes pour danseurs
60 Brises et feuilles sèches,

Et les siècles par dix,
Et les peuples passés,
C'est un profond jadis,
Jadis jamais assez !

Sous nos mêmes amours
Plus lourdes que le monde
Nous traversons les jours
Comme une pierre l'onde !

Nous marchons dans le temps
Et nos corps éclatants   70
Ont des pas ineffables
Qui marquent dans les fables [12]. »

Librairie Gallimard, éditeur.

FRAGMENTS DU NARCISSE

Dans ses *Métamorphoses* (III, 6), le poète latin Ovide avait traité la légende de NARCISSE, le bel adolescent qui s'éprend de son image reflétée par les eaux et, se détournant de tout autre amour, se perd, jusqu'à en mourir, dans la contemplation de lui-même. Ce sujet semble avoir hanté VALÉRY qui l'a abordé dans *Narcisse parle* (*Album...*, 1890), puis dans ces *Fragments du Narcisse* (I, 1919 ; II et III, 1922-1923), et enfin dans la *Cantate du Narcisse* (1938). Avec un admirable lyrisme, digne des plus pures harmonies de Racine et de Mallarmé, il évoque dans ces *Fragments* la pathétique aventure du beau Narcisse. Mais sa prédilection pour ce thème s'explique surtout par le *symbole* qu'il ne cesse de nous suggérer à travers le mythe : celui de la *connaissance de soi*, source de délices et de tourments pour l'esprit qui ne peut se détacher de cette investigation lucide, et que torture pourtant l'impossibilité de briser l'obstacle entre « l'Unique et l'Universel qu'il se sent être et cette personne finie et particulière qu'il se voit dans le miroir d'eau » (Walzer, d'après l'auteur).

Cur aliquid vidi[1]?

Que tu brilles enfin, terme pur de ma course [2] !
Ce soir, comme d'un cerf, la fuite vers la source
Ne cesse qu'il ne tombe au milieu des roseaux,
Ma soif me vient abattre au bord même des eaux.
Mais, pour désaltérer cette amour curieuse,
Je ne troublerai pas l'onde mystérieuse :
Nymphes ! si vous m'aimez, il faut toujours dormir [3] !
La moindre âme [4] dans l'air vous fait toutes frémir ;
Même, dans sa faiblesse, aux ombres [5] échappée,
10 Si la feuille éperdue effleure la napée [6],
Elle suffit à rompre un univers dormant...
Votre sommeil importe à mon enchantement,

— 10 L'harmonie est obtenue « au moyen de nombres et de rapports de nombres » ; selon les pythagoriciens, les nombres sont d'essence divine, et le « nombre d'or » définit la proportion la plus harmonieuse. — 11 Le *Jour* (la lumière du soleil), réfléchi chaque *jour* sur leur *front* est comme une *offrande* déposée sur une *table*. — 12 Dans les récits légendaires.

— 1 « *Pourquoi ai-je vu quelque chose ?* » (Ovide, *Tristes*, II, 103). — 2 La *source* est le *miroir* qui attire Narcisse. — 3 Pour que le miroir des eaux reste *pur*. Cf. « le miroir au bois dormant » *(Narcisse parle)*. — 4 Le moindre *souffle* (latin : *anima*). — 5 Au feuillage *sombre*. — 6 Nymphe des vallons et des bocages (mot d'origine grecque).

Il craint jusqu'au frisson d'une plume qui plonge !
Gardez-moi longuement ce visage pour songe [7]
Qu'une absence divine [8] est seule à concevoir !
Sommeil des nymphes, ciel, ne cessez de me voir !
Rêvez, rêvez de moi !... Sans vous, belles fontaines,
Ma beauté, ma douleur, me seraient incertaines.
Je chercherais en vain ce que j'ai de plus cher,
20   Sa tendresse confuse étonnerait ma chair,
Et mes tristes regards, ignorants de mes charmes,
A d'autres que moi-même adresseraient leurs larmes [9]...

Vous attendiez, peut-être, un visage sans pleurs,
Vous calmes, vous toujours de feuilles et de fleurs,
Et de l'incorruptible altitude [10] hantées,
O Nymphes !... Mais docile [11] aux pentes enchantées
Qui me firent vers vous d'invincibles chemins,
Souffrez ce beau reflet des désordres humains [12] !

Heureux vos corps fondus, Eaux planes et profondes !
30   Je suis seul !... Si les Dieux, les échos et les ondes
Et si tant de soupirs permettent qu'on le soit !
Seul !... mais encor celui qui s'approche de soi [13]
Quand il s'approche aux bords que bénit [14] ce feuillage...
Des cimes, l'air déjà cesse le pur pillage ;
La voix des sources change, et me parle du soir [15] ;
Un grand calme m'écoute, où j'écoute l'espoir.
J'entends l'herbe des nuits croître dans l'ombre sainte,
Et la lune perfide élève son miroir
Jusque dans les secrets de la fontaine éteinte...
40   Jusque dans les secrets que je crains de savoir,
Jusque dans le repli de l'amour de soi-même,
Rien ne peut échapper au silence du soir [16]...
La nuit vient sur ma chair lui souffler que je l'aime.
Sa voix fraîche à mes vœux tremble de consentir ;
A peine, dans la brise, elle semble mentir [17],
Tant le frémissement de son temple tacite [18]
Conspire au spacieux silence d'un tel site.

— 7 Image inconsistante comme un rêve (cf.
v. 17). — 8 Seule l'*absence* (c.-à-d. l'*immobilité*)
des nymphes permet à l'image de se former
sur les eaux. — 9 Ainsi Narcisse se détourne
de l'amour pour d'autres créatures et reporte
sur lui-même son besoin d'aimer et de connaître.
Cf. *Vigny :* « Tourmenté de s'aimer, tourmenté
de se voir » *(La Maison du Berger).* — 10 La
profondeur et la pureté de l'eau. — 11 Renvoie
librement à *me* (v. 27). — 12 Comme l'*instinct*

« invincible » qui l'a attiré vers la source, ses
larmes sont l'expression de la *nature humaine.*
— 13 Devenir l'*objet* de sa propre observation,
n'est-ce pas en effet se dédoubler, et rompre
sa solitude ? — 14 Cf. p. 331 (v. 26-27). —
15 Les vers 35-39 sont repris, à peu de chose
près, de *Narcisse parle.* — 16 Le mystère de la
nature, admirablement suggéré dans ces vers,
introduit à la connaissance intime du mystère
de l'*âme.* — 17 Si c'est une illusion, elle est
à peine perceptible. — 18 La forêt silencieuse.

O douceur de survivre à la force du jour [19],
Quand elle se retire enfin rose d'amour,
50 Encore un peu brûlante, et lasse, mais comblée,
Et de tant de trésors tendrement accablée
Par de tels souvenirs qu'ils empourprent sa mort,
Et qu'ils la font heureuse agenouiller dans l'or,
Puis s'étendre, se fondre, et perdre sa vendange,
Et s'éteindre en un songe en qui le soir se change.

Au lieu d'apaiser NARCISSE, *la contemplation de son image ne lui apporte qu'inquiétude et ennui : tel est le* tourment d'une introspection insatiable *et décevante. Devant son « double », il en vient à douter de l'unité de son Moi. Il voudrait retrouver l'ingénuité du jeune homme qui, sans s'analyser, s'émerveillait du « gracieux éclat » de son corps. Mais — symbole de l'impossibilité de se connaître parfaitement — il se lamente de ne pouvoir extraire de l'onde cet autre lui-même qui l'attire invinciblement, « Délicieux démon, désirable et glacé ».*

Te voici, mon doux corps de lune et de rosée [20],
O forme obéissante à mes vœux opposée !
Qu'ils sont beaux, de mes bras les dons vastes et vains !
Mes lentes mains, dans l'or adorable se lassent
D'appeler ce captif que les feuilles enlacent ;
120 Mon cœur jette aux échos l'éclat des noms divins [21] !...
Mais que ta bouche est belle en ce muet blasphème [22] !
O semblable !... Et pourtant plus parfait que moi-même [23],
Éphémère immortel [24], si clair devant mes yeux,
Pâles membres de perle, et ces cheveux soyeux,
Faut-il qu'à peine aimés, l'ombre les obscurcisse,
Et que la nuit déjà nous divise, ô Narcisse,
Et glisse entre nous deux le fer qui coupe un fruit !
Qu'as-tu ?
          Ma plainte même est funeste ?...
                                        Le bruit
Du souffle que j'enseigne à tes lèvres, mon double,
130 Sur la limpide lame a fait courir un trouble [25] !...
Tu trembles !... Mais ces mots que j'expire à genoux
Ne sont pourtant qu'une âme hésitante [26] entre nous,
Entre ce front si pur et ma lourde mémoire...
Je suis si près de toi que je pourrais te boire,
O visage !... Ma soif [27] est un esclave nu...
Jusqu'à ce temps charmant je m'étais inconnu,

— 19 Valéry considérait comme son chef-d'œuvre de *poésie pure* ce « crépuscule » symbo-liste figuré par l'image d'une amante qui s'endort. — 20 Les v. 115-120 sont repris presque littéra-lement de *Narcisse parle*. — 21 Pour *désigner* les beautés de son corps. Dans *Narcisse parle*, où le héros suppliait les dieux de libérer son *double*, il disait au contraire : « Et je crie aux échos les noms des dieux *obscurs* ». — 22 Blasphème consis-tant à diviniser son être. — 23 Valéry avait transcrit ce vers au bas d'une photographie le repré-sentant à sa table de travail. — 24 Reflet éphé-mère d'une essence immortelle. — 25 De même, un rien suffit à altérer la claire connaissance de soi. — 26 Un *souffle* qui tremble (cf. v. 8). — 27 Cf. v. 4-5.

Et je ne savais pas me chérir et me joindre [28] !
Mais te voir, cher esclave, obéir à la moindre
Des ombres dans mon cœur se fuyant à regret,
140 Voir sur mon front l'orage et les feux d'un secret,
Voir, ô merveille, voir ! ma bouche nuancée
Trahir... peindre sur l'onde une fleur de pensée,
Et quels événements étinceler dans l'œil !
J'y trouve un tel trésor d'impuissance et d'orgueil [29],
Que nulle vierge enfant échappée au satyre,
Nulle ! aux fuites habiles, aux chutes sans émoi,
Nulle des nymphes, nulle amie [30], ne m'attire
Comme tu fais sur l'onde, inépuisable Moi [31] !...

II. « Le plus beau des mortels ne peut chérir que soi », mais NARCISSE s'approche en vain
de son image : ainsi l'esprit s'épuise à vouloir « se surprendre soi-même et soi-même saisir ».

III. Au moment où il va s'unir à cet autre lui-même, le contact avec la surface des eaux
anéantit brusquement son image. La fin du poème révèle l'échec de NARCISSE épris de son image,
et, symboliquement, l'échec de l'intelligence avide de pousser jusqu'au bout la connaissance de soi.

O mon corps, mon cher corps, temple qui me sépares
De ma divinité [32], je voudrais apaiser
Votre bouche... Et bientôt, je briserais, baiser,
Ce peu qui nous défend de l'extrême existence,
Cette tremblante, frêle, et pieuse distance
Entre moi-même et l'onde, et mon âme, et les dieux !...
Adieu... Sens-tu frémir mille flottants adieux ?
300 Bientôt va frissonner le désordre des ombres !
L'arbre aveugle vers l'arbre étend ses membres sombres,
Et cherche affreusement l'arbre qui disparaît...
Mon âme ainsi se perd dans sa propre forêt,
Où la puissance échappe à ses formes suprêmes [33]...
L'âme, l'âme aux yeux noirs, touche aux ténèbres mêmes,
Elle se fait immense et ne rencontre rien...
Entre la mort et soi, quel regard est le sien !

Dieux ! de l'auguste jour, le pâle et tendre reste
Va des jours consumés joindre le sort funeste ;
310 Il s'abîme aux enfers du profond souvenir !
Hélas ! corps misérable, il est temps de s'unir...
Penche-toi... Baise-toi. Tremble de tout ton être !
L'insaisissable amour que tu me vins promettre
Passe, et dans un frisson, brise Narcisse, et fuit [34]...

Librairie Gallimard, éditeur.

— 28 Narcisse cède peu à peu au délice de surprendre, dans son image, la trace de ses sentiments fugitifs. — 29 Alliance de mots exprimant les délices et le tourment de la connaissance de soi. — 30 Trois syllabes. — 31 Cf. p. 311. — 32 Le corps est l'obstacle entre l'être et son essence éternelle (cf. v. 296-298). — 33 A la nuit qui enveloppe la nature correspondent les ténèbres intérieures et les mystères que ne peut pénétrer le regard perçant de la conscience (cf. v. : 305-307). — 34 Ce dernier vers, qui exprime l'échec, restera sans rime.

Les grenades

Par la précision évocatrice du vocabulaire et
la qualité expressive des vers, la description peut
rivaliser ici avec «une nature morte de Cézanne
ou de Matisse » (R. Monestier). Le symbole
est celui de la lente maturation des idées
usqu'au moment où une force mystérieuse
fait *éclater* au grand jour les richesses intérieures
que cachait un *front souverain*.

Dures grenades entr'ouvertes
Cédant à l'excès de vos grains,
Je crois voir des fronts souverains
Éclatés de leurs découvertes !

Si les soleils par vous subis,
O grenades entre-bâillées
Vous ont fait d'orgueil travaillées
Craquer les cloisons de rubis,

Et que si [1] l'or sec de l'écorce
A la demande d'une force
Crève en gemmes rouges de jus,

Cette lumineuse rupture
Fait rêver une âme que j'eus
De sa secrète architecture.

Le vin perdu

Ces quelques gouttes de vin rappellent les
libations à la mode antique, ou l'offrande eucha-
ristique. En apparence elles vont *se perdre* dans
l'Océan et leur action semble vaine ; pourtant
les ondes sont *ivres* et l'immensité est mise en
mouvement. Ainsi les trouvailles des artistes
et des penseurs, qui semblaient *perdues*, peuvent
susciter des chefs-d'œuvre inattendus.

J'ai, quelque jour, dans l'Océan,
(Mais je ne sais plus sous quels cieux)
Jeté, comme offrande au néant [2],
Tout un peu de vin précieux...

Qui voulut ta perte, ô liqueur ?
J'obéis peut-être au devin [3] ?
Peut-être au souci de mon cœur [4],
Songeant au sang [5], versant le vin ?

Sa transparence accoutumée
Après une rose fumée
Reprit aussi pure la mer...

Perdu ce vin, ivres les ondes !...
J'ai vu bondir dans l'air amer
Les figures les plus profondes...

Librairie Gallimard, éditeur.

La Pythie

Les anciens ont souvent traité le thème de la *prêtresse* en proie au dieu : VALÉRY le
reprend ici avec une admirable vigueur. C'est d'abord, au milieu d'une sarabande d'images
étranges, le *désordre physique* qui fait de la Pythie un être monstrueux. Puis, peu à peu,
une autre intelligence se substitue à la sienne ; elle a beau protester, refuser se parler ce
langage bizarre et obscur, la force mystérieuse l'emporte : ses « deux natures » s'unissent,
et elle révèle aux hommes le *message divin*. Cette prise de possession graduelle, par une
puissance surnaturelle, d'un être qui se débat en vain, l'art du poète nous la fait *vivre* avec
une intensité saisissante. Mais la *dernière strophe* nous ouvre d'autres perspectives. Le
désordre de la prophétesse figure, semble-t-il, la « transe » du *poète inspiré* à la manière
romantique. Or VALÉRY refuse de réduire le poète au rôle de «médium» (cf. p. 307) ; aussi
n'est-ce pas sans quelque *ironie*, peut-être, que l'oracle d'Apollon nous révèle ce qui fait
la *vraie noblesse* de la poésie : l'*inspiration* disciplinée et complétée par le *travail*.

La Pythie [1], exhalant la flamme
De naseaux durcis par l'encens,
Haletante, ivre, hurle !... l'âme
Affreuse, et les flancs mugissants !
Pâle, profondément mordue [2],

Et la prunelle suspendue
Au point le plus haut de l'horreur,
Le regard qui manque à son masque
S'arrache vivant à la vasque,
A la fumée, à la fureur !   10

— 1 *Et si* (archaïsme). — 2 Elle semble perdue.
— 3 A la volonté du *destin*. — 4 A quelque
impulsion secrète. — 5 Comme le prêtre,
versant le vin, renouvelle le sacrifice du Christ.

— 1 Assise sur le trépied, elle sent monter
la *crise* qui précède le délire prophétique. —
2 Selon l'auteur, c'est ce vers qui fut à l'origine
du poème « *sans qu'il ait su d'abord ni comment
il serait, ni ce qu'il allait y dire* » (Gide).

Sur le mur, son ombre démente
Où domine un démon majeur,
Parmi l'odorante tourmente
Prodigue un fantôme nageur [3],
De qui la transe colossale,
Rompant les aplombs de la salle,
Si la folle tarde à hennir [4],
Mime de noirs enthousiasmes,
Hâte les dieux, presse les spasmes
20 De s'achever dans l'avenir [5] !

Cette martyre en sueurs froides,
Ses doigts sur mes doigts se crispant,
Vocifère entre les ruades
D'un trépied qu'étrangle un serpent [6] :
« Ah ! maudite !.. Quels maux je souffre !
Toute ma nature est un gouffre !
Hélas ! Entr'ouverte aux esprits,
J'ai perdu mon propre mystère !...»
Une Intelligence adultère [7]
30 Exerce [8] un corps qu'elle a compris [9] ! [...]

Qui me parle, à ma place même ?
Quel écho me répond : « Tu mens ! »
Qui m'illumine ?... Qui blasphème ?
Et qui, de ces mots écumants,
Dont les éclats hachent ma langue,
La fait brandir une harangue
Brisant la bave et les cheveux
Que mâche et trame le désordre
D'une bouche qui veut se mordre
50 Et se reprendre ses aveux [10] ?

Dieu ! Je ne me connais de crime
Que d'avoir à peine vécu !...
Mais si tu me prends pour victime
Et sur l'autel d'un corps vaincu
Si tu courbes un monstre [11], tue
Ce monstre, et la bête abattue,
Le col tranché, le chef produit [12]
Par les crins qui tirent les tempes,
Que cette plus pâle des lampes
60 Saisisse de marbre la nuit [13] !

Alors, par cette vagabonde
Morte, errante, et lune à jamais,
Soit [14] l'eau des mers surprise, et l'onde
Astreinte à d'éternels sommets !
Que soient les humains faits statues,
Les cœurs figés, les âmes tues,
Et par les glaces de mon œil,
Puisse un peuple de leurs paroles
Durcir en un peuple d'idoles [15]
Muet de sottise et d'orgueil !

Eh ! Quoi !... Devenir la vipère
Dont tout le ressort de frissons
Surprend la chair que désespère
Sa multitude de tronçons [16] !...
Reprendre une lutte insensée !...
Tourne donc plutôt ta pensée
Vers la joie enfuie et reviens,
O mémoire, à cette magie
Qui ne tirait son énergie
D'autres arcanes [17] que des tiens [18] ! [...]

Pourquoi, Puissance Créatrice,
Auteur du mystère animal,
Dans cette vierge pour matrice,
Semer les merveilles du mal ?
Sont-ce les dons que tu m'accordes ?
Crois-tu, quand se brisent les cordes
Que le son jaillisse plus beau [19] ?
Ton plectre [20] a frappé sur mon torse,
Mais tu ne lui laisses la force
Que de sonner comme un tombeau !

Sois clémente, sois sans oracles !
Et de tes merveilleuses mains,
Change en caresses les miracles,
Retiens les présents surhumains !
C'est en vain que tu communiques
A nos faibles tiges, d'uniques
Commotions de ta splendeur !
L'eau tranquille est plus transparente
Que toute tempête parente
D'une confuse profondeur [21] !

— 3 Son ombre glisse sur le mur. — 4 Elle devient
la proie d'une sorte de bestialité (cf. v. 2, 4, etc...).
— 5 Dans les paroles prophétiques. — 6 La
dépouille du serpent Python. — 7 Étrangère.
— 8 Tourmente. — 9 Dont elle s'est emparée. —
10 L'enthousiasme lui arrache un langage qu'elle
ne reconnaît pas pour sien. — 11 Elle se sent
« monstrueuse » et invite Apollon à lui trancher la
tête. — 12 La tête *présentée* en avant. — 13

Semblable à la tête de Méduse dont les yeux
changeaient en pierre ceux qu'ils regardaient. —
14 Subj. de souhait (cf. v. 65). — 15 Images.
— 16 Elle repousse l'idée d'une mort qui ne serait
pas un anéantissement. — 17 Secrets. — 18 *La
Pythie s'élève alors contre la violence infligée à
sa nature :* « Il faut gémir, il faut atteindre *Je
ne sais quelle extase*». — 19 Critique du délire
inspiré (cf. p. 307). — 20 Sorte d'archet. — 21
Supériorité de la création *lucide* (cf. p. 306).

Va, la lumière la divine
N'est pas l'épouvantable éclair [22]
Qui nous devance et nous devine
Comme un songe cruel et clair !
Il éclate !... Il va nous instruire !...
Non !... La solitude vient luire
Dans la plaie immense des airs
Où nulle pâle architecture,
Mais la déchirante rupture
Nous imprime de purs déserts !

N'allez donc, mains universelles,
Tirer de mon front orageux
Quelques suprêmes étincelles !
Les hasards font les mêmes jeux [23] !
Le passé, l'avenir sont frères
Et par leurs visages contraires [24]
Une seule tête pâlit
De ne voir où qu'elle regarde
Qu'une même absence hagarde
D'îles plus belles que l'oubli.

Noirs témoins de tant de lumières
Ne cherchez plus... Pleurez, mes yeux !..
O pleurs dont les sources premières
Sont trop profondes dans les cieux !...
Jamais plus amère demande !...
Mais la prunelle la plus grande
De ténèbres se doit nourrir !...
Tenant notre race atterrée,
La distance désespérée
Nous laisse le temps de mourir !

Entends [25], mon âme, entends ces fleuves !
Quelles cavernes sont ici ?
Est-ce mon sang ?...Sont-ce les neuves
Rumeurs des ondes sans merci ?
Mes secrets sonnent leurs aurores !
Tristes airains, tempes sonores,
Que dites-vous de l'avenir !
Frappez, frappez, dans une roche,
Abattez l'heure la plus proche...
Mes deux natures [26] vont s'unir !

O formidablement gravie,
Et sur d'effrayants échelons,
Je sens dans l'arbre de ma vie
La mort monter de mes talons !
Le long de ma ligne frileuse,
Le doigt mouillé de la fileuse [27]
Trace une atroce volonté !
Et par sanglots grimpe la crise
Jusque dans ma nuque où se brise
Une cime de volupté !   200

Ah ! brise les portes vivantes !
Fais craquer les vains scellements,
Épais troupeau des épouvantes [28],
Hérissé d'étincellements !
Surgis des étables funèbres
Où te nourrissaient mes ténèbres
De leur fabuleuse foison !
Bondis, de rêves trop repue,
O horde épineuse et crépue,
Et viens fumer dans l'or, Toison ! »   210

Telle, toujours plus tourmentée,
Déraisonne, râle et rugit
La prophétesse fomentée [29]
Par les souffles de l'or rougi.
Mais enfin le ciel se déclare !
L'oreille du pontife hilare [30]
S'aventure vers le futur :
Une attente sainte la penche,
Car une voix nouvelle et blanche
Échappe de ce corps impur :   220

Honneur des Hommes [31], *Saint* LANGAGE,
Discours prophétique et paré [32],
Belles chaînes en qui s'engage
Le dieu dans la chair égaré,
Illumination, largesse !
Voici parler une Sagesse
Et sonner cette auguste Voix
Qui se connaît quand elle sonne
N'être plus la voix de personne
Tant que des ondes et des bois !   230

Librairie Gallimard, éditeur.

—————

— 22 L'éclat de la foudre, loin d'éclairer le ciel, lui laisse son mystère et ne révèle que des « déserts ». — 23 Ses prédictions n'ont pas plus de valeur que le hasard. — 24 L'homme est semblable au *Janus* des Latins qui avait deux visages : regardant à la fois vers le passé et vers l'avenir, il n'y voit que des images décevantes. — 25 Voici les signes avant-coureurs de l'inspi-ration prophétique. — 26 Humaine et divine. — 27 La Parque. — 28 Les paroles inspirées sont comparées à un *troupeau* de bêtes fantastiques. — 29 Échauffée. — 30 Le prêtre, heureux de recueillir l'oracle. — 31 L'oracle définit majes-tueusement la poésie telle que la conçoit Valéry. — 32 Ce « discours » requiert à la fois l'inspi-ration et le travail.

Ébauche d'un serpent

Bercé par la brise dans la ramure de l'Arbre de la Science, le démon qui a pris la forme d'un SERPENT contemple le Paradis terrestre. Il soutient qu'en créant le monde, nécessairement imparfait, Dieu a commis une faute portant atteinte à son propre Absolu, car « *l'univers n'est qu'un défaut Dans la pureté du Non-être* ». Satan se fait donc un malin plaisir de régner sur les êtres que Dieu avait créés à son image pour le servir, et c'est par *la conscience de soi* et *l'orgueil* qu'il conduit les hommes à leur perte. Dans les strophes que nous citons, peut-être inspirées du *Jeu d'Adam* (cf. *Moyen Age*, p. 154), il se plaît à rappeler, sur le mode ironique, la *tentation* qui a inspiré à EVE le désir de mordre aux « fruits de mort ». Mais les trois derniers vers semblent être la *réplique victorieuse du poète* qui exalte la Science par laquelle l'homme s'élève jusqu'à l'Être suprême.

« Rien, lui soufflais-je, n'est moins sûr
Que la parole divine, Ève !
Une science vive crève
L'énormité de ce fruit mûr [1] !
N'écoute l'Être vieil et pur
Qui maudit la morsure brève !
Que si ta bouche fait un rêve,
Cette soif qui songe à la sève,
Ce délice à demi futur,
210 C'est l'éternité fondante, Ève ! »

Elle buvait mes petits mots
Qui bâtissaient une œuvre étrange ;
Son œil, parfois, perdait un ange [2]
Pour revenir à mes rameaux.
Le plus rusé des animaux
Qui te raille d'être si dure,
O perfide et grosse de maux,
N'est qu'une voix dans la verdure.
— Mais sérieuse l'Ève [3] était
220 Qui sous la branche l'écoutait !

« Ame, disais-je, doux séjour
De toute extase prohibée,
Sens-tu la sinueuse amour
Que j'ai du Père dérobée [4] ?
Je l'ai, cette essence du Ciel,
A des fins plus douces que miel
Délicatement ordonnée...
Prends de ce fruit... Dresse ton bras !
Pour cueillir ce que tu voudras
230 Ta belle main te fut donnée ! »

Quel silence battu d'un cil !
Mais quel souffle sous le sein sombre
Que mordait l'Arbre de son ombre !
L'autre brillait, comme un pistil !
— *Siffle, siffle !* me chantait-il [5] !
Et je sentais frémir le nombre [6],
Tout le long de mon fouet subtil,
De ces replis dont je m'encombre :
Ils roulaient depuis le béryl [7]
De ma crête, jusqu'au péril !

Génie ! O longue impatience !
A la fin, les temps sont venus,
Qu'un pas vers la neuve Science
Va donc jaillir de ces pieds nus !
Le marbre [8] aspire, l'or se cambre !
Ces blondes bases d'or et d'ambre
Tremblent au bord du mouvement !...
Elle chancelle, la grande urne,
D'où va fuir le consentement
De l'apparente taciturne ! [...]

Arbre, grand Arbre, Ombre des Cieux,
Irrésistible Arbre des arbres,
Qui dans les faiblesses des marbres [9],
Poursuis des sucs délicieux,
Toi qui pousses tels labyrinthes
Par qui les ténèbres étreintes
S'iront perdre dans le saphir
De l'éternelle matinée,
Douce perte, arôme ou zéphir,
Ou colombe prédestinée, [...]

— 1 Fruit de l'arbre de la Science. — 2 *Qu'elle suivait du regard* (mais l'expression a aussi une valeur symbolique). — 3 Précédé de l'article, le nom propre prend une nuance familière et moqueuse. — 4 Le Serpent se présente comme une sorte de Prométhée, bienfaiteur des hommes. — 5 Comment interpréter cet appel ? — 6 Le *nombre... de ces replis* : les nombreux replis. — 7 Variété d'émeraudes. — 8 Les métaphores précieuses des v. 245-250 évoquent le corps prêt à se mouvoir. — 9 La *Connaissance* est symbolisée par cet *Arbre* dont les racines puisent dans les ténèbres de la terre les « sucs » qui la sève élèvera jusqu'au ciel bleu.

Tu peux repousser l'infini
Qui n'est fait que de ta croissance,
Et de la tombe jusqu'au nid
Te sentir toute Connaissance !
Mais ce vieil amateur d'échecs,
Dans l'or oisif des soleils secs,
Sur ton branchage vient se tordre ;
Ses yeux font frémir ton trésor.
Il en cherra des fruits de mort,
» De désespoir et de désordre !

Beau serpent, bercé dans le bleu,
Je siffle, avec délicatesse,
Offrant à la gloire de Dieu
Le triomphe de ma tristesse...
Il me suffit que dans les airs,
L'immense espoir de fruits amers
Affole les fils de la fange...
— Cette soif qui te fit géant,
Jusqu'à l'Être exalte l'étrange
Toute-Puissance du Néant !   310

Librairie Gallimard, éditeur.

LE CIMETIÈRE MARIN

« Le Cimetière marin a commencé en moi par un certain rythme, qui est celui du vers français de dix syllabes, coupé en quatre et six. Je n'avais encore aucune idée qui dût remplir cette forme. Peu à peu des mots flottants s'y fixèrent, déterminèrent de proche en proche le sujet, et le travail (un très long travail) s'imposa ». Ce cimetière qui domine la mer est celui de Sète, ville natale du poète, où il repose aujourd'hui auprès des siens ; il a voulu rassembler ici « les thèmes les plus simples et les plus constants de [sa] vie affective et intellectuelle, tels qu'ils s'étaient imposés à [son] adolescence et associés à la mer et à la lumière d'un certain lieu des bords de la Méditerranée ». Il s'agit d'une *méditation sur la vie et la mort*, dont l'idée se trouve résumée dans l'épigraphe grecque tirée de PINDARE (*Pythiques*, III), qu'on pourrait ainsi traduire : « *O mon âme, n'aspire pas à la vie immortelle, mais épuise le champ du possible* ». Pour exprimer ces contrastes entre la mort et la vie, l'immobilité et le mouvement, la lumière et l'ombre, le poète a su tirer de son inspiration méditerranéenne un monde de sensations et d'images intensément évocatrices. Et afin de créer *l'univers poétique*, il a « tenté de maintenir des conditions musicales constantes ».

Ce toit tranquille, où marchent des colombes [1],
Entre les pins palpite, entre les tombes ;
Midi le juste [2] y compose de feux [3]
La mer, la mer, toujours recommencée !
O récompense après une pensée
Qu'un long regard sur le calme des dieux !

Quel pur travail de fins éclairs consume [4]
Maint diamant d'imperceptible écume,
Et quelle paix semble [5] se concevoir !
10   Quand sur l'abîme un soleil se repose,
Ouvrages purs [6] d'une éternelle cause,
Le Temps scintille et le Songe est savoir [7].

STROPHES I-IV : *Contemplation extatique : illusion de communier avec le « calme des dieux ».*
1 Mer calme, et voiles blanches. — 2 Le soleil, au zénith, divise le jour en parties *égales*. Midi symbolise l'*Être parfait*. — 3 Cf. « J'entends par *composition* un ordre de choses visibles et la transformation lente de cet ordre qui constitue tout le spectacle d'une journée » ; le soleil évoque l'idée d'un *maître unique*. — 4 Cette « *combustion* »

qui produit le scintillement de la mer (v. 12) est presque immatérielle (cf. v. 55) : le poète est introduit dans le monde de l'absolu. — 5 Cette sérénité n'est peut-être qu'une illusion. — 6 Apposition à *Temps* et à *Songe* (v. 12). — 7 La contemplation du poète s'apparente à la vision divine : le temps est saisi, dans sa simultanéité, comme un éternel présent, et la connaissance résulte d'une communion intuitive.

Stable trésor [8], temple simple à Minerve [9],
Masse de calme, et visible réserve,
Eau sourcilleuse, Œil qui gardes en toi [10]
Tant de sommeil sous un voile de flamme,
O mon silence !... Édifice dans l'âme,
Mais comble d'or aux mille tuiles, Toit !

Temple du Temps, qu'un seul soupir résume,
20 A ce point pur je monte et m'accoutume [11],
Tout entouré de mon regard marin ;
Et comme aux dieux mon offrande suprême,
La scintillation sereine sème
Sur l'altitude [12] un dédain souverain [13].

Comme le fruit se fond en jouissance,
Comme en délice il change son absence
Dans une bouche où sa forme se meurt,
Je hume ici ma future fumée [14],
Et le ciel chante à l'âme consumée
30 Le changement des rives en rumeur [15].

Beau ciel, vrai ciel, regarde-moi qui change [16] !
Après tant d'orgueil, après tant d'étrange [17]
Oisiveté, mais pleine de pouvoir [18],
Je m'abandonne à ce brillant espace,
Sur les maisons des morts mon ombre passe
Qui m'apprivoise à son frêle mouvoir [19].

L'âme exposée aux torches du solstice,
Je te soutiens [20], admirable justice
De la lumière aux armes sans pitié !
40 Je te rends pure à ta place première :
Regarde-toi !... Mais rendre la lumière
Suppose d'ombre une morne moitié [21].

— 8 Succession d'images évoquant les *trésors* et les *puissances* que recouvre le *calme* de la mer ; et, par correspondance, les richesses qui « sommeillent » sous le *silence* de l'âme. — 9 Déesse de la *sagesse*. — 10 La mer étincelante est un *œil* immense dont l'éclat *voile* des forces secrètes. — 11 Semblable aux dieux, le contemplateur *monte* jusqu'à ce *point d'absolu* où, affranchi de la durée, le Temps est l'instant *(soupir)* qui *résume* l'éternité. État d'exception qu'il peut croire *durable.* — 12 La *profondeur* de la mer (sens latin). — 13 Sérénité divine, dédaignant l'agitation des profondeurs de la mer et de l'âme.

STROPHES V-VIII : *Prise de conscience de l'être qui « change », éphémère et imparfait.* — 14 Il savoure d'avance le « futur » : son âme se dissi-

pera en *fumée* quand le corps sera en cendres. — 15 La rumeur, opposée aux rives immuables, rappelle que l'être terrestre est « changeant » (cf. v. 31) et éphémère. — 16 *Beau, vrai,* définissent l'Absolu, par opposition à l'être qui change. — 17 Cette communion avec l'Être absolu était étrangère à sa condition. — 18 Féconde en possibilités ? Exerçant sur lui sa toute-puissance ? — 19 Le poète se résigne à redevenir prisonnier de *l'espace* et du *temps,* à rentrer dans le monde des choses transitoires, rendu sensible par la vue des *tombes* et de son *ombre mouvante.* — 20 Il reçoit *l'éclat* de la lumière, et s'efforce de la réfléchir dans la *lucidité* de la conscience. — 21 Échec de l'homme qui voudrait être un esprit pur : il existe une zone d'ombre sur la connaissance et la conscience.

O pour moi seul, à moi seul, en moi-même,
Auprès d'un cœur, aux sources du poème,
Entre le vide et l'événement pur [22],
J'attends l'écho de ma grandeur interne,
Amère, sombre et sonore citerne,
Sonnant dans l'âme un creux toujours futur [23] !

Sais-tu, fausse captive des feuillages,
50 Golfe mangeur de ces maigres grillages [24],
Sur mes yeux clos, secrets éblouissants [25],
Quel corps me traîne à sa fin paresseuse,
Quel front l'attire à cette terre osseuse [26] ?
Une étincelle y [27] pense à mes absents.

Fermé, sacré, plein d'un feu sans matière,
Fragment terrestre offert à la lumière,
Ce lieu me plaît, dominé de flambeaux [28],
Composé d'or [29], de pierre et d'arbres sombres,
Où tant de marbre est tremblant sur tant d'ombres [30] ;
60 La mer fidèle y dort sur mes tombeaux !

Chienne splendide [31], écarte l'idolâtre !
Quand solitaire au sourire de pâtre,
Je pais longtemps, moutons mystérieux,
Le blanc troupeau de mes tranquilles tombes,
Éloignes-en les prudentes colombes,
Les songes vains, les anges curieux [32] !

Ici venu, l'avenir est paresse [33].
L'insecte net gratte la sécheresse [34] ;
Tout est brûlé, défait, reçu dans l'air
70 A je ne sais quelle sévère essence...
La vie est vaste, étant ivre d'absence [35],
Et l'amertume est douce, et l'esprit clair [36].

— 22 Le poète voudrait du moins tourner vers lui-même la lumière de sa conscience ; et, par une démarche qui lui est chère, saisir, dans l'acte poétique, le passage de l'indéfini *(le vide)* à la création *(l'événement pur)*. Cf. p. 333.
— 23 L'attente passionnée est suivie d'une déception : la connaissance intime du Moi est toujours rejetée vers le *futur*.

STROPHES IX-XVIII : *La condition humaine : l'immortalité n'est qu'une illusion.* — 24 La mer est aperçue *à travers* les feuillages et les grillages du cimetière. — 25 Apposition à *captive* et à *golfe* ? Ne pas oublier non plus la correspondance entre le mystère des gouffres marins et les profondeurs secrètes de la conscience. — 26 Du cimetière. — 27 Représente *front*. — 28 Les cyprès (cf. v. 58). — 29 L'*or* de la lumière. — 30 Vu à travers l'air surchauffé, le marbre semble *vibrer*. — 31 Image préparée au v. précédent : *La mer fidèle...* — 32 Valéry repousse les « songes » spiritualistes de la vie éternelle. Cf. la *colombe* du Saint-Esprit et les *anges* gardiens figurés sur les tombes. — 33 Cf. v. 52 : sa fin *paresseuse.* — 34 Beau vers, évoquant l'*immatériel* par correspondance avec le crissement des cigales. — 35 Cf. v. 26 et 85. — 36 Au lieu d'en éprouver de *l'amertume* comme les autres hommes, le poète *lucide* accueille avec *douceur* la loi de la nature.

Les morts cachés sont bien dans cette terre
Qui les réchauffe et sèche [37] leur mystère.
Midi là-haut, Midi sans mouvement
En soi se pense et convient à soi-même [38]...
Tête complète et parfait diadème [39],
Je suis en toi le secret changement.

Tu n'as que moi pour contenir [40] tes craintes !
80 Mes repentirs, mes doutes, mes contraintes
Sont le défaut de ton grand diamant...
Mais dans leur nuit toute lourde de marbres,
Un peuple vague aux racines des arbres
A pris déjà ton parti lentement [41].

Ils ont fondu dans une absence épaisse,
L'argile rouge a bu la blanche espèce [42],
Le don de vivre a passé dans les fleurs !
Où sont des morts les phrases familières,
L'art personnel, les âmes singulières ?
90 La larve file où se formaient des pleurs.

Les cris aigus des filles chatouillées,
Les yeux, les dents, les paupières mouillées,
Le sein charmant qui joue avec le feu,
Le sang qui brille aux lèvres qui se rendent,
Les derniers dons, les doigts qui les défendent,
Tout va sous terre et rentre dans le jeu !

Et vous, grande âme, espérez-vous un songe [43]
Qui n'aura plus ces couleurs de mensonge
Qu'aux yeux de chair l'onde et l'or font ici ?
100 Chanterez-vous quand serez vaporeuse [44] ?
Allez ! Tout fuit ! Ma présence est poreuse [45],
La sainte impatience meurt aussi !

— 37 Tarit, dissipe. — 38 Cf. strophe I : Midi symbolise l'Être immuable et parfait ; contemplant sa propre essence, il se suffit à lui-même. — 39 Symboles matériels de la perfection divine. Dans cette apostrophe, et dans les v. 79-84, l'être humain se présente comme un « défaut » qui altère la perfection du grand Tout (cf. p. 324). — 40 Deux sens possibles : a) pour soutenir sans faiblesse les craintes que tu veux m'inspirer ; — b) pour éprouver, en toi, des craintes. — 41 Différant en cela des vivants, qui sont instables, les cadavres retrouvent, dans la terre où ils se dissolvent, la stabilité de la matière : ils prennent le parti de l'Être immuable qui se confond avec le Non-Être.

— 42 Les ossements. Cette strophe et la suivante évoquent, avec le réalisme et la mélancolie d'un Villon, la condition de l'homme : anéantissement de ce qu'il y avait de plus haut dans l'ordre de la pensée et de plus vibrant dans l'ordre de la sensibilité. — 43 Rejet de l'idéalisme platonicien : la grande âme (aux aspirations démesurées) ne peut espérer quitter le domaine des apparences pour accéder au monde des idées pures, qui seraient les seules réalités. — 44 La pensée, l'activité poétique subsisteront-elles pour l'âme réduite à l'état de vapeur ? L'omission archaïque du pronom suggère cet état impalpable. — 45 Laisse « suinter » tout son contenu, même l'âme, même le désir impatient de l'immortalité (v. 102).

Maigre immortalité noire et dorée [46],
Consolatrice affreusement laurée,
Qui de la mort fais un sein maternel,
Le beau mensonge et la pieuse ruse !
Qui ne connaît, et qui ne les refuse,
Ce crâne vide et ce rire éternel !

Pères profonds, têtes inhabitées,
110 Qui sous le poids de tant de pelletées,
Êtes la terre et confondez nos pas [47],
Le vrai rongeur, le ver irréfutable
N'est point pour vous qui dormez sous la table [48],
Il vit de vie, il ne me quitte pas [49] !

Amour, peut-être, ou de moi-même haine [50] ?
Sa dent secrète est de moi si prochaine
Que tous les noms lui peuvent convenir !
Qu'importe ! Il voit, il veut, il songe, il touche !
Ma chair lui plaît, et jusque sur ma couche [51],
120 A ce vivant je vis d'appartenir [52] !

Zénon ! Cruel Zénon ! Zénon d'Élée [53] !
M'as-tu percé de cette flèche ailée
Qui vibre, vole, et qui ne vole pas !
Le son m'enfante et la flèche me tue [54] !
Ah ! le soleil... Quelle ombre de tortue
Pour l'âme, Achille immobile à grands pas [55] !

Non, non !... Debout ! Dans l'ère successive [56] !
Brisez, mon corps, cette forme pensive [57] !
Buvez, mon sein, la naissance du vent !
130 Une fraîcheur, de la mer exhalée,
Me rend mon âme... O puissance salée !
Courons à l'onde en rejaillir vivant [58] !

— 46 Strophe satirique : contraste railleur entre la réalité sensible de la mort et le rêve consolant de l'immortalité. Au v. 108, le crâne vide semble *ricaner* sur nos illusions.

STROPHES XIX-XXIV : *Conscient d'être vivant et soumis au devenir, le poète s'élance vers la vie et le mouvement.* — 47 Les morts, insensibles, *confondent* les pas de ceux qui viennent sur leur tombe et ne sentent pas la morsure des vers (v. 113). — 48 La *dalle* du tombeau. — 49 Ce *ver* est la conscience qui ronge l'être *vivant*. — 50 Cf. : « A la température de l'*intérêt passionné* ces deux états sont indiscernables » *(Variété)*. — 51 Par le rêve, la conscience se mêle même à notre *sommeil*. — 52 C'est par la saisie de cette conscience qu'il se connaît comme

être vivant, en continuel devenir. — 53 Allusion aux sophismes de Zénon d'Élée qui aboutissent à nier le mouvement et, par suite, la vie. Entre l'arc et le but, la flèche serait immobile dans chaque fraction du temps divisé à l'infini ; de même Achille ne peut rejoindre la tortue. — 54 Double réfutation des arguments de Zénon. — 55 Regain d'inquiétude : l'âme est-elle, comme Achille, incapable d'atteindre son but ? Plus haut, le soleil représentait l'Être absolu (v. 3), puis la lucidité de la conscience (v. 38). — 56 Sursaut du poète qui repousse la tentation de l'immobilité : il veut vivre dans la durée, *succession* d'instants. — 57 Cette attitude de penseur, dont la méditation extatique tendait vers l'immobilité. — 58 L'agitation de la mer, qui s'anime, l'encourage à s'élancer vers la vie.

Oui ! Grande mer de délires douée [59],
Peau de panthère et chlamyde [60] trouée
De mille et mille idoles du soleil,
Hydre absolue [61], ivre de ta chair bleue,
Qui te remords l'étincelante queue [62]
Dans un tumulte au silence pareil [63],

Le vent se lève !... Il faut tenter de vivre [64] !
140 L'air immense ouvre et referme mon livre,
La vague en poudre ose jaillir des rocs !
Envolez-vous, pages tout éblouies [65] !
Rompez, vagues ! Rompez d'eaux réjouies
Ce toit tranquille où picoraient des focs [66] !

Librairie Gallimard, éditeur.

Palme

La *palme*, qui attend, dans l'azur, avec une patience inlassable, la chute de ses fruits enfin parvenus à leur *maturité*, nous dit à quel prix se conquiert la *perfection* du chef-d'œuvre : labeur persévérant, lente maturation, attente calme et confiante des circonstances favorables (cf. p. 307). La palme, *récompense du triomphateur*, représente aussi l'espérance de l'artiste au moment où il met le point final au recueil de *Charmes*. Ces vers terminent en effet l'ouvrage : dédiés « *à Jeannie* » (Mme Paul Valéry), ils constituent l'hommage du poète à l'épouse qui a su favoriser sa création littéraire, en même temps qu'ils rappellent, comme une ultime profession de foi, la *poétique* de Valéry.

De sa grâce redoutable [1]
Voilant à peine l'éclat,
Un ange met sur ma table
Le pain tendre, le lait plat ;
Il me fait de la paupière
Le signe d'une prière
Qui parle à ma vision :
— Calme, calme, reste calme !
Connais le poids d'une palme
10 Portant sa profusion [2] !

Pour autant qu'elle se plie
A l'abondance des biens,
Sa figure est accomplie,
Ses fruits lourds sont ses liens [3].
Admire comme elle vibre,
Et comme une lente [4] fibre
Qui divise le moment [5],
Départage sans mystère
L'attirance de la terre
Et le poids [6] du firmament !　　20

— 59 Dans cette strophe, les images et l'harmonie suggèrent le mouvement de la mer. — 60 *Chlamyde :* manteau grec. *Idoles :* images (grec : *eïdôlon*). — 61 Deux sens qui se superposent : a) « *eau déchaînée* » (sens étymologique) ; —b) allusion à l'*hydre* antique dont les têtes renaissaient sans cesse. — 62 Le serpent qui se mord la queue symbolise à la fois le fini et l'éternel recommencement. — 63 Rumeur continue, dont *l'uniformité* « correspond » à celle du silence. — 64 A l'exemple de la mer qui se libère de sa torpeur, et dont l'agitation emplit toute la strophe, le poète refuse de prendre, comme les morts, le parti de l'immuable (cf. v. 84) : il opte pour le mouvement, pour la vie dans « l'ère successive ». — 65 La création poétique est une manifestation de l'option qui vient d'être faite. — 66 Voiles triangulaires à l'avant des bateaux.

— 1 Cette *grâce* féminine risquerait de détourner le poète de son effort créateur ; au contraire, *l'ange* va prodiguer apaisements et encouragements. — 2 De fruits. — 3 Leur poids la maintient dans sa courbure. — 4 Souple (latin : *lentus*). — 5 Comme un *balancier* qui divise le *temps*. — 6 La force attractive.

Ce bel arbitre mobile
Entre l'ombre et le soleil,
Simule d'une sibylle
La sagesse [7] et le sommeil [8].
Autour d'une même place
L'ample palme ne se lasse
Des appels ni des adieux...
Qu'elle est noble, qu'elle est tendre !
Qu'elle est digne de s'attendre
30 A la seule main des dieux [9] !

L'or léger qu'elle murmure [10]
Sonne au simple doigt de l'air,
Et d'une soyeuse armure
Charge l'âme du désert.
Une voix impérissable
Qu'elle rend au vent de sable
Qui l'arrose de ses grains,
A soi-même sert d'oracle,
Et se flatte du miracle
40 Que se chantent les chagrins [11].

Cependant qu'elle s'ignore
Entre le sable et le ciel,
Chaque jour qui luit encore
Lui compose un peu de miel [12].
Sa douceur est mesurée
Par la divine durée
Qui ne compte pas les jours,
Mais bien qui les dissimule
Dans un suc où s'accumule
50 Tout l'arôme des amours.

Parfois si l'on désespère,
Si l'adorable rigueur
Malgré tes larmes n'opère
Que sous ombre de langueur [13],
N'accuse pas d'être avare
Une Sage qui prépare
Tant d'or et d'autorité :
Par la sève solennelle [14]
Une espérance éternelle
Monte à la maturité !   60

Ces jours qui te semblent vides
Et perdus pour l'univers
Ont des racines avides
Qui travaillent les déserts.
La substance chevelue [15]
Par les ténèbres élue
Ne peut s'arrêter jamais
Jusqu'aux entrailles du monde,
De poursuivre l'eau profonde
Que demandent les sommets [16].   70

Patience, patience,
Patience dans l'azur [17] !
Chaque atome de silence
Est la chance d'un fruit mûr !
Viendra l'heureuse surprise :
Une colombe, la brise,
L'ébranlement le plus doux,
Une femme qui s'appuie,
Feront tomber cette pluie [18]
Où l'on se jette à genoux !   80

Qu'un peuple à présent s'écroule,
Palme !... irrésistiblement !
Dans la poudre qu'il se roule
Sur les fruits du firmament [19] !
Tu n'as pas perdu ces heures
Si légère tu demeures
Après ces beaux abandons ;
Pareille à celui qui pense
Et dont l'âme se dépense
90 A s'accroître de ses dons [20] !   *Librairie Gallimard, éditeur.*

___

— 7 Correspondant à *l'éclat* du soleil. — 8 La sibylle rendait ses oracles dans un sommeil extatique. — 9 La palme *divine* est la récompense des *triomphateurs*. — 10 Le bruissement de la palme. — 11 Correspondance entre le chant du poète (« sa *plainte* ») et le chant de la palme qui sera sa récompense. — 12 La douceur d'un fruit mûr. — 13 Comme les fruits, les chefs-d'œuvre sont le produit d'une lente maturation, qui leur

assure l'éternité (v. 59). — 14 Qui ne monte qu'une fois l'an. — 15 Les racines. — 16 Toute la strophe évoque, par correspondance, la genèse de l'œuvre d'art. — 17 La palme se détache sur *l'azur* du ciel. — 18 Pluie de fruits mûrs, qu'un rien suffit à précipiter. — 19 Les dattes ; et symboliquement, les poèmes. — 20 Thème cher à Valéry : le poète est « enrichi » par le travail créateur.

Les Dialogues   Parmi les chefs-d'œuvre de VALÉRY prosateur, il faut
citer au premier rang les DIALOGUES : *L'Ame et la Danse*
(1923), *Eupalinos* (1923), *L'Idée Fixe* (1932), *Le Dialogue de l'Arbre* (1943), auxquels on
peut rattacher les fragments, plus dramatiques, de *Mon Faust* (1945).

La forme dialoguée se prête à l'exposé d'une *pensée complexe* : tour à tour derrière chaque
personnage, l'auteur s'entretient en réalité avec lui-même, soutient le pour et le contre,
élève des objections, nuance ses jugements. Le dialogue permet également à VALÉRY
d'enlacer aux thèmes principaux une foule d'*idées secondaires* puisées dans les *Cahiers* où il
notait chaque jour ses observations. Le genre admet enfin une grande *variété* : parfois
humoristiques *(L'Idée Fixe)*, tantôt familiers tantôt graves (cf. ci-dessous), ouverts à la
poésie comme à la dialectique, les *Dialogues* révèlent, par leur souplesse, l'admirable
maîtrise de l'écrivain.

EUPALINOS ou l'*Architecte* est, comme *L'Ame et la Danse*, un dialogue « platonicien »
entre SOCRATE et PHÈDRE ; mais il a lieu aux Enfers, entre des ombres. L'entretien roule
surtout sur l'architecture, et Phèdre évoque le parfait architecte EUPALINOS DE MÉGARE.
Ce dernier ne négligeait aucun détail, car « il n'y a point de détails dans l'exécution » ; et
il se préoccupait d'avance d'élaborer « les émotions et les vibrations de l'âme du futur
contemplateur de son œuvre ». A une *connaissance universelle* il unissait la *conscience* la plus
lucide. Aussi ses temples sont-ils « harmonieux », car il existe une analogie entre l'architecture et la musique : il y a des édifices *muets*, il en est qui *parlent*, et d'autres qui *chantent*.

« *Enchaîner une analyse à une extase* »

Au cours de son entretien avec PHÈDRE — tel que celui-ci le rapporte fidèlement à
Socrate — EUPALINOS est transporté à l'idée de la « divine analogie » entre *l'architecture
et la musique* (cf. p. 316). Le problème qui le hante est identique à celui qui passionne
l'auteur de *Charmes*. Il rêve lui aussi d'atteindre, au fond de son être, « l'origine intime et
universelle » de la beauté ; mais il ne lui convient pas de s'abandonner aux « puissances de
l'âme » : il veut *rester libre* de son acte créateur. Ce passage est un de ceux qui nous éclairent
le mieux sur le *mécanisme de la création artistique* selon VALÉRY. Il proposera, dans *L'Idée
Fixe*, le mot *Implexe* pour désigner tout le *virtuel* qui est en nous, « ce en quoi et par quoi
nous sommes éventuels ». Loin d'être actif comme l'inconscient ou le subconscient,
l'*Implexe* est seulement « *capacité* » : l'artiste est d'autant plus grand qu'il est maître
d'*appeler*, parmi ces richesses disponibles, celles qui répondent à son désir de beauté, de
leur *résister* pour mieux les contrôler, et de *choisir* « en toute conscience » (cf. p. 306). —
*Eupalinos répond à Phèdre qui a eu l'idée de comparer un temple à « quelque chant nuptial
mêlé de flûtes ».*

Quand tu as parlé (le premier, et involontairement) de musique à propos de
mon temple, c'est une divine analogie qui t'a visité. Cet hymen de pensées
qui s'est conclu de soi-même sur tes lèvres, comme l'acte distrait de
ta voix, cette union d'apparence fortuite de choses si différentes, tient à
une nécessité admirable, qu'il est presque impossible de penser dans toute
sa profondeur, mais dont tu as ressenti obscurément la présence persuasive.

Imagine donc fortement ce que serait un mortel assez pur, assez raisonnable,
assez subtil et tenace, assez puissamment armé par Minerve, pour méditer jusqu'à
l'extrême de son être, et donc jusqu'à l'extrême réalité, cet étrange rapprochement
10 des formes visibles avec les assemblages éphémères des sons successifs ; pense
à quelle origine intime et universelle il s'avancerait ; à quel point précieux il
arriverait ; quel dieu il trouverait dans sa propre chair ! Et se possédant enfin dans
cet état de divine ambiguïté, s'il se proposait alors de construire je ne sais quels
monuments, de qui la figure vénérable et gracieuse participât directement à la

pureté du son musical, ou dût communiquer à l'âme l'émotion d'un accord inépuisable, — songe, Phèdre, quel homme! Imagine quels édifices!... Et nous, quelles jouissances!

— Et toi, lui dis-je, tu le conçois ?
— Oui et non. Oui, comme rêve. Non, comme science.
— Tires-tu quelque secours de ces pensées ?
— Oui, comme aiguillon. Oui, comme jugement. Oui, comme peines... Mais je ne suis pas en possession d'enchaîner, comme il le faudrait, une analyse à une extase. Je m'approche parfois de ce pouvoir si précieux... Une fois, je fus infiniment près de le saisir, mais seulement comme on possède, pendant le sommeil, un objet aimé. Je ne puis te parler que des approches d'une si grande chose. Quand elle s'annonce, cher Phèdre, je diffère déjà de moi-même, autant qu'une corde tendue diffère d'elle-même qui était lâche et sinueuse. Je suis tout autre que je ne suis. Tout est clair, et semble facile. Alors mes combinaisons se poursuivent et se conservent dans ma lumière. Je sens mon besoin de beauté, égal à mes ressources inconnues, engendrer à soi seul des figures qui le contentent. Je désire de tout mon être... Les puissances accourent. Tu sais bien que les puissances de l'âme procèdent étrangement de la nuit... Elles s'avancent, par illusion, jusqu'au réel. Je les appelle, je les adjure par mon silence... Les voici, toutes chargées de clarté et d'erreur. Le vrai, le faux, brillent également dans leurs yeux, sur leurs diadèmes. Elles m'écrasent de leurs dons, elles m'assiègent de leurs ailes... Phèdre, c'est ici le péril! C'est la plus difficile chose du monde!... O moment le plus important, et déchirement capital!... Ces faveurs surabondantes et mystérieuses, loin de les accueillir telles quelles, uniquement déduites du grand désir, naïvement formées de l'extrême attente de mon âme, il faut que je les arrête, ô Phèdre, et qu'elles attendent mon signal. Et les ayant obtenues par une sorte d'interruption de ma vie (adorable suspens de l'ordinaire durée), je veux encore que je divise l'indivisible, et que je tempère et que j'interrompe la naissance même des Idées...

— O malheureux, lui dis-je, que veux-tu faire pendant un éclair ?
— Être libre. Il y a bien des choses, reprit-il, il y a... toutes choses dans cet instant, et tout ce dont s'occupent les philosophes se passe entre le regard qui tombe sur un objet, et la connaissance qui en résulte... pour en finir toujours prématurément.

— Je ne te comprends pas. Tu t'efforces donc de retarder ces Idées ?
— Il le faut. Je les empêche de me satisfaire. Je diffère le pur bonheur.
— Pourquoi ? D'où tires-tu cette force cruelle ?
— C'est qu'il m'importe sur toute chose, d'obtenir de *ce qui va être*, qu'il satisfasse, avec toute la vigueur de sa nouveauté, aux exigences raisonnables de *ce qui a été*. Comment ne pas être obscur ?...

Eupalinos (Librairie Gallimard, éditeur).

Après un parallèle entre la musique *et l'*architecture *viennent des considérations sur leurs rapports avec les autres arts et sur la différence entre les œuvres d'art et les ouvrages de la nature. Puis* PHÈDRE *trace le portrait coloré d'un autre type de constructeur :* TRIDON *le Phénicien, expérimentateur à l'affût des secrets qui permettent de « ruser avec la nature » et de bâtir les meilleurs navires. — Et* SOCRATE *se prend maintenant à regretter de s'être limité au* connaître *et de ne laisser après soi que « le personnage d'un parleur » ; il aurait dû se consacrer à la création, par laquelle l'homme devient l'émule du Démiurge : « J'eusse bâti, chanté... O perte pensive de mes jours ! Quel artiste j'ai fait périr ! »*

VARIÉTÉ

Sous le titre de *Variété* parut en 1924 un volume qui groupait « des études ou écrits de circonstance » publiés antérieurement dans diverses Revues. Ce livre fut suivi de *Variété II* (1929), *Variété III* (1936), *Variété IV* (1938), *Variété V* (1944). Le tome *V* contenait une liste de l'ensemble de ces articles classés par sujets. S'inspirant de ce classement, l'édition de la *Pléiade* les a rangés sous les rubriques suivantes : *Études Littéraires, Études Philosophiques, Essais Quasi Politiques, Théorie Poétique et Esthétique, Enseignement, Mémoires du Poète.* Ajoutons que d'autres œuvres de VALÉRY mériteraient tout autant le titre de *Variété*, notamment *Tel Quel I* et *II* (composés de certains extraits des *Cahiers*), les *Regards sur le monde actuel,* et les *Pièces sur l'Art.*

ÉTUDES LITTÉRAIRES, ÉTUDES PHILOSOPHIQUES

Études littéraires   En dehors des *Études Littéraires,* les réflexions sur la littérature occupent les articles des groupes *Théorie Poétique et Esthétique, Enseignement* et *Mémoires du Poète,* groupes dont on a lu quelques extraits dans notre exposé de la *Poétique de Valéry* (cf. p. 304-308). Les *Études Littéraires* proprement dites comprennent une vingtaine d'essais dont les plus importants concernent Villon, Pascal, La Fontaine *(Au sujet d'Adonis),* Racine *(Phèdre),* Montesquieu *(Préface aux Lettres Persanes,* cf. p. 340), Voltaire, Goethe, Stendhal, Hugo, Baudelaire (cf. p. 308, III), Verlaine, Huysmans, Proust, et, plus que tout autre, Mallarmé (cf. p. 305).

Toujours originales, ces études sont singulièrement stimulantes pour l'esprit, surtout celles où le poète moderne apprécie les poètes du passé, ou encore nous livre d'émouvants témoignages sur MALLARMÉ qu'il avait connu intimement. Elles nous sont précieuses à un autre titre : tout en méditant sur ses grands devanciers, VALÉRY nous confie sa prédilection pour l'*art classique* et trouve d'admirables formules pour exprimer son propre idéal poétique.

SITUATION DE BAUDELAIRE

Cette page reflète assez fidèlement la démarche habituelle des *Études Littéraires.* L'auteur s'efforce de « situer » BAUDELAIRE parmi nos poètes : à ses yeux « il n'en est pas de plus important ». Quelques expressions heureuses, d'une rare densité, suggèrent son *originalité.* Il le distingue des parnassiens et plus encore des romantiques dont l'œuvre, dit-il plus haut, « supporte assez mal une lecture ralentie et hérissée des résistances d'un lecteur difficile et raffiné » ; il souligne son *influence* sur Verlaine, Rimbaud et Mallarmé dont les noms seront cités à la fin de l'article. Surtout, Valéry salue en BAUDELAIRE l'initiateur de *la poésie telle qu'il la conçoit lui-même :* d'où le jugement qu'il porte sur *Recueillement,* et la définition du « charme poétique » qui exprime *son propre idéal* autant, sinon plus, que celui de Baudelaire.

Il y a dans les meilleurs vers de Baudelaire une combinaison de chair et d'esprit, un mélange de solennité, de chaleur et d'amertume, d'éternité et d'intimité, une alliance rarissime de la volonté avec l'harmonie, qui les distinguent nettement des vers romantiques comme ils les distinguent nettement des vers parnassiens. Le Parnasse ne fut pas excessivement tendre pour Baudelaire. Leconte de Lisle lui reprochait sa stérilité. Il oubliait que la véritable fécondité d'un poète ne consiste pas dans le nombre de ses vers, mais bien plutôt dans l'étendue de leurs effets. On ne peut en juger que dans la suite des temps. Nous voyons aujourd'hui que la réso-
10   nance, après plus de soixante ans, de l'œuvre unique et très peu volumi-

neuse de Baudelaire emplit encore toute la sphère·poétique, qu'elle est
présente aux esprits, impossible à négliger, renforcée par un nombre
remarquable d'œuvres qui en dérivent, qui n'en sont point des imitations
mais des conséquences, et qu'il faudrait donc, pour être équitable, adjoindre
au mince recueil des *Fleurs du Mal* plusieurs ouvrages de premier ordre
et un ensemble de recherches les plus profondes et les plus fines que
jamais la poésie ait entreprises. L'influence des *Poèmes Antiques* et des
Poèmes Barbares a été moins diverse et moins étendue.

Il faut reconnaître, cependant, que cette même influence, si elle se
fût exercée sur Baudelaire, l'eût peut-être dissuadé d'écrire ou de conserver
certains vers très relâchés qui se rencontrent dans son livre. Sur les
quatorze vers du sonnet *Recueillement*, qui est une des plus charmantes
pièces de l'ouvrage, je m'étonnerai toujours d'en compter cinq ou six
qui sont d'une incontestable faiblesse. Mais les premiers et les derniers
vers de cette poésie sont d'une telle magie que le milieu ne fait pas sentir
son ineptie et se tient aisément pour nul et inexistant. Il faut un très
grand poète pour ce genre de miracles.

Tout à l'heure je parlais de la production du *charme*, et voici que je
viens de prononcer le nom de *miracle*. [...] Il faudrait faire voir que le langage contient des ressources émotives mêlées à ses propriétés pratiques
et directement significatives. Le devoir, le travail, la fonction du poète
sont de mettre en évidence et en action ces puissances de mouvement et
d'enchantement, ces excitants de la vie affective et de la sensibilité intellectuelle qui sont confondus dans le langage usuel avec les signes et les
moyens de communication de la vie ordinaire et superficielle. Le poète
se consacre et se consume donc à définir et à construire un langage dans
le langage ; et son opération, qui est longue, difficile, délicate, qui demande
les qualités les plus diverses de l'esprit, et qui jamais n'est achevée comme
jamais elle n'est exactement possible, tend à constituer le discours d'un
être plus pur, plus puissant et plus profond dans ses pensées, plus intense
dans sa vie, plus élégant et plus heureux dans sa parole que n'importe
quelle personne réelle. Cette parole extraordinaire se fait connaître et
reconnaître par le rythme et les harmonies qui la soutiennent et qui doivent
être si intimement, et même si mystérieusement liés à sa génération, que
le son et le sens ne se puissent plus séparer et se répondent indéfiniment
dans la mémoire.   *Situation de Baudelaire* (Librairie Gallimard, éditeur).

Études
Philosophiques

« *Je ne suis pas à mon aise dans la philosophie* », disait
paradoxalement Valéry-Teste. A ses yeux, les discussions
entre philosophes ne sont que jonglerie intellectuelle
favorisée par un langage abstrait, car des mots comme *Pensée, Nature, Mémoire, Temps,*
Espace, Infini n'ont aucun sens précis et se prêtent à tous les jeux de l'esprit : « A la fin,
rien n'a été prouvé, sinon que A est plus fin joueur que B ». On a même dénoncé le « nihi-
lisme » de son intelligence. Pour lui, en effet, toute connaissance étant relative à notre être,
notre savoir n'est « qu'un incident particulier de notre fonctionnement » : la *métaphysique*
n'a jamais abouti « à une quelconque vérité » (« *Nous désirons de voir ce qui aurait précédé*
la lumière ») ; la *science* elle-même n'est qu'un ensemble de recettes qui réussissent ; elle ne

saurait donner l'explication du monde. Pourtant, au milieu de ce doute universel, une de nos activités trouve grâce devant VALÉRY : celle de l'Esprit. Aussi les *Études Philosophiques*, qui nous offrent quelques curieuses méditations personnelles *(L'Homme et la coquille, Réflexions sur le Corps, Études sur le Rêve)* sont-elles consacrées à des héros de l'Intellect comme EDGAR POE et DESCARTES, en qui Valéry voyait des frères spirituels.

« *Un art à plusieurs dimensions* »

Voyageant en Hollande, VALÉRY imagine les pensées de DESCARTES, isolé et non insensible, « au milieu des Hollandais en action ». Et voilà qu'il lui oppose une autre variété de penseurs, les « petits philosophes » de Rembrandt, confinés dans leur poêle *(chambre chauffée)*. L'essayiste se révèle ici avec toute l'ampleur de sa culture. A propos du tableau de Rembrandt, c'est tout un *type intellectuel* qui nous est suggéré. Du même coup, le *critique* pénètre le secret d'un grand peintre ; à la faveur de cette découverte, le *philosophe de l'art* définit un subtil procédé d'expression commun à la peinture et à la musique ; et le *poète*, à son tour, se prend à rêver que « *l'art d'écrire contient de grandes ressources virtuelles, des richesses de combinaisons et de composition à peine soupçonnées, si ce n'est inconnues...* »

C es petits philosophes de Rembrandt sont des philosophes enfermés. Ils mûrissent encore dans le *poêle*. Un rayon de soleil enfermé avec eux éclaire leur chambre de pierre, ou, plus exactement, crée une conque de clarté dans la grandeur obscure d'une chambre. L'hélice d'un escalier en vis qui descend des ténèbres, la perspective d'une galerie déserte introduisent ou accroissent insensiblement l'impression de considérer l'intérieur d'un étrange coquillage qu'habite le petit animal intellectuel qui en a sécrété la substance lumineuse. L'idée de reploiement en soi-même, celle de *profondeur*, celle de la formation par l'être même de sa richesse de connaissance, sont suggérées par
10 cette disposition qui engendre vaguement, mais invinciblement, des analogies spirituelles. L'inégalité de la distribution de la lumière, la forme de la région éclairée, le domaine borné de ce soleil captif d'une cellule où il définit et situe quelques objets et en laisse d'autres confusément mystérieux, font pressentir que l'*attention* et l'*attente de l'idée* sont le sujet véritable de la composition. La figure même du petit être pensant est remarquablement située par rapport à la figure de la lumière.

J'ai longuement rêvé autrefois à cet art subtil de disposer d'un élément assez arbitraire afin d'agir insidieusement sur le spectateur, tandis que son regard est attiré et fixé par des objets nets et reconnaissables. Tandis que la conscience
20 retrouve et nomme les choses bien définies, les données significatives du tableau, — nous recevons toutefois l'action sourde, et comme latérale, des taches et des zones du clair-obscur. Cette géographie de l'ombre et de la lumière est insignifiante pour l'intellect ; elle est informe pour lui, comme lui sont informes les images des continents et des mers sur la carte ; mais l'œil perçoit ce que l'esprit ne sait définir ; et l'artiste, qui est dans le secret de cette perception incomplète, peut spéculer sur elle, donner à l'ensemble des lumières et des ombres quelque figure qui serve quelque dessein, et en somme une fonction cachée, dans l'effet de l'œuvre. Le même tableau porterait ainsi deux compositions simultanées, l'une des corps et des objets représentés, l'autre des lieux
30 de la lumière. Quand j'admirais jadis, dans certains Rembrandt, des modèles de cette action indirecte (que ses recherches d'aquafortiste ont dû, à mon avis, lui faire saisir et analyser), je ne manquais pas de songer aux effets *latéraux* que peuvent produire les harmonies divisées d'un orchestre... Wagner, comme

Rembrandt, savait attacher l'âme du patient à quelque partie éclatante et principale ; et cependant qu'il l'enchaînait et l'entraînait à ce développement tout-puissant, il faisait naître dans *l'ombre de l'ouïe*, dans les régions distraites et sans défense de l'âme sensitive, — des événements lointains et préparatoires, — des pressentiments, des attentes, des questions, des énigmes, des commencements indéfinissables... C'est là construire un art à plusieurs dimensions, ou organiser, en quelque sorte, les environs et les profondeurs des choses explicitement dites.

Il me souvient d'un temps fort éloigné où je m'inquiétais si des effets analogues à ceux-ci pourraient se rechercher raisonnablement en littérature.

Le Retour de Hollande (Librairie Gallimard, éditeur).

ESSAIS QUASI POLITIQUES

PAUL VALÉRY se déclarait volontiers « anarchiste » et s'est refusé à l'engagement politique. Son *esprit critique*, toujours en éveil, lui rendait suspecte toute propagande qui « combine les sentiments et les syllogismes », là où il faudrait des arguments et des faits : il y voyait « un grand mépris des humains ». Il fut pourtant un des observateurs les plus *lucides* des problèmes de son temps et certaines de ses vues se sont révélées *prophétiques*. Les *Essais Quasi Politiques* figurant dans *Variété* doivent être complétés par les études rédigées entre 1930 et 1940, et rassemblées dans *Regards sur le monde actuel*.

Procès de l'Histoire   Dès 1895, PAUL VALÉRY s'étonnait de « l'horrible mélange » que lui offrait l'histoire de l'Europe, « collection de chroniques parallèles » et tissu de contradictions. On trouve dans *Regards sur le monde actuel (Avant-Propos ; De l'Histoire*, 1931), et dans le *Discours de l'Histoire* (1932) une critique de cette « science conjecturale » qui suscita, à l'époque, une vive controverse.

I. L'HISTOIRE EST UNE FAUSSE SCIENCE. Dans le *Discours*, Valéry considère que « l'Histoire est surtout *Muse* ». Elle ne saurait prétendre à la rigueur des sciences exactes, en raison de « *l'impossibilité de séparer l'observateur de la chose observée et l'Histoire de l'historien* ». Les témoignages du passé sont toujours incomplets ; mais même quand on s'accorde sur les faits, les historiens les interprètent et jugent de leur importance d'après « leurs personnalités, leurs instincts, leurs intérêts, leur vision singulière, — sources d'erreurs et puissances de falsification ». Ainsi s'expliquent leurs divergences sur la Révolution : « Chaque historien de l'époque tragique nous tend une tête coupée qui est l'objet de ses préférences ». Parmi les *sources d'erreurs*, VALÉRY signale encore l'interprétation du passé selon les cadres de pensée actuels, la confusion entre succession chronologique et causalité, et surtout la tendance à négliger, au profit des événements saillants, les influences qui s'exercent à la longue, par exemple celle de la découverte de l'électricité.

II. « LEÇONS » ET DANGERS DE L'HISTOIRE. « L'Histoire justifie ce que l'on veut. Elle n'enseigne rigoureusement rien, car elle contient tout, et donne des exemples de tout » *(Regards...)*. Il est d'ailleurs vain de prétendre « déduire de la connaissance du passé quelque prescience du futur », car « *l'Histoire est la science des choses qui ne se répètent pas* » *(Discours...)*. Il faut en effet tenir compte du changement d'échelle et de la complexité croissante du monde moderne, où « rien ne se fera plus sans que le monde entier ne s'en mêle ». Énumérant, dans le *Discours de l'Histoire*, les bouleversements imprévisibles de la science et de la vie, VALÉRY a une formule saisissante pour souligner la vanité des prophéties historiques : « *Nous entrons dans l'avenir à reculons* ».

Il est donc dangereux de se fonder sur les prétendues « leçons » du passé : « *L'Histoire est le produit le plus dangereux que la chimie de l'intellect ait élaboré. Ses propriétés sont bien connues. Il fait rêver, il enivre les peuples, leur engendre de faux souvenirs, exagère leurs réflexes, entretient leurs vieilles plaies, les tourmente dans leur repos, les conduit au délire des grandeurs ou à celui de la persécution, et rend les nations amères, superbes, insupportables et vaines* ».

III. LES ENSEIGNEMENTS DU PASSÉ. « L'Histoire, je le crains, ne nous permet guère de prévoir ; mais associée à l'indépendance de l'esprit, elle peut nous aider à mieux voir ». Selon VALÉRY, ce n'est pas sans fruit que l'on médite le passé en ce qu'il a de révolu : « Il nous montre, en particulier, l'échec fréquent des prévisions trop précises ; et, au contraire, les grands avantages d'une préparation générale et constante, qui, sans prétendre créer ou défier les événements, lesquels sont invariablement des surprises, ou bien développent des conséquences surprenantes, — permet à l'homme de manœuvrer au plus tôt contre l'imprévu. » *(Discours de l'Histoire.)*

« Le monde actuel »   Tout jeune, devant les victoires du Japon sur la Chine (1894) et des États-Unis sur l'Espagne (1898), PAUL VALÉRY voyait dans ces succès de nations équipées à l'européenne les premiers indices d'une *menace contre l'Europe* elle-même. D'autre part, la guerre de 1914 lui révéla les dangers que représente pour notre civilisation le « merveilleux instrument » qu'est « *l'intelligence disciplinée* », mis au service d'ambitions sans scrupules. L'Europe lui parut menacée de mort : dans *La Crise de l'Esprit* (1919), il lança alors un cri d'alarme qui connut un grand retentissement.

I. NOS CIVILISATIONS SONT MORTELLES : « *Nous autres, civilisations, nous savons maintenant que nous sommes mortelles. Nous avions entendu parler de mondes disparus tout entiers, d'empires coulés à pic avec tous leurs hommes et tous leurs engins ; descendus au fond inexplorable des siècles avec leurs dieux et leurs lois, leurs académies et leurs sciences pures et appliquées, avec leurs grammaires, leurs dictionnaires, leurs classiques, leurs romantiques et leurs symbolistes, leurs critiques et les critiques de leurs critiques. Nous savions bien que toute la terre apparente est faite de cendres, que la cendre signifie quelque chose. Nous apercevions à travers l'épaisseur de l'histoire, les fantômes d'immenses navires qui furent chargés de richesse et d'esprit. Nous ne pouvions pas les compter. Mais ces naufrages, après tout, n'étaient pas notre affaire.*

Elam, Ninive, Babylone étaient de beaux noms vagues, et la ruine totale de ces mondes avait aussi peu de signification pour nous que leur existence même. Mais France, Angleterre, Russie... ce seraient aussi de beaux noms. [...] Et nous voyons maintenant que l'abîme de l'histoire est assez grand pour tout le monde. Nous sentons qu'une civilisation a la même fragilité qu'une vie. Les circonstances qui enverraient les œuvres de Keats et celles de Baudelaire rejoindre les œuvres de Ménandre ne sont plus du tout inconcevables : elles sont dans les journaux ».

II. LES ERREURS DE L'EUROPE. Après la guerre, VALÉRY mesure le désastre : d'immenses destructions, d'irréparables pertes humaines, l'anéantissement de cette fleur de civilisation que représentait, dans sa riche complexité, l'esprit européen d'avant 1914. Pourtant *l'Europe pourrait encore se relever*. Elle est cet territoire très limité et privilégié dont les hommes ont donné au monde la plupart des inventions et des progrès techniques. Mais son avenir est menacé par la faute de ses politiques dont le génie a été inférieur à celui de ses savants. La sagesse commandait d'*unir l'Europe* pour sauvegarder sa suprématie intellectuelle et matérielle. « Les misérables Européens ont mieux aimé jouer aux Armagnacs et aux Bourguignons que de prendre sur toute la terre le grand rôle que les Romains surent prendre et tenir pendant des siècles sur le monde de leur temps » *(Regards...)*. Bien plus, leur rivalité les a conduits à « exporter les procédés et les engins qui faisaient de l'Europe la suzeraine du monde » et à préparer ainsi son asservissement.

III. SAUVER L'ESPRIT EUROPÉEN. « Dans l'ordre de la puissance, et dans l'ordre de la connaissance précise, l'Europe pèse encore aujourd'hui beaucoup plus que le reste du globe. Je me trompe, ce n'est pas l'Europe qui l'emporte, c'est l'Esprit européen dont l'Amérique est une création formidable. Partout où l'Esprit européen domine, on voit apparaître le maximum de *besoins*, le maximum de *travail*, le maximum de *capital*, le maximum de *rendement*, le maximum d'*ambition*, le maximum de *puissance*, le maximum de *modifications de la nature extérieure*, le maximum de *relations* et d'*échanges*. Cet ensemble de maxima est Europe, ou image de l'Europe. » *(L'Européen, 1922).*

Où va l'Europe ?

En deux phrases, qui furent aussitôt célèbres, VALÉRY pose le problème du *destin de l'Europe*. Dès 1919, avec une clairvoyance remarquable, il montre comment, par l'imprévoyance de ses gouvernants, elle risque d'être écrasée ou réduite au second rang. La question dépasse celle de la domination exercée par une minorité sur le reste du monde : VALÉRY définit les qualités qui ont assuré cette prééminence, et nous sommes invités à nous demander si, avec l'Europe, ce ne sont pas les valeurs d'un *esprit* hors de pair et d'une *civilisation* sans égale qui, pour le malheur de l'humanité, se trouvent menacées de mort.

L 'idée de culture, d'intelligence, d'œuvres magistrales est pour nous dans une relation très ancienne, — tellement ancienne que nous remontons rarement jusqu'à elle, — avec l'idée d'Europe.

Les autres parties du monde ont eu des civilisations admirables, des poètes du premier ordre, des constructeurs, et même des savants. Mais aucune partie du monde n'a possédé cette singulière propriété *physique :* le plus intense pouvoir *émissif* uni au plus intense pouvoir *absorbant*.

Tout est venu à l'Europe et tout en est venu. Ou presque tout.

Or, l'heure actuelle comporte cette question capitale : l'Europe va-t-elle garder sa prééminence dans tous les genres ?

L'Europe deviendra-t-elle *ce qu'elle est en réalité*, c'est-à-dire : un petit cap du continent asiatique ?

Ou bien l'Europe restera-t-elle *ce qu'elle paraît*, c'est-à-dire : la partie précieuse de l'univers terrestre, la perle de la sphère, le cerveau d'un vaste corps ?

Qu'on me permette, pour faire saisir toute la rigueur de cette alternative, de développer ici une sorte de théorème fondamental.

Considérez un planisphère. Sur ce planisphère, l'ensemble des terres habitables. Cet ensemble se divise en régions, et dans chacune de ces régions, une certaine densité de peuple, une certaine qualité des hommes. A chacune de ces régions correspond aussi une richesse naturelle, — un sol plus ou moins fécond, un sous-sol plus ou moins précieux, un territoire plus ou moins irrigué, plus ou moins facile à équiper pour les transports, etc.

Toutes ces caractéristiques permettent de classer à toute époque les régions dont nous parlons, de telle sorte qu'à toute époque, *l'état de la terre vivante peut être défini par un système d'inégalités entre les régions habitées de sa surface.* A chaque instant, *l'histoire* de l'instant suivant dépend de cette inégalité donnée.

Examinons maintenant non pas cette classification théorique, mais la classification qui existait hier encore dans la réalité. Nous apercevons un fait bien remarquable et qui nous est extrêmement familier :

La petite région européenne figure en tête de la classification, depuis des siècles. Malgré sa faible étendue, — et quoique la richesse du sol n'y soit pas extraordinaire, — elle domine le tableau. Par quel miracle ? — Certainement, le miracle doit résider dans la qualité de sa population. Cette qualité doit compenser le nombre moindre des hommes, le nombre moindre des milles carrés, le nombre moindre des tonnes de minerai, qui sont assignés à l'Europe. Mettez dans l'un des plateaux d'une balance l'empire des Indes ; dans l'autre le Royaume-Uni. Regardez : le plateau chargé du poids le plus petit penche !

Voilà une rupture d'équilibre bien extraordinaire. Mais ses conséquences sont plus extraordinaires encore : *elles vont nous faire prévoir un changement progressif en sens inverse.*

Nous avons suggéré tout à l'heure que la qualité de l'homme devait être le déterminant de la précellence de l'Europe. Je ne puis analyser en détail cette qualité ; mais je trouve par un examen sommaire que l'avidité active, la curiosité ardente et désintéressée, un heureux mélange de l'imagination et de la rigueur logique, un certain scepticisme non pessimiste, un mysticisme non résigné... sont les caractères plus spécifiquement agissants de la Psyché européenne.

C'est l'Europe qui a préparé son propre abaissement en communiquant ses moyens de puissance à des pays plus vastes et plus peuplés qui n'avaient pas su les découvrir seuls : « Nous avons étourdiment rendu les forces proportionnelles aux masses ! »

Variété. La Crise de *l'Esprit,* II (Librairie Gallimard, éditeur).

Les deux visages de la science

Grâce à la science moderne, quantité de rêves fabuleux de l'humanité sont entrés dans notre réalité quotidienne : VALÉRY s'amuse à énumérer les avantages que l'homme ordinaire possède aujourd'hui sur le roi Louis XIV. Nous sommes donc fiers, à juste titre, de notre civilisation matérielle. Pourtant *la science contient aussi des germes de* « *barbarie* », par son pouvoir de destruction et par des *dangers plus insidieux* qui menacent l'humanité.

Dans *La Politique de l'Esprit* (1932), il observe que notre intelligence, prisonnière des idées et des croyances du passé, n'évolue pas au même rythme que la science : d'où la *confusion* du monde moderne, incapable de se donner une politique, une morale, un idéal, des lois en harmonie avec ses connaissances nouvelles et avec les modes de vie qu'il a créés. On peut même redouter, à longue échéance, *une dégradation de l'intelligence.* L'homme moderne s'habitue en effet à vivre dans le désordre mental ; on le dispense de raisonner ; on tue son esprit critique par la publicité et la propagande ; on ne lui laisse plus le loisir de penser. Sa *sensibilité* elle-même est émoussée par la vitesse, la lumière, les bruits... Valéry termine son *Bilan de l'Intelligence* (1935) par l'éloge du « sport intellectuel » : l'homme doit développer les facultés de son esprit comme un virtuose fait des gammes.

De l'ère du fait au règne des mythes

Dans sa *Préface* aux Lettres Persanes, VALÉRY souligne le *rôle des conventions sociales,* seules capables de donner quelque stabilité aux choses humaines.

« *Une société s'élève de la brutalité jusqu'à l'ordre. Comme la barbarie est l'ère du* fait, *il est donc nécessaire que l'ère de l'ordre soit l'empire des* fictions, — *car il n'y a point de puissance capable de fonder l'ordre sur la seule contrainte des corps par les corps. Il y faut des forces fictives.* » Le progrès vers la civilisation exige que les instincts, seuls maîtres dans *l'ère du fait,* soient vaincus peu à peu par tout un système de *conventions* qui définissent le *sacré,* le *juste,* le *légal,* le *décent,* le *louable :* ainsi « l'on s'éloigne insensiblement de l'âge où le fait dominait ». « Le monde social nous semble alors aussi naturel que la nature, lui qui ne tient que par magie. N'est-ce pas, en effet, un édifice d'enchantements que ce système qui repose sur des écritures, sur des paroles obéies, des promesses tenues, des images efficaces, des habitudes et des conventions observées — fictions pures ? » Le règne de l'ordre est donc celui de ces *Choses Vagues,* de ces symboles et ces signes, dont nous n'apercevons plus le caractère fictif, parce qu'ils sont entrés dans nos instincts. Le bienfait le plus remarquable de cet ordre est l'éclosion de *la liberté d'esprit,* dès que le fait n'exerce plus sa contrainte.

Or c'est justement cette *liberté* qui va tout remettre en question. « Dans l'ordre peu à peu les têtes s'enhardissent. A la faveur des sûretés établies, et grâce à l'évanouissement des raisons de ce qui se fait, les esprits qui se relèvent et qui s'ébrouent ne perçoivent que les gênes ou la bizarrerie des façons de la société. » L'esprit critique s'éveille et ruine les conventions, provoquant la révolution ou la guerre, en d'autres termes le retour à l'état du fait, c'est-à-dire à la barbarie. Mais si l'ordre pesait à l'individu, le désordre à son tour lui fait désirer « la police ou la mort ». Ainsi s'amorce *un nouveau cycle évolutif.*

La solidité des sociétés dépend donc d'un ensemble de mythes qui règlent les relations humaines. Le scepticisme de VALÉRY aboutit, on le voit, à un art de vivre, et celui qu'on a appelé parfois « le Descartes moderne » n'est pas si loin, en somme, de Montaigne.

L'AGE DU SURRÉALISME

L'explosion surréaliste Lorsqu'en 1918 meurt GUILLAUME APOLLINAIRE, les milieux littéraires et artistiques sont animés d'une profusion d'idées, dont le poète d'*Alcools* avait été comme le miroir de concentration. En peinture, le *cubisme* triomphe et c'est Apollinaire qui en avait écrit le premier la « défense et illustration ». La musique, avec ERIK SATIE (1866-1925), qui disait avoir appris plus de musique auprès des peintres que des musiciens, participe à cette même *recherche de nouveauté technique* et d'*exaltation spirituelle*, et c'est en 1916 que fut représenté *Parade*, ballet de SATIE monté en collaboration avec JEAN COCTEAU par le maître des Ballets russes, DIAGHILEV, dans des décors de PICASSO. Bientôt, le cinéma, encore dans l'enfance pourtant, va à son tour entrer dans le mouvement avec MARCEL L'HERBIER (*L'Inhumaine*, en collaboration avec FERNAND LÉGER, qui donne aussi, en 1924, le *Ballet mécanique*), RENÉ CLAIR (*Entr'acte*, musique d'Erik Satie, 1924), et, peu après, les films proprement surréalistes de LUIS BUNUEL, *Le Chien andalou* (1928) et *L'Age d'or* (1930). La peinture tentait au même moment son expérience surréaliste, avec MAX ERNST et FRANCIS PICABIA.

Le SURRÉALISME n'est donc pas un mouvement exclusivement littéraire : faisant écho à l'évolution générale de l'esprit moderne, héritier, tout aussi bien, des expériences esthétiques qui se sont succédé depuis le romantisme, profondément marqué enfin par les répercussions sociales, psychologiques et morales de la Grande Guerre, il concerne *toutes les formes de l'expression artistique,* car il prétend remettre en question à la fois la matière, le langage et la signification de l'Art.

Rupture et révolte Dans l'aventure surréaliste, la POÉSIE était cependant appelée à jouer ce rôle de PILOTE que lui avait déjà assigné Apollinaire (cf. p. 41). Mais à la différence de la plupart des écoles poétiques antérieures, cette poésie-pilote n'est qu'*un moyen* d'expérimenter et d'exprimer ce que le chef du mouvement, ANDRÉ BRETON, nomme « *la vraie vie* » (*Entretiens radiophoniques,* 1952) : la poésie est alors comme une introduction et *un préambule expérimental à la conquête effective d'une manière d'exister* assumant tous les aspects de la vie, ce qu'avaient pressenti LAUTRÉAMONT et RIMBAUD (cf. *XIXᵉ Siècle,* pp. 517 et 539). GUILLAUME APOLLINAIRE devait inventer le mot et commencer d'énoncer l'art poétique du surréalisme :

Profondeurs de la conscience	*La Victoire avant tout sera*
On vous explorera demain	*De bien voir au loin*
Et qui sait quels êtres vivants	*De tout voir*
Seront tirés de ces abîmes	*De près*
Avec des univers entiers	*Et que tout ait un nom nouveau*
(Calligrammes. Les Collines).	(Calligrammes. La Victoire).

Un nom nouveau... On se souvient inévitablement de Baudelaire *(Au fond de l'Inconnu pour trouver du nouveau),* de Rimbaud et de Mallarmé. C'est que le surréalisme, mouvement de révolte et de rupture, ranime une tradition qui remonte jusqu'au romantisme. Il est la pointe extrême de ce « néo-romantisme » dont la recherche a tourmenté la poésie française depuis Baudelaire. Les surréalistes se sont reconnu des maîtres proches comme RIMBAUD et LAUTRÉAMONT, ou plus lointains comme WILLIAM BLAKE (1757-1827) et GÉRARD DE NERVAL. De l'époque surréaliste date la résurrection de l'auteur d'*Aurélia* (cf. la *Nadja* d'ANDRÉ BRETON, p. 345) et Nerval eût pu faire sienne la formule de JEAN COCTEAU : *« Accidents du mystère et fautes de calcul — Célestes, j'ai profité d'eux, je l'avoue ».* De même un des animateurs du groupe surréaliste, PHILIPPE SOUPAULT, contribua largement à introduire en France l'influence de William Blake.

**Fécondité
de l'insolite**

Ce qui fonde la valeur poétique et humaine du surréalisme, ce qui en explique le rayonnement, c'est la pratique de l'art comme *technique d'exploration de l'Inconnu* et de tous les « *ailleurs* » qu'enferment conjointement, selon de mystérieuses correspondances, l'univers et la conscience humaine. Ainsi se trouve repris dans le surréalisme, mais largement amplifié, le thème nervalien et baudelairien du *voyage*. BLAISE CENDRARS (cf. p. 38 et 360), qui partage avec APOLLINAIRE le rôle d'annonciateur du surréalisme, ne s'était-il pas donné pour devise : « *bourlinguer* »? Dès 1913, sa *Prose du Transsibérien* est bien l'une des premières œuvres annonciatrices du surréalisme (cf. p. 39) ; il découvre l'exotisme surréaliste du folklore nègre (son *Anthologie nègre* paraît en 1921) ; et c'est lui encore qui, dès 1917, avait exalté les immenses possibilités que peut offrir au poète bourlingueur et explorateur ce nouveau langage qu'est le cinéma. Inversement l'influence du cinéma devait s'exercer sur CENDRARS lui-même (cf. son scénario : *La Vénus noire*, 1923) et sur bien des aspects du langage surréaliste. Cette liaison organique entre *poésie* et *cinéma* trouvera son achèvement dans l'œuvre de JEAN COCTEAU.

Le *cinéma* apparaît en effet comme une des techniques du voyage aux pays de l'*insolite*. Ces techniques, il en est bien d'autres : le *rêve*, spontané ou provoqué, par exemple, mais aussi la *démence*, authentique comme chez ANTONIN ARTAUD, ou bien simulée ou provoquée ; et de même le rêve ou la démence au niveau du langage, l'inconscient de l'homme ou l'inconscient de ses mots, toutes recherches dont la pratique de *l'écriture automatique* n'est qu'un aspect.

**Révolte et
communion humaine**

Ainsi le surréalisme, qui prétend pousser jusqu'à ses extrêmes conséquences une expérience de liberté et de *libération*, est-il impossible à enfermer dans les limites d'un art poétique, au sens traditionnel ; et, malgré l'existence de ses *Manifestes*, il n'est pas non plus une école, son but étant de *transformer en art la pratique individuelle du « défoulement »* *freudien* [1]. Ses principaux représentants se sont certes associés pour mettre en commun leur *révolte* et leurs *expériences techniques*, mais ils se sont progressivement affirmés chacun dans sa singularité, comme en témoigne leur *évolution souvent divergente*. Car les surréalistes n'en sont pas moins des hommes. Engagés d'abord dans une *aventure de violence*, ils s'attaquaient souvent à ce qui jusque-là paraissait l'essentiel du langage humain ; aussi le surréalisme fut-il, dans un premier état, une explosion de violence pure et même, à beaucoup d'égards, le caprice virulent d'esprits qui peuvent « s'offrir le luxe » de la révolte ! Mais les grands surréalistes, les poètes authentiques, dès qu'ils éprouvent une *souffrance personnelle*, dès qu'ils participent à une *émotion collective*, rendent à la poésie *une autre raison d'être que la révolte pure* et reviennent alors à des thèmes d'inspiration et à des modes d'expression plus « traditionnels » et plus riches de *communion humaine*.

**Influence
du surréalisme**

Dans le même temps, le surréalisme créait un *climat littéraire nouveau* qui fut la caractéristique dominante, du moins en ce qui concerne la poésie, des années 1920-1930. Il n'a pas cessé depuis d'imprégner les œuvres les plus diverses. De leur côté, nombre de poètes parmi les meilleurs, sans appartenir le moins du monde au groupe surréaliste, ont poursuivi, souvent dans la solitude, des expériences parallèles et forment ainsi, *autour du surréalisme proprement dit*, une zone indépendante riche en œuvres du premier rang. La *poésie contemporaine* apparaît comme la suite et l'héritière à la fois du surréalisme et de ces poètes indépendants, sans que soit néanmoins abolie l'influence de la *génération antérieure*, celle de Péguy, de Valéry et de Claudel (cf. p. 551).

— 1 Selon Freud, l'inconscient recueille les impulsions *refoulées* par la conscience sous l'influence des interdictions morales ou sociales ; lorsque ce refoulement devient pathologique, la *psychanalyse* intervient comme moyen de *libération* de l'inconscient et utilise le rêve comme une sorte de « défoulement » naturel.

LE MOUVEMENT SURRÉALISTE

**Dadaïsme
et surréalisme** DADA. Dès 1918 va s'affirmer un mouvement qui se propose une révolte pure et totale, aboutissant à une complète désagrégation du langage et de la vie de l'esprit.
Le nom de Dada choisi par ce mouvement illustre sa volonté de soumettre le contenu et la forme de la poésie à *l'irruption incontrôlée de la violence*. Et pour mieux affirmer la sincérité de son expérience, le *dadaïsme* veut que rien ne puisse lui échapper et s'attaque aux sources mêmes de la pensée et du langage : « *Je détruis les tiroirs du cerveau et ceux de l'organisation sociale : démoraliser partout et jeter la main du ciel en enfer, les yeux de l'enfer au ciel, rétablir la roue féconde d'un cirque universel dans les puissances réelles et la fantaisie de chaque individu* » (Tristan Tzara, *Manifeste dada*, 1918). Entreprise de type *anarchiste*, mais qui, à travers la violence anarchique, espère obtenir, pour ainsi dire sous forme de résidu, *l'authentique brut*, désormais matière et forme de la poésie ; c'est un peu comme si le poète se disait : Détruisons tout, et voyons ce qui reste ; telle sera la vraie réalité, celle qu'aucune organisation ne sera venue fausser. — De cette entreprise à la fois héroïque et désespérée, qui prétend pourtant être positive par les « révélations » qu'elle provoque, l'œuvre de TRISTAN TZARA reste le meilleur témoignage : « Liberté : DADA, DADA, DADA, *hurlement des couleurs crispées, entrelacement des contraires et de toutes les contradictions, des grotesques, des inconséquences :* LA VIE.» (*Manifeste*, 1918). Voici un de ses poèmes :

Hirondelle végétale

*Confluent des deux sourires vers
l'enfant — une roue de ma ferveur
le bagage de sang des créatures
incarnées dans les légendes physiques — vit
les cils agiles des orages se troublent
la pluie tombe sous les ciseaux du
coiffeur obscur — de grandes allures
nageant sous les arpèges disparates*

*dans la sève des machines l'herbe
pousse autour des yeux aigus
ici le partage de nos caresses
mordues et parties avec les flots
s'offre au jugement des heures
séparées par le méridien des chevelures
midi sonne dans nos mains
les piments des plaisirs humains.*

De nos oiseaux (1914-1922).

LE GROUPE SURRÉALISTE. Pendant la Grande Guerre, un jeune étudiant en médecine mobilisé en 1915 à dix-neuf ans, ANDRÉ BRETON, est affecté à divers centres neuro-psychiatriques et s'initie ainsi aux travaux de Sigmund Freud. Imprégné d'autre part de l'influence de Baudelaire et de Mallarmé, il découvre les possibilités offertes à l'art par une *exploration systématique de l'inconscient*. En 1919, le futur groupe surréaliste commence à se constituer lorsque BRETON fonde, avec LOUIS ARAGON (lui aussi médecin) et PHILIPPE SOUPAULT, la revue *Littérature*, où paraît le premier texte proprement surréaliste, *Les Champs magnétiques* (écrit en collaboration par BRETON et SOUPAULT).

**Le Manifeste
du Surréalisme** Voulant dépasser la négation dadaïste par une « exploration du domaine de l'automatisme psychique », le *groupe surréaliste* où se rencontrent poètes et artistes peintres (Breton, Soupault, Crevel, Desnos, Éluard, Aragon, Péret, Ernst, Picabia) affirme son unité d'orientation, qui s'exprime dans le *Manifeste du Surréalisme* (1924). On y lit par exemple cette définition :

« SURRÉALISME, n.m. *Automatisme psychique pur par lequel on se propose d'exprimer, soit verbalement, soit par écrit, soit de toute autre manière, le fonctionnement réel de la pensée. Dictée de la pensée, en l'absence de tout contrôle exercé par la raison, en dehors de toute préoccupation esthétique ou morale* ».

Cette dernière phrase définit le procédé de *l'écriture automatique* qui est, avec le *compte rendu de rêves*, l'organe essentiel de l'expérimentation surréaliste : c'est pour en exploiter les résultats que le groupe ouvre alors, rue de Grenelle, à Paris, un « bureau de recherches surréalistes » ; la revue du mouvement prendra pour titre : *La Révolution surréaliste*.

Surréalisme et Révolution

En 1930, paraîtra un *Second Manifeste du Surréalisme* ; et le titre de la revue devient : *Le Surréalisme au service de la Révolution*. Alors se pose *le problème d'une politique surréaliste*, et en particulier des *rapports du surréalisme avec le communisme* (1935 : *Position politique du Surréalisme*, par André Breton). Ce problème amènera la désagrégation du groupe, provoquée aussi par l'évolution divergente des personnalités littéraires de ses membres : LOUIS ARAGON et PAUL ÉLUARD iront vers l'engagement et le communisme ; ANDRÉ BRETON se consacrera au contraire au maintien de l'intégrité surréaliste. Mais le groupe aura animé un grand « moment » d'histoire littéraire, comme en témoignent les « expositions surréalistes », organisées à Paris, dont la huitième eut lieu en 1959.

Le grand théoricien du mouvement est ANDRÉ BRETON, soutenu principalement par BENJAMIN PÉRET et PHILIPPE SOUPAULT, ainsi que par les peintres Max Ernst et Francis Picabia. Le groupe attira dans son sein nombre d'artistes et de poètes dont les œuvres sont fort inégales, son activité créatrice étant surtout caractérisée par celles d'André Breton, Robert Desnos, Louis Aragon et Paul Eluard.

ANDRÉ BRETON

L'intégrité surréaliste

ANDRÉ BRETON (1896-1966) est né à Tinchebray (Orne). Après ses études de médecine et ses expériences de la guerre, il fait partie du cercle de Guillaume Apollinaire (1917-1918). De 1919 à 1924 il devient le chef du groupe surréaliste dont en 1926, dans *Légitime Défense*, il affirme l'irréductible *indépendance* à l'égard de tout « contrôle extérieur, même marxiste », et dont il se fait le théoricien avec ses deux *Manifestes* (1924-1930). Son œuvre atteint sa maturité et son son apogée avec la publication de *Nadja* (1928), puis des *Vases communicants* (1932) et de *L'Amour Fou* (1937). Au cours de la seconde guerre mondiale, BRETON séjourne aux États-Unis où il écrit *Arcane 17* (1945). Après la fin de la guerre, il a continué de militer pour la défense du *surréalisme intégral* : polémique à propos de *L'Homme révolté* de Camus, dans la revue *Arts* (1952); expositions surréalistes (1947-1959); fondation de la revue *Le Surréalisme, même* (1956); *Clair de terre* (1966).

Art Poétique

Dans les deux *Manifestes du Surréalisme*, ANDRÉ BRETON rassemble l'essentiel de ce qui, selon lui, constitue la *seule voie radicalement nouvelle* vers une transformation décisive de l'homme et du monde ; et il y voit en même temps le principe de la vraie poésie, qui est *libération inconditionnelle des « produits de la vie psychique »* grâce au caractère spontanément créateur de « *l'automatisme verbo-visuel* » (*Point du Jour, le Message automatique*, 1934). Voici un des textes où ANDRÉ BRETON décrit le processus surréaliste de la création poétique.

On sait assez ce qu'est l'inspiration. Il n'y a pas à s'y méprendre ; c'est elle qui a pourvu aux besoins suprêmes d'expression en tout temps et en tous lieux. On dit communément qu'elle y *est* ou qu'elle n'y est pas et, si elle n'y est pas, rien de ce que suggère auprès d'elle l'habileté humaine, qu'oblitèrent l'intérêt, l'intelligence discursive et le talent qui s'acquiert par le travail, ne peut nous guérir de son absence. Nous la reconnaissons sans peine à cette prise de possession totale de notre esprit qui, de loin en loin, empêche que pour tout problème posé nous soyons le jouet d'une solution rationnelle plutôt que d'une autre solution rationnelle, à cette sorte de court-circuit qu'elle provoque entre une idée donnée et sa répondante (écrite par exemple). Tout comme dans le monde physique, le court-circuit se produit quand les deux « pôles » de la machine se trouvent réunis par un conducteur de résistance nulle ou trop faible. En poésie, en peinture, le surréalisme a fait l'impossible pour multiplier ces courts-circuits. Il ne tient et il ne tiendra jamais à rien tant qu'à reproduire artificiellement ce moment idéal où l'homme, en proie à une émotion particulière, est soudain empoigné par ce « plus fort que lui » qui le jette, à son corps défendant, dans l'immortel. Lucide, éveillé, c'est avec terreur qu'il sortirait de ce mauvais pas. Le tout est qu'il n'en soit pas libre, qu'il continue à parler tout le temps que dure la mystérieuse sonnerie : c'est, en effet, par où il cesse de s'appartenir qu'il nous appartient. Ces produits de l'activité psychique, aussi distraits que possible de la volonté de signifier, aussi allégés que possible des idées de responsabilité toujours prêtes à agir comme des freins, aussi indépendants que possible de tout ce qui n'est pas *la vie passive de l'intelligence*, ces produits que sont l'écriture automatique et les récits de rêves présentent à la fois l'avantage d'être seuls à fournir des éléments d'appréciation de grand style à une critique qui, dans le domaine artistique, se montre étrangement désemparée, de permettre un reclassement général des valeurs lyriques et de proposer une clé qui, capable d'ouvrir indéfiniment cette boîte à multiple fond qui s'appelle l'homme, le dissuade de faire demi-tour, pour des raisons de conservation simple, quand il se heurte dans l'ombre aux portes extérieures fermées de « l'au-delà », de la réalité, de la raison, du génie et de l'amour. Un jour viendra où l'on ne se permettra plus d'en user cavalièrement, comme on l'a fait, avec ces preuves palpables d'une existence autre que celle que nous pensons mener. On s'étonnera alors que, serrant *la vérité* d'aussi près que nous l'avons fait, nous ayons pris soin dans l'ensemble de nous ménager un alibi littéraire ou autre plutôt que sans savoir nager de nous jeter à l'eau, sans croire au phénix d'entrer dans le feu pour atteindre cette vérité.

Second Manifeste du Surréalisme, 1930 (Kra, éditeur).

Nadja

Le personnage de *Nadja*, dont le livre publié sous ce titre en 1928 est, pour ainsi dire, *le portrait-diagnostic*, est imaginé par BRETON comme le miroir privilégié de la « surréalité » telle qu'elle est *éprouvée*, dans son expérience continue, par un être vivant, une femme située au-delà des prétendues frontières entre raison et folie, entre rêve et bon sens. BRETON tente ici de continuer jusqu'à son terme l'expérience psychologique et littéraire amorcée par NERVAL dans *Aurélia*. C'est au moment où il vient d'apprendre « que Nadja était folle » que Breton cherche à dégager le sens de cette « folie ».

Nadja était forte, enfin, et très faible, comme on peut l'être, de cette idée qui toujours avait été la sienne, mais dans laquelle je ne l'avais que trop entretenue, à laquelle je ne l'avais que trop aidée à donner le pas sur les autres : à savoir que la liberté, acquise ici-bas au prix de mille et des plus difficiles renoncements, demande à ce qu'on jouisse d'elle sans restrictions dans le temps où elle nous est donnée, sans considération pragmatique d'aucune sorte et

cela parce que l'émancipation humaine, conçue en définitive sous sa forme révolutionnaire la plus simple, qui n'en est pas moins l'émancipation humaine *à tous égards*, entendons-nous bien, *selon les moyens dont chacun dispose*, demeure
10 la seule cause qu'il soit digne de servir. Nadja était faite pour la servir, ne fût-ce qu'en démontrant qu'il doit se fomenter autour de chaque être un complot très particulier qui n'existe pas seulement dans son imagination, dont il conviendrait, au simple point de vue de la connaissance, de tenir compte, et aussi, mais beaucoup plus dangereusement, en passant la tête, puis un bras entre les barreaux ainsi écartés de la logique, c'est-à-dire de la plus haïssable des prisons. C'est dans la voie de cette dernière entreprise, peut-être, que j'eusse dû la retenir, mais il eût fallu tout d'abord que je prisse conscience du péril qu'elle courait. Or, je n'ai jamais pensé qu'elle pût perdre ou qu'elle eût déjà perdu le minimum de sens pratique qui fait qu'après tout mes amis et moi,
20 par exemple, *nous nous tenons bien*[1]. [...] Les lettres de Nadja, que je lisais de l'œil dont je lis toutes sortes de textes surréalistes, ne pouvaient non plus présenter pour moi rien d'alarmant. Je n'ajouterai, pour ma défense, que quelques mots. L'absence bien connue de frontière entre la *non-folie* et la folie ne me dispose pas à accorder une valeur différente aux perceptions et aux idées qui sont le fait de l'une ou de l'autre. Il est des sophismes infiniment plus significatifs et plus lourds de portée que les vérités les moins contestables : les révoquer en tant que sophismes est à la fois dépourvu de grandeur et d'intérêt. Si sophismes c'étaient il faut avouer que ceux-ci ont du moins contribué plus que tout à me faire jeter à moi-même, à celui qui du plus loin vient à la rencontre de moi-
30 même[2], le cri, toujours pathétique, de « Qui vive ? » Qui vive ? Est-ce vous, Nadja ? Est-il vrai que l'*au-delà*, tout l'au-delà soit dans cette vie[3] ? Je ne vous entends pas. Qui vive ? Est-ce moi seul ? Est-ce moi-même ?

Nadja (Librairie Gallimard, éditeur).

« BEAUTÉ SANS DESTINATION »

Le surréalisme se lance volontiers à la recherche de l'*insolite* dont il a largement contribué à faire un des grands thèmes de la littérature, de l'art et du cinéma contemporains. Aussi est-ce pour en déceler le secret que BRETON jette son regard sur la *réalité quotidienne* ou sur les *paysages de la nature*. Suivant une piste ouverte par Baudelaire qui, dans ses *Poèmes en prose*, avait chanté la poésie *bizarre* des *villes énormes*, BRETON voit ainsi l'éveil de Paris.

Il faut aller voir de bon matin, du haut de la colline du Sacré-Cœur, à Paris, la ville se dégager lentement de ses voiles splendides, avant d'étendre les bras[4]. Toute une foule enfin dispersée, glacée, déprise et sans fièvre, entame comme un navire la grande nuit[5] qui sait ne faire qu'un

---

— 1 L'auteur vient d'apprendre que Nadja a dû être internée dans un asile « à la suite d'excentricités auxquelles elle s'était livrée dans les couloirs de son hôtel ». — 2 Le vrai « moi-même », la personnalité profonde. — 3 Cf.

l'*Aurélia* de Nerval (*XIX*e *Siècle*, p. 280). Mais l'*au-delà* est ici intérieur à « cette vie » : il est de caractère *psychique*, et non *mystique*. — 4 Comparaison de la ville avec une personne qui s'éveille. — 5 La nuit est entamée par la foule comme la mer par l'étrave du navire.

de l'ordre et de la merveille. Les trophées orgueilleux [6], que le soleil s'apprête à couronner d'oiseaux ou d'ondes, se relèvent mal de la poussière des capitales enfouies. Vers la périphérie les usines, premières à tressaillir, s'illuminent de la conscience de jour en jour grandissante des travailleurs. Tous dorment, à l'exception des derniers scorpions à face humaine qui commencent à cuire, à bouillir dans leur or [7]. La beauté féminine se fond une fois de plus dans le creuset de toutes les pierres rares. Elle n'est jamais plus émouvante, plus enthousiasmante, plus folle, qu'à cet instant où il est possible de la concevoir unanimement détachée du désir de plaire à l'un ou à l'autre, aux uns ou aux autres. Beauté sans destination immédiate, sans destination connue d'elle-même, fleur inouïe faite de tous ces membres épars dans un lit qui peut prétendre aux dimensions de la terre ! La beauté atteint à cette heure à son terme le plus élevé, elle se confond avec l'innocence, elle est le miroir parfait dans lequel tout ce qui a été, tout ce qui est appelé à être, se baigne adorablement en ce qui va être cette fois. La puissance absolue de la subjectivité universelle, qui est la royauté de la nuit, étouffe les impatientes déterminations au petit bonheur.

Les Vases communicants (Librairie Gallimard, éditeur).

Le Jeu du langage et du hasard

La revue *Littérature*, qui fut l'organe du « bureau de recherches surréalistes », publiait les *textes expérimentaux* grâce auxquels les membres du groupe inventaient le langage accordé à leur nouvel art poétique. On y trouve l'application des deux grandes techniques surréalistes, *l'écriture automatique* et le *compte rendu de rêve*, les deux formes de *l'enregistrement incontrôlé des états d'âme, des images et des mots* que font surgir les hasards, accueillis ou provoqués, de la vie et du monde. Techniques qui furent aussi des modes littéraires, capables de donner naissance au charme ou au fantastique de *l'inattendu*. Un certain style se développe ainsi jusqu'à devenir même une sorte de préciosité dont un bon exemple est fourni par ce « jeu d'esprit » de RENÉ CLAIR, le cinéaste, dans son récit *Adams* (1926) :

« *Les Tuileries recèlent des nids d'amour, des divans de pierre plus doux que la plume, des gardiens qui sont l'image du temps, des chérubins aux cerceaux d'argent, des balles blanches, des balles oranges, astres entrecroisés, ballet céleste du plaisir* ».

Ambiguïté de l'automatisme

ANDRÉ BRETON, en même temps qu'il luttait contre les déviations politiques du surréalisme, luttait aussi contre ses éventuelles *déviations esthétiques :* il sera toujours le défenseur vigilant du *sérieux* de la Révolution surréaliste. Ce sérieux n'exclut cependant ni le jeu, ni l'humour et il cultive même parfois *l'affinité de la mystification et du mystère ;* mais le jeu, l'humour, la mystification doivent collaborer avec les autres techniques d'accès au *mystère insolite du langage en liberté*. Cette ambiguïté de « l'automatisme psychique » intéresse particulièrement certains poètes surréalistes, et c'est à cet aspect que se rattache un indépendant comme JEAN COCTEAU. Parmi les surréalistes eux-mêmes, le représentant typique de cette tendance est ROBERT DESNOS qui, né en 1900, devait mourir en 1945 dans un camp de concentration en Allemagne.

---

6 Les monuments. — 7 Les riches « fêtards » comparés à des animaux nuisibles.

ROBERT DESNOS

ROBERT DESNOS (1900-1945) était parisien (du quartier de la Bastille) et considérait cette qualité comme un des « hasards objectifs » qui le firent poète. Dès 1919 il participe au mouvement *Dada*, puis, après la rencontre de BENJAMIN PÉRET, s'associe aux premières manifestations du groupe surréaliste. Il y exerce une influence capitale, car il y apparaît aussitôt, en particulier au cours des « séances de sommeil » organisées par Breton et Péret, comme doué d'un *véritable génie de l'automatisme verbal* et comme le plus authentique *témoin de la délivrance poétique* par *l'improvisation appuyée sur le rêve*. Et cette complicité du *hasard* et du *langage poétique* est bien ce qui fait la profonde unité de son œuvre.

Liberté du rêve   Spécialiste du compte rendu de rêve, DESNOS se comporte à l'égard de ses propres rêves en collectionneur. L'écriture obéit à *la dictée du songe* selon la plus pure exigence surréaliste, et la poésie réside, aux yeux de Desnos et de ses amis, dans la pureté même de cette authenticité. Car le rêve et son compte rendu se doivent d'être *authentiques*, comme une œuvre d'art. Ainsi DESNOS s'adonne-t-il, selon les hasards de l'improvisation onirique, à *une poésie du merveilleux automatique*, comme dans le passage ci-dessous où il s'agit de *rêves à l'état brut* :

En 1916. — *Je suis transformé en chiffre. Je tombe dans un puits qui est en même temps une feuille de papier, en passant d'une équation à une autre avec le désespoir de m'éloigner de plus en plus de la lumière du jour et d'un paysage qui est le château de Ferrières (Seine-et-Marne) vu de la voie du chemin de fer de l'Est.*
Durant l'hiver 1918-1919. — *Je suis couché et me vois tel que je suis en réalité. L'électricité est allumée. La porte de mon armoire à glace s'ouvre d'elle-même. Je vois les livres qu'elle renferme. Sur un rayon se trouve un coupe-papier de cuivre (il y est aussi dans la réalité) ayant la forme d'un yatagan. Il se dresse sur l'extrémité de la lame, reste en équilibre instable durant un instant puis se recouche lentement sur le rayon. La porte se referme. L'électricité s'éteint.*
En août 1922. — *Je suis couché et me vois tel que je suis en réalité. André Breton entre dans ma chambre, le Journal officiel à la main. « Cher ami, me dit-il, j'ai le plaisir de vous annoncer votre promotion au grade de sergent-major », puis il fait demi-tour et s'en va.*

Littérature n° 5, 1922.

Les Gorges froides

Dans ce document surréaliste, *c'est le langage lui-même qui rêve*, ce sont les *associations insolites* de mots et d'images qui surgissent de l'inconscient du poète et de sa parole pour transgresser les lois du temps et de l'espace. Le texte porte à dessein, comme pour mystifier le lecteur inattentif, le *masque* du sonnet et de la rime ; et le titre lui-même, inverse de : *faire des gorges chaudes* (railler ouvertement), sert à caractériser cet *humour à froid*.

A la poste d'hier tu télégraphieras [1]
que nous sommes bien morts avec les hirondelles.
Facteur triste facteur un cercueil sous ton bras [2]
va-t-en porter ma lettre aux fleurs à tire d'elle.

La boussole est en os mon cœur tu t'y fieras
quelque tibia marque le pôle et les marelles
pour amputés ont un sinistre aspect d'opéras [3].
Que pour mon épitaphe un dieu taille ses grêles !

— 1 Le rapport paradoxal entre le verbe au *futur* et son complément au *passé* équivaut à un renversement et même à une négation du temps. —

2 Image analogue à celles des films surréalistes.
— 3 Exemple d'humour noir : mélange d'images sinistres et de visions heureuses.

C'est ce soir que je meurs ma chère Tombe-Issoire [4].
Ton regard le plus beau ne fut qu'un accessoire
de la machinerie étrange du bonjour :

Adieu ! je vous aimai sans scrupule et sans ruse,
ma Folie-Méricourt ma silencieuse intruse.
Boussole à flèche torse annonce le retour.

C'est les bottes de sept lieues cette phrase : « Je me vois », 1926 (Librairie Gallimard, éditeur).

LES PROFONDEURS DE LA NUIT

A partir de 1926 environ, DESNOS affirme progressivement son originalité à l'égard du *système* surréaliste, dans le temps même où Breton se fait de plus en plus théoricien (ce qui provoquera en 1930 une rupture provisoire entre les deux poètes). Il découvre le *cinéma* et compose un nombre considérable de scenarii, la plupart inédits. Il s'intéresse à la Radio et invente le genre du *poème radiophonique*. Mais plus que jamais il suit à la trace la « surréalité » que dégagent les rencontres à la fois les plus insolites et les plus spontanées. Et cette *conjonction de l'insolite et de la spontanéité, du naturel et du surréel*, est désormais, chez DESNOS, le ressort essentiel de la poésie. Ainsi de ce texte où s'imbriquent, avec une sorte de rigueur alliée à l'humour, les images du *rêve* et celles de la *réalité*.

Un jour d'octobre, comme le ciel verdissait, les monts dressés sur l'horizon virent le léopard, dédaigneux pour une fois des antilopes, des mustangs et des belles, hautaines et rapides girafes, ramper jusqu'à un buisson d'épines. Toute la nuit et tout le jour suivant il se roula en rugissant. Au lever de la lune il s'était complètement écorché et sa peau, intacte, gisait à terre. Le léopard n'avait pas cessé de grandir durant ce temps. Au lever de la lune il atteignait le sommet des arbres les plus élevés, à minuit il décrochait de son ombre les étoiles.

Ce fut un extraordinaire spectacle que la marche du léopard écorché sur la campagne dont les ténèbres s'épaississaient de son ombre gigantesque. Il traînait sa peau telle que les Empereurs romains n'en portèrent jamais de plus belle, eux ni le légionnaire choisi parmi les plus beaux et qu'ils aimaient.

Processions d'enseignes et de licteurs, processions de lucioles, ascensions miraculeuses ! rien n'égala jamais en surprise la marche du fauve sanglant sur le corps duquel les veines saillaient en bleu.

Quand il atteignit la maison de Louise Lame la porte s'ouvrit d'elle-même et, avant de crever, il n'eut que la force de déposer sur le perron, aux pieds de la fatale et adorable fille, le suprême hommage de sa fourrure [...]

Du haut d'un immeuble, Bébé Cadum magnifiquement éclairé [5],

— 4 La femme porte le nom d'une rue de Paris. De même, v. 13 : *ma Folie-Méricourt*.
— 5 *Publicité lumineuse*. Passage brusque du rêve à la réalité. « Mélange psychique » des objets, des temps et des lieux. Ici encore on pense aux images des films surréalistes.

annonce des temps nouveaux. Un homme guette à sa fenêtre. Il attend. Qu'attend-il ? Une sonnerie éveille un couloir. Une porte cochère se ferme. Une auto passe.

Bébé Cadum magnifiquement éclairé reste seul, témoin attentif des événements dont la rue, espérons-le, sera le théâtre.

La Liberté ou l'Amour, 1927 (Kra, éditeur).

DEMAIN

Pendant la guerre et l'occupation, DESNOS pense rester fidèle à lui-même en entrant dans la Résistance, dont il se fera le poète comme Aragon et Éluard, venus eux aussi du surréalisme (cf. ci-dessous), et il paiera de sa vie cet engagement. Il retrouve des accents et un style plus « classiques » pour chanter *le grand thème lyrique de l'espoir*.

Agé de cent mille ans, j'aurais encor la force
De t'attendre, ô demain pressenti par l'espoir.
Le temps, vieillard souffrant de multiples entorses,
Peut gémir : Le matin est neuf, neuf est le soir.

Mais depuis trop de mois nous vivons à la veille,
Nous veillons, nous gardons la lumière et le feu,
Nous parlons à voix basse et nous tendons l'oreille
A maint bruit vite éteint et perdu comme au jeu.

Or, du fond de la nuit, nous témoignons encore
De la splendeur du jour et de tous ses présents.
Si nous ne dormons pas c'est pour guetter l'aurore
Qui prouvera qu'enfin nous vivons au présent.

État de veille, 1943 (Librairie Gallimard, éditeur).

Du surréalisme à l'engagement   Parmi les « poètes nouveaux » dont la revue *Littérature* publiait les audaces, se trouvaient au premier rang, auprès d'André Breton et de Robert Desnos, PAUL ÉLUARD et LOUIS ARAGON. Très différents de sensibilité et de style, ils devaient suivre le même itinéraire et passer, au long des années, de la poésie *expérimentale* à la poésie *engagée*. Pour eux, le surréalisme fut une étape dont ils ont toujours reconnu d'ailleurs l'importance capitale, puisque ÉLUARD, dans une conférence en 1937, déclarait encore qu'André Breton « avait été et restait pour lui un des hommes qui lui avaient le plus appris à penser ».

ÉLUARD et ARAGON, qui figuraient en bonne place dans le tableau où Max Ernst peignit en 1922 les animateurs du groupe (« *Au rendez-vous des amis* »), penseront devoir opérer, au-delà du surréalisme, un retour aux sources de la sensibilité individuelle et collective. Les événements politiques et sociaux de 1936, puis la seconde guerre mondiale, produiront sur aux un effet de choc, amplifié par la sensibilité ou la passion idéologique.

Dès 1930 s'était posée au surréalisme la question de son *engagement politique* : André Breton, dans son refus absolu de tout « contrôle », y répondit par la négative. ARAGON le premier, ÉLUARD ensuite, y répondirent au contraire par leur adhésion au communisme. Au-delà même de cet engagement politique précis, ils allaient aussi redécouvrir la puissance *lyrique* du sentiment national et d'une mystique de la liberté, et devenir ainsi les deux grand⌐

poètes de la Résistance. C'est que les deux hommes, chacun à sa manière, avaient cru ressentir, dans les années qui suivirent 1930, la vanité d'un certain surréalisme et voulurent désormais *rétablir le lien entre la liberté du langage et la présence de l'événement.*

Victoire de la sincérité   Ils restauraient ainsi la communication avec *les réalités concrètes* du monde et de l'humanité, et leur langage retrouve « les mots de tous les jours ». C'est comme si le surréalisme ouvrait sur une découverte qui le rend partiellement caduc, bien qu'il en ait été un *préalable* nécessaire. Aussi ÉLUARD peut-il s'écrier dans *La Rose publique* (1934) : « *Tout est nouveau, tout est futur* ».

Ce *nouveau*, ce *futur*, ce sont *les thèmes éternels du lyrisme* : l'amour et la mort, la patrie et la liberté ; leur restauration, à travers la sincérité de l'expérience intérieure et sociale, dans un langage libéré des entraves conventionnelles par la révolte surréaliste, leur confère désormais une nouvelle virginité : tel est du moins le sentiment des poètes eux-mêmes, émerveillés de ce qu'ils ont à dire.

PAUL ÉLUARD

Né à Saint-Denis, PAUL ÉLUARD (1895-1952) gardera toujours à l'esprit la *mélancolie* des paysages de banlieue. Il a subi, au cours de son adolescence, l'influence des poètes unanimistes (cf. p. 35). Malade et contraint d'interrompre ses études, il a recueilli de bonne heure des impressions qui laisseront leur empreinte sur une sensibilité partagée entre les images du malheur et du bonheur, dont la confrontation révèle de fécondes correspondances.

La période surréaliste   A vingt ans, il est à la recherche d'un langage. Le surréalisme lui fournit les techniques de la rénovation verbale : son lyrisme y puisera une *science du mot* dont il cherchera à étendre le domaine en se consacrant plus tard à l'étude de la « poésie involontaire » ou de la « sémantique du proverbe et du lieu commun ». Il veut être aussi l'héritier de toute la tradition poétique française dont il explore les richesses méconnues : il travaille à une *Anthologie de la poésie du passé* qui sera publiée en 1951. En 1926 paraît son premier recueil important, *Capitale de la Douleur*, suivi, en 1929, de *L'Amour La Poésie*. C'est la période proprement surréaliste, qui se clôt en 1934 avec *La Rose publique*.

Secret et simplicité   Une nouvelle période commence avec *Les Yeux fertiles* (1936) où s'opère le retour à la simplicité concrète du langage, sans que le songe ou l'imaginaire y perdent leurs droits ; et cette *réconciliation du secret et de la simplicité* marque désormais toute l'œuvre d'Éluard ; elle l'incite à retrouver, par la poésie, le contact avec l'humanité commune. Il épanouit alors le don poétique qui fait son originalité : *les images en liberté* remplissent et même constituent le poème et y composent *une vivante harmonie de clarté et de mystère*.

La poésie engagée   A propos de la guerre civile espagnole, il s'engage définitivement (*Guernica*, dans *Cours naturel*, 1938); en 1936, il écrit : « Le temps est venu où tous les poètes ont le droit et le devoir de soutenir qu'ils sont profondément enfoncés dans la vie des autres hommes, dans la vie commune ». En 1938, *Cours naturel* vient illustrer cette déclaration et la guerre mondiale pousse ÉLUARD encore plus avant dans cette voie : *Le Livre ouvert* (1942), *Poésie et Vérité* (1942-1943), *Au rendez-vous allemand* (1944). Mais l'engagement n'exclut pas la recherche parallèle de la perfection du langage, effort dont témoigne en particulier *Poésie ininterrompue* (1946), tandis que les *Poèmes politiques* (1948) sont de la poésie de circonstance.

Le Miroir d'un moment

Les surréalistes et les poètes apparentés — Jean Cocteau par exemple — ont été véritablement fascinés par le thème du *miroir*. Ils voient en effet dans le *reflet* de multiples analogies avec le rêve, et ils y trouvent, sous la forme d'un « hasard objectif », la *métamorphose des êtres et des objets* qui attire particulièrement la sensibilité nostalgique d'Éluard.

Il dissipe le jour,
Il montre aux hommes les images déliées
de l'apparence,
Il enlève aux hommes la possibilité de se distraire [1].
Il est dur comme la pierre,
La pierre informe,
La pierre du mouvement et de la vue [2],
Et son éclat est tel que toutes les armures,
tous les masques en sont faussés.
Ce que la main a pris dédaigne même de prendre
la forme de la main,
Ce qui a été compris n'existe plus,
L'oiseau s'est confondu avec le vent,
Le ciel avec sa vérité,
L'homme avec sa réalité.

Capitale de la douleur, 1926 (Librairie Gallimard, éditeur).

ANNIVERSAIRE

Au cœur même de sa période surréaliste, ÉLUARD n'a cessé d'être fidèle à la tradition qui fait de l'amour un thème poétique par excellence : un recueil de 1929 s'intitule *L'Amour La Poésie*. La place du lyrisme amoureux grandit au fur et à mesure que le poète s'attache à refléter *la profonde simplicité des émotions élémentaires*. Images, mots, rythmes s'accordent pour suggérer *l'évidence intérieure*, l'évidence d'un paradis d'amour tranquille et sûr.

Je fête l'essentiel je fête ta présence
Rien n'est passé la vie a des feuilles nouvelles
Les plus jeunes ruisseaux sortent dans l'herbe fraîche

Et comme nous aimons la chaleur il fait chaud
Les fruits abusent du soleil les couleurs brûlent
Puis l'automne courtise ardemment l'hiver vierge

L'homme ne mûrit pas il vieillit ses enfants
Ont le temps de vieillir avant qu'il ne soit mort
Et les enfants de ses enfants il les fait rire

Toi première et dernière tu n'as pas vieilli
Et pour illuminer mon amour et ma vie
Tu conserves ton cœur de belle femme nue.

Le lit, la table. — A celle qui répète ce que je dis, VII (Les Trois Collines, Genève, éditeur).

— 1 Pouvoir de *fascination* du miroir. — 2 Le reflet est comme l'*image solide* de l'objet.

41. Max Ernst : Au rendez-vous des amis (1922).

Debout (de gauche à droite) : Soupault (2), Arp (3), Morise (5), Rafaele Sanzio (7), Eluard (9), Aragon (12),
Breton (13), Chirico (15), Gala Eluard (16). — Assis (de gauche à droite) : Crevel (1), Ernst (4),
Fédor Dostoïevsky (6), Fraenkel (8), Paulhan (10), Péret (11), Baargeld (14), Desnos (17).

42. André Bret[o]

43. Tristan Tza

44. Paul Eluard.

5. Louis Aragon.

46. Joan Miró : Intérieur hollandais.

47. Tanguy : Jour de lenteur.

48. Illustration de Picasso
pour les « *Œuvres croisées* » d'Aragon et d'Elsa Triolet.

49. Henri Michaux.

50. Encre
de Henri Michaux.

52. Georges Braque : Composition à l'as de trèfle.
Exemple de ce cubisme pictural dont Apollinaire

53. Portrait de Jean Cocteau.

54. Cocteau par lui-même.

55. Jules Supervielle.

. Max Jacob, par Picasso.

57. Pierre Reverdy, par Picasso.

COMÉDIE FRANÇAISE
DONOGOO
TABLEAU 9
IIe P
BIENVENUE WELCOME
CHAMBRES SÉPARÉES À PARTIR $1
SALVATION ARMY BUILDING
PROXIMITE IMME
DES
CHAMPS D'OR
LONDON & DONOGOO SPLENDID HOTEL
LE PLUS ANCIEN ETA DE DONOGOO-TON
LONDON AND SPLENDI
DONOGOO CENTRAL BAR
MAGASIN G-STORE
APERITIFS 15 CTS
OIL
YMCA
VOYAGES
AGENCIA MEYER KOHN

59. Le gracieux décor imaginé par Dufy pour *Les Fiancés du Havre*, d'Armand Salacrou.

60. A la Comédie-Française : *Électre*, de Jean Giraudoux.
Électre, Égisthe, le Mendiant, le Président.
Renée Faure, F. Chaumette, P. Dux, G. Chamarat.

61. Théâtre du Gymnase:
Topaze, de Marcel Pagnol.
(cf. p. 391).
« Le coup du chimpanzé »
Marie Daems,
H. Vilbert, F. Gravey.

62. Théâtre de Louis Jouvet:
Knock, de Jules Romains
La consultation *(cf. p. 388).*
Louis Jouvet, Odette Talazac.

Au Théâtre de France
Samuel Beckett, G. Blin et les
interprètes d'*En attendant Godot*.

63. SAMUEL BECKETT

Dans *Fin de Partie* (1957) deux personnages
croupissent dans des poubelles.
Le thème sera repris dans *Comédie* (1963)
où l'on voit trois personnages identiques
enfoncés jusqu'au cou dans des jarres.

Cl. Nicolas Treatt

Lawson-Rapho.

Le Roi se meurt au Théâtre des Champs Élysées.
Bérenger se lamente devant les deux Reines, le Médecin,
Juliette « femme de ménage, infirmière », et le garde.

IONESCO

Max Ernst.
Composition pour illustrer
le thème de *Rhinocéros*.

Coll. Eugène Ionesco, Cl. Jeanbor © Arch. E. B.

65. Jules Romains.

66. Montherlant,
« à cheval, la pique sur l'épaule, dans un pâturage de taureaux ». *(cf. p. 481).*
Dessin de Juan Lafita (Séville, 1925).

Collection particulière. Cl. Braun.

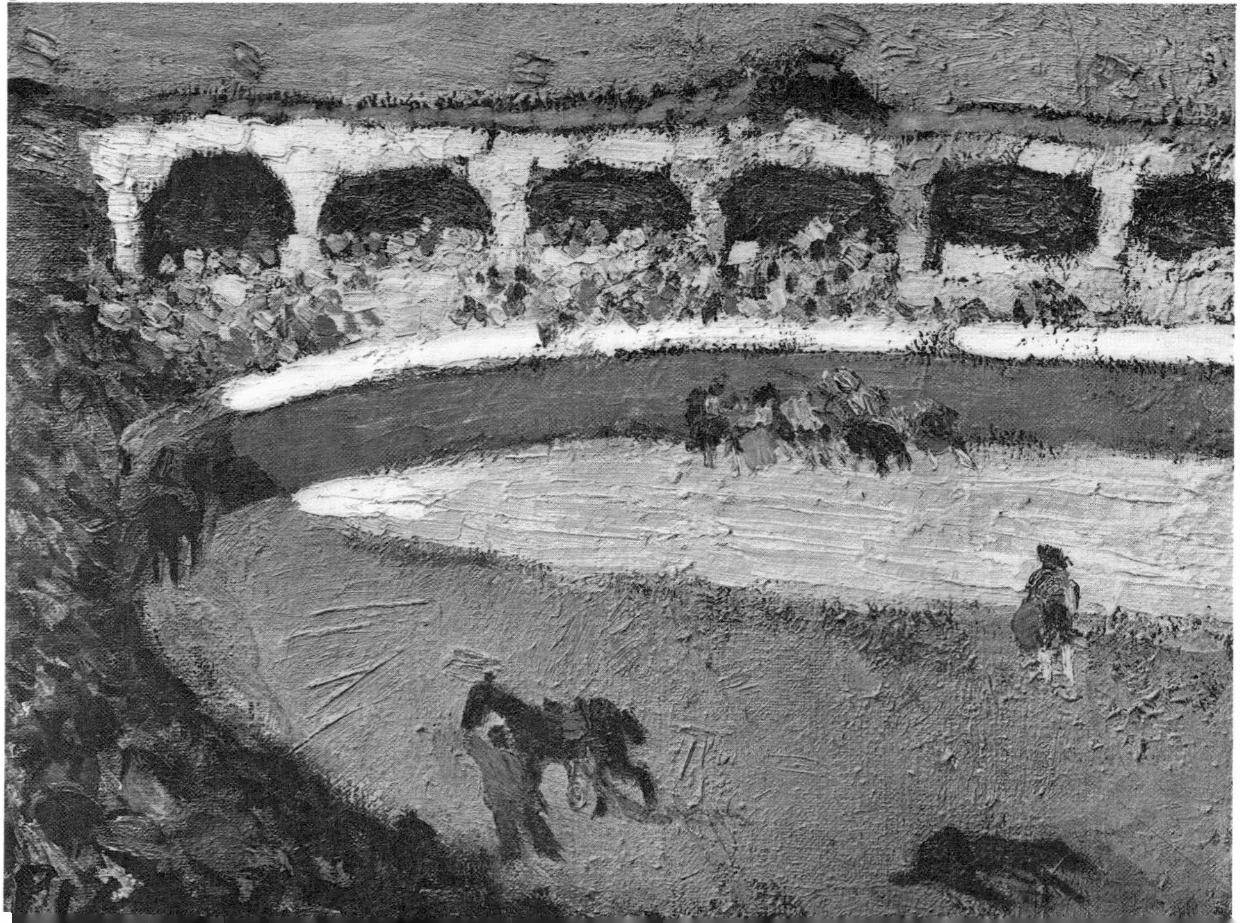

67. Picasso :
Course de taureaux
(cf. p. 481)

Après la reprise du fort de Douaumont.

69. **Première Guerre Mondiale.**
Combattants dans les tranchées
(cf. pp. 437 et 495).

Veilleur au créneau
Croquis de Dunoyer de Segonzac.

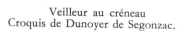

70. André Malraux,
au temps où il commandait
la brigade Alsace-Lorraine.

71. Saint-Exupéry
« pilote de guerre ».

Musee d'Essen

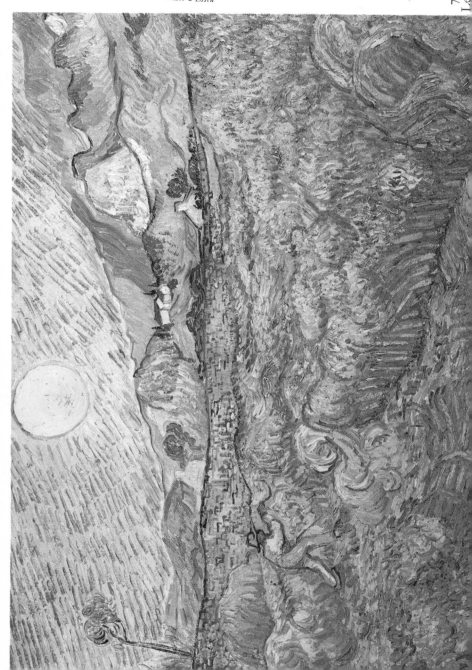

DEM 62.   *Collection particulière.*

73. Renoir :
Paysage provençal.

74. Jean Gion

Roger-Viollet.

75. Ramuz.

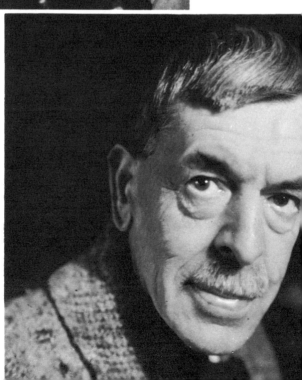

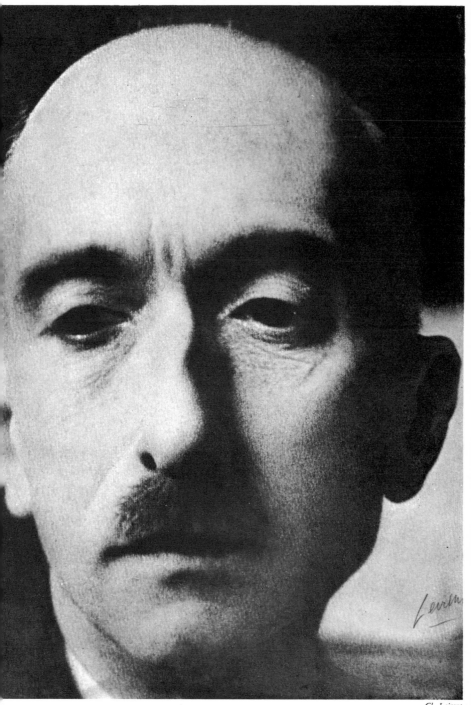

76. François Mauriac.

77. Montané : Le kiosque à musique.

L'univers enchanté de la musique *(cf. p. 108 et p. 512).*

78. Guiramand : Jeunes filles aux fleurs.
Devant cette toile, ne peut-on penser à Colette dans le jardin de Sido ?

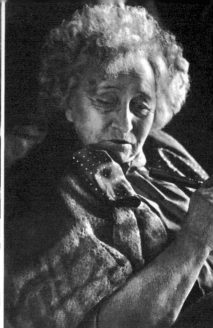

79. Colette au temps des *Claudine*.

80. Colette âgée.

81. Colette et sa chatte.

82. Maison de Colette à Saint-Sauveur-en-Puisaye
par L.-A. Moreau.

Cl. Fine Art Engravers.

National Gallery, Londres.

83. Cézanne :

Finir

C'est le malheur des temps qui, à partir de 1936, éloigne ÉLUARD du surréalisme pur. Son langage continue de rêver, mais en se nourrissant des émotions et des images que lui inspire *son intense participation à la misère du monde*. Ainsi se trouve libéré un lyrisme à la fois tendre et violent qui proclame la présence au monde du langage poétique. Ce monde, le poème ne va pas le *décrire*, mais lui trouver *une équivalence verbale et rythmique* en joignant étroitement les unes aux autres les *images spontanées* que suscite chez le poète sa conscience du mal et du malheur ; et ces images s'associent *en figures monstrueuses ou insolites* comme dans un cauchemar capricieux et pathétique.

Les pieds dans des souliers d'or fin
Les jambes dans l'argile froide
Debout les murs couverts de viandes[1] inutiles
Debout les bêtes mortes

Voici qu'un tourbillon gluant
Fixe à jamais rides grimaces
Voici que les cercueils enfantent
Que les verres sont pleins de sable
Et vides
10 Voici que les noyés s'enfoncent
Le sang détruit[2]
Dans l'eau sans fond de leurs espoirs passés[3]

Feuille morte molle[4] rancœur
Contre le désir et la joie
Le repos a trouvé son maître
Sur des lits de pierre et d'épines

La charrue des mots[5] est rouillée
Aucun sillon d'amour n'aborde plus la chair
Un lugubre travail est jeté en pâture
20 A la misère dévorante
A bas les murs[6] couverts des armes émouvantes[7]
Qui voyaient clair dans l'homme
Des hommes noircissent de honte
D'autres célèbrent leur ordure
Les yeux les meilleurs s'abandonnent

Même les chiens sont malheureux.

Le Livre ouvert, I, 1938 (Librairie Gallimard, éditeur).

— 1 Nourritures (sens étymologique et ancien). C'est là, comme *les bêtes mortes*, le symbole d'un monde devenu inhabitable à l'homme. — 2 Comprendre : *leur sang étant détruit*. — 3 Le poème, sous son apparence volontairement anarchique, se construit, en *crescendo*, sur l'association obsédante des images de froid, de mort et de destruction. — 4 Noter le chiasme et l'allitération qui renforcent la signification convergente des deux adjectifs. — 5 Difficulté de la poésie dans un monde privé d'amour. Comparaison du langage avec la charrue qui rend la terre féconde. — 6 Cf. v. 3-4. — 7 Peut-être allusion à la sensibilité humaine *armée* d'amour.

Liberté

Pendant la guerre, engagé dans la Résistance, ÉLUARD participe au grand mouvement qui entraîne alors la poésie française (cf. p. 350). Le recueil *Poésie et Vérité* 1942 s'ouvre sur un *Hymne à la Liberté* qui reste l'un des chefs-d'œuvre de la poésie de la Résistance. On y voit réapparaître les formes traditionnelles de la *litanie* et du *refrain* : ÉLUARD redécouvre les lois de la *poésie orale* qui le conduisent à une sorte *d'éloquence concise* fort originale ; la *musique mélodique* des mots et de leurs rythmes reprend aussi tous ses droits.

Sur mes cahiers d'écolier
Sur mon pupitre et les arbres
Sur le sable sur la neige
J'écris ton nom

Sur toutes les pages lues
Sur toutes les pages blanches
Pierre sang papier ou cendre
J'écris ton nom

10 Sur les images dorées
Sur les armes des guerriers
Sur la couronne des rois
J'écris ton nom

Sur la jungle et le désert
Sur les nids sur les genêts
Sur l'écho de mon enfance
J'écris ton nom

Sur les merveilles des nuits
Sur le pain blanc des journées
Sur les saisons fiancées
20 J'écris ton nom

Sur tous mes chiffons d'azur
Sur l'étang soleil moisi
Sur le lac lune vivante
J'écris ton nom

Sur les champs sur l'horizon
Sur les ailes des oiseaux
Et sur le moulin des ombres
J'écris ton nom

Sur chaque bouffée d'aurore
30 Sur la mer sur les bateaux
Sur la montagne démente
J'écris ton nom

Sur la mousse des nuages
Sur les sueurs de l'orage
Sur la pluie épaisse et fade
J'écris ton nom

Sur les formes scintillantes
Sur les cloches des couleurs
Sur la vérité physique [1]
J'écris ton nom 40

Sur les sentiers éveillés
Sur les routes déployées
Sur les places qui débordent [2]
J'écris ton nom

Sur la lampe qui s'allume
Sur la lampe qui s'éteint
Sur mes maisons réunies
J'écris ton nom

Sur le fruit coupé en deux
Du miroir et de ma chambre 50
Sur mon lit coquille vide
J'écris ton nom

Sur mon chien gourmand et tendre
Sur ses oreilles dressées
Sur sa patte maladroite
J'écris ton nom [3]

Sur le tremplin de ma porte
Sur les objets familiers
Sur le flot du feu béni
J'écris ton nom 60

Sur toute chair accordée
Sur le front de mes amis
Sur chaque main qui se tend
J'écris ton nom

— 1 La vérité de la *nature*, développée dans les strophes précédentes par la succession des | images. — 2 Passage de la *nature* à l'*humanité*. — 3 Son amour pour les animaux était célèbre.

Sur la vitre des surprises
Sur les lèvres attentives
Bien au-dessus du silence
J'écris ton nom

70 Sur mes refuges détruits
Sur mes phares écroulés
Sur les murs de mon ennui
J'écris ton nom

Sur l'absence sans désirs
Sur la solitude nue
Sur les marches de la mort
J'écris ton nom

Sur la santé revenue
Sur le risque disparu
Sur l'espoir sans souvenirs
J'écris ton nom   80

Et par le pouvoir d'un mot
Je recommence ma vie
Je suis né pour te connaître
Pour te nommer

Liberté.

Poésie et Vérité, 1942
(Librairie Gallimard, éditeur).

LOUIS ARAGON

Les débuts surréalistes   En 1920 paraissait *Feu de Joie*, suivi, en 1926, du *Mouvement perpétuel*, deux recueils qui marquèrent dans l'histoire du surréalisme. Leur auteur, Louis Aragon (1897-1982), avait fait des études médicales. Il s'associe au mouvement surréaliste, mais en y voyant surtout un moyen de libération et en y cherchant une révolution positive; dès *Feu de Joie*, il écrit par exemple : *Le monde à bas, je le bâtis plus beau.* Et ainsi le surréalisme est pour lui un point de départ plutôt qu'un système ou une doctrine.

Pour Demain

Les poèmes de la période surréaliste sont caractérisés par *l'aisance du jeu verbal* qui souvent relève d'une sorte de *préciosité*. Conformément à l'une des tendances du surréalisme, la poésie est alors, pour Aragon, surtout un *exercice*. Mais à travers cet exercice, se fait jour *un authentique lyrisme* qui chante, en liberté, les charmes et les métamorphoses féeriques de la nature, des êtres et des objets.

Vous que le printemps opéra
Miracles ponctuez ma stance
Mon esprit épris du départ
Dans un rayon soudain se perd
Perpétué par la cadence

La Seine au soleil d'Avril danse
Comme Cécile au premier bal
Ou plutôt roule des pépites
Vers les ponts de pierre ou les cribles
Charme sûr La ville est le val [1]

Les quais gais comme en carnaval
Vont au-devant de la lumière
Elle visite les palais
Surgis selon ses jeux ou lois
Moi je l'honore à ma manière

La seule école buissonnière
Et non Silène m'enseigna
Cette ivresse couleurs de lèvres
Et les roses du jour aux vitres
Comme des filles d'Opéra [2]   20

Feu de Joie, 1917-1919 (Au Sans Pareil, éditeur).

— 1 Métamorphose champêtre de la ville par la magie du printemps (*miracles... charme*). — 2 Noter l'écho verbal avec le v. 1.

Un Air embaumé

Cet hommage à Apollinaire est la reconnaissance d'une dette poétique ; il appartient au genre du *tombeau*, déjà pratiqué par Mallarmé (cf. *XIX*e *Siècle*, p. 537) ; mais à l'hommage se mêle, intentionnellement, une nuance de caprice et d'humour.

Les fruits à la saveur de sable
Les oiseaux qui n'ont pas de nom
Les chevaux peints comme un pennon [1]
Et l'amour nu mais incassable

Soumis à l'unique canon [2]
De cet esprit changeant qui sable
Aux quinquets d'un temps haïssable
Le champagne clair du canon

Chantent deux mots Panégyrique
Du beau ravisseur de secrets [3]
Que répète l'écho lyrique

Sur la tombe Mille regrets
Où dort dans un tuf mercenaire
Mon sade Orphée Apollinaire [4]

Le Mouvement perpétuel, 1920-1924
(Librairie Gallimard, éditeur).

L'amour et l'action   ARAGON porte en lui un *tempérament d'homme d'action :* il sera communiste, homme de parti et directeur de journal. Sa poésie admet la rhétorique : il se place volontiers sous le patronage de Hugo et il redécouvre et renouvelle les pouvoirs rythmiques de l'alexandrin. Surréaliste, il prend pour tremplin de son œuvre *l'alchimie du verbe* chère à Rimbaud ; mais, homme d'action et orateur, il est tourmenté d'un *besoin d'humanité* qui lui impose un *virage poétique* confirmé dans les poèmes de guerre et de résistance.

En 1941, *Le Crève-Cœur*, inspiré par la guerre, l'exode et l'armistice de 1940, connaît un succès de librairie exceptionnel pour un recueil de poèmes. ARAGON apparaît alors comme un poète facile et fécond, et publie, au cours de ces années, recueil sur recueil : *Cantique à Elsa* (1942), *Les yeux d'Elsa* (1942), *Brocéliande* (1942), *Le Musée Grévin* (1943), *Je te salue, ma France* (1944), *La Diane française* (1944) : poésie qui retient encore, du surréalisme, la liberté syntaxique et rythmique, mais développe, selon un rhétorique souvent très traditionnelle, les thèmes jumelés de l'amour et du patriotisme. Depuis 1945, ARAGON a publié *En étrange pays dans mon pays lui-même* (1945-1947), *Le Nouveau Crève-Cœur* (1948), *Le Fou d'Elsa* (1963). — Sur son œuvre romanesque, cf. p. 496.

CE QUE DIT ELSA

Les événements de 1940 seront l'occasion du *revirement poétique* d'ARAGON. Le choc provoqué par la guerre, la défaite et l'occupation, cristallise en lui ce besoin de *validité humaine* que l'homme d'action inspire au poète. Le surréalisme connaît alors une évolution comparable à celle du romantisme après 1830 : la conversion à l'humain, le retour à l'inspiration politique et sociale. Chez Aragon intervient aussi l'amour de sa femme, Elsa, et les deux thèmes de l'amour et de la France se trouvent unis sous le signe de l'espoir.

Tu me dis Notre amour s'il inaugure un monde
C'est un monde où l'on aime à parler simplement
Laisse-là Lancelot Laisse la Table Ronde
Yseut Viviane Esclarmonde
Qui pour miroir avait un glaive déformant [5] [...]

— 1 Étendard triangulaire. — 2 Règle. — 3 Le poète (cf. v. 14). — 4 *Sade :* agréable, piquant ; ce vieil adj. évoquerait peut-être le Marquis de Sade, précurseur de l'exploration de l'inconscient : la nouvelle poésie réunit la tradition orphique et les expériences modernes. — 5 Cf. dans *Brocéliande*, le désir d'oublier les malheurs présents par une poésie « médiévale ».

Si tu veux que je t'aime apporte-moi l'eau pure
A laquelle s'en vont leurs désirs[1] s'étancher
Que ton poème soit le sang de ta coupure
    Comme un couvreur sur la toiture
10 Chante pour les oiseaux qui n'ont où se nicher

Que ton poème soit l'espoir qui dit A suivre
Au bas du feuilleton sinistre de nos pas
Que triomphe la voix humaine sur les cuivres
    Et donne une raison de vivre
A ceux que tout semblait inviter au trépas

Que ton poème soit dans les lieux sans amour
Où l'on trime où l'on saigne où l'on crève de froid
Comme un air murmuré qui rend les pieds moins lourds
    Un café noir au point du jour
20 Un ami rencontré sur le chemin de croix

Pour qui chanter vraiment en vaudrait-il la peine
Si ce n'est pas pour ceux dont tu rêves souvent
Et dont le souvenir est comme un bruit de chaînes
    La nuit s'éveillant dans tes veines
Et qui parle à ton cœur comme au voilier le vent

Tu me dis Si tu veux que je t'aime et je t'aime
Il faut que ce portrait que de moi tu peindras
Ait comme un ver vivant au fond du chrysanthème
    Un thème caché dans son thème
Et marie à l'amour le soleil qui viendra

Cantique à Elsa, 1942 (*Pierre Seghers*, éditeur).

« Je vous salue ma France... »

Écrit en 1943, *Je vous salue ma France...* s'adresse aux prisonniers et aux déportés *au-delà du déluge ;* l'image de la France y est la garantie de l'*espérance*, dont la poésie épouse le rythme ascendant en utilisant à nouveau toutes les ressources de l'alexandrin, l'alexandrin de Ronsard et de Hugo. Le recueil d'où ce poème est extrait fut publié clandestinement.

Lorsque vous reviendrez car il faut revenir
Il y aura des fleurs tant que vous en voudrez
Il y aura des fleurs couleur de l'avenir
Il y aura des fleurs lorsque vous reviendrez

— 1 Les *désirs* des " pauvres gens " évoqués dans les strophes précédentes.

Vous prendrez votre place où les clartés sont douces
Les enfants baiseront vos mains martyrisées
Et tout à vos pieds las rediviendra de mousse
Musique à votre cœur calme où vous reposer

Haleine des jardins lorsque la nuit va naître
10 Feuillages de l'été profondeur des prairies
L'hirondelle tantôt qui vint sur la fenêtre
Disait me semble-t-il Je vous salue Marie

Je vous salue ma France arrachée aux fantômes
O rendue à la paix Vaisseau sauvé des eaux
Pays qui chante Orléans Beaugency Vendôme[1]
Cloches cloches sonnez l'angelus des oiseaux

Je vous salue ma France aux yeux de tourterelle
Jamais trop mon tourment mon amour jamais trop
Ma France mon ancienne et nouvelle querelle[2]
20 Sol semé de héros ciel plein de passereaux

Je vous salue ma France où les vents se calmèrent
Ma France de toujours que la géographie
Ouvre comme une paume aux souffles de la mer
Pour que l'oiseau du large y vienne et se confie

Je vous salue ma France où l'oiseau de passage
De Lille à Roncevaux de Brest au Mont-Cenis
Pour la première fois a fait l'apprentissage
De ce qu'il peut coûter d'abandonner un nid

Patrie également à la colombe ou l'aigle
30 De l'audace et du chant doublement habitée
Je vous salue ma France où les blés et les seigles
Mûrissent au soleil de la diversité

Je vous salue ma France où le peuple est habile
A ces travaux qui font les jours émerveillés
Et que l'on vient de loin saluer dans sa ville
Paris mon cœur trois ans vainement fusillé

Heureuse et forte enfin qui portez pour écharpe
Cet arc-en-ciel témoin qu'il ne tonnera plus[3]
Liberté dont frémit le silence des harpes
Ma France d'au-delà le déluge salut

Août-Septembre 1943. — *Le Musée Grévin* (Éditions de Minuit).

— 1 Citation d'un carillon du XVIe siècle : présenté comme un modèle de « poésie pure »
Orléans, Beaugency, Notre-Dame de Cléry, (cf. p. 305). — 2 Cf. le sens ancien de *plainte*
Vendôme, Vendôme, qui avait connu une grande (Du Bellay : *ma triste querelle, XVIe Siècle,*
célébrité littéraire quand l'abbé Bremond l'avait p. 111). — 3 Le drapeau tricolore.

EN MARGE DU SURRÉALISME

L'aventure poétique Le surréalisme avait été une *aventure* plus qu'une doctrine : aussi assiste-t-on après la période militante à une dispersion du groupe. Mais pour la même raison, l'essentiel du surréalisme — cet esprit d'aventure poétique — se retrouve chez la plupart des poètes indépendants de la même génération. Les uns, comme CENDRARS ou REVERDY, furent en contact avec le groupe sans cependant y être jamais vraiment intégrés ; d'autres, comme COCTEAU ou MAX JACOB, ne furent pas sans liens avec lui, mais en poursuivant une expérience personnelle qui tantôt s'en éloigne et tantôt s'en approche ; d'autres enfin, comme JULES SUPERVIELLE, méritent pleinement le titre d'indépendants. Le problème poétique se pose alors en termes tels que les esprits les plus divers se rencontrent ou s'opposent sur la question d'*une essence autonome de la poésie*, comme en témoigne *la querelle de la poésie pure*, contemporaine du surréalisme (cf. p. 305), et cette coïncidence est révélatrice : l'ambition de cet âge poétique est bien de *saisir la poésie dans sa pureté*, mais les voies de cette ambition sont multiples, et l'aventure poétique reste pour beaucoup une *aventure individuelle*.

A la recherche Tous ces poètes se sont lancés à la quête de *l'inouï*,
de l'inouï puisé aux correspondances secrètes du sensible. Telle est leur aventure, que tout ce qui est, et qui peut être *nommé*, s'organise, dans leurs rêves ou sous leur regard, en *une fantasmagorie de rapports neufs*, comme il arrive à la même époque dans la peinture, des Cubistes aux Abstraits, dont l'aventure est parallèle à celle des poètes. Peintres et poètes ont d'ailleurs formé alors un milieu unique et entre eux se sont constitués de nombreux liens d'amitié personnelle. Certains de ces poètes, CENDRARS, COCTEAU, REVERDY, demanderont à l'expression graphique, comme déjà William Blake ou Gérard de Nerval, d'accompagner ou de compléter l'aventure du langage.

Car *l'esprit d'aventure* motive les plus libres et les plus audacieuses expériences verbales : c'est une autre analogie de ces poètes « indépendants » avec le surréalisme, comme l'est aussi l'intérêt passionné qu'ils portent à *tout ce qui est langage*, c'est-à-dire à tout ce qui est élargissement, enrichissement et multiplication du *pouvoir d'expression* de l'esprit. Ainsi s'explique la participation d'un CENDRARS ou d'un COCTEAU à l'évolution poétique du cinéma alors muet, et leur volonté de ne pas être seulement des « poètes » au sens étroitement technique du mot.

Primauté Jusque dans le langage verbal, ils sont les poètes de cette
de l'image *civilisation de l'image* si caractéristique du XXe siècle : l'image, qu'elle soit onirique ou réaliste, précise ou confuse, consciente ou inconsciente, sensorielle ou intérieure, est la maîtresse du poème ; *c'est l'image qui commande*, et rien ne mérite de lui résister, ni règles ni conventions, ni syntaxe ni métrique. Mais règles et conventions, métrique et syntaxe, peuvent être restaurées si au contraire elles se révèlent capables de soutenir ou de renforcer le pouvoir suggestif ou expressif de l'image. Car ces poètes ne sont pas des négateurs, ou en tout cas ils ne le sont que provisoirement et méthodiquement ; ils sont nourris de culture poétique, linguistique, parfois même philologique (Cendrars met dans ses bagages « un dictionnaire de Darmesteter » !) ; ils ont le sentiment de poursuivre l'aventure commencée dès les origines de la poésie et se réfèrent volontiers à Orphée, mais en instaurant une telle *libération de l'image et de ses langages* que tout un monde infiniment riche surgit alors, où se mêlent le familier et l'insolite, le quotidien et l'extraordinaire, le tragique et l'humour. C'est même souvent le sentiment d'une intime et inépuisable *unité des contradictoires* qui déclenche la fécondité poétique, à tel point qu'on pratiquera systématiquement, et jusqu'à la provocation, l'association — ironique ou absurde, humoristique ou aberrante — des mots, pour susciter l'apparition de l'image, sésame irremplaçable de l'aventure poétique.

Aventure vécue et Cette poésie se nourrit parfois de l'*aventure vécue :* le
aventure spirituelle poète est alors un authentique aventurier. Elle se
nourrit aussi de l'*aventure spirituelle :* il y a de la mysticité
chez la plupart de ces poètes, et elle pourra aller, chez MAX JACOB, jusqu'à la conversion
au catholicisme et à la pratique d'une vie quasi-monastique. Car l'image, si elle est parfois
recherchée pour elle-même — et, dans ce cas, la poésie penche vers la préciosité —, est le
plus souvent la voie vers un « surmonde » dont la découverte est la raison d'être du poème.
Il arrivera qu'on se trouve en présence d'une *ambiguïté entre préciosité et spiritualité* qui
s'exprime par l'humour et les apparences ou la réalité de la mystification. Humour et
mystification qui sont eux-mêmes des techniques de révélation du « secret » inlassablement
pourchassé, par tous les moyens. Car l'aventure peut être, tout aussi bien, la naïveté ou la
tendresse, le simple lyrisme du cœur ou des sens, le libre abandon du poète à lui-même, à
la nature, à l'humanité. C'est *l'infinie variété des registres simultanés* qui fait la richesse et
l'originalité de cette poésie.

BLAISE CENDRARS

A bien des égards, BLAISE CENDRARS (1887-1961) fait figure de précurseur. On se
reportera donc à la biographie et aux extraits d'ensemble groupés dans le chapitre sur la
Poésie avant 1914 (cf. p. 38-40). Mais, comme ses recueils poétiques sont autant
d'étapes qui jalonnent une route parallèle à celle des surréalistes (cf. p. 342), on ne pouvait
omettre de le citer ici et de définir les caractères de sa poésie « *en marge du surréalisme* ».

« Bourlinguer » L'œuvre de CENDRARS se confond, on l'a vu, avec sa vie ;
un mot les résume ensemble, qu'il donnera pour titre à
l'une de ses autobiographies : «*Bourlinguer* » (1948). Sa poésie, comme sa vie, est faite de
la notation, à l'état brut, des images fulgurantes et hétérogènes, qui s'inscrivent sur la rétine
et dans la mémoire du voyageur d'un grand express : rythme plus cinématographique
que proprement littéraire, qui élimine les éléments statiques de l'écriture (dès 1912,
dans ses *Pâques à New York*, il supprime en partie la ponctuation, incitant Apollinaire
à en faire autant sur les épreuves d'*Alcools*). En 1921, Cendrars collabore au film d'Abel
Gance, *La Roue*, et le rythme de la roue de locomotive, illustré d'autre part par
la musique de Honegger *(Pacific* 231*)*, contient en germe l'essentiel de sa poésie
(cf. p. 39).

Poésie brute CENDRARS nourrit sa poésie de *son sens aigu de l'hété-*
et dynamique *roclite*, encore accru par une prodigieuse *mémoire*, constamment et consciemment confondue avec le *rêve* et
l'*imagination*. Ainsi se crée une *poésie spontanée du chaos*. Par exemple, dans un poème
intitulé *Bagage*, la malle, objet *réaliste* par excellence, devient un symbole *surréaliste :*
pour le voyageur-poète, le bagage est un *microcosme insolite ;* les choses s'y agglutinent
selon ce que les surréalistes appellent un « hasard objectif », et le catalogue du bagage est
l'image concentrée des aventures possibles, dont il suffira de dresser la liste dans un vocabulaire lui-même hétéroclite. Dans ce constant échange de réalisme apparent et de surréalisme implicite, la poésie des choses peut alors être saisie *à l'état naissant*. Chez CENDRARS
cette *poésie brute et dynamique* nourrit tout aussi bien l'œuvre du romancier que ses témoignages autobiographiques.

JEAN COCTEAU

Étonner « *Jean, étonne-moi !* », tel était le cri adressé par Diaghilev à JEAN COCTEAU en 1913. Avec ce cri, un personnage était né, qui allait poursuivre, du Cabaret du *Bœuf sur le toit* à l'Académie Française, une carrière unique dans l'histoire littéraire du XXe siècle. JEAN COCTEAU (1889-1963) avait écrit quelques divertissements littéraires, mais la rencontre de Diaghilev et l'influence du *Sacre du Printemps* de Stravinsky le déterminèrent à se reconsidérer lui-même ; il subit alors une crise dont témoigne *Le Potomak* (publié en 1919) : c'est une sorte de confession allégorique destinée à « déniaiser l'esprit ». L'écrivain entreprend ensuite, sous le signe du « calcul céleste » et du « décalque de l'invisible », d'*accorder l'exercice poétique et la vie intérieure.* La guerre de 1914 lui fut l'occasion d'aventures étonnantes, et en particulier l'amena à se lier d'amitié avec Roland Garros ; il n'est pas indifférent que le poète ait pratiqué, avec un « as » de l'aviation des temps héroïques, l'exercice de l'acrobatie aérienne. Ariel en effet ne fut pas seulement pour lui un mythe, et c'est à Roland Garros que seront dédiés les poèmes de *Cap de Bonne-Espérance* (1919). Autre rencontre : la même année, il écrivait son *Ode à Picasso*.

Poésie du paradoxe Mais COCTEAU redécouvre, tout aussi bien, la Grèce, ses mythes et sa tragédie, et surtout *Orphée*, dont il fera une pièce (1927) et deux films (1951 et 1959). Orphée constitue d'ailleurs le thème central d'une œuvre infiniment diverse. Toute la poésie de Jean Cocteau est issue en effet de *l'exercice du pouvoir magique de la parole* et de *l'expérience de ses conséquences.* Or toute magie est étonnante et tout étonnement est magique : la poésie est comme le courant qui passe entre ces deux pôles et qui circule dans l'un et l'autre sens. La magie confond aussi l'apparence et la réalité, l'objet et son reflet dans le miroir, l'illusoire et le vrai : « *Je suis*, dit le poète, *un mensonge qui dit toujours la vérité.* » Jean Cocteau consacrera sa vie et son œuvre à incarner dans son langage la présence de ces *échanges nécessaires entre termes incompatibles.* Aussi apparaît-il de prime abord comme *le poète du paradoxe :* mais le paradoxe est à la fois un *masque* (masques et miroirs sont chers à Cocteau) et une *révélation ;* il est donc doublement étonnant.

Expansion de la magie poétique Touche-à-tout, le poète l'est par vocation et par goût. Il touche à *tous les registres* du réel et du surréel, de la sensation raffinée à l'exaltation spirituelle, et il aura des velléités mystiques dont témoignent ses relations avec Claudel, Maritain ou Mauriac. Mais surtout, le sortilège ne le laisse jamais indifférent : il l'introduira dans la *tragédie* (*Œdipe-Roi*, 1928 ; *La Machine infernale*, 1934 ; *Renaud et Armide*, 1948), dans le *ballet* (*Phèdre*, 1950 ; *La Dame à la Licorne*, 1953), dans le *film* (*Le Sang d'un poète*, 1932 ; *La Belle et la Bête*, 1945. ; *Orphée*, 1951 ; *Le Testament d'Orphée*, 1959) et le *roman* (*Thomas l'Imposteur*, 1923 ; *Les Enfants terribles*, 1929) ; et enfin, il est passé maître dans ce qu'il appelle lui-même la *poésie graphique.*

Mais le royaume de prédilection du sortilège reste le POÈME : ses premiers poèmes paraissent en 1920, suivis de *Vocabulaire* (1922), *Plain-chant* (1923), *L'Ange Heurtebise* (1925) et *Opéra* (1927), qui marque l'aboutissement d'une première période, au cours de laquelle se forment l'art poétique et le langage de Cocteau. Après une sorte d'entr'acte consacré au théâtre, au roman, au cinéma, au dessin, sans que la poésie ait jamais été abandonnée, le sortilège se fait plus serein mais non moins envoûtant dans *Allégorie* (1941), *Le Chiffre Sept* (1952), *Appoggiatures* (1953) et *Clair-obscur* (1954).

Une sorte de *légende* n'a cessé, depuis sa jeunesse, d'entourer JEAN COCTEAU, et ce qu'il y a de préciosité dans sa poétique de l'étonnement a contribué à l'entretenir. Mais ses poèmes et ses films ne cessent de manifester, auprès du personnage et de sa légende, la présence du poète dans sa vérité : la complexité et le mystère de sa poésie naissent de cette ambiguïté, tantôt spontanément avouée tantôt savamment camouflée.

PAR LUI-MÊME

Voici *l'art poétique* de JEAN COCTEAU : le poète y apparaît comme une sorte de *médium* et en cela l'auteur est proche des surréalistes. Dans cet *autoportrait*, il nous révèle les traits distinctifs de son expérience : métamorphose du monde, irruption du mystère, communication magique avec la mort, risques et chances de la découverte de l'invisible.

> Accidents du mystère et fautes de calculs
> Célestes, j'ai profité d'eux, je l'avoue.
> Toute ma poésie est là : Je décalque
> L'invisible (invisible à vous).
> J'ai dit : « Inutile de crier, haut les mains ! »
> Au crime déguisé en costume inhumain ;
> J'ai donné le contour à des charmes [1] informes ;
> Des ruses de la mort la trahison m'informe [2] ;
> J'ai fait voir en versant mon encre bleue en eux,
> 10　Des fantômes soudain devenus arbres bleus.
> Dire que l'entreprise est simple ou sans danger
> Serait fou. Déranger les anges [3] !
> Découvrir le hasard apprenant à tricher
> Et des statues en train d'essayer de marcher [4].
> Sur le belvédère des villes que l'on voit
> Vides, et d'où l'on ne distingue plus que les voix
> Des coqs, les écoles, les trompes d'automobile,
> (Ces bruits étant les seuls qui montent d'une ville)
> J'ai entendu descendre des faubourgs du ciel,
> Étonnantes rumeurs, cris d'une autre Marseille [5].

Opéra, 1925-1927 (Stock, éditeur).

Jeune fille endormie

L'image d'une jeune fille endormie suscite une *méditation poétique sur le sommeil et sur le rêve* : rupture avec l'humanité ordinaire, incertitude de l'itinéraire et du but, danger de mort même ; mais ivresse de la surprise, chances de libération. D'ailleurs, engagé sans retour dans les risques et les chances du songe, le poète *saisi* n'a pas le choix : comme il arrive à sa dormeuse, *plus rien d'autre ne l'intéresse.*

> Rendez-vous derrière l'arbre à songe [6] ;
> Encore faut-il savoir auquel aller,
> Souvent on embrouille les anges
> Victime du mancenillier [7]...

— 1 La poésie est aussi *magie*. — 2 Cf. le rôle de la Mort dans les films de Cocteau (*Orphée* et *Testament d'Orphée*). — 3 Cf. *l'ange Heurtebise*, titre de poème et personnage de film. — 4 Cocteau réalisera ces images dans des « truquages » cinématographiques. —

5 *Rumeurs* et *cris* : appositions à un sujet non exprimé de *descendre*. — 6 Élément essentiel du paysage magique, qui symbolise l'ambiguïté des rencontres de la nature et du rêve. — 7 Arbre à poison d'Amérique (cf. le *danger* de la poésie magique). *Victime* renvoie à « *on* embrouille. »

Nous qui savons ce que ce geste attire :
Quitter le bal et les buveurs de vin,
A bonne distance des tirs,
Nous ne dormirons pas en vain.

Dormons sous un prétexte quelconque,
10 Par exemple : voler en rêve ;
Et mettons-nous en forme de quinconce,
Pour surprendre les rendez-vous.

C'est le sommeil qui fait ta poésie,
Jeune fille avec un seul grand bras paresseux ;
Déjà le rêve t'a saisie
Et plus rien d'autre ne t'intéresse.

Opéra (Stock, éditeur).

« Le Septième Ange... »

COCTEAU, si marqué soit-il par une certaine *sensibilité baroque*, entend aussi rester fidèle à la *tradition classique* : il ressuscite, comme des nouveautés, le souvenir de la Grèce et la pratique de l'alexandrin régulier. Il aime également mêler les sources et les traditions : l'Apocalypse, la Grèce, Rome, ce qui permet des confrontations d'images et des ruptures de rythme. C'est sur ce *contrepoint complexe* que s'exécutent, par exemple, ses variations sur le thème du *Combat avec l'Ange*, qui lui est particulièrement cher.

Le septième ange [1] qui sonnait de la trompette [2]
Lança ses foudres d'or sur le char d'Apollon.
Le Dieu (dont le sourcil ressemble à la houlette)
Excitait son quadrige en frappant du talon [3].

Mais les chevaux cabrés et ligotés de veines
L'un l'autre s'insultaient et se mordaient le col.
Et les rois se jetaient sur les bûchers des reines,
Et le char du soleil se fracassait au sol.

Il y eut là quelques minutes étonnantes
10 Où les îles sombraient, où tonnaient les volcans,
Où l'ange assassinait les bêtes et les plantes,
Les soldats des Césars endormis dans les camps...

Voilà comment en nous peut se rompre une artère,
Voilà comment en nous un cycle s'interrompt.
La trompette a sonné, l'ange n'a qu'à se taire.
Ce que l'ange a défait, d'autres le referont.

Le Chiffre Sept, 1952 (Pierre Seghers, éditeur).

— 1 Le chiffre sept joue un rôle important dans *l'Apocalypse* (sept Églises, sept Anges, sept Sceaux). — 2 *Apocalypse*, XI, 14. — 3 Ce vers — ainsi que quelques autres — ressemble singulièrement à un pastiche de Nerval.

MAX JACOB

Humour
et mystique

Israélite né en Bretagne en 1876, MAX JACOB appartint d'abord à la faune bizarre de la bohème montmartroise ; mais, un jour de 1909, il vit le Christ illuminer sa chambre, ce qui entraîna sa conversion (il eut pour parrain Pablo Picasso), puis, plus tard, sa retraite à l'ombre de l'abbaye bénédictine de Saint-Benoît-sur-Loire. Il n'en fut tiré que par la police allemande et ce fut pour aller mourir en 1944 au camp de Drancy.

HASARD ET BURLESQUE. La poésie chez lui est comme saisie au vol dans le *caprice* et le *hasard* des rencontres de mots et d'images. Il commence sa carrière en manifestant son goût pour le *burlesque* et même le « loufoque » (il trouvera même le moyen de faire du *burlesque religieux !*) : ce sont les *Œuvres burlesques et mystiques du frère Matorel, mort au couvent de Barcelone* (1912). Il a lui-même souligné la part qui revient, dans la poésie, aux initiatives du hasard, par un titre significatif : *Le Cornet à dés* (1917).

ARDEUR ET FANTAISIE. Obsédé par l'idée de la mort, comme le prouve déjà la méditation qui figure dans *Défense de Tartufe* (1919), MAX JACOB fait face à son obsession à la fois par *la fantaisie de l'humour* et par *l'ardeur du mysticisme.* D'autre part, dès 1909, il avait déclaré que la poésie était pour lui « *un instantané même manqué de ce fragment de monde qui passait* » (Lettre à Apollinaire, 23 juin 1909) : son œuvre est faite de ces « instantanés » parfois poétiques à force d'insignifiance, parfois pénétrés de cynisme bon enfant, ou des échos inattendus de visions mystiques et de méditations douloureuses.

Tel est le caractère bariolé d'une œuvre qui comprend *Le Cornet à dés, Le Laboratoire central* (1921), *Sacrifice impérial* (1929), *Ballades* (1938), *Derniers poèmes* (posthume 1945), *Poèmes de Morven le gaélique* (posthume, 1950), et un nombre encore important d'inédits. Max Jacob fut aussi essayiste, romancier, moraliste (*Le Phanérogame*, 1918 : *Le Cinématoma*, 1920-1929 ; *Le roi de Béotie*, 1921 ; *Tableau de la bourgeoisie*, 1930) ; c'est enfin un écrivain et dessinateur mystique (*Visions des souffrances et de la mort de Jésus, Fils de Dieu*, 1928 ; *Méditations Religieuses*, publication posthume, 1947).

POÈME

Le XXᵉ siècle a particulièrement aimé le *poème en prose*, genre dont la liberté convenait à sa poétique. MAX JACOB le pratique avec prédilection : il a moins le sens de la mélodie verbale et rythmique que de la *narration capricieuse et insolite*. Il aime raconter des histoires sorties de son « cornet à dés », un peu à la manière d'un prestidigitateur. Acrobate de l'esprit et du langage, il a sur le monde des points de vue *inattendus* et *inquiétants*.

Quand le bateau fut arrivé aux îles de l'Océan Indien, on s'aperçut qu'on n'avait pas de cartes. Il fallut descendre ! Ce fut alors qu'on connut qui était à bord : il y avait cet homme sanguinaire qui donne du tabac à sa femme et le lui reprend. Les îles étaient semées partout. En haut de la falaise, on aperçut de petits nègres avec des chapeaux melon [1] : « Ils auront peut-être des cartes [2]. » Nous prîmes le chemin de la falaise : c'était une échelle de corde ; le long de l'échelle, il y avait peut-être des cartes ! des cartes même japonaises ! Nous montions toujours. Enfin, quand il n'y eut plus d'échelons (des cancres en ivoire, quelque part), il

---

— 1 C'est, avant la lettre, une image comme | le symbolisme de la *carte :* le monde est un en proposeront les rêves surréalistes. — 2 Noter | labyrinthe d'inconnu et de bizarrerie.

10 fallut monter avec le poignet. Mon frère l'Africain s'en acquitta très bien, quant à moi, je découvris des échelons où il n'y en avait pas. Arrivés en haut, nous sommes sur un mur ; mon frère saute. Moi, je suis à la fenêtre ! Jamais je ne pourrai me décider à sauter : c'est un mur de planches rouges : « Fais le tour », me crie mon frère l'Africain. Il n'y a plus ni étages, ni passagers, ni bateau, ni petit nègre ; il y a le tour qu'il faut faire. Quel tour ? c'est décourageant [3]. *Le Cornet à dés*, 1917 (Librairie Gallimard, éditeur).

PASSÉ ET PRÉSENT

Sous la forme légère de la *chanson*, la poésie se fait aussi *confidentielle :* la fantaisie se mêle à la gravité pour retracer l'itinéraire du poète et de son œuvre, du chant lyrique et de la divulgation enivrée du « secret » jusqu'au silence de la contemplation mystique.

Poète et ténor
L'oriflamme au nord
Je chante la mort.

Poète et tambour
Natif de Colliour [4]
Je chante l'amour.

Poète et marin
Versez-moi du vin
Versez ! Versez ! Je divulgue
Le secret des algues.

Poète et chrétien
Le Christ est mon bien
Je ne dis plus rien.

Le Laboratoire central, 1921 (Au Sans-pareil, éditeur).

Péché, 2 heures 35

La *méditation mystique*, abordée sous forme de journal, prend bientôt la forme du *poème en prose*, avec retours et refrains, symboles d'obsession. Quant au sentiment religieux et à la conscience du péché, on pourra comparer ce texte à *Sagesse* (*XIX*e *Siècle*, pp. 512-514) : MAX JACOB appartenait à la même famille spirituelle que Verlaine.

Qui pense ici au péché ? un homme abruti justement par le péché, débordant de péché et débordé par lui... Quoi ? alors que j'aurai l'audace de m'approcher demain des plus saintes espèces [5] — Ô Dieu dont la main passe sur la cime des bois, sur l'océan — Je suis le nid même du mal et du péché, sans pouvoir jamais m'en dépêtrer. Sans essayer même de sortir de ce filet infernal, de cette empoisonnante glu. O péché, que tu pèses lourdement sur l'arc de mes épaules velues. O péché, que tu courbes violemment jusqu'à le déformer l'arc bientôt brisé de mes épaules fragiles. Sur cet arc où jadis passait la main de Dieu, le poids, le poids tranchant du péché — le 10 péché ! — fait d'abord jaillir un sang noir. Prêtre, tu pardonnes trop vite ! Tu émousses trop tôt la blessure sanglante du péché — O Dieu, dont la main passe sur la cime des bois, sur l'océan, il pardonne trop vite ! il émousse trop tôt la blessure sanglante du péché ! Celui qui pense ici au péché est un homme abruti par le péché, débordé par lui. *Méditations* (Librairie Gallimard, éditeur).

— 3 Transposition humoristique de « l'angoisse d'être au monde. » — 4 Suppression fantaisiste du *e* pour la rime, comme dans les chansons populaires. En fait Max Jacob était breton. Mais | Collioure (Pyrénées-Orientales) fut, dans les années 1920, un célèbre rendez-vous d'artistes et de poètes. — 5 Max Jacob pratiquait la communion quotidienne.

PIERRE REVERDY

Pureté et réalité Né à Narbonne, PIERRE REVERDY (1889-1960) devait, en 1926, se retirer auprès de la célèbre abbaye de Solesmes, mais plutôt par goût de la solitude que pour obéir à une impulsion religieuse (il a écrit toutefois, dans *Le Gant de crin* en 1927 : « Je choisis Dieu librement »). Bien qu'il ait, comme Max Jacob, habité Montmartre et fréquenté les milieux littéraires et artistiques d'avant-garde, PIERRE REVERDY est sans doute le plus secret et le plus solitaire des poètes de sa génération.

Seul au monde donc, et ressentant l'univers comme une « impossibilité d'adaptation », REVERDY demande à la poésie d'opérer cette *purification des choses et de lui-même* qui le libérera de sa *timidité métaphysique* ; mais sa *solitude* et sa *pureté* ne conduisent pas à la désincarnation ni à la désespérance. REVERDY utilise les éléments de la nature et les réactions de sa propre sensibilité pour se créer à lui-même le *sentiment de réalité* dont il est tragiquement privé, et ainsi la poésie est pour lui une manière de salut : « L'art tend à une réalité particulière ; s'il l'atteint, il s'incorpore au réel, qui participe de l'éternel, et il s'incorpore dans le temps. » (*Le Gant de crin*) Poésie souvent difficile, tant sont diverses les voïes de cette *incorporation*. « Ce qui importe, pour le poète, c'est d'arriver à mettre au net ce qu'il y a de plus inconnu en lui, de plus secret, de plus caché, de plus difficile à déceler. d'unique ». Son œuvre est en effet dominée par *la double recherche du secret et de la netteté : Poèmes en prose* (1915), *La Lucarne ovale* (1916), *La Guitare endormie* (1919), *Étoiles peintes* (1921), *Épaves du ciel* (1924), *Grande nature* (1925), *Sources du vent* (1929), *Ferraille* (1937), *Plupart du temps* (1945), *Chant des morts* (1948), *Main-d'œuvre* ( ), *Cette émotion appelée Poésie* (1974).

Tendresse

Solitude, retraite et concentration n'excluent pas la tendresse du cœur. La poésie naît aussi de ce débat intérieur de *l'appétit d'absolu* et de *l'abandon au sentiment*, qui informe les images, les souvenirs, les sensations. Il n'est pas jusqu'à la tentation romantique du *désespoir* qui ne puisse être vaincue par la création poétique, devenue ainsi *acte héroïque* par excellence, en dépit de la pression d'un univers plein de menaces.

> Mon cœur ne bat que par ses ailes [1]
> Je ne suis pas plus loin que ma prison
> O mes amis perdus derrière l'horizon [2]
> Ce n'est que votre vie cachée que j'écoute
> Il y a le temps roulé sous les plis de la voûte
> Et tous les souvenirs passés inaperçus
> Il n'y a qu'à saluer le vent qui part vers vous
> Qui caressera vos visages
> Fermer la porte aux murmures du soir
> 10 Et dormir sous la nuit qui étouffe l'espace
> Sans penser à partir
> Ne jamais nous revoir
> Amis enfermés dans la glace
> Reflets de mon amour [3] glissés entre les pas
> Grimaces du soleil dans les yeux qui s'effacent
> Derrière la doublure plus claire des nuages

— 1 Spiritualité suggérée par l'image de *l'oiseau* ou des ailes de *l'ange*. — 2 Liaison entre *horizon* et *ailes :* dans sa solitude, le poète établit le contact *spirituel* avec ses amis restés à Paris. — 3 Thème du *miroir*, qui accueille et conserve les images (cf. Eluard, p. 352).

Ma destinée pétrie de peurs et de mensonges
Mon désir retranché du nombre
Tout ce que j'ai oublié dans l'espoir du matin
20 Ce que j'ai confié à la prudence de mes mains
Les rêves à peine construits et détruits
Les plus belles ruines des projets sans départs
Sous les lames du temps présent qui nous déciment [4]
Les têtes redressées contre les talus noirs
Grisées par les odeurs du large de la terre
Sous la fougue du vent qui s'ourle
A chaque ligne des tournants
Je n'ai plus assez de lumière
Assez de peau assez de sang
30 La mort gratte mon front
Et la même matière
S'alourdit vers le soir autour de mon courage
Mais toujours le réveil plus clair dans la flamme
de ses mirages [5]

Ferraille, 1937 (Librairie Gallimard, éditeur).

SUR LA POINTE DES PIEDS

La création poétique, véritable *ascèse*, conduit aussi à une sorte de *stoïcisme*, caractéristique de la spiritualité solitaire de REVERDY. Le thème du *dénuement* occupe une place importante dans son œuvre, où il est comme le contrepoids d'une sensibilité entraînée par le vertige d'élans incontrôlés. Quand il ne reste plus rien, il reste encore *le poème* dont la valeur suprême est alors la *discrétion*.

Il n'y a plus rien qui reste
entre mes dix doigts
Une ombre qui s'efface
Au centre
un bruit de pas
Il faut étouffer la voix qui monte trop
Celle qui gémissait et qui ne mourait pas
Celle qui allait plus vite
C'est vous qui arrêtiez ce magnifique élan
L'espoir et mon orgueil [1]
qui passaient dans le vent
Les feuilles sont tombées
pendant que les oiseaux comptaient
les gouttes d'eau [2]
Les lampes s'éteignaient derrière les rideaux
Il ne faut pas aller trop vite
Crainte de tout casser en faisant trop de bruit

Sources du vent, 1947 (Éditions des Trois Collines).

— 4 Tentation du désespoir face à l'expérience du «temps perdu». — 5 Image de la *flamme* créatrice du mirage poétique et symbole de purification. — 1 Tentations lyriques : le gémissement du désespoir, et l'orgueilleuse précipitation de l'espoir. — 2 Symbolisme romantique de l'automne.

JULES SUPERVIELLE

A la recherche des présences perdues   Issu d'une famille de grande bourgeoisie, JULES SUPERVIELLE est né à Montevideo en 1884 ; après un séjour en France, au cours duquel meurent ses parents, il retourne en Uruguay à deux ans avec son oncle et sa tante. Il possède, avec la nationalité française, la nationalité uruguayenne et c'est en Uruguay qu'en 1939 la guerre le surprend. Ce poète fut ainsi, tout au long de sa carrière littéraire, le symbole des *liens spirituels* qui unissent la France et l'Amérique latine. Il meurt à Paris le 17 mai 1960.

Faut-il attribuer à sa condition d'orphelin et à son sentiment d'appartenir simultanément à deux patries, sa recherche d'un « point fixe », son expérience et *son angoisse de l'absence*, son besoin irrépressible de mettre au jour, par une communication secrète, *les présences inconnues* qu'elle recèle ? Ce n'est pas certain ; mais en tout cas, il sera, tout au long de sa vie, celui qui cherche la vraie réalité à travers les mots, les rythmes, les images, les souvenirs, au-delà même de leur instabilité et de leur fugacité.

« Des ponts dans l'espace »   Certes JULES SUPERVIELLE, selon ses propres paroles, s'est « toujours refusé à écrire de la poésie pour spécialistes du mystère », mais il veut que du poème « le mystère soit le parfum, la récompense ». Il reste donc fidèle à une poésie faite de *spontanéité* et de *simplicité*. Il a d'abord subi, aux environs de sa vingtième année, les influences du symbolisme, et particulièrement de Jules Laforgue, né comme lui à Montevideo (cf. *XIXe Siècle*, p. 541). Plus tard, il tirera bénéfice de la libération du langage opérée par la poésie moderne ; mais il reste soucieux d'autonomie, et il s'absente volontiers du monde littéraire, comme de l'univers tout entier, pour tâcher de retrouver, au sein de cette absence même, des *présences mystérieuses*, surprenantes parce qu'elles n'ont point coutume d'être ainsi révélées. Au reçu de son recueil *Gravitations*, Rainer Maria Rilke pouvait donc lui écrire : « Cela crée une continuité par-dessus des abîmes, je sens que cela ne s'arrête nulle part ; vous êtes grand constructeur de ponts dans l'espace, vos arches sont vivantes comme les pas de Saint Christophe, ce grand précurseur des ponts et de la poésie, qui, par sa démarche, était un des premiers à rythmer l'infranchissable » (28 novembre 1925).

« Rien qui pèse ou qui pose »   Mais il a sa manière propre d'obéir à cette vocation de révélateur et de constructeur : il aime les fantômes et les apparitions, la légèreté des formes vaporeuses, « sans rien qui pèse ou qui pose », comme disait Verlaine (cf. *XIXe Siècle*, p. 510). Il a lui aussi, comme Reverdy, le sens aigu du mystère du Temps, mais pour y puiser des visions, des rêves, ou des sensations qui peuplent le vide apparent d'une absence universelle dont la figure la plus douloureuse est la Mort, et communiquent, au-delà de la Mort et du Temps, avec une Réalité parfois nommée Dieu.

SUPERVIELLE débuta très jeune dans la poésie avec une plaquette publiée hors commerce en 1900 : *Brumes du passé*. Il se fit connaître par ses *Poèmes de l'humour triste* (1919), titre à la Jules Laforgue, et surtout par *Débarcadères* (1922) et *Gravitations* (1925). Il reste ensuite publier principalement : *Le Forçat innocent* (1930), *La Fable du monde* (1938), *Poèmes de la France malheureuse* et *Ciel et Terre* (1942), *Orphée* (1946), *A la Nuit* (1947), *Oublieuse Mémoire* (1949), *Le Corps tragique* (1959). Signalons aussi ses romans et contes, qui baignent dans une délicieuse atmosphère poétique (*L'Homme de la pampa*, 1923 ; *Le Voleur d'enfants*, 1926 ; *L'Enfant de la Haute Mer*, 1931 ; *L'Arche de Noé*, 1938 ; *Premiers pas de l'univers*, 1950) et son théâtre : *La Belle-au-Bois* (1932) ; *Comme il vous plaira*, adaptation de Shakespeare (1935) ; *Bolivar* (1936) ; *Robinson* et *Schéhérazade* (1949).

Prophétie

Le rêve d'une absence qui se saisirait du monde lui-même suscite une «*poésie de l'humour triste*» qui pénètre le vocabulaire, les images et le rythme. La simplicité technique du poème confère un singulier pouvoir aux présences en forme d'apparitions qui surgissent alors pour constituer *le paysage inattendu* de cette « prophétie ».

Un jour la Terre ne sera
Qu'un aveugle espace qui tourne
Confondant la nuit et le jour[1].
Sous le ciel immense des Andes[2]
Elle n'aura plus de montagnes.
Même pas un petit ravin.

De toutes les maisons du monde
Ne durera plus qu'un balcon
Et de l'humaine mappemonde[3]
10 Une tristesse sans plafond.

De feu l'océan Atlantique[4]
Un petit goût salé dans l'air,
Un poisson volant et magique
Qui ne saura rien de la mer.

D'un coupé de mil-neuf-cent-cinq
(Les quatre roues et nul chemin !)
Trois jeunes filles de l'époque
Restées à l'état de vapeur
Regarderont par la portière
Pensant que Paris n'est pas loin   20
Et ne sentiront que l'odeur
Du ciel qui vous prend à la gorge.

A la place de la forêt
Un chant d'oiseau s'élèvera
Que nul ne pourra situer,
Ni préférer, ni même entendre,
Sauf Dieu qui, lui, l'écoutera
Disant : « C'est un chardonneret. »

Gravitations, 1925 (Librairie Gallimard, éditeur).

SOLEIL

Antique interrogation de l'homme face à l'univers, antique silence de la nature ; ce thème se trouve ici renouvelé par la *mélancolie moderne* qui suggère *l'analogie de l'homme et du monde* confondus dans le dialogue de leur commune faiblesse. Ainsi *l'apostrophe au Soleil* se transforme en une confidence, où se mêlent lyrisme intime et poésie cosmique.

Soleil, un petit d'homme est là sur ton chemin
Et tu mets sous ses yeux ce qu'il faut de lointains[1].
Ne sauras-tu jamais un peu de ce qu'il pense ?
Ah ! tu es faible aussi, sans aucune défense,
Toi qui n'as que la nuit pour sillage, pour fin.
Et peut-être que Dieu partage notre faim
Et que tous ces vivants et ces morts sur la terre
Ne sont que des morceaux de sa grande misère,
Dieu toujours appelé, Dieu toujours appelant[2],
10 Comme le bruit confus de notre propre sang.

— 1 Cf. v. 2. : *aveugle*. — 2 L'imagination de Supervielle a été fortement marquée par sa terre d'adoption, l'Amérique du Sud. — 3 Le monde tel que le voient les hommes. — 4 Noter l'humour de l'expression.

— 1 Image concrète de l'infini de la nature, souvenir aussi des paysages de la pampa. — 2 Religiosité caractéristique de Supervielle : Dieu compense, en y participant, la nostalgie et la faiblesse humaines (cf. *Prophétie*, v. 27).

Soleil, je suis heureux de rester sans réponse,
Ta lumière suffit qui brille sur ces ronces.
Je cherche autour de moi ce que je puis t'offrir,
Si je pouvais du moins te faire un jour chérir
Dans un matin d'hiver ta présence tacite [3],
Ou ce ciel dont tu es la seule marguerite,
Mais mon cœur ne peut rien sous l'os, il est sans voix.
Et toujours se hâtant pour s'approcher de toi,
Et toujours à deux doigts obscurs de ta lumière,
Elle qui ne pourrait non plus le satisfaire.

Le Forçat innocent, 1930 (Librairie Gallimard, éditeur).

Oublieuse mémoire

L'expérience intérieure de l'*absence* est essentielle à l'homme, dans les fluctuations du souvenir et de l'oubli. Mais la *mémoire* sécrète tout aussi bien, au cœur même de l'absence, des présences éphémères et émouvantes. La fonction du poète, nourri des découvertes de BERGSON et de PROUST (cf. p. 223 et 249 ; cf. aussi REVERDY, p. 366), ne serait-elle pas de se faire *le secrétaire de la mémoire ?*

Mais avec tant d'oubli comment faire une rose [1],
Avec tant de départs comment faire un retour ?
Mille oiseaux qui s'enfuient n'en font un qui se pose
Et tant d'obscurité simule mal le jour [2].

Écoutez, rapprochez-moi cette pauvre joue [3],
Sans crainte libérez l'aile de votre cœur
Et que dans l'ombre enfin notre mémoire joue,
Nous redonnant le monde aux actives couleurs.

Le chêne redevient arbre et les ombres, plaine,
10　Et voici donc ce lac sous nos yeux agrandis ?
Que jusqu'à l'horizon la terre se souvienne
Et renaisse pour ceux qui s'en croyaient bannis [4] !

Mémoire, sœur obscure et que je vois de face
Autant que le permet une image qui passe...

Oublieuse Mémoire, 1949 (Librairie Gallimard, éditeur).

— 3 La sensation visuelle (faible éclat du soleil d'hiver) est transposée dans l'ordre sonore (*tacite* ; cf. *sans réponse*, v. 11).

— 1 Cf. le symbolisme traditionnel de la rose, figure de la perfection fragile. — 2 Diffi-culté du souvenir, contradiction essentielle du « temps perdu » et de sa résurrection dans la mémoire. — 3 Ce baiser symbolise le rôle du sentiment dans l'éveil de la mémoire (cf. v. 6-7). — 4 La mémoire remède de l'absence, de l'exil et de l'abolition du monde (cf. *Prophétie*, p. 369).

LE THÉATRE DE 1919 A 1939

La mise en scène   De 1919 à 1939, la cause du Théâtre fut servie par de fervents *animateurs*, toujours en quête de nouveaux talents ou de progrès dans l'interprétation et la mise en scène. A LUGNÉ-POE (1869-1940), fondateur du théâtre de *l'Œuvre*, revient l'honneur d'avoir « découvert » Sarment, Crommelynck, Passeur, Salacrou. L'idéal, tout classique, de JACQUES COPEAU (1879-1949) subordonne à la *mise en valeur du texte* le jeu des comédiens et le décor, évocateur dans sa simplicité ; acteur, directeur, conférencier, il répand d'autant mieux son influence que sa troupe du *Vieux-Colombier* a compté Dullin et Jouvet parmi ses membres.

D'origine russe, GEORGES PITOEFF (1886-1939) est l'apôtre du *drame symboliste* ; avec sa femme Ludmilla, il joue Ibsen, Pirandello, Strindberg, la *Sainte Jeanne* de Shaw, l'*Œdipe* de Gide. CHARLES DULLIN (1885-1949) crée à *l'Atelier* des pièces de J. Romains, Achard, Passeur, Salacrou. LOUIS JOUVET (1887-1951) est l'admirable interprète de Giraudoux, à la *Comédie des Champs-Elysées* puis à *l'Athénée ;* son nom reste lié aussi au *Knock* de J. Romains et au *Jean de la Lune* de M. Achard. A l'opposé de Copeau, GASTON BATY (1885-1952) favorise la *mise en scène* plus que le texte ; une grande actrice, Marguerite Jamois, l'aide à illustrer brillamment ses théories, au théâtre *Montparnasse*.

Si différentes que fussent leurs tendances, Pitoëff, Dullin, Jouvet et Baty s'unirent en un « *Cartel des quatre* » pour mieux défendre les intérêts supérieurs de leur art, et contribuèrent avec Édouard Bourdet à la rénovation de la Comédie-Française (cf. p. 381).

A la limite   HENRI-RENÉ LENORMAND (1882-1950), qui avait débuté
de l'humain   au théâtre en 1909 avec *Les Possédés*, eut son heure de célébrité vers 1920-1925, depuis *Le Temps est un Songe* (1919) jusqu'à *Mixture* (1927). Influencé par le freudisme, par Ibsen et Pirandello, par un aspect de Dostoïevsky (recherche d'une grandeur dans l'abaissement), il explore *les confins de la psychologie pathologique*, en peignant des êtres livrés à leurs instincts, déséquilibrés (par exemple une « demeurée », dans *L'Innocente*, 1928), ou la *déchéance* d'un couple parmi des « cabots » en tournée (*Les Ratés*, 1920). Ce « clinicien » ne manque pas de probité, mais ses « planches d'anatomie » (R. de Beauplan) ont généralement un caractère *trop didactique ;* il est fâcheux que le triste héros des *Ratés* prononce lui-même des formules comme : « Qui peut savoir ce que veulent en nous nos sales instincts ? » ou « Ah ! le fond de l'âme est un joli marécage ! Il y vit des monstres... plutôt fétides ! »

Les héros de STEVE PASSEUR (1899-1966) sont moins élémentaires et moins lamentables. Mais l'auteur se plaît à analyser des tendances inquiétantes, en particulier *l'instinct de domination ;* il agit sur nos nerfs en mettant aux prises, dans des situations *presque insupportables* (et dont on peut parfois contester la vraisemblance), des êtres *cyniques* qui échangent des répliques *cinglantes*. Le comique, lorsqu'il apparaît, est du genre *grinçant*. Outre ses deux pièces les plus significatives : *Suzanne* (1929, cf. p. 372) et *L'Acheteuse* (1930), nous citerons *A quoi penses-tu ?* (1928), *La Chaîne* (1931), *Les Tricheurs* (1932).

Quant à PAUL RAYNAL (1885-1964), c'est par un excès inverse qu'il pèche, poussant le surhumain jusqu'à *l'inhumain*. Animé de *nobles desseins*, il a voulu resserrer l'action (trois personnages), transposer à notre époque la tragédie grecque et exalter le *dépassement* qui conduit à la parfaite *maîtrise de soi* et au *sacrifice*. Il n'a pas craint d'aborder les plus grands sujets historiques : *Le Tombeau sous l'Arc de Triomphe* (1924), *La Francerie* (1929), *Le Matériel humain* (1935) — pièces inspirées toutes trois par la guerre de 1914 — ; *Napoléon unique ; A souffert sous Ponce-Pilate*. Mais l'écueil de la *grandiloquence* n'est pas toujours évité, les changements de rythme et de ton laissent une impression de disparate ; enfin la tension morale, l'exercice de la volonté confinent à la *gratuité* quand il s'agit d'un drame intime *(Le Maître de son Cœur, Au Soleil de l'Instinct)*.

« Mater les fauves »

Le riche et brutal DUVERNON, qui a été le bourreau d'une première femme, vient de déclarer à une jeune veuve, SUZANNE SALANIÉ, qu'il l'aimait... « comme une brute ». Elle lui rit au nez, mais Duvernon n'a pas l'habitude de céder ; quant à Suzanne, tout en l'insultant, elle commence à concevoir le plaisir et l'orgueil qu'elle trouverait à *mater ce fauve*. Il n'est pas rare, chez PASSEUR, de voir une femme asservir un homme ; mais ici, quand Suzanne épousera Duvernon, nous ne saurons pas *lequel des deux domptera l'autre*.

DUVERNON : Ma patience a des limites, vous savez.

SUZANNE : La mienne aussi et pourtant je ne vous ai pas encore donné la paire de gifles que vous réclamez avec tant d'acharnement. Non, mais je n'en suis pas encore revenue : Duvernon, l'immonde Duvernon a jeté son dévolu sur moi pour devenir sa petite maîtresse.

DUVERNON : Vous venez d'aborder un sujet sur lequel je ne permettrai à personne de plaisanter, même pas vous. Vous ne serez pas ma maîtresse, vous serez ma femme.

SUZANNE : Vraiment, vous me faites beaucoup trop d'honneur. Et, est-ce que je peux savoir quand cet événement se produira ?   10

DUVERNON : Le plus tôt possible. Je vous jure que je vous épouserai. Je vous ferai céder ou je me tuerai.

SUZANNE : On m'a déjà dit ça ou presque ça et on l'a presque fait. Méfiez-vous.

DUVERNON : Rassurez-vous, vous céderez, je ne me tuerai pas.

SUZANNE : Ce sera un grand malheur pour l'humanité.

DUVERNON : Jamais on ne m'a fait souffrir comme vous le faites en ce moment. Vous n'avez donc aucune pitié, vous ne voyez pas que je suis à bout de forces. Qu'est-ce que vous avez à me regarder comme ça ?

SUZANNE : Je me demandais si vous étiez encore plus hideux physiquement que moralement. Ce serait un record.   20

DUVERNON : Vous êtes trop dure... vous ne pouvez pas être sincère. C'est de l'affectation.

SUZANNE : Vous croirez probablement que c'est aussi par affectation que je vous le dis, mais vous possédez les trois qualités que j'abomine le plus chez un homme. Vous êtes épouvantablement orgueilleux, colossalement riche et très intelligent.

DUVERNON : Ma chère Suzanne, comme vous allez souffrir quand vous serez...

SUZANNE, *poursuivant :* Madame Duvernon ?

DUVERNON : Oui, parce que je vous forcerai à m'aimer, vous entendez, je vous y forcerai.

SUZANNE : Vous me parlez comme si j'étais une forteresse, ça ne m'impressionne   30 pas du tout ; d'ailleurs...   DUVERNON : D'ailleurs ?

SUZANNE : Je ne croyais pas que les conquérants montaient à l'assaut en disant à la place ennemie : « Vous céderez, vous entendez, je vous forcerai. »

DUVERNON : Vous avez parfaitement raison. *(Il s'approche d'elle.)*

SUZANNE : Faites un pas de plus et vous recevrez la paire de claques que je vous annonçais à l'instant. *(Regardant Duvernon qui s'est brusquement arrêté.)* Non, vous ne bougez plus ? Vous avez peur ?   DUVERNON : De vous, oui.

SUZANNE : C'est dommage, ça m'aurait fait joliment plaisir de gifler Duvernon. Le magnat de l'industrie. L'homme aux trois cent soixante millions. C'est même curieux, je ne me connaissais pas de telles dispositions pour mater les   40 fauves...   *Suzanne*, I, 8 (Librairie Gallimard, éditeur).

Fantaisie Au lendemain de la guerre, le *genre léger* connaît la
rêve et farce grande vogue auprès des habitués du Boulevard, peu
cultivés, amateurs de rire et d'évasion plutôt que d'idées
ou d'observations concernant l'homme et la société (cf. p. 62).

SACHA GUITRY (1885-1957), fils de l'acteur Lucien Guitry, fut lui-même acteur.
Déjà connu avant 1914 avec *Le Veilleur de Nuit* (1911), *La Prise de Berg-op-Zoom* (1912),
La Pèlerine écossaise (1913), il devint après 1918 l'idole d'un large public. Il a écrit plus
de cent comédies, parmi lesquelles *Faisons un rêve* (1916), *Mon Père avait raison* (1919),
Je t'aime (1920), *Désiré* (1927), *Quadrille* (1937). Il est aussi l'auteur de pièces librement
inspirées de la vie des hommes célèbres : *Jean de La Fontaine* (1916), *Pasteur* (1919),
Mozart (1925). Cette œuvre inégale a mal résisté au temps. Une intrigue très mince,
parfois même inexistante, y met en présence de jolies femmes, coquettes et frivoles, et
des viveurs sans moralité, oisifs, dépensiers, dont l'unique souci est la conquête amoureuse et le plaisir des sens. Le succès de ces pièces s'expliquait par l'art des situations,
des péripéties et rebondissements, et surtout par la vivacité d'un *dialogue souvent étincelant* d'esprit et de drôlerie, parsemé de boutades, de paradoxes, de mots d'auteur.
Mais GUITRY sacrifie trop à l'éclat d'une réplique, sans s'interdire les calembours et les
plaisanteries faciles ; son observation des caractères et des mœurs est tout à fait superficielle. On peut, selon les goûts, être séduit ou agacé par son « Moi » toujours présent,
son impertinence, son immoralité, sa philosophie nonchalante et désabusée.
Citons à ses côtés JACQUES DEVAL (1894-1972), qui était particulièrement doué pour
la satire des mœurs (*Étienne*, 1930; *Mademoiselle*, 1932), mais a préféré le théâtre du
boulevard (*La Manière forte*, 1926; *Tovaritch*, 1933; *Ce soir à Samarcande*, 1950).
Quant à HENRI DUVERNOIS (1875-1937), c'était le spécialiste de la pièce en un acte,
tantôt acide et gaie, tantôt émouvante (*Seul, Chabichou, Devant la porte*).

JEAN SARMENT (1897-1976) fut considéré comme l'auteur le plus doué de la
nouvelle génération, avec *La Couronne de Carton* (1920), *Le Pêcheur d'ombres* (1921),
Le Mariage d'Hamlet (1922), *Je suis trop grand pour moi* (1924), *Les plus beaux yeux du
monde* (1925), *Léopold le Bien-Aimé* (1927). Ces comédies néo-romantiques teintées de
grâce et de poésie sont d'un *charme délicat*, mais on y sent trop l'influence de Shakespeare,
Musset, Laforgue ou Pirandello : partout le même héros mélancolique, nouvel Hamlet,
aux confins de la raison et du rêve ou de la folie, qui passe son temps à s'analyser et à se
découvrir ; partout des personnages nébuleux qui ne vivent à l'aise que dans l'idéal ou
l'illusion et ne peuvent subir sans désenchantement le choc de la réalité. Ainsi Léopold,
qui a vieilli sans amour, croit découvrir qu'il a été aimé autrefois : rajeuni par cette révélation, il veut jouer les don Juan jusqu'au jour où il est trahi par toutes ses « conquêtes ».

MARCEL ACHARD (1899-1974) fut d'abord l'auteur d'une farce de cirque, *Voulez-
vous jouer avec moâ ?* (1923); puis, après *Malbrough s'en va-t-en guerre* (1924), *Je ne vous
aime pas* (1926) et *La Vie est belle* (1928), il connut le triomphe en 1929 avec *Jean de la
Lune*. Depuis, son étoile avait pâli, malgré quelques œuvres estimables (*La Belle Marinière*,
1929 ; *Domino*, 1931 ; *Pétrus*, 1933 ; *Noix de Coco*, 1935 ; *Le Corsaire*, 1938), mais il a
retrouvé le succès avec *Patate* (1957). Pour ses pièces où se mêlent la farce, le rêve et la
fantaisie, il continue à puiser ses personnages, en les humanisant, dans le monde des
clowns et des types de la Comédie italienne ; les femmes y sont coquettes, infidèles, per-
verses, sans toutefois devenir méchantes ni antipathiques. Mais ce qui lui appartient en
propre, c'est un *héros* « *lunaire* », naïf et tendre, amoureux malhabile mais optimiste et
confiant, comme ce Jean de la Lune, flottant entre ciel et terre, ridicule et touchant, dont
on ne savait, dans l'interprétation de Jouvet, s'il était niais ou roué, « épatant » ou
imbécile (cf. p. 374).
La farce l'emporte chez ROGER VITRAC (1899-1952), auteur de pièces ubuesques et
surréalistes (*Les Mystères de l'Amour*, 1927 ; *Victor ou les Enfants au pouvoir* 1928 ; *Le
Coup de Trafalgar*, 1934), et tend au drame avec FERNAND CROMMELYNCK (1886-1970)
qui, dans son lourd comique flamand, nous rappelle Molière (*Le Cocu magnifique*, 1921).

Un « type épatant » ou un imbécile ?

Jean de la Lune est l'histoire d'un rêveur dont l'*amour aveugle* et la *confiance obstinée* finissent par désarmer une femme volage, menteuse et perfide. Un jour que la frivole MARCELINE, abandonnée par un amant, était en plein désarroi, JEF a eu malgré tout confiance en elle et l'a épousée. Depuis cinq ans, elle a eu de nombreuses liaisons à l'insu de son mari. Mais la voici une fois de plus au désespoir, car GASTON, le dernier amant en titre, l'abandonne. Elle a chargé son frère, le cynique et complaisant CLOCLO, de lui téléphoner pour le persuader de revenir ; mais la communication avec Gaston ayant tardé, c'est Jef qui la reçoit et entend une voix grave s'écrier : « *Vous direz à Cloclo que j'en ai plein le dos de lui et de sa famille et que dans un quart d'heure je serai parti pour le Brésil.* » CLOCLO persuade son crédule beau-frère que cette voix masculine est celle... d'une bonne amie avec qui il vient de rompre. JEF rapporte l'incident à MARCELINE qui éclate en sanglots incompréhensibles. Il s'efforce alors de la consoler...

JEF : Personne ne te comprend mieux que moi. Souvent, tu l'as remarqué, je commence une phrase que tu allais dire. Ou nous la disons ensemble. Nous sommes tellement amis que j'ai renoncé à tous mes anciens camarades. Je t'ai raconté toutes mes histoires. Je te confie toutes mes affaires. Et nous nous amusons tellement ensemble que ce ne serait vraiment pas chic de me cacher tes ennuis. Je t'assure que, si j'en avais, je n'hésiterais pas. Allons, raconte.

MARCELINE : Tu connais Gaston ? *(Précisant.)* Gaston Lancelot ?

JEF : Oui. C'est le petit blond qui t'a fait danser l'autre soir.

MARCELINE : Eh bien... *(Elle s'était laissé gagner par la douceur des paroles de Jef et par le plaisir de parler de « Lui ». Mais elle s'interrompt brusquement en s'apercevant* 10 *de ce qu'elle allait faire).* Mais qu'est-ce que je fais ? Mais je suis folle...

JEF : Allons, voyons, continue, tu avais commencé.

MARCELINE, *avec égarement :* Non, non.

JEF : Eh bien, Lancelot ?

MARCELINE : Rien ! Je ne t'ai rien dit. Je ne peux rien te dire.

JEF : Raconte. Personne ne peut mieux te comprendre que moi.

MARCELINE : N'insiste pas !

JEF : Je ne vois pas ce que ce Lancelot peut avoir à faire avec toi. Tu le connais à peine.

MARCELINE, *saisissant cette diversion :* Aussi, ce n'est pas avec moi. 20

JEF : Alors, qu'est-ce que c'est ?

MARCELINE : Puisque tu tiens absolument à le savoir ! *(Très vite.)* Lancelot a quitté une de mes amies et, ce soir, elle voulait se tuer.

JEF : Ah ! c'est ça. C'est pour aller chez elle que tu es sortie ?

MARCELINE : Oui, n'en parlons plus, veux-tu ?

JEF : Qui est-ce ?

MARCELINE, *énervée :* Je ne peux pas te dire : c'est une femme mariée.

JEF : Je parie que c'est ce pauvre Ganneron !...

MARCELINE : Mais non !

JEF : Tant mieux ! Et elle veut se tuer ? 30

MARCELINE : Oui.

JEF : Penses-tu !

MARCELINE : Si tu savais... Ce qu'elle l'aimait ! C'était toute sa vie, cet homme. Lui parti, que va-t-elle devenir ? *(A cette pensée, ses yeux se mouillent.)*

JEF : Ah ! là là !...

MARCELINE : Pourquoi ricanes-tu ?

JEF : Je ne ricane pas. Pauvre chou ! Tu as vu ton amie désolée, elle t'a dit qu'elle voulait mourir et, avec ton bon cœur, tu l'as déjà crue morte...

MARCELINE : Mais...

JEF : Écoute, je ne voudrais pas manquer de tact... et te rappeler une chose... 40 enfin... qui, peut-être... Pardonne-moi. Mais te rappelles-tu le chagrin que tu as eu quand Richard t'a quittée ? Toi aussi tu étais désespérée ? Toi aussi tu as voulu mourir. Et maintenant, te souviens-tu encore de lui ? Je m'étonne que tu n'aies pas pensé à citer ton exemple à ton amie.

MARCELINE, *très frappée :* C'est vrai.

JEF : Tu as pourtant terriblement souffert, à ce moment-là. Est-ce qu'aujourd'hui ça t'empêche d'être heureuse ?

MARCELINE : Non.

JEF : Vois-tu, les femmes devraient compter avec leur inconstance.

MARCELINE : Oui, oui. 50

JEF : D'ailleurs, je ne vois pas le rapport qui existe entre ce Lancelot et l'amie de Cloclo.

MARCELINE : Aucun, naturellement, aucun. Tout m'exaspère, aujourd'hui. Alors, j'ai très mal pris la réponse de cette petite. Mais c'est fini, je vais beaucoup mieux.

JEF : Je suis bien content. *Il lui prend les mains très gentiment.*
Elle s'installe sur le divan, un silence.

MARCELINE, *d'une drôle de voix vague :* C'est drôle ce que tu m'as dit à propos de Richard.

JEF : Tu ne m'en veux pas de t'avoir rappelé ces mauvaises minutes ? 60

MARCELINE : Qu'est-il devenu, Richard ?

JEF : Je ne sais pas. On m'a dit qu'il était parti pour le Brésil tout de suite après notre mariage.

MARCELINE, *avec un franc sourire :* Pour le Brésil ! Lui aussi ?

JEF, *content de la voir plus gaie :* Oui, lui aussi. Comme l'amie de Cloclo.

MARCELINE, *considère Jef longuement :* Tu es un drôle de type. [...]

JEF : Je n'ai pas dit de choses extraordinaires.

MARCELINE : Oh ! si !

JEF : Quand ?

MARCELINE : Ne joue pas au plus fin avec moi. J'ai compris l'allusion à 70 Richard. C'était très fort. J'ai compris aussi : « Comme l'amie de Cloclo ! »

JEF : Qu'as-tu compris ? *(Marceline le regarde.)* Il n'y avait rien à comprendre.

MARCELINE : Ah ? *(Silence.)* Tant pis !

JEF : Tu as l'air déçu ?

MARCELINE : Je ne te comprends pas. Tu es tellement maladroit. Es-tu un type épatant ? Es-tu un imbécile ?

JEF : Je suis un type épatant qui t'aime comme un imbécile.

Jean de la Lune, II, 8 (Librairie Gallimard, éditeur).

Au dernier acte, MARCELINE *est de nouveau décidée à fuir. Elle ne reproche rien à son mari, sinon de l'aimer trop paisiblement : pour elle, l'amour doit être une passion jalouse et orageuse. Elle a beau avouer à* JEF *toutes ses infidélités, il n'en veut rien croire : il est persuadé qu'auprès de lui elle est devenue une autre femme ! Et de la dépeindre telle qu'il la voit à travers ses illusions :* « Tu es la droiture même. Il n'y a rien de louche en toi, rien de trouble... La femme que tu étais avant ton mariage te fait horreur, j'en suis sûr... Tu voudrais me quitter maintenant que tu ne le pourrais pas ». *Séduite par cette* image *idéale d'elle-même, vaincue par tant d'amour, de bonté et de confiance,* MARCELINE *finira par aimer son* JEAN DE LA LUNE.

LE THÉATRE INTIMISTE

Les années 1920-1925 ont vu triompher le *théâtre intimiste*, avec « l'école du silence » ou « de l'inexprimé ». C'est une réaction contre les intrigues savantes, le style déclamatoire, les longues analyses où des oisifs dissèquent de subtils états d'âme. La nouvelle école a voulu présenter, au cours d'une *action brève et sobre*, des personnages « *comme tout le monde* » saisis dans leurs occupations quotidiennes et s'exprimant avec *naturel*. La vie profonde et complexe des âmes est plutôt *suggérée* qu'exprimée : d'où le rôle des attitudes, des silences, des monosyllabes, des réticences, des demi-teintes. Certes, depuis Racine et Marivaux nul n'ignorait la vertu dramatique et pathétique de *l'inexprimé* ; mais la formule intimiste a donné quelques chefs-d'œuvre, quand elle a su éviter l'écueil du genre : la pièce grise, où des êtres timides et hésitants sont voués à l'échec ou à la résignation.

Charles Vildrac Fondateur du groupe de l'Abbaye (cf. p. 35) avec son beau-frère Duhamel, CHARLES VILDRAC (1882-1971) a débuté comme poète ; puis, après le succès mondial du *Paquebot Tenacity* (1920), il s'est surtout consacré au théâtre. Il choisit ses personnages dans le *peuple*, « inépuisable réserve de valeur humaine » : ouvriers, contremaîtres, petits bourgeois qu'il observe avec sympathie et sait faire parler naturellement. Leurs *sentiments profonds* se révèlent sans fausse note, en une langue simple, discrète et suggestive, à l'occasion d'une *crise intérieure* : l'hésitation entre deux voies (*Le Paquebot Tenacity*, cf. p. 377 ; *Michel Auclair*, 1922) ; l'appel de l'aventure (*Le Pèlerin*, 1923) ; l'infériorité de la tendresse sur la vraie passion (*Mme Béliard*, 1925) ; une querelle entre amis (*La Brouille*, 1930). D'ailleurs VILDRAC a foi dans l'homme : sans oublier ses laideurs, il souligne sa noblesse et la vertu des humbles.

Paul Géraldy PAUL GÉRALDY (1885-1983) fut d'abord, pour le public féminin, le poète adulé de *Toi et Moi* (1913). Il s'est ensuite imposé par ses « tragédies légères » : *Les Noces d'Argent* (1917), *Aimer* (1921), *Robert et Marianne* (1925), *Christine* (1932), *Duo* (1938). Son grand sujet est le *drame du couple*, menacé ou brisé par la monotonie de la vie commune et l'insatisfaction. Sa psychologie est fine et pénétrante, et c'est dans la mesure où il rappelle l'art de MARIVAUX et ses nuances délicates que son dialogue, d'ailleurs concis, elliptique, se rattache à l'esthétique intimiste (cf. p. 378) ; mais lorsque les cœurs se déchaînent, bien que le ton devienne « racinien », les bons sentiments l'emportent artificiellement sur les passions en fureur.

J.-J. Bernard JEAN-JACQUES BERNARD (1888-1972) est le fils de Tristan Bernard. Il se révéla, après 1918, avec deux pièces inspirées par les circonstances : *La Maison épargnée* (1919) et *Le Feu qui reprend mal* (1921 ; un prisonnier rapatrié jaloux à tort de l'officier américain hébergé par sa femme). Son chef-d'œuvre, *Martine* (1922), est la meilleure illustration du « théâtre du silence » (cf. p. 379) ; citons aussi *Le Printemps des Autres* et *L'Invitation au Voyage* (1924). J.-J. BERNARD est l'auteur qui a dégagé le plus lucidement *le principe de l'intimisme* : « Il y a sous le dialogue entendu comme un dialogue sous-jacent qu'il s'agit de rendre sensible. Aussi le théâtre n'a-t-il pas de pire ennemi que la littérature. Elle exprime et dilue ce qu'il ne devrait que suggérer... Un sentiment commenté perd sa force. C'est pourquoi un « couplet » en dit toujours moins qu'une réplique en apparence indifférente ». Par le jeu des silences, des regards, des mots échappés, des paroles révélatrices, J.-J. BERNARD, peintre des *souffrances cachées*, sait éveiller des émotions contenues mais intenses.

Denys Amiel DENYS AMIEL (1884-1977) reste surtout l'auteur (avec André Obey) de *La Souriante Madame Beudet* (1921), tragi-comédie et peinture des mœurs bourgeoises. Ses autres pièces, consacrées surtout à la *psychologie féminine* et au problème du *couple*, sont plus inégales : *Le Voyageur* (1912), *Le Couple* (1923), *Décalage* (1931), *La Femme en fleur* (1935), *Ma Liberté* (1936), *Famille* (1937). Il a sa conception personnelle de « l'inexprimé » ; ses personnages « *se taisent en parlant* » : ils dissimulent leurs sentiments profonds sous un bavardage artificiel.

LES « COMBINAISONS MYSTÉRIEUSES » DE LA VIE

Dans *Le Paquebot Tenacity*, CHARLES VILDRAC nous présente une « tranche de vie ». Deux ouvriers typographes, BASTIEN et SÉGARD, ont décidé de tenter leur chance et d'aller défricher la terre au Canada, mais le *Tenacity* a une avarie et son départ est retardé de quinze jours ; ils descendent alors dans une auberge et s'embauchent en ville pour de durs travaux. SÉGARD qui s'est blessé à la main reste à l'auberge et fait la cour à THÉRÈSE, la jeune servante. C'est un timide, un rêveur qui s'est laissé entraîner par Bastien. Il reconnaît son caractère *indécis* et tente de l'analyser à sa manière, pour que Thérèse devine son *débat intérieur* : il hésite entre l'aventure lointaine et le bonheur tout simple, à portée de sa main. Sa timidité justifie la *concision du dialogue*, et son tempérament rêveur ajoute au texte une note de *poésie discrète* caractéristique du réalisme de Vildrac.

THÉRÈSE : Vous êtes tout de même d'âge à savoir ce que vous voulez !

SÉGARD : Oui, je choisis la place que je préfère, là où je me trouve. Mais là où je me trouve, ce n'est jamais moi qui ai décidé d'y venir. Et vous ?

THÉRÈSE : Ah ! moi, je n'ai jamais pensé à tout ça...

SÉGARD : Trouver, choisir ce qu'on aime le mieux au milieu de tout ce qui vous est offert, de tout ce qui vous retient au passage, eh bien ! Thérèse, je vous assure que même cela, c'est difficile, c'est terrible.

THÉRÈSE : Je trouve qu'on n'a guère le choix. On est bien obligé d'accepter ce qui vous arrive...

SÉGARD : Mais si, on aurait le choix ! — Moi, je voudrais tout prendre et 10 je sens tellement que je regretterai justement ce que je n'aurai pas pris, que je le pleure d'avance.

THÉRÈSE : Moi, je le regrette après. Ça m'arrive. Par exemple, j'hésitais hier au dernier moment entre des souliers jaunes et des noirs, vernis. J'ai pris les jaunes à cause de la saison ; mais tout de même les noirs...

SÉGARD : Oui, mais je ne pensais pas à des objets, à des chaussures.

THÉRÈSE : Bien entendu.

SÉGARD : La vie est remplie de combinaisons mystérieuses, Thérèse : je quitte Paris pour le Canada avec Bastien. Depuis un mois je ne pensais qu'au Canada. Dans le train je voyais le bateau et puis le Canada dont je 20 me suis fait un tableau dans ma tête. Nous arrivons ici. Le départ ne se fait pas comme il était prévu. Me voici depuis quinze jours à l'hôtel Cordier. Et alors vous croyez que je ne pense qu'au départ, comme Bastien ? que je ne quitte pas des yeux le but, comme il dit ? Non. Je... Par exemple, je vous regarde ; je suis tout au plaisir de me trouver avec vous ; je me prends d'amitié pour la maison, pour vous... pour vous...

THÉRÈSE, *levant la tête et riant :* Vrai ?

SÉGARD : Je me dis : voilà ; tu vas partir et tu aurais peut-être pu vivre très heureux dans ce pays-ci, qui sait ? Si tu voulais bien... Tout à l'heure, vous racontiez que vous aviez été chez un éleveur. Alors là-dessus — 30 voyez comme je suis — voilà mon imagination qui part. Je vois une petite maison au soleil, quelque chose comme une maison de garde-barrière ; pas au Canada. Il y a un enclos où l'on élève de la volaille et un jardin avec la jolie Thérèse qui rit. Car vous avez parlé aussi de jardin, dites ?

THÉRÈSE : Oui.

SÉGARD : C'est pour dire, n'est-ce pas ?... C'est pour dire comme c'est troublant de sentir, à chaque pas qu'on fait, tout ce qui serait possible si l'on s'arrêtait là ; d'entrevoir comme aisément on aurait de quoi remplir sa vie et son cœur...

THÉRÈSE : C'est vrai ce que vous dites. (Silence.) La petite maison avec les poules et les fleurs... Ah ! Vous allez me faire travailler les idées et me donner le cafard.

SÉGARD, lui posant la main sur l'épaule : Mais non, mais non...

THÉRÈSE : J'entends Mme Cordier qui descend ; il faut faire les tables.

SÉGARD : Je vous ai ennuyée, Thérèse, avec mes histoires.

THÉRÈSE, se levant : Oh ! non ; vous m'avez dit des choses si gentilles !

Le Paquebot Tenacity, II, 1 (Librairie Gallimard, éditeur).

Le destin sera plus capricieux encore. L'entreprenant BASTIEN fait lui aussi la cour à THÉRÈSE et la décide aisément à s'enfuir avec lui. Ainsi, paradoxalement, BASTIEN l'aventureux restera en France et SÉGARD l'indécis s'embarquera avec mélancolie pour le Canada.

Un aveu à demi sincère

Aimer, de PAUL GÉRALDY, est le type de la pièce à trois personnages. HÉLÈNE et HENRI, mariés depuis dix ans, vivent seuls dans une magnifique demeure provinciale. La passion des débuts s'est muée en une tendre affection et leur vie s'écoule, tout unie. Il suffit pourtant qu'un châtelain des environs fasse discrètement la cour à HÉLÈNE pour qu'elle ressente le vide de son existence. Elle se confie à son mari, afin de conjurer le danger. La scène de l'aveu est assez piquante car HENRI, que l'amour rend perspicace, a tout deviné. Il a noté les signes révélant l'intérêt de CHALLANGE pour sa femme et compris qu'HÉLÈNE n'était pas indifférente à cet amour. C'est comme si le poète de Toi et Moi s'amusait à esquisser la Carte de Tendre de la conquête amoureuse selon l'esthétique intimiste. Le dialogue même est riche de suggestions : en révélant la situation à son mari, HÉLÈNE voudrait lui dissimuler ses propres sentiments, mais tout la trahit, sa surprise, sa feinte impuissance devant Challange, sa coquetterie inhabituelle, en un mot sa demi-sincérité.

HÉLÈNE : Et si j'avais une raison, moi, pour ne pas le recevoir !

HENRI : Si tu avais une raison, tu me la dirais.

HÉLÈNE : J'ai une raison.

HENRI : Voyons ?

HÉLÈNE : Challange me fait la cour.

HENRI : Je le sais bien.

HÉLÈNE, très étonnée : Comment ? Tu t'en es aperçu ?

HENRI : Évidemment, je m'en suis aperçu.

HÉLÈNE : Non ! C'est vrai ? Mais... à quoi t'en es-tu aperçu ?

HENRI : Et toi ?

HÉLÈNE : Oh ! ça, c'est extraordinaire !.... Et quand ça a-t-il commencé ?

HENRI : Il y a un mois, dès qu'il est arrivé ici, la première fois qu'il a dîné à la maison.

HÉLÈNE : Ce soir-là, c'était très peu de chose.

HENRI : Oui, un rien d'excessif dans l'amabilité, quelques sourires...

HÉLÈNE : Tu as vu ça ?

HENRI : Comme je te vois. La semaine suivante, chez les Tancin, une nuance de plus, des prévenances plus marquées...

HÉLÈNE, *intéressée, amusée :* Mais comment as-tu pu voir ça ?

HENRI : Enfin, avant-hier, ici, tout un petit jeu d'attitudes, une voix un peu 20
spéciale pour s'adresser à toi, une certaine éloquence aussi, et surtout la façon
dont il t'a dit au revoir.

HÉLÈNE, *baissant les yeux :* Et alors, qu'est-ce que tu en penses ?

HENRI : Et toi ?

HÉLÈNE : Moi ?... Je ne peux pas empêcher cela !

HENRI, *très doucement :* Tu l'aurais empêché si tu l'avais voulu.

HÉLÈNE : Je me demande comment, par exemple !

HENRI : Tu es très belle... Mais si, Hélène, tu es très belle. Et tu le sais bien !
Cependant, jusqu'ici, les hommes les moins timides s'étaient toujours montrés
parfaitement réservés devant toi.   30

HÉLÈNE : Je ne leur plaisais peut-être pas.

HENRI : Tu leur plaisais. Mais jusqu'ici, il y avait dans ton attitude quelque
chose de si pur, de si parfaitement net, que chacun comprenait tout de suite
l'inconvenance, l'inutilité d'une tentative.

HÉLÈNE : Alors, je ne suis plus pure ? Je ne suis plus nette ?

HENRI : Tu l'es, mais avec moins de rigueur... Tu as été un peu coquette avec
Challange.

HÉLÈNE : Tu t'en es aperçu aussi !... Eh bien, oui, j'ai été un peu coquette,
c'est vrai. Je vais t'expliquer. Je voulais savoir. Tu me dis toujours que je suis
belle, et dans les salons cependant c'est toujours aux autres femmes que vont 40
les compliments.

HENRI : Les compliments des hommes cachent toujours une vague intention
d'offensive. Les hommes les plus hardis ne s'attaquent qu'à des femmes qu'ils
soupçonnent vulnérables.

HÉLÈNE : Allons ! Les hommes n'ont pas toujours cette arrière-pensée !

HENRI : Mais si, Hélène !   *Aimer,* I, 1 (Julliard, éditeur).

HENRI *laisse à* HÉLÈNE *le soin de se défendre et la liberté de décider.* CHALLANGE *est si
empressé que, tout en criant son désespoir de faillir, elle s'éprend de lui. Sur le point de fuir
et de devenir sa maîtresse, elle s'attendrit pourtant sur les années passées dans cette demeure,
sur le souvenir d'un enfant qu'elle a perdu, et finit par rester auprès de son mari.*

Douleur silencieuse

Martine, qui connut un succès mondial, est « l'histoire d'une petite paysanne qui aime
et qui souffre mais ne peut confier à personne son amour ni sa souffrance ». Une idylle
pleine de fraîcheur s'est en effet nouée entre MARTINE et JULIEN, jeune journaliste
privé de ses parents, venu vivre à la campagne chez sa grand'mère. Pour JULIEN c'était
une amourette sans importance et il se fiance bientôt avec JEANNE qui appartient à son
milieu. Pour MARTINE, il s'agit au contraire d'un *sentiment profond et vite douloureux.*
Pendant une absence de Julien, les deux jeunes filles se recherchent et s'entretiennent
volontiers, *l'une* parce qu'elle aime évoquer devant témoin son bonheur futur, sans se
douter de la torture qu'elle inflige à Martine, *l'autre* parce qu'en dépit de sa souffrance
elle a besoin d'entendre parler de celui qu'elle aime en silence. Jean-Jacques Bernard a
voulu « saisir cette vie secrète par les moyens les plus simples, écrire en quelque sorte de la
vie » : le dialogue, tout en réticences, en phrases inachevées ou insignifiantes en apparence,
contribue par sa *simplicité* et sa *discrétion* à créer un *pathétique poignant.*

MARTINE, *avec anxiété :* Est-ce que... monsieur Julien va revenir bientôt ?

JEANNE : Dans huit jours. Cela fait trois semaines d'absence... Trois longues

semaines qui ne m'ont pas fait grâce d'un seul jour... Mais je vous ennuie...
Parlons plutôt de vous...

MARTINE : Non, non, ne parlons pas de moi... Vous disiez que... Dans huit jours...

JEANNE : Oui, nous sommes plus près de son retour que de son départ maintenant.

MARTINE, *vivement* : Oh ! oui...

JEANNE, *lui serrant la main :* Vous êtes bien gentille... Quand on lui a proposé de faire une enquête en Allemagne pour le compte de son journal, je n'ai voulu voir que les avantages : les belles impressions qu'il allait rapporter de là-bas et sa situation au journal après cela... Je ne pensais pas manquer de courage. Car c'est ridicule ; une semaine, ça va passer vite...

MARTINE : Une semaine... ça... ce n'est plus rien...

JEANNE : Oh ! n'est-ce pas... Répétez-le-moi.

MARTINE : Oui, mademoiselle, il ne faut pas... *(Elle ne peut achever.)*

JEANNE : Allez, ce sera bon de le voir revenir... Nous illuminerons ce jour-là...

MARTINE, *convaincue :* Oh ! oui...

JEANNE : Vous serez du premier dîner chez grand'mère... Oh ! ce premier dîner... Et puis le mariage dans la petite église de Grandchin... Ensuite nous serons tranquilles jusqu'à la rentrée des Chambres... A ce moment il fera le voyage de Paris presque tous les jours... Mais les journées ne seront pas tristes, puisqu'il y aura du bonheur au bout... Seulement, c'est alors que mon amie Martine sera la bienvenue dans la maison... Vous viendrez souvent, j'espère...

MARTINE : Je viendrai, oui... souvent... très souvent, je vous le jure...

JEANNE, *rêveuse :* Je sais bien qu'il vaudrait mieux que nous allions habiter Paris... Mais pour grand'mère... Et puis il y a la question matérielle — vous comprenez — au moins pour l'instant... Paris, ce sera pour plus tard... dans quelques mois, j'espère... Qu'est-ce qu'il y a ?... Vous avez froid ?...

MARTINE : Non, non...

JEANNE, *les yeux au loin, après un silence :* Évidemment, ici, nous serons toujours un peu dans le provisoire... Le rêve, ce sera de créer un foyer nouveau... Des meubles à nous... Une table familiale... le père... la mère... les enfants... Mais vous frissonnez... Décidément vous mourez de froid. Il fait presque nuit. Nous allons partir.

MARTINE, *épouvantée :* Oui, oui... *(Elles se lèvent toutes les deux.)*

JEANNE *la regarde avec surprise et puis l'attire à elle :* Vous êtes triste... Ah ! Je parle de moi et je vous oublie... Vous avez quelque chose sur le cœur que vous allez me raconter. Est-ce que je vous ai fait de la peine tout à l'heure ?

MARTINE, *vivement :* Je n'ai rien, non, je n'ai rien, je n'ai rien.

JEANNE : Eh bien ! vous me direz ce que vous voudrez. Voulez-vous rentrer par les petits chemins ? Nous serons plus longtemps ensemble... Oui ?... Non, vous préférez la route ?

MARTINE, *s'accrochant à son bras :* Si, si... par les petits chemins... Et vous me parlerez de... de... puisque... ça vous fait du bien... *(Elles s'éloignent bras-dessus bras-dessous, les têtes presque jointes. — Rideau.)*

Martine, III (Albin Michel, éditeur).

JULIEN *épouse* JEANNE ; *alors* MARTINE *se résigne à devenir la femme d'un paysan, le cœur toujours blessé, toujours plein de son rêve brisé. La dernière scène est particulièrement* cruelle : *par vanité,* JULIEN, *quittant définitivement le village, veut faire avouer à* MARTINE *qu'elle l'aimait et la malheureuse s'efforce vainement de garder pour elle son pauvre secret.*

LA SATIRE DES MŒURS

ÉDOUARD BOURDET

LE SATIRIQUE. Édouard Bourdet (1887-1945) débute au théâtre dès 1910 mais n'atteint la grande notoriété qu'en 1926, avec *La Prisonnière*, sujet délicat qui exigeait alors beaucoup de doigté. En 1927 *Vient de paraître*, comédie très parisienne, affirme sa maîtrise ; cette fois c'est la satire des milieux de l'édition et des belles-lettres, de la « cuisine » qui interviendrait parfois dans l'attribution des prix littéraires, et de la déformation qui amène les écrivains à considérer toutes choses comme une matière à exploiter (la comédie de mœurs rejoignant par là la comédie psychologique). *Le Sexe faible* (1929) raille un aspect piquant des mœurs contemporaines : c'est du sexe *masculin* qu'il s'agit ou plutôt de ses représentants d'un certain monde, à la recherche d'une femme riche qui les entretienne, dans le mariage ou hors du mariage... *La Fleur des Pois* (1932) fait pendant à *La Prisonnière* : pour Bourdet comme pour Molière, il n'est pas de vices privilégiés ; en outre, dans la mesure où telle perversion est favorisée par la mode, la comédie peut jouer un rôle bienfaisant. *Les Temps difficiles* (1934) révèlent des ambitions élevées, mais, peut-être du fait de son objet (la cupidité en temps de crise économique), la satire y est moins gaie. D'ailleurs Bourdet revient au franc comique avec *Fric-Frac* (c'est-à-dire *le Cambriolage*, 1936), incursion légère et plaisante dans le « milieu » et sa « langue verte ».

L'ANIMATEUR. Servi par un grand acteur, Victor Boucher (le Marc Fournier-Evenos de *Vient de paraître*), Bourdet fut non seulement un auteur fécond mais un animateur du théâtre. *Administrateur de la Comédie-Française* (1936-1940), il la rénova avec l'aide des membres du « cartel », Pitoëff, Dullin, Jouvet, Baty, et il contribua à orienter François Mauriac vers la scène (cf. p. 584), mettant lui-même l'accent, dans ses dernières pièces sur la psychologie ou sur le pathétique (*Hyménée*, 1941 ; *Père*, 1942).

Édouard Bourdet savait admirablement construire une action, en vrai technicien de la comédie. Il avait le sens de la réplique, du dialogue animé. Avec lui l'éventail de la satire s'ouvre largement, la comédie de mœurs découvre des terres inexplorées. Ses principaux personnages sont plausibles et vivants, car il discernait la vérité des êtres sous la déformation des mœurs. Enfin, un *tact parfait* s'allie chez lui à une *réelle hardiesse*.

Lauréat malgré lui

Vient de paraître... Le rideau se lève sur le bureau de l'éditeur parisien Moscat. Celui-ci a si bien « travaillé » le jury du prix Zola qu'il tient pour assuré le succès de son candidat, Maréchal. Mais à la dernière minute une indiscrétion vient tout remettre en question : Maréchal l'a trahi en traitant avec un autre éditeur pour ses prochains livres. Cela crie vengeance ! Contre-ordre aux amis du Zola : Maréchal n'aura pas le prix. Désorienté, le jury couronne un parfait inconnu, un certain Evenos. Voilà une valeur à suivre : Moscat entend mettre la main, avant ses confrères, sur cet Evenos. Il n'est pas chez lui mais on ramène sa femme, Jacqueline. On apprend par elle qu'Evenos n'est autre qu'un ancien camarade de régiment de Moscat, Marc Fournier, visiteur assidu de la maison d'édition qu'on vient d'éconduire une fois de plus, sur l'ordre du patron ! Mais on le rattrape : « Dans mes bras ! » s'écrie Moscat en l'étreignant ; stupéfait, Marc n'est pas au bout de ses surprises...

JACQUELINE : Mon chéri, c'est fou ! Tu as le prix Zola !
MARC : Quoi ?
JACQUELINE : Le prix Zola pour *l'Éveil du cœur*.
MARC : Qu'est-ce que c'est que cette plaisanterie ?

JACQUELINE : J'avais écrit à Guillaumin [1] de le présenter sans rien te dire, puisque tu ne voulais pas, et il a eu le prix !
MARC : Allons donc ! 　　　JACQUELINE : Demande à monsieur Moscat !
MOSCAT : Par six voix contre quatre au troisième tour de scrutin.
JACQUELINE : Hein ! qu'est-ce que je t'avais dit depuis le début ?... Tu te souviens ?
MARC : Ah ! bien, ça, alors... *(Il s'assied, abruti.)* Vous êtes sûrs que ça ne peut pas être une erreur ? 　　　JACQUELINE : Mais non, voyons ! [...]
MARC : Je ne peux pas y croire.
MOSCAT : Faut-il qu'on aille te chercher les premières éditions des journaux du soir ?
MARC, *se relevant, inquiet :* Ça va être dans les journaux ?
MOSCAT : Ça y est déjà, sois-en sûr !
MARC : Ah ! mais c'est très ennuyeux, alors...
MOSCAT : Comment ?
MARC : A cause de mon chef de bureau ! S'il apprend jamais que c'est moi, il est capable de me faire des tas d'ennuis !
MOSCAT : Et après ? J'espère bien que tu vas lui flanquer ta démission, à ton chef de bureau, et sans tarder ? 　　　MARC : Ma démission !
MOSCAT : Tu ne vas pas aller perdre ton temps dans un ministère quand tu vas déjà toucher les quinze mille francs du prix...
MARC : Quinze mille francs ?
MOSCAT : Plus les dix mille francs que je vais te verser tout de suite, en avance sur tes droits... 　　　MARC : Quels droits ?
MOSCAT : Tes droits d'auteur, pardi ! 　　　MARC : Mais, c'est que...
MOSCAT : Oui, je sais : Guillaumin. Tout est arrangé de ce côté-là. Je lui ai racheté tous ses droits, par téléphone. Demain, à la première heure, les éditions suivantes seront sous presse. On tirera à vingt mille pour commencer.
MARC : A vingt mille !
MOSCAT : Et puis, tu sais, ici, ce sont des vrais mille... des mille de cinq cents !
MARC : Comment ?
MOSCAT : Oui, parce que chez Chamillard [2], par exemple, les mille sont de deux cent cinquante. 　　　MARC : Ah ?
MOSCAT : Tu vas donc toucher vingt-cinq mille tout de suite et beaucoup plus si le livre se vend bien. Et je ne parle pas des droits de traduction, ni des droits cinématographiques : la littérature nourrit son homme, maintenant !
MARC : Tu entends ça, Jacqueline ? Vingt-cinq mille francs !
JACQUELINE : Qui est-ce qui avait raison ? Veux-tu le dire ?
MOSCAT : Alors, je crois que tu peux, sans inconvénient, lâcher ton administration, hein ?... D'autant plus que tu n'auras pas trop de temps : il faut te mettre tout de suite au travail ! Je veux pouvoir d'ici trois mois annoncer ton prochain ouvrage.
MARC : Tu peux l'annoncer tout de suite si tu veux : le voilà. *(Il lui tend son manuscrit.)*
MOSCAT : Non ?
MARC : C'est pour celui-là, justement, que je voulais te voir.
MOSCAT : Mais, alors, c'est parfait ! *(Feuilletant le manuscrit.)* Dis-moi, est-ce que c'est... aussi bien que l'autre ?

———

— 1 Le libraire d'Orléans chez qui Marc a | publié, à compte d'auteur, *l'Éveil du cœur.* — 2. Éditeur rival de Moscat.

JACQUELINE : Ce n'est pas le même genre...
MARC : Non, *l'Éveil du cœur*, c'est un roman.
MOSCAT : Eh bien, et ça ?
MARC : Ce sont des souvenirs... des souvenirs sur la guerre.
MOSCAT : Des souvenirs sur la guerre... Ah ! ah !
MARC : Je crois que ça te plaira.
MOSCAT : Mais, j'en suis sûr que ça me plaira !... Seulement, des souvenirs sur la guerre... tu ne trouves pas qu'il y en a déjà eu beaucoup ? Tu feras ce 60 que tu voudras, mais, moi, je te conseille de garder ça pour plus tard.
MARC : Pour plus tard ?
MOSCAT : Oui, jusqu'à la prochaine guerre, par exemple. Là, ce serait tout différent : au lieu d'être en retard sur les autres, tu serais en avance. Tu arriverais bon premier, comprends-tu ? Non, ce que tu dois publier maintenant, c'est un second roman.
MARC : Un second roman ?
MOSCAT : Oui. Si tu changes ton genre, tu déçois le public, tu perds ta clientèle ; c'est connu.
MARC : Ah ! Oui, mais c'est que, malheureusement... 70
JACQUELINE, *l'interrompant :* Quoi ? Qu'est-ce que tu vas dire ?
MARC : Eh bien, j'ai peur que...
JACQUELINE : De quoi as-tu peur ?... Écoute donc M. Moscat, au lieu de faire des objections ! Il a l'expérience de ces choses-là.
MOSCAT : Elle a raison, mon vieux ! Si tu suis mes conseils, tu t'en trouveras bien, je te le garantis !
MARC : Mais je ne demande pas mieux, moi, seulement...
JACQUELINE : Ne l'écoutez pas, monsieur Moscat ! Il va vous dire qu'il n'a pas de sujet pour un autre roman. *(A Marc.)* C'est ça, n'est-ce pas ? [...]
MOSCAT : Attendez !... J'ai une idée !... Une idée de premier ordre !... Tu 80 vas tout simplement écrire une suite à *l'Éveil du cœur.* Hein ? Qu'est-ce que tu dis de ça ?
MARC : Une suite à *l'Éveil du cœur ?*
MOSCAT : Oui.
JACQUELINE : Ah ! oui, c'est une idée.
MOSCAT : Qu'est-ce que tu as fait de tes personnages à la fin du roman ?... Tu ne les as pas tués, j'espère ?
MARC : Tués ? Mais non...
MOSCAT : A la bonne heure ! Il ne faut jamais tuer ses personnages. On ne sait pas ce qui peut arriver... La preuve, tu vois !... Eh bien, alors, c'est parfait ! 90 Tu n'as plus besoin de chercher un sujet. En voilà un tout trouvé !

Vient de paraître, acte I (Stock, éditeur).

Le nouveau roman n'avance pas, et Moscat s'impatiente. Marc finit par lui avouer qu'il n'a pas d'imagination ; c'est le journal de jeune fille de Jacqueline qui lui a fourni le sujet de son premier livre. Sans le lui dire, bien entendu, l'éditeur trouve aussitôt le moyen de lui procurer un autre sujet : il va favoriser une idylle entre Jacqueline et Maréchal, grand séducteur et rival malheureux de Marc pour le prix Zola. Or Jacqueline n'est que trop disposée à aimer Maréchal... L'intrigue se déroule donc selon les plans de Moscat ; la jeune femme ne succombe pas, mais, poussée à bout, elle crie à son mari qu'elle veut le quitter et qu'elle aime Maréchal. Cependant celui-ci ne pousse pas ses avantages, pour une raison que Jacqueline ignore : pas de scandale, s'il veut obtenir le grand prix du Roman de l'Académie française !

Une curieuse espèce : les hommes de lettres

Deux mois passent ; Marc et Jacqueline ne se sont pas séparés mais leur union paraît bien compromise. De plus, renonçant à la littérature, Marc a repris le chemin du ministère, et c'est la gêne. En son absence, Jacqueline reçoit deux visites surprenantes par leur objet... Mais voici Marc de retour : ils ont l'un et l'autre quelque chose à se confier.

JACQUELINE : Viens t'asseoir ici, près de moi. Là... écoute... J'ai eu... deux visites depuis que tu es parti.
MARC : Bourgine [1]...
JACQUELINE : Oui. Et puis un autre, avant Bourgine.   MARC : Qui ?
JACQUELINE : Maréchal.   MARC, *sursautant :* Quoi ?
JACQUELINE : Tu m'as promis de ne pas t'emporter !
MARC : Il a osé venir chez moi ?... *(Un temps.)* Et tu l'as reçu ?
JACQUELINE : Oui.   MARC : Ah ?
JACQUELINE : Ne le regrette pas.   MARC, *ironique :* Vraiment ?
JACQUELINE : Je me sentirais moins près de toi en ce moment si je ne l'avais pas reçu.   MARC : Pourquoi ?
JACQUELINE : J'ai perdu quelques illusions, cet après-midi...   MARC : Sur lui ?
JACQUELINE : Sur lui... et puis sur une espèce de gens décidément bien curieux qui s'appellent les hommes de lettres.
MARC : Explique-toi.
JACQUELINE : Sais-tu ce qu'ils ont fait, chacun de leur côté, avec un ensemble charmant, lui et Bourgine ?... Eh bien, il faut croire que cette malheureuse histoire d'il y a deux mois était un sujet bien passionnant, car l'un en a fait une nouvelle et l'autre une pièce !
MARC : Hein ?   JACQUELINE : Oui, mon chéri !
MARC : Comment le sais-tu ? Ils te l'ont dit ?
JACQUELINE : Maréchal m'a même apporté le manuscrit de sa nouvelle pour que je la lise [2] !
MARC : Où est-il, ce manuscrit ?
JACQUELINE : J'ai refusé de le lire, il l'a emporté.
MARC : Mais enfin, tu n'as pas protesté ? Tu ne leur as pas dit que tu trouvais ça dégoûtant, abominable ?
JACQUELINE : Je leur ai dit surtout que je ne savais pas comment, toi, tu prendrais la chose.
MARC : Ça, ils vont le voir ! Ils auront de mes nouvelles, je te le garantis ! Il faudra que je me décide à lui casser la figure, à M. Maréchal ! C'est comme cela que ça finira !... Où a-t-il l'intention de publier sa nouvelle ?
JACQUELINE : Chez Moscat, je crois.
MARC : Bon, parfait !... *(Il marche de long en large.)* Eh bien, nous allons voir !... Il ne manquerait plus que ça, par exemple ! Ça serait le comble !
JACQUELINE : Oui, mon chéri, tu as raison, je comprends très bien que tu sois furieux, seulement...   MARC : Je ne suis pas furieux, je suis indigné !

— 1 Écrivain plus âgé, membre du jury du prix « Zola », tout dévoué à Moscat, et qui a joué | le rôle de confident. — 2 Elle avait cru qu'il venait la voir pour lui parler d'amour...

JACQUELINE : Oui, je le comprends, mais calme-toi, maintenant ! Et viens te
rasseoir ici, veux-tu ?... Là... Je voudrais que tu me dises maintenant si tu
comprends pourquoi je t'ai raconté ça. 40
MARC : Mais je l'aurais bien su !
JACQUELINE : Oui, mais pourquoi j'ai voulu te le dire moi-même, et tout de
suite, sans attendre... Moi aussi, en l'apprenant, j'ai trouvé comme toi que
c'était tout de même un peu fort que toute cette histoire, qui a abîmé tant de
choses ici, nous soit arrivée pour que ça leur serve à eux !... J'ai pensé ça d'abord,
et puis, à la réflexion, je trouve qu'il faut en rire et hausser les épaules... Qu'est-ce
que ça nous fait, en somme ?   MARC : Comment, ce que ça nous fait ?
JACQUELINE : Je t'assure que ça n'a pas une bien grande importance ! Laissons-
les donc écrire leurs petites histoires si ça leur fait plaisir... Sais-tu ce qui me
fait plaisir, à moi ? Eh bien, c'est de penser qu'au moins il y en a un qui n'a rien 50
fabriqué avec cette aventure, qui s'est contenté d'en souffrir, lui ! Et je me sens
une très grande tendresse pour celui-là... *(Elle appuie sa tête contre l'épaule de
Marc.)* Je t'assure que ces gens ont plus fait pour me rapprocher de toi que
tous nos efforts réunis depuis deux mois. Ils m'ont appris la différence qu'il y a
entre eux et nous, entre l'amour d'un homme de lettres et celui d'un homme tout
court qui ne pense pas toujours à écrire quelque chose sur ce qui lui arrive...
J'aime que tu n'écrives rien, toi, mon chéri !... *(Marc a écouté, les yeux fixes, un pli
en travers du front, mal à son aise. Il écarte doucement sa tête de celle de Jacqueline.)* Eh
bien, pourquoi fais-tu cette figure ?... Dis ?
MARC : Jacqueline...   JACQUELINE : Quoi ? 60
MARC : Je t'ai menti...   JACQUELINE : Comment ?
MARC : Moi aussi, j'ai écrit quelque chose...
JACQUELINE : Toi ? *(Marc fait signe que oui.)* Non ?
MARC : Si.
JACQUELINE : Mais qu'est-ce que tu as écrit ?
MARC : Oh ! ce sont seulement des notes... J'ai écrit ça pour moi.
JACQUELINE : Mais quand ? Tu ne travaillais jamais !
MARC : Si... au ministère [3].   JACQUELINE : C'est vrai ?
MARC : Je n'ai pas pu faire autrement ! Ç'a été plus fort que moi ! J'ai résisté
tant que j'ai pu, je ne voulais pas... et puis, un jour, j'ai commencé, et alors, ç'a 70
été l'engrenage. Je n'ai pas pu m'arrêter. C'était comme une espèce de fièvre !
Les idées se pressaient dans ma tête, j'avais à peine le temps de les écrire !...
Tu comprends, pendant deux ans j'avais tellement souffert de n'avoir rien à dire,
et voilà que, tout à coup, j'avais énormément à dire !... Alors, le matin, en arrivant,
je commençais par expédier ce que j'avais à faire pour le ministère, et puis,
aussitôt que c'était fini, je me mettais au travail !

                    Vient de paraître, acte IV (Stock, éditeur).

*Ainsi Marc lui-même est atteint par le virus... Qu'est devenue sa candeur du premier acte ?
Nous le voyons imposer à Moscat, sous la menace de traiter avec Chamillard, un nouveau
contrat, très avantageux pour lui. Jacqueline est-elle déçue, heureuse (car elle a de l'ambition
pour son mari, et aime la vie large) ou résignée ? Sa dernière réplique nous laisse rêveurs :
puisque Marc « n'est vraiment bon que dans la douleur », sans doute le fera-t-elle souffrir, par
devoir, pour l'inspirer... Cependant Marc commence à lui dicter son nouveau roman : « Dans
la pénombre du wagon qui les ramenait vers Paris, Bernard Mareuil regardait sa femme.
Sur le fin et délicat visage du romancier se lisait une âpre souffrance... »*

---

3 Revenu à la littérature, Marc ne quittera plus, | cette fois, le ministère des Finances : *c'est le seul
endroit où il puisse travailler !*

JULES ROMAINS

Une œuvre variée   Poète et romancier (cf. p. 35 et 432), JULES ROMAINS occupe aussi une place importante dans le théâtre des années 1920-1930, avec une production allant du drame lyrique à la farce débridée. Après *L'Armée dans la Ville* (1911), essai de tragédie moderne monté par Antoine, son *unanimisme* trouve une meilleure expression dans *Cromedeyre-le-Vieil* (1920), drame en vers libres qui tente de saisir l'âme collective d'un village de montagne. Mais c'est 1923 qui marque la date décisive de sa carrière : coup sur coup, cette année-là, Jules Romains inaugure une série féconde avec *M. Le Trouhadec saisi par la débauche* et remporte un succès retentissant avec *Knock ou le Triomphe de la Médecine*, farce satirique mise en scène et interprétée par Louis Jouvet. Puis il donne *Le Mariage de M. Le Trouhadec* (1926) et *Donogoo*, qui couronne la trilogie Le Trouhadec (1930) : pour que ce distingué géographe puisse entrer à l'Institut, il faut que naisse et prospère, en Amérique du Sud, une ville, Donogoo-Tonka, dont il a eu le tort de parler longuement alors qu'elle n'existait pas ! De 1930 également datent *Musse ou l'École de l'Hypocrisie* (remaniement de *Jean Le Maufranc*) et *Boën ou la Possession des Biens* ; mais cette dernière pièce, plus sérieuse, est aussi moins enlevée, de même que *Le Dictateur* (1926).

Dignité de la farce   Au théâtre, Jules Romains reste essentiellement l'auteur de *Donogoo* et surtout de *Knock*, c'est-à-dire de grandes *farces*, d'un style vigoureux, animées d'une *verve satirique* très efficace, qui illustrent par le rire des vérités dignes d'être méditées. Ce normalien a le sens du « canular » : il l'a bien montré dans *Les Copains* (cf. p. 432). Mais chez lui le « canular » atteint au *grandiose* lorsqu'il vise, dans la meilleure *tradition moliéresque*, le charlatanisme de certains médecins et l'insondable crédulité de leurs clients ; et il accède à la dignité du *mythe* lorsque nous voyons, dans *Donogoo*, la fiction devenir créatrice, le néant d'une erreur initiale faire naître la réalité vivante d'une cité.

Une vocation

Le bon vieux docteur Parpalaid a vendu à KNOCK sa clientèle d'un village de montagne, Saint-Maurice. Dans l'automobile du docteur, véhicule antédiluvien dont Knock ferait volontiers un « bahut breton » (!), Parpalaid, sa femme, Knock et le chauffeur tentent, non sans peine, de gagner Saint-Maurice. Au cours de la conversation, Knock découvre qu'apparemment il n'a pas fait une bonne affaire : la clientèle en question est presque inexistante. Mais la scène révèle surtout, chez Knock, *une précoce et singulière vocation médicale*. Ayant déjà exercé ses talents (comme simple bachelier ès lettres !) à bord d'un navire, il brûle, maintenant que le voici « doctoralement docteur », d'appliquer ses méthodes « sur la terre ferme et en grand ».

LE DOCTEUR : Mais vous n'avez jamais exercé.

KNOCK : Autre erreur [1].

LE DOCTEUR : Comment ? Ne m'avez-vous pas dit que vous veniez de passer votre thèse l'été dernier ?

KNOCK : Oui, trente-deux pages in-octavo : *Sur les prétendus états de santé*, avec cette épigraphe, que j'ai attribuée à Claude Bernard : « Les gens bien portants sont des malades qui s'ignorent. »

— 1 Parpalaid a commis une première erreur | quarante ans. Mes rêves, si j'en ai, ne sont pas en parlant des *rêves de jeunesse* de Knock : « J'ai | des rêves de jeunesse ».

LE DOCTEUR : Nous sommes d'accord, mon cher confrère.

KNOCK : Sur le fond de ma théorie ?

LE DOCTEUR : Non, sur le fait que vous êtes un débutant. 10

KNOCK : Pardon ! Mes études sont, en effet, toutes récentes. Mais mon début dans la pratique de la médecine date de vingt ans. [...]

LE DOCTEUR : Vous avez donc pratiqué sans titres et clandestinement ?

KNOCK : A la face du monde, au contraire, et non pas dans un trou de province, mais sur un espace d'environ sept mille kilomètres.

LE DOCTEUR : Je ne vous comprends pas.

KNOCK : C'est pourtant simple. Il y a une vingtaine d'années, ayant dû renoncer à l'étude des langues romanes, j'étais vendeur aux « Dames de France » de Marseille, rayon des cravates. Je perds mon emploi. En me promenant sur le port, je vois annoncé qu'un vapeur de 1 700 tonnes à destination des Indes 20 demande un médecin, le grade de docteur n'étant pas exigé. Qu'auriez-vous fait à ma place ? LE DOCTEUR : Mais... rien, sans doute.

KNOCK : Oui, vous, vous n'aviez pas la vocation. Moi, je me suis présenté. Comme j'ai horreur des situations fausses, j'ai déclaré en entrant : « Messieurs, je pourrais vous dire que je suis docteur, mais je ne suis pas docteur. Et je vous avouerai même quelque chose de plus grave : je ne sais pas encore quel sera le sujet de ma thèse. » Ils me répondent qu'ils ne tiennent pas au titre de docteur et qu'ils se fichent complètement de mon sujet de thèse. Je réplique aussitôt : « Bien que n'étant pas docteur, je désire, pour des raisons de prestige et de discipline, qu'on m'appelle docteur à bord. » Ils me disent que c'est tout 30 naturel. Mais je n'en continue pas moins à leur expliquer pendant un quart d'heure les raisons qui me font vaincre mes scrupules et réclamer cette appellation de docteur à laquelle, en conscience, je n'ai pas droit. Si bien qu'il nous est resté à peine trois minutes pour régler la question des honoraires.

LE DOCTEUR : Mais vous n'aviez réellement aucune connaissance ?

KNOCK : Entendons-nous ! Depuis mon enfance, j'ai toujours lu avec passion les annonces médicales et pharmaceutiques des journaux, ainsi que les prospectus intitulés « mode d'emploi » que je trouvais enroulés autour des boîtes de pilules et des flacons de sirop qu'achetaient mes parents. Dès l'âge de neuf ans, je savais par cœur des tirades entières sur l'exonération imparfaite du constipé. Et encore 40 aujourd'hui, je puis vous réciter une lettre admirable, adressée en 1897 par la veuve P..., de Bourges, à la Tisane américaine des Shakers. Voulez-vous ?

LE DOCTEUR : Merci, je vous crois.

KNOCK : Ces textes m'ont rendu familier de bonne heure avec le style de la profession. Mais surtout ils m'ont laissé transparaître le véritable esprit et la véritable destination de la médecine, que l'enseignement des Facultés dissimule sous le fatras scientifique. Je puis dire qu'à douze ans j'avais déjà un sentiment médical correct. Ma méthode actuelle en est sortie.

LE DOCTEUR : Vous avez une méthode ? Je serais curieux de la connaître.

KNOCK : Je ne fais pas de propagande. D'ailleurs, il n'y a que les résultats qui 50 comptent. Aujourd'hui, de votre propre aveu, vous me livrez une clientèle nulle.

LE DOCTEUR : Nulle... pardon ! pardon !

KNOCK : Revenez voir dans un an ce que j'en aurai fait. La preuve sera péremptoire. En m'obligeant à partir de zéro, vous accroissez l'intérêt de l'expérience. [...]

MADAME PARPALAID : Mais, quand vous avez été sur votre bateau, comment vous en êtes-vous tiré ?

KNOCK : Les deux dernières nuits avant de m'embarquer, je les ai passées à réfléchir. Mes six mois de pratique à bord m'ont servi à vérifier mes conceptions. C'est un peu la façon dont on procède dans les hôpitaux [2].

MADAME PARPALAID : Vous aviez beaucoup de gens à soigner ?

KNOCK : L'équipage et sept passagers, de condition très modeste. Trente-cinq personnes en tout. MADAME PARPALAID : C'est un chiffre.

LE DOCTEUR : Et vous avez eu des morts ?

KNOCK : Aucune. C'était d'ailleurs contraire à mes principes. Je suis partisan de la diminution de la mortalité. LE DOCTEUR : Comme nous tous.

KNOCK : Vous aussi ? Tiens ! Je n'aurais pas cru. Bref, j'estime que, malgré toutes les tentations contraires, nous devons travailler à la conservation du malade.

MADAME PARPALAID : Il y a du vrai dans ce que dit le docteur.

LE DOCTEUR : Et des malades, vous en avez eu beaucoup ?

KNOCK : Trente-cinq. LE DOCTEUR : Tout le monde alors ?

KNOCK : Oui, tout le monde.

MADAME PARPALAID : Mais comment le bateau a-t-il pu marcher ?

KNOCK : Un petit roulement à établir [3].

Knock, acte I, scène unique (Librairie Gallimard, éditeur).

KNOCK EN ACTION

Aussitôt arrivé à Saint-Maurice, KNOCK *passe à l'action*. Le tambour de ville annoncera une consultation gratuite, pour appâter une population avare. L'instituteur servira de propagandiste bénévole (du même coup, Knock inquiète déjà les deux hommes quant à leur état de santé) ; le pharmacien sera son associé... ou son complice. Mais la consultation gratuite commence. Voici la DAME EN NOIR, solide paysanne de quarante-cinq ans. Knock l'ausculte d'abord financièrement (elle a de quoi payer) puis médicalement : sur le ton d'une voyante extralucide, il lui apprend qu'elle a dû, étant petite, tomber d'une échelle, d'une grande échelle, d'une échelle de trois mètres cinquante. « C'est la fesse gauche, heureusement, qui a porté », mais cependant... — On va le voir, la scène est *digne de Molière*, sous le patronage duquel l'auteur se place ouvertement.

KNOCK *la fait asseoir :* Vous vous rendez compte de votre état ?

LA DAME : Non.

KNOCK, *il s'assied en face d'elle :* Tant mieux. Vous avez envie de guérir, ou vous n'avez pas envie ?

LA DAME : J'ai envie.

KNOCK : J'aime mieux vous prévenir tout de suite que ce sera très long et très coûteux.

LA DAME : Ah ! mon Dieu ! Et pourquoi ça ?

KNOCK : Parce qu'on ne guérit pas en cinq minutes un mal qu'on traîne depuis quarante ans.

LA DAME : Depuis quarante ans ?

KNOCK : Oui, depuis que vous êtes tombée de votre échelle.

— 2 Ici la satire est presque féroce ; cf. Bridoye, | (*XVIe Siècle*, p. 76). — 3 Il en sera de même dans Rabelais : « comme vous autres, Messieurs » | à Saint-Maurice. (Cf. analyse, p. 390).

LA DAME : Et combien est-ce que ça me coûterait ?
KNOCK : Qu'est-ce que valent les veaux, actuellement ?
LA DAME : Ça dépend des marchés et de la grosseur. Mais on ne peut guère en avoir de propres à moins de quatre ou cinq cents francs.
KNOCK : Et les cochons gras ?
LA DAME : Il y en a qui font plus de mille.
KNOCK : Eh bien ! ça vous coûtera à peu près deux cochons et deux veaux.
LA DAME : Ah ! là là ! Près de trois mille francs ? C'est une désolation, Jésus, Marie !
KNOCK : Si vous aimez mieux faire un pèlerinage, je ne vous en empêche pas.
LA DAME : Oh ! un pèlerinage, ça revient cher aussi et ça ne réussit pas souvent. *(Un silence.)* Mais qu'est-ce que je peux donc avoir de si terrible que ça ?
KNOCK, *avec une grande courtoisie :* Je vais vous l'expliquer en une minute au tableau noir. *(Il va au tableau et commence un croquis.)* Voici votre moelle épinière, en coupe, très schématiquement, n'est-ce pas ? Vous reconnaissez ici votre faisceau de Türck et ici votre colonne de Clarke. Vous me suivez ? Eh bien ! quand vous êtes tombée de l'échelle, votre Türck et votre Clarke ont glissé en sens inverse *(Il trace des flèches)* de quelques dixièmes de millimètre. Vous me direz que c'est très peu. Évidemment. Mais c'est très mal placé. Et puis vous avez ici un tiraillement continu qui s'exerce sur les multipolaires. *(Il s'essuie les doigts.)*
LA DAME : Mon Dieu ! Mon Dieu !
KNOCK : Remarquez que vous ne mourrez pas du jour au lendemain. Vous pouvez attendre.
LA DAME : Oh ! là là ! J'ai bien eu du malheur de tomber de cette échelle !
KNOCK : Je me demande même s'il ne vaut pas mieux laisser les choses comme elles sont. L'argent est si dur à gagner. Tandis que les années de vieillesse, on en a toujours bien assez. Pour le plaisir qu'elles donnent !
LA DAME : Et en faisant ça plus... grossièrement, vous ne pourriez pas me guérir à moins cher ?... à condition que ce soit bien fait tout de même.
KNOCK : Ce que je puis vous proposer, c'est de vous mettre en observation. Ça ne vous coûtera presque rien. Au bout de quelques jours, vous vous rendrez compte par vous-même de la tournure que prendra le mal, et vous vous déciderez.
LA DAME : Oui, c'est ça.
KNOCK : Bien. Vous allez rentrer chez vous. Vous êtes venue en voiture ?
LA DAME : Non, à pied.
KNOCK, *tandis qu'il rédige l'ordonnance, assis à sa table :* Il faudra tâcher de trouver une voiture. Vous vous coucherez en arrivant. Une chambre où vous serez seule, autant que possible. Faites fermer les volets et les

rideaux pour que la lumière ne vous gêne pas. Défendez qu'on vous parle. Aucune alimentation solide pendant une semaine. Un verre d'eau de Vichy toutes les deux heures, et, à la rigueur, une moitié de biscuit, matin et soir, trempée dans un doigt de lait. Mais j'aimerais autant que vous vous passiez de biscuit. Vous ne direz pas que je vous ordonne des remèdes coûteux ! A la fin de la semaine, nous verrons comment vous vous sentez. Si vous êtes gaillarde, si vos forces et votre gaieté sont revenues, c'est que le mal est moins sérieux qu'on ne pouvait croire, et je serai le premier à vous rassurer. Si, au contraire, vous éprouvez une faiblesse générale, des lourdeurs de tête et une certaine paresse à vous lever, l'hésitation ne sera plus permise, et nous commencerons le traitement. C'est convenu ?

LA DAME, *soupirant :* Comme vous voudrez.

KNOCK, *désignant l'ordonnance :* Je rappelle mes prescriptions sur ce bout de papier. Et j'irai vous voir bientôt.

Knock, II, 4 (Librairie Gallimard, éditeur).

La scène se reproduit avec des variantes : bon psychologue, le charlatan a plus d'un tour dans son sac. *Pour* LA DAME EN VIOLET, « *une dame Pons, née demoiselle Lempoumas* » *que ses actions des charbonnages n'empêchent pas de profiter d'une consultation gratuite, quelques mots suffisent : une solide vocation de malade imaginaire se dessine aussitôt et Knock n'a plus qu'à se laisser supplier. Avec* LES DEUX GARS *venus histoire de rire, il est laconique, inquiétant, funèbre, et les deux rieurs ressortent avec des mines* « *hagardes et terrifiées* ».

Quand Parpalaid revient, au bout de trois mois, il trouve Saint-Maurice transformé... en hôpital. *Knock célèbre son triomphe, sur le mode lyrique : dans le canton* « *il y a deux cent cinquante chambres où quelqu'un confesse la médecine, deux cent cinquante lits où un corps étendu témoigne que la vie a un sens, et grâce à moi un sens médical* ». *Parpalaid échangerait volontiers sa récente clientèle de Lyon contre ce pactole, mais Saint-Maurice laisserait-il partir son bienfaiteur ? D'ailleurs — c'est l'apothéose — Knock persuade son confrère lui-même, le pauvre Parpalaid,* qu'il est malade !

MARCEL PAGNOL

LA SCÈNE. MARCEL PAGNOL (1895-1974), né à Aubagne, surveillant puis professeur, débute au théâtre, en collaboration avec PAUL NIVOIX, par une comédie-bouffe, *Tonton* (1922), suivie en 1925 par *Les Marchands de Gloire,* âpre satire de ceux qui exploitent la mémoire des morts au champ d'honneur. Dans *Jazz* (1926), il cherche sa voie et révèle des dons poétiques ; c'est l'histoire d'un professeur de Faculté dont toute l'œuvre, fondée sur des hypothèses fragiles, se trouve ruinée par une découverte fortuite : il s'aperçoit alors qu'il a oublié de vivre en poursuivant des chimères. En 1928, *Topaze* remporte un très grand succès : on y voit un nouveau *Turcaret,* mais un *Turcaret* moins cruel (cf. *XVIIIe Siècle,* p. 39-43). Succès mérité, car la pièce vient à son heure et renouvelle le thème éternel du *pouvoir corrupteur de l'argent* en dénonçant, à notre époque, la prévarication et le trafic d'influence au niveau de la politique municipale ; peut-être le style manque-t-il parfois de densité, mais *Topaze* abonde en *traits* qui portent.

Dans le même temps, ce méridional enjoué élève les histoires marseillaises à la dignité d'un genre, avec la trilogie de *Marius, Fanny* et *César* (1928-1936). L'humour gai des joueurs de belote et de pétanque, « l'assent » et l'atmosphère colorée du Vieux Port s'y nuancent d'une émotion un peu facile, mais contagieuse.

L'ÉCRAN. *Topaze* et les comédies marseillaises ayant déjà passé à l'écran avec un plein succès, Pagnol se consacre ensuite au cinéma. C'est encore son cher Midi qui prête, parmi les bonnes histoires et les bons mots, un discret parfum de poésie à des films tels que *Angèle, Regain, La Femme du Boulanger* (tous trois d'après Giono); *La Fille du Puisatier; Les Lettres de mon Moulin* (d'après Daudet), ou *Manon des Sources*.

Entré à l'Académie française en 1946, Marcel Pagnol publie depuis 1957 d'agréables *souvenirs* alliant librement le lyrisme à l'humour *(La Gloire de mon père,* 1957; *Le Château de ma mère,* 1958; *Le Temps des secrets,* 1960; *Le Temps des amours,* posthume, 1977).

TOPAZE   *Professeur à la pension Muche, « dans une grande ville »,* TOPAZE *se voit congédier pour avoir été trop franc avec une mère d'élève dont la richesse méritait plus de ménagements, et pour avoir, de surcroît, osé prétendre à la main de Mlle Muche. Le hasard veut qu'un conseiller municipal véreux,* CASTEL-BÉNAC, *ait précisément besoin d'un homme de paille pour mener à bien ses escroqueries. Présenté par* SUZY, *maîtresse de Castel-Bénac et tante d'un de ses élèves, Topaze fera l'affaire : n'est-il pas le parfait idiot, honnête jusqu'à la niaiserie, qu'il n'est même pas besoin d'acheter cher ! Quand Topaze est mis au fait par le complice habituel de Castel-Bénac, il veut rompre le marché ; mais Suzy fait du charme, l'émeut, et il cède. Pendant quelque temps, il est torturé par les remords ; les belles maximes morales qu'il enseignait à ses élèves l'empêchent de dormir ; il est terrorisé par une menace de chantage à laquelle Castel-Bénac, fort bien armé, coupe court. D'ailleurs tout sourit à Topaze depuis qu'il est malhonnête : Mlle Muche, dont il ne veut plus, tombe dans ses bras avec l'approbation paternelle, et surtout... il reçoit les Palmes académiques vainement espérées lorsqu'il n'était qu'un professeur consciencieux.*

« Le coup du chimpanzé »

Au début de l'Acte IV, Castel-Bénac, qui attend Topaze pour leur règlement de comptes mensuel, exprime ses inquiétudes à Suzy : le « sympathique idiot » semble se transformer d'une façon qui lui fait redouter le pire. De fait, Topaze paraît et du premier coup d'œil nous mesurons son changement : il a sacrifié sa barbe, porte des lunettes d'écaille et « un complet du bon faiseur.» Mais sa *métamorphose* n'est pas seulement physique : les craintes de Castel-Bénac étaient fondées ; pris à son propre piège, il a trouvé son maître.

TOPAZE, *très calme et très familier :* Mon cher ami, je veux vous soumettre un petit calcul. Cette agence vous a rapporté en six mois sept cent quatre-vingt-cinq mille francs de bénéfices nets. Or le bureau vous a coûté dix mille francs pour le bail, vingt mille pour l'ameublement, en tout trente mille. Comparez un instant ces deux nombres : sept cent quatre-vingt-cinq mille et trente mille.

CASTEL-BÉNAC : Je ne vois pas l'intérêt de cette comparaison.

TOPAZE : Il est très grand. Cette comparaison prouve que vous avez fait une excellente affaire, même si elle s'arrêtait aujourd'hui.

CASTEL-BÉNAC : Pourquoi s'arrêterait-elle ?

TOPAZE, *souriant :* Parce que j'ai l'intention de garder ce bureau pour travailler 10 à mon compte. Désormais, cette agence m'appartient, les bénéfices qu'elle produit sont à moi. S'il m'arrive encore de traiter des affaires avec vous, je veux bien vous abandonner une commission de six pour cent... C'est tout.

CASTEL-BÉNAC, *à Suzy, avec effort :* Je vous l'avais toujours dit. Notre ami Topaze est un humoriste.
TOPAZE : Tant mieux si vous trouvez cela drôle. Je n'osais pas l'espérer.
SUZY : Monsieur Topaze, parlez-vous sérieusement ?...
TOPAZE : Oui, madame. D'ailleurs en affaires je ne plaisante jamais.
CASTEL-BÉNAC : Vous vous croyez propriétaire de l'agence ?
TOPAZE : Je le suis. L'agence porte mon nom, le bail est à mon nom, je suis légalement chez moi... CASTEL-BÉNAC : Mais ce serait un simple vol...
TOPAZE : Adressez-vous aux tribunaux.
SUZY, *elle est partagée entre l'indignation, l'étonnement et l'admiration :* Oh !...
CASTEL-BÉNAC, *il éclate :* J'ai vu bien des crapules, je n'en ai jamais vu d'aussi froidement cyniques.
TOPAZE : Allons, pas de flatterie, ça ne prend pas. [...]
CASTEL-BÉNAC, *après un tout petit temps :* Topaze, il y a certainement un malentendu. SUZY : Vous êtes incapable de faire une chose pareille...
TOPAZE : Vous niez l'évidence.
CASTEL-BÉNAC : Allons, réfléchissez. Sans moi, vous seriez encore à la pension Muche... C'est moi qui vous ai tout appris.
TOPAZE : Mais vous avez touché sept cent quatre-vingt-cinq mille francs. Jamais un élève ne m'a rapporté ça...
CASTEL-BÉNAC : Non, non, je ne veux pas le croire. Vous êtes un honnête homme. *(Topaze rit.)* Vous pour qui j'avais de l'estime... Et même de l'affection... Oui, de l'affection... Penser que vous me faites un coup pareil, pour une sale question d'argent... J'en aurais trop de peine, et vous aussi... N'est-ce pas Suzy ? Dites-lui qu'il en aura de la peine... Qu'il le regrettera... *(Elle regarde Castel-Bénac avec mépris. Dans un grand élan.)* Tenez, je vous donne dix pour cent.
TOPAZE : Mais non, mais non... Voyez-vous, mon cher Régis, je vous ai vu à l'œuvre et je me suis permis de vous juger. Vous n'êtes pas intéressant. Vous êtes un escroc, oui, je vous l'accorde, mais de petite race. Quinze balayeuses, trente plaques d'égout, six douzaines de crachoirs émaillés [1]... Peuh... Le jeu n'en vaut pas la chandelle. Quant aux spéculations comme celle de la pissotière à roulettes [2], ça, mon cher, ce ne sont pas des affaires : c'est de la poésie toute pure. Non, vous n'êtes qu'un bricoleur, ne sortez pas de la politique.
CASTEL-BÉNAC, *à Suzy :* Eh bien, ça y est. C'est le coup du chimpanzé [3].
SUZY : Voilà tout ce que vous trouvez à dire ?
CASTEL-BÉNAC : Que peut-on dire à un bandit ? *(A Topaze.)* Vous êtes un bandit. SUZY, *hausse les épaules :* Allez, vous n'êtes pas un homme.

Topaze, acte IV, scène 2 (Fasquelle, éditeur).

On s'en doute bien, Suzy passera de Castel-Bénac à Topaze, consacrant ainsi son triomphe. Et la pièce se termine sur une note assez amère, car nous voyons le brave Tamise, l'incorruptible Tamise, ancien collègue de Topaze à la pension Muche, sur le point de succomber à son tour à la tentation de l'argent.

—— 1 Conseiller municipal, Castel-Bénac fait acheter par la ville un équipement qu'il fournit lui-même, sous des noms d'emprunt, à des prix exorbitants. —— 2 La « spéculation » consiste à déplacer de terrasse de café en terrasse de café l'édicule en question, en touchant chaque fois la somme que le propriétaire du café doit verser pour être délivré d'un voisinage malodorant ! ——

3 Cf. Castel-Bénac à Suzy (IV, 1) : « C'est exactement l'histoire du chimpanzé de ma mère. Quand elle l'a acheté, il était maigre, il puait la misère, mais je n'ai jamais vu un singe aussi affectueux. On lui a donné des noix de coco, on l'a gavé de bananes ; il est devenu fort comme un turc, il a cassé la gueule à la bonne. Il a fallu appeler les pompiers... »

ARMAND SALACROU

Sa carrière   Né au Havre en 1899, fils d'un pharmacien élu conseiller municipal en 1912, ARMAND SALACROU se passionne dès l'enfance pour les questions sociales ; le sort d'un militant syndicaliste condamné injustement et devenu fou en prison marquera pour toujours sa sensibilité (cf. *Boulevard Durand*, 1960). Il commence à Paris des études de médecine, puis passe la licence de philosophie, et collabore à l'*Humanité*. Mais à 22 ans il quitte ce journal et le parti communiste. « Seul m'animait un désir de justice. [...] Non seulement je ne pouvais pas, mais je ne voulais pas oublier mes problèmes individuels.» *(Mes Certitudes et Incertitudes.)*

Dès 1923, Salacrou *s'oriente vers le théâtre ;* ses premiers essais, de tonalité surréaliste, attirent l'attention des connaisseurs (Jouvet, Dullin) sans lui gagner une large audience. Vers 1930 il fait fortune dans une entreprise de publicité, ce qui lui permet, au théâtre, de suivre sa voie, sans concessions aux goûts du grand public. Il donne en 1931 sa première pièce vraiment solide : *Atlas-Hôtel*, où s'opposent l'action et le rêve. Puis c'est, entre autres titres, *L'Inconnue d'Arras* (1935), *Un Homme comme les autres* (1936), *La Terre est ronde* (1938, drame tiré de l'histoire de Savonarole), une comédie gaie, *Histoire de rire* (1939), *Les Nuits de la colère* (1946), *L'Archipel Lenoir* (1947), *Dieu le savait* (1950).

Farce, satire   ARMAND SALACROU a le sens du *comique*, de la *farce*
et métaphysique   en particulier, des situations et des remarques paradoxales : ainsi, dans *Histoire de rire*, l'amant est piteux tandis que le mari a le beau rôle. D'autre part c'est un écrivain *engagé*, qui critique âprement la société bourgeoise et milite pour la justice sociale. Reconnaissant dans son *Boulevard Durand* « un côté *image d'Épinal* », il ajoute : « je n'ai pas cherché à éviter cet écueil. Dans un combat, il n'y a pas de nuances. »

Mais l'intérêt de son œuvre dépasse largement les attraits de la farce, de la satire ou du réquisitoire. Salacrou est hanté par *l'énigme de la souffrance* et par *le mystère tragique de la vie, de la mort et de la condition humaine* (cf. p. 394), le scandale du mal dans le monde lui rendant inconcevable l'existence de Dieu. Il est fasciné par le temps irréversible, par les actes irréparables : « Le passé, voilà le véritable enfer, on n'en sort jamais » *(Les Frénétiques,* 1934) ; « L'homme est, sans un seul moment de repos, créateur de choses définitives » *(L'Inconnue d'Arras) ;* dans un « psychodrame », *Sens interdit* (1953), la vie est vécue à rebours, remontée de la mort à la naissance ; dans *l'Inconnue d'Arras*, le héros revit toute son existence — la subissant comme un destin fatal — entre l'instant où il se tire une balle dans le cœur et celui où il expire.

La farce même s'en trouve transfigurée (cf. nos extraits) : le rire tourne au *vertige* (cf. p. 396, l. 17) ; des méditations angoissées s'allient étrangement au réalisme et au burlesque. S'il professe le déterminisme matérialiste le plus strict, c'est pourtant à *l'inquiétude métaphysique* que Salacrou doit la profondeur et les accents tragiques de son théâtre.

L'Archipel Lenoir   Cette comédie est particulièrement représentative des tendances de l'auteur. D'un fait divers qui l'avait frappé (un petit commerçant « exécuté » par sa famille parce qu'il voulait fermer boutique et fuir les siens) Salacrou a tiré une *farce débridée*, une *satire incisive* de la bourgeoisie riche, et l'occasion de scruter à nouveau *l'abîme de la vie et de la mort*. Si son *Histoire de rire* est une « farce dramatique », on pourrait parler ici de *farce philosophique*.

Paul-Albert LENOIR, *le respectable ancêtre, le grand patron de la distillerie Lenoir, va être arrêté. Il a séduit, depuis son veuvage, une mineure, Liliane, dont le père n'a accepté aucun arrangement (pas même le mariage, offert par le vieillard), car il tient à ce que M. Lenoir aille en prison.* Comment éviter le déshonneur, et peut-être la ruine ? *Tel est le problème que se pose la famille, scandalisée et affolée.*

EST-CE UN CAUCHEMAR ?

Voici le grand-père Lenoir aux prises avec les siens : son fils Victor, sa fille Marie-Thérèse, son gendre Adolphe, sa petite-fille Marie-Blanche — autant d'*îles* de *l'archipel Lenoir* —, sans compter une parente plus éloignée, princesse de fraîche date, et son époux. Celui-ci, aventurier, philosophe et pince-sans-rire, va jouer le rôle du tentateur, en suggérant une solution aussi logique qu'épouvantable. Porte-parole de l'auteur, il révélera du même coup *l'abîme* que masquait d'abord l'aspect de farce, de comédie bourgeoise et satirique.

LE PRINCE : Résumons-nous : le procès est inévitable et vous voulez l'éviter ?

LE GRAND-PÈRE : Voilà !

LE PRINCE : Alors, la solution est simple.

LE GRAND-PÈRE : Simple ?

LE PRINCE : Elle évite le procès et M. Lenoir n'ira pas en prison.

LE GRAND-PÈRE : Vous êtes magnifique ! *(Aux autres.)* Là, Bobo [1] est magnifique.

VICTOR : Quelle est cette solution ?

LE PRINCE, *glacé :* C'est la mort de M. Paul-Albert Lenoir.

LA PRINCESSE, *dans un silence :* Bobo !

LE GRAND-PÈRE *essaie de rire, puis, hurlant :* Valentine ! Valentine [2] !

LE PRINCE : Non, monsieur Lenoir, vous n'êtes pas dans un cauchemar. A moins que vous ne considériez la vie, l'ensemble de notre existence, le passage de l'homme sur la terre, comme un cauchemar. Alors, là, nous sommes tous en plein cauchemar depuis l'instant où nous avons compris que nous étions vivants. Vous souvenez-vous, monsieur Lenoir, de l'instant précis où, tout à coup, petit garçon, vous avez eu cette révélation : « Je suis un vivant, j'aurais pu ne pas exister, et je vais mourir. » Non ? moi, si. Et je me suis évanoui. C'était une charge intolérable sur les épaules de ce petit enfant.

LA PRINCESSE : Bobo est l'homme le plus déprimant de la société européenne [3]. Regardez-le : il est calme comme un château historique, mais il attire la foudre. Partout où se dresse Bobo, la tristesse tombe.

ADOLPHE : Et nous en sommes toujours au même point.

LE VICOMTE [4] : Pas tout à fait, une solution a été proposée.

VICTOR : De quoi vous mêlez-vous, jeune homme ?

LE VICOMTE : Excusez-moi : je ne desserrerai plus les dents. Vous me pardonnerez, je l'espère, de ne pas pouvoir boucher mes oreilles.

Tandis que la famille continue à discuter de son sort, le vieillard... s'est endormi.

— 1 Le Prince Boresku, pour les intimes. — 2 Sa femme, morte depuis 18 mois. Cf. « Quand j'avais des cauchemars, j'appelais *Valentine ! Valentine !* Ta mère me pinçait, je soupirais, elle me disait : *Mais non, c'est de la bêtise !* et je me rendormais. » — 3 Depuis qu'elle est Princesse Boresku elle a adopté, par souci de couleur locale, « un terrible accent roumain » ! — 4 Fiancé de Marie-Blanche, petite-fille de Paul-Albert Lenoir.

LE PRINCE : Regardez cet homme que le sommeil éloigne. Oubliez de penser à vous en croyant penser à lui. Vous ne vous demandez pas avec moi : 30 « A quoi donc peut encore servir cette vieille petite chose ? »

LA PRINCESSE : Bobo !

LE PRINCE : A quoi a-t-elle jamais pu servir, cette vieille petite chose ?

MARIE-THÉRÈSE : Mais, monsieur, mon père a été heureux...

LE PRINCE : Et voilà bien ce qui est incompréhensible, que cette vieille petite chose inutile ait pu être heureuse.

LA PRINCESSE : Il y a des idées immobiles auxquelles il ne faut pas toucher [5], Bobo, sinon elles se mettent à remuer et c'en est fini de notre repos... Personne ne peut plus les calmer.

LE PRINCE : Qu'un illusionniste vienne et escamote ce vieillard...   40

LE VICOMTE : Il n'y a plus de procès.

LE PRINCE : C'est un détail...

HORTENSE [6] : Vous trouvez !

VICTOR : Un détail ?

LE PRINCE : On vit chacun pour soi. Vous ne sentez pas combien la vie est individuelle ? Vous dites que ce vieillard a été heureux. Il a aussi été malheureux. Il est malheureux. Il va redevenir malheureux. Et qu'il meure en ce moment, il ne saura même plus qu'il a vécu !

HORTENSE : Ça, ce serait un bien pour tout le monde !

MARIE-THÉRÈSE : Mais il va se réveiller...   50

VICTOR : Quel est le pronostic exact du docteur Bouchon [7] ?

LE GRAND-PÈRE *bâille :* Eh bien ! mes amis, le bridge est déjà fini ? Je crois que je me suis laissé aller à faire un petit somme. Quelle heure est-il donc ? Minuit ? Vous allez excuser un vieillard qui n'est plus d'âge à danser...

HORTENSE : Monsieur Lenoir !

LE GRAND-PÈRE : Dansez, dansez ! Je n'entends rien de ma chambre. *(A Victor.)* Je rêvais que ta mère voulait me donner le baptême de l'air. Je n'osais pas lui dire non, et j'avais peur... Ah ! zut ! *(Il retombe assis.)* J'avais tout oublié de l'autre histoire. *(Au Prince.)* Je vous en supplie... C'est au-dessus de mes forces et voici que tout recommence. Non, non, 60 je ne peux pas continuer à vivre ainsi.

HORTENSE : Vous voyez : lui-même le reconnaît !

LE GRAND-PÈRE : Je n'aurais pas dû me réveiller.

LE VICOMTE : Ça arrangeait tout !

VICTOR : Tout ? non. Mais le procès n'avait pas lieu.

L'*Archipel Lenoir,* Ire Partie (Librairie Gallimard, éditeur).

Finalement le conseil de famille décide de supprimer le grand-père, pour l'honneur de la famille et la prospérité de la maison de commerce. C'est au gendre, Adolphe, qu'échoit la pénible mission ; il ne se résigne pas à tirer lui-même, tend le revolver au grand-père,... et le rideau se baisse sur une lutte terminée par un coup de feu.

— 5 Cf. le sous-titre de la pièce : *Il ne faut pas toucher aux choses immobiles.* — 6 Belle-sœur du vicomte. — 7 Selon ce médecin, le grand-père, atteint d'une maladie de cœur, est «condamné» à brève échéance.

Grand-père « a rebondi »...

Au début de la IIe Partie, pas de cadavre sur la scène : Joseph, le maître d'hôtel, a dû « faire le ménage » (cf. p. 397, l. 50). On ne voit pas non plus Adolphe. La famille, soulagée, peut maintenant déplorer le triste sort du grand-père. Mais soudain une porte s'ouvre, et « lentement apparaît, à quatre pattes, M. Lenoir.» Revenue de sa première stupeur, la princesse essaie de comprendre.

Sous le comique énorme de cette scène se dessine toute une philosophie. Si la vie humaine débouche sur le néant, elle n'est *rien* ou elle est *tout*. Pour l'auteur, sans doute est-elle à la fois tout et rien, notre unique chance et un rêve illusoire. Mais, sur le plan des réactions spontanées, c'est la vie *des autres* qui ne compte pas ; pour l'intéressé, surtout s'il possède la vitalité débordante du grand-père Lenoir, la vie est tout : elle mérite d'être sauvagement défendue et goûtée avec ivresse. Ainsi, candide et cynique, la *fureur de vivre* du vieillard a quelque chose de bouffon, d'atroce et de grandiose. Le spectateur est gêné de son propre rire, compromis par l'angoisse, jusqu'au moment où tout se résout en *pure farce* (cf. l'analyse, p. 397).

LA PRINCESSE : Mais, grand-père, vous avez tué Adolphe !

LE GRAND-PÈRE : C'est une vue particulière de la situation. J'en ai une autre.

LA PRINCESSE : Laquelle ?

LE GRAND-PÈRE : Adolphe ne m'a pas tué.

LA PRINCESSE : Mais la famille va hurler de douleur.

LE GRAND-PÈRE : C'est naturel. Tout le monde aimait bien Adolphe. Moi aussi. Pauvre Adolphe ! Mais il était si malheureux [1], j'en avais le cœur brisé, maintenant il est en paix !

LA PRINCESSE : Bobo [2], expliquez au grand-père... *(Au grand-père.)* Grand-père, mais vous avez estourbi votre gendre !

LE GRAND-PÈRE : Il y a environ dix minutes. *(Il s'assied.)* Ici. Ah ! Mon doux fauteuil, qu'il est moelleux ! *(Il se relève).* Le fauteuil était entre nous, et tout était noir. J'ai tiré. Et dans le noir, c'est vite fait. Oh ! Et depuis, c'est curieux, il me semble que je vis pour lui et pour moi. Oui, comme si je vivais deux vies à la fois. Je pense ce que je pense et je pense ce qu'il penserait s'il pensait encore. Oh !... il ne serait pas content du tout...

LA PRINCESSE : Bobo, dites quelque chose : le grand-père me donne le vertige.

LE GRAND-PÈRE : Je n'avais pas le choix. C'était lui ou moi. Il a tout fait pour que ce soit moi. J'ai tout fait pour que ce soit lui. Et j'ai gagné ! C'est une vieille habitude. Valentine [3] la connaissait. Elle m'envoyait toujours choisir les billets de loterie.

LA PRINCESSE : Bobo, ne trouvez-vous pas que ma propre existence a été très calme [4] ?

Retour de Joseph [5].

LE GRAND-PÈRE : Je ne suis pas responsable des lois de la nature. L'araignée mange la mouche. Et l'oiseau mange l'araignée. Et nous mangeons l'oiseau. Et le bon Dieu nous mange. Joseph ! Dans la série, arrêtons-nous juste avant le bon Dieu. Vous me ferez un perdreau pour midi.

JOSEPH : Ce n'est pas la saison, monsieur.

LE GRAND-PÈRE : Je n'aime plus les saisons, Joseph. Elles me rappellent le temps qui coule et qui, tout à coup, s'arrête ! Joseph, cette nuit le bon Dieu m'a raté, comme il m'arrive, à la chasse, de rater mon perdreau. Cette nuit, le bon Dieu m'a raté. Il a tiré, — et c'est l'autre qui est tombé ! Le bon Dieu m'a raté [6].

LA PRINCESSE : Et vous dansez, monsieur Lenoir !

LE GRAND-PÈRE : Je ne danse pas, je bondis. Comme un lièvre qui vient d'échapper à la mise en pâté ! Dieu m'a raté !

LA PRINCESSE : Bobo, le grand-père est devenu fou !

LE GRAND-PÈRE : Je ne suis pas fou ! Je suis vivant ! Je devrais être raide sur un lit. *(Il s'agite.)* Et je remue. Je devrais être sans mouvement... et si je savais chanter, je pourrais chanter. Vous ne comprenez donc pas que je respire avec mon cadavre. Le ciel est bleu. Les fleurs sont belles, les oiseaux chantent...   40

LA PRINCESSE : Et c'est Adolphe qui est figé.

LE GRAND-PÈRE : Ah ! Raide ! Pauvre Adolphe. J'en suis très sincèrement désolé. Si j'avais pu arranger la chose autrement ! Mais l'existence est une suite d'impasses. Chaque fois, il faut, dans ce labyrinthe, sauter le mur. Ce matin, moi, j'ai encore sauté. Adolphe a manqué son coup. Il est retombé au pied du mur. C'est fini pour lui. Il ne sautera plus.

LE PRINCE : Et qu'avez-vous fait du corps ?

LE GRAND-PÈRE : Prout ! disparu dans le soleil.

LA PRINCESSE : Dans le soleil, Bobo ?

LE GRAND-PÈRE : Joseph est parfait : quand il fait le ménage, rien ne traîne   50 derrière lui !

LA PRINCESSE : Et que comptez-vous dire à votre fille, à Victor, à vos petits-enfants ?

LE GRAND-PÈRE : Moi ? Rien du tout.

LA PRINCESSE : Mais ils vont tous beaucoup parler, et vous aurez beaucoup à entendre.

LE GRAND-PÈRE : Je n'écouterai personne. Joseph ! Joseph ! Appelez-moi mon policier [7].

JOSEPH : Il dort, monsieur.

LE GRAND-PÈRE : Je vous en prie, réveillez-le tout de suite.

JOSEPH : Cette nuit, en vous attendant, il « en [8] » a bu deux bouteilles et demie.   60

LE GRAND-PÈRE : Le malheureux ! Je n'aurai jamais le temps de l'attendre. Téléphonez, Joseph, qu'on m'envoie tout de suite un autre policier. S'il le faut, allez le chercher vous-même en Bugatti. Je suis très pressé, très pressé. *(Joseph sort.)* Vous me comprenez, princesse ?

LA PRINCESSE : Non.

LE GRAND-PÈRE : Je ne veux pas recommencer à discuter avec tout le monde et être obligé d'abattre, l'un après l'autre, tous les membres de ma famille.

LA PRINCESSE : Bobo, grand-père est devenu une force de la nature !

LE GRAND-PÈRE : Et quand ça doit éclater, faut que ça éclate !

L'Archipel Lenoir, IIe Partie (Librairie Gallimard, éditeur).

Nouveau coup de théâtre : Adolphe reparaît à son tour, le bras en écharpe, à peine endommagé par la balle du grand-père. Ainsi personne n'est mort !... Ou plutôt si, il y a un mort, mais c'est l'accusateur obstiné, le père de Liliane, emporté cette même nuit par la maladie. Le drame burlesque se termine donc selon les meilleures traditions comiques : *tout s'arrange à merveille. Promu au rôle de meneur de jeu ou de « deus ex machina », Joseph (moyennant finance, bien entendu !) épousera Liliane et disculpera pleinement Paul-Albert Lenoir.*

— 6 De toute évidence, l'auteur ne croit pas en Dieu, mais, emportée par l'élan burlesque de la scène, sa pensée s'exprime en images délirantes qui traduisent la vertigineuse joie de vivre du grand-père. — 7 Le policier qui a consenti à attendre le matin pour arrêter le grand-père. — 8 De la célèbre *liqueur Lenoir*, qui fait la fortune de la famille.

LE THÉÂTRE DE GIRAUDOUX

De Bellac au Quai d'Orsay JEAN GIRAUDOUX — Jean comme La Fontaine, disait-il plaisamment — naît à Bellac en 1882. Il est fils d'un percepteur, ce qui ne paraît pas étranger, par une légère transposition, à sa sympathie pour les contrôleurs des poids et mesures... (cf. p. 403). Élève du Lycée de Châteauroux puis du Lycée Lakanal, il entre en 1903 à l'École Normale Supérieure où il opte pour les études germaniques ; sa connaissance de l'Allemagne, de la littérature et de l'âme allemandes, ses réflexions sur les rapports franco-allemands marqueront profondément plusieurs de ses œuvres : *Siegfried et le Limousin, Siegfried, La Guerre de Troie, Ondine*. Puis il voyage, en Allemagne, en Amérique, fréquente à Paris les milieux littéraires, aborde le journalisme et publie un premier ouvrage, *Provinciales*, en 1909. L'année suivante, il embrasse la carrière diplomatique.

Mobilisé comme sergent en 1914, après deux blessures Giraudoux est chargé de missions au Portugal, puis aux États-Unis. Ses souvenirs de guerre lui inspirent trois ouvrages, légers en apparence mais surtout pudiques : *Lectures pour une Ombre* (1917), *Amica America* (1919) et *Adorable Clio* (1920).

La guerre finie, il poursuit une double carrière de haut fonctionnaire et d'écrivain. Admirateur de Briand, ami du secrétaire général des Affaires Étrangères, Philippe Berthelot, il accède, au Quai d'Orsay, à des postes élevés. Dans l'ordre des lettres, d'abord romancier (cf. p. 447), la rencontre de LOUIS JOUVET l'aide à découvrir, relativement tard, sa véritable vocation : *le théâtre*. De *Siegfried et le Limousin* il tire une première pièce, *Siegfried* (1928), très supérieure au roman. Désormais, presque chaque année, Jouvet va monter et interpréter une nouvelle œuvre de Giraudoux : *Amphitryon 38* (1929), *Judith* (1931), *Intermezzo* (1933), *Tessa* (1934, adaptation d'une pièce anglaise de Margaret Kennedy), *La Guerre de Troie n'aura pas lieu* (1935), *Électre* (1937), *Ondine* (1939). En outre, Giraudoux se révèle brillant conférencier (*Les Cinq Tentations de La Fontaine*, 1938), critique fin et spirituel (*Littérature*, 1941).

Au début de la seconde guerre mondiale, il devient Commissaire à l'Information, fonctions auxquelles avaient pu le préparer ses réflexions de *Pleins Pouvoirs* (1939) et dont il dressera le bilan, après la défaite, dans *Sans Pouvoirs* (posthume, 1946). Dans la retraite, Giraudoux se consacre de nouveau au théâtre, donnant *Sodome et Gomorrhe* en 1943. Il meurt en janvier 1944 sans avoir pu voir la libération de la France. Jouvet présentera encore une comédie de son ami disparu : *La Folle de Chaillot* (1945) ; mais une autre pièce posthume, *Pour Lucrèce* (1953), que l'auteur aurait peut-être remaniée, ne sera pas accueillie avec la même faveur.

Humour et diversité *Diversité, esprit, fantaisie* : telle est la première impression que donne l'œuvre de Giraudoux, et l'on conçoit qu'il ait choisi La Fontaine comme parrain. Il passe, dans ses récits, des temps homériques *(Elpénor)* à l'actualité ; dans son théâtre, des sujets modernes *(Siegfried, Intermezzo, La Folle de Chaillot)* aux sujets antiques *(Amphitryon, La Guerre de Troie, Electre)* ou bibliques *(Judith, Sodome et Gomorrhe)*, sans parler de la légende germanique *(Ondine)*. La tragédie alterne avec la comédie ; bien plus, au sein d'une même œuvre, Giraudoux mêle les genres et les tons.

Sa *fantaisie* est multiforme : « préciosité » (cf. p. 447), humour, paradoxe, parodie, gratuité (du moins apparente) ; dans *Ondine* règne un fantastique auquel nous ne croyons pas tout à fait ; ou bien c'est l'aimable déraison des *Folles* de Chaillot, de Passy, de Saint-Sulpice et de la Concorde. Parfois, la parodie va jusqu'au « canular » : dans *Combat avec l'Ange*, il est question d'un « modeste amour terrestre et *jamais* menacé » ; dans *La Guerre de Troie*, Pâris l'inconstant s'écrie : « Un seul être vous manque, et tout est repeuplé » ! Pourtant les « Folles », qui vivent dans un monde à elles, entre le réel et l'imaginaire, nous donnent une leçon de *sagesse*. Quelle est donc cette sagesse ? Après le détour de la *fantaisie spirituelle*, c'est le détour du *tragique* qui nous permettra de la découvrir.

**Tragique
ou anti-tragique ?**

On a salué en Giraudoux un *rénovateur de la tragédie.* Des titres comme *La Guerre de Troie...*, *Électre, Judith, Sodome et Gomorrhe* sont par eux-mêmes révélateurs ; en outre, Giraudoux a consacré des pages remarquables à l'analyse de la tragédie racinienne. Mais n'aurait-il pas tenté, en fait, d'*exorciser le tragique*, de *délivrer l'homme de la fatalité* ? On pourrait soutenir que, dans son théâtre et dans toute son œuvre, il a cherché à nous « purger », non pas de nos « passions », mais de *la hantise du tragique :* nouvel avatar, et non le moindre, de la fameuse *catharsis* aristotélicienne. Le tragique n'existerait, aux yeux de Giraudoux, que dans la mesure où nous y croyons, où nous le suscitons.

Déjà *Siegfried* tendait à concevoir les rapports franco-allemands hors de la perspective tragique, en dissipant de prétendues *fatalités* géographiques, historiques ou raciales : le héros, un Français amnésique, était devenu un fort bon Allemand, avant de retrouver, avec son identité, sa vraie patrie. Dans *Amphitryon* 38, Alcmène considère comme « un jour trouble », sur lequel « il plane quelque chose de louche qui [l'] oppresse » et qu'elle veut oublier, le jour où Jupiter est venu s'immiscer entre elle et son cher époux. *Judith* semble dénoncer la mystification par laquelle on forge une héroïne tragique (et c'est la seule de ses pièces que Giraudoux ait qualifiée de *tragédie...*). Dans *Électre*, Égisthe s'efforce de tenir les dieux à l'écart, châtiant sans pitié quiconque les alerte (cf. p. 410, n. 2). — Et pourtant nous verrons se dessiner parallèlement, dans ce théâtre, *une montée du tragique.*

**Un humanisme
souriant**

« FAIRE BIEN L'HOMME ». La sagesse heureuse de Giraudoux réside dans un humanisme souriant et poétique, qui rejoint celui de Montaigne. On pourrait considérer son œuvre comme une illustration originale de ces formules des *Essais* (III, 13) : « Il n'est rien si beau et légitime que de faire bien l'homme et dûment. [...] C'est une absolue perfection, et comme divine, de savoir jouir loyalement de son être ».

Giraudoux *choisit* d'être homme : son Alcmène refuse l'immortalité (cf. p. 401) ; son Ondine, divinité des eaux, opte pour la condition humaine avec ses misères pour pouvoir aimer un homme... qui ne saura pas répondre à son amour. Alcmène chérit avant tout Amphitryon pour sa loyauté, son bon vouloir « à jouer [son] rôle d'homme », sa « façon consciencieuse de recevoir le vent, de manger [sa] proie ou de conduire [sa] nage ». Le Contrôleur d'*Intermezzo* pense qu' « après une vie consciencieuse » il fera un très bon mort. Jupiter s'aperçoit que les dieux ont beaucoup à apprendre des hommes, en particulier l'amitié ; mais puissent-ils ne pas intervenir dans les affaires humaines ! Le surhumain semble, être surtout l'inhumain ; l'héroïsme même paraît un peu suspect : « Oui, je préférais Nausicaa à Antigone ». *(Juliette au Pays des Hommes).*

Giraudoux ne risque-t-il pas ainsi de limiter l'homme, sinon de le mutiler ? En fait il sait découvrir dans la vie quotidienne une diversité, une richesse infinies. Pour rappeler à la vie Isabelle, un moment prisonnière de l'au-delà, rien de plus efficace que les bruits « de la petite ville et du printemps » *(Intermezzo).* Lorsque Giraudoux célèbre la poésie de la vie de fonctionnaire, il est sérieux sous son humour (cf. p. 403). D'ailleurs *humour et poésie* sont parties intégrantes du bonheur humain, en même temps qu'ils préservent de toute fadeur l'optimisme de Giraudoux. Enfin, nous le verrons, cet optimisme n'est ni aveugle ni naïf : la *grandeur du bonheur humain* tient pour une part à ce qu'il le sait menacé.

LE COUPLE. D'autre part, le bonheur n'a rien d'égoïste, étant lié à l'amour qui est don de soi et fusion des deux êtres. Écoutons Ondine répondre aux juges qui veulent savoir si elle aime le chevalier Hans, ce qu'elle nie, pour le sauver ; voici comment se trahit son amour : « Quand cet homme-là a couru, que fais-tu ? — Je perds le souffle. [...] — Quand il s'est cogné, pris le doigt. — Je saigne. [...] — Quand il parle, quand il ronfle, dans son lit. [...] — J'entends chanter. » Le bonheur est possible : ce qui le prouve, ce n'est pas un être heureux, c'est *un couple uni* : Alcmène et Amphitryon, Andromaque et Hector. Un couple qui s'aime sauverait le monde *(Sodome et Gomorrhe) ;* si Pâris et Hélène formaient un *vrai* couple, la guerre de Troie ne serait plus absurde (cf. 405). Du théâtre de Giraudoux s'élève un admirable chant du couple, pudique et fervent.

Évolution   *Siegfried, Amphitryon* 38, *Intermezzo* rayonnent d'optimisme ; c'est l'époque où l'on pouvait encore croire à la paix. Mais dès 1933 l'hitlérisme fait peser sur l'Europe une menace mortelle, le danger de guerre devient évident. Le bonheur humain ne serait-il qu'un intermède entre deux malheurs, la paix une courte trêve entre deux guerres ? Progressivement, le ton de Giraudoux va changer ; le tragique, qu'il voulait nier, va s'imposer à lui. *La Guerre de Troie n'aura pas lieu :* c'est le titre tragique par excellence, qui traduit en même temps l'espoir quand même, la révolte de la liberté humaine. Les fabricants de tragédie : vieillards qui, eux, ne se battront pas, juristes tatillons, nationalistes exaltés, semblent réduits à l'impuissance par la volonté de paix des anciens combattants, par l'estime réciproque des deux chefs, Hector et Ulysse. Et pourtant la guerre aura lieu. Par la faute de Démokos, ce fantoche ? N'est-ce pas, plutôt, qu'Ulysse avait raison ? la guerre éclate parce qu'elle était *mûre*, et la bonne volonté des hommes reste impuissante (cf. p. 407-409).

Dans *Électre*, il ne s'agit même plus de bonne volonté : pour écarter la tragédie, peut-on sacrifier *la justice*, pactiser avec le crime en laissant régner un assassin ? L'auteur ne prétend pas résoudre le problème : il le pose, dans *l'angoisse* (cf. p. 411). *Sodome et Gomorrhe*, sous l'occupation, sera plus sombre encore : un monde périt faute d'un couple uni, un seul, qui le rachèterait. Enfin *La Folle de Chaillot*, qui est à maints égards une comédie gaie, révèle pourtant un *raidissement* de Giraudoux : celui-ci prend à partie, sans feinte ni déguisement, *les puissances d'argent*, les « mecs » qui font marché de tout, souillent tout, véritable lèpre du monde moderne ; et, pour nous débarrasser d'eux, nous ne disposons ni du merveilleux expédient ni de la bonne conscience imperturbable de la Folle qui les escamote tous par une trappe !...

Vertus du style   Riche de substance, ce théâtre poétique et spirituel nous apporte un plaisir constant ; il répond à la formule de Valéry : « Un fruit est nourriture, mais il ne paraît que délice. On ne perçoit que du plaisir, mais on reçoit une substance . » Dans son *Impromptu de Paris* (1937), Giraudoux défend les droits du « beau langage » et de l'imagination, qui d'ailleurs se confondent, car c'est aux *images* que son propre style, caractérisé par une *invention perpétuelle*, doit avant tout sa qualité. Il raille le « patois », les « poncifs » qui déshonorent la scène, le réalisme naïf qui avait sévi parfois au Théâtre Libre : « On disait « il est cinq heures », et il y avait une vraie pendule qui sonnait cinq heures. La liberté d'une pendule, ça n'est quand même pas ça ! » Le théâtre doit donner à la fois à penser et à rêver ; il doit susciter *l'émerveillement*.

Les nécessités de la scène ont obligé Giraudoux à mieux dégager le sujet, à éviter les longs méandres — fussent-ils délicieux — où risque parfois de se perdre le lecteur de ses romans, à donner à sa phrase un rythme plus vif. Heureuse contrainte ! car s'il gagne en efficacité, le *style* ne perd rien de son éclat chatoyant, ni du pouvoir de nous surprendre toujours et de toujours nous charmer.

*

Amphitryon 38   Voici, selon l'auteur, la *trente-huitième* version d'*Amphitryon* ! Giraudoux renouvelle et le mythe et ses sources du comique. Renonçant à exploiter le dédoublement de Sosie (cf. *XVIIᵉ Siècle*, p. 182), il place en revanche le maître des dieux dans une posture assez ridicule. Épris d'ALCMÈNE, JUPITER s'est substitué à l'époux de celle-ci, Amphitryon ; mais il est victime à son tour de son déguisement : au matin, il s'entend dire des choses peu agréables par la très innocente Alcmène qui, à travers son amant divin, n'a pas cessé une seconde d'aimer son mari humain. Ainsi chacun de ses mots est humiliant pour Jupiter. Dans le théâtre de Giraudoux, Alcmène est la femme idéale, qui, *pleinement femme*, refuse d'être autre chose qu'*une simple femme*. Ainsi le *mélange des tons*, d'un effet comique très sûr, n'est nullement gratuit : il traduit la façon toute naturelle et familière dont Alcmène résout le problème de la *condition humaine*.

« *IMMORTELLE ? A QUOI BON ?* »

ALCMÈNE : Je n'ai pas à nourrir de reconnaissance spéciale à Jupiter sous prétexte qu'il a créé quatre éléments au lieu des vingt qu'il nous faudrait, puisque de toute éternité c'était son rôle, tandis que mon cœur peut déborder de gratitude envers Amphitryon, mon cher mari, qui a trouvé le moyen, entre ses batailles, de créer un système de poulies pour fenêtres et d'inventer une nouvelle greffe pour les vergers. Tu as modifié pour moi le goût d'une cerise, le calibre d'un rayon : c'est toi mon créateur. Qu'as-tu à me regarder, de cet œil ? Les compliments te déçoivent toujours. Tu n'es orgueilleux que pour moi. Tu me trouves trop terrestre, dis ?   10

JUPITER, *se levant, très solennel :* Tu n'aimerais pas l'être moins ?

ALCMÈNE : Cela m'éloignerait de toi.

JUPITER : Tu n'as jamais désiré être déesse, ou presque déesse ?

ALCMÈNE : Certes non. Pourquoi faire ?

JUPITER : Pour être honorée et révérée de tous.

ALCMÈNE : Je le suis comme simple femme, c'est plus méritoire.

JUPITER : Pour être d'une chair plus légère, pour marcher sur les airs, sur les eaux.

ALCMÈNE : C'est ce que fait toute épouse, alourdie d'un bon mari.

JUPITER : Pour comprendre les raisons des choses, des autres mondes.   20

ALCMÈNE : Les voisins ne m'ont jamais intéressée.

JUPITER : Alors, pour être immortelle !

ALCMÈNE : Immortelle ? A quoi bon ? A quoi cela sert-il [1] ?

JUPITER : Comment, à quoi ! Mais à ne pas mourir !

ALCMÈNE : Et que ferai-je, si je ne meurs pas ?

JUPITER : Tu vivras éternellement, chère Alcmène, changée en astre ; tu scintilleras dans la nuit jusqu'à la fin du monde.

ALCMÈNE : Qui aura lieu ?   JUPITER : Jamais.

ALCMÈNE : Charmante soirée ! Et toi, que feras-tu ?

JUPITER : Ombre sans voix, fondue dans les brumes de l'enfer, je me   30
réjouirai de penser que mon épouse flamboie là-haut, dans l'air sec.

ALCMÈNE : Tu préfères d'habitude les plaisirs mieux partagés... Non, chéri, que les dieux ne comptent pas sur moi pour cet office... L'air de la nuit ne vaut d'ailleurs rien à mon teint de blonde... Ce que je serais crevassée, au fond de l'éternité !

JUPITER : Mais que tu seras froide et vaine, au fond de la mort !

ALCMÈNE : Je ne crains pas la mort. C'est l'enjeu de la vie [2]. Puisque ton

---

— 1 Cf. III, 5 « JUPITER : Pourquoi ne veux-tu pas être immortelle ? — ALCMÈNE : Je déteste es aventures ; c'est une aventure, l'immor- | talité ! » — 2 Noter *l'alexandrin*, et cf. III, 5 « Je sais ce qu'est un avenir heureux. Mon mari aimé vivra et mourra. Mon fils chéri naîtra, vivra et mourra. Je vivrai et mourrai. »

Jupiter, à tort ou à raison, a créé la mort sur la terre, je me solidarise avec mon astre. Je sens trop mes fibres continuer celles des autres hommes, des animaux, même des plantes, pour ne pas suivre leur sort. Ne me parle pas de ne pas mourir tant qu'il n'y aura pas un légume immortel. Devenir immortel, c'est trahir, pour un humain. D'ailleurs, si je pense au grand repos que donnera la mort à toutes nos petites fatigues, à nos ennuis de second ordre, je lui suis reconnaissante de sa plénitude, de son abondance même... S'être impatienté soixante ans pour des vêtements mal teints, des repas mal réussis, et avoir enfin la mort, la constante, l'étale mort, c'est une récompense hors de toute proportion... Pourquoi me regardes-tu soudain de cet air respectueux ?

JUPITER : C'est que tu es le premier être vraiment humain que je rencontre...

ALCMÈNE : C'est ma spécialité, parmi les hommes ; tu ne crois pas si bien dire. De tous ceux que je connais, je suis en effet celle qui approuve et aime le mieux son destin. Il n'est pas une péripétie de la vie humaine que je n'admette, de la naissance à la mort, j'y comprends même les repas de famille. J'ai des sens mesurés et qui ne s'égarent pas. Je suis sûre que je suis la seule humaine qui voie à leur vraie taille les fruits, les araignées, et goûte les joies à leur vrai goût. Et il en est de même de mon intelligence. Je ne sens pas en elle cette part de jeu ou d'erreur, qui provoque, sous l'effet du vin, de l'amour, ou d'un beau voyage, le désir de l'éternité.

JUPITER : Mais tu n'aimerais pas avoir un fils moins humain que toi, un fils immortel ?   ALCMÈNE : Il est humain de désirer un fils immortel.

Amphitryon 38, acte II, scène 2 (Grasset, éditeur).

Vraiment conquis par Alcmène, Jupiter est prêt à garder le silence sur l'aventure de la nuit , mais il est trop tard : Mercure a proclamé sa passion et annoncé sa visite. Lorsque Amphitryon revient, Alcmène, le prenant pour Jupiter, demande à Léda de la remplacer en secret dans les bras ...d'Amphitryon. Il apparaît donc qu'on ne triche pas avec le destin ! Mais ce nouveau quiproquo a aussi un autre sens : innocemment coupables l'un et l'autre, les deux époux ne pourront s'adresser aucun reproche. Jupiter paraît alors, en majesté ; Alcmène refuse décidément d'être immortelle (cf. notes 1 et 2), convertit Jupiter à l'amitié et, devinant ce qui s'est passé, obtient de lui la faveur d'oublier cette aventure.

INTERMEZZO   *Dans cette petite ville, il se passe des choses étranges depuis que Mlle* ISABELLE *remplace l'institutrice et qu'un spectre rôde, dit-on, aux alentours. Le plus pauvre gagne le gros lot, ce sont les personnes les plus âgées et les moins sympathiques qui meurent, on répond sincèrement aux questionnaires officiels et Isabelle, dit-on, a des rendez-vous avec le spectre !... De Limoges arrive l'*INSPECTEUR *chargé de mettre fin à ces désordres intolérables ; ce personnage caricatural incarne un rationalisme étroit, imperméable à l'imagination, et la routine administrative dans ce qu'elle peut avoir de plus inhumain. Il n'est pas moins scandalisé par l'enseignement fort peu orthodoxe qu'Isabelle dispense aux fillettes, dans la classe en plein air, que par ce* SPECTRE *qui se permet d'exister, et qu'Isabelle fréquente bel et bien ! Mais sa courte philosophie est impuissante contre le Spectre, comme les coups de pistolet. D'ailleurs une aimable complicité règne autour d'Isabelle, favorisée par le* DROGUISTE *et par le* CONTRÔLEUR *des poids et mesures, amoureux d'elle en secret.*

Lyrisme et imprévu de la vie de fonctionnaire

Les fonctionnaires travaillent un peu, mais pas trop ! d'ailleurs ils sont mal payés — mais leur vie se déroule sous le signe de l'imprévu et de la poésie !... Dans cette scène, Giraudoux jongle apparemment avec le *lieu commun* et le *paradoxe ;* pourtant ne soyons pas dupes : il *transfigure* l'un et l'autre. Il s'agit en effet de tracer la route fleurie du *bonheur humain,* entre la tentation de l'au-delà et le positivisme borné représenté par l'Inspecteur. *Apprenant qu'*ISABELLE *attend la visite du Spectre, le* CONTROLEUR *se décide à lui* demander sa main. *La jeune fille ne le repousse pas le moins du monde, mais se montre surprise qu'il vienne «* à un tel moment *».*

LE CONTROLEUR : J'ai choisi ce moment. Je l'ai choisi parce que je n'en suis pas indigne, parce qu'il m'est venu tout à coup à l'esprit que, plus heureux que ce spectre qui ne va vous apporter encore que confusion et angoisse, je pouvais le combattre devant vous, lui montrer son impuissance à vous aider, et vous offrir ensuite la seule route, le seul acheminement normal vers la mort et vers les morts...

ISABELLE : Voyons ! Y en a-t-il d'autres que d'aller vers eux ?

LE CONTROLEUR : Celui-là va à eux lentement, doucement, mais sûrement. Il nous y porte...

ISABELLE : Et quel est-il ?   LE CONTROLEUR : La vie.

ISABELLE : La vie avec vous ?   10

LE CONTROLEUR : Avec moi ? Ne parlons pas de moi, Mademoiselle... Je suis bien peu en cause. Non... La vie avec un fonctionnaire. Car c'est mon métier, dans cette affaire, qui importe... Vous ne me comprenez pas ?

ISABELLE : Si fait, je vous comprends ! Vous voulez dire que seul le fonctionnaire peut regarder la mort en face, en camarade ; qu'il n'est pas comme le banquier, le négociant, le philosophe ; qu'il n'a rien fait pour se dérober à elle ou pour la masquer ?   LE CONTROLEUR : Voilà !

ISABELLE : La contradiction entre la vie et la mort, c'est l'agitation humaine qui la crée. Or, le fonctionnaire a travaillé, mais justement sans agitation...

LE CONTROLEUR : Oui, sans excès trop grave.   20

ISABELLE : Il a vécu, mais sans exploitation forcenée de sa personnalité...

LE CONTROLEUR : Trop forcenée, non.

ISABELLE : Et il a dédaigné les richesses, parce que son traitement lui arrive sans attente, sans effort spécial, comme si des arbres lui donnaient en fruits mensuels des pièces d'or.

LE CONTROLEUR : C'est cela même, en fruits mensuels sinon en pièces d'or. Et s'il n'a pas eu le luxe, il s'est épuré à tout ce que son métier comporte d'imagination.

ISABELLE : D'imagination ? Figurez-vous que sur ce point j'avais des doutes. Sur ce point la vie avec un fonctionnaire m'effrayait un peu. Le métier de Contrôleur des Poids et Mesures comporte beaucoup d'imagination ?   30

LE CONTROLEUR : En pouvez-vous douter ?

ISABELLE : Donnez-moi un exemple.

LE CONTROLEUR : Mille, si vous voulez. Chaque soir, quand le soleil se couche et que je reviens de ma tournée, il me suffit d'habiller le paysage avec le vocabulaire du contrôleur du moyen âge, de compter soudain les routes en lieues, les arbres en pieds, les prés en arpents, jusqu'aux vers luisants en pouces, pour que les fumées et les brouillards montant des tours et des maisons fassent de notre ville une de ces bourgades que l'on pillait sous les guerres de religion, et que je me sente l'âme d'un reître ou d'un lansquenet.

ISABELLE : Oh ! je comprends !

LE CONTROLEUR : Et le ciel même, Mademoiselle. La voûte céleste elle-même...

ISABELLE : Laissez-moi achever : il suffit que vous leur appliquiez, à ce ciel, à cette voûte, la nomenclature grecque ou moderne, que vous estimiez en drachmes ou en tonnes le poids des astres, en stades ou en mètres leur course, pour qu'ils deviennent à votre volonté le firmament de Périclès ou celui de Pasteur !

LE CONTROLEUR : Et c'est ainsi que le lyrisme de la vie de fonctionnaire n'a d'égal que son imprévu !

ISABELLE : Pour l'imprévu je vous assure que je vois pas très bien. Et c'est fâcheux, car c'est justement ce que j'adore par-dessus tout. Votre vie comporte un imprévu ?

LE CONTROLEUR : Un imprévu de qualité rare, discrète, mais émouvante. Songez, Mademoiselle Isabelle, que nous changeons tous les trois ans à peu près de résidence...

ISABELLE : Justement, c'est long, trois ans.

LE CONTROLEUR : Mais voici où intervient l'imprévu : dès le début de ces trois ans, l'administration prévoyante nous a donné le nom des deux villes entre lesquelles elle choisira notre prochain poste...

ISABELLE : Vous savez déjà dans quelle ville vous irez en nous quittant ?

LE CONTROLEUR : Je sais et je ne sais pas. Je sais seulement que ce sera Gap ou Bressuire. L'une d'elles, hélas, m'échappera, mais j'aurai l'autre ! Saisissez-vous la délicatesse et la volupté de cette incertitude ?

ISABELLE : Oh ! certes ! Je saisis que pendant trois ans, et au-dessus même de nos bruyères et de nos châtaigneraies, votre pensée va vous balancer sans arrêt entre Gap...

LE CONTROLEUR : C'est-à-dire les sapins, la neige, la promenade après le bureau au milieu des ouvrières qui ont passé leur journée à monter en broche l'étoile des Alpes...

ISABELLE : Et Bressuire...

LE CONTROLEUR : C'est-à-dire les herbages, c'est-à-dire — vous pensez si je sais déjà par cœur le Joanne [1] — la belle foire du 27 août, et quand septembre rougit jusqu'aux roseaux des anguillères [2] dans l'eau du marais vendéen, le départ en victoria pour les courses au trot à l'angle des rues Duguesclin et Général-Picquart. Est-ce du prévu, tout cela ? Entre votre méthode et la mienne, entre Gap, Bressuire et la mort immédiate, avouez, il n'y a pas à hésiter !

Intermezzo, III, 3 (Grasset, éditeur).

Isabelle est conquise, en effet ; mais le Spectre paraît et elle consent à l'écouter une dernière fois ; au moment où il la quitte, indigné de se voir préférer un vulgaire vivant, de surcroît Contrôleur des poids et mesures, elle se jette même dans ses bras. Or, dût-elle acquérir ainsi de mystérieux pouvoirs, il n'est pas sans danger pour une jeune fille de fréquenter un spectre : elle tombe évanouie tandis que disparaît le visiteur de l'au-delà. Elle semble flotter entre la vie et la mort. Heureusement le Droguiste qui connaît, lui, les secrets de la vie, vient au secours du Contrôleur : il dirige si bien le chœur des joueurs de manille, des fillettes récitant leur leçon de géographie et de tous les bruits familiers, qu'Isabelle revient à la vie. Aussitôt tout rentre dans l'ordre : au nouveau tirage de la loterie, c'est le cul-de-jatte qui gagne la motocyclette et le millionnaire le gros lot en espèces ! « L'épisode Isabelle est clos. [...] Est fini l'intermède ! »

— 1 Guide touristique. — 2 Viviers à anguilles.

LA GUERRE
DE TROIE...

Hector revient de guerre, victorieux mais surtout épris de paix. Il entend fermer sur l'heure « les portes de la guerre. » Mais un nouveau conflit menace d'éclater : son frère Pâris a enlevé Hélène que les Grecs sont prêts à réclamer les armes à la main. Soutenu par les femmes, en particulier Andromaque son épouse et sa mère Hécube, Hector fait taire les fauteurs de guerre, vieillards, juristes et surtout le poète nationaliste Dèmokos ; il a même obtenu d'Hélène la promesse qu'elle regagnerait de bon gré son pays.

SI SEULEMENT ILS S'AIMAIENT !...

Plus intuitive qu'Hector, ANDROMAQUE sent confusément que le conflit est peut-être inévitable. Mais qu'au moins cette guerre *ne soit pas absurde !* Si Hélène et Pâris s'aimaient, à supposer même que leur amour ne puisse pas conjurer la guerre, il lui donnerait un sens, et de la grandeur. Cette foi de Giraudoux dans l'amour humain, dans *le couple* (cf. p. 399), Andromaque est particulièrement digne de l'exprimer, elle qui incarne, depuis Homère, la tendresse conjugale. Aussi sa révolte contre le mensonge et l'absurde trouve-t-elle des accents d'une admirable humanité. Hélas ! le vrai couple qu'elle forme avec Hector est condamné, et l'instrument du destin c'est le faux couple de Pâris et d'Hélène, c'est cette HÉLÈNE à la fois redoutable et insignifiante (l'auteur la fait parler ici, à dessein, comme une midinette). Enfin les résonances de ce texte se précisent si l'on songe à l'angoisse de Giraudoux devant le conflit menaçant, entre la France et l'Allemagne : si la guerre doit avoir lieu, puisse-t-elle ne pas naître d'idées toutes faites, de faux semblants et de malentendus !

ANDROMAQUE : Que vous partiez ou non, ce n'est plus la question, Hélène.

HÉLÈNE : Dites cela à Hector. Vous faciliterez sa journée.

ANDROMAQUE : Oui, Hector s'accroche à l'idée de votre départ. Il est comme tous les hommes. Il suffit d'un lièvre pour le détourner du fourré où est la panthère. Le gibier des hommes peut se chasser ainsi. Pas celui des dieux.

HÉLÈNE : Si vous avez découvert ce qu'ils veulent, les dieux, dans toute cette histoire, je vous félicite.

ANDROMAQUE : Je ne sais si les dieux veulent quelque chose. Mais l'univers veut quelque chose. Depuis ce matin, tout me semble le réclamer, le crier, 10 l'exiger, les hommes, les bêtes, les plantes... Jusqu'à cet enfant en moi...

HÉLÈNE : Ils réclament quoi ?

ANDROMAQUE : Que vous aimiez Pâris.

HÉLÈNE : S'ils savent que je n'aime point Pâris, ils sont mieux renseignés que moi.

ANDROMAQUE : Vous ne l'aimez pas ! Peut-être pourriez-vous l'aimer. Mais, pour le moment, c'est dans un malentendu que vous vivez tous deux.

HÉLÈNE : Je vis avec lui dans la bonne humeur, dans l'agrément, dans l'accord. Le malentendu de l'entente, je ne vois pas très bien ce que cela peut être. 20

ANDROMAQUE : Vous ne l'aimez pas. On ne s'entend pas, dans l'amour. La vie de deux époux qui s'aiment, c'est une perte de sang-froid perpétuelle. La dot des vrais couples est la même que celle des couples faux :

le désaccord originel. Hector est le contraire de moi. Il n'a aucun de mes goûts. Nous passons notre journée ou à nous vaincre l'un l'autre ou à nous sacrifier. Les époux amoureux n'ont pas le visage clair.

HÉLÈNE : Et si mon teint était de plomb, quand j'approche Pâris, et mes yeux blancs, et mes mains moites, vous pensez que Ménélas en serait transporté, les Grecs épanouis ?

ANDROMAQUE : Peu importerait alors ce que pensent les Grecs !

HÉLÈNE : Et la guerre n'aurait pas lieu ?

ANDROMAQUE : Peut-être, en effet, n'aurait-elle pas lieu ! Peut-être, si vous vous aimiez, l'amour appellerait-il à son secours l'un de ses égaux, la générosité, l'intelligence... Personne, même le destin, ne s'attaque d'un cœur léger à la passion... Et même si elle avait lieu, tant pis !

HÉLÈNE : Ce ne serait sans doute pas la même guerre ?

ANDROMAQUE : Oh ! non, Hélène ! Vous sentez bien ce qu'elle sera, cette lutte. Le sort ne prend pas tant de précautions pour un combat vulgaire. Il veut construire l'avenir sur elle, l'avenir de nos races, de nos peuples, de nos raisonnements. Et que nos idées et notre avenir soient fondés sur l'histoire d'une femme et d'un homme qui s'aimaient, ce n'est pas si mal. Mais il ne voit pas que vous n'êtes qu'un couple officiel [1]... Penser que nous allons souffrir, mourir, pour un couple officiel, que la splendeur ou le malheur des âges, que les habitudes des cerveaux et des siècles vont se fonder sur l'aventure de deux êtres qui ne s'aimaient pas, c'est là l'horreur [2].

HÉLÈNE : Si tous croient que nous nous aimons, cela revient au même.

ANDROMAQUE : Ils ne le croient pas. Mais aucun n'avouera qu'il ne le croit pas. Aux approches de la guerre, tous les êtres sécrètent une nouvelle sueur, tous les événements revêtent un nouveau vernis, qui est le mensonge. Tous mentent [3]. Nos vieillards n'adorent pas la beauté [4], ils s'adorent eux-mêmes, ils adorent la laideur. Et l'indignation des Grecs est un mensonge. Dieu sait s'ils se moquent de ce que vous pouvez faire avec Pâris, les Grecs ! Et leurs bateaux qui accostent là-bas dans les banderoles et les hymnes, c'est un mensonge de la mer. Et la vie de mon fils, et la vie d'Hector vont se jouer sur l'hypocrisie et le simulacre, c'est épouvantable !

HÉLÈNE : Alors ?

ANDROMAQUE : Alors je vous en supplie, Hélène. Vous me voyez là pressée contre vous comme si je vous suppliais de m'aimer. Aimez Pâris ! Ou dites-moi que je me trompe ! Dites-moi que vous vous tuerez s'il mourait ! Que vous accepterez qu'on vous défigure pour qu'il vive !... Alors la guerre ne sera plus qu'un fléau, pas une injustice. J'essaierai de la supporter.

La Guerre de Troie n'aura pas lieu, II, 8 (Grasset, éditeur).

— 1 Dans *Sodome et Gomorrhe*, Lia préférera être anéantie avec toute sa cité par le feu du ciel, plutôt que de poser au « couple officiel » avec un mari qu'elle n'aime plus. — 2 Il apparaît, dans l'*Iliade*, qu'Hélène a cessé d'aimer Pâris : tel est sans doute le point de départ de ces réflexions amères qui renouvellent, en le dépassant, le mythe antique. — 3 Comme beaucoup de combattants de 14, Giraudoux tient le *mensonge* pour l'un des maux les plus odieux qu'entraîne la guerre. — 4 Prétendant vénérer en Hélène *la beauté incarnée* (comme dans l'*Iliade*), les vieillards se refusent à la rendre aux Grecs s'opposant ainsi à la volonté de paix d'Hector.

Hector et Ulysse pourront-ils « déjouer la guerre » ?

Une flotte grecque se présente devant Troie : Hector accueillera Ulysse qui la commande et lui remettra Hélène. Mais un soudard grec à moitié ivre, Oiax, insulte Hector et le gifle sous les yeux d'Andromaque ; le Troyen reste impassible : « Vous n'aurez pas la guerre ».

Voilà les deux chefs face à face ; ce « combat d'où sortira ou ne sortira pas la guerre » a commencé par une *« pesée »* des deux êtres et des deux peuples. Hector « pèse un homme jeune, une femme jeune, un enfant à naître [...], la joie de vivre, la confiance de vivre » ; Ulysse « pèse l'homme adulte, la femme de trente ans », un fils qui grandit, « la volupté de vivre et la méfiance de la vie ». La balance va-t-elle pencher ? Hector espère toujours, mais Ulysse évoque ces rencontres de chefs d'État qui se comprennent, sympathisent... et ne peuvent empêcher la guerre d'éclater entre leurs peuples. A l'entendre, la guerre est *inévitable*, la décision ne dépend plus des hommes. Et pourtant il va *tenter l'impossible*.

HECTOR : C'est une conversation d'ennemis que nous avons là ?

ULYSSE : C'est un duo avant l'orchestre. C'est le duo des récitants avant la guerre. Parce que nous avons été créés justes et courtois, nous nous parlons, une heure avant la guerre, comme nous nous parlerons longtemps après, en anciens combattants. Nous nous réconcilions avant la lutte même, c'est toujours cela. Peut-être d'ailleurs avons-nous tort. Si l'un de nous doit un jour tuer l'autre et arracher pour reconnaître sa victime la visière de son casque, il vaudrait peut-être mieux qu'il ne lui donnât pas un visage de frère [1]... Mais l'univers le sait, nous allons nous battre.

HECTOR : L'univers peut se tromper. C'est à cela qu'on reconnaît l'erreur, elle 10 est universelle.

ULYSSE : Espérons-le. Mais quand le destin, depuis des années, a surélevé deux peuples, quand il leur a ouvert le même avenir d'invention et d'omnipotence, quand il a fait de chacun, comme nous l'étions tout à l'heure sur la bascule, un poids précieux et différent pour peser le plaisir, la conscience et jusqu'à la nature, quand par leurs architectes, leurs poètes, leurs teinturiers, il leur a donné à chacun un royaume opposé de volumes, de sons et de nuances, quand il leur a fait inventer le toit en charpente troyen et la voûte thébaine, le rouge phrygien et l'indigo grec, l'univers sait bien qu'il n'entend pas préparer ainsi aux hommes deux chemins de couleur et d'épanouissement, mais se ménager son festival, le 20 déchaînement de cette brutalité et de cette folie humaines qui seules rassurent les dieux. C'est de la petite politique, j'en conviens. Mais nous sommes Chefs d'État, nous pouvons bien entre nous deux le dire : c'est couramment celle du Destin.

HECTOR : Et c'est Troie et c'est la Grèce qu'il a choisies cette fois [2] ?

ULYSSE : Ce matin j'en doutais encore. J'ai posé le pied sur votre estacade, et j'en suis sûr.   HECTOR : Vous vous êtes senti sur un sol ennemi ?

ULYSSE : Pourquoi toujours revenir à ce mot ennemi ! Faut-il vous le redire ? Ce ne sont pas les ennemis naturels qui se battent. Il est des peuples que tout désigne pour une guerre, leur peau, leur langue et leur odeur, ils se jalousent, ils se haïssent, ils ne peuvent pas se sentir... Ceux-là ne se battent jamais. Ceux 30

— 1 Voici comment Hector en est venu à haïr la guerre : c'était « au moment où, penché sur un adversaire de mon âge, j'allais l'achever. Auparavant ceux que j'allais tuer me semblaient le | contraire de moi-même. Cette fois j'étais agenouillé sur un miroir. Cette mort que j'allais donner, c'était un petit suicide. » (I, 3). — 2 On pense ici au « couple » France-Allemagne.

qui se battent, ce sont ceux que le sort a lustrés et préparés pour une même guerre : ce sont les adversaires.

HECTOR : Et nous sommes prêts pour la guerre grecque ?

ULYSSE : A un point incroyable. Comme la nature munit les insectes dont elle prévoit la lutte, de faiblesses et d'armes qui se correspondent, à distance, sans que nous nous connaissions, sans que nous nous en doutions, nous nous sommes élevés tous deux au niveau de notre guerre. Tout correspond de nos armes et de nos habitudes comme des roues à pignon. Et le regard de vos femmes, et le teint de vos filles sont les seuls qui ne suscitent en nous ni la brutalité, ni le désir, mais cette angoisse du cœur et de la joie qui est l'horizon de la guerre. Frontons et leurs soutaches d'ombre et de feu, hennissements des chevaux, péplums disparaissant à l'angle d'une colonnade, le sort a tout passé chez vous à cette couleur d'orage qui m'impose pour la première fois le relief de l'avenir [3]. Il n'y a rien à faire. Vous êtes dans la lumière de la guerre grecque.

HECTOR : Et c'est ce que pensent aussi les autres Grecs ?

ULYSSE : Ce qu'ils pensent n'est pas plus rassurant. Les autres Grecs pensent que Troie est riche, ses entrepôts magnifiques, sa banlieue fertile. Ils pensent qu'ils sont à l'étroit sur du roc. L'or de vos temples, celui de vos blés et de votre colza, ont fait à chacun de nos navires, de vos promontoires, un signe qu'il n'oublie pas. Il n'est pas très prudent d'avoir des dieux et des légumes trop dorés [4].

HECTOR : Voilà enfin une parole franche... La Grèce en nous s'est choisi une proie. Pourquoi alors une déclaration de guerre ? Il était plus simple de profiter de mon absence pour bondir sur Troie. Vous l'auriez eue sans coup férir.

ULYSSE : Il est une espèce de consentement à la guerre que donne seulement l'atmosphère, l'acoustique et l'humeur du monde. Il serait dément d'entreprendre une guerre sans l'avoir. Nous ne l'avions pas.

HECTOR : Vous l'avez maintenant !   ULYSSE : Je crois que nous l'avons.

D'après Ulysse, il ne faut chercher ni justice ni morale *dans les arrêts du destin : ils obéissent seulement à une logique* absurde *aux yeux des hommes, et* implacable. *Les peuples ne se perdent pas par des crimes, mais par des* fautes, *et les Troyens ont commis une faute en enlevant Hélène, car* « *elle est une des rares créatures que le destin met en circulation sur la terre pour son usage personnel* ».

HECTOR : Eh bien, le sort en est jeté, Ulysse ! Va pour la guerre ! A mesure que j'ai plus de haine pour elle, il me vient d'ailleurs un désir plus incoercible de tuer [5]... Partez, puisque vous me refusez votre aide...

ULYSSE : Comprenez-moi, Hector !... Mon aide vous est acquise. Ne m'en veuillez pas d'interpréter le sort. J'ai voulu seulement lire dans ces grandes lignes que sont, sur l'univers, les voies des caravanes, les chemins des navires, le tracé des grues volantes et des races. Donnez-moi votre main. Elle aussi a ses lignes. Mais ne cherchons pas si leur leçon est la même. Admettons que les trois petites rides au fond de la main d'Hector disent le contraire de ce qu'assurent les fleuves, les vols et les sillages. Je suis curieux de nature, et je n'ai pas peur. Je veux bien aller contre le sort. J'accepte Hélène. Je la rendrai à Ménélas. Je possède beaucoup plus d'éloquence qu'il n'en faut pour faire croire un mari à la vertu de sa femme. J'amènerai même Hélène à y croire elle-même. Et je pars à l'instant, pour éviter

---

— 3 De même, Hélène *voit* l'incendie de Troie et « le groupe Andromaque pleurant sur le corps d'Hector », mais elle ne *voit* pas la paix (I, 9). — 4 Après les signes du destin, le mobile humain : la convoitise. — 5 Ceci annonce tragiquement la suite (cf. Analyse, p. 409).

toute surprise. Une fois au navire, peut-être risquons-nous de déjouer la guerre.

HECTOR : Est-ce là la ruse d'Ulysse, ou sa grandeur ?

ULYSSE : Je ruse en ce moment contre le destin, non contre vous. C'est mon premier essai et j'y ai plus de mérite. Je suis sincère, Hector... Si je voulais la guerre, je ne vous demanderais pas Hélène, mais une rançon qui vous est plus chère [6]... Je pars... Mais je ne peux me défendre de l'impression qu'il est bien long, le chemin qui va de cette place à mon navire.

HECTOR : Ma garde vous escorte.

ULYSSE : Il est long comme le parcours officiel des rois en visite quand l'attentat menace [7]... Où se cachent les conjurés ? Heureux nous sommes, si ce n'est pas 80 dans le ciel même... Et le chemin d'ici à ce coin du palais est long... Et long mon premier pas... Comment va-t-il se faire, mon premier pas, entre tous ces périls... Vais-je glisser et me tuer ?... Une corniche va-t-elle s'effondrer sur moi de cet angle ? Tout est maçonnerie neuve ici, et j'attends la pierre croulante... Du courage... Allons-y. *(Il fait un premier pas.)*

HECTOR : Merci, Ulysse.

ULYSSE : Le premier pas va... Il en reste combien ?

HECTOR : Quatre cent soixante.

ULYSSE : Au second ! Vous savez ce qui me décide à partir, Hector...

HECTOR : Je le sais. La noblesse. 90

ULYSSE : Pas précisément... Andromaque a le même battement de cils que Pénélope [8].

La Guerre de Troie n'aura pas lieu, II, 13 (Grasset, éditeur).

A chaque pas d'Ulysse, l'espoir grandit. Mais Oiax, de plus en plus ivre, insulte Andromaque ; Hector, violemment tenté de l'abattre, parvient à retenir son bras, et Oiax se retire. Alors paraît Démokos qui appelle les Troyens aux armes : pour le faire taire, Hector, à bout de patience (cf. p. 408, l. 59), le frappe de ce javelot qui avait épargné le Grec. Avant d'expirer, Démokos clame que c'est Oiax qui l'a tué : les Troyens se jettent sur Oiax... « Voilà... Ils tiennent Oiax... Voilà. Ils l'ont tué !» Le destin l'emporte : la guerre aura lieu.

Électre va-t-elle « se déclarer » ?

Dans la première scène d'*Électre*, trois étranges fillettes, qui prononcent des paroles sibyllines, s'entretiennent avec un Jardinier et un Étranger en qui nous reconnaîtrons plus tard Oreste revenu d'exil. « Elles prétendent s'appeler les petites Euménides » et grandissent à vue d'œil, à mesure que se précipite le destin d'Oreste. Puis nous apprenons qu'ÉGISTHE veut donner pour femme au Jardinier [1] ÉLECTRE fille d'Agamemnon mort depuis longtemps dans des circonstances mystérieuses. Singulière union, qui inquiète le PRÉSIDENT, parent du JARDINIER, car il soupçonne Électre d'être « une femme à histoires ». Soudain un MENDIANT, qui semblait jusque là parler à tort et à travers, intervient avec une franchise brutale et une étonnante lucidité. Si ce n'est pas un dieu, quel don de *perspicacité*, ou plutôt de *voyance* ! (Cf. Analyse, p. 412).

LE MENDIANT : On va la voir ?

ÉGISTHE : Voir qui ?

LE MENDIANT : Électre... Je voudrais bien la voir avant qu'on la tue.

— 6 Cette *rançon* serait évidemment Andromaque. — 7 La pièce date de 1935 : en 1934 le roi Alexandre de Yougoslavie avait été assassiné à Marseille. — 8 Ainsi c'est peut-être un détail infime qui a décidé Ulysse à choisir la

paix. Réflexion amère et pathétique à la fois : telles sont les armes de l'homme dans sa lutte contre les forces aveugles.

— 1 Cf. la tragédie d'Euripide, où Electre est unie, par un mariage blanc, à un *laboureur*.

ÉGISTHE : Tuer Électre ? Qui parle de tuer Électre ?

LE MENDIANT : Vous.

LE PRÉSIDENT : Jamais il n'a été question de tuer Électre !

LE MENDIANT : Moi, j'ai une qualité. Je ne comprends pas les paroles des gens. Je n'ai pas d'instruction. Je comprends les gens... Vous voulez tuer Électre.

LE PRÉSIDENT : Vous ne comprenez pas du tout, inconnu. Cet homme est Égisthe, le cousin d'Agammennon, et Électre est sa nièce chérie.

LE MENDIANT : Est-ce qu'il y a deux Électre ? Celle dont il a parlé, qui va tout gâter, et une seconde, qui est sa nièce chérie ?

LE PRÉSIDENT : Non ! il n'y en a qu'une.

LE MENDIANT : Alors, il veut la tuer ! Il n'y a aucun doute. Il veut tuer sa nièce chérie.

LE PRÉSIDENT : Je vous assure que vous ne comprenez pas !

LE MENDIANT : Moi, je roule beaucoup. Je connaissais une famille Narsès... Elle, bien mieux que lui... Elle était malade, elle avalait de l'air... Mais bien mieux que lui... Aucune comparaison.

LE JARDINIER : Il a bu, c'est un mendiant.

LE PRÉSIDENT : Il rabâche, c'est un dieu.

LE MENDIANT : Non. C'est pour vous dire qu'on leur avait donné une petite louve. C'était leur petite louve chérie. Mais un jour, à midi, les petites louves, tout à coup, deviennent de grandes louves... Ils n'ont pas su prévoir le jour... A midi moins deux, elle les caressait. A midi une, elle les étranglait. [...]

« Où est le rapport ? » *demandent Égisthe, puis le Président, au mendiant qui bavarde comme un ivrogne. Mais soudain il va répondre.*

LE MENDIANT : Le voilà, le rapport. Si donc cet homme se méfie de sa nièce, s'il sait qu'un de ces jours, tout à coup, elle va faire son signal, comme il dit [2], elle va commencer à mordre et à mettre la ville sens dessus dessous, et monter le prix du beurre, et faire arriver la guerre, et cœtera, il n'a pas à hésiter. Il doit la tuer raide avant qu'elle se déclare... Quand se déclare-t-elle ?

LE PRÉSIDENT : Comment ?

LE MENDIANT : Quel jour, à quelle heure se déclare-t-elle ? Quel jour devient-elle louve ? Quel jour devient-elle Électre ?

LE PRÉSIDENT : Mais rien ne dit qu'elle deviendra louve.

LE MENDIANT, *désignant Égisthe :* Si ! Lui le pense. Lui le dit.

LE JARDINIER : Électre est la plus douce des femmes.

LE MENDIANT : La louve Narsès était la plus douce des louves.

LE PRÉSIDENT : Cela ne signifie rien, votre mot « se déclarer » !

LE MENDIANT : Il ne signifie rien, mon mot se déclarer ? Qu'est-ce que vous comprenez, alors, dans la vie ! Le vingt-neuf de mai, quand vous voyez tout à coup les guérets grouillant de mille petites boules jaunes, rouges et vertes, qui voltigent, qui piaillent, qui se disputent chaque ouate de chardon et qui ne se trompent pas, et qui ne volent pas après la bourre du pissenlit, il ne se déclare pas, le chardonneret ? Et le quatorze de juin, quand, dans les coudes de rivière, vous voyez sans vent et sans courant deux roseaux remuer, toujours les mêmes, remuer sans arrêt jusqu'au quinze de juin, — et sans bulle, comme pour la

---

— 2 Égisthe a dit, un peu plus haut : « Dans la cité, j'ai mené une guerre sans merci à ceux qui *faisaient signe aux dieux* », puis : « Et je ne monte pas mes supplices en évidence... moi je crucifie au fond des vallées » (cf. l. 53-55).

tanche et la carpe —, il ne se déclare pas, le brochet ? Et ils ne se déclarent pas, les juges comme vous, le jour de leur première condamnation à mort, au moment où le condamné sort, la tête distraite, quand ils sentent passer le goût du sang sur leurs lèvres. Tout se déclare, dans la nature ! Jusqu'au roi. Et même la question, 50 aujourd'hui, si vous voulez m'en croire, est de savoir si le roi se déclarera dans Égisthe avant qu'Électre ne se déclare dans Électre. Il faut donc qu'il sache le jour où cela arrivera pour la petite, afin de pouvoir la tuer la veille, au fond d'une vallée, comme il dit, ou au fond de la plus petite vallée, c'est le plus commode et le moins visible, dans sa baignoire ³...

Électre, I, 3 (Grasset, éditeur).

ÉLECTRE OU LA JUSTICE IMPLACABLE

ÉLECTRE *hait sa mère ;* sans *savoir* que Clytemnestre a assassiné Agamemnon avec l'aide d'Égisthe son amant, elle le *sent*. Elle armera donc le bras d'Oreste. Mais ÉGISTHE « se déclare » à son tour : dans un danger pressant qui menace Argos, voici que se révèle en lui l'âme d'un grand roi. Qu'Électre lui laisse du moins un jour pour sauver la cité, demain le coupable « avouera publiquement son crime. Il fixera lui-même son châtiment. » Mais la *justice absolue*, incarnée par Électre, ne transige pas et ne saurait attendre... Cette métamorphose d'Égisthe, *imaginée par Giraudoux*, déplace et renouvelle le *tragique* du dénouement. Et il ne s'agit pas seulement d'un débat d'idées : le tragique pénètre *au cœur même de l'homme*. Comme Phèdre aime en Hippolyte cette *pureté* qui le sépare d'elle à jamais, de même, n'est-ce pas *à Électre* qu'Égisthe, ainsi transformé, doit ce sens de la grandeur ? — à Électre par qui il va périr et qu'il appellera en mourant, dans un grand cri *d'amour.*

ÉGISTHE : Et cette justice qui te fait brûler ta ville, condamner ta race, tu oses dire qu'elle est la justice des dieux ?
ÉLECTRE : Je m'en garde. Dans ce pays qui est le mien on ne s'en remet pas aux dieux du soin de la justice. Les dieux ne sont que des artistes. Une belle lueur sur un incendie, un beau gazon sur un champ de bataille, voilà pour eux la justice. Un splendide repentir sur un crime, voilà le verdict que les dieux avaient rendu dans votre cas. Je ne l'accepte pas.
ÉGISTHE : La justice d'Électre consiste à ressasser toute faute, à rendre tout acte irréparable ?
ÉLECTRE : Oh ! non ! Il est des années où le gel est la justice pour les 10 arbres, et d'autres l'injustice. Il est des forçats que l'on aime, des assassins que l'on caresse. Mais quand le crime porte atteinte à la dignité humaine, infeste un peuple, pourrit sa loyauté, il n'est pas de pardon.
ÉGISTHE : Sais-tu même ce qu'est un peuple, Électre !
ÉLECTRE : Quand vous voyez un immense visage emplir l'horizon et vous regarder bien en face, d'yeux intrépides et purs, c'est cela un peuple.

— 3 Allusion à l'assassinat d'Agamemnon, par Égisthe et Clytemnestre, dans la *piscine* du | palais. Le Mendiant ajoutera : « C'est assez facile à tuer, une femme de jardinier. Beaucoup plus facile qu'une princesse en son palais ».

ÉGISTHE : Tu parles en jeune fille, non en roi. C'est un immense corps
à régir, à nourrir.

ÉLECTRE : Je parle en femme. C'est un regard étincelant, à filtrer, à dorer.
Mais il n'a qu'un phosphore, la vérité. C'est ce qu'il y a de si beau, quand
vous pensez aux vrais peuples du monde, ces énormes prunelles de vérité.

ÉGISTHE : Il est des vérités qui peuvent tuer un peuple, Électre.

ÉLECTRE : Il est des regards de peuple mort qui pour toujours étincellent.
Plût au Ciel que ce fût le sort d'Argos ! Mais, depuis la mort de mon père,
depuis que le bonheur de notre ville est fondé sur l'injustice et le forfait,
depuis que chacun, par lâcheté, s'y est fait le complice du meurtre et du
mensonge, elle peut être prospère, elle peut chanter, danser et vaincre,
le ciel peut éclater sur elle, c'est une cave où les yeux sont inutiles. Les
enfants qui naissent sucent le sein en aveugles.

ÉGISTHE : Un scandale ne peut que l'achever.

ÉLECTRE : C'est possible. Mais je ne veux plus voir ce regard terne et
veule dans son œil.

ÉGISTHE : Cela va coûter des milliers d'yeux glacés, de prunelles éteintes.

ÉLECTRE : C'est le prix courant. Ce n'est pas trop cher.

ÉGISTHE : Il me faut cette journée. Donne-la moi. Ta vérité, si elle l'est,
trouvera toujours le moyen d'éclater un jour mieux fait pour elle.

ÉLECTRE : L'émeute [1] est le jour fait pour elle.

ÉGISTHE : Je t'en supplie. Attends demain.

ÉLECTRE : Non. C'est aujourd'hui son jour. J'ai déjà trop vu de vérités
se flétrir parce qu'elles ont tardé une seconde. Je les connais, les jeunes
filles qui ont tardé une seconde à dire non à ce qui était laid, non à ce qui
était vil, et qui n'ont plus su leur répondre ensuite que par oui et par oui [2].
C'est là ce qui est si beau et si dur dans la vérité, elle est éternelle mais
ce n'est qu'un éclair.

ÉGISTHE : J'ai à sauver la ville, la Grèce.

ÉLECTRE : C'est un petit devoir. Je sauve leur regard... Vous l'avez
assassiné, n'est-ce pas ?   *Électre*, II, 8 (Grasset, éditeur).

---

*Hors d'elle, Clytemnestre finit par avouer sa haine pour Agamemnon. Comment ils l'ont
assassiné, nous l'apprenons à la scène suivante, par le Mendiant qui voit aussi, à mesure
qu'elle se déroule loin de nos yeux, l'exécution des assassins. Oreste frappe d'abord Clytemnestre ;
s'accrochant au bras droit d'Égisthe, celle-ci, symboliquement, le paralyse et le livre sans
défense aux coups d'Oreste. Égisthe ne résiste plus, mais secoue son bras, dans un vain effort
pour se débarrasser de sa complice et de son crime ; il meurt en criant le nom d'Électre.
« Le palais brûle »... « La ville meurt »... Oreste est voué aux Euménides qui « ne le lâcheront
plus, jusqu'à ce qu'il délire et se tue, maudissant sa sœur ». Chaque fois Électre répète, comme
hallucinée : « J'ai la justice. J'ai tout ». Enfin, à la femme Narsès qui demande comment
cela s'appelle quand « tout est saccagé, et que l'air pourtant se respire, et qu'on a tout perdu, [...]
que les innocents s'entretuent, mais que les coupables agonisent, dans un coin du jour qui se
lève », le Mendiant répond : « Cela a un très beau nom, femme Narsès. Cela s'appelle l'aurore. »*

— 1 Les Corinthiens, qui attaquent Argos, | gronde. — 2 Cf. l'intransigeance des héroïnes
ont des complices dans la ville où l'émeute | d'Anouilh (Antigone, la Sauvage, p. 567 et 563).

LE ROMAN DE 1919 A 1939

La tradition   Ç'est à une longue et ancienne tradition que se rattache
du roman-fleuve   le « roman-fleuve » (ou roman cyclique) du XXᵉ siècle.
                   Qu'il suffise de rappeler l'étendue des romans précieux
du XVIIᵉ siècle ; plus près de nous, Balzac devait progressivement découvrir qu'une
sorte de loi acheminait le roman à s'organiser en épisodes successifs ou simultanés, avec
retour cyclique des personnages, et ainsi naquit, comme on sait, *La Comédie humaine*.
    Enfin, la continuité de cette tradition s'affirme, au début du XXᵉ siècle, avec le *Jean-Christophe* de Romain Rolland (cf. p. 106).

Vérité sociale   Depuis Balzac, le réalisme romanesque tend à souligner
et accents épiques   les affinités du roman avec *l'histoire* des individus et des
                      sociétés, ce qui n'exclut nullement une tendance à faire
du roman l'équivalent moderne de *l'épopée*. Ainsi les années 1920-1940, particulièrement
fécondes, ont vu paraître des œuvres qui, par-delà les différences de tempérament et
d'intentions, présentent certains traits communs : tout d'abord *une forme*, celle du roman
cyclique ; ensuite une *signification*, englobant, dans les méandres du « fleuve », l'analyse
psychologique des caractères, la grande fresque historique et sociale, et le symbolisme
moral ou philosophique. Le roman reste donc *réaliste* dans la mesure où il se fonde sur
une documentation détaillée et se préoccupe de faire vivre la réalité sociale d'une époque,
mais il *déborde* aussi ce *réalisme*, soit en s'élevant jusqu'à l'amplification épique, soit en
suggérant une véritable interprétation philosophique de l'histoire individuelle et collective.
    Trois grandes « séries » romanesques dominent à cet égard la production de 1920-1940 :
Les Thibault de ROGER MARTIN DU GARD, *La Chronique des Pasquier* de GEORGES DUHAMEL
et *Les Hommes de Bonne Volonté* de JULES ROMAINS, œuvres qui témoignent de la vitalité
du genre. Cette vitalité s'est maintenue grâce à Charles Plisnier (1896-1952), avec les
cycles de *Mariages*, de *Meurtres* et de *Mères*, Philippe Hériat (né en 1898), avec la « geste »
de *La Famille Boussardel*, ou Henri Troyat (né en 1911), avec *Les Semailles et les Moissons*,
La Lumière des Justes, *Les Eygletière* et *Les Héritiers de l'Avenir*.

ROGER MARTIN DU GARD

Formation   Né en 1881, ROGER MARTIN DU GARD sentit, dès
et carrière   l'adolescence, naître en lui la vocation d'écrivain. Au
                 cours d'études banales, il découvre les séductions de la
littérature lorsqu'en 1896 sa famille le confie à un professeur, Louis Mellerio, qui lui
apprend que l'écrivain doit être un constructeur : et sans doute faut-il voir là le point de
départ de cette esthétique architecturale qui caractérise son œuvre. Un peu plus tard, il
découvre le roman russe et en particulier *Guerre et Paix* de Tolstoï ; cette influence sera
sur lui déterminante. Enfin, en attendant de pouvoir réaliser ses ambitions littéraires,
il entre, en 1899, à l'École des Chartes, et il devra aux études qu'il y poursuit la précision
minutieuse et scientifique de sa documentation et de ses descriptions.
    A la veille de la guerre de 1914 paraît son premier livre important, *Jean Barois* (1913).
Après la guerre, il se lie avec André Gide et avec Jacques Copeau ; il est tenté un instant
par le théâtre, mais, en 1920, il conçoit le plan détaillé d'un vaste roman cyclique qui
s'intitulera LES THIBAULT : il y consacre désormais l'essentiel de son temps, et, même,
pour mieux y travailler, se retire de Paris pour vivre, pendant la plus grande partie de
l'année, dans sa propriété du Tertre en Normandie. La publication des *Thibault* en est
à son avant-dernier volume en 1937, année où Martin du Gard reçoit la consécration
du Prix Nobel de Littérature. Pendant la guerre de 1939-1945, il vit principalement à
Nice et prépare un roman qui restera inachevé, les *Souvenirs du Colonel de Maumort*. Ses
dernières années seront assombries par la maladie qui l'emportera en 1958.

L'authentique   Cette œuvre est avant tout une *œuvre de conscience*, vouée à la recherche de ce que l'auteur appelle *l'authentique*. « Secrétaire » de lui-même et archiviste de son temps, il conçoit le roman, sous sa forme cyclique, comme un moyen d'extraire, du chaos de la réalité psychologique et sociale, les *thèmes* majeurs qui l'expliquent et l'animent : Martin du Gard est peut-être, de tous les romanciers du XXe siècle, celui qui a le plus cherché à rapprocher le roman de l'histoire, dans ses aspects à la fois analytiques et synthétiques.

Une somme   C'est dans *Les Thibault* que l'auteur a pleinement **romanesque**   réalisé sa volonté : une famille, des individus nettement typés, des milieux sociaux divers peints avec une rigueur exemplaire, la présence aussi du romancier à travers les obsessions et les inquiétudes de ses personnages, tout cela transforme le roman en une *somme*, selon le modèle du roman tolstoïen. Martin du Gard y apparaît surtout comme *un historien moraliste* qui tient le journal d'une génération (celle qui avait trente ans en 1914), mais aussi son propre journal, avec le retour de ses grands thèmes de méditation : le destin, la justice, le dialogue de l'esprit et du cœur, et enfin, le mystère de la mort. Car Martin du Gard n'a pu trouver dans son agnosticisme aucune sérénité, aucun réconfort : au cœur de son œuvre vibre, avec pudeur et discrétion, mais avec une intensité d'autant plus dramatique, la hantise du néant et de la vanité universelle.

Ainsi l'imbrication réciproque du destin collectif et des destins individuels donne au roman cyclique son ossature essentielle : le style relève de l'objectivité la plus positive, mais la sensibilité se fait jour à chaque instant. Et c'est ce *contrepoint d'objectivité historique et de sensibilité contenue* qui confère à cette somme romanesque son épaisseur et sa densité, en assurant l'unité d'un ensemble monumental de huit volumes : *Le Cahier gris* (1922), *Le Pénitencier* (1922), *La Belle Saison* (1923), *La Consultation* (1928), *La Sorellina* (1928), *La Mort du Père* (1929), *L'Été 14* (1936), *Épilogue* (1940).

LES THIBAULT   Le Cahier gris *introduit les personnages principaux du roman :* Antoine *l'aîné, interne des hôpitaux et* Jacques*, quatorze ans, qui est déjà en révolte contre son milieu et fait une fugue en compagnie de son ami Daniel de Fontanin. Le Pénitencier, c'est la « maison de redressement » fondée par le Père Thibault, où il enferme son fils malgré l'insistance d'Antoine. Cinq ans après, dans* La Belle Saison, Jacques *fait l'expérience de l'amitié et de l'amour, tandis qu'Antoine commence de s'engager dans une carrière médicale, devenue particulièrement brillante et absorbante, trois ans plus tard, au moment où commence* La Consultation.

Découverte de la charité

Antoine Thibault *est tout entier occupé par l'exercice de sa profession et c'est à peine si, tout en se penchant sur elle avec passion, il est vraiment en contact avec la misère humaine qu'il a entrepris de soigner et de guérir. Aussi l'épisode que voici introduit-il dans sa vie une sorte de rupture, car, au-delà de la conscience professionnelle, Antoine découvre, presque contre son gré,* la valeur de l'amitié et de la charité.

Midi et demie, rue de l'Université [1]. Antoine sauta du taxi et s'engouffra sous la voûte. « Lundi : mon jour de consultation », songea-t-il.

— « Bonjour, M'sieur. »

Il se retourna : deux gamins semblaient s'être mis à l'abri du vent dans l'encoignure. Le plus grand avait retiré sa casquette, et dressait vers Antoine sa tête de moineau, ronde et mobile, son regard hardi. Antoine s'arrêta.

— 1 Antoine, grand bourgeois, habite le Faubourg Saint-Germain.

— « C'est pour voir si vous ne voudriez pas donner un remède à... à lui, qui est malade. »

Antoine s'approcha de « lui », resté à l'écart.

o — « Qu'est-ce que tu as, petit ? »

Le courant d'air, soulevant sa pèlerine, découvrit un bras en écharpe.

— « C'est rien », reprit l'aîné avec assurance. « Pas même un accident du travail. Pourtant, c'est à son imprimerie qu'il a attrapé ce sale bouton-là. Ça le tire jusque dans l'épaule. »

Antoine était pressé : « De la température ? — Plaît-il ?

— A-t-il de la fièvre ? — Oui, ça doit être ça », fit l'aîné, balançant la tête, et scrutant d'un œil soucieux le visage d'Antoine.

— « Il faut dire à tes parents de le conduire, pour la consultation de deux heures, à la Charité ; le grand hôpital, à gauche, tu sais ? »

o Une contraction, vite réprimée, du petit visage trahit la déception de l'enfant. Il eut un demi-sourire engageant : « Je pensais que vous auriez bien voulu... ».

Mais il se reprit aussitôt, et, sur le ton de quelqu'un qui sait depuis longtemps prendre son parti devant l'inévitable :

— « Ça ne fait rien, on s'arrangera. Merci, M'sieur. Viens, Loulou. »

Il sourit sans arrière-pensée [2], agita gentiment sa casquette, et fit un pas vers la rue.

Antoine, intrigué, hésita une seconde : « Vous m'attendiez ? — Oui, M'sieur. »

— « Qui vous a... ? » Il ouvrit la porte qui menait à l'escalier. « Entrez là, ne restez pas dans le courant d'air. Qui vous a envoyés ici ? »

o — « Personne. » La frimousse de l'enfant s'éclaira. « Je vous connais bien, allez ! C'est moi, le petit clerc de l'étude... L'étude, au fond de la cour ! »

Antoine se trouvait à côté du malade et lui avait machinalement pris la main. Le contact d'une paume moite, d'un poignet brûlant, suscitait toujours en lui un émoi involontaire.

— « Où habitent tes parents, petit ? »

Le cadet tourna vers l'aîné son regard las : « Robert ! »

Robert intervint : « On n'en a pas, M'sieur. » Puis, après une courte pause : « On loge rue de Verneuil. — Ni père, ni mère ? — Non. — Des grands-parents, alors ? — Non, M'sieur. »

o La figure du gamin était sérieuse ; le regard franc ; aucun désir d'apitoyer ni même d'intriguer ; aucune menace de mélancolie non plus. C'était l'étonnement d'Antoine qui pouvait sembler puéril.

« Quel âge as-tu ? — Quinze ans. — Et lui ? — Treize ans et demi. »

« Le diable les emporte ! » se dit Antoine. « Une heure moins le quart, déjà ! Téléphoner à Philip [3]. Déjeuner. Monter là-haut. Et retourner au faubourg Saint-Honoré avant ma consultation... C'est bien le jour !... »

— « Allons », fit-il brusquement, « viens me montrer ça. » Et, pour ne pas avoir à répondre au regard radieux, nullement surpris d'ailleurs, de Robert, il passa devant, tira sa clef, ouvrit la porte de son rez-de-chaussée, et poussa les

ɔ deux gamins à travers l'antichambre jusqu'à son cabinet...

Un bras malingre sous les linges à peu près propres. Au-dessus du poignet, un phlegmon superficiel, bien circonscrit, semble déjà collecté [4]. Antoine, qui

---

— 2 Noter la valeur psychologique de ces | son confrère et son ami. — 4 Se dit d'un abcès où sourires successifs. — 3 Maître d'Antoine, devenu | le pus s'est accumulé en un point de fixation.

ne songe plus à l'heure, pose l'index sur l'abcès ; puis, avec deux doigts de l'autre main, il fait mollement pression sur un autre point de la tumeur. Bon : il a nettement senti sous son index le déplacement du liquide.

— « Et là, ça te fait mal ? » Il palpe l'avant-bras gonflé, puis le bras jusqu'aux ganglions enflammés de l'aisselle.

— « Pas très... » murmure le petit, qui s'est raidi et ne quitte pas son aîné des yeux.

60 — « Si », fait Antoine, d'un ton bourru. « Mais je vois que tu es un bonhomme courageux. » Il plante son regard dans le regard troublé de l'enfant : l'étincelle d'un contact, une confiance qui semble hésiter, puis jaillir vers lui. Alors seulement il sourit. L'enfant aussitôt baisse la tête ; Antoine lui caresse la joue et doucement relève le menton, qui résiste un peu.

— « Écoute. Nous allons faire une légère incision là-dedans, et, dans une demi-heure, ça ira beaucoup mieux... Tu veux bien ?... Suis-moi par ici. »

Le petit, subjugué, fait bravement quelques pas ; mais, dès qu'Antoine ne le regarde plus, son courage vacille : il tourne vers son frère un visage qui appelle au secours : « Robert... Viens aussi, toi ! »

70 La pièce voisine — carreaux de faïence, linoléum, autoclave, table émaillée sous un réflecteur — servait au besoin pour de petites opérations...

Quelques minutes plus tard, le phlegmon était franchement incisé.

— « Encore un peu de courage... Là... Encore... Ça y est ! » fit Antoine, reculant d'un pas. Mais le petit, devenu blanc, défaillait à demi dans les bras raidis de son frère.

— « Allô, Léon ! » cria gaiement Antoine. « Un peu de cognac pour ces gaillards-là ! » Il trempa deux morceaux de sucre dans un doigt d'eau-de-vie. « Croque-moi ça. Et toi aussi. » Il se pencha vers l'opéré : « Ça n'est pas trop fort ? — C'est bon », murmura l'enfant qui parvint à sourire.

80 — « Donne ton bras. N'aie pas peur, je t'ai dit que c'était fini. Lavage et compresses, ça ne fait pas mal. »

Sonnerie du téléphone. La voix de Léon dans l'antichambre : « Non, Madame, le docteur est occupé... Pas cet après-midi, c'est le jour de consultation du docteur... Oh, guère avant le dîner... Bien, Madame, à votre service. »

— « Une mèche, à tout hasard », marmonna Antoine, penché sur l'abcès. « Bon. Et la bande un peu serrée, il faut ça... Maintenant, toi, le grand, écoute : tu vas ramener ton frère à la maison, et tu vas dire qu'on le couche, pour qu'il ne remue pas son bras. Avec qui habitez-vous ?... Il y a bien quelqu'un qui s'occupe du petit ? — Mais moi. »

90 Le regard était droit, flambant de crânerie, dans un visage plein de dignité. Il n'y avait pas de quoi sourire. Antoine jeta un coup d'œil vers la pendule et refoula encore une fois sa curiosité. « Quel numéro, rue de Verneuil ? »

— « Au 37 bis. — Robert quoi ? — Robert Bonnard. »

Antoine nota l'adresse, puis leva les yeux. Les deux enfants étaient debout, fixant sur lui de limpides regards. Nul indice de gratitude, mais une expression d'abandon, de sécurité totale.

— « Allez, mes petits, sauvez-vous, je suis pressé... Je passerai rue de Verneuil, entre six et huit, pour changer la mèche. Compris ? »

— « Oui, M'sieur, » dit l'aîné, qui paraissait trouver la chose toute naturelle.

100 « Au dernier étage, la porte 3, juste en face de l'escalier. »

La Consultation (Librairie Gallimard, éditeur).

LE DÉMON DE LA LIBERTÉ

Tandis que M. Thibault père est atteint d'une maladie qui ne pardonne pas, JACQUES, à la veille d'entrer à l'École Normale, a disparu. Nouvelle fugue ? ou même suicide ? Dans le volume suivant, *La Sorellina*, Antoine découvre la trace de son frère en lisant dans une revue suisse une nouvelle signée d'un pseudonyme qui révèle son auteur, comme le révèle aussi son contenu autobiographique. Antoine retrouve ainsi son frère à Lausanne et le ramène à Paris au chevet de leur père. C'est à Lausanne que se situe, au cours d'une conversation avec Antoine, la confession où JACQUES *explique l'influence qu'a eue sur lui une visite faite à l'un de ses professeurs*, JALICOURT : celui-ci, admiré de ses étudiants comme un éveilleur d'idées et comme un Maître, commence par décevoir Jacques en lui donnant des conseils conformistes, puis soudain, tout change...

« Il s'est calmé d'un coup », poursuivit Jacques. « Je crois qu'il a eu peur d'être entendu. Il a ouvert une porte, et il m'a poussé dans une sorte d'office qui sentait l'orange et l'encaustique. Il avait le rictus d'un homme qui ricane, mais un regard cruel et l'œil congestionné derrière le monocle. Il s'était accoudé à une planche où il y avait des verres, un compotier ; je ne sais pas comment il n'a rien fichu par terre. Après trois ans, j'ai encore son accent, ses mots dans l'oreille. Il s'était mis à parler, d'une voix sourde : « Tenez. La vérité, la voilà. Moi aussi, à votre âge. Un peu plus âgé, peut-être : à ma sortie de l'École. Moi aussi, cette vocation de romancier. Moi aussi, cette force qui a besoin d'être libre pour s'épanouir ! Et moi aussi, j'ai eu cette intuition que je faisais fausse route. Un instant. Et moi aussi, j'ai eu l'idée de demander conseil. Seulement, j'ai cherché un romancier, moi. Devinez qui ? Non, vous ne comprendriez pas, vous ne pouvez plus vous imaginer ce qu'il représentait pour les jeunes en 1880 ! J'ai été chez lui, il m'a laissé parler, il m'observait de ses yeux vifs, en fourrageant dans sa barbe ; toujours pressé, il s'est levé sans attendre la fin. Ah, il n'a pas hésité, lui ! Il m'a dit, de sa voix chuintante [1], où les *s* devenaient des *f* : *N'y a qu'un feul apprentiffage pour nous : le vournalifme !* Oui, il m'a dit ça. J'avais vingt-trois ans. Eh bien, je suis parti comme j'étais venu, Monsieur : comme un imbécile ! J'ai retrouvé mes bouquins, mes maîtres, mes camarades, la concurrence, les revues d'avant-garde, les parlottes, — un bel avenir ! Un bel avenir ! » Pan ! la main de Jalicourt s'abat sur mon épaule. Je verrai toujours cet œil, cet œil de cyclope qui flambait derrière son carreau [2]. Il s'était redressé de toute sa taille, et il me postillonnait dans la figure : « Qu'est-ce que vous voulez de moi, Monsieur ? Un conseil ? Prenez garde, le voilà ! Lâchez les livres, suivez votre instinct ! Apprenez quelque chose, Monsieur : si vous avez une bribe de génie, vous ne pourrez jamais croître que du dedans, sous la poussée de vos propres forces !... Peut-être, pour vous, est-il encore temps ? Faites vite ! Allez vivre ! N'importe comment, n'im-

---

— 1 Ce détail permet d'identifier Émile Zola. — 2 Le monocle.

porte où ! Vous avez vingt ans, des yeux, des jambes ? Écoutez Jalicourt.
Entrez dans un journal, courez après les faits divers. Vous m'entendez ?
Je ne suis pas fou. Les faits divers ! Le plongeon dans la fosse commune !
Rien d'autre ne vous décrassera. Démenez-vous du matin au soir, ne
manquez pas un accident, pas un suicide, pas un procès, pas un drame
mondain !... Ouvrez les yeux, regardez tout ce qu'une civilisation charrie
derrière elle, le bon, le mauvais, l'insoupçonné, l'in-inventable [1]. Et peut-
être qu'après ça vous pourrez vous permettre de dire quelque chose sur
les hommes, sur la société, — sur vous ! »

40   « Mon vieux, je ne le regardais plus, je le buvais, j'étais totalement
électrisé. Mais tout est retombé d'un coup. Sans un mot, il a ouvert
la porte, et il m'a presque chassé, devant lui, à travers le vestibule, jusque
sur le palier. Je ne me suis jamais expliqué ça. S'était-il repris ?... Re-
grettait-il cette flambée ?... A-t-il eu peur que je raconte ?... Je vois encore
trembler sa longue mâchoire. Il bredouillait, en étouffant sa voix : « Allez...
allez... allez !... Retournez à vos bibliothèques, Monsieur ! »

« La porte a claqué. Je m'en foutais. J'ai dégringolé les quatre étages,
j'ai gagné la rue, je galopais dans la nuit comme un poulain qu'on vient
de mettre au pré ! »   La Sorellina (Librairie Gallimard, éditeur).

L'agonie du père

C'est pour assister à l'agonie de leur père qu'Antoine et Jacques reviennent ensemble
à Paris. Personnage secondaire en un certain sens, OSCAR THIBAULT, le père, n'en domine
pas moins le roman : aussi un volume entier est-il consacré, sous le titre La mort du père,
à son agonie, à sa mort, et aux réflexions d'Antoine sur cette étonnante et secrète personnalité, tandis que Jacques, devenu un étranger, ne songe qu'à regagner la Suisse au plus
tôt. Mais les pages les plus vigoureuses de ce volume, qui sont aussi un des sommets du
roman, sont celles de la première partie, consacrée à la description de l'agonie du père.

M. Thibault semblait s'être assoupi. Avant l'arrivée de l'abbé Vécard,
     il avait fait, ainsi, plusieurs plongées dans l'inconscient. Mais ces
subites absences étaient brèves [2] ; il remontait à la surface, d'un seul
coup, retrouvait son épouvante et recommençait, avec des forces neuves, à
se démener.
  L'abbé eut l'intuition que la trêve serait courte et qu'il fallait la mettre à
profit. Une bouffée de chaleur lui vint au visage : de tous les devoirs de son
ministère, l'assistance aux mourants était celui qu'il avait toujours le plus redouté.
  Il s'approcha du lit : « Vous souffrez, mon ami... Vous traversez une heure
10 cruelle... Ne restez pas seul avec vous-même : ouvrez votre cœur à Dieu... ».
  M. Thibault, se tournant, fixa sur son confesseur un regard si anxieux que
le prêtre battit des cils. Mais déjà l'œil du malade se chargeait de colère, de
haine, de mépris. Une seconde seulement : l'effroi y reparut aussitôt. Et, cette
fois, l'expression d'angoisse était à ce point insoutenable que l'abbé dut baisser
les paupières et se détourner à demi.

— 1 Martin du Gard a toujours voulu rester | est caractérisé par la violence des crises d'urémie
fidèle à ce réalisme fondamental. — 2 Son mal | convulsive de plus en plus fréquentes.

Le moribond claquait des dents. Il bégaya : « Oh là là... Oh là là... J'ai peur... »
Le prêtre se ressaisit.
— « Je suis venu pour vous aider », fit-il avec douceur... « Prions, d'abord...
Appelons en nous la présence de Dieu... Prions ensemble, mon ami. »
M. Thibault lui coupa la parole : « Mais ! Regardez ! Je... Je suis... Je vais... »
(Il n'avait pas le courage de braver la mort avec les mots précis.)
Il plongea dans les coins obscurs de la chambre un regard extravagant. Où
trouver du secours ? Les ténèbres s'épaississaient autour de lui. Il poussa un
cri qui explosa dans le silence et fut presque un soulagement pour l'abbé.
Puis, de toutes ses forces, il appela : « Antoine ! Où est Antoine ? » Et, comme
l'abbé avait fait un mouvement des mains : « Laissez-moi, vous !... Antoine ! »
Alors l'abbé changea de tactique. Il se redressa, regarda douloureusement
son pénitent, puis, d'un grand geste du bras, comme s'il exorcisait un énergumène, il le bénit une seconde fois.
Ce calme acheva d'exaspérer M. Thibault. Il se souleva sur un coude, malgré
la douleur qui lui déchirait les reins, et tendit le poing :
— « Les scélérats ! Les salauds !... Et vous, vos histoires !... Assez ! » Puis,
avec désespoir : « Je vais... mourir, je vous dis ! Au secours ! »
L'abbé, debout, le considérait, sans le contredire ; et, si persuadé que fût,
cette fois, le vieillard, d'être aux confins de sa vie, ce silence lui porta le dernier
coup. Secoué de frissons, sentant ses forces faiblir, incapable même de retenir
la salive qui mouillait son menton, il répétait, sur un ton suppliant, comme s'il
était possible que le prêtre n'eût pas bien entendu, ou pas compris :
— « Je vais mou-rir... Je vais mou-rir... ».
L'abbé soupira, mais il ne fit pas un geste de dénégation. Il pensait que la
véritable charité n'est pas toujours de prodiguer aux mourants d'inconsistantes
illusions, et que, lorsque vraiment approche la dernière heure, le seul remède
à la terreur humaine, ce n'est pas de nier cette mort qui vient et devant laquelle
l'organisme, secrètement averti, se cabre déjà : c'est, au contraire, de la regarder
en face et de se résigner à l'accueillir.
Il laissa passer quelques secondes, puis, rassemblant son courage, il prononça
distinctement :
— « Et quand ce serait, mon ami, est-ce une raison pour avoir si grand-peur ? »
Le vieillard, comme s'il eût été frappé au visage, retomba sur l'oreiller en
gémissant : « Oh là là... Oh là là... »
C'était fini : arraché par le tourbillon, roulé sans merci, il se sentait sombrer
définitivement, et sa dernière lueur de conscience ne lui servait qu'à mieux
mesurer le néant. Pour les autres, la mort, c'était une pensée courante, imper-
sonnelle : un mot entre les mots. Pour lui, c'est tout le présent, c'est le réel.
C'est lui-même. De ses yeux ouverts sur le gouffre et agrandis par le vertige,
il aperçoit, très loin, séparé de lui par l'abîme, le visage du prêtre, ce visage
vivant, — étranger. Être seul, exclu de l'univers. Seul, avec son effroi. Toucher
le fond de la solitude absolue !
Dans le silence, s'élevait la voix du prêtre :
— « Voyez : Dieu n'a pas voulu que la mort fondît sur vous à l'improviste,
sicut latro, comme un voleur. Eh bien, il faut être digne de cette grâce, car c'en
est une, — et la plus grande que Dieu puisse nous faire, à nous, pécheurs, —
que cet avertissement au seuil de la vie éternelle... ».
M. Thibault entendait, de très loin, ces phrases qui venaient en vain, comme
des vagues contre un rocher, battre son cerveau pétrifié par la peur. Un instant,

par routine, sa pensée chercha, pour y trouver refuge, à évoquer l'idée de Dieu ; mais cet élan se brisa au départ. La Vie éternelle, la Grâce, Dieu, — langage devenu inintelligible : vocables vides, sans mesure avec la terrifiante réalité ! — « Remercions Dieu », continuait l'abbé. « Heureux ceux qu'Il arrache à
70 leur propre volonté, pour les attacher à la Sienne. Prions. Prions ensemble, mon ami... Prions de toute notre âme, et Dieu vous viendra en aide. »
M. Thibault tourna la tête. Au fond de sa terreur bouillonnait un reste de violence. Il aurait volontiers assommé le prêtre, s'il avait pu. Le blasphème lui monta aux lèvres : « Dieu ? Quoi ? Quelle aide ? C'est idiot, à la fin. Est-ce que ce n'est pas Lui, justement ? Est-ce que ce n'est pas Lui qui veut ?...» Il s'étranglait. « Alors, quoi, quelle aide ? » cria-t-il rageusement.
Le goût de la dispute l'avait repris, au point qu'il oubliait que, une minute plus tôt, son angoisse avait nié Dieu. Il poussa un gémissement :
— « Ah, comment Dieu me fait-il ça ! »
80 L'abbé hocha la tête : « *Quand vous vous croyez bien loin de moi*, dit *l'Imitation*, *c'est souvent alors que je suis le plus proche de vous...* ».
M. Thibault avait écouté. Il demeura quelques secondes silencieux. Puis, se tournant vers son confesseur, mais cette fois avec un geste de détresse :
— « L'abbé, l'abbé », supplia-t-il, « faites quelque chose, priez, vous !... Ce n'est pas possible, dites ?... Empêchez-moi de mourir ! »

La Mort du Père (Librairie Gallimard, éditeur).

RÉFLÉCHIR ? AGIR ?

Après la mort du père, c'est bientôt l'attentat de Serajevo et la guerre de 1914. Jacques, tantôt en Suisse, tantôt en France, milite dans les mouvements révolutionnaires et pacifistes. Il assiste à Paris à l'assassinat de Jaurès, et, dès la mobilisation, décide de passer en Suisse pour y poursuivre son action politique, devenue pour lui une sorte d'obsession. Déçu par ce qu'il considère comme la trahison des chefs responsables, Jacques se décide pour une action individuelle : le 10 août 1914, il part en avion, avec son ami Meynestrel, pour jeter sur le front des tracts pacifistes rédigés en français et en allemand. Mais l'appareil tombe en flammes : tandis que Meynestrel meurt brûlé, Jacques, pris pour un espion, est abattu par un gendarme français. De son côté, en attendant d'être mobilisé, ANTOINE avait continué dans les jours de crise à exercer son métier : sa dernière rencontre avec Jacques, en juillet 1914, à Paris, lui avait été l'occasion de *réfléchir sur leurs deux destinées*.

« Je suis terriblement esclave de ma profession, voilà la vérité, songeait-il. Je n'ai plus jamais le temps de réfléchir... Réfléchir, ça n'est pas penser à mes malades, ni même à la médecine ; réfléchir, ce devrait être : méditer sur le monde... Je n'en ai pas le loisir... Je croirais voler du temps à mon travail... Ai-je raison ? Est-ce que mon existence professionnelle est vraiment toute la vie ? Est-ce même toute *ma* vie ?... Pas sûr... Sous le docteur Thibault, je sens bien qu'il y a quelqu'un d'autre : moi... Et ce quelqu'un là, il est étouffé... Depuis longtemps... Depuis que j'ai passé mon premier examen, peut-être... Ce jour-là, crac ! la ratière s'est refermée...
10 L'homme que j'étais, l'homme qui préexistait au médecin, — l'homme que je suis encore après tout, — c'est comme un germe enseveli, qui ne se

développe plus, depuis longtemps... Oui, depuis le premier examen... Et tous mes confrères sont comme moi... Les meilleurs, justement... Car ce sont toujours les meilleurs qui font le sacrifice d'eux-mêmes, qui acceptent l'exigence dévorante du travail professionnel... Nous sommes un peu comme des hommes libres qui se seraient vendus... ».

Sa main, au fond de la poche, jouait avec le petit agenda qu'il portait toujours sur lui. Machinalement, il le sortit et parcourut d'un regard distrait la page du lendemain 20 juillet[1], qui était chargée de noms et de signes.

20 « Pas de blague », se dit-il brusquement : « c'est demain que j'ai promis à Thérivier d'aller revoir sa gosse, à Sceaux... Et j'ai ma consultation à deux heures... ».

Il écrasa sa cigarette dans le cendrier, et s'étira.

« Voilà le docteur Thibault qui reparaît », fit-il en souriant. « Eh bien ! Vivre, c'est agir, après tout ! Ça n'est pas philosopher... Méditer sur la vie ? A quoi bon ? [...] La cause est entendue une fois pour toutes[2]... Vivre, ça n'est pas remettre toujours tout en question... ».

Il se souleva d'un énergique coup de reins, sauta sur ses pieds, et fit quelques pas qui le conduisirent à la fenêtre.

30 « Vivre, c'est agir[3]... », répéta-t-il, en promenant un regard distrait sur la rue déserte, les façades mortes, la pente des toits où le soleil couchait l'ombre des cheminées. Il continuait à tripoter l'agenda au fond de sa poche. « Demain, c'est lundi : nous allons sacrifier le cobaye du petit 13[4]... Mille chances pour que l'inoculation soit positive... Sale affaire. Perdre un rein à quinze ans... Et puis, il y a cette sacrée gosse de Thérivier... Je n'ai pas de veine, cette année, avec ces pleurésies à *streptos*[5]... Encore deux jours, et, si ça ne va pas, on fera sauter la côte... Eh quoi ! » fit-il brusquement, en laissant retomber le rideau de vitrage. « Faire son travail proprement, est-ce que ça n'est pas déjà quelque chose ?... Et laisser la vie courir... ! »

Il revint au milieu de la pièce et alluma une autre cigarette. Amusé par la consonance, il s'était mis à chantonner, comme un refrain :

« Laisser la vie courir... Et Jacques discourir... Laisser la vie courir... ».

L'Été 14 (Librairie Gallimard, éditeur).

Le roman se termine par un Épilogue *consacré aux derniers mois de la vie d'*ANTOINE, *unique survivant des Thibault. Celui-ci est atteint par les gaz à la fin de 1917 sur le front de Champagne. Le mal, provisoirement écarté, n'en est pas moins incurable et, au cours d'une visite pathétique à son maître et ami le Docteur Philip, Antoine acquiert la conviction qu'il est condamné. Progressivement, ses souffrances deviennent intolérables, et il y met fin par une piqûre, le 18 novembre 1918, une semaine après l'armistice.*

— 1 C'est le 20 juillet 1914. — 2 Antoine, en effet, s'est fait une conception définitive de la vie : mélange *saugrenu* — c'est son propre terme — de joies et de peines. — 3 Jacques pourrait aussi accepter cette formule ; mais les deux frères ne se font pas la même idée de l'action : d'où leur incompréhension réciproque ; cette question des rapports entre pensée et action a particulièrement préoccupé Martin du Gard. — 4 Désignation d'un enfant malade par le numéro de son lit. — 5 Abréviation de *streptocoques*.

GEORGES DUHAMEL

**Formation
et expérience**

GEORGES DUHAMEL (1884-1966) appartient, comme Roger Martin du Gard et Jules Romains, à cette génération — celle aussi de Giraudoux, de Mauriac, de Chardonne, de Maurois — dont on a pu dire qu'elle avait fait, des années 1920-1940, « un âge d'or du roman » (Robert Kanters).

Comme Jules Romains, Georges Duhamel fut, dans sa jeunesse, profondément marqué par l'expérience de l'Abbaye de Créteil (1906 ; cf. p. 35), que transposera l'un des volumes de la série des Pasquier, Le Désert de Bièvres. Mais l'unanimisme l'avait surtout attiré parce qu'il portait en lui un tempérament d'humaniste, de plus en plus attentif, autant qu'à ses propres problèmes, aux risques et aux chances du monde moderne. Humaniste d'abord par la sensibilité, Duhamel n'est pas, initialement, un professionnel de la littérature, encore moins un « intellectuel » au sens péjoratif que prend parfois ce terme. Biologiste et médecin, engagé à titre de chirurgien militaire dans l'horreur de la Grande Guerre, il conserve de cette expérience une immense et profonde compassion pour les hommes, qui n'a d'égale que sa virulente sévérité pour tout ce qui entame l'intégrité humaine, pour tout ce qui défigure le corps et l'âme de l'humanité. Il est aussi humaniste par la culture : attentif à la poésie, amateur de théâtre et surtout de musique, Georges Duhamel voit le monde et la société comme le milieu hétérogène et disparate où s'affrontent, se heurtent, ou bien s'allient en de curieuses et dramatiques complicités, les forces matérielles et spirituelles entre lesquelles l'homme se trouve divisé et parmi lesquelles il est tenu de trouver son chemin. Mais il s'y trace aussi, selon des figures tantôt pathétiques, tantôt ironiques, le dessin d'une humanité aspirant à la fois à la rectitude de l'action, au règne du cœur, et à l'équilibre de l'esprit : difficile accord des nostalgies dominantes de l'auteur, dont la lucidité s'applique à éviter les pièges de l'illusion et de la duperie. Y réussit-il toujours ? En tout cas, cette œuvre reste une œuvre de bonne foi et, pour reprendre la formule de Jules Romains, de bonne volonté.

**Réalisme
et idéalisme**

Le roman de Duhamel va donc tenter de concilier réalisme et idéalisme : la rigueur même du réalisme (où s'affirment à la fois l'impitoyable regard du clinicien et l'attachement de l'écrivain à la tradition balzacienne) sera comme la caution des « idées » et des « thèses » qu'il développe, implicitement ou explicitement, avec une chaleur où survit « l'unanimiste » de 1906. Son œuvre littéraire, en effet, prend son vrai départ avec des souvenirs de guerre qui sont aussi des réquisitoires contre la violence meurtrière d'une nouvelle « barbarie » et des plaidoyers pour le salut de l'homme : Vie des Martyrs (1917) et Civilisation (1918) qui restent parmi les témoignages les plus bouleversants inspirés par la guerre de 1914 ; et, comme tout se tient, le réalisme de la description et la chaleur de la dénonciation s'attaqueront aussi bien aux abattoirs de Chicago qu'aux charniers de la Grande Guerre (Scènes de la Vie future). Avec La Possession du monde (1919), ces œuvres forment un ensemble complet de littérature d'action et proposent les thèmes d'un moderne humanisme spirituel : pacifisme raisonnable et vigilant, « règne du cœur », domination sur la civilisation mécanique, défense et promotion de la culture, sous le signe d'une générosité, qui peut parfois s'égarer dans l'utopie ou l'incompréhension, mais qui n'en confère pas moins à cette œuvre une force de conviction peu commune.

Aussi peut-on pardonner à Duhamel de n'avoir pas compris assez tôt les promesses du cinéma, et d'avoir écrit que ce n'était qu'un « divertissement d'ilote ! »

Salavin (1920-1932)

Le futur romancier se formait ainsi en apprenant à faire, de ses générosités et de ses fureurs, des forces disciplinées au service d'une authentique création. Bientôt naît un personnage, qui incarne la condition à la fois dérisoire et sympathique, souffrante et ridicule, de l'homme abandonné à sa faiblesse et cependant conscient, dans sa nostalgie, d'une grandeur qu'il ne sait où chercher : le cycle comprend La Confession de minuit (1920), Deux Hommes (1924), Journal de Salavin (1927), Le Club des Lyonnais (1929), Tel qu'en lui-même (1932).

L'ÉTERNELLE MISÈRE DE SALAVIN

Le personnage de LOUIS SALAVIN, héros du premier « cycle » romanesque de Duhamel, prend les proportions d'un véritable *mythe* : mythe de la faiblesse pitoyable et de l'impuissance, mais aussi mythe d'une *nostalgie* irrépressible.

S'il est dérisoire (et Duhamel est ici le précurseur de cette littérature du dérisoire qui connaîtra, vingt ans plus tard, une telle vogue), Salavin n'est pas méprisable ; car il a valeur d'exemple et de symbole : sa faiblesse réside dans son incapacité de s'accepter tel qu'il est, et, croyant se sauver en tentant de se changer, il oublie qu'il ne pourrait se sauver qu'en s'acceptant.

Employé d'une compagnie distributrice de lait pasteurisé et oxygéné, Louis Salavin occupe une position sociale non pas humiliante mais banale. Il voudrait s'arracher à cette banalité de sa condition, de sa personnalité et de son milieu ; il rêve d'une sainteté laïque, car il n'a pas la foi, mais il ne cesse de ressentir, douloureusement et ironiquement, une sorte de permanent échec intérieur. *Lorsqu'il en vient à tenir son journal, c'est surtout de ce sentiment de rechute constante dans l'échec, malgré ses tentatives pour faire une « cure d'âme », qu'il s'entretient lui-même. Voici, à la date du 15 octobre, la page consacrée à ses réflexions intimes sur un soir de 15 août où, parce qu'il pleuvait, il était entré par hasard dans un cinéma.*

Je n'avais pas payé mon billet très cher et me trouvais au dernier rang du paradis [1]. Moins de cinq minutes et je regrettais ma faiblesse. On donnait cependant un film documentaire non sans intérêt : la vie des bêtes au fond d'un aquarium. Une espèce de salamandre, grossie par la projection à la taille d'un cachalot, ouvrait la gueule en regardant le public. Juste à ce moment l'orchestre jouait une vieille romance langoureuse : « Pourquoi ne pas m'aimer [2] ?... » Personne dans la salle n'avait l'air de remarquer cette discordance grotesque entre le spectacle et la musique. Pour moi, j'en étais indisposé. Vint ensuite un interminable film sentimental, une histoire niaise à pleurer, avec faux effets de lune, espions dans les bosquets, mouchoirs agités, torsions de bouche et battements de paupières, bref, tout ce que je déteste. Je m'efforçais de penser à autre chose. Pas commode : l'image est là qui vous tire l'œil et le blesse. La pensée, comme un papillon de nuit, va se coller à l'écran. Je commençais à m'ennuyer ferme, à maudire ma faiblesse, la pluie, le cinéma, le public, l'immense sottise de tout et de tous. Et voilà qu'à ce moment l'image disparaît. Une âcre odeur chimique se répand dans la salle et quelqu'un crie, sur les gradins : « Au feu ! »

Avant d'aller plus loin, il faut que je fasse une parenthèse. Ce genre d'accidents est de ceux auxquels, toujours, je m'attends. J'y avais donc pensé mille et mille fois, réglant la conduite à tenir. Je serais calme et résigné. Je monterais sur un banc et crierais, dominant les clameurs de la foule : « Ne poussez pas. Ne craignez rien. Sortez en bon ordre. Tout le monde sera sauvé. » Je devais — encore mon programme — attendre avec le plus grand sang-froid, contenir les brutes, protéger les femmes, me porter aux points dangereux, très dévouer, sortir après tous les autres ou périr dans la fumée. Voilà comme, depuis longtemps, j'avais arrangé les choses, dans ma tête. Bon ! Revenons aux faits.

— 1 Terme populaire désignant, au théâtre | les années 1920, la projection du film muet ou au cinéma, les dernières galeries. — 2 Dans | était accompagnée par un orchestre.

A peine eus-je entendu le cri, je fis, par-dessus les banquettes, un bond
30 dont je ne me serais jamais cru capable. Ce bond, il me parut que tous les
gens des derniers gradins l'avaient fait en même temps que moi. L'obscurité
n'était pas totale : quelques petites lampes de secours, disposées de place
en place, versaient sur la multitude une lueur de mauvais rêve. Un énorme
cri confus s'éleva, comme une tornade, et je m'entendis crier, avec les
autres, plus fort que les autres, des paroles incohérentes : « Sortez ! Sortez
donc ! plus vite ! Poussez ! Poussez ! » Je ne peux dire exactement ce qui se
passa pendant les minutes qui suivirent. Quelques souvenirs farouches :
je trébuche dans un escalier, je perds mes lunettes, j'enfonce mes coudes
et mes genoux dans une épaisse pâte humaine, j'écarte, des deux poings,
40 un visage obscur qui me mord, je marche sur quelque chose de mou,
j'aperçois, devant moi, portant un gosse à bout de bras, une femme qui
pleure. Mais j'avance, à n'en pas douter, j'avance ; je suis porté de couloir
en couloir et, tout d'un coup, l'air, humide et chaud, l'air du dehors, le
trottoir gras, une foule qui fuse et prend la course. Une vieille dame qui
appelle : « Henri ! Henri ! »

Je pris ma course, comme les autres. La perte de mes lunettes m'avait
presque ébloui. Je ne saurais dire, aujourd'hui, combien de temps je
courus et par quelles rues je passai. Je repris mon allure normale sur un
boulevard fort calme où quelques passants attardés me regardaient curieu-
50 sement. Je n'avais plus de chapeau. J'étais griffé, courbatu, mes vêtements
déchirés.

Je rentrai chez moi, j'entends rue Lacépède ³, tout tremblant. Non plus
la peur : le désespoir. Le lendemain, j'ouvris le journal comme peut le
faire un malfaiteur qui craint d'y trouver son portrait. Quelques lignes,
dans un coin. J'eus bien du mal à les découvrir. Rien de grave, somme
toute : quatre ou cinq blessés. Une simple bousculade.

Mais moi, moi, moi ? Quelle chute ! Quel déshonneur ! Et quelle sentence !
J'avais tout prévu, dans mon esprit, sauf moi, sauf mon éternelle
misère. Ah ! Dieu, si tu existes, fais-moi revivre, quelque jour, dans la peau
60 d'un homme courageux, courageux à la façon des bêtes, courageux d'instinct
comme lâche me voici d'instinct. Ce doit être si bon d'être naturellement
courageux. De quoi me servent les résolutions ? Je ne peux dominer mes
nerfs. L'événement n'approche pas avec la lenteur des limaces : il fond,
il tombe du ciel, il est semblable au vautour. Il m'aveugle et me déchire.

Tel je suis et, pourtant, tel je ne m'accepte pas. Je ne prends pas mon
parti d'être Salavin pour l'éternité. Il faut que l'on m'aide et que ça change.

Journal de Salavin, 15 octobre (Mercure de France, éditeur).

*Salavin ne pourra pas changer ; à travers les illusions, les chimères, les vains appels au
secours, il restera lui-même, et d'ailleurs, jusque dans sa congénitale faiblesse, sympathique.
Le titre du dernier volume de ce cycle dit bien quel est son destin : Tel qu'en lui-même (1932).*

— 3 Aspirant à la « solitude » et prétextant des | l'appartement où il vivait avec sa femme et sa
nécessités professionnelles, Salavin avait quitté | mère, et pris une chambre rue Lacépède.

Les Pasquier
(1933-1941)

Le roman demandait à se dégager de cette forme un peu étroite de la confession, même élargie ; il demandait aussi à surmonter l'obsession d'un personnage unique, même entouré d'un univers riche de bien d'autres épisodes humains. Certes Duhamel ne pourra jamais se priver de donner au roman *une dominante autobiographique :* telle est sa nature d'homme et d'écrivain. Mais, en écrivant *La Chronique des Pasquier,* dont la structure essentielle est bien *le journal du médecin-biologiste Laurent Pasquier* (parfois même sous la forme du roman par lettres), Duhamel développe une conception de plus en plus musicale du roman cyclique : il réussit le complexe contrepoint de ce journal avec *l'évocation vivante et précise d'une société en état de crise,* et aussi avec l'analyse minutieuse et vivante d'une *galerie de caractères et de types,* qui « font concurrence à l'état-civil ».

Cyclique, le roman ne l'est pas seulement dans sa forme, sa technique et son ambition ; il l'est aussi par *ce riche enveloppement social et psychologique* de l'histoire personnelle qui lui sert de fil conducteur, chaque volume conservant cependant son unité et son intérêt propres. *La Chronique des Pasquier* compte dix titres : *Le Notaire du Havre* (1933) ; *Le Jardin des bêtes sauvages* (1934) ; *Vue de la Terre promise* (1934) ; *La Nuit de la Saint-Jean* (1935) ; *Le Désert de Bièvres* (1936) ; *Les Maîtres* (1937) ; *Cécile parmi nous* (1938) ; *Le Combat contre les ombres* (1939) ; *Suzanne et les jeunes hommes* (1941) ; *La Passion de Joseph Pasquier* (1941). A travers ces dix volumes se tisse une tapisserie romanesque, d'une technique sobre et classique, parfois même traditionnelle et conservatrice, où se manifestent, sans équivoque ni forfanterie, le réalisme robuste, l'habileté littéraire et l'intransigeance morale d'un des *témoins* les plus lucides de la première moitié du XX\ :superscript:`e` siècle.

Pour être savant, on n'en est pas moins homme

LAURENT PASQUIER, aussi idéaliste et fervent que son frère Joseph est cupide et opportuniste, s'est lancé avec passion dans la recherche médicale. Faute de pouvoir se référer, dans l'ordre moral ou religieux, à des valeurs transcendantes, il pense trouver auprès des grands savants ses « patrons » de véritables *Maîtres* (titre du VI\ :superscript:`e` volume des *Pasquier*) ; mais il devra bientôt déchanter, car, admis à l'intimité de ces grands hommes, il ne tardera pas à découvrir la petitesse de leur caractère. C'est l'occasion de pages où domine une sorte d'*humour amer* derrière lequel se cache la *désillusion* du héros et de l'auteur.

M. CHALGRIN, *le « patron » de* LAURENT, *est en rivalité avec son collègue* ROHNER *à propos de recherches sur l'origine de la vie. Il a critiqué un ouvrage de Rohner sans publier cette critique, mais il a fait copier son propre texte par un ami de Laurent,* SÉNAC ; *or, l'une de ces copies est parvenue entre les mains de Rohner, qui en a publié la réfutation. Ainsi se manifeste, dans le conflit entre les deux « Maîtres », l'inextricable mélange des motifs nobles (scientifiques et philosophiques) et des motifs bas (concurrence et vanité) ; ne pouvant discerner, parmi ces motifs, ceux qui ont la priorité, Laurent éprouve un malaise précurseur de la désillusion.*

D'une voix plus basse, plus réticente, le patron s'est remis à parler :
— Je n'aime pas l'ouvrage de M. Rohner. Soyez persuadé, mon ami, que je me suis gardé de lui en rien dire. Je crois même lui avoir écrit une lettre des plus élogieuses. Je n'en réservais pas moins mon indépendance critique : M. Rohner est de ces biologistes gâtés par la contagion mathématicienne. M. Rohner, avec son rigorisme, est de ces rêveurs qui s'imaginent qu'un jour ils feront passer dans un tube de l'hydrogène, du carbone et le reste de la recette, qu'ils mettront le tube à l'étuve et que, vingt-quatre heures après, ils trouveront dans leur cuisine quelque chose qui sera très exactement l'hématozoaire de Laveran ou peut-être, qui sait ? sa majesté le bacille de Koch en personne. Ces messieurs sont très sérieux, mais il y a de quoi rire... C'est un retour offensif et scientifiquement moderne de la génération spontanée. Imaginez-vous, Pasquier, que j'ai rédigé pendant l'automne, à propos du livre de M. Rohner,

un mémoire que je n'ai pas la moindre intention de publier. Je ne suis pas un polémiste. C'est pour moi, pour moi seul, que j'ai composé ce mémoire, pour la satisfaction de ma conscience. Et je n'en parle à personne. Voilà justement pourquoi je ne comprends pas le ton de cet article de M. Rohner dans le dernier numéro de la *Presse médicale*.

Comme le patron ne se décidait pas à s'exprimer plus clairement, j'ai pris
20 sur moi de lui dire, avec beaucoup de respect :

— Monsieur, je ne comprends pas.

— Évidemment, vous ne pouvez pas comprendre. Croyez bien, mon bon ami, que si je vous parle, à vous, en particulier à vous, de cette pénible affaire, ce n'est pas seulement par amitié ; c'est parce que vous connaissez M. Sénac [1], parce qu'il est de vos amis et, je crois, depuis longtemps. Je dois vous dire, Pasquier, que j'ai fait copier le manuscrit de mon texte par M. Sénac, en trois exemplaires.

Le patron venait encore une fois de s'arrêter. Avec la pointe du médius, il s'écrasait la lèvre supérieure, ce qui est chez lui signe de grande perplexité. J'écoutais, plein d'angoisse.

30 — Attendez, Pasquier. Attendez, mon ami. M. Sénac a fait cette copie à la maison. En trois exemplaires, je vous l'ai dit. Les trois exemplaires sont entre mes mains et ils n'en sont point sortis. Ils n'en sortiront qu'après ma mort, si même il ne m'arrive pas de les détruire avant. Vous le voyez, je suis sur une fausse piste. M. Sénac est hors de cause et j'aurais mieux fait de ne pas prononcer son nom. Reconnaissez quand même que la conjoncture est troublante. Dans ce fameux article de la *Presse médicale*, M. Rohner répond à toutes mes critiques. Il ne saurait me mettre en cause, puisque je n'ai rien publié, mais il imagine un contradicteur idéal auquel il prête des pensées et des paroles qui sont les miennes, termes pour termes. Je suis provisoirement seul à comprendre ce qu'il y a de
40 blessant dans cette manœuvre et de venimeux dans cette rhétorique.

Le professeur Chalgrin, petit à petit, s'échauffait à parler ainsi. Mais il ne rougissait pas, tout au contraire. De grandes plaques couleur d'os se formaient sur ses joues et sur son front. Oui, je dis bien, il semblait que l'on aperçût, à travers la peau diaphane, la substance élémentaire, minérale, de l'armature.

Les Maîtres, chap. X (*Mercure de France*, éditeur).

Sénac avait fait une copie supplémentaire qu'il a transmise à Rohner. Voilà donc Laurent engagé dans une sorte de roman policier. Cette aventure ne laisse pas de discréditer quelque peu le milieu scientifique où il avait cru pouvoir trouver la pureté dont la nostalgie le tourmente ; mais la grandeur authentique n'en subsiste pas moins, et Sénac lui-même a des circonstances atténuantes. Ainsi apparaît cette ambiguïté essentielle à la condition humaine qui fait tout le pathétique des Maîtres, *la recherche de l'absolu dans l'homme se heurtant à la réalité et à la constance de la nature humaine.*

Laurent *poursuit son expérience du monde des* Maîtres. *Il le fait sous forme d'un journal adressé à son ami Justin Weil (et ainsi Duhamel retrouve, pour en tirer d'heureux effets, la formule du roman par lettres) ; il peut donc joindre au récit des événements qui intéressent le lecteur ses réflexions personnelles sur le sens de ces événements. La « chronique »proprement dite rejoint de la sorte le « roman à idées », et, dans* Les Maîtres, *l'auteur aborde, pour ainsi dire* dans le vif, *le grand problème des rapports entre science et humanisme, qui occupe, dans l'ensemble de son œuvre, une place de premier plan. Ce problème correspond d'ailleurs à l'une des grandes préoccupations du* XXe *siècle (cf. p. 59).*

(cf. p. 59)

— 1 Sénac est un des meilleurs amis de | plus grave qu'elle met en cause l'idée qu'il se
Laurent, pour qui cette affaire sera d'autant | fait de l'amitié.

« *UNE INTELLIGENCE PURE...* »

Laurent travaille dans le service d'hôpital de M. Rohner. Une pauvre malade y sert de « cobaye » au « grand patron ». Aussi Laurent se révolte-t-il contre ce que l'attitude de son maître peut avoir d'*inhumain*. Mais le problème n'est pas si simple...

M. Rohner est en train de me faire comprendre que la plus belle des vertus, c'est la charité, dont il est cruellement dépourvu. Je devrais être reconnaissant à M. Rohner pour cette leçon paradoxale. Je devrais même éprouver à son endroit une juste indulgence, je devrais me montrer charitable avec cet homme dur. Eh bien, non ! Je commence à détester Rohner, sentiment d'autant plus curieux que Rohner m'étonne, m'intimide et continue de m'inspirer une réelle admiration. C'est une intelligence pure. Le monde affectif, pour lui, se limite à sa personne qui est douillette, irritable, susceptible de certains sentiments et de certaines passions ou émotions comme la rancune, le mépris, la haine, la colère. Que le reste du monde soit tourmenté par l'amour, le désir, la tristesse, la rage, le désespoir, voilà ce qu'il ne peut même pas comprendre. Les penchants, les passions et les émotions des autres sont de curieux phénomènes, presque toujours gênants et désagréables, dont il se fait une représentation intellectuelle et strictement objective. Jamais il ne bénéficie du miracle de la sympathie, jamais il ne hante, en pensée, l'âme et la chair des autres êtres, et s'il s'efforce, une minute, de le faire en vue de quelque démonstration, il a l'air de résoudre un problème d'algèbre et non de communier.

Il ne semble pas comprendre que Catherine est très malade. Il s'écrie simplement : « Pas d'endocardite ! Pas de néphrite ! C'est tout à fait anormal. » Si je lui dis : « Elle souffre », il répond sèchement : « Mais oui, on souffre toujours dans des histoires comme cela. Qu'on lui donne des calmants. Pas de morphine, surtout. Je veux une néphrite pathologique et non médicamenteuse. »

Je ne sais si tu comprends. C'est assez épouvantable. Rohner pense que la morphine pourrait donner de l'albuminurie. Or, l'albuminurie qu'il attend, je devrais même dire qu'il espère, ne doit être due qu'au microbe et non au médicament. Pour lui, cette grave maladie n'est qu'une expérience qu'il ne faut point laisser corrompre par des éléments accessoires.

La pauvre Catherine a dû subir une petite opération à cause de la pleurésie. Il a fallu ouvrir la poitrine. J'ai peur, depuis deux jours, que l'un des genoux ne soit pris. Il est gros et douloureux. La fièvre demeure élevée.

Catherine accepte toutes ces disgrâces avec une résignation qui me confond et me déchire mieux que les cris et les doléances. Elle est là, toute blanche, dans son lit, ses beaux cheveux divisés en deux grosses nattes qu'elle ramène sur sa poitrine. Tu ne connais pas l'hôpital Pasteur. Ce sont des pavillons tout neufs, construits selon les idées du maître. Les chambres, très claires, sont vitrées du côté du couloir, en sorte que

40 les malades sont exposés aux regards dans des cages transparentes. Ce n'est pas trop intime pour ceux qui souffrent, mais cela permet une surveillance attentive. A l'intérieur, et dès la porte, sont pendues des blouses qui ne quittent pas la chambre du malade et que les médecins revêtent quand ils viennent faire leur visite.

J'arrive donc, et, chaque jour, j'aperçois, avant d'entrer, Catherine dans sa verrière. Elle fait un sourire mélancolique et pourtant heureux. Je suis son seul ami. Roch et Vuillaume [1] viennent parfois jeter un coup d'œil. Ils singent le professeur et discutent longuement, au pied du lit, sur ce que Rohner appelle dès maintenant les localisations anormales.

50 Car, je dois te le dire, cette maladie est la propriété de Rohner, ce microbe, mal connu jusqu'à la récente épidémie, est le microbe de Rohner. Il le désigne, dans ses papiers, sous le nom de *S. Rohneri*, ce qui signifie : streptocoque de M. Nicolas Rohner. Propriété rigoureusement exclusive.

Si Rohner attrapait demain une belle angine, avec ou sans endocardite, avec ou sans néphrite, ce serait un grand malheur pour la science ; mais enfin, ce serait dans l'ordre. Nous avons choisi cette carrière et nous en connaissons les risques. M. Rohner recevrait la plaque de grand officier de la Légion d'honneur ou quelque chose de ce genre et tous les journaux publieraient ses bulletins de santé. Mais Catherine ! Elle ne voulait pas

60 la gloire. Elle ne l'aura d'ailleurs pas. C'est une martyre très obscure. Je respecte le général qui meurt à l'ennemi. C'est le but qu'il avait choisi, librement, à son existence. Devant l'humble laboureur qu'on appelle et qu'on jette au feu, il me semble que le respect ne suffit pas. Il faudrait s'agenouiller et se frapper la poitrine [2]. [...]

Cette maladie de Catherine m'aura quand même éclairé sur le caractère de mon maître Rohner. Si je m'abandonnais à mon penchant naturel, cet homme extraordinaire me ferait prendre en horreur l'intelligence pure, les œuvres et les pompes de l'intelligence pure. Ce serait injuste. L'intelligence est un des signes de l'homme et notre guide ordinaire dans la cohue

70 des phénomènes. Pourtant, je commence à saisir les sentences mystérieuses de Chalgrin qui dit souvent : « La raison ne saurait tout expliquer... Il faut se servir de la raison avec prudence, comme d'un instrument admirable, mais exceptionnel dans la nature, et parfois même dangereux. » M. Chalgrin, c'est clair, marche dans le même sens que Bergson [3]. Il est intéressant de voir des esprits venus de régions différentes de la connaissance cheminer, dans le même temps, vers le même point de l'horizon. Les phrases de M. Chalgrin, que je viens de citer, ne signifient aucunement qu'il faille renier la raison. Elles signifient que la vie elle-même reste inexpliquée et que vouloir, par exemple, déboucher une bouteille

80 avec une lunette d'approche, serait une manœuvre maladroite ou, justement,

---

— 1 Assistants de Rohner comme Laurent.
— 2 Duhamel attribue ici à Laurent les sentiments que lui a inspirés à lui-même son expé-

rience de la guerre. — 3 Sur Bergson et l'orientation de sa pensée, en particulier face à l'intellectualisme, cf. p. 79. Cf. aussi Romain Rolland (p. 106) et Paul Claudel (p. 218).

déraisonnable. Toute la position de M. Chalgrin s'explique en quelques mots : « La raison, instrument admirable, est-elle un instrument universel, est-elle notre seul instrument ? » *Les Maîtres*, chap. XV (*Mercure de France*, éditeur).

Le père extravagant

Le « clan » Pasquier, selon l'expression de Laurent, fut engendré par le Dr RAYMOND PASQUIER, le père. Ce personnage haut en couleurs, au pittoresque à la fois pathétique et réjouissant, fournit à la fresque sérieuse et grave qu'est la chronique son contrepoint d'extravagance. Le voici en liberté, selon sa loi, dans une scène où il se dépeint tout entier.

Tu me feras l'amitié de croire, dit le Dr Raymond Pasquier, comme Laurent se préparait à replier sa serviette, tu me feras l'amitié de croire que si je t'ai prié de venir, ce n'est pas pour te raconter des balivernes. Ne te hâte point. Nous n'avons pas fini. Que serait un repas sans fromage, mon cher ? Il me semble que je t'ai dit cent fois mon sentiment sur ce point. Tu es un biologiste, mon expérience devrait te séduire, et pourtant je crois que tu n'y comprends pas grand'chose : la vie t'intéresse moins que les doctrines. Fâcheux, fâcheux, mon ami.

Le Dr Pasquier souleva délicatement la cloche à fromage, la fit vibrer d'une chiquenaude pour en éprouver le cristal, considéra d'un œil avivé le plat qu'elle recouvrait et dit, avec un sourire qui faisait frémir ses belles moustaches félines :

— Il paraît que les vignerons du bordelais parlent, pour le raisin, de la pourriture noble. A mon avis, le mot est faible. Pourriture sacrée me conviendrait mieux.

— Ram[1] ! dit Mme Pasquier d'un air contrarié. On dirait que tu prends plaisir à mettre ensemble des mots qui ne devraient jamais se rencontrer.

M. Pasquier choisissait et disposait avec soin sur son assiette, dans un ordre calculé, de petits morceaux de fromage. Il dit, la voix gravement jubilante :

— La vie est une pourriture sacrée. Nous ne pouvons vivre sans faire alliance avec les forces souveraines de la putréfaction. Seulement, nous disons fermentation, par décence, peut-être par peur. Moi, je n'ai pas peur. J'aime la vie, donc j'aime la pourriture sacrée. Regarde bien ce que je mange et sers-toi, mon garçon, si le cœur t'en dit et si tu n'es pas une mauviette comme mon gendre... comment l'appelles-tu ? Faubert, Fouchet[2]... Je ne saurai jamais. Le mari de Cécile, enfin. Regarde, il y a là des fromages de vache, de chèvre et de brebis. Les uns sont diffluents, larmoyants, pressés de se répandre. D'autres sont ambrés, translucides, réduits déjà par une sévère consomption. En voilà qui sont cornés, secs et durs comme des pierres savoureuses. Non, mais regarde, compare et sers-toi, ne serait-ce que pour me donner une opinion avantageuse de ma progéniture. Les fromages les plus frais ne sont pas nécessairement les plus naïfs. Il y en a qui sont, dès l'égouttoir, dès le lait, si l'on peut dire, touchés, hantés par une effervescence démoniaque. D'autres attendent l'extrême vieillesse pour s'abandonner aux microbes rares et précieux. Et tout cela rivalise de parfum, d'imprévu, de fantaisie, d'invention. Pense, Laurent, les microbes ! Des milliards d'êtres vivants qui ont tous une certaine façon de vivre, des habitudes et de l'imagination, à leur manière. Eh ! Eh ! Les gens qui ne comprennent rien au

---

— 1 Diminutif familier du prénom du Dr Pasquier. — 2 Le nom du mari de Cécile | est Fauvet. Le Dr Pasquier, qui ne l'aime pas, affecte de ne pouvoir se rappeler ce nom.

fromage parlent de délicatesse... Ce n'est pas de leur côté qu'est la délicatesse, mais du mien.

Le gourmet venait de lamper un trait de vin et reposait sa timbale. Il fit claquer sa langue et dit :

40 — Je n'ai pas encore eu le moyen de me constituer une cave. On en parlera plus tard, si mes projets portent fruit et je ferai vieillir des vins.

— Ram, fit Mme Pasquier d'un air inquiet, tu ne m'as pas encore parlé de ces projets. Ne vas-tu pas te lancer dans quelque nouvelle extravagance ?

Le Dr Pasquier se leva, remplit sa poitrine d'air, se donna deux ou trois coups de poing dans les côtes pour faire sonner la cage thoracique et se prit à moduler diverses onomatopées et clameurs.

— Extravagance ! Houm ! Humm ! Extravagance ! criait-il. Voilà comme vous parlez, gens de peu de foi. Vous dites extravagance et moi je dis esprit d'entreprise, initiative, courage, innovation, curiosité, vitalité. Vous-mêmes, les enfants, 50 qui devriez me bénir, vous me considérez avec une circonspection toute voisine de l'ingratitude. Et, puisque j'ai l'occasion de vous le dire, eh bien ! je le dis. Tout le monde m'a trouvé ridicule quand l'idée m'est venue de recommencer des études et d'apprendre *rosa-la-rose* à quarante-cinq ans passés [3]... Je sais, je comprends : j'ai moyennement réussi jusqu'à l'heure actuelle. Mais si je ne m'étais pas décidé, une bonne fois, si je n'avais pas commencé mes études..., où seriez-vous aujourd'hui, vous autres ? Toi, Laurent, tu serais peut-être employé de commerce et ta sœur Cécile serait dans la nouveauté, dans la mode, ou dans quelque chose du genre. Elle montrerait un certain talent sur la mandoline et on dirait d'elle : « Avec un peu de travail, elle aurait gagné du renom. » 60 Il faut qu'à certain moment quelqu'un donne le signal et se dispose à partir. C'est ce que j'ai fait. Après, le reste marche tout seul. D'ailleurs, je considère que, pour moi, tout n'est encore qu'au commencement. Tu verras ! Tu verras ! Vous verrez tous !   *Cécile parmi nous*, chap. III (*Mercure de France*, éditeur).

« Cette pesante raison... »

Parmi les enfants Pasquier, Cécile la musicienne, la « Princesse », est sans doute la plus belle création de Duhamel. Mariée à un intellectuel snob, personnage finalement assez vain, Richard Fauvet, elle devient de plus en plus l'image vivante d'un autre monde, un être d'essence supérieure, et ainsi s'explique le titre, presque exclamatif, du volume : *Cécile parmi nous*. Son frère Laurent éprouve pour elle une affection tourmentée, et entre eux se développe un *pathétique dialogue* à partir du moment où Cécile a eu la révélation de Dieu, tandis que Laurent, « grandi dans les laboratoires du nouveau siècle », reste attaché à son agnosticisme rationaliste. Au terme de cette partie de la chronique, alors que Cécile vient de perdre son fils âgé de deux ans et qu'elle a décidé de se séparer de son mari, elle retrouve Laurent pour un ultime dialogue, qui est aussi un affrontement.

L e jeune homme, une fois de plus, saisit le bras de sa sœur. Il parlait maintenant si bas que Cécile l'entendait à peine.

— Qu'es-tu venue faire parmi nous, Cécile ? Qu'es-tu venue faire au milieu de nos misères ?

Cécile ne répondit pas tout de suite à cette question surprenante, mais elle dit, après un moment :

— 3 Il avait fait preuve d'originalité en entreprenant fort tardivement ses études de médecine.

— Ne va pas t'imaginer, Laurent, que ceux qui cherchent Dieu, c'est qu'ils ne veulent plus souffrir. Je ne cherche plus. J'ai trouvé. Je suis sûre d'avoir trouvé. Pourtant, je n'ai jamais tant souffert que depuis cette rencontre. Je souffre autrement, voilà tout. C'est presque inexplicable. C'est une façon nouvelle d'endurer toute souffrance.

Laurent montra soudain ce regard pressant et naïf qui, dans l'homme accompli, laissait refleurir l'enfant.

— Penses-tu, demandait-il, que la douleur puisse avilir une âme ?

— Moins que la joie, fit Cécile, sûrement moins que la joie.

Un peu plus tard, elle dit encore :

— Je ne suis en aucune façon une âme métaphysicienne. Je ne demande pas à mon Dieu d'avoir créé ce monde incohérent. Tu vois, Laurent, je ne suis pas selon les livres des docteurs. Mais ils ne me rejetteront pas, j'en suis sûre. Je ne demande à mon Dieu que de me permettre de l'aimer. Je lui demande aussi la grâce de souffrir sans honte et sans désespoir et, plus tard, demain peut-être, une autre grâce : celle de mourir sans regret. Je ne suis pas bien savante. Je sens que mon cœur est encore tout plein de contradictions. Mais qu'on me laisse chercher, trébucher, faire mes faux-pas. Je finirai par suivre ma route.

— Nous autres, murmurait Laurent, nous autres, gens de la science, nous avons aussi nos dieux, nos rites, nos dogmes, nos lois et d'étonnantes liturgies. Les hommes se sont imaginés qu'ils pourraient vivre sans dieux, mais les plus sages commencent à comprendre que c'est impossible [1].

Les deux jeunes gens, ainsi devisant, venaient de s'arrêter devant une petite église, basse, humble, presque villageoise, serrée sur les deux flancs par de hautes bâtisses moroses [2].

— Je connais cette maison, dit Laurent. Sœur, je t'y ai suivie un soir, et tu ne le savais pas. J'ai fait cela parce que je t'aime.

— Entre avec moi, s'écria Cécile.

— Non, sœur, ce n'est pas possible. Oh ! j'y ai songé cent fois. Cent fois, je t'ai dit, en rêve : « Prends-moi, emporte-moi. » Mais non, ce n'est pas possible. J'ai bu, dès le commencement, des breuvages qui m'ont empoisonné pour le restant de mes jours. Il faut maintenant que je me débatte avec cette pesante raison qui ne me comble pas, mais qui m'a donné des habitudes tyranniques et dont je sens bien que jamais je ne pourrai me délivrer. Mais je t'envie, sœur, je t'envie. Il me semble que je vois s'élancer un beau navire et que je reste seul, sur le quai, en agitant un mouchoir.

Cécile avait saisi la main de son frère et la balançait lentement, comme font les enfants pour s'inviter à la course.

— Non, répéta Laurent, non, Cécile. Nous allons nous séparer. Nous sommes déjà séparés.

— N'en crois rien, dit la jeune femme. Je vais entrer seule dans l'église, puisque tu ne veux pas m'y suivre ; mais je ne me sépare pas de toi. Rien ne peut, à l'avenir, me séparer de toi.

Laurent fit avec les épaules un geste de lassitude, puis il se détourna sans hâte et s'en alla, suivant, comme au temps de son enfance, la bordure du trottoir, pendant que l'éternelle serviette pleine de papiers et de livres lui battait contre le flanc.

Cécile parmi nous, chap. XXVIII (*Mercure de France*, éditeur).

— 1 Allusion possible à Bergson (cf. p. 428). — 2 Saint-François-de-Sales, près du Parc Monceau.

JULES ROMAINS

Sa carrière   LOUIS FARIGOULE (1885-1972) est né à Saint-Julien-Chapteuil, dans le Velay de ses ancêtres ; mais son père était déjà instituteur à Paris. Naissance provinciale, enfance parisienne : celui qui deviendra JULES ROMAINS en littérature unit dans sa personne ces deux traits qu'il répartira, dans *Les Hommes de Bonne Volonté*, entre Jean Jerphanion et Pierre Jallez (cf. p. 435).

LA VIE UNANIME. C'est Paris qui lui apporte, dès 1903, la révélation de *l'unanimisme*, et il amorce, avant d'avoir vingt ans, une carrière de poète (cf. p. 35). En 1905 il est reçu à l'École Normale Supérieure où il poursuit des études philosophiques tout en marquant un grand intérêt pour les sciences naturelles (il publiera en 1920 de curieuses *Recherches sur la vision extra-rétinienne*). Agrégé en 1909, il enseignera la philosophie dans divers lycées jusqu'en 1919. Cependant sa vocation littéraire l'absorbe de plus en plus. Dès 1906, son service militaire à Pithiviers lui a inspiré un récit, *Le Bourg régénéré*, dont le sujet préfigure le roman de *Donogoo Tonka* et la farce satirique de *Donogoo* (1930) : c'est déjà la mystification créatrice, l'influence des fantaisies de l'imagination sur la vie collective. Nouvelle mystification dans *Les Copains* (1913) : une joyeuse bande d'amis monte un énorme « canular » qui tire de leur torpeur deux bonnes vieilles sous-préfectures d'Auvergne.

Dans l'intervalle, *Mort de quelqu'un* (1911) constitue un véritable *exercice unanimiste* (cf. p. 433). La vie collective y prend beaucoup plus de réalité que la vie individuelle : ainsi, dans une diligence, un vieillard se rendant à l'enterrement de son fils se fond dans le *groupe* des voyageurs qui devient un être autonome : « Le groupe ne sentait rien d'extérieur [...] Le groupe s'irritait de ne pouvoir remuer par lui-même [...] Le groupe, soudain, exista vers la femme qui avait parlé ». *Sur les Quais de la Villette* (1914) rassemble des récits également unanimistes, moins significatifs mais plus détendus (titre définitif : *Le Vin blanc de la Villette*).

L'ŒUVRE MAITRESSE. Après la guerre de 14, pendant laquelle il est mobilisé dans le service auxiliaire, Jules Romains se consacre surtout au théâtre, dans les années 1920-1930 qui virent le triomphe de *Knock* (cf. p. 386). Il fait paraître peu de romans *(Lucienne*, en 1922, premier titre de la trilogie de *Psyché*, complétée par *Le Dieu des Corps*, en 1928, et *Quand le navire...*, en 1929) ; mais c'est durant cette période que s'élabore son œuvre maîtresse, *Les Hommes de Bonne Volonté*.

Les quatre premiers volumes de ce « roman-fleuve » original dans sa conception paraissent en 1932 ; suivent, jusqu'en 1939, deux tomes par an. Après le désastre de mai 40, Jules Romains gagne les États-Unis, puis le Mexique ; il est de ceux qui n'acceptent pas la défaite et préparent les temps meilleurs. Il publie les tomes XIX-XXIV à New-York et les trois derniers volumes des *Hommes de Bonne Volonté* à son retour en France, où l'attend un fauteuil à l'Académie française (1946). Depuis la guerre ont paru un beau récit du Moyen Age : *Bertrand de Ganges*, puis *Violation de Frontières, Interviews avec Dieu, Le Fils de Jerphanion* (1956), *Un grand honnête homme* (1961), *Marc-Aurèle* (1968), *Amitiés et rencontres* (1970).

Les Hommes   LE DESSEIN. Dessein grandiose que celui de Jules ***de Bonne Volonté***   Romains composant *Les Hommes de Bonne Volonté* : il s'agit en effet de brosser une vaste fresque de la vie politique, économique et sociale entre 1908 et 1933. Le cadre déborde même la France : ainsi sera évoquée la naissance du régime soviétique en Russie (tome XIX, *Cette Grande Lueur à l'Est*). Mais les individus, replacés dans le courant de l'histoire, ne seront pas submergés : ils conserveront l'autonomie d'une vie authentique.

On songe à *La Comédie humaine*. Pourtant Jules Romains ne suivra pas les traces de Balzac ; il explique pourquoi dans sa Préface. Au romancier qui veut peindre le monde de son temps, la tradition offre deux procédés. Le premier, celui de Balzac, « consiste à traiter, dans des romans séparés, un certain nombre de sujets convenablement choisis, de sorte qu'à la fin la juxtaposition de ces peintures particulières donne plus ou moins l'équivalent d'une peinture d'ensemble » ; mais, selon Jules Romains, « nous gardons l'impression que l'unité de la série reste extérieure et par surcroît se complique d'un artifice. » Le second procédé consiste à écrire un long roman comme *Les Misérables* ou *Jean-Christophe* (cf. p. 106), dont l'unité est assurée par « la personne et la vie du héros principal » ; il sera également écarté, car il risque soit de sacrifier la peinture de la société, soit de réduire le héros à n'être qu'un simple prétexte. Et l'auteur inaugure un troisième procédé, *unanimiste :* pas de héros « miraculeusement élu », pas d' « action rectiligne », ni même d' « harmonie trop simple entre des actions multiples » ; mais « une diversité de destinées individuelles qui cheminent chacune pour leur compte, en s'ignorant la plupart du temps. »

L'EXÉCUTION. Le don majeur de Jules Romains, c'est de *susciter notre intérêt* pour les êtres et les milieux les plus divers, pour des activités dont certaines, dans la vie, n'attirent nullement notre attention. Il nous fait connaître des ouvriers à leur travail (cf. p. 443), des « humbles » comme l'abbé Jeanne, des puissances de la politique, de l'Église, de la finance, sans parler du chien Macaire, avec son humour et son plaisir à s'encanailler... Nous suivons aussi « passionnément » les spéculations d'Haverkamp que les rêves du petit Bastide poussant son cerceau dans une rue de Montmartre ; la camionnette d'un électricien ambulant réveille en nous un atavisme d'artisanat que nous ignorions ; nous sommes initiés à des intrigues de toute sorte ; nous lisons tels épisodes *(Le Crime de Quinette, Journées dans la montagne)* comme des romans policiers qu'ils sont en effet. C'est un foisonnement de vie, individuelle et collective, qui s'estompe parfois dans un halo de poésie, poésie secrète de Paris (cf. p. 435), poésie plus colorée, plus offerte, de Nice où il fait bon vivre (cf. p. 439).

Cet intérêt soutenu s'explique par une technique sûre et par des qualités intellectuelles remarquables. Animé d'une *curiosité universelle*, l'auteur complète par une *documentation rigoureuse*, d'une précision scientifique, sa connaissance de milieux très variés. Il a *le goût de l'humain* et un sens lucide de son inépuisable *diversité*.

On ne « raconte » pas Les Hommes de Bonne Volonté. *Disons simplement que, si ces XXVII volumes ne sont pas dominés par un héros, ils s'organisent autour de* deux personnages *qui ne sont pas sans parenté avec leur créateur ; « hommes de bonne volonté », les normaliens* JALLEZ *et* JERPHANION, *camarades de la promotion* 1908, *partagent l'idéal de Jules Romains : ils rêvent d'une large « confrérie des honnêtes gens » qui ferait régner la paix entre les hommes (cf. p.* 439 *et* 442*).*

Existence posthume

Un homme est mort, un certain Jacques Godard, cheminot retraité, qui « existait modérément par lui-même » et « n'existait qu'à peine par les autres ». *C'est la mort qui lui donne un regain d'existence*, car il devient la pensée commune, la raison d'être du *groupe* qui va se constituer autour de son cercueil. Tandis que sa chair se dissout, le mort se révèle au contraire *pôle d'attraction*, force de *regroupement*. Le récit nous transporte sans transition de Paris en Auvergne et d'Auvergne à Paris : ce « simultanéisme » tend à nous faire *sentir concrètement cette attraction* qui abolit les distances. Ainsi Godard continuera d'exister tant que vivra un être qui se souvienne de lui.

A Paris, dans la chambre, au quatrième, la chair du cadavre se débattait contre le néant. Après le dernier hoquet de l'agonie, elle avait éprouvé d'abord comme une espèce de délivrance. Mais la mort qui venait d'engloutir l'homme rongeait maintenant morceau par morceau la chair de l'homme.

Au deuxième étage de la maison, une femme était sortie de chez elle, tenant dans sa main droite les clefs bruissantes, et avait frappé à la porte voisine : « Qu'en dites-vous ? j'ai une idée. Si les locataires offraient une couronne à ce vieux qui est mort ce matin, une petite couronne par souscription ? » Pendant ce temps, sur le chemin, le père approchait du bourg. C'était le soir.

10 La lumière pour s'en retourner à l'ouest avec le soleil se détachait des choses ; elle n'était plus appliquée comme en plein jour, si étroitement qu'on ne distingue plus la chose de sa lumière. Elle flottait à quelque distance, elle était un voile que la respiration des choses avait l'air de soulever.

Le mort essayait de se concentrer vers la maison de Paris. Comme un escargot, lentement, visqueusement, il ramenait ses extrêmes antennes, et tout son être peu à peu sous sa coquille.

Il avait abandonné le cadavre ; cette chair qu'il avait possédée soixante ans, qu'il avait crue son inséparable, il la laissait à un millier d'âmes inconnues. Toutes ces âmes, elles surgissaient de la chair.

20 Quand la chair était à lui, il ne s'était jamais douté qu'il y en eût tant, tant de soumises et de patientes, mais déjà en embuscade, guettant l'occasion. Il ne leur disputait plus ce corps.

Mais alors le vieillard entrait dans le bourg [1] ; des familles allumaient leurs lampes ; malgré les rideaux on apercevait les intérieurs, car le jour les maisons voient la rue et pensent vers elle ; le soir, c'est la rue qui voit les maisons et qui pense vers les lampes.

Il traversa le pont en trébuchant un peu à cause de l'ombre, le pont où l'enfant avait couru le matin pour porter la nouvelle.

A Paris, une femme avait dit, en réglant la mèche d'une lampe : « Eh bien ! 30 c'est entendu, madame ; ma petite fille ira avec la vôtre chez les locataires ; on ne refuse jamais à des fillettes. »

Le vieillard longeait la berge ; la boutique du cordonnier était sombre ; Godard s'en réjouit ; il n'était pas forcé de deviner qu'il y eût quelqu'un, et il pouvait continuer sa route sans détourner la tête, sans se faire interroger par les bavards. Puis il réfléchit : « Au fond, ils n'en savent rien ; la dépêche est arrivée tout de suite là-haut. » Dans la boulangerie, une grosse carcel [2] créait des formes jaunes. Le marchand debout dans l'embrasure avait son ombre sur le chemin.

— Bonsoir !

— Bonsoir !

40 Le vieux se mit à pleurer. Le besoin lui en venait soudainement. Si l'homme ne lui avait rien dit, il n'aurait pas pleuré. Tant qu'il était seul sur le chemin, il se sentait encore juste assez de joie, de cette vieille joie qu'on a de vivre, pour mater son chagrin nouveau. Mais quand l'homme avait crié : « Bonsoir ! » et que lui s'était arrêté devant la porte, toute la sérénité de son cœur l'avait fui ; il n'avait gardé que le désespoir.

Mort de quelqu'un, IV (Librairie Gallimard, éditeur).

— 1 C'est le père du défunt. Prévenu par | conduira à la gare la plus proche. — 2 Lampe télégramme, il va prendre une diligence qui le | à huile (du nom de son inventeur).

LES « SIGNAUX » DE PIERRE ET D'HÉLÈNE

En lui confiant des souvenirs d'enfance au cours de leurs longues promenades, le Parisien JALLEZ initie Jerphanion, provincial du Velay, à la *poésie de la grande ville* et à celle des *amours enfantines* chantées par Baudelaire. Cette page qu'on va lire révèle en outre le vif intérêt qu'inspirent à l'auteur les *sociétés secrètes* et leurs *rites ésotériques*, qu'il s'agisse de la franc-maçonnerie, de telle organisation internationale secrète, de certains aspects de l'Église catholique, des Compagnons du Tour de France ou des chemineaux. Ici ce sont deux enfants, Pierre Jallez et Hélène Sigeau, qui, perdus dans la « ville tentaculaire », se sont créé ce *monde clos* dont rêvent sans doute tous les enfants et tous les amoureux ; inspirés par leur tendresse, par le goût du mystère et d'une innocente complicité, ils ont inventé *des signes de communication intelligibles pour eux seuls*. Reproduisant à leur insu les rites des sociétés secrètes, ils ont aussi retrouvé, en imaginant ces *idéogrammes*, la démarche qui permit à nos lointains ancêtres d'inventer l'*écriture*.

Tu n'imagines pas comme elle était attachante à considérer quand nous marchions le long d'une rue comme celle-ci, vers ces mêmes heures. Son air à l'aise ; son abandon total, sa confiance dans le flot. On en revient toujours à ces mêmes images. Dans notre première promenade, je t'ai parlé du « bon nageur [1] ». Tu es allé à la mer ? Non. Tu aurais vu ces enfants qui ont appris à nager tout petits, et qui ont une façon charmante de se laisser, de longs moments, porter, balancer par l'eau. On dirait qu'ils dorment dessus, un bras replié sous la tête.

Je ne lui ai jamais demandé si elle aimait Paris. Elle n'aurait pas compris ma question. Nous étions trop spontanés pour réfléchir à ça. Mais maintenant je pense à ma belle petite nageuse, qui me montrait si bien la façon de dormir sur le flot... En somme j'ai été ingrat avec elle. [...]

Jallez se juge ingrat *parce qu'il croyait avoir oublié son amie d'enfance.* « *Ma petite Hélène... Où peut-elle bien être en ce moment-ci ?* »

Nos rendez-vous, en général, nous nous les donnions de vive voix, d'une fois sur l'autre. Mais comme il pouvait se produire des empêchements, des changements d'heure ou de lieu, nous avions conservé, en le développant, notre système de signaux. Il était devenu d'une grande subtilité, et d'une grande souplesse. Nous étions arrivés à tout exprimer par de petits dessins. Sans user de mots, ni de chiffres. Nos signaux restaient ainsi davantage notre propriété. Ils risquaient moins d'être effacés ou altérés par une main étrangère. Surtout, personne ne pouvait en soupçonner le sens. Pour les inscrire, nous changions d'endroits. Mais plusieurs endroits nous servaient en même temps. Deux principaux : l'un plus près de chez moi, l'autre plus près de chez elle [2]. Il était convenu que celui de nous deux qui avait à donner ou à modifier un rendez-vous, bref à faire le signal, devait autant que possible aller l'inscrire à l'endroit le plus rapproché du domicile de l'autre. Par exemple, en sortant de chez moi, je passais devant le premier endroit

---

— 1 Cf. Baudelaire : « Et, comme un *bon* | — 2 Il habitait rue Blanche, au bas de Mont-
nageur qui se pâme dans l'onde,... » *(Élévation).* | martre ; Hélène près de la gare du Nord.

de signal, qui était à un moment donné rue de Navarin [3]. Si je n'apercevais rien j'allais au rendez-vous. Mais si par extraordinaire je n'y trouvais pas Hélène, après l'avoir un peu attendue j'allais à l'autre endroit de signal, celui qui était tout près de chez elle.

— Pourquoi ces complications ?

— Mais si. Hélène pouvait avoir eu un empêchement à la dernière minute, n'avoir pas eu le temps de courir jusqu'à la rue de Navarin. Un rendez-vous manqué, c'est déjà très pénible. Mais s'il faut s'en retourner sans explications, sans compter sur un autre rendez-vous, c'est encore bien plus douloureux. Les signaux me donnaient une explication sommaire, et un nouveau rendez-vous. Nous en avions d'autres qui ne répondaient à aucune utilité, qui ne servaient qu'à la tendresse. Sept ou huit emplacements convenus, en des lieux de Paris assez distants, où nous pouvions avoir l'occasion de passer l'un sans l'autre. Comme il s'agissait là non d'indications matérielles, mais de sentiments, il n'était pas grave et il pouvait même être délicieux que le destinataire ne rencontrât qu'avec un retard de plusieurs jours, ou parfois de deux ou trois semaines, le signal qui lui était fait. Par exemple, un dimanche, j'accompagnais mes parents qui allaient en visite dans la Plaine-Monceau. Je m'arrangeais pour leur faire prendre la rue de Lévis [4] ; ou bien je m'écartais d'eux sous un prétexte. Alors j'apercevais sur un étroit pan de mur, entre une fruiterie et une cordonnerie, quelque chose qui ressemblait vaguement à un entrelacement de triangles ou de cercles, et qui me disait pour moi tout seul : « Je suis passée ici lundi. Je pensais bien à toi, et je t'ai envoyé un baiser. » Tu imagines la figure que ce pan de mur de la rue de Lévis, que la rue de Lévis elle-même prenait pour moi ?

— Vous arriviez à vous dire tant de choses par un petit dessin ?

— Mais oui, comme dans les caractères chinois, où un tout petit détail ajoute, par accumulation, une idée de plus. Les enfants adorent les subtilités et le mystère. Les difficultés de notre langage symbolique ne nous rebutaient nullement. Et Paris, outre tout ce qu'il était déjà pour nous, nous devenait encore comme un clavier de communications occultes [5]. Tu me diras que de petits amoureux auraient pu faire la même chose sur l'écorce des arbres d'un chemin de campagne, ou d'une forêt. Non. Ce n'aurait pas été la même chose. Autour de ces amoureux-là, il y aurait eu tellement de silence et de solitude... Il faut te représenter la rumeur de Paris déferlant sur nos signaux imperceptibles. Cette multitude, où nous arrivions à être soudain présents l'un à l'autre. Songe à la force de « séparation » que déploie une ville pareille.

Les Hommes de bonne volonté. III,
Les Amours enfantines, chap. XXIII (Flammarion, éditeur).

— 3 Tout près de la rue Blanche. — 4 A proximité du parc Monceau. — 5 Au tome XXV, chap. 4 et 5, Vidal initiera le petit Charles Xavier (cf. p. 443) au *langage secret des vagabonds* : « Un rond, tout vide, ça voulait dire : *Rien à faire. Inutile d'insister. On ne vous donnera pas* de travail. *On ne vous fera pas l'aumône.* Si le rond était traversé d'une flèche pointée vers le bas, ça voulait dire : *Déguerpissez du patelin. Il y aura des ennuis.* [...] A Paris aussi les mecs se servaient quelquefois de signes sur les murs. Mais pas les mêmes. »

VERDUN, 21 FÉVRIER 1916

Quoiqu'il n'ait pas connu le front, Jules Romains a su rendre avec une *vérité* admirable les combats de la guerre de 14. A la façon dont le récit anecdotique se fond dans l'atmosphère générale de la bataille, on reconnaîtra *l'unanimisme* de l'auteur. Le naturel des propos échangés, puis les comparaisons empruntées aux activités du temps de paix donnent à la guerre une *présence* étonnante : il nous semble que nous faisons corps avec la bataille, comme les combattants. Et dans ce dépouillement, quelle *grandeur !* on ne pouvait rendre un plus bel hommage aux soldats de Verdun.
Au cours d'une inspection des avant-postes, le commandant Gastaldi et son adjoint, le sous-lieutenant Mazel, sont surpris par un bombardement. Ils se réfugient dans un abri enterré. Mais il faudrait établir le contact avec l'arrière ; pas de téléphone ; on envoie un agent de liaison : passera-t-il ?... Voici maintenant une nouvelle phase : après la préparation d'artillerie, c'est l'attaque.

Ils se turent quelques instants. Le bombardement semblait bien s'être reporté plus au sud.
— Pour en revenir aux téléphonistes, dit le chef de bataillon, « ç'a toujours été des farceurs ». Tenez, je me rappelle une histoire qui m'est arrivée en Oranie du Sud, du temps que j'étais simple lieutenant sous les ordres de Lyautey. Le téléphone de campagne en était encore à ses débuts, pour ainsi dire. Et là-bas ça n'avait peut-être pas une grande nécessité. Mais Lyautey — il n'avait pas encore fait son chemin — adorait qu'on soit moderne en tout. Il avait beaucoup d'amour-propre pour les troupes coloniales. Il disait souvent : « Est-ce que vous vous prenez pour des épaves du Second Empire ?... » Alors, un jour...
Gastaldi s'interrompit brusquement. Il regarda Mazel, la bouche ouverte.
— Hein ?
— Oui...
— Chut !...
Ils écoutaient, comme ils avaient écouté, quelques heures plus tôt, le cœur de Raoul devenu imperceptible[1].
Il n'y avait pas de doute. On n'entendait plus rien. Ce n'était pas simplement une accalmie, approximative ou locale. Plus rien jusqu'au fond de l'horizon, strictement plus rien. Le bombardement s'était arrêté d'un coup, comme certains orages.
— Mauvais, ça » murmura Mazel. Il regarda sa montre : 16 heures. Le silence durait depuis une minute. Il se glissa vers l'ouverture de l'abri, avec un reste de précautions. Il vit le sous-bois encore plein de poussière et de fumée. Des brindilles achevaient de tomber des branches. Tout sentait la ruine fraîche. Cela ressemblait à la minute qui suit l'effondrement d'une maison. Le silence était jeté là-dessus comme un drap sur un mort.

— 1 Le lieutenant Raoul commandait la | tout proche d'un obus de 77, il est dans le Grand'Garde 1 ; commotionné par l'éclatement | coma.

Pendant ce temps, Gastaldi avait rampé jusqu'au trou du fond de la sape.
Il regarda attentivement la portion du ravin et l'étroite bande des lignes
ennemies que son œil pouvait atteindre. Rien ne bougeait encore dans le
jour déjà déclinant.

Les deux hommes se retrouvèrent au milieu de l'abri.

— Ils sortent ?

— Je n'ai rien vu.

— Qu'est-ce qu'on fait, nous ?

Le commandant haussa les épaules :

— Si je pensais que nous ayons le temps de rentrer...

Il retourna au fond de la sape :

— Venez ! Venez ! » cria-t-il, « les voilà !... Passez-moi un fusil. Il y a les
fusils de ces pauvres bougres [2], dans l'encoignure en face de vous.
Donnez-m'en un. Quand le magasin sera vidé, vous me passerez l'autre.
Est-ce que vous voyez assez clair pour recharger ?

— Vous ne croyez pas » dit Mazel en lui tendant le premier fusil, « que
nous serions plus utiles là-bas ?

Mais Gastaldi venait d'entrer dans une sorte d'exaltation :

— Allez-y si vous voulez. Moi, je tire... Il n'y a personne pour les
recevoir. Tout le monde est mort. Je ne les laisserai pas monter comme ça.

*
** *
**

A la première ligne du Bois d'Haumont, du Bois des Caures, du Bois de
Ville, de la Montagne, de l'Herbebois, il y avait, ça et là, des gens qui par
hasard n'étaient pas morts. Par paquets de deux ou trois, dans une tranchée,
dans un abri. Quelquefois même, dans une plus parfaite solitude, celle
d'un homme réellement seul, au milieu d'une terre éboulée et de camarades
morts. Chacun pensait comme Gastaldi qu'à gauche et à droite tout le
monde était mort.

Chacun de ces survivants solitaires voyait ainsi de petites silhouettes,
couleur de sauterelle grise, sortir là-bas de la tranchée ennemie ; sortir
non par un jaillissement dru, mais peu à peu, presque une à une. Sans
aucune précipitation. Comme des ouvriers de la voie qui ayant fini leur
travail verraient arriver le train de plates-formes qui doit les ramener, et
se dirigeraient vers lui en traînant leurs souliers sur le ballast.

Des silhouettes courbées ; avec un bras droit ballant, lequel tenait un
instrument assez court, qui était un fusil ; avec une tête surbaissée par le
casque, rendue pareille à une enflure pustuleuse, à un bubon.

Les silhouettes ne montaient pas vite ; ne montaient même pas droit.
Elles avaient l'air de choisir leur chemin. Cela ne ressemblait nullement à
un assaut. On aurait dit des gens qu'on a chargés de recueillir des choses

— 2 Des deux soldats qui se trouvaient dans | l'abri, l'un a tenté d'établir la liaison, l'autre
a dû périr sous le bombardement.

tombées ; ou qui cherchent des champignons dans l'herbe, des escargots dans les buissons.

Chacun des survivants était donc persuadé qu'il était seul, ou qu'ils étaient deux ou trois camarades seuls, tout seuls en première ligne, à voir venir ces visiteurs un peu lents, et gris sauterelle. Que pouvait-il faire à lui seul ? Que pouvaient-ils faire à deux ou à trois dans les décombres de leur tranchée ? Pourtant ils se mettaient à tirer en écartant le camarade mort qui les empêchait de s'appuyer au parapet, comme trois heures plus tôt ils en avaient écarté un autre pour casser la croûte. Et quand il leur restait une mitrailleuse que le bombardement n'avait pas démolie, l'un des survivants pointait la mitrailleuse, et l'autre passait les bandes.

Alors ils étaient tout surpris d'entendre que de loin en loin, le long de la première ligne, d'autres fusils tiraient ; que d'autres mitrailleuses faisaient tac-tac-tac-tac... « Tiens ! ils ne sont pas tous morts ! » se disaient-ils. A quoi ils ajoutaient aussitôt : « Mais en arrière, qu'est-ce qu'ils font ? Qu'est-ce qu'ils attendent pour venir nous aider ? Qu'est-ce qu'ils attendent pour demander l'artillerie [3] ? »   *Les Hommes de bonne volonté.* XVI,
                                                        Verdun, chap. VII (Flammarion, éditeur).

Douceur d'un monde habitable

Dans cette *lettre* de Nice, JALLEZ annonce à son ami Jerphanion qu'il le retrouvera bientôt à Paris, avant de gagner Genève où l'attend un poste à la Société des Nations. La *douceur de la vie*, que son séjour à Nice lui apprend à mieux goûter, donne tout leur sens aux fonctions qu'il va exercer désormais : il s'agit en effet de travailler pour la paix, pour la préservation de cette merveilleuse et fragile réussite humaine qu'est *une civilisation*, « un monde habitable ». Ce texte illustre d'abord l'esprit d'une époque, de ces années 20 qui virent s'épanouir une « mystique de la S.D.N. » ; mais il déborde largement cet intérêt documentaire. Lorsque ces lignes parurent, la guerre de 1939 était commencée : ainsi les réflexions de Jallez, tout en prenant une saveur *amère*, invitaient le lecteur à *espérer, malgré tout,* et révélaient chez l'auteur le ferme propos de poursuivre, en dépit de la guerre, *le grand combat pour la paix* (cf. p. 441-443).

Nous ferons deux ou trois grandes balades, au moins, à travers Paris. Je pense aux vieilles rues de Ménilmontant, dans le haut, à celles qui courent à flanc de colline, avec leurs petites maisons de 1830 à l'enduit craquelé. Nous cheminerons interminablement pour aller finir du côté de la Seine, à Bercy. Qu'en dis-tu ?

Chemin faisant, je te parlerai de Nice, que tu es un criminel de ne pas connaître. Je suis sûr que tu adorerais cette ville. Elle est plus précieuse que jamais à des gens comme nous.

Ce qui me plaît dans mon histoire de la S.D.N., c'est que, sans me faire trop d'illusions sur les vertus *actuelles* de l'institution elle-même, ou sur le rôle évidemment modeste que j'y pourrai jouer, j'aurai du moins cette consolation de travailler dans le sens du bien, dans le sens de « Dieu ». Cette S.D.N. n'est sans doute qu'un commencement, mais un commencement grandiose. Le plus

---

3 Si les artilleurs ne déclenchent pas le tir de | barrage, c'est que, faute de liaison, ils ne savent sur quoi tirer.

lointain avenir — si l'avenir ne nous est pas refusé, si notre monde ne périt pas —
partira de là. C'est le baraquement, à la place où se construira l'Église Universelle.
Oui, je sens cela comme une Église, comme la naissance d'une Église [1]. Et je
voudrais le faire sentir aux autres. S'il tenait à moi, j'aimerais travailler à susciter
et à répandre une mystique de la S.D.N.
　　Je crois à l'universel ; et je crois aussi de plus en plus à ce qui dans l'univers
20 est floraison, faveur du sort, enclos préservé, réussite, éminence, grâce exceptionnelle de la nature et du temps ; et il ne me semble pas que ceci soit en
contradiction avec cela.
　　La terre est une faveur du sort, un enclos préservé, une réussite. L'humanité
en est une, en dépit de toutes ses misères. Notre civilisation en est une, en était
une hier, du moins.
　　Mon hiver à Nice m'a fait sentir tout cela encore un peu plus fort. Nice est une
rencontre insolente de faveurs. Le long des rues de Ménilmontant, qui ce jour-là
je l'espère sauront se procurer en notre honneur un gentil soleil d'avant-
printemps, je tâcherai de t'expliquer pourquoi tu aimerais Nice comme moi, s'il
30 t'arrivait d'y passer quelques semaines.
　　Une baie qui vaut celle de Naples, dans un style plus simple et plus grand ;
des collines plus belles, plus variées, plus riches de détails et d'excitations que
celles de Florence ; à dix kilomètres de la place Masséna, de ses cafés, de ses
arcades, un village comme Aspremont qui pourrait être l'un des plus sauvages
de la Corse ou des Balkans ; à quarante kilomètres de la Promenade des Anglais,
de ses jeunes femmes, de ses ombrelles, Peira-Cava, comblée de neige, environnée
de cimes alpestres et de glaciers, et d'où l'on voit, comme du Trophée de la
Turbie [2], la mer briller au loin et en bas. La vieille ville, qui est un concentré
d'antique civilisation méditerranéenne dans sa bonhomie de chaque jour et sa
40 ténacité de chaque siècle ; la ville nouvelle qui me plaît par sa richesse bien
avouée, point honteuse d'elle-même, sa facilité, son absence de morgue, par la
dose de mauvais goût qui sied à la surabondance, par le résumé et le témoignage
qu'elle est d'une longue époque heureuse, celle qui s'étend de la fin du cauchemar
napoléonien au début du cauchemar de 14 : ce cher XIXe siècle, qui, pour nous
faire plaisir, pour nous permettre à nous autres de savoir ce que c'est qu'un
monde habitable, avait fait un enjambement d'un peu plus de dix ans sur le
calendrier.
　　Mais plus que tout, une saveur de la vie, en chaque recoin répandue, et que
l'on sent dans la plus banale rue traversière, dans la dernière ruelle des vieux
50 quartiers ou des vallons de banlieue, comme on sent l'odeur d'un feu de bois
courir partout dans une maison propre.
　　Propre et saine. Car tout cela se porte bien. Tout cela ne gémit pas d'être né,
n'accepte ni davantage n'attire la malédiction. Tout cela, dans la bonne conscience
et comme religieusement, atteste la douceur de la vie.
　　Le reste du monde ne semble pas être de la même humeur, vas-tu me dire.
Oh ! je sais, je suis payé pour le savoir [3]... Et c'est peut-être le reste du monde,
ravagé par les sombres délires, qui finira par avoir raison. Mais ce jour-là, c'est
« Dieu » lui aussi (quel que soit le sens qu'on donne à ce mot) qui sera battu.

　　Les Hommes de bonne volonté. XVIII, *La douceur de la vie,* chap. XIX (Flammarion, éditeur).

— 1 Cf. le titre du tome VII des « Hommes
de bonne volonté » : *Recherche d'une Église.* —
2 Monument romain qui domine la mer. —

3 Au sens propre !... si Jallez va être *payé*
comme fonctionnaire de la S.D.N., c'est parce
que la guerre menace.

Pèlerinage aux toits de l'École

Au nombre des traditions normaliennes figure la promenade sur les toits de l'École, exercice presque acrobatique du temps où n'existaient pas encore les nouveaux bâtiments et leurs accueillantes terrasses. Ancien combattant, marié, père d'un petit garçon, secrétaire d'un homme politique et bientôt député lui-même (les élections de 1924 sont proches), « l'archicube » JERPHANION accomplit donc un « pèlerinage » sur ces hauts lieux. D'abord humoristique, le ton devient grave lorsque Jerphanion mûri se compare au jeune homme qu'il fut, se demande s'il a su conserver « l'élan initial ». Le bilan est triste, de tant d'efforts vainement déployés *pour faire régner la paix.* Mais cet *homme de bonne volonté* ne renoncera pas : il veut croire qu'il réussira peut-être ou qu'un autre réussira quelque jour là où tous, jusqu'ici, ont échoué. — Cette page est un peu la « prière sur l'Acropole » de Jerphanion et de Jules Romains.

Il dit au caïman [1] Belplanque :
— Je voudrais aller faire un tour sur les toits.
— Vraiment ?... Vous croyez ?
— Pourquoi pas ?
— C'est tout de même assez dangereux.
— Pas plus qu'autrefois, je suppose.
— Oui, mais...
— Vous insinuez que je ne suis plus aussi jeune ?
— Plus aussi habitué.
— Je prends la responsabilité sur moi.

Ils montèrent aux étages supérieurs. Jerphanion s'aperçut qu'il avait oublié le chemin. Belplanque le conduisit jusqu'à une petite porte. Jerphanion eut l'impression de la reconnaître. Il se retourna :

— Merci, cher monsieur. Maintenant je vais me débrouiller tout seul. Je vous ai assez dérangé.

— Mais non. Je n'ai rien à faire. Je vous accompagnerai.

« Me voilà joli » pensa Jerphanion. Il dit :

— Écoutez, mon cher camarade... si cela ne vous ennuie pas trop. Je préfère être seul. Pour moi, c'est un peu un pèlerinage.

L'autre fit un regard inquiet.

« Il s'imagine peut-être que j'ai l'intention de me jeter dans la cour. »

* * *

Jerphanion fut accueilli aussitôt par le Panthéon, la Tour d'Henri IV, le Val de Grâce, et une masse de souvenirs dont la cohésion et le mordant étaient inattendus.

Il revit la pèlerine de Caulet [2], la tête un peu penchée de Caulet. Il réentendit sa voix : « Comme un vol de gerfauts hors du charnier natal... » Les propos de

---

— 1 Dans l'argot de la rue d'Ulm, un *caïman* | ancien élève de l'École. — 2 Camarade de est un agrégé répétiteur, un *archicube* est un | Jerphanion à l'École Normale.

Caulet, arrivant soudain du passé, vinrent l'éclabousser comme une vague. Il lui sembla que rien n'avait jamais été dit d'aussi amusant, d'aussi jeune ; que plus rien jamais ne serait dit. Le monde, depuis ce jour rougeâtre de l'automne 1908, avait perdu de la sève.

30 « Rare Caulet ! Combien de fois l'ai-je revu depuis la guerre ? Nous sommes tous des gâcheurs... Le monde, comme un four noir. Une ponctuation d'amitiés, une chaîne à la fois secrète et flamboyante comme Cassiopée ; seule excuse peut-être pour une telle quantité d'abîme. Quand je m'apercevrai que c'est ça, la vérité, la moitié de mes amis seront morts, et par négligence j'aurai perdu les autres. »

Il avait grimpé les marches ajourées, atteint la plate-bande striée de minces traverses. « J'ai un petit peu peur... comme jadis... ni plus ni moins. Haudromont [3] n'a rien enlevé à la peur, rien ajouté. »

« Un bon promenoir pour la rêverie ambitieuse... » Il avait pensé cela jadis, en ce même lieu ; textuellement ces mots-là.

40 « Qu'est-ce que je suis venu faire au juste ?... Retrouver l'élan initial... Les jours uniques, où l'on est foudroyé par sa propre vérité. Retrouver. Ressaisir. Faire comme si l'on était de nouveau ce jour-là... Alors ?... Comme si rien ne s'était passé ? [...]

« Je suis venu chercher ici l'élan initial, oui, mais pour retrouver une ardeur, et non des formules ; pour mettre mon ardeur d'alors au service de ma foi de maintenant. Je serai bientôt un homme de quarante ans, hélas... Ne nous vieillissons pas. J'ai trente-sept ans. Quand je ferai mes débuts à la Chambre, j'en aurai trente-huit. Je ne veux pas que la foi de cet homme de bientôt quarante ans se projette avec moins d'énergie que si elle sortait d'un homme de vingt ans.

50 Voilà tout. Bien sûr, j'aimerais mieux avoir en avant de moi, de nous, un monde nouveau à construire que ce monde-ci d'abord à sauver. Mais c'est l'histoire qui a choisi pour nous. Et nous ne construirons ensuite que si nous avons d'abord sauvé. D'ailleurs, le salut ne s'obtiendra lui-même que par construction. L'homme qui dresse la digue couvrant un village menacé est plus constructeur à lui seul que tous les maçons du village. L'homme qui construirait la paix pour au moins deux générations — et ensuite l'habitude de la paix serait la plus forte — abriterait de son envergure les fabricants de lois, les réparateurs et rajeunisseurs de sociétés, comme les poètes et les savants, le souk de la beauté comme le souk de la justice, les rangées en long et en large d'artisans myopes

60 et ingrats qui oublient que tout leur bazar serait soufflé par la catastrophe.

« J'en suis sûr. J'en suis sûr. »

En même temps qu'il se le répétait, il se sentait approché par une pensée anxieuse :

« D'autres en ont été sûrs avant moi. [...] Alors pourquoi ont-ils été impuissants, mon Dieu ? Pourquoi ne m'ont-ils pas empêché d'aller au ravin d'Haudromont ? Pourquoi n'ont-ils pas réussi à faire que sept ans après Verdun je ne tremble pas pour mon petit garçon, pour le petit garçon du paysan qui m'interrogeait dans la montagne [4], pour cette masse de ville en face de moi avec ses cheminées et ses dômes, pour tous les vivants, pour toutes les maisons ?

70 « Alors, c'est qu'ils n'ont pas su ? Il faut que je me dise qu'ils n'ont pas su. Et il faut que je sache pourquoi ils n'ont pas su. Il faut que je questionne ceux que

---

— 3 L'un des champs de bataille de Verdun. — 4 Au cours d'une tournée électorale.

je peux atteindre ; comme l'explorateur qui part à la découverte du pôle questionne ceux qui ont essayé avant lui, et qui ont raté. Il faut que je me rende compte si c'est la foi qui leur a manqué, ou les moyens, ou une atmosphère favorable. Qu'une chose n'ait jamais encore été réussie ne prouve rien. Toutes les inventions de l'homme ont commencé par être des échecs de l'homme. Tant qu'un fléau n'a pas été vaincu, les hommes de peu de foi prétendent qu'il est invincible. Chaque fois que je me sentirai découragé, ou douteur, j'évoquerai cet endroit où je suis, cette minute.»

Les Hommes de bonne volonté. XXII,
Les Travaux et les Joies, chap. III (Flammarion, éditeur).

VIDAL A L'OUVRAGE

Le petit Charles Xavier est élevé dans un orphelinat : son père a été tué en 18, sa mère l'a abandonné à sa naissance. Un jour son « correspondant » Vidal, électricien ambulant, obtient de l'emmener avec lui en tournée. Ancien voyou, Vidal s'est battu bravement et la guerre l'a transformé. En outre, avant la mort du sergent Xavier, il lui a promis de veiller sur Charles. Celui-ci, qui a quatorze ans, est émerveillé par l'ingénieux agencement de la camionnette de Vidal. Il lie amitié avec la chienne Vivette, d'abord un peu jalouse. Mais la tournée est commencée, et c'est maintenant la dextérité de l'électricien qui va susciter l'admiration de l'enfant, comme celle de l'auteur et la nôtre. Dans le vaste panorama de notre époque constitué par *Les Hommes de bonne volonté*, Jules Romains réserve une place importante au *travail manuel*. Ici *l'éminente dignité du travail* apparaît d'autant mieux si l'on songe au passé de Vidal.

V iens avec moi à la camionnette. Tu tâcheras de bien te rappeler où je prends mes affaires. Ça pourra te servir pour une autre fois.

La visite à la camionnette fut l'occasion d'un petit dialogue entre Vidal et la chienne.

— Ne bouge surtout pas ! » disait Vidal. « Je vais rester longtemps.» Il appuyait sur le mot longtemps, et il l'accompagnait d'un hochement de tête lent, plusieurs fois répété, avec lequel la chienne devait être familière. Elle répondit par des gestes des oreilles et de la queue, et par un faible gloussement. Le tout voulait dire, à l'évidence : « Compris. On ne bouge pas. Ce n'est pas spécialement drôle. Mais on y est habituée.»

Le travail s'engagea et se poursuivit sans incident notable. Charles avait admiré l'adresse de Vidal dans sa façon de parler aux gens. Il l'admira de nouveau dans son traitement de l'ouvrage. Le jeune garçon ne connaissait pas le métier d'électricien, mais il avait vu souvent des camarades, ou des adultes, travailler auprès de lui. Il savait déjà qu'il existe plus d'une manière de travailler gauchement, et qu'elles se trahissent dès les premiers gestes. Il y a l'homme, jeune ou vieux, qui semble n'avoir rien prévu, rien calculé, qui change perpétuellement d'avis, qui a des repentirs, qui recommence. Il y a celui qui semble n'avoir pas de mémoire ; s'il remonte une

20 pièce, il s'aperçoit en terminant qu'il en a oublié une autre qui doit se fixer au-dessous. Il y a celui qui n'a jamais l'outil qu'il lui faut sous la main ; quand il est en haut de son échelle, c'est toujours son marteau qu'il trouve au moment d'arracher un clou, ses tenailles au moment d'en planter un. Alors il ne cesse de trotter, en maugréant, du haut en bas de son échelle, persuadé que la guigne s'attache à lui. Il y a celui qui est constamment affolé, comme si la petite difficulté qu'il rencontre se présentait pour la première fois dans l'histoire du monde. Celui qui est constamment en sueur, comme si l'immensité de la besogne le débordait. Et dix autres qui vous jouent chacun, avec une conviction que rien n'entame, leur comédie 30 particulière.

Vidal, lui, était beau à regarder. Il glissait à travers son travail, sans accrocher jamais, comme s'il eût repéré d'avance tous les chemins. Il ne semblait pas pressé. On eût dit qu'il acceptait une occasion comme une autre d'occuper ses mains pour se distraire l'esprit. Sa longue habitude de travailler sans aide lui avait donné en effet des élégances d'acrobate ou de prestidigitateur. A la seconde même où le besoin s'en faisait sentir, l'on voyait de dessous son bras, d'entre ses jambes, d'une poche de sa veste, on avait envie de dire : de sa manche, sortir un tournevis, une vrille, une pince, un marteau, une mignonne paire de tenailles. Soudain apparaissait 40 entre son pouce et son index le boîtier d'un double-mètre en métal élastique. Le ruban de métal filait le long du mur, puis rentrait brusquement, comme l'immense langue d'une bestiole. Jamais la mesure n'était fausse. Jamais l'on n'entendait Vidal grogner des « Zut ! » ou des « Sacré ceci ou cela ». Il prenait toute la responsabilité de l'affaire. Il n'accusait point les clous de se tordre exprès, ni le bois de se fendre, ni le plâtre du mur d'éclater par morceaux. Tout ce qu'il se permit en ce sens fut de dire une fois : « Les murs ne sont pas fameux. » Dans son attitude à l'égard du travail il restait même, peut-être, quelque chose de l'ancien voyou : le refus de prendre la chose trop au sérieux, d'être trop servilement absorbé ; de s'étonner de ce 50 qui étonne ou déconcerte les autres ; une trace de mépris ; l'affectation de loisir au sein de l'attention et de l'effort. Quand il regardait l'ouvrage, de ses longs yeux plissés, de son visage mince et fripé, il tenait à mettre les distances.

De temps en temps, il descendait de l'escabeau, allumait une cigarette, se reculait, examinait ce qui restait à faire. Puis il coupait une longueur de fil, renouvelait la provision de pointes dans sa poche, changeait sous son bras un outil contre un autre. Charles n'avait guère à l'aider. Quelquefois Vidal s'en excusait :

— Tu t'embêtes ? Je ne te fais rien faire.

60 — Oh non ! Je regarde. Ça m'intéresse.

— Tiens. Voici un tournevis. Démonte-moi le vieil interrupteur. C'est facile.

Les Hommes de bonne volonté. XXV, chap. VI (Flammarion, éditeur).

LE ROMAN PSYCHOLOGIQUE

Tel s'en va chercher l'homme sur les routes du monde et sacrifie, au moins provisoirement, à l'attrait des contrastes : ainsi Louis Chadourne (*Le Pot au Noir*, 1923) et son frère Marc (*Vasco*, 1927); les frères Jérôme et Jean Tharaud, dans leurs enquêtes vivantes et compréhensives (*La Rose de Saron*, 1927); Paul Morand, qui cultive un aimable cosmopolitisme (*Bouddha vivant*, 1927). L'évasion par le rêve (Francis de Miomandre) ou par l'intrigue romanesque (Pierre Benoit : *L'Atlantide*, 1919) ne laisse pas de contribuer, elle aussi, à cette vaste enquête. Bref, tout roman est *psychologique* à quelque titre; mais sous cette rubrique nous grouperons les *analystes* qui, joignant l'introspection à l'observation, ont voulu avant tout, sans mettre l'accent sur les problèmes métaphysiques, approfondir notre connaissance de la *nature humaine* et se sont inscrits de la sorte, après une Madame de La Fayette, un Benjamin Constant, dans l'illustre lignée de nos *moralistes*.

RAYMOND RADIGUET

Un génie adolescent   Au lendemain de la guerre de 14, c'est à un adolescent, RAYMOND RADIGUET, que revint l'honneur de renouveler la tradition française du ROMAN D'ANALYSE. Sa trop brève carrière se présente sous le signe d'un *double prodige :* une étonnante *précocité* qui rappelle Rimbaud, et, chez un jeune homme qui appartenait à l'avant-garde cubiste et dadaïste, une parfaite *maîtrise* des sentiments, de la pensée et du style, aboutissant à cette *banalité supérieure* qui, selon Gide, caractérise le *classicisme*.

Né au Parc Saint-Maur en 1903, Radiguet écrit des vers dès l'âge de quatorze ans ; à quinze ans il collabore à des revues (*Sic*, puis *Littérature, Aujourd'hui*, etc...) ; à seize ans il correspond avec André Breton, Tristan Tzara et commence à écrire un roman, *Le Diable au corps*, qui paraîtra en 1923. Devenu l'ami de Max Jacob et de Jean Cocteau, il publie en 1920 un recueil de poèmes, *Les Joues en feu*, donne en 1921 une comédie loufoque, *Les Pélican* (c'est-à-dire « la famille Pélican ») et rédige la même année un conte, *Denise*. Il meurt de la typhoïde, en décembre 1923, sans avoir vu paraître son second roman, *Le Bal du Comte d'Orgel* (1924).

LE DIABLE AU CORPS serait une « fausse confession » comme celles « où l'on se charge de méfaits non commis, par orgueil ». « Le roman exigeant un relief qui se trouve rarement dans la vie, il est naturel que ce soit justement une fausse autobiographie qui semble la plus vraie. » Pendant la guerre de 1914, un adolescent devient l'amant d'une jeune femme dont le mari combat sur le front... Écoutons encore l'auteur : « On y voit la liberté, le désœuvrement, dus à la guerre, façonner un jeune garçon et tuer une jeune femme » ; devant les responsabilités qu'il aurait à assumer, il apparaît que le héros n'est pas encore un homme, et Marthe, sa maîtresse, meurt... ; le mari élèvera l'enfant qui n'est pas le sien.

Quant au BAL DU COMTE D'ORGEL, c'est une version moderne de *La Princesse de Clèves :* l'héroïne, Mahaut d'Orgel, lutte désespérément contre la passion qui l'entraîne vers François de Séryeuse, — jusqu'à tout avouer à son mari. Chez un auteur si jeune, la pénétration psychologique tient de la *divination*, mais l'analyse tend à devenir *une fin en soi*, au lieu d'aboutir à la communion ; ce qui était pudeur dans le roman de Mme de La Fayette risque de paraître ici froideur et détachement. Le lecteur est partagé entre l'admiration et une sorte de gêne devant cette *lucidité implacable*.

DÉTRESSE ET JOIE D'ÊTRE AIMÉE

Mahaut d'Orgel vient d'écrire à la mère de celui qu'elle aime : elle lui avoue son amour, lui demande son aide (« Il faut donc que François ne me voie plus. »), mais affirme que cet amour n'est point partagé. « Elle me cache la vérité, pensait Mme de Séryeuse [...] Elle me ménage. » Mahaut a écrit cette lettre pour obtenir du secours contre elle-même ; elle le croit du moins, mais, *inconsciemment*, n'a-t-elle pas aussi trouvé là un moyen de faire savoir à François qu'elle l'aime, et d'obtenir la preuve qu'elle est aimée ? Admirable exemple de *l'ambiguïté* des actes humains et des sentiments secrets, surtout lorsqu'un être, si pur soit-il, est *envahi par la passion*. L'entrevue de Mme DE SÉRYEUSE illustre cette même ambiguïté, compliquée par le malentendu initial, la « maladresse » des deux femmes et cette contagion de l'amour qui transforme Mme de Séryeuse. — On reconnaîtra dans cette page l'influence de Stendhal.

Ce fut dans sa chambre que Mahaut reçut Mme de Séryeuse. Elle avait fait dire qu'elle n'était là pour personne, sauf pour elle. Les deux femmes parlèrent d'abord de choses indifférentes.

Mme d'Orgel ne savait comment aborder un tel sujet. Devant ce silence Mme de Séryeuse se dit : « Il faut que ce soit plus grave encore que j'imagine. » Et, persuadée de ses torts, elle commença, timide, comme si c'était elle qui eût été en faute :

— Je n'ose vous apporter mes excuses au sujet de mon fils...

— Oh ! Madame ! Quelle bonté ! s'écria Mahaut. Et, mue par son
10 cœur, elle prit les mains de la mère.

Sur ce terrain glissant, comme des patineuses novices, ces deux femmes pures rivalisèrent de maladresse.

« Non, non, disait Mahaut, je vous affirme que François est étranger à ce drame. »

Mme de Séryeuse, convaincue que c'étaient là les derniers scrupules de Mahaut, s'écria qu'elle savait à quoi s'en tenir sur les sentiments de François.

— Que vous a-t-il dit ? demanda Mme d'Orgel. — Mais je le sais, enfin ! répliqua Mme de Séryeuse. — Mais quoi ? — Qu'il vous aime.
20 Mme d'Orgel poussa un cri. Mme de Séryeuse eut vraiment le spectacle d'une détresse humaine. Tout le courage de Mahaut venait-il d'une espèce de certitude que François ne l'aimait pas ? Une joie folle éclaira une seconde son visage, avant que Mme de Séryeuse pût voir cet être déraciné, secoué par la douleur. François arrivant en cet instant, elle était à lui. Rien n'aurait pu l'empêcher de tomber dans ses bras, pas même la présence de sa mère.

Mme de Séryeuse comprit tout. Effrayée, elle chercha vite à se reprendre.

— Je vous en conjure, s'écria Mahaut, ne m'arrachez pas ma seule joie, ce qui me fera supporter mon devoir. Je ne savais pas qu'il m'aimât. Heureusement mon sort ne m'appartient plus. Je vous demande donc encore davantage de me cacher François. S'il m'aime, inventez ce que vous voudrez, mais ne lui dites pas ce qui est vrai ; nous serions perdus.

A parler de son amour, et à la mère de celui qu'elle aimait, Mme d'Orgel se complaisait presque. Après ses premiers transports :

— Il doit venir, ce soir, à notre dîner, dit-elle d'une voix plus assurée. Comment l'en empêcher ? Je ne pourrai le revoir sans m'évanouir.

Au fond Mme de Séryeuse préférait agir sans retard. Encore sous l'influence de cette scène, elle convaincrait mieux François. Elle le trouverait sans doute à sept heures chez les Forbach.

— Il ne viendra pas, dit-elle. Je vous le promets.

Ce qui, dans cette scène, n'eût pas le moins stupéfait Séryeuse, eût été l'attitude de sa mère, qu'il croyait froide. Le spectacle de cette passion réveillait chez elle la femme endormie. Elle avait les larmes aux yeux. Elle embrassa Mahaut. Toutes deux sentirent leurs joues brûlantes et mouillées. Quelque chose de presque théâtral grisait Mme de Séryeuse. — C'est une sainte, se disait-elle, en face du calme que donnait à Mahaut la certitude d'être aimée. *Le Bal du comte d'Orgel* (Grasset, éditeur).

Comme la princesse de Clèves, Mahaut en sera réduite à avouer à son mari qu'elle aime un autre homme ; *mais, soucieux avant tout de sauvegarder les apparences mondaines, le comte d'Orgel, avec « une frivolité grandiose », entend bien que François de Séryeuse paraisse au bal qu'ils vont donner...*

JEAN GIRAUDOUX

Avant de trouver sa voie au théâtre (cf. p. 398), JEAN GIRAUDOUX fut connu comme romancier, depuis un recueil de nouvelles, *Provinciales*, paru en 1909, jusqu'à *Églantine* (1927). Il avait publié dans l'intervalle, outre trois livres concernant la guerre (cf. p. 398, § 2), *Simon le Pathétique* (1918) ; *Elpénor* (1919) ou l'*Odyssée* vécue par le moins courageux et le moins brillant des compagnons d'Ulysse ; *Suzanne et le Pacifique* (1921, cf. p. 448) ; *Siegfried et le Limousin* (1922), d'où naîtra sa première pièce, *Siegfried ; Juliette au Pays des Hommes* (1924, cf. p. 450) et *Bella* (1925). Ses succès à la scène ne mirent d'ailleurs pas un terme à sa production romanesque, et il donna encore les *Aventures de Jérôme Bardini* en 1930, *Combat avec l'Ange* en 1934 (une jeune femme tente vainement d'introduire le tragique dans sa vie et dans son amour), enfin *Choix des Élues* en 1939.

LA TENTATION DU ROMAN A CLÉS. Ses fonctions au Quai d'Orsay, les hommes politiques qu'il y connut ont laissé une trace dans certains de ses romans. Ainsi, dans *Bella*, Philippe Berthelot (cf. p. 398, § 3) lui inspire la belle figure de Dubardeau, tandis que Raymond Poincaré est injustement maltraité sous le nom de Rebendart ; dans *Combat avec l'Ange* nous voyons mourir un Briand idéalisé, Brossard. Louange ou satire, cet aspect de roman à clés, s'il pique notre curiosité, n'est pas le meilleur de son œuvre.

PRÉCIOSITÉ OU POÉSIE ? Loin de la satire, plus loin encore de tout « réalisme », Giraudoux emprunte d'ordinaire les sentiers de la *fantaisie* et de *l'humour* où nous aimons à le suivre. Sentiers si charmants qu'il semble parfois oublier le but, parmi *les méandres de son imagination et les arabesques de sa phrase*. Ce sont des romans peu consistants, des aventures peu croyables et qui ne cherchent pas à l'être, des figures — surtout féminines — aimables dans leur gratuité. Détours, chatoiement des images, quintessence d'impressions ou de sentiments, n'est-ce point là une nouvelle *préciosité*? Mais on pourrait dire de

Giraudoux ce que Brunetière disait de Marivaux : « il est singulier dans l'exécution parce qu'il est neuf dans l'invention ». De fait, flirtant avec le romanesque, fouillant les analyses, toujours piquant, Giraudoux rappelle Marivaux romancier, mais son amour de la vie s'étend à *toute la nature*, qu'il évoque avec une *poésie* subtile.

SITUATION DE L'ŒUVRE. Les romans de Giraudoux sont aujourd'hui éclipsés, non sans raison, par son théâtre. Ils illustrent pourtant, avec moins de vigueur et plus de désinvolture, le même *humanisme souriant* (cf. p. 399). On peut trouver qu'ils « datent » un peu, déjà ; et certains pardonneront mal à l'humoriste d'avoir ri du « monologue intérieur » (cf. p. 450). Cependant ne serait-il pas juste de considérer comme un *précurseur* l'auteur de romans où l'intrigue compte si peu et dont les personnages servent surtout de support ou de prétexte à de délicates analyses psychologiques ? (cf. le « *nouveau roman* »).

Suzanne et ses noyés

Quelque temps avant la guerre de 1914, une jeune fille de Bellac, SUZANNE, échappe seule à un naufrage et trouve refuge dans une île déserte, mais accueillante, du Pacifique où elle vit agréablement, parmi les oiseaux. Mais un jour elle entend au loin tonner le canon (c'est le combat de Coronel, du 1er novembre 1914) ; puis un noyé aborde à son île, et bientôt sa solitude va être peuplée de corps rejetés par la mer...

Quel *tact* ne fallait-il pas pour jouer ainsi avec la mort, sans une fausse note, sans nous choquer jamais, sans même donner dans l'humour noir ! Étonnant Giraudoux à qui les morts parlent encore le doux langage de la vie, comme les noyés apportent à Suzanne le message des vivants et le témoignage que la vie des hommes continue là-bas loin d'elle, toujours aimable et attirante, en dépit même de la guerre.

Soudain (j'eus la terreur d'un philosophe qui sentirait sa pensée non se poursuivre par chaînons et écluses mais se reproduire en grouillant comme une culture), je vis des cadavres aborder de partout. Ils abordaient là où eussent abordé des hommes vivants ; ils étaient une vingtaine épars à cet assaut ; de toutes les petites criques par où je sortais de mon bain, sortait en ce moment un homme. D'autres pris dans le courant passaient au large, chacun avec sa nage propre, champion dans la mort de l'overarm[1], des épaules hors de l'eau et des bras dressés, là une tête, là une main, là-bas un pied, et en rasant la mer à niveau on eût eu de quoi me refaire le corps entier de 10 Johnny[2]. Mais la plupart collés au rivage s'usaient, inlassables, à la pierre ponce ou à la nacre, avec ces saccades enfantines que nous donnent à nous les poussées de la mer.

Comme les hommes sont dissemblables, — si légers, si pesants, si fins, si grossiers, si vulgaires et si dignes jusque dans la mort, que je devinai dans ces cadavres les reconnaissants et les ingrats ! Après chaque sauvetage, je me reposais, mais déjà presque modelée par une demi-heure de contact ou d'étreinte à certaine forme d'homme, désorientée quelques minutes devant le corps suivant, corps habillé alors que l'autre était nu, souple quand l'autre était raide, forçant mes bras et ma piété à épouser vingt formes différentes. Parfois la lune 20 éclairait le noyé, je m'habituais à son visage ; parfois je repêchais un corps dans l'ombre, et plus tard, sur le rivage, je ne le reconnaissais pas, il me semblait venu sans moi. Parfois une vague inattendue poussait le corps, j'avais l'im-

---

— 1 Sorte de *crawl*. — 2 Le premier naufragé découvert par Suzanne.

pression qu'il s'aidait... Le soleil revint. A chaque corps retiré de la mer, elle avait changé de couleur..., pourpre à l'avant-dernier, rouge au dernier, et soudain vide de mort, toute bleue. Premier jour cependant où, depuis des années, je ne me baignai pas... Je les comptai ; j'en trouvai d'abord dix-sept, puis seize ; puis le disparu revint. Les uns avaient la tête, les autres les pieds tournés vers la mer. De la tête s'envolait toujours quelque oiseau, plus curieux que sont les oiseaux des visages que des corps. L'un avait un grelot dans sa poche, et sonnait. Deux avaient des alliances : j'eus désormais deux alliances au même doigt. Le plus jeune, imberbe, avait un veston noir avec des boutons d'or comme les collégiens chez nous ; rien n'y manquait, ni la cravate, ni la montre, comme aux collégiens un jour de grande rentrée ; c'était des vêtements faits sur mesure, de ceux que la mer n'arrive pas à enlever au corps, la ceinture était fixée au drap par des boutons-agrafes, et le midship [3] retenait de la main sa casquette, seul objet qu'il eût pu perdre dans le désastre. Toute la douce peur de perdre sa casquette, mélangée à la confiance en son col, en ses brodequins, illuminait et sanctifiait ce visage. Mais à mesure que le soleil chauffait, cette troupe que je croyais d'abord uniforme, je la vis se diviser en deux. L'alliance que tous les noyés ont contre la nuit était rompue. Il y avait deux sortes de tricots, deux sortes de bérets ; c'est qu'il y avait eu deux navires ; il y avait deux sortes de têtes, de mains, même dans la mort deux attitudes ; il y avait deux coupes de cheveux : c'est qu'il y avait deux races... Alors je vis la guerre.

D'abord la compagnie de sept géants à chair blanche, jeunes tous et de taille égale comme un peuple mythique, les plus défigurés et les plus gonflés, comme s'ils n'avaient pas, eux, l'habitude de cette mort dans l'Océan, le visage si gras et leurs petites moustaches blondes si pommadées que l'eau restait sur eux en gouttelettes et n'avait pas désuni un poil, l'un avec un maintient-moustache, tous avec des instruments dans leur poche dont on n'a rien à faire au fond des eaux, des harmonicas, de petites flûtes, tous avec leur nom gravé à l'encre indélébile sur leurs tricots, mais sans tatouages et anonymes dès qu'ils étaient nus, les ongles faits au polissoir, chacun rapportant sur son visage non pas, comme d'habitude les morts, une ressemblance avec quelque inconnu entrevu dans un orchestre ou une diligence, mais la ressemblance exacte avec le camarade d'à côté ; et dix corps en basane et en muscles, avec des cous d'otarie, avec des fils de laiton pour cheveux, de la corne pour ongles, de l'or pour dents, tous divers ressemblant tous (avais-je donc oublié à quoi ressemblent les hommes ?) à des chiens, à des chevaux, à des dogues, l'un à un chat, le midship à une femme, avec des poches toujours vides si ce n'est de tabac et de pipes, mais dont presque tous les corps portaient le nom et les aventures, l'un avec la même Molly de Dakar [4], l'autre avec toute la bataille de Hastings, un troisième sa vie décrite depuis le cou en cinq ou six lignes, naissance, engagement, naufrage du *Sunbeam*, naufrage du *Lady-Grey*, et il restait pour inscrire sa mort toute une place réservée jalousement, sans doute pour des noms de femmes, tout le sternum.

Bref, « c'était sept matelots allemands contre dix de la Grande-Bretagne.» — Lorsque Suzanne peut enfin regagner la France, le Prince Charmant qui éveille cette Belle au bois dormant lui dit : « Je suis le contrôleur des poids et mesures, Mademoiselle... Pourquoi pleurer ?... » (cf. p. 403).

Suzanne et le Pacifique, chap. VIII (Grasset, éditeur).

— 3 Aspirant. — 4 Son nom figurait déjà parmi les tatouages de Johnny.

Juliette et le monologue intérieur

Avant d'épouser, à Aigueperse, son cher fiancé Gérard, JULIETTE accomplit un voyage d'un mois « au pays des hommes ». Elle veut retrouver ou connaître les hommes qui l'ont frappée, l'espace d'un instant, fût-ce pour avoir simplement entendu prononcer leur nom ; son dessein est « de voir, de toucher les sept ou huit existences qui eussent été sans Gérard ses existences possibles ». Ce voyage lui confirmera qu'elle n'a rien à regretter : la vie qui l'attend est plus belle que ses rêves d'adolescente. Comme elle l'espérait, elle a bien *délivré* la vraie Juliette, qui est venue « redonner du goût à [la] nuit et à [la] nature ». — A l'occasion de sa visite à l'écrivain Lemançon, Giraudoux raille le *monologue intérieur* mis à la mode par l'Irlandais JAMES JOYCE avec son *Ulysse ;* mais il ne raille pas seulement un engouement littéraire : cette page illustre *le combat* constant mené par Giraudoux *contre la montée des ténèbres,* qu'il s'agisse de la fatalité tragique ou des « monstres » qui sommeillent en nous.

A insi c'était cela le Monologue intérieur ! Ainsi il différait si peu des phrases que prononcent les vieillards qui parlent tout seuls. Lemançon donnait seulement à Juliette l'impression d'une vieillesse précoce. Comme elle avait eu raison depuis qu'elle savait parler de ne jamais vouloir prononcer un mot qu'en présence d'une autre personne ! Il y avait un témoin dans le monde à tout ce qu'elle avait dit. Ce n'est pas elle qui eût adressé la parole à un arbre, à une statue, mais quel bavardage dès qu'apparaissait un cantonnier vivant ! Une fois évidemment... et encore l'on pourrait discuter si parler devant un lapin de garenne, c'est du Monologue intérieur... Ainsi, alors qu'elle se donnait
10 au contraire à sa pensée pour s'épurer, pour n'avoir pas à avaler à chaque instant cette bouillie du langage, nourriture qui ne nourrit pas, voilà donc, sous le manteau du silence, les monstres qui se battaient en elle !... Lemançon continuait, et par son monologue, simplement en décrivant sa maîtresse, répondait tristement à toutes les questions que lui avait posées Juliette au début de la consultation : la vie c'était une suite d'irruptions de Fedora ; la mort, c'était Fedora, avec cette haine qu'elle a des ongles longs, coupant chaque soir jusqu'à la mise en bière les ongles du cadavre de Lemançon ; l'amour, c'était l'amour de Fedora, ce n'était rien, ce n'était pas du tout inespéré, ni curieux, ni spécial, c'était attendu, cela faisait mal. Tuer Fedora ! Ou la forcer à mesurer ses chevilles
20 avec un mètre de tailleur [1] !... Juliette aperçut soudain au fond d'elle-même, immobiles, tous ces monstres que déchaîne la confession, tous les contraires à tout ce qu'elle croyait savoir et aimer, monstres endormis, mais existants [2] : le contraire à son amour pour Gérard, à son affection pour son oncle, à son goût pour les crêpes, à sa modestie. Elle sentit tout ce qu'un être garde et défend en se taisant vis-à-vis de soi-même, et que tout humain qui n'est pas doublé à l'intérieur par un sourd-muet est la trappe par laquelle le mal inonde le monde. Elle se doubla de silence. Recouverts par cette couverture, les monstres qu'avait déchaînés Lemançon, le dégoût des hommes, l'appétit pour les chenilles, le désir de casser le service Empire de son oncle, se contentèrent de l'agiter doucement, comme des enfants sous une toile pour faire la mer.

Juliette au Pays des Hommes, chap. V (Grasset, éditeur).

— 1 « Vraiment la cheville de cette jeune visiteuse est fine. Autrement fine que celle de Fedora Brandès » (Monologue de Lemançon).

— 2 Selon Giraudoux, cette intimité avec soi-même conduit les rares écrivains français qui la pratiquent aux *transports* et à la *désolation.*

JACQUES CHARDONNE

BARBEZIEUX. Jacques BOUTELLEAU, JACQUES CHARDONNE en littérature, est né à Barbezieux en 1884. Descendant de marchands de cognac qui « soignaient amoureusement un produit parfait et le cédaient avec tout l'appareil des antiques coutumes de l'honneur », il a hérité d'eux un art de vivre qui tempère son inquiétude, un sens délicat des vertus de la bourgeoisie française et ce *goût aristocratique de la perfection* qu'il a manifesté dans son métier d'éditeur et surtout dans son œuvre. A ses origines il doit aussi la nostalgie du « bonheur de Barbezieux », d'une sagesse provinciale aujourd'hui menacée, qui se fondait sur des traditions séculaires et sur des échanges féconds, sans exaltation romantique, entre l'homme et la nature. — Jacques Chardonne est mort en 1968.

LE ROMAN DU COUPLE. Dès son premier ouvrage, *L'Épithalame* (1921), Jacques Chardonne a trouvé sa voie : il sera *l'analyste du couple*. « Quand j'écrivais mon premier roman, dira-t-il, je ne me doutais pas que, dans la suite, tous mes livres auraient à peu près le même sujet. Aujourd'hui, je sais que je ne pourrais décrire un personnage d'homme s'il n'est en contact avec une femme dans le mariage. Là seulement, il me paraît vivant et complexe. » De fait, après *Le Chant du Bienheureux* (1927), *Les Varais* (1929), *Éva* (1930) et *Claire* (1931) reprennent ce sujet, sous une forme plus linéaire que dans *L'Épithalame ;* puis c'est l'élargissement marqué par *Les Destinées sentimentales* (*La Femme de Jean Barnery, Pauline, Porcelaine de Limoges*, 1934-1936) ; mais le thème conjugal se retrouve à l'état pur dans *Romanesques* (1937). Depuis la guerre, Chardonne a publié encore *Chimériques* (1948), *Vivre à Madère* (1953), *Matinales* (1956), *Demi-Jour* (1964), *Catherine* (1905-1964).

LE « CHANT DE L'AME ». *Moraliste* autant et plus que romancier, comme le montrent ses « mélanges » : *L'Amour du Prochain* (1932) et *L'amour, c'est beaucoup plus que l'amour* (1937), ou *Le Bonheur de Barbezieux* (1938), Chardonne trouve son équilibre « entre ces deux pôles : émotivité et maîtrise de soi » (Maurice Delamain). Persuadé, comme un de ses héros, que « l'homme change très peu », qu' « il n'y a jamais eu qu'un homme sur terre », il fonde sur l'introspection ses analyses scrupuleuses, généralement mélancoliques ; il a voulu « montrer cette diversité dans l'identique : le même décor, presque les mêmes personnages, mais une nuance dans l'éclairage [transforme] tout, chaque fois. » Ce *styliste* cherche la perfection dans *le dépouillement et l'harmonie* : « La simplicité ne permet pas une faute. » André Rousseaux discerne dans son œuvre « une sorte de chant de l'âme, un lyrisme qui n'a rien de sonore parce que sa tension est tout intérieur, une musique psychologique où l'on entend le cœur qui se brise à force de se connaître avec trop de lucidité. »

Autour de Chardonne   Jacques Chardonne est trop individualiste pour avoir jamais songé à faire école. C'est pourtant autour de lui que semble graviter un petit groupe, discret et raffiné, que l'on pourrait nommer *le groupe de Barbezieux* : Jacques Delamain, l'ami des oiseaux ; Germaine Delamain, traductrice du romancier anglais Charles Morgan qui sut chanter dans *Le Voyage* cette vieille et fine sagesse charentaise ; GENEVIÈVE FAUCONNIER (*Claude*, prix Fémina 1933 ; *Pastorales*) ; enfin HENRI FAUCONNIER, qui révéla, dans l'exotisme de *Malaisie* (prix Goncourt 1930), un goût de l'humain, un sens de la nature et du style comparables à ceux de son ami Chardonne.

« *L'AMOUR INHABITABLE* »

« Le principal pour un homme, écrit Jacques Chardonne, est la femme qu'il aime : il en retire tout le bonheur et toute la souffrance possibles. Elle donne à tout un goût fade, âcre ou délicieux » ; ou encore : « N'attendez pas que l'amour pour un être vous donne le bonheur. C'est un amour trop grave. » Ainsi, dans *Romanesques*, Octave a beau se plaindre d'Armande et se demander avec angoisse si elle l'aime ou ne l'aime pas, elle emplit sa vie, *elle lui est indispensable*. L'amour, avec l'analyse de soi et de l'être aimé qu'il entraîne, est à la fois la plaie de ces personnages et leur *dignité*, leur *richesse inépuisable*. Cette analyse appelle d'ailleurs la constante mise au point formulée par le héros d'*Éva* : « Si je n'écrivais pas, il y a bien des choses dans ma vie dont je ne m'apercevrais point. Je les remarque afin de les noter et, en les écrivant, je leur donne un relief qui les déforme. »

Mon cher, elle est tout bonnement de ces romanesques qui ne s'enflamment que pour un personnage imaginaire. Elle te dira qu'elle m'a aimé d'un amour suprême, seulement cet homme aimé ce n'était pas moi. Bien sûr, elle m'aime encore ; son sentiment est attiédi, mais subsiste. Malheureusement, l'homme réel qu'elle croit encore chérir un peu, ce n'est pas moi non plus. Le premier personnage me surpassait ; le second m'est très inférieur. C'est un muet, sans figure, sans caractère particulier, je ne sais quoi d'édulcoré, réduit à l'état de symbole. Elle te dira qu'elle a souffert au début de notre union, que j'étais infidèle,
10 froid, égoïste, agressif. Ce n'est pas vrai. Elle a inventé cette déception. Les femmes de cette sorte ont une faculté d'invention inouïe ; elles adorent en vous un être merveilleux, mais la plus légère contrariété, un heurt du réel détruit cette image. Vous voilà costumé en personnage de l'enfer. C'est triste de n'être jamais vu tel qu'on est... c'est dommage. Au fond, ces imaginatives sont des inconscientes. Tout ce que j'ai fait pour Armande, elle ne l'a pas vu. Cela n'a jamais compté pour elle. Un homme rejette sa vie passée, abandonne en partie un métier qu'il aime, sacrifie une sécurité financière très douce, accepte la solitude et mille ennuis ; enfin, pour tout dire d'un mot qu'il faut entendre en plusieurs sens, se ruine
20 pour se vouer à une femme jour et nuit ; tu crois qu'elle s'en apercevra ? Il entendra les reproches de la femme éternelle qui se plaint d'être délaissée par un homme autoritaire, cruel, infidèle, absent. Reste à portée de vue, mets cinq lieues entre tous vivants et toi, dans un désert la femme est jalouse ! Tes complaisances infinies sont inutiles. Tu ne connaîtras que les larmes d'une enfant gâtée, la barbarie d'un être à qui on a trop donné...
Je m'aperçus qu'Octave avait conscience de ses sacrifices. Pourtant il ne concevait pas toute sa dévotion pour Armande. Justement, ses renoncements pour elle n'étaient pas un sacrifice. Il demeurait ici, parce qu'il ne pouvait plus en partir, voyager sans elle, s'intéresser à rien dont elle
30 fût absente. Je ne reconnaissais plus l'homme d'autrefois ; je ne trouvais plus trace de ses manies si ancrées, de ses penchants que j'avais crus définitifs ; il était entièrement soumis à sa femme.

Mais je ne pouvais croire les reproches d'Armande si chimériques : — Tu étais peu doué pour l'amour et, jusqu'à trente-huit ans, tu n'as pu t'accommoder d'une femme. Un tel renversement t'a surpris et tu as très bien senti tout ce que tu donnais. Au début, tu as pu te reposer trop sur de grands témoignages. — Non, mon vieux, Armande n'a pas d'excuse. Elle m'a prouvé que le bonheur est impossible. Voilà son crime... Ce n'est pas sa faute... C'est la nature humaine qui est ainsi... C'est l'amour qui est inhabitable comme disait le bon Faguet... Non, je ne reproche rien à Armande... Que puis-je reprocher à un être exquis et qui est pour moi la perfection ?...

Harmonies Caractéristiques du *psychologue*, de telles analyses ne sauraient pourtant illustrer tout *l'art* de Chardonne ; elles paraîtraient amères dans leur lucidité, si on les détachait d'un ensemble dont le *charme indéfinissable* tient en particulier à la notation subtile de poétiques *accords* entre l'âme et la nature. — C'est d'abord le narrateur qui parle ; ami d'Octave, il est devenu le voisin du couple, à « Dimours », sur une colline dominant la Seine.

L'air eut un goût âpre ; sans un souffle, sans pluie, les feuilles tombèrent et ce fut une autre saison, comme plus fixée, plus sombre, mais non pas dépouillée et au contraire toute enveloppée de brumes qui vous enferment dans des gris délicats, des tons de métal patiné où le vol des mouettes revenues sur le fleuve fait des éraflures blanches. Je me rappelais une impression semblable ; je l'éprouverai chaque année à cette place au début de l'hiver, et devant cette image répétée, si prévisible, je crus sentir l'affreuse stagnation de l'éternel.

Et voici des réflexions d'Octave. Ce site qui lui est cher, il devra le quitter pourtant...

D'où vient un attachement si fort ?... L'air, peut-être... Je ne sais quoi de pur, de savoureux dans l'air, de lumineux dans la maison... le fleuve... cette ligne des bois... Tout cela, en réalité, je l'ai peu regardé... J'étais si distrait !... Cela me comblait le cœur et je n'y prenais pas garde. Les biens vraiment précieux, indispensables, nous les discernons à peine... Je me rappelle certains matins de mai, l'aubépine en fleur sous sa grosse dentelle, le tamaris avec ses plumes de corail rose et la vieille soie du fleuve entre les branches... Il y avait tant de choses colorées, odorantes, ailées, à respirer, à chérir, que je les négligeais, comme si j'avais pensé : c'est beaucoup trop... je ne pourrai pas tout retenir... Ce tamaris, cette aubépine, c'est assez pour le souvenir.

Romanesques, II, V et VI (Librairie Stock, éditeur).

MARCEL ARLAND

Un analyste Ami de Jacques Chardonne, MARCEL ARLAND est lui aussi un *analyste* autant qu'un romancier. Né à Varennes-sur-Amance (Haute-Marne) en 1899, il manifeste dès l'abord cette double vocation, en publiant presque simultanément un recueil de nouvelles, *Terres étrangères* (1923, suivi d'un roman, *Monique*) et un essai critique et psychologique, *Sur un nouveau Mal du Siècle* (1924). Ce sont ces réflexions sur le « mal » de la jeunesse contemporaine qui lui inspireront *L'Ordre*, roman austère auquel il doit la célébrité (prix Goncourt 1929).

Arland se montre ensuite plus détendu, et, sans renoncer au roman (*Terre natale*, 1938 ; *Zélie dans le Désert*, 1944), s'oriente de préférence vers la nouvelle : *Antarès* (1932), *Les Vivants* (1934), *Les plus beaux de nos Jours* (1937), *Il faut de tout pour faire un monde* (1947), *L'Eau et le Feu* (1956), *A perdre haleine* (1960). Ce genre met en valeur ses qualités de *styliste* : aucune recherche, mais une maîtrise, une pureté et une discrétion de grand prosateur. Comme le souligne André Billy, il réalise lui-même le vœu formulé dans son essai *Sur un nouveau Mal du Siècle*, en créant « dans le désordre et le tumulte des esprits, une nouvelle harmonie » qui est aussi « une simplicité nouvelle », celle de l'homme qui « se penche sur son propre drame [...] avec l'enivrante misère de penser et d'être ému ». Rédacteur en chef de la N.R.F. (avec Jean Paulhan) depuis la libération, titulaire du Grand Prix de Littérature de l'Académie française (1952), Marcel Arland occupe une place importante dans la *critique*, avec son *Marivaux* (1950) et ses *Essais critiques* (1931) augmentés en 1952 de *Nouveaux Essais critiques*.

« Qu'est-ce qui peut me satisfaire ?... »

Au moment de quitter le collège de « Vendeuvre », GILBERT VILLARS, le héros de *L'Ordre*, *se recueille* avant de tourner la page, de l'adolescence à l'âge d'homme. Nature riche mais exigeante et inquiète, Gilbert est à la fois orgueilleux et timide, égoïste et ouvert à l'idéal le plus élevé ; choisissant la *révolte*, il manquera sa vie, fera son propre malheur et infligera de cruelles souffrances à son demi-frère Justin et à la femme de celui-ci, Renée, partagée entre les deux hommes. « Que de beaux dons gâchés ! » dira Justin, « comme si tout ne devait pas fatalement rentrer dans l'ordre ! » Marcel Arland peint ses personnages sans complaisance, mais avec une remarquable *compréhension* et un sens aigu de leur *complexité* : ainsi Gilbert, quels que soient ses torts, est beaucoup *plus attirant* que Justin, raidi dans sa probité glaciale et qui pourtant accède, par la souffrance et le pardon, à une réelle grandeur.

A peine délivré de son collège, c'était encore à ce collège que songeait Villars, tandis que, une main dans la poche, l'autre tenant son goûter, il suivait le chemin de ronde qui longe les remparts. L'ombre des cours était légère, quand il s'y promenait après une lecture, et qu'il se sentait peuplé d'un monde épars de pensées, de rythmes et de fantômes. Le silence était doux, dans les salles d'études et dans les dortoirs, quand, penché sur un livre, ou le regard perdu dans les ténèbres blafardes, il imaginait la vie et déjà en goûtait la saveur délicieuse. Ses voisins pouvaient bâiller d'ennui ou, sitôt couchés, s'endormir, il voulait être, lui, celui que tiennent éveillé les besoins
10 de l'âme.

L'hiver, les rafales gémissaient, imploraient, hurlaient, en s'engouffrant sous les portes ou dans les égouts ; rien ne troublait Gilbert plus que ne faisaient ces voix amères. Parfois aussi, dans les longues soirées d'été, quand les enfants, assis sur les bancs ou couchés le dos au sol, voyaient dans le silence le ciel se dorer, puis bleuir jusqu'à ce que naquît enfin, entre deux toits, une étoile, on entendait une gamme hésitante de piano, et ces sons malhabiles étaient plus émouvants que la plus belle mélodie ; Gilbert y voyait l'image même de sa vie, confuse encore, où s'élevaient une à une des voix nouvelles, et qui bientôt, sans doute, allait s'affermir et multiplier ses rumeurs.
20 Deux fois par semaine, sous la conduite d'un surveillant, les élèves partaient en promenade : marches maussades dans des terrains vagues, près de casernes à demi abandonnées ou le long d'un canal monotone. Gilbert s'y enivrait de détresse et d'ardeur contenue. Ses camarades organisaient des jeux ; lui, cherchait

le terrain le plus aride, s'y couchait, et, lisant ou rêvant, se glorifiait de n'avoir pour compagnon que ce grand ciel livide ou brûlant, à perte de vue, éternellement. Il était entré au collège en 1912. La guerre venue, il ne lui resta comme professeurs que des vieillards, un peu honteux d'être à l'abri dans leurs salles de classe, et de parler d'autre chose que de combats. La guerre le bouleversa. Souvent il percevait le grondement des canons. L'image de la mort le hantait ; devant elle, il rougissait de ses préoccupations quotidiennes, et n'osait soumettre à ses maîtres les questions qui l'obsédaient. Il lui arrivait d'envier son frère, qui combattait aux tranchées ; d'autres fois, tendu de cynisme ou écœuré par les déclamations patriotiques : « Cette tuerie ne m'intéresse pas », s'affirmait-il.

Il avait coutume de faire, bien qu'irrégulièrement, des examens de conscience. Cette habitude, ce besoin, lui venait peut-être de ses anciennes confessions. Depuis sa première communion, il n'avait plus eu recours à un prêtre ; une sorte de pudeur l'en avait d'abord empêché ; puis de l'indifférence ; enfin, vers sa quinzième année, une crise religieuse l'avait ébranlé, au point qu'une année durant, il fut un des élèves les plus indisciplinés et les plus inégaux du collège. Ce fut peut-être l'orgueil qui le sauva. A présent Gilbert n'avait plus que méfiance pour la religion ; rien n'avait remplacé son ancienne croyance ; presque toutes ses pensées l'y ramenaient ; il en était irrité, découragé parfois ; il luttait contre son passé.

A ses examens de conscience, il apportait encore un scrupule religieux. Il s'efforçait de se connaître, examinait ses acquisitions et ses pertes, et terminait en se fixant certaines règles de conduite ; le tout était consigné dans un journal intime, en termes à la fois recherchés et naïfs. S'il n'accomplissait pas les prescriptions... qu'il s'était imposées, il s'en punissait par des châtiments : corporels (se lever une heure plus tôt qu'à l'ordinaire), ou spirituels (se réconcilier avec un adversaire, ne pas lire un livre dont il avait envie). Mais il arrivait que prescriptions comme châtiments, un découragement subit ou même une soudaine indifférence les lui faisait abandonner. Et pendant quelque temps il vivait au hasard, se méprisant, mais goûtant un plaisir à se laisser dériver.

A l'un des coudes du chemin, Gilbert s'appuya au rempart. Devant lui, au pied de la muraille, était une vallée, où de l'herbe sombre et une double ligne d'arbres indiquaient le cours d'une rivière. L'horizon était borné par des collines boisées. Une fois encore, Gilbert voulut se recueillir, et, prenant une pose sévère, donner à sa pensée une lucide sécheresse. C'étaient surtout ces attitudes, assez courantes chez lui, qui indisposaient ses camarades et, non sans raison, les poussaient à la raillerie.

« J'ai dix-huit ans, se dit Villars, et certes plus de connaissances que la plupart des jeunes gens de mon âge. Plus de connaissances, et, je crois, plus de valeur. La question est celle-ci (il me semble l'avoir lue quelque part) : que peut faire un homme ? — Il y a le pouvoir. Oui... oui. Mais d'abord le véritable pouvoir, celui d'un Alexandre ou d'un Néron, est impossible aujourd'hui. Alors ? Faire de la politique, être nommé député ?... euh ! Disons plutôt : la gloire ; elle me semble une des ambitions les moins niaises qu'un homme puisse se proposer. Mais suffit-elle à une complète satisfaction ? Satisfaction, le mot est bon, meilleur que le mot bonheur, que je vois partout employé et qui ne veut rien dire. J'aurais dû commencer par me demander : Qu'est-ce qui peut me satisfaire ?... »

L'Ordre, I, 1 (Librairie Gallimard, éditeur).

JACQUES DE LACRETELLE

Vie intérieure et drames cachés   Né dans le Mâconnais en 1888, fils d'un diplomate, JACQUES DE LACRETELLE connut une « éducation européenne » et fut un grand voyageur (*Lettres espagnoles, Histoire de Paola Ferrani, Le Demi-Dieu ou le Voyage de Grèce*) ; mais le cosmopolitisme et l'exotisme ont eu pour cet admirateur de Rousseau moins d'attrait que *l'introspection* et *l'analyse des âmes*. La *Vie inquiète de Jean Hermelin* (1920) évoque en demi-teintes sa propre adolescence ; *Silbermann* (1922) est une étude nuancée de l'âme israélite, étude qui deviendra pathétique dans *Le Retour de Silbermann* (1930). Dans *La Bonifas* (1925), aux dons de l'analyste subtil et mélancolique s'ajoute une réelle *vigueur :* il s'agit du destin d'une femme que la fatalité de sa nature, favorisée par les incidents de sa vie, écarte de la voie normale. En 1928, Lacretelle publie un recueil au titre révélateur : *L'Ame cachée ;* ce sont en effet quatre drames secrets que relatent ces quatre récits, avec un art sûr et discret. Enfin un long roman, *Les Hauts Ponts* (4 volumes, 1932-1935), vient couronner sa carrière.

L'œuvre de Lacretelle est empreinte d'une *tristesse*, non pas violente — l'art et la sagesse de l'auteur opérant une purification toute classique —, mais pénétrante et inguérissable, car ce pessimisme sans révolte est fait avant tout de *lucidité*. Hautement civilisé, Lacretelle discerne dans la vie moderne le pouvoir intact de la *fatalité*, et dans les passions la persistance d'*instincts* véritablement *primitifs* par leur nature et leur violence. Dans la seconde nouvelle de *L'Ame cachée*, une jeune femme qui aime *trop*, qui aime *mal* son mari, en arrive, pour ne pas être séparée de lui, à empoisonner sa propre mère. Dans *Les Hauts Ponts*, c'est l'attachement au domaine familial qui devient, pour le principal personnage, une *passion dévorante*, une *idée fixe* comme celles qui font vivre et mourir les héros de Balzac.

Une passion dévorante

Au terme d'une lutte farouche, LISE DAREMBERT était parvenue à racheter *les Hauts Ponts*, domaine vendéen perdu par ses parents et qu'elle chérit d'un amour exclusif. Mais il a fallu *tout vendre* de nouveau pour payer les dettes de son fils Alexis qui maintenant, détaché des biens de ce monde, part pour l'Orient comme missionnaire. Lise ressent cette vocation comme une trahison et, dans la masure où elle s'est installée pour ne pas s'éloigner du château, elle vieillit solitaire, *en proie à une obsession* aussi insurmontable qu'un *tropisme* ou que *l'instinct animal* (l. 11-15 et 39). Un nouveau coup l'a frappée : pendant la belle saison, elle travaillait aux Hauts Ponts comme domestique, seul moyen de pénétrer encore dans la demeure bien-aimée, — et on vient de la congédier. Il lui reste cependant un dernier espoir : quand les nouveaux maîtres auront regagné la ville, elle pourra aller rôder dans le parc...

Quand j'irai là-bas... Il faudra que je revoie cela... se disait-elle. Et, par un étonnant mirage de son esprit affaibli, ce n'était pas seulement la grille et le parc qu'elle se représentait, mais l'intérieur des pièces, comme si elle dût s'y installer librement.

Par avarice, elle avait réduit sa nourriture à rien. Du lait, qui lui était apporté chaque jour, et une provision de sucre, qu'elle grignotait morceau par morceau, lui suffisaient. Ses poules étaient mortes et elles ne les avait pas remplacées. « Plus tard... plus tard... » se répétait-elle en pensant à la basse-cour des Hauts Ponts.

10   A ce régime elle maigrit, perdit sa taille, et sa poitrine plate se creusa comme celle d'une enfant infirme. Tout le bas de son visage, desséché et pointu, ressemblait à un museau. Quand on passait près de la Huttière, et qu'on apercevait, à travers la haie, cette silhouette immobile dans une robe d'un noir délavé, on pensait à ces petites bêtes qui s'abritent tout le jour pour rêver à leurs grands cheminements nocturnes.

Un après-midi d'octobre, elle était là, derrière la fenêtre, tapie sous la pente du chaume, et regardait la pluie tomber, lorsque le gamin qui lui portait ses pots de lait, lui fit un signe.

— Paraît qu'ils partent aujourd'hui, au château.

— Hein ! fit-elle avec un sursaut. Mais on disait que c'était après la Toussaint seulement.

— C'est changé. Ils trouvent qu'il tombe trop d'eau... et pour ça... reprit-il en relevant sur son front une frange rousse trempée de pluie. En tout cas, tout est déjà bouclé, et la voiture ronfle.

Elle se leva et ses mains tremblaient en prenant le pot de lait. [...]

Quand elle vit le jour décliner sous le ciel bas, elle n'y tint plus, avança jusqu'au premier tournant, hésita, puis le dépassa, et s'arrêta encore. Enfin, arrivée à quelque distance de l'entrée, elle aperçut de fraîches traces de roues, marquées sur le sol dans la direction de la ville. Rassurée alors et voulant rattraper le temps perdu, elle courut vers la grille.

Tout était fermé, en effet, mais il venait encore quelque chose de chaud de cette habitation déserte et silencieuse. Une émotion folle étreignit Lise. Dans la nuit qui tombait, elle crut voir au loin une grande figure qui ne pouvait parler, mais s'était gardée pour elle et l'attendait, lèvres closes. Sans bien savoir ce qu'elle faisait, elle ébranla les barreaux, la serrure, monta sur une borne. Puis elle se rappela soudain que deux de ces barreaux étaient plus espacés à l'extrémité de la grille et que dans son enfance elle parvenait à se glisser par là. Elle se fit menue, toute menue, rentrant ses omoplates l'une après l'autre, luttant contre le fer qui meurtrissait ses seins. Un instant, elle crut qu'elle resterait prise au piège, et elle sentit la rouille s'incruster sur ses joues. Mais un dernier effort, un déhanchement souple, pareil à une ruse d'amoureuse, la libéra, et elle passa.

Elle fit quelques pas incertains. Où irait-elle d'abord ? Sur la pelouse, sur la terrasse, au potager ? Indécise, elle s'arrêta, levant les yeux comme pour interroger la demeure ; et l'ardoise du toit, lisse et inclinée, lui parut aussi belle que l'aile des anges. Soudain, ces questions devinrent de grands coups de marteau qui assourdirent toutes ses pensées. Elle vacilla, chercha un appui, et, dans le moment même, heurta du front le sol.

Quand la lune se leva sur les Hauts Ponts, elle éclaira le corps jeté là. Il gisait en long dans l'allée, les deux bras lancés en avant. La bouche était grande ouverte et paraissait manger la terre, mais le visage avait pris une expression apaisée.

Les Hauts Ponts, Épilogue (Librairie Gallimard, éditeur).

Chazournes   Quoiqu'il n'ait brillé qu'un moment au firmament littéraire, FÉLIX DE CHAZOURNES mérite d'être cité parmi les analystes les plus délicats qui, dans la lignée du *Grand Meaulnes*, ont uni la poésie du rêve au charme discret de la réalité quotidienne. D'une famille languedocienne fixée à Aurec (Haute-Loire), il parcourt le monde, puis se retire dans la région lyonnaise où il meurt pendant l'occupation. Si *Jason, portrait des Tropiques* (1935) brille des couleurs de l'exotisme, c'est aux nuances des sentiments et à une communion intime avec la Nature de nos climats que les *romans* de Chazournes doivent leur pénétrante séduction (*Caroline ou le Départ pour les Iles*, prix Fémina 1938 ; *Agnès ou le Rivage de Bohême*, 1940).

A treize ans, CAROLINE SAINTE-ANNE *s'est éprise d'un camarade de son frère, Michel de Joffré.* « A quel âge peut-on se marier ? *demande-t-elle à son aîné.* — On se marie quand on est grand. — Qu'appelles-tu grand ? — Ça dépend... Pour une fille, à partir de dix-huit ans [...] — Ce sera long, murmura-t-elle, comme se parlant à elle-même. »

L'attente du bien-aimé

Six ans ont passé, et voici que Michel annonce sa visite. Caroline ne l'a jamais revu dans l'intervalle mais, inconsciemment, elle a pensé à lui sans cesse. Le matin de ce « jeudi extraordinaire », tout est transfiguré à ses yeux par *la magie de l'amour ;* les plus humbles choses se parent d'une *poésie* que l'auteur a su rendre avec autant de grâce que de simplicité.

Elle ouvrit le portillon dépeint qu'on fermait avec un fil de fer. Le potager était plein de fraîcheur. Un soleil encore oblique couchait sur les bordures d'œillets mignardise gonflées de boutons, les ombres des poiriers en fleurs. Pas une feuille n'avait paru et ces petites branches blanches, touffues, pointillées de noir, bouffaient au vent comme des collerettes. Quelques abeilles bourdonnaient sur des touffes de gazon d'Olympe. Elle erra dans le potager à la recherche de fleurs absentes. Celles qui avaient fleuri avaient des queues trop courtes. Les violettes au bord des choux lui semblaient tristes. Elle s'assit sur un banc de pierre enfoncé entre des touffes
10 de plantes, et regarda indéfiniment de petits oiseaux se poursuivre dans l'air puis s'abattre sur le sol comme des bolides. Le soleil entrait dans son cœur, le soulevant comme une bulle. Elle ferma les yeux. L'air avait un goût de noisette et de mousse. Ses mains posées sur ses genoux, comme elle restait immobile, elle sentit à travers sa robe la chaleur de son sang. Ses seins paraissaient lourds. Elle ne savait pas très bien pourquoi elle ressentait ce léger vertige.
Un chat sortit de la lavande où il devait surveiller quelque victime et vint se frôler à ses jambes nues. Elle le prit machinalement dans ses bras et il lui sembla que c'était la première fois qu'elle caressait une bête.
Elle avait pourtant bien des choses à faire mais elle n'y songeait plus. Peu
20 à peu le jardin se transformait. Le soleil devint éclatant, les fleurs s'épanouirent, les oiseaux tous à la fois changèrent de place sur les poiriers, la terre se gonfla, tressaillit. Ses oreilles bourdonnèrent du sifflement des abeilles.
Le monde entier tournait lentement.
Puis la nature reprit son calme. Son cœur s'apaisa. Il n'y avait plus de bruits. Elle put enfin, après beaucoup de recherches, trouver un petit bouquet d'anémones sauvages avec quatre pétales et un cœur noir. [...]
Jusqu'à onze heure et demie Caroline demeura à la cuisine entre le fourneau et l'horloge, impatiente, troublée. [...] Vers midi, la table mise devant la fenêtre basse où une pile d'assiettes était posée, elle monta enfin dans sa chambre.
30 Elle n'avait pas un grand choix de robes, et cependant demeura un moment perplexe devant le placard ouvert. Aucune ne lui plaisait, car jamais personne ne l'avait complimentée sur l'une d'elles. Elle en prit une grise sur laquelle elle remit sa vieille ceinture, car elle n'en avait pas d'autre.
Sa coiffure lui donna plus de mal. Elle la changea deux fois, mais ses essais la rebutèrent et elle revint à sa coiffure ordinaire : deux tresses enroulées sur le front. Elle ne pouvait être que ce qu'elle était tous les jours. A mesure que l'heure approchait, elle retrouvait son calme.
Soudain, elle courut à la fenêtre. — Les voilà ? demanda sa mère.
Le visage collé contre la vitre, Caroline ne répondit pas.

Caroline ou le Départ pour les Iles, V (Librairie Gallimard, éditeur).

Cette idylle accèdera à la grandeur mélancolique des amours malheureuses. Pendant la guerre, Caroline sauve la vie de Michel ; et pourtant c'est une autre femme qu'il épousera...

L'INQUIÉTUDE SPIRITUELLE

FRANÇOIS MAURIAC

**Naissance
d'un talent**   FRANÇOIS MAURIAC (1885-1970) est né à Bordeaux, dans une famille de la bourgeoisie catholique, et il tient à ses origines par de profondes attaches, ce qui ne sera pas pour déplaire à Maurice Barrès, auteur des *Déracinés*, son premier « intercesseur ». Ayant perdu son père prématurément, il fut élevé par une mère très pieuse dans le climat moral qui sera, un peu idéalisé, celui du *Mystère Frontenac*.

UN REGARD ATTENTIF. Comme il devait l'écrire lui-même dans *Le Romancier et ses Personnages*, « l'artiste, dans son enfance, fait provision de visages, de silhouettes, de paroles ; une image le frappe, un propos, une anecdote... et cela sans qu'il en sache rien, fermente, vit d'une vie cachée et surgira au moment venu. »

Ainsi faut-il sans doute l'imaginer sous les traits de « cet enfant inconscient de sa traîtrise, qui captait, enregistrait, retenait à son insu la vie de tous les jours dans sa complexité obscure ». Des vacances un peu sauvages, propices aux longues rêveries, ramenaient régulièrement la famille de François Mauriac parmi les pinèdes et les étangs ; le futur écrivain y développa un sentiment profond et délicat de la *Nature*, dont il a toujours aimé les refuges, les mystères et les symboles. (On sait, du reste, l'affection fidèle qu'il réserve à son domaine de Malagar.)

Après ses études secondaires dans un collège de Marianites, il vint à Paris où il passa une licence de lettres. Il se destinait à l'École des Chartes, mais sa vocation littéraire se déclara de très bonne heure et l'occupa tout entier.

**« Votre carrière
sera glorieuse »**   Voilà en quels termes Barrès promit le succès au jeune auteur qui lui soumettait son premier recueil de vers, *Les Mains jointes* (1909) ; mais c'est dans le roman que ces dons poétiques allaient trouver à s'épanouir. Dès avant 1914, *L'Enfant chargé de chaînes* et *La Robe prétexte* dessinaient le domaine propre à François Mauriac : *l'âme de l'homme*, royaume divisé contre lui-même dans *les combats sans fin de la chair et de l'esprit*.

LA MAITRISE. En 1921, dénonçant dans *Préséances* un certain pharisaïsme bourgeois qui semble le hanter, le romancier s'affirmait comme un observateur pénétrant *des mœurs et des milieux de province* ; mais c'est avec *Le Baiser au Lépreux* (1922) que Mauriac trouve sa dimension romanesque, son *style* et son véritable accent. Les quatre œuvres qui suivent, *Le Fleuve de feu*, *Genitrix*, *Le Désert de l'Amour*, et *Thérèse Desqueyroux* (cf. p. 461-464), parues de 1923 à 1927, confirment son talent et il atteint la grande célébrité que sanctionnera, en 1933, son élection à l'Académie Française.

VERS L'ESPÉRANCE. S'il s'est défendu d'avoir voulu donner dans *La Fin de la Nuit* (1935) une suite à *Thérèse Desqueyroux*, Mauriac n'en a pas moins fait de ce livre la seconde étape d'une destinée et d'une sorte d'ascension spirituelle. D'ailleurs, depuis 1930, avec *Ce qui était perdu*, suivi en 1931 de *Souffrances et bonheur du chrétien*, une autre lumière se fait jour en lui. Malgré les noires apparitions qui attestent encore la puissance du mal (*Le Nœud de Vipères*, 1932), *la paix et l'espérance* éclairent plus souvent une œuvre jusque-là *très sombre*. En 1933, *Le Mystère Frontenac* (cf. p. 465) semble une sorte d'oasis après des étendues brûlantes. Et plus tard, en 1941, l'auteur de *La Pharisienne* laissera entrevoir *grâce et salut* pour cette femme orgueilleuse qu'il nommera Brigitte Pian.

PARALLÈLEMENT. Toute la décennie 1928-1938 est jalonnée chez Mauriac d'ouvrages apparentés à ses romans par la profondeur et par le ton, mais différents par leur objet. Ainsi, *La Vie de Jean Racine* (1928), *Dieu et Mammon* (1929), *Blaise Pascal et sa sœur Jacqueline* (1931), *La Vie de Jésus* (1936), les premiers des cinq volumes du *Journal* (1934, 1937; puis 1940, 1950, 1953).

D'autre part, François Mauriac faisait à la scène de tardifs mais éclatants débuts avec *Asmodée* (1938), suivis d'autres œuvres théâtrales, comme *Les Mal Aimés* (cf. p. 584).

TÉMOIGNAGES. La guerre venue, le chrétien qui, déjà, aux côtés de Bernanos, avait témoigné hautement contre les cruautés de la guerre civile espagnole, prit position sans hésiter. Durant l'occupation allemande il écrivit, sous le pseudonyme de Forez, un journal de guerre, *Le Cahier Noir*. Toutefois, il sut, en 1944, garder une attitude généreuse envers ceux qui n'avaient pas partagé son patriotisme.

Dès 1939, Jean-Paul Sartre mettait en cause l'auteur de la *Fin de la Nuit*, à propos de la *liberté* des personnages de roman. Quelque temps on put craindre que l'après-guerre, où le goût du public se déclarait pour l'absurde et le désespoir, ne détournât Mauriac de la production romanesque ; il n'en fut rien. Plus resserrés dans leur écriture comme dans leur composition, *Le Sagouin* (1951) et *Galigaï* (1952) révélaient chez lui des ressources nouvelles. En 1952 le Prix Nobel de littérature vint consacrer son talent. Depuis lors, François Mauriac s'est révélé, dans divers journaux ou périodiques, *polémiste* brillant et convaincu, non sans susciter, chez certains de ses lecteurs, des réserves et même des emportements (cf. *Bloc-Notes*, p. 640). Après *Ce que je crois* (1962), *De Gaulle* (1964), *Les autres et moi* (1966), il donnera en 1967 ses *Mémoires politiques*, mais la fin de sa vie est aussi marquée par son dernier roman *Un adolescent d'autrefois* (1969) et surtout par ses *Mémoires Intérieurs* (1959) suivis des *Nouveaux Mémoires Intérieurs* (1965).

Fleuves de feu

FRANÇOIS MAURIAC ne veut pas être un « romancier catholique » mais *un catholique qui écrit des romans*. Il écarte ainsi le pesant appareil des œuvres à thèse, où les visées moralisantes déforment parfois la réalité pour les besoins de la cause. Rien n'est plus étranger au christianisme de Mauriac que le ton « édifiant », si ce n'est le conformisme confortable : l'univers de ses personnages est le plus souvent *une terre de malédiction qu'arrosent des fleuves de feu*. Aussi la *passion* apparaît-elle chez lui non une excuse mais une grandeur. Ce sont les tièdes qu'il « vomit », selon le mot terrible de l'Écriture ; et sa préférence est toujours allée aux brebis perdues, aux *âmes égarées*, comme en témoignent ces lignes des *Anges noirs* (1936) : « Ceux qui semblent voués au mal, peut-être étaient-ils élus avant les autres, et la profondeur de leur chute donne la mesure de leur vocation ».

« Sainte Locuste »

Dans l'avant-propos de *Thérèse Desqueyroux* l'auteur en appelle à sa propre créature, celle qui a tenté de supprimer par le poison un mari qu'elle hait : « J'aurais voulu que la douleur, Thérèse, te livre à Dieu ; et j'ai longtemps désiré que tu fusses digne du nom de Sainte Locuste. Mais plusieurs, qui pourtant croient à la chute et au rachat de nos âmes tourmentées, eussent crié au sacrilège. » (L'empoisonneuse Locuste prépara pour Néron le breuvage funeste à Britannicus).

En fait, ces êtres ont *soif*, soif de solitude, de pureté, d'amour, et la fin du roman le dira, lorsque Thérèse, seule dans les rues de Paris, « au moment de s'y jeter, de s'y débattre », imagine « un retour au pays secret et triste..., l'aventure intérieure, la recherche de Dieu ». Mais son heure n'est pas venue.

Une double postulation

Nourri des *Pensées* de Pascal, Mauriac a sondé profondément la « misère de l'homme sans Dieu ». Grand lecteur de Baudelaire, il a vu « dans tout homme, à toute heure, deux postulations simultanées, l'une vers Dieu, l'autre vers Satan », et il en a fait le drame essentiel de ses créatures. Il sait bien que les cœurs sont troubles et mêlés. Mais lui-même, en tant que romancier, doit aussi faire face à une *double exigence* et, pour y parvenir, résoudre une contradiction quasi insurmontable, car, si *l'art* demande harmonie et unité, *la vie*, toujours tumultueuse, n'offre que mouvance et chaos. Comme tout véritable créateur, comme Stendhal, Balzac, ou Flaubert, Mauriac a donc réfléchi aux *problèmes de la création romanesque* et il les a formulés dans un ouvrage court mais essentiel, *Le Romancier et ses Personnages* (1933), où abondent les formules suggestives sur les difficultés à vaincre « pour exprimer cet immense monde enchevêtré, toujours changeant, jamais immobile qu'est une seule conscience humaine ».

L'art de Mauriac

Au reste, quels que soient les dons de l'observateur et du psychologue, si François Mauriac se classe parmi les plus grands écrivains français de notre temps, il le doit aux sortilèges de son *style*. Depuis Chateaubriand, personne peut-être, même Barrès, cet autre « enchanteur », n'a mieux su faire monter de la prose française *ce chant aux longues résonances* par lequel, selon le mot de Baudelaire, « la pauvre humanité est rendue à sa patrie ». Publiés en 1959, les *Mémoires intérieurs* sont parés de ces images à la fois secrètes et somptueuses, telle, au temps de Noël, « dans l'hiver humide et doux de Bordeaux » la vision du fleuve sombre « au lieu où il est près d'embrasser l'Océan et de s'anéantir dans ses abîmes, avec tout ce qu'il a reflété de coteaux, de maisons et de visages ». Penché sur son passé, l'auteur des *Mémoires* l'évoque avec une sensibilité poétique et une profondeur dans la réflexion qui transfigurent le souvenir.

THÉRÈSE DESQUEYROUX

Intelligente et sensible mais « renfermée », THÉRÈSE LARROQUE, *d'Argelouse, a épousé, très jeune,* BERNARD DESQUEYROUX, *un voisin de campagne : « leurs propriétés semblaient faites pour se confondre et le sage garçon était, sur ce point, d'accord avec tout le pays. » Très vite elle a pris en horreur cet homme fruste, trop différent d'elle, et elle tente de l'empoisonner. Par égard pour les deux familles et grâce aux déclarations de Bernard lui-même, soucieux avant tout de « faire le silence », la jeune femme bénéficie d'un non-lieu. Elle regagne alors la petite gare de Saint-Clair, qui dessert sa maison, et, au rythme du train, elle revit les heures de son passé, partagées avec la jeune sœur de son mari, Anne, qui fut l'amie tendrement aimée de son adolescence.*

Terre sans eaux

Cette page, caractéristique du talent de MAURIAC, exprime deux aspects essentiels du roman : le *conflit* d'une âme dont la nature assoiffée d'affection se heurte à une destinée tragiquement solitaire, et une véritable *nostalgie de la pureté*.

D u fond d'un compartiment obscur, Thérèse regarde ces jours purs de sa vie — purs mais éclairés d'un frêle bonheur imprécis ; et cette trouble lueur de joie, elle ne savait pas alors que ce devait être son unique part en ce monde. Rien ne l'avertissait que tout son lot tenait dans un salon ténébreux, au centre de l'été implacable, — sur ce canapé de reps rouge, auprès d'Anne dont les genoux rapprochés soutenaient un album de photographies. D'où lui venait ce bonheur ? Anne avait-elle un seul des goûts de Thérèse ? Elle haïssait la lecture, n'aimait que coudre, jacasser et rire. Aucune idée sur

10 rien, tandis que Thérèse dévorait du même appétit les romans de Paul de Kock, les *Causeries du Lundi,* l'*Histoire du Consulat,* tout ce qui traîne dans les placards d'une maison de campagne. Aucun goût commun, hors celui d'être ensemble durant ces après-midi où le feu du ciel assiège les hommes barricadés dans une demi-ténèbre. Et Anne parfois se levait pour voir si la chaleur était tombée. Mais, les volets à peine entrouverts, la lumière pareille à une gorgée de métal en fusion, soudain jaillie, semblait brûler la natte, et il fallait, de nouveau, tout clore et se tapir. [...] En septembre, elles pouvaient sortir après la collation et pénétrer dans le pays de la soif : pas le moindre filet d'eau à Argelouse ; il faut marcher longtemps dans le sable avant d'atteindre les sources du ruisseau appelé la Hure. Elles crèvent, nombreuses, un bas-fond d'étroites prairies entre 20 les racines des aulnes. Les pieds nus des jeunes filles devenaient insensibles dans l'eau glaciale, puis, à peine secs, étaient de nouveau brûlants. Une de ces cabanes qui servent en octobre aux chasseurs de palombes, les accueillait comme naguère le salon obscur. Rien à se dire ; aucune parole : les minutes fuyaient de ces longues haltes innocentes sans que les jeunes filles songeassent plus à bouger que ne bouge le chasseur lorsqu'à l'approche d'un vol, il fait le signe du silence. Ainsi leur semblait-il qu'un seul geste aurait fait fuir leur informe et chaste bonheur. Anne, la première, s'étirait — impatiente de tuer des alouettes au crépuscule ; Thérèse, qui haïssait ce jeu, la suivait pourtant, insatiable de sa présence. Anne décrochait dans le vestibule le calibre 24 qui ne repousse pas [1]. 30 Son amie, demeurée sur le talus, la voyait au milieu du seigle viser le soleil comme pour l'éteindre. Thérèse se bouchait les oreilles ; un cri ivre s'interrompait dans le bleu, et la chasseresse ramassait l'oiseau blessé, le serrait d'une main précautionneuse et, tout en caressant de ses lèvres les plumes chaudes, l'étouffait.

« Tu viendras demain ?

— Oh ! non ; pas tous les jours. »

Elle ne souhaitait pas de la voir tous les jours ; parole raisonnable à laquelle il ne fallait rien opposer ; toute protestation eût paru, à Thérèse même, incompréhensible. Anne préférait ne pas revenir ; rien ne l'en eût empêchée sans doute ; 40 mais pourquoi se voir tous les jours ? « Elles finiraient, disait-elle, par se prendre en grippe. » Thérèse répondait : « Oui... oui... surtout ne t'en fais pas une obligation : reviens quand le cœur t'en dira... quand tu n'auras rien de mieux. » L'adolescente à bicyclette disparaissait sur la route déjà sombre en faisant sonner son grelot.

Thérèse revenait vers la maison ; les métayers la saluaient de loin ; les enfants ne l'approchaient pas. C'était l'heure où des brebis s'épandaient sous les chênes et soudain elles couraient toutes ensemble, et le berger criait. Sa tante [2] la guettait sur le seuil et, comme font les sourdes, parlait sans arrêt pour que Thérèse ne lui parlât pas. Qu'était-ce donc que cette angoisse ? Elle n'avait 50 pas envie de lire ; elle n'avait envie de rien ; elle errait de nouveau : « Ne t'éloigne pas : on va servir. » Elle revenait au bord de la route, vide aussi loin que pouvait aller son regard. La cloche tintait au seuil de la cuisine. Peut-être faudrait-il, ce soir, allumer la lampe. Le silence n'était pas plus profond pour la sourde immobile et les mains croisées sur la nappe, que pour cette jeune fille un peu hagarde.

Thérèse Desqueyroux (Grasset, éditeur).

— 1 Fusil sans recul. — 2 Vieille fille, peu avenante, mais très attachée à Thérèse.

DESTINÉE SANS ISSUE

Dans le train, cependant, la jeune femme poursuit sa songerie. Elle évoque sa belle-famille, les conversations banales ou médisantes, le prêtre sans communication avec ses paroissiens qui le trouvent « fier » : « ce n'est pas le genre qu'il faut ici ». Thérèse aurait-elle trouvé près de lui un réconfort ? — Elle revoit aussi ce Jean Azévédo qui s'intéressait à elle : « Je sens dans toutes vos paroles, lui disait-il, une faim et une soif de sincérité. » Mais voici la gare de Saint-Clair où l'attend une carriole. Et Thérèse tremble devant les explications devenues imminentes. Le « non-lieu » est acquis certes, mais en famille, à huis-clos, *le vrai procès va commencer,* un procès *interminable et sans espoir.*

Non : rien à dire pour sa défense ; pas même une raison à fournir ; le plus simple sera de se taire ou de répondre seulement aux questions. Que peut-elle redouter ? Cette nuit passera comme toutes les nuits ; le soleil se lèvera demain : elle est assurée d'en sortir, quoi qu'il arrive. Et rien ne peut arriver de pire que cette indifférence, que ce détachement total qui la sépare du monde et de son être même. Oui, la mort dans la vie : elle goûte la mort autant que la peut goûter une vivante.

Ses yeux accoutumés à l'ombre reconnaissaient, au tournant de la route, cette métairie où quelques maisons basses ressemblent à des bêtes couchées et endormies. Ici Anne, autrefois, avait peur d'un chien qui se jetait toujours dans les roues de sa bicyclette. Plus loin, des aulnes décelaient un bas-fond ; dans les jours les plus torrides, une fraîcheur fugitive, à cet endroit, se posait sur les joues en feu des jeunes filles. Un enfant à bicyclette, dont les dents luisent sous un chapeau de soleil, le son d'un grelot, une voix qui crie : « Regardez ! je lâche les deux mains ! » cette image confuse retient Thérèse, tout ce qu'elle trouve, dans ces jours finis, pour y reposer un cœur à bout de forces. Elle répète machinalement des mots rythmés sur le trot du cheval : « Inutilité de ma vie — néant de ma vie — solitude sans bornes — destinée sans issue. » Ah ! le seul geste possible, Bernard ne le fera pas. S'il ouvrait les bras pourtant, sans rien demander ! Si elle pouvait appuyer sa tête sur une poitrine humaine, si elle pouvait pleurer contre un corps vivant !

Elle aperçoit le talus du champ où Jean Azévédo, un jour de chaleur, s'est assis. Dire qu'elle a cru qu'il existait un endroit du monde où elle aurait pu s'épanouir au milieu d'êtres qui l'eussent comprise, peut-être admirée, aimée ! Mais sa solitude lui est attachée plus étroitement qu'au lépreux son ulcère : « Nul ne peut rien pour moi ; nul ne peut rien contre moi. »

Thérèse Desqueyroux (Grasset, éditeur).

Séquestrée désormais dans Argelouse, Thérèse songera au suicide mais « elle se cabre devant le néant ». Est-il un Dieu ? « S'il existe cet Etre... et si c'est sa volonté qu'une pauvre âme aveugle franchisse le passage, puisse-t-Il, du moins, accueillir avec amour ce monstre, sa créature. » Ce qui l'arrêtera dans son geste, ce n'est pas la pensée de sa fille (Marie, qu'on retrouve dans La Fin de la Nuit), c'est la mort imprévue de la vieille tante. Cependant, elle s'enferme dans une telle prostration que son mari s'en effraie ; il décide de lui rendre sa liberté et la conduit à Paris, « Paris, non plus les pins déchirés, mais les êtres redoutables, la foule des hommes après la foule des arbres ».

Vers l'inconnu

Voici la fin du roman. Thérèse a essayé sans succès une dernière explication avec son mari. Elle va donc rester parmi cette foule anonyme et y tenter, en une semi-inconscience, une sorte de « plongée ». Il y a quelque chose de si douloureux dans *ses espoirs, toujours déçus, d'une communion humaine* que cette dernière page semble encore bien éloignée d'une *Fin de la Nuit.*

Thérèse ne songeait pas à quitter la place [1] ; elle ne s'ennuyait ni n'éprouvait de tristesse. Elle décida de ne pas aller voir, cet après-midi, Jean Azévédo,—et poussa un soupir de délivrance : elle n'avait pas envie de le voir : causer encore ! chercher des formules ! Elle connaissait Jean Azévédo ; mais les êtres dont elle souhaitait l'approche, elle ne les connaissait pas ; elle savait d'eux seulement qu'ils n'exigeraient guère de paroles. Thérèse ne redoutait plus la solitude. Il suffisait qu'elle demeurât immobile : comme son corps, étendu dans la lande du Midi, eût attiré les fourmis, les chiens, ici elle pressentait déjà autour de sa chair une agitation obscure, un remous. Elle eut faim, se leva, vit dans une
10 glace d'Old England [2] la jeune femme qu'elle était : ce costume de voyage très ajusté lui allait bien. Mais, de son temps d'Argelouse, elle gardait une figure comme rongée : ses pommettes trop saillantes, ce nez court. Elle songea : « Je n'ai pas d'âge. » Elle déjeuna (comme souvent dans ses rêves) rue Royale. Pourquoi rentrer à l'hôtel puisqu'elle n'en avait pas envie ? Un chaud contentement lui venait, grâce à cette demi-bouteille de Pouilly. Elle demanda des cigarettes. Un jeune homme, d'une table voisine, lui tendit son briquet allumé, et elle sourit. La route de Villandraut, le soir, entre ces pins sinistres, dire qu'il y a une heure à peine, elle souhaitait de s'y enfoncer aux côtés de Bernard ! Qu'importe d'aimer tel pays ou tel autre, les pins ou les érables, l'Océan ou la
20 plaine ? Rien ne l'intéressait que ce qui vit, que les êtres de sang et de chair. « Ce n'est pas la ville de pierres que je chéris, ni les conférences, ni les musées, c'est la forêt vivante qui s'y agite, et que creusent des passions plus forcenées qu'aucune tempête. Le gémissement des pins d'Argelouse, la nuit, n'était émouvant que parce qu'on l'eût dit humain. » Thérèse avait un peu bu et beaucoup fumé. Elle riait seule comme une bienheureuse. Elle farda ses joues et ses lèvres, avec minutie ; puis, ayant gagné la rue, marcha au hasard.

Thérèse Desqueyroux (Grasset, éditeur).

— 1 Le café où son mari l'a quittée pour regagner Argelouse. — 2 Magasin de confection.

« DANS LEURS BRANCHES UNIES »

Au terme du *Mystère Frontenac*, consacré à l'unité spirituelle de la famille, un des frères, YVES, le plus sensible et le plus doué, se trouve à Paris malade et seul. L'aîné, JEAN-LOUIS, lui apporte, avec sa présence, celle de tous les siens et l'odeur même de la pinède qui les a vus grandir sous ses branches unies. Yves ressemble à l'auteur, qui donne à sa méditation une tonalité très ample et très douce, *d'un recueillement quasi religieux*.

Et là-bas, au pays des Frontenac et des Péloueyre, au-delà du quartier perdu où les routes finissent, la lune brillait sur les landes pleines d'eau ; elle régnait surtout dans cette clairière que les pignadas [1] ménagent à cinq ou six chênes très antiques, énormes, ramassés, fils de la terre et qui laissent aux pins déchirés l'aspiration vers le ciel. Des cloches de brebis assoupies tintaient brièvement dans ce parc appelé « Parc de l'Homme » où un berger de Frontenac passait cette nuit d'octobre. Hors un sanglot de nocturne, une charrette cahotante, rien n'y interrompait la plainte que depuis l'Océan les pins se transmettent pieusement dans leurs branches unies. Au fond de la cabane abandonnée par le chasseur jusqu'à l'aube, les palombes aux yeux crevés et qui servent d'appeaux, s'agitaient, souffraient de la faim et de la soif. Un vol de grues grinçait dans la clarté céleste. La Téchoueyre, marais inaccessible, recueillait dans son mystère de joncs, de tourbe et d'eau les couples de biganons [2] et de sarcelles dont l'aile siffle. Le vieux Frontenac ou le vieux Péloueyre qui se fût réveillé d'entre les morts en cet endroit du monde, n'aurait découvert à aucun signe qu'il y eût rien de changé au monde. Et ces chênes, nourris depuis l'avant-dernier siècle des sucs les plus secrets de la lande, voici qu'ils vivaient, à cette minute, d'une seconde vie très éphémère, dans la pensée de ce garçon, étendu au fond d'une chambre de Paris et que son frère veillait avec amour. C'était à leur ombre, songeait Yves, qu'il eût fallu creuser une profonde fosse pour y entasser, pour y presser les uns contre les autres les corps des époux, des frères, des oncles, des fils Frontenac. Ainsi la famille tout entière eût-elle obtenu la grâce de s'embrasser d'une seule étreinte, de se confondre à jamais dans cette terre adorée, dans ce néant. A l'entour, penchés du même côté par le vent de mer et opposant à l'Ouest leur écorce noire de pluie, les pins continueraient d'aspirer au ciel, de s'étirer, de se tendre. Chacun garderait sa blessure — sa blessure différente de toutes les autres (chacun de nous sait pour quoi il saigne). Et lui, Yves Frontenac, blessé, ensablé comme eux, mais créature libre et qui aurait pu s'arracher du monde, avait choisi de gémir en vain, confondu avec le reste de la forêt humaine. Pourtant, aucun de ses gestes qui n'ait été le signe de l'imploration ; pas un de ses cris qui n'ait été poussé vers quelqu'un. *Le Mystère Frontenac* (Grasset, éditeur).

— 1 Pinèdes. — 2 Petits canards sauvages au plumage multicolore.

GEORGES BERNANOS

**L'homme
et son œuvre** D'ascendance lorraine et bourgeoise par son père, paysanne et berrichonne du côté maternel, GEORGES BERNANOS (1888-1948) est né à Paris ; mais la consonance de son nom, les légendes familiales et son sens de la grandeur auréolent sa figure d'une sorte d'hispanisme héroïque. Son enfance a eu pour cadre, à Fressin (Pas-de-Calais), « une vieille chère maison dans les arbres, un minuscule hameau du pays d'Artois, plein d'un murmure de feuillage et d'eau vive. » Élève de collèges religieux où il fit de bonnes « humanités », il aborda spontanément Balzac et Dostoïevsky, Barbey d'Aurevilly et Zola. De 1906 à 1913, il partage son temps entre la préparation à deux licences, lettres et droit, et les activités remuantes de l'*Action française*. Il rencontre Sorel et Drumont, Maurras et Daudet, publie des articles, écrit des poèmes aujourd'hui perdus, et songe à une œuvre théâtrale. D'ailleurs, ses dons de dramaturge et en particulier son *art du dialogue* devaient apparaître dans ses romans, ses essais et jusque dans le journal posthume intitulé *Les Enfants humiliés*.

Août 1914 : quoique réformé, Bernanos s'engage et fait toute la guerre de tranchées. Après l'armistice il devient inspecteur d'assurances et traverse des années financièrement assez difficiles : marié en 1917, il aura six enfants de 1918 à 1933. « J'ai mené alors, dira-t-il plus tard, non pas une chienne de vie, mais une vie de chien. »

Cependant, alors qu'il approche de la quarantaine, il va connaître, pour ses vrais débuts littéraires, un éclatant succès avec un roman d'inspiration très haute, *Sous le Soleil de Satan* (1926). Henri Massis et Léon Daudet s'attachent à sa renommée naissante et Paul Claudel salue dans le nouveau livre « cette qualité royale, la force. » Viendront ensuite *L'Imposture* (1927) et *La Joie* (1929).

Mais diverses difficultés et un grave accident vont décider Bernanos à quitter la France. Il s'installe avec tous les siens aux Baléares où il vivra, en témoin et en juge, les déchirements de la guerre civile espagnole tout en composant son chef-d'œuvre, le *Journal d'un Curé de campagne* (1936) suivi de la *Nouvelle Histoire de Mouchette*, également datée de Majorque.

Après avoir manifesté des sympathies « franquistes », il prendra violemment à partie doctrinaires, sermonnaires et tortionnaires dans un livre promis à un retentissement considérable : *Les Grands Cimetières sous la lune* (1938). Au lendemain de Munich, après un court séjour en France, Bernanos part avec sa famille pour le Brésil où il terminera *Monsieur Ouine*. Dès juin 1940, il collabore aux bulletins de la France libre et publie, à Rio, sa *Lettre aux Anglais* (1942). Revenu à Paris en 1945, il multiplie articles et conférences et il achève ses *Dialogues des Carmélites* (publiés en 1949) quelques mois avant que la mort ne l'enlève, le 5 juillet 1948, à un public fervent qui n'avait cessé de s'élargir. Ses *Essais et écrits de combat* ont paru dans la Bibliothèque de la Pléiade en 1972.

L'honneur chrétien Passionnément épris de *grandeur* et de *liberté*, GEORGES BERNANOS s'inscrit dans la lignée spirituelle de Péguy qu'il a si souvent évoqué et invoqué. Étranger au compromis et à la transaction, *aristocrate* et *chevaleresque*, il a refusé toute aliénation de son indépendance mais revendiqué l'héritage entier de sa civilisation : « Il y a un honneur chrétien, écrit-il dans *Les Grands Cimetières sous la lune* : c'est la fusion mystérieuse de l'honneur humain et de la charité du Christ. »

Une telle formule se situe au cœur même d'une œuvre qui s'est déclarée avec éclat contre tout ce qui blesse ou avilit l'être humain dans son âme et dans sa personne, et qui, profondément engagée, ne fut jamais *ni enrôlée, ni sectaire*.

L'esprit d'enfance   Placée sous le double signe de l'*espoir* et de la *grâce*, l'œuvre de Bernanos est constamment éclairée de ce que l'auteur lui-même nommait « l'esprit d'enfance » et qui plane jusque sur ces pages viriles et batailleuses où il a retrouvé la fougue polémique d'un Léon Bloy. En effet, pour Bernanos comme pour le Montherlant de *La Relève du matin*, l'enfant n'est pas cette espèce d'ébauche de l'homme, qu'on regarde avec indulgence, mais, par la pureté, par le goût de l'absolu, *son modèle idéal.*

Naturellement et surnaturellement, « l'esprit d'enfance » accède aux plus hautes valeurs sans s'y dérober jamais, ni les trahir ; les martyrs et les saints y participent (un abbé Donissan, dans *Sous le Soleil de Satan*, une sœur Constance dans les *Dialogues des Carmélites*). Tandis que, pour l'avoir perdu, Mouchette devient la proie de Satan (cf. p. 468).

Il est, enfin, assez frappant de constater que c'est parmi des pages pamphlétaires, dans *Les Grands Cimetières sous la lune*, qu'on trouve cette évocation qui est aussi une profession de foi : « Qu'importe ma vie ? Je veux seulement qu'elle reste jusqu'au bout fidèle à l'enfant que je fus ; oui, ce que j'ai d'honneur et ce peu de courage, je le tiens de l'être pour moi mystérieux, qui trottait sous la pluie de septembre, à travers les pâturages ruisselants d'eau, le cœur plein de la rentrée prochaine, des préaux funèbres, des interminables grand-messes à fanfares où une petite âme harassée ne saurait rien partager avec Dieu que l'ennui, de l'enfant que je fus et qui est à présent pour moi comme un aïeul.»

Frères humains

Dans cette page *lyrique*, écrite à Majorque en 1937, les accents *fraternels* de BERNANOS font écho à ceux de Charles Péguy. « Toute vocation est un appel, *vocatus*, dit l'auteur, et tout appel veut être transmis. Ceux que j'appelle ne sont évidemment pas nombreux. Ils ne changeront rien aux affaires de ce monde, mais c'est pour eux, c'est pour eux que je suis né.»

Compagnons inconnus, vieux frères, nous arriverons ensemble, un jour, aux portes du royaume de Dieu. Troupe fourbue, troupe harassée, blanche de la poussière de nos routes, chers visages durs dont je n'ai pas su essuyer la sueur, regards qui ont vu le bien et le mal, rempli leur tâche, assumé la vie et la mort, ô regards qui ne se sont jamais rendus ! Ainsi vous retrouverai-je, vieux frères. Tels que mon enfance vous a rêvés. Car j'étais parti à votre rencontre, j'accourais vers vous. Au premier détour, j'aurais vu rougir les feux de vos éternels bivouacs ; mon enfance n'appartenait qu'à vous. Peut-être, un certain jour, un jour que je sais, ai-je été digne de prendre la tête de votre troupe inflexible. Dieu veuille que je ne revoie jamais les chemins où j'ai perdu vos traces, à l'heure où l'adolescence étend ses ombres, où le suc de la mort, le long des veines, vient se mêler au sang du cœur.

Chemins du pays d'Artois, à l'extrême automne, fauves et odorants comme des bêtes, sentiers pourrissant sous la pluie de novembre, grandes chevauchées des nuages, rumeurs du ciel, eaux mortes... J'arrivais, je poussais la grille, j'approchais du feu mes bottes rougies par l'averse. L'aube venait bien avant que fussent rentrés dans le silence de l'âme, dans ses profonds repaires, les personnages fabuleux encore à peine formés, embryons sans membres, Mouchette [1] et Donissan [2], Cénabre [3], Chantal [4], et vous, vous seul de mes

---

— 1 Voir *Sous le Soleil de Satan* et *Nouvelle Histoire de Mouchette*. — 2 Le saint abbé Donissan, protagoniste de *Sous le Soleil de* | *Satan*. — 3 L'abbé Cénabre apparaît dans *L'Imposture*. — 4 Chantal de Clergerie figure dans *L'Imposture* et dans *La Joie*.

20 créatures dont j'ai cru parfois distinguer le visage, mais à qui je n'ai pas osé donner de nom — cher curé d'un Ambricourt [5] imaginaire. Étiez-vous alors mes maîtres ? Aujourd'hui même, l'êtes-vous ? oh ! je sais bien ce qu'a de vain ce retour vers le passé.

Certes, ma vie est déjà pleine de morts. Mais le plus mort des morts est le petit garçon que je fus. Et pourtant, l'heure venue, c'est lui qui reprendra sa place à la tête de ma vie, rassemblera mes pauvres années jusqu'à la dernière, et comme un jeune chef ses vétérans, ralliant la troupe en désordre, entrera le premier dans la Maison du Père. Après tout, j'aurais le droit de parler en son nom. Mais justement, on ne parle pas au nom de l'enfance, il faudrait parler
30 son langage. Et c'est ce langage oublié, ce langage que je cherche de livre en livre, imbécile ! Comme si un tel langage pouvait s'écrire, s'était jamais écrit. N'importe ! Il m'arrive parfois d'en retrouver quelque accent... et c'est cela qui vous fait prêter l'oreille, compagnons dispersés à travers le monde, qui par hasard ou par ennui avez ouvert un jour mes livres. Singulière idée que d'écrire pour ceux qui dédaignent l'écriture !

Amère ironie de prétendre persuader et convaincre alors que ma certitude profonde est que la part du monde encore susceptible de rachat n'appartient qu'aux enfants, aux héros et aux martyrs.

Les Grands Cimetières sous la lune (Plon, éditeur).

SATAN, « CRUEL SEIGNEUR »

Sous le Soleil de Satan fait apparaître la première figure sacerdotale dessinée par Bernanos : l'abbé Donissan, passionné pour le salut des âmes. Par contraste et avec une sorte d'effroi, l'auteur a dressé en face de lui une toute jeune fille, MOUCHETTE, en qui s'incarne la révolte. Meurtrière de son amant, désespérée, elle s'apprête au *suicide ;* mais il ne s'agit pas là d'une banale démission. C'est avec l'élan de l'amour et une *mystique ferveur* que la jeune fille *invoque* Satan. Il y a dans cette page une présence du démoniaque au même titre que, dans le *Journal d'un Curé de campagne,* une présence du divin (cf. p. 470). Vocabulaire et accent y témoignent de l'influence profonde exercée sur Bernanos par Baudelaire et par Barbey d'Aurevilly.

C'est alors qu'elle appela, du plus profond, du plus intime, d'un appel qui était comme un don d'elle-même, Satan.

D'ailleurs, qu'elle l'eût nommé ou non, il ne devait venir qu'à son heure et par une route oblique. L'astre livide, même imploré, surgit rarement de l'abîme. Aussi n'eût-elle su dire, à demi-consciente, quelle offrande elle faisait d'elle-même, et à qui. Cela vint tout à coup, monta moins de son esprit que de sa pauvre chair souillée. La componction [1] que l'homme de Dieu [2] avait en elle suscitée un moment n'était plus qu'une

---

— 5 Paroisse du Curé de campagne dont il ne veut être que *l'anonyme* desservant.

— 1 Profond regret d'avoir offensé Dieu (le mot s'emploie souvent dans un sens relâché).
— 2 L'abbé Donissan.

souffrance entre ses souffrances. La minute présente était toute angoisse. Le passé était un trou noir. L'avenir un autre trou noir. Le chemin où d'autres vont pas à pas, elle l'avait déjà parcouru : si petit que fût son destin, au regard de tant de pécheurs légendaires, sa malice secrète avait épuisé tout le mal dont elle était capable — à une faute près — la dernière. Dès l'enfance, sa recherche s'était tournée vers lui, chaque désillusion n'ayant été que prétexte à un nouveau défi. Car elle l'aimait.

Où l'enfer trouve sa meilleure aubaine, ce n'est pas dans le troupeau des agités qui étonnent le monde de forfaits retentissants. Les plus grands saints ne sont pas toujours des saints à miracles, car le contemplatif vit et meurt le plus souvent ignoré. Or, l'enfer aussi a ses cloîtres.

La voilà donc sous nos yeux, cette mystique ingénue, petite servante de Satan, sainte Brigitte du néant [3]. Un meurtre excepté, rien ne marquera ses pas sur la terre. Sa vie est un secret entre elle et son maître ou plutôt le seul secret de son maître. Il ne l'a pas cherchée parmi les puissants, leurs noces ont été consommées dans le silence. Elle s'est avancée jusqu'au but, non pas à pas, mais comme par bonds, et le touche quand elle ne le croyait pas si proche. Elle va recevoir son salaire. Hélas ! il n'est pas d'homme qui, sa décision prise et le remords d'avance accepté, ne se soit, au moins une minute, rué au mal avec une claire cupidité, comme pour en tarir la malédiction, cruel rêve qui fait geindre les amants, affole le meurtrier, allume une dernière lueur au regard du misérable décidé à mourir, le col déjà serré par la corde et lorsqu'il repousse la chaise d'un coup de pied furieux... C'est ainsi, mais d'une force multipliée, que Mouchette souhaite dans son âme, sans le nommer, la présence du cruel Seigneur.

Il vint aussitôt, tout à coup, sans nul débat, effroyablement paisible et sûr. Si loin qu'il pousse la ressemblance de Dieu, aucune joie ne saurait procéder de lui, mais, bien supérieure aux voluptés qui n'émeuvent que les entrailles, son chef-d'œuvre est une paix muette, solitaire, glacée, comparable à la délectation du néant.

Sous le Soleil de Satan (Plon, éditeur).

Journal d'un curé de campagne

Issu d'une famille pauvre, un JEUNE PRÊTRE *a été nommé curé d'Ambricourt, village qui lui est apparu « tassé, misérable sous le ciel hideux de novembre ». Cependant, pour son réconfort, il entend monter, proche de lui, la vigoureuse voix du curé de Torcy, bon pasteur soucieux des « brebis perdues ». Sur l'autre versant d'un bois planté d'ormes et tournant le dos au village, s'élève le château. Si le curé de la paroisse y est souvent convié comme il se doit, ce jour-là il va s'y rendre pour remplir son ministère. Il vient d'avoir, en effet, la visite de la jeune Chantal, la fille des châtelains, ombrageuse et passionnée, qui accuse son père de faire la cour à son institutrice. Mais ce n'est pas là le plus grand chagrin de la* COMTESSE. *Elle pleure un fils mort tout enfant et, comme Rachel dans la Bible, ne veut pas être consolée.*

— 3 Sainte Brigitte, mystique du XIVe siècle, | de *révélations* ; ici la jeune fille ne trouve, dans fut, en méditant sur la Passion du Christ, l'objet | sa propre souffrance, ni grâce ni lumière.

L'ordre de Dieu

Au cours de cette scène dramatique, *le jeune prêtre va, selon le mot de l'Évangile,* « *chercher et* sauver *ce qui était* perdu ». On verra que les éléments mêmes du décor deviendront symboliques : *encadré par l'immense pelouse qui, au-delà des fenêtres,* « semble un étang d'eau croupissante », *l'entretien se déroule auprès de la cheminée où la châtelaine attise les bûches ; ainsi, par l'image du tisonnier, se dessine le rôle du prêtre qui, en portant dans la plaie le* fer *et le* feu, *va conduire cette souffrance révoltée vers sa* rédemption.

Monsieur le Curé, a-t-elle repris, je ne doute pas que vos intentions soient bonnes, excellentes même. Puisque vous reconnaissez volontiers votre inexpérience, je n'y insisterai pas. Il est d'ailleurs certaines conjonctures auxquelles, expérimenté ou non, un homme ne comprendra jamais rien. Les femmes, seules, savent les regarder en face. Vous ne croyez qu'aux apparences, vous autres, et il est de ces désordres...

— Tous les désordres procèdent du même père et c'est le père du mensonge.

— Il y a désordre et désordre. — Sans doute, lui dis-je, mais nous savons qu'il n'est qu'un ordre, celui de la charité. » Elle s'est mise à rire, d'un rire
10 cruel, haineux. « Je ne m'attendais certes pas... », a-t-elle commencé. Je crois qu'elle a lu dans mon regard la surprise, la pitié ; elle s'est dominée aussitôt. « Que savez-vous ? Que vous a-t-elle raconté ? Les jeunes personnes sont toujours malheureuses, incomprises. Et on trouve toujours des naïfs pour les croire... » Je l'ai regardée bien en face. Comment ai-je eu l'audace de parler ainsi ? « Vous n'aimez pas votre fille, ai-je dit. — Osez-vous !... — Madame, Dieu m'est témoin que je suis venu ici ce matin dans le dessein de vous servir tous. Et je suis trop sot pour avoir rien préparé par avance. C'est vous-même qui venez de me dicter ces paroles et je regrette qu'elles vous aient offensées. — Vous avez le pouvoir de lire dans mon cœur, peut-être ? — Je crois que oui, madame », ai-je répondu.
20 J'ai craint qu'elle ne perdît patience, m'injuriât. Ses yeux gris, si doux d'ordinaire, semblaient noircir. Mais elle a finalement baissé la tête, et de la pointe du tisonnier, elle traçait des cercles dans la cendre [...]

Je me suis levé. Elle s'est levée en même temps que moi, et j'ai lu dans son regard une espèce d'effroi. Elle semblait redouter que je la quittasse et, en même temps, lutter contre l'envie de tout dire, de livrer son pauvre secret. Elle ne le retenait plus. Il est sorti d'elle enfin, comme il était sorti de l'autre, de sa fille. « Vous ne savez pas ce que j'ai souffert. Vous ne connaissez rien de la vie. A cinq ans, ma fille était ce qu'elle est aujourd'hui. Tout, et tout de suite, voilà sa devise. Oh ! vous vous faites de la vie de famille, vous autres prêtres, une idée
30 naïve, absurde. Il suffit de vous entendre — (elle rit) — aux obsèques. Famille unie, père respecté, mère incomparable, spectacle consolant, cellule sociale, notre chère France, et patati, et patata... L'étrange n'est pas que vous disiez ces choses, mais que vous imaginiez qu'elles touchent, que vous les disiez avec plaisir : la famille, Monsieur... »

La mère de Chantal poursuit ses confidences... Pour mieux remplir son devoir, le prêtre décide de se couper toute retraite, de s'engager à fond. « Mais elle ? Il lui était si facile, je crois, de me déconcerter, un certain sourire aurait probablement suffi... » *En fait ce sont des instants d'entière sincérité :* « C'est vrai que je désirais passionnément un fils, je l'ai eu. Il n'a vécu que dix-huit mois. Sa sœur, déjà, le haïssait ; oui, si petite qu'elle fût, elle le haïssait. Quant à son père... » Elle a dû reprendre son souffle avant de poursuivre. »

Le prêtre est alors partagé entre la compassion et un ardent désir d'arracher cette âme à son enfer : « C'est vrai que je la voyais ou croyais la voir, en ce moment, morte. Et sans doute l'image qui se formait dans mon regard a dû passer dans le sien ».

L a patience m'échappait. « Dieu vous brisera ! » m'écriai-je. Elle a poussé une sorte de gémissement, oh, non pas un gémissement de vaincu qui demande grâce, c'était plutôt le soupir, le profond soupir d'un être qui recueille ses forces avant de porter un défi. « Me briser ? Il m'a déjà brisée. Que peut-il désormais contre moi ? Il m'a pris mon fils. Je ne le crains plus. — Dieu l'a éloigné de vous pour un temps, et votre dureté... — Taisez-vous ! — La dureté de votre cœur peut vous séparer de lui pour toujours. — Vous blasphémez, Dieu ne se venge pas. — Il ne se venge pas, ce sont des mots humains, ils n'ont de sens que pour vous. — Mon fils me haïrait peut-être ? Le fils que j'ai porté, que j'ai nourri ! — Vous ne vous haïrez pas, vous ne vous connaîtrez plus. — Taisez-vous ! — Non, je ne me tairai pas, madame. Les prêtres se sont tus trop souvent, et je voudrais que ce fût seulement par pitié. Mais nous sommes lâches. Le principe une fois posé, nous laissons dire. Et qu'est-ce que vous avez fait de l'enfer, vous autres ? Une espèce de prison perpétuelle, analogue aux vôtres, et vous y enfermez sournoisement par avance le gibier humain que vos polices traquent depuis le commencement du monde — les ennemis de la société. Vous voulez bien y joindre les blasphémateurs et les sacrilèges. Quel esprit sensé, quel cœur fier accepterait sans dégoût une telle image de la justice de Dieu ? »[...]

Elle ne me quittait pas des yeux : « Reposez-vous un moment. Vous n'êtes pas en état de faire dix pas, je suis plus forte que vous. Allons ! tout cela ne ressemble guère à ce qu'on nous enseigne. Ce sont des rêveries, des poèmes. Je ne vous prends pas pour un méchant homme. Je suis sûre qu'à la réflexion vous rougirez de ce chantage abominable. Rien ne peut nous séparer, en ce monde ou dans l'autre, de ce que nous avons aimé plus que nous-mêmes, plus que la vie, plus que le salut. — Madame, lui dis-je, même en ce monde, il suffit d'un rien, d'une pauvre petite hémorragie cérébrale, de moins encore, et nous ne connaissons plus des personnes jadis très chères. — La mort n'est pas la folie ! — Elle nous est plus inconnue, en effet. — L'amour est plus fort que la mort, cela est écrit dans vos livres. — Ce n'est pas nous qui avons inventé l'amour. Il a son ordre, il a sa loi. — Dieu en est maître. — Il n'est pas le maître de l'amour, il est l'amour même. Si vous voulez aimer, ne vous mettez pas hors de l'amour. »[...]

Sans doute la femme qui se tenait devant moi, comme devant un juge, avait réellement vécu bien des années dans cette paix terrible des âmes refusées, qui est la forme la plus atroce, la plus incurable, la moins humaine du désespoir. Mais une telle misère est justement de celles qu'un prêtre ne devrait aborder qu'en tremblant. J'avais voulu réchauffer d'un coup ce cœur glacé, porter la lumière aü dernier recès d'une conscience que la pitié de Dieu voulait peut-être laisser encore dans de miséricordieuses ténèbres. Que dire ? Que faire ? J'étais comme un homme qui, ayant grimpé d'un trait une pente vertigineuse, ouvre les yeux, s'arrête ébloui, hors d'état de monter ou de descendre.

C'est alors — non ! cela ne peut s'exprimer — tandis que je luttais de toutes mes forces contre le doute, la peur, que l'esprit de prière rentra en moi. Qu'on m'entende bien : depuis le début de cet entretien extraordinaire, je n'avais cessé de prier, au sens que les chrétiens frivoles donnent à ce mot. Une malheureuse bête, sous la cloche pneumatique, peut faire tous les mouvements de la respiration, qu'importe ! Et voilà que soudain l'air siffle de nouveau dans ses bronches, déplie un à un les délicats tissus pulmonaires déjà flétris, les artères tremblent au premier coup de bélier du sang rouge — l'être entier est comme un navire à la détonation des voiles qui se gonflent.

Elle s'est laissée tomber dans son fauteuil, la tête entre ses mains. Sa mantille déchirée traînait sur son épaule, elle l'arracha doucement, la jeta doucement à ses pieds. Je ne perdais aucun de ses mouvements, et cependant j'avais l'impression étrange que nous n'étions ni l'un ni l'autre dans ce triste
90 petit salon, que la pièce était vide.

Je l'ai vue tirer de son corsage un médaillon, au bout d'une simple chaîne d'argent. Et toujours avec cette même douceur, plus effrayante qu'aucune violence, elle a fait sauter de l'ongle le couvercle dont le verre a roulé sur le tapis, sans qu'elle parût y prendre garde. Il lui restait une mèche blonde au bout des doigts, on aurait dit un copeau d'or.

— Vous me jurez..., a-t-elle commencé. Mais elle a vu tout de suite dans mon regard que j'avais compris, que je ne jurerais rien. « Ma fille, lui ai-je dit (le mot est venu de lui-même à mes lèvres), on ne marchande pas avec le bon Dieu, il faut se rendre à lui sans condition. Donnez-lui tout, il vous rendra plus encore.
100 Je ne suis ni un prophète, ni un devin, et de ce lieu où nous allons tous, Lui seul est revenu. » Elle n'a pas protesté, elle s'est penchée seulement un peu plus vers la terre, et à chaque parole, je voyais trembler ses épaules. « Ce que je puis affirmer néanmoins, c'est qu'il n'y a pas un royaume des vivants et un royaume des morts, il n'y a que le royaume de Dieu, vivants ou morts, et nous sommes dedans. » J'ai prononcé ces paroles, j'aurais pu en prononcer d'autres, cela avait à ce moment si peu d'importance ! Il me semblait qu'une main mystérieuse venait d'ouvrir une brèche dans on ne sait quelle muraille invisible et la paix rentrait de toutes parts, prenait majestueusement son niveau, une paix inconnue de la terre, la douce paix des morts, ainsi qu'une eau profonde.

Journal d'un Curé de campagne (Plon, éditeur).

Dans un geste de sacrifice éperdu, *la malheureuse mère va jeter le médaillon parmi les flammes. Le prêtre qui a voulu sauver cette relique s'est brûlé les doigts jusqu'au sang ; alors, dit-il, « elle a déchiré un mouchoir et m'a pansé. Nous n'échangions aucune parole. La paix que j'avais appelée sur elle était descendue sur moi. »*

LA PAIX DU SOIR

Le jeune curé d'Ambricourt, requis par quelques démarches, tarde un peu à regagner son presbytère, mais il sait désormais qu'il a fait entrer une âme dans ce que Pascal nomme « *l'ordre de la Charité.* »

Je suis rentré chez moi très tard et j'ai croisé sur la route le vieux Clovis qui m'a remis un petit paquet, de la part de Madame la Comtesse. Je ne me décidais pas à l'ouvrir, et pourtant *je savais* ce qu'il contenait. C'était le petit médaillon, maintenant vide, au bout de sa chaîne brisée.

Il y avait aussi une lettre. La voici. Elle est étrange.

« Monsieur le Curé, je ne vous crois pas capable d'imaginer l'état dans lequel vous m'avez laissée, ces questions de psychologie doivent vous laisser parfaitement indifférent. Que vous dire ? Le souvenir désespéré d'un petit enfant me tenait éloignée de tout, dans une solitude effrayante, et il me semble qu'un autre enfant m'a tirée de cette solitude. J'espère ne pas vous froisser en vous traitant ainsi d'enfant ? Vous l'êtes. Que le bon Dieu vous garde tel, à jamais !

« Je me demande ce que vous avez fait, comment vous l'avez fait, ou plutôt, je ne me le demande plus. Tout est bien. Je ne croyais pas la résignation possible. Et ce n'est pas la résignation qui est venue, en effet. Elle n'est pas dans ma nature, et mon pressentiment là-dessus ne me trompait pas. Je ne suis pas *résignée*, je suis heureuse. Je ne désire rien.

« Ne m'attendez pas demain. J'irai me confesser à l'abbé X..., comme d'habitude. Je tâcherai de le faire avec le plus de sincérité, mais aussi avec le plus de discrétion possible, n'est-ce pas ? Tout cela est tellement simple ! Quand j'aurai dit : « J'ai péché volontairement contre l'espérance, à chaque heure du jour, depuis onze ans », j'aurai tout dit. L'espérance ! Je l'avais tenue morte entre mes bras, par l'affreux soir d'un mars venteux, désolé... j'avais senti son dernier souffle sur ma joue, à une place que je sais. Voilà qu'elle m'est rendue. Non pas prêtée cette fois, mais donnée. Une espérance bien à moi, rien qu'à moi, qui ne ressemble pas plus à ce que les philosophes nomment ainsi, que le mot amour ne ressemble à l'être aimé. Une espérance qui est comme la chair de ma chair. Cela est inexprimable. Il faudrait des mots de petit enfant.

« Je voulais vous dire ces choses dès ce soir. Il le fallait. Et puis, nous n'en reparlerons plus, n'est-ce pas ? plus jamais ! Ce mot est doux. Jamais. En l'écrivant, je le prononce tout bas, et il me semble qu'il exprime d'une manière merveilleuse, ineffable, la paix que j'ai reçue de vous. »

J'ai glissé cette lettre dans mon *Imitation* [1], un vieux livre qui appartenait à maman et qui sent encore la lavande, la lavande qu'elle mettait en sachet dans son linge, à l'ancienne mode. Elle ne l'a pas lue souvent car les caractères sont petits, et les pages d'un papier si fin que ses pauvres doigts, gercés par les lessives, n'arrivaient pas à les tourner.

« Jamais, plus jamais », pourquoi cela ? C'est vrai que ce mot est doux. J'ai envie de dormir. Pour achever mon bréviaire, il m'a fallu marcher de long en large : mes yeux se fermaient malgré moi. Suis-je heureux ou non, je ne sais.

Six heures et demie.

Madame la Comtesse est morte cette nuit.

Journal d'un Curé de campagne (Plon, éditeur).

— 1 *L'Imitation de Jésus-Christ*, chère à Bernanos comme à son héros.

MARCEL JOUHANDEAU

De « Chaminadour »
à Paris
Marcel Jouhandeau (1888-1979) a passé une jeunesse studieuse et réfléchie à Guéret, où ses parents étaient commerçants et qu'il devait, « quitte à voir s'en assombrir le ciel », dépeindre sans indulgence sous le nom de *Chaminadour*. En 1908, il entre en Première Supérieure au lycée Henri IV ; étudiant assez secret, il note toutes sortes de réflexions, qu'il brûlera en 1914, au cours d'une violente crise de conscience. Après une fugitive activité de secrétaire aux tournées théâtrales Baret, Marcel Jouhandeau fait, en 1912, ses débuts de professeur au Collège Saint-Jean de Passy, pour y enseigner le latin et le français durant trente-sept années, sans autre interruption que la guerre de 1914.

Le rendez-vous
chez Gallimard
Un jour de juillet 1920, il quitta discrètement la distribution des prix, « en se coulant, dit-il, à travers les planches de l'estrade ». C'est qu'il avait un rendez-vous important dont la suite allait être la publication, dans la *Nouvelle Revue française*, de sa première œuvre notoire : *Les Pincengrain*. Le fait de livrer ainsi, sous son vrai nom, une famille de Guéret aux commentaires de Guéret faillit susciter dans la ville une révolution. L'écrivain dira plus tard de quel prestige était pour lui le patronyme réel de ses personnages... « Ensuite, il s'agissait d'inventer, et de substituer à celui-là un vocable qui eût la même musicalité, la même puissance d'évocation. » En 1927 paraîtra *Prudence Hautechaume* (cf. p. 475). « C'est l'histoire des *familles* qui m'attire » déclare le romancier ; pour cela, il va pouvoir puiser continûment à deux sources intarissables, la *chronique locale*, et une *sensibilité intuitive* proche de la divination : « quel théâtre, la face humaine ! »

Richesse et diversité
Ainsi se constituera toute une somme, réaliste, psychologique et poétique : *scènes de la vie provinciale* d'abord, puis *confidences personnelles*, grâce à la création de Monsieur Godeau, véritable *double* de l'auteur. Marié en 1929, pour échapper peut-être à un certain ordre de tentations, Marcel Jouhandeau n'a pas craint de décrire sa propre vie de ménage auprès de celle qu'il nomme Élise. En 1933 paraît *M. Godeau marié ;* en 1938 *Chroniques maritales ;* en 1948 *Scènes de la vie conjugale*. Sous l'occupation il vit dans la retraite, et J. Paulhan n'aura pas trop de peine à le démontrer lors des malentendus qui accompagnèrent la libération.

Cependant il a régulièrement poursuivi, avec *Chaminadour* (1934-1941, 3 vol.), *Images de Paris* (1934 et 1956), *Portraits de famille, Carnets du Professeur*, etc., le tracé de domaines divers, et parfois interdits. On ne saurait, d'ailleurs, distinguer entre les aspects d'une œuvre qui est celle d'un romancier et aussi d'un moraliste (certains diront : d'un immoraliste) car c'est *l'âme*, toujours, qui l'appelle vers ses plus secrètes profondeurs. Citons encore : *Journaliers I à XXVI* (1961-1978), dont *La Possession* (1970) et *La Mort d'Élise* (1978) ; *Chronique d'une passion* (1944 et 1964) ; *Lettres d'une mère à son fils* (1971).

ALGÈBRE DES VALEURS MORALES. Personnalité très complexe, l'auteur d'*Astaroth* (1929) est vraiment descendu aux enfers, comme en témoigne, parmi d'autres livres, son *Algèbre des valeurs morales* (1935), mais il s'est établi, pour son usage, une *échelle de critères*, subtile alliance d'égotisme et d'un christianisme graduellement affranchi du dogme : « Ce ne sont pas nos actes qui nous classent, dit-il, mais la qualité de notre cœur. » Une telle éthique, étrangère à la morale au sens banal du terme, n'en apparaît pas moins comme une ascèse dont les exigences s'exprimeront dans le remarquable *Essai sur moi-même* (1946) et dans le traité *De la Grandeur* (1952).

UN STYLE. Comme écrivain, Marcel Jouhandeau occupe aujourd'hui une place de premier plan ; son style, qui joint la grâce du conteur à la profondeur de l'essayiste, est à la fois net et nuancé. Dans son *Journal*, André Gide en a dit « la tendre beauté » et, dans une lettre à l'auteur lui-même, « l'accent si particulier de tendresse déçue, d'élan mystique et de méchanceté diabolique ».

MANSARDE OU TOUR DE GUET ?

PRUDENCE HAUTECHAUME, veuve Chauderon, « plus volubile qu'aucune femme de Chaminadour », vit solitaire et misérable dans son dérisoire « magasin de nouveautés » qu'elle nettoie seulement la semaine de Pâques. Le reste de l'année, elle disparaît sous la même poussière que ses cinq mannequins affublés d'oripeaux vétustes. Mais si les journées s'écoulent sans surprise, le soir Prudence connaît des heures *passionnées* à *épier* du haut de sa mansarde-observatoire les faits et gestes de ses concitoyens. — Par un jeu gradué du grossissement optique, l'auteur nous fait voir CHAMINADOUR à travers ces regards aigus et insatiables, et souligne les proportions toutes *relatives* de l'univers humain.

Le monde n'avait jamais cessé d'être jeune autour d'une Prudence vieille comme la coquetterie des femmes que son quintette de mannequins savait surprendre encore par quelque détour, s'il faisait sourire les hommes et rire les enfants. Ses mannequins étaient sa plus intime joie. Elle vivait au milieu d'eux, avec eux ; elle partageait leurs vies ; ils étaient le centre de la sienne ; ils étaient son âme. Elle les avait toujours vus dans le magasin de sa grand-mère et s'était dès le berceau attachée à eux, comme à ses propres rêves. Ils avaient porté dans ses yeux toutes les toilettes du siècle. [...]

10   Les Hautechaume avaient connu autrefois une certaine gloire dont le mobilier de Prudence rappelait le souvenir. A travers son actuelle misère et jusque dans la mansarde où elle dormait, Prudence recherchait toujours obstinément le loisir ancien de ses aïeules. Quelques beaux fauteuils de serge rouge apparaissaient comme des Ministres en disgrâce sous les combles. Une armoire à glace de jeune fille les y avait suivis, que Prudence ne pouvait pas ouvrir, sans soulever d'abord le châssis d'une lucarne en tabatière ; aussi ne lui était-il pas permis, quand il pleuvait ni durant tout l'hiver, de changer de linge. Les *Œuvres complètes* de Voltaire, dix volumes in-quarto reliés de carton rouge, lui restaient de la somptueuse

20   bibliothèque anticléricale de son grand-père. Elle les avait drapés d'un châle et Voltaire servait à Prudence de table de nuit.

Dès que les portes des autres se fermaient, elle fermait la sienne et montait dans sa mansarde qui dominait tout le quartier.

Rien n'était plus délectable à Prudence que ce moment et l'on eût dit qu'elle n'acceptait tous les sacrifices du jour que pour ne rien faire, depuis dix heures jusqu'à minuit, dans ce cadre si près des étoiles, que de surveiller âprement sa ville qu'elle connaissait, comme une reine son empire, comme un sage l'univers, jusqu'à la moindre pierre de la plus humble encoignure. Les cinq ruelles qui rayonnaient du rond-point de la Grande Place, avenues secrètes de son âme, lui livraient toutes les démarches des autres, et plus de cent croisées s'éclairaient et s'éteignaient

30   tour à tour avec régularité sous ses yeux. Les rideaux de mousseline avaient

beau vouloir lui dérober le mystère des troglodytes qui se cachaient dans les petits trous des chambres, elle les perçait à force de désir et, si son lorgnon de Prudence ne suffisait pas à conduire son regard jusqu'où elle voulait, elle appelait en renfort la jumelle de théâtre de son père, qui, si elle défaillait elle-même, voyait venir à son secours la longue-vue de grand-père Hautechaume. Ainsi, aucun jeu des silhouettes ni des chandelles, aucun rendez-vous des autres n'échappait à Prudence, friande de ce spectacle, comme si le Diable eût animé devant elle, pour l'amuser toute seule avec Dieu, ses cinq Poupées de bois.

Prudence Hautechaume (Librairie Gallimard, éditeur).

« Le château intérieur »

Dans une telle page, où s'éclaire la *genèse* même de la *création littéraire*, l'auteur n'a-t-il pu se rappeler, en la tirant à lui, cette formule de Sainte Thérèse dont la lecture lui fut familière dès l'adolescence, comme celle d'un Saint Jean de la Croix ?

L'œuvre que j'avais rêvé de construire, je n'en aperçus les grandes lignes que beaucoup plus tard, comme il se devait, je veux dire la chose faite. Je n'étais pas dans mon propre secret, heureusement. Je ne savais pas où j'allais. Je ne savais guère ce que je faisais. Quelqu'un sans doute me tenait la main. Le voyageur qui chemine de nuit sur une montagne, à mesure que le jour approche, aperçoit un arbre, puis un autre, une maison, un clocher qui sortent du brouillard comme d'une gangue ouatée ; enfin l'horizon se fend et se dessine, partageant le ciel et la terre, et quand le soleil luit, se dissipe la dernière ombre. Mais sans doute, ce monde que j'ai construit, j'avais dû l'imaginer d'avance, l'appeler au moins de mes vœux, je ne pouvais pas ne pas me l'être de loin représenté, comme une Écriture Sainte et une église, comme une cathédrale et une parabole où je logerais Dieu et mon âme et tous les miens et les étrangers. Et peu importait que « ce monde » eût la moindre existence, la moindre valeur pour les autres : il devait n'être qu'à mon usage, valable d'abord pour moi seul, seulement pris à ma taille.
Les plans de cette demeure préexistaient sans doute quelque part : il s'agissait d'en dégager à la longue la perspective, de faire surgir l'un après l'autre de la masse un peu confuse maints détails particuliers et pittoresques, de mettre en relief, parmi le foisonnement des êtres qui en peuplaient les carrefours, les figures maîtresses qui l'orneraient de leur majesté ou de leur grâce, en se gardant d'y ajouter quoi que ce fût d'artificiel, sans rien oublier, c'est-à-dire qu'il n'était question toujours pour moi que de connaître l'Éternel et de me situer en face de Lui dans l'espace et le temps, de reconnaître mes limites et, s'il était possible, de les étendre en profondeur, en hauteur, en largeur, sans laisser d'atteindre par surprise, à force de curiosité, par intuition de deviner à de certains symptômes dont j'établirais l'échelle graduée, le mystère aussi des âmes des autres, en quoi toutes se ressemblent et chacune diffère, se distingue, et de les installer à leur place respective dans le concert. « La mesure ineffable » de mon âme découverte, je n'avais qu'à recourir à elle pour les connaître toutes.

Essai sur moi-même (Marguerat, éditeur).

JULIEN GREEN

Un écrivain franco-américain
Né en 1900 à Paris de parents américains, eux-mêmes d'origine écossaise et irlandaise, JULIEN GREEN poursuivit après la guerre, où il s'était engagé volontairement, des études supérieures aux États-Unis. Romancier français (il manie l'anglais avec une égale maîtrise), il donnait, avant sa trentième année, trois romans d'une belle structure : *Mont Cinère* (1926), *Adrienne Mesurat* (1927), *Leviathan* (1929). Puis viendront *Le Visionnaire* (1934), *Minuit* (1936), *Varouna* (1940), *Si j'étais vous* (1947), *Moïra* (1950), *Le Malfaiteur* (1956), *Chaque homme dans sa nuit* (1960), *Partir avant le jour* (1963), *Mille chemins ouverts* (1964), *L'Autre* (1971), *Jeunesse* (1974), *Dans la gueule du temps* (1978), *Frère François* (1983).

« LA VRAIE VIE EST ABSENTE ». Dans les volumes I à X de son *Journal*, parus de 1938 à 1976 (années 1926 à 1976), Julien Green n'a pas visé l'actualité, mais plutôt sa propre vie intérieure et la réalité qui a pour lui a toujours été la plus précieuse, *l'invisible*. Au théâtre où il est venu, comme Mauriac et Montherlant, vers la maturité de son âge, ses personnages semblent chercher presque toujours à « fuir la persécution de cet inexorable ennui qui fait le fond de la vie humaine depuis que l'homme a perdu le goût de Dieu ». Cette formule de Bossuet se retrouvera sous de multiples formes dans le monde d'un Julien Green dont une des créatures les plus douloureuses est bien ce lieutenant Wicziewski, le protagoniste de *Sud* (1953) qui, se sentant à jamais isolé des autres par ses tendances « particulières », ne trouve d'appui et de confident que chez un enfant étonné, avant de se jeter dans la mort.

« EXPLORATEUR MYSTIQUE DE LA NUIT ». D'origine protestante, devenu catholique à seize ans pour traverser ensuite une longue période d'agnosticisme, puis, vers la quarantaine, faisant profession d'un retour à l'Église, JULIEN GREEN s'est montré sensible à *toutes les formes de spiritualité*, notamment au bouddhisme. Dans le monde moderne battu par l'indifférence, il apparaît, selon le mot de P.-H. Simon, comme « un explorateur mystique de la nuit. » Par certains aspects il est très proche de Bernanos, mais chez lui le rôle de la volonté coopératrice de la grâce est laissé au second plan. Ses personnages, ballottés, désespérés, semblent souvent *prisonniers* d'eux-mêmes et d'une condamnation sans appel. Enfin, il n'est pas indifférent de noter que ce peintre des médiocres ou des criminels a poussé le goût de l'absolu jusqu'à inscrire en épigraphe à l'un de ses romans, *Moïra*, cette pensée de Saint François de Sales : « *La pureté ne se trouve qu'en paradis ou en enfer.* »

ADRIENNE MESURAT
Le roman se situe, au début du siècle, dans une petite ville provinciale, La Tour-l'Évêque. La jeune fille, qui a perdu sa mère, vit d'une existence médiocre et monotone entre une sœur malade (bientôt réfugiée chez des religieuses) et un père âgé, esclave de ses habitudes. Amoureuse d'un médecin récemment installé près de là, elle s'enferme dans ses chimères et prend en haine ce père qu'elle juge incompréhensif et borné. Un soir, à demi-inconsciente, elle le pousse violemment dans l'escalier et on le retrouvera mort au bas des marches. Adrienne se mure dans une solitude qui la conduira, au terme du récit, à la limite de l'égarement. Pour se fuir elle-même, elle tente une diversion, un court voyage. Sous une pluie désespérante, elle débarque d'abord à Montfort-l'Amaury puis à Dreux, où la voici, désorientée, errante à travers le labyrinthe de ces rues vides.

Grâce à une admirable *correspondance* de noirs et de blancs, JULIEN GREEN a su rendre ici perceptible la solitude vraiment *tragique* de cette âme, qui ne retrouve le souvenir de la paix que pour la sentir, irrémédiablement, *perdue*.

SUR LA PLACE VIDE

Adrienne descendit la rue sans rencontrer personne. Parvenue à la place du Marché, elle s'arrêta, saisie à la vue du changement que l'heure apportait à cet endroit qui lui avait paru d'abord si morne et si laid. Toutes les baraques des merciers et des marchands de légumes avaient été enlevées ; les voitures étaient parties. La place était vide, couverte de grandes mares dans lesquelles la lune voyageait lentement. Un bâtiment moderne la limitait au nord, puis de petites maisons et des arbres lui faisaient une sorte de ceinture jusqu'à l'édifice qu'Adrienne avait pris pour une église, à cause des sculptures dont il était orné, mais qui n'était que le reste
10 d'un ancien hôtel de ville ; il présentait l'aspect d'une tour de donjon coiffée d'une poivrière et, dans le clair de lune, donnait à cette place un air romantique dont la jeune fille fut frappée.

La beauté du lieu la saisit et lui procura un moment de paix pendant lequel elle oublia ses soucis. Une minute, elle se tint immobile pour ne pas rompre du bruit de ses pas le merveilleux silence de la nuit. Et, par un subit retour sur elle-même, elle se souvint de certaines journées d'enfance. Il y avait des heures où elle avait été heureuse, mais elle ne s'en était pas rendu compte et il avait fallu qu'elle attendît cet instant de sa vie pour le savoir ; il avait fallu que sa mémoire lui rappelât cent
20 choses oubliées, devant cette tour en ruines que la lune éclairait, des promenades qu'elle avait faites dans les champs, ou des conversations qu'elle avait eues avec des camarades, dans le jardin du cours Sainte-Cécile. Ces souvenirs lui revinrent sans ordre, mais si brusquement qu'elle en éprouva un choc et, ce soir, elle se sentait si faible qu'il suffisait de peu pour l'attendrir. Pourquoi donc ne connaissait-elle plus ce bonheur si largement dispensé à d'autres ? Et elle eut un douloureux élan vers cette chose qu'elle ne possédait plus et que le souvenir rendait si belle et si désirable.

Elle poussa un soupir et fit quelques pas sur le trottoir qui contournait la place. L'horloge de la mairie sonna neuf heures, puis celle de l'église.
30 Des chiens aboyèrent au loin. Elle s'arrêta et, levant la tête, regarda les étoiles. Il y en avait tant que, même en choisissant une petite portion du ciel, elle ne parvenait pas à en dénombrer les astres. Ces myriades de points tremblaient devant ses yeux comme des poignées de minuscules fleurs blanches à la surface d'une eau toute noire. Elle se rappela une chanson qu'on lui faisait chanter en classe : ... *le ciel semé d'étoiles...*

Il fallait que la voix montât tout d'un coup pour le mot *étoiles* et ces trois notes, si difficiles à attraper, si lointaines, exprimaient une sorte de nostalgie si douce qu'en s'en souvenant elle eut le cœur déchiré. Elle porta ses mains à ses yeux et pleura.

Adrienne Mesurat, II, V (Plon, éditeur).

LE ROMAN DE LA GRANDEUR HUMAINE

« *Les faiblesses, les abandons, les déchéances de l'homme, nous les connaissons de reste,* écrivait GIDE dans sa *Préface* à *Vol de Nuit* (1931), *mais ce surpassement de soi qu'obtient la volonté tendue, c'est là surtout ce que nous avons besoin qu'on nous montre* ». De fait, trois écrivains ont réintroduit dans le roman des *thèmes* et des *sentiments* qui, sauf dans les œuvres inspirées par la guerre de 1914-1918 (cf. p. 495 et 437), semblaient oubliés depuis longtemps.

HENRY DE MONTHERLANT

« JE VIVAIS DANS LA VIOLENCE ». HENRY DE MONTHERLANT, né à Paris en 1896, gardera de l'année passée en 1912 à Sainte-Croix de Neuilly la nostalgie de l'*atmosphère religieuse*, de l'esprit *communautaire* et des *amitiés* de collège. Dans *Service Inutile* (1935), il évoquera sa jeunesse partagée entre la guerre, le stade et l'arène. Simple *soldat* dans l'infanterie, il a été grièvement blessé en 1918 ; redevenu civil, il retrouve le climat viril dans la pratique des *sports* et de la *tauromachie*. Après *La Relève du Matin* (1920), un second livre qui, par la psychologie et les prestiges de la forme, compte parmi les plus beaux « romans de guerre », *Le Songe* (1922) ouvre le cycle de *La Jeunesse d'Alban de Bricoule ;* il sera complété par *Les Bestiaires* (1926), roman où la tauromachie fournit à Alban une perpétuelle occasion de victoire sur lui-même. Les deux *Olympiques (Le Paradis à l'ombre des Épées* et *Les Onze devant la Porte Dorée)* coïncident avec les Jeux Olympiques de 1924 : combinant le *récit* et le *poème,* elles expriment la pureté et la noblesse de *l'effort* dans la solennité quasi religieuse des stades.

DES « VOYAGEURS TRAQUÉS » AUX « JEUNES FILLES ». Après 1925, pendant dix ans, MONTHERLANT, avide de « féerie », voyage en Espagne, en Afrique du Nord, en Italie. Il abandonne la violence : ses héros sont des Voyageurs « *traqués* » par eux-mêmes. Du sentiment que « *tout ce qui est atteint est détruit* » par la satiété, il en vient à l'idée que l'unique volupté est dans le *refus* du plaisir qu'on *pourrait* prendre (cf. « pouvant, de n'avoir pas voulu », *Aux Fontaines du Désir,* 1927), ou au contraire dans la passion de « prendre, prendre, prendre, pour n'être pas pris » (*La Petite Infante de Castille,* 1929).

Pourtant, ce désir de jouissance égoïste est souvent corrigé par l'idée que « *le Souverain Bien est d'aimer quelqu'un* », même sans retour, car « *tout vient des êtres* » : ainsi de *L'Histoire d'amour de La Rose de Sable* (1954). Si pour ce « chevalier du Néant » l'erreur est de « croire que l'homme a quelque chose à faire ici-bas », toutefois « le bien faire ne s'y perd pas, quelle que soit son inutilité... parce que, ce bien, c'est à nous que nous l'avons fait » : telle est la justification de l'activité sans illusion qu'il appelle « *la feinte* ».

L'aboutissement serait une *abnégation presque chrétienne* si elle ne s'accompagnait d'un orgueilleux sentiment de *lucidité* et de *supériorité*. Cette hauteur satisfaite d'elle-même apparaît dans *Les Célibataires* (1934) où il nous dépeint avec ironie et pitié deux gentils-hommes déchus. Dans le cycle des *Jeunes Filles* (4 volumes, 1936-1939), le romancier COSTALS s'emploie à tourmenter sans plaisir et à dominer des *âmes féminines,* tout en compensant cette attitude irritante par une paradoxale leçon de « sacrifice » devant les tentations de la tendresse et de l'enlisement dans le bonheur.

RÉSURGENCE DU ROMAN. A partir de 1942, l'œuvre romanesque paraît faire place à l'œuvre dramatique (cf. p. 572) où se retrouveront les thèmes les plus élevés de MONTHERLANT et son *admirable variété* de ton et de style. Mais le romancier ne s'est pas tu. Encadrant la publication *in extenso* de *La Rose de Sable* (1968), toujours retardée depuis 1932, *Le Chaos et la Nuit* (1963) illustre encore une fois sa hantise de l'âme espagnole, et *Les Garçons* (1969) le font revenir sur son adolescence exaltée, tout en témoignant pour l'unité de son œuvre, puisqu'un épisode en avait été adapté au théâtre dans *La Ville dont le prince est un enfant*. Montherlant a été élu à l'Académie Française en 1962. Menacé de cécité totale, il s'est donné la mort en septembre 1972.

« *ELLE ÉTAIT PAREILLE A LA NEF ARGO...* »

Les héros de Montherlant lui ressemblent toujours un peu, aspirent à « *devenir extrêmes* » et, contre la médiocrité, ou l'abandon, à « *faire progresser quelque chose dans le monde* ». Ainsi ALBAN DE BRICOULE a demandé à partir pour le front le jour où, dans le bulletin de son collège, il a lu le nom d'un de ses camarades tué à la guerre, et pensé « Je suis jaloux de ce mort ». Considérant la vie du combattant comme une *ascèse*, il écarte volontairement la vaillante et noble jeune fille qui occupe son cœur : l'univers guerrier doit rester celui des hommes *seuls devant la mort*. La comparaison avec la *nef Argo* et ses guerriers fabuleux, la large salutation à « ceux qui vont mourir » et le procédé de répétition confèrent au récit un caractère *épique*.

Elle était pareille à la nef Argo, la profonde voiture où dans l'ombre on ne voyait briller que les reflets bleus des fusils, les boîtes de métal des masques, les têtes casquées qui, face à face, émergeaient des fenêtres comme dans un dessin de coupe grecque les têtes des héros hors les hublots de la nef ; elle était une belle chose guerrière qui, dans le silence de la nuit finissante, roulait vers la dure bataille. La lune, qui avait suivi pendant un temps les camions, définitivement dépassée, s'était posée sur un toit pour y mourir. Peu à peu alentour les masses des arbres prenaient forme, on discernait les meules et les bas hameaux solitaires ; soudain tout l'Orient
10 éclata en musique. C'était plein d'incandescences et de lave qui de seconde en seconde allaient chacune attisant sa couleur, brillant en brillant, sombre en sombre, et cela restituait des acropoles de Titans, des querelles de Dieux au-dessus d'Iliades, de fabuleux passages de Mer Rouge, avec, dans le fond, par derrière ces nuées barbares, des cités d'orangers qui descendaient. Puis tout s'apaisa. Alors le soleil vint dehors, blanc et net comme une hostie ou comme une perle, et il roula sur la route à la façon d'un avion qui roule avant de s'enlever ; enfin se détacha et monta. Les premiers paysans apparurent. Arrêtés au bord de la route, ils regardaient les braves hommes qui s'en allaient vers la dure bataille et, levant leurs mains, ils les saluaient. [...]
20   C'était une bénédiction qui renaissait à l'infini, qui gagnait de proche en proche comme une flamme. Les femmes et les enfants bénissaient les braves hommes partant pour la dure bataille. Il y eut deux vieilles qui, une fois que les camions s'arrêtèrent, coururent à leurs jardins et coupèrent toutes les roses ; il y en eut une, bien plus ancienne encore, qui souleva sa main sans l'agiter et tout le temps que passa la file elle tint sa main immobile dans l'air, et parfois sa main faiblissait de fatigue, mais vite elle la levait plus haut pour que ces garçons-ci ne crussent pas qu'on les aimait moins que les autres ; il y eut une jeune mère qui souleva son enfant dans ses bras ; il y eut un vieil homme qui fit le salut militaire ; il y eut un petit
30 garçon qui détacha une pensée de devant sa porte, tandis que la file était arrêtée, mais d'abord il n'osa pas l'offrir, et sa mère le poussa, et quand les

voitures repartirent il courut derrière et jeta dans l'une d'elles la petite fleur en rougissant, et ce fut Alban qui la prit, remué dans son cœur. Et les braves hommes songeaient : « Nous avons vu cela. Nous étions des petits paysans et des petits fonctionnaires, nous n'avions jamais pensé que nous pourrions compter à ce point. Si nous revenons, nous nous souviendrons toujours de cette heure où on nous aimait tant. Si nous mourons, eh bien ! nous savons que nous ne mourrons pas abandonnés. Tous, toutes, nous vous remercions de ce que vous nous donnez là. Acceptez le merci du soldat qui va se battre avec courage ». *Le Songe* (Gallimard, éditeur).

L'heure de vérité

Remontant dans la vie du jeune héros, *Les Bestiaires* montrent ALBAN, encore adolescent, qui se livre passionnément à la *tauromachie* avec une « âme romaine ». Il va dominer ici le « Mauvais Ange », redoutable bête de combat. Une jeune fille coquette et inconsciente, SOLEDAD, lui a imposé cette *preuve d'amour* chevaleresque. Mais, la victoire acquise, ALBAN s'éloignera farouchement : aucune sentimentalité ne doit compromettre sa « gloire ».

E^t voici que peu à peu la lutte changeait d'aspect, cessait d'être heurtée et dramatique. Comme dans tout art, la maîtrise engendrait enfin la simplicité. Les passes rituelles se firent posées et majestueuses, semblèrent faciles comme les actes qu'on fait dans les rêves, douées de la noblesse et de la liberté surhumaines qu'ont les mouvements filmés au ralenti. Il apparut à tous qu'au centre de l'arène une puissance souveraine agissait, qui seule était capable de ce détachement presque nuancé de dédain : la souveraineté de l'homme apparut à tous. Ce n'était plus un combat, c'était une incantation religieuse qu'élevaient ces gestes purs, plus beaux que ceux de l'amour, voisins de ceux qui domptent avec le taureau de grossiers spectateurs, et leur font venir les larmes aux yeux. Et celui qui les dessinait, soulevé de terre comme les mystiques par un extraordinaire bonheur corporel et spirituel, se sentait vivre une de ces hautes minutes délivrées où nous apparaît quelque chose d'accompli, que nous tirons de nous-même et que nous baptisons Dieu.

Ensemble, tellement ils étaient appareillés dans cette lutte, cette danse, cet embrassement, le taureau et l'homme s'arrêtèrent. Et chacun d'eux faisait son souffle contre l'autre. La possession n'avait pas son sceau, et pourtant elle était accomplie. Rouler la muleta, se profiler, pointer, fut fait avec une rapidité qui rendit la chose à peine perceptible, parce qu'Alban voulait que tout fût lié, que la domination ne tombât pas. Un instant, il vit le chemin de soleil entre sa main et le garrot étincelant d'un sang doré, l'épée comme ce rayon plus long qui, sortant du soleil, vint frapper le corps même de Mithra [1]. Le choc lui retourna le corps sur le flanc gauche, retentit dans le poignet à croire qu'il l'avait cassé. Il roula sur le sol, se releva en se tenant le poignet. L'épée avait heurté un os et vacillait, mais elle était bien située.

— Ne touchez pas à ce taureau ! Personne !

La bête rejeta l'épée. Il la ramassa sans désarroi, sachant qu'il n'y avait là qu'un contretemps, que la prochaine estocade serait décisive. Tout ce qui est du domaine de la volonté, il le pouvait. *Les Bestiaires* (Gallimard, éditeur).

— 1 Dieu oriental tueur de taureaux, confondu avec le Soleil, mais d'abord vaincu par lui.

ANDRÉ MALRAUX

Témoin et acteur   La vie d'ANDRÉ MALRAUX (1901-1976) a fait de cet étudiant à l'École des Langues Orientales, déjà passionné d'archéologie en 1922, non seulement un *témoin* important, mais un *acteur*, tantôt caché, tantôt découvert, des grands drames de l'époque. Entre 1923 et 1927 il a vécu en Extrême-Orient et participé à des expéditions archéologiques, des mouvements révolutionnaires, de vrais combats aussi, sous le drapeau du Kuomintang. Il a, dès 1933, milité contre le fascisme et l'hitlérisme, puis lutté dans l'aviation aux côtés des républicains espagnols à partir de 1936. Évadé d'un camp de prisonniers après l'armistice de 1940, blessé dans les rangs du « maquis », il a commandé la célèbre brigade « Alsace-Lorraine » pendant la libération du sol français. Armé par tant d'*expériences* et considéré comme possédant au plus haut point « *le sens du monde actuel* », il a, depuis 1945, abandonné le « mythe de la Révolution » pour le « primat de la nation » — le terme appartient aux *Antimémoires* — et suivi la voie du général de Gaulle, avant de l'imiter dans la retraite qu'il évoquera dans *Les Chênes qu'on abat* (1971). Titulaire de Ministères à la mesure de son rayonnement (Information, 1945-1946 ; Affaires culturelles après 1958) il a orienté sa méditation vers « l'éternité » de l'Art (cf. p. 675) et publié divers tomes du *Miroir des limbes : Antimémoires* (1967, cf. p. 639) ; *Les Chênes qu'on abat* (1971) ; *Lazare* (1974).

Une littérature de « salut »   S'il voit dans l'Art « la part victorieuse du seul animal qui sache qu'il doit mourir », MALRAUX consacre aussi l'ensemble de son œuvre romanesque aux seules affirmations que l'homme puisse, selon lui, opposer à la mort et aux servitudes de sa condition. Cette œuvre, en dehors de productions épisodiques *(Lunes en Papier, Royaume Farfelu)* et de *La Tentation de l'Occident* (1926), est faite de quelques romans désormais fixés à leur date comme une étape du genre : *Les Conquérants* (1928), *La Voie Royale* (1930), *La Condition Humaine* (Prix Goncourt, 1933), *Le Temps du Mépris* (1935), *L'Espoir* (1937). Mutilés par la Gestapo, *Les Noyers de l'Altenburg* (1943) restent à part.

Rapportant des événements qui sont aujourd'hui devenus historiques, ces livres ne se bornent pas à une *chronique romancée* par un grand écrivain ; Malraux ne s'y attache pas non plus à « l'élucidation de l'individu ». Il considère le roman comme « *un moyen d'expression privilégié du tragique de l'homme* » : il lui confère le même rôle qu'à la *tragédie antique* et il le consacre à des héros qui, incarnant une *attitude significative*, témoignent pour *la noblesse de l'espèce* et contribuent à son « salut » dans la patrie terrestre.'

Le courage, la mort, la fraternité   Aussi cet écrivain, qui pourrait à première vue apparaître comme « politique », ne s'emploie-t-il pas à décider du bien-fondé philosophique ou des chances de victoire des *idéologies révolutionnaires :* il décide seulement entre ce qui *élève* l'homme ou l'*abaisse*. Il étudie donc surtout les différentes passions qui conduisent ses héros à lutter et à mourir pour un idéal, et il met progressivement l'accent sur ce qui est soit *protestation* contre la condition humaine, soit *promesse* de son amélioration par la seule communion fraternelle.

« *Le courage aussi est une patrie* », pense un anarchiste dans *L'Espoir*. MALRAUX, qui excelle à évoquer des *groupes mêlés* où paysans, ouvriers, intellectuels de différentes nationalités luttent ensemble *sans souci de leurs origines ni de leurs différences*, exalte d'abord la communion du COURAGE. Constamment menacés, parce qu'ils sont des hommes, d'être vaincus « par la chair, par les viscères », tous savent surmonter l'effroi naturel et offrir au groupe leur part d'*abnégation virile*. La MORT qui « élève son intarissable orchestre » est forcément le partenaire commun à tant de héros voués à l'action violente ; outre la faiblesse du corps, elle trouve des alliés dans la fureur aveugle, la torture humiliante ou la famine des foules immenses. Mais « il est facile de mourir quand on ne meurt pas seul ». Dans l'univers sans Dieu de MALRAUX, la FRATERNITÉ est la plus certaine victoire. S'il y a un « progrès » dans sa pensée c'est sur ce point qu'il se manifeste : *La Condition Humaine, Le Temps du Mépris* et *L'Espoir* évoquent la naissance et la force d'une *fraternité vécue*.

Un authentique romancier Ni la nécessité d'aborder certains débats idéologiques, ni l'expression inévitable d'une « philosophie » personnelle ne font perdre à de tels livres leur caractère de *romans*. Le rôle de MALRAUX a au contraire consisté à faire admettre l'incorporation d'éléments *par nature non-romanesques* à des récits qui restent captivants pour l'imagination et la sensibilité. Sur un point surtout sa priorité s'affirme. Dès *La Voie Royale* (1930), devant les êtres et les choses brutes, ses héros connaissent la brusque illumination du « sentiment de l'existence » ; insistant sans cesse sur la présence de la mort, il y parle aussi de « l'irréductible accusation du monde qu'est un mourant qu'on aime » ; il sait dire encore que cette accusation « ne tend pas à la lamentation mais à l'absurde » ; enfin, dans *L'Espoir* (1937), il écrit déjà que « la mort transforme la vie en destin ». Bien des thèmes et des formules mêmes que l'Existentialisme répandra (cf. p. 601) figurent déjà chez lui.

Mais, plus proche en cela de CAMUS que de Sartre, MALRAUX ne recourt pas à un vocabulaire spécialisé et sa pensée philosophique ne se devine pas en perpétuel filigrane. Ses récits, où la place du *dialogue pressé* va grandissant, sont construits sur un rythme coupé et haletant. Avant même de faire de *L'Espoir* un film célèbre, il a su manier tous les procédés que le cinéma a proposés à la narration romanesque. Par-dessus tout, la qualité de sa langue et de son style, aptes au *réalisme le plus sobre* comme aux instants de *lyrisme contenu* et *d'intense poésie*, fixe, dans la magie d'une *puissante prose*, la richesse de sa longue et généreuse méditation sur la condition humaine.

Le Cycle d'Extrême-Orient Trois romans évoquent d'abord, loin d'Europe, le pouvoir révélateur des luttes idéologiques. Prélude à la présentation plus large des différents types de révolutionnaires que *La Condition Humaine* achèvera, *Les Conquérants* situent leur action en 1925, entre Hong-Kong et Canton. HONG, comme Tchen (cf. p. 484) est le pur terroriste, dangereux par son action individuelle. BORODINE, strict exécutant des consignes du parti communiste, le fera mettre à mort, alors que GARINE, le héros principal, le soutient jusqu'au bout, par sympathie. GARINE, lui aussi individualiste et plus passionné que doctrinaire, semble mériter le reproche que Trotsky adressait aux *Conquérants* en disant qu'il manquait à l'auteur « une bonne inoculation de marxisme ». Le livre vaut surtout par les notations d'atmosphère fiévreuse dans un climat hostile aux Européens et par la lutte que GARINE, physiquement affaibli, est obligé de soutenir contre sa «machine » pour garder libre sa pensée.

La Voie Royale est celle qui conduit l'archéologue CLAUDE VANNEC vers les temples Khmers enfouis sous la jungle. Il y est accompagné par PERKEN, aventurier qui possède les secrets politiques de ces confins. Tous deux partent à la recherche de GRABOT, prisonnier des Moïs qui l'ont réduit à l'état d'épave humaine. La souffrance et la mort fournissent à MALRAUX les premières variations sur ses thèmes les plus frappants. L'unité de son œuvre se révèle déjà ici. En effet, VANNEC professe par avance la théorie des *Voix du Silence* (cf. p. 675). « *On dirait qu'en art le temps n'existe pas. Ce qui m'intéresse, voyez-vous, c'est la décomposition, la transformation de ces œuvres, leur vie la plus profonde, qui est faite de la mort des hommes. Toute œuvre d'art, en somme, tend à devenir un mythe.* »

La Condition Humaine Ce roman, qui domine l'œuvre de MALRAUX, rassemble avec plus de force encore les thèmes antérieurs et s'enrichit de celui de la *fraternité* qui désormais va dominer.

Nous sommes à Shanghaï, le 21 mars 1927. Les « généraux du Nord », inféodés aux puissances étrangères et capitalistes que personnifie l'homme de finances FERRAL, tiennent la ville. Sans attendre l'arrivée des troupes du Kuomintang, rassemblement mêlé des forces nationalistes et républicaines, commandées par Chang-Kaï-Shek, les syndicalistes, les terroristes et les militants de base, peu éclairés sur la « ligne générale » du Parti, ont déclenché l'action. Toute une galerie de portraits défile : KATOW, lutteur chevronné qui a connu la révolution russe de 1917, HEMMELRICH qui est retenu par sa femme et ses enfants misérables, TCHEN, le terroriste qui veut se sauver du désarroi par l'action furieuse, le métis KYO GISORS, mari de la doctoresse MAY, qui se bat au nom d'un idéal déterminé. Le vieux GISORS, intellectuel communiste, maître à penser de Tchen et de son propre fils, domine avec angoisse la mêlée. Une suite d'épisodes précipités évoque l'action confuse des différents groupes qui prennent possession de la ville.

L'AGONIE DU TRAIN BLINDÉ

Kyo, Katow et Tchen regardent le *train blindé* des « gouvernementaux » qui, *bloqué* sur la voie coupée, tire ses *dernières salves*. Exemple de l'art de MALRAUX, cette page, dans *son intense brièveté*, associe à une *vision* qui devient *fantastique* le tragique de *scènes cachées* mais que peuvent imaginer, en pleine « sympathie », ceux qui connaissent la mort.

Un vacarme formidable les surprit tous trois : par chaque pièce, chaque mitrailleuse, chaque fusil, le train tirait. Katow avait fait partie d'un des trains blindés de Sibérie ; son imagination lui faisait suivre l'agonie de celui-ci. Les officiers avaient commandé le feu à volonté. Que pouvaient-ils faire dans leurs tourelles, le téléphone d'une main, le revolver de l'autre ? Chaque soldat devinait sans doute ce qu'était ce martèlement. Se préparaient-ils à mourir ensemble, ou à se jeter les uns sur les autres, dans cet énorme sous-marin qui ne remonterait jamais ? Le train même entrait dans une transe furieuse. Tirant toujours de
10 partout, ébranlé par sa frénésie même, il semblait vouloir s'arracher de ses rails, comme si la rage désespérée des hommes qu'il abritait eût passé dans cette armure prisonnière et qui se débattait elle aussi. Ce qui, dans ce déchaînement, fascinait Katow, ce n'était pas la mortelle saoulerie dans laquelle sombraient les hommes du train, c'était le frémissement des rails qui maintenaient tous ces hurlements ainsi qu'une camisole de force : il fit un geste du bras en avant, pour se prouver que lui n'était pas paralysé. Trente secondes, le fracas cessa. Au-dessus de l'ébranlement sourd des pas et du tic-tac de toutes les horloges de la boutique, s'établit un grondement de lourde ferraille : l'artillerie de l'armée révolutionnaire.
20 Derrière chaque blindage, un homme du train écoutait ce bruit comme la voix même de la mort. *La Condition Humaine* (Librairie Gallimard, éditeur).

Victorieux et chef de forces organisées, CHANG-KAÏ-SHEK *a ordonné aux groupes révolutionnaires de* livrer leurs armes. *Dans une scène où l'opposition doctrinale se traduit en un simple dialogue plein de vie et d'accent*, KYO, *désorienté par cette mesure, affronte à Han-Kéou le représentant de Moscou, le dur et froid* VOLOGUINE. *Mais Moscou, par* tactique, *ordonne* d'obéir à l'ordre de CHANG. *Le terroriste* TCHEN *est lui aussi accouru à Han-Kéou. Repoussé à son tour, il accomplira* seul *le geste qu'il projette, en dépit des objurgations de Kyo.*

La mystique du terrorisme

Tchen « *ne pouvait vivre d'une idéologie qui ne se transformât pas immédiatement en actes* ». Possédé par le sens d'un *héroïsme désespéré*, il a décidé de s'affirmer et de mourir en jetant une *bombe* sous l'auto de Chang-Kaï-Shek qui, d'ailleurs, échappera à l'attentat. — Les pensées de TCHEN, si précipitées et si nettement rendues, semblent cependant se fondre ici dans un *décor fantastique* ; tout est hallucinant dans cette *attente consciente et embrumée* dont la solennité lugubre semble appeler l'image même du DESTIN.

Cette nuit de brume était sa dernière nuit, et il en était satisfait. Il allait sauter avec la voiture, dans un éclair en boule qui illuminerait une seconde cette avenue hideuse et couvrirait un mur d'une gerbe de sang. La plus vieille légende chinoise s'imposa à lui : les hommes sont la vermine de la terre. Il fallait que le terrorisme devînt une mystique. Solitude, d'abord : que le terroriste décidât seul, exécutât seul ; toute la force de la police est dans la délation ; le meurtrier qui agit seul ne risque pas de se dénoncer lui-même. Solitude dernière, car il est difficile à celui qui vit hors du monde de ne pas rechercher les siens. Tchen connaissait les objections opposées au terrorisme : répression policière contre les ouvriers, appel au fascisme. La répression ne pourrait être plus violente, le fascisme plus évident. Et peut-être Kyo et lui ne pensaient-ils pas pour les mêmes hommes. Il ne s'agissait pas de maintenir dans leur classe, pour la délivrer, les meilleurs des hommes écrasés, mais de donner un sens à leur écrasement même : que chacun s'instituât responsable et juge d'un maître. Donner un sens immédiat à l'individu sans espoir et multiplier les attentats, non par une organisation mais par une idée : faire renaître des martyrs. Peï [1], écrivant, serait écouté parce que lui, Tchen, allait mourir : il savait de quel poids pèse sur toute pensée le sang versé pour elle. Tout ce qui n'était pas son geste résolu se décomposait dans la nuit derrière laquelle restait embusquée cette automobile qui arriverait bientôt. La brume, nourrie par la fumée des navires, détruisait peu à peu au fond de l'avenue les trottoirs pas encore vides : des passants affairés y marchaient l'un derrière l'autre, se dépassant rarement, comme si la guerre eût imposé à la ville un ordre tout-puissant. Le silence général de leur marche rendait leur agitation presque fantastique. Ils ne portaient pas de paquets, d'éventaires, ne poussaient pas de petites voitures ; cette nuit, il semblait que leur activité n'eût aucun but. Tchen regardait toutes ces ombres qui coulaient sans bruit vers le fleuve, d'un mouvement inexplicable et constant ; n'était-ce pas le Destin même, cette force qui les poussait vers le fond de l'avenue où l'arc allumé d'enseignes à peine visibles devant les ténèbres du fleuve semblait les portes mêmes de la mort ? Enfoncés en perspectives troubles, les énormes caractères se perdaient dans ce monde tragique et flou comme dans les siècles ; et, de même que si elle fût venue, elle aussi, non de l'état-major mais des temps bouddhiques [2], la trompe militaire de l'auto de Chang-Kaï-Shek commença à retentir sourdement au fond de la chaussée presque déserte. Tchen serra la bombe sous son bras avec reconnaissance. Les phares seuls sortaient de la brume. Presque aussitôt, précédée de la Ford de garde, la voiture entière en jaillit ; une fois de plus il sembla à Tchen qu'elle avançait extraordinairement vite. Trois pousses obstruèrent soudain la rue, et les deux autos ralentirent. Il essaya de retrouver le contrôle de sa respiration. Déjà l'embarras était dispersé. La Ford passa, l'auto arrivait : une grosse voiture américaine, flanquée des deux policiers accrochés à ses marchepieds ; elle donnait une telle impression de force que Tchen sentit que, s'il n'avançait pas, s'il attendait, il s'en écarterait malgré lui. Il prit sa bombe par l'anse comme une bouteille de lait. L'auto du général était à cinq mètres, énorme. Il courut vers elle avec une joie d'extatique, se jeta dessus, les yeux fermés.

La Condition Humaine (Librairie Gallimard, éditeur).

La répression a jeté presque tous les héros du livre dans les prisons d'où on ne sort que pour être brûlé vif dans la chaudière d'une locomotive. KYO lui-même, qui aurait pu être sauvé, a été perdu par le retard de l'inconsistant CLAPPIQUE. Par un trait symbolique, celui-ci a oublié l'heure d'un message urgent en luttant devant une table de jeu contre le hasard absurde.

— 1 Jeune intellectuel, qui admire Tchen. — 2 Comme si elle sortait de la nuit des temps.

Le don du cyanure

Outre l'exemple du sacrifice de Katow qui donne « plus que sa vie » en offrant à de jeunes camarades sa part de *cyanure*, les pages montrant les prisonniers dans *la morne attente du supplice*, apportent une explication définitive au titre même de l'œuvre. Tout au long d'une telle évocation on songe, en effet, à la célèbre *Pensée* de Pascal : « *Qu'on s'imagine un nombre d'hommes dans les chaînes et tous condamnés à la mort... Ceux qui restent voient leur propre condition dans celle de leurs semblables.* » Mais voici l'instant vraiment « fraternel » pour Katow allongé près du cadavre de Kyo.

Malgré la rumeur, malgré tous ces hommes qui avaient combattu comme lui, Katow était seul, seul entre le corps de son ami mort et ses deux compagnons épouvantés, seul entre ce mur et ce sifflet[1] perdu dans la nuit. Mais un homme pouvait être plus fort que cette solitude et même, peut-être, que ce sifflet atroce : la peur luttait en lui contre la plus terrible tentation de sa vie. Il ouvrit à son tour la boucle de sa ceinture. Enfin :

— Hé, là, dit-il à voix très basse. Souen, pose ta main sur ma poitrine, et prends dès que je la toucherai : je vais vous donner mon cyanure[2]. Il n'y en a 'bsolument[3] que pour deux.

10   Il avait renoncé à tout sauf à dire qu'il n'y en avait que pour deux. Couché sur le côté, il brisa le cyanure en deux. Les gardes masquaient la lumière, qui les entourait d'une auréole trouble ; mais n'allaient-ils pas bouger ? Impossible de voir quoi que ce fût ; ce don de plus que sa vie, Katow le faisait à cette main chaude qui reposait sur lui, pas même à des corps, pas même à des voix. Elle se crispa comme un animal, se sépara de lui aussitôt. Il attendit, tout le corps tendu. Et soudain, il entendit l'une des deux voix : « C'est perdu. Tombé ».

Voix à peine altérée par l'angoisse, comme si une telle catastrophe n'eût pas été possible, comme si tout eût dû s'arranger. Pour Katow aussi, c'était impossible. Une colère sans limites montait en lui mais retombait, combattue par 20   cette impossibilité. Et pourtant ! Avoir donné *cela* pour que cet idiot le perdît !

— Quand ? demanda-t-il.

— Avant mon corps. Pas pu tenir quand Souen l'a passé : je suis aussi blessé à la main.

— Il a fait tomber les deux, dit Souen.

Sans doute cherchaient-ils entre eux. Ils cherchèrent ensuite entre Katow et Souen, sur qui l'autre était probablement presque couché, car Katow, sans rien voir, sentait près de lui la masse de deux corps. Il cherchait lui aussi, s'efforçant de vaincre sa nervosité, de poser sa main à plat, de dix centimètres en dix centimètres, partout où il pouvait atteindre. Leurs mains frôlaient la sienne. Et tout 30   à coup une des deux la prit, la serra, la conserva.

— Même si nous ne trouvons rien... dit une des voix.

Katow, lui aussi, serrait la main, à la limite des larmes, pris par cette pauvre fraternité sans visage, presque sans vraie voix (tous les chuchotements se ressemblent) qui lui était donnée dans cette obscurité contre le plus grand don qu'il eût jamais fait, et qui était peut-être fait en vain. Bien que Souen continuât à chercher, les deux mains restaient unies. L'étreinte devint soudain crispation :

— Voilà.

O résurrection !...   *La Condition Humaine* (Librairie Gallimard, éditeur).

— 1 De la sinistre locomotive. — 2 Poison | qui risquent d'être exposés à un supplice atroce. foudroyant que portent souvent sur eux ceux | — 3 Katow a un défaut de prononciation.

« *QUELQUE PART LA-HAUT DANS LA LUMIÈRE...* »

Le vieux théoricien Gisors s'est trouvé, par la mort de son fils Kyo, devant une pauvre et simple vérité, mais plus forte que n'importe quelle pensée : « *Il faut neuf mois pour faire un homme, et un seul jour pour le tuer* ». Tout lui paraît vain désormais. Réfugié à Kobé, il refuse à May de la suivre en Russie pour préparer de nouvelles luttes. — Cette page sereine, qui s'enlève sur un fond d'estampe japonaise, montre à quelle *poésie* peut atteindre Malraux. L'opium, puis la musique favorisent « l'accord serein » du vieil homme avec la vie du monde. *Le vent qui passe dans les pins de Kobé vient caresser sa rêverie.*

Il sembla à Gisors que ce vent passait à travers lui comme un fleuve, comme le Temps même, et, pour la première fois, l'idée que s'écoulait en lui le temps qui le rapprochait de la mort ne le sépara pas du monde, mais l'y relia dans un accord serein. Il regardait l'enchevêtrement des grues au bord de la ville, les paquebots et les barques sur la mer, les taches humaines sur la route. « Tous souffrent, songea-t-il, et chacun souffre parce qu'il pense. Tout au fond, l'esprit ne pense l'homme que dans l'éternel, et la conscience de la vie ne peut être qu'angoisse. Il ne faut pas penser la vie avec l'esprit, mais avec l'opium. Que de souffrances éparses dans cette lumière disparaîtraient, si disparaissait la pensée... » [...]
Cinquante sirènes à la fois envahirent l'air : ce jour était veille de fête, et le travail cessait. Avant tout changement du port, des hommes minuscules gagnèrent, comme des éclaireurs, la route droite qui menait à la ville, et bientôt la foule la couvrit, lointaine et noire, dans un vacarme de klaxons : patrons et ouvriers quittaient ensemble le travail. Elle venait comme à l'assaut, avec le grand mouvement inquiet de toute foule contemplée à distance. Gisors avait vu la fuite des animaux vers les sources, à la tombée de la nuit : un, quelques-uns, tous, précipités vers l'eau par une force tombée avec les ténèbres ; dans son souvenir, l'opium donnait à leur ruée cosmique une sauvage harmonie, alors que les hommes perdus dans le lointain vacarme de leurs socques lui semblaient tous fous, séparés de l'univers dont le cœur battant quelque part là-haut dans la lumière palpitante les prenait et les rejetait à la solitude, comme les grains d'une moisson inconnue. Légers, très élevés, les nuages passaient au-dessus des pins sombres et se résorbaient peu à peu dans le ciel ; et il lui sembla qu'un de leurs groupes, celui-là précisément, exprimait les hommes qu'il avait connus ou aimés, et qui étaient morts. L'humanité était épaisse et lourde, lourde de chair, de sang, de souffrance, éternellement collée à elle-même comme tout ce qui meurt ; mais même le sang, même la chair, même la douleur, même la mort se résorbaient là-haut dans la lumière comme une musique dans la nuit silencieuse : il pensa à celle de Kama [1], et la douleur humaine lui sembla monter et se perdre comme le chant même de la terre ; sur la paix frémissante et cachée en lui comme son cœur, la douleur possédée refermait lentement ses bras inhumains. *La Condition Humaine* (Librairie Gallimard, éditeur).

---

[1] Beau-frère japonais du vieux Gisors qui recourt à la musique orientale de ce grand artiste.

Du Temps du Mépris à l'Espoir L'œuvre de MALRAUX semble suivre la marche des grands mouvements idéologiques à travers l'Europe. Le *Temps du Mépris* dénonce les atteintes à la dignité humaine dont l'hitlérisme et ses prisons restent à jamais coupables. Mais le *courage farouche* des victimes y rachète, pour l'honneur des hommes, l'humiliation imposée par les tortionnaires. Sacrifice égal à celui de Katow, un prisonnier accepte d'être conduit à la mort à la place d'un camarade. La leçon reste la même : « *Il est difficile d'être un homme. Mais pas plus en approfondissant sa communion qu'en cultivant sa différence.* »

L'Espoir nous présente une grande variété de scènes, ici ou là, dans l'Espagne déchirée. Sur un rythme de film, trépidant et heurté, on y assiste à l'embrasement progressif de *la guerre* puis à la mise en ordre de la *résistance* chez les républicains. « *L'espoir* » tient en effet à deux raisons. D'abord, la *discipline* et la *technique* doivent et peuvent « organiser l'Apocalypse » : de nombreux dialogues, où les conceptions s'opposent, constituent un véritable « cours », passionné et vivant, de tactique révolutionnaire. Ensuite, l'*afflux des volontaires* de tous pays est le signe d'une « juste cause » : l'évocation des « brigades internationales », composées d'hommes très divers, mais tous déterminés et solidaires dans leur sacrifice, aboutit encore une fois à un *chant de fraternité confiante*. Le rôle de MAGNIN, organisateur de l'aviation, rappelle incontestablement celui de MALRAUX dans cette lutte.

« Ce rythme accordé à la douleur... »

L'une des plus grandes pages de MALRAUX correspond à l'une des belles séquences de son film *L'Espoir*. Après avoir évoqué un *décor d'éternité*, elle atteint, dans sa seconde partie, à une *grandeur épique* : en effet, le défilé des civières, portées et escortées par la foule anonyme, revêt la *majesté d'une scène antique*. Mais ici la fresque funèbre n'est peuplée que de *pauvres montagnards*, immédiatement accourus au secours, dans la région sauvage de Linares. — MAGNIN, *qui était parti avec une caravane muletière relever les blessés et le mort d'un avion abattu, retrouve à la descente l'image qui l'avait déjà frappé à la montée : celle d'un* pommier *et de ses* fruits tombés, *seule image de vie dans la pierraille* « *vivant de la vie indéfiniment renouvelée des plantes dans l'indifférence géologique* ».

Sur quelle forêt ruisselait une telle averse, de l'autre côté du roc ? Magnin mit son mulet au trot, les dépassa tous, arriva au tournant. Pas d'averse : c'était le bruit des torrents dont le rocher l'avait séparé, ainsi que d'une perspective, et qu'on n'entendait pas de l'autre versant ; il montait de Linares, comme si les ambulances vers la vie retrouvée eussent envoyé du fond de la vallée ce bruit allongé de grand vent sur des feuilles. Le soir ne venait pas encore, mais la lumière perdait sa force. Magnin, statue équestre de travers sur son mulet sans selle, regardait le pommier debout au centre de ses pommes mortes. La tête en blaireau sanglant de Langlois [1] passa devant les branches.

10 Dans le silence empli tout à coup de ce bruissement d'eau vivante, cet anneau pourrissant et plein de germes semblait être, au-delà de la vie et de la mort des hommes, le rythme de la vie et de la mort de la terre. Le regard de Magnin errait du tronc aux gorges sans âge. L'une après l'autre, les civières passaient. Comme au-dessus de la tête de Langlois, les branches s'étendaient au-dessus du roulis des brancards, au-dessus du sourire cadavérique de Taillefer, du sourire enfantin de Mireaux, du plissement plat de Gardet, des lèvres fendues de Scali, de chaque corps ensanglanté porté dans un balancement fraternel. Le cercueil passa, avec sa mitrailleuse tordue comme une branche [2]. Magnin passa.

Sans qu'il comprît trop bien comment, la profondeur des gorges où ils s'en-
20 fonçaient maintenant comme dans la terre même, s'accordait à l'éternité des

---

— 1 Nom d'un blessé, comme ceux qui défi- | leront ensuite. — 2 Cette mitrailleuse, arrachée aux débris de l'avion, est déposée sur le cercueil.

arbres. Il pensa aux carrières où on laissait jadis mourir les prisonniers. Mais cette jambe en morceaux mal attachés par des muscles, ce bras pendant, ce visage arraché, cette mitrailleuse sur un cercueil, tous ces risques consentis, cherchés ; la marche solennelle et primitive de ces brancards, tout cela était aussi impérieux que ces rocs blafards qui tombaient du ciel lourd, que l'éternité des pommes éparses sur la terre. De nouveau, tout près du ciel, des rapaces crièrent. Combien de temps avait-il encore à vivre ? Vingt ans ?

— Pourquoi qu'il est venu, l'aviateur arabe [3] ?

L'une des femmes revenait vers lui, avec deux autres.

Là-haut, les oiseaux tournaient, leurs ailes immobiles comme celles des avions.

— C'est vrai que ça s'arrange les nez maintenant ?

A mesure que la gorge approchait de Linares, le chemin devenait plus large ; les paysans marchaient autour des civières. Les femmes noires, fichu sur la tête et panier au bras, s'affairaient toujours dans le même sens autour des blessés, de droite à gauche. Les hommes, eux, suivaient les civières sans jamais les dépasser ; ils avançaient de front, très droits comme tous ceux qui viennent de porter un fardeau sur l'épaule. A chaque relais, les nouveaux porteurs abandonnaient leur marche rigide pour le geste prudent et affectueux par lequel ils prenaient les brancards, et repartaient avec le han ! du travail quotidien, comme s'ils voulaient cacher aussitôt ce que leur geste venait de montrer de leur cœur. Obsédés par les pierres du sentier, ne pensant qu'à ne pas secouer les civières, ils avançaient au pas, d'un pas ordonné et ralenti à chaque rampe ; et ce rythme accordé à la douleur sur un si long chemin semblait emplir cette gorge immense où criaient là-haut les derniers oiseaux, comme l'eût emplie le battement solennel des tambours d'une marche funèbre... *L'Espoir* (Librairie Gallimard, éditeur).

ANTOINE DE SAINT-EXUPÉRY

Comme celle de Malraux, l'œuvre de SAINT-EXUPÉRY, brève et rayonnante, est tout entière tirée d'une expérience vécue. Loin cependant de rester épisodique ou simplement documentaire, elle s'enrichit d'une *méditation constante* qui en fait l'unité et le prix.

« Saint-Ex » Né à Lyon en 1900, ayant tour à tour préparé l'École Navale et fréquenté l'École des Beaux-Arts, celui que ses amis de jeunesse, charmés par sa fantaisie, nommaient « Tonio », est formé à l'*aviation* pendant son service militaire (1921-1923). En 1927, il est *pilote de ligne* entre Toulouse et Dakar et, en 1928, chef « d'aéroplace » à Cap-Juby, au seuil du désert de Mauritanie ; à Buenos-Aires, de 1929 à 1931, il « vit » les débuts de la liaison France-Amérique. Rendu célèbre par ses *succès littéraires*, il demeure *pilote d'essai* et *pilote de raid* en même temps qu'il devient *journaliste* d'occasion pour grands reportages. Combattant de 1939-1940, exilé aux États-Unis, il revient aux armes en 1943 et disparaît au cours d'une *mission aérienne* qu'il a réclamée (31 juillet 1944). Il reste, pour la légende, le courageux, le charmant et profond « Saint-Ex ».

« UN DOCUMENTAIRE LYRIQUE ». *Courrier Sud* (1930) évoque une liaison de l'époque héroïque entre Toulouse et Dakar ; de même, dans *Vol de Nuit* (1931), l'attente de trois courriers sur l'aérodrome de Buenos-Aires, la progression difficile de l'un d'eux dans le ciel d'Amérique et l'alerte des stations qui le guident, forment tout le scénario. Saint-Exupéry se borne également, pour *Terre des Hommes* (1939), à utiliser aussi bien les souvenirs de ses vols de routine que certains épisodes de raids ou de sauvetages ; dans

— 3 L'Espagnole ne comprend pas pourquoi Saïdi, l'aviateur tué, a lutté parmi les républicains.

Pilote de Guerre (1942), il continue à évoquer tous les gestes d'un simple « travail » au cours d'une mission dangereuse : description de la machine, termes techniques, argot de métier, précisions géographiques ou historiques. Mais l'écrivain transforme bien des scènes réelles en tableaux tantôt *dramatiques*, tantôt *épiques* ; il les accompagne aussi d'un noble et fervent *commentaire* qui, puisant beaucoup dans son âme et dans sa vision particulière du monde, leur confère souvent un caractère *lyrique*. Ses dons de poète éclatent dans son œuvre posthume, le fameux *Petit Prince* (1945) et *Citadelle* (1948), tandis que les *Carnets* (1953) ou les *Lettres à sa mère* (1955) permettent de saisir l'éveil de sa méditation.

« CETTE PROFONDE MÉDITATION DU VOL... ». Seul devant son tableau de bord ou devant le désert, SAINT-EXUPÉRY a, comme il le dit, sans cesse « emmagasiné » des réflexions sérieuses. De son métier et de son « outil », l'avion, il retient en fin de compte non pas l'aspect technique ou exaltant mais simplement l'occasion qu'ils donnent à quelques hommes, comme tous les métiers et tous les outils, de reconnaître leurs *limites*, la puissance de leur *volonté*, leur *responsabilité* à l'égard de tous, et la primauté d'un *but* qui vaut « plus que la vie ». Sachant donc « au nom de quoi » ils accomplissent très simplement leur tâche (cf. p. 491), les héros de SAINT-EXUPÉRY tendent, sans emphase et sans invocation livresque, à illustrer un « *humanisme par le métier.* » A partir de *Terre des Hommes* on sent chez lui la volonté de délivrer un « message ». *Citadelle*, sans exprimer une philosophie armée d'arguments, illustre poétiquement les thèmes de *l'échange* nécessaire, de la *grandeur*, et de la soumission à une *éternité* qui se confond avec le destin de l'espèce.

Vol de Nuit   Alors que *Courrier Sud* conservait certains éléments « romanesques » puisque le drame sentimental du pilote était évoqué, *Vol de Nuit* atteint au *dépouillement de la tragédie*. Pendant que ses avions luttent dans la nuit, « Rivière le Grand », solitaire animateur de la « Ligne » en qui l'on reconnaît le célèbre Didier Daurat, vit sur l'aérodrome de Buenos-Aires *le drame de la responsabilité*.

« *Au nom de quoi ?* »

RIVIÈRE devine que l'avion du pilote FABIEN est perdu. Avec Mme FABIEN qui, affolée par le retard de son mari, l'appelle au téléphone, ce sont les « *éléments affectifs* » du drame qui assaillent l'homme dont le devoir est d'ignorer l'autre « monde absolu » : celui du bonheur personnel.

Branchez sur mon bureau.

Il écouta cette petite voix lointaine, tremblante, et tout de suite il sut qu'il ne pourrait pas lui répondre. Ce serait stérile, infiniment pour tous les deux, de s'affronter.

— Madame, je vous en prie, calmez-vous ! Il est si fréquent, dans notre métier, d'attendre longtemps des nouvelles.

Il était parvenu à cette frontière où se pose, non le problème d'une petite détresse particulière, mais celui-là même de l'action. En face de Rivière se dressait, non la femme de Fabien, mais un autre sens de la vie. Rivière ne pouvait qu'écouter, que plaindre cette petite voix, ce chant tellement triste, mais ennemi. Car ni l'action, ni le bonheur individuel n'admettent le partage : ils sont en conflit. Cette femme parlait elle aussi au nom d'un monde absolu et de ses devoirs et de ses droits. Celui d'une clarté de lampe sur la table du soir, d'une patrie d'espoirs, de tendresses, de souvenirs. Elle exigeait son bien et elle avait raison. Et lui aussi, Rivière, avait raison, mais il ne pouvait rien opposer à la vérité de cette femme. Il découvrait sa propre vérité, à la lumière d'une humble lampe domestique, inexprimable et inhumaine.

— Madame...

Elle n'écoutait plus. Elle était retombée, presque à ses pieds, lui semblait-il, ayant usé ses faibles poings contre le mur.

Un ingénieur avait dit un jour à Rivière, comme ils se penchaient sur un blessé, auprès d'un pont en construction : « Ce pont vaut-il le prix d'un visage écrasé ? » Pas un des paysans, à qui cette route était ouverte, n'eût accepté, pour s'épargner un détour par le pont suivant, de mutiler ce visage effroyable. Et pourtant l'on bâtit des ponts. L'ingénieur avait ajouté : « L'intérêt général est formé des intérêts particuliers : il ne justifie rien de plus. — Et pourtant, lui avait répondu plus tard Rivière, si la vie humaine n'a pas de prix, nous agissons toujours comme si quelque chose dépassait, en valeur, la vie humaine... Mais quoi ? »

Et Rivière, songeant à l'équipage, eut le cœur serré. L'action, même celle de construire un pont, brise des bonheurs ; Rivière ne pouvait plus ne pas se demander « au nom de quoi ? »

« Ces hommes, pensait-il, qui vont peut-être disparaître, auraient pu vivre heureux ». Il voyait des visages penchés dans le sanctuaire d'or des lampes du soir. « Au nom de quoi les en ai-je tirés ? » Au nom de quoi les avait-il arrachés au bonheur individuel ? La première loi n'est-elle pas de protéger ces bonheurs-là ? Mais lui-même les brise. Et pourtant un jour, fatalement, s'évanouissent, comme des mirages, les sanctuaires d'or. La vieillesse et la mort les détruisent, plus impitoyables que lui-même. Il existe peut-être quelque chose d'autre à sauver et de plus durable ; peut-être est-ce à sauver cette part de l'homme que Rivière travaille ? Sinon l'action ne se justifie pas.

Vol de Nuit (Librairie Gallimard, éditeur).

LA MORT DANS LES ÉTOILES

L'avion de FABIEN est en effet à bout d'essence : il est perdu. Dans le *drame collectif* qu'évoque *Vol de Nuit* il a été suivi par tous les postes depuis son départ de Patagonie. Mais une fantastique tempête s'est élevée. Les communications sont impossibles. Fabien et son radio, qui se sentaient accompagnés par les efforts et la pensée de leurs camarades, sont maintenant *seuls dans le ciel en furie*. Ayant lutté jusqu'à la fin, Fabien, à la dernière minute, s'abandonne à un *vertige de clarté*. Il vient d'apercevoir, dans une déchirure des nuages, « *comme un appât mortel au fond d'une nasse, quelques étoiles* ». L'art de SAINT-EXUPÉRY transforme cette fin de vol en une fabuleuse « ascension ».

Il monta, en corrigeant mieux les remous, grâce aux repères qu'offraient les étoiles. Leur aimant pâle l'attirait. Il avait peiné si longtemps, à la poursuite d'une lumière, qu'il n'aurait plus lâché la plus confuse. Riche d'une lueur d'auberge, il aurait tourné jusqu'à la mort, autour de ce signe dont il avait faim. Et voici qu'il montait vers les champs de lumière.

Il s'élevait peu à peu, en spirale, dans le puits qui s'était ouvert, et se refermait au-dessous de lui. Et les nuages perdaient, à mesure qu'il montait, leur boue d'ombre, ils passaient contre lui, comme des vagues de plus en plus pures et blanches. Fabien émergea.

Sa surprise fut extrême : la clarté était telle qu'elle l'éblouissait. Il dut, quelques secondes, fermer les yeux. Il n'aurait jamais cru que les nuages, la nuit, pussent éblouir. Mais la pleine lune et toutes les constellations les changeaient en vagues rayonnantes.

L'avion avait gagné d'un seul coup, à la seconde même où il émergeait, un calme qui semblait extraordinaire. Pas une houle ne l'inclinait. Comme une barque qui passe la digue, il entrait dans les eaux réservées. Il était pris dans une part de ciel inconnue et cachée comme la baie des îles bienheureuses. La tempête, au-dessous de lui, formait un autre monde de trois mille mètres d'épaisseur, parcouru de rafales, de trombes d'eau, d'éclairs, mais elle tournait vers les astres une face de cristal et de neige.

Fabien pensait avoir gagné des limbes étranges, car tout devenait lumineux, ses mains, ses vêtements, ses ailes. Car la lumière ne descendait pas des astres, mais elle se dégageait, au-dessous de lui, autour de lui, de ces provisions blanches.

Ces nuages, au-dessous de lui, renvoyaient toute la neige qu'ils recevaient de la lune. Ceux de droite et de gauche aussi, hauts comme des tours. Il circulait un lait de lumière dans lequel baignait l'équipage. Fabien, se retournant, vit que le radio souriait.

— Ça va mieux ! criait-il.

Mais la voix se perdait dans le bruit du vol, seuls communiquaient les sourires [1]. « Je suis tout à fait fou, pensait Fabien, de sourire : nous sommes perdus.»

Pourtant, mille bras obscurs l'avaient lâché. On avait dénoué ses liens, comme ceux d'un prisonnier qu'on laisse marcher seul, un temps, parmi les fleurs.

« Trop beau», pensait Fabien. Il errait parmi des étoiles accumulées avec la densité d'un trésor, dans un monde où rien d'autre, absolument rien d'autre que lui, Fabien, et son camarade, n'était vivant. Pareils à ces voleurs des villes fabuleuses, murés dans la chambre aux trésors dont ils ne sauront plus sortir. Parmi des pierreries glacées, ils errent, infiniment riches, mais condamnés. *Vol de Nuit* (Librairie Gallimard, éditeur).

Terre des Hommes « Saint-Ex » évoque les souvenirs de métier, le fantôme des camarades morts comme le grand Mermoz, les images de calmes rencontres *(Oasis)*, l'angoisse du salut après un atterrissage forcé *(Au Centre du désert)*. Mais l'intérêt de tous ces épisodes est toujours enrichi par la méditation de l'auteur. « *L'avion n'est pas un but. C'est un outil, un outil comme la charrue.*» Non seulement il permet de découvrir le vrai visage de la planète, « le soubassement essentiel, l'assise de rocs, de sable, et de sel, où la vie, quelquefois, comme un peu de mousse au creux des ruines, ici et là se hasarde à fleurir », mais il permet à l'homme de connaître ses contraintes et sa force. Mieux encore : « *la grandeur d'un métier est, avant tout, d'unir les hommes* ».

Dans le dernier chapitre, *Les Hommes*, Saint-Exupéry, devenu grand reporter, a amassé d'autres expériences. Pendant la guerre d'Espagne ou dans son voyage en Russie il a rencontré d'autres héroïsmes et d'autres misères. Comme il le fera à la fin de *Pilote de Guerre*, il médite d'une façon plus générale sur le *sens de la vie* et le *destin de l'espèce* toujours menacée qui ennoblit la « Terre des Hommes ».

— 1 « Nous nous rejoignions dans le sourire », | (1944) où, loin de la patrie, il s'adresse à ses amis écrit Saint-Exupéry dans sa *Lettre à un Otage* | souffrant dans la France occupée.

MOZART ENFANT, MOZART ASSASSINÉ

Dans le train qui l'emmène vers l'Est, le voyageur a quitté son sleeping. Il a préféré les wagons où des familles polonaises, rapatriées de France, sont misérablement entassées. Il contemple parmi les faces burinées par le labeur de la vie (« la machine à emboutir ») le visage d'un *enfant pauvre et inconnu* qui est peut-être de la race des « petits princes ».

Et je poursuivis mon voyage parmi ce peuple dont le sommeil était trouble comme un mauvais lieu. Il flottait un bruit vague fait de ronflements rauques, de plaintes obscures, du raclement des godillots de ceux qui, brisés d'un côté, essayaient l'autre. Et toujours en sourdine cet intarissable accompagnement de galets retournés par la mer.

Je m'assis en face d'un couple. Entre l'homme et la femme, l'enfant, tant bien que mal, avait fait son creux, et il dormait. Mais il se retourna dans le sommeil, et son visage m'apparut sous la veilleuse. Ah ! quel adorable visage ! Il était né de ce couple-là une sorte de fruit doré. Il était né de ces lourdes hardes cette réussite de charme et de grâce. Je me penchai sur ce front lisse, sur cette douce moue des lèvres, et je me dis : voici un visage de musicien, voici Mozart enfant, voici une belle promesse de la vie. Les petits princes des légendes n'étaient point différents de lui : protégé, entouré, cultivé, que ne saurait-il devenir ! Quand il naît par mutation dans les jardins une rose nouvelle, voilà tous les jardiniers qui s'émeuvent. On isole la rose, on cultive la rose, on la favorise. Mais il n'est point de jardinier pour les hommes. Mozart enfant sera marqué comme les autres par la machine à emboutir. Mozart fera ses plus hautes joies de musique pourrie, dans la puanteur des cafés-concerts. Mozart est condamné.

Et je regagnai mon wagon. Je me disais : ces gens ne souffrent guère de leur sort. Et ce n'est point la charité ici qui me tourmente. Il ne s'agit point de s'attendrir sur une plaie éternellement rouverte. Ceux qui la portent ne la sentent pas. C'est quelque chose comme l'espèce humaine et non l'individu qui est blessé ici, qui est lésé. Je ne crois guère à la pitié. Ce qui me tourmente, c'est le point de vue du jardinier. Ce qui me tourmente ce n'est point cette misère, dans laquelle, après tout, on s'installe aussi bien que dans la paresse. Des générations d'orientaux vivent dans la crasse et s'y plaisent. Ce qui me tourmente, les soupes populaires ne le guérissent point. Ce qui me tourmente, ce ne sont ni ces creux, ni ces bosses, ni cette laideur. C'est un peu, dans chacun de ces hommes, Mozart assassiné.

Terre des Hommes (Librairie Gallimard, éditeur).

Citadelle Cette œuvre touffue et non élaguée que Saint-Exupéry a laissée à l'état de *manuscrit* dans sa cantine de combattant, occupait son esprit depuis 1936. Tout ce que l'on peut deviner de sa pensée sérieuse dans les *Carnets* ou les recueils de *Lettres* qui complètent son œuvre posthume, se développe amplement dans cette longue *parabole* à résonance *biblique*.
Le « Seigneur Berbère » qui bâtit sa citadelle terrestre *au milieu des sables veut aussi fonder la* citadelle morale *dans le cœur de l'homme. Il continue à méditer l'action humaine comme l'avaient fait les héros du romancier, et le romancier lui-même devant le désert de Mauritanie.*

« Béni soit l'échange nocturne... »

Dans la « gangue » de *Citadelle,* texte inachevé, éclatent d'admirables pages où la prose, *souvent poétique et rythmée,* de SAINT-EXUPÉRY peut trouver tout son effet. Les deux thèmes fondamentaux du *lien* et de l'*échange* se combinent dans cette page nourrie des connaissances acquises au contact des « rezzou » maures en 1928-1929. Le chef qui « noue » les fragilités individuelles sait que tout est échange : dans la vie banale, d'abord, par le négoce, le travail, l'amitié, l'amour ; mais chez les guerriers eux-mêmes, l'ennemi, par sa présence ou sa seule menace, constitue, lui aussi, un « apport ». Il entre dans le système des terribles et nobles échanges qui maintiennent l'âme en éveil.

Nuits somptueuses de mes expéditions de guerre je ne saurais trop vous célébrer. Ayant bâti, sur la virginité du sable, mon campement triangulaire je montais sur une éminence pour attendre que la nuit se fît, et, mesurant des yeux la tache noire à peine plus grande qu'une place de village où j'avais parqué mes guerriers, mes montures et mes armes, je méditai d'abord sur leur fragilité. Quoi de plus misérable, en effet, que cette poignée d'hommes à demi nus sous leurs voiles bleus, menacés par le gel nocturne où des étoiles se trouvaient prises, menacés par la soif car il fallait ménager les outres jusqu'au puits du neuvième jour, menacés par le vent de sable qui, s'il se lève, montre la
10 puissance d'une révolte, menacés enfin par les coups qui font blettir comme des fruits la chair de l'homme. Et l'homme n'est plus bon qu'à rejeter. Quoi de plus misérable que ces paquets d'étoffe bleue à peine durcis par l'acier des armes, posés à nu sur une étendue qui les interdisait ?

Mais que m'importait cette fragilité ? Je les nouais et les sauvais de se disperser et de périr. Rien qu'en ordonnant pour la nuit la figure triangulaire, je la distinguais d'avec le désert. Mon campement se fermait comme un poing. J'ai vu le cèdre ainsi s'établir parmi la rocaille et sauver de la destruction l'ampleur de ses branchages, car il n'est point non plus de sommeil pour le cèdre qui combat nuit et jour dans sa propre épaisseur et s'alimente dans un univers ennemi
20 des ferments mêmes de sa destruction. Le cèdre se fonde dans chaque instant. Dans chaque instant je fondais ma demeure afin qu'elle durât. Et de cet assemblage qu'un simple souffle eût dispersé je tirais cette assise angulaire, irréductible comme une tour et permanente comme une étrave. Et de peur que mon campement ne s'endormît et ne se défît dans l'oubli je le flanquais de sentinelles qui recevaient les rumeurs du désert. Et de même que le cèdre aspire la rocaille pour la changer en cèdre, mon campement se nourrissait des menaces venues du dehors. Béni soit l'échange nocturne, les messagers silencieux que nul n'a entendus venir et qui surgissent autour des feux et s'accroupissent disant la marche de ceux-là qui progressent au nord ou ce passage de tribus dans le sud
30 à la poursuite de leurs chameaux volés, ou cette rumeur chez d'autres à cause de meurtre et ces projets surtout de ceux-là qui se taisent sous leurs voiles et méditent la nuit à venir. Tu les as écoutés les messagers qui viennent raconter leur silence ! Bénis soient ceux-là qui surgissent autour de nos feux si brusquement, avec des mots si funèbres que les feux aussitôt sont noyés dans le sable et que les hommes plongent, à plat ventre, sur leurs fusils, ornant le campement d'une couronne de poudre.

Citadelle (Librairie Gallimard, éditeur).

CRITIQUE SOCIALE ET PEINTURE DES MŒURS

« Vie des Martyrs » Dans l'ordre du roman ou du récit, la guerre de 1914 devait faire naître, parmi des œuvres de circonstance en partie oubliées, nombre d'émouvants et sincères témoignages sur *la vie et la mort des combattants.* Avec ceux de GEORGES DUHAMEL (*Vie des Martyrs, Civilisation ;* cf. p. 422), on retiendra des livres tels que *Les Croix de bois* de ROLAND DORGELÈS (né en 1886) ; *Sous Verdun* ou *Les Éparges* de MAURICE GENEVOIX (cf. p. 506) ; *L'Équipage* de JOSEPH KESSEL ; *Pain de Soldat* d'HENRY POULAILLE. Chez certains, l'horreur des destructions et du sang versé entraîna le procès de toute une société : ce fut le cas d'Henri Barbusse.

HENRI BARBUSSE

Né à Asnières en 1873, HENRI BARBUSSE débute dans le journalisme à seize ans. En 1908, *L'Enfer* le pose avec force comme un disciple de Zola. La guerre venue, combattant de la première heure, il publie son meilleur ouvrage, *Le Feu* (1916) ; le sous-titre de l'œuvre : « Journal d'une escouade », souligne le dessein de l'auteur : relater une expérience *collective* de la vie des tranchées, dans le froid, la boue, l'espoir souvent déçu des courriers, le fugitif réconfort de la soupe et de l'abri. Viendront ensuite *Clarté* (1919) et *La Lueur de l'Aube* (1921). Engagé dans la voie du communisme militant, c'est à Moscou que Barbusse meurt en 1935.

« Le champ de la mort »

Dans *Le Feu*, BARBUSSE évoque avec une affection fraternelle (mais parfois un peu déclamatoire), les « poilus » de tout âge et venus de tous les milieux, soit à travers l'horreur des bombardements, soit durant ces heures immobiles de 1915 où, après Ypres et Dixmude, « sur un immense front s'observent deux immenses armées. » A la fin du livre sur lequel, souvent, passe un souffle d'épopée, l'auteur, dans une sorte de péroraison, s'en prend à tous ceux qui, selon lui, demeurent les fauteurs de guerre, en s'efforçant « de soumettre le progrès palpitant et passionné au règne des revenants et des contes de nourrice » ; mais, dans cette page exempte de vaine éloquence, il parvient, par le dépouillement même et par la générosité de son accent, à une *émouvante grandeur.*

Quelques-uns de nous ont risqué la tête au-dessus du rebord du talus et ont pu embrasser de l'œil, le temps d'un éclair, tout le champ de bataille autour duquel notre compagnie tourne vaguement depuis ce matin.

J'ai aperçu une plaine grise, démesurée, où le vent semble pousser en largeur de confuses et légères ondulations de poussière piquées par endroits d'un flot de fumée plus pointu.

Cet espace immense où le soleil et les nuages traînent des plaques de noir et de blanc, étincelle sourdement de place en place — ce sont nos batteries qui tirent — et je l'ai vu à un moment tout entier pailleté d'éclats brefs. A un autre moment, une partie des campagnes s'est estompée sous une taie vaporeuse et blanchâtre : une sorte de tourmente de neige.

Au loin, sur les sinistres champs interminables, à demi-effacés et couleur de haillons et troués autant que des nécropoles, on remarque, comme un morceau de papier déchiré, le fin squelette d'une église et, d'un bord à l'autre du tableau, de vagues rangées de traits verticaux rapprochés et soulignés, comme les bâtons des pages d'écriture : des routes avec leurs arbres. De minces sinuosités rayent la plaine en long et en large, la quadrillent, et ces sinuosités sont pointillées d'hommes. On discerne des fragments de lignes formés de ces points humains qui, sortis des raies creuses, bougent sur la plaine à la face de l'horrible ciel déchaîné.

20 On a peine à croire que chacune de ces taches minuscules est un être de chair frissonnante et fragile, infiniment désarmé dans l'espace, et qui est plein d'une pensée profonde, plein de longs souvenirs et plein d'une foule d'images ; on est ébloui par ce poudroiement d'hommes aussi petits que les étoiles du ciel.

Pauvres semblables, pauvres inconnus, c'est à votre tour de donner ! Une autre fois, ce sera le nôtre. A nous demain, peut-être, de sentir les cieux éclater sur nos têtes ou la terre s'ouvrir sous nos pieds, d'être assaillis par l'armée prodigieuse des projectiles, et d'être balayés par des souffles d'ouragan cent mille fois plus forts que l'ouragan.

On nous pousse dans les abris d'arrière. A nos yeux le champ de la mort
30 s'éteint. A nos oreilles, le tonnerre s'assourdit sur l'enclume formidable des nuages. Le bruit d'universelle destruction fait silence. L'escouade s'enveloppe égoïstement des bruits familiers de la vie, s'enfonce dans la petitesse caressante des abris.   *Le Feu* (Flammarion, éditeur).

LOUIS ARAGON

Né à Paris en 1897, Louis Aragon a retracé plusieurs épisodes de son enfance dans *Les Voyageurs de l'Impériale* (1942). Dès sa jeunesse bourgeoise il eut l'occasion de rencontrer quelques personnages typiques ou curieux, dont il se souviendra dans ses romans. Élève d'une école privée il reçoit comme livre de prix des œuvres de Barrès qui auront sur lui une influence marquante, mais il lit aussi avec passion Gorki et J.-J. Rousseau. Étudiant en médecine au Val-de-Grâce en 1917, il y rencontre André Breton avant d'être décoré pour sa conduite dans les derniers combats de la Grande Guerre. C'est l'époque de ses premiers poèmes qui formeront par la suite le recueil *Feu de Joie* (cf. p. 355). Présent dans l'après-guerre au mouvement Dada et aux débuts du Surréalisme, il adhère au Parti Communiste (1927) et se sépare de Breton (cf. p. 344) ; sur cette période de sa vie on trouve de précieux renseignements dans *Aurélien* (1944). L'année 1928 marque sa rencontre avec Elsa Triolet. Durant un séjour en U.R.S.S. du couple désormais célèbre, éclate la guerre d'Espagne pendant laquelle le rôle politique d'Aragon est important. A nouveau combattant en 1939-1940, il prend une part très active à la Résistance des intellectuels sous l'occupation : *Le Crève-cœur*, *La Diane française* en gardent l'écho.

Romancier, Louis Aragon témoigne de l'empreinte surréaliste par le désordre onirique d'*Anicet* (1920) et la « lumière moderne de l'insolite » dans *Le Paysan de Paris* (1926), deux œuvres où les jeux du langage ont aussi leur intérêt. Mais avec *Les Cloches de Bâle* (1934) puis avec *Les Beaux Quartiers* (1936) il entreprend la peinture du « monde réel » non sans laisser apparaître son intention militante : il rêve d'un avenir « où des livres s'écriront pour des hommes pacifiques et maîtres de leur destin ». Plus marquée encore par la pensée marxiste, la vaste fresque des *Communistes* (1949-1951) permet déjà de noter la riche et complexe matière romanesque d'Aragon : l'Histoire en marche vers le Socialisme certes, mais aussi présence de Paris après sa fantasmagorie surréaliste, héros toujours « fous » de la femme aimée, protagonistes portant en eux une angoissante dualité, foisonnement d'épisodes vécus, croisement de personnages réels et imaginaires, le tout mis en œuvre par un style aux mille ressources. Le romancier trouvera bientôt une nouvelle carrière avec *La Semaine Sainte* (1958, cf. p. 633) et *Blanche ou l'Oubli* (cf. p. 634).

Les beaux quartiers

L'action du roman se situe immédiatement avant la guerre de 1914. Après une première partie qui se déroule dans une petite ville industrielle, Sérianne, nous voici *à Paris*.

L es rêves de la ville avec la tombée de la nuit se prolongent et se précisent comme de déchirantes fumées, et, au-delà du quartier militaire, vers la Seine, il y a de grands silences abandonnés, car ici, passées de petites entreprises, commencent de longs murs enfermant des usines. Les chimères de la gloire font place à des machines maintenant immobiles. Personne ne songe plus dans ces bâtisses assombries où l'acier dort à cette heure. Sur l'autre rive débutent les beaux quartiers. Ouest paisible, coupé d'arbres, aux édifices bien peignés et clairs, dont les volets de fer laissent passer à leurs fentes supérieures la joie et la chaleur, la sécurité, la richesse. Oh! c'est ici que les tapis sont épais, et que de petites filles pieds nus courent dans de longues chemises de nuit parce qu'elles ne veulent pas dormir : la vie est si douce et il y aura du monde ce soir à en juger par le linge sorti, par le service de cristal sur une desserte. Les beaux quartiers... D'où nous les abordons, comme des corsaires, ce long bateau de quiétude et de luxe dresse son bord hautain avec les jardins du Trocadéro et ce qui reste encore de la mystérieuse Cité des Eaux où Cagliostro régna aux jours de la monarchie : subite campagne enclose dans la ville avec les chemins déserts du parc morcelé, la descente aux coins noirs, où des amoureux balbutient. Puis c'est la ville aisée, aux rues sans âme, sans commerce, aux rues indistinguables, blanches, pareilles, toujours recommencées. Cela remonte vers le nord, cela redescend vers le sud, cela coule le long du Bois de Boulogne, cela se fend de quelques avenues, cela porte des squares comme des bouquets accrochés à une fourrure de haut prix. Cela gagne vers le cœur de la ville par le quartier Marbeuf et les Champs-Élysées, cela se replie de La Madeleine sur le parc Monceau vers Pereire et ce train de ceinture qui passe rarement dans une large tranchée de la ville, cela enserre l'Étoile et se prolonge par Neuilly, plein d'hôtels particuliers, et dont la nostalgique chevelure d'avenues vient traîner jusqu'aux quais retrouvés de la Seine, et aux confins de la métallurgie de Levallois-Perret. Les beaux quartiers... Ils sont comme une échappée au mauvais rêve, dans la pince noire de l'industrie. De tous côtés, ils confinent à ces régions implacables du travail dont les fumées déshonorent leurs perspectives, rabattues quand le vent s'y met sur leurs demeures aux teintes fragiles. Ici sommeillent de grandes ambitions, de hautes pensées, des mélancolies pleines de grâce. Ces fenêtres plongent dans des rêveries très pures, des méditations utopiques où plane la bonté. Que d'images idylliques dans ces têtes privilégiées, dans les petits salons de panne rose, où les livres décorent la vie, devant les coiffeuses éclairées de flacons, de brosses et de petits objets de métal, sur les prie-Dieu des chambres, dans les grands lits pleins de rumeurs, parmi la fraîcheur des oreillers ! Dans ces parages de l'aisance, on voudrait tant que tout fût pour le mieux dans le meilleur des mondes. On rêve d'oublier, on rêve d'aimer, on rêve de vivre, on rêve de dispensaires et d'œuvres où sourit l'ange de la charité. L'existence est un opéra dans la manière ancienne, avec ses ouvertures, ses ensembles, ses grands airs, et l'ivresse des violons. Les beaux quartiers !

Les Beaux Quartiers, II, 1 (Denoël, éditeur).

LOUIS-FERDINAND CÉLINE

Les haines qui devaient le jeter dans la démesure : *Bagatelles pour un massacre* (1937), *L'École des Cadavres* (1938), *Les Beaux Draps* (1941), ont-elles à jamais défiguré le visage de Louis-Ferdinand DESTOUCHES (1894-1961) qui prit comme nom d'écrivain le prénom de sa mère, CÉLINE ? Né dans un milieu démuni, c'est en travaillant sans maître qu'il avait fait ses études secondaires, puis conquis son diplôme de médecin. Engagé volontaire en 1914, il se signala héroïquement en 1915 et reçut une grave blessure. Au lendemain de la guerre, il aurait pu suivre la carrière unie d'un praticien de province ; mais telle n'était pas sa voie. Après avoir couru l'Angleterre, l'Afrique et l'Amérique du Sud en exerçant tous les métiers, il s'installe, « pour y soigner les pauvres » dans la banlieue parisienne, cadre d'un livre douloureux jusqu'au paroxysme, *Mort à Crédit* (1936). Mais c'est en 1932 que se place son irruption dans la vie littéraire avec ce roman sans exemple et d'une violence volcanique, le *Voyage au bout de la nuit*, somme d'expériences de tout ordre, exhalée comme un cri, dans un style, parfois ordurier parfois bouleversant qui exprime une profonde compassion pour les faibles et les victimes de la vie sociale, et une sensibilité presque morbide, aux accents de *révolte* et de *désespoir*. Frappé d'indignité nationale en 1950, puis amnistié l'année suivante, Céline a encore écrit *D'un château à l'autre* (1957), *Nord* (1960), *Rigodon* (1961).

« *Le ciel, couvercle noir...* »

On songe à cette sombre formule des *Fleurs du Mal* devant cette page du *Voyage au bout de la nuit* dont un des thèmes majeurs est le sentiment de la *solitude :* tous les êtres qui détiennent quelque pouvoir sont murés dans leur sottise, leur dureté, leurs vices et les pauvres, abandonnés à eux-mêmes sauf dans le temps de guerre où ils deviennent soldats. Mais dans la vie quotidienne, aucun lien véritable ne s'établit, hormis la pitié envers les enfants ; et les rapports humains, dans les cas les moins douloureux, se bornent à des camaraderies bourrues ou à des rencontres féminines sans illusion et sans lendemain.

— Parmi tant de pages *désespérées*, celle-ci apparaît comme l'expression d'un mal plus grave encore : l'homme n'y est pas seulement malheureux dans l'immédiat ; mais il se heurte dans sa conscience même comme à la paroi d'un *cachot*. Au bout d'une telle nuit il n'y a pas d'aurore.

Quand on arrive, vers ces heures-là, en haut du Pont Caulaincourt, on aperçoit, au-delà du grand lac de nuit qui est sur le cimetière, les premières lueurs de Rancy. C'est sur l'autre bord, Rancy. Faut faire tout le tour pour y arriver. C'est si loin ! Alors on dirait qu'on fait le tour de la nuit même, tellement il faut marcher de temps et des pas autour du cimetière pour arriver aux fortifications.

Et puis, ayant atteint sa porte, à l'octroi, on passe encore devant le bureau moisi où végète le petit employé vert. C'est tout près alors. Les chiens de la zone sont à leur poste d'aboi. Sous un bec de gaz, il y a des fleurs quand même celles de la marchande qui attend toujours là les morts qui passent d'un jour à l'autre, d'une heure à l'autre. Le cimetière, un autre encore, à côté, et puis le boulevard de la Révolte [1]. Il monte avec toutes ses lampes, droit et large en plein dans la nuit. Y a qu'à suivre, à gauche. C'était ma rue. Il n'y avait vraiment personne à rencontrer. Tout de même, j'aurais bien voulu être ailleurs et loin. J'aurais aussi voulu avoir des chaussons pour qu'on m'entende pas du tout rentrer chez moi. J'y étais cependant pour rien, moi, si Bébert [2] n'allait pas

10

— 1 Topographie « expressive », personnelle à l'auteur ; il existe aussi un boulevard Magna- | nime. — 2 Sorte de Gavroche maladif, soigné par le narrateur, médecin de banlieue sans prestige mieux du tout. J'avais fait mon possible. Rien à me reprocher. C'était pas de ma faute si on ne pouvait rien dans des cas comme ceux-là. Je suis parvenu jusque devant sa porte et, je le croyais, sans avoir été remarqué. Et puis, une fois monté, sans ouvrir les persiennes, j'ai regardé par les fentes pour voir s'il y avait toujours des gens à parler devant chez Bébert. Il en sortait encore quelques-uns des visiteurs, de la maison, mais ils n'avaient pas le même air qu'hier, les visiteurs. Une femme de ménage des environs, que je connaissais bien, pleurnichait en sortant. « On dirait décidément que ça va encore plus mal, que je me disais. En tout cas, ça va sûrement pas mieux... Peut-être qu'il est déjà passé, que je me disais. Puisqu'il y en a une qui pleure déjà ! » La journée était finie.

Je cherchais quand même si j'y étais pour rien dans tout ça. C'était froid et silencieux chez moi. Comme une petite nuit dans un coin de la grande, exprès pour moi tout seul.

De temps en temps montaient des bruits de pas et l'écho entrait de plus en plus fort dans ma chambre, bourdonnait, s'estompait... Silence. Je regardais encore s'il se passait quelque chose dehors, en face. Rien qu'en moi que ça se passait, à me poser toujours la même question.

J'ai fini par m'endormir sur la question, dans ma nuit à moi, ce cercueil, tellement j'étais fatigué de marcher et de ne trouver rien.

Voyage au bout de la nuit (Librairie Gallimard, éditeur).

EUGÈNE DABIT

Le romancier EUGÈNE DABIT (1898-1936), mort prématurément au cours d'un voyage en Russie, fut d'abord *peintre :* Vlaminck parle de « sa sensibilité timide dans les tonalités grises » ; « on y discernait, dit-il, la même mélancolie que dans ses écrits. »

Un *Journal Intime*, paru en 1939, révèle chez Dabit une grande modestie, et une admiration parfois touchante pour ses amis écrivains : Gide, Jouhandeau, Roger Martin du Gard. Ces pages sont remplies de notations, d'esquisses, de croquis, « images de Paris, cafés, lieux de passage ou de rencontres, lieux où toujours on se sent en exil » (mars 1932). Les quartiers pauvres du Nord et du Nord-Est constituent le cadre habituel de ses romans, *Petit-Louis* (1930), *Faubourgs de Paris* (1933), *L'Ile* (1934), *La Zone verte* (1935), etc. Mais c'est surtout *L'Hôtel du Nord* (1929) qui reste attaché à son nom ; avant même d'être adapté pour l'écran, ce livre apparaissait comme un *film réaliste et poétique* où passent, près du canal Saint-Martin, tant de pauvres vies fragmentaires, inachevées.

Eugène Dabit lui a choisi pour épigraphe ces lignes de Jean Guéhenno : « Désormais, notre laideur même ne se voit pas. Rien qui distingue l'un de nous, le fasse reconnaître. Rien en lui qui arrête le regard, éveille l'attention et l'amour. Nous ne sommes même pas pittoresques. Nous ne sommes ni gentils, ni touchants. Chacun de nous, pris à part, ferait un mauvais héros de roman. Il est banal et sa vie est banale. Elle n'échappe jamais à l'ordre commun d'une misère vulgaire. » *(Caliban parle)*.

Dabit n'a pas marqué son œuvre d'un engagement politique. Comme Léon Lemonnier *(La Femme sans péché)* ou André Thérive *(Anna)*, il représente le POPULISME *(issu du naturalisme)* auquel on peut rattacher, pour certains aspects, l'œuvre d'un LÉON FRAPIÉ (1863-1949) avec *La Maternelle*, ou d'un FRANCIS CARCO (1886-1958) avec *Jésus la Caille*, *L'Homme traqué*, *Perversité*. Chez tous ces romanciers se retrouve l'influence de CHARLES-LOUIS PHILIPPE (1874- 1909), qui sut évoquer son enfance en Bourbonnais *(La Mère et l'Enfant, Le Père Perdrix, Dans la Petite Ville)* avant de décrire une certaine faune parisienne dans *Bubu de Montparnasse* (1901).

LE LONG DU CANAL

LECOUVREUR est propriétaire de l'*Hôtel du Nord*, un « meublé » misérable, proche du canal Saint-Martin. Son quartier est son univers et il s'intéresse, mais sans passion, aux événements qui s'y déroulent. Ce jour-là on a repêché le corps d'une jeune femme, et l'éclusier, JULOT, exprime des opinions désabusées. Bientôt Lecouvreur, au cours d'une promenade solitaire, va « contourner », « frôler », « côtoyer » des êtres ou plutôt des silhouettes, absorbées presque aussitôt par la nuit. Cette page d'une *mélancolie* très expressive traduit chez l'auteur le sentiment profond de la *solitude humaine.*

« Vous parlez d'une prise... » Puis, tout en roulant une cigarette :

— Ce qu'il faudrait, c'est récurer le canal. Si ça continue, on pourra bientôt plus naviguer. Sans compter que l'été, au soleil, toute cette pourriture... Ah ! quand on fait que passer, bien sûr, on réfléchit pas à tout ça, on regarde les péniches. Ça amuse l'œil. Mais faut pas croire que tout soit rose pour les riverains... — Si le canal pouvait parler, déclare alors un client. Il en connaît des histoires !

Julot a un mouvement d'épaules. « On s'y fait ». Il repose son verre vide.

— Salut, les gars ! Reste encore à porter la gosse à la Morgue. Faut
10 que j'aide à la glisser dans le fourgon.

Le soir est venu. Lecouvreur regarde devant lui le grand coude du canal ; un bruit de cascade monte de l'écluse. Le souvenir de la noyée ne l'a guère quitté de tout l'après-midi. Il y songe encore ce soir. Il pense aussi à Renée [1]. — Je vais faire un tour, dit-il à sa femme.

Jamais il n'a eu la curiosité de se promener à la tombée du jour. Il traverse le pont tournant et remonte le quai. L'eau est calme ; les péniches, immobiles et pansues, sont allongées comme des bêtes.

Il va lentement. Il contourne un homme étendu qui repose, la tête appuyée sur un sac de ciment. Un « clochard ». L'asile du quai de Valmy
20 est là-bas, sombre et nu comme une caserne. Des êtres marchent, les épaules repliées, la poitrine creuse, des vieux qui triment, traînent leur existence comme le palefrin [2]. Un à un, en courbant l'échine, ils franchissent la porte de l'asile.

« Y sont tout de même mieux là-dedans que sous les ponts », pense Lecouvreur.

Sur un tas de sable, des amoureux se tiennent embrassés. Il surprend leurs baisers, leurs chuchotements. Il s'arrête et pousse un soupir. Des rôdeurs le frôlent. On entend, de loin, le métro passer sur le viaduc dont les piliers se perdent dans l'ombre ; des convois éblouissants rayent le
30 ciel comme des comètes.

Lecouvreur se retourne. Il respire profondément l'odeur de son canal, tend l'oreille aux bruits troubles qui montent des rues. Les lumières clignotent. D'un coup d'œil il embrasse le quartier plongé dans la nuit et dont l'Hôtel du Nord lui semble être le centre. Puis il repart à petits pas.

L'Hôtel du Nord, XIV (Denoël, éditeur).

— 1 Domestique dont l'enfant mourra en nourrice. — 2 Valet d'écurie *(palefrenier).*

Né à Nîmes en 1900, dans une famille protestante, ANDRÉ CHAMSON entre à l'École des Chartes en 1924. L'année suivante, il fait ses débuts de romancier avec *Roux le bandit*. En 1927 paraissent *Les Hommes de la route*, et en 1928 *Le Crime des Justes* peuplé de créatures frustes, parfois farouches, dont les mœurs mêlent à l'austérité camisarde le goût de la violence sous tous ses aspects. Parallèlement, André Chamson écrit des essais, *L'Homme contre l'histoire* (1927), *L'Année des vaincus* (1934). Intellectuel présent à tous les problèmes de son époque, il fut aussi un combattant. En 1944-1945, au cours de la campagne d'Allemagne, il commande la brigade Alsace-Lorraine aux côtés d'André Malraux. Depuis la guerre il a publié *Le Dernier Village* (1946), *La Neige et la Fleur* (1951) où il met en scène la génération nouvelle, puis une œuvre en partie autobiographique, *Le Chiffre de nos jours* (1954). Membre de l'Académie Française (1956), conservateur du Petit-Palais, André Chamson a évoqué dans *La Tour de Constance* (1970) la haute salle circulaire, «tombe aérienne » où furent enfermées de 1686 à 1768 des centaines de protestantes qui refusaient l'abjuration. Il a aussi relaté ses souvenirs de guerre dans *Suite guerrière* et *La Reconquête* (1975).

On réduirait singulièrement l'importance de son rôle littéraire en définissant André Chamson comme un « écrivain de terroir » (cf. p, 506) ; mais il est indéniable que son style dépouillé, voire un peu âpre, l'élévation de ses vues et l'ampleur des perspectives découvertes ne sont pas sans rappeler les horizons cévenols.

« *Durement, sur les pierres dures...* »

A La Condamine, faubourg de Saint-André, petite ville cévenole, « où on vit encore comme à la campagne », s'est installé un ménage : Combes et sa femme Anna, « forte de corps et de sens ». Elle a vingt-cinq ans, lui trente ; ils ont vécu jusque-là d'une activité mi-artisanale, mi-rurale. Mais voici qu'on embauche les hommes pour la construction de la route qui, « d'une faille à l'autre faille, va passer sur une bosse de pâturages ou de rochers », dégageant « un horizon immense, de jour en jour plus vaste et plus admirablement parfait dans son immobilité de demi-cercle ». L'auteur anime ici la *route* « comme un être vivant » et il situe les *hommes* qui lui donnent vie dans une tradition quasi *religieuse* d'ancestral et noble *labeur*.

Il ne vivait alors que pour le travail de la route. C'était le grand labeur de sa jeunesse, semblable à tous ceux de son enfance. Car il avait gardé les chèvres au temps où les loups couraient encore la montagne ; il avait descendu sur ses épaules de lourds faix de bois jusqu'à la ville, par les chemins royaux, raides comme des torrents, égalisés par la pioche et la mine ; il avait dormi seul, à douze ans, dans les cabanes silencieuses perdues au bord des pâturages. Chacun de ses gestes, jusqu'à sa démarche lente et sûre, semblait fait pour accomplir les plus durs travaux de la montagne, mais toutes ses forces ne s'employèrent ensemble et dans une même joie que pendant ces deux années où, de Saint-André au col du Minier, dans les châtaigneraies, les pentes de bruyères, les petits prés et les sombres masses de sapins, surgit la nouvelle route.

Elle partit de Saint-André à travers les prairies d'eau et les pommiers, en rampe douce, comme un être vivant, volontaire mais calme. Puis elle entra dans la vallée étroite pour grimper en lacets vers les hautes crêtes.

Des équipes marchaient avec elle, remuaient la terre, coupaient les arbres, creusaient les roches à coups de mines, bâtissaient des ponts sur les torrents

et les précipices. Sous les rochers, au creux des arbres, aux couverts des taillis,
des bêtes couraient, surprises, des serpents s'écrasaient sous des roches préci-
20 pitées : une grande odeur de terre violée, violente et riche s'élevait sur les pentes,
dans la chaleur et la lumière, aussi exaltante, aussi vagabonde et tumultueuse
que, là-bas, contre la rivière et les hautes maisons à quatre étages, aux façades
nues, l'odeur des jardins était calme, somnolente et paisible.
Les équipes riaient et s'acharnaient à bousculer ces landes, ces forêts, ces
rocailles stériles. Une longue bande de terre s'aplanissait et s'allongeait, comme
pour se soumettre, devant des hommes bruns, coiffés de feutres noirs cirés par
la pluie et les traces des doigts en sueur ; des hommes trapus, en bras de chemise,
au col ouvert, sans cravate, avec des poitrines noires, des hommes agiles en
lourdes braies [1] de velours soutenues par une tayole [2] rouge ou bleue ; des
30 hommes solides, chaussés de gros cuirs cloutés plus forts que les granits, à gros
grains d'acier brillant — des hommes semblables à ceux qui, véridiques, aux
minces pieds-droits [3] des cathédrales, fauchent les moissons, enfournent le
pain, mènent les saisons et les années — des hommes au costume sans âge, faits
pour les grands travaux, amis du soleil et de la pluie et marchant durement
sur les pierres dures au milieu d'un cortège d'étincelles.

Les Hommes de la route (Grasset, éditeur).

GEORGES SIMENON

Le père de Maigret   GEORGES SIMENON est né à Liège, en 1903, d'une
famille d'origine bretonne et d'alliance hollandaise.
Amené de bonne heure à gagner sa vie, il se trouve mêlé, fort jeune, à des
milieux très divers. A la fin de 1922, il débarque à Paris pour y commencer une carrière
extraordinaire qui s'abritera d'abord sous différents pseudonymes ; mais c'est en 1929-30
que Simenon va vraiment devenir lui-même. Au cours d'un périple sur les canaux du
Nord, il compose un récit, *Pietr le Letton*, où apparaît pour la première fois l'imposante
silhouette du fameux commissaire MAIGRET.
Dès lors vont se succéder, en double file et à un rythme sans exemple, (Robert Brasillach
parlera du « phénomène Simenon ») des romans courts et suggestifs, les uns dominés par
Maigret, ayant pour centre un *drame policier*, les autres plus statiques, formant des *études
de milieux*, de *cas*, de *caractères*.
Après ses années parisiennes coupées de voyages, Georges Simenon a longtemps résidé
aux États-Unis et, s'il travaille volontiers depuis 1957 dans sa propriété d'Echandens, près
de Lausanne, il a circulé et séjourné un peu partout. Il a donné avec *Pedigree*, en 1948, une
précieuse autobiographie et, depuis 1952, il appartient à l'Académie Royale de Belgique.
Son œuvre traduite dans toutes les langues, ou presque, a fourni ample matière aux trans-
positions du cinéma, parfois avec beaucoup de bonheur (ainsi pour *La Mort de Belle*, 1961).

Un réalisme original   SIGNIFICATION DU DÉCOR. Les romans de
Simenon doivent à la vie non-sédentaire de leur auteur
de se situer dans des cadres variés : Paris et ses quartiers — ou ses villages —, la région
de Sancerre *(M. Gallet décédé)*, l'Aunis *(Le Testament Donadieu* se déroule à La
Rochelle), la côte normande (l'*Homme de Londres* à Dieppe, *La Marie du Port* à Port-
en-Bessin), l'Alsace, la Hollande, New York *(Trois chambres à Manhattan, Maigret chez
le coroner*, etc.). Mais, qu'il évoque les longs alignements des canaux, les labyrinthes
des grandes villes ou la tristesse des banlieues, jamais Simenon ne s'attarde en vaines

---

— 1 Pantalons larges, analogues à ceux des | anciens Gaulois. — 2 Ceinture, terme cévenol. —
3 Piliers carrés portant la naissance d'une arcade.

descriptions : c'est l'*âme* même du décor qu'il suggère selon sa saison, son ciel, le rythme des occupations, le visage des habitants, presque tous petites gens. Dès *Le Charretier de la Providence* (1931) ou *La Maison du Canal* (1933), il était clair que pour lui le paysage n'est presque pas distinct de l'homme, qu'ils *s'expliquent* l'un par l'autre ; on ne saurait s'imaginer Maigret dans un autre appartement que le sien, Boulevard Richard Lenoir, entre la Bastille et la Place des Vosges, au cœur d'un Paris d'artisans et de petits bourgeois. Dans cette œuvre immense, citons encore *Le Train* (1961), *Les Anneaux de Bicêtre* (1963), *La Mort d'Auguste* (1966), *Le Chat* (1967), *La Disparition d'Odile* et *La Cage de Verre* (1971). En 1973, Simenon annonce la fin de sa carrière de romancier...

LE TRAGIQUE QUOTIDIEN. Chez d'autres qu'un Simenon, ce réalisme, très fidèle mais sans ampleur, ces personnages médiocres, veules, étrangers à toute transcendance et livrés à l'immédiat, tout cela pouvait aboutir à un morne décalque de l'existence absurde ; mais de cette œuvre il se dégage, dans une sorte de *poésie* des rues et des brumes, une immense *compréhension*, incarnée par le commissaire Maigret qui ne juge pas, qui cherche à vivre avec les êtres et pour ainsi dire *en* eux, fussent-ils tarés, coupables, hors la loi. Et surtout, ce qui lui donne sa plus haute dimension, c'est le sens de la *solitude* humaine ; dans le malentendu, la maladie, la faute ou l'exil, tout ce qui fait de l'homme un *étranger* pour les autres et parfois pour lui-même, *le sens de l'angoisse tragique dans la vie de tous les jours.*

LE MOINS APPRÊTÉ DES STYLES. Dépourvu de tout apparat mais aussi de tout artifice, le style de Simenon ne vise qu'à *refléter* absolument les données du réel, sans les embellir par optimisme, ni les noircir par le parti pris d'un engagement. D'une frappante *efficacité*, il crée une *atmosphère* originale, irréductible à tout modèle et qui suffirait, malgré les négligences du français « parlé », à classer Simenon comme un véritable écrivain.

L'inconnu du téléphone

Le commissaire MAIGRET reçoit un appel insolite. Un homme qui se dit *pourchassé* lui téléphone d'un café voisin, *Aux Caves du Beaujolais*, pour demander du secours ; n'ayant pu se défaire de ceux qui le suivent à la trace, il réitère son appel, du *Tabac des Vosges*, puis des *Quatre Sergents de La Rochelle.* Aux *Caves du Beaujolais*, l'inspecteur Janvier a obtenu du mystérieux personnage le signalement suivant, confirmé par un agent de police : « *Un petit bonhomme gesticulant, vêtu d'un imperméable beige et d'un chapeau gris.* » Nouveau coup de téléphone, d'un garçon de café cette fois : un client vêtu d'un imperméable l'a chargé de prévenir le commissaire « qu'il allait essayer d'entraîner son homme au *Canon de la Bastille...* » MAIGRET s'y rend aussitôt, mais n'y trouve personne. Il laisse sur place le fidèle Janvier et regagne son bureau du Quai des Orfèvres.

— Allô !... Le commissaire Maigret ?
 Il était quatre heures. Il faisait encore grand jour, mais le commissaire avait allumé la lampe à abat-jour vert, sur son bureau.
— Ici, le receveur des postes du bureau 28, rue du Faubourg-Saint-Denis... Excusez-moi de vous déranger... C'est probablement une fumisterie... Il y a quelques minutes, un client s'est approché du guichet des colis recommandés... Allô !... Il paraissait pressé, effrayé, m'a dit l'employée, Mlle Denfer... Il se retournait tout le temps... Il a poussé un papier devant elle... Il a dit : « Ne
» cherchez pas à comprendre... Téléphonez tout de suite ce message au
» commissaire Maigret... » Et il s'est perdu dans la foule...
» Mon employée est venue me voir... J'ai le papier sous les yeux... C'est écrit au crayon, d'une écriture incohérente... Sans doute que l'homme a composé son billet en marchant...
» Voilà... *Je n'ai pas pu aller au* Canon... Vous comprenez ce que ça signifie?...
Moi pas... Cela n'a pas d'importance... Puis un mot que je ne parviens pas à

lire... *Maintenant ils sont deux... Le petit brun est revenu...* Je ne suis pas sûr du mot brun... *Vous dites...* Bon, si vous croyez que c'est bien ça... Ce n'est pas fini... *Je suis sûr qu'ils ont décidé de m'avoir aujourd'hui... Je me rapproche du Quai... Mais ils sont malins... Prévenez les agents...*

20 » C'est tout... Si vous voulez, je vais vous envoyer le billet par un porteur de pneumatiques... En taxi ?... Je veux bien... A condition que vous payiez la course, car je ne peux pas me permettre...

***

— Allô !... Janvier ?... Tu peux revenir, vieux... Une demi-heure plus tard, ils fumaient tous les deux dans le bureau de Maigret, où on voyait un petit disque rouge sous le poêle.

— Tu as pris le temps de déjeuner, au moins ?

— J'ai mangé une choucroute au *Canon.*

Lui aussi ! Quant à Maigret, il avait alerté les patrouilles cyclistes, ainsi que la police municipale. Les Parisiens, qui entraient dans les grands magasins, 30 qui se bousculaient sur les trottoirs, s'enfournaient dans les cinémas ou dans les bouches du métro, ne s'apercevaient de rien, et pourtant des centaines d'yeux scrutaient la foule, s'arrêtaient sur tous les imperméables beiges, sur tous les chapeaux gris.

Il y eut encore une ondée, vers cinq heures, au moment où l'animation était à son maximum dans le quartier du Châtelet. Les pavés devinrent luisants, un halo entoura les réverbères, et, le long des trottoirs, tous les dix mètres, des gens levaient le bras au passage des taxis.

— Le patron des *Caves du Beaujolais* lui donne de trente-cinq à quarante ans... Celui du *Tabac des Vosges* lui donne la trentaine... Il a le visage rasé, le teint 40 rose, les yeux clairs... Quant à savoir le genre d'homme que c'est, je n'y suis pas parvenu... On m'a répondu : *Un homme comme on en voit beaucoup...*

Mme Maigret, qui avait sa sœur à dîner, téléphona à six heures pour s'assurer que son mari ne serait pas en retard et pour lui demander de passer chez le pâtissier en rentrant.

— Tu veux monter la garde jusqu'à neuf heures ?... Je demanderai à Lucas de te remplacer ensuite...

Janvier voulait bien. Il n'y avait rien d'autre à faire qu'à attendre.

— Qu'on me téléphone chez moi s'il y a quoi que ce soit...

Il n'oublia pas le pâtissier de l'avenue de la République, le seul à Paris, selon 50 Mme Maigret, capable de faire de bons mille-feuilles. Il embrassa sa belle-sœur, qui sentait toujours la lavande. Ils dînèrent. Il but un verre de calvados. Avant de reconduire Odette jusqu'au métro, il appela la P. J.

— Lucas ?... Rien de nouveau ?... Tu es toujours dans mon bureau ?

Lucas, installé dans le propre fauteuil de Maigret, devait être occupé à lire, les pieds sur le bureau.

— Continue, vieux... Bonne nuit...

Quand il revint du métro, le boulevard Richard-Lenoir était désert, et ses pas résonnaient. Il y avait d'autres pas derrière lui. Il tressaillit, se retourna involontairement, parce qu'il pensait à l'homme qui, à cette heure, était peut-être 60 encore à courir les rues, anxieux, évitant les coins sombres, cherchant un peu de sécurité dans les bars et les cafés.

Il s'endormit avant sa femme — du moins le prétendit-elle, comme toujours, comme elle prétendait aussi qu'il ronflait, — et le réveil, sur la table de nuit, marquait deux heures vingt quand le téléphone l'arracha à son sommeil. C'était Lucas.

— Je vous dérange peut-être pour rien, patron... Je ne sais pas encore grand-chose... C'est la permanence de Police-Secours qui m'avertit à l'instant qu'un homme vient d'être trouvé mort place de la Concorde... Près du quai des Tuileries... Cela regarde donc le 1er arrondissement... J'ai demandé au commissariat de tout laisser en place... Comment?... Bon... Si vous voulez... Je vous envoie un taxi...

Mme Maigret soupira en regardant son mari qui enfilait son pantalon et ne trouvait pas sa chemise.

— Tu crois que tu en auras pour longtemps?

— Je ne sais pas.

— Tu n'aurais pas pu envoyer un inspecteur?

Quand il ouvrit le buffet de la salle à manger, elle comprit que c'était pour se verser un petit verre de calvados. Puis il revint chercher ses pipes, qu'il avait oubliées.

Le taxi l'attendait. Les Grands Boulevards étaient presque déserts. Une lune énorme et plus brillante que d'habitude flottait au-dessus du dôme verdâtre de l'Opéra.

Place de la Concorde, deux voitures étaient rangées le long du trottoir, près du jardin des Tuileries, et des personnages sombres s'agitaient.

La première chose que Maigret remarqua, quand il descendit de taxi, ce fut, sur le trottoir argenté, la tache d'un imperméable beige.

Alors, tandis que les agents en pèlerine s'écartaient et qu'un inspecteur du 1er arrondissement s'avançait vers lui, il grommela :

— Ce n'était pas une blague... Ils l'ont eu !...

On entendait le frais clapotis de la Seine toute proche, et des voitures qui venaient de la rue Royale glissaient sans bruit vers les Champs-Élysées. L'enseigne lumineuse du *Maxim* se dessinait en rouge dans la nuit.

— Coup de couteau, monsieur le commissaire..., annonçait l'inspecteur Lequeux, que Maigret connaissait bien. On vous attendait pour l'enlever...

Pourquoi, dès ce moment, Maigret sentit-il que quelque chose n'allait pas? La place de la Concorde était trop vaste, trop fraîche, trop aérée, avec, en son centre la saillie blanche de l'obélisque. Cela ne correspondait pas avec les coups de téléphone du matin, avec les *Caves du Beaujolais*, le *Tabac des Vosges*, les *Quatre Sergents* du boulevard Beaumarchais.

Jusqu'à son dernier appel, jusqu'au billet confié au bureau de poste du faubourg Saint-Denis, l'homme s'était confiné dans un quartier aux rues serrées et populeuses.

Est-ce que quelqu'un qui se sait poursuivi, qui se sent un assassin sur ses talons et qui s'attend à recevoir le coup mortel d'une seconde à l'autre s'élance dans des espaces quasi planétaires comme la place de la Concorde?

— Vous verrez qu'il n'a pas été tué ici.

Maigret et son mort, Chapitre I (Presses de la Cité, éditeur).

Le rapport d'un sergent de ville va prouver que cette hypothèse est juste. Puis une série de subtiles déductions, étayées d'un billet de retour imprudemment conservé, livrera au commissaire Maigret la clé de l'énigme : « son mort », Albert, patron d'un petit café, qui détenait le secret d'une bande de tueurs, avait bien été assassiné par eux, chez lui, après cette poursuite à travers Paris ; mais deux comparses, craignant d'être soupçonnés, avaient déplacé son corps pour maquiller ce règlement de comptes en crime crapuleux.

L'HOMME DEVANT LA NATURE

Rarement illustré depuis la tentative de George Sand (cf. *XIXᵉ Siècle*, p. 295), le genre très particulier qui, choisissant ses héros parmi les êtres prétendus « simples », trouve son inspiration essentielle dans *l'amour d'un terroir* et fait au surplus de la Nature *non un décor mais un vrai personnage*, a connu un net renouveau à partir de 1900. Le mouvement dit « régionaliste », en réaction contre la primauté parisienne, explique historiquement une faveur si marquée qu'avant 1914 trois Prix Goncourt sont allés à des œuvres d'une telle lignée : *Terres Lorraines* d'Émile Moselly (1907), *Monsieur des Lourdines* d'Alphonse de Chateaubriant (1911), *Les Filles de la Pluie* d'André Savignon (1912).

Ce genre doit d'abord être *nettement distingué du traditionnel « roman de la province »*. Mais, cette distinction établie, il demeure guetté par deux équivoques risquant de compromettre son appartenance au pur domaine littéraire. La première est créée par les intentions politiques ou sociales de la littérature régionaliste, *militante par nature*, soit que, sous la plume du périgourdin Eugène Le Roy (1837-1907), elle exalte l'âme populaire en éveil *(Jacquou le Croquant*, 1899) soit que, comme son vrai théoricien, l'occitan Charles-Brun *(Les Littératures provinciales*, 1907), elle s'inspire de la pensée maurrassienne. La seconde équivoque provient du « parler » caractéristique qui semble indispensable à l'affirmation de la personnalité d'un terroir. A l'extrême, selon les vues de Charles-Brun, seul l'emploi du dialecte conviendrait à l'œuvre authentiquement régionaliste. Moins intransigeants, beaucoup d'écrivains ont pourtant abusé de *l'idiome local*.

De la floraison née du régionalisme, outre les titres déjà cités, on peut retenir sans distinction de province : *Gens de Mer* (1897) de Charles Le Goffic, *La Terre qui meurt* (1899) de René Bazin, *Maurin des Maures* (1907) de Jean Aicard, *Ames berrichonnes* (1910) d'Hugues Lapaire et, la même année, *Nono* de Gaston Roupnel. Un romancier tué à la guerre, Louis Pergaud (1882-1915), déjà remarqué pour son vigoureux et poétique bestiaire : *De Goupil à Margot* (1910), laissait aussi une œuvre significative : *Les Rustiques*, composée avant 1914.

Après cette date, le mouvement est continué par Ernest Pérochon avec *Nène* (Prix Goncourt 1920), Gaston Chérau avec *Valentine Pacquault* (1921), A. de Chateaubriant dont la *Brière* (1923) demeure une remarquable évocation du marais nantais, Henri Pourrat (1887-1960) qui commence sa large geste un peu trop colorée de parler auvergnat *(Les Vaillances, Farces et Gentillesses de Gaspard des Montagnes*, 1922-1931), André Chamson qui débute par un récit cévenol *(Roux le Bandit*, 1925 ; cf. p. 501). A partir de 1921, l'ensemble de cette production romanesque est dominé par l'immense succès de *Maria Chapdelaine* (cf. p. 137) qui élargit avec profit l'aire du « régionalisme ». Au même moment, *Batouala* de René Maran (1921) donne ses lettres de noblesse à la terre africaine, ouvrant la voie à *l'exotisme* d'un André Demaison ou d'un Henry de Monfreid.

Enfin, aux environs de 1925, se sont imposés quelques écrivains qui ont su atteindre à une *vérité humaine très générale* et parer *l'évocation de la nature* de tous ses prestiges.

MAURICE GENEVOIX

MAURICE GENEVOIX (1890-1980) a peint avec amour la Sologne, tout en marquant *d'accents* et de *traits* authentiques les fortes passions de ses héros. Jeune normalien, grièvement blessé pendant la guerre 1914-1918 qui lui a tout d'abord inspiré quelques puissants récits *(Ceux de 14)*, cet universitaire d'origine, bientôt consacré à la littérature, a vu *Raboliot* (Prix Goncourt 1925) assurer le succès de sa discrète mais sûre carrière.

Depuis, des êtres toujours en accord profond avec le « pays » secret et austère où il s'est lui-même souvent retiré, n'ont cessé de peupler ses romans de leurs gestes violents *(Cyrille, Marcheloup)*. Habile comme eux à percevoir « l'innombrable toucher de l'espace familier », vivant de plain-pied avec le mystère des bois et des étangs, il sait aussi comprendre les bêtes *(Rroû)* et atteindre à une poésie sauvage lorsqu'il raconte leur lutte avec l'homme *(La Dernière Harde*, 1938). Ayant ainsi fixé son vrai domaine, GENEVOIX n'en a pas moins varié constamment son œuvre : évocations rapportées de ses longs voyages *(Canada, Fatou Cissé)*, résurrection historique *(Vaincre à Olympie,* 1960), souvenirs de guerre *(La Mort de près,* 1972), bilan de toute une vie *(Trente mille jours,* 1980). Il avait été élu à l'Académie Française en 1946.

La chasse de Raboliot

Incorrigible braconnier, le gaillard et subtil RABOLIOT est harcelé par les gardes « du Saint-Hubert » et poursuivi par la haine du gendarme Bourrel. Il a dû se terrer longtemps, puis se réfugier dans les bois, comme une bête ; mais le besoin de revoir sa femme et ses enfants l'attire vers le piège où il sera pris, non sans s'être vengé de Bourrel dans un geste furieux. — Très caractéristique de la sobre puissance du romancier, la page que voici est forcément *cruelle*. Mais elle reste *saine et vraie* puisqu'elle révèle par quel instinct est dominé l'être entier de Raboliot. De plus, elle est d'un *effet singulier* parce que, tout s'y passant dans la nuit, seuls l'*ouïe* et le *sens tactile* captent le drame « ténébreux » qui se joue entre les bêtes et la chienne Aïcha.

Allez ! Allez !
Il l'avait lâchée ; elle était partie à fond de train, galopant le long du grillage. Il y eut aussitôt, en tous sens, des piétinements menus, affolés, et tout à coup un choc grattant de griffes, un cri effilé, suraigu. Raboliot marcha vers sa chienne, noire et boulée contre le treillis, les ongles plantés raides en terre, un lapin pantelant dans la gueule.

— Allez ! Allez !

Aïcha desserra les mâchoires. Elle repartait déjà, pendant que Raboliot, pattes d'une main, oreilles de l'autre, disloquait d'une traction appuyée la colonne vertébrale du lapin. Et dans l'instant cela recommença : les fuites désordonnées, le choc sourd de la chienne se ruant contre le grillage, freinant des pattes et labourant le sol, et le cri suraigu du lapin capturé. Raboliot ne courait pas : il avait fort à faire pour soutenir l'allure d'Aïcha ; mais il prévoyait à chaque fois le point juste où elle allait bondir ; dès que les crocs entraient dans le poil, la main de Raboliot était là. Dans sa musette de toile, les petits cadavres chauds s'amoncelaient ; la bretelle commençait à lui tirer fort sur la nuque.

— Allez ! Allez !

Une nuit d'or, une besogne bien faite ! La noire avait le diable dans la peau. Étrangement muette, elle virevoltait, fonçait soudain en flèche vertigineuse, bondissait à travers le champ comme un ténébreux feu-follet. De temps en temps, par-dessus l'épaule, Raboliot regardait vers l'ouest, vers la maison du garde et le bois de la Sauvagère. Et cependant ses mains n'arrêtaient pas de travailler, arrachaient à la gueule d'Aïcha les lapins qui gigotaient, empoignaient les oreilles et les pattes, et tiraient : les vertèbres fragiles craquaient, la bête pesait, inerte et molle, comme une loque tiède. Au sac ! Il y en avait déjà sept ou huit, et la noire galopait toujours, et Raboliot l'encourageait toujours, d'une voix basse et pressante, poussée raide entre les dents :

— Allez ! Allez !

Contre sa hanche, le grillage, quelquefois, tremblait. Les petits cris, pointus comme vrille, retentissaient de çà de là. Et Raboliot murmurait, exultant : « Si ça couine, bon d'la, si ça couine ! » Qu'est-ce qu'il y avait, qu'est-ce qu'il pouvait y avoir de meilleur au monde ? Il chassait dans la nuit, avec pour compagnon le halètement chaud d'Aïcha, sa forme ardente et sombre et ses bonds meurtriers. Chaque piaulement de détresse lui pénétrait au fond de l'être, lui faisait basculer le cœur. Au sac ! Au sac !

Raboliot (Bernard Grasset, éditeur).

508

RAMUZ

La carrière du Vaudois Charles-Ferdinand RAMUZ est curieuse. Il a publié son premier roman, *Aline*, en 1905 et tout ce qui marque essentiellement son œuvre est déjà fixé dans *Guérison des Maladies* (1917). Cependant il n'est vraiment connu et admiré qu'après la réédition par Bernard Grasset de ce livre significatif (1924) ; une suite d'œuvres nouvelles (*Joie dans le Ciel* et *L'Amour du Monde*, 1925 ; *La Grande Peur dans la Montagne*, 1926) rappelle alors l'attention sur ses livres anciens qui, avec vingt ans de retard, prennent leur place dans une longue perspective. On aurait tort de ne voir en lui que le peintre de sombres tragédies montagnardes, car c'est un *écrivain beaucoup plus complet*, à la fois théoricien très conscient (*Lettre à Bernard Grasset*, 1929), mémorialiste lucide (*Paris, notes d'un Vaudois*, 1939) et vrai moraliste, non seulement dans son *Journal*, mais aussi dans certains essais : *Taille de l'Homme* (1936), *Besoin de Grandeur* (1938).

« Je suis de ce pays »   Né à Lausanne en 1878, de famille aisée, grandi au milieu d'une atmosphère protestante et au contact de la Nature diverse des cantons suisses, Ramuz part pour Paris en 1902 sous prétexte de recherches universitaires. Passionné des grands auteurs français et se consacrant bientôt lui-même à la littérature, il y demeure jusqu'en 1914. Les œuvres qu'il écrit dans cet exil librement choisi révèlent pourtant une curieuse nostalgie. *Aline*, histoire d'une campagnarde séduite, *Jean-Luc Persécuté* (1909) drame d'une âme fruste entraînée au crime par une jalousie nourrie dans le silence, ne seraient, pour le fond, que de simples récits réalistes ; mais leur paysage, leur atmosphère, leur langue même laissent deviner chez l'auteur l'appel et le besoin du « pays ». *Les Circonstances de la Vie* (1907) et surtout *Aimé Pache, peintre Vaudois* (1912), véritable roman autobiographique, sont significatifs d'une révélation qui se précise lorsque *L'Exemple de Cézanne* (1914) permet à Ramuz de prendre une nette conscience de ses exigences profondes et de souhaiter « un art de milieu en même temps qu'universel ». Il regagne alors la Suisse ; profitant pendant les années de guerre de toute l'activité intellectuelle et des contacts avec des esprits très divers que permettait la neutralité helvétique, il est à l'écoute du monde bouleversé (*Le Grand Printemps*, 1917) et joue bientôt un rôle important à la tête des célèbres *Cahiers Vaudois*. En dépit de sa renommée, à partir de 1930 jusqu'à sa mort, en 1947, son existence n'est faite que de travail, d'affections familiales et de méditations dans sa demeure de Pully.

Une mythologie   Ayant dès son retour en Suisse marqué la distance avec **paysanne**   ses premiers écrits *(Adieu à beaucoup de personnages)*, c'est en donnant *Guérison des Maladies* que RAMUZ a affirmé la manière par laquelle il s'est imposé. Cette histoire d'une influence mystérieuse qui bouleverse d'amour et de crainte tout un village, inaugure en effet la série des grands récits où le spectacle le plus exact de la vie montagnarde se combine avec la présence de signes étranges et l'intervention farouche de la Nature (*Les Signes parmi nous*, 1919 ; *Joie dans le Ciel*, 1925 ; *La Grande Peur dans la Montagne*, 1926 ; *Derborence*, 1936). Ramuz avait trouvé une « mythologie paysanne » dans la Bible de sa jeunesse. C'est une semblable mythologie que, par l'entremise de quelques âmes primitives, il installe dans son univers à la fois *réaliste* et *poétique*. Il n'exprime pas une philosophie précise ni une croyance déterminée. Mais le jeu constant de la vie et de la mort, l'opposition des deux principes du Bien et du Mal, l'étonnement devant les forces cosmiques, le sentiment d'un *au-delà presque physique* cernant le monde des vivants (cf. p. 509) appellent la *réflexion* et donnent autant de profondeur que de puissance à ses évocations.

Le « patois »
de Ramuz

Souvent attaqué pour les particularités de sa langue et de son style, il a lui-même par bravade parlé d'une « *espèce de patois natal* ». Mais il sait être *un écrivain très correct* quand il n'est pas conteur. Son expression, lorsqu'il écrit ses « vaudoiseries », est donc parfaitement *concertée :* elle « brise la syntaxe et la grammaire » sans les détruire ; elle dose *gaucheries, tours abrupts* et *termes dialectaux* au profit du *style oral* que doit, pour être vraisemblable, adopter un romancier confondu avec son naïf récitant ; capable de parfaites réussites, elle ne peut lasser que par une certaine monotonie.

« Est-ce qu'on se souvient ?... »

« *Alors ceux qui furent appelés se mirent debout hors du tombeau* ». C'est ainsi que commence *Joie dans le Ciel*. On y trouve, naïvement évoquée comme par un peintre primitif, une « résurrection de la chair » montagnarde. C'est d'abord, dans le village « refait, avec son église refaite et ses maisons refaites (...) toutes neuves, toutes claires », une suite de retrouvailles fantastiques pour tous les villageois qui gardent leur passé terrestre mais se sentent « guéris du temps ». La *vie surnaturelle* recommence sur le rythme d'autrefois. Le narrateur, mêlé aux bienheureux, a le ton *simple* et *monotone* des conteurs. RAMUZ, *qui rêvait d'être peintre plutôt qu'écrivain*, lui prête sa propre aptitude à *l'évocation visuelle* soutenue par une poésie qui échappe à l'analyse.

Maintenant la nuit était venue tout à fait. Pierre Chemin avait remis sa pipe dans sa poche ; Adèle Genoud avait été coucher son enfant ; les chauves-souris avaient été se coucher aussi, qui sont des bêtes vite fatiguées. Et ceux qui étaient encore là se souhaitèrent le bonsoir.

On entendit les portes se fermer l'une après l'autre, mais on n'avait plus besoin de tourner la clé dans la serrure.

Il n'y avait plus non plus une seule de ces lumières, comme autrefois. Dans le temps d'autrefois, toujours une fenêtre ou deux restaient éclairées toute la nuit. Est-ce qu'on se souvient ? Quand on entrait dans les villages il y avait toujours ces deux ou trois points de feu à des maisons qu'on ne distinguait pas, et ils faisaient penser à des étoiles tombées.

On se disait : « C'est pour un malade. » On regardait ces lampes, on se disait : « C'est quelqu'un qui se meurt » ; on se disait : « C'est un accident » ; on se disait : « C'est la vache qui fait le veau ». Et quelquefois, les nuits d'orage, voilà qu'elles s'allumaient toutes à l'imitation des éclairs, et tout le monde s'habillait, parce qu'il n'y avait de sécurité pour personne, et la vie de chacun de nous pouvait lui être reprise à chaque heure, comme ses biens.

Le veilleur de nuit faisait sa tournée avec sa lanterne ; c'était une lumière de plus et celle-ci se promenait.

L'homme chargé de distribuer l'eau cheminait le long des rigoles, déplaçant les planchettes qui servent d'écluses ; encore une lumière qui allait et venait.

Par les nuits les plus tranquilles, il fallait qu'on fût sur ses gardes.

Par les plus belles nuits d'étoiles. Sous les étoiles, sous point d'étoiles. En tout temps, en toute saison, parce qu'on ne savait jamais.

Joie dans le Ciel (Bernard Grasset, éditeur).

Les bienheureux se lasseront vite de la « grande immobilité » du temps qui vient d'être si bien évoquée. La vieille curiosité humaine leur fera chercher « autre chose ». Mais l'éveil des damnés qu'ils ont découverts dans une gorge les poussera enfin à accepter leur immuable félicité.

« LE CIEL FAISAIT SES ARRANGEMENTS »

Dix ans avant *Derborence* où l'on voit aussi la montagne manifester « ses volontés » mais où le berger sauvé du cataclysme subit l'irrésistible attrait du mystère de la mort, *La Grande Peur dans la Montagne* met en jeu la puissance des éléments. Une poche d'eau, libérée par un glacier « malade », y engloutit un haut pâturage. Mais cet alpage de Sasseneire, où des bergers audacieux ont accepté de remonter malgré le conseil des anciens, était déjà déclaré *maudit*. Tout le récit traduit la transformation en *effroi*, pour des imaginations simples, d'impressions très naturelles. Dans cette page où dominent, comme toujours chez RAMUZ, les *notations visuelles*, et dont la *poésie* naît de comparaisons et d'images toutes simples, les « malheurs » ont commencé : maladie des bêtes, errances de Joseph hanté par le regret de sa fiancée. L'un des bergers, déjà saisi d'angoisse, traduit à sa façon le sentiment normal de la *petitesse de l'homme* écrasé par la montagne indifférente. Il donne ainsi un excellent exemple de la *virtuosité dans la maladresse* où Ramuz excelle.

Il pouvait être midi. Le ciel faisait ses arrangements à lui sans s'occuper de nous. Dans le chalet, ils ont essayé encore d'ouvrir la bouche aux bêtes suspectes, empoignant d'une main leur mufle rose, introduisant les doigts de l'autre main entre leurs dents, tandis qu'elles meuglaient ; — là-haut, le ciel faisait ses arrangements à lui. Il se couvrait, il devenait gris, avec une disposition de petits nuages, rangés à égale distance les uns des autres, tout autour de la combe, quelques-uns encapuchonnant les pointes, alors on dit qu'elles mettent leur bonnet, les autres posés à plat sur les crêtes. Il n'y avait aucun vent. Le ciel là-haut faisait sans se presser ses arran-
10 gements ; peu à peu, on voyait les petits nuages blancs descendre. De là-haut, le chalet n'aurait même pas pu se voir, avec son toit de grosses pierres se confondant avec celles d'alentour, et les bêtes non plus ne pouvaient pas se voir, tandis qu'elles s'étaient couchées dans l'herbe, et elles faisaient silence. Il y avait que le ciel allait de son côté, — nous, on est trop petits pour qu'il puisse s'occuper de nous, pour qu'il puisse seulement se douter qu'on est là, quand il regarde du haut de ses montagnes. Les nuages glissaient toujours aux pentes d'un même mouvement à peine saisissable, comme quand la neige est en poussière et qu'il y a ce qu'on appelle des avalanches sèches. Les petits nuages blancs descendaient ; — et
20 lui, pendant ce temps, Joseph, était sorti et allait dans le pâturage, mais qui aurait pu le voir ? Est-ce qu'il comptait seulement ? N'étant même plus un point, lui, parmi les gros quartiers de rocs, qu'il contournait ; non vu, non entendu, vu de personne, entendu de personne ; n'existant même plus du tout par moment, parce qu'il disparaissait dans un couloir. Il longeait le torrent, sur le bord duquel se trouvent les plus gros des quartiers de rocs tombés autrefois des parois (et ils continuent à tomber), semblables à des maisons sans toits et sans fenêtres, laissant entre eux d'étroites ruelles tortueuses et faisant là comme un autre village en plus petit. Mais il n'y avait ni enfants, ni femmes, ni hommes, ni bruit de voix,
30 ni bruit de scie, ni cris de poule, ni quand on plante un clou, ni quand on rabote une planche.   *La Grande Peur dans la Montagne* (Grasset, éditeur).

JEAN GIONO

« *Manosque* des *plateaux* »
Issu d'une lignée franco-piémontaise où le carbonarisme, le compagnonnage, l'instinct de la dignité populaire, le goût des « meilleurs livres » lus par des artisans cultivés ont déposé un levain d'idéalisme et d'anarchie généreuse, JEAN GIONO est né en mars 1895 dans une vieille rue de Manosque, où il est mort en 1970. Il a grandi et lu de lui-même la Bible, Homère (cf. p. 516), les Tragiques, entre l'échoppe de son père, cordonnier, et l'atelier de sa mère, repasseuse. Ses études interrompues avant le baccalauréat, il est devenu modeste « coursier », puis employé et enfin sous-directeur de l'agence locale d'une banque. A l'exception de la guerre de 1914-1918 qu'il finit « soldat de deuxième classe sans croix de guerre », il a vécu ainsi « enraciné » et n'a abordé Paris qu'en 1929 pour signer le service de presse de *Colline*. Mais il est retourné poursuivre son œuvre d'écrivain dans la petite ville dont sa demeure domine encore aujourd'hui les toits : il doit donc tout à son fonds de *culture personnelle*, à la contemplation d'un *paysage* qui va de la Durance aux plateaux « crépitants de soleil et de solitude » et à la connaissance d'une *humanité* attachée à cette terre de secret et de violence.

La *Trilogie de Pan*
Connu seulement d'un petit groupe, il avait publié des poèmes *(Accompagnés de la Flûte)* et rédigé en 1927 *Naissance de l'Odyssée* quand, sous le patronage d'André Gide, la revue *Commerce* publia *Colline*, en 1928. Le succès fut immédiat : quelques êtres simples animés de passions silencieuses, une influence maléfique, une colline assoupie qui brusquement « fait des siennes », un style subtilement incorrect et d'une poésie surprenante y donnaient la version illuminée et strictement païenne de Ramuz sans qu'on pût parler d'imitation chez un auteur aussi original et déjà formé. *Un de Baumugnes* (1929) et *Regain* (1930) complétèrent cette trilogie de la Haute-Provence dont l'inspiration née de la terre, de l'âme populaire et d'une sympathie cosmique était commentée par *Présentation de Pan*.

Le *« gionisme »*
Si *Le Grand Troupeau* (1931) continue la veine d'un « naturalisme tragique » et si *Jean le Bleu* (1932), tout nourri de souvenirs d'enfance, en explique l'origine, *Le Serpent d'Étoiles* (1933), *Le Chant du Monde* (1934), *Que ma Joie demeure* (1935) laissent trop apparaître, au détriment d'évocations admirables, la profusion lyrique une tendance au « message ». GIONO avait désormais des disciples que rassemblait dans une solitude choisie la ferme abandonnée du Contadour. Il leur enseignait *Les Vraies Richesses* (1936) qui toutes naissent de la terre et de ses travaux, de l'adhésion à l'ordre naturel du monde et de l'insigne liberté de l'individu, incompatible avec la civilisation moderne et l'embrigadement qu'elle suppose. Pacifiste, humanitaire, seulement soucieux de « la gloire d'être vivant », il fut, lors de la mobilisation de 1939, emprisonné comme antimilitariste absurdement soupçonné de sympathies communistes. A l'inverse, sa prédication antérieure ayant fourni une caution poétique à l'idéal de « retour à la terre » et de renaissance provinciale qui fut doctrine officielle après 1940, il fut de nouveau incarcéré en 1945 comme « vichyssois ».

Le *regain* de Giono
Après ces épreuves supportées avec ironie, GIONO, guéri de tout *gionisme*, a choisi d'exhumer des projets que sa riche imagination tenait depuis longtemps en réserve. Dès 1947, autant qu'*Un Roi sans divertissement*, *Noé*, répertoire de thèmes, véritable expérience d'invention gratuite, marque le début d'une nouvelle carrière où, comme il le fait pour le cinéma *(L'Eau vive, Crésus)*, l'auteur se contente de donner vie à des personnages dans un monde très réel.

De Marseille et de la Durance aux approches des Alpes, c'est toujours en effet dans les mêmes paysages, mais avec une vision plus balzacienne (*Le Moulin de Pologne*, 1952) ou stendhalienne pour la geste de son hussard ANGÉLO (cf. p. 517), qu'il ne cesse de prouver ses dons de très grand romancier appelé à l'Académie Goncourt en 1954. Les problèmes que posait autrefois son style (comme celui de Ramuz, cf. p. 509) ont désormais disparu. Autant que d'un vaste univers romanesque, GIONO est maître d'une langue saine et naturelle, d'une écriture dépouillée dans son alerte puissance. Le conteur plus direct qu'il est devenu, avec sa vision irremplaçable des choses et de la vie, s'affirme encore dans un récit historique *Le désastre de Pavie* (1963), tout autant que dans *Deux Cavaliers de l'orage* (1965), *L'Iris de Suse* (1970) et jusque dans son œuvre posthume *Les Récits de la Demi-Brigade* (1972).

LA MUSIQUE D'ALBIN

Colline évoquait l'hostilité latente de la Nature. C'est la douceur dont elle peut pénétrer l'âme des solitaires que GIONO exalte ici dans *Un de Baumugnes* avant de chanter dans *Regain* l'instinct des hommes acharnés à faire revivre la terre abandonnée. On comparera cette page à celle où George Sand, dans *Les Maîtres Sonneurs* (cf. *XIXᵉ Siècle*, p. 299) traite le même thème. Le vieux trimardeur qui raconte l'histoire parle dans le *style caractéristique* de la première manière de GIONO.

Dans la plaine où il est descendu pour se louer, ALBIN *a rencontré la corruption des villes : un mauvais garçon de Marseille séduit par artifice celle à qui, trop timide, il n'osait pas avouer son amour. Devenue fille-mère,* ANGÈLE *(c'est le titre du film que Marcel Pagnol a tiré du roman) est séquestrée par son père dans la farouche ferme de la Douloire. Albin qui veut lui dire son amour et son pardon, va lui « parler » de loin, dans la nuit, grâce à son harmonica où chante la voix même de Baumugnes, le village perdu dans le silence et la pureté.*

D'abord ce fut comme un grand morceau de pays forestier arraché tout vivant, avec la terre, toute la chevelure des racines de sapins, les mousses, l'odeur des écorces ; une longue source blanche s'en égouttait au passage comme une queue de comète. Ça vient sur moi, ça me couvre de couleur, de fleurance et de bruits et ça fond dans la nuit sur ma droite.

Y avait de quoi vous couper l'haleine !

Alors, j'entends quelque chose comme vous diriez le vent de la montagne ou, plutôt, la voix de la montagne, le vol des perdrix, l'appel du berger et le ronflement des hautes herbes des pâtures qui se baissent et se relèvent toutes ensemble, sous le vent.

Après, c'est comme un calme, le bruit d'un pas sur un chemin : et pan, et pan ; un pas long et lent qui monte et chante sur des pierres, et, le long de ce pas, des mouvements de haie et des clochettes qui viennent comme à sa rencontre.

Ça s'anime, ça se resserre, ça fuse en gerbes d'odeur et de son, et ça s'épanouit : abois de chien, porte qui claque, foule qui court, porc, gros canard qui patouille la boue avec sa main jaune. Tout un village passe dans la nuit. J'ai le temps d'entendre un seau qui tinte sur le parquet, une poulie, un char, une femme qui appelle ; j'ai le temps de voir une petite fille comme une pomme, une femme les mains aux hanches, un homme blond, et ça s'efface.

Tout ça, c'était pur !

Là, il faut que je m'arrête et que je vous dise bien, parce que c'est ça qui faisait la force de toute la musique, combien on avait entassé de choses pures là-dedans.

Ce qui frappait, ce qui ravissait la volonté de bouger bras et jambes, et qui gonflait votre respiration, c'était la pureté.

C'était une eau pure et froide et que le gosier ne s'arrêtait pas de vouloir et d'avaler ; on en était tout tremblant ; on était à la fois dans une fleur et on avait une fleur dans soi, comme une abeille saoule qui se roule au fond d'une fleur.

Le plus fort, c'est que c'était dit avec nos mots et de notre manière à nous.

Moi, vous savez, c'est pas pour dire, mais j'ai entendu déjà pas mal de musique et même, une fois, la musique des tramways qui est venue donner un concert à Peyruis pour la fête. J'avais payé une chaise trente sous ; c'est vrai qu'avec ça j'avais droit à un café. Y avait, pas loin de moi, la femme du notaire et la nièce du greffier ; et tout le temps, ç'a été des : « oh, ça, que c'est beau ! », « oh, ma chère, cette fantaisie de clarinette ! »

Moi, j'écoutais un petit bruit dans les platanes, très curieux et que je trouvais doux : c'était une feuille sèche qui tremblait au milieu du vent.

La grosse caisse en mettait à tours de bras. Alors, je suis parti sans profiter de ma chaise et de mon café pour mieux entendre ce qu'elle disait, cette feuille.

Ça vient de ce qu'on n'a pas d'instruction ; que voulez-vous qu'on y fasse ? Cette feuille-là, elle m'en disait plus à moi que tous les autres en train de faire les acrobates autour d'une clarinette.

C'est comme ça.

Eh bien ! la musique d'Albin, elle était cette musique de feuilles de platanes, et ça vous enlevait le cœur.

Un de Baumugnes (Bernard Grasset, éditeur).

Le Grand Troupeau

Tel est le titre du livre où GIONO, ancien combattant de 1914, ne peut s'empêcher d'exprimer la grandeur tragique de *la guerre* qu'il a détestée. Aux premiers jours de la mobilisation, parmi les villages vidés d'hommes jeunes, d'immenses *troupeaux* sont ramenés vers la plaine. Ils défilent à longueur de journée devant les vieillards et, parmi eux, devant Burle, qui porte son cataplasme en plein été. Le *réalisme* grotesque de ce détail saisi entre beaucoup d'autres ne fait que mieux ressortir le *symbolisme* de l'hallucinant *défilé* qui, évoqué durant *une trentaine de pages* torrentielles, nous force à penser aux hommes, eux aussi entraînés dans une ruée sans fin.

Devant les moutons, l'homme était seul.
Il était seul. Il était vieux. Il était las à mort. Il n'y avait qu'à voir son traîné de pied, le poids que le bâton pesait dans sa main. Mais il devait avoir la tête pleine de calcul et de volonté.

Il était blanc de poussière de haut en bas comme une bête de la route. Tout blanc.

Il repoussa son chapeau en arrière et puis, de ses poings lourds, il s'essuya les yeux ; et il eut comme ça, dans tout ce blanc, les deux larges trous rouges de ses yeux malades de sueur. Il regarda tout le monde de son regard volontaire.

10 Sans un mot, sans siffler, sans gestes, il tourna le coude de la route et on vit alors ses yeux aller au fond de la ligne droite de la route, là-bas, jusqu'au fond et il voyait tout : la peine et le soleil. D'un coup de bras, il rabaissa le chapeau sur sa figure, et il passa en traînant ses pieds.

Et, derrière lui, il n'y avait pas de bardot portant le bât, ni d'ânes chargés de couffes, non ; seulement, devançant les moutons de trois pas, juste après l'homme, une grande bête toute noire et qui avait du sang sous le ventre.

La bête prit le tournant de la route. Cléristin avait mis ses lunettes. Il plissa le nez et il regarda :

— Mais, c'est le bélier, il dit, c'est le mouton-maître. C'est le bélier !

20 On fit oui de la tête tout autour de lui. On voyait le bélier qui perdait son sang à fil dans la poussière et on voyait aussi la dure volonté de l'homme qui poussait tous les pas en avant sur le malheur de la route.

Cléristin enleva son chapeau et se gratta la tête à pleins doigts. Burle se pencha hors de sa fenêtre pour suivre des yeux, le plus loin qu'il pouvait, ce bélier sanglant. Il avait été patron berger dans le temps. Il se pencha, son cataplasme se décolla de ses poils de poitrine.

— C'est gâcher la vie, il disait, c'est gâcher la vie...

Enfin, il remonta son cataplasme, il se recula et il ferma sa fenêtre avec un bon coup sur l'espagnolette.

30 Le vieux berger était déjà loin, là-bas dans la pente. Ça suivait tout lentement derrière lui. C'étaient des bêtes de taille presque égale serrées flanc à flanc, comme des vagues de boue, et, dans leur laine il y avait de grosses abeilles de la montagne prisonnières, mortes ou vivantes. Il y avait des fleurs et des épines ; il y avait de l'herbe toute verte entrelacée aux jambes. Il y avait un gros rat qui marchait en trébuchant sur le dos des moutons. Une ânesse bleue sortit du courant et s'arrêta, jambes écartées. L'ânon s'avança en balançant sa grosse tête, il chercha la mamelle et, cou tendu, il se mit à pomper à pleine bouche en tremblant de la queue. L'ânesse regardait les hommes avec ses beaux yeux moussus comme des pierres de forêt. De temps en temps elle criait parce que 40 l'ânon tétait trop vite.

C'étaient des bêtes de bonne santé et de bon sentiment, ça marchait encore sans boiter. La grosse tête épaisse, aux yeux morts, était pleine encore des images et des odeurs de la montagne. Il y avait, par là-bas devant, l'odeur du bélier-maître, l'odeur d'amour et de brebis folle ; et les images de la montagne. Les têtes aux yeux morts dansaient de haut en bas, elles flottaient dans les images de la montagne et mâchaient doucement le goût des herbes anciennes.

Le Grand Troupeau (Librairie Gallimard, éditeur).

Alternent ensuite les scènes où les femmes et les vieillards du village font « marcher la terre » et celles où, sur le front, les hommes de Provence souffrent et meurent devant des paysages étrangers. Lorsque « celui de la mairie » a apporté dans une bastide l'avis officiel de la mort d'un combattant, c'est la veillée funèbre « à corps absent ».

La veillée à corps absent

Comme dans l'*Iliade* les femmes se lamentent tour à tour devant le corps d'Hector, et comme c'est parfois encore la coutume dans les contrées méditerranéennes, un chœur de simples campagnardes va dire les mérites du défunt. L'absence du mort et certains gestes rituels ajoutent au *tragique primitif* de la scène. C'est un des secrets de GIONO que de conférer la *grandeur épique* à ce funèbre clair-obscur qui abonde pourtant en notations réalistes sur le cérémonial de la mort chez les humbles.

Au milieu de la salle, la table toute nue, toute vide et, aux quatre coins de la table, de longs cierges jaunes allumés.

Tous ceux du plateau sont là. Ils sont tous venus : des vieux, des femmes et des filles, raides sur leurs chaises raides. Ils ne disent rien. Ils sont à la limite de l'ombre. Ils regardent la table vide et les cierges, et la lumière des cierges vient juste un peu mouiller leurs mains à plat sur les genoux. De temps en temps quelqu'un tousse.

La Félicie a sorti son deuil. Le deuil toujours prêt dans l'armoire : la jupe noire, le corsage à pois noir et blanc et, sur la tête, le fichu noir qui, tout d'un
10 coup, la fait vieille. On ne voit d'elle que ses yeux rouges et sa grande bouche toute tordue.

Elle est près de la porte, à accueillir.

— Nous prenons bien part, Félicie, dit le papé[1].

— Merci bien, dit Félicie.

Le petit Paul[2] est là près d'elle, en son dimanche, avec un beau nœud de ruban bleu sous le menton ; on lui a mouillé les cheveux pour lui faire la raie.

— Merci bien ! il dit lui aussi.

Ils viennent tous ceux du plateau. On entend des pas là dehors, des voix. Puis, en approchant de la porte, tout se tait. On chuchote. Félicie attend, raide
20 et noire près de la porte. On entre. Elle tend la main.

— Nous prenons bien part.

— Merci bien !

— Merci bien, dit le petit Paul.

Ils viennent, ils sont tous là autour de la grande salle de la ferme à l'âtre vide. Ils sont là raides et muets à veiller le corps absent.

Félicie vient s'asseoir près de la table à un bout. Le petit Paul s'assoit près d'elle sur une chaise haute. Ses pieds ne touchent plus terre.

Alors la vieille Marthe du « Blé déchaud[3] » s'est dressée et elle est venue près de Félicie. — Tu as le pot à sel ? elle a dit.
30 — C'est tout prêt, là. Et elle a montré le coin de l'âtre.

La vieille Marthe est allée prendre le pot. Elle est venue se mettre près de la table, à la hauteur de Félicie, mais de l'autre côté. Elles sont toutes deux comme à la tête du mort qu'on veille. On attend... On se retient de tousser... Un grand silence épais couvre tout.

— Nous veillons le corps absent d'Arthur Amalric mort à la guerre, déclame la vieille Marthe. Que chacun se recueille dans son amitié pour celui qui était le sel de la terre...

— 1 *Le grand-père*, nom qu'on donne | fils du mort. — 3 Nom d'une ferme des
volontiers aux *vieillards*, en Provence. — 2 Le | environs.

Elle met la main au pot. Elle tire une poignée de sel, elle vient le mettre au centre de la table nue, elle en fait un petit tas. Elle sort de dessous sa robe un
40 gros rosaire en noyau d'olive ; elle s'agenouille près de la table.
Le lourd silence revient.
— Oh ! mon Arthur ! crie Félicie.
Elle est raide comme du bois. D'entre son fichu noir elle regarde droit devant elle.
— Oh ! mon Arthur ! Toi qui étais si brave ! Toi qui me disais : « soigne-toi bien ! » Ah ! je l'ai maintenant ce qui me soigne et ce qui me soignera tant que je serai pas morte, moi aussi.
— Que chacun se recueille dans son amitié pour celui qui était le sel de la terre ! bourdonnent ceux du plateau.   *Le Grand Troupeau* (Gallimard, éditeur).

L'ILIADE ET LA MOISSON

Le texte précédent a déjà montré comment Giono, chantant une terre où demeure le sentiment païen de la vie et de la mort, était facilement conduit à *ennoblir ses évocations* par le souvenir des grands poèmes antiques. Dès ses débuts, dans *Naissance de l'Odyssée*, il avait doué un Ulysse populaire de la faculté de retrouver les fables éternelles. Cette page de *Jean le Bleu*, où l'agitation tragique de l'*Iliade* se superpose ou mieux, se mêle à la vision de la *moisson*, rappelle dans quelles conditions il a acquis, très jeune, son *originale culture* qui repose sur quelques textes essentiels, complètement assimilés ; en sorte que leur *souvenir* intervient non par artifice mais par nécessité.
Jean le Bleu est « l'enfant-silence » que fut Giono auprès de son père toujours accueillant, en souvenir de l'aïeul carbonaro, à d'étranges visiteurs comme l'homme noir dont il est ici question.

Lis, dit l'homme noir.
Il me donna l'*Iliade*.
J'allai m'asseoir sur la pierre du seuil.
Les rossignols du lavoir chantaient encore. L'orage maintenant tenait tout le rond du ciel.
Tout le jour se passa en silence ; toute la nuit. Le lendemain, le ciel était libre et clair. Les hommes et les femmes sortirent pour attaquer.
Je lus l'*Iliade* au milieu des blés mûrs. On fauchait sur tout le territoire. Les champs lourds se froissaient comme des cuirasses. Les chemins
10 étaient pleins d'hommes portant des faux. Des hurlements montaient des terres où l'on appelait les femmes. Les femmes couraient dans les éteules. Elles se penchaient sur les gerbes ; elles les relevaient à pleins bras — et on les entendait gémir ou chanter. Elles chargeaient les chars. Les jeunes hommes plantaient les fourches de fer, relevaient les gerbes et les lançaient. Les chars s'en allaient dans les chemins creux. Les chevaux secouaient les colliers, hennissaient, tapaient du pied. Les chars vides revenaient au galop, conduits par un homme debout qui fouettait les bêtes et serrait rudement dans son poing droit toutes les rênes de l'attelage. Dans l'ombre des buissons on trouvait des hommes étendus, bras dénoués,
20 aplatis contre la terre, les yeux fermés ; et, à côté d'eux, les faucilles abandonnées luisaient dans l'herbe.

Nous allions garder le troupeau. La colline aimée des bêtes était juste au-dessus des moissons. L'homme noir se couchait dans l'ombre chaude des genévriers ; je m'allongeais à côté de lui. Nous restions un moment à souffler et à battre des paupières. Le chemin de la colline, avec ses pierres rondes, restait longtemps à se tordre, tout étincelant dans le noir de mes yeux.
— Et le livre ? — Il est là.
Il fouillait dans la musette. L'*Iliade* était là, collée contre le morceau de fromage blanc.

Cette bataille, ce corps à corps danseur qui faisait balancer les gros poings comme des floquets de fouets, ces épieux, ces piques, ces flèches, ces sabres, ces hurlements, ces fuites et ces retours, et les robes de femmes qui flottaient vers les gerbes étendues : j'étais dans l'Iliade rousse.

Jean le Bleu (Bernard Grasset, éditeur).

Le Hussard et la Nonne

Avec *Mort d'un Personnage* (1949) mais sans respecter l'ordre chronologique des épisodes, GIONO a commencé un grand ensemble romanesque dont *Le Hussard sur le Toit* (1951), *Le Bonheur Fou*, *Angélo* sont les autres titres. ANGÉLO PARDI, colonel piémontais exilé, en est le héros central et PAULINE DE THÉUS la belle figure féminine. *Dans* Le Hussard sur le Toit *tout le pays cher à l'auteur est ravagé par le fameux choléra de 1838.* ANGÉLO, *qui regagne l'Italie pour conspirer, chemine d'horreur en horreur au milieu de tous les égoïsmes déchaînés par le furieux attachement à la vie des êtres menacés. Les épisodes foisonnent, tantôt* tragiques, *tantôt* cocasses. *Obligé de ruser pour éviter les quarantaines,* ANGÉLO *a dû vivre plusieurs jours sur les toits de Manosque. Poussé par la faim, le voici descendu dans la cour d'un couvent déserté, sauf par une vieille et rude nonne. Celle-ci, qui veut avant tout que les morts se présentent propres au Paradis, l'enrôle de force comme laveur de cadavres.* — On admirera ici la façon dont GIONO sait, en quelques traits, donner une existence complète à un personnage et évoquer avec un arrière-plan d'ironie une scène affreuse.

Dépêche-toi et prends cette sonnette.
    Elle était debout. Elle attendait. Elle s'appuyait sur un fort bâton de chêne. — Allons, viens !
Elle le précéda tout le long du cloître. Elle ouvrit une porte.
— Passe, dit-elle.
Ils étaient dans la rue.
— Remue la sonnette et marche, dit-elle.
Elle ajouta presque tendrement : « Mon petit ! »
« Je suis dans la rue, se dit Angélo. J'ai quitté les toitures. C'est fait ! »
    Le branle de la sonnette soulevait des torrents de mouches. La chaleur était fortement sucrée. L'air graissait les lèvres et les narines comme de l'huile.
    Ils passèrent d'une rue dans l'autre. Tout était désert. A certains endroits les murs, quelques couloirs béants faisaient écho ; à d'autres le grelottement de la sonnette était étouffé comme au fond de l'eau.
— Remue, disait la nonne. Du jus de coude ! Sonne ! Sonne !
Elle se déplaçait assez vite, tout d'une pièce, comme un rocher. Ses bajoues tremblaient dans sa guimpe.

Une fenêtre s'ouvrit. Une voix de femme appela : « Madame ! »

— Derrière moi maintenant, dit la nonne à Angélo. Arrête la sonnette. Sur
20 le seuil elle demanda : « As-tu un mouchoir ? — Oui, dit Angélo.

— Fourre-le dans la sonnette. Qu'elle ne bouge plus, sans quoi je te fais
sauter les dents. » Et tendrement elle ajouta : « Mon petit ! »
Elle eut comme un élan d'oiseau vers l'escalier sur la première marche duquel
Angélo vit se poser un énorme pied.

Là-haut, c'étaient une cuisine et une alcôve. Près de la fenêtre ouverte d'où
on avait appelé se tenaient une femme et deux enfants. De l'alcôve venait comme
le bruit d'un moulin à café. La femme désigna l'alcôve. La nonne tira les rideaux.
Un homme étendu sur le lit broyait ses dents en un mâchage incessant qui lui
retroussait les lèvres. Il tremblait aussi à faire craquer sa paillasse de maïs.
30 — Allons ! allons, dit la nonne. Et elle prit l'homme dans ses bras. Allons,
allons ! dit-elle, un peu de patience. Tout le monde y arrive ; ça va venir. On y
est, on y est. Ne te force pas, ça vient tout seul. Doucement, doucement. Chaque
chose en son temps.

Elle lui passa la main sur les cheveux.

— Tu es pressé, tu es pressé, dit-elle, et elle lui appuyait sa grosse main sur
les genoux pour l'empêcher de ruer dans le bois du lit. Voyez-vous s'il est pressé !
Tu as ton tour. Ne t'inquiète pas. Sois paisible. Chacun son tour. Ça va venir.
Voilà, voilà, ça y est. C'est à toi. Passe, passe, passe.

L'homme donna un coup de reins et resta immobile.
40 — Il aurait fallu le frictionner, dit Angélo d'une voix qu'il ne reconnut pas.
La nonne se redressa et lui fit face.

— Qu'est-ce qu'il veut frictionner, celui-là ? dit-elle. Ainsi, tu es un esprit
fort, hein ? Tu veux oublier l'Évangile, hein ? Demande du savon à cette dame-là,
et une cuvette, et des serviettes.

           Le Hussard sur le Toit (Librairie Gallimard, éditeur).

ANGÉLO *reprend sa route vers le Nord. Il retrouve une étrange et courageuse jeune femme qui
déjà, à Manosque, l'avait nourri. Désormais deux êtres jeunes, désinvoltes, courageux vont
traverser ensemble les horreurs physiques et morales du fléau. C'est la revanche contre tant de
lâchetés, de vilenies et de cruautés désespérées. Cependant,* « mêlée à l'univers, une énorme
plaisanterie » *semble peser sur la mort des hommes dans les vibrations d'un implacable été.
Mais le romancier n'insiste pas sur cette absurdité. Créateur, il n'est pas philosophe.*

HENRI BOSCO

« ENTRE RHONE ET DURANCE ». HENRI BOSCO (1888-1976), né à Avignon, élevé
à la campagne, fut professeur de lettres à Rabat, mais son œuvre doit peu de chose à
l'Afrique du Nord *(Des Sables à la Mer, Sites et Mirages)*, beaucoup à *son enfance* et
presque tout *au terroir natal*, depuis son premier roman, *Pierre Lampédouze* (1924) jusqu'aux souvenirs d'*Un Oubli moins profond* (1961) en passant par des poèmes comme
Bucoliques de Provence (1944-1945). Comme Giono chante Manosque et la Haute-Provence,
Bosco est inspiré par le Rhône, la Durance, le Luberon, par *une Provence austère et secrète*.
Comme Giono, il perçoit les effluves qui émanent du sol, entend le message de la terre,
de l'air, des eaux et du feu; mais ce qui, chez Giono, relève d'une sorte de naturisme,
prend racine, avec Bosco, dans les réminiscences d'une *magie ancestrale* et s'épanouit en
fleurs *mystiques*.

« L'INVISIBLE NE M'EST PAS INVISIBLE ». L'univers de Bosco, c'est la *vie secrète* des êtres et des choses ; dans un animisme universel, l'auteur prête à la glèbe, aux vents, aux maisons (cf. p. 520), un être propre, des intentions, une *influence*. Le récit se voile d'ombres, *le mystère est partout*. Une lutte sourde et parfois violente oppose les ardeurs du sang à une sagesse séculaire, les forces sauvages à la mansuétude, les tentations dionysiaques à l'harmonie apollinienne. Un *syncrétisme* qui n'est pas sans rappeler Gérard de Nerval tente de concilier le paganisme des mystères, une philosophie ésotérique et la mystique chrétienne.

C'est *L'Ane Culotte*, suivi de deux récits plus étranges, *Hyacinthe* (1940) et *Le Jardin d'Hyacinthe* (1946), qui étendit, en 1937, la notoriété d'Henri Bosco, consacrée en 1945 par l'attribution du prix Théophraste Renaudot au *Mas Théotime*, son roman le plus sobre, le plus dominé, bref le plus classique. *Malicroix* (1948) donne plus d'ampleur à l'orchestration lyrique de thèmes essentiels (les éléments, la demeure). Avec *Un Rameau de la Nuit* (1950) le mystère s'approfondit, et *L'Antiquaire* (1954) nous initie franchement à l'occultisme. *Antonin* (1952) romance sans fadeur des souvenirs d'enfance que nous reconnaîtrons dans *Un Oubli moins profond*. Dans *Les Balesta* (1955) que complète *Sabinus* en 1957, l'humour et la verve relèvent d'une note piquante l'histoire de ce « *don* » fatal, privilège et hantise d'une famille à laquelle nul ne peut nuire sans être frappé d'un châtiment retentissant. Citons enfin *Mon compagnon de songes* (1967), *Le récif* (1971).

Geneviève et les bêtes

La vie paisible de PASCAL DÉRIVAT (le narrateur), la sagesse qu'il doit à sa terre sont un moment bouleversées par le séjour au mas Théotime de sa cousine GENEVIÈVE MÉTIDIEU, créature passionnée qui, après avoir déchaîné plus d'un orage, entrera finalement au couvent. Par une nuit d'été, Pascal, médusé, assiste à cette étrange scène : au prix d'une dépense nerveuse qui la laissera pantelante, Geneviève, comme une magicienne, *charme* une harde de quelque vingt sangliers. Ce *mystérieux pouvoir sur les animaux*, héritage de l'Eden ou d'Orphée, que posséderaient quelques êtres privilégiés, George Sand l'avait déjà entrevu (cf. *XIXᵉ Siècle*, p. 297) ; chez BOSCO il devient un thème important, déjà illustré dans *L'Ane Culotte*, et qui prend ici une *valeur dramatique* saisissante.

L es bêtes ne se hâtaient pas. Elles avaient l'air de suivre un berger, invisible comme elles.

Leur frénésie s'était apaisée et on n'entendait plus que le souffle rauque de ces hures souillées de terre.

Tout à coup la lune se leva et, par une large trouée, inonda le sol. Alors je vis. Le troupeau s'était arrêté entre Théotime et la source. A vingt pas en avant se dressait une femme ; elle était mince, vêtue de noir. Elle aussi s'était arrêtée, au-delà du mas, dans les terres incultes ; et elle semblait hésiter. Derrière elle on voyait les plants de chasselas et plus loin les grandes bornes, toutes blanches
10 de lune. A droite, le torrent.

Les bêtes ne bougeaient plus. C'était un troupeau de pierre ; je n'en croyais pas mes yeux.

Soudain la silhouette noire remua ; j'entendis une plainte et elle courut vers le torrent.

Les bêtes s'ébranlèrent. J'appelai : « Geneviève », car c'était elle, j'en étais sûr. Je la vis qui sautait dans le lit du torrent ; mais les sangliers arrivaient sur le talus et ils dévalaient derrière elle. On entendit une furieuse galopade.

Je partis à travers la vigne pour couper le torrent plus haut. D'un élan je franchis le fossé, passai les bornes.

20 Tout à coup Geneviève apparut à cent mètres de là. Elle avait bondi hors du creux et, à travers l'ermas [1] de Clodius, elle fuyait vers La Jassine [2], poursuivie par les sangliers qui filaient ventre à terre. J'avais beau forcer de vitesse, je n'arrivais pas... Soudain Geneviève tomba sur les genoux ; je poussai un cri ; elle se releva d'un bond et fit face. Les sangliers arrivaient en trombe sur elle, et tout disparut dans un tourbillon de poussière. Je dis : « mon Dieu ! » et je me jetai en avant ; mais la poussière se dissipa aussitôt, et, de stupeur, je m'arrêtai. Geneviève était debout. Les bêtes l'entouraient mais ne bougeaient pas.

30 Je les voyais bien maintenant, et j'entendais. Geneviève parlait. Que disait-elle ? J'étais trop loin pour le comprendre. Elle parlait d'une voix très rauque, et semblait se plaindre... Par moments la lune se voilait et tout le groupe s'effaçait dans l'ombre, puis il se reformait une éclaircie et ces fantômes reparaissaient.

J'étais pétrifié d'étonnement, de peur aussi sans doute, et au lieu de courir vers Geneviève, fût-ce au péril de ma vie, je demeurais sur place à regarder cette vision fantastique. Je me disais : « Tu vas l'arracher de là ». Et pourtant je sentais que je ne pouvais rien pour le salut de Geneviève, qu'il fallait qu'il vînt d'elle seule, et que cette troupe de monstres lui avait voué une sorte d'obscur amour devant quoi je devais reculer. Maintenant il était certain qu'elle n'en

40 avait rien à craindre, tant leur sauvagerie semblait pacifiée, depuis qu'ils écoutaient ses plaintes étranges.

Elle se tut, puis fit un geste pour les écarter. Ils se reculèrent docilement et elle passa au milieu d'eux. Quand elle fut hors de leur cercle, elle se dirigea vers La Jassine. Ils se mirent en marche derrière elle.

Le Mas Théotime, VIII (Librairie Gallimard, éditeur).

LA MAISON DANS LA TEMPÊTE

MARTIAL MÉGREMUT a hérité de son grand-oncle MALICROIX un domaine en Camargue parcouru par des taureaux sauvages, un troupeau de moutons, la maison de « La Redousse » dans une île du Rhône,... et un mystère inquiétant. « Gens de terre grasse », les Mégremut sont « doux et patients », tandis que Cornélius de Malicroix appartenait à une race plus rude. Pour devenir *vraiment* son héritier et le maître *authentique* du domaine, Martial devra surmonter les *épreuves*, comparables à des *rites d'initiation*, que lui réservent les hommes, les éléments et peut-être l'âme du mort. Voici l'une de ces épreuves : *la tempête ;* mais le narrateur trouve une alliée, bien plus, *une mère* dans la *maison* qui, déjà, l'a adopté.

Jusqu'à l'aube le vent souffla. Cédant à la poussée grandissante du souffle, l'espace lentement se dilatait. Aspirant, expirant, comme une colossale poitrine, les trombes d'air, cette respiration formidable montait et descendait au cœur de la tempête. Car la tempête avait un cœur, point fougueux d'où se ruait, en pulsations tumultueuses, la vie de la bête massive qui s'engouffrait dans le creux des ténèbres, en haletant de ses

— 1 Jachère. — 2 Mas de Clodius (cousin et ennemi de Pascal), proche du mas Théotime (l. 6).

mille naseaux vivaces et noirs. Par moments, la figure brutale de maître Dromiols [1] paraissait et disparaissait dans le vent. Carré d'épaules et de reins, le visage impassible, il montait dans une rafale mugissante, puis il s'enfonçait au flanc d'un nuage qui grondait de colère en l'enveloppant. Des taureaux blancs nageaient sur des fleuves impétueux de vents glauques et lourds et ils meuglaient dans le courant, le mufle haut, en glissant vers la mer. Les plus étranges hallucinations [2] traversaient mon être de vent, électrisé. A mesure que l'étendue soufflante prenait, dans la largeur, la hauteur et la profondeur, des dimensions plus irréelles, tout un univers aérien se créait autour de mon âme. Le vent y devenait la matière céleste des coulées intersidérales, où des constellations de vents descendaient vers moi du Septentrion. Avec leurs étoiles filantes, comme une pluie de souffles bleus poussés par un vaste Aquilon à travers l'infini du monde, ces grandes figures stellaires étincelaient sous la tempête universelle et s'y abîmaient lentement, en déchirant le ciel de longs flamboiements électriques, qui m'éblouissaient...

Corps léger, dépouillé de matière et tout nerfs, le sommeil me prit près de l'aube et me laissa dormir à portée des bruits innombrables de la tempête. Elle continua à souffler à travers mon âme et y balaya toutes les visions. Aux spectacles hallucinatoires issus du vent quand je veillais, et qui se dispersèrent, succéda un monde de sons superposés en fragiles songes sonores, purs de toute figure, qui se confondirent bien vite pour former une sourde et monotone trépidation. Je la perçus d'une façon continuelle tout le long d'un sommeil nerveux qui me tint suspendu dans les ondes du vent et je ne sais quel vide, où mon âme entière vibra jusqu'au matin.

La maison luttait bravement. Elle se plaignit tout d'abord ; les pires souffles l'attaquèrent de tous les côtés à la fois, avec une haine distincte et de tels hurlements de rage que, par moments, je frissonnais de peur. Mais elle tint. Dès le début de la tempête des vents hargneux avaient pris le toit à partie. On essaya de l'arracher, de lui casser les reins, de le mettre en lambeaux, de l'aspirer. Mais il bomba le dos et s'accrocha à sa vieille charpente. Alors d'autres vents arrivèrent et se ruant au ras du sol ils foncèrent contre les murailles. Tout fléchit sous le choc impétueux, mais la maison flexible, ayant plié, résista à la bête. Elle tenait sans doute au sol de l'île par des racines incassables, d'où ses minces parois de roseaux crépis et de planches tiraient une force surnaturelle. On eut beau insulter les volets et les portes, prononcer des menaces colossales, claironner dans la cheminée, l'être déjà humain, où j'abritais mon corps, ne céda rien à la tempête. La maison se serra sur moi, comme une louve, et par moments je sentais son odeur descendre maternellement jusque dans mon cœur. Ce fut, cette nuit-là, vraiment ma mère. *Malicroix* (Librairie Gallimard, éditeur).

— 1 Notaire inquiétant, qui semble être un | transcris — et ce sont des hallucinations que je suppôt du Malin. — 2 Cf. « Je n'écris pas : je | transcris » (Lettre de Bosco à J. Lambert).

La Varende   Très différent de Ramuz et de Giono a été JEAN DE
(1887-1958)   LA VARENDE, évocateur du *Pays d'Ouche* (1936), des côtes
                    peuplées de naufrages et des profondeurs normandes.
Aristocrate ancré dans son terroir, c'est par *la vie du passé* qu'il anime ses évocations de
grandes forêts et de pacages étalés sous un ciel plein du Dieu des Seigneurs et des *Manants
du Roi* (1938). Il l'a fait dans un style parfois tumultueux et hérissé, mais toujours fort qui,
autant que sa vision de la Nature, donne un caractère unique à son œuvre. Dans ses deux
premiers grands romans : *Nez-de-Cuir* (1937), *Le Centaure de Dieu* (1938) comme beaucoup
plus tard encore (*La Dernière Fête*, 1953) quelques *héros exceptionnels* respirent toujours
passionnément l'*âme de la terre* où leurs passions se déploient.

L'Enfant et les signes

Enfant noble, imprégné de tradition catholique, le jeune GASTON DE LA BARE contemple
le ciel ; c'est le futur « Centaure de Dieu », cavalier héroïque parmi les francs-tireurs de
1870, seul héritier de toute une race que son impérieuse vocation religieuse laissera sans
lignée terrestre. — Le *sentiment* et *la vision* de la Nature ne sont pas ici ceux du païen
Giono (cf. p. 511) ni ceux auxquels aboutit le *syncrétisme* de Bosco (cf. p. 519).

Il levait éperdument la tête vers les nuages énormes et blancs ; à l'entour
du zénith, ils se gonflaient ; au zénith, ils s'effilochaient, traversés, cardés
par le regard ; et le bleu, qu'ils découvraient entre leurs barbelures, y
luisait plus foncé, comme animé d'un essaim fourmillant d'atomes. Là étaient
Dieu et le Triangle-à-l'œil-fixe. En tournant le visage, Gaston prenait la notion
d'une continuité dans la nue, d'un toit courbe ; il se sentait infime entre deux
coquilles, pris dans le bivalve des champs nus et des cieux chargés.
    L'enfant croyait percevoir, avec un contentement inquiet, que tout n'avait
d'existence que par sa vue, sa sensibilité personnelle. Hors sa contemplation,
10 cette partie du monde eût-elle réellement vécu ? Il fallait aimer le monde pour
que le monde vécût. Gaston se croyait investi de l'existence du monde. Il
débordait de pitié pour la grande plaine, son pays.
    L'été on trouvait des amis partout, des sûrs, pas des hommes inquiétants :
les oiseaux, les pies saccadées, en satin noir et blanc, les geais hirsutes, aux airs
fous, qu'on appelle des « Jacques » ; la poussière blonde des moineaux s'envolant
par troupes, fumée des éteules.
    Et il y avait aussi les miracles : chaque grain de blé montre à sa base, à son
pédoncule, la Sainte-Face, comme si le Christ avait marqué, de son signe, la
plante du sacrifice ; la noisette est toujours bien pleine pour la Saint-Laurent,
20 saint Laurent qui subit un feu de coudriers sur son gril ; la prunelle bleu-pâle,
irisée de frimas clair, porte un M de sombre saphir sur sa glaçure, car sa maturité
arrive juste pour la fête des Maries. Coupez de biais les fougères ; leur tranche
pleine d'eau se blasonne de l'aigle double, l'aigle de saint Charlemagne, qui les
aimait.
    De tout cela l'enfant a été instruit par ses petits amis paysans. Il touche aux
fruits sans crainte ; tire sur la carotte sauvage sans peur de la ciguë, dont
tremblaient ses cousins de la ville, et il savoure une racine bizarrement froide
au sortir du sol tiède. Il réalise ainsi une sorte de précommunion avec la terre,
quand il grappille les épis, les églantines, les mûres.

Le Centaure de Dieu (Bernard Grasset, éditeur).

COLETTE

Reine de la terre « Vous n'imaginez pas quelle *reine de la terre* j'étais à douze ans » écrit COLETTE dans *Les Vrilles de la Vigne*. Au reste, il semble bien que, même chargée d'ans (car elle ne fut jamais ni vieillie ni déchue), elle ait pu déclarer de plus en plus consciemment : « mon royaume est sur la terre ». Gabrielle-Sidonie COLETTE est née le 28 janvier 1873 aux confins de la Bourgogne et du Morvan, à Saint-Sauveur-en-Puisaye (Yonne) où s'étaient fixés ses parents. D'ascendance toulonnaise, son père, le capitaine COLETTE, blessé à Magenta en 1859 et amputé d'une jambe, devait dès la trentaine se contenter d'un modeste emploi sédentaire dans cette « perception » villageoise. Sa mère, Sidonie Landoy (« Sido », cf. p. 530-531); de famille bourguignonne, avait déjà d'un premier mariage une fille elle-même tôt mariée, « Juliette aux longs cheveux », et un fils, Achille. De sa seconde union naquirent Léopold dit Léo (cf. p. 524) et notre COLETTE. Spontanée, généreuse, elle devait transmettre à sa fille sa passion pour toutes les formes de la *vie*, et sa naturelle *sagesse*.

« J'appartiens à un pays que j'ai quitté » dit encore l'auteur des *Vrilles de la Vigne*, mais, précise-t-elle à son compagnon : « Tu le chercherais en vain, tu ne verrais qu'une campagne un peu triste qu'assombrissent les forêts, un village paisible et pauvre, une vallée humide, une montagne bleuâtre qui ne nourrit pas même les chèvres ». Cependant, *La Maison de Claudine* et *Sido* évoqueront de façon inoubliable cette enfance campagnarde où COLETTE apprit de sa mère « à écouter tout ce qui dans la nature frémit et bruit et le chant bondissant des frelons fourrés de velours », et à regarder, mieux que personne au monde, « une floraison fugitive ou le pâlissement délicieux du ciel ».

La gerbe épanouie A COLETTE elle-même conviendrait bien la jolie formule de *La Naissance du jour* où elle a évoqué Sido « ne cessant d'éclore infatigablement pendant trois quarts de siècle ». En effet, son œuvre si riche et si jaillissante n'est-elle pas « la gerbe épanouie en mille fleurs » du poème baudelairien ?

Après ses années d'études (qu'elle romancera quelque peu dans *Claudine à l'école*) COLETTE épousait à vingt ans Henry Gauthier-Villars, personnalité « bien parisienne » qui signa de son propre pseudonyme, WILLY, la série des quatre *Claudine* (1900-1903). Dans *Mes Apprentissages* (1936), Colette jugera sévèrement ces premiers essais, où elle dénonce « une souplesse à réaliser ce qu'on attendait d'elle », mais, dès 1904, elle publiait sous son nom les premiers *Dialogues de Bêtes* chers à F. Jammes.

Son divorce, survenu en 1906, lui inspire *La Retraite Sentimentale* (1907) ; ce sont ensuite *Les Vrilles de la Vigne* (1908) et *La Vagabonde* (1910). COLETTE mène alors dans le cadre du music-hall une vie fatigante et dispersée. En 1912, elle épouse Henry de Jouvenel dont elle devait aussi se séparer. Leur fille, née en 1913, paraît dans les romans de sa mère sous le charmant surnom provençal de *Bel-Gazou*. Pendant la guerre, COLETTE enverra d'Italie, en particulier de Venise, des chroniques et des articles brillants qui retiendront l'attention de Marcel Proust.

Mais c'est dans la paix retrouvée que s'ouvre la période des chefs-d'œuvre ; aux éléments autobiographiques s'ajoutent dès lors des *études de mœurs* comme *Chéri* en 1920 (suivi en 1926 de *La Fin de Chéri*) et *Le Blé en Herbe* (1923). *La Maison de Claudine* (1922) et *La Naissance du Jour* (1928) mêlent aux évocations et aux paysages de Bourgogne et de Provence d'amples méditations poétiques. En 1928, Colette consacre au souvenir de sa mère un de ses plus beaux livres, *Sido*.

La gloire Avec les années trente commence un quart de siècle d'une rare fertilité pour un écrivain de cet âge. D'inspiration très diverse, les œuvres se multiplient : *Prisons et Paradis* (1932) ; les deux romans de la jalousie, *La Chatte* (1933) et *Duo* (1934) ; *Julie de Carneilhan* (1941), *Paris de ma fenêtre* (1942) et *Gigi* (1943). En 1949 paraît *Le Fanal Bleu* qui éclaire à jamais pour nous ce visage penché sur la table à écrire et sur les chats bien-aimés.

Devenue en 1935 Mme Maurice Goudeket, celle que l'on désigne toujours sous son nom-prénom de COLETTE s'est installée au Palais-Royal, au cœur même de Paris. Membre de l'Académie royale de Belgique et de l'Académie Goncourt, grand-officier de la Légion d'Honneur, Colette s'éteint en pleine gloire le 3 août 1954. Si sa mort fut ressentie profondément par un immense public, elle-même ne semble pas s'en être jamais préoccupée. De sa demeure provençale (dont elle se demandait si ce serait sa dernière maison) elle écrivait dès 1928, dans *La Naissance du Jour* : « Je m'applique parfois à y songer pour me faire croire que la seconde moitié de ma vie m'apporte un peu de gravité, un peu de souci de ce qui vient *après*... C'est une illusion brève : *la mort ne m'intéresse pas*, la mienne non plus. »

Poésie et vérité　　COLETTE est la *vie* même ; elle a consciemment *refusé* et l'*angoisse* qui paralyse et la *convention* qui pétrifie. Chez elle, le mot exprime la *sensation* dans sa fraîcheur et dans sa constante *nouveauté* : qu'elle parle d'un parfum, d'un goût, d'un paysage, elle ne nomme pas seulement, elle *ressuscite*. Il semble qu'elle ait bu aux « magiques fontaines » qu'évoque dans les *Odes et Ballades* ce Victor Hugo abordé par elle, ainsi que Balzac, dès l'enfance ; car, si elle a porté sur l'univers un regard avide et ravi, elle a, comme eux, par-delà le réel, senti et exprimé d'*invisibles présences*.

Elle a, aussi, regardé vivre les êtres avec une *lucidité passionnée*. Tous les aspects et tous les problèmes de l'*amour* trouvent leur place dans ses romans : troubles de l'adolescence *(Le Blé en Herbe)*, tourments mortels de la jalousie *(Duo)*, drame du couple *(La Retraite Sentimentale)*, mystérieuses liaisons *(Ces Plaisirs)*, dissonances douloureuses *(Chéri, La Fin de Chéri)*, apaisements enfin *(La Naissance du Jour)*.

Une sagesse　　Mais si COLETTE n'a rien ignoré des faiblesses et des
naturelle　　fautes humaines, si elle les a décrites sans duperie ni camouflage, elle garde envers ses propres créatures de la *pitié*, du respect parfois, et toujours de l'*amitié*, comme envers les vivants. Indifférente aux dogmes religieux, elle ne l'est nullement à une ascèse spirituelle qui *détache* l'âme de ce qui est bas, vulgaire ou mesquin, pour la conduire à des valeurs authentiques : l'affection, l'*indulgence*, le goût de la *beauté* durable et même périssable, l'*acceptation sereine* du monde et de soi-même. Cet humanisme, élargi et décanté avec l'âge, nous permet de trouver dans cette œuvre à la fois une *somme d'observations* (lucides mais non pas amères) et la *conquête d'un équilibre*, d'une *sagesse* qui, comme celle d'un LA FONTAINE, sait sourire. Ainsi le miracle se réalise qui fait surgir, d'une vision aiguë du réel, une réaction saine et tonique, et il semble toujours que pour elle, comme pour MONTAIGNE (cf. *Essais*, III, 2), le cours, cependant mêlé, de la vie se déroule « *heureusement puisque c'est naturellement* ».

Jeux interdits

Dans le jardin, une COLETTE de sept ans seconde, en bon petit acolyte, son frère LÉO, le solitaire, l'original irréductible. A travers les inventions cocasses, mais nullement sacrilèges, du jeune garçon, il se dégage une vision très poétique de cet *univers des enfants* où se mêle à des éléments de *vérité quotidienne* une transmutation, une véritable « *alchimie du réel* ».

Qu'est-ce qu'il était quand il était vivant, Astoniphronque Bonscop ? Mon frère renversa la tête, noua les mains autour de son genou, et cligna des yeux pour détailler dans un lointain inaccessible à la grossière vue humaine, les traits oubliés d'Astoniphronque Bonscop.
— Il était tambour de ville. Mais, dans sa maison, il rempaillait les chaises.

C'était un gros type !... peuh... pas bien intéressant. Il buvait et il battait sa femme.

— Alors, pourquoi lui as-tu mis : « bon père, bon époux » sur son épitaphe ?

— Parce que ça se met quand les gens sont mariés.

— Qui est-ce qui est encore mort depuis hier ?

— Mme Egrémimy Pulitien.

— Qui c'était, Mme Egrélimy ?...

— Egrémimy, avec un y à la fin. Une dame comme ça, toujours en noir. Elle portait des gants de fil...

Et mon frère se tut, en sifflant entre ses dents agacées par l'idée des gants de fil frottant sur le bout des ongles.

Il avait treize ans, et moi sept. Il ressemblait, les cheveux noirs taillés à la malcontent et les yeux d'un bleu pâle, à un jeune modèle italien. Il était d'une douceur extrême, et totalement irréductible.

— A propos, reprit-il, tiens-toi prête demain, à dix heures : il y a un service.

— Quel service ?

— Un service pour le repos de l'âme de Lugustu Trutrumèque.

— Le père ou le fils ?

— Le père.

— A dix heures, je ne peux pas, je suis à l'école.

— Tant pis pour toi, tu ne verras pas le service. Laisse-moi seul, il faut que je pense à l'épitaphe de Madame Egrémimy Pulitien.

Malgré cet avertissement qui sonnait comme un ordre, je suivis mon frère au grenier. Sur un tréteau, il coupait et collait des feuilles de carton blanc en forme de dalles plates, de stèles arrondies par le haut, de mausolées rectangulaires sommés d'une croix. Puis, en capitales ornées, il y peignait à l'encre de Chine des épitaphes brèves ou longues, qui perpétuaient, en pur style « marbrier », les regrets des vivants et les vertus d'un gisant supposé.

« Ici repose Astoniphronque Bonscop, décédé le 22 juin 1874, à l'âge de cinquante-sept ans. Bon père, bon époux, le ciel l'attendait, la terre le regrette. Passant, priez pour lui ! »

Ces quelques lignes barraient de noir une jolie petite pierre tombale en forme de porte romane, avec saillies simulées à l'aquarelle. Un étai pareil à celui qui assure l'équilibre des cadres-chevalet, l'inclinait gracieusement en arrière.

— C'est un peu sec, dit mon frère. Mais un tambour de ville... Je me rattraperai sur Mme Egrémimy.

Il consentit à me lire une esquisse :

« O ! toi le modèle des épouses chrétiennes ! Tu meurs à dix-huit ans, quatre fois mère ! Ils ne t'ont pas retenue, les gémissements de tes enfants en pleurs ! Ton commerce périclite ; ton mari cherche en vain l'oubli... ». J'en suis là.

— Ça commence bien. Elle avait quatre enfants à dix-huit ans ?

— Puisque je te le dis.

— Et son commerce périclique ? Qu'est-ce que c'est, un commerce périclique ?

Mon frère haussa les épaules.

— Tu ne peux pas comprendre, tu n'as que sept ans ; mets la colle forte au bain-marie. Et prépare-moi deux petites couronnes de perles bleues pour la tombe des jumeaux Azioume qui sont nés et morts le même jour.

— Oh ! ils étaient gentils ?

— Très gentils, dit mon frère. Deux garçons blonds, tout pareils. Je leur fais un truc nouveau, deux colonnes tronquées en rouleaux de carton, j'imite le marbre dessus et j'enfile les couronnes de perles. Ah ! ma vieille...

Il siffla d'admiration et travailla sans parler.

Autour de lui, le grenier se fleurissait de petites tombes blanches, un cimetière pour grandes poupées. Sa manie ne comportait aucune parodie irrévérencieuse, aucun faste macabre. Il n'avait jamais noué sous son menton les cordons d'un
60 tablier de cuisine, pour simuler la chasuble, en chantant *Dies irae ;* mais il aimait les champs de repos comme d'autres chérissent les jardins à la française, les pièces d'eau ou les potagers. [...]

Un jour vint où le plancher râpeux du grenier ne suffit plus. Mon frère voulut, pour honorer ses blanches tombes, la terre molle et odorante, le gazon véridique, le lierre, le cyprès... Dans le fond du jardin, derrière le bosquet de thuyas, il emménagea des défunts aux noms sonores dont la foule débordait la pelouse semée de têtes de soucis et de petites couronnes de perles. Le diligent fossoyeur clignait son œil d'artiste.

— Comme ça fait bien !

70 Au bout d'une semaine, ma mère passa par là, s'arrêta saisie, regarda de tous ses yeux, un binocle, un face-à-main, des lunettes pour le lointain, et cria d'horreur, en violant du pied toutes les sépultures.

— Cet enfant finira dans un cabanon ! C'est du délire, c'est du sadisme, c'est du vampirisme, c'est du sacrilège, c'est... je ne sais même pas ce que c'est !

Elle contemplait le coupable, par-dessus l'abîme qui sépare une grande personne d'un enfant. Elle cueillit, d'un râteau irrité, dalles, couronnes et colonnes tronquées. Mon frère souffrit, sans protester, qu'on traînât son œuvre aux gémonies et, devant la pelouse nue, devant la haie de thuyas qui versait son ombre à la terre fraîchement remuée, il me prit à témoin avec une mélancolie
80 de poète :

— Crois-tu que c'est triste, un jardin sans tombeaux ?

La Maison de Claudine (Librairie Hachette, éditeur).

Les « belles manières »

COLETTE nous a laissé de *l'époque* 1900 d'amusants *tableaux de mœurs.* Coquettes, demi-mondaines, femmes du monde, hommes de théâtre, financiers, boulevardiers, désœuvrés, elle fait revivre ce temps « où les automobiles se portaient hautes et légèrement évasées à cause des chapeaux démesurés ». On appréciera ici l'étonnant tableau d'un milieu « *en marge* » qui ne laisse pas cependant d'avoir ses tabous, ses lois et ses traditions.

Gilberte, dite GIGI, *est élevée par sa mère, chanteuse de second ordre, et sa grand-mère* Mme ALVAREZ *(Mamita), chef incontesté d'une dynastie féminine un peu irrégulière. Le petit appartement, « au plafond terni par le gaz », reçoit souvent la visite du brillant et richissime* GASTON LACHAILLE. *Il vient là peut-être en souvenir de son père* « *que Mme Alvarez affirmait avoir beaucoup connu », peut-être pour fuir un monde indiscret et tapageur, mais sans doute aussi parce qu'il n'est pas insensible au charme frais et piquant de* GIGI. « *Mamita », en attendant les événements, délègue celle-ci chez sa sœur* ALICIA. « *Jolie vieille dame » jadis émule des Caroline Otero ou des Liane de Pougy, Alicia limite désormais ses activités à l'évocation de ses beaux jours et aux leçons de bienséance qu'elle prodigue à sa petite-nièce, car « le manque d'élégance en mangeant a brouillé bien des ménages ».*

La voix jeune, les rides clémentes rehaussées de rose, une dentelle sur ses cheveux blancs, tante Alicia jouait les marquises de théâtre. Gilberte révérait sa tante en bloc. En s'attablant, elle tira sa jupe sous son séant, joignit les genoux, rapprocha ses coudes de ses flancs en effaçant les omoplates et ressembla à une jeune fille [1]. Elle savait sa leçon, rompait délicatement son pain, mangeait la bouche close, se gardait, en découpant sa viande, d'avancer l'index sur le dos de la lame. Un catogan [2] serré sur la nuque découvrait les frais abords du front et des oreilles, et le cou singulièrement puissant dans l'encolure, un peu ratée, de la robe refaite, d'un bleu morne, à corsage froncé sur un empiècement, rafistolage sur lequel on avait cousu, pour l'égayer, trois rangs de galon mohair [3] au bord de la jupe et trois fois trois galons mohair sur les manches, entre le poignet et l'épaule.

Tante Alicia, en face de sa nièce, l'épiait de son bel œil bleu-noir, sans trouver rien à redire.

— Quel âge as-tu? demanda-t-elle brusquement.

— Mais comme l'autre jour, tante : quinze ans, six mois. Tante, qu'est-ce que tu en penses, toi, de cette histoire de Tonton Gaston [4]?

— Pourquoi? ça t'intéresse?

— Bien sûr, tante. Ça m'ennuie. Si tonton se remet avec une autre dame, il ne viendra plus jouer au piquet à la maison, ni boire de la camomille, au moins pendant quelque temps. Ce sera dommage.

— C'est un point de vue, évidemment.

Tante Alicia, les paupières clignées, regardait sa nièce d'une manière critique.

— Tu travailles, à tes cours? Qui as-tu comme amies? Les ortolans, coupe-les en deux, d'un coup de couteau bien assuré qui ne fasse pas grincer la lame sur l'assiette. Croque chaque moitié, les os ne comptent pas. Réponds à ma question sans t'arrêter de manger et pourtant sans parler la bouche pleine. Arrange-toi. Puisque je le fais, tu peux le faire. Qui as-tu comme amies?

— Personne, tante. Grand-mère ne me permet même pas d'aller goûter chez les parents de mes camarades de cours.

— Elle a raison. Dehors, tu n'as personne dans tes jupes? Pas de surnuméraire à serviette sous le bras? Pas de collégien? Pas d'homme mûr? Je te préviens que si tu me mens, je le saurai.

Gilberte contemplait le brillant visage de vieille femme autoritaire, qui l'interrogeait avec âpreté.

— Mais non, tante, personne. Est-ce qu'on t'a parlé de moi en mal? Je suis toujours toute seule. Et pourquoi grand-mère m'empêche-t-elle d'accepter des invitations?

— Elle a raison, pour une fois. Tu ne serais invitée que par des gens ordinaires, c'est-à-dire inutiles.

— Nous ne sommes pas des gens ordinaires, nous?

— Non.

— Qu'est-ce qu'ils ont de moins que nous, les gens ordinaires?

— Ils ont la tête faible et le corps dévergondé. En outre, ils sont mariés. Mais je ne crois pas que tu comprennes.

— Si, tante ; je comprends que nous, nous ne nous marions pas.

— Le mariage ne nous est pas interdit. Au lieu de se marier « déjà », il arrive qu'on se marie « enfin ».

— Mais est-ce que ça m'empêche de fréquenter des jeunes filles de mon âge?

— 1 L'auteur a dit plus haut : « Elle avait l'air d'un archer, d'un ange raide ou d'un garçon en jupes ». — 2 Coiffure qui serre les cheveux dans une barrette ou un nœud de ruban. — 3 Tissu angora. — 4 Gaston vient de rompre avec sa maîtresse en titre, Liane d'Exelmans, qui a tenté de se suicider « avec du laudanum, comme d'habitude ».

50 — Oui. Tu t'ennuies chez toi ? Ennuie-toi un peu. Ce n'est pas mauvais. L'ennui aide aux décisions. Qu'est-ce que c'est ? Une larme ? Une larme de petite sotte qui n'est pas en avance pour son âge. Reprends un ortolan. Tante Alicia étreignit, de trois doigts étincelants, le pied de son verre qu'elle leva :

— A nos santés, Gigi ! Tu auras une khédive [5] avec ta tasse de café. A la condition que je ne voie pas le bout de ta cigarette mouillé, et que tu fumes sans crachoter des brins de tabac en faisant *ptu-ptu*. Je te donnerai aussi un mot pour une première de chez Béchoff-David, une ancienne camarade qui n'a pas réussi. Ta garde-robe va changer.

60 Qui ne risque rien n'a rien !

— Les yeux bleu foncé brillèrent. Gilberte bégaya de joie.

Gigi (Librairie Hachette, éditeur).

Tant d'efforts ne seront pas perdus : après des bouderies chez les jeunes, et quelques inquiétudes chez les moins jeunes, GIGI, *se mariant « déjà », deviendra Madame* GASTON LACHAILLE.

RIVALES

Chacun sait la prédilection de COLETTE pour les chats, mais il ne s'agit pas ici de la gentillesse ou de la grâce animales. — CAMILLE qui vient d'épouser ALAIN est *jalouse* de la *chatte* SAHA, trop chère à son mari. Toutes deux s'épient sur l'étroit balcon d'un haut immeuble moderne ; et ce décor, d'apparence banale, est promu, par la tension du passage, à une sorte de « Huis clos » véritablement *tragique*. — On notera comment, par le choix même des termes, l'auteur donne à la petite victime une présence *humaine*.

Un soir de juillet qu'elles attendaient toutes deux le retour d'Alain, Camille et la chatte se reposèrent au même parapet, la chatte couchée sur ses coudes, Camille appuyée sur ses bras croisés. Camille n'aimait pas ce balcon-terrasse réservé à la chatte, limité par deux cloisons de maçonnerie, qui le gardaient du vent et de toute communication avec la terrasse de proue.

Elles échangèrent un coup d'œil de pure investigation et Camille n'adressa pas la parole à Saha. Accoudée, elle se pencha comme pour compter les étages de stores orange largués du haut en bas de la verti-
10 gineuse façade, et frôla la chatte qui se leva pour lui faire place, s'étira et se recoucha un peu plus loin.

Dès que Camille était seule, elle ressemblait beaucoup à la petite fille qui ne voulait pas dire bonjour, et son visage retournait à l'enfance par l'expression de naïveté inhumaine, d'angélique dureté qui ennoblit les visages enfantins. Elle promenait sur Paris, sur le ciel d'où, chaque jour, la lumière se retirait plus tôt, un regard impartialement sévère, qui peut-

— 5 Cigarette à goût « oriental ».

être ne blâmait rien. Elle bâilla nerveusement, se redressa et fit quelques pas distraits, se pencha de nouveau, en obligeant la chatte à sauter à terre. Saha s'éloigna avec dignité et préféra rentrer dans la chambre. Mais la porte de l'hypoténuse[1] avait été refermée et Saha s'assit patiemment. Un instant après, elle devait céder le passage à Camille qui se mit en marche d'une cloison à l'autre, à pas brusques et longs, et la chatte sauta sur le parapet. Comme par jeu, Camille la délogea en s'accoudant et Saha de nouveau se gara contre la porte fermée.

L'œil au loin, immobile, Camille lui tournait le dos. Pourtant la chatte regardait le dos de Camille et son souffle s'accélérait. Elle se leva, tourna deux ou trois fois sur elle-même, interrogea la porte close. Camille n'avait pas bougé. Saha gonfla ses narines, montra une angoisse qui ressemblait à la nausée ; un miaulement long, désolé, réponse misérable à un dessein imminent et muet, lui échappa et Camille fit volte-face.

Elle était un peu pâle, c'est-à-dire que son fard évident dessinait sur ses joues deux lunes ovales. Elle affectait l'air distrait, comme elle l'eût fait sous un regard humain. Même elle commença un chantonnement à bouche fermée et reprit sa promenade de l'une à l'autre cloison, sur le rythme de son chant, mais la voix lui manqua. Elle contraignit la chatte, que son pied allait meurtrir, à regagner d'un saut son étroit observatoire puis à se coller contre la porte.

Saha s'était reprise et fût morte plutôt que de jeter un second cri. Traquant la chatte sans paraître la voir, Camille alla, vint, dans un complet silence. Saha ne sautait sur le parapet que lorsque les pieds de Camille arrivaient sur elle et elle ne retrouvait le sol du balcon que pour éviter le bras tendu qui l'eût précipitée du haut des neuf étages.

Elle fuyait avec méthode, bondissait soigneusement, tenait ses yeux fixés sur l'adversaire et ne condescendait ni à la fureur, ni à la supplication. L'émotion extrême, la crainte de mourir mouillèrent de sueur la sensible plante de ses pattes qui marquèrent des empreintes de fleurs sur le balcon stucqué.

Camille sembla faiblir la première, et disperser sa force criminelle. Elle commit la faute de remarquer que le soleil s'éteignait, donna un coup d'œil à son bracelet-montre, prêta l'oreille à un tintement de cristaux dans l'appartement. Quelques instants encore et sa résolution, en l'abandonnant comme le sommeil quitte le somnambule, la laisserait innocente et épuisée... Saha sentit chanceler la fermeté de son ennemie, hésita sur le parapet et Camille, tendant les deux bras, la poussa dans le vide.

La Chatte (Grasset, éditeur).

Un store providentiel retiendra la chatte dans sa chute. Mais Alain, épouvanté par la jalousie de Camille, la quittera, emmenant avec lui Saha victorieuse.

— 1 La maison a une forme *triangulaire*.

Sido, la passionnée

Composée sous le ciel lumineux de Saint-Tropez, *La Naissance du Jour* est à la fois le livre de l'*émerveillement* et celui du *renoncement*. L'auteur évoque ici, dans sa profonde complexité, la personnalité de *sa mère* qui, elle, sut toujours préserver son âme de ce qui n'était pas sagesse et pureté.

A n'en pas douter, ma mère savait, elle qui n'apprit rien, comme elle disait, « qu'en se brûlant », elle savait qu'on possède dans l'abstention, et seulement dans l'abstention. Abstention, consommation — le péché n'est guère plus lourd ici que là, pour les « grandes amoureuses » de sa sorte, — de notre sorte. Sereine et gaie auprès de l'époux, elle devenait agitée, égarée de passion ignorante, à la rencontre des êtres qui traversent leur moment sublime. Confinée dans son village, entre deux maris successifs et quatre enfants, elle rencontrait partout, imprévus, suscités pour elle, par elle, des apogées, des éclosions, des métamorphoses, des explosions de miracles, dont elle recueillait
10 tout le prix. Elle qui ménagea la bête, soigna l'enfant, secourut la plante, il lui fut épargné de découvrir qu'une singulière bête veut mourir, qu'un certain enfant implore la souillure, qu'une des fleurs closes exigera d'être forcée, puis foulée aux pieds. Son ignorance à elle, ce fut de voler de l'abeille à la souris, du nouveau-né à un arbre, d'un pauvre à un plus pauvre, d'un rire à un tourment. Pureté de ceux qui se prodiguent ! Il n'y eut jamais dans sa vie le souvenir d'une aile déshonorée, et, si elle trembla de désir autour d'un calice fermé, autour d'une chrysalide roulée encore dans sa coque vernissée, du moins elle attendit, respectueuse, l'heure. Pureté de ceux qui n'ont pas commis d'effraction ! Me voici contrainte, pour la renouer à moi, de rechercher le temps où ma mère
20 rêvait dramatiquement au long de l'adolescence de son fils aîné, le très beau, le séducteur. En ce temps-là, je la devinai sauvage, pleine de fausse gaîté et de malédiction, ordinaire, enlaidie, aux aguets. Ah ! que je la revoie ainsi diminuée, la joue colorée d'un rouge qui lui venait de la jalousie et de la fureur ! Que je la revoie ainsi et qu'elle m'entende assez pour se reconnaître dans ce qu'elle eût le plus fort réprouvé ! Que je lui révèle, à mon tour savante, combien je suis son impure survivance, sa grossière image, sa servante fidèle chargée des basses besognes ! Elle m'a donné le jour et la mission de poursuivre ce qu'en poète elle saisit et abandonna comme on s'empare d'un fragment de mélodie flottante, en voyage dans l'espace... Qu'importe la mélodie, à qui
30 s'enquiert de l'archet et de la main qui tient l'archet ?
Elle alla vers ses fins innocentes avec une croissante anxiété. Elle se levait tôt, puis plus tôt, puis encore plus tôt. Elle voulait le monde à elle, et désert, sous la forme d'un petit enclos, d'une treille et d'un toit incliné. Elle voulait la jungle vierge, encore que limitée à l'hirondelle, aux chats et aux abeilles, à la grande épeire [1] debout sur sa roue de dentelle argentée par la nuit. Le volet du voisin, claquant sur le mur, ruinait son rêve d'exploratrice incontestée, recommencé chaque jour à l'heure où la rosée froide semble tomber, en sonores gouttes inégales, du bec des merles. Elle quitta son lit à six heures, puis à cinq heures et, à la fin de sa vie, une petite lampe rouge s'éveilla, l'hiver, bien avant
40 que l'angelus battît l'air noir. En ces instants encore nocturnes ma mère chantait, pour se taire dès qu'on pouvait l'entendre. L'alouette aussi, tant qu'elle monte

---

— 1 Grosse araignée des jardins.

vers le plus clair, vers le moins habité du ciel. Ma mère montait et montait sans cesse sur l'échelle des heures, tâchant à posséder le commencement du commencement. Je sais ce que c'est que cette ivresse-là. Mais elle quêta, elle, un rayon horizontal et rouge et le pâle soufre qui vient avant le rayon rouge ; elle voulut l'aile humide que la première abeille étire comme un bras. Elle obtint, du vent d'été qu'enfante l'approche du soleil, sa primeur en parfums d'acacia et de fumée de bois ; elle répondit avant tous au grattement de pied et au hennissement à mi-voix d'un cheval, dans l'écurie voisine ; de l'ongle elle fendit sur le seau du puits le premier disque de glace éphémère où elle fut seule à se mirer, un matin d'automne.

La Naissance du Jour (Flammarion, éditeur).

SAISONS D'AUTREFOIS

Avec *Sido*, COLETTE a réalisé sans doute son plus éblouissant chef-d'œuvre. Dans l'extrait qu'on va lire, on retrouvera ce double aspect de son talent : susciter une saison jusqu'à la rendre sensible en ce qu'elle a de plus *fugitif :* une fleur, une bourrasque ; et, *simultanément,* la situer dans une autre dimension, celle du *passé,* des lointains du *souvenir,* où apparaît ainsi, à la fois présente et poétisée, l'inoubliable *figure maternelle.*

Il y avait dans ce temps-là de grands hivers, de brûlants étés. J'ai connu, depuis, des étés dont la couleur, si je ferme les yeux, est celle de la terre ocreuse, fendillée entre les tiges du blé et sous la géante ombrelle du panais [1] sauvage, celle de la mer grise ou bleue. Mais aucun été, sauf ceux de mon enfance, ne commémore le géranium écarlate et la hampe enflammée des digitales. Aucun hiver n'est plus d'un blanc pur à la base d'un ciel bourré de nues ardoisées qui présageaient une tempête de flocons plus épais, puis un dégel illuminé de mille gouttes d'eau et de bourgeons lancéolés... Ce ciel pesait sur le toit chargé de neige dés greniers à fourrages, le noyer nu, la girouette, et pliait les oreilles des chattes... La calme et verticale chute de neige devenait oblique, un faible ronflement de mer lointaine se levait sur ma tête encapuchonnée, tandis que j'arpentais le jardin, happant la neige volante... Avertie par ses antennes, ma mère s'avançait sur la terrasse, goûtait le temps, me jetait un cri :
— La bourrasque d'Ouest ! Cours ! Ferme les lucarnes du grenier !...
La porte de la remise aux voitures !... Et la fenêtre de la chambre du fond !
Mousse exalté du navire natal, je m'élançais, claquant des sabots, enthousiasmée si du fond de la mêlée blanche et bleu-noir, sifflante, un vif éclair, un bref roulement de foudre, enfants d'Ouest et de Février, comblaient tous deux un des abîmes du ciel... Je tâchais de trembler, de croire à la fin du monde.
Mais dans le pire du fracas ma mère, l'œil sur une grosse loupe cerclée de cuivre, s'émerveillait, comptait les cristaux ramifiés d'une poignée de neige qu'elle venait de cueillir aux mains mêmes de l'Ouest rué sur notre jardin...

Sido (Librairie Hachette, éditeur).

— 1 Variété courante d'ombellifères à fleurs jaunes.

L'HUMOUR

ANDRÉ MAUROIS

Né à Elbeuf en 1885, ÉMILE HERZOG, qui s'est choisi le nom d'ANDRÉ MAUROIS, appartient à une famille d'industriels alsaciens. Élève d'Alain au lycée de Rouen, il révéla de bonne heure son *alacrité intellectuelle*. Son rôle d'officier de liaison auprès de l'armée britannique durant la guerre lui inspira *Les Silences du Colonel Bramble* (1918) et *Les discours du Docteur O'Grady* (1922). Entre *Bernard Quesnay* (1926) et *Le Cercle de famille* (1932), un roman habile, *Climats* (1928) devait lui conquérir un vaste public féminin.

Mais c'est surtout comme *biographe* qu'ANDRÉ MAUROIS s'est rendu célèbre. Après une première manière un peu romancée, selon le goût du moment (*Ariel ou la Vie de Shelley*, 1923 ; *La vie de Disraeli*, 1927 ; *Byron*, 1930), il est parvenu plus tard à une sorte de maîtrise avec *A la recherche de Marcel Proust* (1949), *Lélia ou la vie de George Sand* (1952 ; cf. p. 674), *Olympio ou la vie de Victor Hugo* (1954), *Les trois Dumas* (1957), *Adrienne ou la vie de Mme de La Fayette*. (1961), *Prométhée ou la vie de Balzac* (1965).

Séduisant et souple, son talent a su encore aborder d'autres domaines : *Dialogues sur le commandement* (1924), *Études anglaises* (1927), *Aspect de la biographie* (1928), *Alain* (1949); enfin une attachante *Histoire d'Angleterre* (1937), suivie en 1947 d'une *Histoire des États-Unis*, et quatre livres de critique littéraire : *De La Bruyère à Proust* (1964), *De Proust à Camus* (1963), *De Gide à Sartre* (1965), *D'Aragon à Montherlant* (1967).

Disparu en 1967, André Maurois était Académicien depuis 1938. Très connu à l'étranger, il trouve peut-être sa plus large audience dans les pays de langue anglaise.

Une *sagesse* quelque peu *sceptique*, faite de culture et d'opportunisme, apparaît dans une de ses œuvres les plus agréables, *Mes songes que voici* (1933), dont le titre est une formule de Montaigne, en qui l'auteur s'est toujours cherché un maître.

« On se voit d'un autre œil... »

Au cours de la guerre de 1914, le quartier général britannique s'est installé en Flandre, dans le château de Vauclère. Une entente cordiale régit les rapports des officiers anglais avec l'interprète AURELLE, jeune et cultivé, ainsi qu'avec un nouveau venu au cantonnement, le capitaine BELTARA, peintre assez connu dont Aurelle avait entendu parler. La page qu'on va lire, assez menue, mais d'une écriture *élégante*, illustre un *thème classique* avec un *humour* exempt de toute amertume ; on y goûtera une agréable saveur *anglaise*.

L e capitaine Beltara et l'interprète Aurelle devinrent vite inséparables. Ils avaient des goûts communs et des métiers différents : c'est la recette même de l'amitié.

Aurelle admirait les croquis où le peintre notait les lignes souples de la campagne flamande ; Beltara jugeait avec indulgence les rimes assez pauvres du jeune homme.

— Vous devriez faire des portraits ici, mon capitaine, cela ne vous tente pas ? Il me semble que ces chairs d'Anglais, si bien colorées par le soleil et le choix heureux de leurs boissons...

10 — Eh ! oui, mon cher, c'est d'une jolie matière, mais je n'ai pas ce qu'il me faut. Et puis, accepteraient-ils de poser ?

— Tant que vous voudrez, mon capitaine ; je vous amènerai demain le petit Dundas [1], l'aide de camp : il n'a rien à faire, il sera enchanté.

Le lendemain, Beltara fit du lieutenant Dundas un croquis aux trois crayons ; le jeune aide de camp posa assez bien ; il exigea seulement qu'on lui permît de s'occuper, c'est-à-dire de pousser des cris de chasse à courre, de faire claquer son fouet favori et de parler avec son chien.

— Ah, dit Aurelle à la fin de la séance, j'aime beaucoup ça... beaucoup vraiment. C'est à peine indiqué... Il n'y a rien et toute l'Angleterre est là-dedans.

Avec les gestes rituels de l'amateur de tableaux qui caresse d'un mouvement circulaire de la paume des détails excellents, il loua la naïveté et le vide des yeux clairs, le doux éclat du teint et la candeur charmante du sourire.

Cependant l'éphèbe rose s'était planté devant son portrait, dans la pose classique du joueur de golf et tout en frappant de ses bras balancés une balle imaginaire, jugeait cette œuvre d'art avec sincérité.

— *My God !* fit-il... *my God...* quelle épouvantable chose ! où diable avez-vous vu, *old man,* que ma culotte de cheval se lace sur le côté ?

— Quelle importance cela a-t-il ? dit Aurelle, agacé.

— Quelle importance ? *My God !* Aimeriez-vous être peint avec votre nez derrière l'oreille ? *My God !* cela me ressemble à peu près autant qu'à Lloyd George [2].

— La ressemblance est une qualité bien secondaire, dit Aurelle, méprisant ; ce qui est intéressant, ce n'est pas l'individu, c'est le type, c'est la synthèse de toute une race et de toute une classe ; un beau portrait, c'est de la littérature. Ce qui fait la valeur des maîtres espagnols... [...]

— *Well,* interrompit le jeune lieutenant Dundas, si vous vouliez faire lacer mes *breeches* [3] devant, je vous serais bien reconnaissant. J'ai l'air d'un damné fou ainsi.

*

La semaine suivante, Beltara qui s'était procuré des couleurs fit de bonnes études à l'huile du colonel Parker et du major Knight. Le major, qui était gros, trouva son embonpoint exagéré.

— Oui, dit le peintre, mais avec le vernis... Et, d'un geste de ses mains qui se rapprochaient, il ramena ce ventre à des dimensions normales.

Le colonel, qui était maigre, aurait voulu qu'on le rembourrât...

— Oui, dit Beltara, mais avec le vernis...

Et ses mains, s'écartant lentement, promirent des dilatations surprenantes.

Ayant repris goût à son métier, il essaya quelques-uns des plus beaux types de la division. Ses portraits connurent des fortunes diverses, chaque modèle jugeant le sien médiocre et ceux des autres excellents.

Le Général Bramble et le Colonel O'Grady posent à leur tour et paraissent déçus...

— Que diable, dit Aurelle, un grand artiste ne peut pas peindre avec une houppette à poudre...

— Asseyez-vous là une minute, mon vieux, lui dit le capitaine-peintre, ça me fera plaisir de travailler d'après un modèle intelligent... Ils voudraient tous avoir l'air de gravures de mode pour tailleurs... Moi, vous comprenez, je ne peux pas sortir de ma nature ; je ne peins pas « pommade » : je fais ce que je

---

1 Celui-ci n'envisage comme « métier » possible, après la guerre, que le secrétariat d'un club de golf. — 2 Homme politique anglais, premier ministre de 1916 à 1922. — 3 Culottes de sport.

vois... c'est l'histoire de l'amateur dont parle Diderot, qui demandait un lion à un peintre de fleurs. — « Volontiers, dit l'artiste, mais comptez sur un lion qui ressemblera à une rose comme deux gouttes d'eau. » — C'est évident, dit Aurelle. Quand Greuze fit le portrait de Bonaparte, 60 il lui donna le visage de la fillette de la *Cruche cassée*.

La conversation continua longtemps, amicale et technique ; Aurelle louait la peinture de Beltara ; Beltara disait sa joie d'avoir trouvé un critique aussi fin et qui jugeait les choses en artiste dans ce milieu de Philistins...

— Allons, mon vieux, venez voir, je crois qu'on peut laisser cette esquisse comme elle est.

Aurelle vint aux côtés du peintre et regarda, en hochant la tête, le dessin qui le représentait :

— C'est charmant, dit-il enfin avec un certain embarras, c'est charmant, il y a des coins délicieux, toute cette nature morte sur la table, on dirait un petit 70 Chardin, et j'aime beaucoup le fond.

— Eh bien ! mon vieux, je suis content que cela vous plaise. Emportez-le et donnez-le à votre femme !

— Euh ! soupira Aurelle. Merci, mon capitaine, vous êtes vraiment trop gentil... seulement, vous allez trouver cela idiot, mais, si c'est pour ma femme, j'aimerais que vous retouchiez un peu le profil... parce que... vous comprenez...

Et Beltara qui était bonhomme, orna le visage de son ami du nez grec et de la bouche petite que lui avaient refusés les dieux.

Les Discours du Docteur O'Grady, chap. XVI (Grasset, éditeur).

MARCEL AYMÉ

Sa formation,
sa carrrière

MARCEL AYMÉ (1902-1967) est né à Joigny (Yonne) de parents jurassiens dont les deux familles, villageoises, étaient, faute d'autre richesse, largement pourvues d'enfants. Il fut élevé par sa grand-mère au milieu des querelles de clocher, inévitables à l'époque, entre « laïques » et « cléricaux ». « Et, moi, je trouvais, dit-il, que la religion ça se présentait mal. » Caricature de ces temps révolus, une page de *La Jument verte* (1933) racontera la résurrection d'un pseudo-mort sous le baiser miraculeux d'une République de plâtre ! En revanche, l'auteur du *Chemin des Écoliers* (1946) a gardé bon souvenir de ses classes primaires car, selon lui, « l'enseignement du maître d'école et la vie campagnarde forment un tout cohérent ; l'hectare et le quintal, ce n'était pas pour moi des notions abstraites : l'un était représenté par un certain enclos et l'autre par des sacs de farine que je voyais manipuler au moulin chez mon oncle. » Parmi sa vaste parenté, le futur romancier s'initiait dès lors à ces rapports de famille, à ces interminables *conversations* qu'il saura faire revivre avec tant de vérité.

A la suite d'une grave maladie, le jeune homme dut renoncer à la carrière d'ingénieur et il entrait, vers sa vingtième année, dans une agence de presse : « J'étais un médiocre journaliste, dit-il à l'un de ses biographes, car je ne rapportais que ce que j'avais vu ». Cependant il développait là ses qualités naturelles d'*observateur*.

En 1926, Marcel Aymé fit ses débuts de ROMANCIER avec *Brûlebois* et, depuis 1930, il se consacre entièrement à ses activités littéraires. S'il a rencontré, dans certains milieux, un peu de froideur au lendemain de l'occupation allemande, il se classe aujourd'hui auprès d'un large public comme un des meilleurs écrivains de sa génération. Très doué pour le *dialogue*, il a obtenu au THÉATRE de brillants succès avec diverses comédies, véridiques et poétiques, *Clérambard* (1950), *La Tête des autres* (1952), *Les Oiseaux de lune* (1956), etc.

Humoriste et satirique Dans la « prière d'insérer » d'un de ses premiers livres, *Le Moulin de la Sourdine* (1936), le romancier attribuait à l'un de ses personnages « une saine méfiance des entraînements de la raison ». Un autre (*Gustalin*, 1937) aura du cœur « pour pleurer la mort de sa première femme et il en aura encore pour en épouser une seconde. » Tel est le ton le plus immédiatement sensible d'un écrivain qui sait la valeur de l'instinct, qui n'aime pas à être dupe et qui admet très naturellement dans ses œuvres la présence de créatures aussi aimablement fantastiques que la *Vouivre* (1943). Marcel Aymé semble avoir déclaré la guerre à l'esprit de lourdeur et surtout à *l'imposture* qui, sous le nom de « sérieux », abrite confort et conformisme. Quitte à heurter certains esprits peu perspicaces, il a « démystifié » quelques basses ou cruelles manœuvres camouflées sous les enseignes les plus flatteuses (*Uranus*, 1948).

« L'hypocrisie et le vague, mes deux bêtes d'aversion... » disait Stendhal. Stendhalien avisé, Marcel Aymé en pourchasse une troisième, cette « bêtise au front de taureau » dénoncée par un Baudelaire que, pourtant, brocardera un peu *Le Confort Intellectuel* (1949). Ambitions et prétentions, médiocrités et snobismes de toute espèce, voilà le gibier traqué depuis *Travelingue* (1941) à travers un ensemble joyeux d'ouvrages où la *cocasserie* de l'invention n'affaiblit en rien une *satire* (parfois assez verte) qui s'inscrit clairement dans la lignée de Rabelais et de Molière.

Conteur et poète Cependant, quel que soit son talent de romancier, c'est, sans doute, avec ses CONTES que Marcel Aymé a révélé ses dons les plus précieux et les plus originaux. *Le Passe-muraille, La Traversée de Paris* contiennent des nouvelles excellentes, et *Les Contes du Chat perché* (1934-50-58) atteignent à une sorte de perfection : Delphine et Marinette, entourées d'animaux biendisants, les écoliers montmartrois des *Bottes de Sept lieues*, tant de figures amusantes et poétiques font revivre la tradition de Perrault et de La Fontaine, dans des récits chargés de sens où, sous une apparente légèreté, on découvre, comme par enchantement, le sourire indulgent de la *sagesse*.

Revêtu de lumière...

DELPHINE et MARINETTE qui, entre leur école et leur ferme, vivaient bien sages, reçoivent un jour la visite de leur cousine Flora, pécore à souliers vernis. Dès lors, elles ne rêvent plus qu'élégances et fanfreluches. La contagion gagne tous les animaux de la basse-cour, où on se met à jauger et à juger proportions et disproportions. Ainsi l'oie va trouver le cou du coq... trop court, tandis que le COCHON espère, par la grâce d'un régime, acquérir la beauté chatoyante du paon. L'esprit brouillé par le jeûne, le malheureux animal se croit déjà pourvu d'une huppe et d'une traîne mais, poursuivi de mille quolibets, il s'isolera dans un hautain silence, non sans *attendrir* un peu les deux petites filles. Voici la dernière page de ce conte *(Le Paon)*, poétiquement irisée de douceur envers l'absurde chimère.

Durant plus d'une heure, une couvée de poussins s'attacha à ses pas en piaillant :
— Il est fou !... Au fou !... Il est fou !...
Et les autres volailles ne se tenaient pas de ricaner et d'avoir des mots désobligeants quand il passait devant elles. Dès lors, le cochon s'abstint de parler à personne de sa huppe ou de sa traîne. Quand il traversait la cour, il allait toujours la tête en arrière, tellement rengorgé qu'on se demandait s'il n'avait pas avalé un os qui lui fût resté en travers du gosier, et si quelqu'un venait à passer derrière lui, même à bonne distance, il faisait vivement un saut en avant,

10 comme s'il eût craint qu'on lui marchât sur la queue. L'oie le montrait alors aux deux petites, leur disant :

— Vous voyez ce qui arrive quand on est trop occupé de sa beauté. On devient fou comme le cochon.

Les petites, en l'entendant parler ainsi, plaignaient leur pauvre cousine Flora qui devait avoir perdu la tête depuis longtemps. Pourtant, Marinette, qui était un peu plus blonde que sa sœur, ne pouvait pas s'empêcher d'admirer le cochon. Un matin de soleil, le cochon partit pour une longue promenade dans la campagne. Au retour, le temps se couvrit et il y eut de grands éclairs au-dessus de lui, de quoi il ne fut pas surpris, pensant apercevoir sa huppe balancée sur
20 sa tête par le vent. Il trouva toutefois qu'elle avait beaucoup grandi et qu'elle était maintenant aussi importante qu'on pouvait souhaiter. Cependant, la pluie se mit à tomber très serrée et il se réfugia un moment sous un arbre en prenant garde à baisser la tête pour ne pas abîmer sa huppe.

Le vent s'étant apaisé et la pluie tombant moins serrée, le cochon se remit en marche. Lorsque la ferme fut en vue, à peine tombait-il encore quelques gouttes et le soleil passait déjà entre les nuages. Delphine et Marinette sortaient de la cuisine en même temps que leurs parents, et la volaille quittait la remise où elle avait trouvé abri. Au moment où le cochon allait entrer dans la cour, les petites pointèrent le doigt dans sa direction en criant :
30 — Un arc-en-ciel ! Ah ! qu'il est beau !

Le cochon tourna la tête et à son tour poussa un cri. Derrière lui, il apercevait sa traîne déployée en un immense éventail.

— Regardez ! dit-il. Je fais la roue !

Delphine et Marinette échangèrent un regard attristé, tandis que les bêtes de la basse-cour parlaient entre elles à voix basse en hochant la tête.

— Allons, assez de comédie, firent les parents. Rentre dans ta soue. Il est l'heure.

— Rentrer ? dit le cochon. Vous voyez bien que je ne peux pas. Ma roue est trop large pour que je puisse pénétrer seulement dans la cour. Elle ne passera jamais entre ces deux arbres.
40 Les parents eurent un mouvement d'impatience. Ils parlaient déjà de prendre une trique, mais les petites s'approchèrent du cochon et lui dirent avec amitié :

— Tu n'as qu'à refermer tes plumes. Ta traîne passera facilement.

— Tiens, c'est vrai, fit le cochon. Je n'y aurais pas pensé. Vous comprenez, le manque d'habitude...

Il fit un grand effort qui lui creusa l'échine. Derrière lui, l'arc-en-ciel fondit tout d'un coup et se déposa sur sa peau en couleurs si tendres, et si vives aussi, que les plumes du paon, à côté, eussent été comme une grisaille.

Les Contes du Chat perché (Librairie Gallimard, éditeur).

De l'insouciance
au rire libérateur

Il fut une époque heureuse où Francis de Croisset cultivait, comme Maurois, l'humour britannique *(La Féerie cinghalaise, Nous avons fait un beau voyage)*, tandis que Maurice Bedel (1883-1954) promenait sur la France et l'Europe son regard amusé *(Le Laurier d'Apollon)* et que Gabriel Chevalier déployait dans *Clochemerle* une verve un peu grosse, mais efficace. Puis, devant la sombre réalité des années 40 et de l'âge atomique, le rire devint *protestation* et *libération,* qu'il prît la forme de l'humour noir ou de la désinvolture. On vit alors fleurir la fantaisie baroque et caustique d'un Raymond Queneau, la facilité agréable de Paul Guth, Jean Dutourd, Pierre Daninos, la gouaille héroï-comique de Jacques Perret (né en 1903), ce gavroche inspiré pour qui toute vérité est bonne à dire *(Le Caporal épinglé, La Bête Mahousse).*

LA POÉSIE DEPUIS 1940

**Le Poète
en notre temps**
Bien que la lecture de la poésie ait peut-être souffert de la puissante diffusion du roman et de l'élargissement de son domaine, il se pourrait que le XXᵉ siècle, tel que nous le connaissons jusqu'ici, apparût comme *une grande époque poétique.* Non seulement en effet la poésie « continue », mais, parmi les cinq maîtres de cette période littéraire, on compte trois poètes majeurs, dont l'œuvre, d'ores et déjà, domine le demi-siècle ; et surtout, à partir d'Apollinaire et des surréalistes et autour d'eux, l'originalité, la fécondité, l'audace de la poésie française peuvent rappeler la ferveur du XVIᵉ siècle ou de l'âge romantique. Certes, cette poésie ne connaît pas les gros tirages ni ne bénéficie, sauf exception, des avantages de la publicité littéraire ; mais elle y gagne d'avoir pu conserver sa pureté, et d'avoir choisi, pour principal propos, la recherche ardente des multiples richesses dont cette pureté même autorise la découverte.

**La Poésie
et le Poète**
Autre conséquence des circonstances littéraires : la poésie contemporaine devient avant tout *l'affaire du poète ;* il n'y a plus d'écoles, mais des tendances et des affinités, parfois des chapelles. Les thèmes éternels sont toujours vivants : la Nature et Dieu, la Vie, la Mort et l'Amour, la Terre et la peine des Hommes ; mais chaque poète les éprouve, plus que jamais, et les exprime, selon la jalouse particularité de son âme et de son langage. Les querelles poétiques — car il y en a toujours — n'atteignent que rarement le grand public et ne concernent guère que les initiés, mais on en retrouve un peu partout les échos persistants, même au-delà de la littérature, dans le cinéma et la peinture par exemple.

Aussi l'esprit de notre temps serait-il gravement méconnu, si l'on négligeait le témoignage de sa poésie. Difficile d'accès, écrite dans un langage parfois sibyllin, elle n'en est pas moins fidèle à *sa vocation d'écho sonore :* en elle se retrouvent les nostalgies, les inquiétudes, les désespoirs, les ardeurs et les « mystiques » d'un *âge de crise et de désarroi,* mais aussi *de ferveur, de foi et de colère.* Peut-être même — comme au XVIᵉ siècle — la *conjonction de l'inquiétude et de la ferveur* a-t-elle donné à notre poésie une impulsion décisive.

**La Poésie
de la Résistance**
L'épisode tragique de la guerre, de la captivité, de l'occupation et de la résistance (1939-1945) provoque, au début de la période qui nous occupe, une véritable *relance poétique,* à laquelle participent de nombreux « anciens », comme Aragon, Eluard, Desnos (cf. p. 350, 354, 356). Dès 1940, des noyaux de ferveur poétique se constituent en certains lieux, dont le nom mérite de figurer dans une histoire, même rapide, de la poésie contemporaine : Lyon, Toulouse et Carcassonne, Marseille, mais aussi de petites villes, Dieulefit, dans la Drôme, ou Villeneuve-lès-Avignon. Là sont « nés » les poètes et ont vu le jour des œuvres importantes. Les revues se multiplient alors qui, se proposant d'incarner une « résistance spirituelle », font une place considérable à la poésie, seul langage capable d'affirmer encore, symboliquement, la liberté : citons, à Marseille, les *Cahiers du Sud ;* à Lyon et Saint-Étienne, *Confluences* et *Positions ;* à Alger, *Fontaine ;* à Toulouse, *Pyrénées ;* à Villeneuve-lès-Avignon enfin, *Poésie 40, 41,* etc. sous la direction de Pierre Seghers, qui continue ainsi l'entreprise inaugurée pendant la guerre avec *Poètes casqués,* et poursuivie d'autre part avec *Poètes prisonniers.* A cette énumération il faut joindre l'œuvre importante accomplie en Suisse par les *Cahiers du Rhône,* fondés par Albert Béguin, spécialiste de la poétique moderne avec ses études sur Gérard de Nerval et sa thèse sur *L'Ame romantique et le rêve.* La plupart des ces revues deviennent aussi des maisons d'édition, à la situation financière précaire, aux publications quasi-confidentielles (*Gloire,* de Pierre-Jean Jouve, fut tiré à Alger, en 1942, par les éditions de *Fontaine,* à 650 exemplaires), mais comme par miracle leur rayonnement est considérable.

C'est que la poésie s'affirme alors comme une expérience de *liberté*, dans le démenti vivant d'événements historiques intolérables. *Engagée*, elle l'est le plus souvent, dans la mesure où elle prend appui sur cette histoire même et sur la protestation qu'elle suscite. Mais elle peut tout aussi bien remonter aux sources et faire revivre les grands mythes, celui d'*Orphée* par exemple, ou donner une nouvelle fraîcheur au lyrisme de la nature et de l'amour. C'est en effet une manière de protester contre ce que les poètes appelaient alors l'Apocalypse que de redécouvrir aussi la vertu des choses simples ; et cette Apocalypse replace la poésie sous l'influence de la grande inspiratrice, la solitude :

> *Me voici seul avec ma voix*
> *j'entends le dernier pas qui balaye la route*
> *et le silence tombe enfin comme l'ombre d'une feuille.*

> *Me voici seul avec ma voix, un nouveau jeu commence*
> *puisque le sang torride dont je m'étais vêtu*
> *rejeté vers la mer écrase d'autres naufrages,*
> *c'est de mon propre sang que je teindrai les murs*
> *mon sang hanté de l'âme neuve des lecteurs du ciel.*

> (Alain Borne, *Contre-feu*, Cahiers du Rhône, 1942).

Mais *la protestation et la solitude* se conjuguent avec le troisième grand thème de cette poésie, *l'inquiétude de la sympathie et de la communion*, face au visage défiguré de l'humanité en guerre :

> *Il y en a qui prient, il y en a qui fuient,*
> *Il y en a qui maudissent et d'autres réfléchissent,*
> *Courbés sur leur silence, pour entendre le vide,*
> *Il y en a qui confient leur panique à l'espoir,*
> *Il y en a qui s'en foutent et s'endorment le soir*
> *Le sourire aux lèvres.*

> *Et d'autres qui haïssent, d'autres qui font du mal*
> *Pour venger leur propre dénuement.*
> *Et s'abusant eux-mêmes se figurent chanter.*
> *Il y a tous ceux qui s'étourdissent...*

> *Il y en a qui souffrent, silence sur leur silence,*
> *Il en est trop qui vivent de cette souffrance.*
> *Pardonnez-nous, mon Dieu, leur absence.*
> *Il y en a qui tuent, il y en a tant qui meurent.*

> *Et moi, devant cette table tranquille,*
> *Écoutant la mort de la ville,*
> *Écoutant le monde mourir en moi*
> *Et mourant cette agonie du monde.*

> (René Tavernier, *Positions*, 10 juillet 1943).

Certes, à un regard superficiel, cette poésie de la Résistance peut paraître un épisode sans suite. Il est né alors beaucoup de poètes, et il en a peu survécu. Mais l'inspiration avait traversé *une expérience humaine* qui, jointe à l'héritage des années 1920-1940, explique certains aspects parmi les plus importants de la poésie contemporaine. Et la signification, pour la poésie, de cette expérience a sans doute été au mieux exprimée par l'un des plus authentiques poètes de cette génération : « La guerre me révéla cette *sensibilité spirituelle* que je n'ai cessé de traduire depuis, et d'abord dans mes œuvres « de résistance »... Je les ai écrites pour *dire* la douleur, l'élever à l'absolu... et nommer l'esprit du Mal qui l'inflige ». (P. Emmanuel, Préface à l'anthologie de ses œuvres dans la collection *Poètes d'aujourd'hui*).

Après 1945   Assurer l'incarnation de cette *sensibilité spirituelle* dans des langages exactement adaptés à ses différentes zones, telle est la mission que semble s'être assignée la poésie contemporaine. Pour la remplir, elle s'appuie sur *l'assimilation*, désormais acquise, de l'héritage et des conquêtes techniques, psychologiques et esthétiques de la poésie antérieure, de Baudelaire au surréalisme ; assimilation qui, cependant, ne reste point passive, mais se concilie avec *des réactions et des restaurations*, prouvant ainsi que le stade de la rupture ou de la pure révolte est, par la plupart, largement dépassé. C'est ainsi qu'au-delà de *la libération formelle* s'opère une restauration de *l'ordre du langage*, selon ce qu'annonçaient déjà un Claudel ou un Valéry, et d'ailleurs, il est encore plus significatif que, parmi ces restaurateurs, figurent les anciens surréalistes Eluard ou Aragon. La diversité même des aspects de *l'inspiration* et des *registres du langage* correspondant explique *l'ampleur du panorama poétique* de notre temps.

Les grands courants   Il est sans doute difficile, et peut-être inopportun, d'opérer une classification ; néanmoins *des lignes de force* se *révèlent*, dont les *convergences* et *divergences* caractérisent la poésie d'aujourd'hui. L'ouverture de cet éventail apparaîtra d'autant plus large si l'on songe qu'il s'étend de *l'attention au quotidien* et du langage populiste de Prévert à cet *exorcisme de l'hostilité du monde* qu'est la poésie de Michaux. Mais Guillevic et Francis Ponge affrontent eux aussi le *monde des objets*, tandis que René Char, venu du surréalisme, rejoint *la communion avec l'homme et la nature*. Des poètes aussi éloignés du langage que Saint-John Perse et Joë Bousquet trouvent dans la liberté de leur lyrisme et dans l'originalité de leur vie intérieure les sources d'une *inépuisable épopée*. D'autres enfin, P.-J. Jouve, P. Emmanuel, P. de la Tour du Pin, J.-C. Renard accèdent ensemble, mais selon leur voie propre, à *la recherche de l'Absolu* par la poésie prophétique ou par ce lyrisme de la prière qui remplit aussi l'œuvre de Marie Noël. Ainsi l'Homme, la Nature, Dieu, restent les pôles d'attraction d'une *sensibilité spirituelle* qui fait de *l'invention du langage* l'organe de la *fidélité du poète* à lui-même.

Les extraits qui suivent n'adoptent pas un ordre strictement chronologique, qui n'aurait pas grand sens : ils tâchent plutôt de manifester toute l'ouverture de l'éventail poétique contemporain selon un classement par tendances, du quotidien au métaphysique et au sacré en passant par la contemplation des secrets du monde intérieur. Et cette ouverture ne cesse pas de caractériser *la poésie qui est en train de se faire :* un panorama infiniment divers est embrassé par une production qui va de la fougue baroque d'Audiberti à l'agonie lyrique d'Yves Bonnefoy, de la révolte d'Alain Bosquet au cri de Marc Alyn, de l'intimisme de Maurice Fombeure et de René-Guy Cadou aux « expériences » verbales de Jean Tortel de Jean Follain ou de Jacques Roubaud.

Et tandis qu'au cours des années 1950-1970 s'épanouissaient, en France et hors de France, une conscience et une culture « francophones », la poésie servait d'organe privilégié à cette *recherche de l'identité* où se rejoignent, dans l'originalité de leurs langages, le Québecois Saint-Denys Garneau, l'Antillais Césaire, l'Africain Senghor.

POÉSIE DU QUOTIDIEN

Jacques Prévert   JACQUES PRÉVERT fut quelque peu lié avec les surréa-
(1900-1977)   listes ; il en a surtout retenu, avec une sensibilité souvent anarchisante, une attention systématique à tout ce qui, dans la réalité la plus quotidienne, recèle *un ferment actif de liberté :* les choses et les êtres parlent un langage à la fois proche et inattendu. Il en retient aussi *le naturel concerté* de tout ce qu'enferme de *charme hétéroclite* l'enregistrement verbal des choses, des êtres et des gens. Jacques Prévert, qui fut aussi au cinéma un brillant scénariste, connut la popularité avec *Paroles* (1945), recueil suivi d'*Histoires* (1946), *Spectacle* (1951), *L'Opéra de la lune* (1953), *La pluie et le beau temps* (1955), *Choses et autres* (1973).

Pour faire le portrait d'un oiseau

La poésie de PRÉVERT est volontiers visuelle, mais avec une nuance de flou qui enveloppe les images d'un halo magique. Ainsi pour l'oiseau dont le « portrait » devra donner réalité sensible à tout ce que suggère de rêve et de caprice la vision de la cage au détour d'une rue. En effet les êtres les plus simples, perdus dans le monde des hommes, parlent au poète une parole riche de sensibilité, dont la liberté rythmique s'inscrit dans le mouvement même du « tableau ».

Peindre d'abord une cage
avec une porte ouverte
peindre ensuite
quelque chose de joli
quelque chose de simple
quelque chose de beau
quelque chose d'utile
pour l'oiseau
placer ensuite la toile contre un arbre
10 dans un jardin
dans un bois
ou dans une forêt
se cacher derrière l'arbre
sans rien dire
sans bouger [...]
Quand l'oiseau arrive
s'il arrive
observer le plus profond silence
attendre que l'oiseau entre dans la cage
20 et quand il est entré
fermer doucement la porte avec le
pinceau

puis
effacer un à un tous les barreaux
en ayant soin de ne toucher aucune
des plumes de l'oiseau
Faire ensuite le portrait de l'arbre
en choisissant la plus belle de ses
branches
pour l'oiseau
peindre aussi le vert feuillage et la
fraîcheur du vent
la poussière du soleil
et le bruit des bêtes de l'herbe dans
la chaleur de l'été
et puis attendre que l'oiseau se décide
à chanter
Si l'oiseau ne chante pas
c'est mauvais signe
signe que le tableau est mauvais
mais s'il chante c'est bon signe
signe que vous pouvez signer [1]
alors vous arrachez tout doucement
une des plumes de l'oiseau
et vous écrivez votre nom dans un
coin du tableau.

Paroles (Librairie Gallimard, éditeur).

LA TERRE ET LES HOMMES

René Char
(né en 1907)

RENÉ CHAR côtoya un moment le surréalisme et collabora, après 1929, à l'entreprise d'André Breton (cf. *Le Marteau sans Maître*, 1934). A cette expérience il doit peut-être l'essentiel de son langage, son goût du poème en prose, son sens des possibilités poétiques du mystère verbal, tout ce qui rend d'ailleurs sa poésie difficile d'accès. Chef d'un « maquis » en Provence, son pays natal, il fut de ceux que l'expérience de la guerre et de la résistance transforma profondément (cf. le témoignage de *Feuillets d'Hypnos*, 1946). Désormais, à travers ce qu'il appelle volontiers l'*incantation du langage*, il rejoint l'universel humain et il n'est pas malaisé de retrouver chez lui une sorte de *romantisme éternel*, qui s'inscrit par exemple dans le dialogue difficile de la nature et du cœur humain. Son recueil majeur est *Le Poème pulvérisé* (1947), repris dans *Fureur et Mystère* (1948).

— 1 Noter la valeur à la fois humoristique et symbolique du jeu de mots.

L'ALLÉGRESSE

Dans *l'Argument* qu'il rédigea pour *Le Poème pulvérisé*, Char écrivait : *Les hommes d'aujourd'hui veulent que le poème soit à l'image de leur vie, faite de si peu d'égards, de si peu d'espace, et brûlée d'intolérance.* Aussi son regard poétique se porte-t-il sur la relation tragique entre le cœur humain et les images du monde (particulièrement de la nature), et l'on comprend que la poésie de Char ait pu rencontrer l'adhésion profonde d'un Albert Camus, auteur d'une préface à l'édition allemande des poèmes. *L'Allégresse* elle-même ne saurait être ni évasion ni illusion, mais plutôt conscience aiguë d'une vérité lucidement saisie, c'est le verbe poétique qui se fait le fidèle *opérateur* de cette conscience.

L es nuages sont dans les rivières, les torrents parcourent le ciel. Sans saisie les journées montent en graine, meurent en herbe. Le temps de la famine et celui de la moisson, l'un sous l'autre dans l'air haillonneux, ont effacé leur différence. Ils filent ensemble, ils bivaquent ! Comment la peur serait-elle distincte de l'espoir, passant raviné ? Il n'y a plus de seuil aux maisons, de fumée aux clairières. Est tombé au gouffre le désir de chaleur — et ce peu d'obscurité dans notre dos où s'inquiétait la primevère dès qu'épiait l'avenir. Pont sur la route des invasions, mentant au vainqueur, exorable au défait. Saurons-nous, sous le pied de la mort, si le cœur, ce gerbeur, ne doit pas précéder mais suivre ?

La Parole en archipel (Librairie Gallimard éditeur)

Le verbe poétique de René Char tend, à force de conscience et de rigueur, à se concentrer dans des images elliptiques jusqu'à atteindre le dépouillement même de la maxime, et la parole du poète culmine dans la plénitude condensée de la *maxime poétique : Je chante la chaleur à visage de nouveau-né, la chaleur désespérée.* Et même son *Art poétique*, il lui donne cette forme : *Poésie, la vie future à l'intérieur de l'homme requalifié.* En 1964, René Char a publié une anthologie de son œuvre poétique sous un titre révélateur : *Commune présence* (édition revue et augmentée en 1978).

LES OBJETS ET LES CHOSES

En 1963, dans la revue *Art de France*, on pouvait lire, sous la signature de Francis Ponge, un « poème-art poétique » où la fonction du poète se définissait en réaction à la fois contre le lyrisme et contre la « métaphysique », dans le sens, au contraire, d'une sorte de poésie de l'*objectivité : A chaque instant — J'entends — Et, lorsque m'en est donné le loisir, — J'écoute — Le monde comme une symphonie — Et bien qu'en aucune façon je ne puisse croire que j'en dirige l'exécution, — Néanmoins il est en mon pouvoir de manier en moi certains engins ou dispositifs...* ». Il est clair, dès lors, que se trouvent ainsi radicalement contestées la poétique, d'origine baudelairienne et mallarméenne, d'un pouvoir *créateur* du langage, et, du même coup, l'hypothèse d'une éventuelle rédemption poétique ou esthétique. Il y a là au contraire une soumission absolue de la poésie à l'*objet*, caractéristique d'un des grands courants de la littérature contemporaine (dont une autre expression majeure est le « nouveau roman »), et, en même temps, une définition de la poésie comme enregistrement verbal d'*existences pures* qui n'est pas sans relation avec l'existentialisme. Et, de fait, J.-P. Sartre a cru découvrir en F. Ponge le poète le plus proche de l'e: istentialisme (*Situations*, I). Outre *Le Parti pris des choses* (1942) et *La Rage de l'expression* (1952), citons parmi ses œuvres *Le Grand Recueil* (1961) et *Le Savon* (1967).

Francis Ponge
(né en 1899)
Dès 1942, Ponge avait clairement affirmé sa poétique au titre même du recueil qui le rendit alors célèbre, *Le Parti pris des choses* ; si Mallarmé avait prétendu donner l'initiative aux *mots*, c'est des *choses* que Ponge prend le parti, et à elles qu'il réserve l'initiative. Aussi donne-t-il volontiers sa préférence, du point de vue technique, à la forme du *poème en prose*, et, pour bien l'affirmer, il fabriquera le néologisme *Proèmes*, qui servira de titre à un recueil de 1948 : le mot résulte de la contamination de *prose* et de *poème*. C'est qu'il s'agit bien en effet de constituer le poème par la mise en jeu de procédés objectifs d'enregistrement qui, d'ordinaire relèvent de la prose : mais la poésie n'en est pas moins présente, qui, en poussant l'objectivité du langage jusqu'à ses extrêmes limites, dégage de l'objet toute sa charge poétique de mystère ou d'insolite :

L'ŒILLET. — A bout de tige se déboutonne hors d'une olive souple de feuilles un jabot merveilleux de satin froid avec des creux d'ombre de neige viride où siège encore un peu de chlorophylle, et dont le parfum provoque à l'intérieur du nez un plaisir juste au bord de l'éternuement.

La Rage de l'expression. (Éd. Mermod, Lausanne. 1952)

LA PLUIE. — La pluie, dans la cour où je la regarde tomber, descend à des allures très diverses. Au centre c'est un fin rideau (ou réseau) discontinu, une chute implacable mais relativement lente de gouttes probablement assez légères... A peu de distance des murs de droite et de gauche tombent avec plus de bruit des gouttes plus lourdes, individuées. Ici elles semblent de la grosseur d'un grain de blé, là d'un pois, ailleurs presque d'une bille. Sur des tringles, sur les accoudoirs de la fenêtre la pluie court horizontalement tandis que sur la face inférieure des mêmes obstacles elle se suspend en berlingots convexes.

Le Parti pris des choses (Librairie Gallimard éd.).

Outre que PONGE est un maître dans le maniement de ces « engins et dispositifs » dont il parle lui-même (en particulier l'*analogie*), il reste l'initiateur d'un courant poétique auquel un Prévert n'est pas étranger, et qui sera illustré par EUGÈNE GUILLEVIC (né en Bretagne en 1907), avec cependant une nuance tragique qui se fait jour au-delà de la pure objectivité (*Terraqué*, 1942) et débouche éventuellement sur la peur ou la révolte : « *Soleil mangeur de chair — Rives criant de faim — Cris des volailles égorgées — Font se dresser les arbres aux bords des marécages — Où les poissons s'écaillent sur la vase assoiffée.* » Les autres œuvres de GUILLEVIC s'intitulent *Exécutoire* (1947), *Sphère* (1963), *Avec* (1966), *Euclidiennes* (1967).

EXORCISME DE L'HOSTILITÉ

Henri Michaux
(né en 1899)
La poésie d'HENRI MICHAUX est l'une des plus *neuves* de notre temps. Venu de Namur en Belgique, ce poète n'a cessé de ressentir comme une blessure la présence du monde. Profondément sensible à la condition *désarmée* de l'homme, il découvre, dès sa jeunesse, que la seule arme qui lui reste est le langage ; il décide de s'en servir pour se défendre et pour attaquer. De là vient le rôle que joue dans cette œuvre *l'humour*, mais c'est un humour métaphysique, qui change les conditions mêmes de l'être par l'agressivité du langage qui le nomme. Michaux a créé un personnage, qu'il appelle *Plume* (*Un certain Plume*, 1930 ; *Plume*, 1937) et dont le symbolisme est évident ; il ne cesse, un peu à la manière du Charlot de Chaplin, de se heurter au monde : de ces chocs naissent des *étincelles verbales* humoristiques et fascinantes ; et ainsi la fatalité d'un monde hostile se trouve à la fois « encaissée » et exorcisée par le langage, qui joue à son égard le rôle d'une sorte de boomerang : provoqué par le monde dans son heurt avec le poète, le langage finalement se

retourne contre son ennemi en le transformant ; il n'est donc pas étonnant que le langage se refuse à imiter le monde, mais le rompe plutôt et le désarticule pour le vaincre. Henri Michaux, qui a débuté en 1922, avec *Cas de folie circulaire, les idées philosophiques de* « *Qui je fus* », est l'auteur d'une œuvre poétique très abondante, où l'on retiendra surtout : *Qui je fus* (1927), *La Nuit remue* (1931), *Voyage en Grande Garabagne* (1936), *Plume, précédé de Lointain intérieur* (1938), *Exorcismes* (1943), *Apparitions* (1946), *Meidosems* (1948), *Passages* (1950), *Vents et Poussières* (1962).

Icebergs

L'image du froid et de la glace est un des aspects les plus obsédants du monde hostile. Les Icebergs représentent cette hostilité fatale et familière, la tentation du désespoir et du néant (pour l'auteur, ils évoquent d'*augustes Bouddhas gelés*). Mais cette familiarité même tend finalement à les exorciser et le poème s'achève sur une note de tendresse pour cette glace rendue inoffensive par sa parenté avec les *îles* et les *sources*.

Icebergs, sans garde-fou, sans ceinture, où de vieux cormorans abattus et les âmes des matelots morts récemment viennent s'accouder aux nuits enchanteresses de l'hyperboréal.

Icebergs, Icebergs, cathédrales sans religion de l'hiver éternel, enrobés dans la calotte glaciaire de la planète Terre.

Combien hauts, combien purs sont tes bords [1] enfantés par le froid.

Icebergs, Icebergs, dos du Nord-Atlantique, augustes Bouddhas gelés sur des mers incontemplées, Phares scintillants de la Mort sans issue, le cri éperdu du silence dure des siècles.

Icebergs, Icebergs, Solitaires sans besoin [2], des pays bouchés, distants, et libres de vermine. Parents des îles, parents des sources, comme je vous vois, comme vous m'êtes familiers.

La Nuit remue (Librairie Gallimard, éditeur).

ALPHABET

Même la Mort peut être exorcisée par le langage, et la poésie est une sorte de *réduction hiéroglyphique* des choses et des êtres. D'ailleurs, MICHAUX est aussi un dessinateur dont l'œuvre graphique multiplie ces hiéroglyphes. La pureté linéaire de la lettre, considérée comme un idéogramme, est, à ses yeux, l'ultime, mais éternel résidu de l'Être même. Et dans la disproportion entre la ténuité de l'idéogramme alphabétique et l'immensité même de l'évocation d'un *autre monde* réside l'essentiel de *l'humour* et de *la vérité* poétiques.

Tandis que j'étais dans le froid des approches de la mort, je regardai comme pour la dernière fois les êtres, profondément. Au contact mortel de ce regard de glace, tout ce qui n'était pas essentiel disparut.

— 1 Les *bords* de la *calotte glaciaire*. — 2 Il s'agit donc de solitude pure, *absolue*.

Cependant je les fouaillais, voulant retenir d'eux quelque chose que même la Mort ne pût desserrer.

Ils s'amenuisèrent, et se trouvèrent enfin réduits à une sorte d'alphabet, mais à un alphabet qui eût pu servir dans l'autre monde, *dans n'importe quel monde* [1].

Par là, je me soulageai de la peur qu'on ne m'arrachât tout entier à l'univers où j'avais vécu.

Raffermi par cette prise, je le contemplais, invaincu, quand le sang avec la satisfaction, revenant dans mes artérioles et mes veines, lentement je regrimpai le versant ouvert de la vie [2].

Exorcismes (Librairie Gallimard, éditeur).

L'ÉPOPÉE INTÉRIEURE

Saint-John Perse
(1887-1975)
Issu d'une ancienne famille de la Guadeloupe, Alexis Saint-Léger devait accomplir, sous le nom d'ALEXIS LÉGER, une brillante carrière diplomatique comme Secrétaire général du Ministère des Affaires étrangères. Sous le pseudonyme précieux et bizarre de SAINT-JOHN PERSE, il se révéla comme poète dès 1924, lorsque parut, dans une édition partielle, son recueil *Anabase ;* mais quoiqu'il appartienne à une génération plus ancienne, il est littérairement, comme Pierre-Jean Jouve, contemporain de plus jeunes poètes ; car il interdit la publication en France de ses œuvres tant qu'il continua d'appartenir à la carrière active des Affaires étrangères. Révoqué par le gouvernement de Vichy, il se retira en 1940 aux États-Unis où il s'établit définitivement, ce qui explique peut-être qu'il ait été plus célèbre hors de France (il est sans doute le poète français contemporain le plus traduit). En 1960, son œuvre a été couronnée par le Prix Nobel de Littérature.

A la suite de Claudel et sous son influence, cette œuvre secrète, difficile, déploie le langage en *immenses étendues rythmiques* et en *larges plages de symboles*. Une *ambition épique* court tout au long de ces poèmes, comme le disent les titres : *Anabase* ou *Vents*. Mais l'épopée y fait appel à des *mythes exotiques ou fantastiques* pour transposer en visions grandioses *un inépuisable secret intérieur*. Le poète tente de tenir cette gageure, de réunir, dans l'unité de son langage d'images et de rythmes, l'irréductible secret de son aventure intérieure et la hauteur d'une communication aristocratique. Une invocation résume l'essentiel de son ambition poétique : *Terre arable du songe !* La poésie est bien ce labour fertilisant d'une terre impénétrable, et le poète est bien, pour le citer encore, *le conteur qui prend place au pied du térébinthe*.

L'œuvre de Saint-John Perse comporte les recueils suivants : *Éloges* (1911-1948); *Anabase* (1924-1948); *Exil* (1942-1946; ce recueil contient aussi *Pluies et Neiges*); *Vents* (1946); *Amers* (1950-1953); *Chronique* (1960); *Chant pour un équinoxe* (posthume, 1976).

— 1 C'est la définition même du langage poétique, à la fois *symbole* abstrait, comme la lettre de l'alphabet, et *pouvoir* capable de vaincre même la Mort. Michaux rejoint ainsi l'antique tradition qui confère au poète le pouvoir d'immortalité. — 2 Reprise, sous une forme moderne, du mythe du Phénix.

84. Francis Ponge.

85. Jacques Prévert.

86. René Char.

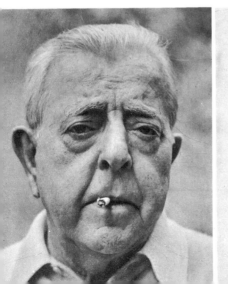

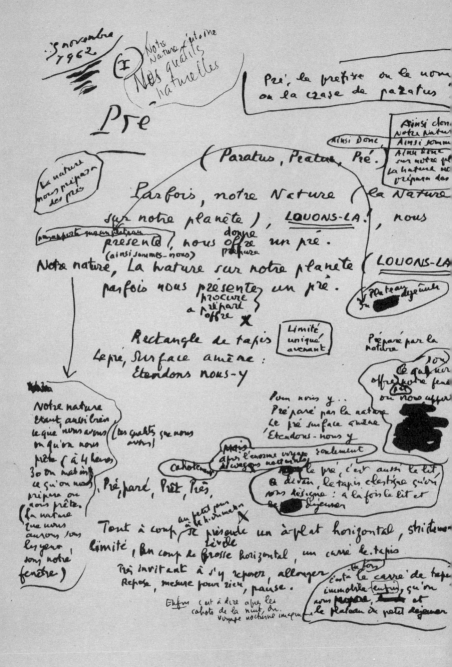

87. Francis Ponge — *La Fabrique du « Pré »*
Skira 1971.

Épreuve d'essai   R Char

— 1960

Eros suspendu

88. René Char — *Eros Suspendu*
Gravure — 1960.

89. Saint-John Perse.

90. Georges Braque
Eau forte pour illustrer
« L'Ordre des Oiseaux »
de Saint-John Perse.

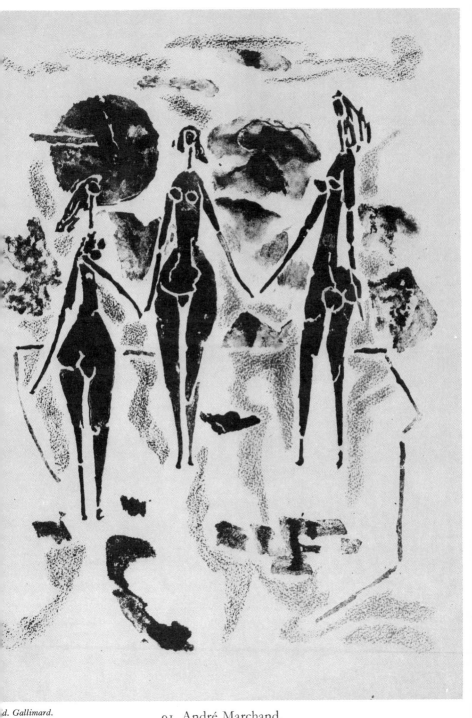

d. Gallimard.

91. André Marchand,
Lithographie pour illustrer « Amers » de Saint-John Perse.

Léopold Sedar Senghor
en habit d'Académicien
(Sciences Morales et Politiques, 1969).

Cl. Ch. Simonpietri-Gamma.

92. POÈTES DE LA NÉGRITUDE

Aimé Césaire
au micro. Cl. Gamma.

3. Jean Vilar (à droite)
orges Wilson (à gauche)
u Festival d'Avignon.

Cl. Roger Pic.

La Mise en Scène.

94. Jean-Louis Barrault
dirigeant une répétition
de « Rabelais »
à l'Élysée-Montmartre.

Jean Lattès-Gamma.

Cl. Bernand.

95. Théâtre Sarah-Bernhardt.
A l'Hôtel de Bourgogne.
Le Duel.
Françoise Christophe - Pierre Dux.

Tradition : Reprises de
CYRANO DE BERGERAC.

96. Théâtre-Français.
La « scène du balcon ».

97. Jacques Audiberti, *Le Mal court*
Théâtre La Bruyère
Sylvia Monfort dans le rôle d'Alarica *(cf. p. 586)*.

Cl. Lipnitzki .

A genoux sur le tombeau
de Becket
le roi (Daniel Ivernel)
expie le meurtre de son ami.

98. BECKET,
de Jean Anouilh
au Théâtre Montparnasse.

Dernière rencontre
de Becket et du Roi
(cf. p. 570)
B. Cremer — D. Yvernel.

Cl. Bernand.

Cl. Le Cuziat-Rapho.

99. Jean Anouilh.

100. Antigone et le garde *(cf. p. 569)*
(Élisabeth Hardy-Marcel Pérès)
Mythe antique, costumes modernes.

Cl. Lipnitzki.

101. Henry de Montherlant.

102. *Port-Royal*
(cf. p. 582)
L'archevêque (J. Marchat)
tente de décider
une religieuse (C. Winter)
à signer le Formulaire.

Camp de Pompée.
Au premier plan :
mpée (Pierre Dux).

LA GUERRE CIVILE.
héâtre de l'Œuvre.
cors et costumes de
Wakhevitch.

on (Pierre Fresnay)
ompée (Pierre Dux).

Dénouement.
Pedro vient de poser
la couronne
sur la « Reine Morte »
Mony Dalmès — André F

104. LA REINE MO
à la Comédie-França

Inès supplie le roi Ferra
(cf. p. 573).
Mony Dalmès — Jean Yo

Alvaro (Henri Rollan)
« Regardez notre manteau de l'ordre :
il est blanc et pur comme la neige... »
(cf. p. 579).

105. *Le Maître de Santiago*
de Montherlant
à la Comédie Française.

« Par ma main sur ton épaule,
je te donne la Chevalerie... » *(cf. p. 581)*
(Henri Rollan — Renée Faure).

Eugène Ionesco
dans la position allongée qui,
selon lui, favorise l'inspiration.

106. LE NOUVEAU THÉATRE

Samuel Beckett.

107. Ionesco, *Les Chaises,* au Studio des Champs-Elysées.
L'accumulation des chaises vides suggère l'impossibilité
où se trouve *« Le Vieux »* de communiquer son message à l'humanité.

108. L'inspiration onirique
et psychanalytique dans
Amédée ou *Comment
s'en débarrasser.*

Un couple cherche à se
débarrasser d'un cadavre
qui grandit sans cesse
et envahit l'appartement.

Bérenger
« Je ne capitule pas! »
(cf. p. 591).

109. IONESCO, *Rhinocéros*
au Théâtre de France.
Bérenger : J.-L. Barrault,
Jean : William Sabatier.

Bérenger : Votre corne s'allonge à vue d'œil!...
Jean : Je te piétinerai, je te piétinerai. *(cf. p. 590.)*

En attendant Godot
au Théâtre de France.
Wladimir et Estragon
se précipitent pour débarrasser
Lucky de ses bagages *(cf. p. 595).*

110. SAMUEL BECKETT

Oh les beaux jours!
Enterrée dans un mamelon
Winnie (Madeleine Renaud)
avec son sac, son pistolet
et son ombrelle *(cf. p. 597-598).*

111. « *1793* », à la Cartoucherie
de Vincennes (1972).

Renouvellement de
la mise en scène. Expériences.

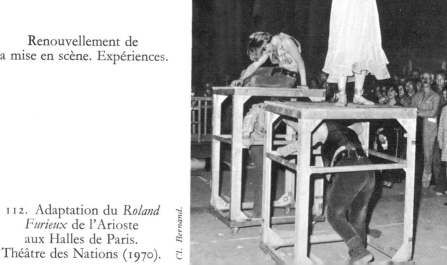

112. Adaptation du *Roland
Furieux* de l'Arioste
aux Halles de Paris.
Théâtre des Nations (1970).

113. Saint-Germain-des-Prés
Un des hauts lieux de l'existentialisme.

Dans sa bibliothèque.

Cl. Gisèle Freund

114. Deux visages de
Jean-Paul Sartre.

Dans la rue
au cours d'une manifestation
en faveur d'un ouvrier algérien
(mars 1971).
Cl. Ch. Simonpietri. Gamma.

115. Albert Camus
réglant une mise en scène, en plein air.

116. « Folcoche »
l'héroïne de *Vipère au poing (cf. p. 637)*
vue par André Minaux.

117. Réunion, chez Drouant, du jury du Prix Goncourt (1970).
De gauche à droite : Hervé Bazin, Armand Salacrou, André Billy,
Raymond Queneau, Armand Lanoux, Alexandre Arnoux.

Cérémonie annuelle : le Goncourt.

118. Armand Salacrou
annonce que le Prix Goncourt 1970
est attribué à Michel Tournier pour *Le Roi des Aulnes*.

119. Raymond Queneau *(cf. p. 652)*.   120. Boris Vian *(cf. p. 653)*.

121. Variations typographiques sur deux poèmes de Raymond Queneau
Typo de Jean Vadaine (1964).   *Cl. B.N. Pa*

*Je SuIs ArRiVé Le MaTiN c'ÉtAit TrOp TaRd
iL Y aVaIt dE lA rOuIlLe AuToUr dE l'ÉvIeR
lE pOiDs Du PoÉlE pEsAiT sUr lE pArQuEt
Ça Se GoNdOlAiT mÊmE lEs TuIlEs iL éTaiT trOp tAr
jE n'AuRaIs Pu ReDrEsSer ToUt Ça mÊmE aVeC dEs
cAbEsTaNs DeS PoUliEs DeS oBjEtS dOnT jE nE
cOnNaIs PaS lE mOt QuI lEs DéSiGnE eT qUe Je Ne
SaUrAiS uTiLiSeR eFfiCaCeEmEnT
lEsCHaMpiGnOnSpOuSsAiEnTsuRlAfAïEnCedElavaisSelL
lA vAiSseLle CrOuPiSsAiT dAnS lA pAilLe DeS fAuteUiL
LeS fAuteUiLs s'eNdOrMaiEnt sUr lE poil DeS TénèBreS
leS tEnÈbres MâChaieNt le cHoUigNe GueuMme desMoR
jE SuiS aRrIvE tRoP tArD c'ÉtAiT lE lEnDeMaIN.*

122. Marguerite Yourcenar.

123. Henri Queffélec
à la vente
des écrivains catholiques.

124. Julien Gracq.

125. André Pieyre
de Mandiargues
apprenant qu'on vient
de lui attribuer le Prix Goncourt (1

126. La Seigneurie d'Orsenna,
Burin de Camille Josso, pour illustrer
Le Rivage des Syrtes de Julien Gracq *(cf. p. 647)*.

127. Robbe-Grillet.

Cl. Jerry Bauer.

LE NOUVEAU ROMAN.

128. Michel Butor *(à droite).*

129. Claude Simon *(à gauche).*

2 clichés Gisèle Freund.

130. Marguerite Duras
(cf. p. 654)

Cl. Léon Herschtritt.

Les femmes

et les nouvelles formules

du roman.

Cl. Gisèle Freund.

131. Nathalie Sarraute
(cf. p. 656).

132. Jean Starobinski.

133. Roland Barthes.

LA NOUVELLE CRITIQUE

134. Gaston Bachelard.
par Lapoujade.

Vision

Variations à la fois capricieuses et rigoureuses sur le thème du voyage, les versets d'*Anabase* explorent, à coups d'images, les étendues inconnues du monde intérieur. Le caprice réside dans la surprise ; la rigueur, dans la constance des thèmes conjugués de l'étendue et de l'inconnu, et dans l'exacte figuration, par le rythme du verset, de ce *parcours intérieur*, dense et lent, sincère et hiératique, exotique et familier. Cette *Anabase* est aussi une *Odyssée* à travers l'*Empire* mystérieux où se rejoignent, pour ne plus se séparer, les mots et les songes.

L'Été plus vaste que l'Empire suspend aux tables de l'espace plusieurs étages de climats. La terre vaste sur son aire roule à pleins bords sa braise pâle sous les cendres — couleur de soufre, de miel, couleur de choses immortelles, toute la terre aux herbes s'allumant aux pailles de l'autre hiver — et de l'éponge verte d'un seul arbre le ciel tire son suc violet [1].
Un lieu de pierres à mica ! Pas une graine pure dans les barbes du vent. Et la lumière comme une huile. De la fissure des paupières au fil des cimes m'unissant [2], je sais la pierre tachée d'ouïes, les essaims du silence aux ruches de la lumière ; et mon cœur prend souci d'une famille d'acridiens [3].
Chamelles douces sous la tonte, cousues de mauves cicatrices, que les collines s'acheminent sous les données du ciel agraire — qu'elles cheminent en silence sur les incandescences pâles de la plaine ; et s'agenouillent à la fin, dans la fumée des songes, là où les peuples s'abolissent aux poudres mortes de la terre [4].
Ce sont de grandes lignes calmes qui s'en vont à des bleuissements de vignes improbables. La terre en plus d'un point mûrit les violettes de l'orage ; et ces fumées de sable qui s'élèvent au lieu des fleuves morts, comme des pans de siècles en voyage [5].

Anabase, VII (Librairie Gallimard, éditeur).

TÉMOIGNAGE DU POÈTE

Ici, comme chez Claudel, le poème tend à prendre pour unique objet la Poésie et le Poète, car l'épopée intérieure se concentre sur *la question poétique* et devient *témoignage spirituel*. Une sorte de platonisme apparaît, qui fait que le langage est *chasse et poursuite de l'Idée* à travers les obsessions et les paysages de l'âme, et la « *trace du poème* » dessine en quelque sorte l'ombre fidèle de la Réalité cachée dans les replis du rythme et de l'image.

Telle est l'instance extrême où le Poète a témoigné.
Et en ce point extrême de l'attente [1], que nul ne songe à regagner les chambres.
« Enchantement du jour à sa naissance... Le vin nouveau n'est pas plus vrai, le lin nouveau n'est pas plus frais... »

— 1 Noter la composition des éléments du paysage avec les couleurs. — 2 Figure linéaire du regard poétique, qui porte loin, jusqu'à l'horizon. — 3 Insectes dont l'espèce la plus connue est le criquet (cf. *essaims* et *ruches*). —

4 Évocation de l'exotisme du désert. — 5 Assimilation réciproque de l'espace et du temps.

— 1 Cf. Valéry : « Tout peut naître ici-bas d'une attente infinie ».

« Quel est ce goût d'airelle, sur ma lèvre d'étranger, qui m'est chose nouvelle et m'est chose étrangère [2] ?

A moins qu'il ne se hâte en perdra trace mon poème... Et vous aviez si peu de temps pour naître à cet instant... ».

10 (Ainsi quand l'Officiant s'avance pour les cérémonies de l'aube [3], guidé de marche en marche et assisté de toutes parts contre le doute, — la tête glabre et les mains nues et jusqu'à l'ongle sans défaut, — c'est un très prompt message qu'émet aux premiers feux du jour la feuille aromatique de son être.)

Et le Poète aussi est avec nous, sur la chaussée des hommes de son temps. Allant le train de notre temps, allant le train de ce grand vent.

Son occupation parmi nous : mise en clair des messages. Et la réponse en lui donnée par l'illumination du cœur.

Non point l'écrit, mais la chose même. Prise en son vif et dans son tout.

20 Conservation non des copies, mais des originaux. Et l'écriture du poète suit le procès-verbal. *Vents*, 6 (Librairie Gallimard, éditeur).

Joë Bousquet (1897-1950) Blessé, comme le fut aussi Apollinaire, au cours de la guerre de 1914, JOË BOUSQUET, languedocien, devint à la fois « *l'homme immobile* » et l'un des grands poètes de la vie intérieure. Sa chambre de paralysé, à Carcassonne, fut en effet, pendant près de trente ans, un haut lieu de l'esprit. Bien qu'il eût, dès 1936, publié un texte capital au titre significatif, *Traduit du Silence*, il dut attendre l'après-guerre pour être connu hors d'un cercle restreint d'initiés et encore reste-t-il un poète « réservé ». Rarement la poésie a atteint une telle pureté dans la « traduction » du « silence » intérieur, et, à force d'authenticité mystérieuse, elle décourage le commentaire. C'est toute la gamme des états spirituels les plus ineffables, dans leur tragique ou leur sérénité, qui s'élabore en arabesques verbales où se fondent la pureté linéaire et l'harmonie musicale. Né et resté fidèle au pays des *cathares* (les *purs*), Joë Bousquet est à la fois moderne et anachronique, présent au monde et absent de lui, secrétaire du silence intérieur et messager de ses suggestions. Aventure exceptionnelle comme le témoignage qui nous en est transmis.

Auprès de *Traduit du Silence*, il faut citer *Le Meneur de Lune* (1946) et *La Connaissance du soir* (1947), de nombreuses publications posthumes : *Les Capitales* (1955), *Lumière, infranchissable pourriture* (1935 et posth. 1964) et une passionnante *Correspondance*.

L'HIRONDELLE BLANCHE

Le froid, la nuit, thèmes aussi anciens que la poésie elle-même, inspirent le « recours au poème » comme à une métamorphose créatrice. Le compte rendu de la métamorphose emploie tous les registres du langage, le vers et la « prose », pour mieux représenter la diversité de l'aventure nocturne et de cet au-delà où, de noire qu'elle est dans notre monde, l'hirondelle est devenue blanche.

Il ne fait pas nuit sur la terre ; l'obscurité rôde, elle erre autour du noir. Et je sais des ténèbres si absolues que toute forme y promène une lueur et y devient le pressentiment, peut-être l'aurore d'un regard.

— 2 Thème du poète-étranger (cf. Baudelaire). | — 3 Comparaison destinée à souligner le caractère sacré de la « cérémonie » poétique.

Ces ténèbres sont en nous. Une dévorante obscurité nous habite. Les froids du pôle sont plus près de moi [1] que ce puant enfer où je ne pourrais pas me respirer moi-même. Aucune sonde ne mesurera ces épaisseurs : parce que mon apparence est dans un espace et mes entrailles dans un autre ; je l'ignore parce que mes yeux, ni ma voix, ni le voir, ni l'entendre ne sont dans l'un ni l'autre.

Il fait jour ton regard exilé de ta face
Ne trouve pas tes yeux en s'entourant de toi
Mais un double miroir clos sur un autre espace
Dont l'astre le plus haut s'est éteint dans ta voix.

Sur un corps qui s'argente au croissant des marées
Le jour mûrit l'oubli d'un pôle immaculé
Et mouille à tes longs cils une étoile expirée
De l'arc-en-ciel qu'il draine aux racines des blés.

Les jours que leur odeur endort sous tes flancs roses
Se cueillent dans tes yeux qui s'ouvrent sans te voir [2]
Et leur aile de soie enroule à ta nuit close
La terre où toute nuit n'est que l'œuvre d'un soir.

L'ombre cache un passeur d'absences embaumées
Elle perd sur tes mains le jour qui fut tes yeux
Et comme au creux d'un lis sa blancheur consumée
Abîme au fil des soirs un ciel trop grand pour eux.

Il fait noir en moi, mais je ne suis pas cette ténèbre bien qu'assez lourd pour y sombrer un jour. Cette nuit est : on dirait qu'elle a fait mes yeux d'aujourd'hui et me ferme à ce qu'ils voient. Couleurs bleutées de ce que je ne vois qu'avec ma profondeur, rouges que m'éclaire mon sang, noir que voit mon cœur...

Nuit du ciel, pauvre ombre éclose, tu n'es la nuit que pour mes cils.

Bien peu de cendre a fait ce bouquet de paupières
Et qui n'est cette cendre et ce monde effacé
Quand ses poings de dormeur portent toute la terre
Où l'amour ni la nuit n'ont jamais commencé [3].

L'Esprit de la Parole (Librairie Gallimard, éditeur).

— 1 Cf. les Icebergs familiers d'H. Michaux, p. 543. — 2 Expression culminante du thème général de ce poème : la conscience est à la fois éveil et sommeil, lucidité et aveuglement. — 3 Efficacité du rêve qui transporte le poète dans un autre monde, fait d'éternité.

ENTRE LE DÉSIR ET LE DÉSERT

A force d'intériorité, la poésie se transforme en une *Quête* [1], où les poètes se rencontrent avec leurs grands ancêtres, de Maurice Scève à Mallarmé, ou avec leurs aînés plus immédiats, Valéry ou P.-J. Jouve. Mais la Quête, si elle n'ouvre pas sur l'évidence immédiate du surnaturel ou du sacré, reste, pour ainsi dire, suspendue entre le désir qui l'anime, l'angoisse qui la tourmente, le désespoir qui la guette : l'ascèse même de l'expression verbale participe de cette triple postulation qui pourra se symboliser par l'alternance du *mouvement* et de *l'immobilité*, du *jour* et de la *nuit*, du *désir* et du *désert*.

Yves Bonnefoy   Ainsi, lorsque le poète le plus représentatif de ce
(né en 1923)   « suspens » poétique, YVES BONNEFOY, prend rang parmi
                      les poètes les plus importants de sa génération, c'est,
en 1953, avec un recueil intitulé : *Du mouvement et de l'immobilité de Douve*. En 1958 est mise en avant l'obsession du « désert » : *Hier régnant désert*, et, en 1965, un nouveau recueil (chez un poète qui, de toute évidence, veut faire de ses titres des concentrés symboliques) s'intitule : *Pierre écrite*. Monde en effet pétrifié, ce monde qui fait dire au poète : *Je suis venu au lieu de nul soleil*, mais qui ne saurait tarir le désir de la Quête : dans cette incompatibilité entre l'impossible désir et l'inéluctable désert réside la source de ce que Bonnefoy appelle une poésie de *l'agonie interminable*. Mais le dilemme poétique tend à se résoudre non certes dans la proclamation d'un Sacré transcendant, mais dans une substitution du langage à l'absence du Sacré ; et l'on comprend mieux dès lors que Bonnefoy compte, au nombre de ses maîtres les plus précieux, Mallarmé et Valéry.

> Imagine qu'un soir
> La lumière s'attarde sur la terre,
> Ouvrant ses mains d'orage et donatrices, dont
> La paume est notre lieu et d'angoisse et d'espoir.
> Imagine que la lumière soit victime
> Pour le salut d'un lieu mortel et sous un dieu
> Certes distant et noir. L'après-midi
> A été pourpre et d'un trait simple. Imaginer
> S'est déchiré dans le miroir, tournant vers nous
> Sa face souriante d'argent clair.
> Et nous avons vieilli un peu. Et le bonheur
> A mûri ses fruits clairs en d'absentes ramures.
> Est-ce là un pays plus proche, mon eau pure ?
> Ces chemins que tu vas dans d'ingrates paroles
> Vont-ils sur une rive à jamais ta demeure
> « Au loin » prendre musique, « au soir » se 'dénouer ?

Pierre écrite (Mercure de France éd.).

C'est comme si la poésie n'avait plus rien « à dire », mais dût, pour « prendre musique », à partir de l'interrogation qui risque de transformer la Quête en impasse, fonder son existence et sa légitimité sur la seule rigueur de son langage, alors devenu pure conscience poétique de l'angoisse, inscription verbale de l'agonie, ultime repliement en soi-même de « l'imaginer ».

— 1 Cf. La Tour du Pin, p. 552.

PROPHÉTIE

La *renaissance chrétienne* du XXe siècle, inscrite en particulier dans l'œuvre de Claudel, a largement rayonné sur la poésie contemporaine. D'autre part le thème baudelairien du péché et du salut s'en trouve renforcé : sur ce point aussi la poésie se fait retour aux sources, par conséquent à la grande source biblique, et les circonstances de 1940-1944, avec leur climat apocalyptique, accentuent encore sa vocation prophétique. Deux grands poètes, appartenant à des générations différentes et dont le premier a profondément influencé le second, Pierre-Jean Jouve et Pierre Emmanuel, illustrent cette tendance avec des œuvres fulgurantes : l'inspiration *baroque* y anime une *spiritualité visionnaire* où se retrouve la grande tradition d'Agrippa d'Aubigné et de Victor Hugo (cf. *XVIe Siècle*, p. 175, et *XIXe Siècle*, p. 173), mais plus encore la trace indélébile des lectures bibliques.

Pierre-Jean Jouve
(1887-1976)
Contemporain de Saint-John Perse, PIERRE-JEAN JOUVE dut, comme lui, attendre les années 40 pour trouver sa place exacte dans la poésie d'aujourd'hui ; mais là s'arrête leur ressemblance. Jouve en effet, après avoir subi des influences symbolistes et avoir longtemps cherché sa voie originale, découvre à quarante ans sa vocation prophétique. La guerre lui est l'occasion de ressentir encore plus profondément l'accord de sa sensibilité avec la dimension du drame : Mort et Résurrection, les Chevaliers de l'Apocalypse, le Christ et l'Antéchrist, la Nuit obscure de Saint-Jean de la Croix, l'Amour et la Connaissance, tels sont les thèmes et *réalités* dont la parole poétique entreprend de peupler « l'Absence du monde », en manifestant aussi leurs correspondants dans la nature : le Sang, la Sueur, l'Orage, l'Arbre.

Parmi les œuvres de Pierre-Jean Jouve nous retiendrons particulièrement : *Noces* (1928) ; *Sueur de Sang* (1933) ; *Kyrie* (1938) ; *Porche à la Nuit des Saints* (1941) ; *Gloire* (1942) ; *Mélodrame* (1957) ; *Inventions* (1958) ; *Moires* (1962). Jouve a aussi écrit des essais parmi lesquels : *Tombeau de Baudelaire* (1942), *Wozzeck ou le nouvel Opéra* (1953) ; *En Miroir* (journal), 1954).

Résurrection des Morts

Les visions de Jugement dernier, évoquant la Bible, Michel-Ange, d'Aubigné et William Blake, retrouvent leur nouveauté et leur puissance, grâce à la réinvention d'un langage que la poésie française n'avait pas entendu depuis longtemps, mais qui ne tombe pas dans l'anachronisme, car il a su s'assimiler, au cours de longues années de formation, toute la substance de la poésie récente, de Rimbaud à Claudel et de Baudelaire au surréalisme. Ainsi réapparaît la *poésie visionnaire* dont JOUVE est, en notre temps, le grand restaurateur.

Je vois
Les morts ressortant des ombres de leurs ombres
Renaissant de leur matière furieuse et noire
Où sèche ainsi la poussière du vent
Avec des yeux reparus dans les trous augustes
Se lever balanciers perpendiculaires [1]
Dépouiller lentement une rigueur du temps ;
Je les vois chercher toute la poitrine ardente
De la trompette ouvragée par le vent [2].

— 1 Image picturale répondant au caractère visionnaire du poème. — 2 La trompette du Jugement dernier.

10 Je vois
Le tableau de Justice ancien et tous ses ors [3]
Et titubant dans le réveil se rétablir
Les ors originels ! Morts vrais, morts claironnés,
Morts changés en colère, effondrez, rendez morts
Les œuvres déclinant, les monstres enfantés
Par l'homme douloureux et qui fut le dernier,
Morts énormes que l'on croyait remis en forme
Dans la matrice de la terre.

Morts purifiés dans la matière intense de la gloire [4],
20 Qu'il en sorte et qu'il en sorte encor, des morts enfantés
Soulevant notre terre comme des taupes rutilantes,
Qu'ils naissent ! Comme ils sont forts, de chairs armés !
Le renouveau des morts éclatés en miroirs
Le renouveau des chairs verdies et des os muets
En lourdes grappes de raisin sensuel et larmes
En élasticité prodigieuse de charme,
Qu'ils naissent ! Comme ils sont forts, de chairs armés.

Gloire (Éd. Fontaine, Alger).

Pierre Emmanuel
(né en 1916)

Avec PIERRE EMMANUEL, âgé de vingt-trois ans en 1939, la poésie prophétique prend son essor du cœur même de la Guerre, et du Mal qu'elle déploie. Aussi fut-il d'abord l'un des grands poètes de la Résistance. Mais ce serait se tromper sur la portée réelle de son œuvre que d'en voir seulement l'actualité, car il trouve dans cette actualité de quoi redécouvrir quelques grands mythes prophétiques : après le mythe grec d'Orphée, les mythes bibliques de Sodome et de Babel. La prophétie visionnaire ne saurait non plus être une sorte d'alibi, car la poésie est aussi une forme d'action dans la mesure où elle *rend compte* de l'événement en termes d'éternité ; telle est bien la meilleure définition de sa poésie, donnée par P. Emmanuel lui-même, au titre d'un de ses essais : *Poésie, raison ardente* (sens latin : conscience enflammée). Cette *raison ardente* anime une abondante production poétique : *Tombeau d'Orphée* (1941), *Jour de Colère* (1942), *Le Poète et son Christ* (1942), *Combats avec tes défenseurs* (1942), *Orphiques* (1942), *Sodome* (1944), *Babel* (1951), *Évangéliaire* (1961), *La Nouvelle Naissance* (1963), *Jacob* (1970).

MISERERE

Portant le même titre que la célèbre série de gravures de Georges Rouault, inspirée elle aussi par la Guerre, ce poème chante, en forme de *prière visionnaire*, le dialogue des vivants et des morts, par-dessus la Frontière, sous le regard de Dieu.

Pitié pour nous Seigneur Tes derniers survivants
car Tu nous as donné ces morts en héritage
nous sommes devenus les pères de nos morts.
Pitié pour nous Seigneur pitoyables marâtres
qui avons engendré ces hommes dans la Mort :
et nous voici séparés d'eux par leur cadavre
eux qui sont déjà morts et fondés en Ta nuit.

— 3 Allusion à la peinture médiévale. — 4 Les « corps glorieux » de la Résurrection chrétienne.

Notre obscure journée s'éblouit de leur nuit
notre chair se révulse au contact de leur ombre
10 nous n'avons point assez de nuit pour nous terrer
nous sommes nus jusqu'à la moelle dans leur gloire
et nos mots tombent en poussière en leur pensée
nous sommes devenus étrangers à nous-mêmes
de grands vents soufflent qui nous chassent de la chair

nous tremblons de mourir et nous tremblons de vivre
nous sommes pour toujours en deçà de la Mort.

Jour de Colère (Éd. Seghers, Paris).

La Tour contre le Ciel

Le mythe de la Tour de Babel atteint le cœur même du drame humain, en illustrant la confusion tragique de la grandeur et de la vanité. Le poète-prophète, comme il avait déjà fait pour Sodome, dresse le constat dramatique et dérisoire des assauts de l'Homme contre le Ciel, jusqu'à ce qu'éclate, toute proche, dans une image grandiose et « surnaturaliste », la vision du heurt de la Terre et de Dieu.

Plus haut ! votre douleur peut-être assure-t-elle
un sens à tant d'efforts et de folie ? — Personne,
reine implacable des midis, noire Raison,
n'entend ton rire disjoignant la base même
de la Babel bâtie sur les océans morts
qui tressaillent de ce grand rire sous les sables [1].
Et la Tour crève les nuages, fait jaillir
le feu qui la noircit de cadavres, la lèche
d'enthousiasme et de terreur. Nous sommes rois
10 de la foudre et des pluies de grêle sur les plaines,
la molle étoffe cotonneuse du Très-Haut
cède à nos dents : Je touche au cœur [2] !

                    Qui, JE ? Le faîte
de la Tour a troué les nuées, le Tyran
à ses pieds ne voit plus la Terre ; mais le ciel
est toujours aussi loin de ces deux bras qui tendent
tout le poids de douleur de l'homme vers le haut,
dans un blasphème ou un appel [3], qui le peut dire ?
Seul résonne vaste sarcasme le ciel dur.
Un ciel dur, et cet œil qui concentre sa haine
20 tendant les muscles de l'eau noire sous le temps.

— 1 La Tour s'élève dans le désert, ancien océan. — 2 Le passage de la 1re personne du pluriel à la 1re personne du singulier figure le cœur du drame : le passage de l'humanité concrète des travailleurs au JE anonyme qui sera bientôt nommé *Tyran*. — 3 Ambiguïté de l'orgueil humain.

Diamant injecté de sang, la solitude
est si farouche devant dieu [4] que les vautours
passant à son zénith s'abattent morts. La pointe
de l'édifice qui s'effile vers le Cœur
est armée d'un regard vertical dont la source
insondable se perd dans les âges : un œil
qui calcine l'attente illimitée des sables
et la réduit en gemme pure, d'un éclat
si fixe et d'un poli si rond que dieu tressaille,
la Terre exorbitée contre Sa Face !

Babel (Desclée de Brouwer, éditeur).

POÉSIE MYSTIQUE

La Tour du Pin
(1911-1975)

Issu d'une famille au nom prestigieux, lui-même attaché aux traditions de sa race et de son sol (il mène, dans son domaine du Bignon, en Sologne, une vie active de gentilhomme campagnard), PATRICE DE LA TOUR DU PIN fit, dès l'enfance, *l'expérience de la solitude et de la communion avec la nature*. La rencontre de cette expérience avec un *tempérament mystique* et une *intelligence curieuse des pouvoirs du langage* assure à sa poésie l'harmonie spontanée de la sincérité spirituelle et de l'effort expérimental. *Poète religieux et humain* avant tout (et son humanité a été renforcée et nourrie par sa captivité de 1940), il fait de son œuvre le compte rendu symbolique d'un itinéraire spirituel qui, partant de la Nature et de l'Homme, aboutit à la prière pour la voie du « Jeu » mystique. Ainsi s'expliquent les grands thèmes de cette œuvre *monumentale :* thèmes bibliques et évangéliques de la *Genèse*, de l'*Exode*, de la *Pentecôte* (accès à la possession de l'Esprit), qui se composent avec le thème proprement poétique du Jeu : le *Jeu du Seul* et le *Second Jeu*. C'est en effet dans *son dialogue avec lui-même, avec la Nature et avec Dieu* que l'homme *joue* sa signification et son salut.

Le mouvement de cet itinéraire, la cohérence de ses étapes, la continuité de ses épisodes, la permanence de ses images (la Nature et l'Homme) sont orientés vers la connaissance personnelle de Dieu à travers une poésie qui est finalement, en tous ses instants divers, « *Accession à l'Esprit* », par la voie d'un langage d'*ouverture sur le symbolisme du monde* et de *révélation des au-delà du monde ;* car, selon l'affirmation initiale du poète,

> *Tous les pays qui n'ont plus de légende*
> *Seront condamnés à mourir de froid.*

Ces deux premiers vers de *La Quête de Joie (Prélude)* contiennent virtuellement les diverses étapes d'une œuvre complexe et abondante ; sa signification s'inscrit dans les titres symboliques des recueils successifs : *La Quête de Joie* (1933), *La Vie recluse en poésie* (1938), *La Genèse* (1945), *Le Jeu du Seul* (1946), *Une Somme de poésie* (1946), *Le Second Jeu* (1959), *Petit théâtre crépusculaire* (1963). Enfin, La Tour du Pin a exposé lui-même le sens profond de son aventure spirituelle dans sa *Lettre aux Confidents* (août 1960, publiée dans : Eva Kushner, *Patrice de la Tour du Pin*, Collection *Poètes d'aujourd'hui*). Cette œuvre imposante a été consacrée en 1961 par le Grand Prix de Poésie de l'Académie Française.

— 4 Pierre Emmanuel écrit toujours *dieu* sans majuscule.

ENFANTS DE SEPTEMBRE

Dans *La Quête de Joie*, le poète voit sa propre expérience et le monde où elle se développe à la fois comme un « *microcosme* » à explorer et comme un *passage* à franchir.
Ainsi le thème mystique de la *Quête* (mot emprunté à dessein au vocabulaire médiéval, cf. *La
Quête du Graal, Moyen Âge*, p. 73) donne naissance au thème de la *migration*, incarné ici
dans le symbolisme nostalgique des oiseaux qui, à l'automne, partent pour des pays lointains.

Les bois étaient tout recouverts de brumes basses,
Déserts, gonflés de pluie et silencieux ;
Longtemps avait soufflé ce vent du nord où passent
Les Enfants Sauvages, fuyant vers d'autres cieux,
Par grands voiliers, le soir, et très haut dans l'espace. [...]

Après avoir surpris le dégel de ma chambre,
A l'aube, je gagnai la lisière des bois ;
Par une bonne lune de brouillard et d'ambre,
Je relevai la trace, incertaine parfois,
10 Sur le bord d'un layon [1], d'un enfant de septembre.

Les pas étaient légers et tendres, mais brouillés,
Ils se croisaient d'abord au milieu des ornières
Où dans l'ombre, tranquille, il avait essayé
De boire, pour reprendre ses jeux solitaires
Très tard, après le long crépuscule mouillé.

Et puis, ils se perdaient plus loin parmi les hêtres
Où son pied ne marquait qu'à peine sur le sol ;
Je me suis dit : il va s'en retourner peut-être
A l'aube, pour chercher ses compagnons de vol,
20 En tremblant de la peur qu'ils aient pu disparaître. [...]

Le jour glacial s'était levé sur les marais ;
Je restais accroupi dans l'attente illusoire
Regardant défiler la faune qui rentrait
Dans l'ombre, les chevreuils peureux qui venaient boire
Et les corbeaux criards aux cimes des forêts.

Et je me dis : je suis un enfant de Septembre,
Moi-même, par le cœur, la fièvre et l'esprit,
Et la brûlante volupté de tous mes membres,
Et le désir que j'ai de courir dans la nuit
30 Sauvage, ayant quitté l'étouffement des chambres.

— 1 Sentier tracé pour les chasseurs. Tout le poème est imprégné de souvenirs de chasse.

Il va certainement me traiter comme un frère,
Peut-être me donner un nom parmi les siens ;
Mes yeux le combleraient d'amicales lumières
S'il ne prenait pas peur, en me voyant soudain,
Les bras ouverts, courir vers lui dans la clairière. [...]

Mais les bois étaient recouverts de brumes basses
Et le vent commençait à remonter au nord,
Abandonnant tous ceux dont les ailes sont lasses,
Tous ceux qui sont perdus et tous ceux qui sont morts,
40 Qui vont par d'autres voies en de mêmes espaces !

Et je me dis : Ce n'est pas dans ces pauvres landes
Que les Enfants de Septembre vont s'arrêter ;
Un seul qui se serait écarté de sa bande
Aurait-il, en un soir, compris l'atrocité
De ces marais déserts et privés de légende ?

La Quête de Joie (Librairie Gallimard, éditeur).

« Je vous promets des jeux... »

Du *désert* à la *légende*, l'accession à l'Esprit se fera, selon l'ordre même de la nature, par une suite cohérente de *Jeux :* ainsi l'itinéraire poétique gagne-t-il *pas à pas* le *mystère*, et, dans le Jeu, s'accordent la liberté de l'Homme et la Grâce de Dieu, comme aussi l'effort du langage et la gratuité de l'inspiration.

Je vous promets des jeux, les trois plus grands du monde,
A comprendre d'abord, et peut-être à gagner,
A pousser si avant dans leurs règles profondes
Que vous en resterez pour toujours prisonniers.
Ah ! la terreur me défigure, vous rend blêmes[1] !
Mais que sera-ce au bout du Jeu de l'Homme devant lui-même
Quand vous reconnaîtrez la touche du néant
Sur tout de que la joie et l'espérance fondent
— Si je ne suis qu'un perpétuel éclatement !

10 Et que sera-ce au bout du Jeu de l'Homme devant le Monde,
Dans ce vide étranger, cet autre insaisissable
Que parcourent des temps, des nuits de création
Dont on ne peut saisir que l'évaporation
La brusque fin dans la seule zone habitable
Pour nous de l'Univers[2]...

— 1 La conscience terrifiée du néant, point de départ du premier Jeu de la Genèse mystique, celui de la solitude de l'Homme avec lui-même. — 2 La zone limitée de la vie humaine et de sa brièveté (reprise du thème pascalien de la disproportion de l'homme).

Et que sera-ce au bout du Jeu de l'Homme devant Dieu ?
Petits contemplatifs, rendez ce qui déborde,
Allez dans le concert où la Grâce s'accorde
Et cet hiver extrême, où seul le Creux
20 Demeure...
       Alors j'aurais vécu mon existence,
Si naïve est ma foi, ne perdez pas confiance.
Vous aurez d'autres jeux à courir, les plus libres,
Comme ceux des amours d'enfants et des dauphins,
Toutes les tragédies, tous les mythes possibles
Que rencontre un adolescent sur son destin
— Et celui d'épuiser les choses et les rêves,
De mêler sa croissance aux croissances des sèves,
De prendre dans sa voix les musiques du ciel
Et de la terre [3] — en gagnant pas à pas le mystère
D'être homme, l'honneur d'être homme...
                et l'Éternel [4]...

La Genèse (Librairie Gallimard, éditeur).

Jean-Claude Renard
(né en 1922)

C'est par le double mouvement naturel de la Grâce et de l'Inspiration que la poésie mystique aboutit à la prière. Ainsi, représentant de la dernière génération des poètes contemporains, JEAN-CLAUDE RENARD poursuit une tradition et un itinéraire qui s'inscrivent dans la lignée de Péguy, de Claudel, de P.-J. Jouve, mais s'en distingue par la quête d'une *connaissance métaphysique* qui donne à sa poésie une résonance originale. A travers ce qu'il a lui-même appelé la *Métamorphose du Monde*, il s'achemine vers une poésie de la *Paternité divine* qui assume aussi tout l'humain, tout le charnel, tout le terrestre : effort mystique vers la possession, *par le langage*, d'une Transcendance révélée. Les poèmes sont le journal de cet effort, mais aussi une entreprise de *restauration du langage* : redécouverte, à travers la liberté des images et des visions, de la rigueur du rythme et de la métrique ; alliance de la mystique et de la parole dans l'unité du symbolisme religieux.

L'œuvre de J.-C. Renard est comme la figure formelle de cet effort, par la succession significative des recueils : *Cantiques pour des Pays Perdus* (1947), *Métamorphose du Monde* (1951), *Père, voici que l'homme* (1955), *En une seule Vigne* (1959), *Incantation du Temps* (1962), *La Terre du Sacre* (1966), *La Braise et la Rivière* (1969), *Notes sur la Poésie* (1970).

Père d'or et de sel

La prière mystique est le déploiement imagé et rythmé de l'*invocation* et de l'*incantation* : aussi J.-C. RENARD restaure-t-il, après Péguy, le rythme liturgique de la *litanie*. Mais c'est pour y instaurer la *métamorphose mystique de l'homme intégral* : telle est la fonction de l'*incantation poétique* (cf. v. 9) ; tel est le sens du thème religieux de la *Paternité*, le Père étant à la fois origine et fin de l'existence humaine et de son langage.

Père d'or et de sel, ô Père intérieur,
Père d'eau, Père pur par l'arbre et par le feu [1],
ô source du Soleil, Père mystérieux,
Père continuel et pur par la douleur,

---

3 Le Jeu mystique assume la totalité de l'Homme et du Monde. — 4 En gagnant l'Éternel.

— 1 Les éléments naturels figurent l'incarnation divine (dans ce poème, le Père inclut aussi le Christ, seconde personne de la Trinité).

ô Père fabuleux [2], ô Père par la nuit,
Père par le sommeil, la mémoire, et la mort,
Père tombé en terre et passé dans mon corps,
ô Père foudroyé dont mes os sont les fruits,

Père, vous m'incantiez [3], et vous étiez ma tour [4]
10 Quand je n'étais en moi que ce qui vous aimait,
Quand je vivais en vous, vivant du seul amour,
Je n'étais plus en moi que ce que vous étiez,

Père, la neige est là, et je dors sous ma chair,
Je dors au fond du Père et je m'éveille en lui,
Père, la neige fond, la mer brûle et mûrit,
Père surnaturel, miracle de la mer [5], [...]

Père de ma douleur, Père de mon absence,
Vous êtes là vivant même quand je suis mort,
même quand je vous tue vous m'animez encor
20 et même dans mon mal restez mon innocence [6],

Père, quand tout est mort, et quand tout est dissous
dans le péché du monde et dans l'argile amère,
Vous êtes encor là mon sens et mon mystère
Comme un amour terrible, inépuisable et doux,

Père, malgré ma mort, c'est l'Esprit qui console
qui relie à mon corps votre corps éternel,
c'est votre corps ouvert dans le corps maternel
qui fait de moi son sang, sa proie et sa parole,

Père, je nais ailleurs, je renais dans le pain,
30 Je renais dans la vigne et dans le vin de Dieu [7],
Père, tu es ma bouche, et ma bouche est en Dieu,
ô Père d'arbre et d'or, ô Père souterrain,

Père de l'autre temps, Père du prochain Ciel [8],
Je me retrouve en toi pareil à mon amour,
Père devant ma vie et derrière mes jours
Je deviens avec toi le Père Essentiel !

Père, voici que l'homme (Éditions du Seuil).

— 2 Non imaginaire, mais situé à l'origine d'une immense *histoire* (cf. la suite du quatrain). — 3 Cf. p. 44, v. 12 : douer d'un charme magique. Mais ici le mot a un sens non pas magique mais religieux. — 4 Métaphore biblique (cf. le *Cantique des Cantiques*). — 5 Présence du surnaturel au cœur même du naturel. — 6 Allusion au péché, mortel et meurtrier, mais racheté par la miséricorde du Père (thème développé par les strophes suivantes). — 7 Le sacrement de l'Eucharistie. — 8 Passage de l'ordre de la nature à l'ordre de l'Éternité (cf. La Tour du Pin, p. 555).

POÉSIE FRANCOPHONE

Dans le cadre du grand mouvement qui, s'appuyant sur l'originalité culturelle des pays de langue française à travers le monde, a donné naissance à ce qu'on nomme la *francophonie*, l'expression poétique a connu, semble-t-il, une particulière fécondité. Dans les zones francophones proches de la France, cette fécondité accrue de l'expression poétique n'a fait qu'accentuer une tradition déjà fort ancienne.

A l'époque symboliste, les *poètes belges*, MAETERLINCK ou VERHAEREN, avaient pris place au premier rang de la poésie française (cf. p. 16-23). Cette tradition est aujourd'hui continuée par de nombreux poètes, parmi lesquels nous citerons Marcel THIRY (d'autre part apôtre et militant de la « francophonie »).

Du côté de la *Suisse romande*, il convient de rappeler que l'un des grands animateurs du renouvellement poétique au début du siècle, Blaise CENDRARS (cf. p. 38), était originaire de La Chaux-de-Fonds (comme Le Corbusier). Mais surtout il existe au XXᵉ siècle une poésie proprement romande capable d'accéder à l'universel sans s'enfermer dans un trop étroit « provincialisme », et dont il faudrait marquer la continuité, de Pierre-Louis MATHEY (né en 1893) à Gilbert TROLLIET (né en 1907) et à Philippe JACCOTTET (né en 1925).

Cependant, c'est sans doute dans les *pays africains et américains* de langue française que la poésie francophone a connu ses développements les plus originaux, et l'on devra souligner que le principe de ce développement, qui peut se définir comme une *recherche de l'identité*, est significativement commun à des cultures et à des sociétés que par ailleurs tout sépare, le Québec, par exemple, et la « négritude » (Antilles, Afrique, Madagascar)

LA POÉSIE QUÉBÉCOISE

La tradition poétique moderne du Québec remonte au XIXᵉ siècle, avec, en particulier, CRÉMAZIE (1827-1879), dont l'exemple, malgré son exil en France, devait influencer les générations suivantes ; on en trouve un autre témoignage dans l'œuvre d'Émile NELLIGAN (1879-1941). Le XXᵉ siècle verra ce courant atteindre son apogée avec SAINT-DENYS GARNEAU (1912-1943), le maître de la poésie québécoise contemporaine.

Saint-Denys Garneau
Voici un poète dont le pays et le milieu nourrissent l'inspiration, non pour l'enfermer, mais au contraire pour l'ouvrir : le thème de la terre et du pays ne cesse de communiquer avec les thèmes de la mort, de l'angoisse et du mystère, qui rattachent SAINT-DENYS GARNEAU à la lignée des grands poètes universels. Et pour rester fidèle à l'unité de ces deux pôles de son inspiration, il lui faut se créer un langage qui puisse refléter à la fois l'universalité de son expérience spirituelle et la distinction son identité littéraire.

Pins à contre-jour

Face à la nature, à un fragment de paysage, le poète en extrait le secret en quelque sorte « local », mais ce secret devient aussitôt le symbole d'une angoisse intérieure, celle d'une âme commune à l'homme et à sa terre.

Dans la lumière leur feuillage est comme l'eau
Des îles d'eau claire
Sur le noir de l'épinette [1] ombrée à contre-jour

---

[1] Espèce particulière de sapin répandue en Nouvelle-Angleterre, au Canada et à Terre-Neuve.

Ils ruissellent
Chaque aigrette et la touffe
Une île d'eau claire au bout de chaque branche
Chaque aiguille un reflet un fil d'eau vive

Chaque aigrette ruisselle comme une petite source qui bouillonne
Et s'écoule
10 On ne sait où.

Ils ruissellent comme j'ai vu ce printemps
Ruisseler les saules eux l'arbre entier
Pareillement argent tout reflet tout onde
Tout fuite d'eau passage
Comme du vent rendu visible
Et paraissant
Liquide
A travers quelque fenêtre magique.

> *Regards et jeux dans l'espace*, 1937 (Éd. Fides, Montréal).

La publication des *Œuvres complètes* de SAINT-DENYS GARNEAU en 1968 devait apparaître comme l'événement majeur de la vie littéraire contemporaine au Québec, à un moment où la poésie québécoise connaissait un épanouissement et une libération qu'expriment, chacun à sa manière, de jeunes poètes dont nous citerons les principaux : Anne Hébert, Paul-Marie Lapointe, Jean-Guy Pilon (rédacteur en chef de la revue *Liberté*), Jacques Brault.

LA POÉSIE DE LA NÉGRITUDE

Le mot de *négritude* a acquis droit de cité dans le vocabulaire littéraire contemporain et désigne l'originalité d'un *mode d'expression* qui, tout en utilisant le français comme « véhicule », se propose de révéler au monde la vocation poétique propre de l'âme noire. Pour éviter à ce propos tout malentendu, il convient de noter que ce mot suggère aussi une *universalité*, et ne saurait se limiter à la seule désignation d'une particularité ethnique.

Léopold Sedar Senghor   LÉOPOLD SEDAR SENGHOR est né en 1906 à Joal (Sénégal). Ancien élève du Collège Libermann de Dakar puis du Lycée Louis-le-Grand, agrégé, professeur, il a été député, et enfin Président de la République du Sénégal depuis l'indépendance. Il fut, un des tout premiers pionniers de la « négritude » et de la « francophonie ». La vocation de la poésie noire à une universalité humaine, qui intègre à la fois et exalte son originalité spirituelle, est sans doute le caractère dominant de son œuvre. Chez lui la conjonction des influences venues de France (Paul Claudel, Saint-John Perse, Teilhard de Chardin) avec la fidélité aux *images* africaines fonde et justifie l'*invention* poétique. Après son premier recueil *Chants d'Ombre* (1945), il a publié une *Anthologie de la nouvelle poésie nègre et malgache* (1948) ; parmi ses autres œuvres, signalons *Hosties noires* (1948), *Éthiopiques* (1956), *Nocturnes* (1961), *Chaka*, poème dramatique (1968), *Élégie des alizés* (1969).

Prière aux Masques

La « négritude » se traduit par la littérature, mais aussi par les rythmes du jazz et par les masques africains. C'est bien ce qu'illustre cette *Prière aux Masques* où l'alliance typiquement africaine de l'invocation et du rythme, « expression de la force vitale », exalte « les hommes de la Danse ». Avec le *verset*, SENGHOR a trouvé l'instrument le plus apte à rendre, dans son ampleur, le déploiement rythmique du langage africain.

Masques ! O Masques !
Masque noir masque rouge, vous masques blanc et noir
Masques aux quatre points d'où souffle l'Esprit
Je vous salue dans le silence !
Et pas toi le dernier, Ancêtre à tête de lion.
Vous gardez ce lieu forclos à tout rire de femme, à tout sourire qui se fane,
Vous distillez cet air d'éternité où je respire l'air de mes Pères.
Masques aux visages sans masque, dépouillés de toute fossette comme de toute
[ride
Qui avez composé ce portrait, ce visage mien penché sur l'autel de papier blanc
A votre image, écoutez-moi ! [...]
Nous sommes les hommes de la Danse, dont les pieds reprennent vigueur en
Chants d'Ombre (Éd. du Seuil). [frappant le sol dur.

Aimé Césaire

A l'autre pôle de la « négritude », aux Antilles, c'est la conscience d'un exil séculaire qui inspire un poète comme AIMÉ CÉSAIRE, né à la Martinique en 1913. Venu étudier à Paris, il y rencontre Senghor au Lycée Louis-le-Grand et fonde avec lui le journal *L'Étudiant noir*. Après son passage par l'École normale supérieure, il est quelques années professeur à la Martinique, qu'il représentera comme député à partir de 1946. Interprète d'une race obsédée par l'exil, révoltée contre la servitude et hantée par la nostalgie de la liberté, il demande au langage surréaliste des effets de rupture en accord avec la violence de son inspiration. Par référence à Apollinaire, un de ses premiers recueils s'intitule *Soleil cou coupé* (1948) ; citons encore *Cahier d'un retour au pays natal* (1939), *Corps perdu* (1950), *Ferrements* (1959), *Cadastre* (1961). Aimé Césaire est aussi un dramaturge « engagé », avec *La Tragédie du roi Christophe* (1963), *Une saison au Congo* (1966), *Une tempête* (1969).

A hurler

En liaison avec la double influence d'Apollinaire et du Surréalisme, la révolte d'AIMÉ CÉSAIRE lui dicte une poésie où la violence du cri et du hurlement traduit, par le jeu du rythme et des images, la douloureuse et exaltante recherche d'une espérance.

Salut cri rauque
      torche de résine
      où se brouillent les pistes
      des poux de pluie et les souris blanches
Fou à hurler je vous salue de mes hurlements plus blancs que la mort
Mon temps viendra que je salue
grand large
simple
où chaque mot chaque geste éclairera
sur ton visage de chèvre blonde

broutant dans la cuve affolante de ma main
Et là là
bonne sangsue
là l'origine des temps
là la fin des temps
et la majesté droite de l'œil originel.

Cadastre (Éd. du Seuil).

La poésie francophone n'est pas absente non plus de la littérature *maghrébine* dont les écrivains cependant semblent se tourner plus volontiers vers le roman ou le théâtre. Elle occupe une place de choix dans les pays francophones de l'Océan Indien, la Réunion ou l'Ile Maurice, avec Édouard MAUNICK, et surtout à Madagascar, avec l'œuvre de Jean-Jacques RABEARIVELO (1903-1937) et de Jacques RABEMANANJARA (né en 1913), dont l'œuvre principale est intitulée *Rites millénaires* (1955).

LA POÉSIE EN MARCHE

Il est fort malaisé de discerner, dans le mouvement de la poésie contemporaine depuis les années 60 environ, des « lignes de force » comme celles qui peuvent apparaître dans la poésie des années 1940-1960. Il semble toutefois qu'il y ait, dans cette « poésie en train de se faire », *à la fois continuité et rupture*.

Continuité, dans la mesure où se maintient chez certains la dominante de *l'intériorité lyrique*. Telle est la poésie de MARC ALYN, celle que définit ce titre d'un recueil de 1968, *La Nuit du labyrinthe : « Je jette dans la mer ce livre où son nom est écrit... » (Nuit majeure)*. Telle est aussi, dans un registre plus nuancé, la poésie de Jacques RÉDA : « *Attendez l'heure de la nuit — Où l'œil juste avant l'aube un instant cligne et se renverse... » (Récitatif*, 1968). Telle est enfin la poésie que Jean-Michel FRANK désigne comme *l'archéologie des mystères : « Je voudrais un grand pont pour passer sur la nuit... » (Toute la nuit j'écoute*, 1967). Et ces convergences entre tempéraments fort divers témoignent sans doute de la permanence d'une poésie de la *méditation lyrique*.

Rupture, cependant, dans la mesure où la poésie répercute, avec une particulière sensibilité, la crise contemporaine du langage. Tantôt, dans la ligne de Francis Ponge et en écho avec les thèses du « nouveau roman », la poésie se veut « *écriture du monde* », simple calque verbal de ce que Georges PERROS appelle *Une Vie ordinaire* (1967). Tantôt la recherche du dépouillement verbal conduit à la mise en œuvre d'une technique de fragmentation de l'objet et du langage donnant naissance à des juxtapositions d'images condensées dont l'exemple le plus significatif se rencontre dans les *Explications de textes* et les *Relations* (1968) de Jean TORTEL. En allant plus loin encore dans cette voie de *l'ascèse verbale*, certains poètes aboutissent à une poésie de la *brièveté pure*, qui tend à éliminer tout lyrisme, du moins explicite, et à renfermer le poème dans la limite raréfiée de son essence intuitive : tel est l'effort de poètes comme Jean FOLLAIN (*Appareil de la terre*, 1964; *D'après tout*, 1967), André du BOUCHET (*Dans la chaleur vacante*, 1959 ; *Où le Soleil*, 1968) et surtout Philippe JACCOTTET (cf. en particulier : *Airs*, 1967). L'extrême aboutissement de cette ascèse de l'écriture poétique est la réduction du poème à la densité du *hai-kai* japonais [1], modèle dont s'inspire Jacques ROUBAUD, poète-mathématicien qui, d'autre part, tente de traduire en poésie la relation de l'élément et de l'ensemble dans un recueil dont le titre est emprunté à la symbolique de la théorie des ensembles : ∈ (1968).

Mais au-delà de cette opposition entre rupture et continuité, peut-être y a-t-il, dans la poésie contemporaine, une tendance commune à la *différenciation du langage poétique*, sans doute en relation avec les analyses du philosophe-critique Jacques Derrida dans son essai *L'Écriture et la différence* (1967). Dans un cas comme dans l'autre, chez les « lyriques » comme chez les « abstracteurs », le langage poétique tend à promouvoir les valeurs et les techniques de concentration et de condensation, selon un principe déjà énoncé il y a plus d'un siècle, par Edgar Poe dans son *Principe de la poésie* (1848-1850).

---

1 Le *hai-kai*, déjà vanté et pastiché par Claudel, est un poème-miniature, formé de trois vers.

LE THÉATRE DEPUIS 1940

Les « voies traditionnelles » La guerre et l'occupation n'interrompent point la continuité de la renaissance dramatique qui avait marqué les années trente. Jusqu'au-delà de 1945, le théâtre français produit, sans sortir des « voies traditionnelles », d'authentiques chefs-d'œuvre. Tandis qu'en 1943 a lieu à la Comédie-Française, sous la direction de J.-L. Barrault, la création du *Soulier de satin* de CLAUDEL (cf. p. 211), GÍRAUDOUX poursuit sa brillante carrière de dramaturge avec *Sodome et Gomorrhe* (1943) et, suivant son exemple, un autre romancier, HENRY DE MONTHERLANT, triomphe au Théâtre-Français en 1942, avec *La Reine morte* (cf. p. 572-583). Si l'on ajoute que François MAURIAC, après ses débuts au théâtre avec *Asmodée* en 1938, poursuit sa tentative avec *Les Mal Aimés* (1945), *Passage du Malin* (1947) et *Le Feu sur la terre* (1950), on verra dans ce « théâtre des romanciers » l'une des caractéristiques de la production dramatique d'après 1940 (cf. p. 584).

Dans le même temps, à la faveur de la diffusion de l'existentialisme littéraire, qui, lui non plus, ne bouleverse pas vraiment en profondeur les principes et les techniques de l'art dramatique, se développe un théâtre « philosophique » dans l'œuvre d'ALBERT CAMUS (cf. p. 624) et de JEAN-PAUL SARTRE, ce dernier s'engageant de plus en plus, des *Mouches* (1943) aux *Séquestrés d'Altona* (1959), dans la voie d'un véritable théâtre à thèse (cf. p. 607-611).

Enfin, la dramaturgie traditionnelle donne naissance, dans l'œuvre de JEAN ANOUILH, aux manifestations d'une éblouissante virtuosité. Il aborde, d'une égale aisance, la tragédie « modernisée » avec *Antigone* (1944), le drame historique avec *Becket* (1954) et même une manière de drame bourgeois avec *Pauvre Bitos* (1956), le ton original de ce théâtre étant tantôt *le noir, le rose* ou *le grinçant*, tantôt les trois ensemble (cf. p. 562-571).

Révolution de la mise en scène Parallèlement, les années postérieures à la guerre et à la Libération allaient voir s'opérer au théâtre des bouleversements considérables. Ce furent d'abord de profondes modifications dans la *vie théâtrale* elle-même, découlant d'une *révolution des metteurs en scène* qui n'est pas sans analogie avec celle qui avait déjà, de Copeau à Jouvet et Dullin, réveillé le théâtre dans les années trente. Il n'est pas sans signification que les protagonistes de cette révolution, J.-L. BARRAULT et surtout JEAN VILAR, avec le Festival d'Avignon et le Théâtre National Populaire, aient été des élèves de Dullin et aient, à beaucoup d'égards, retenu la leçon de Copeau. Révolution enfin répercutée hors du cercle étroit des théâtres parisiens par le développement, dans le cadre de la *décentralisation théâtrale* et plus tard des *maisons de la culture*, de compagnies dramatiques provinciales : leurs animateurs, Hubert Gignoux à la Comédie de l'Ouest ou Jean Dasté à la Comédie de Saint-Étienne, Planchon à Lyon et bien d'autres, contribuent à la fois à la rénovation de la mise en scène et à l'ouverture du théâtre sur de nouveaux publics.

Du « théâtre de la cruauté » à « l'absurde » Une coïncidence féconde fait que cet effort pour renouveler la représentation théâtrale et la communication avec le public se rencontre avec une autre révolution qui, elle, concerne à la fois la signification, les structures et le langage de l'œuvre dramatique. Dès 1938, le précurseur de cette révolution, ANTONIN ARTAUD, affirmait, dans *Le Théâtre et son double*, que le domaine du théâtre n'était pas psychologique mais *physique et plastique*. Le même Artaud avait fondé en 1932 un *Théâtre de la cruauté*, entendant par là « qu'une vraie pièce de théâtre bouscule le repos des sens, libère l'inconscient comprimé, pousse à une sorte de révolte virtuelle » ; et, du même coup aussi, se trouve mise en question la validité du langage. Il est clair que ces trois orientations : *primauté du physique et du plastique, identification du dramatique avec le « cruel »*, et *dérision du langage*, sont aussi les trois grandes caractéristiques du *nouveau théâtre* contemporain, qui, sous le signe de *l'absurde*, développe toute sa puissance de rupture dans l'œuvre de Genêt, d'Adamov ou d'Arrabal comme dans celles de IONESCO (cf. p. 587) et de BECKETT (cf. p. 594).

JEAN ANOUILH

Sa carrière   D'origine modeste, JEAN ANOUILH est né à Bordeaux en 1910. « Un an et demi à la Faculté de Droit de Paris, deux ans dans une maison de publicité », quelque temps chez Jouvet comme secrétaire, telles furent ses activités avant le succès de *L'Hermine* (1932) et la gageure, qu'il a tenue, de « ne vivre que du théâtre ». C'est le *Siegfried* de Giraudoux, créé par Jouvet (1928) qui lui révéla sa vocation : il lui apprit « *qu'on pouvait avoir au théâtre une langue poétique et artificielle qui demeure plus vraie que la conversation sténographique* ». Ses autres maîtres furent, avec Musset et Marivaux « mille fois relus », Claudel, Pirandello, Shaw et, évidemment, Molière. Il doit beaucoup enfin aux metteurs en scène Pitoëff et Barsacq qui, l'initiant aux ficelles du métier, lui ont permis de devenir le plus fécond « *architecte* » *dramatique*.

Il range lui-même ses pièces en cinq catégories : PIÈCES ROSES : *Le Bal des Voleurs* (1938), *Léocadia* (1939), *Le Rendez-vous de Senlis* (1941). — PIÈCES NOIRES : *L'Hermine* (1932), *Le Voyageur sans Bagage* (1937), *La Sauvage* (1938), *Eurydice* (1942), *et* NOUVELLES PIÈCES NOIRES : *Antigone* (1944), *Jézabel* (1946), *Roméo et Jeannette* (1946), *Médée* (1953). — PIÈCES BRILLANTES : *L'Invitation au Château* (1947), *La Répétition ou l'Amour puni* (1950), *Colombe* (1951), *Cécile ou l'École des Pères* (1954). — PIÈCES GRINÇANTES : *Ardèle ou la Marguerite* (1948) et *La Valse des Toréadors* (1952), « geste » du grotesque et parfois touchant général Saint-Pé ; *Ornifle* (1955), *Pauvre Bitos ou le dîner de têtes* (1956) ; *L'Hurluberlu ou le réactionnaire amoureux* (1959) dont le héros est encore un général ; *La Grotte* (1961). — PIÈCES COSTUMÉES s'inspirant librement de l'histoire : *L'Alouette* (1953) ; *Becket ou l'Honneur de Dieu* (1959) ; *La Foire d'empoigne* (1960). Dans ses comédies plus récentes, ANOUILH accorde une place assez large à des traits satiriques et parfois autobiographiques sur la famille, les femmes, les enfants, la politique : *Ne réveillez pas Madame* (1965), *Le Boulanger, la boulangère et le petit mitron* (1968), *Cher Antoine* (1969), *Les Poissons rouges* (1970), *Le Directeur de l'Opéra* (1972), *Le Nombril* (1981).

Le rose et le noir   La plupart de ces pièces offrent des dosages variés de « rose » et de « noir », avec une *prédominance du sombre* ou du « *grinçant* » même dans les pièces « brillantes ». C'est qu'en dépit d'une *fantaisie* et d'un *génie comique* souvent irrésistibles, ANOUILH est franchement *pessimiste*. Son œuvre se présente comme une *révolte contre tout ce qui porte atteinte à la pureté des êtres*. Révolte contre la tyrannie de *l'argent* qui contraint les pauvres à s'abaisser, les avilit et surtout les humilie, rendant impossible l'amour entre pauvres et riches (cf. p. 563). Révolte de *l'adolescence* contre les laideurs de l'existence ou la mauvaise conduite qu'elles favorisent, et contre *l'impossibilité d'abolir les flétrissures*, de purifier sa conscience pour régénérer sa vie. Sans doute, après des scènes très sombres, l'auteur s'amuse à terminer en rose *Le Rendez-vous de Senlis* et *Le Voyageur sans Bagage* (cf. p. 565) ; mais dans *Eurydice*, malgré la fraîcheur spontanée d'un amour mutuel, le couple d'Orphée et d'Eurydice ne résiste pas au souvenir de l'inconduite passée : seule la mort leur permettra de se rejoindre enfin. Dans *Antigone*, c'est la vie elle-même qui est rejetée, comme incompatible avec l'exigence nostalgique de la pureté (cf. p. 567).

Avec les *Pièces Brillantes* et *Grinçantes*, la satire devient plus âpre, plus crispée : ANOUILH s'en prend sans relâche au mythe de l'amour heureux ; il semble céder à la tentation du théâtre d'idées et critique la société moderne, l'armée, la démocratie, la « réaction », etc. ; mais, abusant des effets faciles et des simplifications, il semble peu fait pour philosopher sur la scène. Il a beau se mettre à l'école de Marivaux *(La Répétition)* ou mêler le sérieux et la farce comme Molière, il donne l'impression de se répéter et de masquer sous une *incomparable virtuosité de dramaturge* une certaine inaptitude à s'évader de lui-même. Toutefois *Becket* (cf. p. 570) aurait pu, après *L'Alouette*, indiquer un renouveau, le sujet « *historique* » lui permettant de sortir du cycle de la satire grinçante sans renoncer à s'exprimer avec le *frémissement* lyrique qui donne à ses chefs-d'œuvre leur *accent inoubliable*.

LA SAUVAGE   Thérèse Tarde *est violoniste dans un minable orchestre de café, entre un père cupide et veule et une mère débauchée. Malgré les souillures de cette vie misérable, elle a gardé le cœur pur et un amour sincère la lie au grand musicien* Florent *qui veut l'épouser. Elle a honte de ses parents, avides d'exploiter cette « affaire inespérée » ; pourtant elle accepte de passer quelques jours, avec son père, chez son fiancé.*

LES DEUX « ROYAUMES »

Cette maison « si claire et si accueillante », avec son luxe, ses livres, ses portraits de famille, semble dire à Thérèse qu'elle n'est pas faite pour elle. Loin de renier le passé qu'elle ne peut oublier, « la sauvage » *se cabre d'orgueil.* Florent, qui devine sa détresse, voudrait *la sauver d'elle-même*, arracher ses « mauvaises herbes ». Il y parviendrait peut-être, mais en voyant *son père* qui se conduit chez l'hôte comme un ivrogne sans éducation, elle se reprend : elle « s'accroche » à cette loque qui est « de la même race » qu'elle, et elle se cramponne à sa « pauvre révolte ». Le dialogue frémissant qui l'oppose alors à Florent révèle l'abîme entre les deux « royaumes » des riches et des pauvres. Avec son *âpreté* que souligne encore la vulgarité voulue de l'expression, cette page traduit la révolte des héros d'Anouilh sous la forme inattendue d'une fidélité désespérée à la tare indélébile de la *pauvreté.*

Thérèse, *à Florent :* Tu ne dis plus rien ? Tu sens que je suis loin de toi maintenant que je m'accroche à lui... Ah ! tu m'as tirée à toi, tu sais, avec ta grande force et ma tête se cognait à toutes les pierres du chemin... Mais je t'ai échappé, maintenant. Tu ne pourras plus jamais m'atteindre.

Florent : Non, Thérèse, tu te débats, mais tu ne m'as pas échappé.

Thérèse : Si, maintenant que je suis au désespoir, je t'ai échappé, Florent. Je viens d'entrer dans un royaume où tu n'es jamais venu, où tu ne saurais pas me suivre pour me reprendre. Parce que tu ne sais pas ce que c'est que d'avoir mal et de s'enfoncer. Tu ne sais pas ce que c'est que se noyer, se salir, se vautrer... Tu ne sais rien d'humain, Florent... *(Elle le regarde.)* Ces rides, quelles peines les ont donc tracées ? Tu n'as jamais eu une vraie douleur... Tu n'as jamais haï personne, cela se voit à tes yeux, même ceux qui t'ont fait du mal.

Florent, *calme et lumineux encore :* Non, Thérèse. Mais je ne désespère pas. Je compte bien t'apprendre un jour à ne plus savoir haïr, toi non plus.

Thérèse : Comme tu es sûr de toi !

Florent : Oui, je suis sûr de moi et sûr de ton bonheur que je ferai, que tu le veuilles ou non.

Thérèse : Comme tu es fort !

Florent : Oui, je suis fort.

Thérèse : Tu n'as jamais été laid, ni honteux, ni pauvre... Moi, j'ai fait de longs détours parce qu'il fallait que je descende des marches et que j'avais des bas troués aux genoux. J'ai fait des commissions pour les autres et j'étais grande et je disais merci et je riais, mais j'avais honte quand on me donnait des sous. Tu n'as jamais été en commission, toi, tu n'as jamais cassé le litre et pas osé remonter dans l'escalier ?

TARDE : Tu as bien besoin de raconter toutes ces histoires, par exemple !...

THÉRÈSE : Oui, papa, j'en ai besoin.

FLORENT : Je n'ai jamais été pauvre, non, Thérèse, mais ce n'est pas ma faute.

THÉRÈSE : Rien n'est ta faute ! Tu n'as jamais été malade non plus, j'en suis sûre. Moi j'ai eu des croûtes, la gale, la gourme, toutes les maladies des pauvres ; et la maîtresse m'écartait les cheveux avec une règle quand elle s'en est aperçue.

TARDE, *excédé :* Boh ! Des croûtes !

FLORENT *secoue la tête :* Je me battrai, Thérèse, je me battrai, et je serai plus fort que tout ce que t'a fait la misère.

THÉRÈSE *ricane :* Tu te battras ! Tu te battras ! Tu te bats gaiement contre la souffrance des autres parce que tu ne sais pas qu'elle vous tombe dessus comme un manteau ; un manteau qui vous collerait à la peau par endroits. Si tu avais été méchant déjà, ou faible, ou lâche, tu prendrais des précautions infinies pour toucher ce manteau saignant. Il faut faire très attention pour ne pas vexer les pauvres... *(Elle prend son père par la main.)* Allons, viens, papa. Remets ton chapeau haut-de-forme. *(A Florent, bien en face.)* Laisse-nous passer, s'il te plaît.

FLORENT *lui a barré la route :* Non, Thérèse.

THÉRÈSE *frissonne, se regardant dans ses yeux :* « Elle est délicieuse ! » J'ai entendu que vous disiez cela avec Hartman. « Elle est délicieuse ! » Tu ne t'attendais pas à cela, hein ? Cette haine qui me creuse le visage, cette voix qui crie, ces détails crapuleux. Je dois être laide comme la misère en ce moment. Ne dis pas non. Tu es tout pâle. Les vaincus sont effrayants, n'est-ce pas ?

FLORENT : Pourquoi emploies-tu des mots aussi bêtes ? Tu n'es pas un vaincu, et surtout, je ne suis pas un vainqueur.

THÉRÈSE : Tu es riche, c'est pire. Un vainqueur qui n'a pas combattu.

FLORENT *lui crie, excédé :* Mais tu ne peux pas me reprocher éternel-lement cet argent. Qu'est-ce que tu veux que j'en fasse ?

THÉRÈSE : Oh ! rien, Florent. Tu aurais beau le jeter tout entier au vent, par la fenêtre, en riant, comme l'autre jour, que ma peine ne s'envo-lerait pas avec lui... Tu n'es pas seulement riche d'argent, comprends-le, tu es riche aussi de ta maison de petit garçon, de ta longue tranquillité et de celle de tes grands-pères... Tu es riche de ta joie de vivre qui n'a jamais eu à attaquer ni à se défendre, et puis de ton talent aussi. Tu vois qu'il y a vraiment trop de choses à jeter par la fenêtre... Et ne crois pas que tu es un monstre, surtout. Hartman t'a trompé en employant ce mot. Tu m'as torturée et tu es bon, tu sais, et ce n'est pas ta faute, parce que tu ne sais rien. *(Elle le regarde pendant une seconde, puis, soudain, sa colère la submerge. Elle crie, avançant vers lui.)* Tu ne sais rien ! Tu comprends, puisque je te lâche mon paquet, aujourd'hui, comme une bonne qu'on flanque à la porte, je veux te le crier une fois encore ; c'est ce qui m'a fait le plus de mal. Tu ne sais rien. Vous ne savez rien vous autres, vous avez ce privilège de ne rien savoir. Ah ! Je me sens grosse ce soir de toute la peine qui a dû serrer, depuis toujours, le cœur des pauvres quand ils se sont aperçus que les gens heureux ne savaient rien, qu'il n'y avait pas d'espoir qu'un jour ils sachent ! Mais ce soir tu sauras, tu me sauras moi au moins, si tu ne sais pas les autres...

La Sauvage, II (La Table Ronde, éditeur).

FLORENT *pleure de la voir si malheureuse : il n'est donc pas un « vrai riche », insensible à la misère humaine ! Thérèse s'attendrit et tombe dans ses bras.* Elle ne partira pas : *elle s'efforcera de tourner le dos à son passé, et de vivre heureuse dans l'univers lumineux des riches. Mais ce n'est que partie remise. A l'acte III, pendant qu'elle essaye sa robe de mariée, divers incidents la rappellent à elle-même :* « J'aurais beau tricher et fermer les yeux de toutes mes forces... Il y aura toujours un chien perdu quelque part qui m'empêchera d'être heureuse ». *Et elle s'enfuit,* « toute menue, dure et lucide, pour se cogner partout dans le monde ».

Le voyageur sans bagage

Comme le Siegfried de Giraudoux (cf. p. 399), GASTON est un *amnésique* de guerre. Il a vécu tranquille pendant dix-sept ans dans un asile, jusqu'au jour où l'on s'est mêlé de *retrouver ses parents.* Pour réveiller ses souvenirs, on le place chez les RENAUD qui croient reconnaître en lui leur fils JACQUES. Il découvre avec horreur ce qu'était ce JACQUES : un être cruel, un escroc, qui a estropié son meilleur ami en lui disputant les faveurs d'une bonne, s'est brouillé avec sa mère et est devenu l'amant de sa belle-sœur VALENTINE. Reconnu par tous, il refuse d'endosser ce passé odieux. Pourtant, Valentine qui l'aime veut le convaincre de cette vérité qui déchire les héros d'Anouilh : *il est impossible d'effacer les taches de la conscience* et nous devons « nous accepter tels que nous sommes », ou mourir.

GASTON : Je ne suis pas Jacques Renaud !

VALENTINE : Écoute, Jacques, il faut pourtant que tu renonces à la merveilleuse simplicité de ta vie d'amnésique. Écoute, Jacques, il faut pourtant que tu t'acceptes. Toute notre vie avec notre belle morale et notre chère liberté, cela consiste en fin de compte à nous accepter tels que nous sommes... Ces dix-sept ans d'asile pendant lesquels tu t'es conservé si pur, c'est la durée exacte d'une adolescence, ta seconde adolescence qui prend fin aujourd'hui. Tu vas redevenir un homme avec tout ce que cela comporte de taches, de ratures et aussi de joies. Accepte-toi et accepte-moi, Jacques.

GASTON : Si j'y suis obligé par quelque preuve, il faudra bien que je m'accepte ; mais je ne vous accepterai pas ! [...] Je ne prendrai pas la femme de mon frère.

VALENTINE : Quand laisseras-tu tes grands mots ? Tu vas voir, maintenant que tu vas être un homme, aucun de tes nouveaux problèmes ne sera assez simple pour que tu puisses le résumer dans une formule... Tu m'as prise à lui, oui. Mais, le premier, il m'avait prise à toi, simplement parce qu'il avait été un homme, maître de ses actes, avant toi.

GASTON : Et puis, il n'y a pas que vous... Je ne tiens pas à avoir dépouillé de vieilles dames, violé des bonnes.

VALENTINE : Quelles bonnes ?

GASTON : Un autre détail... Je ne tiens pas non plus à avoir levé la main sur ma mère, ni à aucune des excentricités de mon affreux petit sosie.

VALENTINE : Comme tu cries !... Mais, à peu de choses près, tu as fait cela aussi tout à l'heure...

GASTON : J'ai dit à une vieille dame inhumaine que je la détestais, mais cette vieille dame n'était pas ma mère.

VALENTINE : Si, Jacques ! Et c'est pour cela que tu le lui as dit avec tant de véhémence. Et, tu vois, il t'a suffi, au contraire, de côtoyer une heure les personnages de ton passé pour reprendre inconsciemment avec eux tes anciennes attitudes. Écoute, Jacques, je vais monter dans ma chambre, car tu dois être
30 très en colère. Dans dix minutes, tu m'appelleras, car tes colères sont terribles, mais ne durent jamais plus de dix minutes.

GASTON : Qu'en savez-vous ? Vous m'agacez, à la fin. Vous avez l'air d'insinuer que vous me connaissez mieux que moi.

VALENTINE : Mais bien sûr !... Écoute, Jacques, écoute. Il y a une preuve décisive que je n'ai jamais pu dire aux autres !...

GASTON *recule :* Je ne vous crois pas !

VALENTINE *sourit :* Attends, je ne l'ai pas encore dite.

GASTON *crie :* Je ne veux pas vous croire, je ne veux croire personne. Je ne veux plus que personne me parle de mon passé. [...] *Gaston murmure, harassé :*
40 Vous avez tous des preuves, des photographies ressemblantes, des souvenirs précis comme des crimes... Je vous écoute tous et je sens surgir peu à peu derrière moi un être hybride où il y a un peu de chacun de vos fils et rien de moi, parce que vos fils n'ont rien de moi. *(Il répète.)* Moi. Moi. J'existe, moi, malgré toutes vos histoires... Vous avez parlé de la merveilleuse simplicité de ma vie d'amnésique tout à l'heure... Vous voulez rire. Essayez de prendre toutes les vertus, tous les vices et de les accrocher derrière vous.

VALENTINE : Ton lot va être beaucoup plus simple si tu veux m'écouter une minute seulement, Jacques. Je t'offre une succession un peu chargée, sans doute, mais qui te paraîtra légère, puisqu'elle va te délivrer de toutes les autres. Veux-tu
50 m'écouter ?

GASTON : Je vous écoute.

VALENTINE : Je ne t'ai jamais vu nu, n'est-ce pas ? Eh bien, tu as une cicatrice, une toute petite cicatrice qu'aucun des médecins qui t'ont examiné n'a découverte, j'en suis sûre, à deux centimètres sous l'omoplate gauche. C'est un coup d'épingle à chapeau — crois-tu qu'on était affublée en 1915 ! — je te l'ai donné un jour où j'ai cru que tu m'avais trompée. *(Elle sort. Il reste abasourdi un instant, puis il commence lentement à enlever sa veste. —* LE RIDEAU TOMBE).

Le TABLEAU suivant est d'une grande intensité tragique. Le chauffeur et le valet de chambre, « grimpés sur une chaise dans un petit couloir obscur », observent par un œil-de-bœuf, l'étrange manège de GASTON qui regarde son épaule dans une glace :
LE CHAUFFEUR : Qu'est-ce qu'il fait ? — LE VALET DE CHAMBRE, *médusé :* Y chiale...

Le Voyageur sans bagage, III (La Table Ronde, éditeur).

GASTON *n'aurait plus devant lui que le* désespoir *ou la* mort. *Mais, plus heureux que la plupart des héros d'Anouilh, l'amnésique aura le privilège de « choisir » son passé. Parmi les familles qui le réclament, il rencontre un petit Anglais dont tous les parents ont péri dans un naufrage, et qui, pour toucher un gros héritage, aurait besoin de retrouver un neveu (beaucoup plus âgé que lui !) disparu à la guerre. Séduit par le léger bagage de l'identité qui lui est ainsi offerte,* GASTON *se reconnaît membre de cette famille et le prouve grâce à un subterfuge :* une fausse lettre où il est question de sa cicatrice. *Ainsi la* PIÈCE NOIRE *se dénoue dans un climat de libre* FANTAISIE.

ANTIGONE   *Polynice, fils d'Œdipe, a voulu reprendre le trône à
Étéocle et les deux frères se sont entretués.* Créon, *roi de
Thèbes, a décrété la sanction la plus terrible aux yeux des Grecs : le cadavre de Polynice
restera sans sépulture. Bravant l'interdiction de son oncle Créon, la « petite »* ANTIGONE *va
jeter un peu de terre sur le corps de son frère. Saisie par les gardes, elle tient tête à Créon qui
voudrait l'amener à se soumettre et la sauver, car elle est fiancée à son fils* Hémon. *Mais devant
l'obstination d'Antigone, le roi devra se résigner à la faire exécuter.* L'action suit donc assez
fidèlement la tragédie de Sophocle. Toutefois *de profondes différences* apparaissent dans les
sentiments et les mobiles des personnages ; en outre, jouant (après Giraudoux) avec les
anachronismes, Anouilh a choisi des costumes du XXᵉ siècle : Créon est en habit, les
gardes en gabardine.

ANTIGONE REFUSE LE PAUVRE BONHEUR HUMAIN

Pour réduire la résistance d'Antigone et la sauver, Créon le « réaliste » a détruit sa
piété pour les dieux, puis son respect pour la mémoire de Polynice, une ignoble crapule.
S'il ne croit pas aux dieux, Créon a dit *oui* à la vie et à la « *cuisine* » qu'exige son métier
de roi, pour « rendre le monde un peu moins absurde ». Antigone se laisserait gagner, mais
il a le tort de lui faire miroiter *le bonheur :* pour elle, cette notion est inconciliable avec les
compromis, la tiédeur, la médiocrité. Ce n'est plus, comme dans la tragédie grecque,
le conflit entre lois écrites et non écrites, c'est *le refus de pactiser avec la vie,* au nom d'une
pureté dont l'unique royaume est celui de l'*enfance :* c'est, dans sa dimension métaphysique,
le pessimisme étendu à toute la condition humaine.

ANTIGONE, *murmure, le regard perdu :* Le bonheur...
CRÉON, *a un peu honte soudain :* Un pauvre mot, hein?
ANTIGONE, *doucement :* Quel sera-t-il, mon bonheur? Quelle femme
heureuse deviendra-t-elle, la petite Antigone? Quelles pauvretés faudra-t-il
qu'elle fasse elle aussi, jour par jour, pour arracher avec ses dents son
petit lambeau de bonheur? Dites, à qui devra-t-elle mentir, à qui sourire,
à qui se vendre? Qui devra-t-elle laisser mourir en détournant le regard?
CRÉON, *hausse les épaules :* Tu es folle, tais-toi.
ANTIGONE : Non, je ne me tairai pas. Je veux savoir comment je m'y
prendrai, moi aussi, pour être heureuse. Tout de suite, puisque c'est
tout de suite qu'il faut choisir. Vous dites que c'est si beau la vie. Je veux
savoir comment je m'y prendrai pour vivre.
CRÉON : Tu aimes Hémon?
ANTIGONE : Oui, j'aime Hémon. J'aime un Hémon dur et jeune ; un
Hémon exigeant et fidèle, comme moi. Mais si votre vie, votre bonheur
doivent passer sur lui avec leur usure, si Hémon ne doit plus pâlir quand
je pâlis, s'il ne doit plus me croire morte quand je suis en retard de cinq
minutes, s'il ne doit plus se sentir seul au monde et me détester quand je
ris sans qu'il sache pourquoi, s'il doit devenir près de moi le monsieur
Hémon, s'il doit apprendre à dire « oui », lui aussi, je n'aime plus Hémon !
CRÉON : Tu ne sais plus ce que tu dis. Tais-toi.
ANTIGONE : Si, je sais ce que je dis, mais c'est vous qui ne m'entendez
plus. Je vous parle de trop loin maintenant, d'un royaume où vous ne
pouvez plus entrer avec vos rides, votre sagesse, votre ventre. *(Elle rit.)* Ah !

je ris, Créon, je ris parce que je te vois à quinze ans, tout d'un coup ! C'est le même air d'impuissance et de croire qu'on peut tout. La vie t'a seulement ajouté tous ces petits plis sur le visage et cette graisse autour de toi.

CRÉON, *la secoue :* Te tairas-tu, enfin ?

ANTIGONE : Pourquoi veux-tu me faire taire ? Parce que tu sais que j'ai
30 raison ? Tu crois que je ne lis pas dans tes yeux que tu le sais ? Tu sais que j'ai raison, mais tu ne l'avoueras jamais parce que tu es en train de défendre ton bonheur en ce moment comme un os.

CRÉON : Le tien et le mien, oui, imbécile !

ANTIGONE : Vous me dégoûtez tous avec votre bonheur ! Avec votre vie qu'il faut aimer coûte que coûte. On dirait des chiens qui lèchent tout ce qu'ils trouvent. Et cette petite chance pour tous les jours, si on n'est pas trop exigeant. Moi, je veux tout, tout de suite, — et que ce soit entier — ou alors je refuse ! Je ne veux pas être modeste, moi, et me contenter d'un petit morceau si j'ai été bien sage. Je veux être sûre de tout aujourd'hui
40 et que cela soit aussi beau que quand j'étais petite — ou mourir.

CRÉON : Allez, commence, commence, comme ton père !

ANTIGONE : Comme mon père, oui ! Nous sommes de ceux qui posent les questions jusqu'au bout. Jusqu'à ce qu'il ne reste vraiment plus la petite chance d'espoir vivante, la plus petite chance d'espoir à étrangler. Nous sommes de ceux qui lui sautent dessus quand ils le rencontrent votre espoir, votre cher espoir, votre sale espoir !

CRÉON : Tais-toi ! Si tu te voyais criant ces mots, tu es laide.

ANTIGONE : [...] Ah ! vos têtes, vos pauvres têtes de candidats au bonheur ! C'est vous qui êtes laids, même les plus beaux. Vous avez tous
50 quelque chose de laid au coin de l'œil ou de la bouche. Tu l'as bien dit tout à l'heure, Créon, la cuisine. Vous avez des têtes de cuisiniers !

CRÉON, *lui broie le bras :* Je t'ordonne de te taire, maintenant, tu entends ?

ANTIGONE : Tu m'ordonnes, cuisinier ? Tu crois que tu peux m'ordonner quelque chose ?

CRÉON : L'antichambre est pleine de monde. Tu veux donc te perdre ? On va t'entendre.

ANTIGONE : Eh bien, ouvre les portes. Justement. Ils vont m'entendre !

Antigone (La Table Ronde, éditeur).

« *Toute seule* »

En attendant le supplice, ANTIGONE essaie timidement de lier conversation avec son gardien et de trouver quelque soutien dans une *sympathie humaine*. Hélas! il reste indifférent au drame d'Antigone et ne peut s'élever au-dessus de ses soucis personnels, des rivalités de solde et d'avancement. Et ANTIGONE se sent encore *plus seule*... A la scène, le *rire* « *grinçant* » que provoque ce *décalage* vient accroître *l'angoisse tragique*.

ANTIGONE, *demande tout humble :* Il y a longtemps que vous êtes garde ?
LE GARDE : Après la guerre. J'étais sergent. J'ai rengagé.

ANTIGONE : Il faut être sergent pour être garde ?
LE GARDE : En principe, oui. Sergent ou avoir suivi le peloton spécial. Devenu garde, le sergent perd son grade. Un exemple : je rencontre une recrue de l'armée, elle peut ne pas me saluer.
ANTIGONE : Ah oui ?
LE GARDE : Oui. Remarquez que, généralement, elle le fait. La recrue sait que le garde est un gradé. Question solde : on a la solde ordinaire du garde, comme ceux du peloton spécial, et, pendant six mois, à titre de gratification, un rappel de supplément de la solde de sergent. Seulement, comme garde, on a d'autres avantages. Logement, chauffage, allocations. Finalement, le garde marié avec deux enfants arrive à se faire plus que le sergent de l'active.
ANTIGONE : Ah oui ?
LE GARDE : Oui. C'est ce qui vous explique la rivalité entre le garde et le sergent. Vous avez peut-être pu remarquer que le sergent affecte de mépriser le garde. Leur grand argument, c'est l'avancement. D'un sens, c'est juste. L'avancement du garde est plus lent et plus difficile que dans l'armée. Mais vous ne devez pas oublier qu'un brigadier des gardes, c'est autre chose qu'un sergent-chef.
ANTIGONE, *lui dit soudain :* Écoute...
LE GARDE : Oui.
ANTIGONE : Je vais mourir tout à l'heure.

Le garde ne répond pas. Un silence. Il fait les cent pas, puis il reprend.

LE GARDE : D'un autre côté, on a plus de considération pour le garde que pour le sergent de l'active. Le garde, c'est un soldat, mais c'est presque un fonctionnaire.
ANTIGONE : Tu crois qu'on a mal pour mourir ?
LE GARDE : Je ne peux pas vous dire. Pendant la guerre, ceux qui étaient touchés au ventre, ils avaient mal. Moi, je n'ai jamais été blessé. Et, d'un sens, ça m'a nui pour l'avancement.
ANTIGONE : Comment vont-ils me faire mourir ?
LE GARDE : Je ne sais pas. Je crois que j'ai entendu dire que pour ne pas souiller la ville de votre sang, ils allaient vous murer dans un trou.
ANTIGONE : Vivante ?
LE GARDE : Oui, d'abord. *(Un silence. Le garde se fait une chique.)*
ANTIGONE : O tombeau ! O lit nuptial ! O ma demeure souterraine... *(Elle est toute petite au milieu de la grande pièce nue. On dirait qu'elle a un peu froid. Elle s'entoure de ses bras. Elle murmure.)* Toute seule...
LE GARDE, *qui a fini sa chique :* Aux cavernes de Hadès, aux portes de la ville. En plein soleil. Une drôle de corvée encore pour ceux qui seront de faction. Il avait d'abord été question d'y mettre l'armée. Mais, aux dernières nouvelles, il paraît que c'est encore la garde qui fournira les piquets. Elle a bon dos, la garde ! Étonnez-vous après qu'il existe une jalousie entre le garde et le sergent d'active...
ANTIGONE, *murmure, soudain lasse :* Deux bêtes...
LE GARDE : Quoi, deux bêtes ?
ANTIGONE : Deux bêtes se serreraient l'une contre l'autre pour se faire chaud. Je suis toute seule.

Antigone (La Table Ronde, éditeur).

Becket ou l'Honneur de Dieu

Saxon de naissance, le jeune Thomas Becket appartient à une race asservie ; mais il est courageux, raffiné, cultivé, et il est devenu l'ami du roi Henri II Plantagenêt. Compagnon de débauche, mais aussi conseiller politique, il l'aide à *asseoir sa puissance*, face aux privilèges temporels de l'Église. Mais cette grande amitié se brise du jour où, croyant réussir un coup de maître, le roi élève son ami à la dignité de Primat d'Angleterre. Archevêque malgré lui, Thomas prend en effet son rôle au sérieux : il se sent dépositaire de « *l'honneur de Dieu* » et défend âprement ses droits contre l'autorité royale. Il doit même *s'exiler* pour échapper à la vengeance du roi. Voici le moment où, dans une entrevue ménagée par le roi de France, les deux hommes tentent de se réconcilier. Ils se rencontrent à cheval, seuls sur une lande glacée, pendant que les barons les observent de loin. Tout au long de l'entretien, les *problèmes politiques* seront traités à travers le *déchirement des passions intimes :* le roi est torturé et dépité de voir cette amitié qui se meurt, et l'archevêque, prisonnier de « l'honneur de Dieu », garde tendresse et déférence pour ce prince à qui il a enseigné « l'honneur du royaume ». *Scène puissamment originale et d'une humanité profonde, qui rappelle les plus beaux moments de* Shakespeare.

LE ROI *crie, soudain, comme un enfant perdu :* Je m'ennuie, Becket !

BECKET, *grave :* Mon prince. Je voudrais tant pouvoir vous aider.

LE ROI : Qu'est-ce que tu attends ? Tu vois que je suis en train d'en crever !

BECKET, *doucement :* Que l'honneur de Dieu et l'honneur du roi se confondent.

LE ROI : Cela risque d'être long !

BECKET : Oui. Cela risque d'être long. *(Silence. On n'entend plus que le vent.)*

LE ROI, *soudain :* Si on n'a plus rien à se dire, il vaut autant aller se réchauffer !

BECKET : On a tout à se dire, mon prince. L'occasion ne se présentera peut-être pas deux fois.

10 LE ROI : Alors, fais vite. Sinon, c'est deux statues de glace qui se réconcilieront dans un froid définitif. Je suis ton roi, Becket ! Et tant que nous sommes sur cette terre, tu me dois le premier pas. Je suis prêt à oublier bien des choses, mais pas que je suis roi. C'est toi qui me l'as appris.

BECKET, *grave :* Ne l'oubliez jamais, mon prince. Fût-ce contre Dieu ! Vous, vous avez autre chose à faire. Tenir la barre du bateau.

LE ROI : Et toi, qu'est-ce que tu as à faire ?

BECKET : J'ai à vous résister de toutes mes forces, quand vous barrez contre le vent.

LE ROI : Vent en poupe, Becket ? Ce serait trop beau ! C'est de la navigation 20 pour petites filles. Dieu avec le roi ? Ça n'arrive jamais. Une fois par siècle, au moment des croisades, quand toute la chrétienté crie : « Dieu le veut ! » Et encore ! Tu sais comme moi quelle cuisine cela cache une fois sur deux, les croisades. Le reste du temps, c'est vent debout. Et il faut bien qu'il y en ait un qui se charge des bordées !

BECKET : Et un autre qui se charge du vent absurde — et de Dieu. La besogne a été, une fois pour toutes, partagée. Le malheur est qu'elle l'ait été entre nous deux, mon prince, qui étions amis.

LE ROI *crie, avec humeur :* Le roi de France — je ne sais pas encore ce qu'il y gagne — m'a sermonné pendant trois jours pour que nous fassions notre paix. 30 A quoi te servirait de me pousser à bout ?

BECKET : A rien.

LE ROI : Tu sais que je suis le roi et que je dois agir comme un roi. Qu'espères-tu ? Ma faiblesse ?

BECKET : Non. Elle m'atterrerait.

LE ROI : Me vaincre par la force ?

BECKET : C'est vous qui êtes la force.

LE ROI : Me convaincre ?

BECKET : Non plus. Je n'ai pas à vous convaincre. J'ai seulement à vous dire non.

LE ROI : Il faut pourtant être logique, Becket !

BECKET : Non, ce n'est pas nécessaire, mon roi. Il faut seulement faire, absurdement, ce dont on a été chargé — jusqu'au bout. [...]

LE ROI, *ricane :* Tu as été touché par la grâce ?

BECKET, *grave :* Pas par celle que vous croyez. J'en suis indigne. [...]

LE ROI : Alors ?

BECKET : Je me suis senti chargé de quelque chose tout simplement, pour la première fois, dans cette cathédrale vide, quelque part en France, où vous m'avez ordonné de prendre ce fardeau. J'étais un homme sans honneur. Et tout d'un coup, j'en ai eu un, celui que je n'aurais jamais imaginé devoir devenir le mien, celui de Dieu. Un honneur incompréhensible et fragile, comme un enfant-roi poursuivi.

Intraitable sur ses « devoirs de pasteur », Becket cède sur les autres points litigieux : « par esprit de paix, dit-il, *et parce que je sais qu'il faut que vous restiez le roi — fors l'honneur de Dieu ».*

LE ROI, *froid, après un temps :* Eh bien, soit. Je t'aiderai à défendre ton Dieu, puisque c'est ta nouvelle vocation, en souvenir du compagnon que tu as été pour moi — fors l'honneur du royaume ! Tu peux rentrer en Angleterre, Thomas.

BECKET : Merci, mon prince. Je comptais de toute façon y rentrer et m'y livrer à votre pouvoir, car sur cette terre, vous êtes mon roi. Et pour ce qui est de cette terre, je vous dois obéissance.

LE ROI, *embarrassé, après un temps :* Eh bien, retournons maintenant. Nous avons fini. J'ai froid.

BECKET, *sourdement aussi :* Moi aussi, maintenant, j'ai froid.

Un silence encore. Ils se regardent. On entend le vent.

LE ROI, *demande soudain :* Tu ne m'aimais pas, n'est-ce pas, Becket ?

BECKET : Dans la mesure où j'étais capable d'amour, si, mon prince.

LE ROI : Tu t'es mis à aimer Dieu ? *(Il crie.)* Tu es donc resté le même, sale tête, à ne pas répondre quand on te pose une question ?

BECKET, *doucement :* Je me suis mis à aimer l'honneur de Dieu.

Becket, IV (La Table Ronde, éditeur).

BECKET *rentre en Angleterre, mais le roi ne peut tolérer la « trahison » de cet homme qu'il a « tiré du néant de sa race » et qu'il aime peut-être encore. Éperdu de douleur, il s'écrie devant ses barons : « Personne ne me délivrera donc de lui ? Un prêtre ! Un prêtre qui me nargue et qui me fait injure ! » Quatre seigneurs se consultent du regard et sortent... A la fin de la pièce, nous assistons, en une scène très dramatique, au* meurtre de THOMAS BECKET, *qui s'est paré des plus beaux ornements sacerdotaux pour affronter dignement la mort dans sa cathédrale de Cantorbéry.*

HENRY DE MONTHERLANT

A ceux qui ignoraient *L'Exil* (1914, publié en 1929) et *Pasiphaé* (1936), les « années 40 » révélèrent le génie dramatique d'HENRY DE MONTHERLANT. D'une existence qu'il avait voulue d'abord énergique, puis livrée aux voyages et à la méditation, il avait tiré la matière de ses *romans*, de ses *poèmes*, de ses *essais* (cf. *Biographie*, p. 479). Ne pouvant s'engager en 1939, il se trouve au front comme journaliste et y est légèrement blessé. De 1942 à 1945, il s'occupe avec la Croix-Rouge des enfants victimes de la guerre ; mais depuis, sa vie s'est surtout placée sous le signe d'une *laborieuse retraite d'écrivain*. Hormis quelques essais amers dictés par les événements *(Le Solstice de Juin*, 1941, condamné tour à tour par les Allemands et par la Résistance ; *Textes sous une Occupation*, 1953), il semble s'être consacré à la création dramatique : de *La Reine Morte* (1942) à *La Guerre Civile* (1965), MONTHERLANT a publié en effet quinze pièces, dont la plupart ont été représentées.

L'homme   L'ALTERNANCE. Personnalité extrêmement riche
et son théâtre et complexe, MONTHERLANT refuse de sacrifier aucune
de ses « composantes » ; il proclame son droit de « garder tout en composant tout » *(Les Olympiques)*, de « faire alterner en soi la Bête et l'Ange, la vie corporelle et charnelle et la vie intellectuelle et morale ». « *Tout le monde a raison, toujours,* dit-il... *J'ai besoin de vivre toute la diversité du monde et de ses prétendus contraires... L'univers n'a aucun sens, il est parfait qu'on lui donne tantôt l'un et tantôt l'autre* » *(Aux Fontaines du Désir)*. Cette complexité le disposait au *dialogue*, au *conflit* des idées et des êtres : son théâtre révèle une aptitude exceptionnelle à faire parler chacun selon ses sentiments et ses intérêts. En vertu de l'*alternance*, il est tour à tour *édifiant* ou *immoral*, tantôt *chrétien* tantôt *profane*.

VEINE CHRÉTIENNE ET VEINE PROFANE. « Il y a dans mon œuvre une veine *chrétienne* et une veine *profane* (ou pis que profane), que je nourris alternativement, j'allais dire simultanément, comme il est juste, toute chose en ce monde méritant à la fois l'assaut et la défense » *(Le Maître de Santiago, Postface)*. Les PIÈCES PROFANES de Montherlant, surtout les drames « *en veston* », sont, par les personnages et leurs nuances psychologiques, comme des résurgences des *romans* qu'il classe dans la même veine *(La Petite Infante de Castille, Les Jeunes Filles)*. Quant à la VEINE CHRÉTIENNE (cf. p. 578) représentée jusque là par *La Relève du Matin, La Rose de sable, Service inutile*, elle a donné des chefs-d'œuvre chez cet écrivain de formation *catholique*, mais qui se déclare volontiers *incroyant*. On discute son « christianisme » (cf. p. 580), mais l'erreur est d'identifier l'auteur à ses héros (Ferrante, Alvaro) : « *Je ne suis aucun d'eux,* dit-il, *et je suis chacun d'eux* ». Plutôt que l'essence du christianisme, il en peint certains *aspects particuliers*.

UNE DRAMATURGIE CLASSIQUE. Son théâtre s'apparente au *drame* par le rôle de la *surprise* (cf. p. 575), le *lyrisme spontané* (cf. p. 574, 578), le parti pris de respecter le « *clair-obscur de l'homme* » : « Le théâtre, dit-il, est fondé sur la cohérence des caractères, et la vie est fondée sur leur incohérence. L'inconsistance de Ferrante est une des données de *La Reine Morte* » (cf. p. 575). Mais ces pièces sont *d'essence classique* par la primauté de la *psychologie*, car pour Montherlant « *tout vient des êtres* ». Son objet est « d'exprimer avec le maximum d'intensité et de profondeur un certain nombre de mouvements de l'âme humaine » et une pièce « n'est qu'un prétexte à *l'exploration de l'homme* ».

« Veine profane »   Il faudrait distinguer des drames « EN POURPOINT » :
La Reine Morte (1942, cf. p. 573) ; *Malatesta* (1946), pièce touffue mais attachante où l'auteur reconstitue avec éclat le climat mi-païen mi-chrétien de la Renaissance italienne ; *Don Juan* (1958) ; *La Guerre Civile* (1965, cf. p. 577) ; — et des drames « EN VESTON » : *L'Exil* (1929) ; *Fils de Personne* (1943) et sa suite *Demain il fera jour* (1949) ; *Celles qu'on prend dans ses bras* (1950) ; *Brocéliande* (1956), la pièce « la plus gaie et la plus triste » de Montherlant (P. Descaves).

LA REINE MORTE Le sujet de *La Reine Morte* est emprunté à l'histoire d'INÈS DE CASTRO, épouse secrète de l'Infant Pedro, assassinée en 1355 sur l'ordre du roi Alphonse IV de Portugal : monté sur le trône, Pedro fit exhumer le cadavre d'Inès et obligea la cour à rendre à la *Reine morte* les honneurs royaux.

Pour des motifs politiques, le vieux roi FERRANTE *voudrait marier son fils* PEDRO, *qui n'a ni volonté ni ambition, à l'énergique et fière* INFANTE *de Navarre. Pedro révèle qu'il a déjà épousé en secret une dame de la cour,* INÈS. *Dans sa fureur, le roi jette son fils en prison «pour médiocrité» et s'efforce, mais en vain, d'obtenir du pape l'annulation du mariage. Le tortueux ministre* EGAS COELHO *l'incite alors à faire assassiner la jeune femme. De son côté, la généreuse Infante prévient Inès de ce danger et lui offre l'hospitalité, mais celle-ci refuse de s'éloigner. Repoussant pour l'instant la tentation du meurtre,* FERRANTE *éprouve pour* INÈS *une* sympathie étrange. *Il se laisse entraîner à lui confier ses* « secrets désespérés » : il a atteint «l'âge de l'indifférence» ; il ne croit plus au métier de roi, aux exploits que le temps efface ; il est las de mentir aux autres et à lui-même. *Émue par cette confidence,* INÈS *dévoile aussi son secret :* « Un enfant de votre sang se forme en moi ». *Le roi s'attendrit, mais se reprend, en prédisant à* INÈS *qu'elle souffrira quand son enfant sera devenu un homme, « c'est-à-dire la caricature de ce qu'il était ».*

MYSTÈRE DE L'ENFANT QUI VA NAITRE

Costals, le cynique héros des *Jeunes Filles*, n'avait que mépris pour les femmes, coquettes et futiles — accusées de vouloir rabaisser l'homme en le rendant esclave, — et MONTHERLANT s'était fait une réputation de *romancier misogyne* (cf. p. 479). Son théâtre *réhabilite au contraire la femme*, surtout la *mère*, rendue sublime par le don total d'elle-même. Rien n'est plus touchant que les illusions d'INÈS DE CASTRO : son enfant aura toutes les perfections ; pour lui, elle est prête à tous les sacrifices ; et sa tendresse débordante s'étend à l'humanité entière. FERRANTE a connu jadis la même tendresse pour son propre fils ; mais maintenant cet hymne à l'amour et à la vie lui paraît *absurde*. N'est-il pas un père déçu ? La vie n'a-t-elle pas brisé en lui toute illusion, toute foi dans les hommes ? Aussi trouve-t-il un *âpre plaisir* à détruire les *rêves* d'INÈS pour la ramener sans cesse au *cauchemar* des réalités. Peut-être même son âme sombre conçoit-elle déjà le désir d'infliger un *démenti terrible* à cette insupportable espérance.

INÈS : J'accepte de devoir mépriser l'univers entier, mais non mon fils. Je crois que je serais capable de le tuer, s'il ne répondait pas à ce que j'attends de lui.

FERRANTE : Alors, tuez-le donc quand il sortira de vous. Donnez-le à manger aux pourceaux. Car il est sûr que, autant par lui vous êtes en plein rêve, autant par lui vous serez en plein cauchemar.

INÈS : Sire, c'est péché à vous de maudire cet enfant qui est de votre sang.

FERRANTE : J'aime décourager. Et je n'aime pas l'avenir.

INÈS : L'enfant qui va naître a déjà son passé.

o FERRANTE : Cauchemar pour vous. Cauchemar pour lui aussi. Un jour on le déchirera, on dira du mal de lui... Oh! je connais tout cela.

INÈS : Est-il possible qu'on puisse dire du mal de mon enfant !

FERRANTE : On le détestera...

INÈS : On le détestera, lui qui n'a pas voulu être !

FERRANTE : Il souffrira, il pleurera...

INÈS : Vous savez l'art des mots faits pour désespérer ! — Comment retenir ses larmes, les prendre pour moi, les faire couler en moi ? Moi, je puis tout supporter : je puis souffrir à sa place, pleurer à sa place. Mais lui ! Oh ! Que je voudrais que mon amour eût le pouvoir de mettre dans
20 sa vie un sourire éternel ! Déjà, cependant, on l'attaque, cet amour. On me désapprouve, on me conseille, on prétend être meilleure mère que je ne le suis. Et voici que vous, Sire — mieux encore ! — sur cet amour vous venez jeter l'anathème. Alors qu'il me semblait parfois que, si les hommes savaient combien j'aime mon enfant, peut-être cela suffirait-il pour que la haine se tarît à jamais dans leur cœur. Car moi, tant que je le porte, je sens en moi une puissance merveilleuse de tendresse pour les hommes. Et c'est lui qui défend cette région profonde de mon être d'où sort ce que je donne à la création et aux créatures. Sa pureté défend la mienne [1]. Sa candeur préserve la mienne contre ceux qui voudraient la
30 détruire. Vous savez contre qui [2], Seigneur.

FERRANTE : Sa pureté n'est qu'un moment de lui, elle n'est pas lui. Car les femmes disent toujours : « Élever un enfant pour qu'il meure à la guerre ! » Mais il y a pis encore : élever un enfant pour qu'il vive et se dégrade dans la vie. Et vous, Inès, vous semblez avoir parié singulièrement pour la vie. Est-ce que vous vous êtes regardée dans un miroir ? Vous êtes bien fraîche pour quelqu'un que menacent de grands tourments. Vous aussi vous faites partie de toutes ces choses qui veulent continuer, continuer... Vous aussi, comme moi, vous êtes malade : votre maladie à vous est l'espérance. Vous mériteriez que Dieu vous envoie une terrible
40 épreuve, qui ruine enfin votre folle candeur, de sorte qu'une fois au moins vous voyiez ce qui est.

INÈS : Seigneur, inutile, croyez-moi, de me rappeler tout ce qui me menace. Quoi qu'il puisse paraître quelquefois, jamais je ne l'oublie.

FERRANTE, à part : Je crois que j'aime en elle le mal que je lui fais. (Haut.) Je ne vous menace pas, mais je m'impatiente de vous voir repartir, toutes voiles dehors, sur la mer inépuisable et infinie de l'espérance. La foi des autres me déprime.

INÈS : Sire, puisque Votre Majesté connaît désormais l'existence de mon enfant...
50 FERRANTE : En voilà assez avec cet enfant. Vous m'avez étalé vos entrailles, et vous avez été chercher les miennes. Vous vous êtes servie de votre enfant à venir, pour remuer mon enfant passé. Vous avez cru habile de me faire connaître votre maternité en ce moment, et vous avez été malhabile.

La Reine Morte, III, 6 (Gallimard, éditeur).

— 1 Cf. « Il s'agit d'être encore plus stricte avec soi, de se sauver de toute bassesse, de vivre droit, sûr, net et pur, pour qu'un être puisse garder plus tard l'image la plus belle possible de vous, tendrement et sans reproche. Il est une revision, ou plutôt une seconde création de moi ; je le fais ensemble et je me refais. Je le porte et il me porte. Je me fonds en lui. Je coule en lui mon bien. » (III, 6). — 2 Allusion à Egas Coelho.

« *Pourquoi est-ce que je la tue ?...* »

Le tragique de *La Reine Morte* tient à cette lente montée vers l'ordre funeste suspendu pendant trois actes sur la tête d'Inès et que, même après l'avoir prononcé, le ténébreux Ferrante semble pouvoir retirer au dernier instant. Par une suprême *comédie* devant sa cour et peut-être devant lui-même, cet homme qui ne croit plus au métier de roi proclame qu'Inès a été sacrifiée à la *raison d'État*. Pourtant Ferrante ne sait pas au juste *pourquoi* il fait assassiner Inès. Conscient des risques de ce crime inutile comme du plaisir qu'il éprouve à commettre la faute, il est incapable d'en discerner les *motifs réels*. Besoin de se prouver et de prouver aux « autres » qu'il n'est pas faible ? Désir de sortir de l'indécision ? Haine de la vie et dépit devant la confiance d'Inès ? Pas plus que Ferrante le spectateur ne saurait voir clair dans cette âme qui parcourt incessamment le trajet « *de l'enfer aux cieux* ».

FERRANTE : De ce que vous m'avez dit, je retiens que vous croyez m'avoir surpris dans un instant de faiblesse. Quelle joie sans doute de pouvoir vous dire, comme font les femmes : « Tout roi qu'il est, il est un pauvre homme comme les autres ! » Quel triomphe pour vous ! Mais je ne suis pas faible, doña Inès. C'est une grande erreur où vous êtes, vous et quelques autres. Maintenant je vous prie de vous retirer. Voilà une heure que vous tournaillez autour de moi, comme un papillon autour de la flamme. Toutes les femmes, je l'ai remarqué, tournent avec obstination autour de ce qui doit les brûler.

o INÈS : Est-ce que vous me brûlerez, Sire ? Si peu que je vaille, il y a deux êtres qui ont besoin de moi. C'est pour eux qu'il faut que je vive. — Et puis, c'est pour moi aussi, oh oui ! c'est pour moi. — Mais... votre visage est changé ; vous paraissez mal à l'aise...

FERRANTE : Excusez-moi, le tête-à-tête avec des gens de bien me rend toujours un peu gauche. Allons, brisons-là, et rentrez au Mondego rassurée.

INÈS : Oui, vous ne me tueriez pas avant que je l'aie embrassé encore une fois.

FERRANTE : Je ne crains pour vous que les bandits sur la route, à cette heure. Vos gens sont-ils nombreux ?

INÈS : Quatre seulement.

FERRANTE : Et armés ?

o INÈS : A peine. Mais la nuit est claire et sans embûches. Regardez. Il fera beau demain : le ciel est plein d'étoiles.

FERRANTE : Tous ces mondes où n'a pas passé la Rédemption... Vous voyez l'échelle ?

INÈS : L'échelle ?

FERRANTE : L'échelle qui va jusqu'aux cieux.

INÈS : L'échelle de Jacob, peut-être ?

FERRANTE : Non, pas du tout : l'échelle de l'enfer aux cieux. Moi, toute ma vie, j'ai fait incessamment ce trajet ; tout le temps à monter et à descendre, de l'enfer aux cieux. Car avec tous mes péchés, j'ai vécu cependant enveloppé o de la main divine. Encore une chose étrange.

INÈS : Oh ! Il y a une étoile qui s'est éteinte.

FERRANTE : Elle se rallumera ailleurs. [*Inès sort. Ferrante, resté seul, monologue.*] Pourquoi est-ce que je la tue ? Il y a sans doute une raison, mais je ne la distingue pas. Non seulement Pedro n'épousera pas l'Infante, mais je l'arme contre moi, inexpiablement. J'ajoute encore un risque à cet horrible manteau de risques que je traîne sur moi et derrière moi, toujours plus lourd, toujours plus chargé, que je charge moi-même à plaisir, et sous lequel un jour... Ah ! la mort, qui vous met enfin hors d'atteinte... Pourquoi est-ce que je la tue ?

Acte inutile, acte funeste. Mais ma volonté m'aspire, et je commets la faute,
40 sachant que c'en est une. Eh bien ! qu'au moins je me débarrasse tout de suite
de cet acte. Un remords vaut mieux qu'une hésitation qui se prolonge. *(Appelant.)*
Page ! — Oh non ! pas un page. Garde ! *(Entre un garde.)* Appelez-moi le
capitaine Batalha *(Seul.)* Plus je mesure ce qu'il y a d'injuste et d'atroce dans
ce que je fais, plus je m'y enfonce, parce que plus je m'y plais. *(Entre le capitaine.)*
Capitaine, doña Inès de Castro sort d'ici et se met en route vers le Mondego,
avec quatre hommes à elle, peu armés. Prenez du monde, rejoignez-la, et frappez.
Cela est cruel, mais il le faut. Et ayez soin de ne pas manquer votre affaire.
Les gens ont toutes sortes de tours pour ne pas mourir. Et faites la chose d'un
coup. Il y en a qu'il ne faut pas tuer d'un coup : cela est trop vite. Elle, d'un
50 coup. Sur mon âme, je veux qu'elle ne souffre pas.
    LE CAPITAINE : Je viens de voir passer cette dame. A son air, elle était loin
de se douter...   FERRANTE : Je l'avais rassurée pour toujours.
    LE CAPITAINE : Faut-il emmener un confesseur ?
    FERRANTE : Inutile. Son âme est lisse comme son visage. *(Fausse sortie du
capitaine.)* Capitaine, prenez des hommes sûrs.
    LE CAPITAINE, *montant son poignard :* Ceci est sûr.
    FERRANTE : Rien n'est trop sûr quand il s'agit de tuer. Ramenez le corps
dans l'oratoire du palais. Il faudra que je le voie moi-même. Quelqu'un n'est
vraiment mort que lorsqu'on l'a vu mort de ses yeux, et qu'on l'a tâté. Hélas,
60 je connais tout cela. *(Exit le capitaine.)* Il serait encore temps que je donne
un contre-ordre. Mais le pourrais-je ? Quel bâillon invisible m'empêche de
pousser le cri qui la sauverait ? *(Il va regarder à la fenêtre.)* Il fera beau demain :
le ciel est plein d'étoiles... — Il serait temps encore. — Encore maintenant.
Des multitudes d'actes, pendant des années, naissent d'un seul acte, d'un seul
instant. Pourquoi ? — Encore maintenant. Quand elle regardait les étoiles,
ses yeux étaient comme des lacs tranquilles... Et dire qu'on me croit faible !
(Avec saisissement.) Oh ! — Maintenant il est trop tard. Je lui ai donné la
vie éternelle, et moi, je vais pouvoir respirer. — Gardes ! apportez des lumières !
Faites entrer tous ceux que vous trouverez dans le palais. Allons, qu'attendez-
70 vous, des lumières ! des lumières ! Rien ici ne s'est passé dans l'ombre. Entrez,
Messieurs, entrez ! [*Entrent des* GENS DU PALAIS, *de toutes conditions, dont* EGAS COELHO]
Messieurs, doña Inès de Castro n'est plus. Elle m'a appris la naissance
prochaine d'un bâtard du prince. Je l'ai fait exécuter pour préserver la pureté
de la succession du trône, et pour supprimer le trouble et le scandale qu'elle
causait dans mon État. C'est là ma dernière et grande justice. Une telle décision
ne se prend pas sans douleur. Mais, au-delà de cette femme infortunée, j'ai
mon royaume, j'ai mon peuple, j'ai mes âmes ; j'ai la charge que Dieu m'a
confiée et j'ai le contrat que j'ai fait avec mes peuples, quand j'ai accepté d'être
roi. Un roi est comme un grand arbre qui doit faire de l'ombre... *(Il passe la main
80 sur son front et chancelle.)* Oh ! je crois que le sabre de Dieu a passé au-dessus de
moi... [*On apporte un siège. On l'assoit.*]
                              La Reine Morte, III, 6, 7, 8 (Gallimard, éditeur).

FERRANTE *fait arrêter le perfide* EGAS COELHO *qui répondra de la mort d'*INÈS *devant
son époux. Puis, avant de mourir, il demande à Dieu de l'aider à voir clair :* « O mon Dieu !
dans ce répit qui me reste, avant que le sabre repasse et m'écrase, faites qu'il tranche
ce nœud épouvantable de contradictions qui sont en moi, de sorte que, un instant au
moins avant de cesser d'être, je sache enfin ce que je suis ».
    On porte sur une civière INÈS *morte. Devant les courtisans qu'il force à s'agenouiller,* PEDRO
*prend la couronne et la pose sur le ventre d'*INÈS — *Le cadavre de* FERRANTE *reste seul.*

La Guerre Civile

La Guerre Civile (1965) « se passe dans les camps de César et de Pompée, au sud de Dyrrachium ». Renseignés par Laetorius, transfuge du parti de César, les Pompéiens exécutent une sortie victorieuse, quelques semaines avant la déroute de Pompée à Pharsale. La pièce est foncièrement pessimiste. D'une part, elle nous peint l'instabilité du caractère de Pompée, un de ces hommes « qui ont été forts et qui deviennent faibles, ou qui se croient forts et se révèlent faibles ». D'autre part, sous le masque des grands sentiments, elle dévoile les calculs mesquins, égoïstes, qui animent chefs et soldats dans les deux camps. Au cours d'une sorte de prologue, la GUERRE CIVILE s'est définie elle-même en ces termes : « *Je suis la guerre du forum farouche, la guerre des prisons et des rues, celle du voisin contre le voisin, celle du rival contre le rival, celle de l'ami contre l'ami. Je suis la Guerre Civile, je suis la bonne guerre, celle où l'on sait pourquoi l'on tue et qui l'on tue* ». CATON qui a pris le deuil « le jour où la patrie a été déchirée par la guerre civile » déplore, ici, dans une longue méditation, l'*ambition* sans scrupule des chefs et l'*inconscience* de leurs partisans qui courent à la *servitude*.

CATON : Ils n'ont rien fait pour que leur patrie soit honnête, rien pour qu'elle soit respectée, rien pour qu'elle soit heureuse. Les Romains ? César hait les Romains, et Pompée ne les aime pas : chez eux deux, quel ardent mépris de l'homme ! Les peuplades sauvages qui combattent sous eux nous haïssent également : quand la guerre civile aura rendu Rome exsangue, Rome sera colonisée par ces gorilles qu'elle a sottement voulu s'attacher. César est un destructeur, et il s'est entouré de destructeurs. Partout, mettre la racaille en haut, et les meilleurs en bas. Avilir tout ce qui était encore à peu près bien : le Sénat, la justice, les emplois, les honneurs. Ce qu'il veut, c'est régner, et la pourriture est facile : vive donc la pourriture, qui facilitera de régner. Pompée vaut à peine mieux, avec moins de cynisme et moins de savoir-faire. Fomenter l'anarchie pour se ménager la monarchie, cela, c'est le crime entre les crimes ; tous les crimes sont contenus dans ce crime-là. Ils ont égorgé leur pays pour faire de son cadavre le piédestal de leur statue. Comme si un dieu infernal leur avait dit : « Frappe à l'âme ! », ils ont frappé à l'âme : Rome ne s'en relèvera jamais. Déjà derrière César et Pompée il n'y a pas deux partis, il n'y a qu'un parti, un parti unique : le parti de la bêtise, de la bassesse et de la lâcheté. La forme particulière de cette bêtise est l'inconscience : ô douce inconscience, sommeil des éveillés, quand auras-tu ton image au Capitole, pour y être adorée des tyrans ? Cela, je suis seul à le voir, parmi mes stupides compatriotes. Ceux-là croyaient que leurs ennemis étaient les Gaulois et les Germains, alors que leur seul ennemi est César ; César s'avançait dans un cliquetis terrible ; ils se bouchaient les oreilles pour ne pas l'entendre. Ceux-ci vénèrent Pompée ; qu'il fasse bévue sur bévue, vilenie sur vilenie, il sera toujours le sauveur. On vit sur ce qu'il était il y a vingt ans ; on respecte en lui une république qui n'existe pas ; c'est un souvenir défendu par un nom. On devrait vous arracher du cœur le respect et le jeter à terre, comme on arrache le foie des bêtes sacrifiées ; du moins le respect de ce qui ne mérite pas le respect. Mais l'homme a besoin de respecter, et du respect à la servitude... Peu leur importe par quelles horreurs leur maître s'est élevé et se maintient, pourvu qu'ils aient leur pain et leurs aises. Il m'arrive parfois de souhaiter que les Barbares submergent l'Italie, et fassent souffrir ce peuple indigne, en châtiment de son indignité.

La Guerre Civile, II, 5 (Librairie Gallimard, éditeur).

« *Veine chrétienne* »   Cette veine est représentée par *Le Maître de Santiago* (1947), *La Ville dont le Prince est un enfant* (1951), *Port-Royal* (1954) et peut-être *Le Cardinal d'Espagne* (1960) où la reine Jeanne la Folle révèle à Cisneros, moine et premier ministre, la *vanité de la vie et de l'action*. Telle est, en effet, « la ligne de cœur du christianisme » selon MONTHERLANT : « une tradition qui va de l'Évangile à Port-Royal, en passant par saint Paul et par saint Augustin », dont la devise serait le cri de Bossuet : « Doctrine de l'Évangile, que vous êtes sévère ! » et la figure « celle de la voie qui toujours se rétrécit ». « *Le monde, dit-il, est assez riant pour que j'y reste, mais assez vain pour que je me sente le frère de quiconque se retranche de lui, et quelle que soit la raison de ce retranchement* ».

LE MAITRE   *A Avila, en* 1519, *l'austère don* ALVARO DABO *est*
DE SANTIAGO   *reconnu par ses pairs comme* Maître de l'Ordre de Santiago. *Il s'est illustré lors de la reconquête de Grenade sur les Mores ; mais depuis vingt-cinq ans, il s'est retiré avec sa fille* MARIANA *dans une pauvre demeure. Seules comptent pour lui l'âme, la pureté, la méditation. Les autres chevaliers se disposent à partir pour le Nouveau Monde où l'on conquiert la fortune et les honneurs ; ils l'invitent à les accompagner pour recevoir là-bas une charge importante. Mais ils se heurtent à un refus.* ALVARO *n'a soif que d'un* « immense retirement », *et d'ailleurs il aurait horreur de s'associer à cette* prétendue « croisade » *où les Espagnols se déshonorent par leur cruauté et leur cupidité.* — *A chacun des* trois actes *on reviendra à la charge avec des arguments nouveaux : l'action reste suspendue à cette* décision *dont dépend pour* ALVARO *le salut de son âme et pour sa fille* MARIANA — *on le verra plus bas* — *le bonheur terrestre.*

« Moi, mon pain est le dégoût... »

C'est le débat, toujours actuel, entre la *pureté* et l'*action :* peut-on être *pur* en restant dans le siècle ? Bien que dictés par l'intérêt, les arguments des Chevaliers en faveur de l'*engagement* gardent leur valeur. De son côté le Grand-Maître de l'Ordre apparaît ici dans toute sa *rigueur*. Il est peut-être utile que s'élève ainsi la protestation des « meilleurs » pour rappeler les hommes à l'honnêteté ; mais l'orgueilleux ALVARO ne pèche-t-il pas lui aussi contre cette *perfection chrétienne* qui le hante ?

OBREGON : Debout sur le seuil de l'ère nouvelle, vous refusez d'entrer.

ALVARO : Debout sur le seuil de l'ère nouvelle, je refuse d'entrer.

VARGAS : Mettons que ce soit héroïsme de consentir à être seul, par fidélité à ses idées. Ne serait-ce pas héroïsme aussi de jouer son rôle dans une société qui vous heurte, pour y faire vaincre ces idées qui, si elles ne s'incarnent pas, demeureront plus ou moins impuissantes ?

BERNAL : Et puis, ce qui est humainement beau, ce n'est pas de se guinder, c'est de s'adapter ; ce n'est pas de fuir pour être vertueux tout à son aise, c'est d'être vertueux dans le siècle, là où est la difficulté.

10   ALVARO : Je suis fatigué de ce continuel divorce entre moi et tout ce qui m'entoure. Je suis fatigué de l'indignation. J'ai soif de vivre au milieu d'autres gens que des malins, des canailles et des imbéciles. Avant, nous étions souillés par l'envahisseur. Maintenant, nous sommes souillés par nous-mêmes ; nous n'avons fait que changer de drame. Ah ! pourquoi ne suis-je pas mort à Grenade, quand ma patrie était encore intacte ? Pourquoi ai-je survécu à ma patrie ? Pourquoi est-ce que je vis ?

BERNAL : Mon ami, qu'avez-vous ? Vous ne nous avez jamais parlé de la sorte.

ALVARO : Le collier des chevaliers de Chypre était orné de la lettre S, qui voulait dire : « Silence ». Aujourd'hui, tout ce qu'il y a de bien dans notre pays se tait. Il y a un Ordre du Silence : de celui-là aussi je devrais être Grand-Maître. Pourquoi m'avoir provoqué à parler ?

OLMEDA : Faites-vous moine, don Alvaro. C'est le seul état qui vous convienne désormais.

ALVARO : Je ne sais en effet ce qui me retient, sinon quelque manque de décision et d'énergie.

OBREGON : Et j'ajoute qu'il y a plus d'élégance, quand on se retire du monde, à se retirer sans le blâmer. Ce blâme est des plus vulgaires !

ALVARO : Savez-vous ce que c'est que la pureté ? Le savez-vous ? *(Soulevant le manteau de l'Ordre suspendu au mur au-dessous du crucifix.)* Regardez notre manteau de l'Ordre : il est blanc et pur comme la neige au dehors. L'épée rouge est brodée à l'emplacement du cœur, comme si elle était teinte du sang de ce cœur. Cela veut dire que la pureté, à la fin, est toujours blessée, toujours tuée, qu'elle reçoit toujours le coup de lance que reçut le cœur de Jésus sur la croix. *(Il baise le bas du manteau. Après un petit temps d'hésitation, Olmeda, qui est le plus proche du manteau, en baise lui aussi le bas.)* Oui, les valeurs nobles, à la fin, sont toujours vaincues ; l'histoire est le récit de leurs défaites renouvelées. Seulement, il ne faut pas que ce soit ceux mêmes qui ont mission de les défendre, qui les minent. Quelque déchu qu'il soit, l'Ordre est le reliquaire de tout ce qui reste encore de magnanimité et d'honnêteté en Espagne. Si vous ne croyez pas cela, démettez-vous-en. Si nous ne sommes pas les meilleurs, nous n'avons pas de raison d'être. Moi, mon pain est le dégoût, Dieu m'a donné à profusion la vertu d'écœurement. Cette horreur et cette lamentation qui sont ma vie et dont je me nourris... Mais vous, pleins d'indifférence ou d'indulgence pour l'ignoble, vous pactisez avec lui, vous vous faites ses complices ! Hommes de terre ! Chevaliers de terre !

OBREGON, *bas à Vargas :* Il dit tout cela parce qu'il n'est pas très intelligent.

ALVARO : Avant la prise de Grenade, il y avait à la Frontera, au sommet d'un pic, un château fort où les jeunes chevaliers accomplissaient leur noviciat. C'est là que pour la dernière fois j'ai entendu le chant de l'Oiseau. Nul ne l'entendra plus jamais.

LETAMENDI : Quel oiseau ?

ALVARO : Le chant de la Colombe ardente, qui nous inspire ce qu'il faut dire ou faire pour ne pas démériter.

OBREGON : Le chevalier de l'an 1519 ne peut pas être le chevalier de l'an mille. Il n'y a plus de gnomes ni de monstres.

ALVARO : Il y a encore des monstres. Jamais il n'y en eut tant. Nous en sommes pressés, surplombés, accablés. Là... là... là... Malheur aux honnêtes !

BERNAL : Messieurs, remettons...

ALVARO, *au comble de l'exaltation :* Malheur aux honnêtes ! Malheur aux honnêtes !

BERNAL : Remettons à une autre fois la fin de ce conseil...

ALVARO, *tout d'un coup déprimé :* Malheur aux honnêtes... Malheur aux meilleurs...

Le Maître de Santiago, I, 4 (Librairie Gallimard, éditeur).

La proposition de partir pour les Indes avait une raison cachée : MARIANA *aime* JACINTO, *le fils de* BERNAL, *et les richesses du Nouveau Monde permettraient à* ALVARO *de doter sa fille.*

ACTE II : *Bernal se résout à exposer la situation à son ami pour le décider à partir. Mais, uniquement soucieux de son âme,* ALVARO *veut rompre avec toute attache terrestre. Il en oublie ses devoirs de père. Il est* « affamé de silence et de solitude » *et, selon lui,* MARIANA, *comme tout être humain, est,* « un obstacle pour qui tend à Dieu ». *Il a donné sa fortune aux maisons de l'Ordre, mais il ne fera rien pour doter sa fille :* « Si Mariana et votre fils ont entre eux ce sentiment que vous dites, qu'ils se marient tels qu'ils sont. Ils seront pauvres, mais le Christ leur lavera les pieds ».

ACTE III : *Mariana place son espoir dans une* ultime tentative : *le comte de Soria, qui arrive de la cour, accepte de se prêter à une supercherie.*

« UN RIEN IMPERCEPTIBLE ET TOUT EST DÉPLACÉ... »

Pour beaucoup de chrétiens, ALVARO n'est qu'un *hérétique*, un *monstrueux égoïste* qui sacrifie sa fille et qui s'écriera encore au dénouement : « *Périsse l'Espagne, périsse l'univers ! Si je fais mon salut et si tu fais le tien, tout est sauvé, tout est accompli* ». MON-THERLANT reconnaît que son héros n'est pas un chrétien modèle : il le conçoit comme un « *oiseau de proie de la charité* », un de ces Castillans du XVIe siècle « *à la tête un peu étroite qui, la cinquantaine passée, se retiraient du monde, avec leur foi tranchante, leur mépris de la réalité extérieure, leur fureur du rien* ». Il accorde même à ses détracteurs que c'est par amour de son père et non par amour de Dieu que MARIANA détrompe Alvaro, se sacrifie et le suit au couvent : « *Fascinée, enveloppée, envoûtée par lui, elle accepte tout ce qu'il veut ; à la fin, elle y met un peu de transcendance, mais cela est court* ». Ne pourrait-on cependant, puisqu'une œuvre publiée échappe à son auteur, donner plus de gravité à la pièce en la situant plus nettement *sur le plan de la grâce* et de ses voies mystérieuses ? « *Un rien imperceptible et tout est déplacé* » disait Mariana, parlant des miracles de l'amour ; sa piété filiale fait que ce « *rien imperceptible* » déplace tout dans le sens du divin : l'orgueilleux ALVARO, qu'égarait un fanatisme borné, s'humilie et trouvera Dieu en décidant de « n'être rien » tandis que, par son sacrifice, MARIANA accède d'emblée à la vision divine.

SORIA *annonce à* ALVARO *que le roi l'a choisi pour une mission de confiance aux Indes. Par fidélité au trône, et aussi par orgueil, le Maître de Santiago va céder à la tentation, quand sa fille surgit avec feu :* « Mon père, il est grand temps que je vous désabuse ; tout ceci est une affreuse comédie ». *Stupéfait, Soria se retire, congédié par* ALVARO *qui reste seul avec* MARIANA.

ALVARO : Pourquoi ? Pourquoi ?

MARIANA : J'étais dans ma chambre, au pied de la croix, à prier pour que cet homme vous convainque. Et soudain c'est vous que j'ai vu, à la place du Crucifié, la tête inclinée sur l'épaule, comme je vous avais vu un soir, un soir, endormi dans votre fauteuil, à côté des sarments éteints. Et j'ai senti qu'on vous bafouait, comme on bafoua le Crucifié, et qu'il fallait que tout de suite j'aille à votre secours. Brisée soit ma vie, et toute mon attente, plutôt que de vous voir berné sous mes yeux, et berné par ma faute, donnant dans un leurre que j'ai aidé à vous tendre.

10   ALVARO, *mettant un genou à terre devant sa fille, et lui prenant les mains et y appuyant son front :* Pardon, Mariana, pardon ! J'ai péché contre toi bien des fois dans ma vie. A présent, comme tout m'apparaît ! Aujourd'hui tu es née, puisque aujourd'hui j'apprends que tu es digne qu'on t'aime. Mais toi, tu m'aimais donc ? Tu m'aimais, chose étrange ? Pourquoi m'aimais-tu ?

MARIANA : Est-ce vous qui me demandez pardon, à moi, qui étais complice pour vous duper ? Relevez-vous, je vous en conjure. Je sens que je deviens folle quand je vous vois à genoux devant moi.

ALVARO : Tu faisais ton cours le long du mien dans les ténèbres ; je ne l'entendais même pas couler. Et puis, tout d'un coup, nos eaux se sont confondues, et nous roulons vers la même mer. Mariana ! dis-moi qu'il n'est pas trop tard !

MARIANA : Mon père par le sang et par le Saint-Esprit...

ALVARO : Tu m'as retenu sur le bord de l'abîme. Quand ma meilleure part se dérobait, toi, tu as été ma meilleure part. Je t'ai donné la vie : tu m'as rendu la mienne.

MARIANA : Je n'aurais pu supporter de vous voir cesser d'être ce que vous êtes. Vous m'avez reproché l'autre jour de vous perdre. J'ai voulu vous sauver.

ALVARO : Hélas, le Roi... ces paroles... il faut avouer qu'un instant j'en ai eu le cœur entr'ouvert. Loué soit Dieu qui m'a permis de me surprendre misérable et ridicule, et de me montrer tel devant la personne du monde qui devait le moins me voir ainsi : c'est toi, c'est toi qui m'as vu fausser ! Mais cette profonde chute me relance vers en haut. Désormais je touche à mon but : ce but, c'est de ne plus participer aux choses de la terre. Rentrons dans la réalité. Oh ! comme depuis toujours j'y aspire ! Comme je forçais sur mes ancres pour cingler vers le grand large ! Le temps de mettre en ordre mes affaires, je m'enferme sans retour au couvent de Saint-Barnabé. Toi, mon enfant, tu iras vivre avec ta tante. A moins que... A moins que... Pourquoi pas ? Laisse-moi t'entraîner dans ce Dieu qui m'entraîne. Bondis vers le soleil en t'enfonçant dans mon tombeau. Avant, je supportais que tu ailles un peu à ta guise. Maintenant, comment pourrais-je vouloir pour toi autre chose que la vérité ? Rapproche-toi de moi encore plus : deviens moi ! A Saint-Barnabé il y a un Carmel pour les femmes... Tu verras ce que c'est, que de n'être rien.

MARIANA : Être si peu que ce soit, pour pouvoir au profit de ceux qu'on aime.

ALVARO : Nous ne serons pas, et nous pourrons plus que tout ce qui est.

MARIANA : O mon Dieu, quand j'étais dans les bras de la tendresse humaine !

ALVARO : Endormie dans Jésus-Christ, endormie, ensevelie dans le profond abîme de la Divinité.

MARIANA : « Mon père, je remets mon âme entre vos mains. »

ALVARO : Dois-je te croire ? Peut-on croire à sa joie ?

MARIANA : Un rien imperceptible et tout est déplacé...

ALVARO : Ce qui a bougé bougera peut-être encore.

MARIANA : Brusquement, fixé à jamais.

Le Maître de Santiago, III, 5 (Librairie Gallimard, éditeur).

ALVARO *détache du mur le grand manteau blanc de l'Ordre et, la main sur l'épaule de* MARIANA, *enveloppe avec lui sa fille dans le manteau :* il lui donne la Chevalerie. *Tous deux s'agenouillent devant le crucifix et* MARIANA, *pour prix de son sacrifice, est ravie d'extase en contemplant la face divine :* elle voit avant son père ce qu'il a tant rêvé.

PORT-ROYAL   *A Port-Royal, en 1664. Le Jansénisme a été condamné*
par le pape, et l'autorité fait pression sur les religieuses
qui refusent de signer le Formulaire *rejetant la doctrine de Jansénius. Nous assistons à leurs*
débats, *leurs indécisions,* leurs *angoisses en attendant la venue de l'archevêque Péréfixe.*
Il survient en grand apparat et tente une dernière fois, mais en vain, de leur faire signer le
Formulaire. *Il décide alors que douze sœurs seront chassées et remplacées par des sœurs de*
la Visitation.

Les Portes du Jour et les Portes des Ténèbres

Seules restent en scène *deux religieuses* dont l'aînée, Angélique, doit quitter le monastère.
DRAME DE LA FOI : la sœur ANGÉLIQUE, nièce du grand Arnauld, ancienne Maîtresse des
novices, qui a animé par sa confiance et sa dialectique la résistance de Port-Royal, découvrant
que *sa foi ne résiste pas à l'épreuve,* franchit avec horreur les *Portes des Ténèbres ;* au contraire,
la jeune sœur FRANÇOISE, âme contemplative qui méprise les choses terrestres, s'est *retrem*
pée par la prière et s'apprête à subir la persécution : elle a vu s'ouvrir les *Portes du Jour.*
DRAME DE LA SOUFFRANCE : Angélique quitte pour toujours cette *maison,* qui était sa
raison d'être, et cette *novice* qu'elle a « nourrie » comme une mère ; leur cœur se brise,
mais la *règle* leur interdit toute affection humaine ; Angélique est en proie au *doute,* mais
au lieu d'implorer secours, elle soutient la *foi* de Françoise, seule promesse de *salut.*

LA SŒUR FRANÇOISE : Ma Sœur, je vous en prie, répondez à ma question :
Est-ce un homme qui nous juge coupables, ou est-ce un homme qui ne fait
que gagner le salaire qu'on lui a payé d'avance ?
LA SŒUR ANGÉLIQUE : Ne cherchez pas à percer ces choses. Il y a de tout en
certaines âmes. Et parfois dans le même moment.
LA SŒUR FRANÇOISE : Est-ce un homme qui croit en Dieu, ou est-ce, comme
M. l'Évêque de... ?
LA SŒUR ANGÉLIQUE : Ne cherchez pas à percer ces choses. Si l'on perçait
qui croit et qui ne croit pas...
10   LA SŒUR FRANÇOISE : Une personne ecclésiastique qui ne serait pas ce que son
habit fait paraître !
LA SŒUR ANGÉLIQUE : Peut-être qu'il y en a qui sont ainsi, et qui méritent
surtout d'être plaintes.
LA SŒUR FRANÇOISE : Ah ! ma Sœur, cette plainte ! De vous !
LA SŒUR ANGÉLIQUE : Quoi ! nulle pitié pour qui, sous ce vêtement *(elle*
touche son scapulaire), aurait un trouble, un doute...
LA SŒUR FRANÇOISE : Un doute sur quoi ?
LA SŒUR ANGÉLIQUE : Un doute... sur toutes les choses de la foi et de la Providence ; un doute si l'ordonnance du monde est bien telle, qu'elle nous justifie
20   de vivre comme nous vivons.
LA SŒUR FRANÇOISE : Pas de pitié pour qui, ayant ce doute, n'arracherait pas
son habit dans l'instant, devenu un leurre abominable, car Dieu punit quelquefois toute une communauté, pour le péché d'une seule.
LA SŒUR ANGÉLIQUE : Toute une communauté... punie... pour le péché d'une
seule...
LA SŒUR FRANÇOISE : Et avec raison. Le mal d'un seul doigt peut rendre le
corps entier malade.
LA SŒUR ANGÉLIQUE, *à part :* Qu'ai-je fait pour être à ce point abandonnée ?
LA SŒUR FRANÇOISE : Je n'aurais pas dû revenir et demander à Monseigneur sa
30   bénédiction. Je n'aurais pas dû lui parler tant. Les positions sont prises ; on se
débat pour rien. Pendant que je parlais, vous priiez. C'est vous qui aviez raison.

LA SŒUR ANGÉLIQUE : Ai-je prié ? Je ne sais. J'étais dans un autre monde ; j'y suis encore. Et peut-être n'ai-je prié que par mes larmes.

LA SŒUR FRANÇOISE : Je les voyais tomber sur la croix de votre scapulaire...

LA SŒUR ANGÉLIQUE : Elles étaient bien là.

LA SŒUR FRANÇOISE : Ma Mère... laissez-moi vous donner ce nom de Mère, maintenant que vous allez beaucoup souffrir.

LA SŒUR ANGÉLIQUE : Vous me le donnerez quand vous saurez comment j'ai souffert.

LA SŒUR FRANÇOISE : Ma Sœur... — Ma Mère, ma chère Mère, où êtes-vous ? Vous reverrai-je jamais ?

LA SŒUR ANGÉLIQUE : Je vous ai nourrie cinq ans, d'un lait que pas une mère... Mais je ne sais à quoi je pense en vous disant cela... Vous êtes assez grande, vous pourriez aller seule, quand même je vous quitterais. Or, je ne vous quitte pas ; on ne quitte que ce qu'on cesse d'aimer.

LA SŒUR FRANÇOISE : Est-ce vous qui me dites cela ? Vous qui tantôt me reprochiez si fort cette petite amitié humaine où vous croyiez que je voulais prétendre ?   *Elle prend la main de la sœur Angélique.*
                        Celle-ci dégage doucement sa main.

LA SŒUR ANGÉLIQUE : Il ne faut à aucun prix qu'un être, par sa trahison, nous décourage d'avoir plus jamais confiance en d'autres êtres. Il aurait trop gagné s'il avait tué en nous la confiance faite à notre prochain.

LA SŒUR FRANÇOISE : Ah ! n'est-ce donc que cela !

LA SŒUR ANGÉLIQUE : Vous, vous avez compris ce que vous ne compreniez point. Pour vous viennent de s'ouvrir les Portes du Jour...

LA SŒUR FRANÇOISE : Quel jour ? A quel point terni !

LA SŒUR ANGÉLIQUE : Pour moi j'ai franchi les Portes des Ténèbres, avec une horreur que vous ne pouvez pas savoir et qui doit n'être sue de personne.

LA SŒUR FRANÇOISE : Quelles ténèbres ? Je prie Dieu qu'il me fasse la grâce d'être un jour dans le Ciel à vos pieds.

LE PREMIER AUMÔNIER, *entrant, venant de la cour :* Ma Sœur, le carrosse... Ne tardez pas. Les Sœurs de la Visitation arrivent.

LA SŒUR ANGÉLIQUE : Les Sœurs de la nuit : la nuit qui s'abat sur notre monastère. Cette nuit-là, et l'autre nuit. *(Elle se prosterne.)* Je baise le sol de la maison où peut-être je ne reviendrai plus, comme nous faisions baiser le sol à nos petites filles, dès que sorties du lit, le premier acte de leur journée, — au temps des petites filles...   *Elle baise le sol, et se relève.*

LA SŒUR FRANÇOISE : Je serai fidèle à ce temps des petites filles. Je serai fidèle... Je serai fidèle.

LA SŒUR ANGÉLIQUE : Soyez fidèle pour toutes celles et pour tous ceux qui...

LA SŒUR FRANÇOISE : Vous retrouverez Dieu et Port-Royal partout. On n'est jamais seule quand on a la foi.

LA SŒUR ANGÉLIQUE : Mon enfant ! — Je ne sais ce que je retrouverai.

LA SŒUR FRANÇOISE *la regarde avec surprise, puis lui demande à voix basse :* Que voulez-vous dire ?

LA SŒUR ANGÉLIQUE, *se redressant :* Je veux dire que la nuit qui s'ouvre passera comme toutes les choses de ce monde. Et la vérité de Dieu demeurera éternellement, et délivrera tous ceux qui ne veulent être sauvés que par elle.

Elle dit cela avec effort, d'un air si étrange — mécanique — et paraissant si absente de ce qu'elle dit, que la sœur Françoise en est interdite.

                        Port-Royal (Librairie Gallimard, éditeur).

Romanciers
et poètes à la scène
Depuis 1940, le *théâtre traditionnel* a vu s'affirmer, auprès de Jean Anouilh, des techniciens habiles comme André Roussin *(La Petit Hutte, Les Œufs de l'Autruche)*, et se révéler sur le tard le tempérament vigoureux du Flamand Michel de Ghelderode qui oscille entre le drame et la farce et mêle étrangement la mystique et la sensualité la plus truculente *(Hop Signor!, Fastes d'Enfer, Escurial, L'École des Bouffons)*. Mais l'essentiel est venu de romanciers et de poètes qui ont abordé la scène sans amorcer comme Montherlant une seconde carrière : Georges Neveux *(Le Voyage de Thésée)*, Audiberti *(Le Mal court)*, Julien Gracq *(Le Roi Pêcheur, cf. p. 647)*, Emmanuel Roblès *(Montserrat)*, Marcel Aymé *(Clérambard, cf. p. 535)*, Jules Roy *(Les Cyclones)*, Julien Green *(Sud, cf. p. 477)*. Les succès notables sont souvent allés au *théâtre « idéologique »*, écho des débats qui, dans l'essai ou le roman, passionnaient le public intellectuel : c'est le cas des pièces de Camus (cf. p. 624) et de Sartre (cf. p. 607), auxquels on peut joindre Gabriel Marcel (cf. p. 675), depuis longtemps fidèle au théâtre d'idées *(Un Homme de Dieu, 1925 ; Rome n'est plus dans Rome, 1951)*. Bernanos *(Dialogues des Carmélites, cf. p. 466)* et Thierry Maulnier *(La Course des Rois, Le Profanateur)*.

L'EXPÉRIENCE DE FRANÇOIS MAURIAC. Auteur d'une *Vie de Jean Racine* et rattachant lui-même son œuvre romanesque à la tragédie racinienne, Mauriac avait porté à la scène, dès 1938, le décor landais et l'atmosphère trouble de ses romans (cf. p. 459) : ce fut *Asmodée*, pièce habile dont le personnage central, Blaise Coûture, est un Tartuffe moderne, tyrannique et douloureux. La tragédie bourgeoise des *Mal Aimés* (jouée en 1945) connut à son tour un accueil favorable, que ne retrouvèrent ensuite ni *Passage du Malin* (1947) ni *Le Feu sur la Terre* (1950). C'est que, fidèle au « théâtre psychologique » et renonçant à la magie qui, dans ses romans, voilait l'ignominie des êtres par l'évocation poétique de la nature et la musique du lyrisme, Mauriac peint au théâtre des *personnages odieux* que la *nudité du dialogue* rend difficilement supportables.

Les Mal Aimés

Ancien officier trahi par sa femme, M. de Virelade s'abandonne à l'inconduite et à la boisson. Il s'est retiré dans les Landes avec ses deux filles, Marianne et Élisabeth, l'aînée qui a remplacé sa mère à la direction de la maison. Après s'être sacrifiée jusqu'à la trentaine, Élisabeth décide d'épouser Alain, étudiant en médecine plus jeune qu'elle. Elle se heurte d'abord à la *sourde hostilité de Marianne* qui garde d'un flirt sans conséquence avec Alain un souvenir inoubliable, et surtout à l'*égoïsme de Virelade* qui ne peut tolérer d'être privé des attentions et même de la présence de son aînée. Le père abusif a surpris Marianne en train de jouer avec un revolver, et pendant qu'Alain attend dans le jardin une réponse définitive, il tente d'inspirer à Élisabeth le mépris de son fiancé et n'hésitera pas à la soumettre à un *indigne chantage*, l'incitant au sacrifice pour sauver le bonheur et peut-être la vie de Marianne. Il va distiller lentement le poison du *doute* jusqu'à cette *impitoyable révélation* dont le dialogue de Mauriac, sec et « réaliste », avive encore la *cruauté*.

ÉLISABETH : Elle a eu peur de rester seule, après mon mariage, seule ici avec vous, en tête-à-tête... Mais je l'ai rassurée. Elle sait maintenant, la pauvre chérie, que je ne l'abandonnerai jamais.

VIRELADE : Ce n'est pas de toi qu'elle a besoin, Élisabeth. Que crois-tu donc être pour elle ?

ÉLISABETH : Alain, en tout cas, n'est que son camarade, rien de plus.

VIRELADE : Appelle cela un camarade... moi je veux bien.

ÉLISABETH : Je le connais, peut-être ! je ne me fais aucune illusion : ce n'est pas un héros, bien sûr ! Mais de là à jouer ce jeu ignoble avec nous deux... non, tout de même !

VIRELADE : Que ce soit un très pauvre type, ce n'est pas à moi qu'il faut l'apprendre. Mais soyons justes : pour ce qui touche à ça, nous sommes tous de pauvres types...

ÉLISABETH : S'il y avait eu la moindre chose entre eux, je l'aurais vite flairé, je vous le jure !

VIRELADE : Que tu as la mémoire courte, Élisabeth ! Rappelle-toi l'été où tu m'accompagnais à Bordeaux, tous les jours, et où nous les laissions seuls derrière nous. Souviens-toi de tes larmes dans la voiture.

ÉLISABETH : Oui, c'est possible qu'à cette époque-là je me sois fait des idées... Je vous soupçonnais de ce calcul... Je me disais : il espère que Marianne détournera Alain de moi...

VIRELADE : Comme tu me détestes, en ce moment ! Si ça devait durer, je ne le supporterais pas...

ÉLISABETH : Ah ! oui, je me rappelle, maintenant ! Vous saviez pourquoi je pleurais au fond de la voiture et vous vous en réjouissiez !

VIRELADE : Je ne m'en réjouissais pas. Je ne m'en inquiétais pas non plus. Marianne accueillait librement un camarade, un ami d'enfance, comme tu le faisais toi-même... Où était le mal ?

ÉLISABETH : Vous voyez bien, vous le reconnaissez vous-même : où était le mal ? Ça ne tirait pas à conséquence. Alors pourquoi essayez-vous de m'empoisonner avec ce doute ?

VIRELADE : Je te dis ce qui est. Il en faut si peu à une petite fille comme Marianne pour qu'elle s'attache, pour qu'elle souffre jusqu'à n'en plus pouvoir.

ÉLISABETH : J'en ai assez. Découvrez d'un coup ce que vous dissimulez. Finissons-en.

VIRELADE : A quoi bon ? Tu ne me croirais pas. Interroge-les toi-même. Dès que j'aurai regagné ma chambre, Marianne sortira de la sienne et lui du jardin où il se cache. Pose-leur des questions. Alain n'a guère de défense devant toi et Marianne est à bout de course. Tu les auras comme tu voudras.

ÉLISABETH : Ah ! si c'était vrai...

VIRELADE : Que ferais-tu si c'était vrai ?

ÉLISABETH : Vous pourriez vous réjouir, père ; vous m'auriez toute à vous, à la fois vivante et morte...

VIRELADE : Non, ma fille... ce sont des mots... Tu manques de mesure... Tu sais bien que tu finirais par le rappeler et que tu n'aurais pas à crier bien fort : il continuerait de rôder autour de la propriété comme il fait en ce moment. Il serait toujours tapi dans quelque massif... Je connais cette espèce de chiens... Et puis permets-moi de te le dire : dans tout cela tu ne penses qu'à toi. Tu oublies Marianne : celle-là joue sa vie.

Les Mal Aimés, II, 6 (Grasset, éditeur).

A l'acte III, MARIANNE a épousé ALAIN, mais c'est pour découvrir bien vite qu'elle n'est pas vraiment aimée. Quant à ÉLISABETH, qui s'est sacrifiée, elle vit tristement auprès de son père. Or l'égoïste tranquillité de VIRELADE exige que sa fille paraisse heureuse. Il tente donc de la rapprocher du jeune ménage pour que renaisse entre Alain et Élisabeth une douce intimité. En fait, il suffit qu'ils se retrouvent pour que l'amour reprenne ses droits, et ils s'enfuient en voiture, la nuit. Mais au bout d'un moment, Élisabeth est de retour, prisonnière de sa conscience comme d'une fatalité. Ainsi chacun de ces personnages porte son fardeau de souffrance : s'ils se déchirent mutuellement, c'est qu'ils s'aiment avec égoïsme et qu'en définitive ils sont tous mal aimés.

Le baroque d'Audiberti Dramaturge autant que poète et romancier, JACQUES AUDIBERTI (1899-1965) pratique délibérément le déchaînement libertaire de l'imagination, surtout verbale ; il prend ainsi place dans la lignée des grands représentants du *baroque*. Aussi le théâtre est-il bien le mode d'expression où il s'est sans doute le plus complètement exprimé, de *Quoat-Quoat* (1946) à *La Fourmi dans le corps* (1962) en passant par *Le Mal court* (1947) et *La Hobereaute* (1956). Mais ce fantastique baroque n'exclut pas, au contraire, la présence tragique du Mal, qui est là, bien vivant, jouant à cache-cache avec le Bien ; et, entre le Mal et le Bien, il y a à la fois échange et conflit. Voici que la fantaisie verbale devient alors le symbole, et peut-être aussi l'antidote, de ce que d'autres appellent l'*absurde*. Tel est le thème obsédant de l'œuvre dramatique d'Audiberti et il n'apparaît nulle part mieux que dans *Le Mal court*.

Le Mal court

Dans *Le Mal court*, drame en forme de farce, la princesse de Courtelande ALARICA, constatant que, partout, « le Mal court », décide d'entrer, elle le modèle de toute pureté, dans cette course du Mal ; peut-être aussi, selon le jeu de mots du titre, est-ce pour *raccourcir* la durée de cette course maléfique en l'accélérant. Dans cette sorte de *farce philosophique*, tandis que le tragique parle le langage du burlesque, le burlesque est, de son côté, comme le masque grimaçant du tragique. Ainsi, à l'acte III, lorsque ALARICA explique à ses officiers les raisons pour lesquelles elle a décidé de détrôner son père CÉLESTINCIC.

ALARICA : Messieurs, la reine de Courtelande vous délie du serment prêté entre les mains de ce béquillard pastilleux [1]. La reine de Courtelande vous conseille de jurer fidélité à moi-même, et par-dessus le marché, à ce beau garçon [2] que, désormais, je promeus mon cheval, mon danseur, mon tuteur, mon filleul et mon cavalier. Les blés seront hauts, désormais, là-bas, sur notre contrée mal notée. Nous aurons des hôpitaux, des casernements, des instituts. Je m'en moque. Je ne recherche pas la puissance pour la puissance, mais il se trouve que je suis la fille d'un souverain et que le renversement de mon âme du côté du mal qui est le bien, du mal
10 qui est le roi, je ne puis l'accomplir de plus mémorable, de plus exemplaire manière qu'en revendiquant la puissance, par l'assassinat, si c'est nécessaire.
LE LIEUTENANT : Qu'est-ce qu'on fait ?
LE MARÉCHAL : Il n'y a rien à faire. La béquille en a dans l'aile. Il faudra faire changer la grande initiale au fronton du théâtre. Ça pue le phosphore et la violette [3], l'agonie et le commencement.
ALARICA : Engendrer signifie que l'on douta de soi pour accomplir sa vie. L'enfant détruit le parent.

Le Mal court, III (Librairie Gallimard, éditeur).

Pour finir, lorsque CÉLESTINCIC, *incapable de rien comprendre à ce qui se passe, balbutie :* « Ma petite fille... Ma petite. Elle avait une poupée bleue. Comment, comment a-t-elle pu... Ma petite », ALARICA *se contente de lui répondre :* « Le mal court ».

— 1 Le roi son père *(« béquille, manchon, moustaches, cinquante ans, pastilles »)*, selon l'indication scénique de l'auteur). — 2 « *Une espèce de député du monarque d'Occident* », fils d'une « blanchisseuse de lin » dont Alarica veut faire « *sa* maîtresse, son favori* ». — 3 Le Maréchal avait précédemment remarqué que « *lorsque l'impératrice Catherine escamota son mari, pour le déposer, il y avait, tout autour des acteurs de ce drame historique, comme une odeur de phosphore et de violette* ».

EUGÈNE IONESCO

Sa carrière Né en Roumanie en novembre 1912, d'un père roumain et d'une mère française, EUGÈNE IONESCO a passé son enfance à Paris. De retour au pays natal en 1925, il résiste désespérément aux progrès du nazisme et du fascisme ; puis, en 1938, il revient à Paris pour y préparer une thèse sur « les thèmes du péché et de la mort dans la poésie française depuis Baudelaire ». Après la débâcle de 1940 et un bref séjour dans son pays en proie au fascisme, il se fixe définitivement en France où il exercera le métier de correcteur d'imprimerie. Très vite il va consacrer sa vie au théâtre.

Ses premières pièces font scandale, soit qu'elles s'attaquent, par la parodie, aux traditions du genre dramatique *(La Cantatrice chauve*, 1950, cf. p. 588*)*, soit qu'elles reposent sur la transcription des rêves et l'exploration psychanalytique de la conscience *(La Leçon,* 1951 ; *Jacques ou la Soumission,* 1950 ; *Les Chaises,* 1952 ; *Victimes du devoir,* 1953; *Amédée,* 1952). Après dix ans d'insuccès, IONESCO triomphe avec *Rhinocéros* (joué en France en 1960) et s'impose avec les autres pièces du « cycle Bérenger » *(Tueur sans gages,* 1957 ; *Le Piéton de l'air,* 1962 ; *Le Roi se meurt,* 1962). Il donnera ensuite *La Soif et la Faim* (1964), *Macbett* (1972).

Dans ces pièces, de graves questions sont abordées : l'individu opprimé par la masse (cf. p. 591), l'impossibilité d'atteindre l'absolu, l'homme devant la mort (cf. p. 592). A travers les images oniriques qui hantent son théâtre (cf. *Journal en miettes,* 1967), IONESCO se montre obsédé par les problèmes du bien et du mal, du péché et de la mort, de l'inaptitude à vivre heureux ici-bas pour l'homme dévoré, comme lui, par la « nostalgie ardente » et incompréhensible d'un ailleurs qu'il ne saurait définir.

Une dramaturgie originale A mesure que s'enrichit son « expérience du théâtre », IONESCO poursuit une réflexion sur l'art dramatique *(Notes et Contre-notes,* 1962 ; *Découvertes,* 1969). Dès *La Cantatrice chauve,* il a déclaré la *guerre au théâtre de divertissement* des années 40, en parodiant les procédés de l'intrigue conventionnelle, la prétention à la logique et à la « vraisemblance ». C'est ainsi qu'il prête à ses personnages un langage automatique, absurde et saugrenu ; du même coup, il dénonce la sclérose intellectuelle ou l'impossibilité de communiquer qui surviennent quand l'automatisme fait obstacle à la spontanéité, à la vérité des êtres. D'autre part, le *théâtre engagé,* véhicule des idéologies, lui apparaît comme un instrument néfaste qui tend à asservir les masses en leur donnant l'illusion de penser. Il s'élève également contre le *mensonge du « réalisme »,* qui condamne le théâtre à une psychologie superficielle et périmée, alors que des moyens d'investigation plus pénétrants, comme la *psychanalyse,* permettraient de sonder l'inconnu, à condition d'ouvrir la scène à la représentation poétique de l'irrationnel, des symboles conçus par l'imagination, des cauchemars, des visions fantastiques.

Influencé par Jarry, Apollinaire et surtout Antonin Artaud (cf. p. 561, « théâtre de la cruauté »), IONESCO pense, en effet, que pour forcer le spectateur à participer, le théâtre doit être « violent », inquiéter, ne reculer ni devant le scandale ni devant le paroxysme.

« *Spectacle total* », loin de s'adresser seulement à l'intelligence, le théâtre doit toucher tous les sens, grâce aux ressources offertes par les techniques modernes, décors, éclairage, musique : « *tout est permis au théâtre* » (cf. p. 589). IONESCO pratique systématiquement le *mélange des genres,* allant du registre le plus noble à la farce grotesque, aux procédés du guignol, du music-hall ou du cirque. Il aime surtout jouer sur la *surprise du langage :* jeux de mots, pataquès, réflexions hétérogènes, prolifération verbale, accélération caricaturale du débit ; il invite même les acteurs à « jouer contre le texte ». Assurés de provoquer le rire, ces effets de rupture ont souvent pour objet de stimuler notre réflexion ou de dévoiler l'inconscient, le plus intime des êtres. C'est par ce biais que IONESCO prétend à l'universalité *classique,* « étant entendu que ce côté classique doit être retrouvé au-delà du nouveau, à travers le nouveau dont il doit être imprégné ».

La Cantatrice chauve

La première pièce de Ionesco serait née de l'idée de « mettre l'une à la suite de l'autre les phrases les plus banales », comme on en trouve dans un manuel de conversation étrangère dont l'unique objet est d'enseigner le vocabulaire et de faire jouer des structures grammaticales. Le sous-titre, *Anti-pièce*, traduisait son intention de « *faire une parodie du théâtre* ». Pour choquer le public du Boulevard, il avait conçu une pièce sans intrigue, aux personnages inconsistants, et dont la progression n'est soutenue que par la technique d'un mécanisme théâtral fonctionnant à vide. Le titre lui-même ne repose que sur deux répliques absurdes sans rapport avec le contexte. *Dans un décor typiquement anglais, M. et Mme* Smith *échangent des lieux communs, automatiques, vides de tout intérêt* (satire de l'existence banale, dans un milieu bourgeois et conformiste, entre deux êtres devenus étrangers l'un à l'autre). *Sous couleur de logique, ils aboutissent aux pires absurdités* (thème cher à Ionesco). *Surviennent deux visiteurs qui, pendant que les* Smith *sont allés s'habiller, découvrent qu'ils ont les mêmes souvenirs, le même appartement, la même petite fille... bref, qu'ils sont mari et femme : M. et Mme* Martin (satire du pathétique, des reconnaissances, des coups de théâtre). *Au retour des* Smith, *la conversation démarre péniblement, quand se présente le* Capitaine des Pompiers ; *il raconte ces histoires saugrenues qui ont la prétention d'être drôles. Après son départ, le dialogue entre ces interlocuteurs qui n'ont rien à se dire devient de plus en plus automatique et les personnages transformés en pantins s'affrontent en un langage incohérent. Peu à peu, le mécanisme verbal fonctionne seul, jusqu'à la désintégration totale du langage* : truismes (« Le plafond est en haut, le plancher en bas »), *proverbes, faux proverbes cocasses* (« Celui qui vend aujourd'hui un bœuf, demain aura un œuf »), *puis exercices d'élocution* (« Touche pas la mouche, mouche pas la touche »), *voyelles, onomatopées. Cette prolifération sans objet suit un rythme accéléré, comme si les personnages se disputaient pour d'excellentes raisons. Tout à coup la lumière s'éteint. Les paroles cessent brusquement. De nouveau, lumière. M. et Mme* Martin *sont assis comme les* Smith *au début de la pièce. La pièce recommence avec les* Martin, *qui disent exactement les répliques des* Smith *dans la première scène, tandis que le rideau se ferme doucement.* Ces personnages sans vie intérieure parlent pour ne rien dire et sont donc interchangeables : la structure circulaire de la pièce (fréquente chez Ionesco) souligne l'absurdité de la vie.

Selon l'auteur, l'interprétation devrait être la plus véhémente possible, « pour arriver..., si cela était réalisable, à la désarticulation des personnages eux-mêmes. L'idéal serait de voir leurs têtes et leurs jambes se projeter sur le plancher. Malheureusement, cela est impossible. Ce serait pourtant très beau de n'avoir plus que des marionnettes disloquées, ces personnages n'ayant pas de réalité. Ce que voulait être, en un certain sens, cette pièce ».

Rhinocéros

Pièce écrite en 1958, créée en allemand en 1959, représentée pour la première fois en France en 1960, *Rhinocéros* fut le premier succès de Ionesco à la scène. Plutôt que d'une intrigue, il s'agit d'une suite d'images scéniques : « Je respecte, dit Ionesco, les lois fondamentales du théâtre : une idée simple, une progression également simple, et une chute ». *Les rues d'une petite cité assoupie dans sa médiocrité sont tout à coup traversées par la course d'un rhinocéros : en fait, il s'agit d'un homme qui s'est transformé en bête sauvage. Comme une épidémie, la métamorphose en chaîne va gagner inexorablement la ville entière. Chaque personnage présente des défauts qui prédisposent à la* « rhinocérite » : *égoïsme, vanité, hypocrisie, ambition, goût de la violence et de la domination, fausse logique, abus des lieux communs qui détournent de penser, lâcheté qui conduit à* « comprendre » *le mal, à l'admettre, enfin à l'approuver. A la fin de la pièce,* Bérenger *reste seul épargné par la métamorphose : il demeure attaché instinctivement à son humanité, aux valeurs humanistes ; il refuse de devenir rhinocéros, bien qu'il souffre de sa solitude et soit, lui aussi, tenté de suivre le mouvement.* A l'origine de ce mythe à la Kafka, des images obsédantes remontant aux angoisses de l'auteur devant la contagion de l'idéologie nazie en Roumanie, après 1933. Mais, selon Ionesco lui-même, la pièce aurait une portée plus large, et vise « les intellectuels qui, depuis une trentaine d'années, ne font que propager les rhinocérites et ne font que soutenir les hystéries collectives dont les peuples entiers deviennent périodiquement la proie » ; elle met aussi en lumière les démissions qui ravalent les individus à l'état de robots.

« Rhinocéros ! Rhinocéros ! »

Sous les regards effarés de BÉRENGER en plein désarroi, son ami JEAN se métamorphose en *rhinocéros* ; la contagion commence à s'étendre à toute la société. Dans cette scène burlesque et fantastique, la mutation physique traduit l'évolution du personnage séduit par la morale « rhinocérique » : il rejette l'humanisme pour revenir à la loi de la jungle, en invoquant les arguments qui ouvrent la voie à toutes les dictatures. On notera l'importance des « éléments scéniques matériels ». Dans la dramaturgie de Ionesco, en effet, le théâtre est autant visuel qu'auditif : « Tout est permis au théâtre : incarner des personnages, mais aussi matérialiser des angoisses, des présences intérieures. Il est donc non seulement permis, mais recommandé, de faire jouer les accessoires, faire vivre les objets, animer les décors, concrétiser les symboles. » *(Expérience du Théâtre,* 1958).

JEAN : Après tout, les rhinocéros sont des créatures comme nous, qui ont droit à la vie au même titre que nous !
BÉRENGER : A condition qu'elles ne détruisent pas la nôtre. Vous rendez-vous compte de la différence de mentalité ?
JEAN, *allant et venant dans la pièce, entrant dans la salle de bains, et sortant :* Pensez-vous que la nôtre soit préférable ?
BÉRENGER : Tout de même, nous avons notre morale à nous, que je juge incompatible avec celle de ces animaux.
JEAN : La morale ! Parlons-en de la morale, j'en ai assez de la morale, elle est belle la morale ! Il faut dépasser la morale.
BÉRENGER : Que mettriez-vous à la place ?
JEAN, *même jeu :* La nature !
BÉRENGER : La nature ?
JEAN, *même jeu.* La nature a ses lois. La morale est antinaturelle.
BÉRENGER : Si je comprends, vous voulez remplacer la loi morale par la loi de la jungle !
JEAN : J'y vivrai, j'y vivrai.
BÉRENGER : Cela se dit. Mais dans le fond, personne...
JEAN, *l'interrompant, et allant et venant :* Il faut reconstituer les fondements de notre vie. Il faut retourner à l'intégrité primordiale. [...] L'humanisme est périmé ! Vous êtes un vieux sentimental ridicule. *(Il entre dans la salle de bains.)*
BÉRENGER : Enfin, tout de même, l'esprit...
JEAN, *dans la salle de bains :* Des clichés ! vous me racontez des bêtises.
BÉRENGER : Des bêtises !
JEAN, *de la salle de bains, d'une voix très rauque, difficilement compréhensible :* Absolument.
BÉRENGER : Je suis étonné de vous entendre dire cela, mon cher Jean ! Perdez-vous la tête ? Enfin, aimeriez-vous être rhinocéros ?
JEAN : Pourquoi pas ? Je n'ai pas vos préjugés.
BÉRENGER : Parlez plus distinctement. Je ne vous comprends pas. Vous articulez mal.
JEAN, *toujours de la salle de bains :* Ouvrez vos oreilles !
BÉRENGER : Comment ?
JEAN : Ouvrez vos oreilles. J'ai dit : pourquoi pas ? ne pas être rhinocéros ? J'aime les changements.

BÉRENGER : De telles affirmations venant de votre part... *(Bérenger s'interrompt, car Jean fait une apparition effrayante. En effet, Jean est devenu tout à fait vert. La bosse de son front est presque devenue une corne de rhinocéros.)* Oh ! vous semblez vraiment perdre la tête ! *(Jean se précipite vers son lit, jette les couvertures par terre,*
40 *prononce des paroles furieuses et incompréhensibles, fait entendre des sons inouïs.)* Mais ne soyez pas si furieux, calmez-vous ! Je ne vous reconnais plus.

JEAN, *à peine distinctement :* Chaud... trop chaud. Démolir tout cela, vêtements, ça gratte, vêtements, ça gratte. *(Il fait tomber le pantalon de son pyjama.)*

BÉRENGER : Que faites-vous ? Je ne vous reconnais plus ! Vous si pudique d'habitude !

JEAN : Les marécages ! les marécages !

BÉRENGER : Regardez-moi ! Vous ne semblez plus me voir ! Vous ne semblez plus m'entendre !

JEAN : Je vous entends très bien ! Je vous vois très bien ! *(Il fonce vers Bérenger*
50 *tête baissée. Celui-ci s'écarte.)*

BÉRENGER : Attention !

JEAN, *soufflant bruyamment :* Pardon ! *(Puis il se précipite à toute vitesse dans la salle de bains.)*

En vain Bérenger veut calmer son ami dont « la corne s'allonge à vue d'œil » : Jean menace de le piétiner ! « Au moment où Bérenger a réussi à refermer la porte, la corne du rhinocéros a traversé celle-ci ». La porte s'ébranle sous la poussée continuelle de l'animal qui émet des barrissements mêlés à des mots à peine distincts : je rage, salaud, etc...

BÉRENGER, *se précipitant dans l'escalier :* Concierge, concierge, vous avez un rhinocéros dans la maison, appelez la police ! Concierge ! *(On voit s'ouvrir le haut*
60 *de la porte de la loge de la concierge ; apparaît une tête de rhinocéros.)* Encore un ! *(Bérenger remonte à toute allure les marches de l'escalier. Il entre dans la chambre de Jean tandis que la porte de la salle de bains continue d'être secouée. Bérenger se dirige vers la fenêtre, qui est indiquée par un simple encadrement, sur le devant de la scène face au public. Il est à bout de force, manque de défaillir, bredouille :)* Ah mon Dieu ! Ah mon Dieu ! *(Il fait un grand effort, se met à enjamber la fenêtre, passe presque de l'autre côté, c'est-à-dire vers la salle, et remonte vivement, car au même instant on voit apparaître, de la fosse d'orchestre, la parcourant à toute vitesse, une grande quantité de cornes de rhinocéros à la file. Bérenger remonte le plus vite qu'il peut et regarde un instant par la fenêtre.)* Il y en a tout un troupeau maintenant dans la rue ! Une armée de rhinocéros, ils dévalent l'avenue
70 en pente !.. *(Il regarde de tous les côtés.)* Par où sortir, par où sortir !... Si encore ils se contentaient du milieu de la rue ! Ils débordent sur le trottoir, par où sortir, par où partir ! *(Affolé, il se dirige vers toutes les portes, et vers la fenêtre, tour à tour, tandis que la porte de la salle de bains continue de s'ébranler et que l'on entend Jean barrir et proférer des injures incompréhensibles. Le jeu continue quelques instants : chaque fois que dans ses tentatives désordonnées de fuite, Bérenger se trouve sur les marches de l'escalier, il est accueilli par des têtes de rhinocéros qui barrissent et le font reculer. Il va une dernière fois vers la fenêtre, regarde.)* Tout un troupeau de rhinocéros ! Et on disait que c'est un animal solitaire ! C'est faux, il faut reviser cette conception ! Ils ont démoli tous les bancs de l'avenue. *(Il se tord les mains.)* Comment faire ? *(Il se*
80 *dirige de nouveau vers les différentes sorties, mais la vue des rhinocéros l'en empêche. Lorsqu'il se trouve de nouveau devant la porte de la salle de bains, celle-ci menace de céder. Bérenger se jette contre le mur du fond qui cède ; on voit la rue dans le fond, il s'enfuit en criant.)* Rhinocéros ! Rhinocéros ! *(Bruits, la porte de la salle de bains va céder.)*

Rhinocéros, Acte II, tableau II (Librairie Gallimard, éditeur).

« *JE NE CAPITULE PAS !* »

Abandonné de tous, même de sa fiancée Daisy, BÉRENGER se rend compte que la rhino-cérite est maintenant la normale : seul être humain, il est devenu une sorte de monstre. Ne vaudrait-il pas mieux suivre la masse que de souffrir de la solitude ? Le voudrait-il qu'il ne le pourrait pas : il est allergique à la rhinocérite. Il symbolise, dit l'auteur, ces « quelques consciences individuelles qui représentent la vérité ». Mais on le sent partagé jusqu'au bout entre l'instinct grégaire et le besoin de liberté. L'interprétation de la pièce et du monologue qui la termine nous est dictée par Ionesco : « Les gens la comprennent-ils comme il faut ? Y voient-ils le phénomène monstrueux de la massification ? [...] En même temps qu'ils sont massifiables, sont-ils aussi, et essentiellement, au fond d'eux-mêmes, tous, des individualistes, des âmes uniques ? »

BÉRENGER : On ne m'aura pas, moi. *(Il ferme soigneusement les fenêtres.)* Vous ne m'aurez pas, moi. *(Il s'adresse à toutes les têtes de rhinocéros.)* Je ne vous suivrai pas, je ne vous comprends pas ! Je reste ce que je suis. Je suis un être humain. Un être humain. [...] Quelle est ma langue ? Est-ce du français, ça ? Ce doit bien être du français ? Mais qu'est-ce que du français ? On peut appeler ça du français, si on veut, personne ne peut le contester, je suis seul à le parler. Qu'est-ce que je dis ? Est-ce que je me comprends, est-ce que je me comprends ? *(Il va vers le milieu de la chambre.)* Et si, comme me l'avait dit Daisy, si c'est eux qui ont raison ? *(Il retourne vers la glace.)* Un homme n'est pas laid, un homme n'est pas laid ! *(Il se regarde en passant la main sur sa figure.)* Quelle drôle de chose ! A quoi je ressemble alors ? A quoi ? *(Il se précipite vers un placard, en sort des photos, qu'il regarde.)* Des photos ! Qui sont-ils tous ces gens-là ? M. Papillon, ou Daisy plutôt ? Et celui-là, est-ce Botard ou Dudard, ou Jean ? ou moi, peut-être ! *(Il se précipite de nouveau vers le placard d'où il sort deux ou trois tableaux.)* Oui, je me reconnais ; c'est moi, c'est moi ! *(Il va raccrocher les tableaux sur le mur du fond, à côté des têtes des rhinocéros.)* C'est moi, c'est moi. *(Lorsqu'il accroche les tableaux, on s'aperçoit que ceux-ci représentent un vieillard, une grosse femme, un autre homme. La laideur de ces portraits contraste avec les têtes des rhinocéros qui sont devenues très belles. Bérenger s'écarte pour contempler les tableaux.)* Je ne suis pas beau, je ne suis pas beau. *(Il décroche les tableaux, les jette par terre avec fureur, il va vers la glace.)* Ce sont eux qui sont beaux. J'ai eu tort ! Oh, comme je voudrais être comme eux. Je n'ai pas de corne, hélas ! Que c'est laid, un front plat. Il m'en faudrait une ou deux, pour rehausser mes traits tombants. Ça viendra peut-être, et je n'aurai plus honte, je pourrai aller tous les retrouver. Mais ça ne pousse pas ! *(Il regarde les paumes de ses mains.)* Mes mains sont moites. Deviendront-elles rugueuses ? *(Il enlève son veston, défait sa chemise, contemple sa poitrine dans la glace.)* J'ai la peau flasque. Ah, ce corps trop blanc, et poilu ! Comme je voudrais avoir une peau dure et cette magnifique couleur d'un vert sombre, une nudité décente, sans poils, comme la leur ! *(Il écoute les barrissements.)* Leurs chants ont du charme, un peu âpre, mais un charme certain ! Si je pouvais faire comme

eux. *(Il essaye de les imiter.)* Ahh, Ahh, Brr ! Non, ça n'est pas ça !
Essayons encore plus fort ! Ahh, Ahh, Brr ! non, non, ce n'est pas
ça, que c'est faible, comme cela manque de vigueur ! Je n'arrive pas
à barrir. Je hurle seulement. Ahh, Ahh, Brr ! Les hurlements ne
sont pas des barrissements ! Comme j'ai mauvaise conscience, j'aurais
dû les suivre à temps. Trop tard maintenant ! Hélas, je suis un monstre,
40 je suis un monstre. Hélas, jamais je ne deviendrai rhinocéros, jamais,
jamais ! Je ne peux plus changer. Je voudrais bien, je voudrais tellement,
mais je ne peux pas. Je ne peux plus me voir. J'ai trop honte ! *(Il tourne
le dos à la glace.)* Comme je suis laid ! Malheur à celui qui veut conserver
son originalité ! *(Il a un brusque sursaut.)* Eh bien tant pis ! Je me défendrai
contre tout le monde ! Ma carabine, ma carabine ! *(Il se retourne face au
mur du fond où sont fixées les têtes des rhinocéros, tout en criant :)* Contre tout
le monde, je me défendrai, contre tout le monde, je me défendrai ! Je
suis le dernier homme, je le resterai jusqu'au bout ! Je ne capitule pas ! —
Rideau.

Rhinocéros, Acte III (Librairie Gallimard, éditeur).

Le Roi se meurt

La hantise de la mort est presque toujours présente dans l'œuvre de Ionesco. Dans
Le Roi se meurt, nous assistons, comme à une *cérémonie* (c'était le titre initial de la pièce),
aux diverses étapes marquant le passage de la vie à la mort. Bérenger Ier parcourt tout
le « programme » des pensées et des réactions humaines dans les derniers moments :
incrédulité, révolte, désespoir, résignation, oubli, impression que tout s'anéantit. Sa
deuxième épouse, Marie, la reine bien-aimée, a beau recourir à toutes sortes de conso-
lations, Bérenger ne connaît que cette terrible évidence : *il meurt*, et plus rien n'existera
pour lui. Scandale d'autant plus intolérable qu'il est le Roi. Mais dans toute la pièce, il se
comporte comme un homme ordinaire ; chacun, à la naissance, ne reçoit-il pas le monde
comme un royaume dont il sera dépossédé à sa mort ? Pièce « classique » par le thème, la
progression, la tenue du style, *Le Roi se meurt* n'en porte pas moins la marque de son
auteur : le pathétique de la scène trouve ici son contrepoint dans des dissonances qui
provoquent notre réflexion, l'indifférence du Garde proclamant les bulletins de santé,
et la rigueur impitoyable de Marguerite, la première épouse détestée, qui conduira la
« cérémonie » jusqu'à sa phase ultime.

MARIE *[au roi dans un fauteuil à roulettes]* : Je t'aime toujours, je t'aime encore.
LE ROI : Je ne sais plus, cela ne m'aide pas.
LE MÉDECIN : L'amour est fou.
MARIE, *au Roi* : L'amour est fou. Si tu as l'amour fou, si tu aimes insen-
sément, si tu aimes absolument, la mort s'éloigne. Si tu m'aimes moi, si tu aimes
tout, la peur se résorbe. L'amour te porte, tu t'abandonnes et la peur t'abandonne. L'univers entier, tout ressuscite, le vide se fait plein.
LE ROI : Je suis plein, mais de trous. On me ronge. Les trous s'élargissent, ils
n'ont pas de fond. J'ai le vertige quand je me penche sur mes propres trous,
10 je finis.
MARIE : Ce n'est pas fini, les autres aimeront pour toi, les autres verront le
ciel pour toi.

LE ROI : Je meurs.
MARIE : Entre dans les autres, sois les autres. Il y aura toujours... cela, cela.
LE ROI : Quoi cela ?
MARIE : Tout ce qui est. Cela ne périt pas.
LE ROI : Il y a encore... Il y a encore... Il y a encore si peu.
MARIE : Les générations jeunes agrandissent l'univers.
LE ROI : Je meurs.
MARIE : Des constellations sont conquises.
LE ROI : Je meurs.
MARIE : Les téméraires enfoncent les portes des cieux.
LE ROI : Qu'ils les défoncent.
LE MÉDECIN : Ils sont aussi en train de fabriquer les élixirs de l'immortalité.
LE ROI : Incapable ! Pourquoi ne les as-tu pas inventés toi-même avant ?
MARIE : De nouveaux astres sont sur le point d'apparaître.
LE ROI : Je rage.
MARIE : Ce sont des étoiles toutes neuves. Des étoiles vierges.
LE ROI : Elles se flétriront. D'ailleurs, cela m'est égal.
LE GARDE, *annonçant* : Ni les anciennes ni les nouvelles constellations n'inté-
ressent plus Sa Majesté, le Roi Bérenger !
MARIE : Une science nouvelle se constitue.
LE ROI : Je meurs.
MARIE : Une autre sagesse remplace l'ancienne, une plus grande folie, une
plus grande ignorance, tout à fait différente, tout à fait pareille. Que cela te
console, que cela te réjouisse.
LE ROI : Je meurs, je meurs.
MARIE : Tu as préparé tout cela.
LE ROI : Sans le faire exprès.
MARIE : Tu as été une étape, un élément, un précurseur. Tu es de toutes les
constructions. Tu comptes. Tu seras compté.
LE ROI : Je ne serai pas le comptable. Je meurs.
MARIE : Tout ce qui a été sera, tout ce qui sera est, tout ce qui sera a été. Tu es
inscrit à jamais dans les registres universels.
LE ROI : Qui consultera les archives ? Je meurs, que tout meure, non, que tout
reste, non, que tout meure puisque ma mort ne peut remplir les mondes ! Que
tout meure. Non, que tout reste.
LE GARDE : Sa Majesté le Roi veut que tout le reste reste.
LE ROI : Non, que tout meure.
LE GARDE : Sa Majesté le Roi veut que tout meure.
LE ROI : Que tout meure avec moi, non, que tout reste après moi. Non, que tout
meure. Non, que tout reste. Non, que tout meure, que tout reste, que tout meure.
MARGUERITE : Il ne sait pas ce qu'il veut .[...]
LE MÉDECIN : Il ne sait plus ce qu'il veut. Son cerveau dégénère, c'est la sénilité,
le gâtisme.
LE GARDE, *annonçant* : Sa Majesté devient gâ...
MARGUERITE, *au Garde, l'interrompant* : Imbécile, tais-toi. Ne donne plus de
bulletins de santé pour la presse. Ça ferait rire ceux qui peuvent encore rire et
entendre. Ça réjouit les autres, ils surprennent tes paroles par la télégraphie.
LE GARDE, *annonçant* : Bulletins de santé suspendus, d'ordre de Sa Majesté,
la reine Marguerite.

Le Roi se meurt (Librairie Gallimard, éditeur).

SAMUEL ·BECKETT

SAMUEL BECKETT est né à Dublin, en 1906, d'une famille aisée et puritaine. Il manifeste dès l'adolescence son intérêt pour la littérature française. A partir de 1928, un séjour à Paris comme lecteur d'anglais à l'École Normale Supérieure contribue à le dégager du rigorisme et de la foi de son enfance ; ami intime de Joyce, il se lie avec les surréalistes français Breton, Éluard, Crevel. Pendant une vingtaine d'années, il va mener une existence difficile en Irlande, à Londres, en Allemagne, à Paris, publiant sans succès des romans et des nouvelles : *Murphy* (en anglais, 1938 ; en français, 1947), *Molloy* (1951), *Malone meurt* (1951), *L'Innommable* (1953). Plus heureux au théâtre, il s'impose à l'attention, en France et dans le monde entier, avec *En attendant Godot* (pièce écrite en 1948, publiée en 1952, jouée en 1953), puis *Fin de partie* (à Londres, en français, 1957), *La dernière bande* (à Londres, en anglais, 1958), *Oh les beaux jours* (en anglais, 1961 ; en français, 1963). SAMUEL BECKETT n'a pas renoncé pour autant à la création romanesque *(Comment c'est*, 1961) et l'ensemble de son œuvre lui a valu le Prix Nobel en 1969 (cf. p. 655). En rupture avec la technique « traditionnelle », son œuvre dramatique est à classer dans l'*antithéâtre*. Le décor est presque inexistant et parfois saugrenu : une route avec un arbre (cf. p. 594), un monticule de terre (cf. p. 597), des personnages croupissant dans des poubelles *(Fin de partie)* ou enfoncés jusqu'au cou dans des jarres *(Comédie*, 1963*)*. Renonçant aux conflits psychologiques, aux temps forts d'une crise conduite jusqu'à son dénouement, l'action se réduit à quelques gestes, à des dialogues à peine esquissés, entre des personnages insignifiants, des clochards, des épaves humaines qui se comportent comme des clowns ou des pantins. Le thème qui revient sans cesse est l'obsession de notre néant : les êtres se réduisent à la parole, ou plutôt à la *voix* par laquelle ils cherchent à se persuader de leur existence ; ils occupent comme ils peuvent le temps, qui n'en finit pas, car leur vaine agitation n'est que l'éternelle attente d'on ne sait quoi, un perpétuel recommencement. Ce théâtre foncièrement pessimiste, où la présence de l'homme sur la terre semble dépourvue de tout intérêt, de toute signification, inspire tantôt l'ennui et le dégoût, tantôt une sorte d'angoisse métaphysique.

« *Pourquoi ?... Pourquoi ?* »

Dans *En attendant Godot* (1952), la scène se passe « sur une route à la campagne, avec arbre ». Deux clochards, VLADIMIR et ESTRAGON conversent tant bien que mal, pour tuer le temps interminable, en attendant un certain GODOT avec qui ils ont, croient-ils, rendez-vous. Ils espèrent de lui monts et merveilles, mais tous les soirs GODOT leur fait dire qu'il viendra « sûrement demain ». On y a vu le symbole de l'existence absurde passée vainement dans l'attente de Dieu (en anglais, *God*), mais Beckett a rejeté cette interprétation... Surviennent deux autres personnages : POZZO, sûr de lui, jouisseur, cruel, tient en laisse LUCKY, vieillard décharné et pliant sous le poids de ses bagages ; à coups de fouet, il le contraint à exécuter ses moindres caprices. Est-ce le symbole de l'esclave tyrannisé par son maître ? ou celui de l'homme asservi à la divinité (à deux reprises, POZZO est confondu avec GODOT) ? Ces deux images de la condition humaine semblent se superposer quand les clochards, apitoyés, interrogent POZZO sur son souffre-douleur.

Vladimir mime celui qui porte une lourde charge. Pozzo le regarde sans comprendre.

ESTRAGON *(avec force)* : Bagages ! *(Il pointe son doigt vers Lucky.)* Pourquoi ? Toujours tenir. *(Il fait celui qui ploie, en haletant.)* Jamais déposer. *(Il ouvre les mains, se redresse avec soulagement.)* Pourquoi ?

POZZO : J'y suis. Il fallait me le dire plus tôt. Pourquoi il ne se met pas à son aise. Essayons d'y voir clair. N'en a-t-il pas le droit ? Si. C'est donc qu'il ne veut pas ? Voilà qui est raisonné. Et pourquoi ne veut-il pas ? *(Un temps)* Messieurs, je vais vous le dire.

VLADIMIR : Attention !

POZZO : C'est pour m'impressionner, pour que je le garde.

ESTRAGON : Comment ?

POZZO : Je me suis peut-être mal exprimé. Il cherche à m'apitoyer, pour que je renonce à me séparer de lui. Non, ce n'est pas tout-à-fait ça.

VLADIMIR : Vous voulez vous en débarrasser ?

POZZO : Il veut m'avoir, mais il ne m'aura pas.

VLADIMIR : Vous voulez vous en débarrasser ?

POZZO : Il s'imagine qu'en le voyant bon porteur je serai tenté de l'employer à l'avenir dans cette capacité.

ESTRAGON : Vous n'en voulez plus ?

POZZO : En réalité, il porte comme un porc. Ce n'est pas son métier.

VLADIMIR : Vous voulez vous en débarrasser ?

POZZO : Il se figure qu'en le voyant infatigable je vais regretter ma décision. Tel est son misérable calcul. Comme si j'étais à court d'hommes de peine ! *(Tous trois regardent Lucky).* Atlas, fils de Jupiter ! *(Silence)* Et voilà. Je pense avoir répondu à votre question. En avez-vous d'autres ?

VLADIMIR : Vous voulez vous en débarrasser ?

POZZO : Remarquez que j'aurais pu être à sa place et lui à la mienne. Si le hasard ne s'y était pas opposé. A chacun son dû.

VLADIMIR : Vous voulez vous en débarrasser ?

POZZO : Vous dites ?

VLADIMIR : Vous voulez vous en débarrasser ?

POZZO : En effet. Mais au lieu de le chasser, comme j'aurais pu, je veux dire au lieu de le mettre tout simplement à la porte, à coups de pied dans le cul, je l'emmène, telle est ma bonté, au marché de Saint-Sauveur, où je compte bien en tirer quelque chose. A vrai dire, chasser de tels êtres, ce n'est pas possible. Pour bien faire, il faudrait les tuer. *(Lucky pleure.)*

ESTRAGON : Il pleure.

POZZO : Les vieux chiens ont plus de dignité. *(Il tend son mouchoir à Estragon.)* Consolez-le, puisque vous le plaignez. *(Estragon hésite.)* Prenez. *(Estragon prend le mouchoir.)* Essuyez-lui les yeux. Comme ça il se sentira moins abandonné. *(Estragon hésite toujours.)*

VLADIMIR : Donne, je le ferai, moi.

Estragon ne veut pas donner le mouchoir. Gestes d'enfant.

POZZO : Dépêchez-vous. Bientôt il ne pleurera plus. *(Estragon s'approche de Lucky et se met en posture de lui essuyer les yeux. Lucky lui décoche un violent coup de pied dans les tibias. Estragon lâche le mouchoir, se jette en arrière, fait le tour du plateau en boitant et en hurlant de douleur.)* Mouchoir. *(Lucky dépose valise et panier, ramasse le mouchoir, avance, le donne à Pozzo, recule, reprend valise et panier.)*

ESTRAGON : Le salaud ! La vache ! *(Il relève son pantalon.)* Il m'a estropié !

En attendant Godot, I (Éditions de Minuit).

« Pour que le temps leur semble moins long », POZZO s'efforce de distraire les deux clochards, leur parle « de choses et d'autres », leur « explique le crépuscule » en termes lyriques, et finit par faire danser devant eux puis « penser à haute voix » le malheureux LUCKY, qui débite un discours incohérent. Restés seuls sur la route, VLADIMIR et ESTRAGON retombent dans l'ennui : ils se pendraient à l'arbre s'ils avaient une corde.

« Nous attendons. Nous nous ennuyons... »

A l'acte II, le lendemain, VLADIMIR et ESTRAGON, qui s'étaient séparés, se retrouvent au même endroit, heureux de bavarder encore pour « se donner l'impression d'exister »... *en attendant Godot.* Voici de nouveau LUCKY, chargé comme au premier acte, et avec lui POZZO devenu aveugle. Les deux hommes trébuchent et restent étendus au milieu des bagages. POZZO appelle au secours. VLADIMIR et ESTRAGON vont s'interroger sur l'opportunité de le secourir. La résonance pascalienne de ce dialogue sur le sens de l'activité humaine ne semble pas douteuse. Si les deux clochards se proposent d'intervenir, c'est moins par humanité que par divertissement : « *Nous commencions à flancher. Voilà notre fin de soirée assurée* », avaient-ils déclaré en revoyant l'éternel attelage de LUCKY et de POZZO.

VLADIMIR : Ne perdons pas notre temps en vains discours. *(Un temps. Avec véhémence.)* Faisons quelque chose pendant que l'occasion se présente ! Ce n'est pas tous les jours qu'on a besoin de nous. Non pas à vrai dire qu'on ait précisément besoin de nous. D'autres feraient aussi bien l'affaire, sinon mieux. L'appel que nous venons d'entendre, c'est plutôt à l'humanité tout entière qu'il s'adresse. Mais c'est endroit, en ce moment, l'humanité, c'est nous, que ça nous plaise ou non. Profitons-en, avant qu'il soit trop tard. Représentons dignement pour une fois l'engeance où le malheur nous a fourrés. Qu'en dis-tu ? *(Estragon n'en dit rien.)* Il est vrai qu'en pesant, les bras croisés, le pour et le contre, nous
10 faisons également honneur à notre condition. Le tigre se précipite au secours de ses congénères sans la moindre réflexion. Ou bien il se sauve au plus profond des taillis. Mais la question n'est pas là. Que faisons-nous ici, voilà ce qu'il faut se demander. Nous avons la chance de le savoir. Oui, dans cette immense confusion, une seule chose est claire : nous attendons que Godot vienne.
ESTRAGON : C'est vrai.
VLADIMIR : Ou que la nuit tombe. *(Un temps.)* Nous sommes au rendez-vous, un point c'est tout. Nous ne sommes pas des saints, mais nous sommes au rendez-vous. Combien de gens peuvent en dire autant ?
ESTRAGON : Des masses.
20 VLADIMIR : Tu crois ?
ESTRAGON : Je ne sais pas.
VLADIMIR : C'est possible. [...] Ce qui est certain, c'est que le temps est long, dans ces conditions, et nous pousse à le meubler d'agissements qui, comment dire, qui peuvent à première vue paraître raisonnables, mais dont nous avons l'habitude. Tu me diras que c'est pour empêcher notre raison de sombrer. C'est une affaire entendue. Mais n'erre-t-elle pas déjà dans la nuit permanente des grands fonds, c'est ce que je me demande parfois. Tu suis mon raisonnement ?
ESTRAGON : Nous naissons tous fous. Quelques-uns le demeurent. [...]
VLADIMIR : Nous attendons. Nous nous ennuyons. *(Il lève la main.)* Non, ne
30 proteste pas, nous nous ennuyons ferme, c'est incontestable. Bon. Une diversion se présente et que faisons-nous ? Nous la laissons pourrir. Allons, au travail.
(Il avance vers Pozzo, s'arrête.) Dans un instant, tout se dissipera, nous serons à nouveau seuls, au milieu des solitudes.

En attendant Godot, II (Éditions de Minuit).

Après le départ de POZZO *et de son porteur,* VLADIMIR *et* ESTRAGON *seront rendus à leur solitude. Un* GARÇON *leur annonce, une fois de plus, que M.* GODOT *viendra* « *sûrement* » *le lendemain. Ils parlent encore de se pendre, mais la corde casse. Ils décident enfin de partir :* « *Alors, on y va ?* » — *Allons-y* » ; *mais, dernière indication scénique,* « *ils ne bougent pas* ».

Oh les beaux jours

Oh les beaux jours (1960-1961) est une pièce à deux personnages. Encore la femme, WINNIE est-elle à peu près seule à babiller sans cesse pendant deux actes, son mari WILLIE se bornant à émettre trois ou quatre grognements en guise de répliques. L'originalité de l'œuvre est dans la mise en scène, qui suggère la dégradation de l'être en marche vers le néant, et dans la traduction symbolique du thème, très élémentaire et cher à Beckett : la condition absurde de l'homme, la vanité de ses actes comme de ses paroles. Pour prendre conscience de son existence et lui donner un semblant de signification, WINNIE est réduite à parler intarissablement vers un interlocuteur qui n'est guère qu'un auditeur (et encore !), à réveiller des bribes de souvenirs, à faire l'inventaire de son petit univers (les objets contenus dans son sac), à répéter tous les jours les mêmes actes futiles (la toilette, le jeu de l'ombrelle, la chanson) : ne faut-il pas meubler jusqu'au soir l'interminable journée ? WINNIE (en anglais, *to win* = triompher) n'en accueille pas moins avec courage, avec un optimisme touchant, les moindres incidents de sa vie, remerciant avec effusion pour la « bénédiction » que représentent pour elle ces « beaux jours ». L'humour noir de Beckett confère au titre de la pièce toute sa valeur de dérision.

Une plaine dénudée. Enterrée jusqu'au-dessus de la taille dans un mamelon, WINNIE, *« la cinquantaine, de beaux restes, blonde de préférence, grassouillette, bras et épaules nus, corsage très décolleté, poitrine plantureuse, collier de perles... A côté d'elle, à sa gauche, un grand sac noir, genre cabas, et à sa droite une ombrelle à manche rentrant ». A sa droite, et derrière elle, allongé par terre,* WILLIE, *qui vient de lui donner une brève réplique.*

WINNIE *(à Willie) :* Tu t'es déjà bien assez dépensé, pour le moment, détends-toi à présent, repose-toi, je ne t'embêterai plus à moins d'y être acculée, simplement te savoir là à portée de voix et sait-on jamais sur le demi-qui-vive, c'est pour moi... c'est mon coin d'azur. *(Un temps.)* La journée est maintenant bien avancée. *(Sourire.)* Le vieux style ! *(Fin du sourire.)* Et cependant il est encore un peu tôt, sans doute, pour ma chanson. Chanter trop tôt est une grave erreur, je trouve. *(Elle se tourne vers le sac.)* Le sac. *(Elle revient de face.)* Saurais-je en énumérer le contenu ? *(Un temps.)* Non. *(Un temps.)* Saurais-je répondre si quelque bonne âme venant à passer, me demandait, Winnie, ce grand sac noir, de quoi est-il rempli, saurais-je répondre de façon exhaustive ? *(Un temps.)* Non. *(Un temps.)* Les profondeurs surtout, qui sait quels trésors. Quels réconforts. *(Elle se tourne vers le sac.)* Oui, il y a le sac. *(Elle revient de face.)* Mais, je m'entends dire, N'exagère pas, Winnie, avec ton sac, profites-en bien sûr, aide-t-en pour aller... de l'avant, quand tu es coincée, bien sûr, mais sois prévoyante, je me l'entends dire, Winnie, sois prévoyante, pense au moment où les mots te lâcheront — *(elle ferme les yeux, un temps, elle ouvre les yeux)* — et n'exagère pas avec ton sac. *(Elle se tourne vers le sac.)* Un tout petit plongeon peut-être quand même, en vitesse. *(Elle revient de face, ferme les yeux, allonge le bras gauche, plonge la main dans le sac et en sort le revolver. Dégoûtée.)* Encore toi ! *(Elle ouvre les yeux, revient de face avec le revolver et le contemple.)* Vieux Brownie ! *(Elle le soupèse dans le creux de sa main.)* Pas encore assez lourd pour rester au fond avec les... dernières cartouches ? Pensez-vous ! Toujours en tête. *(Un temps.)* Brownie... *(Se tournant un peu vers Willie.)* Tu te rappelles Brownie, Willie ? *(Un temps.)* Tu te rappelles l'époque où tu étais toujours à me bassiner pour que je l'enlève. Enlève-moi ça, Winnie, enlève-moi ça, avant que je mette fin à mes souffrances. *(Elle revient de face. Méprisante.)* Tes souffrances ! [...] Pardonne-moi, Willie, on a de ces... bouillons de mélancolie. Enfin, quelle joie, te savoir là, au moins ça, fidèle au poste, et peut-être réveillé, et peut-être à l'affût, par

moments, quel beau jour encore... pour moi... ça aura été. *(Un temps.)* Jusqu'ici.
30 *(Un temps.)* Quelle bénédiction que rien ne pousse, imagine-toi si toute cette
saloperie se remettait à pousser. *(Un temps.)* Imagine-toi. *(Un temps.)* Ah oui,
de grandes bontés. *(Un temps long.)* Je ne peux plus parler. *(Un temps.)* Pour
le moment. *(Elle se tourne vers le sac. Un temps. Elle revient de face. Sourire.)* Non,
non. *(Fin du sourire. Elle regarde l'ombrelle.)* Je pourrais sans doute — *(elle ramasse
l'ombrelle)* — oui, sans doute, hisser cet engin, c'est le moment. *(Elle commence
à l'ouvrir. Les difficultés qu'en ce faisant elle rencontre, et surmonte, ponctuent ce qui suit.)*
On s'abstient — on se retient — de hisser — crainte de hisser — trop tôt —
et le jour passe — sans retour — sans qu'on ait hissé — le moins du monde.
(L'ombrelle est maintenant ouverte. Tournée vers sa droite elle la fait pivoter distraitement,
40 *tantôt dans un sens, tantôt dans l'autre.)* Hé oui, si peu à dire, si peu à faire, et
la crainte si forte, certains jours, de se trouver ...à bout, des heures devant soi,
avant que ça sonne, pour le sommeil, et plus rien à dire, plus rien à faire, que
les jours passent, certains jours passent sans retour, ça sonne, pour le sommeil,
et rien ou presque rien de dit, rien ou presque rien de fait. *(Elle lève l'ombrelle.)*
Voilà le danger ! *(Elle revient de face.)* Dont il faut se garer. *(Elle regarde devant
elle, tenant de la main droite l'ombrelle au-dessus de sa tête.)*

Oh les beaux jours, I (Éditions de Minuit).

A l'acte II, la situation s'est encore dégradée : immobile, de face, WINNIE *s'enfonce de plus
en plus dans la terre. Elle n'en continue pas moins son bavardage optimiste. Au baisser du
rideau, elle chante doucement la valse de* La Veuve *joyeuse :* « Heure exquise, qui nous
grise, etc. ».

EXPÉRIENCES : L'ABSURDE ET LE LANGAGE

Comme le montre l'exemple de IONESCO et de BECKETT, le thème de l'absurde acquiert
la plénitude de sa puissance dramatique grâce à son double pouvoir de libération et de
dérision du langage : il devient dès lors capable d'ouvrir des horizons aussi divers que
cet *inconnu du langage* ainsi dévoilé. Aussi le théâtre contemporain tend-il à devenir une
sorte de *laboratoire d'expériences dramatiques* qui, certes, se réfèrent à une conception
de l'homme et du monde proche de ce que symbolise le thème de l'absurde, mais avec
des *variantes* débordant la formule alors un peu étroite de « théâtre de l'absurde ».

Jean Genêt
L'œuvre délibérément provocante de JEAN GENÊT
(né en 1910) est plus proche finalement de la tradition
issue du marquis de Sade (revue par Jean-Paul Sartre) que de l'absurde au sens où Camus
entendait ce mot. Certes, un personnage des *Nègres* (1958) déclare bien : « *Nous sommes
ce qu'on veut que nous soyons... et nous le serons jusqu'au bout, absurdement* », mais il reste
que cet « absurde » naît d'une rupture totale entre deux systèmes de valeurs également
absolus : le système de la *Société* et le système inverse du *Mal (Haute Surveillance)*.
GENÊT, en effet, élabore en dramaturgie son expérience personnelle de cette provocation
qu'est la délinquance face à l'ordre social, ce qui explique aussi que son engagement
antisocial aille bien au-delà de la simple satire, et débouche sur une véritable *métaphysique
du Mal :* le personnage est, par définition, un *proscrit*, et il réagit à cette proscription par
le refus non seulement de l'ordre social mais aussi du monde réel ; pour opérer *l'inversion
de la réalité* qui doit fonder son existence, il a recours, comme Genêt lui-même, au théâtre.
Voici donc que réapparaît, dans cette œuvre révoltée, la technique du *théâtre dans le
théâtre*, ce qui a conduit J.-P. Sartre à donner (par allusion au *Saint Genest* de Rotrou)
un titre-jeu de mots à son étude sur J. Genêt : *Saint Genêt comédien et martyr* (1952).
Dans *Les Bonnes* (1946), les deux héroïnes se jouent à elles-mêmes ce *jeu* où s'accomplit
l'illusion de leur rêve ou de leur cauchemar; mieux encore les personnages du *Balcon*
(1956) habitent un véritable palais des illusions, avec un système de miroirs qui trans-

forme les personnages en reflets, jusqu'à ce qu'eux-mêmes tentent de substituer, dans leur conscience, leur propre reflet à leur condition. Ici l'itinéraire qui conduit de la révolte à l'illusion se poursuit jusqu'au mythe, et le drame qui en est issu débouche sur un tragique lié à la fascination du Mal, finalement très proche du « théâtre de la cruauté » d'Antonin Artaud.

Arthur Adamov   Si, comme c'était déjà le cas pour Artaud, le théâtre se définit comme une « thérapeutique de l'âme », il pourra servir à la fois d'expression et de compensation à la névrose. Tel est le point de départ de l'œuvre d'ARTHUR ADAMOV (1908-1970), obsédé par le problème du pouvoir et de l'oppression *(Le Sens de la marche*, 1953), et, à partir de là, créateur d'une dramaturgie onirique qui trouve son expression la plus puissante dans *Le Professeur Taranne* (1954). Puis, se dégageant progressivement de la mise en scène symbolique de sa propre névrose, ADAMOV se rallie à la formule du « théâtre engagé » avec *Paolo-Paoli* (1957, titre inspiré par le *Galileo Galilei* de Brecht) et *Le Printemps 71* (sur la Commune, 1961).

Fernando Arrabal   Dans ses plus récentes évolutions, Fernando ARRABAL (né en Espagne en 1932) met en œuvre une *dramaturgie du scandale.* Il était, lui aussi, parti des formes sociales et politiques de l'absurde, mais c'était déjà pour libérer une violence de caractère terroriste inscrite beaucoup plus dans le langage ou dans la mise en scène que dans l'action ou les personnages : c'est dans la voie de la *violence pure* que s'engage ARRABAL, de *L'Architecte et l'Empereur d'Assyrie* (1967) au *Grand cérémonial* (1968), pour aboutir à une définition du théâtre comme « fête démesurée » et « théâtre panique », sorte de rite sacrificiel qui cesse alors toute relation avec la « littérature » et appartient sans doute à un tout autre domaine.

« Théâtre poétique »   A partir de la vision absurde de l'homme et du monde,
Billetdoux   si le dramaturge met l'accent sur la liberté du langage et en opère, pour ainsi dire, le déploiement, de la dérision au rêve, de l'humour à la fantaisie, de l'insolite au fantastique, il redécouvre alors la vocation poétique du théâtre. Tel est le cas de Boris VIAN, en particulier dans *Les Bâtisseurs d'Empire* (1959), de Roland DUBILLARD *(Naïves Hirondelles*, 1961 ; *La Maison d'os*, 1962 ; *Le Jardin aux betteraves*, 1969), de Romain WEINGARTEN *(L'Été*, 1967 ; *Alice dans les jardins du Luxembourg*, 1970) et surtout de René de OBALDIA *(Génousie*, 1960; *Le Satyre de la Villette*, 1963; *Du vent dans les branches de sassafras*, 1965) et de François BILLETDOUX.

Chaque pièce de BILLETDOUX (né en 1927) revêt le caractère d'une expérience originale, mais l'orientation générale de son œuvre va bien dans le même sens : il s'agit pour lui, tout en assimilant aux nouveautés du langage contemporain les données psychologiques d'une action mise en œuvre par des « caractères », d'opérer une sorte de croisement entre le tragique de l'absurde et la gratuité du langage qui l'exprime. Ainsi naît un *humour dramatique* dont *Tchin-Tchin* donnait en 1959 un premier exemple : c'est l'histoire d'un mari trompé qui finit par se confondre en quelque sorte avec l'amant de sa femme dans la participation à une passion commune, la boisson. Cette orientation s'affirme en 1961 avec *Va donc chez Törpe*, où le mystère d'une situation absurde maintient tout au long le drame dans une ambiguïté savamment calculée entre l'humour et le tragique. Enfin dans *Comment va le monde Môssieu ? Il tourne, Môssieu* (1963), cette ambiguïté d'humour et de tragique s'élabore en unité. Si l'aventure aboutit à un « dénouement », ce dénouement est de l'ordre du non-sens, lequel s'inscrit dans une distorsion définitive entre la situation et le langage, — distorsion tantôt humoristique, tantôt tragique, tantôt poétique, et souvent les trois ensemble, qui domine aussi dans *Il faut passer par les nuages* (1964), *Silence! l'arbre remue encore* (1967), *La nostalgie, camarade* (1974).

Cette recherche d'une *nouvelle poésie dramatique* est sans doute, au moins autant que le thème de l'absurde, une des dominantes du théâtre contemporain. On la constate dans des œuvres aussi diverses que le « théâtre de chambre » de Jean TARDIEU, le théâtre de dépaysement de Georges SCHÉHADÉ *(Le Voyage*, 1961 ; *L'Émigré de Brisbane*, 1968) ou le théâtre du corps à corps avec le langage de Jean VAUTHIER *(Capitaine Bada*, 1952 ; *Le Personnage combattant*, 1955 ; *Badadesques*, 1965 ; *Le Sang*, 1969 ; *Les Prodiges*, 1971).

LE ROMAN DEPUIS 1940

Depuis 1940, le roman a été marqué par les événements (un certain retour à la barbarie, dans un siècle « civilisé ») ; par l'expérience surréaliste et la psychologie du moi profond ; par des doctrines philosophiques nouvelles (phénoménologie, existentialisme, philosophie de «l'absurde»; cf. p. 601-632) ; sur le plan de la technique, par le cinéma (cf. p. 656-664) ; enfin, en un temps d'angoisse, de révolte et d'exigeante lucidité, par la *remise en question* des structures, des genres et du verbe lui-même, comme de la notion de nature humaine. Ainsi a-t-on pu parler d'*antiroman*, comme d'*Apoèmes* (titre d'Henri Pichette), d'*antithéâtre* ou d'*alittérature*. « Il s'agit, écrit Jean-Paul Sartre, de contester le roman par lui-même, [...] d'écrire le roman d'un roman qui ne se fait pas, qui ne peut pas se faire. » (Cf. *Les Faux-Monnayeurs*, p. 285). Cette voie, tracée par Georges Bataille (1897-1962) et Maurice Blanchot (cf. p. 686), risquait de conduire à une impasse ; elle aboutit en fait à des œuvres comme *Degrés*, de Michel Butor (1960), *Histoire*, de Claude Simon (1967) ou *Le Procès-verbal*, de J.-M.-G. Le Clézio (1963).

Autour de la guerre de 1939-1945

Des écrivains qui ont témoigné par l'action et le sacrifice sont morts trop tôt, hélas ! pour nous livrer leurs impressions sur les événements de la seconde guerre mondiale, tels PAUL NIZAN, tué au combat, JEAN PRÉVOST (cf. p. 677) et JACQUES DECOUR, martyrs de la Résistance, ou SIMONE WEIL, auteur de *La Pesanteur et la Grâce* (posthume, 1948), décédée en Angleterre où elle était agent de la France Libre. Aux survivants cette guerre a inspiré des ouvrages aussi divers que le fut, à l'époque, l'expérience de leurs auteurs : témoignages de combattants de toutes les armes (Pierre Clostermann, *Le Grand Cirque* ; Jules Roy, *La Vallée Heureuse* ; André Soubiran, *J'étais médecin avec les chars* ; Robert Merle, *Week-end à Zuydcoote*) ; souvenirs de prisonniers, volontiers humoristiques (Francis Ambrière, *Les Grandes Vacances* ; Jacques Perret, *Le Caporal épinglé*), ou peintures atroces de « l'univers concentrationnaire » (David Rousset, *Les Jours de notre mort* ; Pierre Gascar, *Le Temps des Morts, Les Femmes*) ; récits dictés par l'esprit de résistance (Vercors, *Le Silence de la Mer*) ou par la lutte clandestine (Rémy, *Mémoires d'un agent secret de la France Libre* ; Roger Vailland, *Drôle de Jeu*) ; chroniques de l'occupation, souvent pittoresques et amusées (Elsa Triolet, *Le premier accroc coûte deux cents francs* ; J.-L. Bory, *Mon village à l'heure allemande* ; J.-L. Curtis, *Les Forêts de la Nuit*).

Tradition et expériences

Tandis que de nombreux auteurs poursuivaient l'exploration des domaines traditionnels, en vivifiant par une réflexion originale et « actuelle » les thèmes de l'action, de l'analyse ou l'autobiographie, sous la forme du Journal, des Mémoires ou des « Antimémoires » (cf. p. 636-644), on a pu voir Aragon renouveler sa conception du roman (cf. p. 633-635), Gracq, Pieyre de Mandiargues, Vailland cueillir les fruits du surréalisme (cf. p. 645-650), ou bien se multiplier, avec Beckett, Queneau, Marguerite Duras, Boris Vian et une pléiade de jeunes écrivains, les *expériences* diverses et hardies (cf. p. 651-655), et se constituer, sous le signe du « nouveau roman », sinon un groupe uni ou un corps de doctrine, du moins un faisceau de tendances convergentes (cf. p. 656-664).

Le nouveau roman

Pour doter notre époque du roman qui lui convient, Alain Robbe-Grillet, Michel Butor, Nathalie Sarraute, Claude Simon refusent les notions qu'ils estiment périmées : le personnage, l'histoire, l'engagement, la distinction entre forme et contenu. Le *nouveau roman* ne se présente pas comme un exposé ou une relation linéaire, mais comme une *recherche*. Un constant va-et-vient dans le temps, la juxtaposition d'instantanés et de versions divergentes de la même scène, la présence obsédante des objets, un « double mouvement de création et de gommage » peuvent déconcerter le lecteur ; mais celui-ci doit comprendre que l'auteur attend de lui une participation plus active. « Ce qu'il lui demande, écrit Robbe-Grillet, ce n'est plus de recevoir tout fait un monde achevé, plein, clos sur lui-même, c'est au contraire de participer à une création, d'inventer à son tour l'œuvre — et le monde — et d'apprendre ainsi à inventer sa propre vie. » *(Pour un nouveau roman)*.

L'EXISTENTIALISME

Les années qui ont suivi la libération ont vu une philosophie, l'EXISTENTIALISME, dominer la pensée française, régner sur le roman et le théâtre, et tendre à jouer un rôle politique, soit en accord, soit en opposition avec le marxisme. Dernier stade de la vulgarisation, le terme a même servi à qualifier une mode : il fut un temps où tel café de Saint-Germain-des-Prés, telle chanson, tel débraillé moral ou vestimentaire passaient pour « existentialistes ». Pour significatifs qu'ils aient été, cet engouement, ces avatars inattendus sont déjà tombés dans l'oubli, ce qui permettra peut-être de discerner plus aisément *l'intérêt de la doctrine* et l'ampleur de *ses répercussions sur les lettres françaises*. L'influence de la philosophie sur la littérature n'est certes pas un fait nouveau dans le pays de Descartes, mais elle est particulièrement frappante en l'occurrence, car la nature même de l'existentialisme l'amène à s'exprimer par l'œuvre d'art, roman ou drame, autant que par le traité théorique.

La doctrine DÉFINITION. L'existentialisme met l'accent sur *l'existence*, opposée à l'essence qui serait illusoire, problématique, ou du moins aboutissement et non point de départ de la spéculation philosophique. La donnée immédiate, perçue d'ailleurs dans l'angoisse (cf. p. 595), est l'existence ; l'absolu, s'il n'est pas simplement l'irréversible, serait à construire, à conquérir indéfiniment. Selon la formule de Sartre, « l'Existence précède l'Essence. »

Les existentialistes français se recommandent du Danois Sœren KIERKEGAARD (1813-1855) auteur du *Concept d'angoisse*, et doivent beaucoup aux philosophes allemands HEIDEGGER, JASPERS, HUSSERL. « L'originalité de Sartre, écrit Simone de Beauvoir, c'est que, prêtant à la conscience une glorieuse indépendance, il accordait tout son poids à la réalité » : aussi fut-il vivement impressionné par la *phénoménologie* de Husserl qui, par un retour au concret, entend « dépasser l'opposition de l'idéalisme et du réalisme, affirmer à la fois la souveraineté de la conscience, et la présence du monde, tel qu'il se donne à nous. » (*La Force de l'Age*, p. 35 et 141.)

VARIANTES. Mais il est plus d'une forme d'existentialisme. Ainsi Alphonse de Waehlens en Belgique et, en France, Gabriel Marcel ont tenté d'édifier un existentialisme *chrétien*. Les routes mêmes de Merleau-Ponty et de Sartre ont divergé, sans que cela s'explique seulement par des questions politiques ou des différences de tempérament. MAURICE MERLEAU-PONTY, né en 1908, disparu prématurément en 1961, professa l'existentialisme à la Sorbonne puis au Collège de France. Disciple de Husserl, il a publié *La Structure du Comportement* (1941), une *Phénoménologie de la Perception* (1945), *Les Aventures de la Dialectique* (1955) et un « essai sur le problème communiste », *Humanisme et Terreur*. Pur philosophe, il a exposé dans une belle langue, pour un public restreint, une doctrine plus serrée que celle de Sartre, et montré que l'existentialisme pouvait être le point de convergence de courants apparemment très divers de la pensée contemporaine. Nous citerons ces quelques lignes empruntées à son *Éloge de la Philosophie* (Leçon inaugurale au Collège de France, 1953) : « Ma situation dans le monde avant toute réflexion et mon initiation par elle à l'existence ne sauraient être résorbées par la réflexion qui les dépasse vers l'absolu, ni traitées dans la suite comme des effets. [...] Ce que le philosophe pose, ce n'est jamais l'absolument absolu, c'est l'absolu en rapport avec lui. »

La philosophie de Sartre Si ses ouvrages abstraits sont d'un abord difficile, JEAN-PAUL SARTRE (cf. p. 603) a pourtant assuré à l'existentialisme une large diffusion, car il a le don des *formules frappantes*, il a *illustré* sa philosophie par ses romans, son théâtre, ses essais, enfin il la traduit dans l'action par son *engagement politique*.

EXISTENTIALISME ET ATHÉISME. L'existentialisme de Sartre repose sur un postulat qui lui apparaît comme une évidence : l'existence de l'homme exclut l'existence de Dieu. Il ne saurait être question d'une *nature humaine* préexistante : *l'homme est l'avenir de l'homme, l'homme est ce qu'il se fait.* Voilà en quoi Sartre peut affirmer que « l'existentialisme est un humanisme », quoiqu'il n'ait que railleries pour l'humanisme traditionnel qui, sous ses diverses formes, se réfère toujours à une *nature* humaine.

SITUATION ET LIBERTÉ. L'homme est donc *responsable* ; il est « *condamné à être libre* ». C'est mal poser le problème de la liberté que de le poser dans l'abstrait, car nous sommes toujours « *en situation* » (engagés dans une situation donnée, et non pas disponibles), ce qui nous oblige à choisir, mais fonde notre liberté. Comme l'ouvrier a prise sur la matière, l'homme a prise sur le réel, par l'action. L'acte *authentique* est celui par lequel il assume sa situation, et la dépasse en agissant (ainsi Oreste dans *Les Mouches*, cf. p. 607). Nos actes, nos actes seuls nous jugent, et ils sont irréversibles ; en vain pourrions-nous invoquer de bonnes intentions, ou l'idée que nous nous faisons de nous-mêmes : ce ne serait là que « *mauvaise foi* », dénoncée par le témoignage de la *conscience d'autrui*, dont l'existence même apparaît comme une hantise insupportable (cf. p. 609).

LIBERTÉ ET VALEUR. On le voit, toute cette philosophie tend vers *l'action*. L'expérience de *l'absurde* (cf. p. 595), comparable au doute méthodique de Descartes, constitue une étape critique essentielle mais ne doit pas aboutir à la fascination par la contingence. Pourtant l'angoisse nous attend à nouveau au moment de l'engagement : sur quoi fonder notre choix ? quel sera le critère de l'acte authentique ? En effet Sartre rejette les valeurs consacrées, le bien et le mal considérés comme des absolus ; dans *Les Mouches*, le mal semble se confondre avec la « mauvaise conscience », c'est-à-dire la peur d'adhérer à ses actes. Même lorsqu'il écrit, à propos des horreurs de l'occupation : « nous avons compris que le Mal, fruit d'une volonté souveraine, est absolu comme le Bien », Sartre ne se contredit pas, car cet « absolu » est lui-même relatif à une situation : « nous n'étions pas du côté de l'histoire faite ; nous étions situés de telle sorte que chaque minute vécue nous apparaissait comme irréductible. » *(Qu'est-ce que la littérature?)*

Ainsi la valeur sera « projet », appel ; la liberté se prendra « elle-même comme valeur en tant que source de toute valeur ». « L'œuvre d'art, dit encore Sartre, est valeur parce qu'elle est appel ». En fait, que son choix soit rationnel ou affectif, il voit *le mal* dans la misère et l'oppression, opte contre le fascisme, le capitalisme et la morale « bourgeoise ».

La vigueur de sa pensée, sa sincérité et sa générosité sont évidentes, mais, sur le plan des idées, il se heurte à maintes objections ; d'abord à celles de la philosophie chrétienne (en particulier au *personnalisme* d'Emmanuel MOUNIER), mais aussi à la réfutation de JEAN GRENIER, le maître de Camus, qui écrit : « Si la valeur, reconnue comme indispensable, est créée au fur et à mesure, n'est-elle pas suscitée par la force des événements ou la ruse des instincts ? Ou par une soi-disant dialectique de l'histoire ? [...] Une doctrine qui affirme le primat absolu de l'action a ceci de redoutable qu'elle presse l'homme de s'engager sans lui dire en quoi, pourquoi. » *(Entretiens sur le bon usage de la liberté.)*

Existentialisme et littérature La forte personnalité de Sartre et la fécondité de son talent ont marqué puissamment notre littérature pendant une dizaine d'années, non sans entraîner quelques malentendus. Ainsi, sous le signe de *l'absurde*, on a parfois confondu la pensée d'Albert Camus (cf. p. 617) avec l'existentialisme sartrien. Dans l'œuvre littéraire et dramatique de Sartre lui-même, il n'est pas toujours facile de distinguer ce qui tient à sa philosophie et ce qui relève de telle influence (celle du roman américain surtout) ou de son propre tempérament (Simone de Beauvoir parle de son imagination « encline à l'horreur »). Si l'étalage d'êtres *veules* (le mot revient souvent sous sa plume) se rattache à sa critique philosophique et sociale, le laisser-aller du style, frappant dans *Les chemins de la liberté* et plus encore chez Simone de Beauvoir, est sans rapport avec la philosophie existentielle.

En revanche la pensée philosophique de Sartre, parfaitement assimilée et rendue parfaitement assimilable, anime ses romans et lui a permis, sans révolution technique mais grâce à un sens très sûr de l'action dramatique, de renouveler le théâtre d'idées. Enfin, dans la revue *Les Temps Modernes*, Jean-Paul Sartre a contribué à répandre le goût pour les *documents, témoignages, reportages à tendances sociales*. Abordant directement les problèmes de l'heure, la littérature resserre ses liens avec la vie, mais il arrive que ce soit au détriment de l'élaboration esthétique.

JEAN-PAUL SARTRE

LE PHILOSOPHE. Né et mort à Paris (1905-1980), élève de l'École Normale Supérieure, JEAN-PAUL SARTRE est reçu à l'agrégation de philosophie en 1929; il enseigne au Havre, puis à Laon, enfin à Paris jusqu'en 1945. En 1933-1934 un séjour à l'Institut français de Berlin lui permet de compléter son initiation à la phénoménologie de Husserl. Il publie un essai sur *L'Imagination* (1936), complété par *L'Imaginaire* (1940), et en 1939 l'*Esquisse d'une théorie des Émotions*; mais ses deux principaux ouvrages philosophiques sont *L'Être et le Néant* (1943) et la *Critique de la raison dialectique* (1960).

LE ROMANCIER. Dès 1938, il avait apporté, avec *La Nausée*, une innovation considérable dans le domaine du roman. L'année suivante, un recueil de récits, *Le Mur*, pouvait scandaliser, mais il reste d'une force et d'une hardiesse peu communes. Puis c'est la guerre : prisonnier, libéré grâce à un subterfuge, Sartre participe à la constitution d'un réseau de résistance. A la libération, il tente de grouper les éléments de gauche non communistes dans un *Rassemblement démocratique révolutionnaire* et fonde une revue, *Les Temps Modernes*. Il publie en 1945 les deux premiers tomes des *Chemins de la liberté* : *L'âge de raison* et *Le sursis* (cf. p. 606); un troisième tome suivra en 1949 : *La mort dans l'âme* ; mais le dernier volume de cette œuvre, plus critique que constructive, sera posthume.

L'AUTEUR DRAMATIQUE. La densité de style du *Mur*, qui fera défaut aux *Chemins de la Liberté*, Sartre la retrouve dans ses deux premières pièces, *Les Mouches* (1943) et surtout *Huis clos* (1944) qui est sans doute son chef-d'œuvre (cf. p. 607 et 609). Il donne ensuite *Morts sans sépulture* (1946, drame de la résistance), *La P... respectueuse* (1946, le problème racial aux États-Unis), *Les Mains sales* (1948, l'intellectuel dans l'action), *Le Diable et le Bon Dieu* (1951). En 1955 la violente satire de *Nekrassov* soulève des polémiques ; la surabondance verbale compromet le succès des *Séquestrés d'Altona* (1959).

L'ESSAYISTE. En outre, de nombreux essais de critique philosophique, littéraire, politique ou sociale témoignent d'une pensée incisive, sans cesse en éveil, et d'une dialectique brillante qui, lorsqu'elle ne convainc pas, oblige en tout cas à réagir. Citons les dix *Situations* (1947-1976), *L'Existentialisme est un humanisme* (1946), les études sur *Baudelaire* (1947), Jean Genêt (1952) et Flaubert (*L'Idiot de la famille*, 1971-1972), les *Réflexions sur la question juive* (1946), *Les Mots* (1964, cf. p. 612) précieux document autobiographique.

L'EXISTENCE DÉVOILÉE

Antoine ROQUENTIN vit en solitaire à Bouville (Le Havre). Depuis quelque temps, il éprouve d'étranges *malaises :* les objets prennent soudain à ses yeux une importance anormale, une présence inquiétante. Un jour d'hiver au Jardin public, « entre les grands troncs noirs, entre les mains noires et noueuses qui se tendent vers le ciel », la « *Nausée* » le reprend : « Un arbre gratte la terre sous mes pieds d'un ongle noir. Je voudrais tant me laisser aller, m'oublier, dormir. Mais je ne peux pas, je suffoque ». Cette fois il comprend le sens de son angoisse : « l'existence me pénètre de partout, par les yeux, par le nez, par la bouche... » ; le soir même il l'analyse longuement dans son journal.

Cette *nausée*, Jean-Paul Sartre l'a connue personnellement : il a éprouvé un sentiment d'horreur devant *le fourmillement de la contingence*. Mais dans sa philosophie, cette expérience de l'*absurde* doit être *dépassée*. Loin de le condamner à la délectation morose, une telle prise de conscience engage l'homme à exercer sa liberté : dépassant l'existence, il doit tendre vers l'être grâce à la *création* ou à l'*action* (cf. Analyse p. 605 et p. 611).

J e ne peux pas dire que je me sente allégé ni content; au contraire, ça m'écrase. Seulement mon but est atteint : je sais ce que je voulais savoir ; tout ce qui m'est arrivé depuis le mois de janvier, je l'ai compris. La Nausée

ne m'a pas quitté et je ne crois pas qu'elle me quittera de sitôt ; mais je ne la subis plus, ce n'est plus une maladie ni une quinte passagère : c'est moi. Donc j'étais tout à l'heure au Jardin public. La racine du marronnier s'enfonçait dans la terre, juste au-dessous de mon banc. Je ne me rappelais plus que c'était une racine. Les mots s'étaient évanouis et, avec eux, la signification des choses, leurs modes d'emploi, les faibles repères que les
10 hommes ont tracés à leur surface. J'étais assis, un peu voûté, la tête basse, seul en face de cette masse noire et noueuse, entièrement brute et qui me faisait peur. Et puis j'ai eu cette illumination.

Ça m'a coupé le souffle. Jamais, avant ces derniers jours, je n'avais pressenti ce que voulait dire « exister ». J'étais comme les autres, comme ceux qui se promènent au bord de la mer dans leurs habits de printemps. Je disais comme eux « la mer *est* verte ; ce point blanc, là-haut, c'*est* une mouette », mais je ne sentais pas que ça existait, que la mouette était une « mouette-existante »; à l'ordinaire l'existence se cache. Elle est là, autour de nous, en nous, elle est *nous*, on ne peut pas dire deux mots sans parler
20 d'elle et, finalement, on ne la touche pas. Quand je croyais y penser, il faut croire que je ne pensais rien, j'avais la tête vide, ou tout juste un mot dans la tête, le mot « être ». Ou alors, je pensais... comment dire ? Je pensais l'*appartenance*, je me disais que la mer appartenait à la classe des objets verts ou que le vert faisait partie des qualités de la mer. Même quand je regardais les choses, j'étais à cent lieues de songer qu'elles existaient : elles m'apparaissaient comme un décor. Je les prenais dans mes mains, elles me servaient d'outils, je prévoyais leurs résistances. Mais tout ça se passait à la surface. Si l'on m'avait demandé ce que c'était que l'existence, j'aurais répondu de bonne foi que ça n'était rien, tout juste une forme vide qui venait s'ajouter
30 aux choses du dehors, sans rien changer à leur nature. Et puis voilà : tout d'un coup, c'était là, c'était clair comme le jour : l'existence s'était soudain dévoilée. Elle avait perdu son allure inoffensive de catégorie abstraite : c'était la pâte même des choses, cette racine était pétrie dans de l'existence. Ou plutôt la racine, les grilles du jardin, le banc, le gazon rare de la pelouse, tout ça s'était évanoui ; la diversité des choses, leur individualité n'étaient qu'une apparence, un vernis. Ce vernis avait fondu, il restait des masses monstrueuses et molles, en désordre — nues, d'une effrayante et obscène nudité.

Je me gardais de faire le moindre mouvement, mais je n'avais pas besoin
40 de bouger pour voir, derrière les arbres, les colonnes bleues et le lampadaire du kiosque à musique, et la Velléda, au milieu d'un massif de lauriers. Tous ces objets... comment dire ? Ils m'incommodaient ; j'aurais souhaité qu'ils existassent moins fort, d'une façon plus sèche, plus abstraite, avec plus de retenue. Le marronnier se pressait contre mes yeux. Une rouille verte le couvrait jusqu'à mi-hauteur ; l'écorce, noire et boursouflée, semblait de cuir bouilli. Le petit bruit d'eau de la fontaine Masqueret se coulait dans mes oreilles et s'y faisait un nid, les emplissait de soupirs ; mes narines débordaient d'une odeur verte et putride. Toutes choses,

doucement, tendrement, se laissaient aller à l'existence comme ces femmes lasses qui s'abandonnent au rire et disent : « C'est bon de rire » d'une voix mouillée ; elles s'étalaient, les unes en face des autres, elles se faisaient l'abjecte confidence de leur existence. Je compris qu'il n'y avait pas de milieu entre l'inexistence et cette abondance pâmée. Si l'on existait, il fallait *exister jusque-là*, jusqu'à la moisissure, à la boursouflure, à l'obscénité. Dans un autre monde, les cercles, les airs de musique gardent leurs lignes pures et rigides. Mais l'existence est un fléchissement. Des arbres, des piliers bleu de nuit, le râle heureux d'une fontaine, des odeurs vivantes, de petits brouillards de chaleur qui flottaient dans l'air froid, un homme roux qui digérait sur un banc : toutes ces somnolences, toutes ces digestions prises ensemble offraient un aspect vaguement comique. Comique... non : ça n'allait pas jusque-là, rien de ce qui existe ne peut être comique ; c'était comme une analogie flottante, presque insaisissable, avec certaines situations de vaudeville. Nous étions un tas d'existants gênés, embarrassés de nous-mêmes, nous n'avions pas la moindre raison d'être là, ni les uns ni les autres, chaque existant, confus, vaguement inquiet, se sentait de trop par rapport aux autres. *De trop :* c'était le seul rapport que je pusse établir entre ces arbres, ces grilles, ces cailloux. En vain cherchais-je à *compter* les marronniers, à les *situer* par rapport à la Velléda, à comparer leur hauteur avec celle des platanes : chacun d'eux s'échappait des relations où je cherchais à l'enfermer, s'isolait, débordait. Ces relations (que je m'obstinais à maintenir pour retarder l'écroulement du monde humain, des mesures, des quantités, des directions) j'en sentais l'arbitraire ; elles ne mordaient plus sur les choses. *De trop*, le marronnier, là en face de moi un peu sur la gauche. *De trop*, la Velléda...

Et *moi* — veule, alangui, obscène, digérant, ballottant de mornes pensées — *moi aussi j'étais de trop*. Heureusement je ne le sentais pas, je le comprenais surtout, mais j'étais mal à l'aise parce que j'avais peur de le sentir (encore à présent j'en ai peur — j'ai peur que ça ne me prenne par le derrière de ma tête et que ça ne me soulève comme une lame de fond). Je rêvais vaguement de me supprimer, pour anéantir au moins une de ces existences superflues. Mais ma mort même eût été de trop. De trop, mon cadavre, mon sang sur ces cailloux, entre ces plantes, au fond de ce jardin souriant. Et la chair rongée eût été de trop dans la terre qui l'eût reçue et mes os, enfin, nettoyés, écorcés, propres et nets comme des dents eussent encore été de trop : j'étais de trop pour l'éternité.

La Nausée (Librairie Gallimard, éditeur).

Désormais, Roquentin se sent libre : « Seul et libre. Mais cette liberté ressemble un peu à la mort. » Si déprimante que soit la Nausée, la dernière note n'est pas désespérée. Entendant une phrase musicale, le personnage se dit : « Elle n'existe pas, puisqu'elle n'a rien de trop : c'est tout le reste qui est de trop par rapport à elle. Elle est. ». Il éprouve « une espèce de joie » et rêve d'un livre à écrire : « il faudrait qu'on devine, derrière les mots exprimés, derrière les pages, quelque chose qui n'existerait pas, qui serait au-dessus de l'existence. »

« *Il faudrait être partout à la fois* »

Nous sommes au soir du 26 septembre 1938 : demain ce sera le *sursis* de Munich, mais pour le moment la guerre semble inévitable. En Allemagne, Hitler parle ; à Paris une jeune israélite, Ella Birnenschatz, écoute avec horreur son discours transmis par la radio ; dans le train qui le ramène à Paris (réserviste, il est rappelé), un professeur en vacances, MATHIEU DELARUE, pense à la guerre et à cette voix d'Hitler qu'il ne peut entendre et qui remplit pourtant l'Europe entière. La *voix* est omniprésente, obsédante et pourtant insaisissable, comme la *guerre* elle-même. Ainsi Sartre donne un sens *existentialiste* au *simultanéisme* déjà pratiqué par Jules Romains (cf. p. 433) et que lui inspire plus directement l'exemple du romancier américain Dos Passos *(Manhattan-Transfer,* et surtout *42ᵉ Parallèle)*.

« Le 20 février de cette année, j'ai déclaré au Reichstag qu'il fallait qu'un changement intervînt dans la vie des dix millions d'Allemands qui vivent hors de nos frontières. Or M. Benès a agi autrement. Il a institué une oppression encore plus complète. »
Il lui parlait seul à seul, les yeux dans les yeux, avec une irritation croissante et le désir de lui faire peur, de lui faire mal. Elle restait fascinée, ses yeux ne quittaient pas le mica[1]. Elle n'entendait pas ce qu'il disait, mais sa voix l'écorchait.
« Une terreur encore plus grande... Une époque de dissolutions... »
Elle se détourna brusquement et quitta la pièce. La voix la poursuivit dans le
10 vestibule, indistincte, écrasée, encore vénéneuse ; Ella entra vivement dans sa chambre et ferma sa porte à clé. Là-bas, dans le salon, il menaçait encore. Mais elle n'entendait plus qu'un murmure confus. Elle se laissa tomber sur une chaise : il n'y aura donc personne, pas une mère de Juif supplicié, pas une femme de communiste assassiné pour prendre un revolver et pour aller l'abattre ? Elle serrait les poings, elle pensait que, si elle était Allemande, elle aurait la force de le tuer.
Mathieu se leva, prit un des cigares de Jacques[2] dans son imperméable et poussa la portière du compartiment.
— Si c'est pour moi, dit la Marseillaise, ne vous gênez pas, mon mari fume la pipe ; je suis habituée.
20 — Je vous remercie, dit Mathieu, mais j'ai envie de me dégourdir un peu les jambes.
Il avait surtout envie de ne plus la voir. Ni la petite, ni le panier[3]. Il fit quelques pas dans le couloir, s'arrêta, alluma son cigare. La mer était bleue et calme, il glissait le long de la mer, il pensait : « Qu'est-ce qui m'arrive ? *Ainsi la réponse de cet homme fut plus que jamais :* « *Fusillons, arrêtons, incarcérons.* » *Et cela pour tous ceux qui d'une manière ou d'une autre ne lui conviennent pas* [4], il voulait s'appliquer et comprendre. Jamais rien ne lui était arrivé qu'il n'eût compris ; c'était sa seule force, son unique défense, sa dernière fierté. Il regardait la mer et il pensait : « Je ne comprends pas *alors arriva ma revendication de Nuremberg.*
30 *Cette revendication fut complètement nette : pour la premi* il m'arrive que je pars

---

— 1 C'est-à-dire le poste de T.S.F. — 2 Le frère de Mathieu, qu'il vient de quitter à Juan-les-Pins ; *Odette* (l. 34) est sa belle-sœur. — 3 La fille de la Marseillaise, et leur panier à provisions. — 4 « Il parle ! » pensait tout à

l'heure Mathieu ; la voix d'Hitler « est partout, le train fonce dedans et elle est dans le train, [...] si j'avais une radio je la ferais éclore dans le filet ou sous la banquette. Elle est là, énorme, elle couvre le bruit du train, elle fait trembler les vitres — et je ne l'entends pas. »

pour la guerre, se dit-il. Ça n'avait pas l'air bien malin et pourtant ce n'était pas clair du tout. En ce qui le concernait personnellement, tout était simple et net : il avait joué et perdu, sa vie était derrière lui, gâchée. Je ne laisse rien, je ne regrette rien, pas même Odette, pas même Ivich [5], je ne suis personne. Restait l'événement lui-même. *Je déclarai que maintenant le droit de libre disposition devait enfin, vingt ans après les déclarations du président Wilson, entrer en vigueur pour ces trois millions et demi d'hommes* tout ce qui l'avait atteint jusque-là était à sa mesure d'homme, les petits emmerdements et les catastrophes, il les avait vus venir, il les avait regardés en face. Quand il avait été prendre l'argent dans la chambre de Lola [6], il avait vu les billets, il les avait touchés, il avait respiré le parfum qui flottait dans la chambre ; et quand il avait plaqué Marcelle, il la regardait dans les yeux pendant qu'il lui parlait ; ses difficultés n'étaient jamais qu'avec lui-même ; il pouvait se dire : J'ai eu raison, j'ai eu tort ; il pouvait se juger. A présent c'était devenu impossible *et de nouveau M. Benès a donné sa réponse : de nouveaux morts, de nouvelles incarcérations, de nouveaux.* Il pensa : je pars pour la guerre et cela ne signifiait rien. Quelque chose lui était arrivé qui le dépassait. La guerre le dépassait. Ça n'est pas tant qu'elle me dépasse, c'est qu'elle *n'est pas là.* Où est-elle ? Partout : elle prend naissance de partout, le train fonce dans la guerre, Gomez [7] atterrit dans la guerre, ces estivants en toile blanche se promènent dans la guerre, il n'est pas un battement de cœur qui ne l'alimente, pas une conscience qui n'en soit traversée. Et pourtant, elle est comme la voix d'Hitler, qui remplit ce train et que je ne peux pas entendre : *J'ai déclaré nettement à M. Chamberlain ce que nous considérons maintenant comme la seule possibilité de solution ;* de temps en temps on croit qu'on va la toucher, sur n'importe quoi, dans la sauce d'un tournedos, on avance la main, elle n'est plus là : il ne reste qu'un bout de viande dans la sauce. Ah ! pensa-t-il, il faudrait être partout à la fois. *Le Sursis* (Librairie Gallimard, éditeur).

Mon acte, c'est ma liberté

Après Giraudoux (cf. p. 409), Sartre renouvelle à son tour, avec *Les Mouches*, le mythe d'*Électre*. Pour lui, l'acte d'Oreste devient le symbole de la liberté humaine incompatible avec l'existence de Dieu, de la responsabilité assumée dans un geste authentique, étranger aux notions traditionnelles de Bien et de Mal.

Revenu dans Argos après quinze ans d'exil, ORESTE trouve « *une charogne de ville tourmentée par les mouches* » : *sous l'œil complaisant de Jupiter, Égisthe maintient la cité, depuis le meurtre d'Agamemnon, dans le repentir collectif, la confession publique et la crainte superstitieuse des mots. Seule,* ÉLECTRE *se révolte et rêve de vengeance. Mais supportera-t-elle de voir accompli ce qu'elle a tant souhaité? Oreste vient d'abattre Égisthe, puis Clytemnestre et, tandis qu'il adhère pleinement à son acte, voici qu'*ÉLECTRE vacille...

ÉLECTRE : Oreste ! *(Elle se jette dans ses bras.)*

ORESTE : De quoi as-tu peur ?

ÉLECTRE : Je n'ai pas peur, je suis ivre. Ivre de joie. Qu'a-t-elle dit ? A-t-elle longtemps imploré sa grâce ?

— 5 Jeune amie de Mathieu. — 6 Épisode du tome I, en rapport avec la liaison et la rupture de Mathieu avec *Marcelle* (l. 41) ; finalement, Mathieu n'a pu se résoudre à voler ces billets. — 7 Pour cet ami de Mathieu, *la guerre,* c'est la guerre civile en Espagne.

ORESTE : Électre, je ne me repentirai pas de ce que j'ai fait, mais je ne juge pas bon d'en parler : il y a des souvenirs qu'on ne partage pas. Sache seulement qu'elle est morte.

ÉLECTRE : En nous maudissant ? Dis-moi seulement cela : en nous maudissant ?

ORESTE : Oui, en nous maudissant.

ÉLECTRE : Prends-moi dans tes bras, mon bien-aimé, et serre-moi de toutes tes forces. Comme la nuit est épaisse et comme les lumières de ces flambeaux ont de la peine à la percer ! M'aimes-tu ?

ORESTE : Il ne fait pas nuit : c'est le point du jour. Nous sommes libres, Électre. Il me semble que je t'ai fait naître et que je viens de naître avec toi ; je t'aime et tu m'appartiens. Hier encore j'étais seul et aujourd'hui tu m'appartiens. Le sang nous unit doublement, car nous sommes de même sang et nous avons versé le sang.

ÉLECTRE : Jette ton épée. Donne-moi cette main *(Elle lui prend la main et l'embrasse.)* Tes doigts sont courts et carrés. Ils sont faits pour prendre et pour tenir. Chère main ! Elle est plus blanche que la mienne. Comme elle s'est faite lourde pour frapper les assassins de notre père ! Attends. *(Elle va chercher un flambeau et elle l'approche d'Oreste.)* Il faut que j'éclaire ton visage, car la nuit s'épaissit et je ne te vois plus bien. J'ai besoin de te voir : quand je ne te vois plus, j'ai peur de toi ; il ne faut pas que je te quitte des yeux. Je t'aime. Il faut que je pense que je t'aime. Comme tu as l'air étrange !

ORESTE : Je suis libre, Électre ; la liberté a fondu sur moi comme la foudre.

ÉLECTRE : Libre ? Moi, je ne me sens pas libre. Peux-tu faire que tout ceci n'ait pas été ? Quelque chose est arrivé que nous ne sommes plus libres de défaire. Peux-tu empêcher que nous soyons pour toujours les assassins de notre mère ?

ORESTE : Crois-tu que je voudrais l'empêcher ? J'ai fait *mon* acte, Électre, et cet acte était bon. Je le porterai sur mes épaules comme un passeur d'eau porte les voyageurs, je le ferai passer sur l'autre rive et j'en rendrai compte. Et plus il sera lourd à porter, plus je me réjouirai, car ma liberté, c'est lui. Hier encore, je marchais au hasard sur la terre, et des milliers de chemins fuyaient sous mes pas, car ils appartenaient à d'autres. Je les ai tous empruntés, celui des haleurs, qui court au long de la rivière, et le sentier du muletier et la route pavée des conducteurs de chars ; mais aucun n'était à moi. Aujourd'hui, il n'y en a plus qu'un, et Dieu sait où il mène : mais c'est *mon* chemin. Qu'as-tu ?

ÉLECTRE : Je ne peux plus te voir ! Ces lampes n'éclairent pas. J'entends ta voix, mais elle me fait mal, elle me coupe comme un couteau. Est-ce qu'il fera toujours aussi noir, désormais, même le jour ? Oreste ! Les voilà !

ORESTE : Qui ?

ÉLECTRE : Les voilà ! D'où viennent-elles ? Elles pendent du plafond comme des grappes de raisins noirs, et ce sont elles qui noircissent les murs ; elles se glissent entre les lumières et mes yeux, et ce sont leurs ombres qui me dérobent ton visage.

ORESTE : Les mouches...

ÉLECTRE : Écoute !... Écoute le bruit de leurs ailes, pareil au ronflement d'une forge. Elles nous entourent, Oreste. Elles nous guettent ; tout à l'heure elles s'abattront sur nous, et je sentirai mille pattes gluantes sur mon corps. Où fuir, Oreste ? Elles enflent, elles enflent, les voilà grosses comme des abeilles, elles nous suivront partout en épais tourbillons. Horreur ! Je vois leurs yeux, leurs millions d'yeux qui nous regardent.

ORESTE : Que nous importent les mouches ?

ÉLECTRE : Ce sont les Érinnyes, Oreste, les déesses du remords.

DES VOIX, *derrière la porte :* Ouvrez ! Ouvrez ! S'ils n'ouvrent pas, il faut enfoncer la porte. *(Coups sourds dans la porte.)*
ORESTE : Les cris de Clytemnestre ont attiré des gardes. Viens ! Conduis-moi au sanctuaire d'Apollon ; nous y passerons la nuit, à l'abri des hommes et des mouches. Demain je parlerai à mon peuple.

Les Mouches, acte II, tableau II, scène 8 (Librairie Gallimard, éditeur).

Électre repoussera son frère pour se livrer au repentir ; *mais Oreste, lui,* tient tête à Jupiter. *Sans doute est-il condamné à la solitude, sans doute les Érinnyes vont-elles s'acharner sur lui ; n'est-il pas* victorieux *cependant ? Jupiter lui-même avouait à Égisthe :* « Quand une fois la liberté a explosé dans une âme d'homme, les Dieux ne peuvent plus rien contre cet homme-là. » *Et s'il renonce à régner sur Argos, Oreste,* « voleur de remords », *n'a-t-il pas enseigné à son peuple* « le secret douloureux des Dieux et des rois » : *que les hommes sont* libres, *sans le savoir ?*

« L'ENFER, C'EST LES AUTRES »

Huis clos nous présente l'enfer sartrien, l'enfer en ce monde, qui consiste, selon l'auteur, à vivre sous le regard d'autrui ; aussi bien avait-il d'abord choisi pour titre : *Les Autres.* — Voici donc GARCIN, *le lâche* qui se prenait pour un héros, ESTELLE *l'infanticide,* qui a causé en outre la mort de son amant, et INÈS, une femme qui n'aime pas les hommes et se déclare elle-même *méchante :* « ça veut dire que j'ai besoin de la souffrance des autres pour subsister ». Ils sont morts tous les trois, et enfermés dans une même pièce. Ils ont commencé par mentir et « crâner » mais se révèlent bientôt dans leur turpitude et *se torturent mutuellement.* Soudain la porte s'ouvre : Estelle veut s'enfuir avec Garcin pour échapper à Inès, ou jeter Inès dehors et refermer la porte sur elle ; contre toute attente, *Garcin n'a pas bougé.*

GARCIN : C'est à cause d'elle que je suis resté.
Estelle lâche Inès et regarde Garcin avec stupeur.
INÈS : A cause de moi ? *(Un temps.)* Bon, eh bien, fermez la porte. Il fait dix fois plus chaud depuis qu'elle est ouverte. *(Garcin va vers la porte et la ferme.)* A cause de moi ?
GARCIN : Oui. Tu sais ce que c'est qu'un lâche, toi.
INÈS : Oui, je le sais.
GARCIN : Tu sais ce que c'est que le mal, la honte, la peur. Il y a eu des jours où tu t'es vue jusqu'au cœur — et ça te cassait bras et jambes. Et le lendemain, tu ne savais plus que penser, tu n'arrivais plus à déchiffrer la révélation de la veille. Oui, tu connais le prix du mal. Et si tu dis que je suis un lâche, c'est en connaissance de cause, hein ?
INÈS : Oui.
GARCIN : C'est toi que je dois convaincre : tu es de ma race. T'imaginais-tu que j'allais partir ? Je ne pouvais pas te laisser ici, triomphante, avec toutes ces pensées dans ta tête ; toutes ces pensées qui me concernent.
INÈS : Tu veux vraiment me convaincre ?
GARCIN : Je ne veux plus rien d'autre. Je ne les entends plus, tu sais. C'est sans doute qu'ils en ont fini avec moi. Fini : l'affaire est classée, je ne suis

plus rien sur terre, même plus un lâche[1]. Inès, nous voilà seuls : il n'y a plus
que vous deux pour penser à moi. Elle ne compte pas. Mais toi, toi qui me
hais, si tu me crois, tu me sauves.

INÈS : Ce ne sera pas facile ! Regarde-moi : j'ai la tête dure.

GARCIN : J'y mettrai le temps qu'il faudra.

INÈS : Oh ! Tu as tout le temps. *Tout* le temps.

GARCIN, *la prenant aux épaules :* Écoute, chacun a son but, n'est-ce pas ?
Moi, je me foutais de l'argent, de l'amour. Je voulais être un homme. Un
dur. J'ai tout misé sur le même cheval. Est-ce que c'est possible qu'on soit
un lâche quand on a choisi les chemins les plus dangereux ? Peut-on juger
une vie sur un seul acte ?

INÈS : Pourquoi pas ? Tu as rêvé trente ans que tu avais du cœur ; et tu te
passais mille petites faiblesses parce que tout est permis aux héros [2].
Comme c'était commode ! Et puis, à l'heure du danger, on t'a mis au pied
du mur et... tu as pris le train pour Mexico [3].

GARCIN : Je n'ai pas rêvé cet héroïsme. Je l'ai choisi. On est ce qu'on veut.

INÈS : Prouve-le. Prouve que ce n'était pas un rêve. Seuls les actes
décident de ce qu'on a voulu [4].

GARCIN : Je suis mort trop tôt. On ne m'a pas laissé le temps de faire *mes* actes.

INÈS : On meurt toujours trop tôt — ou trop tard. Et cependant la vie est
là, terminée ; le trait est tiré, il faut faire la somme. Tu n'es rien d'autre
que ta vie.   GARCIN : Vipère ! Tu as réponse à tout.

INÈS : Allons ! allons ! Ne perds pas courage. Il doit t'être facile de me
persuader. Cherche des arguments, fais un effort. *(Garcin hausse les
épaules.)* Eh bien, eh bien ? Je t'avais dit que tu étais vulnérable. Ah !
Comme tu vas payer à présent. Tu es un lâche, Garcin, un lâche parce que
je le veux ! Et pourtant, vois comme je suis faible, un souffle ; je ne suis
rien que le regard qui te voit, que cette pensée incolore qui te pense.
(Il marche sur elle, les mains ouvertes.) Ha ! Elles s'ouvrent, ces grosses
mains d'homme. Mais qu'espères-tu ? On n'attrape pas les pensées avec les
mains. Allons, tu n'as pas le choix : il faut me convaincre. Je te tiens.

ESTELLE : Garcin !   GARCIN : Quoi ?

ESTELLE : Venge-toi.   GARCIN : Comment ?

ESTELLE : Embrasse-moi, tu l'entendras chanter.

GARCIN : C'est pourtant vrai, Inès. Tu me tiens, mais je te tiens aussi. [...]

*Il « tiennent » en effet, eux aussi, Inès qui, jalouse, ne peut supporter de les voir dans les
bras l'un de l'autre ; mais elle ne tarde pas à reprendre l'offensive.*

INÈS : Garcin le lâche tient dans ses bras Estelle l'infanticide. Les paris
sont ouverts. Garcin le lâche l'embrassera-t-il ? Je vous vois, je vous vois ;
à moi seule je suis une foule, la foule, Garcin, la foule, l'entends-tu ?
(Murmurant.) Lâche ! Lâche ! Lâche ! Lâche ! En vain tu me fuis, je ne te

---

— 1 Il entendait ses camarades encore
vivants le traiter de lâche. — 2 Garcin « tor-
turait » sa femme, « parce que c'était facile ».
Elle en est morte. — 3 Au début d'une guerre,
au lieu d'affirmer son pacifisme, il a *fui*. Arrêté,
il a été fusillé. — 4 Pour Sartre, l'idée que nous
nous faisons de nous-mêmes et nos *intentions*
sont sans valeur : nos *actes* nous jugent.

lâcherai pas. Que vas-tu chercher sur ses lèvres ? L'oubli ? Mais je ne
t'oublierai pas, moi. C'est moi qu'il faut convaincre. Moi. Viens, viens ! 60
Je t'attends. Tu vois, Estelle, il desserre son étreinte, il est docile comme
un chien... Tu ne l'auras pas !

GARCIN : Il ne fera donc jamais nuit ?   INÈS : Jamais.

GARCIN : Tu me verras toujours ?   INÈS : Toujours.

Garcin abandonne Estelle et fait quelques pas dans la pièce. Il s'approche du bronze.

GARCIN : Le bronze [5]... *(Il le caresse.)* Eh bien ! voici le moment. Le
bronze est là, je le contemple et je comprends que je suis en enfer. Je vous
dis que tout était prévu. Ils avaient prévu que je me tiendrais devant cette
cheminée, pressant ma main sur ce bronze, avec tous ces regards sur moi.
Tous ces regards qui me mangent... *(Il se retourne brusquement.)* Ha ! 70
Vous n'êtes que deux ? Je vous croyais beaucoup plus nombreuses. *(Il rit.)*
Alors c'est ça l'enfer. Je n'aurais jamais cru... Vous vous rappelez : le
soufre, le bûcher, le gril... Ah ! quelle plaisanterie. Pas besoin de gril,
l'enfer, c'est les Autres [6].   Huis clos, scène V (Librairie Gallimard, éditeur).

Estelle tente de tuer Inès avec un coupe-papier qui se trouve sur la table. En vain, *puisqu'Inès
est* morte, *puisqu'ils sont* morts *tous les trois :* « Ni le couteau, ni le poison, ni la corde *(cf.*
d'Aubigné, *XVI*e *Siècle, p.* 187, *v.* 29-42*). C'est déjà fait, comprends-tu ? Et nous sommes
ensemble pour toujours.* » *A* Inès, *Estelle et* Garcin *répondent en écho :* « Pour toujours ! »
et Garcin *ajoute :* « Eh bien, continuons. »...

Le « faire », révélateur de « l'être »

Dans cette page de *Situations II*, Sartre déduit avec une remarquable fermeté les
caractères de la littérature contemporaine tels qu'ils doivent résulter de la conjoncture
historique et de sa propre philosophie ; c'est la phase constructive qui suit l'expérience
de la Nausée (cf. p. 603). Pourtant ces réflexions si lucides ne laissent pas de soulever
des objections. D'abord l'œuvre de Sartre ressemble peu aux exemples qu'il cite (auxquels
on pourrait ajouter celui de Malraux) ; cette *fusion de la littérature et de l'action*, l'a-t-il
lui-même réalisée ? ne l'a-t-on pas souvent partagé entre la création proprement dite
et la littérature didactique (exposé d'une philosophie débouchant directement sur l'engagement politique et la polémique) ? D'autre part le roman contemporain n'a-t-il pas
trouvé d'autres moyens de renouveler l'analyse psychologique traditionnelle ?

Pour nous, le *faire* est révélateur de l'*être*, chaque geste dessine des figures
nouvelles sur la terre, chaque technique, chaque outil est un sens ouvert
sur le monde ; les choses ont autant de visages qu'il y a de manières de
s'en servir. Nous ne sommes plus avec ceux qui veulent posséder le monde mais
avec ceux qui veulent le changer, et c'est au projet [1] même de le changer qu'il
révèle les secrets de son être. On a du marteau, dit Heidegger [2], la connaissance
la plus intime quand on s'en sert pour marteler. Et du clou, quand on l'enfonce
dans le mur, et du mur quand on y enfonce le clou. Saint-Exupéry nous a ouvert

---

— 5 La scène représente un salon Second
Empire, avec un *bronze* sur la cheminée *sans
glace* (ainsi chacun ne peut se voir que
par les yeux *des autres*). — 6 Inès l'avait
compris : « Le bourreau, c'est chacun de

nous pour les deux autres » ; et Garcin
avait tenté *en vain* de rester à l'écart.
— 1 Sartre oppose le *projet* à la prétendue
nature (de l'homme ou des choses). — 2 Philosophe allemand, né en 1889 ; un des maîtres de
l'existentialisme.

le chemin, il a montré que l'avion, pour le pilote, est un organe de perception [3] ;
une chaîne de montagnes à 600 kilomètres-heure et dans la perspective nouvelle
du survol, c'est un nœud de serpents : elles se tassent, noircissent, poussent leurs
têtes dures et calcinées contre le ciel, cherchent à nuire, à cogner ; la vitesse, avec
son pouvoir astringent, ramasse et presse autour d'elle les plis de la robe terrestre,
Santiago saute dans le voisinage de Paris, à quatorze mille pieds de haut les
attractions obscures qui tirent San Antonio vers New-York brillent comme des
rails. Après lui, après Hemingway, comment pourrions-nous songer à décrire ?
Il faut que nous plongions les choses dans l'action : leur densité d'être se mesurera
pour le lecteur à la multiplicité des relations pratiques qu'elles entretiendront
avec les personnages. Faites gravir la montagne par le contrebandier, par le
douanier, par le partisan, faites-la survoler par l'aviateur [4], et la montagne surgira
tout à coup de ces actions connexes, sautera hors de votre livre, comme un diable
de sa boîte. Ainsi le monde et l'homme se révèlent par les *entreprises*. Et toutes les
entreprises dont nous pouvons parler se réduisent à une seule : celle de faire
l'histoire. Nous voilà conduits par la main jusqu'au moment où il faut abandonner
la littérature de l'*exis* pour inaugurer celle de la *praxis* [5].
La *praxis* comme action dans l'histoire et sur l'histoire, c'est-à-dire comme
synthèse de la relativité historique et de l'absolu moral et métaphysique [6], avec
ce monde hostile et amical, terrible et dérisoire qu'elle nous révèle, voilà notre
sujet. Je ne dis pas que nous ayons choisi ces chemins austères, et il en
est sûrement parmi nous qui portaient en eux quelque roman d'amour charmant
et désolé qui ne verra jamais le jour. Qu'y pouvons-nous ? Il ne s'agit pas de
choisir son époque mais de se choisir en elle [7].

Qu'est-ce que la littérature ? IV, *Situation de l'écrivain en* 1947 (Librairie Gallimard, éditeur).

Une vocation d'écrivain

« *J'étais écrivain*, dit Jean-Paul Sartre, *comme Charles Schweitzer était grand-père : de
naissance et pour toujours* » ; et plus loin : « On écrit pour ses voisins ou pour Dieu. Je
pris le parti d'écrire pour Dieu en vue de sauver mes voisins. [...] Avant de sauver l'humanité, je commencerais par lui bander les yeux ; alors seulement je me tournerais contre
les petits reîtres noirs et véloces, contre les mots ». Voici ses réflexions sur sa vocation précoce.

... J'avais neuf ans. Fils unique et sans camarade, je n'imaginais pas que mon
isolement pût finir. Il faut avouer que j'étais un auteur très ignoré. J'avais
recommencé d'écrire. Mes nouveaux romans, faute de mieux, ressemblaient
aux anciens trait pour trait, mais personne n'en prenait connaissance. Pas
même moi, qui détestais me relire : ma plume allait si vite que, souvent, j'avais
mal au poignet ; je jetais sur le parquet les cahiers remplis, je finissais par les
oublier, ils disparaissaient ; pour cette raison je n'achevais rien : à quoi bon
raconter la fin d'une histoire quand le commencement s'en est perdu. D'ailleurs,
si Karl [1] avait daigné jeter un coup d'œil sur ces pages, il n'aurait pas été *lecteur*
à mes yeux mais juge suprême et j'aurais redouté qu'il ne me condamnât.

— 3 « Voir surtout *Terre des Hommes*. » (Note
de Sartre.) — 4 « Comme Hemingway, par
exemple, dans *Pour qui sonne le glas.* » (Note
de Sartre.) — 5 L'*exis*, en grec, est l'état la
manière d'être ; la *praxis* est l'action (cf. l. 1).
— 6 Dialectique hégélienne (thèse, antithèse,

synthèse). — 7 L'homme est *en situation ;* si
sa liberté théorique est limitée ou même
anéantie, c'est au contraire, selon Sartre, ce qui
fonde *sa liberté réelle.*
— 1 *Karl :* le grand-père de Sartre, *Charles*
Schweitzer.

L'écriture, mon travail noir, ne renvoyait à rien et, du coup, se prenait elle-même pour fin : j'écrivais pour écrire. Je ne le regrette pas : eussé-je été lu, je tentais de plaire, je redevenais merveilleux. Clandestin, je fus vrai. Enfin l'idéalisme du clerc se fondait sur le réalisme de l'enfant. Je l'ai dit plus haut : pour avoir découvert le monde à travers le langage, je pris longtemps le langage pour le monde. Exister, c'était posséder une appellation contrôlée, quelque part sur les Tables infinies du Verbe ; écrire c'était y graver des êtres neufs ou — ce fut ma plus tenace illusion — prendre les choses, vivantes, au piège des phrases : si je combinais les mots ingénieusement, l'objet s'empêtrait
20 dans les signes, je le tenais. Je commençais, au Luxembourg, par me fasciner sur un brillant simulacre de platane [1] : je ne l'observais pas, tout au contraire, je faisais confiance au vide, j'attendais ; au bout d'un moment, son vrai feuillage surgissait sous l'aspect d'un simple adjectif ou, quelquefois, de toute une proposition : j'avais enrichi l'univers d'une frissonnante verdure. Jamais je n'ai déposé mes trouvailles sur le papier : elles s'accumulaient, pensais-je, dans ma mémoire. En fait je les oubliais. Mais elles me donnaient un pressentiment de mon rôle futur : j'imposerais des noms. Depuis plusieurs siècles, à Aurillac [2], de vains amas de blancheurs réclamaient des contours fixes, un sens ; j'en ferais des monuments véritables. Terroriste, je ne visais que leur être : je le consti-
30 tuerais par le langage ; rhétoricien, je n'aimais que les mots : je dresserais des cathédrales de paroles sous l'œil bleu du mot ciel. Je bâtirais pour des millénaires. Quand je prenais un livre, j'avais beau l'ouvrir et le fermer vingt fois, je voyais bien qu'il ne s'altérait pas. Glissant sur cette substance incorruptible : le *texte*, mon regard n'était qu'un minuscule accident de surface, il ne dérangeait rien, n'usait pas. Moi, par contre, passif, éphémère, j'étais un moustique ébloui, traversé par les feux d'un phare ; je quittais le bureau, j'éteignais : invisible dans les ténèbres, le livre étincelait toujours ; pour lui seul. Je donnerais à mes ouvrages la violence de ces jets de lumière corrosifs, et, plus tard, dans les bibliothèques en ruines, ils survivraient à l'homme. Les *Mots* (Librairie Gallimard).

Simone
de Beauvoir

Née à Paris en 1908, SIMONE DE BEAUVOIR *rencontre Jean-Paul Sartre*, au terme de brillantes études, en préparant l'agrégation de philosophie à laquelle tous deux sont reçus en 1929. Frappée d'admiration pour une intelligence qu'elle reconnaît supérieure à la sienne, elle subit l'ascendant de Sartre et devient sa compagne ; leur union est cimentée par un anticonformisme volontiers agressif et par une commune révolte contre leur milieu d'origine. Professeur à Marseille, à Rouen, puis à Paris (jusqu'en 1943), en dépit d'une extrême liberté d'allures Simone de Beauvoir ne trouve pas dans l'exercice de son métier les conditions favorables à une *émancipation totale ;* et surtout elle aspire depuis longtemps à affirmer pleinement sa personnalité par la *création littéraire*.

ROMANS. Sa carrière d'écrivain commence en 1943 avec *L'Invitée*, roman qui renouvelle le thème éternel de la *jalousie :* subissant l'existence de *l'Autre* « comme un irréductible scandale », Françoise tuera Xavière, et *l'Invitée* dont elle ne peut supporter ni l'immixtion entre elle et Pierre ni la *présence critique*, qui lui semble anéantir son autonomie morale (cf. p. 609). Puis c'est *Le Sang des Autres* (1944) et *Tous les Hommes sont mortels* (1947), apologue tendant à faire apparaître le caractère illusoire de toute aspiration à l'immortalité. Ces thèmes ne manquent pas d'intérêt, mais sont présentés parfois sous une forme trop didactique : l'auteur le reconnaîtra d'ailleurs dans une très intelligente autocritique *(La Force de l'Age)*. En 1954, le prix Goncourt attribué aux *Mandarins* attire sur son œuvre l'attention du grand public.

— 1 Cf. p. 603-605. — 2 Il est question plus haut du bourgeois républicain qui « décrit les monuments d'Aurillac à ses moments perdus ».

ESSAIS. Parallèlement, Simone de Beauvoir traite des thèmes existentialistes au théâtre *(Les Bouches inutiles)* et dans des essais philosophiques *(Pyrrhus et Cinéas*, 1944 ; *Pour une morale de l'ambiguïté*, 1947). Elle consacre une volumineuse étude, *Le Deuxième Sexe* (1949), à la *condition de la femme :* à l'en croire, il n'est pas plus d' « éternel féminin » que de « nature humaine » ; les traits distinctifs de la psychologie féminine seraient dus à un long asservissement et non à des différences originelles et immuables ; mais la thèse se trouve compromise par la méconnaissance de l'instinct maternel. Mentionnons encore des reportages plus « engagés » que pittoresques *(L'Amérique au jour le jour*, 1948, et *La longue Marche*, essai sur la Chine, 1957).

MÉMOIRES. Elle a enfin publié ses souvenirs *(Mémoires d'une Jeune Fille rangée*, 1958; *La Force de l'Age*, 1960; *La Force des Choses*, 1963), des réflexions sur la mort de sa mère *(Une Mort très douce*, 1964), sur *la Vieillesse* (1970), sur la mort de Sartre *(La cérémonie des adieux*, 1981) et une sorte de bilan : *Tout compte fait* (1972). Peut-être a-t-elle trouvé là le mode d'expression qui lui convient le mieux. *Les Mandarins* étaient déjà des Mémoires transposés concernant la « chapelle » existentialiste et les rapports entre Sartre et Camus au lendemain de la libération. D'une façon générale l'auteur montrait peu d'invention dans ses romans ; tout à fait égocentrique, peu artiste, mais riche d'expériences de toute sorte et goûtant avidement la vie, c'est lorsqu'elle nous parle d'elle-même et de son entourage, sans déguisement ni fiction, que Simone de Beauvoir nous intéresse le plus.

Mort d'Élizabeth

Les *Mémoires d'une Jeune Fille rangée* sont l'histoire d'une *émancipation* intellectuelle, morale et sociale. Où l'auteur a réussi, son amie Élizabeth Mabille a échoué tragiquement : telle est l'idée directrice de la page qu'on va lire. Cette *thèse* et ce *prosélytisme*, quoiqu'ils restent relativement discrets, risquent de paraître irritants : toute thèse n'est-elle pas vaine, devant le mystère d'une destinée ? Mais l'admirable figure de « Zaza », si humaine, si sensible, et le caractère pathétique de sa fin font de cet épisode le sommet de l'ouvrage. Les *Mémoires* deviennent alors un véritable roman, un *roman véridique*, et se haussent même à la *dignité tragique*. D'ailleurs SIMONE DE BEAUVOIR, qui pèche parfois par sécheresse, laisse paraître ici son *émotion*, que trahit le rythme saccadé d'un récit sans apprêt.
Zaza est éprise du normalien Pradelle qui répond à son amour ; mais les deux familles n'envisagent pas volontiers leur union, Pradelle se montre peu empressé, il manque de caractère, et surtout il ne peut deviner la violence *de la passion qu'il a inspirée.*

Pradelle l'avait avertie que son frère venait de s'embarquer et que pendant une semaine le soin de consoler sa mère l'occuperait tout entier. Cette fois encore, elle affectait de trouver naturel qu'il n'hésitât pas à la sacrifier ; mais j'étais certaine que de nouveaux doutes la rongeaient ; et je déplorai que pendant huit jours aucune voix ne dût faire échec aux « lugubres avertissements » prodigués par madame Mabille.
Dix jours plus tard, je la rencontrai par hasard au bar Poccardi ; j'avais été lire à la Nationale, elle faisait des courses dans le quartier : je l'accompagnai. A mon grand étonnement, elle débordait de gaieté. Elle avait beaucoup réfléchi, au cours de cette semaine solitaire, et peu à peu, tout s'était mis en ordre dans sa tête et dans son cœur ; même son départ pour Berlin ne l'effrayait plus. Elle aurait des loisirs, elle essaierait d'écrire le roman auquel elle pensait depuis longtemps, elle lisait beaucoup : jamais elle n'avait eu une telle soif de lecture. Elle venait de redécouvrir Stendhal avec admiration. Sa famille le haïssait si catégoriquement qu'elle n'avait pas réussi jusqu'alors à surmonter tout à fait cette prévention ; mais en le relisant ces jours derniers, elle l'avait enfin compris,

et aimé sans réticence. Elle sentait le besoin de réviser un grand nombre de ses jugements : elle avait l'impression qu'une sérieuse évolution venait brusquement de se déclencher en elle. Elle me parla avec une chaleur, une exubérance presque insolites ; il y avait quelque chose de forcené dans son optimisme. Cependant je me réjouis : elle avait retrouvé des forces neuves et il me semblait qu'elle était en train de beaucoup se rapprocher de moi. Je lui dis au revoir, le cœur plein d'espoir.

Quatre jours plus tard, je reçus un mot de madame Mabille : Zaza était très malade ; elle avait une grosse fièvre, et d'affreux maux de tête. Le médecin l'avait fait transporter dans une clinique de Saint-Cloud ; il lui fallait une solitude et un calme absolus ; elle ne devait recevoir aucune visite ; si la fièvre ne tombait pas, elle était perdue.

Je vis Pradelle. Il me raconta ce qu'il savait. Le surlendemain de ma rencontre avec Zaza, madame Pradelle était seule dans son appartement quand on sonna ; elle ouvrit, et elle se trouva devant une jeune fille bien vêtue, mais qui ne portait pas de chapeau : à l'époque, c'était tout à fait incorrect. « Vous êtes la mère de Jean Pradelle ? demanda-t-elle. Je peux vous parler ? » Elle se présenta et madame Pradelle la fit entrer. Zaza regardait autour d'elle ; elle avait un visage crayeux avec des pommettes enflammées. « Jean n'est pas là ? pourquoi ? Il est déjà au ciel ? » Madame Pradelle, effrayée, lui dit qu'il allait rentrer. « Est-ce que vous me détestez, Madame ? » demanda Zaza. L'autre protesta. « Alors, pourquoi ne voulez-vous pas que nous nous mariions ? » Madame Pradelle essaya de son mieux de la calmer ; elle était apaisée quand un peu plus tard Pradelle rentra, mais son front et ses mains brûlaient. « Je vais vous reconduire » dit-il. Ils prirent un taxi et tandis qu'ils roulaient vers la rue de Berri, elle demanda avec reproche : « Vous ne voulez pas m'embrasser ? Pourquoi ne m'avez-vous jamais embrassée ? » Il l'embrassa.

Madame Mabille la mit au lit et appela le médecin ; elle s'expliqua avec Pradelle : elle ne voulait pas le malheur de sa fille, elle ne s'opposait pas à ce mariage. Madame Pradelle ne s'y opposait pas non plus : elle ne voulait le malheur de personne. Tout allait s'arranger. Mais Zaza avait quarante de fièvre et délirait.

Pendant quatre jours, dans la clinique de Saint-Cloud, elle réclama « mon violon, Pradelle, Simone et du champagne ». La fièvre ne tomba pas. Sa mère eut le droit de passer la dernière nuit près d'elle. Zaza la reconnut et sut qu'elle mourait. « N'ayez pas de chagrin, maman chérie, dit-elle. Dans toutes les familles il y a du déchet : c'est moi le déchet. »

Quand je la revis, dans la chapelle de la clinique, elle était couchée au milieu d'un parterre de cierges et de fleurs. Elle portait une longue chemise de nuit en toile rêche. Ses cheveux avaient poussé, ils tombaient en mèches raides autour d'un visage jaune, et si maigre, que j'y retrouvai à peine ses traits. Les mains aux longues griffes pâles, croisées sur le crucifix, semblaient friables comme celles d'une très vieille momie. Madame Mabille sanglotait. « Nous n'avons été que les instruments entre les mains de Dieu » lui dit M. Mabille.

Les médecins parlèrent de méningite, d'encéphalite, on ne sut rien de précis. S'agissait-il d'une maladie contagieuse, d'un accident ? ou Zaza avait-elle succombé à un excès de fatigue et d'angoisse ? Souvent la nuit elle m'est apparue, toute jaune sous une capeline rose et elle me regardait avec reproche. Ensemble nous avions lutté contre le destin fangeux qui nous guettait et j'ai pensé longtemps que j'avais payé ma liberté de sa mort.

Mémoires d'une Jeune Fille rangée, IV (Librairie Gallimard, éditeur).

ALBERT CAMUS

LA VOCATION PHILOSOPHIQUE. Fils d'un ouvrier agricole, ALBERT CAMUS est né en Algérie en 1913. Ayant perdu son père à la guerre de 1914, il sera élevé par sa mère, d'origine espagnole, dans un pauvre appartement d'un quartier populaire d'Alger. Après le baccalauréat, pour mener à bien ses études de philosophie, il doit accepter de menus emplois dans le commerce ou l'administration ; il présente en 1936 un diplôme d'études supérieures sur les rapports de l'hellénisme et du christianisme dans les œuvres de Plotin et de saint Augustin, mais la tuberculose l'empêchera de passer l'agrégation de philosophie. Dès cette époque il a *la passion du théâtre* et fonde la troupe de « L'Équipe » pour laquelle il adapte *Le Temps du Mépris* de Malraux, le *Prométhée* d'Eschyle et *Les Frères Karamazov* de Dostoïevsky. Il aimera plus tard confier ses idées à des fictions dramatiques et sera aussi un excellent adaptateur de pièces anciennes ou étrangères : *Les Esprits* de Larivey (1953), *La Dévotion à la Croix* de Calderon (1953), *Requiem pour une nonne* de Faulkner (1957), *Les Possédés* de Dostoïevsky (1959).

JOURNALISME ET RÉSISTANCE. Devenu journaliste à Alger puis à Paris, il cherche à s'engager en 1940, mais est ajourné pour raison de santé. Sous l'occupation allemande, il tient une place importante dans la Résistance et devient en août 1944 rédacteur en chef du journal *Combat* : les articles très remarqués qu'il publie désormais seront rassemblés sous le titre d'*Actuelles* (1950 et 1953). CAMUS continuera à militer en faveur des déshérités et des victimes de la lutte pour la liberté ; il lancera en 1956 un appel aux musulmans en faveur de la trêve en Algérie et publiera en 1957, avec Koestler, des *Réflexions sur la peine capitale* tendant à l'abolition de la peine de mort.

DE L'HOMME ABSURDE A L'HOMME RÉVOLTÉ. Tour à tour essayiste, romancier et auteur dramatique comme J.-P. Sartre, Camus se consacrera de plus en plus à sa carrière d'écrivain. Son œuvre pourrait, en gros, s'ordonner autour de deux pôles : l'*absurde* et la *révolte*, correspondant aux deux étapes de son itinéraire philosophique.

1. **LA MORALE DE L'ABSURDE.** La prise de conscience du non-sens de la vie le conduit à l'idée que l'homme est libre de vivre « sans appel », quitte à payer les conséquences de ses erreurs, et doit épuiser les joies de cette terre. Ces idées, exposées dans *Le Mythe de Sisyphe* (1942), sont illustrées par le roman de *L'Étranger* (1942) et, en 1944, par deux pièces de théâtre : *Caligula* et *Le Malentendu*.

2. **L'HUMANISME DE LA RÉVOLTE.** L'auteur aboutit à la découverte d'une valeur qui donne à l'action son sens et ses limites : la *nature humaine*. Cet humanisme apparaît dans *La Peste* (1947) et dans deux pièces de théâtre, *L'État de siège* (1948) et *Les Justes* (1949), avant de s'exprimer vigoureusement dans *L'Homme Révolté* (1951).

La carrière de CAMUS est donc celle d'un *psychologue* et d'un *moraliste*. Dans son exigence de probité, avec une réserve et une sobriété toutes classiques, il accorde la première place aux *idées* et refuse de sacrifier à la magie du style. Pourtant ce serait une erreur de méconnaître la *variété* et l'exacte *appropriation* de son art d'écrivain. Sans doute a-t-il su nous imposer dans *L'Étranger* et *La Peste* ce style neutre, impersonnel, tout en notations sèches et monotones, qui est devenu inséparable du climat de l'absurde ; mais on découvre aisément dans son œuvre des résurgences de l'aptitude poétique à traduire les sensations dans leur pleine saveur qui triomphait dans *Noces* (1938), un des premiers essais où, avant l'amère découverte de l'absurde, le jeune Camus célébrait avec fougue ses « *noces avec le monde* ». Et l'on sera sensible à l'ironie et à l'humour qui jettent çà et là de discrètes lueurs, avant de briller de tout leur éclat dans *La Chute* (1956), œuvre étrange et séduisante dont la verve et le rythme capricieux font songer à la « satire » du *Neveu de Rameau*.

Cette carrière s'est trouvée prématurément brisée en 1960 par l'accident d'automobile qui coûta la vie à Camus. Peu auparavant, en 1957, le Prix Nobel était venu couronner cette œuvre « *qui met en lumière les problèmes se posant de nos jours à la conscience des hommes* ».

CAMUS ET L'ABSURDE

« *Un jour vient* [...] *et l'homme constate ou dit qu'il a trente ans. Il affirme ainsi sa jeunesse. Mais du même coup, il se situe par rapport au temps.* [...] *Il appartient au temps et, à cette horreur qui le saisit, il y reconnaît son pire ennemi. Demain, il souhaitait demain, quand tout lui-même aurait dû s'y refuser. Cette révolte de la chair, c'est l'absurde* ».

Bien qu'apparenté dans une certaine mesure à l'existentialisme (cf. p. 601), ALBERT CAMUS s'en est assez nettement séparé pour attacher son nom à une doctrine personnelle, *la philosophie de l'absurde*. Définie dans *Le Mythe de Sisyphe, essai sur l'absurde* (1942), reprise dans *L'Étranger* (1942), puis au théâtre dans *Caligula* et *Le Malentendu* (1944), elle se retrouve à travers une évolution sensible de sa pensée, jusque dans *La Peste* (1947). Il importe, pour lever toute équivoque, d'étudier cette philosophie dans *Le Mythe de Sisyphe* et de préciser la signification de termes comme *l'absurde, l'homme absurde, la révolte, la liberté, la passion* qui, sous la plume de Camus, ont une résonance particulière.

Non-sens de la vie La vie vaut-elle d'être vécue ? Pour la plupart des hommes, vivre se ramène à « faire les gestes que l'*habitude* commande ». Mais le *suicide* soulève la question fondamentale du sens de la vie : « *Mourir volontairement suppose qu'on a reconnu, même instinctivement, le caractère dérisoire de cette habitude, l'absence de toute raison profonde de vivre, le caractère insensé de cette agitation quotidienne et l'inutilité de la souffrance* ».

I. LE SENTIMENT DE L'ABSURDE. Pareille prise de conscience est rare, personnelle et incommunicable. Elle peut surgir de la « nausée » (cf. p. 603) qu'inspire le *caractère machinal de l'existence* sans but : « Il arrive que les décors s'écroulent. Lever, tramway, quatre heures de bureau ou d'usine, repas, tramway, quatre heures de travail, repas, sommeil et lundi mardi mercredi jeudi vendredi et samedi sur le même rythme, cette route se suit aisément la plupart du temps. Un jour seulement, le « pourquoi » s'élève et tout commence dans cette lassitude teintée d'écœurement ». Cette découverte peut naître du sentiment de *l'étrangeté de la nature, de l'hostilité primitive du monde* auquel on se sent tout à coup *étranger*. Ou encore de l'idée que tous les jours d'une vie sans éclat sont stupidement subordonnés au lendemain, alors que *le temps* qui conduit à l'anéantissement de nos efforts est notre pire ennemi. Enfin, c'est surtout la *certitude de la mort*, ce « côté élémentaire et définitif de l'aventure » qui nous en révèle l'absurdité : « Sous l'éclairage mortel de cette destinée, l'inutilité apparaît. Aucune morale, aucun effort ne sont a priori justifiables devant les sanglantes mathématiques de notre condition ». D'ailleurs *l'intelligence*, reconnaissant son inaptitude à comprendre le monde, nous dit aussi à sa manière que *ce monde est absurde*, ou plutôt « peuplé d'irrationnels ».

II. DÉFINITION DE L'ABSURDE. En fait, ce n'est pas le monde qui est absurde mais la *confrontation* de son caractère *irrationnel* et de *ce désir éperdu de clarté dont l'appel résonne au plus profond de l'homme*. Ainsi l'absurde n'est ni dans l'homme ni dans le monde, mais dans leur présence commune. *Il naît de leur antinomie.* « Il est pour le moment leur seul lien. Il les scelle l'un à l'autre comme la haine seule peut river les êtres... L'irrationnel, la nostalgie humaine et l'absurde qui surgit de leur tête-à-tête, voilà les trois personnages du *drame* qui doit nécessairement finir avec toute la logique dont une existence est capable ».

L'homme absurde Si cette notion d'absurde est essentielle, si elle est la première de nos vérités, toute solution du drame doit la préserver. CAMUS récuse donc les *attitudes d'évasion* qui consisteraient à escamoter l'un ou l'autre terme : d'une part le *suicide*, qui est la suppression de la conscience ; d'autre part les doctrines situant *hors de ce monde* les raisons et les espérances qui donneraient un sens à la vie, c'est-à-dire soit la *croyance religieuse* soit ce qu'il appelle le « *suicide philosophique* des existentialistes (Jaspers, Chestov, Kierkegaard) qui, par diverses voies, divinisent l'irrationnel ou, faisant de l'absurde le critère de l'autre monde, le transforment en « tremplin d'éternité ». Au contraire, seul donne au drame sa solution logique celui qui décide de *vivre seulement avec ce qu'il sait,* c'est-à-dire avec la conscience de l'affrontement sans espoir entre l'esprit et le monde.

« *Je tire de l'absurde,* dit CAMUS, *trois conséquences qui sont ma révolte, ma liberté, ma passion. Par le seul jeu de ma conscience, je transforme en règle de vie ce qui était invitation à la mort — et je refuse le suicide* ». Ainsi se définit l'attitude de « l'homme absurde ».

I. LE DÉFI. « Vivre une expérience, un destin, c'est l'accepter pleinement. Or on ne vivra pas ce destin, le sachant absurde, si on ne fait pas tout pour maintenir devant soi cet absurde mis à jour par la conscience... *Vivre, c'est faire vivre l'absurde. Le faire vivre, c'est avant tout le regarder...* L'une des seules positions philosophiques cohérentes, c'est ainsi la RÉVOLTE. Elle est un confrontement perpétuel de l'homme et de sa propre obscurité. Elle remet le monde en question à chacune de ses secondes... Elle n'est pas aspiration, elle est sans espoir. Cette révolte n'est que l'assurance d'un destin écrasant, moins la résignation qui devrait l'accompagner ». C'est ainsi que CAMUS oppose à l'esprit du suicidé (qui, d'une certaine façon, consent à l'absurde) celui du condamné à mort qui est en même temps conscience et refus de la mort (cf. p. 622). Selon lui *c'est cette révolte qui confère à la vie son prix et sa grandeur,* exalte l'intelligence et l'orgueil de l'homme aux prises avec une réalité qui le dépasse, et l'invite *à tout épuiser et à s'épuiser,* car il sait que « dans cette conscience et dans cette révolte au jour le jour, il témoigne de sa seule vérité qui est le *défi* ».

II. LA LIBERTÉ. L'homme absurde laisse de côté le problème de « la liberté en soi » qui n'aurait de sens qu'en relation avec la croyance en Dieu ; il ne peut éprouver que sa propre liberté d'esprit ou d'action. Jusqu'à la rencontre de l'absurde, il avait l'illusion d'être libre mais était esclave de l'habitude ou des préjugés qui ne donnaient à sa vie qu'un semblant de but et de valeur. La découverte de l'absurde lui permet de tout voir d'un regard neuf : il est *profondément libre* à partir du moment où il connaît *lucidement* sa condition sans espoir et sans lendemain. Il se sent alors *délié des règles communes* et apprend à *vivre* « *sans appel* ».

III. LA PASSION. Vivre dans un univers absurde consistera à *multiplier avec passion les expériences lucides,* pour « être en face du monde le plus souvent possible ». Montaigne insistait sur la *qualité* des expériences qu'on accroît en y associant son âme ; Camus insiste sur leur *quantité,* car leur qualité découle de notre présence au monde en pleine conscience : « *Sentir sa vie, sa révolte, sa liberté, et le plus possible, c'est vivre et le plus possible. Là où la lucidité règne, l'échelle des valeurs devient inutile... Le présent et la succession des présents devant une âme sans cesse consciente, c'est l'idéal de l'homme absurde* ».

Tout est permis, s'écriait Ivan Karamazov. Toutefois, CAMUS note que ce cri comporte plus d'amertume que de joie, car il n'y a plus de valeurs consacrées pour orienter notre choix ; « l'absurde, dit-il, ne délivre pas, il lie. Il n'autorise pas tous les actes. *Tout est permis* ne signifie pas que rien n'est défendu. L'absurde rend seulement leur *équivalence* aux conséquences de ces actes. Il ne recommande pas le crime, ce serait puéril, mais il restitue au remords son inutilité. De même, si toutes les expériences sont indifférentes, celle du devoir est aussi légitime qu'une autre. » C'est justement dans le champ des possibles et avec ces limites que s'exerce la liberté de l'homme absurde : les conséquences de ses actes sont simplement ce qu'il faut payer et il y est prêt. *L'homme est sa propre fin et il est sa seule fin,* mais parmi ses actes il en est qui servent ou desservent l'humanité, et c'est dans le sens de cet *humanisme* que va évoluer la pensée de Camus (cf. p. 626).

« *Il faut imaginer Sisyphe heureux* »

« Les dieux avaient condamné Sisyphe à rouler sans cesse un rocher jusqu'au sommet d'une montagne d'où la pierre retombait par son propre poids. Ils avaient pensé avec quelque raison qu'il n'est pas de punition plus terrible que le travail inutile et sans espoir. » Évoquant la légende de ce personnage à qui son mépris des dieux, sa haine de la mort et sa passion pour la vie avaient valu « ce supplice indicible où tout l'être s'emploie à ne rien achever », CAMUS reconnaît en lui *le héros absurde*. Au moment où SISYPHE redescend une fois de plus vers la plaine, il lui prête la *révolte*, la *liberté* et la *passion* qu'il a définies dans *Le Mythe de Sisyphe, essai sur l'absurde* : en prenant conscience de la vanité de ses efforts sans espoir, Sisyphe se rend supérieur à ce qui l'écrase ; s'emparant de son propre destin, il fonde sa grandeur sur la lutte et tire de cet univers sans maître le seul bonheur qui soit accessible à l'homme.

Tout au bout de ce long effort mesuré par l'espace sans ciel et le temps sans profondeur, le but est atteint. Sisyphe regarde alors la pierre dévaler en quelques instants vers ce monde inférieur d'où il faudra la remonter vers les sommets. Il redescend dans la plaine.

C'est pendant ce retour, cette pause, que Sisyphe m'intéresse. Un visage qui peine si près des pierres est déjà pierre lui-même. Je vois cet homme redescendre d'un pas lourd mais égal vers le tourment dont il ne connaîtra pas la fin. Cette heure qui est comme une respiration et qui revient aussi sûrement que son malheur, cette heure est celle de la conscience. A chacun de ces instants, où il quitte les sommets et s'enfonce peu à peu vers les tanières des dieux, il est supérieur à son destin. Il est plus fort que son rocher.

Si ce mythe est tragique, c'est que son héros est conscient. Où serait en effet sa peine, si à chaque pas l'espoir de réussir le soutenait ? L'ouvrier d'aujourd'hui travaille, tous les jours de sa vie, aux mêmes tâches et ce destin n'est pas moins absurde. Mais il n'est tragique qu'aux rares moments où il devient conscient. Sisyphe, prolétaire des dieux, impuissant et révolté, connaît toute l'étendue de sa misérable condition : c'est à elle qu'il pense pendant sa descente. La clairvoyance qui devait faire son tourment consomme du même coup sa victoire. Il n'est pas de destin qui ne se surmonte par le mépris.

Si la descente ainsi se fait certains jours dans la douleur, elle peut se faire aussi dans la joie. Ce mot n'est pas de trop. J'imagine encore Sisyphe revenant vers son rocher, et la douleur était au début. Quand les images de la terre tiennent trop fort au souvenir, quand l'appel du bonheur se fait trop pressant, il arrive que la tristesse se lève au cœur de l'homme : c'est la victoire du rocher, c'est le rocher lui-même. Ce sont nos nuits de Gethsémani. Mais les vérités écrasantes périssent d'être reconnues. Ainsi, Œdipe obéit d'abord au destin sans le savoir. A partir du moment où il sait, sa tragédie commence. Mais dans le même instant, aveugle et désespéré, il reconnaît que le seul lien qui le rattache au monde, c'est la main fraîche d'une jeune fille. Une parole démesurée retentit alors : « Malgré tant d'épreuves, mon âge avancé et la grandeur de mon âme me font juger que tout est bien. » L'Œdipe de Sophocle, comme le Kirilov de Dostoïevsky, donne ainsi la formule de la victoire absurde. La sagesse antique rejoint l'héroïsme moderne.

On ne découvre pas l'absurde sans être tenté d'écrire quelque manuel du bonheur. « Eh ! quoi, par des voies si étroites... ? » Mais il n'y a qu'un monde.

Le bonheur et l'absurde sont deux fils de la même terre. Ils sont inséparables. L'erreur serait de dire que le bonheur naît forcément de la découverte absurde. Il arrive aussi bien que le sentiment de l'absurde naisse du bonheur. « Je juge que tout est bien », dit Œdipe, et cette parole est sacrée. Elle retentit dans
40 l'univers farouche et limité de l'homme. Elle enseigne que tout n'est pas, n'a pas été épuisé. Elle chasse de ce monde un dieu qui y était entré avec l'insatisfaction et le goût des douleurs inutiles. Elle fait du destin une affaire d'homme, qui doit être réglée entre les hommes. Toute la joie silencieuse de Sisyphe est là. Son destin lui appartient. Son rocher est sa chose. De même, l'homme absurde, quand il contemple son tourment, fait taire toutes les idoles. Dans l'univers soudain rendu à son silence, les mille petites voix émerveillées de la terre s'élèvent. Appels inconscients et secrets, invitations de tous les visages, ils sont l'envers nécessaire et le prix de la victoire. Il n'y a pas de soleil sans ombre, et il faut connaître la nuit. L'homme
50 absurde dit oui et son effort n'aura plus de cesse. S'il y a un destin personnel, il n'y a point de destinée supérieure ou du moins il n'en est qu'une dont il juge qu'elle est fatale et méprisable. Pour le reste, il se sait le maître de ses jours. À cet instant subtil où l'homme se retourne sur sa vie, Sisyphe, revenant vers son rocher, contemple cette suite d'actions sans lien qui devient son destin, créé par lui, uni sous le regard de sa mémoire et bientôt scellé par sa mort. Ainsi, persuadé de l'origine tout humaine de tout ce qui est humain, aveugle qui désire voir et qui sait que la nuit n'a pas de fin, il est toujours en marche. Le rocher roule encore.
Je laisse Sisyphe au bas de la montagne ! On retrouve toujours son fardeau.
60 Mais Sisyphe enseigne la fidélité supérieure qui nie les dieux et soulève les rochers. Lui aussi juge que tout est bien. Cet univers désormais sans maître ne lui paraît ni stérile ni fertile. Chacun des grains de cette pierre, chaque éclat minéral de cette montagne pleine de nuit, à lui seul, forme un monde. La lutte elle-même vers les sommets suffit à remplir un cœur d'homme. Il faut imaginer Sisyphe heureux.

Le Mythe de Sisyphe (Librairie Gallimard, éditeur).

L'ÉTRANGER

Achevé en mai 1940 et publié en même temps que Le Mythe de Sisyphe en 1942, L'Étranger est en partie la traduction romanesque des idées contenues dans cet Essai sur l'absurde. MEURSAULT, le narrateur, est un modeste employé de bureau, à Alger. Il retrace son existence médiocre, limitée au déroulement mécanique de gestes quotidiens et à la quête instinctive de sensations élémentaires. Il vit dans une sorte de torpeur, une étrange indifférence : au moment d'agir, il note d'ordinaire qu'on peut faire l'un ou l'autre et que « ça lui est égal ». Il représente l'homme avant la prise de conscience de l'absurde, mais déjà préparé à cet éveil lucide : sans illusion sur les valeurs consacrées, il se comporte comme si la vie n'avait pas de sens. L'effet produit sur le lecteur par une telle narration, objective et déprimante, est cet écœurement qui, selon CAMUS, est une bonne chose, car il nous conduit au sentiment de l'absurde.

Appelé à l'asile où sa mère vient de mourir, MEURSAULT accomplit docilement, dans les formes consacrées par l'usage, les rites de la veillée funèbre, de la levée du corps, de la cérémonie religieuse et de l'inhumation. Il a de la peine, sans doute ; mais il est foncièrement inapte au mensonge et, comme son chagrin n'est pas intolérable et qu'il est accablé par la chaleur, il ne fait aucun effort pour manifester sa douleur aux yeux des assistants. Le lendemain, il a retrouvé une amie d'autrefois, MARIE CARDONA, s'est baigné avec elle et l'a accompagnée au cinéma où l'on projetait un film comique.

« LA PORTE DU MALHEUR »

La vie a repris son cours monotone et banal. C'est dimanche : avec MARIE et son ami Raymond, MEURSAULT va rendre visite à Masson et à sa femme qui habitent un cabanon, à l'extrémité d'une plage de banlieue. Après le déjeuner, les trois hommes ont une bagarre avec deux Arabes qui poursuivaient RAYMOND pour une histoire de femme. Ce dernier a le bras tailladé d'un coup de couteau. Voulant l'empêcher de tuer son adversaire, Meursault *lui prend son revolver* et réussit à lui faire regagner le cabanon où les deux femmes sont en pleurs. Mais voici qu'écrasé par la canicule, il cède lui-même au désir de se rendre seul au bord d'une source. On verra par quel *enchaînement aveugle* de circonstances, de sensations subies dans une sorte d'hébétude et d'impulsions instinctives, il devient, *sans raison profonde*, meurtrier d'un homme qu'il ne connaît même pas.

J'ai marché longtemps. Je voyais de loin la petite masse sombre du rocher entourée d'un halo aveuglant par la lumière et la poussière de la mer. Je pensais à la source fraîche derrière le rocher. J'avais envie de retrouver le murmure de son eau, envie de fuir le soleil, l'effort et les pleurs de femme, envie enfin de retrouver l'ombre et son repos. Mais quand j'ai été plus près, j'ai vu que le type de Raymond était revenu.

Il était seul. Il reposait sur le dos, les mains sous la nuque, le front dans les ombres du rocher, tout le corps au soleil. Son bleu de chauffe fumait dans la chaleur. J'ai été un peu surpris. Pour moi, c'était une histoire
10 finie et j'étais venu là sans y penser.

Dès qu'il m'a vu, il s'est soulevé un peu et a mis la main dans sa poche. Moi, naturellement, j'ai serré le revolver de Raymond dans mon veston. Alors de nouveau, il s'est laissé aller en arrière, mais sans retirer la main de sa poche. J'étais assez loin de lui, à une dizaine de mètres. Je devinais son regard par instants, entre ses paupières mi-closes. Mais le plus souvent, son image dansait devant mes yeux, dans l'air enflammé. Le bruit des vagues était encore plus paresseux, plus étale qu'à midi. C'était le même soleil, la même lumière sur le même sable qui se prolongeait ici. Il y avait déjà deux heures que la journée n'avançait plus, deux heures qu'elle avait
20 jeté l'ancre dans un océan de métal bouillant. A l'horizon, un petit vapeur est passé et j'en ai deviné la tache noire au bord de mon regard, parce que je n'avais pas cessé de regarder l'Arabe.

J'ai pensé que je n'avais qu'un demi-tour à faire et ce serait fini. Mais toute une plage vibrante de soleil se pressait derrière moi. J'ai fait quelques pas vers la source. L'Arabe n'a pas bougé. Malgré tout, il était encore assez loin. Peut-être à cause des ombres sur son visage, il avait l'air de rire. J'ai attendu. La brûlure du soleil gagnait mes joues et j'ai senti des gouttes de sueur s'amasser dans mes sourcils. C'était le même soleil que le jour où j'avais enterré maman et, comme alors, le front surtout me
30 faisait mal et toutes ses veines battaient ensemble sous la peau. A cause de cette brûlure que je ne pouvais plus supporter, j'ai fait un mouvement en avant. Je savais que c'était stupide, que je ne me débarrasserais pas du

soleil en me déplaçant d'un pas. Mais j'ai fait un pas, un seul pas en avant. Et cette fois, sans se soulever, l'Arabe a tiré son couteau qu'il m'a présenté dans le soleil. La lumière a giclé sur l'acier et c'était comme une longue lame étincelante qui m'atteignait au front. Au même instant, la sueur amassée dans mes sourcils a coulé d'un coup sur les paupières et les a recouvertes d'un voile tiède et épais. Mes yeux étaient aveuglés derrière ce rideau de larmes et de sel. Je ne sentais plus que les cymbales du soleil
40 sur mon front et, indistinctement, le glaive éclatant jailli du couteau toujours en face de moi. Cette épée brûlante rongeait mes cils et fouillait mes yeux douloureux. C'est alors que tout a vacillé. La mer a charrié un souffle épais et ardent. Il m'a semblé que le ciel s'ouvrait sur toute son étendue pour laisser pleuvoir du feu. Tout mon être s'est tendu et j'ai crispé ma main sur le revolver. La gâchette a cédé, j'ai touché le ventre poli de la crosse et c'est là, dans le bruit à la fois sec et assourdissant, que tout a commencé. J'ai secoué la sueur et le soleil. J'ai compris que j'avais détruit l'équilibre du jour, le silence exceptionnel d'une plage où j'avais été heureux. Alors, j'ai tiré encore quatre fois sur un corps inerte
50 où les balles enfonçaient sans qu'il y parût. Et c'était comme quatre coups brefs que je frappais sur la porte du malheur.

L'Étranger, I, 6 (Librairie Gallimard, éditeur).

Déféré à la justice, MEURSAULT, *qui n'a pas conscience d'être un criminel, est un objet de* scandale *pour le procureur, pour les juges et même pour son avocat. Il leur apparaît comme* ÉTRANGER *à leur univers, parce qu'il ignore les valeurs conventionnelles qui donnent un sens à leur propre vie. Plutôt que le meurtre, le procureur lui reproche d'avoir paru* insensible *à l'enterrement de sa mère, puis de s'être baigné et d'être allé au cinéma le lendemain : tous ces incidents sans lien sont interprétés comme la preuve qu'il n'a pas « rien d'humain » et n'est accessible à aucun des « principes moraux qui gardent le cœur des hommes ». On l'accuse d'avoir « enterré sa mère avec un cœur de criminel », et il est* condamné à mort.

Le Ciel ou la Terre ?

Dans sa prison, MEURSAULT est agité de mille pensées : l'évasion, l'espoir de voir modifier la loi, le pourvoi auquel il finit par renoncer, l'attente de l'aube fatale. Il a refusé de voir l'aumônier. Pourtant ce dernier lui fait « une visite tout amicale » et le dialogue s'est engagé. Meursault vient de déclarer qu'il *ne croit pas en Dieu* et qu'en tout cas, dans le doute, il aime mieux réserver le temps qui lui reste à *ce dont il est sûr.* Voici la partie centrale de l'entretien où le condamné, se tournant vers cette existence qu'il va perdre certainement, *se refuse à parier pour une autre vie* et préfère consacrer à *la terre* ses ultimes instants. A la fin du roman, l'homme absurde enchantera ses dernières heures par *les souvenirs du passé* et les *délicieuses sensations* d'une nuit « chargée de signes et d'étoiles. »

Il s'est adressé à moi en m'appelant « mon ami » : s'il me parlait ainsi ce n'était pas parce que j'étais condamné à mort ; à son avis, nous étions tous condamnés à mort. Mais je l'ai interrompu en lui disant que ce n'était pas la même chose et que, d'ailleurs, ce ne pouvait être, en aucun cas, une consolation. « Certes, a-t-il approuvé. Mais vous mourrez plus tard si vous ne mourez pas aujourd'hui. La même question se posera alors. Comment aborderez-vous cette terrible épreuve ? » J'ai répondu que je l'aborderais exactement comme je l'abordais en ce moment.

Il s'est levé à ce mot et m'a regardé droit dans les yeux. C'est un jeu que je connaissais bien. [...] L'aumônier aussi connaissait bien ce jeu, je l'ai tout de suite compris : son regard ne tremblait pas. Et sa voix non plus n'a pas tremblé quand il m'a dit : « N'avez-vous donc aucun espoir et vivez-vous avec la pensée que vous allez mourir tout entier ? — Oui », ai-je répondu.

Alors, il a baissé la tête et s'est rassis. Il m'a dit qu'il me plaignait. Il jugeait cela impossible à supporter pour un homme. Moi, j'ai seulement senti qu'il commençait à m'ennuyer. Je me suis détourné à mon tour et je suis allé sous la lucarne. Je m'appuyais de l'épaule contre le mur. Sans bien le suivre, j'ai entendu qu'il recommençait à m'interroger. Il parlait d'une voix inquiète et pressante. J'ai compris qu'il était ému et je l'ai mieux écouté.

Il me disait sa certitude que mon pourvoi serait accepté, mais je portais le poids d'un péché dont il fallait me débarrasser. Selon lui, la justice des hommes n'était rien et la justice de Dieu tout. J'ai remarqué que c'était la première qui m'avait condamné. Il m'a répondu qu'elle n'avait pas, pour autant, lavé mon péché. Je lui ai dit que je ne savais pas ce qu'était un péché. On m'avait seulement appris que j'étais un coupable. J'étais coupable, je payais, on ne pouvait rien me demander de plus. A ce moment, il s'est levé à nouveau et j'ai pensé que dans cette cellule si étroite, s'il voulait remuer, il n'avait pas le choix. Il fallait s'asseoir ou se lever.

J'avais les yeux fixés au sol. Il a fait un pas vers moi et s'est arrêté, comme s'il n'osait avancer. Il regardait le ciel à travers les barreaux. « Vous vous trompez, mon fils, m'a-t-il dit, on pourrait vous demander plus. On vous le demandera peut-être. — Et quoi donc ? — On pourrait vous demander de voir. — Voir quoi ? »

Le prêtre a regardé tout autour de lui et il a répondu d'une voix que j'ai trouvée soudain très lasse : « Toutes ces pierres suent la douleur, je le sais. Je ne les ai jamais regardées sans angoisse. Mais, du fond du cœur, je sais que les plus misérables d'entre vous ont vu sortir de leur obscurité un visage divin. C'est ce visage qu'on vous demande de voir. »

Je me suis un peu animé. J'ai dit qu'il y avait des mois que je regardais ces murailles. Il n'y avait rien ni personne que je connusse mieux au monde. Peut-être, il y a bien longtemps, y avais-je cherché un visage. Mais ce visage avait la couleur du soleil et la flamme du désir : c'était celui de Marie. Je l'avais cherché en vain. Maintenant, c'était fini. Et dans tous les cas, je n'avais rien vu surgir de cette sueur de pierre.

L'aumônier m'a regardé avec une sorte de tristesse. J'étais maintenant complètement adossé à la muraille et le jour me coulait sur le front. Il a dit quelques mots que je n'ai pas entendus et m'a demandé très vite si je lui permettais de m'embrasser : « Non », ai-je répondu. Il s'est retourné et a marché vers le mur sur lequel il a passé sa main lentement : « Aimez-vous donc cette terre à ce point ? » a-t-il murmuré. Je n'ai rien répondu.

Il est resté assez longtemps détourné. Sa présence me pesait et m'agaçait. J'allais lui dire de partir, de me laisser, quand il s'est écrié tout d'un coup avec une sorte d'éclat, en se retournant vers moi : « Non, je ne peux pas vous croire. Je suis sûr qu'il vous est arrivé de souhaiter une autre vie. » Je lui ai répondu que naturellement, mais cela n'avait pas plus d'importance que de souhaiter d'être riche, de nager très vite ou d'avoir une bouche mieux faite. C'était du même ordre. Mais lui m'a arrêté et il voulait savoir comment je voyais cette autre vie. Alors, je lui ai crié : « Une vie où je pourrais me souvenir de celle-ci », et aussitôt je lui ai dit que j'en avais assez.

Il voulait encore me parler de Dieu, mais je me suis avancé vers lui et j'ai tenté de lui expliquer une dernière fois qu'il me restait peu de temps. Je ne voulais pas le perdre avec Dieu.

L'Étranger, II, 5 (Librairie Gallimard, éditeur).

Comme, en le quittant, l'aumônier lui promet de prier pour lui, MEURSAULT *ne se domine plus : il lui crie sa* révolte *et toutes ses* certitudes *— la plus précieuse, celle d'être vivant ; la plus intolérable, celle de la mort qui va venir —, et il proclame le caractère* indifférent *de nos actes, puisque nous sommes* tous condamnés à mort. *Le prêtre se retire, les yeux pleins de larmes.*

Après son départ, le condamné retrouve le calme, s'endort, puis se réveille « avec des étoiles sur le visage » : « Des bruits de campagne montaient jusqu'à moi. Des odeurs de nuit, de terre et de sel rafraîchissaient mes tempes. La merveilleuse paix de cet été endormi entrait en moi comme une marée... Comme si cette grande colère m'avait purgé du mal, vidé d'espoir, devant cette nuit chargée de signes et d'étoiles, je m'ouvrais pour la première fois à la tendre indifférence du monde. De l'éprouver si pareil à moi, si fraternel enfin, j'ai senti que j'avais été heureux, et que je l'étais encore ».

CALIGULA

Plutôt que *Le Malentendu* (1944), dont la donnée laborieuse et mélodramatique présente les *défauts du théâtre intellectuel* quand l'auteur ne parvient pas vraiment à incarner les idées dans le drame humain, la pièce de CAMUS qui met le mieux en évidence la *philosophie de l'absurde* est sans doute *Caligula*, publié en 1944, mais écrit dès 1938.

Le jeune CALIGULA *rêvait d'être un prince juste et raisonnable ; mais devant le cadavre de Drusilla,* son amante, il découvre brusquement que « ce monde tel qu'il est fait n'est pas supportable » et que « les hommes meurent et ne sont pas heureux ». *Puisque rien n'a de sens, il décide alors de s'affranchir de toute règle. Il tentera vainement de* « donner des chances à l'impossible » *en cherchant à se procurer la lune ou le bonheur ou l'immortalité,* « quelque chose qui soit dément peut-être, mais qui ne soit pas de ce monde ». *Même s'il n'a pas d'action sur l'ordre du monde, il en aura du moins sur les hommes qu'il prétend* « faire vivre dans la vérité ». *Pour cela, il imagine de s'égaler aux dieux, de prendre* « leur visage bête et incompréhensible », *en se montrant comme eux déraisonnable, insensible, cruel, injuste et immoral. Affirmant ainsi sa* puissance *et sa liberté, et épuisant* « tout ce qui peut le faire vivre », *il espère du même coup révéler à ses victimes* l'absurdité du monde *et les rendre libres en tuant les préjugés qui les tenaient esclaves.*

« Tout cela manque de sang... »

Fidèle à son terrible dessein, CALIGULA a fait périr le père de son ami, LE JEUNE SCIPION. Dans cette scène émouvante, nous voyons Scipion partagé entre sa haine récente pour le tyran et son amitié pour ce jeune prince dont la cruauté semble remonter à quelque *mystérieuse blessure.* Les deux hommes paraissent communier dans le sentiment de la beauté de la *nature* et de son harmonie avec le cœur humain. Mais tout à coup, devant son ami désemparé, Caligula proteste contre cette *image trompeuse du monde* dont il voudrait lui faire sentir l'horreur et l'*absurdité.* Scipion s'indigne de cette odieuse comédie ; mais par la suite il *comprendra la leçon* et refusera de s'associer au meurtre de l'empereur dont il partagera le désespoir et la soif d'absolu. Pourtant, lorsque CALIGULA tombera sous les coups de conjurés qui ne veulent pas perdre leur raison de vivre, il reconnaîtra que « sa liberté n'est pas la bonne » et qu'il a choisi la *mauvaise voie* en agissant contre les autres hommes comme si rien n'était défendu (cf. p. 618, § III).

CALIGULA : Ah ! c'est toi. *(Il s'arrête, un peu comme s'il cherchait une contenance).* Il y a longtemps que je ne t'ai vu. *(Avançant lentement vers lui.)* Qu'est-ce que tu fais ? Tu écris toujours ? Est-ce que tu peux me montrer tes dernières pièces ?

LE JEUNE SCIPION, *mal à l'aise, lui aussi, partagé entre sa haine et il ne sait pas quoi :*
J'ai écrit des poèmes, César.
CALIGULA : Sur quoi ?
LE JEUNE SCIPION : Je ne sais pas, César. Sur la nature, je crois.
CALIGULA, *plus à l'aise :* Beau sujet. Et vaste. Qu'est-ce qu'elle t'a fait, la nature ?
LE JEUNE SCIPION, *se reprenant, d'un air ironique et mauvais :* Elle me console 10
de n'être pas César.
CALIGULA : Ah ! et crois-tu qu'elle pourrait me consoler de l'être ?
LE JEUNE SCIPION, *même jeu :* Ma foi, elle a guéri des blessures plus graves.
CALIGULA, *étrangement simple :* Blessure ? Tu dis cela avec méchanceté.
Est-ce parce que j'ai tué ton père ? Si tu savais pourtant comme le mot est juste.
Blessure ! *(Changeant de ton.)* Il n'y a que la haine pour rendre les gens
intelligents.
LE JEUNE SCIPION, *raidi :* J'ai répondu à ta question sur la nature.
*Caligula s'assied, regarde Scipion, puis lui prend brusquement les mains et l'attire de force
à ses pieds. Il lui prend le visage dans ses mains.*
CALIGULA : Récite-moi ton poème.
LE JEUNE SCIPION : Je t'en prie, César, non.   20
CALIGULA : Pourquoi ?
LE JEUNE SCIPION : Je ne l'ai pas sur moi.
CALIGULA : Ne t'en souviens-tu pas ?
LE JEUNE SCIPION : Non.
CALIGULA : Dis-moi du moins ce qu'il contient.
LE JEUNE SCIPION, *toujours raidi et comme à regret :* J'y parlais...
CALIGULA : Eh bien ?
LE JEUNE SCIPION : Non, je ne sais pas...
CALIGULA : Essaye...
LE JEUNE SCIPION : J'y parlais d'un certain accord de la terre...   30
CALIGULA, *l'interrompant, d'un ton absorbé :* ...de la terre et du pied.
LE JEUNE SCIPION, *surpris, hésite et continue :* Oui, c'est à peu près cela...
CALIGULA : Continue...
LE JEUNE SCIPION : ...et aussi de la ligne des collines romaines et de cet
apaisement fugitif et bouleversant qu'y ramène le soir...
CALIGULA : ...Du cri des martinets dans le ciel vert.
LE JEUNE SCIPION, *s'abandonnant un peu plus :* Oui, encore.
CALIGULA : Eh bien ?
LE JEUNE SCIPION : Et de cette minute subtile où le ciel encore plein d'or
brusquement bascule et nous montre en un instant son autre face, gorgée d'étoiles 40
luisantes.
CALIGULA : De cette odeur de fumée, d'arbres et d'eaux qui monte alors de la
terre vers la nuit.
LE JEUNE SCIPION, *tout entier :*... Le cri des cigales et la retombée des chaleurs,
les chiens, les roulements des derniers chars, les voix des fermiers...
CALIGULA : ...Et les chemins noyés d'ombre dans les lentisques et les oliviers...
LE JEUNE SCIPION : Oui, oui. C'est tout cela. Mais comment l'as-tu appris ?
CALIGULA, *pressant le jeune Scipion contre lui.* Je ne sais pas. Peut-être parce que
nous aimons les mêmes vérités.
LE JEUNE SCIPION, *frémissant, cache sa tête contre la poitrine de Caligula :* Oh ! 50
qu'importe, puisque tout prend en moi le visage de l'amour !

CALIGULA, *toujours caressant :* C'est la vertu des grands cœurs, Scipion. Si, du moins, je pouvais connaître ta transparence ! Mais je sais trop la force de ma passion pour la vie, elle ne se satisfera pas de la nature. Tu ne peux pas comprendre cela. Tu es d'un autre monde. Tu es pur dans le bien, comme je suis pur dans le mal.

LE JEUNE SCIPION : Je peux comprendre.

CALIGULA : Non. Ce quelque chose en moi, ce lac de silence, ces herbes pourries. *(Changeant brusquement de ton.)* Ton poème doit être beau. Mais si tu veux mon avis...

LE JEUNE SCIPION, *même jeu :* Oui.

CALIGULA : Tout cela manque de sang.

LE JEUNE SCIPION : Oh ! le monstre, l'infect monstre. Tu as encore joué. Tu viens de jouer, hein ? Et tu es content de toi ?

Scipion se rejette brusquement en arrière et regarde Caligula avec horreur. Toujours reculant, il parle d'une voix sourde, devant Caligula qu'il regarde avec intensité.

CALIGULA, *avec un peu de tristesse :* Il y a du vrai dans ce que tu dis. J'ai joué.

LE JEUNE SCIPION, *même jeu :* Quel cœur ignoble et ensanglanté tu dois avoir. Oh ! comme tant de mal et de haine doivent te torturer !

CALIGULA, *doucement :* Tais-toi, maintenant.

LE JEUNE SCIPION : Comme je te plains et comme je te hais !

CALIGULA, *avec colère :* Tais-toi.

LE JEUNE SCIPION : Et quelle immonde solitude doit être la tienne !

Caligula, II, 14 (Librairie Gallimard, éditeur).

RÉVOLTE ET HUMANISME

Dans les *Lettres à un ami allemand*, publiées en 1948 mais écrites dès le temps de l'Occupation, CAMUS s'élève contre les théories de cet ancien ami qui justifie par le « tout est permis » la politique hitlérienne de conquête par tous les moyens. « *J'ai choisi la justice*, réplique-t-il, *pour rester fidèle à la terre. Je continue à croire que ce monde n'a pas de sens supérieur. Mais je sais que quelque chose en lui a du sens, et c'est l'homme, parce qu'il est le seul être à exiger d'en avoir* ». Cette attitude nouvelle se confirmera dans *La Peste* (1947) et trouvera sa justification profonde dans *L'Homme Révolté* (1951).

Les leçons **de la révolte** Avec *L'Homme Révolté*, CAMUS nous invite à méditer sur la révolte qui, dans *Le Mythe de Sisyphe*, accompagnait la prise de conscience de l'absurde et du néant des valeurs dans un monde où « tout est permis. »

I. « JE ME RÉVOLTE, DONC NOUS SOMMES ». L'esclave qui, d'instinct, se révolte contre son maître dit à la fois non et oui. *Non*, car il souligne une limite à ne pas franchir. *Oui*, car du même coup il affirme un droit, il invoque tacitement une valeur qui le dépasse (puisqu'il la met au-dessus de sa vie), qui lui est commune avec tous les hommes et qui définit la *nature humaine :* « Je me révolte, donc nous sommes ». Sur ce point, CAMUS *se sépare des existentialistes :* « L'analyse de la révolte conduit au moins au soupçon qu'il y a une *nature humaine,* comme le pensaient les Grecs, et contrairement aux postulats de la pensée contemporaine. Pourquoi se révolter s'il n'y a, en soi, rien de permanent à préserver ? C'est pour toutes les existences en même temps que l'esclave se dresse, lorsqu'il juge que, par tel ordre, quelque chose en lui est nié qui ne lui appartient pas seulement, mais qui est un lieu commun où tous les hommes, même celui qui l'insulte et l'opprime, ont une communauté prête ».

A la *passion* de l'homme absurde qui plaçait le bonheur dans la multiplicité des expériences, épuisant la vie en solitaire en dehors de toute notion de valeur, l'analyse de *l'homme révolté* substitue par conséquent comme principe d'action une *valeur collective*, la nature humaine qui justifie la sympathie, la communion, le service des autres.

II. RESTER FIDÈLE A LA RÉVOLTE. C'est la révolte elle-même qui nous indique le sens et les bornes de son action. Se révoltant au nom de la nature, l'esclave s'interdit en effet de porter atteinte à cette nature dans tout autre homme, et même dans le maître qui l'opprime, sous peine de trahir la *noblesse* et la *pureté* de sa révolte. Au cours d'une étude historique Camus vérifie, dans chaque cas considéré, si la révolte « reste fidèle à sa noblesse première ou si, par lassitude et folie, elle l'oublie au contraire dans une ivresse de tyrannie et de servitude ». Ainsi la *révolte métaphysique*, mouvement par lequel un homme se dresse contre sa condition et la création tout entière, s'égare lorsqu'elle aboutit soit au meurtre (Sade, les dandys, Dostoïevsky), soit à l'acceptation du mal (Stirner, Nietzsche). Quant à la *révolte historique*, elle pose le problème, capital pour comprendre le monde moderne, de la légitimité du meurtre comme moyen d'action politique. Camus flétrit la *terreur irrationnelle* des dictatures fasciste et hitlérienne qui justifient le meurtre par la vengeance et la loi du plus fort. Il s'indigne tout autant contre la *terreur rationnelle* des régimes qui présentent le meurtre comme une nécessité provisoire pour préparer l'avènement d'une société où les hommes seront heureux et où la terreur ne sera plus nécessaire : comment admettre, en effet, qu'il faille consentir à l'anéantissement provisoire des valeurs humaines pour que celles-ci soient un jour respectées, — pure prophétie ? C'est à ce propos que Camus, qui dans sa jeunesse avait adhéré quelque temps au parti communiste, fut conduit à rompre avec les communistes et même avec Sartre.

« La pensée de midi »   Si la révolte s'égare ainsi dans la terreur, c'est par une *exigence d'absolu* qui nous condamne au dilemme entre l'attitude du *Yogi* qui choisit « l'inefficacité de l'abstention » et l'attitude du *Commissaire* qui choisit « celle de la destruction » (allusion à un livre d'Arthur Koestler). Mais *l'homme vit dans le relatif* et c'est la révolte elle-même qui nous apprend les notions de limite et de mesure. Elle enseigne, par là, « qu'il faut une part de réalisme dans toute morale : la vérité toute pure est meurtrière ; et qu'il faut une part de morale à tout réalisme : le cynisme est meurtrier ». A l'intransigeance révolutionnaire, Camus oppose donc la « pensée solaire » des Grecs, cette « *pensée de midi* » faite d'équilibre et de sens du relatif, par laquelle la révolte se prononce *en faveur de la vie, non contre elle.*

Ainsi se trouvent définis *le sens et les limites de notre action :* « Il y a, pour l'homme, une action et une pensée possibles au niveau moyen qui est le sien. Toute entreprise plus ambitieuse se révèle contradictoire. L'absolu ne s'atteint ni surtout ne se crée à travers l'histoire. La politique n'est pas religion, ou alors elle est inquisition...

La révolte bute inlassablement contre le mal, à partir duquel il ne lui reste qu'à prendre un nouvel élan. L'homme peut maîtriser en lui tout ce qui doit l'être. Il doit réparer dans la création tout ce qui peut l'être. Après quoi, les enfants mourront toujours injustement même dans la société parfaite. *Dans son plus grand effort, l'homme ne peut que se proposer de diminuer arithmétiquement la douleur du monde.* Mais l'injustice et la souffrance demeureront et, si limitées soient-elles, elles ne cesseront pas d'être un scandale. Le « pourquoi ? » de Dmitri Karamazov continuera de retentir ; l'art et la révolte ne mourront qu'avec le dernier homme ».

Ce qui est en notre pouvoir, mais exige une *tension constante* pour garder la mesure, se résume dans cette formule saisissante : « *apprendre à vivre et à mourir et, pour être homme, refuser d'être dieu* ».

LA PESTE   Dans *La Peste* (1947), Camus imagine qu'une épidémie
de peste s'est abattue sur la ville d'Oran. A travers le
journal d'un témoin, le Dr Rieux, il nous fait assister à *l'évolution dramatique du fléau*
depuis le jour où apparaissent les rats qui apportent la contagion, jusqu'au moment où,
dans la ville isolée du monde et dont les habitants ont péri par milliers, le mal desserre
son étreinte et les survivants renaissent au bonheur. C'est un récit à la fois *réaliste* et
mythique où la peste symbolise l'existence du mal physique et moral ; on y a vu aussi une
allégorie particulière de notre temps : « C'est l'occupation allemande et l'univers concentrationnaire, c'est la bombe atomique et les perspectives d'une troisième guerre mondiale,
c'est aussi l'âge inhumain, celui de l'État-Dieu, de la machine souveraine, de l'administration irresponsable » (P. de Boisdeffre).
     D'une remarquable densité, le récit se situe sur plusieurs plans. *C'est d'abord la* chronique
d'une épidémie *retracée par un médecin : les symptômes, la lutte persévérante malgré les échecs,
l'espoir que suscite un nouveau vaccin, les agonies, les enterrements, les incinérations. C'est
aussi le récit d'un* psychologue *et d'un* moraliste *qui analyse les* réactions individuelles
(égoïsme, méfiance, douleur des séparations) ou collectives *(élans vers la foi ou les jouissances,
efforts pour s'adapter à la claustration, tentatives d'évasion). Peu à peu les uns et les autres
font, dans le malheur, l'apprentissage de la solidarité.*
     Au premier plan, quelques personnages se dévouent sans répit : GRAND, *modeste employé,
« héros insignifiant et effacé qui n'avait pour lui qu'un peu de bonté au cœur » et qui, sans
s'en douter, est une sorte de saint ; le journaliste* RAMBERT, *que hante l'amour d'une maîtresse
restée à Paris, et qui pourtant renonce à quitter la ville maudite car « il peut y avoir de la
honte à être heureux tout seul » ; le Père* PANELOUX, *religieux qui s'attache à concilier la
confiance en la bonté divine et la lutte contre la souffrance humaine ;* TARROU, *l'intellectuel qui
observait la comédie humaine avec la lucidité de l'homme absurde, mais qui, devant la souffrance,
éprouve les sentiments de l'homme révolté et sera volontaire pour combattre le fléau, afin de
trouver la paix intérieure. Enfin le narrateur, le docteur* RIEUX, *inlassable adversaire de la
peste, qui est l'interprète des idées de l'auteur.*

Fraternité dans une lutte sans espoir

     Un *lien fraternel* commence à s'établir entre le Dr Rieux et Tarrou, venu lui proposer
son concours pour constituer des « formations sanitaires volontaires », malgré le danger
mortel de la contagion. Camus a confié l'essentiel de sa pensée à ces deux personnages
d'origine et d'éducation différentes mais unis par un même désir de soulager la misère
de leurs semblables. Incroyants l'un et l'autre, ils en viennent à préciser leur idéal à
propos d'un prêche retentissant du Père Paneloux qui a présenté la peste comme un
châtiment envoyé par Dieu pour inviter les hommes à se convertir : le fléau recevrait
ainsi sa *justification rationnelle* en s'intégrant à l'ordre divin. Pour Rieux au contraire
le mal constitue un scandale, une injustice inconciliable avec l'idée d'un Dieu bon et tout-
puissant. Ne pouvant réformer « l'ordre du monde », il adopte l'attitude que lui dicte
le sentiment de notre commune misère : exercer son métier de médecin, et, bien qu'il le
sache *vaincu d'avance*, lutter jusqu'au bout pour retarder cette mort à laquelle les hommes
sont injustement condamnés.

R ieux réfléchit. — Mais ce travail peut être mortel, vous le savez bien.
     Et dans tous les cas, il faut que je vous en avertisse. Avez-vous bien
réfléchi ?
Tarrou le regardait de ses yeux gris et tranquilles.
     — Que pensez-vous du prêche de Paneloux, docteur ?
La question était posée naturellement et Rieux y répondit naturellement.
     — J'ai trop vécu dans les hôpitaux pour aimer l'idée de punition collective.

Mais, vous savez, les chrétiens parlent quelquefois ainsi, sans le penser jamais réellement [1]. Ils sont meilleurs qu'ils ne paraissent.

— Vous pensez pourtant, comme Paneloux, que la peste a sa bienfaisance, qu'elle ouvre les yeux, qu'elle force à penser !

Le docteur secoua la tête avec impatience.

— Comme toutes les maladies de ce monde. Mais ce qui est vrai des maux de ce monde est aussi vrai de la peste. Cela peut servir à grandir quelques-uns. Cependant, quand on voit la misère et la douleur qu'elle apporte, il faut être fou, aveugle ou lâche pour se résigner à la peste.

Rieux avait à peine élevé le ton. Mais Tarrou fit un geste de la main comme pour le calmer. Il souriait.

— Oui, dit Rieux en haussant les épaules. Mais vous ne m'avez pas répondu. Avez-vous réfléchi ?

Tarrou se carra un peu dans son fauteuil et avança la tête dans la lumière.

— Croyez-vous en Dieu, docteur ?

La question était encore posée naturellement. Mais cette fois, Rieux hésita.

— Non, mais qu'est-ce que cela veut dire ? Je suis dans la nuit et j'essaie d'y voir clair. Il y a longtemps que j'ai cessé de trouver ça original.

— N'est-ce pas ce qui vous sépare de Paneloux ?

— Je ne crois pas. Paneloux est un homme d'études. Il n'a pas vu assez mourir et c'est pourquoi il parle au nom d'une vérité. Mais le moindre prêtre de campagne qui administre ses paroissiens et qui a entendu la respiration d'un mourant pense comme moi. Il soignerait la misère avant de vouloir en démontrer l'excellence.

Rieux se leva, son visage était maintenant dans l'ombre.

— Laissons cela, dit-il, puisque vous ne voulez pas répondre.

Tarrou sourit sans bouger de son fauteuil. — Puis-je répondre par une question ? A son tour le docteur sourit : — Vous aimez le mystère, dit-il. Allons-y.

— Voilà, dit Tarrou. Pourquoi vous-même montrez-vous tant de dévouement puisque vous ne croyez pas en Dieu ? Votre réponse m'aidera peut-être à répondre moi-même.

Sans sortir de l'ombre, le docteur dit qu'il avait déjà répondu, que s'il croyait en un Dieu tout-puissant, il cesserait de guérir les hommes, lui laissant alors ce soin. Mais que personne au monde, non, pas même Paneloux qui croyait y croire, ne croyait en un Dieu de cette sorte, puisque personne ne s'abandonnait totalement [2] et qu'en cela, du moins, lui, Rieux, croyait être sur le chemin de la vérité, en luttant contre la création telle qu'elle était.

— Ah ! dit Tarrou, c'est donc l'idée que vous vous faites de votre métier ?

— A peu près, répondit le docteur en revenant dans la lumière.

Tarrou siffla doucement et le docteur le regarda.

— Oui, dit-il, vous vous dites qu'il y faut de l'orgueil. Mais je n'ai que l'orgueil qu'il faut, croyez-moi. Je ne sais pas ce qui m'attend ni ce qui viendra après tout ceci. Pour le moment il y a des malades et il faut les guérir. Ensuite, ils réfléchiront et moi aussi. Mais le plus pressé est de les guérir. Je les défends comme je peux, voilà tout.

— Contre qui ?

Rieux se tourna vers la fenêtre. Il devinait au loin la mer à une condensation plus obscure de l'horizon. Il éprouvait seulement sa fatigue et luttait en même

— 1 En fait, cette idée est loin de refléter entièrement l'attitude chrétienne devant le « scan- | dale » du mal dans le monde (cf. p. 623). — 2 C'est ce que fera Paneloux (cf. aussi Péguy, p. 150).

temps contre un désir soudain et déraisonnable de se livrer un peu plus à cet homme singulier, mais qu'il sentait fraternel.

— Je n'en sais rien, Tarrou, je vous jure que je n'en sais rien. Quand je suis entré dans ce métier, je l'ai fait abstraitement, en quelque sorte, parce que j'en
60 avais besoin, parce que c'était une situation comme les autres, une de celles que les jeunes gens se proposent. Peut-être aussi parce que c'était particulièrement difficile pour un fils d'ouvrier comme moi. Et puis il a fallu voir mourir. Savez-vous qu'il y a des gens qui refusent de mourir ? Avez-vous jamais entendu une femme crier : « Jamais ! » au moment de mourir ? Moi, oui. Et je me suis aperçu alors que je ne pouvais pas m'y habituer. J'étais jeune alors et mon dégoût croyait s'adresser à l'ordre même du monde. Depuis, je suis devenu plus modeste. Simplement, je ne suis toujours pas habitué à voir mourir. Je ne sais rien de plus. Mais après tout...

Rieux se tut et se rassit. Il se sentait la bouche sèche.
70 — Après tout ? dit doucement Tarrou.

— Après tout..., reprit le docteur, et il hésita encore, regardant Tarrou avec attention, c'est une chose qu'un homme comme vous peut comprendre, n'est-ce pas, mais puisque l'ordre du monde est réglé par la mort, peut-être vaut-il mieux pour Dieu qu'on ne croie pas en lui et qu'on lutte de toutes ses forces contre la mort, sans lever les yeux vers le ciel où il se tait.

— Oui, approuva Tarrou, je peux comprendre. Mais vos victoires seront toujours provisoires, voilà tout.

Rieux parut s'assombrir.

— Toujours, je le sais. Ce n'est pas une raison pour cesser de lutter.
80 — Non, ce n'est pas une raison. Mais j'imagine alors ce que doit être cette peste pour vous.

— Oui, dit Rieux. Une interminable défaite.

Tarrou fixa un moment le docteur, puis se leva et marcha lourdement vers la porte. Et Rieux le suivit. Il le rejoignait déjà quand Tarrou qui semblait regarder ses pieds lui dit : — Qui vous a appris tout cela, docteur ?

La réponse vint immédiatement : — La misère. [...]

Rieux eut soudain un rire d'amitié : — Allons Tarrou, dit-il, qu'est-ce qui vous pousse à vous occuper de cela ?

— Je ne sais pas. Ma morale peut-être.
90 — Et laquelle ?

— La compréhension.

La Peste, IIᵉ Partie (Librairie Gallimard, éditeur).

La mort de l'enfant innocent *a toujours été pour les adversaires de la foi en la Provi- dence une objection de choix. C'était un des arguments de Voltaire contre l'Optimisme (cf.* XVIIIᵉ *Siècle, p.* 136-137*), qu'on retrouvera chez Vigny et Dostoïevsky. Dans* La Peste *c'est aussi à l'occasion de la mort d'un enfant que s'affrontent les idées du Dʳ* Rieux *et la foi du P.* Paneloux, *qui pourtant se dépensent tous deux sans compter pour combattre l'épidémie. Au prêtre qui murmure :* « Cela est révoltant parce que cela passe notre mesure. Mais peut-être devons-nous aimer ce que nous ne pouvons pas comprendre », *le docteur réplique :* « Je me fais une autre idée de l'amour. Et je refuserai jusqu'à la mort d'aimer cette création où des enfants sont torturés ». Bouleversé par l'agonie de cet enfant, le Père Paneloux *est parvenu au point où* « il faut tout croire ou tout nier ». Dans son dernier sermon, il invite les chrétiens à « accepter de s'en remettre à Dieu, même pour la mort des enfants » : « Il fallait admettre le scandale parce qu'il fallait choisir de haïr Dieu ou de l'aimer ». Pour rester jusqu'au bout fidèle à sa foi, le P. Paneloux, atteint à son tour de la peste, refusera d'appeler un médecin et, se confiant entièrement à Dieu, attendra la mort, les yeux fixés sur son crucifix.*

LA PESTE

« ÊTRE UN HOMME »

Avec la confidence de TARROU à son ami RIEUX, le roman va prendre une *dimension nouvelle.* Fils d'un avocat général, Tarrou a découvert un jour l'atrocité des exécutions capitales et a milité au sein d'un parti *hostile à la peine de mort,* jusqu'au jour où il s'est aperçu avec horreur que ce parti admettait le meurtre comme moyen de triompher. Il s'est alors détourné de l'action politique pour *éviter de devenir lui aussi un « pestiféré ».* C'est ici qu'apparaît plus nettement la *portée symbolique* de l'œuvre : au fléau qui ronge les corps correspond la *peste intérieure,* le mensonge, l'orgueil, la haine, la tyrannie, dont il faut endiguer la redoutable contagion, au prix d'une lutte de tous les instants. Dans sa soif d'innocence, de pureté et de fraternité, TARROU aspire à devenir « *un saint sans Dieu ».* Ambition démesurée aux yeux de RIEUX qui, soignant les corps et les souffrances morales en « *vrai médecin »,* n'a pas d'autre prétention que « *d'être un homme ».* Mais est-ce moins difficile que d'être un saint ?

« Avec le temps, j'ai simplement aperçu que même ceux qui étaient meilleurs que d'autres ne pouvaient s'empêcher aujourd'hui de tuer ou de laisser tuer parce que c'était dans la logique où ils vivaient, et que nous ne pouvions pas faire un geste en ce monde sans risquer de faire mourir. Oui, j'ai continué d'avoir honte, j'ai appris cela, que nous étions tous dans la peste, et j'ai perdu la paix. Je la cherche encore aujourd'hui, essayant de les comprendre tous et de n'être l'ennemi mortel de personne. Je sais seulement qu'il faut faire ce qu'il faut pour ne plus être un pestiféré et que c'est là ce qui peut, seul, nous faire espérer la paix, ou une bonne mort à son défaut. C'est cela qui peut soulager les hommes et, sinon les sauver, leur faire le moins de mal possible et même parfois un peu de bien. Et c'est pourquoi j'ai décidé de refuser tout ce qui, de près ou de loin, pour de bonnes ou de mauvaises raisons, fait mourir ou justifie qu'on fasse mourir.

C'est pourquoi encore cette épidémie ne m'apprend rien, sinon qu'il faut la combattre à vos côtés. Je sais de science certaine (oui, Rieux, je sais tout de la vie, vous le voyez bien) que chacun la porte en soi, la peste, parce que personne, non, personne n'en est indemne. Et qu'il faut se surveiller sans arrêt pour ne pas être amené, dans une minute de distraction, à respirer dans la figure d'un autre et à lui coller l'infection. Ce qui est naturel, c'est le microbe. Le reste, la santé, l'intégrité, la pureté, si vous voulez, c'est un effet de la volonté et d'une volonté qui ne doit jamais s'arrêter. L'honnête homme, celui qui n'infecte presque personne, c'est celui qui a le moins de distractions possible. Et il en faut de la volonté et de la tension pour ne jamais être distrait ! Oui, Rieux, c'est bien fatigant d'être un pestiféré. Mais c'est encore plus fatigant de ne pas vouloir l'être. C'est pour cela que tout le monde se montre fatigué, puisque tout le monde, aujourd'hui, se trouve un peu pestiféré. Mais c'est pour cela que quelques-uns, qui veulent cesser de l'être, connaissent une extrémité de fatigue dont rien ne les délivrera plus que la mort.

D'ici là, je sais que je ne vaux plus rien pour ce monde lui-même et qu'à partir du moment où j'ai renoncé à tuer, je me suis condamné à un exil définitif. Ce sont les autres qui feront l'histoire. Je sais aussi que je ne puis apparemment juger ces autres. Il y a une qualité qui me manque pour faire un meurtrier raisonnable. Ce n'est donc pas une supériorité. Mais maintenant, je consens à être ce que je suis, j'ai appris la modestie. Je dis seulement qu'il y a sur cette terre des fléaux et des victimes et qu'il faut, autant qu'il est possible, refuser d'être avec le fléau. Cela vous paraîtra peut-être un peu simple, et je ne sais si cela est simple, mais je sais que cela est vrai. J'ai entendu tant de raisonnements qui ont failli 40 me tourner la tête, et qui ont tourné suffisamment d'autres têtes pour les faire consentir à l'assassinat, que j'ai compris que tout le malheur des hommes venait de ce qu'ils ne tenaient pas un langage clair. J'ai pris le parti alors de parler et d'agir clairement, pour me mettre sur le bon chemin. Par conséquent, je dis qu'il y a les fléaux et les victimes, et rien de plus. Si, disant cela, je deviens fléau moi-même, du moins, je n'y suis pas consentant. J'essaie d'être un meurtrier innocent. Vous voyez que ce n'est pas une grande ambition.

Il faudrait, bien sûr, qu'il y eût une troisième catégorie, celle des vrais médecins, mais c'est un fait qu'on n'en rencontre pas beaucoup et que 50 ce doit être difficile. C'est pourquoi j'ai décidé de me mettre du côté des victimes, en toute occasion, pour limiter les dégâts. Au milieu d'elles, je peux du moins chercher comment on arrive à la troisième catégorie, c'est-à-dire à la paix. »

En terminant, Tarrou balançait sa jambe et frappait doucement du pied contre la terrasse. Après un silence, le docteur se souleva un peu et demanda si Tarrou avait une idée du chemin qu'il fallait prendre pour arriver à la paix.

— Oui, la sympathie. [...] En somme, dit Tarrou avec simplicité, ce qui m'intéresse, c'est de savoir comment on devient un saint.

60 — Mais vous ne croyez pas en Dieu.

— Justement. Peut-on être un saint sans Dieu, c'est le seul problème concret que je connaisse aujourd'hui. [...]

Tarrou murmura que ce n'était jamais fini et qu'il y aurait encore des victimes, parce que c'était dans l'ordre.

— Peut-être, répondit le docteur, mais vous savez, je me sens plus de solidarité avec les vaincus qu'avec les saints. Je n'ai pas de goût, je crois, pour l'héroïsme et la sainteté. Ce qui m'intéresse, c'est d'être un homme.

— Oui, nous cherchons la même chose, mais je suis moins ambitieux.

Rieux pensa que Tarrou plaisantait et il le regarda. Mais dans la vague lueur qui venait du ciel, il vit un visage triste et sérieux.

La Peste, IVᵉ Partie (Librairie Gallimard, éditeur).

TARROU *a été emporté dans les derniers sursauts de l'épidémie.* RIEUX *a alors décidé de rédiger cette chronique « pour dire simplement ce qu'on apprend au milieu des fléaux, qu'il y a dans les hommes plus de choses à admirer que de choses à mépriser », et rappeler « ce qu'il avait fallu accomplir et que, sans doute, devraient accomplir encore, contre la terreur et son arme inlassable, malgré leurs déchirements personnels, tous les hommes qui, ne pouvant être des saints et refusant d'admettre les fléaux, s'efforcent cependant d'être des médecins ».*

UN NOUVEL ARAGON

Lorsqu'en 1958 a paru *La Semaine Sainte*, Louis Aragon s'est bien ouvert une nouvelle carrière de romancier, mais il n'a pas pour cela cessé d'être lui-même (cf. p. 496). Certes, la critique s'est alors étonnée devant les apparences d'un « roman historique » — parfaitement réussi — qui restitue au prix d'une surprenante et vivante documentation la semaine de 1815 ouvrant les Cent Jours. La pensée de certains fut que le théoricien de *Pour un réalisme socialiste* (1934) abandonnait désormais cette voie.

« Un roman tout court » Cependant, pour dissiper cette illusion, Aragon a multiplié les déclarations (*J'abats mon jeu*, 1959). « *La Semaine Sainte* n'est pas un roman historique, dit-il, c'est un roman tout court », affirmation paradoxalement accompagnée de celle-ci : « tous mes romans sont *historiques* bien qu'ils ne soient pas en *costume* » *(Préface au Livre de Poche)*. Pour lui, le réalisme socialiste n'est pas un strict *naturalisme* ostensiblement armé d'une *démonstration doctrinale*. Le romancier n'a pas pour seul objet de peindre, dans un cadre contemporain, la condition ouvrière ou la lutte des militants. Comme dans *Les Communistes*, il peut donner une « image humaine » de personnages réels ou imaginaires bien étrangers à la pensée marxiste. Ainsi, l'objectivité « historique » d'Aragon ne réside pas dans la copie brute d'une réalité intentionnellement choisie ; elle repose sur la transcendance qui, au-delà des apparences de toute époque, révèle toujours « le sens de l'histoire » tel que peut l'admettre un écrivain déclarant : « Je n'aurais pu écrire la *Semaine Sainte* si je n'avais pas été communiste ».

« UN CHANGEMENT PROFOND, INEXPLICABLE... »

La Semaine Sainte comporte la remarquable évocation des hésitations, puis de la fuite vers Gand, du roi, de la cour et des fidèles en désarroi tandis que « l'Autre » remonte du Sud, porté par le peuple. Dans cette période de crise tout est en suspens, mais tout se décide sans que les acteurs du drame en aient conscience. Le héros principal est le peintre Théodore Géricault. Son échec au Salon de 1814 l'a déçu et il cherche l'oubli dans sa passion pour les chevaux qu'il a si souvent peints ; il suit la cour par simple sens de l'honneur. Mousquetaire du Roi, il croise une foule de personnages divers refluant vers l'exil, mais, perdu dans cette équipée absurde, il ne croit plus « à rien, ni à personne ». Or, un soir, dans une clairière d'Artois, il surprend un conciliabule d'humbles partisans de l'Empereur. Parmi les propos confus de ce groupe anonyme, Géricault commence — comme Aragon peut-être jadis — à deviner une « raison organisatrice ».

L'extraordinaire était qu'il se faisait en Théodore une sorte de changement profond, inexplicable, que ne justifiaient pas les propos tenus, la valeur des arguments, le développement d'une pensée. C'était comme un glissement d'ombres en lui, une simple orientation inconsciente. D'abord il n'y prenait pas garde, il se laissait emporter, puis il ressentit qu'il était emporté, sans encore porter de jugement sur ce fait. On est ainsi au théâtre, et il était au théâtre, on assiste à un drame ou à une comédie, on n'en a pas choisi les données, on est pris au dessein de l'auteur, il vous conduit sans que vous sachiez où. C'est peut-être parce qu'on a payé sa place, mais on accepte que les choses soient comme on vous les montre, pour pouvoir continuer à suivre la pièce, bien qu'on ait ses idées à soi, et que dans la vie on serait peut-être du côté de l'avare contre les prodigues, du côté de la famille raisonnable contre les amoureux fous. Il fallait à

Théodore pour suivre ici *l'histoire* qu'il prît parti d'une façon ou de l'autre, que sa sympathie allât à ces auteurs-ci contre d'autres. Et voilà où la chose se faisait singulière dans ce mousquetaire du Roi, ce Don Quichotte du vieux monde en fuite, tout se passait, suivant ces dialogues heurtés, comme s'il eût pris le parti de Napoléon, comme si son anxiété fût que ce petit peuple, ces miséreux, ce prêtre, ces bourgeois, ces jour-
20 naliers comprissent le rôle nouveau qu'allait assumer l'Empereur... il craignait que la pièce n'eût point la fin qu'il souhaitait, comme ces auditeurs du poulailler qui ont l'envie de crier au héros de la scène que le traître est derrière lui, qui meurent du refus qu'une reine fait d'un amour, qui voudraient changer le cours de l'Histoire pour que Titus épouse Bérénice... Non, Napoléon, ce n'était pas forcément la guerre, mais assurément c'était la dispersion de cet absurde univers auquel le liait l'uniforme rouge, et seulement cet uniforme qu'il pouvait à chaque instant arracher de sa peau, l'uniforme haï des petites gens [...] en tout cas, le retour de l'Empereur c'était la fatalité bousculée, l'ordre des
30 puissants, c'était le commencement d'une vie différente, qui frémissait ici parmi ces hommes misérables, d'une misère qu'il n'avait jamais vraiment vue ni devinée, ce foisonnement de destins sans espoir. Où habitaient-ils, comment étaient leurs femmes, de quel prix monstrueux payaient-ils le pain dont ils parlaient avec une anxiété si nouvelle pour Théodore ? Et il craignait que ces malheureux ne comprissent point la conjoncture qui s'offrait à eux, qu'ils laissassent s'échapper leur chance... Soudain il se sentit envahi par cette idée du théâtre, qu'il était au théâtre, que ses sympathies tenaient à l'éclairage, à l'habileté de l'auteur, au jeu des acteurs, et il craignait comme un enfant que l'enchantement ne cessât,
40 que tout à l'heuse, le rideau retombé, il n'allât retrouver ses idées d'avant, ses croyances habituelles, que tout fût enfin comme si la pièce n'eût pas été ni cette émotion surprenante que cause un geste, une parole, la noblesse d'une phrase... il craignait que tout cela n'eût été que du théâtre il souhaita désespérément continuer à croire...

La Semaine Sainte (Librairie Gallimard, éditeur).

« La recherche dans le roman »   Déjà, *Anicet* et *Le Paysan de Paris* (cf. p. 496) s'éloi-gnaient hardiment du roman traditionnel. En 1971, pour *Henri Matisse, roman*, qui est en réalité un ouvrage d'art assorti de textes divers tendant à restituer, par tout moyen, l'être du grand peintre, Louis Aragon annonce : » *Je l'ai appelé " roman " sans doute afin qu'on me le pardonne.* » A ce moment, *La Mise à Mort* (1965) et *Blanche ou l'Oubli* (1967) ont plus qu'à l'évidence témoigné de son attention au renouvellement du genre dans une œuvre souvent « croisée » avec celle d'Elsa Triolet. *La Mise à Mort*, où le romancier Anthoine Célèbre — pseudo-nyme significatif — est en butte à la jalousie d'Alfred, celui qu'il fut autrefois avant d'être révélé à lui-même par la fascinante Fougère, repose sur le problème de la personnalité éclairé — sinon résolu — par la psychologie moderne. Plus remarquable encore est *Blanche ou l'Oubli*. Grand écrivain, riche d'une matière profondément humaine, possédant un vrai « style », Aragon y rassemble en maître tous les procédés du « nouveau roman » (cf. p. 600) qui, isolés, sentent parfois le système. Lui, du moins, possède la grâce qui fait tout admettre au lecteur surpris.

Blanche perdue et retrouvée

Pourquoi Blanche a-t-elle jadis abandonné le linguiste orientaliste Geoffroy Gaiffer (né comme Aragon le 3 octobre 1897) ? Pourquoi ne peut-il plus retrouver son image ni leur histoire ? La mystérieuse Marie-Noire réussira-t-elle par le « mentir vrai » du roman qu'elle écrit sur eux à reconquérir la vérité abolie par le temps ? Mais comment le pourrait-elle, avec les « mots » de 1965, qui ne disent plus les mêmes « choses » que dans les années 20 ? Le spécialiste Gaiffer connaît bien l'impuissance du langage, comme nous-mêmes reconnaissons tout au long de *Blanche ou l'Oubli* l'influence de la linguistique à laquelle se réfèrent souvent les écrivains d'aujourd'hui, et spécialement les marxistes.

A h, toutes les langues humaines, langues de chasseurs, de trafiquants, de chercheurs de camphre, de hauts fonctionnaires dont est le syllabaire à l'épreuve du feu, langues du bagne ou des barques, langues des longs cheminements au désert ou du temps perdu dans les forêts, langues de tromperie ou langues de troc, langues de sommeil et langues de langueur, langue du prince et langue de mépris, langues de cour ou langues de cérémonie, langues de circoncision, langues de cruauté, échos, appels, cris de hâleurs, geindre des porteurs d'eau, ahan des sculpteurs de pierre, ô chose gutturale dans la nuit des hommes ! toutes les langues dans toutes les bouches, leur impuissance à dire la femme... ce vent du torse en moi qui monte et vire et ne trouve point issue... et toi douceur qui n'as autre loi qu'un vertige, syntaxe que balbutiement, vers qui les mots prennent chant de liturgies, confondant le plaisir et le sanglot, ô disparue, et ma vie à tâtons n'est que ce vain espoir de toi... cet évanouissement de toi... ce monument d'absence où tout n'est plus que symbole, abstraction tombale, croix, colombes, fleurs de perles, inscriptions d'au-delà, langage infernal.

Maintes fois déjà, certains épisodes de L'Éducation Sentimentale *de Flaubert se sont confondus avec les images indécises du passé de Geoffroy, car le roman est souvent plus vrai que la réalité. Aujourd'hui, Blanche, vieillie et prise par un autre amour, est réapparue un instant. Elle dit adieu à Geoffroy avec le même geste que Madame Arnoux pour Frédéric.*

Elle a arraché ce voile blond, elle passe les doigts dans les cheveux qui se défont. J'ai vu. Mon Dieu, mon Dieu. Est-ce possible ? C'est terrible, comme ça tout d'un coup. Mais jamais elle n'a été plus belle, cela lui donne une autre douceur du visage que la dureté des cheveux noirs et lourds... Elle dit : « Tu as des ciseaux... », et ce n'est pas une question. Personne comme Blanche ne fait à la fois la question et la réponse [...]. Alors elle les prend elle-même.
...Elle défit son peigne ; tous ses cheveux blancs tombèrent. Elle s'en coupa, brutalement, à la racine, une longue mèche. — Gardez-les ! adieu !
C'est incroyable, parfaitement insensé, dans un moment pareil, de ne pas pouvoir faire autrement que de penser à Frédéric Moreau, à Mme Arnoux.
« Non, — dit Blanche —, ne m'accompagne pas, Geoff', c'est un fou, tu sais... et il a si longtemps attendu... »
Quand elle fut sortie, Frédéric ouvrit sa fenêtre. Mme Arnoux sur le trottoir fit signe d'avancer à un fiacre qui passait...
Je n'ai pas reconduit Blanche à la porte, je n'ai pas soulevé le rideau de la fenêtre. Je ne lui avais pas demandé, quand elle a dit *c'est un fou* : « Et tu l'aimes ? » Il n'y avait pas besoin. La voiture là-bas démarrait avec une brutalité de fauve. Je ne suis pas si sourd. D'où j'étais, d'ailleurs, dans la pièce, j'ai vu tourner les phares. Et je me suis caché les yeux dans les mains, pour ne plus voir que l'oubli. Les cendres chaudes de l'oubli.   *Blanche ou l'Oubli* (Librairie Gallimard, éditeur).

L'AUTOBIOGRAPHIE ET SES CONTRASTES

L'autobiographie a toujours tenu une grande place, liée à la création romanesque. De nos jours, Malraux (cf. p. 639), Mauriac (cf. p. 640), Aragon, Sartre (cf. p. 612) et Simone de Beauvoir (cf. p. 613) continuent à le prouver. Beaucoup d'autres, et qui comptent, seraient à citer, de Joseph Kessel à Romain Gary, de Roger Nimier (1925-1962) à Pierre Gascar ou de Marcel Jouhandeau (cf. p. 474) à Paul Guth dans la série du *Naïf*. Tous montreraient sous quelles formes, à quels degrés divers la biographie, étendue jusqu'au Journal intime, tient sa place chez les *Témoins du quotidien* ou les *Témoins de l'Histoire*.

Parmi les premiers il faut noter, comme un fait de notre époque, le passage épisodique de certains « auteurs » d'occasion bénéficiaires d'une brusque et discutable actualité par l'intermédiaire des « mass media » ; ou bien ceux qui, vraiment estimables, après avoir été acteurs d'un événement ou d'un « exploit » répandu par la presse, en donnent en librairie un récit immédiat. Mais ils appartiennent au *monde de la lecture* plus qu'à celui de la littérature.

TÉMOINS DU QUOTIDIEN

« *Je notais, comme au vol, des minutes d'angoisse...* » : Julien Green (cf. p. 477) parle ainsi lorsque, dans sa carrière déclinante, il décide d'ajouter à son *Journal* des pages de 1926 concernant ses débuts littéraires. Comme lui nombre de grands auteurs, leur œuvre presque achevée, songent à laisser *sous une forme ou une autre* des sortes de Mémoires. Ainsi Jules Romains (*Souvenirs*, 1958 ; *Pour raison garder*, 1960-1967), André Maurois (*Mémoires*, 1885-1967), Jean Guéhenno (*Changer la vie*, 1961). Le cas de François Mauriac est à mettre à part (cf. p. 640).

JULIEN GREEN avait déjà nourri toute son œuvre du drame de sa nature profonde et du début de ses aspirations. Son *Journal* en est le commentaire naturel. Mais il est devenu *une œuvre véritable*. En effet, réuni une première fois en 1961, il se présente à partir de 1976 comme un ensemble en dix tomes jusqu'à *La Bouteille à la mer*. L'auteur a écarté ou incorporé certaines pages, retenu des détails conservant « *une légère saveur dont il ne se rendait pas compte* » au départ : il a donc choisi, repris et, par là, élaboré. Le *Journal* de Julien Green est ainsi à l'opposé d'un texte inégalable en sincérité et en hardiesse comme les *Écrits intimes* (1968) de ROGER VAILLAND où l'on trouve *à l'état brut* le reflet des « saisons » littéraires ou politiques, et toujours érotiques, de son existence (cf. p. 645).

JACQUES DE BOURBON BUSSET (né en 1912) et sa femme L. se sont retirés depuis 1956 en leur « campagne » de Salernes, dans le Var. Ils en sortent parfois et voyagent. Ils y reçoivent aussi, car l'air du monde n'est pas exclu de cette retraite délibérée. Avant cela, l'auteur, normalien, diplomate fort avancé dans la Carrière était déjà romancier (*Le Sel de la Terre, Antoine mon frère*). Mais, après avoir d'abord publié dans sa solitude des essais en forme romanesque, tous nourris de son expérience initiale (*Moi, César*, 1958 ; *L'Olympien*, 1960 ; *La Grande Conférence*, 1963), il a été conduit dans son évolution, depuis 1965, à préférer le *Journal* comme mode d'expression privilégié. Sous des titres divers le sien en est au Huitième Tome en 1981, date de son élection à l'Académie Française.

Parmi les notations diverses qui font la richesse de ce *Journal* domine l'étude constante de la vie d'un couple légitime et uni. Toute matière « romanesque » a été supplantée par ce sujet majeur. Pour le chrétien qu'est Jacques de Bourbon Busset l'amour humain est un mode de connaissance sublime. Il le dit dans un style qui porte la marque « classique » :

« *Nous commencions à vivre, sans savoir de quoi il s'agissait, l'amour dans l'amitié de Dieu. Cette expression nous eût alors scandalisés. Encore aujourd'hui, elle me trouble. Les choses s'éclairent si à Dieu je substitue la Trinité. La réflexion sur la Trinité enfonce la porte, derrière laquelle se tapit l'orgueilleux rat raisonneur, et fait circuler, dans les plus sombres recoins, un vent pur. L'union des Personnes distinctes, l'amour du Père et du Fils dans l'Esprit, expliquent à la fois la marche du monde et le mystère du couple.* » (La nature est un talisman).

HERVÉ BAZIN : « TAIS-TOI, FOLCOCHE ! »

Proclamé en 1955 comme « le meilleur romancier des dix dernières années », HERVÉ BAZIN (né en 1911) a derrière lui une œuvre importante jusqu'aux *Bienheureux de la Désolation* (1970) et au troisième et dernier volume du cycle de Folcoche, *Cri de la chouette* (1972). Mais, pour le situer, on remontera toujours jusqu'à *Vipère au poing* (1948). Fils d'une famille éminemment bourgeoise dominée par le prestige d'un Académicien, « le plus grand défenseur de l'Église », il y raconte son enfance révoltée contre la domination de sa mère. Cette atroce vérité entre dans le domaine de l'art par les mérites imprescriptibles de la forme. — *Voici l'un de ces cris de révolte qui courent tout au long de l'œuvre :*

Je fais le point. Je ne suis plus modeste. C'est toujours cela que les Rezeau conserveront en moi. Je suis une force de la nature. Je suis le choix de la révolte. Je suis celui qui vit de tout ce qui les empêche de vivre. Je suis la négation de leurs oui plaintifs distribués à toutes les idées reçues, je suis leur contradiction, le saboteur de leur patiente renommée, un chasseur de chouettes, un charmeur de serpents, un futur abonné de *L'Humanité*.

« Les enfants ! C'est l'heure. »
Je suis votre scandale, la vengeance du siècle jeté dans votre intimité.
« Les enfants ! »
Tais-toi, Folcoche. J'arriverai volontairement en retard et tu ne diras rien, parce que tu as peur, parce que je veux que tu aies peur. Je suis plus fort que toi. Tu déclines et je monte. Je monte comme un épouvantail, dont l'ombre s'allonge immensément sur les champs au moment où le soleil se couche. Je suis la justice immanente de ton crime, unique dans l'histoire des mères. Je suis ton vivant châtiment, qui te promet, qui te fera une vieillesse unique dans l'histoire de la piété filiale.
« Les enfants ! »
Tais-toi, Folcoche ! Je ne suis pas ton enfant.

Vipère au poing (Bernard Grasset).

Albertine ou « Anne » Sarrazin ?

Aucun pharisaïsme ne doit faire écarter le véritable cas littéraire qu'a présenté ALBERTINE SARRAZIN (1937-1967). Fille de l'Assistance publique, elle est à l'opposé d'Hervé Bazin. Mais sa pauvre existence est, encore plus, à l'origine de son œuvre abrégée par la mort (*L'Astragale*, 1965, qu'Hervé Bazin, justement, n'a pas dédaigné de préfacer, puis *La Cavale*, puis *La Traversière*). On pourrait lui comparer, avec un style plus heurté et plus de fureur intellectuelle dans l'aveu, Violette Leduc (1907-1972), surtout connue par *La Bâtarde* (1964), autre « romancière damnée » fort estimée par Simone de Beauvoir. *« Anne », mineure dévoyée, s'est brisé l'astragale en s'évadant. Elle a été cachée et soignée par un de ses semblables, Julien qui porte le même prénom que le futur époux de la narratrice. Après bien des aventures ils vont partir « loin ». Mais la police est toujours sur les traces de la « cavaleuse » qui, lors de son dernier réveil heureux, croit retrouver en une chambrière une de ses « amitiés » de prison.*

« Il est sept heures, madame. »
Elle pose le plateau sur le coin de la table et disparaît. Elle non plus ne m'a pas vue. Qu'est-ce que tu fous ici, maigre Rolande ? Tu ne veux pas déjeuner

avec moi ? Nous en avions pourtant assez rêvé, en avalant ensemble le mauvais malt de la prison avant de partir chacune vers notre atelier :
« Bientôt, chuchotions-nous, ce sera : deux filtres... »
Cette fille qui ressemble à Rolande est assortie aux larmes d'hier, d'avant-hier : aucune vieille tendresse, aucune chiquenaude de dépit ne me bousculeront plus, maintenant. Rolande était la veilleuse, le jour est là, je l'éteins. Le soleil, de
10 l'autre côté de la fenêtre, éteint aussi les néons et les phantasmes, la vitre est déjà tiède ; en bas, la rue commence à fourmiller.
Et Julien qui m'attend dans une heure ! Vite, la douche, les fringues, reboucler la trousse, ne rien oublier.
Huit heures moins vingt. J'avale le reste du café, en buvant à même le pot ; avant de quitter la piaule, j'en redresse le désordre pour qu'il plaise aux chambrières, comme naguère. Mais, ici, je suis bien sûre de ne plus jamais revenir : ce soir, une autre escale m'attend, Julien m'emmène vers ses mystères, enfin. Je vais connaître ses pays, ses haltes, ses amis [...]. Et moi, je serai du voyage, toujours, comme l'ombre et la parure ; la trace de Julien sur moi effacera toutes
20 les saloperies passées, tout comme ce vol d'une seconde, en me cassant la patte, a cassé également les derniers fils de pacotille : mes chéries, adieu !...
J'entrouvre la fenêtre, je me penche.
Huit heures moins une : le toit de la voiture glisse dans la rue, s'immobilise, à dix mètres sous moi... Julien ! Une minute pour dégringoler vers toi...
J'empoigne ma trousse, j'ouvre la porte, je change la clef de côté ; sur le palier, se tient un homme, pas très grand, l'air bonhomme et satisfait :
« Bonjour, Anne, me dit-il. Ça fait longtemps que je te cherche, tu sais ? Allons, en route, je te suis. Et n'essaie pas de courir, hein ? »
Je souris : Julien va nous voir passer, il comprendra que je suis un peu
30 retardée et que ce n'est pas ma faute.
Te fais pas de bile, va : sur la plate-forme lumineuse, nous nous retrouverons. L'un de nous est encore à l'arête inférieure : il faudra tour à tour grimper et haler, le repos recule... N'importe, je marche : précédant le flic, je descends l'escalier, en claudiquant à peine. *L'astragale* (Jean-Jacques Pauvert, éditeur).

« *Personnages d'une nouvelle Comédie inhumaine...* »

Jean CAYROL (né en 1910) compte aussi au chapitre du « nouveau roman » (cf. p. 661) par son souci de la « communication » (« *Me croira-t-on ? l'essentiel est de se dire* »), et Roland Barthes a pu étudier chez lui « le roman de la voix pure et seule. » Mais son cas est également remarquable par l'utilisation, que l'on pourrait dire *indirecte*, de la biographie. En effet, la vie de Jean Cayrol a été dominée par l'expérience essentielle de la déportation *qu'il ne raconte pas.* Mais toute son œuvre (*Je vivrai l'amour des autres*, 1947 ; *Les Corps étrangers*, 1964; *Je l'entends encore*, 1968) en est marquée dans ses thèmes et son tréfonds psychologique. Un essai significatif (*Lazare parmi nous*, 1950) a d'ailleurs défini ce que devrait être un « romanesque concentrationnaire » où les Lazare de la déportation resurgis à la vie se sentiraient définitivement étrangers au monde retrouvé. — *Solitude, errances, bénédiction de la nourriture, appel à la nuit, espoir irréalisable de « connaître quelqu'un »* : c'est *le lot de tous les héros anonymes auxquels Jean Cayrol délègue son expérience.*

L a nuit tombe vite, maintenant, sans rémission ; plus rien ne peut retenir le jour, même pas la feuille d'un arbre, même pas un bras sur un banc, même pas un filet d'eau ; je connais cette nuit qui sort d'un peu partout, des fonds de couloirs, de derrière les usines, cette nuit qui sait mon nom, ma nuit.

On se retourne et déjà toute la ville mijote dans les ténèbres ; les lumières ne sont pas encore allumées ; les passants hâtent le pas comme des rôdeurs ; tout prend un air mal ajusté ; on referme son veston, on repeigne ses cheveux, on s'aperçoit qu'on est en retard.

Moi j'aime le début de la nuit ; les repas sont encore loin comme des trésors imprévisibles ; le pain est beau dans le lointain, un pain d'espérance. La nuit n'est pas encore partout ; elle laisse filtrer de-ci de-là une lumière basse au ras de l'eau, au bout d'une rue ; on peut croire que le jour n'est pas encore loin, qu'un rien nous sépare de lui ; on sent derrière la nuit un jour qui se retourne, appuie encore sur elle ses mains faibles et hésitantes. C'est l'heure où la ville semble malade ; on peut encore lire le journal, les gros titres. Il y aura de la lune ce soir. C'est soudain frais comme une plaie sur les rives du fleuve ; c'est l'heure où il faut à tout prix connaître quelqu'un, ne pas marcher seul...

Je vivrai l'amour des autres (Le Seuil, éditeur).

TÉMOINS DE L'HISTOIRE

Alors que Jean Guéhenno (*La Mort des autres*, 1968) illustre le fait qu'après un demi-siècle les témoignages sur la Guerre de 1914-1918 ne sont pas achevés, innombrables sont aujourd'hui les ouvrages consacrés au Second Conflit Mondial Ils appartiennent, pour l'instant, *au domaine strictement historique*. Tout autant que les *Mémoires, Souvenirs, Justifications* ou *Récits* que les événements propres à la vie française ont multipliés.

Cependant, l'épreuve du temps n'étant pas encore intervenue, on doit se défendre de choisir, *pour leur survie littéraire*, entre tel général, tel homme politique, tel « soldat perdu » ou tel mémorialiste de la Légion Étrangère.

Un seul point demeure : grand écrivain qui échappe à la littérature, le général DE GAULLE domine cette immense production. Les *Mémoires de Guerre* (1940-1946) et les *Mémoires d'Espoir* (1970) comme les *Discours et Messages* (1970) feront longtemps retentir une prose mémorable. Deux auteurs universellement reconnus, MALRAUX et MAURIAC, réunis dans leur respect pour « le Général » peuvent, dès notre temps, prouver *la valeur littéraire* de certains témoignages historiques.

Malraux et les Antimémoires
Le titre de cet ouvrage publié en 1967 est significatif. MALRAUX ne raconte pas *directement* sa vie, mais, évoquant ses rencontres avec les grands de ce monde, il poursuit plus somptueusement que jamais sa méditation sur l'Histoire, les Civilisations et la Mort. Le général de Gaulle n'est pas absent de ces pages depuis que Malraux a, pour la première fois en 1945, rencontré en lui un « Grand Maître des Templiers ». *Les Chênes qu'on abat* (1971) ne sont, d'après l'auteur, que « les fragments du second tome des *Antimémoires*. »

« SEUL A COLOMBEY, ENTRE LE SOUVENIR ET LA MORT... »

Le 11 décembre 1969, Malraux a compté parmi les rares visiteurs du général de Gaulle après sa retraite. Toute la journée, il l'a écouté. Voici venue l'heure du départ dans la nuit.

Aux Invalides, à l'exposition de la Résistance, devant le poteau haché de nos fusillés, entouré de journaux clandestins, le général disait à l'organisateur : « Les journaux montrent trop ce que les résistants ont dit, trop peu comment ils se sont battus et comment ils sont morts. Il n'y avait plus personne, sauf eux, pour continuer la guerre commencée en 1914. Comme ceux de Bir Hakeim, ceux de la Résistance ont d'al rd

été des témoins. » Lui aussi. Seul à Colombey entre le souvenir et la
mort, comme les grands maîtres des chevaliers de Palestine devant leur
cercueil, il est encore le grand maître de l'Ordre de la France. Parce qu'il
10 l'a assumée ? Parce qu'il a, pendant tant d'années, dressé à bout de bras
son cadavre, en faisant croire au monde qu'elle était vivante ?
Des branches de noyers se tordent sur le ciel éteint. Je pense à mes
noyers d'Alsace, leur grande circonférence de noix mortes au pied du
tronc — de noix mortes destinées à devenir des graines : la vie sans
hommes continue. Nous aurons tenté de faire ce que peut faire l'homme
avec ses mains périssables, avec son esprit condamné, en face de la grande
race des arbres, plus forte que les cimetières. Le général de Gaulle
mourra-t-il ici ? Nous repassons devant la guérite saugrenue qui abrite
un C.R.S. à mitraillette, quittons le parc de la Boisserie funèbre. Main-
20 tenant, le dernier grand homme qu'ait hanté la France est seul avec elle :
agonie, transfiguration ou chimère. La nuit tombe — la nuit qui ne connaît
pas l'Histoire.   *Les Chênes qu'on abat* (Librairie Gallimard, éditeur).

Le Bloc-Notes de François Mauriac

Quant au domaine de la vie personnelle les *Mémoires intérieurs* (1959) et les *Nouveaux Mémoires intérieurs* (1965) ont montré avec quel *intérêt humain et littéraire* FRANÇOIS MAURIAC vieillissant pouvait revenir sur lui-même. Mais, depuis 1952, le romancier célèbre s'était transformé volontairement en journaliste. Il l'avait fait non pour réserver au journalisme des « scories » mais en déclarant qu'il « serait tout entier dans le moindre article de journal. » De là l'intérêt de son *Bloc-Notes* hebdomadaire où près de vingt ans d'une histoire tourmentée sont commentés par un esprit éminent (5 vol., de 1958 à 1974).

« LE CLAPOTIS DU QUOTIDIEN : LE BLOC-NOTES »

Dans ce Bloc-Notes *du 5 juillet 1962, juste après l'Indépendance de l'Algérie, on ne trouve pas l'évocation, comme ailleurs, d'un événement précis. François Mauriac y livre le secret de sa conversion à l'attitude de Mémorialiste. Sa puissance créatrice n'était pas tarie : le titre de son dernier roman,* Un adolescent d'autrefois, *prouve qu'en 1969 il « bouillonnait » encore.*

La vieillesse d'un romancier, ou plutôt ma vieillesse, car on ne peut
parler que de soi, conjugue bizarrement la stérilité et le pouvoir créateur.
Dès que je me trouve devant la page blanche, aucune créature inventée
ne me sollicite plus, ne m'intrigue plus, ne me dicte plus son histoire ;
mais, ce qui m'eût permis de lui donner vie, je le détiens encore et plus
que jamais. Alors la véritable histoire, celle que nous vivons, s'engouffre
avec tous ses crimes dans les canaux du rêve...
Un dernier roman où j'achèverais de me délivrer [...]. Non, ce n'est
pas l'âge qui me l'interdit ; je ne fus jamais plus bouillonnant qu'aujourd'hui
aux heures de grâce [...]. Ce qui paralyse, à mon âge, c'est l'approche d'une
certaine heure, qui rend insignifiant tout le reste : une réalité si effrayante
qu'elle tue le songe. Aucune histoire inventée ne peut plus être substituée
au dernier chapitre de la nôtre. Et dans le grand silence prémonitoire, je
n'entends plus que le clapotis du quotidien : ce que j'ai appelé le Bloc-
Notes.   *Le Nouveau Bloc-Notes, 1961-1964* (Flammarion, éditeur).

ANALYSE ET RÉALISME

Au profit d'un large public et à l'écart des laboratoires de recherche littéraire, le roman français continue à promener le « miroir » de Stendhal le long de ses routes traditionnelles.

CONTINUITÉ DANS LA DIVERSITÉ. Le « *roman historique* » est présent dans l'œuvre de Zoé Oldenbourg (*Argile et Cendres*, 1947; *La joie-souffrance*, 1980); de Maurice Druon (*Les Rois Maudits*, 1955-1959-1975), Robert Merle (*L'Ile*, 1962) et Jules Roy qui, depuis 1967, a ressuscité dans le cycle des *Chevaux du Soleil* un siècle de vie française en Algérie. Dans le même ordre, Henri Troyat a poursuivi avec ses *Héritiers de l'Avenir* (1968-1970) sa vaste fresque de la société russe depuis 1815.

Le « *roman d'action* » dont, pour deux générations depuis *L'Équipage* (1923), le « doyen » Joseph Kessel (1898-1979) s'est avéré le maître, a trouvé des sujets tout indiqués dans la Guerre 1939-1945, la Résistance et d'autres conflits. Mais d'abord, dans ce domaine il peut devenir à bon droit « *roman de l'expérience* » comme l'a montré Romain Gary (*Éducation Européenne*, 1945) avant les « hussards » des années cinquante : Roger Nimier (*Les Épées*, 1948; *Le Hussard bleu*, 1949) et Antoine Blondin (*L'Europe buissonnière*, 1949; *Un singe en hiver*, 1959). On doit rapprocher d'eux, pour d'autres initiations à la vie, Emmanuel Roblès dès *Les Hauteurs de la Ville* (1948). Ensuite, même dans un récit mouvementé, le « roman d'action » persiste à être « *roman de mœurs* », car c'est bien l'image d'une époque et d'un monde qu'ont offerte tous ces auteurs, tout autant que J.-L. Bory (*Mon Village à l'heure allemande*, 1945) ou J.-L. Curtis (*Les forêts de la nuit*, 1947).

Poursuivant leur œuvre, les mêmes écrivains ont d'ailleurs confirmé avec éclat cette vérité que le roman « traditionnel » allie toujours *l'étude des caractères à la peinture d'une société*. On l'observe encore chez François Nourrissier (*Un petit bourgeois*, 1963; *Une histoire française*, 1965; *L'Empire des nuages*, 1981) et Robert Sabatier, dans tous ses ouvrages jusqu'aux *Allumettes Suédoises* (1969) et aux *Fillettes chantantes* (1980).

PRÉSENCE DES ROMANCIÈRES. Certaines romancières les rejoignent dans cette tradition : Béatrix Beck (*Léon Morin, prêtre*, 1952), Christine de Rivoyre (*La Mandarine*, 1957 ; *Le Petit matin*, 1968) et Christiane Rochefort dont *Le Repos du Guerrier* (1958) fit date par sa hardiesse, mais qui sait aérer le *populisme* (cf. p. 500) par la minutie féminine des notations (*Les Petits enfants du Siècle*, 1961). Citons encore Renée Massip (*La Régente*, 1955 ; *Les torts réciproques*, 1969) et la vigoureuse Françoise Parturier, aussi bonne évocatrice des mœurs présentes (*L'Amant de cinq jours*, 1961) que bonne chroniqueuse des « *Marianne m'a dit* ». L'adhésion à la réalité trouve, pour tous ces auteurs, hommes ou femmes, une confirmation significative dans le fait que beaucoup de leurs œuvres ont été appelées à l'adaptation cinématographique.

L'analyse féminine

Dans ce riche ensemble, la pénétration psychologique se manifeste toujours. Il semble cependant que soit réservé à quelques femmes-écrivains le privilège d'illustrer plus spécialement la tradition du « *roman d'analyse*. » Par droit d'ancienneté s'impose ici LOUISE DE VILMORIN (1902-1971). Grande dame perpétuant la race des « amateurs » si remarquable dans notre littérature, elle s'est plu à publier dès 1934 *Sainte-Unefois* : puis, elle a poursuivi jusqu'au *Lutin Sauvage* (1971) une œuvre dominée par *Madame de...* (1951) et *L'Heure Maliciôse* (1967) : le conte et le roman y voisinent, témoignant d'une incontestable maîtrise dans les notations psychologiques.

On connaît le cas de sa lointaine cadette, FRANÇOISE SAGAN, célèbre à l'âge de dix-huit ans avec *Bonjour tristesse* (1954). Vingt années de production romanesque (ou théâtrale, depuis qu'en 1960 elle a donné pour la scène *Château en Suède*) ont transformé le prodige en vérité : il s'agit bien d'une authentique romancière qui sait, dans le monde restreint de « la fête », montrer, dire et suggérer (*Un certain sourire*, 1956 ; *Dans un mois, dans un an*, 1957; *Aimez-vous Brahms*, 1959; *Des bleus à l'âme*, 1972; *Un profil perdu*, 1974; *Des yeux de soie*, 1976; *Le lit défait*, 1977; *Le chien couchant*, 1980; *La femme fardée*, 1981).

C'est surtout à deux femmes nées en Belgique, MARGUERITE YOURCENAR (née en 1903), première femme élue à l'Académie Française, et FRANÇOISE MALLET-JORIS (née en 1930) qu'on doit reconnaître un *surprenant don d'analyse*.

LES MÉMOIRES D'HADRIEN

Marguerite Yourcenar a été romancière à ses débuts (*Alexis*, 1929), elle l'est restée avec *La Nouvelle Eurydice* (1931) et *Le Coup de grâce* (1939), mais depuis 1951 elle est surtout l'auteur des « Mémoires imaginaires » d'Hadrien. Comme pour sa reconstitution de la vie, également « imaginaire » d'un alchimiste du XVIe Siècle (*L'Œuvre au Noir*, 1968), grâce à de prodigieuses lectures, elle est entrée dans l'âme complexe du IIe Siècle après J.-C. Mais c'est son intuition qui l'a fait pénétrer dans celle d'un Empereur vieillissant, portant le poids de toutes les expériences. Plus encore : lorsque Hadrien réfléchit sur lui-même, Marguerite Yourcenar exprime, dans la plénitude d'un style grave et mesuré, une vérité humaine beaucoup plus large.

Le paysage de mes jours semble se composer, comme les régions de montagne, de matériaux divers entassés pêle-mêle. J'y rencontre ma nature, déjà composite, formée en partie d'instinct et de culture. Çà et là, affleurent les granits de l'inévitable ; partout les éboulements du hasard. Je m'efforce de reparcourir ma vie pour y trouver un plan, y suivre une veine de plomb ou d'or, l'écoulement d'une rivière souterraine, mais ce plan tout factice n'est qu'un trompe l'œil du souvenir. De temps en temps, dans une rencontre, un présage, une suite définie d'événements, je crois reconnaître une fatalité, mais trop de routes ne mènent nulle part, trop

10 de sommes ne s'additionnent pas. Je perçois bien dans cette diversité, la présence d'une personne, mais sa forme semble presque toujours tracée par la pression des circonstances ; ses traits se brouillent comme une image reflétée sur l'eau. Je ne suis pas de ceux qui disent que leurs actions ne leur ressemblent pas. Il faut bien qu'elles le fassent, puisqu'elles sont ma seule mesure, et le seul moyen de me dessiner dans la mémoire des hommes, ou même dans la mienne propre ; puisque c'est peut-être l'impossibilité de continuer à s'exprimer et à se modifier par l'action qui constitue la différence entre l'état de mort et l'état de vivant. Mais il y a entre moi et ces actes dont je suis fait un hiatus indéfinissable. Et la

20 preuve, c'est que j'éprouve sans cesse le besoin de les peser, de les expliquer, d'en rendre compte à moi-même.   *Mémoires d'Hadrien* (Plon, éditeur).

Sous le Rempart des Béguines

Une dizaine d'ouvrages assurent aujourd'hui la notoriété de Françoise Mallet-Joris. Tous, et notamment son essai marqué d'autobiographie : *Lettre à moi-même* (1963) comme son roman *L'Empire Céleste* (1958), confirment l'impression ressentie à sa première manifestation, *Le Rempart des Béguines* (1951). Partout la même acuité s'applique à des situations psychologiques délicates ; partout, la même finesse de touche permet de tout exprimer. Comment, en effet, rendre mieux qu'ici le trouble vertige qui entraîne une adolescente désarmée vers son aînée, l'impérieuse Tamara qui habite une maison baroque sous le Rempart des Béguines ?

« Et Phèdre au labyrinthe avec toi descendue, Se serait avec toi retrouvée ou perdue... » C'était encore un de mes jeux que de me répéter un vers jusqu'à tout oublier hors ce rythme. Je m'étais amusée souvent à le faire, et parfois j'en arrivais à perdre entièrement conscience. Mais à présent que je voulais de toutes mes forces, réfléchir, comprendre avant qu'il fût trop tard, à présent que j'étais là, moi Hélène, sur ce palier obscur, me taisant, respirant avec peine et écoutant ma propre respiration, mon imagination, plus forte que ma volonté, m'emportait et il me semblait assister de très loin à une scène incompréhensive et indifférente, pendant que ma propre voix chuchotait : « Et Phèdre au labyrinthe avec vous descendue se serait avec vous... » Pourquoi avais-je pensé : avec toi, la première fois que ce vers s'était imposé à moi ? Je le connaissais, pourtant, je savais que Phèdre ne tutoyait pas Hippolyte. Mais je ne tutoyais pas Tamara non plus. Et pourquoi cette phrase-là ? Ah ! oui, c'était à cause du mot : perdue. Le vertige, le balcon, le tourbillon dans le fleuve... Perdue. « Hélène au labyrinthe avec toi descendue se serait avec toi retrouvée ou perdue... ». Comme elle aurait ri si je lui avais dit cela, tout à coup, en chuchotant, dans l'obscurité... Ou peut-être n'aurait-elle pas ri. Elle était capable de comprendre. De comprendre quoi ? Ce que je ne comprenais pas moi-même ? Je me sentais comme victime d'un dédoublement ; une partie de moi-même restait là, immobile, tenant fort une main dure et réconfortante (quand lui avais-je pris la main ? Ou avait-elle pris la mienne ?), et une autre partie de moi, très loin au-delà, s'efforçait de distinguer et de comprendre ce qui se passait, distraite par cette voix intérieure qui, sans arrêt, recommençait : « Et Phèdre au labyrinthe... Et Phèdre au labyrinthe... » pour finir toujours sur le même soupir : « ...perdue... perdue... ».

Le Rempart des Béguines (Julliard, éditeur).

Le réalisme masculin Certes, les notations réalistes ne manquent pas chez les romancières, souvent portées à la hardiesse. Elles existent aussi chez les romanciers déjà nommés. Mais ce n'est jamais par entière vocation. Au contraire, il est révélateur qu'ARMAND LANOUX, (1913-1983), ait reçu le Prix populiste pour *La Nef des Fous* (1948), qu'il ait choisi les deux maîtres du Naturalisme pour ses biographies colorées (*Bonjour, Monsieur Zola*, 1954; *Maupassant, le Bel-Ami*, 1967) et composé une *Physiologie de Paris*. De *La Classe du matin* (1949) où il transpose son expérience d'instituteur jusqu'à son évocation de la Commune (*Le Coq Rouge*, 1972), toute l'œuvre de cet Académicien Goncourt, sans ignorer l'action ni le romanesque, est marquée d'un réalisme puissant mais contrôlé.

ROGER IKOR. Outre le témoignage noblement emporté de SCHWARTZ-BART (*Le Dernier des Justes*, 1959) et le *réalisme truculent, picaresque, parfois épique* d'ALBERT COHEN, auteur du cycle des *Solal* (*Belle du Seigneur*, 1968), on doit noter la place importante de l'écriture réaliste de ROGER IKOR (né en 1912), à la fois universitaire et écrivain. Son œuvre compte deux ensembles cycliques : *Les Fils d'Avrom* (1955) et la suite, en six volumes, de *Si le temps* (1960-1969). Dans un roman plus récent, *Le Tourniquet des Innocents* (1972), IKOR poursuit son panorama social en abordant la peinture et le problème de la jeunesse d'aujourd'hui. Il y confirme tout autant sa force dans une *discrétion* qu'il érige d'ailleurs en principe (*Pour une révolution de la discrétion*, 1957). Bon observateur, analyste sympathique de l'âme juive lorsqu'elle s'adapte au Paris d'avant 1914 en fuyant les pogroms russes, chroniqueur moraliste de la vie d'un *Oflag* durant la guerre 1939-45, évocateur de la vie d'un Lycée parisien ou de la Faculté de Nanterre, il affirme partout le don des notations justes mais mesurées, des dialogues révélateurs et des détails qui peignent. Beaucoup de personnages mémorables émergent de ses narrations abondantes. Le plus caractéristique demeurera peut-être l'émigrant Yankel, devenu petit casquetier à Paris, et qui élève si bien ses quatre enfants « *dont chacun possédait sa tirelire personnelle, pour s'entraîner à l'économie ; et les quatre tirelires, un cochon, un lapin, une poire et une maisonnette, s'offraient orgueilleusement aux regards sur le buffet Henri II.* » Yankel a couru s'engager comme volontaire dès la mobilisation de 1914. En revenant rue des Francs-Bourgeois « *il faisait sonner ses talons sur le trottoir, arrogamment, militairement, crête au soleil, et il toisait les passants, tout prêt à engager le fer : « Qu'est-ce que vous dites, monsieur ? Qu'est-ce que vous me voulez ? Je vais risquer ma vie pour la France, moi ! Je suis engagé volontaire, moi !... »* (Les Eaux Mêlées). Sa destinée domine l'histoire des *Fils d'Avrom.*

HENRI QUEFFÉLEC. Après Roger Vercel et Édouard Peisson qui évoquaient surtout les paquebots et les grands voiliers, QUEFFÉLEC a fait sien ce domaine, en y annexant la Bretagne d'où partent, pour la grande pêche, ses chalutiers.

Né en 1910, normalien et d'abord professeur comme Roger Ikor, il a abandonné l'Université en 1942. Pour ses débuts, en 1944, il a donné *Le Journal d'un Salaud,* observation méticuleusement cruelle de certaines veuleries pendant la période d'occupation. Comme Ikor, il a décrit le désarroi de la jeunesse après la crise de 1968 (*Le sursis n'est pas pour les chiens,* 1972). En véritable créateur, il est donc apte à aborder tous les sujets.

Cependant, le monde des marins et des terriens bretons domine son imagination. Tantôt il évoque, dans le passé, les drames de la Bretagne religieuse (*Un Recteur de l'île de Sein,* 1944 ; *La Mouette et la Croix,* 1969). Tantôt il peint la vie étrange des îliens (*Un Homme d'Ouessant,* 1953) et surtout il compose *l'épopée ruisselante de la grande pêche* comme, par exemple, dans *Un Royaume sous la mer* (1956) ou *Solitudes* (1963). Romancier catholique, il a aussi témoigné pour *Saint Antoine du Désert* (1950) et *Ce petit curé d'Ars* (1959).

PRIÈRE POUR LA BONNE PÊCHE

QUEFFÉLEC sait tirer des récits dramatiques de la vie des chalutiers perdus dans la brume. La mer et ses profondeurs poissonneuses, les tempêtes, la hantise d'une pêche perdue lui donnent partout l'occasion de pages saisissantes. Maître après Dieu du *Duc d'Aumale* le capitaine Sirbin interrompra-t-il, au détriment de l'équipage, sa campagne ? La radio lui a annoncé la maladie de sa femme. Bientôt elle lui annoncera la mort, là-bas... Pour l'heure, un inépuisable banc de morues glisse sous la coque du *Duc d'Aumale...*

Océan plus plein de ressources que le plus fabuleux richissime, océan puissant, généreux, oublie le mal que dans ma sottise j'ai dit quelquefois de tes caprices et mets beaucoup de grosses pièces dans la profonde sébile en forme de chalut que nous te tendons. Pour les pauvres de Rennetot, s'il vous plaît. Pour ceux de Fécamp, d'Yport et de Saint-Valéry. Pour ceux des Grandes-Dalles et du Havre. Pour tous les hommes, les femmes, les enfants qui attendent la chair ou l'argent de nos poissons, en France, en Asie, en Afrique, s'il vous plaît. Monsieur l'Océan, donnez-nous beaucoup de morues, cinq, six, sept palanquées et une huitième pour les
10 dots de nos filles, une neuvième pour la layette de nos enfants à naître ; et une dixième en souvenir du grand saint Pierre, champion de la pêche en lac, dont nous avons salué la mémoire d'une messe et d'une procession, à la veille du voyage.

Dix palanquées... Une brindille pour toi, forêt innombrable ! Une poussière, filon prodigieux ! Mais si c'est trop aujourd'hui parce que tu te reposes, revenons à sept, revenons à cinq. Donne au moins cinq palanquées, Crésus, Rothschild et Rockefeller de la faune marine ! Cinq comme les doigts de la main, Dieu aime le nombre ! Dans tous les cas, pas moins de trois, honneur à la Trinité, trois belles palanquées nettes de crasse,
20 pleines, joufflues, lumineuses, trois forts bataillons de morues épaisses qui, au terme d'une vie féconde, meurent sans rechigner, dans un grand massacre collectif, pour la santé des hommes.   *Solitudes* (Presses de la Cité).

SURRÉALISME ET ROMAN

Peu ostensible chez Roger VAILLAND (dont *La Loi*, est d'un naturalisme discret mais cynique), la marque du surréalisme est manifeste dans le fantastique d'André PIEYRE DE MANDIARGUES, et profonde, sous une réserve pudique, dans l'œuvre de Julien GRACQ.

Roger Vailland
(1907-1965)

Admirateur de Rimbaud, conquis très tôt par le surréalisme, ROGER VAILLAND multiplia les expériences, dans sa vie comme dans son œuvre. Il connut l'aventure des voyages, de la Résistance (*Drôle de Jeu*, 1945) et *l'engagement marxiste*. Mais cet écrivain qui vécut intensément dans son temps était aussi, par son style froid et dépouillé, par son élégante désinvolture et par des aspirations profondes, *un homme du XVIII⁰ siècle*, marqué par Laclos (auquel il consacra un essai), le libertinage et l'érotisme (cf. p. 636). On lui doit *Les Mauvais Coups* (1948), *Bon pied bon œil, Un Jeune Homme seul, Beau Masque*, 325.000 *francs*, *La Loi* (prix Goncourt 1957), *La Fête* (1960), *La Truite* (1964), et trois pièces de théâtre, dont *Monsieur Jean* (1959), version moderne du mythe de Don Juan.

André Pieyre
de Mandiargues

L'itinéraire d'ANDRÉ PIEYRE DE MANDIARGUES (né en 1909) l'a conduit de la poésie (*Hedira ou la persistance de l'amour pendant une rêverie*, 1945 ; *L'Age de craie*, poèmes de jeunesse publiés en 1961) au roman (*La Motocyclette*, 1963 ; *La Marge*, prix Goncourt 1967) en passant par le conte fantastique (*Le Musée noir*, 1946 ; *Soleil des Loups*, 1951) et la nouvelle (*Le lis de mer*, 1956 ; *Feu de braise*, 1959).

Mais son œuvre présente une profonde unité, sous le signe de l'esthétisme, de l'étrangeté ésotérique, de l'érotisme et d'une réconciliation originale entre le goût classique et les recherches baroques. Il apparaît comme *un maître du poème en prose* (*Dans les années sordides*, 1943 ; *Astyanax*, 1957) *et de la nouvelle*. Dans un roman comme *La Motocyclette*, la trame du récit est extrêmement dense, et l'auteur y donne à l'érotisme une résonance tragique, en laissant voir qu'il débouche inévitablement sur la mort et le néant.

« La fille au bélier »

L'héroïne de ce récit étrange, « exotique » et simple à la fois, contemporain et comme issu du fond des âges, donc intemporel, et qui a pour cadre une île non désignée, proche et lointaine, de la Méditerranée, se nomme RODOGUNE ROUX. Pouvoir d'un nom ! « Et pour marquer qu'elle est unique, [...] je la ferai souveraine de l'île au sel. Reine Rodogune... Que d'Orient, tout à coup, à la traîne de quelques syllabes ! [...] Ce titre, que par plaisanterie j'ai donné, voici qu'il vient mettre une gloire de légende autour de la jeune fille solitaire et de sa cruelle aventure. » C'est aussi une histoire *de sang, de tendresse et de haine, de vieilles superstitions*, traitée avec un extrême raffinement esthétique, dans une *prose poétique* dont on discernera aisément les *rythmes* et les savantes tonalités.

L'inconnue était accroupie sur un rocher sombre, avec lequel se confondait sa longue jupe noire, et elle portait un corsage échancré, à manches très larges, retroussées sur le coude ; non loin d'elle, un châle était blotti, d'or élimé, de trame rousse. Courbée en avant, dans ce costume pareil à celui des gitanes ou des femmes des Baléares ou de Sardaigne, sa silhouette détachait un pur profil sur le sable clair ; des nattes tiraient ses cheveux lisses, dressés en un chignon pas moins noir que la jupe ; un grand poisson, mulet à grosse tête et de l'espèce nommée, pour cette raison, « céphale », que ses mains plongeaient dans l'eau puis retiraient, semblait jouer avec ses bras nus, mais le ventre très
10 blanc sous le dos bleu était fendu de l'anus aux ouïes, et du sang ruisselait sur les mains de la femme.

Quand nous nous fûmes approchés, elle releva la tête et soutint mon regard, lâchant le poisson qu'un remous, faiblement, berçait. Son visage me parut l'un des plus beaux que j'eusse jamais vus, fût-ce en rêve, et je retrouve aussitôt que je veux ce nez insolemment petit, ces yeux d'un émail obscur avec un reflet fauve, très grands, largement écartés, ce front, ces joues et ce menton un peu massifs, d'une patine un peu bronze, pailletés de grains de sel, cette peau à la fois lisse et frottée comme la matière de certaines statues très anciennes où l'on se retient mal de porter la paume. Telle beauté, malgré la jeunesse évidente,
20 était sans douceur, et à cause de cela encore la figure de mademoiselle Rodogune est liée dans mon souvenir à des statues du plus grand âge et de formes adolescentes.

— La fille au bélier, dit mon compagnon, et il cracha sur le sable. [...]

Le jour suivant, ou bien à quelques jours de là, je la rencontrai de nouveau. Ce fut sur la hauteur, colline ou moins, que le rocher dresse au-dessus de la mer sur la côte ouest, dans un raccourci que je prenais pour gagner du temps quand je m'étais attardé au bain. Nul ne passait jamais par là, car il fallait monter des marches taillées à peine, dans un ravin aveuglant comme un four à chaux, avant de redescendre à travers une broussaille déchirante, et la chaleur
30 était si forte, au début de l'après-midi, que des lions lâchés dans ce maquis n'eussent pas fait davantage pour l'interdire aux promeneurs. Aussi, d'y entendre des pas sur les cailloux et une voix qui chantonnait, j'eus grande surprise. Bonne surprise, un peu plus tard, quand je vis surgir entre deux buissons de lentisques celle qui m'avait émerveillé par sa façon de changer en une sorte de danse l'acte ingrat de laver un poisson mort. Je me jetai gauchement dans les épines, pour lui laisser l'étroit sentier ; alors elle sourit, dans l'ovale d'un fichu ténébreux. Derrière elle venait son bélier, un grand animal très brun, presque noir, de race barbarine, qui frottait sa tête aux hanches de la femme ; il avait des cornes enroulées comme des coquillages, plates, d'ailleurs, et d'une
40 largeur qui me parut admirable.

Dans la suite, je pensai souvent à cette femme. Il m'arrive de chercher à me rappeler ces pensées-là ; j'y réussis mal. En échange, je me rappelle comme si je l'avais entendue hier la chanson plaintive qui s'interrompit à cause de moi, dans la brousse où mademoiselle Rodogune se croyait toute seule avec son bélier, sous le soleil ardent :

Mon pauvre corps est las	*Touffu de violettes*
Je voudrais être au lit	*Et si par aventure*
J'aurais pour couverture	*J'allais être seulette,*
Une rose et deux lis.	*Tous les corbeaux du ciel*
50 *J'aurais un matelas*	*Viendraient boire mon miel.*

Le rôle des corbeaux, évidemment, n'est pas clair. Peut-être le fût-il devenu si la chanson s'était poursuivie. Autre question à laquelle je ne sais répondre, et qui a de l'importance : pour qui Rodogune chantait-elle ? Pour elle, ou pour le bélier ? Certainement, elle ne chantait pas pour moi.

Feu de braise. — Rodogune (Grasset, éditeur).

Il court, sur la jeune fille, des bruits calomnieux. Une nuit, des hommes de l'île égorgent le bélier et fixent sa tête sanglante sur la porte de la maison... Longtemps après, le narrateur revoit Rodogune : « Elle a repris son voile noir, qui l'enveloppe plus sévèrement que jamais, la protégeant un peu contre les insultes et la moquerie qu'on lui prodigua, et que son silence, à la fin, désarme. » Par la fenêtre de sa chambre, on voit le crâne du bélier cloué au-dessus du lit.

Julien Gracq   Né en 1910, JULIEN GRACQ (pseudonyme de l'historien et géographe Louis Poirier) a écrit des poèmes en prose (*Liberté grande*, 1946), des essais critiques (*André Breton*, 1948 ; *Préférences*, 1961 ; *Lettrines*, 1967-74), une pièce tirée d'un épisode merveilleux du cycle du Graal (*Le Roi Pêcheur*, 1948) et des romans où il a su acclimater dans un style très personnel les fruits de son expérience surréaliste : *Au château d'Argol* (1938), *Un Beau Ténébreux* (1945), *Le Rivage des Syrtes* (Prix Goncourt 1951, son œuvre la plus importante), *Un Balcon en forêt* (1958), ou des récits, groupés en 1970 sous le titre de l'un d'eux : *La Presqu'île*.

Le Rivage des Syrtes se résume en quelques lignes. *La Seigneurie d'Orsenna s'assoupit depuis trois siècles dans une torpeur voisine de l'anéantissement, bien qu'en théorie elle soit en guerre avec le Farghestan, situé sur l'autre rive de la mer des Syrtes. Mais voici qu'obéissant à une mystérieuse fatalité, les deux peuples sont sourdement travaillés par le désir de secouer leur inertie. Le jeune* ALDO, *délégué par la Seigneurie comme Observateur de la flotte d'Orsenna, sera l'instrument du destin : cédant à une impulsion irrésistible, il rapproche son navire des côtes ennemies et essuie trois coups de canon. Il n'en faut pas plus pour déclencher une guerre qui, selon nos pressentiments, anéantira Orsenna.*

Sur ce thème tout simple, le roman se déroule avec une noble ordonnance qui l'a fait comparer au « prélude wagnérien d'un opéra qui ne serait pas joué ». C'est que, pour Julien Gracq, l'essentiel n'est pas de conter une aventure mais de suggérer un *univers étrange*, hors du temps et de l'histoire ; dans une sorte de *clair-obscur*, maintenu tout au long de ce vaste « poème en prose » par la magie des images et l'envoûtement d'un style très concerté, il entretient un climat de *mystère* et — c'est un de ses mots clés — de *suspens : nous* vivons, parfois jusqu'à l'angoisse, *l'attente d'une catastrophe* vaguement pressentie mais impossible à situer et à contrôler, comme si l'auteur voulait nous faire éprouver, jusqu'au plus profond de notre être, la condition ·de *l'homme devant le destin*.

« PASSER OUTRE »

Chargé d'effectuer, sur le *Redoutable*, une reconnaissance de routine, Aldo arrive au petit matin en vue de l'île de Vezzano, terme assigné au parcours des patrouilles. Il devrait faire demi-tour, et son compagnon Fabrizio parle à plus d'une reprise de virer de bord... Pourtant ils continuent, par jeu peut-être au début, par curiosité, par hardiesse ; mais, tandis que le temps s'écoule et que le navire avance vers la côte ennemie, les voilà pris au jeu, à la fois libérés et en proie au vertige de l'irréversible, qui sera peut-être l'irréparable... On notera les résonances profondes, symboliques (en particulier l. 5-7), et l'effet produit par les nombreuses images ou comparaisons.

Gauchement, sentant en nous s'engloutir les secondes et le temps se précipiter sur une pente irrémédiable, nous souriions tous deux aux anges d'un air hébété, les yeux clignant dans le jour qui montait devant nous de la mer. Le bateau filait bon train sur une mer apaisée. La brume s'enlevait en flocons et promettait une journée de beau temps. Il me semblait que nous venions de pousser une de ces portes qu'on franchit en rêve. Le sentiment suffocant d'une allégresse perdue depuis l'enfance s'emparait de moi ; l'horizon, devant nous, se déchirait en gloire ; comme pris dans le fil d'un fleuve sans bords, il me semblait que maintenant tout entier j'étais *remis* — une liberté, une simplicité miraculeuse lavaient le monde ; je voyais le matin naître pour la première fois.

— J'étais sûr que tu allais faire une bêtise, dit Fabrizio en fermant sa main sur mon épaule quand — les minutes s'abîmant après les minutes comme les brasses d'une sonde — il n'y eut plus de doute que la Chose maintenant avait eu lieu... A Dieu vat ! ajouta-t-il avec une espèce d'enthousiasme. Je n'aurais pas voulu manquer ça. Les heures de la matinée passèrent vite. Vers dix heures, la tête ensommeillée de Beppo [1] pointa nonchalamment du panneau d'avant. Son regard ahuri parcourut longuement l'horizon vide, puis s'arrêta sur nous avec une expression enfantine de désarroi et de curiosité chagrine, et il me sembla qu'il allait parler, mais la tête eut soudain le rencoignement nocturne d'une bête de terrier éblouie par le jour et la nouvelle coula silencieusement dans les profondeurs. Fabrizio se replongea d'un air absorbé dans la lecture des cartes. La passerelle ensommeillée se réchauffait doucement dans le soleil. Une douzaine de têtes silencieuses ourlaient maintenant le panneau d'avant, les yeux écarquillés sur leur vision, dans une immobilité intense.

Les calculs de Fabrizio rejoignaient les miens : si le *Redoutable* soutenait son allure, nous devions être en vue du Tängri [2] aux dernières heures de la soirée. L'excitation de Fabrizio croissait de minute en minute. Les ordres pleuvaient. Il hissa une vigie dans le mât d'avant. Sa lorgnette ne quittait plus le bord de l'horizon. [...]

Nous passâmes l'après-midi dans une espèce de demi-folie. La fébrilité anormale de Fabrizio était celle d'un Robinson dans son île démarrée, à la tête soudain d'une poignée de Vendredis. Marino [3], l'Amirauté, reculaient dans les brumes. Pour un peu, il eût hissé le drapeau noir ; ses galopades à travers le navire, les hennissements de sa voix jubilante qui à chaque instant balayaient le pont étaient ceux d'un jeune poulain qui s'ébroue dans un pré. Tout l'équipage, à cette voix, manœuvrait avec une célérité bizarre et presque inquiétante : du pont à la mâture se répondait en chœur la vibration de voix fortes et allègres, et fusaient des encouragements malicieux et des cris de bonne humeur ; il se faisait par tout le navire, chargé d'électricité, un crépitement d'énergie anarchique qui tenait de la mutinerie de pénitencier et de la manœuvre d'abordage, et ce pétillement montait à la tête comme celui d'un vin, faisait voler notre sillage sur les vagues, vibrer le navire jusqu'à la quille d'une jubilation sans contenu. Un chaudron bouillonnait soudain au-dessous de moi, sans qu'on eût eu besoin de le prévenir qu'on venait de soulever le couvercle.

Mais cette animation fiévreuse ne passait pas jusqu'à moi, ou plutôt elle bourdonnait à distance, comme une rumeur orageuse au-dessus de laquelle je me sentais flotter très haut, dans une extase calme. Il me semblait que soudain le pouvoir m'eût été donné de *passer outre*, de me glisser dans un monde rechargé d'ivresse et de tremblement. Ce monde était le même, et cette plaine d'eaux désertes où le regard se perdait la plus désespérément semblable qui fût partout à elle-même. Mais maintenant une grâce silencieuse resplendissait sur lui.

Le Rivage des Syrtes, IX, Une croisière (José Corti, éditeur).

— 1 Maître d'équipage. — 2 Montagne do- | minant la côte du « Farghestan ». — 3 Commandant de la « base des Syrtes ».

«Peut-être qu'il n'y a plus rien ?»

Un Balcon en Forêt, c'est la *drôle de guerre* de 1939-40. L'aspirant GRANGE est isolé avec trois hommes dans un blockhaus des Ardennes, « dans ce désert d'arbres haut-juché au-dessus de la Meuse ». Sur ce *balcon*, il éprouve la griserie d'avoir « largué ses attaches » et d'entrer « dans un monde racheté, lavé de l'homme ». Pour lui, les longs mois d'inertie de la « fausse guerre » se passent à analyser cette *étrange impression de dépaysement*, tout en vivant dans l'*attente d'une catastrophe indéfinissable*. On reconnaît donc dans cette aventure, pourtant vécue, les mêmes *dominantes surréalistes* que dans *Le Rivage des Syrtes* : on les retrouvera jusque dans cette évocation de mai 1940, au moment où cependant l'ensemble du front est en pleine action. La percée allemande a débordé sans l'attaquer le « balcon en forêt » et ses occupants sont des « enfants perdus », sans contact avec leur armée, *comme oubliés dans un paradis épargné par la guerre*. Mais cette rémission sera brève : un engin blindé surgit, un coup d'embrasure tue deux servants du blockhaus et Grange mourra peu après de ses blessures, tandis que le survivant s'éloigne vers on ne sait quel destin.

Maintenant l'angoisse revenait. Ce n'était plus le chaud, le brutal souffle de bête de la panique qui les avait plaqués tout à l'heure contre le béton du blockhaus. C'était une peur un peu merveilleuse, presque attirante, qui remontait à Grange du fond de l'enfance et des contes : la peur des enfants perdus dans la forêt crépusculaire, écoutant craquer au loin le tronc des chênes sous le talon formidable des bottes de sept lieues. Ils commencèrent à attendre. Une fois qu'on l'avait décelé, le grondement du canon ne se perdait plus de l'oreille, où qu'on allât : il n'y avait plus que lui ; toute la vie de ce coin de terre fuyait, on eût dit, s'écoulait vers cette seule zone éveillée. De part et d'autre de
10   la trouée du chemin, les murailles de la forêt cachaient les rares fumées : quand Grange un instant se bouchait les oreilles de ses doigts, l'allée entière n'était qu'une coulée printanière et douce, tiède déjà sous sa brume dorée, qui fuyait merveilleusement vers les lointains bleus. A mesure que le temps passait, Grange sentait grandir en lui un sentiment de sécurité irréelle, né bizarrement de ce pas de géant de la bataille qui les avait enjambés. L'air fraîchissait délicieusement ; le poudroiement de la lumière rasante sur la forêt du soir était si riche, si insolite, qu'une envie brusque, irrésistible, lui venait de s'y baigner, de s'y retremper.
— Qui m'empêche ? se dit-il avec un mouvement de jubilation encore inconnu, très trouble. Les ponts sont coupés. Je suis seul ici. *Je fais ce que je veux.*
20   Il alluma une cigarette et, les mains dans les poches, il se mit à marcher dans le milieu du chemin. « Ne bougez pas, cria-t-il vers le blockhaus. Je vais voir ». Le canon commençait à tonner moins fort ; il y avait maintenant de longues accalmies, pendant lesquelles on entendait reprendre le tapage des corbeaux dans la chênaie. « Peut-être qu'il n'y a plus un seul Français à l'est de la Meuse, songeait-il chemin faisant ; qui sait ce qui se passe ? Peut-être qu'il n'y a plus rien ? » mais à cette idée, qui lui paraissait presque plausible, son cœur battait d'excitation contenue ; il sentait son esprit flotter avec légèreté sur les eaux de la catastrophe. « Peut-être qu'il n'y a plus rien ? » La terre lui paraissait belle et pure comme après le déluge ; deux pies se posèrent ensemble devant lui sur
30   l'accotement, à la manière des bêtes des fables, lissant avec précaution sur l'herbe leur longue queue. « Jusqu'où pourrait-on marcher comme ça ? » songea-t-il encore, médusé, et il lui semblait que ses yeux se pressaient contre leurs orbites jusqu'à lui faire mal : il devait y avoir dans le monde des *défauts*, des veines

inconnues, où il suffisait une fois de se glisser. De moment en moment, il s'arrêtait et prêtait l'oreille : pendant des minutes entières, on n'entendait plus rien ; le monde semblait se rendormir après s'être secoué de l'homme d'un tour d'épaules paresseux. « Je suis peut-être de *l'autre côté* » songea-t-il avec un frisson de pur bien-être ; jamais il ne s'était senti avec lui-même dans une telle intimité.

Un Balcon en forêt (José Corti, éditeur).

« *Je n'étais plus qu'attente* »

Le récit dont voici un passage ne comporte pas d'intrigue à proprement parler. Tout l'intérêt réside dans les impressions éprouvées, dans l'atmosphère de mystère, d'*attente* (attente dont on ne sait si elle est promesse ou menace) et dans l'art de JULIEN GRACQ qui est ici, au sens propre comme au sens figuré, un art du *clair-obscur*. Invité par un ami compositeur, le narrateur, réformé après une blessure, arrive un soir d'automne, en 1917, dans un village d'où l'on entend la canonnade, parmi les rafales de vent et de pluie. Mais le maître de maison, lieutenant aviateur, n'est pas au rendez-vous, ce qui peut faire naître à son sujet, en cette veille du Jour des Morts, les pires craintes. Le narrateur a été accueilli par une femme, ou plutôt une présence, presque une ombre. Cependant la nuit avance, dans la demeure silencieuse, obscure et comme préservée.

Onze heures sonnèrent, et presque aussitôt le reflet de la lumière se mit à bouger au plafond du couloir. De nouveau, je me levai de mon fauteuil d'un bond. Je n'imaginais plus rien : les nerfs tendus, je regardais sur le plafond du couloir bouger cette lueur qui marchait vers moi. Je n'attendais rien : la gorge serrée, je n'étais plus qu'attente ; rien qu'un homme dans une cellule noire qui entend un pas résonner derrière sa porte. La lueur hésita, s'arrêta une seconde sur le seuil, où le battant de la porte ouverte me la cachait encore ; puis la silhouette entra de profil et fit deux pas sans se tourner vers moi, le bras de nouveau élevant le flambeau devant elle sans aucun bruit.

10   J'ai rarement — je n'ai peut-être jamais, même dans l'amour — attendu avec une impatience et une incertitude aussi intenses — le cœur battant, la gorge nouée — quelqu'un qui pourtant ici ne pouvait être pour moi qu'« une femme », — c'est-à-dire une question, une énigme pure. Une femme dont je ne savais rien, ni le nom, ni approximativement qui elle pouvait être — ni même le visage qui ne s'était jamais laissé apercevoir qu'à la dérobée, et qui conservait toute l'indécision du *profil perdu* — rien d'autre . que cette houle silencieuse et crêtée qui glissait et envahissait par instants les pièces et les couloirs ; entre mille autres, il me semblait que je l'aurais reconnue à la manière dont seulement au long de sa marche ondulait sur le mur la lumière des bougies, 20   comme si elle eût été portée sur un flot. Mais même en cet instant d'attente et de tension pure, où je ne m'appartenais plus qu'à peine, je fus frappé de tout ce que cette silhouette qui n'avait bougé pour moi que sur un fond constamment obscur conservait encore d'extraordinairement *indistinct*. Elle semblait tenir à la ténèbre dont elle était sortie par une attache nourricière qui l'irriguait toute ; le flot répandu des cheveux noirs, l'ombre qui mangeait le contour de la joue, le vêtement sombre en cet instant encore sortaient moins de la nuit qu'ils ne la prolongeaient.

Elle était vêtue d'un ample peignoir de teinte foncée, serré à la taille par une cordelière, et qui laissait apercevoir seulement quand elle marchait la pointe 30   des pieds nus ; les cheveux noirs rejetés en arrière retombaient sur le col en masse sombre, leur flot soulevé par une collerette qui se redressait sur la nuque et venait envelopper le cou très haut ; un manteau de nuit plutôt qu'un peignoir, retombant au-dessous de la taille en plis rigides — hiératique, vaguement solennel, avec ce rien de souligné à plaisir, d'imperceptiblement théâtral, qui rendait si intriguant son accoutrement de servante : dévêtue pour la nuit comme on s'habille pour un bal.

Sans rompre l'enchantement, une brève rencontre charnelle va entraîner une détente. Au matin, le visiteur partira sans revoir la « servante-maîtresse »...

La Presqu'île. — Le Roi Cophetua (José Corti, éditeur).

EXPÉRIENCES

L'orientation commune des *expériences* qui conduisent à un « roman différent » (dont le « nouveau roman » tentera d'élaborer la théorie) n'est peut-être qu'une conséquence actuelle de cette *esthétique de la différence* expérimentée par le surréalisme dans les années vingt et prolongée dans l'œuvre de JULIEN GRACQ et de PIEYRE DE MANDIARGUES.

Mais dans les années soixante la crise de l'humanisme, ouverte quarante années plus tôt, débouche sur une *crise aiguë du langage humain*, dont avaient déjà témoigné les essais consacrés aux problèmes du langage par Jean Paulhan, Brice Parain, Raymond Queneau ou Michel Leiris. Il est normal que cette crise affecte tout particulièrement le roman et *l'écriture romanesque :* la recherche expérimentale d'une différence plus ou moins radicale se fonde sur le renversement du rapport entre la substance romanesque — action et personnages — et le langage qui l'exprime, à tel point que la notion même d'*expression* se trouve mise en cause. Le langage n'est plus chargé d'exprimer une matière événementielle ou psychologique ; il tend à être à lui-même sa propre fin, en vue d'une « production » qui ne se réfère à aucune « réalité ».

La *primauté du langage* n'entraîne pas nécessairement l'abolition de l'intrigue ou du personnage, mais elle a pour première conséquence de les rendre arbitraires, comme objets simplement manufacturés par les mots, et, par conséquent, susceptibles de toutes les variations ou variantes imaginables. Le roman devient *pure expérimentation de ces variantes verbales*, ce qui exclut toute analyse, toute explication, et les œuvres de cette sorte tendent à privilégier les techniques de description ou d'enregistrement.

Aussi ces romans se définissent-ils d'abord par leur *parti verbal :* tandis que BORIS VIAN bouleverse les données concrètes de l'univers quotidien par le recours au cocasse et à l'inattendu, tandis que RAYMOND QUENEAU se livre à des *Exercices de style*, tandis que PIERRE KLOSSOWSKI cultive volontiers l'archaïque ou le suranné, d'autres, comme MARGUERITE DURAS, explorent la banalité du langage pour en extraire on ne sait quelle *ambiguïté onirique*. Les personnages tendent à être des ombres ou des fantômes, les événements perdent de leur poids. Par rapport au roman traditionnel, *réalisation littéraire* d'un univers fictif ou authentique, le « roman différent » au contraire, aboutit à la *déréalisation*, *par l'écriture, des apparences du réel*.

Ainsi naît et se développe le thème de l'*indistinct*, qui en vient alors à affecter le langage lui-même : à cet égard, l'itinéraire de SAMUEL BECKETT est particulièrement significatif. Cette désarticulation du langage qui s'affirme de plus en plus dans son théâtre comme un signe de la désarticulation correspondante de l'homme et du monde, par exemple dans *Comédie*, apparaît dans ses romans comme le terme d'un processus d'ailleurs fort complexe, mais issu d'une volonté délibérée d'*inversion du roman*.

Le langage entre donc en concurrence avec la « réalité » pour en contester les prétentions à l'existence ou à la signification. Ce qui peut se produire alors, tel est finalement l'objet des expériences poursuivies depuis environ 1960 par HENRI THOMAS (*Le Promontoire*, 1961), JEAN-PIERRE FAYE (*Analogues*, 1964 ; *La Cassure*, 1961 ; *L'Écluse*, 1964) et J.-M.-G. LE CLÉZIO. Sur le thème, à certains égards traditionnel, de la recherche de l'identité, Le Clézio suggère une représentation de l'homme comme reflet incertain d'une inconscience qui ne peut s'empêcher de « chercher à trouver » (*L'Extase matérielle*, 1967), mais qui ne trouve finalement qu'un langage sans correspondance avec quelque réalité que ce soit (*Le Procès-verbal*, 1963 ; *La Fièvre*, 1965 ; *Le Déluge*, 1966 ; *Monde*, 1978).

Boris Vian   Boris Vian (1920-1959), qui fut une figure très marquante (mais méconnue) du Saint-Germain-des-Prés de l'après-guerre, a suscité depuis sa mort une redécouverte de son talent. Personnalité riche et complexe, élève de l'École Centrale, musicien de jazz, admirateur d'Alfred Jarry... et de Jean-Paul Sartre (« Jean-Sol Partre » dans *L'Écume des Jours*), il défraya, en 1946, la chronique scandaleuse par sa prétendue traduction d'un romancier imaginaire, l'Américain Vernon Sullivan. Trois autres livres devaient alors se succéder sous cette attribution postiche, mais aussi quatre romans signés de son vrai nom : *L'Écume des Jours* (1947), *L'Automne à Pékin* (1947), *L'Herbe rouge* (1950) et *L'Arrache-Cœur* (1953). Le style en est d'une fantaisie poétique et parfois douloureuse, qui joint au défi lancé contre un monde jugé odieux des trouvailles humoristiques dans la manière de Raymond Queneau. Boris Vian a laissé aussi des œuvres héâtrales, notamment *L'Équarrissage pour tous* (1950), situé à l'époque de la Libération, *Le goûter des Généraux* (écrit en 1951), où apparaissent des figures caricaturales, d'officiers puérils et timorés, tel ce dénommé L'envers de Laveste, qui s'écrie soudain : « Oh, c'est très désagréable, écoutez, rien ne désorganise une armée comme la guerre ! ». En 1959, *Les Bâtisseurs d'empire* atteindront la dimension d'un mythe kafkéen : une famille pourchassée dans une suite d'appartements, qui vont se rétrécissant d'étage en étage, est aux prises avec un être misérable, le *Schmürz*, toujours tapi dans la pièce principale ; le père, demeuré seul après la mort des siens, succombera à la suite de ce monstre dont il aura causé la perte.

Le *style* de Boris Vian se caractérise par une *indépendance* totale vis-à-vis des normes habituelles ; en particulier, il *rénove* le lieu commun ou l'expression toute faite. Ainsi un pharmacien « exécute » une ordonnance (au moyen d'une petite *guillotine* de bureau), un personnage voudra se retirer dans un *coing*, « à cause de l'odeur ». Mieux encore, les mots eux-mêmes deviennent démontables, tel (encore dans *L'Écume des Jours*) le célèbre « porte cuir en feuilles de Russie ».

Cependant, au-delà de ces fantaisies verbales, ce que l'on découvre de vraiment essentiel, c'est que le ton et le rythme de l'écriture se transforment à chaque page en fonction de l'événement, des rencontres, des émotions, ou mêmes des rêveries dans la solitude.

Le réveil de Wolf

Chez Boris Vian, le végétal s'exprime, le minéral s'anime, tout se transfigure au sein d'une vaste osmose ; les femmes ont des prénoms de fleurs et l'homme, parfois, un nom... de loup. *Son univers, en fait, ne connaît pas de cloisons entre les éléments ni les règnes.*

A moitié conscient, Wolf tenta un dernier effort pour arrêter la sonnerie de son réveil, mais la chose, visqueuse, lui échappa et se lova dans un recoin de la table de chevet où elle continua de carillonner, haletante et rageuse, jusqu'à épuisement total. Alors le corps de Wolf se détendit dans la dépression carrée remplie de morceaux de fourrure blanche, où il reposait. Il entr'ouvrit les yeux et les murs de la chambre chancelèrent, s'abattirent sur le plancher, soulevant en tombant de grandes vagues de pâte molle. Et puis il y eut des membranes superposées qui ressemblaient à la mer... au milieu, sur une île immobile, Wolf s'enfonçait lentement dans le noir, parmi le bruit du vent balayant de grands espaces nus, un bruit jamais en repos. Les membranes palpitaient comme des nageoires transparentes ; du plafond invisible croulaient des nappes d'éther, s'épandant autour de sa tête. Mêlé à l'air, Wolf se sentait traversé, imprégné par ce qui l'entourait ; et il y eut soudain une odeur verte, amère, l'odeur du cœur en feu des reines-marguerites, pendant que le vent s'apaisait.

L'Herbe rouge, chap. XI (J.-J. Pauvert, éditeur).

Raymond Queneau   R. QUENEAU (1915-1976) participa au mouvement surréaliste jusqu'à son premier roman, *Le Chiendent* (1933)
où il s'oriente plutôt vers une transposition du style classique en *français parlé*, afin de
dégager le français moderne des conventions de l'écriture, « tant de style que d'orthographe
et de vocabulaire ». Il atteindra la célébrité avec *Zazie dans le métro* (1959) qui pose justement le problème du langage. « Zazie distingue très bien le *langage-objet* du *méta-langage*.
Le langage-objet, c'est celui qui se fonde dans l'action même, qui *agit* les choses [...] : Zazie
veut son coca-cola, son blue-jean, son métro, elle ne parle que l'impératif ou l'optatif, et
c'est pour cela que son langage est à l'abri de toute dérision. Et c'est de ce langage-objet que
Zazie émerge, de temps à autre, pour fixer de sa clausule assassine le méta-langage des
grandes personnes [...] ; face à l'impératif et à l'optatif du langage-objet, son mode principal
est l'indicatif, sorte de degré zéro de l'acte destiné à *représenter* le réel, non à le modifier »
(R. Barthes).

EXERCICES DE STYLE

Outre les célèbres *Exercices de style* (1947), Queneau a publié *Gueule de Pierre* (1934),
Odile (1937), *Un rude hiver* (1939), *Pierrot mon ami* (1942), *Loin de Rueil* (1944), *Saint-Glin-
glin* (1948), *Le Dimanche de la vie* (1952), *Zazie...* (1959), *Cent mille milliards de poèmes*
(1961), *Le Chien à la mandoline* (1958-65), *Courir les rues* (1967), *Battre la campagne* (1968).
Ses fidèles gardent une prédilection pour ses incomparables *Exercices de style* (1947),
qui proposent, avec humour, 99 variantes d'une anecdote volontairement insignifiante
dont voici le thème : *Dans l'autobus parisien S (devenu plus tard 84) un jeune homme,
muni d'un chapeau, échange avec un autre voyageur quelques propos acides, puis il va s'asseoir
dans la voiture. Peu après, au terminus, il sera vu en conversation avec un ami qui lui conseille
de déplacer... un bouton de son pardessus.* — Voici deux de ces variantes :

Surprises
Ce que nous étions serrés sur cette plate-forme d'autobus ! Et ce que ce
garçon pouvait avoir l'air bête et ridicule ! Et que fait-il ? Ne le voilà-t-il
pas qui se met à vouloir se quereller avec un bonhomme qui
— prétendait-il ! ce damoiseau ! — le bousculait ! Et ensuite il ne trouve
rien de mieux à faire que d'aller vite occuper une place laissée libre !
Au lieu de la laisser à une dame !

Deux heures après, devinez qui je rencontre devant la gare Saint-
Lazare ? Le même godelureau ! En train de se faire donner des conseils
vestimentaires ! Par un camarade !
A ne pas croire !

Rêve
Il me semblait que tout fût brumeux et nacré autour de moi, avec des
présences multiples et indistinctes, parmi lesquelles cependant se dessinait
assez nettement la seule figure d'un homme jeune dont le cou trop long
semblait annoncer déjà par lui-même le caractère à la fois lâche et rouspéteur
du personnage. Le ruban de son chapeau était remplacé par une ficelle
tressée. Il se disputait ensuite avec un individu que je ne voyais pas, puis,
comme pris de peur, il se jetait dans l'ombre d'un couloir. Une autre
partie du rêve me le montre marchant devant la gare Saint-Lazare. Il
est avec un compagnon qui lui dit : « Tu devrais faire ajouter un bouton
à ton pardessus ». Là-dessus je m'éveillai.

Exercices de style (Librairie Gallimard, éditeur).

Marguerite Duras   Les premiers romans de MARGUERITE DURAS (née en
1914) sont encore des récits traditionnels, où conservent
leur place la narration, la description et les personnages. Déjà pourtant, dans *Un barrage
contre le Pacifique* (1950), l'évocation du « mirage colonial » tend à supplanter la peinture
des relations entre colonisateurs et colonisés pour donner naissance à une atmosphère
irréelle qui contredit le réalisme du détail. L'évolution de la romancière s'accentue avec
Le Marin de Gibraltar (1952), *Les Petits chevaux de Tarquinia* (1953), *Le Vice-Consul* (1966).
La primauté accordée au dialogue confère au langage le pouvoir de suggérer un *monde
intermédiaire* que hante l'obsession de la déperdition, l'obsession aussi de l'impuissance
du dialogue à rendre compte d'une relation (en général la relation amoureuse) qui existe
peut-être ou peut-être n'existe pas. Marguerite Duras s'est tournée aussi vers le théâtre
(*Le Square ; Les Viaducs de Seine-et-Oise*, 1960) et surtout vers le cinéma (scénario de *Hiroshima mon amour* d'Alain Resnais, 1959 ; *Une aussi longue absence*, 1961 ; *La Musica*, 1966).

LE VICE-CONSUL

Nous sommes à Calcutta, dans le milieu diplomatique, où un VICE-CONSUL introduit une
sorte de gêne énigmatique, que ressent particulièrement la femme de l'ambassadeur,
ANNE-MARIE STRETTER. Elle voudrait résoudre l'énigme du vice-consul. Mais chaque
conversation qu'elle a avec lui ne fait qu'accentuer la distance séparant le vice-consul d'un
milieu d'où il se trouve absent par l'incertitude même de son être ; et au fur et à mesure que
se développe cette « situation », malgré l'apparente banalité de la conversation, une angoisse
naît de l'incertitude dont cette banalité est le signe.

— Il y en a qui ne s'habituent jamais ? reprend le vice-consul.
Elle s'écarte un peu de lui, elle n'ose pas encore le regarder. Elle dira
que quelque chose l'a frappée dans la voix. Elle dira : Est-ce cela une voix
blanche ? On ne sait pas s'il vous questionne ou s'il vous répond. Elle
sourit gentiment, lui parle.
— C'est-à-dire... il y en a... rarement remarquez, mais cela arrive...
la femme d'un secrétaire, chez nous, au consulat d'Espagne, elle devenait
folle, elle croyait qu'elle avait attrapé la lèpre, il a fallu la renvoyer,
impossible de lui enlever cette idée de la tête.
10   Charles Rossett se tait parmi les danseurs. Son regard bleu-bleu est
fixe, baissé sur les cheveux. L'expression de son visage est un peu angoissée
tout à coup. Ils se sourient, ils sont sur le point de se parler, mais ils ne
le font pas.
— Si personne ne s'habituait, dit le vice-consul — il rit.
On pense : le vice-consul rit, ah comment ? comme dans un film doublé,
faux, faux.
Elle s'est de nouveau écartée et ose le regarder.
— Non, rassurez-vous, tout le monde s'habitue.
— Mais, au fait, avait-elle la lèpre cette femme ?
20   Alors elle s'écarte et, tout en évitant de le regarder, elle se rassure, elle
croit avoir découvert enfin quelque sentiment familier chez le vice-consul :
la peur.
— Oh ! dit-elle, je n'aurais pas dû vous parler de ça...
— C'est-à-dire... comment ne pas y penser ?
Elle essaie de rire un peu. Il rit, lui. Elle l'entend et cesse de•rire.

Le Vice-consul (Librairie Gallimard, éditeur).

Samuel Beckett   D'origine irlandaise, BECKETT (cf. p. 594) est marqué par l'influence de Joyce : ses romans poussent jusqu'aux extrêmes limites le processus joycien de dissolution de la conscience et de ses langages dans un temps pour ainsi dire atomisé. Mais cette atomisation de la personne agit comme une contagion qui s'attaque non seulement au langage mais à l'œuvre même qui l'enregistre. De là vient ce qu'on pourrait appeler le *système* de BECKETT. Le personnage qui donne son titre à *Molloy* (écrit en 1948, publié en 1951) est bien déjà le personnage-type du roman beckettien : *quelqu'un qui se raconte*, dans le cadre d'un lieu si restreint qu'on se demande si c'est encore un lieu. Tel est l'effet de la contagion : l'espace et le temps, eux aussi, sont soumis, comme le personnage et son histoire, au processus impitoyable de la *réduction*. Il en est de même pour le « héros » de *Malone meurt* (1948-1951).

Malone meurt

La mort de *Malone* résulte de son extraordinaire aptitude à la fabulation. Au fur et à mesure qu'il s'invente des histoires, son corps et ses « possessions » se défont, de sorte que ce roman sans dénouement s'achève par épuisement et par extinction. Il est, dans *Malone meurt*, des monologues intérieurs qui sont comme les paroxysmes de cet épuisement de la parole par le personnage et du personnage par la parole.

J'ai dû avoir ma petite idée, quand j'ai commencé, sinon je n'aurais pas commencé, je me serais tenu tranquille, j'aurais continué tranquillement à m'ennuyer ferme, en faisant joujou, avec les cônes et cylindres par exemple. [...] Mais elle m'est sortie de la tête, ma petite idée. Qu'à cela ne tienne, je viens d'en avoir une autre. C'est peut-être la même, les idées se ressemblent tellement, quand on les connaît. Naître, voilà mon idée à présent, c'est-à-dire vivre le temps de savoir ce que c'est que le gaz carbonique libre, puis remercier. Ça a toujours été mon rêve au fond. Tant de cordes et jamais une flèche. Pas besoin de mémoire. Oui, voilà, je suis un vieux fœtus à présent,
10 chenu et impotent, ma mère n'en peut plus, je l'ai pourrie, elle est morte, elle va accoucher par voie de gangrène, papa aussi peut-être est de la fête, je déboucherai vagissant en plein ossuaire, d'ailleurs je ne vagirai point, pas la peine. Que d'histoires je me suis racontées, accroché au moisi, et enflant, enflant. En me disant, ça y est, je la tiens ma légende. [...]
Allons, la vie passe, il faut en profiter. D'ailleurs peu importe que je sois né ou non, que je sois mort ou seulement mourant, je ferai comme j'ai toujours fait, dans l'ignorance de ce que je fais, de qui je suis, d'où je suis, de si je suis. Oui, j'essaierai de faire, pour tenir dans mes bras, une petite créature, à mon image, quoi que je dise. Et la voyant mal venue, ou trop ressemblante, je la mangerai.
20 Puis serai seul un bon moment, malheureux, ne sachant quelle doit être ma prière, ni pour qui.

Malone meurt (Éditions de Minuit).

« *Où maintenant ? Quand maintenant ? Qui maintenant ?* » (*L'Innommable*, 1949-1953) : éternelle question sans réponse que pose le fonctionnement même de la parole, et qui débouche sur un discours sans cesse en train de se faire pour se défaire, comme la vie elle-même, car, comme il est dit à la fin de *L'Innommable*, « il faut continuer, je vais continuer ». BECKETT lui aussi continue, avec par exemple *Comment c'est* (1960). Il continue à fabriquer des personnages lancés à la poursuite de « l'Innommable », poursuite qui, si elle leur confère l'existence littéraire, les soumet à la persécution d'une voix dont ils ne peuvent savoir de qui elle est : cette voix est finalement celle du supplice qu'ils s'infligent à eux-mêmes par le seul fait qu'ils ne sont que des *êtres de parole*. Et peut-être l'œuvre de BECKETT, extrême limite de la « littérature », est-elle celle d'un écrivain qui écrit pour dire, comme ses personnages, qu'au bout du compte il n'y a rien à dire.

LE NOUVEAU ROMAN

Nathalie Sarraute   D'origine russe, lectrice fervente de Dostoïevsky et de Kafka, NATHALIE SARRAUTE (née en 1902) s'orientait dès 1938 vers des voies nouvelles avec un roman dont le titre est significatif : *Tropismes.* Depuis la guerre, elle a publié *Portrait d'un inconnu, Martereau, Le Planétarium* (1959), *Les Fruits d'or* (1963), *Entre la vie et la mort* (1968), des essais sur le roman : *L'Ère du soupçon* (1956), des pièces de théâtre, *Le Silence* et *Le Mensonge* (1967), *Isma* (1970).

Son univers est un microcosme : cercle familial restreint, milieux littéraires fermés (ce qui lui permet une fine satire du snobisme esthétique ou intellectuel). Son domaine est celui des impulsions brusques et fugitives, incontrôlées, des *tropismes*, qui font passer un être, en un instant, de la tendresse à la haine, de l'abattement à l'allégresse. Pas de « héros » en chair et en os (les personnages du *Silence* sont même, pour la plupart, désignés par des numéros), mais de simples supports à l'investigation psychologique ; pas d'action dramatique, un dialogue situé entre conversation et « sous-conversation », au niveau (déjà exploré par la romancière anglaise Ivy Compton-Burnett) où nos paroles et nos silences trahissent nos pensées secrètes.

Sur « l'écran intérieur »

Tante Berthe a parlé imprudemment de céder son appartement, trop grand pour elle, à son neveu Alain Guimiez ; elle est pressée de mettre ce projet à exécution par son frère Pierre (père d'Alain, poussé par sa belle-fille Gisèle), puis par Alain qui est allé jusqu'aux menaces... Elle se plaint à Pierre d'un pareil procédé. La scène dont voici un fragment présente un double intérêt : d'abord nous allons la revoir, telle que Pierre l'a vécue (cf. les notes) ; ensuite elle illustre bien les inquiétudes, les revirements, les petites métamorphoses qui agitent en sourdine un être imaginatif et sensible dans ses rapports avec autrui et avec lui-même. « Tempêtes dans un verre d'eau », dira-t-on avec Pierre ? En fait, la *minutie psychologique* de NATHALIE SARRAUTE nous ouvre des horizons sur l'instabilité du moi et la difficulté de communication entre les consciences.

« C'est grave... Alain a été odieux... ».

Il se rengorge tout à coup. Il a l'air de contempler quelque chose en lui-même qui lui donne ce petit sourire plein d'attendrissement, de contentement... il se renverse en arrière... « Ah, sacré Alain va, qu'est-ce qu'il a encore fait ? »

Elle sait, elle reconnaît aussitôt ce qu'il regarde en lui-même avec ce sourire fat, le film qu'il est en train de projeter pour lui tout seul sur son écran intérieur [1]. Elle l'a vu souvent, autrefois, prenant l'enfant sur ses genoux ou serrant sa petite main tandis qu'ils le promenaient ensemble le dimanche, lui montrer ces images qu'il contemple en ce moment : lui devenu tout vieux, tout chétif
10 et pauvre, debout dans la foule, là, au bord de cette chaussée, serrant contre lui, car il fait froid, son pardessus râpé, et attendant pour voir le beau cavalier (elle sentait à ce moment quelle volupté il éprouvait à voir dans les yeux de l'enfant, sous les larmes de tendresse, de déchirante tristesse, briller des éclairs d'orgueil), le conquérant intrépide, dur et fort, traînant tous les cœurs après soi, qui passe sur son cheval alezan sans le reconnaître, il revient d'une croisade, de longues campagnes victorieuses, il croit avoir perdu, il a peut-être oublié son vieux papa,

---

— 1 Voici le «film» que Pierre refuse de voir : « Il ne verra pas, qu'elle n'y compte pas, son fils dans le banc des accusés parmi de jeunes délinquants, pâles visages de petits vieux vicieux, regards sournois, insensibilité, retard mental, troubles du caractère, signes de dégénérescence accusés... « Vous êtes le père ?... [...]. Il n'a pas envie de s'amuser avec elle à ce nouveau petit jeu, si passionnant, si excitant que ce soit pour elle — il y a là de quoi faire trembler sa voix. ».

mais le pauvre cœur paternel est inondé de joie, de fierté... Voyez-le... Ah, c'est un gars, ça, au moins, ce n'est pas une poule mouillée. C'est un rude gaillard, hein, mon fils ?

Pauvre bougre. Il lui fait de la peine. C'est en s'amusant à prendre ce genre d'attitudes-là, déjà avec leur père autrefois, qu'il a fait de lui-même ce qu'il est : un pauvre homme qui s'est rétréci, qui s'est diminué, qui n'a pas exploité à fond ses possibilités... Elle sent ses forces lui revenir, un salutaire besoin de le secouer... en voilà des attitudes malsaines de faiblesse, d'abandon... il est ridicule... qu'est-ce que c'est que ces conduites de gâteux... un peu de tenue, voyons, un peu de respect de soi, d'autorité... qu'il se souvienne donc un peu de son rôle d'éducateur, de juge... le petit s'est conduit comme un voyou, il a probablement besoin d'être redressé, il n'y a vraiment pas de quoi se vanter... c'est un petit vaurien... « Il est venu me menacer. Il veut me dénoncer au propriétaire. Il va me faire expulser. Mais enfin, est-ce que tu te rends compte ?... »

Son visage devient grave, il a l'air de revenir à lui enfin, il se cale dans son fauteuil, pose ses coudes sur les accoudoirs, joint le bout des doigts de ses deux mains grandes ouvertes, paumes écartées — un geste qu'il fait quand il réfléchit. Il tourne vers elle un regard ferme... « Qu'est-ce que tu racontes ? Qu'est-ce que c'est que cette histoire ? Mais c'est une plaisanterie, voyons... Ça ne tient pas debout... Alain te dénoncer... Alain te faire expulser... Tu connais Alain mieux que moi. Tu sais bien que c'est le garçon le plus franc, le plus délicat... Elle tend son visage vers lui... encore... c'est trop délicieux... Il est très affectueux, tu le sais bien... Et toi, il t'aime beaucoup. C'est sûr, tout le monde le sait, il t'est très attaché... »

Elle n'en demandait pas tant, c'est trop... la vie revient, une vie plus intense, purifiée, une vie riche en biens précieux, en inestimables trésors [2]... les liens du sang, l'amour lentement fortifié par tant de sacrifices, d'abnégation... comment a-t-elle pu s'aveugler au point de ne plus voir — mais elle l'avait entrevu, senti confusément quelque part en elle-même, tout à fait en dessous, et cela dans les moments les plus terribles — que les scènes de ce genre entre eux révélaient, justement, la force indestructible de leurs sentiments, un trop-plein de richesses qu'ils s'amusaient à gaspiller... l'excès même de sécurité leur donnait ce besoin de s'exciter de temps en temps par ces joutes brutales, ces jeux cruels...

Le Planétarium (Librairie Gallimard, éditeur).

Claude Simon   Né en 1913, CLAUDE SIMON partage son temps entre Perpignan et Paris. Cavalier en 39, il est fait prisonnier en mai 40 et s'évade (cf. *La Route des Flandres*). Il publie en 1946 un premier roman, *Le Tricheur*, que suivront *La Corde raide* (1947), *Gulliver* (1952), *Le Sacre du printemps* (1954), *Le Vent, tentative de restitution d'un retable baroque* (1957), *L'Herbe* (1958), *La Route des Flandres* (1960), *Le Palace* (1962), *Histoire* (1967), *La Bataille de Pharsale* (1969).

Claude Simon n'a pas publié d'ouvrage théorique, mais le sens de sa recherche est révélé par les traits dominants et l'évolution de son œuvre. Après Joyce et Faulkner, il s'efforce de rester au plus près du courant de conscience et de ce qu'il appelle lui-même *le foisonnant et rigoureux désordre de la mémoire ;* à cette fin, et pour mettre en valeur certaines images qui semblent l'obséder, il s'inspire de la technique cinématographique et doit inventer des moyens structuraux et stylistiques appropriés. *La Route des Flandres* apparaît sans doute comme son ouvrage le plus accompli, mais, sans craindre les risques,

---

— 2 « Il lui semble qu'il se produit en elle comme une sorte de mue, elle se transforme | entièrement, d'un seul coup, et apparaît, toute pudique, rougissante, avec un regard purifié d'enfant confiant, heureux. Il se sent touché. »

il a poussé plus avant son effort : dans *Histoire*, le récit ne commence ni ne s'achève (cf. Gide, p. 284, *Un roman sans limites*). En voici les premiers mots (sans majuscule) : « l'une d'elles touchait presque la maison » ; ce pronom *elles* désigne d'abord des branches, puis bientôt des femmes, car l'auteur (comme Mallarmé) ne dédaigne pas de tendre des pièges au lecteur inattentif. Quant au style, il paraît se défaire, le « discours » constituant une sorte de phrase ininterrompue qui rebondit sur des reprises de mots, des participes présents et des *comme si*.

LA ROUTE DES FLANDRES

La Route des Flandres présente un petit groupe de cavaliers dans la défaite de mai 40. Une scène, entre autres, revient avec une insistance obsédante, celle de la mort du capitaine de Reixach (il faut prononcer « Reichac »). Un constant va-et-vient dans le temps peut dérouter le lecteur, ainsi que l'usage de procédés cinématographiques tels que le *flash back*, les brusques changements de séquence ou la surimpression (l'auteur évoque lui-même les *truquages de cinéma*). Contre la tradition du récit ordonné, il s'agit de traduire la libre montée des souvenirs qui ne se soucie pas de chronologie et procède par associations ou analogies. La présentation massive (peu d'alinéas), la ponctuation rare concourent au même effet : le flux mental est à la fois continu et apparemment chaotique. L'auteur renonce d'autre part à la fiction du narrateur omniscient : les points de vue se succèdent et parfois s'opposent ; rien n'est imposé au lecteur qui doit être sans cesse attentif, chercher des points de repère et se faire sa propre opinion.

Dans l'extrait que voici (c'est la fin du roman) on remarquera en particulier la soudaine remise en question (l. 37) et la surimpression majeure des deux Reixach, celui de la Révolution et celui de mai 40 : tous deux auraient été trompés par leur femme, l'aïeul se serait tué et la mort au combat du capitaine serait une sorte de suicide ; ainsi le récit cesse d'être anecdotique pour prendre la dimension tragique d'un *éternel retour*.

Sans doute aurait-il [1] préféré ne pas avoir à le faire lui-même [2] espérait-il que l'un d'eux [3] s'en chargerait pour lui, doutait-il encore qu'elle (c'est-à-dire la Raison c'est-à-dire la Vertu c'est-à-dire sa petite pigeonne [4]) lui fût infidèle peut-être fut-ce seulement en arrivant qu'il trouva quelque chose comme une preuve comme par exemple ce palefrenier caché dans le placard, quelque chose qui le décida, lui démontrant de façon irréfutable ce qu'il se refusait à croire ou peut-être ce que son honneur lui interdisait de voir, cela même qui s'étalait devant ses yeux puisque Iglésia lui-même disait qu'il [5] avait toujours fait semblant de ne s'apercevoir de rien racontant
10 la fois où il avait failli les [6] surprendre où frémissante de peur de désir inassouvi elle avait à peine eu le temps de se rajuster dans l'écurie et lui ne lui jetant même pas un coup d'œil allant tout droit vers cette pouliche se baissant pour tâter les jarrets disant seulement Est-ce que tu crois que ce révulsif suffira il me semble que le tendon est encore bien enflé Je pense qu'il faudrait quand même lui faire quelques pointes de feu, et feignant toujours de ne rien voir pensif et futile sur ce cheval [7] tandis qu'il s'avançait à la rencontre de sa mort dont le doigt était déjà posé dirigé sur lui sans doute tandis que je suivais son buste osseux et raide cambré

— 1 L'aïeul de Reixach. — 2 Se tuer. — 3 Les Espagnols contre lesquels il se bat. — 4 A-t-il été cruellement déçu par l'idéologie révolutionnaire ou par sa femme ? — 5 Chan- | gement de séquence : *il* est maintenant le capitaine de Reixach. — 6 Sa femme et l'amant de celle-ci, le jockey Iglésia. — 7 Nouvelle séquence, celle de la mort du capitaine.

sur sa selle tache d'abord pas plus grosse qu'une mouche pour le tireur
à l'affût mince silhouette verticale au-dessus du guidon de l'arme pointée
grandissant au fur et à mesure qu'il se rapprochait l'œil immobile et
attentif de son assassin patient l'index sur la détente voyant pour ainsi
dire l'envers de ce que je pouvais voir ou moi l'envers et lui l'endroit
c'est-à-dire qu'à nous deux moi le suivant et l'autre le regardant s'avancer
nous possédions la totalité de l'énigme (l'assassin sachant ce qui allait
lui arriver et moi sachant ce qui lui était arrivé, c'est-à-dire après et avant,
c'est-à-dire comme les deux moitiés d'une orange partagée et qui se
raccordent parfaitement) au centre de laquelle il se tenait ignorant ou
voulant ignorer ce qui s'était passé [8] comme ce qui allait se passer dans
cette espèce de néant (comme on dit qu'au centre d'un typhon il existe
une zone parfaitement calme) de la connaissance, de point zéro : il lui
aurait fallu une glace à plusieurs faces, alors il aurait pu se voir lui-même,
sa silhouette grandissant jusqu'à ce que le tireur distingue peu à peu les
galons, les boutons de sa tunique les traits mêmes de son visage, le guidon
choisissant maintenant l'endroit le plus favorable sur sa poitrine, le canon
se déplaçant insensiblement, le suivant, l'éclat du soleil sur l'acier noir
à travers l'odorante et printanière haie d'aubépines. Mais l'ai-je vraiment
vu [9] ou cru le voir ou tout simplement imaginé après coup ou encore
rêvé, peut-être dormais-je n'avais-je jamais cessé de dormir les yeux
grands ouverts en plein jour bercé par le martèlement monotone des
sabots des cinq chevaux piétinant leurs ombres ne marchant pas exactement
à la même cadence de sorte que c'était comme un crépitement alternant
se rattrapant se superposant se confondant par moments comme s'il n'y
avait plus qu'un seul cheval, puis se dissociant de nouveau se désagrégeant
recommençant semblait-il à se courir après et cela ainsi de suite, la guerre
pour ainsi dire étale, pour ainsi dire paisible autour de nous, le canon
sporadique frappant dans les vergers déserts avec un bruit sourd monumental et creux comme une porte en train de battre agitée par le vent dans
une maison vide, le paysage tout entier inhabité vide sous le ciel immobile,
le monde arrêté figé s'effritant se dépiautant s'écroulant peu à peu
par morceaux comme une bâtisse abandonnée, inutilisable, livrée à
l'incohérent, nonchalant, impersonnel et destructeur travail du temps.

La Route des Flandres (Éditions de Minuit).

Alain Robbe-Grillet   Adepte de la phénoménologie, ALAIN ROBBE-GRILLET
(né en 1922) se défie de la métaphore qui projette sur
les objets notre affectivité (alors qu'ils *sont là*, tout simplement), des « au-delà »
métaphysiques et de la « tragification » de l'univers. Pour lui, le roman, loin de transmettre un « message », a sa fin en soi ; l'écriture romanesque « est invention, invention
du monde et de l'homme, invention constante et perpétuelle remise en question ».
     Quoiqu'il se défende d'être un théoricien, il a contribué à tracer la voie au « roman
futur » par ses essais critiques, groupés en 1963 sous le titre *Pour un nouveau roman ;* et

—————————
— 8 Cf. l. 9 et 16. — 9 Ici parle le narrateur │ intermittent, Georges, cousin du capitaine et
cavalier dans son escadron.

ses propres œuvres, des *Gommes* à *La Maison de rendez-vous* et au *Projet pour une révolution* à *New York* en passant par *Le Voyeur*, *La Jalousie* (1957), *Dans le labyrinthe* (1959) et les nouvelles d'*Instantanés*, ressemblent à des exercices, presque à des démonstrations.

Objets, « comptages », « mensurations », « repères géométriques » deviennent obsessionnels, tandis qu'un blanc occupe le centre de l'action *(Le Voyeur)* ou se substitue à la conscience du personnage *(La Jalousie)*. L'auteur explore cette zone indécise (hantise, somnambulisme) où l'on ne sait plus si la psychologie est normale ou pathologique ; il ouvre ainsi de riches aperçus au lecteur que ne rebute pas la froideur voulue de sa géométrie mentale.

Très marqué par la technique du cinéma (comme Claude Simon), auteur de « ciné-romans » *(L'année dernière à Marienbad, L'Immortelle)*, Robbe-Grillet a paru chercher un moment dans le septième art son principal mode d'expression.

LA JALOUSIE

La scène se passe dans une plantation de bananiers, quelque part dans un pays tropical. Le titre, *La Jalousie*, comporte un double sens, significatif : un « système de jalousies », ouvertes ou fermées, laisse voir les personnages ou les dérobe à la vue et leur permet à eux-mêmes, ou leur interdit, de voir à l'extérieur ; mais il s'agit conjointement de la jalousie éprouvée par un être. En effet le lecteur ne tarde pas à s'apercevoir que Franck et surtout A... sont épiés par un regard, celui du mari d'A... qui soupçonne sa femme de le tromper avec Franck ; une passion se dissimule donc sous « le débit mesuré, uniforme » qui « ressemble [...] à celui d'un témoignage en justice, ou de la récitation ». Mais, comme la caméra et l'opérateur n'apparaissent pas dans un film, le personnage central (ou le témoin) est ici « gommé », invisible mais intensément présent par ses angoisses, ses obsessions, son imagination. Le récit au présent, ponctué de *maintenant* qui ne constituent pas une chronologie, fait régner une actualité intemporelle, peut-être celle de la hantise, tout en soulignant la distance (cf. les jalousies) que l'auteur prend par rapport à ce qu'il met en scène.

Fort de ses trois ans d'expérience, Franck pense qu'il existe des conducteurs sérieux, même parmi les noirs [1]. A... est aussi de cet avis, bien entendu [2].

Elle s'est abstenue de parler pendant la discussion sur la résistance comparée des machines, mais la question des chauffeurs motive de sa part une intervention assez longue, et catégorique.

Il se peut d'ailleurs qu'elle ait raison. Dans ce cas, Franck devrait avoir raison aussi.

10 Tous les deux parlent maintenant du roman que A... est en train de lire, dont l'action se déroule en Afrique. L'héroïne ne supporte pas le climat tropical (comme Christiane [3]). La chaleur semble même produire chez elle de véritables crises :

« C'est mental, surtout, ces choses-là », dit Franck.

Il fait ensuite une allusion, peu claire pour celui qui n'a même pas feuilleté le livre, à la conduite du mari. Sa phrase se termine par « savoir la prendre » ou « savoir l'apprendre », sans qu'il soit possible de déterminer avec certitude de qui il s'agit, ou de quoi. Franck regarde A..., qui regarde Franck. Elle lui adresse un sourire rapide, vite absorbé par la pénombre. Elle a compris, puisqu'elle connaît l'histoire.

20 Non, ses traits n'ont pas bougé. Leur immobilité n'est pas si récente :

— 1 La conversation porte sur les camions et leurs chauffeurs. — 2 Noter l'insinuation (cf. l. 18-22). — 3 La femme de Franck ; la précision souligne la composition *en abyme* (cf. p. 288).

les lèvres sont restées figées depuis ses dernières paroles. Le sourire fugitif ne devait être qu'un reflet de la lampe, ou l'ombre d'un papillon. Du reste, elle n'était déjà plus tournée vers Franck, à ce moment-là. Elle venait de ramener la tête dans l'axe de la table et regardait droit devant soi, en direction du mur nu, où une tache noirâtre marque l'emplacement du mille-pattes écrasé la semaine dernière, au début du mois, le mois précédent peut-être, ou plus tard [4].

Le visage de Franck, presque à contre-jour, ne livre pas la moindre expression.

Le boy fait son entrée pour ôter les assiettes. A... lui demande, comme d'habitude, de servir le café sur la terrasse.

Là, l'obscurité est totale. Personne ne parle plus. Le bruit des criquets a cessé. On n'entend, çà et là, que le cri menu de quelque carnassier nocturne, le vrombissement subit d'un scarabée, le choc d'une petite tasse en porcelaine que l'on repose sur la table basse.

Franck et A... se sont assis dans leurs deux mêmes fauteuils [5], adossés au mur de bois de la maison. C'est encore le siège à ossature métallique qui est resté inoccupé [6]. La position du quatrième est encore moins justifiée, à présent, la vue sur la vallée n'existant plus.

La Jalousie (Éditions de Minuit).

Dans le labyrinthe

Sous la neige, dans une ville menacée par l'envahisseur après une défaite, un soldat cherche quelqu'un à qui il doit remettre une boîte (à la saison près, l'atmosphère est celle de la défaite de 40 et du début de l'occupation). Cette séquence se répète avec des variantes et alterne avec d'autres scènes et des plans fixes ; dans ce *labyrinthe*, il est difficile de suivre le fil d'une « histoire ». Au début de notre extrait, le soldat, gravement blessé par une patrouille ennemie, s'entretient avec la femme qui l'a recueilli chez elle et le soigne ; il est question de la *boîte* qui depuis le début fascine le lecteur. Nous retiendrons cette indication, que le soldat « était déjà malade, avant sa blessure, qu'il avait de la fièvre et qu'il agissait parfois comme un somnambule. » On peut penser aussi à une nouvelle forme d'unanimisme (cf. p. 432) : le désarroi est en partie celui de la défaite, et le soldat est un soldat, entre tant d'autres, en quelque sorte interchangeables, notamment dans la débâcle. Les dernières pages, comme dans un roman policier, apporteront d'autres éclaircissements, mais hypothétiques et fragmentaires.

« Il [7] m'avait demandé, je suis arrivé, trop tard, quelques minutes. On m'a remis la boîte, de sa part. Ensuite, quelqu'un l'a appelé, au téléphone. C'est moi qui ai répondu. Son père, je crois, pas tout à fait. Ils n'avaient pas le même nom. Je voulais savoir, ce qu'il fallait faire, avec la boîte.

— Et il vous a donné rendez-vous. »

Oui ; l'homme qui téléphonait a fixé la rencontre dans sa propre ville, celle-ci, où le soldat pouvait essayer de se rendre, chacun agissant désormais à sa guise, dans cette armée en déroute. Le lieu du rendez-vous n'était pas le domicile de l'homme, pour des raisons de famille ou quelque chose de ce genre, mais dans la rue, car tous les cafés fermaient l'un après l'autre. Le soldat a trouvé

---

4 La trace et l'incident du mille pattes écrasé (que rien ne permet de dater exactement) vont revenir sans cesse. — 5 Les mêmes fauteuils qu'avant le dîner, pour l'apéritif. — 6 Souffrante Christiane n'a pu venir. — 7 *Il* : Le blessé, mort depuis à l'hôpital, à qui appartenait la boîte.

un camion militaire, transportant de vieux uniformes, qui allait de ce côté-là. Il a dû [1] cependant faire une partie de la route à pied. Il ne connaissait pas la ville. Il a pu se tromper d'endroit. C'était au croisement de deux rues perpendiculaires, près d'un bec de gaz. Il avait mal entendu, ou mal retenu, le nom des rues. Il s'est fié aux indications topographiques, suivant de son mieux l'itinéraire prescrit. Lorsqu'il a cru être arrivé, il a attendu. Le carrefour ressemblait à la description fournie, mais le nom ne correspondait pas à la vague consonance gardée en mémoire. Il a attendu longtemps. Il n'a vu personne.

20　　Il était certain du jour, en tout cas. Quant à l'heure, il n'avait pas de montre. Peut-être est-il arrivé trop tard. Il a cherché dans les environs. Il a encore attendu à un autre croisement identique. Il a erré dans tout le quartier. Il est retourné plusieurs fois à l'endroit primitif, autant du moins qu'il était capable de le reconnaître, ce jour-là et les jours suivants. De toute manière il était alors trop tard [2].

« Quelques minutes seulement. Il venait de mourir, sans qu'on s'en aperçoive. J'étais resté dans un café, avec des sous-officiers, des inconnus. Je ne savais pas. Ils m'ont dit d'attendre un ami, un autre, un conscrit. Il était à Reichenfels [3].

— Qui donc était à Reichenfels ? » demande la femme.

30　　Elle se penche un peu plus vers le lit. Sa voix grave emplit toute la pièce, tandis qu'elle insiste :

« Qui ? Dans quel régiment ?

— Je ne sais pas. Un autre. Il y avait, aussi, le médecin, avec sa bague grise, appuyé au comptoir. Et la femme, celle de l'invalide, qui servait du vin [4].

— Mais de quoi parlez-vous ? »

Son visage est tout contre le sien. Ses yeux pâles sont cernés de noir, encore agrandis par l'écarquillement des paupières.

« Il faut aller chercher la boîte, dit-il. Elle a dû rester à la caserne. Je l'avais oubliée. Elle est sur le lit, derrière le traversin [5]...

40　　— Calmez-vous. Reposez-vous. N'essayez plus de parler. »

Dans le labyrinthe (Éditions de Minuit).

Michel Butor

Pour MICHEL BUTOR (né en 1926), « le roman est le laboratoire du récit », « le domaine phénoménologique par excellence, le lieu par excellence où étudier de quelle façon la réalité nous apparaît ou peut nous apparaître. » On discerne en effet dans son œuvre une recherche toujours renouvelée et approfondie, avec des dominantes comme celle des *séries temporelles superposées*, dont notre extrait de la p. 664 donnera une idée : ces réflexions sur les *séries temporelles* à propos du roman policier éclairent la structure de *L'Emploi du Temps* ; il s'y ajoute, dans *La Modification*, la dimension du rêve.

Michel Butor a écrit des romans : *Passage de Milan* (1954), *L'Emploi du temps* (1956), *La Modification* (1957), *Degrés* (1960), des essais critiques — l'un consacré à Baudelaire (*Histoire extraordinaire*, 1961), les autres groupés dans les quatre séries de *Répertoire* (1960, 1964, 1968, 1974) — et des textes comme *Mobile* (1962), *Description de San Marco* (1964), *6.810.000 litres d'eau par seconde* (1965 ; il s'agit de la cataracte du Niagara) ou la série des *Illustrations* (1964, 1969, 1973, 1976), qui échappent, eux, à toute classification traditionnelle.

— 1 Noter l'ambiguïté : nécessité ou hypothèse ? (cf. l. 13 : « *Il a pu* »...). — 2 Ce *trop tard* obsédant tient du cauchemar. — 3 La bataille perdue. — 4 C'est sans doute la même femme qui est au chevet du soldat. — 5 Nous avons lu un peu plus haut que la boîte est entre les mains de la femme : c'est l'une des nombreuses « menues contradictions » dont parle l'auteur.

LA MODIFICATION

Le héros du récit (désigné par *vous* et non par le traditionnel *il)* se rend de Paris à Rome, par un train de nuit ; il a prétexté un voyage d'affaires mais va en fait rejoindre sa maîtresse et lui annoncer qu'il a trouvé pour elle un emploi à Paris et décidé de rompre son mariage. Tandis que les heures passent et que son train en croise d'autres, tout en observant êtres et choses, dans son compartiment, d'un regard fixe, distrait, il remonte par la pensée le cours du temps (souvenirs de Paris, de Rome, de voyages précédents de Paris à Rome ou de Rome à Paris) ou anticipe sur l'avenir, comme dans l'extrait qu'on va lire. Et voici qu'il sent progressivement s'opérer en lui la *modification* de son dessein : *« il n'est que cinq heures quatorze, et ce qui risque de vous perdre, soudain cette crainte s'impose à vous, ce qui risque de la perdre, cette si belle décision que vous aviez enfin prise, c'est que vous en avez encore pour plus de douze heures à demeurer* [...] *à cette place désormais hantée, à ce pilori de vous-même, douze heures de supplice intérieur avant votre arrivée à Rome. »*

Mardi prochain, lorsque vous trouverez Henriette en train de coudre à vous attendre, vous lui direz avant même qu'elle vous ait demandé quoi que ce soit : « Je t'ai menti, comme tu t'en es bien doutée ; ce n'est pas pour la maison Scabelli que je suis allé à Rome cette fois-ci, et c'est en effet pour cette raison que j'ai pris le train de huit heures dix et non l'autre, le plus rapide, le plus commode, qui n'a pas de troisième classe ; c'est uniquement pour Cécile que je suis allé à Rome cette fois-ci, pour lui prouver que je l'ai choisie définitivement contre toi, pour lui annoncer que j'ai enfin réussi à lui trouver une place à Paris, pour lui demander de venir afin qu'elle soit toujours avec moi, afin qu'elle me donne cette vie extraordinaire que tu n'as pas été capable de m'apporter et que moi non plus je n'ai pas su t'offrir ; je le reconnais, je suis coupable à ton égard, c'est entendu, je suis prêt à accepter, à approuver tous tes reproches, à me charger de toutes les fautes que tu voudras si cela peut t'aider le moins du monde à te consoler, à atténuer le choc, mais il est trop tard maintenant, les jeux sont faits, je n'y puis rien changer, ce voyage a eu lieu, Cécile va venir ; tu sais bien que je ne suis pas une si grande perte, ce n'est pas la peine de fondre en larmes ainsi... »

Mais vous savez bien qu'elle ne pleurera nullement, qu'elle se contentera de vous regarder sans proférer une parole, qu'elle vous laissera discourir sans vous interrompre, que c'est vous, tout seul, par lassitude, qui vous arrêterez, et qu'à ce moment-là vous vous apercevrez que vous êtes dans votre chambre, qu'elle est déjà couchée, qu'elle est en train de coudre, qu'il est tard, que vous êtes fatigué de ce voyage, qu'il pleut sur la place...

Mardi prochain, lorsque vous entrerez dans sa chambre, en effet vous lui raconterez tout ce voyage et vous lui direz : « J'étais allé à Rome pour prouver à Cécile que je la choisissais contre toi, j'y étais allé dans l'intention de lui demander de venir vivre avec moi définitivement à Paris... »

Alors terrorisée s'élève en vous votre propre voix qui se plaint : ah non, cette décision que j'avais eu tant de mal à prendre, il ne faut pas la laisser se défaire ainsi ; ne suis-je donc pas dans ce train, en route vers Cécile merveilleuse ? ma volonté et mon désir étaient si forts... Il faut arrêter mes pensées pour me ressaisir et me reprendre, rejetant toutes ces images qui montent à l'assaut de moi-même.

Mais il n'est plus temps maintenant, leurs chaînes solidement affermies par ce voyage se déroulent avec le sûr mouvement même du train, et malgré tous vos efforts pour vous en dégager, pour tourner votre attention ailleurs, vers cette décision que vous sentez vous échapper, les voici qui vous entraînent dans leurs engrenages.

La Modification, VI (Éditions de Minuit).

« Dans le roman policier... »

Venu travailler en Angleterre, le Français Jacques Revel tient un journal après coup de son séjour à « Bleston ». Il se trouve impliqué dans une mystérieuse affaire : un écrivain connu, George Burton, leur a révélé, à son ami Lucien et à lui-même, qu'il était l'auteur, sous le pseudonyme de J.-C. Hamilton, d'un roman policier, *Le Meurtre de Bleston* ; or Burton est blessé peu après dans un accident suspect ; Revel craint d'avoir alerté, par ses confidences imprudentes, un criminel qui aurait tenté d'écraser Burton, estimant qu'il en savait trop sur son crime impuni. Revel évoque ici une conversation avec Burton, quand les deux amis n'osaient l'interroger ouvertement, tout en devinant en lui J.-C. Hamilton.

Ainsi nous nous taisions tous deux dans un massif silence que n'entamaient point nos quelques paroles, l'écoutant nous faire remarquer que, dans le roman policier, le récit est fait à contre-courant, puisqu'il commence par le crime, aboutissement de tous les drames que le détective doit retrouver peu à peu, ce qui est à bien des égards plus naturel que de raconter sans jamais revenir en arrière, d'abord le premier jour de l'histoire, puis le second, et seulement après les jours suivants dans l'ordre du calendrier comme je faisais moi-même en ce temps-là pour mes aventures d'octobre, dans le roman policier le récit explore peu à peu des événements antérieurs à celui par lequel il commence, ce qui peut
10 déconcerter certains, mais qui est tout à fait naturel, puisque, dans la réalité, c'est évidemment seulement après l'avoir rencontré que nous nous intéressons à ce qu'a fait quelqu'un, puisque dans la réalité, trop souvent, c'est seulement lorsque l'explosion du malheur est venue troubler notre vie que, réveillés, nous recherchons ses origines.

[« *Plus exactement* [le roman policier] *superpose deux séries temporelles : les jours de l'enquête qui commencent au crime, et les jours du drame qui mènent à lui* »].

Ainsi moi-même, c'est tout en notant ce qui m'apparaissait essentiel dans les semaines précédentes, et tout en continuant à raconter l'automne, que je suis parvenu jusqu'à ce deuxième dimanche du mois de mai où il nous faisait remarquer que les choses se compliquent bien souvent, le détective fréquemment étant appelé par la victime pour qu'il la protège de l'assassinat qu'elle craint,
20 les jours de l'enquête commençant ainsi avant même le crime, à partir de l'ombre et de l'angoisse qu'il répand au-devant de lui, l'ultime précipitation, les jours du drame pouvant se poursuivre après lui jusqu'à d'autres crimes qui en sont comme le monnayage, l'écho ou le soulignement, et qu'ainsi tout événement appartenant à la série de l'enquête peut apparaître dans la perspective inversée d'un moment ultérieur comme s'intégrant à l'autre série, toutes constatations qui préparaient ce qu'il désirait nous dire le dimanche suivant, et dont je n'ai pu comprendre la véritable portée qu'à travers cette autre conversation.

L'Emploi du temps (Librairie Gallimard, éditeur).

CRITIQUES ET ESSAYISTES

LA CRITIQUE UNIVERSITAIRE

Comme cela s'était produit aux alentours de 1825 avec Villemain, Victor Cousin et le groupe du *Globe*, la critique universitaire, qui n'avait dès lors cessé d'affirmer son rôle, brilla d'un éclat particulier à la charnière du XIXe et du XXe siècle. Entre 1890 et 1914, en effet, les grands noms de la critique sont ceux de professeurs : BRUNE-TIÈRE, LEMAITRE, FAGUET, LANSON. Mais la place éminente que ceux-ci occupent ne doit pas faire oublier les travaux ou les *théories* d'une équipe beaucoup plus large où comptent, par exemple, Gustave Larroumet (1852-1903), Abel Lefranc (1863-1952), Victor Giraud (1868-1953) et surtout les *médiévistes* Gaston Paris (1839-1903) et Joseph Bédier (1864-1938).

Le *dogmatique* Désiré Nisard (1806-1888) ayant été le dernier des critiques universitaires à énoncer dans son *Histoire de la Littérature française* (1844-1861) de simples jugements esthétiques ou moraux au nom d'un idéal classique intangible, on voit désormais triompher sans conteste le mode *d'investigation psychologique et documentaire* proposé par Sainte-Beuve, l'habitude des *vues généralisatrices* introduite par Taine et la leçon de *relativisme historique* donnée par Renan (cf. *XIXe Siècle*, p. 385-404).

Si la critique, « conscience de la littérature », continue par destination à *choisir, juger, classer* selon certains critères tantôt déterminés, tantôt instinctifs et gratuits (comme c'est le cas pour Jules Lemaitre), elle combine son magistère avec le soin *d'expliquer* ou *d'éclairer* la naissance des œuvres, ce qui suppose l'édification d'une *science* aussi rigoureuse que la science historique : *l'histoire littéraire.*

Elle n'en reste pas moins au contact de la vie intellectuelle de l'époque et son orientation est parfois commandée par certaines *conceptions scientifiques ou philosophiques ;* enfin, par le choix personnel de ceux qui la pratiquent, elle reflète en quelque mesure les options *morales, religieuses* et même *politiques* qui partagent la vie nationale.

Ferdinand **Brunetière** *(1849-1907)*

Esprit impérieux et plein de rigueur, âme progressivement inclinée aux aspirations spirituelles comme le prouve son adhésion tardive au christianisme, orateur et écrivain caractérisé par une *argumentation solide, liée et insistante*, BRUNETIÈRE eut autant d'action par ses cours à l'École Normale et à la Sorbonne (à partir de 1886) que par ses articles à la *Revue des Deux Mondes* dont il devint directeur en 1893. De son œuvre, il faut retenir surtout l'étude sur *Le Roman Naturaliste* (1883) et des ensembles qui se présentent essentiellement sous forme de leçons : *Les Époques du Théâtre français* (1892), *Évolution de la Poésie Lyrique au XIXe Siècle* (1894), et les neuf séries *d'Études Critiques* (1880-1925).

« LE NATURALISME DES CLASSIQUES ». Contre le naturalisme de Zola et de ses disciples auxquels il reproche leur prétention scientifique entachée de *matérialisme,* leur indifférence d'expérimentateurs pour les *valeurs morales* et leur négligence de la « beauté »; contre toutes les conséquences de la poésie baudelairienne qu'il *méconnaît* ou *condamne ;* enfin contre la *gratuité* de ce qu'il englobe sous l'étiquette péjorative à ses yeux *d'art pour l'art*, il exalte constamment, même lorsqu'il parle des grands romantiques chez qui il en retrouve la permanence, le « naturalisme des classiques » soucieux de *vérité humaine générale* et *d'utilité morale.* C'est sur ce point surtout qu'il insiste : « *Il est une position, Messieurs, que je n'abandonnerai pas, et, sans jamais identifier ni confondre l'art avec la morale, je n'admettrai jamais, je parlerai toujours comme si je n'admettais pas qu'on les sépare entièrement l'un de l'autre* » (Évolution de la Poésie Lyrique, 1ᵉ Leçon). Telle est la position qu'il a soutenue dans *La Science et la Religion* (1897) et dans *L'Art et la Morale* (1898).

L'ÉVOLUTION DES GENRES. Mais Brunetière est surtout célèbre par sa théorie de l'évolution des genres, qu'il a successivement illustrée par l'exemple du théâtre français entre 1636 et 1850 et par celui de la poésie lyrique qui, d'après lui, ne survivrait au XVIIᵉ siècle que dans le « lyrisme » de Bossuet avant de renaître au XIXᵉ sous l'influence de la prose nombreuse et passionnée de J.J. Rousseau, Bernardin de Saint-Pierre et Chateaubriand. Pour Brunetière, largement tributaire de la pensée de Darwin, Spencer, Haeckel, les genres littéraires sont en effet des « espèces » soumises à toutes les actions de la vie :

« *Comment naissent les genres, à la faveur de quelles circonstances de temps ou de milieu ; comment ils se distinguent et comment ils se différencient ; comment ils se développent — à la façon d'un être vivant, — et comment ils s'organisent, éliminant, écartant tout ce qui peut leur nuire, et, au contraire, s'adaptant ou assimilant tout ce qui peut les servir, les nourrir, les aider à grandir ; comment ils meurent, par quel appauvrissement ou quelle désagrégation d'eux-mêmes, et de quelle transformation ou de quelle genèse d'un genre nouveau leurs débris deviennent les éléments, telles sont, Messieurs, les questions que se propose de traiter la méthode évolutive.* » (Évolution de la Poésie Lyrique. I).

Jules Lemaitre *(1853-1914)* Universitaire de formation et de métier jusqu'en 1884, auteur d'une thèse sur *La Comédie après Molière et le Théâtre de Dancourt* (1882), JULES LEMAITRE, en dépit de ses larges connaissances et de sa profonde et sérieuse culture, forme une parfaite antithèse avec Brunetière : d'abord, poète, conteur, auteur de théâtre, il fut un « homme de lettres » fêté par le public ; ensuite, ayant pris activement parti lors de l'Affaire Dreyfus, ses convictions nationalistes et anti-républicaines inclinèrent dès lors ses jugements vers la sévérité passionnée *(J.J. Rousseau,* 1907) ou l'exaltation « sympathique » *(Jean Racine,* 1908) ; plus encore, enfin, sa conception de la critique est à l'opposé de toute *théorie,* de toute *généralisation,* et de tout *esprit didactique.*

Plus savant et mieux informé qu'Anatole France (cf. p. 87) qui présente la même attitude dans le camp des purs littérateurs, il se réclame comme lui de l'esprit de « dilettantisme » opposé, vers 1890, aux affirmations et aux prétentions de *l'esprit scientiste.* Il a peu fait de déclarations de principes mais s'est contenté de reprendre aux *Pensées de Joseph Delorme* (cf. *XIXᵉ Siècle,* p. 258) une définition de l'esprit critique qui est « de sa nature, facile, insinuant, mobile, compréhensif ; c'est une grande et limpide rivière qui serpente et se déroule autour des œuvres.» Il a donc surtout retenu de Sainte-Beuve la curiosité infinie, le goût de l'anecdote, l'aptitude à tout pénétrer et à tout accepter, pourvu que « l'art de jouir des livres » y trouve son compte.

L'essentiel de son œuvre le prouve : recueils d'articles bien enlevés, les sept volumes des *Contemporains* (1885-1899) et les dix volumes d'*Impressions de Théâtre* (1888-1898) qu'il a publiés de son vivant et qui ont été complétés après sa mort, n'offrent en effet que des « impressions sincères notées avec soin ». Jules Lemaitre y marque sans doute une préférence évidente pour l'ordre, la clarté, et le goût du « génie français » lorsqu'il juge des grandes œuvres de notre littérature ; mais partout ailleurs, *devant les ouvrages extrêmement divers de l'actualité,* il se borne à réagir tantôt avec plaisir tantôt avec humeur, non sans multiplier les *vues ingénieuses,* les *rapprochements utiles* et les *formules frappantes.* Quant aux deux célèbres séries *En Marge des Vieux Livres* (1905 et 1907), elles représentent un véritable jeu de lettré plus occupé à *rêver* et à *imaginer* à propos de belles œuvres qu'à les juger en elles-mêmes.

En définitive, Jules Lemaitre, offre l'exemple très significatif d'une *critique subjective* soutenue par *une science certaine*, même si celle-ci se dissimule ; il invite à lire et à relire « pour le plaisir » ; enfin, *du point de vue documentaire*, ses ouvrages constituent une très vaste « revue des livres » et une très abordable « chronique dramatique » de son temps.

Émile Faguet
(1847-1916)

Moins artiste et moins bon écrivain que Lemaitre, resté fidèle à sa chaire de Sorbonne tout en collaborant au *Journal des Débats* et à la *Revue des Deux Mondes*, ÉMILE FAGUET illustre bien la critique non seulement universitaire mais, mieux encore, « *professorale* ». Son œuvre, très abondante, déborde les cadres de la littérature française : *(En lisant Nietzsche, Pour qu'on lise Platon)* et même la littérature tout court : *(Problèmes politiques du temps présent*, 1901 ; *Le Libéralisme*, 1902 ; *L'Anticléricalisme*, 1906 ; *Le Pacifisme*, 1908). Sans être aussi militant que Jules Lemaitre, Faguet défend en effet, lui aussi, la tradition et les valeurs françaises. Voilà pourquoi, lorsqu'il étudie notre littérature, mis à part *Politiques et Moralistes du XIXe Siècle* (1891-1900), il partage son intérêt entre les auteurs du XVIIe siècle pour les exalter et ceux du XVIIIe pour les condamner, *parfois violemment :* ainsi, à propos de l'événement national et républicain que fut, en 1912, la célébration du deuxième centenaire de Rousseau, il n'écrit pas moins de cinq volumes sur cet auteur, tous sévères et parfois injustes.

Sa méthode est celle de *l'exposé*, sur un plan toujours identique, comme il apparaît dans les quatre volumes où il présente chacun des *Siècles* de la littérature française. A propos de chaque auteur, étudiant tour à tour sa vie, sa pensée, ses conceptions littéraires et l'art personnel qui les illustre, il se borne aux « caractères saillants » qui tiennent chez lui, avec moins de rigueur déductive, la place de la « faculté maîtresse » chère à Taine (cf. *XIXe Siècle*, p. 399). On en tire des vues claires et utiles à condition de se méfier *des jugements exagérés* que propose *Le Dix-huitième Siècle* (1890).

Gustave Lanson
(1857-1934)

Le rôle capital de LANSON est d'avoir défini avec précision et imposé par son exemple *les règles de l'histoire littéraire*, déjà pressenties par Brunetière mais non encore codifiées ; il n'en réserve pas moins *tous les droits de la critique*.

UN GRAND PROFESSEUR. Né à Orléans, entré à l'École Normale en 1876, Lanson enseigna d'abord comme agrégé dans les Lycées, jusqu'en 1894. Son enseignement très dévoué s'accompagnait déjà de travaux personnels considérables : une thèse sur *Nivelle de La Chaussée et la Comédie larmoyante* (1887), mais surtout la fameuse *Histoire de la Littérature française* (1894) qui, à l'âge de trente-sept ans, l'avait amené à connaître et à juger l'ensemble de notre patrimoine littéraire. Suppléant de Brunetière à l'École Normale dès cette date, puis professeur en Sorbonne, il termina sa carrière, en 1927, comme Directeur de l'École Normale. Entre temps, plusieurs missions d'enseignement aux États-Unis avaient fait de lui un ambassadeur de l'Université française.

Ses goûts, mais aussi la spécialisation des deux grandes chaires qu'il occupa (Éloquence française et Histoire littéraire du XVIIIe Siècle français) le conduisirent à étudier plus particulièrement les prosateurs et les philosophes et à faire une grande part au mouvement des idées ; il n'en aborda pas moins d'autres genres avec autant de sûreté *(Esquisse d'une Histoire de la Tragédie française*, 1920). Outre ses cours publiés et de nombreux articles de Revues, il demeure de lui toute une série d'études ramassées et fortes sur *Bossuet* (1890), *Boileau* (1893), *Corneille* (1896), *Voltaire* (1906) et, plus tard, sur *Les Essais de Montaigne* (1930) et sur *Vauvenargues* (1930). Complétée par la délicate et très utile étude sur *L'Art de la Prose* (1908), l'œuvre imprimée de Lanson le cède cependant en importance réelle à l'action exercée par son enseignement direct et par la direction d'innombrables travaux de recherche : c'est en effet par la pratique qu'il imposa sa fameuse méthode.

LA MÉTHODE LANSONIENNE. Cette méthode personnelle qui, avec le temps, allait devenir l'unique « méthode » des études littéraires, est inspirée par « le goût du vrai » que Lanson possédait avant tout. Elle vise essentiellement à faire reposer le jugement critique sur des « faits » aussi objectifs que ceux de l'histoire ; elle invite donc à rassembler au départ des éléments matériellement indiscutables (sous réserve de découvertes ultérieures) et constituant un acquis commun à tous les chercheurs.

Il l'a lui-même décrite dans ses étapes nécessaires en traçant un programme de travail à ses élèves : « *Constituer une bibliographie, chercher une date, confronter les éditions, tirer parti d'un chef-d'œuvre, trouver une source, débrouiller les origines d'un mouvement, séparer les éléments d'une forme hybride...* ». Dans cet ensemble de recherches il insista principalement 1°) sur la *bibliographie* destinée à rassembler tous les *textes connus* d'une œuvre ou d'un auteur donné et tous les *travaux antérieurs* les concernant ; 2°) sur l'étude des *sources* possibles qui seule permet d'éclairer complètement la genèse d'une œuvre et d'isoler sa part *d'originalité réelle ;* 3°) sur l'étude des *manuscrits* conservés puis des *états successifs* d'un texte selon les éditions, sûr moyen de découvrir le cheminement d'une pensée ou de pénétrer le secret d'un style. De là, dans l'œuvre de Lanson, le monumental et durable *Manuel bibliographique de la Littérature française moderne* (1909-1914) qui, pour une période débutant au XVIe siècle, rassemble 25.000 références ; de là aussi la présence *d'éditions historiques et critiques* (*Les Lettres Philosophiques,* 1909 ; *Les Méditations,* 1919) dont il a établi les règles et donné l'exemple.

LE LANSONISME. Responsable d'un enseignement destiné à doter de bases solides les études littéraires, Lanson insistait en Sorbonne sur des questions de méthode et faisait participer ses élèves à ses travaux sévères. Il fut donc facile, à l'époque, de déformer ses intentions et de parler de « germanisation des études » au détriment de la tradition française reposant sur le goût et l'exercice du jugement : dès avant 1914 une campagne s'éleva contre le « lansonisme », menée fougueusement par Péguy (cf. p. 141) et ironiquement par Agathon-Massis (cf. p. 296, note 2).

Par la suite, trop de travaux inspirés par la méthode désormais acquise, eurent le tort de mettre l'accent sur l'appareil critique et de considérer comme une fin en soi la recherche érudite ; l'étude des *sources* et des *influences* surtout y prévalut sur la pénétration sensible de l'œuvre : armés de leurs « fiches », certains « lansoniens », méconnaissant l'esprit du maître et de sa méthode, semblèrent confirmer outrageusement la prévision hasardée de Renan : « *L'étude de l'histoire littéraire est destinée à remplacer en grande partie la lecture directe des œuvres de l'esprit humain* ». Or, Lanson s'était élevé dès 1894 contre une telle vue. Pour lui, l'histoire littéraire n'est destinée qu'à rendre solides et bien reconnues les bases du jugement critique : il donne, en définitive, le pas à « l'intuition personnelle » qui, en toute connaissance de cause, doit s'appliquer à l'œuvre elle-même.

« La littérature n'est pas objet de savoir »

Cette page, où LANSON définit clairement son idéal, est remarquable non seulement par la netteté du point de vue mais aussi par l'aisance du style qui, en dépit de sa simplicité et de sa discrétion, révèle une grande *ferveur*. La réaction que Lanson lui-même aurait manifestée contre ses disciples indiscrets se devine dans le dernier paragraphe.

On ne comprendrait pas que l'histoire de l'art dispensât de regarder les tableaux et les statues. Pour la littérature comme pour l'art, on ne peut éliminer l'œuvre, dépositaire et révélatrice de l'individualité. Si la lecture des textes originaux n'est pas l'illustration perpétuelle et le but dernier de l'histoire littéraire, celle-ci ne procure plus qu'une connaissance stérile et sans valeur.

Sous prétexte de progrès, l'on nous ramène aux pires insuffisances de la science du Moyen Age, quand on ne connaissait plus que les sommes et les manuels. Aller au texte, rejeter la glose et le commentaire, voilà, ne l'oublions pas, par où la Renaissance fut excellente et efficace.

L'étude de la littérature ne saurait se passer aujourd'hui d'érudition : un certain nombre de connaissances exactes, positives, sont nécessaires pour asseoir et guider nos jugements. D'autre part, rien n'est plus légitime que toutes les tentatives qui ont pour objet, par l'application des méthodes scientifiques, de lier nos idées, nos impressions particulières, et de représenter synthétiquement la marche, les accroissements, les transformations de la littérature. Mais il ne faut pas perdre de vue deux choses : l'histoire littéraire a pour objet la description des individualités ; elle a pour base des intuitions individuelles. Il s'agit d'atteindre non pas une espèce, mais Corneille, mais Hugo : et on les atteint, non pas par des expériences ou des procédés que chacun peut répéter et qui fournissent à tous des résultats invariables, mais par l'application de facultés qui, variables d'homme à homme, fournissent des résultats nécessairement relatifs et incertains. Ni l'objet, ni les moyens de la connaissance littéraire ne sont, dans la rigueur du mot, scientifiques.

En littérature, comme en art, on ne peut perdre de vue les œuvres, infiniment et indéfiniment réceptives et dont jamais personne ne peut affirmer avoir épuisé le contenu et fixé la formule. C'est dire que la littérature n'est pas objet de savoir : elle est exercice, goût, plaisir. On ne la *sait* pas, on ne l'*apprend* pas : on la pratique, on la cultive, on l'aime. Le mot le plus vrai qu'on ait dit sur elle, est celui de Descartes : la lecture des bons livres est comme une conversation qu'on aurait avec les plus honnêtes gens des siècles passés, et une conversation où ils ne nous livreraient que le meilleur de leurs pensées.

Les mathématiciens comme j'en connais, que les lettres amusent, et qui vont au théâtre ou prennent un livre pour se récréer, sont plus dans le vrai que ces littérateurs comme j'en connais aussi, qui ne *lisent* pas mais *dépouillent*, et croient faire assez de convertir en *fiches* tout l'imprimé dont ils s'emparent. La littérature est destinée à nous fournir un plaisir, mais un plaisir intellectuel, attaché au jeu de nos facultés intellectuelles, et dont ces facultés sortent fortifiées, assouplies, enrichies. Et ainsi la littérature est un instrument de culture intérieure : voilà son véritable office.

Avant-Propos de l'*Histoire de la Littérature Française* (Hachette, éditeur).

Contemporains ou presque de Lanson, comptent aussi des critiques universitaires comme André Le Breton, Fortunat Strowski, Gustave Michaut, Fernand Baldensperger. De même origine, René Doumic, successeur de Brunetière à la *Revue des Deux Mondes*, Louis Gillet, André Bellessort ont cependant produit l'essentiel de leur œuvre en marge de l'Université.

La lignée des vrais disciples de Lanson commence avec DANIEL MORNET (1879-1954), spécialiste du XVIIIe siècle, et PAUL HAZARD (1868-1944) qui, ayant (après Baldensperger) contribué à établir la discipline distincte de la *littérature comparée*, a laissé deux ouvrages d'une rare ampleur : *La Crise de la Conscience Européenne* (1685-1715) et *La Pensée Européenne au XVIIIe Siècle*.

Parmi les critiques qui se sont attachés à éclairer la signification de *l'hellénisme* pour l'homme moderne, MARIO MEUNIER (1882-1960) occupe, avec Victor Bérard et Paul Mazon, le premier rang comme traducteur des grands classiques grecs ; il s'est fait aussi, dans ses essais, le fidèle interprète de la spiritualité hellénique. De son côté, un autre helléniste, FERNAND ROBERT, a consacré une belle étude à la défense de *l'humanisme*.

ÉLARGISSEMENT DE LA CRITIQUE

La N.R.F.
au carrefour
En février 1909, paraissait le premier numéro de la *Nouvelle Revue Française*. Plus qu'une revue, la N.R.F. allait être le centre d'une prestigieuse *diffusion* d'œuvres contemporaines à laquelle presque tous les grands écrivains apportèrent leur nom. Dirigée d'abord par ANDRÉ GIDE, JACQUES COPEAU et JEAN SCHLUMBERGER, puis par JACQUES RIVIÈRE et, après 1925, par JEAN PAULHAN, elle devait marquer aussi une *orientation nouvelle* de la *critique* et même du *goût* français, qu'elle élargit et entraîna vers de vastes horizons, en l'ouvrant aux *littératures étrangères* (Dostoïevsky, Rilke, Pirandello) comme aux grands *problèmes* de la pensée, de l'art et de la psychologie. Dans le domaine de la critique, des livres tels qu'*Incidences* d'André Gide, ou *Variété* de Paul Valéry marqueront l'épanouissement de cet humanisme nouveau dont témoigneront aussi, à leur date, JEAN PAULHAN *(Petite Préface à toute critique)* comme EMMANUEL CIORAN, né Roumain et devenu un brillant essayiste français *(Syllogismes de l'amertume*, 1952 ; *La Tentation d'exister*, 1956).

Créées en 1922, *Les Nouvelles Littéraires* ont contribué, elles aussi, à répandre la littérature vivante, grâce aux enquêtes de FRÉDÉRIC LEFÈVRE *(Une heure avec...)*, prélude aux entretiens radiophoniques d'aujourd'hui.

Albert Thibaudet
La personnalité d'ALBERT THIBAUDET (1874-1936) est très significative de l'heureuse synthèse recherchée par la N.R.F. où il tint rubrique durant vingt années. Une documentation riche, « omnisciente », disait Paul Valéry, ne brise pas chez lui l'élan d'une réaction vigoureuse et sensible ; ainsi la critique d'Albert Thibaudet ne sépare jamais *l'information* de *l'intuition*, ni *l'histoire* de *la vie*. Sans dogmatisme, dans un esprit de curiosité libérale et un peu gourmande, ce Bourguignon sut parler de *Thucydide* (1922) comme de *Flaubert* (1922), de *Paul Valéry* (1924) ou de *Stendhal* (1931) aussi bien que de Barrès, de Maurras ou de Bergson. Des volumes tels que *Trente ans de vie française* (1920-1923), *Physiologie de la Critique* (1930) et ses *Réflexions* (sur la Critique, sur la Littérature, sur le Roman) ouvrent d'intéressantes perspectives. Son *Histoire de la littérature française de 1789 à nos jours* (posthume, 1936) abonde en vues pénétrantes : il y dégage les grands *courants*, les *thèmes* caractéristiques d'une époque, et les générations d'écrivains qu'il appelle des « *volées* ». Ainsi, aux données de l'histoire littéraire, Albert Thibaudet adjoint le goût d'une *critique constructive ;* en bon maître, il a beaucoup apporté et beaucoup suggéré ; entre autres mérites, il a su voir de quelle importance pour l'avènement d'une critique nouvelle devait être le *bergsonisme*, qui allait former les esprits « à substituer sur toute la ligne les valeurs de mouvement aux valeurs statiques ».

POUR OU CONTRE BERGSON : BENDA ET DU BOS

Julien Benda
JULIEN BENDA (1867-1955) s'est surtout fait connaître par *La Trahison des Clercs* (1927) où il prenait violemment à partie les intellectuels qui, selon lui, se commettent dans les débats de la vie politique. Romancier un peu oublié déjà, il a joué, comme *critique*, un rôle important en prenant position, jusqu'au pamphlet, contre Bergson et Péguy, puis Gide, Proust et Claudel. A ses yeux, la critique fait fausse route en cherchant l'émotion, l'ineffable ; elle doit rester *rationnelle* et servir avec vigilance la cause de l'esprit.

De *Belphégor* (1918) à *La France Byzantine* (1945) et malgré les bouleversements de tout ordre qui ont renouvelé l'exégèse des textes, il n'a pas changé d'attitude : très informé de la littérature du XVIIᵉ siècle, il reste réservé envers tout ce qui lui semble comporter des éléments de séduction irréductibles aux seuls critères de l'*intelligence*. Notons que cet ostracisme condamnerait sans appel des essayistes comme ANDRÉ SUARÈS (1868-1948) qui laisse pourtant quelques pages émues et attachantes (*Le Voyage du Condottiere*).

Contre la critique pathétique

A une critique intuitive et subjective des œuvres littéraires, qu'il appelle la « *critique pathétique* », JULIEN BENDA oppose les droits d'une analyse et d'un jugement *objectifs*. Il affirme que l'impression ne doit pas se substituer à l'étude des éléments intrinsèques. Il insiste enfin sur l'examen des œuvres en elles-mêmes et pour elles-mêmes, par-delà les données biographiques ou sentimentales.

On ne saurait trop dénoncer cette volonté de nos contemporains de considérer les œuvres *par rapport à la personne de leurs auteurs*, jamais en elles-mêmes. C'est une des meilleures preuves de leur application à éprouver de l'émoi par les produits de l'esprit, à éviter tout état intellectuel. Rencontrent-ils, par exemple, cette pensée : « Une femme oublie d'un homme qu'elle n'aime plus jusqu'aux faveurs qu'il a reçues d'elle » ? Croyez-vous qu'ils vont s'appliquer à goûter la valeur de la remarque, en discuter la portée, admirer le bien-venu de l'expression ? Nullement ; ils vont chercher quelles circonstances de la vie de La Bruyère ont pu lui suggérer ce mot, s'il a aimé, s'il a été quitté, s'il a souffert... Mais où cette volonté est le plus symbolique, c'est quand il s'agit d'ouvrages nettement porteurs d'idées et qui vivent en tant que tels, d'un Montesquieu, d'un Guizot, d'un Auguste Comte. N'allez pas leur parler de ces idées pour elles-mêmes, de leur action dans le monde en tant qu'idées et détachées de leur auteur, leur montrer par quelles transformations c'est encore elles qui nous nourrissent aujourd'hui. Tout cela leur semble oiseux. Mais contez-leur que Rousseau découvrit sa doctrine de la bonté naturelle de l'homme sur la route de Vincennes en allant voir Diderot, et dans un tel émoi qu'il n'en respirait plus, ou que telle vue d'Auguste Comte qui a bouleversé la philosophie est due à ses rapports avec Clotilde de Vaux, voilà la vraie critique et qu'ils acclament.

Belphégor (Émile-Paul, éditeur).

Charles du Bos
(1882-1939)

CHARLES DU BOS est né à Paris d'une mère anglaise, et un long séjour à Oxford, vers sa vingtième année, affirma sa double appartenance ; mais l'Italie et l'Allemagne l'attirèrent aussi son goût pour la peinture l'a souvent retenu à Florence. Dans le *Journal* qu'il entreprit en 1908, on peut suivre le cheminement de sa quête spirituelle. « L'invisible, écrivait-il, est à proprement parler mon élément ». Toute son attitude critique s'explique par là ; dans les sept volumes de ses *Approximations* (1922-1937), Charles du Bos a toujours considéré les données historiques ou biographiques comme une simple préparation à ce qui doit rester une « découverte » du texte. Lui qui aimait à citer le mot de Tourguéniev : « l'âme d'autrui est une forêt obscure », a constamment tenté d'approcher le plus près possible du *mystère* de la création littéraire, par les moyens de l'*intuition* et de la *sympathie ;* car c'est ainsi, dit Bergson dont il avait adopté la formule, « qu'on se transporte à l'intérieur d'un objet pour coïncider avec ce qu'il a d'unique et par conséquent d'inexprimable » *(La Pensée et le Mouvant)*.

Ainsi Charles du Bos ne saurait avoir aucun esprit de système ; il tente de trouver en chacun des auteurs dont il parle ce par quoi il est lui-même, « la voie de la critique idéale étant la voie même de la production, mais parcourue en sens inverse, le critique ayant pour point de départ le point d'arrivée du créateur et pour point d'arrivée son point de départ » *(Journal*, novembre 1917).

LE GÉNIE DE STENDHAL

Ces réflexions sur Stendhal romancier sont très caractéristiques des « *approximations* » de CHARLES DU BOS. Il ne lui suffit pas en effet, lorsqu'il étudie une œuvre, de l'examiner en restant, pour ainsi dire, à sa périphérie ; c'est *au cœur même de la création littéraire* qu'il tente de parvenir.

Les ressources de génie de Stendhal sont telles qu'il peut multiplier indéfiniment les scènes entre Julien et Mathilde sans que nous ayons jamais l'impression non seulement d'une redite, mais même d'une monotonie. Chaque scène a une présence si impérieuse qu'il semble toujours qu'elle soit la première. Lorsque certains romanciers mettent deux protagonistes l'un en face de l'autre, on devine que ce contact est le résultat d'intentions à très longue portée, que la rencontre doit se produire juste à ce moment-là et que peut-être elle ne se reproduira plus dans tout le cours du roman : la scène relève d'un art sévèrement architectural, elle est une des clefs de
10 voûte d'un monument littéraire accompli. Rien de semblable chez Stendhal. Il prend plaisir à confronter sans cesse ses héros comme on rapproche deux silex pour voir quelles étincelles en jailliront. Il y a chez Stendhal un abandon, une improvisation, une invention perpétuels. Si la plupart des lecteurs sentent moins cet abandon dans *Le Rouge et le Noir* que dans *La Chartreuse de Parme*, c'est qu'ils transportent au livre même la tension de son héros. Même si Stendhal a une idée, une ligne qu'il s'est tracée d'avance pour le caractère de ses personnages ou la portée générale de son roman, son génie qui éclate de toutes parts brise sa propre cosse et rompt sur mille points toutes les digues qu'il aurait voulu s'imposer. C'est ainsi que le
20 caractère de Julien déborde à tout instant non seulement l'idée qu'on s'en fait, mais l'idée que Stendhal lui-même voudrait s'en faire et voudrait qu'on s'en fît. Les romans de Stendhal ne sont nullement, quoi qu'on en pense, des livres dominés : ce qui fait naître cette impression, c'est son don exceptionnel du raccourci. L'emploi du raccourci en art éveille involontairement dans notre esprit l'idée d'un génie qui se domine : ce n'est pas toujours vrai, et Stendhal est le meilleur exemple du contraire.

Approximations II (Corrêa, éditeur).

Alain (1868-1951) Le philosophe ALAIN, maître de tant d'esprits brillants, est né à Mortagne sous le nom d'Émile CHARTIER. Lors de son entrée à l'École Normale Supérieure, « les dieux du jour, dit André Maurois qui fut son élève, étaient Taine, Renan, Sainte-Beuve. Alain tapait à tour de bras sur ceux qu'il appelait alors : ces trois bedeaux de littérature ». Il entendait faire lui-même ses choix sans se limiter à ceux de l'époque. Sa carrière de professeur à Rouen, puis en Khâgne, à Paris, se doubla d'une activité de journaliste et d'essayiste qui prit, à partir de 1907, la forme de *Propos* quotidiens, réunis en nombreux volumes (Propos sur le *Bonheur*, sur l'*Éducation*, la *Littérature*, etc.). Le conflit de 1914, où il s'engagea à quarante-six ans, lui inspira *Mars ou la guerre jugée* (1921).

Méfiante envers les pouvoirs et résolument ennemie des systèmes, la pensée d'Alain veut d'abord être claire, proche des réalités, des notions et des valeurs contrôlables. *Rationaliste*, il dégage du dogme et de la liturgie le *symbole* et en tire volontiers une leçon de *sagesse* pratique, parfois un peu limitée. Comme Descartes qui forma son intelligence, il accorde beaucoup à la recherche calme de la vérité, puis à l'examen attentif et au morcellement des difficultés qui peuvent nous en barrer la route. Non plus que les disciplines nécessaires, les cérémonies ne sont exclues de son univers idéal, mais considérées politiquement et *poétiquement*.

S'il fut un excellent « éveilleur » d'esprits, c'est que sa forme de pensée n'est jamais desséchante : soucieuse d'efficacité, elle l'est aussi de *vie* et de *beauté*. A ses yeux, ce que l'homme peut atteindre de plus haut, c'est la création d'une œuvre par laquelle, en quelque sorte, il se crée lui-même ; aussi a-t-il horreur des résumés, ces squelettes ; comme le rappelle André Maurois, pour Alain les idées en résumé ne sont même plus des idées et, dans l'étude d'un auteur, « elles ne peuvent jamais être séparées de cette forme heureuse qui traduit en même temps l'humeur, le caractère et enfin la nature de *l'homme* ».

C'est dans cet esprit que le critique philosophe a publié des commentaires sur *Charmes* et *La Jeune Parque*, de Paul Valéry (1929 et 1936). un *Stendhal* (1935) et, en 1935-1937, l'essai *Avec Balzac*, dont voici un extrait.

Balzac au travail

ALAIN saisit ici BALZAC dans le feu même d'une composition multiple dont il exalte l'aspect presque artisanal. Une de ses idées les plus chères, c'est en effet que, pour croître et pour produire, le talent artistique requiert non pas des projets bien arrêtés, mais un commencement d'action, fût-il imparfait. Selon Alain, il faut entreprendre courageusement une tâche *concrète* et « *méditer les brosses* (ou la plume) *à la main* ».

L'erreur propre aux artistes est de croire qu'ils trouveront mieux en méditant qu'en essayant ; mais le métier et la nécessité les détournent d'une voie où il n'y a rien. Ce qu'on voulait faire, c'est en le faisant qu'on le découvre. Cette idée, que je n'ai pas comprise tout de suite, m'explique Balzac et les pensées que j'y trouve. Vous savez comme il procède ; il se donne, par ses premières épreuves, une sorte d'esquisse plastique empreinte dans la matière ; ainsi, dans un cas où l'art semble tenir tout entier dans l'esprit, il sait changer l'art en métier, et écrire comme on bâtit ou comme on peint. Je sais que la nécessité l'y pousse ; mais je le vois aussi heureux de ces contraintes, hors desquelles il ne saurait ni commencer ni finir. L'inspiration se montre dans le travail même ; au lieu qu'à mesurer d'avance un sujet, une idée, une thèse, on n'aperçoit que le désert de la pensée universelle, cent fois parcouru en tous ses maigres sentiers. Tel est l'état de Blondet [1], de Lousteau [2], et de tous ces penseurs à l'échine rompue. Ils savent trop bien d'avance ce qu'ils feront ; le papier blanc les glace ; aussi leur conversation vaut mieux que leurs œuvres ; c'est qu'alors ils parlent avant de penser ; mais écrire ainsi, ils n'osent. Il n'y a que les poètes qui font des vers sans bien savoir où ils vont. C'est méditer les brosses [3] à la main. Je soupçonne que Balzac a porté à une perfection incroyable l'art d'inventer en écrivant, toujours d'après ceci que, dans l'esquisse réelle et déjà imprimée, il se montre des promesses et d'immenses lacunes, mais non pas indéterminées, et qui exigent un travail de maçon. Je ne crois pas que ces remarques décident

---

— 1 Journaliste qui apparaît dans *Splendeurs et Misères des Courtisanes* et dans *La Peau de chagrin.* — 2 Autre journaliste, mais arriviste et paresseux, qui joue un rôle important dans *La Muse du Département.* — 3 Ce sont les *pinceaux* du peintre.

absolument sur la prose [4], car nous voyons que Stendhal travaillait tout à fait autrement. Toujours est-il que la prose de Balzac me semble bien sortir de matière, et se plaire même dans les entassements. C'est de là que je dirais qu'il n'a pu écrire ses œuvres que plusieurs ensemble, et au fond toutes ensemble.

Avec Balzac (Librairie Gallimard, éditeur).

André Maurois   Parallèlement à une œuvre romanesque variée (cf. p. 532), ANDRÉ MAUROIS nous a donné des *biographies* brillantes et sensibles : celle de George Sand apparaît comme particulièrement significative de son talent.

Consuelo

Dans cette œuvre en partie autobiographique, où George Sand a, semble-t-il, exorcisé quelques-uns de ses démons, apparaît comme un thème musical, le motif même du *titre :* « Consuelo, quel nom bizarre ! dit le Comte. — Un beau nom, Illustrissime, reprit Anzoleto : cela veut dire *Consolation* ». Voici les réflexions que cette épigraphe empruntée à la romancière inspire à André Maurois.

George Sand avait été, comme toute femme, fille de la terre. Plus qu'une autre sans doute, par son enfance discordante, cette lutte en elle de deux classes et de deux siècles, par cette liberté précoce et par la douloureuse expérience d'un mariage indigne de son génie. Oui, sa vie avait été manquée, comme est toute vie. Mais grandement.

Elle avait attaché peu d'importance à son œuvre, sa véritable recherche ayant été celle de l'absolu, d'abord dans l'amour humain, puis dans l'amour du peuple, enfin dans l'amour de ses petits-enfants, de la nature et de Dieu. Pourtant, de cette œuvre dont elle parlait avec tant d'humilité, une belle part reste vivante.

10 « George Sand est immortelle par *Consuelo*, œuvre pascale » oui, mais aussi par son *Journal intime*, par les *Lettres d'un Voyageur*, par cette immense correspondance si aisée, si juste de ton, si ferme de pensée et par la vérité permanente de ses idées. [...]

On a beaucoup blâmé ses aventures amoureuses, mais l'acharnement haletant de sa recherche s'explique par la perfection, introuvable, qu'elle poursuivait. La vie de Sand fait penser à ces romans de Graham Greene où, pendant trois cents pages, un héros malheureux commet tous les péchés et où le lecteur découvre, dans l'ultime paragraphe, que c'est le pécheur et non le pharisien qui sera sauvé. Les âmes de feu, qui ont fait les grands saints, avaient souvent connu d'orageuses

20 jeunesses.

Toute vie est portée par une métaphysique latente. La philosophie de Sand était simple. Le monde a été créé par un Dieu bon. Les forces d'amour qui existent en nous viennent de lui. Le seul péché sans rémission est d'apporter dans l'amour qui doit être communion totale, des réticences et des mensonges. Je ne dis pas que Sand ait toujours vécu selon ces principes ; aucun de nous ne vit à chaque instant toutes ses idées ; mais il faut juger les êtres plus par leurs dépassements que par leurs défaillances.

Lélia ou la vie de George Sand (Hachette, éditeur).

— 4 Alain s'est interrogé précédemment sur | l'art de la prose en général, par rapport à la | musique, à la peinture et à la poésie.

Gabriel Marcel Né à Paris en 1889, GABRIEL MARCEL eut une enfance privilégiée. Les diverses activités de son père (conseiller d'État, ministre plénipotentiaire, Directeur des Beaux-Arts) lui ont permis, de bonne heure, de lointains *voyages*, la visite des villes d'art, l'accès à d'intéressants *milieux* politiques et littéraires. Agrégé de philosophie à vingt ans, très ouvert aux cultures allemande et anglaise, il dirige chez Plon la Collection *Feux Croisés*. En 1929, il s'engage dans la voie d'un catholicisme militant ; Gabriel Marcel représente, parallèlement à l'existentialisme athée d'un Jean-Paul Sartre, l'existentialisme chrétien qui reconnaît la douloureuse ambiguïté de la condition humaine, mais refuse de l'enfermer dans l'absurde. Philosophe, auteur dramatique, il insiste sur la valeur de la *personne* et de son effort vers un dépassement. *Être et Avoir* (1935), *Du refus à l'invocation* (1940), *Les Hommes contre l'Humain* (1951) témoignent d'une pensée très présente aux grands problèmes du monde moderne, et d'une sensibilité accueillante à tout ce qui peut enrichir l'âme ou l'élever ; loin de se limiter aux abstractions, il est attiré par la *beauté* du monde et l'intègre à son domaine intérieur.

André Malraux Outre son œuvre de romancier, MALRAUX a composé un ensemble important de *critique esthétique* : Les *Voix du Silence* (1951), *Le Musée imaginaire de la Sculpture mondiale* (1952-54), *La Métamorphose des Dieux* (1957-74), *La Tête d'obsidienne* (1974). Au-delà des habituelles démarches de l'impressionnisme, il rejoint un domaine ouvert par Nerval *(La Main enchantée)* ou Valéry *(Pièces sur l'art)*. Il sait que le *geste* qui crée exerce une action profonde et continue sur la vie *spirituelle*; mais ses découvertes les plus originales demeurent sans doute celles des « veines » d'inspiration, des *parentés secrètes* qui, d'un siècle à l'autre, à travers des civilisations en apparence très éloignées, témoignent des *mêmes attirances* sur l'âme impérissable des générations *successives*.

« L'ART EST UN ANTI-DESTIN »

Aux dernières pages des *Voix du Silence*, voici comment ANDRÉ MALRAUX exalte, dans une synthèse essentielle, la revanche millénaire que donne à l'homme sa propre conquête, *diverse* dans ses aspects et ses visages, mais *constante* par l'acte créateur qui délivre et qui purifie.

L'art grec n'est pas un art de solitude, mais celui d'une communion avec le cosmos dont il fut amputé par Rome. Quand le devenir ou le destin se substitue à l'être, l'histoire se substitue à la théologie, et l'art apparaît dans sa pluralité et dans sa métamorphose ; les absolus métamorphosés par les arts ressuscités, rétablissent alors, avec un passé qu'ils modèlent, le lien des dieux grecs et du cosmos. Au sens où Amphitrite fut la déesse de la mer, la figure qui rendit secourables les flots, l'art grec est notre dieu de la Grèce : c'est lui, et non les personnages de l'Olympe, qui nous l'exprime dans sa part la plus haute, victorieuse du temps et fraternelle, puisque c'est à travers lui seul qu'elle nous atteint à l'âme. Il exprime ce qui, à travers la Grèce et inséparable d'elle, fut la forme particulière d'un pouvoir divin dont tout art est le témoignage. L'Homme que suggère la multiplicité de ces pouvoirs est l'acteur de la plus vaste aventure, et aussi la souche profonde d'où montent les surgeons qui tour à tour s'enchevêtrent et s'ignorent ; telle victoire qu'il remporta jadis sur les démons de Babylone retentit sourdement en quelque coin secret de notre âme. [...]

L'art ne délivre pas l'homme de n'être qu'un accident de l'univers ; mais il est l'âme du passé au sens où chaque religion antique fut une âme
20 du monde. Il assure pour ses sectateurs, quand l'homme est né à la solitude, le lien profond qu'abandonnent les dieux qui s'éloignent. Si nous introduisons dans notre civilisation tant d'éléments ennemis, comment ne pas voir que notre avidité les fond en un passé devenu celui de sa plus profonde défense, séparé du vrai par sa nature même ? Sous l'or battu des masques de Mycènes [1], là où l'on chercha la poussière de la beauté, battait de sa pulsation millénaire un pouvoir enfin réentendu jusqu'au fond du temps. A la petite plume de Klee [2], au bleu des raisins de Braque, répond du fond des empires le chuchotement des statues qui chantaient au lever du soleil. Toujours enrobé d'histoire, mais semblable à lui-même depuis
30 Sumer [3] jusqu'à l'école de Paris, l'acte créateur maintient au long des siècles une reconquête aussi vieille que l'homme. Une mosaïque byzantine et un Rubens, un Rembrandt et un Cézanne expriment des maîtrises distinctes, différemment chargées de ce qui fut maîtrisé ; mais elles s'unissent aux peintures magdaléniennes [4] dans le langage immémorial de la conquête, non dans un syncrétisme de ce qui fut conquis. La leçon des Bouddhas de Nara [5] ou celle des Danses de Mort civaïtes [6] n'est pas une leçon de bouddhisme ou d'hindouïsme ; et le Musée Imaginaire [7] est la suggestion d'un vaste possible projeté par le passé, la révélation de fragments perdus de l'obsédante plénitude humaine, unis dans la commu-
40 nauté de leur présence invaincue. Chacun des chefs-d'œuvre est une purification du monde, mais leur leçon commune est celle de leur existence, et la victoire de chaque artiste sur sa servitude rejoint, dans un immense déploiement, celle de l'art sur le destin de l'humanité. L'art est un anti-destin.

Les Voix du Silence. IV, *La Monnaie de l'Absolu* (Librairie Gallimard, éditeur).

A tous les horizons   Malgré l'attirance des options philosophiques et politiques, la critique contemporaine de la seconde guerre mondiale n'en demeura pas moins fidèle à la tradition des grandes monographies : *Molière*, de RAMON FERNANDEZ, *Plaisir à Corneille* de J. SCHLUMBERGER, *Jean-Jacques Rousseau* de J. GUÉHENNO, *Stendhal* d'HENRI MARTINEAU, *Vie de Mallarmé* d'H. MONDOR. Les « feuilletonistes » ont aussi contribué à la diffusion des romans, surtout, et des œuvres théâtrales : ÉMILE HENRIOT, ROBERT KEMP, ANDRÉ BILLY, ANDRÉ ROUSSEAUX ouvraient le domaine critique à un public élargi, de plus en plus attiré par cet aspect de la littérature. Auteur notamment de *Théâtre et Destin*, PIERRE-HENRI SIMON (1903-1972) aura marqué d'un caractère plus soucieux des problèmes actuels ses courriers attentivement suivis.

— 1 Ville du Péloponnèse, patrie légendaire d'Agamemnon ; on y a fait d'importantes fouilles. — 2 Paul Klee (1879-1940) : peintre « non-figuratif » aux coloris éclatants et aux compositions surréalistes. — 3 Le peuple *sumérien* fut le créateur, en Mésopotamie, d'une des plus anciennes civilisations. — 4 Les grottes de *la Madeleine*, en Dordogne, ont révélé d'intéressants « monuments » préhistoriques. — 5 Ville d'art du Japon, célèbre par ses temples. — 6 *Civa* est, dans la trinité hindoue, le principe purificateur, le thérapeute qui détruit pour créer ; il a pour symbole le *feu*. — 7 C'est là précisément le titre de la première partie (1947) de *La Psychologie de l'art*, reprise dans *Les Voix du Silence* (1951).

D'autre part, si l'on tient compte du clivage des appartenances idéologiques, on peut distinguer une critique « de droite » qui eut longtemps pour porte-parole la *Revue Universelle* dirigée jusqu'à 1944 par HENRI MASSIS (auteur de *Défense de l'Occident* et, plus tard en 1948, du livre *D'André Gide à Marcel Proust*). ROBERT BRASILLACH (1909-1945) qui fut aussi romancier *(Comme le temps passe, Les Sept couleurs)* a laissé plusieurs essais critiques : *Portraits* (1935), *Corneille* (1938), et, groupés dans le volume *Les Quatre Jeudis*, ses articles littéraires de l'*Action Française*. De la même génération, THIERRY MAULNIER s'est acquis de bonne heure la célébrité par son *Racine* (1936) et son *Introduction à la poésie française* (1939). MAURICE BARDÈCHE a publié des études approfondies sur Balzac et Stendhal (*Balzac romancier,* 1941 ; *Stendhal romancier,* 1957 ; *Une lecture de Balzac,* 1970), puis, en 1971, deux volumes sur *Marcel Proust romancier.*

Dans l'orientation politique opposée, la critique marxiste fut illustrée par LOUIS ARAGON, HENRI LEFEBVRE *(Diderot)*, JEAN FRÉVILLE *(Descartes, Zola)* et CLAUDE ROY, venu au parti communiste sous l'influence d'Aragon auquel il a consacré en 1945 un intéressant ouvrage. Les grands noms de cette critique « de gauche » sont JEAN-PAUL SARTRE (cf. p. 603), LUCIEN GOLDMANN (cf. p. 682) et ROLAND BARTHES (cf. p. 679).

Toutefois, durant cette période assombrie par la menace de la guerre puis par la guerre elle-même, certaines figures ne sauraient être inféodées à tel ou tel parti. C'est le cas d'un JEAN PRÉVOST (1901-1944) tombé dans les combats du Vercors, qui a laissé deux études riches et pénétrantes sur *Baudelaire* et *La Création chez Stendhal.* Henri Martineau, dans la Préface de ce dernier livre, rappelle certaines lignes frappantes de l'écrivain disparu, très révélatrice de sa méthode : « La critique classique, jugeant les œuvres de dehors ou d'après les lois communes d'un genre, néglige d'observer d'assez près l'artiste en train de créer, et ne note pas, à l'intérieur d'une œuvre, l'âge de telle page, de tel chapitre et de tel caractère par rapport à l'ensemble de l'œuvre. Ces nuances se distinguent mal tout d'abord ; une fois aperçues elles semblent souvent essentielles. [...] L'instant auquel les sources apparaissent à l'auteur a très souvent plus d'importance que les sources mêmes ».

PERSPECTIVES

« *Ce qu'on appelle "nouvelle critique" ne date pas d'aujourd'hui,* notait Roland Barthes en 1966. Dès la Libération, ce qui était normal, une certaine révision de notre littérature classique a été entreprise au contact de philosophies nouvelles, par des critiques fort différents, et au gré de monographies diverses qui ont fini par couvrir l'ensemble de nos auteurs de Montaigne à Proust » *(Critique et vérité).*

D'ailleurs, P. Valéry n'écrivait-il pas dès 1932 : « Il faut craindre toujours de définir quelqu'un. Est-ce bien dans ses productions, dans ses papiers, dans les reliques de ses amours, dans les événements éminents de sa vie que nous découvrirons ce qui nous importerait de connaître, et qui le distingue entièrement des autres hommes, c'est-à-dire la véritable opération de son esprit, et, en somme, ce qu'il est avec soi-même quand il est profondément et utilement seul ? [...] La saveur des fruits d'un arbre ne dépend pas de la figure du paysage qui l'environne, mais de la richesse invisible du terrain ».

« *La notion d'homme a-t-elle un sens ?* ». Telle est la question que discutent dans la bibliothèque de l'*Altenburg* Walter et ses amis, les héros d'André Malraux. Albert Camus affirme cependant : « Je continue à croire que le monde n'a pas de sens supérieur. Mais je sais que quelque chose en lui a du sens et c'est l'homme, parce qu'il est le seul être à exiger d'en avoir ». Cette enquête sur l'homme, un éminent spécialiste du XVIIIᵉ siècle, RAYMOND NAVES, l'avait entreprise dès les sombres années 40, dans *L'Aventure de Prométhée,* ouvrage tragiquement interrompu par sa mort en déportation.

Depuis, sans renoncer pour autant à l'humanisme, divers critiques ont considéré comme indispensable de pousser toujours plus avant l'investigation si l'on veut donner à la notion d'homme toute sa signification. Citons, en particulier, GAËTAN PICON, JEAN PAULHAN, MARCEL RAYMOND et ALBERT BÉGUIN.

Gaëtan Picon   GAETAN PICON (1915-1976) a publié diverses études très marquantes, telles que *Panorama de la Nouvelle Littérature française* (1950), *L'Écrivain et son ombre* (1953), *Lecture de Proust* (1963), *Admirable tremblement du Temps* (1970). C'est en 1960, dans *L'Usage de la lecture*, qu'il écrivait ces lignes fondamentales « Nous savons maintenant que l'œuvre est une origine, non un terme : un événement, non un reflet.» Il célèbre alors « l'antihistoricité » d'André Gide : « Après nous avoir paru un mythe exaltant, l'histoire a pris les couleurs de l'Apocalypse » ; puis, après avoir évoqué André Malraux et son *Colloque de l'Altenburg*, GAËTAN PICON ajoute : « Dans ce souci de préserver l'homme de l'histoire communient des esprits aussi différents qu'Albert Camus et Roger Caillois. Sartre lui-même n'abandonne l'idée de nature humaine que pour retrouver dans celle de condition humaine une stabilité suffisante et n'accepte l'idée d'engagement et de révolution qu'après avoir réservé, du côté de la subjectivité, les droits et la place d'une *philosophia perennis* : Il est naturel que les générations qui ont découvert l'histoire aient maintenant à se mesurer avec elle au nom de l'homme ».

Plus tard, et dans le même esprit, Gaëtan Picon commentera ainsi les révélations de cette « patrie inconnue » d'un Elstir ou d'un Vinteuil : « L'essentiel n'existerait pas si les choses étaient prisonnières de leur succession temporelle et de leur dispersion spatiale [...]. L'essentiel est la métaphore du temps et de l'espace, la métaphore du réel» *(Lecture de Proust)*.

Jean Paulhan   J. PAULHAN dirigea longtemps la *Nouvelle Revue Fran-*
(1884-1968)   *çaise* qui lui consacra, en mai 1969, un numéro spécial. Dans tous ses ouvrages : *La Clef de la Poésie, Les Fleurs de Tarbes, Entretien sur des faits divers, Le Don des langues* (1967), il a rendu sensibles les interrogations que lui posait la littérature et les « malentendus » qu'elle peut provoquer : « A coup sûr nous confions tous parfois notre secret », mais ajoute-t-il, « en même temps nous sentons très bien qu'il y a en nous un autre secret qui se reforme, un secret plus profond, qui part de plus loin, qui va plus loin » *(Les Incertitudes du langage)*.

Marcel Raymond   Né en 1897, d'origine suisse, MARCEL RAYMOND publia, dès 1933, un ouvrage demeuré célèbre : *De Baudelaire au Surréalisme*, qui allait inspirer nombre d'études parues depuis. Il y a multiplié les explorations pénétrantes dans la « patrie intérieure » des grands poètes, en réalisant ce qu'il donnait comme son projet : « voir les données essentielles d'une aventure ou d'un drame auquel ont participé et participent un certain nombre d'êtres privilégiés ». On doit aussi à Marcel Raymond : *Paul Valéry et la tentation de l'esprit ; Baroque et Renaissance poétique ; J.-J. Rousseau, la quête de soi et la rêverie* (1962). *Être et dire* (1970) s'achève sur ces lignes : « Sans doute, aujourd'hui, un humanisme purement littéraire ou philosophique est-il incomplet, [...] mais si l'humanité veut avoir un avenir, qu'elle consente à avoir un passé, [...] qu'elle reste fidèle à ce pacte d'alliance de l'homme avec l'homme à travers les siècles et les civilisations. »

Albert Béguin   Un autre écrivain suisse, ALBERT BÉGUIN, publia en
(1901-1957)   1937 *L'Ame romantique et le Rêve*, synthèse très intuitive de la littérature allemande et française. L'édition de 1939 y justifiait l'absence du nom de Balzac, mais l'auteur devait publier en 1946 son *Balzac visionnaire*, si révélateur sur la création balzacienne. « L'impression singulière que l'on y ressent [...] tient précisément à ce que tout est à la fois conforme à notre image habituelle du monde et de ses rassurantes normes, et environné d'une étrangeté dans laquelle il entre du divin et du démoniaque : la réalité est là, solide, concrète, inébranlablement établie dans son équilibre de matière connue ; les hommes ont leur visage de plein jour, leurs gestes, leurs désirs sont maintenus dans ces mesures moyennes qui donnent au quotidien sa rassérénante banalité. Et, pourtant, ces blocs du réel, tout semblables à ce qu'ils sont quand nous rêvons le moins, semblent ici émerger d'une grande ombre, d'une immense mer d'eau nocturne, dont les flots mouvants entourent de toutes parts les apparences inchangées des choses. »

NOUVELLES APPROCHES CRITIQUES

STRUCTURALISME ET CRITIQUE THÉMATIQUE

L'attitude structurale   Issue des sciences physiques et mathématiques, la notion de structure s'est imposée aujourd'hui dans le domaine littéraire. Essentiellement marquée par son unité, une structure se suffit à elle-même et ne requiert pas, pour être saisie, le recours à toutes sortes d'éléments étrangers à sa nature. Dans son *Cours de linguistique générale* (1906-1911), sans employer encore le terme en question, FERDINAND DE SAUSSURE substitua à l'étude évolutive des langues *(diachronie)* celle de leur fonctionnement qui constitue, dans un temps donné, un système *(synchronie)* dont toutes les parties réagissent les unes sur les autres sans intrusion d'aucun élément extérieur. Dès lors, la linguistique aura pour seul objet « la langue envisagée en elle-même et pour elle-même ». Une étape importante fut marquée par les travaux de l'ethnologue LÉVI-STRAUSS qui, à travers le langage, « signifiant » essentiel, sonde les structures sous-jacentes aux croyances et aux mœurs des peuplades dites « primitives ».

La critique de notre temps ne pouvait échapper à l'influence du structuralisme. Alors que la méthode dite universitaire, lansonienne, ou traditionnelle, s'applique, avant de présenter une œuvre, aux divers éléments qui lui sont *extérieurs* (Péguy la nommait critique « de grande ceinture »), l'attitude structuraliste se refuse à être ainsi « informatrice et judicatrice » (Georges Poulet). L'œuvre apparaît aujourd'hui comme un « système », clos, dont il s'agit de découvrir le principe organisateur ; à « l'explication » érudite se substitue la « lecture » qui, grâce aux approches proposées par d'autres disciplines — psychologie, psychanalyse, linguistique, sociologie —, permet de déceler les structures psychiques ou « thématiques », dont l'auteur même aurait pu ne pas être conscient dans son acte créateur.

Ainsi, dans le premier des trois volumes de *Figures* (1966-1972), GÉRARD GENETTE (né en 1930) écrit : « *Toute analyse qui s'enferme dans une œuvre sans en considérer les sources ou les motifs serait donc implicitement structuraliste et la méthode structurale devrait intervenir pour donner à cette étude immanente une sorte de rationalité de* compréhension *qui remplacerait la rationalité d'*explication *abandonnée avec la recherche des causes : un déterminisme, en quelque sorte spatial, de la structure viendrait ainsi relayer, dans un esprit tout moderne, le déterminisme temporel de la genèse, chaque unité étant définie en termes de relations, et non plus de filiation. L'analyse «thématique» tendrait donc spontanément à s'achever et à s'éprouver en une synthèse structurale où les différents thèmes se groupent en réseaux pour tirer leur plein sens de leur place et de leur fonction dans le système de l'œuvre* ».

Roland Barthes

ROLAND BARTHES (1915-1980) a fait paraître, après la publication de son célèbre essai *Le Degré zéro de l'écriture* (1953) : *Michelet par lui-même* (1954), *Mythologies* (1957), *Sur Racine* (1963), *Essais critiques* (1964), *Critique et Vérité* (1966), *Système de la mode* (1967), *S/Z* (1970), *Sade, Fourier, Loyola* (1971), *Roland Barthes* (1975), *Fragments d'un discours amoureux* (1977).

« Au commencement donc était Barthes ». En donnant ainsi la primauté à l'auteur de *Sur Racine*, S. Doubrovsky précise l'orientation de celui-ci vers une lecture nouvelle. « Toute analyse implique un certain point de vue, un certain langage et c'est l'impardonnable naïveté de la critique traditionnelle de croire qu'elle domine l'histoire littéraire en une sorte de survol absolu. [...] Barthes a donc décidé d'étudier la dramaturgie racinienne *structuralement*, au sens que ce mot prend dans l'anthropologie de Lévi-Strauss, c'est-à-dire comme un " jeu de figures purement rationnelles " dont il s'agit de comprendre le fonctionnement ».

BARTHES oppose à la critique *universitaire* héritée de Lanson une « *critique d'interprétation* » dont les représentants, fort différents les uns des autres, « *ont ceci de commun que leur approche de l'œuvre littéraire peut être rattachée, plus ou moins, mais en tout cas d'une façon consciente, à l'une des grandes idéologies du moment, existentialisme, marxisme, psychanalyse, phénoménologie, ce pourquoi on pourrait aussi appeler cette critique-là* idéologique, *par opposition à la première, qui, elle, refuse toute idéologie et ne se réclame que d'une méthode objective » (Essais critiques).* Dans le même esprit, SERGE DOUBROVSKY (auteur d'une remarquable étude sur *Corneille et la dialectique du héros,* 1963) observe au chap. XI des *Chemins actuels de la critique,* que le « foisonnement » des remarques nées d'un texte doit s'ordonner pour faire apparaître l'*unité* de l'œuvre :

« Les sens multiples que toute lecture fait surgir [...] s'articulent entre eux autour d'une arête centrale ; ils convergent vers un foyer. En d'autres termes, les *significations* diverses renvoient à un *sens* ultime qui en fait l'unité intime. [...] Je dirai qu'un objet a un sens quand il est l'incarnation d'une réalité qui le dépasse mais qu'on ne peut saisir en dehors de lui ; [...] il s'agit toujours d'une totalité : totalité d'une personne, d'un milieu, d'une époque, de la condition humaine. »

LA BRUYÈRE ET LA « CLÔTURE »

La critique actuelle, qui a renouvelé l'étude des textes par la recherche de leurs structures profondes, n'en est pas pour autant insensible à leur insertion sociale, à l'image qu'ils donnent de leur auteur, aux *affinités* qu'ils révèlent avec d'autres écrivains et à leur *résonance* sur les lecteurs d'aujourd'hui. Voici, de ROLAND BARTHES, une page particulièrement significative, où se découvrent chez La Bruyère, au-delà de l'aspect extérieur des *Caractères,* l'intérêt et la complexité qui avaient retenu l'attention de Marcel Proust. *Le lecteur moderne s'étonne du cloisonnement des classes sociales au XVIIᵉ siècle, mais précisément l'originalité de La Bruyère ne réside-t-elle pas en cette étude d'une forme sociale bien définie, la* clôture ?

La Bruyère s'occupe des mondes, du monde, pour autant qu'ils sont fermés. On touche ici, poétiquement, à ce que l'on pourrait appeler une imagination du partage qui consiste à épuiser par l'esprit toutes les situations que la simple clôture d'un espace engendre de proche en proche dans le champ général où elle a lieu : choix (c'est-à-dire arbitraire) du partage, substances différentes du *dedans* et du *dehors,* règles d'admission, de sortie, d'échange, il suffit que dans le monde une ligne se ferme pour que de nouveaux sens naissent à profusion, et c'est ce qu'a bien vu La Bruyère. Appliquée à la matière sociale, l'imagination de la clôture,
10 qu'elle soit vécue ou analysée, produit un objet à la fois réel (car il pourrait relever de la sociologie) et poétique (car les écrivains l'ont traité avec prédilection) : c'est la *mondanité.* [...]
La mondanité est en effet une forme ambiguë du réel : engagée et inengagée ; renvoyant à la disparité des conditions, mais restant malgré tout une forme pure, la *clôture* permettant de toucher au psychologique et aux mœurs sans passer par la politique ; c'est pourquoi, peut-être, nous avons eu en France une grande littérature de la mondanité, de Molière à Proust : et c'est dans cette tradition d'un imaginaire tout entier dirigé vers les phénomènes de *clôture* sociale que s'inscrit évidemment La Bruyère.
20 Il peut exister un grand nombre de petites sociétés mondaines, puisqu'il leur suffit de se fermer pour exister ; mais il va de soi que la clôture, qui est la forme originelle de toute mondanité, et que l'on peut par conséquent décrire au niveau de groupes infimes (la coterie du fragment 4 de *La Ville* ou le salon Verdurin), prend un sens historique précis lorsqu'elle s'applique au monde dans son ensemble ; car ce qui est alors dans la clôture et hors d'elle correspond fatalement au partage économique de la société.

Roland Barthes, Essais critiques (Librairie Gallimard, éditeur).

RACINE : SIGNIFIANT ET SIGNIFIÉ

Comme le dit ROLAND BARTHES dans son Avant-Propos, « l'œuvre de Racine a été mêlée à toutes les tentatives critiques de quelque importance, entreprises en France depuis une dizaine d'années : critique sociologique avec Lucien Goldmann, psychanalytique avec Charles Mauron, biographique avec Jean Pommier et Raymond Picard, de psychologie profonde avec Georges Poulet et Jean Starobinski ; au point que, par un paradoxe remarquable, l'auteur français qui est sans doute le plus lié à l'idée d'une *transparence* classique est le seul qui ait réussi à faire converger sur lui tous les langages nouveaux du siècle ».

Il est possible de saisir objectivement dans Racine le fonctionnement de l'institution littéraire ; il est impossible de prétendre à la même objectivité lorsqu'on veut surprendre en lui le fonctionnement de la création. C'est une autre logique, ce sont d'autres exigences, une autre responsabilité ; il s'agit d'interpréter le rapport d'une œuvre et d'un individu : comment le faire sans se référer à une psychologie ? Et comment cette psychologie pourrait-elle être autre chose que *choisie* par le critique ? Bref, toute critique de la création littéraire, si objective, si partielle qu'elle se prétende, ne peut être que systématique. Il n'y a pas à s'en plaindre mais seulement
10 à demander la franchise du système.

Il est à peu près impossible de toucher à la création littéraire sans postuler l'existence d'un rapport entre l'œuvre et autre chose que l'œuvre. Pendant longtemps on a cru que ce rapport était causal, que l'œuvre était un *produit* : d'où les notions critiques de *source*, de *genèse*, de *reflet*, etc. Cette représentation du rapport créateur apparaît de moins en moins soutenable. [...] L'idée de produit a donc fait place peu à peu à l'idée de signe : l'œuvre serait le signe d'un au-delà d'elle-même ; la critique consiste alors à déchiffrer la signification, à en découvrir les termes et principalement le terme caché, le signifié. C'est actuellement Lucien
20 Goldmann qui a donné la théorie la plus poussée de ce qu'on pourrait appeler la critique de signification, du moins lorsqu'elle s'applique à un signifié historique ; car si l'on s'en tient au signifié psychique, la critique psychanalytique et la critique sartrienne étaient déjà des critiques de signification. Il s'agit donc d'un mouvement général qui consiste à *ouvrir* l'œuvre non comme l'effet d'une cause mais comme le signifiant d'un signifié.

Roland Barthes, Sur Racine (Éditions du Seuil).

Mise en question Héritier d'une érudite et objective méthode universitaire, RAYMOND PICARD a publié une thèse, minutieusement documentée, sur *La carrière de Jean Racine* (1961) ; et c'est justement à propos du livre *Sur Racine* de Roland Barthes (1963) qu'il prendra vivement à partie (1965) les orientations nouvelles. « *Nouvelle Critique ou nouvelle Imposture* », tel est le titre de ce pamphlet, véhément et parfois percutant. L'auteur voit, dans le transfert de l'historique vers le psychologique et le structural, « une entreprise de destruction de la littérature comme réalité originale ». En outre, selon lui, « l'un des caractères de cette nouvelle critique est qu'il est malaisé de la critiquer car elle se meut volontiers dans l'invérifiable ». Mais voici son plus sérieux grief : paradoxalement, cette méthode, qui se réclame du *structuralisme*, « ne se préoccupe pas plus de dramaturgie, s'il s'agit d'une tragédie, que de technique romanesque, s'il s'agit d'un roman ». Son indifférence pour les structures littéraires est si grande qu'elle met sur le même plan, pour l'étude d'un écrivain, les textes qu'elle tire d'une lettre intime, d'une œuvre publiée, d'une note griffonnée à la hâte. Comment pourrait-il en être autrement, puisque l'œuvre est considérée comme étant en grande partie un produit de l'inconscient.

Or, objecte R. Picard, « la profondeur d'une expression est dans ce qu'elle *dit*, dans les implications de ce qu'elle dit, et non pas nécessairement dans ce qu'elle dissimulerait et révélerait à la fois. [...] Un des paradoxes de la Nouvelle Critique consiste précisément à dévaloriser la pensée consciente ».

Lucien Goldmann
(1901-1970)

Après divers travaux de sociologie marxiste, L. Goldmann publia, en 1955, *Le Dieu caché*, « étude qui, dit-il, , s'insère dans un travail philosophique d'ensemble ». En effet, il doit beaucoup et d'ailleurs il rend hommage à l'écrivain hongrois Georg von Lukacs pour ses suggestions sur la création littéraire, et notamment pour son essai sur *L'âme et les formes* (1911), dont le dernier chapitre est intitulé *Métaphysique de la tragédie*.

VISIONS DU MONDE

L'analyse de la vision tragique amènera Goldmann à « *poser le problème du temps dans la tragédie racinienne et implicitement celui de la règle des trois unités* » qui, « *pour le théâtre racinien, deviendra une* nécessité interne *de l'œuvre* ».

Pour nous, la littérature, comme d'ailleurs l'art, la philosophie et, en grande mesure, la pratique religieuse, sont avant tout des *langages*, des moyens de l'homme de communiquer avec d'autres êtres qui peuvent être ses contemporains, les générations à venir, Dieu ou des lecteurs imaginaires. Cependant, ces langages ne constituent qu'un groupe précis et limité de moyens d'expression parmi les multiples formes de communication et d'expression humaines. Une des premières questions qui se pose sera donc de savoir en quoi consiste le caractère *spécifique* de ces langages. Or, bien qu'il réside sans doute en premier lieu dans leur forme même, il faut encore ajouter qu'on ne peut exprimer
10 n'importe quoi dans le langage de la littérature, de l'art ou de la philosophie.

Ces « langages » sont réservés à l'expression et la communication de certains contenus particuliers et nous partons de l'hypothèse (qui peut se justifier seulement par des analyses concrètes) que ces contenus sont précisément des *visions du monde*. [...]

Les tragédies raciniennes, d'*Andromaque* à *Phèdre*, se jouent *en un seul instant :* celui où l'*homme* devient réellement tragique par le *refus* du monde et de la vie. Un vers revient au moment décisif dans la bouche de tous les héros tragiques de Racine, un vers qui indique le « temps » de la tragédie, l'instant où la relation du héros avec ce qu'il aime encore dans le monde s'établit « pour la dernière
20 fois ». [Cf. *Andromaque*, IV, 1 ; *Britannicus*, V, 1 ; *Bérénice*, II, 2 et V, 7 ; *Phèdre*, I, 3.] Comme le dit Lukacs, lorsque le rideau se lève sur une tragédie, l'avenir est déjà présent depuis l'éternité.

Le Dieu caché, chap. XVII (Librairie Gallimard, éditeur).

Critique thématique Dans la ligne de GASTON₊BACHELARD, un certain nombre de critiques considèrent que les chemins de la recherche structurale se trouvent singulièrement éclairés par l'étude des *thèmes essentiels* de l'œuvre. Le terme de *thème* avait depuis longtemps figuré dans les études critiques traditionnelles, mais, ainsi qu'il a été précisé aux entretiens de Cerisy-la-Salle en 1969 : « Il ne s'agit plus de repérer dans les textes d'un écrivain un "sujet" qu'il aurait traité ou une "préoccupation" qui reviendrait sous sa plume *en pleine conscience* mais de mettre à jour "un réseau organisé d'obsessions"* (Barthes) qui, sauf chez Jean-Paul Weber, ne relève pas de l'inconscient de l'écrivain, mais des zones "préréflexives" ou "extra-réflexives" de sa conscience ».

Gaston Bachelard GASTON BACHELARD (1882-1964) a publié notamment *La Psychanalyse du Feu* (1937), *L'Eau et les Rêves* (1942), *L'Air et les Songes* (1943), *La Poétique de l'Espace* (1957), *La Poétique de la Rêverie* (1961). De formation mathématique et philosophique, ce critique, au visage de prophète, a renouvelé la notion même de création poétique. « Il semble bien, dit Georges Poulet, que la pensée de Bachelard débute par l'inverse d'un *cogito* ; elle refuse de prendre appui, antérieurement à ce qu'elle pense, dans l'*être* même de celui qui pense ».

Les quatre éléments

De la *Psychanalyse du Feu* (1937) à la *Poétique de la Rêverie* (1961), BACHELARD n'a cessé de *confronter l'imagination aux forces* et *aux éléments de l'univers*, où son dynamisme personnel découvre tout ensemble l'élan et le champ de sa propre création.

Les forces imaginantes de notre esprit se développent sur deux axes très différents : les unes trouvent leur essor devant la nouveauté, elles s'amusent du pittoresque, de la variété, de l'événement inattendu ; [...] les autres forces imaginantes *creusent le fond de l'être :* elles veulent y trouver à la fois le *primitif* et *l'éternel* ; elles dominent la saison et l'histoire ; dans la nature, *en nous et hors de nous*, elles produisent des germes, des germes où la forme est enfoncée dans une substance. [...] En effet, nous croyons possible de fixer, dans le règne de l'imagination, une loi des quatre éléments qui classe les diverses imaginations matérielles suivant qu'elles s'attachent au *feu*, à l'*air*, à l'*eau* ou à la *terre*. Et
10 s'il est vrai, comme nous le prétendons, que toute poétique doive recevoir des composantes, — si faibles qu'elles soient — d'essence matérielle, c'est encore cette classification par les éléments matériels fondamentaux qui doit apparenter le plus fortement les âmes poétiques. Pour qu'une rêverie se poursuive avec assez de constance pour donner une œuvre écrite, pour qu'elle ne soit pas simplement la vacance d'une heure fugitive, il faut qu'elle trouve sa matière, il faut qu'un élément matériel lui donne sa *propre substance*, sa *propre règle, sa poétique* spécifique. Et ce n'est pas pour rien que les philosophies primitives faisaient souvent, dans cette voie, un choix décisif. Elles ont associé à leurs principes formels un des quatre éléments fondamentaux qui sont ainsi devenus
20 des marques de tempéraments philosophiques.

L'Eau et les Rêves (José Corti, éditeur).

Toutefois, ces règles, cette « poétique spécifique » ne sauraient restreindre aux yeux de G. Bachelard les découvertes de la création, et sa pensée rejoint ici celle de Pierre Reverdy qui, dès 1927, écrivait dans le *Gant de crin :* « Le propre de l'image forte est d'être issue du rapprochement spontané de deux réalités très distantes, dont l'esprit seul a saisi les rapports ». Ainsi, dans *L'Eau et les Rêves*, on peut lire : « Où est le réel ? Au ciel ou au fond des eaux ? On ne donnera jamais trop d'attention à ces doubles images, comme celle d'*île-étoile* dans une psychologie de l'imagination. Elles sont comme des *charnières du rêve* qui, par elles, change de registre, change de matière. Ici, à cette charnière, l'eau prend le ciel ; le rêve donne à l'eau le sens de la plus lointaine patrie, d'une patrie céleste. »

Pour Bachelard, c'est l'*image* qui est essentiellement *structurale*, mais aussi toujours *projetée*. « Il faut, dit-il, ajouter systématiquement à l'étude d'une image particulière l'étude de sa *mobilité*, de sa *fécondité*, de sa *vie* », car il veut avant tout que l'image se fasse *ouverture* afin que la lecture de l'œuvre devienne attentive et *participante* : « Aujourd'hui, aujourd'hui tu me liras et je vivrai en toi ». Ainsi, en 1942, écrivait-il : « Critiquer, c'est lire, et lire, c'est *sympathiser* avec la rêverie créatrice et la volonté du poète, " comme on transforme sa main en la mettant dans une autre " » (formule de Paul Éluard qu'il se plaisait à citer).

Sur ce point, c'est, sans doute, dans la conclusion de sa *Psychanalyse du Feu* que Gaston Bachelard aura évoqué de la façon la plus pénétrante à la fois le dessin des *structures poétiques* et leur infini rayonnement :

« Si le présent travail pouvait être retenu comme base d'une physique ou d'une chimie de la rêverie [...], il devrait préparer les instruments pour une critique littéraire objective dans le sens le plus précis du terme. Il devrait montrer que les métaphores ne sont pas de simples idéalisations qui partent, comme des fusées, pour éclater au ciel en étalant leur insignifiance, mais qu'au contraire les *métaphores s'appellent et se coordonnent* plus que les sensations, au point qu'un esprit poétique est purement et simplement *une syntaxe de métaphores*. On ne fait pas de poésie au sein d'une unité ; l'unique n'a pas de propriété poétique. Psychiquement, nous sommes créés par notre rêverie ».

Georges Poulet   Né en 1902, professeur à l'Université de Zurich, l'auteur des *Études sur le temps humain* (1950) poursuivit ses investigations sur le rôle du temps et de l'espace dans plusieurs ouvrages dont l'orientation, très précise, se refuse à tout ce qu'il considère comme excentrique et dispersé : *La Distance intérieure* (1952) ; *Les Métamorphoses du cercle* (1961) ; *L'Espace proustien* (1963) ; *Trois Essais de mythologie romantique* (1966) ; *La Conscience critique* (1971). Il salue dans l'acte littéraire « cette étrange activité créatrice se poursuivant dans son propre royaume et à laquelle, sous peine de s'en voir retirer aussitôt la compréhension et la jouissance, le critique ne doit pas un instant cesser de participer ». Lors des Entretiens de Cerisy-la-Salle (cf. *Les Chemins actuels de la critique*), il parlait d'une critique de participation, mieux encore d'identification : « Il n'y a pas de véritable critique sans la coïncidence de deux consciences. »

Dans *Les Métamorphoses du cercle*, Georges Poulet s'est attaché à la thématique expressive des figures circulaires. « Il est une fameuse définition de Dieu qui, pendant des siècles, a joué un rôle considérable. [...] "Dieu est une sphère dont le centre est partout et la circonférence nulle part ". En traversant les âges le grand emblème [...] ne s'applique plus à Dieu exclusivement mais aussi à l'homme. [...] C'est l'homme qui, à l'égal de Dieu, se découvre centre et sphère infinie. Bien plus, c'est chaque moment, chaque lieu où l'homme se trouve qui se constitue comme le centre toujours renouvelé de cette infinie sphéricité, car chaque lieu et chaque moment offrent à l'homme un nouveau point de vue [...] si bien que, le monde étant composé d'une infinité de lieux et de moments, c'est une infinité de mondes, tous infinis, que la conscience humaine appréhende partout et toujours. »

Ainsi, poursuit G. Poulet à propos des *Chimères* : « *La treizième revient, c'est encor la première* ; lorsqu'il écrit, en marge de ce vers : *la treizième heure pivotale*, Nerval songe, comme on l'a dit, au cadran de la pendule tourangelle qu'il possédait, où une Diane en bas-relief, éternellement accoudée, présidait à la ronde des heures qui, s'achevant au chiffre 12, recommence au chiffre 1 ou 13 (nombres équivalents). [...] Ainsi le 13 se réduit à l'1 qu'il recommence ».

Au sujet de *Flaubert*, l'auteur évoque ce passage où Madame Bovary souffre de la claustration aux heures des repas. « Toute l'amertume de l'existence lui semblait servie *sur son assiette* ». « Phrase, dit-il, d'une rectitude merveilleuse : on perçoit le mouvement même par lequel s'étaient amassés périphériquement, à l'horizon de la conscience, pour faire pression sur elle, l'ensemble des objets et des images, qui converge soudainement vers le centre, c'est-à-dire vers le sujet ».

Jean-Pierre Richard   Apparentée, par la recherche des thèmes révélateurs, aux études de Georges Poulet, la critique de J.-P. RICHARD se situe au cœur d'une œuvre.pour en retrouver l'unité organique dans son paysage essentiel. Telle « la géographie magique de Nerval » dans *Poésie et Profondeur* (1955). L'auteur a publié en outre : *Littérature et Sensation* (1954), *L'Univers imaginaire* de *Mallarmé* (1961), *Paysage de Chateaubriand* (1970), *Études sur le Romantisme* (1971).

Une relation d'ensemble

« Notre effort, dit J.-P. RICHARD, a été de comprendre Mallarmé, de rejoindre en lui l'esprit à la lettre, le " fond " à la " forme ", et de réunir en un seul faisceau toutes les exaltations soulevées par cette œuvre incomparable ».

A tous les niveaux où une même conscience poursuit un même projet d'être, il a voulu retrouver des lignes identiques de développement, des principes parallèles d'organisation. La critique, croyons-nous, peut être à la fois une herméneutique et un art combinatoire. *Elle déchiffre alors en réunissant.* Ce faisant, elle n'agit pas par préjugé, mais tout au plus par hypothèse ; loin de poser sur l'œuvre une grille immuable, elle se laisse très librement aller dans l'objet qu'elle prétend comprendre [...]. Bref, elle rêvera d'instituer, entre toutes les œuvres particulières, et tous les *registres* — sérieux, tragique, métaphysique, précieux, amoureux, esthétique, idéologique, frivole — de cette œuvre, une relation d'ensemble qui les oblige à mutuellement s'éclairer. La poésie doit, selon Mallarmé, exprimer le « sens mystérieux des aspects de l'existence ». Et la vie littéraire se passe à « réveiller la présence, au dedans, des accords et significations ». Ce sont ces rapports abstraits — Mallarmé les nomme *motifs, aspects, figures* — qu'il s'efforce d'apercevoir, en filigrane, derrière tout événement sensible.   *L'Univers imaginaire de Mallarmé* (Éditions du Seuil).

Charles Mauron   Dans *L'Être et le Néant* (1943) Jean-Paul Sartre avait exposé une théorie de la « psychanalyse essentielle », dont il a rappelé les données lors de la publication de sa vaste étude sur Flaubert : *L'Idiot de la Famille* (1971-1972). C'est CHARLES MAURON qui devait, en 1949, proposer un terme nouveau dans son étude : *Nerval et la psychocritique*. Déjà, dans *Mallarmé l'obscur* (1941), il analysait le caractère « obsédant » de certaines images, en envisageant le texte non comme un document, mais comme « la structuration d'un conflit ». Plusieurs ouvrages allaient dès lors affirmer son attitude : *Introduction à la psychanalyse de Mallarmé* (1950), *L'Inconscient dans l'œuvre et la vie de Racine* (1954), *Psychocritique du genre comique* (1964), *Le Dernier Baudelaire* (1966). Chez les poètes, Charles Mauron recherche les « réseaux » des métaphores révélatrices, « résultats de processus mentaux complexes et largement involontaires ». Dans les œuvres théâtrales, il s'attache à dégager les figures mythiques. En comparant, à propos de Racine, sa méthode à celle de Lucien Goldmann, on a pu voir en elle une « psychogenèse », convergeant avec la « sociogenèse » apparue dans *Le Dieu caché*. Mais c'est de 1963 que date l'œuvre majeure de Charles Mauron : *Des Métaphores obsédantes au mythe personnel, Introduction à la psychocritique*.

Sur la structure même du mythe, l'auteur y écrit : « Il nous offre l'image classique du conflit opposant le moi conscient à des phantasmes imparfaitement refoulés ». Dans le chapitre consacré à Mallarmé, sondages et superpositions dégagent de sa poétique des aspects nouveaux, tel celui du « double sombre, déchu et souillé par un contact avec la réalité » (chapitre XVIII).

La psychocritique

Dès les premières pages, CHARLES MAURON affirme avec force ses propres positions face à celles des autres exégètes, afin de mettre en valeur cet élargissement que représente selon lui la *psychocritique*.

La tentative de Sartre emprunte à la psychanalyse un nom et un schéma, celui de la répétition des rêves, des attitudes, des actes comme conséquences d'une fixation ou d'un *trauma* original jouant le rôle de destin. [...] Infiniment plus souples, Georges Poulet, J.-P. Richard, Jean Starobinski opèrent des coupes, selon des plans choisis avec soin pour révéler, dans l'œuvre étudiée, des aspects imprévus et significatifs. Cependant leurs « thèmes » appartiennent à la pensée consciente. Ils sont catégorie, forme, concept ou qualité (temps, cercle, profondeur, transparence). L'apparentement aux façons de penser psychanalytiques est plus ou moins sensible, mais la science elle-même demeure absente
10 ou inavouée ; les processus inconscients sont ignorés en tant que tels, et l'ambiguïté s'établit. [...] La psychocritique voudrait éviter ces confusions. Elle est d'accord avec la critique thématique pour penser que des choses très intéressantes se passent chez un écrivain sur la ligne où s'ajustent les processus conscients et inconscients. *Mais pour les comprendre, elle croit indispensable d'explorer une certaine profondeur* de l'hinterland inconscient. Or nous savons qu'on n'y aboutit pas sans une technique particulière et une science qui la guide.

Des Métaphores obsédantes au mythe personnel (José Corti, éditeur).

Jean-Paul Weber   Dans le domaine poétique, la recherche des thèmes met parfois l'accent sur leur caractère *obsessionnel*. Ainsi, dans la *Genèse de l'œuvre poétique* (1960), les *Domaines thématiques* (1963), J.-P. WEBER a-t-il été frappé chez Vigny par la présence constante de l'horloge, chez V. Hugo par celle de la tour, de la basse fosse et du ciel embrasé, chez Verlaine par la statue écaillée au fond d'un jardin, ou par l'arbre chez Claudel.

Maurice Blanchot   MAURICE BLANCHOT (né en 1907) occupe dans la nouvelle critique une place à la fois rayonnante et secrète. Après des ouvrages narratifs, notamment *Thomas l'Obscur* (1941), il posera, dès 1942, la question : « *Comment la littérature est-elle possible ?* ». Plus tard, dans *Le Livre à venir* (1959), il étudiera (à la suite de R. Barthes) les problèmes du style et de l'écriture, et dans *La Part du Feu*, il analysera les rapports de l'auteur et du lecteur : « *L'écrivain, par exemple, voudrait protéger la perfection de la chose écrite en la tenant aussi éloignée que possible de la vie extérieure,* [...] *mais alors où commence, où finit l'œuvre ?* ». Autre solution, l'auteur n'a plus qu'un but : écrire pour le lecteur, et se confondre avec lui : « *Tentative sans espoir, car le lecteur ne veut pas d'une œuvre écrite pour lui : il veut justement une œuvre étrangère, où il découvre quelque chose d'inconnu, une réalité différente, un esprit séparé qui puisse le transformer et qu'il peut transformer en soi.* ». En 1963, l'essai intitulé *Lautréamont et Sade* approfondira la composition de l'œuvre « qui non seulement se sera servie de l'esprit, mais l'aura servi ». Toutefois, c'est déjà en 1955 que, dans *L'Espace littéraire,* Maurice Blanchot atteignit vraiment aux grandes profondeurs : philosophes et poètes y sont essentiellement présents, au cœur même d'une sorte de solitude créatrice, dont témoignent ces lignes de Novalis, évoquées dans la partie centrale de l'ouvrage : « *Nous rêvons de voyager à travers l'univers : l'univers n'est-il donc pas en nous?* [...] *Vers l'intérieur va le chemin mystérieux ; l'éternité est en nous avec ses mondes* ». C'est également dans *L'Espace littéraire* que Maurice Blanchot a formulé de la façon la plus significative l'essence complexe de l'œuvre littéraire : « *l'œuvre n'est œuvre que si elle est l'unité déchirée toujours en lutte et jamais apaisée, et elle n'est cette intimité déchirée que si elle se fait lumière de par l'obscur, épanouissement de ce qui demeure refermé.* »

Jean Starobinski Né en 1920, J. Starobinski allait, après Marcel Raymond, apporter la contribution genevoise à la critique française, où il détient une place exceptionnelle, ayant renouvelé l'approche de l'œuvre littéraire sans esprit de système, et selon une anatomie intuitive dont sa formation médicale lui permet d'allier aux recherches structuralistes le diagnostic pénétrant. On serait presque tenté d'assimiler à ses vues sur la critique face à l'œuvre les lignes qu'il a consacrées à l'intervention du traducteur : « Toute traduction est un compromis fructueux entre la soumission au modèle étranger et le génie propre d'une langue : le traducteur, second poète est un inventeur docile, un créateur écoutant » (Préface aux poèmes de David Rokeah, traduits de l'hébreu par Claude Vigée).

Dès 1953, son étude sur *Montesquieu par lui-même* révélait nettement qu'il centrait les perspectives structuralistes autour de l'*Idée d'organisme* (titre d'un essai publié par lui en 1955).

Parallèlement à ses découvertes sur *l'unité* organique d'un écrivain et d'une œuvre, J. Starobinski décèle, dans *La Relation Critique* (1971), « la polyvalence des éléments qui, sous un autre angle, soutiennent une *relation différentielle* et polémique avec la littérature antécédente ou la société environnante ». Ainsi *Le Rouge et le Noir* est, à la fois, « une *œuvre d'art* régie par des correspondances formelles intérieures » et une critique de la société au temps de la Restauration. Il faut donc que le lecteur sache découvrir et les *concordances* intimes de l'œuvre, et, « dans la conjoncture élargie de l'œuvre et de son "fond" », la portée du *désaccord* manifesté par l'écrivain. « Pour nous, dit-il, qui la confrontons à ce qui l'environne, l'œuvre est une *concordia discors* [...], doublant la positivité des rapports qui constituent sa forme matérielle par une négativité qui en exprime l'essor illimité. » Sa thèse sur *J.-J. Rousseau, la transparence et l'obstacle*, est précédée d'un *Avant-Propos* significatif à ce sujet.

L'œil vivant

En 1961, l'Introduction à l'*Œil vivant* allait éclairer, sous un titre poétiquement suggestif : *Le Voile de Poppée*, la notion même de *regard critique* (qui s'attachera, dans ce recueil, à Corneille, Racine, Rousseau et Stendhal) : l'œuvre apparaît à J. Starobinski comme une *conscience organisée*.

Malgré notre désir de nous abîmer dans la profondeur vivante de l'œuvre, nous sommes contraints de nous distancer d'elle pour pouvoir en parler. Pourquoi alors ne pas établir délibérément une distance qui nous révélerait, dans une perspective panoramique, les *alentours* avec lesquels l'œuvre est organiquement liée ? [...] Cette seconde possibilité de la lecture critique peut être définie comme celle du *regard surplombant*. [...] Or, voici l'écueil : [...] dès l'instant où l'on s'oblige à situer une œuvre dans ses coordonnées historiques, seule une décision arbitraire nous autorise à limiter l'enquête [...].
La critique complète n'est peut-être ni celle qui vise à la totalité (comme fait le regard surplombant), ni celle qui vise à l'intimité (comme fait l'intuition identifiante), c'est un regard qui sait exiger tour à tour le surplomb et l'intimité, sachant par avance que la vérité n'est ni dans l'une ni dans l'autre tentative, mais dans le mouvement qui va inlassablement de l'une à l'autre. [...] Mais peut-être aussi la critique a-t-elle tort de vouloir à ce point régler l'exercice de son propre regard. Mieux vaut, en mainte circonstance, s'oublier soi-même, et se laisser surprendre. En récompense, je sentirai dans l'œuvre naître un regard qui se dirige vers moi. [...] L'œuvre m'interroge.

L'Œil vivant (Librairie Gallimard, éditeur).

SUR CORNEILLE

Dans l'*Œil vivant*, JEAN STAROBINSKI révèle, dès l'Introduction, que « chez Corneille tout commence par l'éblouissement. Mais celui-ci est précaire, il n'occupe que l'intervalle fugitif d'un instant. Sensible à la séduction des objets éclatants, le héros cornélien se défend de leur appartenir et de les adorer par force : la conscience éblouie s'arrache à sa condition passive et entend renverser les rôles. Elle se veut à son tour éblouissante, source d'éclat et de pouvoir ». Ainsi, poursuit le critique, l'homme naîtra à la destinée que sa volonté saura imposer comme triomphante « au regard des générations humaines, prises à témoin ».

Force et faiblesse, franchise et dissimulation, loin de s'exclure, coexistent souvent chez les personnages de Corneille. Leur volonté s'emploie tout autant, et avec le même effort héroïque, à cacher ce qu'ils sentent et à montrer ce qu'ils sont. En eux, l'acte de faire voir et l'acte de cacher, l'aveu et la répression se confondent en un même geste. Car la force volontaire n'éclate vraiment qu'au moment où elle nie et surmonte, dans un effort constamment répété, une faiblesse constamment présente ou possible. La maîtrise de soi est une activité réfléchie qui suppose le dédoublement de l'être entre une puissance qui commande et une nature réduite
10 à obéir, entre une autorité hégémonique (car nous devons parler ici le langage stoïcien) et des parties subordonnées. Cette force hégémonique n'est pas tout l'être ; pour qu'elle règne, il faut qu'elle réduise au silence d'autres forces, ou du moins qu'elle les cache aux regards du dehors. Ce qui fait la grandeur ostentatoire du héros est aussi ce qui l'engage à dissimuler l'appétit inférieur qu'il réfrène en lui-même. Ainsi en va-t-il des rois, lorsque l'amour vient contredire leur passion de régner. S'ils ne parviennent pas à détruire en eux cet amour, leur souci est alors de le refouler consciemment au plus secret d'eux-mêmes, pour n'en rien laisser paraître au dehors, fût-ce même à la personne aimée. La leçon que formule
20 Attila n'est pas celle d'un barbare. C'est une règle générale de morale héroïque :

> Vous me faites pitié de si mal vous connaître,
> Que d'avoir tant d'amour, et le faire paraître.
> Il est honteux, madame, à des rois tels que nous,
> Quand ils en sont blessés, d'en laisser voir les coups.
> Il a droit de régner sur les âmes communes,
> Non sur celles qui font et défont les fortunes ;
> Et si de tout le cœur on ne peut l'arracher,
> Il faut s'en rendre maître ou du moins s'en cacher [1].

30 Chimène et Rodrigue se conduisent selon cette même règle. Ils ne surmontent pas leur amour pour l'anéantir (ils n'en ont pas la force), mais pour le dissimuler, et agir comme s'il n'existait pas. On voit alors très clairement comment l'idée de gloire, au même titre que les injonctions de la bienséance et du devoir, contraint les êtres à se dédoubler entre un « dehors » et un « dedans », entre un moi secret et un moi offert à tous les regards.

J. Starobinski, *L'Œil vivant* (Librairie Gallimard, éditeur).

— 1 *Attila*, III, 4. Le roi des Huns s'adresse à la reine Honorie, sœur de l'empereur Valentinien.

BIBLIOGRAPHIE

* Les titres marqués d'un *astérisque* permettront de compléter la bibliographie.
* P. LANGLOIS et A. MAREUIL, *Guide Bibliographique des études littéraires* (Hachette).
* *Bibliographie de la littérature française* 1800-1930 ; 1930-1939 ; 1940-1949 (Droz). —
* *Écrivains de notre temps* (Castermann).

ÉTUDES D'ENSEMBLE

R. LALOU, *Histoire de la littérature française contemporaine* (2 vol., P.U.F.). —
H. CLOUARD, *Histoire de la littérature française du Symbolisme à nos jours* (2 vol., Albin
Michel). — * P.-G. CASTEX et P. SURER, *XXe siècle* (Hachette). — J. NATHAN, *Histoire de la
littérature française contemporaine* (Nathan). — *P.-H. SIMON, *Histoire de la littérature
française contemporaine* (2 vol., Colin). — J. BERSANI, *La littérature en France depuis* 1945
(Bordas). — *P. DE BOISDEFFRE, *Une histoire vivante de la littérature d'aujourd'hui* (Le Livre
Contemporain). — G. PICON, *Panorama de la Nouvelle littérature française* (Gallimard). —
A. LAGARDE, L. MICHARD, H. LEMAITRE, *La Littérature Française*, t. IV et V (Bordas-Laffont).

A. ROUSSEAUX, *Littérature du XXe siècle* (7 vol., Albin Michel). — R. KEMP, *La Vie
du Théâtre*, et *La Vie des Livres* (Albin Michel). — E. HENRIOT, *Maîtres d'hier et contemporains* (Albin Michel). — P.-A. TOUCHARD, *Dionysos* (Aubier) ; *L'Amateur de théâtre*
(Seuil). — RECHERCHES ET DÉBATS (1952), *Le Théâtre contemporain* (Fayard).

P. DE BOISDEFFRE, *Métamorphose de la Littérature* (2 vol., Alsatia). — P.-H. SIMON,
Témoins de l'homme (Colin). — P. BRODIN, *Présences contemporaines* (3 vol., Nlles Éd.
Debresse). — R.-M. ALBÉRÈS, *L'aventure intellectuelle du XXe siècle* (Albin Michel).

LA POÉSIE AVANT 1914

ANTHOLOGIES : *A. VAN BEVER et P. LÉAUTAUD, *Les Poètes d'Aujourd'hui* (3 vol.,
Mercure de France). — *Poètes contemporains* (Didot). — *Anthologie des poètes de la N.R.F.*
(Gallimard). — **Collection Poètes d'Aujourd'hui* (Seghers). —Collection *Poésie* (Gallimard).

M. RAYMOND, *De Baudelaire au Surréalisme* (Corti). — E. CLANCIER, *Panorama critique
de Rimbaud au Surréalisme* (Seghers). — H. LEMAITRE, *La Poésie depuis Baudelaire* (Colin).

* E. ESTÈVE, *Émile Verhaeren* (Boivin). — * R. MALLET, *Francis Jammes* (Mercure de
France). — R. HONERT, *H. de Régnier* (Nlle R. Critique). — * T. BRIANT, *Saint-Pol-Roux*
(Seghers). — * P.-O. WALZER, *P.-J. Toulet* (Seghers). — * E. DE LA ROCHEFOUCAULD, *Anna
de Noailles* (Éd. Universitaires). — J. MOULIN, *La Poésie féminine* (Seghers). — * L. PARROT,
Cendrars (Seghers). — * J. ROUSSELOT, *Cendrars* (Éditions Universitaires). — J.-H. LE-
VESQUE, *Cendrars* (N.R. Critique). — H. MILLER, *B. Cendrars* (Denoël). — *Blaise Cendrars*,
Hommage collectif (Mercure de France). — Sur J. ROMAINS, cf. Roman de 1919 à 1939.

* P. PIA, *Apollinaire par lui-même* (Seuil). — * M.-I. DURRY, *Alcools* (S.E.D.E.S.). —
M. DECAUDIN, *Le dossier d'Alcools* (Minard). — M. DECAUDIN, *État présent des études sur
Apollinaire* (Information Littéraire, 1953, n° 3). — A. ROUVEYRE, *Apollinaire* (N.R.F.). —
* A. BILLY, *Apollinaire* (Seghers). — * C. TOURNADRE, *Apollinaire* (Garnier).

LE THÉÂTRE AVANT 1914

E. SÉE, *Le théâtre français contemporain* (Colin). — R. LALOU, *Le théâtre en France depuis*
1900 (P.U.F.). — A. BENOIST, *Le théâtre d'aujourd'hui, Donnay, Hervieu, Lavedan, Brieux,
J. Lemaître* (S. F. d'Imprimerie). — G. PILLEMENT, *Anthologie du théâtre français contemporain ;* vol. II, *Porto-Riche, Feydeau, Bataille, Bernstein* (Le Bélier).

R. GÉRARD, *Edmond Rostand* (Fasquelle). — J. PORTAIL, *Courteline, l'humoriste français* (Flammarion). — P. CHAUVEAU, *A. Jarry* (Mercure de France). — * J.-H. LEVESQUE, *A. Jarry* (Seghers). — L. PERCHE, *A. Jarry* (Éd. Universitaires).

IDÉES ET DOCTRINES

A. THIBAUDET, *Le Bergsonisme* (Gallimard). — * F. MEYER, *Pour connaître la pensée de Bergson* (Bordas). — L. LÉVY, *Anthologie de Jean Jaurès* (Calmann-Lévy). — M. AUCLAIR, *Vie de Jean Jaurès* (Seuil). — EUROPE, *N⁰ consacré à Jaurès* (oct. nov. 1958). — A. THIBAUDET, *Les idées de Ch. Maurras* (Gallimard). — H. MASSIS, *Maurras et notre temps* (2 vol., Plon). — * M. MOURRE, *Maurras* (Éd. Universitaires).

.LE ROMAN AVANT 1914

V. GIRAUD, *A. France* (Desclée de Brouwer). — * J. SUFFEL, *A. France par lui-même* (Seuil). — EUROPE, *N⁰ sur A. France* (1958). — C. AVELINE, *A. France* (Trois Collines).

V. GIRAUD, *P. Bourget* (Bloud et Gay). — A. AUTIN, *Le Disciple* (S.F.E.L.T.). — R. DES DEUX MONDES (sept. 52) : *Centenaire de Bourget* (l'homme, l'œuvre).

A.-R. LÉVY, *L'idéalisme de R. Rolland* (Nizet). — R. ARCOS, *R. Rolland* (Mercure de France). — * J.-B. BARRÈRE, *R. Rolland par lui-même* (Seuil). — EUROPE, *N⁰ sur R. Rolland* (1955).

P. BOURGET, *Essais de Psychologie contemporaine* (Plon). — A. THIBAUDET, *La vie de Barrès* (Gallimard). — H. BREMOND, *Maurice Barrès* (Bloud et Gay). — J. ET J. THARAUD, *Mes années chez Barrès* (Plon). — H. MASSIS, *La pensée de Barrès* (Mercure de France). — R. BRASILLACH, *Portraits* (Plon). — R. FERNANDEZ, *Barrès* (Livre Moderne). — P. MOREAU, *Maurice Barrès* (Le Sagittaire). — R. LALOU, *Maurice Barrès* (Hachette). — P. DE BOIS-DEFFRE, *Barrès* (Éd. Univ.). — * J.-M. DOMENACH, *Barrès par lui-même* (Seuil).

* P. SCHNEIDER, *J. Renard par lui-même* (Seuil). — * L. GUICHARD, *Renard* (Gallimard). — ISABELLE RIVIÈRE, *Images d'Alain-Fournier* (Émile-Paul). — C. DÉDEYAN, *Alain-Fournier et la réalité secrète* (Julliard). — A. LEONARD, *Alain-Fournier et le Grand Meaulnes* (Desclée de Brouwer). — G. JEAN-AUBRY, *Valery Larbaud* (Gallimard).

CHARLES PÉGUY

JÉROME ET JEAN THARAUD, *Notre cher Péguy* (Plon). — PIERRE PÉGUY, *Pour connaître la pensée de Péguy* (Bordas). — E. MOUNIER, M. PÉGUY, G. IZARD, *La pensée de Péguy* (Plon). — MARCEL PÉGUY, *Le destin de Ch. Péguy* (Plon). — R. ROLLAND, *Péguy* (2 vol., Albin Michel). — A. ROUSSEAUX, *Le prophète Péguy* (Albin Michel). — A. BÉGUIN, *La prière de Péguy* (Cahiers du Rhône). — A. BÉGUIN, *L'Ève de Péguy* (Seuil). — J. ONIMUS, *L'Incarnation, L'Image dans « Ève », Introduction aux Quatrains, Péguy et le mystère de l'Histoire* (Cahiers de l'Amitié Ch. Péguy, nᵒˢ 6, 7, 9 et 12). — B. GUYON, *L'Art de Péguy* (Cahiers de l'Amitié Ch. Péguy, n⁰ 2). — * B. GUYON, *Péguy* (Hatier). — J. ROUSSEL, *Péguy* (Éd. Universitaires).

PAUL CLAUDEL

J. MADAULE, *Le Génie de P. Claudel* et *Le drame de P. Claudel* (Desclée de Brouwer) ; *Claudel et le langage* (1968). — * L. BARJON, *P. Claudel* (Éd. Universitaires). — G. MARCEL, *Regards sur le théâtre de Claudel* (Plon). — A. MAVROCORDATO, *L'Ode de P. Claudel* (Droz). — N.R.F. (sept. 1955), *Hommage à Claudel*. — TABLE RONDE (avril 1955), *N⁰ sur Claudel*. — * S. FUMET, *Claudel* (Gallimard). — A.-P. LESORT, *Claudel par lui-même* (Seuil).

MARCEL PROUST

L.-PIERRE-QUINT, *M. Proust, sa vie, son œuvre* (Le Sagittaire). — J. POMMIER, *La mystique de Proust* (Droz). — R. FERNANDEZ, *Proust* (N^{lle} R. Critique). — F. MAURIAC, *Du côté de chez Proust* (Table Ronde). — * A. MAUROIS, *A la recherche de Marcel Proust* et *L'Univers de Proust* (Hachette). — G. POULET, *Études sur le Temps humain* (Plon) ; *L'espace proustien* (Gallimard). — * CL. MAURIAC, *Proust par lui-même* (Seuil). — P. CLARAC ET A. FERRÉ, *Album Proust* (Gallimard). — G. PAINTER, *Proust* (Mercure de France). — J. MOUTON, *Proust* (Desclée). — G. PICON, *Lecture de Proust* (Gallimard). — G. BRÉE, *Du temps perdu au temps retrouvé* (Belles Lettres). — G. DELEUZE, *Proust et les signes* (P.U.F.). — * J. BERSANI, *Les critiques de notre temps et M. Proust* (Garnier). — J.-Y. TADIÉ, *Proust et le roman* (Gallimard). — M. BARDÈCHE, *Proust romancier* (Les Sept couleurs).

ANDRÉ GIDE

R. FERNANDEZ, *André Gide* (Corréa). — R.-M. ALBÉRÈS, *L'Odyssée d'André Gide* (La N^{lle} Édition). — N.R.F. (nov. 1951), *Hommage à Gide*. — * L.-PIERRE-QUINT, *André Gide* (Stock). — * P. LAFILLE, *André Gide romancier* (Hachette). — G. BRÉE, *André Gide, l'insaisissable Protée* (Les Belles Lettres). — * M. BEIGBEDER, *André Gide* (Éd. Universitaire). — J. DELAY, *La Jeunesse d'André Gide* (Gallimard). — P. DE BOISDEFFRE, *La vie d'André Gide* (Hachette). — * M. RAIMOND, *Les critiques d'aujourd'hui et A. Gide* (Garnier).

PAUL VALÉRY

A. THIBAUDET, *P. Valéry* (Grasset). — LEFÈVRE, *Entretiens avec P. Valéry* (Flammarion). — FERNANDAT, *Autour de Valéry* (Plon). — A. BERNE-JOFFROY, *Présence de Valéry* (Plon). — A. GIDE, *Paul Valéry* (Domat). — J. SOULAIROL, *Paul Valéry* (La Colombe). — ALAIN, *Charmes, La Jeune Parque, commentés par...* (Gallimard). — G. COHEN, *Essai d'explication du Cimetière Marin* (Gallimard). — H. FABUREAU, *P. Valéry* (N^{lle} R. Critique). — E. NOULET, *P. Valéry* (Grasset). — E. RIDEAU, *Introduction à la pensée de P. Valéry* (Desclée). — * M. BÉMOL, *Paul Valéry*, et *La méthode critique de P. Valéry* (Belles Lettres). — J. POMMIER, *P. Valéry et la création littéraire* (Éd. de l'Encyclopédie Française). — M. DOISY, *P. Valéry, intelligence et poésie* (Cercle du Livre). — J. HYTIER, *La Poétique de Valéry* (Colin). — P.-O. WALZER, *La poésie de Valéry* (Cailler). — * A. BERNE-JOFFROY, *Valéry* (Gallimard).

L'AGE DU SURRÉALISME

M. RAYMOND, *De Baudelaire au Surréalisme* (Corti). — M. NADEAU, *Histoire du Surréalisme* (Seuil). — J.-P. RICHARD, *Onze études sur la poésie moderne* (Seuil).

Sur chaque poète cité dans notre recueil, il existe un volume de la *Collection Poètes d'Aujourd'hui* (Seghers) : introduction, anthologie, bibliographie. — On y joindra :

J. GRACQ, *Breton* (Corti). — CL. MAURIAC, *Breton* (Éd. de Flore). — PH. AUDOIN, *Breton* (Gallimard). — M. CARROUGES, *Breton et les données fondamentales du surréalisme* (Gallimard) ; *Éluard et Claudel* (Seuil). — L. PERCHE, *Éluard* (Éd. Univ.). — * H. JUIN, *Aragon* (Gallimard). — * J.-J. KIHM, *Cocteau* (Gallimard). — A. FRAIGNEAU, *Cocteau par lui-même* (Seuil). — G. MOURGUE, *Cocteau* (Éd. Univ.). — S. BROSSE, *Cocteau* (Gallimard). — * ETIEMBLE, *Supervielle* (Gallimard). — J.-A. HIDDLESTON, *L'Univers de Supervielle* (Minard).

LE THÉÂTRE DE 1919 A 1939

G. PILLEMENT, *Anthologie du théâtre français contemporain* (3 vol., Le Bélier). — P. SURER, *Études sur le théâtre français contemporain* (Information Littéraire, 1951-1957) : *Lenormand* (1953, n° 4), *Les Violents* (1954, n° 4), *Guitry et Deval* (1957, n° 5), *Sarment et Achard* (1958, n° 5), *Vitrac, Crommelynck* (1957, n° 4), *Le théâtre intimiste* (1952, n° 5), *Romains,*

Bourdet, Pagnol (1956, n° 5). — R. LALOU, *Le théâtre en France depuis* 1900 (P.U.F.). — P.-H. SIMON, *Théâtre et Destin : Giraudoux, Salacrou* (Colin). — L. JOUVET, *Réflexions du comédien* (Libr. théâtrale). — G. MARCEL, *L'heure théâtrale* (Plon). P. BLANCHART, *J. Romains et son univers dramatique* (Le Pavois). — * P.-L. MIGNON, *Salacrou* (Gallimard). — C.-E. MAGNY, *Précieux Giraudoux* (Seuil). — * C. MARKER, *Giraudoux par lui-même* (Seuil). — M. MERCIER-CAMPICHE, *Le théâtre de Giraudoux et la condition humaine* (Donnat). — * V.-H. DEBIDOUR, *Giraudoux* (Éd. Universitaires). — R.-M. ALBÉRÈS, *Esthétique et morale chez Jean Giraudoux* (Nizet).

LE ROMAN DE 1919 A 1939

ÉTUDES GÉNÉRALES : R. LALOU, *Le Roman français, depuis* 1900 (P.U.F.). — C.-E. MAGNY, *Histoire du roman français depuis* 1918 (Seuil).

LE ROMAN-FLEUVE : R. LALOU, *Martin du Gard* (Gallimard). — * C. BORGAL, *Martin du Gard* (Éd. Universitaires). — N.R.F. (déc. 1958) : *Hommage à Martin du Gard.* — J. BRENNER, *Martin du Gard* (Gallimard). — A. CUISENIER, *J. Romains et l'Unanimisme ; L'Art de J. Romains ; J. Romains et les Hommes de Bonne Volonté* (Flammarion). — M. BERRY, *J. Romains, sa vie, son œuvre* (Éd. du Conquistador). — A. BOURIN, *Connaissance de J. Romains* (Flammarion). — P.-H. SIMON, *Duhamel ou le bourgeois sauvé* (Seuil) ; *Duhamel* (Éd. du Temps présent). — C. SANTELLI, *Duhamel* (Bordas).

LE ROMAN PSYCHOLOGIQUE : H. MASSIS, *R. Radiguet* (Cahiers Libres). — M. ARLAND, *J. Chardonne et le bonheur* (dans *Nouveaux Essais Critiques,* Gallimard). — G. GUITARD-AUVISTE, *La vie de J. Chardonne et son art* (Grasset). — J. DUVIGNAUD, *Arland* (Gallimard). — Sur GIRAUDOUX, cf. Théâtre.

L'INQUIÉTUDE SPIRITUELLE : LUC ESTANG, *Présence de Bernanos* (Plon). — * A. BÉGUIN, *Bernanos par lui-même* (Seuil). — URS VON BALTHASAR, *Le chrétien Bernanos* (Seuil). — L. CHAIGNE, *G. Bernanos* (Éd. Universitaires). — C. DU BOS, *F. Mauriac et le problème du romancier catholique* (Corrêa). — G. HOURDIN, *Mauriac romancier chrétien* (Temps présent). — * P.-H. SIMON, *Mauriac par lui-même* (Seuil). — * J. ROBICHON, *F. Mauriac* (Éd. Universitaires). — J. MAJAULT, *Mauriac et l'art du roman* (Laffont). — J. DE FABRÈGUES, *Mauriac* (Plon). — *Présence littéraire, Mauriac* (Bordas). — C. MAURIAC, *Introduction à une mystique de l'Enfer [Jouhandeau]* (Grasset). — * J. CABANIS, *Jouhandeau* (Gallimard). — J. SEMOLUÉ, *Green ou l'obsession du mal.* — * P. BRODIN, *Julien Green* (Éd. Universitaires). Sur Green, cf. J. MADAULE, *Reconnaissances,* II (Desclée).

LE ROMAN DE LA GRANDEUR HUMAINE : J. FAURE-BIGUET, *Les Enfances de Montherlant* (Lefebvre). — M. DE SAINT-PIERRE, *Montherlant bourreau de soi-même* (Gallimard). — J. SANDELION, *Montherlant et les femmes* (Plon). — * P. SIPRIOT, *Montherlant par lui-même* (Seuil). — * H. PERRUCHOT, *Montherlant* (Gallimard). — TABLE RONDE, N° spécial, 1960. — J. DE BEER, *Montherlant ou l'homme encombré de Dieu* (Flammarion).

C. MAURIAC, *Malraux ou le mal du héros* (Grasset). — * P. DE BOISDEFFRE, *Malraux* (Éd. Universitaires). — G. PICON, *Malraux* (Gallimard), et * *Malraux par lui-même* (Seuil). — J. HOFFMANN, *L'humanisme de Malraux* (Klincksieck). — * P. GAILLARD, *Les critiques de notre temps et Malraux* (Garnier) ; *Malraux, présence littéraire* (Bordas).

* J.-C. IBERT, *Saint-Exupéry* (Éd. Universitaires). — * LUC ESTANG, *Saint-Exupéry par lui-même* (Seuil). — J. ROY, *Passion de Saint-Exupéry* (Gallimard). — R. ZELLER, *La vie secrète de Saint-Exupéry* (Alsatia). — CONFLUENCES (N°ˢ 12-14), *Hommage à Saint-Exupéry.* — * P. CHEVRIER et M. QUESNEL, *Saint-Exupéry* (Gallimard). — R. TAVERNIER, *Saint-Exupéry en procès* (Belfond). — * B. VERCIER, *Les critiques et Saint-Exupéry* (Garnier).

COLETTE : P. CLARAC, *Textes choisis de Colette* (Grasset). — P. TRAHARD, *L'art de Colette* (J. Renard). — * G. BEAUMONT, *Colette par elle-même* (Seuil). — MARIA LE HARDOUIN, *Colette* (P.U.F.). — TH. MAULNIER, *Introduction à Colette* (La Palme).

L'HOMME DEVANT LA NATURE : * G. ROGER, *Maîtres du roman du terroir* (Silvaire). — A. BÉGUIN, *Patience de Ramuz* (La Baconnière). — B. VOYENNE, *Ramuz et la sainteté de la terre* (Julliard). — G. GUISAN, *Ramuz* (Seghers). — Nᵒˢ spéciaux : N.R.F. (1967), *Europe* (1967). — P. DE BOISDEFFRE, *Giono* (Gallimard). — C. MICHELFELDER, *Giono et les religions de la terre* (Gallimard). — * C. CHONEZ, *Giono par lui-même* (Seuil).

LA SATIRE SOCIALE et *LES MŒURS :* Sur ARAGON, cf. Le Surréalisme. — R. GARAUDY, *L'itinéraire d'Aragon* (Gallimard). — G. RAILLARD, *Aragon* (Éd. Universitaires). — G. SADOUL, *Aragon* (Seghers). — P. DE LESCURE, *Aragon romancier* (Gallimard).— * B. LECHERBONNIER, *Aragon* (Bordas). — M. HENREZ, *Céline* (Gallimard). — * P. VANDROMME, *Céline* (Éd. Universitaires). — M. HINDUS, *Céline tel que je l'aime* (L'Herne). — * B. DE FALLOIS, *Simenon* (Gallimard). — A. PARINAUD, *Simenon* (Presses de la Cité).

L'HUMOUR : A. FILLON, *Maurois romancier* (Malfère). — * M. DROIT, *Maurois* (Éd, Universitaires). — J. SUFFEL, *André Maurois* (Flammarion). — G. ROBERT, *Marcel Aymé. cet inconnu* (Défense de l'esprit). — * P. VANDROMME, *Aymé* (Gallimard). — R. BRASILLACH, *Les Quatre Jeudis.* — J.-L. DUMONT, *M. Aymé et le merveilleux* (Debresse).

LA POÉSIE DEPUIS 1940

* J. ROUSSELOT, *Panorama critique des nouveaux poètes français* (Seghers). — M. BÉALU, *Anthologie de la poésie française depuis le surréalisme* (Éd. de Beaune). — G. PICON, *L'usage de la lecture* (Mercure de France). — * *Collection Poètes d'Aujourd'hui* (Seghers) : un volume sur chaque poète (*introduction, anthologie, bibliographie*). — J. QUEVAL, *Prévert* (Mercure de France). — G. MOUNIN, *Avez-vous lu Char ?* (Gallimard). — G. RAU, *René Char ou la poésie accrue* (José Corti). — A. GIDE, *Découvrons H. Michaux* (Gallimard). — * R. BRÉCHON, *Michaux* (Gallimard). — R. CAILLOIS, *Poétique de Saint-John Perse.* (Gallimard). — C. MURCIAUX, *Saint-John Perse* (Éd. Universitaires).

S. ANDRÉ, H. JUIN, G. MASSAT, JOE BOUSQUET, *Trois études* (Seghers). — E. NOULET, *L'œuvre poétique de F. Ponge* (Publ. Univ. Bruxelles). — J.-P. SARTRE, *Situation I.* — CL.-M. CLUNY, *Jean-Claude Renard* (N.R.F. déc. 1969). — H. LEMAITRE, *La poésie noire de langue française* (Actes Biennale Namur). — MILCENT et SORDET, *Senghor militant de la négritude* (Seghers). — H. JUIN, *Aimé Césaire poète noir* (Présence africaine).

LE THÉÂTRE DEPUIS 1940

G. MARCEL, *L'Heure théâtrale, Montherlant, Anouilh, Camus, Sartre* (Plon). — P.-H. SIMON, *Théâtre et Destin, Montherlant, Anouilh, Mauriac, Camus* (Colin). — H. GOUHIER, *L'Essence du théâtre, Le Théâtre et l'existence, L'œuvre théâtrale* (Flammarion). — A. VIRMAUX, *Antonin Artaud et le théâtre* (1970). — J. FAUCHETTE, *Psychodrame et théâtre moderne* (1971). — G. LECLERC, *Les grandes aventures de théâtre* (Éd. Fr. Réunis). — CL. MAURIAC, *L'Alittérature contemporaine* (Albin Michel). — L.-C. PRONKO, *Théâtre d'avant-garde* (Denoël). — M. ESSLIN, *Théâtre de.l'absurde* (Buchet-Chastel). — G. SERREAU, *Histoire du « nouveau théâtre »* (Gallimard). — IONESCO, *Notes et contre-notes* (Gallimard).

H. GIGNOUX, *J. Anouilh* (Temps présent). — * R. DE LUPPÉ, *Anouilh* (Éd. Universitaires). — P. VANDROMME, *Anouilh, un auteur et ses personnages* (Table Ronde). — J. DE LAPRADE, *Le théâtre de Montherlant* (Denoël). — *Théâtre de Montherlant*, Préfaces, appendices, notes de l'auteur (Gallimard, *Pléiade* ; cf. encore *Le Roman de 1919 à 1939*). — A. DESLANDES, *Audiberti* (Gallimard). — M. GIROUD, *Audiberti* (Éd. Universitaires).

* PH. SENART, *Ionesco* (Éd. Universitaires). — * S. BENMUSSA, *Ionesco* (Seghers). — * CL. ABASTADO, *Ionesco* (Bordas, 1971). — J. ONIMUS, *S. Beckett* (Desclée). — * G. DUROZOI, *Beckett* (Bordas, 1972). — * CL. BONNEFOY, *Genêt* (Éd. Universitaires). — J.-C. MAGNAN, *J. Genêt* (Seghers). — J.-P. SARTRE, *Saint-Genêt comédien et martyr* (Gallimard).

LE ROMAN DEPUIS 1940

M. NADEAU, *Le Roman français depuis la guerre* (Gallimard). — G. LUKACS, *La théorie du roman*, trad. Clairevoye (Genève, 1963). — G. JEAN, *Le Roman* (Seuil). — P.-H. SIMON, *L'Homme en procès* (La Baconnière). — R. JEAN, *La littérature et le réel* (Albin Michel). — L. GOLDMANN, *Pour une sociologie du roman* (Gallimard). — L. JANVIER, *Une parole exigeante, le nouveau roman* (Éd. de Minuit). — J.-B. BARRÈRE, *La cure d'amaigrissement du roman.* — P. ASTIER, *La crise du roman français et le nouveau réalisme.* — J. RICARDOU, *Problèmes du nouveau roman* (Seuil). — R.-M. ALBÉRÈS, *Métamorphoses du roman* (Albin Michel). — M. ROBERT, *Roman des origines et origines du roman* (Grasset).

R. CAMPBELL, *J.-P. Sartre ou une littérature philosophique* (Ardent). — M. BEIGBEDER, *L'Homme Sartre* (Bordas). — * R.-M. ALBÉRÈS, *Sartre* (Éd. Universitaires). — * F. JEANSON, *Sartre par lui-même* (Seuil). — *G. GENNARI, *Simone de Beauvoir* (Éd. Universitaires). — F. JEANSON, *Simone de Beauvoir ou l'entreprise de vivre* (Seuil). — S. JULIENNE-CAFFIÉ, *Simone de Beauvoir* (Gallimard).

N.R.F. (mars 1960), *Hommage à Camus.* — J. GRENIER, *Une œuvre, un homme* (Cahiers du Sud, 1943, n° 53). — M. BLANCHOT, *Faux-Pas* (Gallimard). — J.-P. SARTRE, *Situations, I, Explication de l'Étranger* (Gallimard). — R. DE LUPPÉ, *A. Camus* (Temps Présent) et * *A. Camus* (Éd. Universitaires). — R. QUILLIOT, *Camus* (Gallimard). — * J.-C. BRISVILLE, *Camus* (Gallimard). — E. MOUNIER, *Malraux, Camus, Sartre* (Seuil).

M. GENEVOIX, *Hervé Bazin* (Biblio, mai-juin 1956). — G. RAILLARD, *Hervé Bazin* (Grasset). — * D. OSTER, *Jean Cayrol et son œuvre* (Seuil). — Y. LE HIR, *Invitation à lire Roger Ikor* (Arthaud). — * J.-L. LEUTRAT, *Gracq* (Éd. Universitaires). — * J. CLOUZET, *Boris Vian* (Seghers). — F. DE VREE, *Boris Vian* (Losfeld). — J. DUCHATEAU, *Boris Vian* (Table Ronde). — * D. NOAKES, *Boris Vian* (Éd. Universitaires). — J. BENS, *R. Queneau* (Gallimard). — CL. SIMONET, *Queneau déchiffré* (Gallimard). — P. GAYOT, *R. Queneau* (Éd. Universitaires). — L. JANVIER, *Beckett par lui-même* (Seuil). — O. BERNAL, *Langage et fiction dans le roman de Beckett* (Gallimard). — * D. NORES, *Beckett et les critiques de notre temps* (Garnier). — H. HELL, *L'univers romanesque de Marguerite Duras* (Plon). — G. DUROZOI, *Beckett* (Bordas).

Y. BELAVAL et M. CRANAKI, *Nathalie Sarraute* (Gallimard). — * R. MICHA, *Nathalie Sarraute* (Éd. Universitaires). — NATHALIE SARRAUTE, *L'ère du soupçon* (Gallimard). — * J. MIESCH, *Robbe-Grillet* (Éd. Universitaires). — B. MORISSETTE, *Les romans de Robbe-Grillet* (Éd. de Minuit). — R. BARTHES, *Essais Critiques* (Seuil). — A. ROBBE-GRILLET, *Pour un nouveau roman* (Gallimard). — *Une voie pour le roman futur* (N.N.R.F., juillet 1956). — M. BLANCHOT, *Le livre à venir* (Gallimard). — * R.-M. ALBÉRÈS, *Butor* (Éd. Universitaires). — M. BUTOR, *Essais sur le roman* (Gallimard).

CRITIQUES ET ESSAYISTES

J. CLARK, *La pensée de Brunetière* (Nizet). — G. LANSON, *Célébration de son centenaire* (Soc. Amis de l'E.N.S.). — V. GIRAUD, *Les Maîtres de l'heure* (2 vol., Hachette). — A. THIBAUDET, *Physiologie de la critique* (N. Rev. Critique), et *Réflexions sur la critique* (Gallimard). — C.-E. MAGNY, *Les sandales d'Empédocle* (Gallimard). — R.-M. ALBÉRÈS, *La révolte des écrivains d'aujourd'hui* (Gallimard). — P.-H. SIMON, *L'Homme en procès* (La Baconnière). — A. MAUROIS, *Alain* (Donat). — G. PASCAL, *Alain* (Bordas). — M.-A. GOUHIER, *Ch. du Bos* (Vrin). — J. PAULHAN, *Petite préface à toute critique* (Éd. de Minuit). — G. PICON, *L'écrivain et son ombre* (Gallimard). — * G. BERNARD, *Brasillach* (Éd. Universitaires). — P. VANDROMME, *R. Brasillach* (Plon). — M. BLANCHOT, *L'Espace littéraire* (Gallimard). — * P. MOREAU, *La critique littéraire en France* (Colin). — J. STAROBINSKI, *Les directions nouvelles de la recherche critique* (Preuves, juin 1965). — J. ROUSSET, *Forme et signification* (Corti). — R. FAYOLLE, *La critique littéraire* (Colin). — R. BARTHES, *Essais critiques* (Seuil). — S. DOUBROVSKY, *Pourquoi la nouvelle critique?* (Mercure de France). — M. BUTOR, *Répertoire*, I, II, III (Éd. de Minuit). — G. POULET, *Les chemins actuels de la critique* (Entretiens de Cerisy-la-Salle). — C.-E. MAGNY, *Littérature et critique* (Payot).

TABLE DES MATIÈRES

Le Théâtre avant 1914

Idées et Doctrines

Le Roman avant 1914

Marcel Proust

André Gide

Paul Valéry

L'Age du Surréalisme

Le Théâtre de 1919 à 1939

La mise en scène (371). — *A la limite de l'humain : Lenormand, Passeur, Raynal* (371). — *Fantaisie, rêve et farce : Guitry, Deval, Sarment, Achard, Vitrac, Crommelynck* (373). — *Théâtre intimiste* (376). — *Satire des Mœurs* (381-397). — *Giraudoux* (398).

Le Roman de 1919 à 1939

La Poésie depuis 1940

Le Théâtre depuis 1940

Le Roman depuis 1940

Critiques et Essayistes

Imprimé en France par Maury-Imprimeur S.A. – 45330 Malesherbes
Dépôt légal 1er tirage : Août 1962 – N° d'impression : 183/13773
Dépôt légal de ce tirage : octobre 1983